GIOVANNI BOCCACCIO

Das Decameron

Unter dem Eindruck der vernichtenden Pestwelle, die seine Heimatstadt Florenz im Jahre 1349 heimsucht, schreibt Giovanni Boccaccio in den drei folgenden Jahren das *Decameron*. Zehn junge Menschen sind vor der Pest aus Florenz aufs Land geflohen und erzählen sich zum Zeitvertreib Geschichten voller Witz, Tragik und Erotik. In diesem Rahmen entsteht eine Sammlung von einhundert Novellen, die die Weltliteratur bis heute prägt.

GIOVANNI BOCCACCIO

Das Decameron

Mit den Holzschnitten der venezianischen Ausgabe von 1492

Aus dem Italienischen übersetzt, mit Kommentar und Nachwort von Peter Brockmeier

RECLAM

Für Sarah, Lena, Lukas, Carl und Clara

Inhalt

Anhang

1 ES BEGINNT DAS BUCH,
DECAMERON GENANNT,
MIT DEM BEINAMEN FÜRST GALEOTTO,
IN WELCHEM HUNDERT NOVELLEN
AN ZEHN TAGEN
VON SIEBEN DAMEN UND
DREI JUNGEN MÄNNERN ERZÄHLT WERDEN.

Vorwort

2 Menschlich ist es, Mitleid mit den Betrübten zu haben; und wenn dies
einem jeden wohl ansteht, so wird es insbesondere von denen ver-
langt, die selbst, als sie des Trostes bedürftig waren, von einem ande-
ren getröstet worden sind. Wenn je einer des Trostes bedürftig war
oder wenn dieser ihm etwas wert war oder er ihn gar dankbar ange-
3 nommen hat, so bin ich selbst es gewesen. Seit meiner frühen Jugend
und bis auf den heutigen Tag bin ich nämlich in hoher und edler Liebe
entbrannt, heftiger vielleicht – wollte ich es erzählen –, als es meinem
niederen Stande angemessen wäre; obwohl ich bei denen, die einsich-
tig waren und die davon erfuhren, gelobt und geschätzt wurde, so hat
mich nichtsdestoweniger jene Liebe großes Leid erdulden lassen, ge-
wiss nicht wegen der Grausamkeit der geliebten Frau, sondern wegen
der von einem unbezähmbaren Begehren in meinem Inneren entzün-
deten übermäßigen Glut, die mich oftmals, weil ich um ihretwillen
an keiner Grenze befriedigt innehalten konnte, mehr Pein als nötig
4 fühlen ließ. In dieser Pein brachten mir die freundlichen Worte und
der dankenswerte Trost eines Freundes ein solches Maß an Erqui-
ckung, dass ich fest davon überzeugt bin, dass ich, wären sie mir nicht
5 zuteil geworden, gestorben wäre. Da es Ihm aber gefiel, der, weil Er
selbst unendlich ist, allen weltlichen Dingen als unabänderliches Ge-
setz auferlegt hat, ein Ende zu finden, hat auch meine Liebe, die über
alle Maßen entbrannt war und die weder guter Rat noch offene Be-
schämung noch Gefährdung, die sie mit sich bringen konnte, hatten
unterbrechen oder ablenken können, im Verlauf der Zeit von selber
derart nachgelassen, dass gegenwärtig in meinem Herzen nur jenes
glückliche Empfinden zurückgeblieben ist, das sie demjenigen ge-
wöhnlich gewährt, der sich nicht mit dem Schiff auf ihre tiefen Ge-
wässer hinauswagt; nachdem sie nun – wo sie zuvor qualvoll zu sein
pflegte – alle Mühsal von mir genommen hat, ist mir ein ergötzliches
Gefühl von ihr geblieben.

Aber obwohl das Leiden ein Ende gefunden hat, so ist doch die Er- 6
innerung an die Wohltaten nicht entflohen, welche mir von denen
zuteil geworden sind, die mir ihr Wohlwollen schenkten, als meine
Leiden groß waren; ich glaube, dass diese Erinnerung erst mit dem
Tode vergehen wird. Und weil, wie ich meine, die Dankbarkeit unter 7
allen Tugenden am höchsten zu loben und ihr Gegenteil zu tadeln ist,
habe ich mir vorgenommen, nun da ich mich befreit fühlen kann, und
um nicht undankbar zu erscheinen und so gut ich es eben vermag,
wenn schon nicht denen, die mir geholfen haben – da sie es kraft ihrer
Vernunft oder wegen ihres guten Geschicks nicht nötig haben –, dann
doch wenigstens den Bedürftigen im Austausch für das, was ich
selbst empfangen habe, eine gewisse Erleichterung zu verschaffen.
Und welches auch immer meine Unterstützung oder meine Trös- 8
tung – wie wir es nun nennen wollen – sein und wie schwach sie auch
den Bedürftigen erscheinen mag, so glaube ich sie eher denen gewäh-
ren zu müssen, die ihrer am bedürftigsten erscheinen, weil sie hier
nützlicher sein und höher geschätzt werden wird.

Und wer wird es leugnen, dass – wie geringfügig sie sein mag – sie 9
eher den anmutigen Frauen als den Männern zugesprochen gehört?
Furchtsam und schamhaft halten die Frauen in ihrem zarten Busen 10
die Flammen der Liebe verborgen, welche stärker sind als die offenen,
wie alle wissen, die es erfahren haben und erfahren. Darüber hinaus
werden sie die meiste Zeit vom Willen, von der Laune, von den Be-
fehlen der Väter, Mütter, Brüder, Ehemänner gezwungen, im engen
Raum ihrer Kemenaten eingeschlossen auszuharren; und fast untätig
sitzen sie nun dort und wenden – halb mit, halb wider Willen – viel-
fache Gedanken hin und her, die unmöglich immer heiter sein kön-
nen. Und wenn solche Gedanken in ihrem Herzen eine schwermüti- 11
ge, von feurigem Begehren getragene Stimmung wecken, so wird die-
se sie mit Traurigkeit belasten, sofern sie nicht von anderen Gedanken
vertrieben wird; hierbei berücksichtigen wir nicht, dass die Frauen im
Erdulden sehr viel weniger stark sind als die Männer; für die verlieb-

12 ten Männer trifft das nicht zu, wie wir deutlich sehen können. Wenn die Gedanken der Männer von Schwermut oder Traurigkeit bedrückt werden, so verfügen sie über viele Mittel, sie zu erleichtern oder zu vertreiben; denn wenn sie es wollen, können sie ohne weiteres umherspazieren, sich dies oder das anhören und anschauen, auf Vogel- und Fischfang oder auf die Jagd gehen, reiten, spielen oder sich Geschäften widmen. Jedes dieser Mittel ist wirksam genug, um den Geist ganz oder teilweise zu fesseln und ihn wenigstens für eine Weile vom traurigen Nachsinnen abzulenken; so oder so stellt sich dabei ein Trost ein, oder die Traurigkeit lässt nach.

13 Damit nun durch mich ein Unrecht der Fortuna, die denen, die am schwächsten sind, wie wir es an den zarten Frauen sehen, die geringste Unterstützung zugestanden hat, teilweise wieder gutgemacht werden kann, werde ich als Hilfe und Zuflucht für die Frauen, die lieben – denn die anderen haben genug an Nadel, Spindel und Haspel –, hundert Novellen oder Fabeln oder Parabeln oder Geschichten erzählen, wie wir sie auch immer bezeichnen wollen; diese werden an zehn Tagen, wie man bemerken wird, von einer ehrbaren Schar, nämlich sieben Frauen und drei Jünglingen, erzählt, die während der vergan-

genen todbringenden Pestzeit zusammengekommen sind; dazu noch
einige Kanzonen, die von den besagten Frauen zu ihrem Ergötzen ge-
sungen worden sind. In den Novellen wird man heitere und traurige 14
Liebesfälle und andere überraschende Begebenheiten wiederfinden,
die sich in neuen und alten Zeiten zugetragen haben. Aus denselben
werden die Frauen, die ich meine und die sie lesen werden, ebenso
viel Vergnügen an den dargebotenen ergötzlichen Dingen wie nützli-
chen Rat gewinnen können, insofern sie erkennen, was zu meiden
und was zu befolgen ist – und beides kann, so glaube ich, nicht eintre-
ten, ohne dass die Traurigkeit vertrieben wird. Wenn das geschieht, 15
was Gott bewirken möge, so dürfen sie Amor Dank sagen, der mir,
indem er mich aus seinen Banden befreit hat, die Kraft gab, ihrem
Wohlgefallen zu dienen.

1 NACHDEM DER AUTOR DARGELEGT HAT,
AUS WELCHEM GRUND SICH DIE PERSONEN,
DIE IM FOLGENDEN AUFTRETEN,
VERSAMMELT HABEN,
UM EINANDER GESCHICHTEN ZU ERZÄHLEN,
BEGINNT DER ERSTE TAG DES DECAMERON,
AN DEM UNTER DER HERRSCHAFT PAMPINEAS
EIN JEDER DAS ERZÄHLT,
WAS IHM AM BESTEN GEFÄLLT.

2 Jedes Mal, wenn ich daran denke, dass ihr alle, edle Frauen, von Natur
aus Mitleid empfindet, muss ich einsehen, dass dieses Werk aus eurer
Sicht einen ernsten und traurigen Anfang nehmen wird, wie es die
schmerzliche Erinnerung an die vergangene Pestseuche ist; ein jeder,
der sie miterlebte oder von dieser Verheerung anderswie erfuhr, trägt
3 die Erinnerung auf der Stirne. Aber ich möchte nicht, dass ihr euch
davor fürchtet, weiterzulesen, als ob euch die Lektüre immer nur
4 durch Seufzer und Tränen führen würde. Dieser schreckliche Anfang
wirke auf euch nicht anders wie auf die Wanderer ein rauher und stei-
ler Berg; liegt daneben eine wunderschöne und köstliche Ebene, so
erscheint sie ihnen umso angenehmer, je größer die Anstrengung des
5 Aufstiegs und des Abstiegs gewesen ist. Und wie die äußerste Fröh-
lichkeit dem Schmerz folgt, so werden die Schilderungen des Elends
6 durch unerwartete Freude beendet. Auf eine kurze Unannehmlich-
keit – ich nenne sie kurz, weil sie in wenigen Worten enthalten ist –
folgen bald der Zauber und das Vergnügen, die ich euch eingangs ver-
sprochen habe, und die, wären sie nicht angekündigt worden, nach

einem solchen Anfang nicht zu erwarten wären. Und wahrlich, hätte 7
ich euch in angemessener Weise auf einem anderen Weg, der nicht so
rauh wie dieser wäre, zu meinem Ziel führen können, so hätte ich es
gerne getan; aber welches auch immer der Grund gewesen ist, warum
die Dinge, von denen im Folgenden zu lesen sein wird, eingetreten
sind, so konnten sie auch nicht ohne diese Erinnerung dargestellt
werden, und so mache ich mich, von der Notwendigkeit gezwungen,
daran, sie zu beschreiben.

Ich sage also, dass die segensreichen Jahre der Menschwerdung 8
des Sohnes Gottes die Zahl eintausenddreihundertachtundvierzig er-
reicht hatten, als in der einmaligen Stadt Florenz, die an Schönheit
alle anderen italienischen Städte übertrifft, die tödliche Pest ausbrach;
diese war durch eine Konstellation der Himmelskörper entstanden
oder aus Gottes gerechtem Zorn als Strafe für unsere schändlichen Ta-
ten über die Sterblichen verhängt worden; sie war einige Jahre zuvor
im Osten ausgebrochen und hatte sich, nachdem sie diesen um eine
Unzahl von Menschen beraubt und von einem Ort zum anderen ge-
zogen war, in beklagenswerter Weise gen Westen ausgebreitet. Auch 9
Florenz schützten weder Vernunft noch menschliche Vorsichtsmaß-
nahmen; so hatten die Amtsträger verfügt, Unrat und Abfälle zu be-
seitigen, Kranken den Zutritt in die Stadt zu verweigern, sowie eine
Fülle von Ratschlägen zur Erhaltung der Gesundheit erteilt; es halfen
auch nicht die nicht nur einmal, sondern wiederholt vorgebrachten
Bittgebete, die in öffentlichen Prozessionen oder in anderer Form von
frommen Personen an den Herrgott gerichtet wurden: Ungefähr mit
dem Beginn des Frühlings des besagten Jahres zeigte die furchtbare
Seuche ihre ersten verheerenden und erschreckenden Wirkungen.
Die Anzeichen waren aber nicht die gleichen, wie sie im Orient aufge- 10
treten waren, wo es ein deutliches Zeichen des unvermeidlichen To-
des war, wenn Blut aus der Nase kam; hier dagegen zeigten sich als
Beginn der Krankheit in der Leistengegend und in den Achselhöhlen
von Männern und Frauen gewisse Schwellungen, von denen die ei-

nen groß wurden wie ein normaler Apfel, andere wie ein Ei, die einen
größer, die anderen kleiner, und die im Volk »Beulen« genannt wur-
11 den. Und von den beiden besagten Gegenden des Körpers breitete
sich die so genannte tödliche Beule in kurzer Zeit wahllos überallhin
aus; und danach verwandelten sich die Anzeichen der Krankheit in
schwarze oder bläuliche Flecke, die zahlreich auf den Armen und den
Schenkeln und allen übrigen Teilen des Körpers auftraten; entweder
12 waren es wenige große oder viele kleine Flecke. So wie eine Beule ein
erster und sicherer Hinweis auf den bevorstehenden Tod gewesen
war und ist, so waren es auch diese Flecke für einen jeden, der sie be-
13 kam. Gegen diese Krankheit half weder der Rat eines Arztes noch
wirkte die Kraft irgendeiner Medizin; als ob die Natur des Übels es
nicht zuließ oder wegen der Ignoranz der so genannten Heilkundi-
gen – zu denen sich neben den studierten Ärzten eine große Anzahl
von Frauen und Männern zählte, die niemals auch nur irgendeine me-
dizinische Belehrung erfahren hatten – seine Ursache nicht erkannt
und demzufolge ein Gegenmittel nicht gegeben werden konnte, wur-
den daher nicht nur wenige gesund, sondern fast alle starben inner-
halb von drei Tagen mehr oder weniger rasch, meistens ohne Fieber
oder irgendeine andere Komplikation, nachdem die beschriebenen
14 Anzeichen der Krankheit aufgetreten waren. Und diese Pestseuche
wütete umso heftiger, weil sie wegen des Zusammenlebens von den
Kranken auf die Gesunden übergriff, nicht anders, wie das Feuer es
tut, wenn trockene oder mit Öl getränkte Dinge dicht nebeneinander
15 liegen. Aber die üble Wirkung ging noch weiter: Denn nicht nur das
Gespräch und der Umgang mit den Kranken übertrugen die Krank-
heit und den gemeinsamen Grund zu sterben auf die Gesunden, son-
dern die Krankheit wurde auch übertragen, wenn man Tücher oder
Gegenstände, die den Kranken gehörten, berührte oder benutzte.
16 Was ich noch berichten muss, klingt furchtbar; denn wenn es viele
andere und ich selbst nicht gesehen hätten, so würde ich es selbst
nicht glauben und nicht aufzuschreiben wagen, auch wenn ich glaub-

haft davon gehört hätte. Diese Pestseuche hatte eine derartig anste- 17
ckende Wirkung, dass sie nicht nur von Mensch zu Mensch übertra-
gen wurde, sondern dass der Gegenstand eines kranken oder an der
Krankheit gestorbenen Menschen, der von einem nicht menschlichen
Lebewesen berührt wurde, dieses nicht nur mit der Krankheit infi-
zierte, sondern auch in kürzester Zeit tötete. Davon konnten sich 18
meine Augen, wie ich soeben gesagt habe, überzeugen: Die Lumpen
eines armen Mannes, der an der Krankheit gestorben war, waren auf
die Straße geworfen worden, als zwei Schweine herankamen und,
wie sie es zu tun pflegen, mit den Pfoten und der Schnauze darin
wühlten; nach kurzer Zeit drehten sie sich einige Male um sich selbst,
als wären sie vergiftet, und fielen beide tot auf die verhängnisvollen
Lumpen. Diese und ähnliche oder schlimmere Vorfälle erzeugten 19
Angstvorstellungen bei den Überlebenden; und fast alle kannten nur
noch ein grausames Ziel: die Kranken und ihre Dinge zu meiden und
zu fliehen; auf diese Weise glaubte ein jeder, sein Heil zu finden. Eini- 20
ge waren der Meinung, dass man einem derartigen Unglück am bes-
ten widerstehen könnte, wenn man bescheiden und ohne Überfluss
lebte; sie schlossen sich also zusammen und lebten getrennt von den
übrigen; sie zogen sich in die Häuser zurück und schlossen sich ein,
wo es keine Kranken gab. Um ein besseres Leben zu führen, nahmen
sie maßvoll erlesene Speisen und die besten Weine zu sich, vermie-
den die Schwelgerei; ohne mit irgendjemandem von draußen zu
sprechen oder auf ein Begehren einzugehen, ohne Nachrichten von
Tod und Krankheit an sich heranzulassen, blieben sie bei Musik und
den Vergnügungen, denen sie nachgehen konnten, unter sich. Andere 21
waren gegenteiliger Ansicht. Sie behaupteten, dass die beste Medizin
gegen das Übel sei, ordentlich zu trinken, zu genießen, vergnüglich
umherzuziehen, jedes nur mögliche Gelüst zu befriedigen und sich
über alles, was passierte, lachend hinwegzusetzen. Und was sie sag-
ten, setzten sie, so gut sie konnten, in die Tat um, indem sie Tag und
Nacht von einem Wirtshaus ins andere zogen, ohne Maß und Ziel

tranken; noch lieber zogen sie von einem ihrer Häuser ins nächste
und sie bekamen dort immer nur das zu hören, was ihnen passte oder
22 erwünscht war. Das konnten sie umso leichter tun, weil ein jeder, als
sollte er nicht weiterleben, sich und seinen Besitz aufgegeben hatte;
so waren die meisten Häuser Allgemeingut geworden und ein Frem-
der benutzte sie, wenn es sich traf, wie der eigentliche Herr sie benutzt
hätte; aber trotz ihrer tierischen Lebensweise mieden sie, so sie nur
23 konnten, die Kranken. Und in diesem Elend und Leid unserer Stadt
war die ehrwürdige Autorität der göttlichen und menschlichen Ge-
setze nahezu zusammengebrochen und ganz und gar aufgelöst, weil
ihre Diener und Vollstrecker wie alle übrigen Menschen entweder alle
tot oder erkrankt oder ihres Gefolges beraubt waren, so dass sie ihres
Amtes nicht walten konnten. Daher war es einem jeden erlaubt zu
24 tun, was ihm passte. Viele folgten einem mittleren Weg zwischen
den beiden oben beschriebenen Lebensweisen: Weder wählten sie
ihre Lebensmittel so streng aus wie die einen, noch ließen sie sich
beim Trinken und bei anderen Ausschweifungen so weit gehen wie
die anderen; sie konsumierten in ausreichendem Maß, wonach sie
Verlangen spürten; sie schlossen sich nicht ein, sondern spazierten
umher, mit Blumen in den Händen oder duftenden Kräutern oder
verschiedenen Arten von Gewürzen; diese führten sie häufig zur
Nase, weil sie glaubten, es täte gut, das Gehirn mit solchen Düften zu
erquicken, weil die Luft, vom Gestank der Leichen und der Kranken
25 und der Medikamente gesättigt, unerträglich erschien. Andere vertra-
ten die grausamere Ansicht, von der sie sich mehr Schutz verspra-
chen, es gäbe keine andere und bessere Medizin gegen Pestseuche als
sich davonzumachen; dieses Argument bewog zahlreiche Männer
und Frauen, sich um nichts anderes als sich selbst zu kümmern und
die eigene Stadt, die eigenen Häuser, ihre Orte, ihre Verwandten und
alle ihre Dinge zu verlassen und eine andere Umgebung oder wenigs-
tens das Umland von Florenz aufzusuchen; als ob Gottes Zorn die
Bosheit der Menschen mit der Pest nicht überall dorthin, wo sie sich

aufhielten, strafend verfolgte, sondern nur darauf gerichtet wäre, die Menschen, die sich innerhalb der Stadtmauern aufhielten, zu bedrängen; vielleicht meinten sie aber auch, dass niemand mehr in der Stadt bleiben durfte und deren letzte Stunde geschlagen hatte.

Trotz dieser verschiedenen Lebensweisen kamen weder alle da- 26
von noch starben alle; allerorts erkrankte eine Vielzahl von Menschen
aus allen drei Gruppen: Von allen übrigen verlassen, erlagen sie ihrem
Siechtum, denn als sie selbst noch gesund waren, hatten sie den Ge-
sunden ja das Vorbild gegeben. Es war nun einmal so, dass ein Bürger 27
dem anderen aus dem Weg ging, dass kaum ein Nachbar sich um den
anderen kümmerte und dass Verwandte einander nur noch selten
oder überhaupt nicht mehr und aus der Ferne sahen. Die Plage hatte
Männer und Frauen im Innersten derart verstört, dass der Bruder den
Bruder, der Onkel den Neffen, die Schwester den Bruder und häufig
die Ehefrau ihren Mann im Stich ließ; und schlimmer noch und fast
nicht zu glauben ist es, dass Väter und Mütter davor zurückschreck-
ten, ihre Kinder, als wären sie nicht von ihnen, aufzusuchen und ih-
nen zu helfen. Deswegen blieben einer unschätzbaren Zahl von Män- 28
nern und Frauen, die erkrankten, entweder die Unterstützung durch
die Nächstenliebe der Freunde – das waren nur wenige – oder die
Habgier der Diener; diese wurden durch hohe und ungebührliche
Löhne angezogen, ohne die viele es nicht getan hätten; es waren dann
Männer oder Frauen von rohem Wesen, die für solche Dienste nicht
geeignet waren und die nichts anderes taten, als den Kranken auf Ver-
langen einige Dinge zu reichen, und zusahen, wenn sie starben. Von
denen, die solchen Dienst leisteten, gingen viele samt ihrem Ver-
dienst zugrunde. Aus der Tatsache, dass die Kranken von Nachbarn, 29
Verwandten und Freunden im Stich gelassen wurden und die Diener-
schaft rar geworden war, verbreitete sich ein nie zuvor gehörter
Brauch: Keine wie immer anmutige, schöne oder edle Frau, die er-
krankt war, störte sich daran, wenn ihr ein Mann, sei es ein Jüngling
oder irgendein anderer, zu Diensten stand; und sie empfand keine

Scham, ihm, wie sie es bei einer Frau getan hätten, alle Teile ihres
Körpers zu zeigen, wenn ihre Krankheit es erforderte. Vielleicht war
das die Ursache, dass das Ehrgefühl der Überlebenden vermindert
30 war. Darüber hinaus starben viele aus Zufall, die überlebt hätten, hät-
te man ihnen geholfen; weil also die notwendige Hilfe den Kranken
nicht zugänglich war oder weil die Seuche so heftig wütete, war die
Zahl der Toten bei Tag und bei Nacht so hoch, dass man nur mit Ent-
31 setzen davon hören oder es gar mit ansehen konnte. Unter den Über-
lebenden breiteten sich zwangsläufig Verhaltensweisen aus, die im
Widerspruch zu den überlieferten Bräuchen standen.

32 Es war ein Brauch, der noch heute üblich ist, dass Frauen aus der
Nachbarschaft und der Verwandtschaft sich im Haus eines Toten ver-
sammelten, um mit den nächsten Angehörigen zu trauern; vor dem
Haus versammelten sich indessen die Nachbarn des Toten, seine Ver-
wandten und zahlreiche Bürger; je nach Ansehen des Verstorbenen
kam auch der Klerus hinzu; und der Tote wurde von seinesgleichen in
einer feierlichen Trauerprozession zu der von ihm vor seinem Tod
33 ausgewählten Kirche getragen. Als die Pest immer verheerender wü-
tete, wurde dieser Brauch ganz oder weitgehend eingestellt; andere
34 Bräuche kamen stattdessen auf. Nicht nur starben die Leute, ohne
dass viele Frauen zusammenkamen, viele schieden auch aus dem Le-
ben ohne jeden Beistand; nur wenigen waren barmherzige Klagen
und bittere Tränen der Angehörigen vergönnt; stattdessen waren zu-
meist fröhliches Gelächter und Späße zu vernehmen. Diesen Brauch
hatten auch die Frauen, die größtenteils das weibliche Mitgefühl zu-
rückgesetzt hatten, zu ihrem eigenen Wohlergehen bestens erlernt.
35 Selten geschah es, dass die Toten von mehr als zehn oder zwölf Nach-
barn zur Kirche begleitet wurden. Es waren keine ehrenwerten und
angesehenen Bürger, die die Bahre trugen, sondern eine Art von Lei-
chenbestattern, die aus dem einfachen Volk kamen, sich Totengräber
nannten und sich für ihre Dienste bezahlen ließen. Und hastig trugen
sie den Toten nicht zu der Kirche, die er vor seinem Tod bestimmt

hatte, sondern zu der nächstliegenden; fast ohne Licht folgten sie vier
oder sechs Klerikern, manchmal auch gar keinem; mit Hilfe der To-
tengräber legten diese ihn rasch in irgendein leeres Grab, ohne sich
lange mit einer Zeremonie aufzuhalten.

Schaute man auf die kleinen und auf die meisten einfachen Leute, 36
so war ihr Elend noch viel größer; denn aus Hoffnung oder Armut
blieben sie in ihren Häusern oder in ihrem Viertel und erkrankten
tagtäglich zu Tausenden; und da man ihnen weder Pflege noch ir-
gendeine Hilfe anbot, starben sie alle in kürzester Zeit. Zahlreich ver- 37
endeten sie bei Tag und Nacht auf den Straßen; viele, die in ihren
Häusern dahinschieden, machten die Nachbarn erst durch den Ver-
wesungsgeruch ihrer Leichname auf ihren Tod aufmerksam. Auf die
eine oder die andere Weise starben sie alle und lagen überall. Die 38
Nachbarn entledigten sich der Toten häufig auf die gleiche Art; die
Furcht, durch die verwesenden Körper angesteckt zu werden, trieb
sie nicht weniger an als die Pietät gegenüber den Abgeschiedenen. So 39
trugen sie selbst und mit der Hilfe von Trägern, sofern es welche gab,
die Körper der Verblichenen aus den Häusern und legten sie vor dem
Ausgang nieder, wo sie ein Passant besonders des Morgens in großer
Zahl hätte sehen können. Dann ließen sie Tragen kommen, und man-
gels solcher wurde manch einer auch auf ein Brett gelegt. Und auf
mehr als einer Trage lagen zwei oder drei, und mehr als einmal lagen
die Ehefrau neben dem Mann, zwei oder drei Geschwister oder Vater
und Sohn oder auch andere Leichname beieinander. Unzählige Male 40
geschah es, dass, wenn zwei Priester mit einem Kreuz einer Bahre
voranschritten, sich drei oder vier weitere Bahren, von Trägern getra-
gen, anschlossen; wo die Priester einen Toten zu beerdigen dachten,
hatten sie es mit sechs oder acht oder manchmal noch mehr zu tun.
Nichtsdestoweniger wurden den Toten weder Klagen noch Kerzen 41
noch ein Geleit zuteil; es war schließlich so weit gekommen, dass
man sich um die Gestorbenen nicht anders als heutzutage um tote
Ziegen bekümmerte. Daraus ist deutlich zu entnehmen, dass der na-

türliche Lauf der Dinge die Weisen nicht dazu hatte bringen können,
seltenes und geringfügiges Pech geduldig zu ertragen, und dass gro-
ßes Unglück sogar einfache Menschen dazu bringt, es nicht zu beach-
42 ten und sich nicht darob zu bekümmern. Es zeigte sich, dass die Grä-
ber in geweihter Erde für die große Zahl an Leichnamen, die täglich
und fast stündlich zu den Kirchen gebracht wurden, nicht ausreich-
ten, besonders wenn man nach altem Brauch einem jeden eine eigene
Grabstätte geben wollte. Da die Friedhöfe voll waren, hob man große
Gruben aus und legte die anfallenden Toten zu Hunderten hinein;
dort stapelte man sie, Lage auf Lage, wie die Waren in Schiffen, und
43 streute wenig Erde darüber, bis die Grube gefüllt war. Um nicht wei-
tere Einzelheiten aus dem Leid, das unserer Stadt zugestoßen ist, aus-
zubreiten, füge ich hinzu, dass die verhängnisvollen Ereignisse, von
denen die Stadt überzogen wurde, das umliegende Land in keiner
Weise verschonten. Lassen wir die befestigten Orte außer acht,
wo man ähnlich wie in der Stadt lebte; aber in den verstreuten Behau-
sungen auf dem offenen Land starben die armen und elenden Bauern
und ihre Familien, um die sich kein Arzt und kein Dienstbote küm-
merte, ob auf den Straßen, auf den Feldern, in den Häusern, ob bei
44 Tag oder bei Nacht nicht wie Menschen, sondern wie das Vieh. Wie
die Städter vernachlässigten auch sie ihre Sitten und Gebräuche und
kümmerten sich um gar nichts mehr: Als ob sie allein auf den Tag ih-
res Todes warteten, sorgten sie sich weder um das Gedeihen des
Viehs und der Felder noch um die Früchte ihrer Arbeit, sondern dach-
45 ten nur daran, das zu verzehren, wonach sie greifen konnten. So ge-
schah es, dass Rinder, Esel, Schafe, Ziegen, Schweine, Hühner und
selbst die dem Menschen treu ergebenen Hunde, die von den Höfen
gejagt worden waren, frei durch die Felder zogen, wo das Getreide
46 nicht geschnitten und geerntet wurde; nachdem sie sich tagsüber ihre
Nahrung gesucht hatten, kehrten am Abend viele von ihnen, als besä-
ßen sie Vernunft und ohne dass ein Hirte sie geführt hätte, gesättigt
47 auf ihre Höfe zurück. Kehren wir vom Land in die Stadt zurück, so

muss man sagen, dass die grausame Wirkung der Sterne oder viel-
leicht auch der Menschen dazu führte, dass innerhalb der Mauern von
Florenz zwischen den Monaten März und Juli desselben Jahres durch
die Pestseuche und wegen der mangelnden Hilfe und Pflege vieler
Kranker, die von den Gesunden ängstlich im Stich gelassen wurden,
sicherlich über hunderttausend Menschen ihr Leben verloren. Hätte
man geglaubt, dass so viele Menschen vor der tödlichen Seuche über-
haupt in der Stadt gelebt hätten? Wie viele prächtige Paläste, wie viele 48
schöne Häuser, wie viele edle Anwesen, wo vormals große Familien,
Herren und Damen wohnten, waren all ihrer Bewohner bis auf den
letzten Diener beraubt! Wie viele denkwürdige Geschlechter, wie
viele umfangreiche Nachlässe, wie viele berühmte Reichtümer blie-
ben ohne gebührenden Nachfolger! Wie viele tüchtige Männer, wie
viele schöne Frauen, wie viele anmutige Jünglinge, die sogar Galen,
Hippokrates oder Äsculap für kerngesund gehalten hätten, speisten
in der Frühe noch mit ihren Verwandten, Gefährten und Freunden
und saßen am Abend des gleichen Tages gemeinsam mit ihren Vor-
fahren an einem Tisch im Jenseits!

Mich selbst schmerzt es, dass ich so ausführlich von diesem Elend 49
berichtet habe. Daher will ich auf weitere Einzelheiten schicklicher-
weise verzichten und diesen Teil meiner Erzählung hinter mir lassen.
Als es nun derart um unsere Stadt bestellt war und kaum noch je-
mand in ihr wohnte, geschah es – wie ich aus glaubwürdigem Munde
gehört habe –, dass sich an einem Dienstagmorgen in der ehrwürdi-
gen Kirche Santa Maria Novella, als die Gottesdienste, die den Um-
ständen entsprechend in Trauergewändern stattfanden, beendet wa-
ren und sich niemand mehr in der Kirche aufhielt, sieben junge Da-
men einfanden, die einander durch Freundschaft oder Nachbarschaft
oder Verwandtschaft verbunden waren; keine von ihnen war älter als
achtundzwanzig oder jünger als achtzehn Jahre; eine jede war klug,
edlen Blutes, von schöner Gestalt, ausgestattet mit guten Sitten und
anmutigem Anstand. Ihre eigentlichen Namen würde ich euch mit- 50

teilen, wenn nicht ein guter Grund mich zurückhielte: Ich will nämlich nicht, dass durch die Dinge, die sie im folgenden erzählen und denen sie zuhören, irgendein Makel auf sie fällt. Heute nämlich sind dem Vergnügen sehr enge Grenzen gesetzt; aus den oben genannten Gründen waren diese für ihr Alter und für noch viel Ältere sehr großzügig; und ich will den Neidern keinen Stoff liefern, denn sie sind immerzu begierig, eine jede lobenswerte Lebensweise zu kritisieren und das anständige Verhalten der rechtschaffenen Frauen mit schmutzi-
51 gen Reden herabzusetzen. Damit nun eine jede nach ihrer Redeweise leicht zu verstehen ist, möchte ich ihnen Namen geben, die ihrem Wesen ganz oder zum Teil entsprechen. Die erste, die auch die älteste war, nennen wir Pampinea und die zweite Fiammetta, Filomena die dritte und Emilia die vierte; Lauretta soll die fünfte heißen und Neifile die sechste; die letzte nennen wir nicht ohne Grund Elissa.

52 Diese sieben trafen sich nicht in einer bestimmten Absicht, sondern mehr zufällig in der Kirche und setzten sich in einer Runde zusammen. Nachdem sie seufzend ihre Vaterunser beendet hatten, sprachen sie miteinander über das gegenwärtige Geschehen und
53 manch andere Dinge. Nach einer Weile, als alle übrigen schwiegen, hub Pampinea wie folgt an zu sprechen: »Wie ich werdet auch ihr, liebe Frauen, schon häufig gehört haben, dass es niemandem schadet, wenn er seine Vernunft auf anständige Weise gebraucht. Ein jeder, der in diese Welt geboren wird, besitzt das natürliche Recht, sein Leben zu fördern, zu bewahren und zu schützen; und dies geht sogar so weit, dass sich Menschen mitunter, um ihr Leben zu retten, getötet
54 haben. Wenn die Gesetze, die für das Wohlergehen eines jeden Sterblichen zu sorgen haben, das zugestehen, ist es umso billiger, wenn wir oder andere, ohne jemanden zu verletzen, so gut wir können, Mittel
55 ergreifen, um unser Leben zu erhalten. Wenn ich daran denke, wie wir diesen Vormittag und andere zuvor verbracht und worüber wir gesprochen haben, so bemerke ich, was auch ihr selbst bemerken könnt, dass eine jede von uns sich vor sich selbst fürchtet. Das er-

staunt mich nicht, jedoch wundert es mich, dass, obwohl wir alle die
Urteilsfähigkeit der Frauen besitzen, keine von euch ein Mittel dage-
gen ergriffen hat, was jede von euch zu Recht fürchtet. Nach meiner 56
Ansicht bleiben wir immer noch hier, als ob wir bezeugen wollten
oder sollten, wie viele Leichname hier zu Grabe getragen werden; als
ob wir zuhören sollten, ob die Mönche, deren Zahl auf weniger als
wenige zusammengeschmolzen ist, ihre Gebete zu den vorgeschrie-
benen Stunden singen; als ob wir jedem, der uns begegnet, mit unse-
ren Kleidern den Umfang und die Größe unseres Elends vorführen
sollten. Wenn wir vor die Kirche treten, so sehen wir tote oder kranke 57
Menschen, die umhergetragen werden; oder wir sehen Menschen, die
kraft Gesetzes wegen ihrer Vergehen verurteilt worden sind und die
hohnlachend und bedrohlich durch die Straßen ziehen, weil sie ge-
hört haben, dass die Vollstrecker der Gesetze entweder tot oder tod-
krank sind; oder wir sehen den Abschaum der Stadt, der nach unse-
rem Blut lechzt, sich als Totengräber ausgibt und zu unserem Ärger
krakeelend umherzieht und uns mit anzüglichen Liedern unser Un-
glück vor Augen führt. Wir vernehmen nichts anderes als ›die So- 58
undso sind tot‹ oder ›die liegen im Sterben‹; wie bestellt hören wir
Jammern und Weinen von allen Seiten. Kommen wir nach Hause, so 59
weiß ich nicht, ob es euch genauso wie mir ergehen wird: Obwohl wir
eine große Familie waren, finde ich zu Hause allein noch meine Die-
nerin; mich schaudert es und alle meine Haare sträuben sich; wohin
ich mich im Haus wende oder wo ich mich aufhalte, glaube ich, die
Schatten der Dahingeschiedenen zu sehen – aber nicht mit dem ver-
trauten Aussehen, sondern in einer mich unerwartet beängstigenden
und schrecklichen Erscheinung. Aus diesen Gründen fühle ich mich 60
weder hier drinnen noch draußen noch zu Hause wohl; dies umso
mehr, weil es so aussieht, als gäbe es niemanden außer uns selbst, der
noch einigermaßen bei Kräften wäre und an den wir uns wenden
könnten. Und wenn tatsächlich einige übriggeblieben sind, so habe 61
ich gehört und mehrfach beobachtet, dass diese die Unterscheidung

zwischen anständigem und unanständigem Benehmen aufgegeben
haben und allein ihrem Verlangen folgen; allein oder in Gesellschaft
tun sie bei Tag und bei Nacht das, was ihnen das größte Vergnügen
62 verspricht. Und das gilt nicht nur für die Laien; auch die in Klöstern
abgeschlossen leben, glauben, dass auch ihnen zusteht, was die ande-
ren sich nicht versagen, brechen das Gesetz des Gehorsams und geben
sich den fleischlichen Genüssen hin; sie haben sich der Schamlosig-
keit und der Ausschweifung ergeben und meinen davonzukommen.
63 Und wenn es so ist, wie es ist, was tun wir noch hier, worauf warten
wir, was stellen wir uns vor? Warum verfolgen wir langsamer und
nachlässiger unser Wohlergehen als alle übrigen Bürger? Halten wir
uns etwa für weniger kostbar als alle übrigen Frauen? Oder glauben
wir, dass unser Leben mit stärkeren Banden an den Körper gebunden
sei als bei den anderen, und dass wir keine Kraft zu fürchten brau-
64 chen, die es verletzen könnte? Wie können wir nur so dumm sein,
das anzunehmen – wir täuschen uns und sind im Irrtum! Wie oft wir
uns auch vergegenwärtigen wollten, wie viele und welche jungen
Männer und Frauen durch diese grausame Pestseuche besiegt wur-
65 den, so oft liegt der Beweis vor unseren Augen. Damit wir nun nicht
aus Nachlässigkeit oder Trotz darauf verfielen, wir könnten, wollten
wir nur, durch irgendeinen glücklichen Zufall davonkommen, so
möchte ich wissen, ob euch wie mir selbst folgendes richtig erschiene.
Ich hielte es in unserer Situation für das Beste, diese Stadt zu verlas-
sen, so wie es viele vor uns getan haben und tun, und dass wir wie den
Tod selbst die schändlichen Beispiele der anderen fliehen und uns in
allem Anstand auf unsere Güter im Umland zurückziehen, die wir
alle ausreichend besitzen; dort sollten wir hingehen und dort sollten
wir, ohne in unserem Tun die Grenzen des Vernünftigen zu über-
schreiten, festlich und vergnüglich die Tage miteinander verbringen.
66 Dort hört man den Gesang der Vögel, man schaut das Grün von Hü-
geln und Ebenen und die Meereswogen der Getreidefelder, tausend
Arten von Bäumen; der Himmel ist offen – und wie erzürnt er auch

sein mag, so stellt er seine ewigen Schönheiten zur Schau, die schöner
anzusehen sind als die leeren Mauern unserer Stadt. Darüber hinaus 67
ist die Luft dort frischer; von den Dingen, die in diesen Zeiten lebens-
notwendig sind, gibt es dort weitaus mehr, aber die Zahl der Schere-
reien ist geringer. Obwohl die Landleute dort ebenso dem Tode ver- 68
fallen sind wie hier die Stadtbewohner, ist es weniger unangenehm,
weil die Häuser und die Bewohner weiter voneinander entfernt sind
als in der Stadt. Wenn ich es recht sehe, so verlassen wir hier nieman- 69
den, wir selbst können uns vielmehr als von allen verlassen bezeich-
nen; denn die Unsrigen, die starben oder dem Tod entkamen, haben
uns, als gehörten wir nicht zu ihnen, in großem Unglück zurückgelas-
sen. An unserem Entschluss ist nichts auszusetzen; folgen wir ihm 70
aber nicht, so könnte uns Schmerz und Trübsal überkommen. Des- 71
wegen tun wir gut daran – wenn es euch beliebt –, unsere Dienerin-
nen aufzufordern, uns mit den notwendigen Sachen zu folgen, um
uns heute auf diesem Gut, morgen auf einem anderen so zu vergnü-
gen und zu unterhalten, wie es in diesen Zeiten möglich ist; wir soll-
ten dort so lange bleiben, bis wir sehen, welches Ende der Himmel für
diese Ereignisse vorgesehen hat – falls der Tod uns nicht zuvor schon
erfasst hat. Und erinnert euch daran, es ist für uns nicht unehrenhaf- 72
ter, auf schickliche Weise wegzugehen, als für viele andere Frauen, in
unschicklicher Weise hier weiterzuleben.«

Als Pampinea ihre Rede beendet hatte, hießen die übrigen Frauen 73
ihren Vorschlag nicht nur gut, sondern waren begierig, ihn in die Tat
umzusetzen, und hatten schon damit begonnen, unter sich über das
Wie zu verhandeln, und dass sie unverzüglich aufbrechen und sich
auf den Weg machen wollten.

Filomena aber, die sehr gescheit war, sagte: »Meine Damen, ob- 74
wohl Pampinea einen ausgezeichneten Vorschlag gemacht hat, kön-
nen wir ihn nicht so einfach, wie ihr es gerade tun wollt, in die Tat
umsetzen. Denkt daran, dass wir Frauen sind und dass keine von uns
so kindisch ist, dass sie nicht wissen könnte, wie vernünftig Frauen

ohne die Lenkung eines Mannes miteinander umgehen und sich auf-
75 führen. Wir sind launisch, widerspenstig, argwöhnisch, verzagt und
ängstlich. Deswegen bezweifle ich sehr, ob sich unsere Gesellschaft,
falls wir uns allein unserer eigenen Führung anvertrauen, nicht bald
und weniger ehrenvoll als notwendig auflösen würde; also sollten
wir hierüber nachdenken, bevor wir uns aufmachen.«

76 Darauf sagte Elissa: »In der Tat sind die Männer der Kopf der Frau-
en und ohne ihre Entscheidung bringen wir nur selten eines unserer
Unternehmen zu einem lobenswerten Abschluss. Aber wie kommen
77 wir an diese Männer? Jede weiß, dass der größere Teil ihrer männli-
chen Angehörigen tot ist und dass die Überlebenden, ohne dass wir
wüssten wo, sich da und dort bei verschiedenen Freunden aufhalten,
und dass auch sie das fliehen, was wir zu fliehen versuchen. Es wäre
unschicklich, fremde Männer zu nehmen. Wenn wir uns also retten
wollen, so sollten wir es so organisieren, dass wir nicht Verdruss und
Ärger finden, wenn wir Unterhaltung und Muße suchen.«

78 Während die Frauen dies miteinander besprachen, traten mit ein-
mal drei junge Männer in die Kirche, von denen der jüngste wohl
nicht weniger als fünfundzwanzig Jahre zählte. Weder die Verderbt-
heit der Zeit noch der Verlust der Freunde oder der Verwandten noch
die Furcht um das eigene Leben hatten die Glut der Liebe in ihnen lö-
79 schen oder abkühlen können. Der eine hieß Panfilo, der zweite Filo-
strato und der letzte Dioneo; ein jeder hatte ein einnehmendes und
sittsames Wesen. In dem allgemeinen Durcheinander suchten sie als
einzigen Trost den Anblick der geliebten Frauen, die glücklicherweise
alle drei unter den sieben versammelten anzutreffen waren; einige
80 von ihnen zählten auch zu ihren Verwandten. Bevor sie die Frauen er-
blickten, hatten diese sie schon gesehen; und Pampinea warf lächelnd
ein: »Fortuna ermöglicht uns ja schon die Planung und präsentiert
uns gescheite und tüchtige Jünglinge, die uns gerne führen und die-
nen werden, sofern wir nicht abgeneigt sind, ihnen diese Aufgabe zu
übertragen.«

Neifile war schamrot geworden, weil sie eine von denjenigen war, 81
die einer der Jünglinge liebte, und erwiderte: »Bei Gott, Pampinea,
pass auf, was du sagst. Ich kann über alle drei nichts anderes als Gutes 82
sagen und glaube überdies, dass das noch nicht ausreicht; ebenso
glaube ich, dass sie eine gute und angemessene Gesellschaft nicht nur
für uns, sondern für noch schönere und liebenswertere Frauen wären,
als wir es sind. Aber weil sie offenbar in einige von uns verliebt sind, 83
befürchte ich, dass es uns Schmach und Tadel ohne unsere Schuld ein-
bringen würde, wenn wir sie mitnähmen.« Nun sagte Filomena: »Das 84
ist unwichtig; denn wenn ich ehrenhaft lebe und mich das Gewissen
nicht plagt, möge wer will das Gegenteil behaupten: Gott und die
Wahrheit werden die Waffen für mich ergreifen. Wären jene bereit, 85
mit uns zu kommen, so können wir tatsächlich, wie Pampinea mein-
te, sagen, dass Fortuna unseren Auszug begünstigt.« Als die anderen 86
Frauen dies hörten, schwiegen sie nicht nur, sondern willigten alle
ein, dass die drei herbeigerufen, ihnen das Vorhaben mitgeteilt und
sie gefragt würden, ob es ihnen gefiele, die Gesellschaft zu begleiten.
Ohne viele Worte stand Pampinea, die mit einem der jungen Männer 87
verwandt war, auf, wandte sich den dreien zu, die ihre Blicke auf die
Frauen geworfen hatten, und begrüßte sie freundlich. Sie offenbar-
te ihnen den Plan und bat sie im Namen aller Frauen, dass sie sich
mit lauterem und brüderlichem Sinn ihrer Gesellschaft anschließen
möchten. Zuerst glaubten die jungen Männer, man verspotte sie; als 88
sie aber bemerkten, dass die Dame es ernst meinte, antworteten sie
freundlich, dass sie dazu bereit seien; und ohne noch abzuwarten, ga-
ben sie die nötigen Anweisungen, um den Aufbruch vorzubereiten.
Nachdem alles Notwendige vorbereitet und vorausgeschickt worden 89
war, machten sich die Frauen mit einigen ihrer Dienerinnen und die
drei Jünglinge mit drei Dienern bei Anbruch des nächsten Tages, ei-
nes Mittwochs, auf den Weg aus der Stadt. Sie zogen nicht weiter als
zwei Meilen und kamen an den zuerst ausgewählten Ort.

Dieser Ort lag auf einem kleinen Hügel weit entfernt von allen 90

Straßen, umgeben von verschiedenen, grün prangenden und gefällig
anzuschauenden Sträuchern und Pflanzen; ganz oben auf dem Hügel
stand ein Palast mit einem großen Innenhof, umgeben von Loggien,
Sälen und Zimmern; jeder Raum war aufs angenehmste ausgestattet
und mit hellen Malereien ausgeschmückt; umgeben war der Palast
von Wiesen und wunderbaren Gärten mit Brunnen voll frischen
Wassers und Gängen mit kostbaren Weinen – die erprobten Trinkern
91 dienlicher waren als enthaltsamen und gesitteten Damen. Zu ihrem
nicht geringen Wohlgefallen fand die eintreffende Gesellschaft, dass
alles gereinigt und die Betten in den Zimmern vorbereitet, die Blu-
men der Jahreszeit aufgestellt und die Böden mit Binsenmatten aus-
gelegt waren.

92 Kaum angekommen ließen sich alle nieder, und Dioneo, ein über-
aus gefälliger und wortgewandter junger Mann, sagte: »Meine Da-
men, eure Vernunft hat mehr dazu getan, uns hierher zu führen, als
93 unsere Klugheit. Ich weiß nun nicht, was ihr hier zu tun gedenkt. Ich
jedenfalls habe alle meine Sorgen hinter den Toren der Stadt zurück-
gelassen, als ich mit euch vor kurzem hinausgezogen bin. Deswegen
stellt euch, soweit es natürlich eure Würde zulässt, darauf ein, euch
mit mir zu amüsieren, zu lachen und zu singen, oder erlaubt mir, dass
ich mit meinen Gedanken und Sorgen wieder in die bedrängte Stadt
94 zurückkehre.« Pampinea, die ihrerseits auch alle sorgenvollen Gedan-
ken abgeschüttelt hatte, gab heiter zur Antwort: »Vortrefflich ist es,
was du sagst, Dioneo! Wir wollen uns vergnügen – aus diesem Grund
95 sind wir dem traurigen Elend entronnen. Da aber das, was maßlos be-
trieben wird, nicht lange anhält, denke ich, die ich mit meinen Reden
den Anstoß zu unserem glücklichen Beisammensein gegeben habe,
dass wir uns, um unserem Vergnügen Dauer zu verleihen, auf einen
Prinzeps einigen sollten, den wir als unseren Vorsitzenden achten
und dem wir gehorchen, und der alle seine Gedanken darauf zu rich-
96 ten hat, dass wir ein vergnügliches Leben führen. Damit ein jeder das
Gewicht dieser Verpflichtung und den Genuss des Vorsitzes spüre,

und damit, wenn dies der Fall ist, keiner von uns neidisch werden kann, schlage ich vor, dass einem jeden die Verpflichtung und die Ehre zusteht. Wer heute der erste sein soll, liegt in unserer aller Wahl; an den kommenden Tagen wird, wenn der Abend niedersinkt, derjenige oder diejenige, die die Herrschaft an diesem Tag innegehabt haben, den Nachfolger oder die Nachfolgerin auswählen. Für die Dauer der Herrschaft bestimmt und verfügt der oder die Ausgewählte nach seinem Willen, wo und wie wir miteinander leben.«

Diese Worte gefielen sehr, und Pampinea wurde einstimmig zur 97
Herrscherin des ersten Tages gewählt. Filomena lief rasch zu einem Lorbeerbaum – denn sie hatte schon wiederholt gehört, wie dessen Zweige ehrenvoll geweiht worden waren, und wie ehrenvoll sie dem anstanden, der verdientermaßen mit ihnen gekrönt wurde –, brach einige Zweige ab und flocht daraus einen ansehnlichen und würdevollen Kranz, den sie ihr auf das Haupt setzte. Dieser Kranz blieb, solange sie beisammen waren, für jeden, der ihn trug, das Zeichen der königlichen Herrschaft und Auszeichnung.

Nachdem Pampinea zur Königin gewählt worden war, befahl sie, 98
dass ein jeder still sei; und nachdem sie auch die Diener der drei Jünglinge und die vier Dienerinnen der Frauen hinzugerufen hatte und alle schwiegen, sprach sie: »Ich möchte als erste dafür Sorge tragen, dass unsere Gesellschaft im Rahmen der Sittsamkeit und ohne Schande gut und vergnüglich so lange miteinander leben kann, wie es uns gefällt. Deswegen setze ich als erstes Parmeno, den Diener Dioneos, als meinen Seneschall ein und übergebe ihm Aufsicht und Obhut unseres Hausstandes und die Sorge für die Mahlzeiten. Sirisco, der Die- 99
ner Panfilos, soll unser Speise- und Schatzmeister sein und die Anweisungen Parmenos befolgen. Tindaro, der im Dienste Filostratos steht, möge auch den beiden anderen Herren in den Zimmern zur Verfügung stehen, sofern deren Diener durch ihre neuen Aufgaben darin behindert werden. Meine Dienerin Misia und Liscica, die Die- 100
nerin Filomenas, werden beständig in der Küche arbeiten und sorg-

101 fältig die Speisen zubereiten, die Parmeno ausgesucht hat. Laurettas
Chimera und Fiammettas Stratilia sollen die Pflege der Zimmer der Damen übernehmen und die Reinigung der Räume, in denen wir uns aufhalten. Und damit ein jeder von uns unser Wohlergehen im Sinn behält, wünschen und befehlen wir, dass, wohin auch immer ein jeder geht und woher er kommt, was immer er hört oder sieht, er uns keine andere als eine erfreuliche Neuigkeit zutragen möge.«

102 Nachdem sie diese Anordnungen kurz und bündig getroffen hat-
te, die von allen gebilligt wurden, stand sie munter auf und sagte: »Hier gibt es Gärten, Wiesen und genug andere erquickliche Orte, wo ein jeder nach seinem Belieben lustwandeln kann; wenn die dritte Stunde schlägt, finden wir uns wieder hier ein, um noch im Kühlen zu speisen.«

103 Die muntere Schar der jungen Damen und Herren war von ihrer
neuen Königin entlassen worden; in heiteren Gesprächen gingen sie
gemächlichen Schrittes durch den Garten, flochten schmucke Kränze
104 aus verschiedenem Laubwerk und sangen Liebeslieder. Als die Zeit,
die die Königin ihnen gegeben hatte, verflossen war, kehrten sie zum Haus zurück und sahen, dass Parmeno seinem Amt mit Fleiß nachgegangen war. Denn als sie einen ebenerdigen Saal betraten, sahen sie, dass die Tische mit glänzend weißen Tüchern und silbernen Bechern gedeckt und mit Ginsterblüten geschmückt waren. Nachdem ihnen Wasser für die Hände gereicht worden war, nahmen sie nach der Auf-
105 forderung der Königin und der Zustimmung Parmenos Platz. Köstlich
zubereitete Speisen und ausgesuchte Weine wurden dargereicht; al-
106 lein die drei Diener bedienten schweigend die Tische. Alle waren er-
freut über diese wohlgeordneten und angenehmen Dinge und begleiteten die festliche Mahlzeit mit heiteren Reden. Als die Tafel aufgehoben wurde, ließ die Königin Musikinstrumente herbeibringen, denn die Damen wie die Herren verstanden sich aufs Tanzen, und einige von ihnen wussten bestens zu spielen und zu singen. Auf Pampineas Gebot ergriffen Dioneo eine Laute und Fiammetta eine Viola und

spielten eine liebliche Weise. Die Königin und die übrigen Damen bil- 107
deten zusammen mit den zwei Herren einen Reigen; und, nachdem
sie die Diener zum Essen geschickt hatten, tanzten sie langsamen
Schrittes; anschließend stimmten sie anmutige und heitere Lieder an.
Sie tanzten und sangen, bis es der Königin an der Zeit erschien, sich 108
schlafen zu legen; und mit ihrer Zustimmung gingen die drei Jünglin-
ge in ihre Zimmer, die von denjenigen der Frauen getrennt lagen, und
wo sie frisch bereitete Betten und Blumenschmuck wie in den übri-
gen Räumen fanden; gleichermaßen gingen die Frauen in ihre Zim-
mer und entkleideten sich, um sich zur Ruhe zu begeben.

Die neunte Stunde hatte gerade geschlagen, als die Königin auf- 109
stand, ihre Gefährtinnen und auch die drei Jünglinge aufstehen hieß,
denn sie meinte, es sei ungesund, tagsüber zu viel zu schlafen. So zo-
gen sie hinaus auf einen Anger mit dichtem grünen Rasen, der im
Schatten lag und wo ein lieblicher Windhauch zu spüren war. Nach-
dem sie sich nach dem Willen der Königin in einer Runde auf dem
grünen Rasen niedergelassen hatten, sprach sie wie folgt: »Wie ihr 110
seht, steht die Sonne hoch und ist stark und warm; man hört allein die
Zikaden in den Olivenbäumen, es wäre zweifelsohne dumm, zu die-
ser Zeit einen anderen Ort aufzusuchen. Hier ist es angenehm kühl,
und wie ihr seht, gibt es Spieltische und Schachbretter; ein jeder kann
sich nach seinem Gutdünken und Gefallen vergnügen. Wollte man 111
aber meinem Rat folgen, so sollten wir den heißen Teil des Tages
nicht mit Spielen verbringen, weil hierbei der eine Partner sich ärgert,
ohne dass der andere oder der Zuschauer sich deswegen allzu sehr
vergnügen würde; wir sollten uns vielmehr Geschichten erzählen,
wobei ein Erzähler der ganzen Gesellschaft, die ihm zuhört, Vergnü-
gen bereitet. Noch bevor jeder von euch seine Geschichte erzählt hat, 112
wird die Sonne untergehen und die Hitze nachlassen, und wir kön-
nen woanders hingehen, wo es angenehm ist. Wenn euch gefällt –
und ich möchte euch zu Gefallen sein –, was ich gesagt habe, so lasst
uns damit beginnen; sollte es hingegen nicht euer Gefallen finden, so

möge ein jeder bis zur Vesperstunde das tun, was ihm am besten gefällt.«

114 Frauen wie Männer billigten einhellig das Erzählen. »Wenn euch das also gefällt«, sagte die Königin, »so soll es an diesem ersten Tag einem jeden freigestellt sein, das zu erzählen, was er gerne möchte.«
115 Darauf wandte sie sich zu Panfilo, der ihr zur Rechten saß, und sagte ihm freundlich, er möge mit einer seiner Erzählungen den Anfang machen. Panfilo vernahm die Aufforderung und begann, da alle auf seine Worte warteten, unverzüglich wie folgt.

Erste Novelle

1 *Mit einer falschen Beichte betrügt Ser Cepparello einen heiligen Mönch und stirbt; obwohl er zeit seines Lebens ein böser Mensch gewesen ist, wird er nach seinem Tode unter dem Namen Sankt Ciappelletto als Heiliger verehrt.*

2 Es ziemt sich, verehrte Damen, dass alles, was der Mensch tut, mit dem herrlichen und heiligen Namen Dessen beginne, der alle Dinge geschaffen hat. Da ich als erster unsere Erzählungen eröffnen soll, will ich mit einem Seiner Wunder beginnen, damit wir, nachdem wir dieses gehört, unsere Hoffnung auf Ihn in Seiner Unwandelbarkeit
3 richten und Seinen Namen immerzu lobpreisen. Es ist offenbar, dass alle zeitlichen Dinge, da sie vergänglich und sterblich sind, ihrem Wesen und Ursprung nach Sorgen, Angst, Mühen und nicht endenwollenden Gefährdungen ausgesetzt sind, denen wir, weil wir mitten unter ihnen leben müssen, nur standhalten und begegnen können,
4 wenn Gottes besondere Gnade uns Kraft und Einsicht verleiht. Wir dürfen aber nicht glauben, dass diese Gnade aufgrund irgendwelcher Verdienste unsererseits zu uns herniedersteigt; vielmehr wird sie durch Seine Güte und durch die Fürbitte derer erwirkt, die, wie wir

selbst es immer noch sind, einst sterblich waren, nun aber, da sie wäh-
rend ihres Lebens Seinem Willen folgten, bei Ihm in ewiger Seligkeit
wohnen. Diesen unseren Fürsprechern, die unsere Gebrechlichkeit
an sich selbst erfahren haben, tragen wir unsere Gebete in den Ange-
legenheiten vor, die uns wichtig erscheinen, weil wir es vielleicht
nicht wagen, sie im Angesicht des höchsten Richters selbst vorzu-
bringen. Darüber hinaus erkennen wir, dass Er, der voll der Gnade 5
und Großmut ist, noch Größeres gewährt, denn manchmal geschieht
es, dass wir, vom Schein getäuscht und unfähig, mit dem Blick des
sterblichen Auges in das Geheimnis des göttlichen Geistes einzudrin-
gen, jemanden zum Fürsprecher vor Seiner Majestät machen, der aus
ihrer Nähe auf ewig verbannt worden ist. Trotzdem schaut Er, dem
nichts verborgen ist, mehr auf die Reinheit des Bittstellers als auf sei-
ne Unwissenheit oder darauf, dass der Fürsprecher verdammt ist; als
weilte der Fürsprecher selig in Seiner Gegenwart, erhört der Herrgott
die, die sich an jenen wenden. Das wird in der Novelle offenbar, die 6
ich zu erzählen beabsichtige, offenbar, so meine ich, wenn man dem
Urteil der Menschen, nicht aber dem Gottes folgt.

Musciatto Franzesi, so wird uns berichtet, bemerkte, als er in 7
Frankreich vom reichen und großen Kaufmann zum Ritter aufgestie-
gen war und gemeinsam mit Karl ohne Land, dem Bruder des Königs
von Frankreich, den Papst Bonifaz gebeten und aufgefordert hatte zu
kommen, in die Toskana ziehen sollte, dass seine Geschäfte, wie das
häufig bei Kaufleuten zu geschehen pflegt, sich vielfältig hierhin und
dorthin erstreckten und nicht so leicht und unversehens abgewickelt
werden konnten. Er sorgte also dafür, dass sie mehreren Personen an-
vertraut wurden, und das gelang ihm auch; einzig zweifelhaft blieb
ihm, wer geeignet wäre, die Darlehen wieder einzutreiben, die er
mehreren Burgundern gegeben hatte. Er zögerte, weil er hörte, die 8
Burgunder seien widerspenstig, bösartig und falsch, ihm indessen
kein so bösartiger Mensch einfiel, dem er zutrauen konnte, es mit ih-
rer Bosheit aufzunehmen. Und nachdem er über die Sache lange nach- 9

gedacht hatte, fiel ihm ein Ser Cepparello aus Prato ein, der sich häufig in seinem Haus in Paris aufhielt. Dieser war von kleiner Gestalt und putzte sich ziemlich heraus; die Franzosen, die nicht wussten, was Cepparello bedeuten sollte, glaubten, dass es in ihrer Sprache ›Hut‹ oder ›Kranz‹ bedeutete, nannten ihn, da er, wie wir sagten, klein war, nicht Ciappello, sondern Ciappelletto. Und mit diesem Namen Ciappelletto war er überall bekannt, wohingegen wenige ihn als Ser Cepparello kannten.

10 Ciappelletto nun hatte folgende Lebensart: Er war Notar und empfand die allergrößte Scham, wenn eines seiner Schriftstücke, von denen er allerdings nur wenige ausfertigte, anders als gefälscht gewesen wäre; von dieser Sorte hätte er so viele angefertigt, wie man von ihm verlangt hätte, und er hätte sie anstelle eines gut honorierten am
11 liebsten auch noch verschenkt. Gefragt oder ungefragt legte er falsches Zeugnis mit größtem Vergnügen ab. Da man zu jener Zeit in Frankreich Eidschwüren großen Glauben schenkte, störte es ihn nicht, Meineide zu leisten; auf diese Weise gewann er hinterrücks jeden Prozess, in dem er aufgerufen wurde, die Wahrheit auf Treu und

Glauben zu beschwören. Es gefiel ihm über die Maßen, und er be- 12
mühte sich geradezu darum, zwischen Freunden, Verwandten oder
irgendwelchen anderen Personen Böses, Zwietracht oder Streit zu
stiften; je mehr Übel daraus entstand, umso größeres Vergnügen fand
er daran. Forderte man ihn zu einem Totschlag oder zu irgendeiner 13
Schurkerei auf, so kam er dem, ohne es jemals abzulehnen, gerne und
bereitwillig nach; mehrmals fand er sich dazu bereit, mit eigenen
Händen Menschen zu verletzen und zu töten. Er verfluchte lauthals
Gott und alle Heiligen; bei jeder Kleinigkeit wurde er jähzornig wie
kaum ein zweiter. Die Kirche pflegte er niemals zu besuchen, und die 14
Sakramente verhöhnte er mit abscheulichen Worten, als seien sie
nichts. Gerne besuchte er dagegen die Wirtshäuser und andere üble
Orte und war dort ein gewohnter Gast. Frauen liebte er so wenig wie
die Hunde den Stock; am Gegenteil fand er mehr Gefallen als je ein
Elendsmensch. Er hätte Diebstahl und Räuberei mit dem Gewissen
eines Heiligen begangen. Er war so aufs Essen und Trinken versessen,
dass er sich manchmal schon schlimm geschadet hatte. Er war ein an-
gesehener Falschspieler mit Würfeln und Karten. Warum verliere ich 15
viele Worte – war er doch der größte Bösewicht, der je geboren wur-
de. Seine Bosheit sicherte lange Zeit Macht und Ansehen des Herrn
Musciatto; deswegen wurde er von einzelnen Bürgern, denen er häu-
fig genug Schmach zugefügt hatte, sowie von den Gerichten, die er
ununterbrochen beleidigte, respektiert.

Cepparello kam also dem Herrn Musciatto in den Sinn. Da er sei- 16
nen Lebenswandel bestens kannte, dachte besagter Musciatto, dass
jener der Richtige sei, um mit der Bosheit der Burgunder zurechtzu-
kommen. Daher ließ er ihn rufen und sprach zu ihm: »Ser Ciappellet- 17
to, du weißt, dass ich meine Geschäfte hier aufgeben werde; unter an-
derem habe ich auch noch einiges mit den hinterhältigen Burgundern
abzuwickeln. Wem außer dir sollte ich es überlassen, mein Geld ein-
zutreiben? Du hast ja wohl im Augenblick nichts zu tun; dem will ich
abhelfen; ich habe vor, dir eine Empfehlung vom königlichen Hof zu

beschaffen und dir außerdem einen angemessenen Anteil von der
Summe zu überlassen, die du eintreibst.«

18 Ser Ciappelletto sah, dass er ohne Aufgabe war und seine Verhält-
nisse nicht zum besten standen; er wusste, dass der wegging, der ihn
unterstützt und geschützt hatte; er war fast gezwungen, sich zu ent-
19 scheiden, und sagte, dass er es gern tun wollte. Sobald sie sich abge-
sprochen hatten, Ciappelletto die Prokura und die Empfehlungs-
schreiben des Königs erhalten hatte und Herr Musciatto abgereist
war, zog er seinerseits nach Burgund, wo ihn fast niemand kannte.
Ganz wider seine Natur begann er dort auf sanftmütige und freundli-
che Weise das Geld einzutreiben sowie alles zu tun, um dessentwil-
len er hingegangen war; es schien, als wollte er sich den Zorn bis zu-
letzt aufbewahren.

20 Die Dinge nahmen ihren Gang, Ciappelletto fand Unterkunft bei
zwei Brüdern aus Florenz, welche dort Wuchergeschäfte trieben und
ihn aus Anhänglichkeit an Herrn Musciatto hoch in Ehren hielten. Es
geschah, dass er krank wurde; worauf die beiden Brüder rasch Ärzte
und Personal zu seiner Pflege kommen ließen und alles taten, damit er
21 wieder gesund würde. Aber alle Hilfe kam umsonst, weil es dem gu-
ten Mann, der alt war und maßlos gelebt hatte, nach den Worten der
Ärzte von Tag zu Tag schlechter ging, wie einem, der auf den Tod
krank war. Die beiden Brüder schmerzte das sehr.

22 Eines Tages unterhielten sie sich nahe der Kammer, wo der kranke
23 Ciappelletto lag, wie folgt: »Was sollen wir machen?« sagte der eine.
»Mit ihm sind wir in eine üble Sache geraten. Denn wenn wir ihn,
krank wie er ist, woanders hinbringen, so wäre das skandalös und un-
vernünftig, da die Leute gesehen haben, wie wir ihn zunächst aufnah-
men, gut unterbrachten und versorgten; aber nun setzen wir ihn ganz
plötzlich und zudem todkrank vor die Tür, ohne dass er irgendwie
24 unser Missfallen erregt hätte. Andererseits ist er ein so böser Mensch
gewesen, dass er weder beichten noch ein Sakrament der Kirche emp-
fangen will; stirbt er aber ohne Beichte, wird man seinen Leichnam

nicht auf dem Kirchhof beerdigen, sondern wie einen Hund in den
Stadtgraben werfen. Beichtet er aber, so werden seine Sünden so zahl- 25
reich und schrecklich sein, dass dasselbe geschieht, weil kein Mönch
oder Priester ihm die Absolution erteilen will oder kann; da er keine
Absolution empfangen hat, wird er also gleichfalls in den Stadtgraben
geworfen. Und wenn das passiert, werden sich die Leute zusammen- 26
rotten; sie tun das, weil sie unsere Tätigkeit für unredlich halten und
den ganzen Tag nur schlecht darüber reden; außerdem wollen sie uns
ausplündern. Sie werden laut schreien: ›Diese Lombardenhunde, von
denen die Kirche nichts wissen will, wir wollen sie nicht länger ertra-
gen‹; sie werden in unsere Häuser eindringen und uns nicht nur unse-
ren Besitz rauben, sondern uns vielleicht auch noch das Leben neh-
men. In jedem Fall wird es uns schlecht ergehen, wenn er stirbt.«

Wir sagten schon, dass Ciappelletto ganz in der Nähe lag, wo die 27
beiden sich unterhielten; er hatte ein feines Gehör, wie man das häu-
fig bei Kranken findet, und hörte, was sie über ihn sagten. Er ließ sie
hereinrufen und sprach zu ihnen: »Ich möchte nicht, dass ihr mir in
irgendeiner Weise misstraut oder dass ihr fürchtet, durch mich zu
Schaden zu kommen. Ich habe gehört, was ihr besprochen habt, und
ich bin sicher, dass es so kommen wird, wie ihr sagt, wenn die Sache
so verläuft, wie ihr es annehmt. Sie wird aber einen anderen Verlauf
nehmen. Während meines Lebens habe ich mich so oft gegen den 28
Herrgott versündigt, dass es auch nichts mehr ausmachen wird, wenn
ich in der Stunde meines Todes noch eine weitere Sünde hinzufüge.
Bemüht euch deswegen um einen frommen und tüchtigen Pater, den 29
besten, den ihr finden könnt, wenn es ihn gibt. Das übrige überlasst
mir, denn ganz gewiss werde ich eure und meine Angelegenheiten so
lenken, dass alles in Ordnung geht und ihr zufrieden sein sollt.«

Obwohl sich die Brüder keine allzu großen Hoffnungen machten, 30
begaben sie sich nichtsdestoweniger zu einem Kloster und fragten
nach einem weisen und frommen Mann, um einem Lombarden, der
in ihrem Haus krank daniederläge, die Beichte abzunehmen. Es wur-

de ihnen ein alter Mönch genannt, der ein frommes und wohlgefälli-
ges Leben führte, ein großer Gelehrter in der Heiligen Schrift und ein
heiliger Mann war, dem man in der ganzen Stadt eine besondere und
tiefe Verehrung entgegenbrachte. Ihn führten sie mit sich nach Hau-
31 se. Als dieser fromme Mann in die Kammer getreten war, wo Ciappel-
letto lag, und sich zu ihm gesetzt hatte, begann er zunächst, ihm vol-
ler Güte Trost zuzusprechen, und fragte ihn dann, wann er zum letz-
32 ten Male gebeichtet hätte. Ciappelletto, der nie zuvor gebeichtet hatte,
antwortete darauf: »Ehrwürdiger Vater, ich halte es mit dem Brauch,
wenigstens einmal in der Woche zu beichten, obwohl ich häufig dar-
über hinaus zur Beichte gehe. Aber die Wahrheit ist, dass ich, seit ich
vor nunmehr acht Tagen krank geworden bin, noch keine Beichte ab-
gelegt habe, weil meine Krankheit doch so schlimm gewesen ist.«
33 Darauf sagte der Mönch: »Mein Sohn, du hast recht daran getan, und
so soll man es halten. Ich nehme an, dass es keine große Mühe kosten
wird, dir zuzuhören und dich zu fragen, da du so oft zur Beichte
34 gehst.« Ciappelletto sagte: »Herr Pater, sagt das nicht. So viele Male
und so häufig habe ich gar nicht zur Beichte gehen können, dass ich
nicht den Wunsch empfunden hätte, alle meine Sünden zu beken-
nen, an die ich mich seit dem Tag meiner Geburt bis zum Tag meiner
Beichte erinnern kann. Und deswegen flehe ich Euch an, guter Vater,
dass Ihr mich so genau nach allem ausfragt, als hätte ich noch niemals
35 gebeichtet. Achtet nicht darauf, dass ich krank bin, denn ich will die-
sem Leib lieber hart zusetzen als ihm allzu sehr nachgeben und da-
mit meine Seele, die mein Heiland mit seinem kostbaren Blut erlöst
36 hat, der Verdammnis anheimgeben.« Diese Worte gefielen dem heili-
gen Manne sehr und erschienen ihm der Ausdruck eines gottgefäl-
ligen Sinns; nachdem er Ciappelletto wegen seines Wunsches und
seiner Gewohnheit sehr gelobt hatte, fragte er danach, ob er jemals
37 mit einer Frau in Wollust gesündigt hätte. Seufzend antwortete dar-
auf Ciappelletto: »Ehrwürdiger Vater, ich schäme mich, Euch hierauf
38 die Wahrheit zu sagen, weil ich fürchte, ruhmredig zu sein.« Worauf

der heilige Mönch sagte: »Sprich nur zu, wenn man die Wahrheit
sagt, sündigt man weder in der Beichte noch anderswo.« Nun sprach 39
Ciappelletto: »Da Ihr mich dessen versichert, will ich sie Euch sagen:
Ich bin so jungfräulich, wie ich aus dem Leib meiner Mutter hervorgegangen bin.« »Gott segne dich!« sagte der Mönch. »Du hast wohl ge- 40
tan! Und indem du enthaltsam geblieben bist, hast du umso höheres
Verdienst erworben, da du größere Freiheit gehabt hättest, das Gegenteil zu tun als wir und andere, die durch eine Ordensregel dazu verpflichtet sind.«

Und danach fragte er ihn, ob er Gott durch die Sünde der Völlerei 41
missfallen habe. Tief seufzend antwortete Ciappelletto, dass dem so sei und viele Male. Wenn er nämlich über die Fastentage hinaus, welche fromme Menschen zu den vorgeschriebenen Zeiten einhalten, jede Woche wenigstens dreimal bei Brot und Wasser gefastet habe, sei es geschehen, dass er, besonders wenn er einen mühseligen Tag im Gebet oder auf einer Wallfahrt durchgestanden habe, das Wasser mit dem gleichen Vergnügen und Appetit getrunken habe wie die großen Trinker den Wein. Und oftmals habe er sich gewünscht, Kräutersalate zu essen, wie die Frauen sie zubereiten, wenn sie auf dem Land sind; manchmal sei ihm das Essen verlockender erschienen, als es für jemanden statthaft gewesen wäre, der so wie er aus Frömmigkeit fastete.

Darauf sagte der Mönch: »Mein Sohn, das sind natürliche und 42
lässliche Sünden, und ich wünsche nicht, dass du dein Gewissen damit mehr als notwendig belastest. Einem jeden Menschen, wie heilig er auch immer sein mag, widerfährt es, dass ihm nach langem Fasten das Essen und nach der Mühsal der Trank wohltuend erscheinen.« »O mein Vater«, sagte Ciappelletto, »sagt das nicht, um mich zu 43
trösten; denn Ihr wisst wohl, dass man die Dinge, die man um Gottes willen tut, rein und ohne jeden inneren Makel tun soll; wer es anders hält, versündigt sich.« Der Mönch sagte hocherfreut: »Mit Freuden 44
vernehme ich, wie du denkst, und dein reines, gutes Gewissen gefällt

mir sehr. Aber sage mir nun, ob du im Geiz gesündigt hast, indem du
mehr begehrt hast als das Angemessene und mehr zurückbehalten
45 hast, als du durftest?« Worauf Ciappelletto sagte: »Mein Vater, ich
möchte nicht verdächtigt werden, weil ich mich im Hause dieser Wu-
cherer aufhalte. Ich habe mit ihrem Treiben nichts zu schaffen und
bin vielmehr hierher gekommen, um sie zu ermahnen und zu tadeln
und von ihrem verabscheuenswerten Gelderwerb abzubringen. Ich
glaube, das wäre mir auch gelungen, wenn der liebe Gott mich nicht
46 derart heimgesucht hätte. Ihr solltet aber wissen, dass ich durch mei-
nen Vater ein reicher Mann geworden bin; als er starb, habe ich den
größten Teil seines Besitzes als Almosen verschenkt. Um mein Leben
zu fristen und den Armen in Christo helfen zu können, habe ich dann
kleine Geschäfte getätigt; hier habe ich auch nach Gewinn gestrebt;
was ich verdient habe, habe ich immer zur Hälfte mit den Armen ge-
teilt, eine Hälfte für meine eigenen Bedürfnisse, die andere für sie.
Und dabei hat mein Herr und Schöpfer mir so sehr geholfen, dass
47 meine Geschäfte immer besser gegangen sind.« »So hast du wohlge-
tan«, sagte der Mönch. »Aber wie oft bist du in Zorn geraten?«

48 »Oh«, sagte Ciappelletto, »ich muss gestehen, das ist mir sehr oft
geschehen. Wer könnte denn an sich halten, wenn er alle Tage sieht,
welche schmutzigen Dinge die Menschen anstellen, wie sie Gottes
49 Geboten nicht folgen und seine Strafen nicht fürchten? Wie oft am
Tag wünschte ich nicht, lieber tot als lebendig zu sein, wenn ich sehe,
wie die jungen Leute der Eitelkeit erliegen, lästern und fluchen, in die
Wirtshäuser gehen, die Kirche nicht aufsuchen und eher die Wege
50 dieser Welt als die Wege Gottes gehen.« Nun sagte der Mönch: »Mein
Sohn, das ist ein gerechter Zorn, und dafür wüsste ich dir keine Buße
aufzuerlegen. Aber hätte etwa bei irgendeiner Gelegenheit der Zorn
dich dazu hinreißen können, einen Totschlag zu begehen, jemanden
zu kränken oder sonst eine Untat zu tun?«

51 Worauf Ciappelletto antwortete: »O weh, Hochwürden! Ihr
scheint mir ein Mann Gottes zu sein und haltet doch solche Reden?

Wenn ich nur mit dem allerkleinsten Gedanken an irgendetwas Derartiges gedacht hätte, glaubt Ihr etwa, Gott hätte mir so oft beigestanden? Das tun Schurken und Bösewichter; und sooft ich einen von ihnen gesehen habe, habe ich gesagt: ›Geh, Gott möge dich bekehren‹.«
Da sagte der Mönch: »Nun sage mir, mein Sohn, der du von Gott ge- 52
segnet bist, hast du jemals ein falsches Zeugnis wider irgendjemanden abgelegt oder über einen anderen Böses gesprochen oder dir fremdes Gut angeeignet ohne des anderen Zustimmung?«

»Einmal ja; einmal habe ich wohl Böses über andere gesagt«, ant- 53
wortete Ciappelletto. »Denn ich hatte einst einen Nachbarn, der wider alle Gerechtigkeit ununterbrochen seine Frau schlug, so dass ich einmal den Verwandten der Frau Böses über ihn sagte, weil ich so großes Mitleid mit der Unglücklichen empfand, die er jedes Mal,
wenn er zu viel getrunken hatte, Gott weiß wie zurichtete.« Der 54
Mönch sagte nun: »Wohlan, du bist Kaufmann gewesen – hast du denn nie, wie Kaufleute es tun, jemanden betrogen?«

»Meiner Treu, ja«, sagte Ciappelletto. »Ich weiß nicht mehr, wer es 55
gewesen ist, aber irgendjemand hat mir einmal Geld übergeben, das er mir für Tuchwaren schuldete, die ich ihm verkauft hatte; ich legte das Geld in meine Kasse, ohne es nachzuzählen, und nach einem Monat bemerkte ich, dass es vier Pfennige mehr waren, als er mir tatsächlich geschuldet hatte. Da ich ihn nicht wiedersah und das Geld gut ein Jahr aufbewahrte, um es ihm zurückzuerstatten, habe ich es schließlich als Almosen gestiftet.«

Der Mönch sagte: »Das war eine geringfügige Sache, und was du 56
danach getan hast, war recht getan.« Darüber hinaus fragte ihn der 57
heilige Mönch noch vieles andere, worauf er in gleicher Weise antwortete. Als er ihm schließlich die Absolution erteilen wollte, sagte Ciappelletto: »Herr, ich habe eine Sünde begangen, die ich Euch noch
nicht bekannt habe.« Der Mönch fragte, welche; und jener sagte: »Ich 58
erinnere mich, dass ich an einem Samstag nach der neunten Stunde meinen Diener das Haus kehren ließ; ich habe also den heiligen Sonn-

59 tag nicht gebührlich geachtet.« »Oh, mein Sohn«, sagte der Mönch,
60 »das wiegt nicht schwer.« »Nein, sagt das nicht«, antwortete Ciappel-
letto, »denn den Sonntag kann man gar nicht heilig genug halten, weil
61 an ihm unser Herr vom Tod zum Leben wiederauferstanden ist.« Dar-
auf sagte der Mönch: »Nun, hast du noch eine andere Sünde began-
62 gen?« »Ja, Herr«, antwortete Ciappelletto, »ohne daran zu denken,
63 habe ich einmal im Haus Gottes ausgespuckt.« Der Mönch begann zu
lächeln und sagte: »Mein Sohn, daraus brauchst du dir kein Gewissen
64 zu machen; wir Ordensleute tun das von morgens bis abends!« Da
sagte Ciappelletto: »Und das ist eine Schande, denn keinen Ort soll
man so sauber halten wie Gottes heiligen Tempel, wo man ihm op-
65 fert.« Kurzum, in dieser Art sagte er noch manches; schließlich aber
begann er zu seufzen, vergoss bittere Tränen, wie er es, wenn er es
66 darauf abgesehen hatte, zu tun verstand. Der heilige Mönch fragte:
67 »Mein Sohn, was hast du?« Herr Ciappelletto antwortete: »O weh,
Hochwürden, eine Sünde ist noch übrig, die ich bisher noch niemals
gebeichtet habe, weil ich mich so sehr schäme, sie auszusprechen. Je-
desmal, wenn ich daran denke, kommen mir die Tränen, wie Ihr seht,
und ich glaube nicht, dass der Herrgott mir diese Sünde jemals verzei-
68 hen wird.« Da sagte der heilige Mönch: »Aber, aber, mein Sohn, was
glaubst du denn? Wenn ein Mensch allein alle Sünden, die je von al-
len Menschen begangen worden sind oder die, solange die Welt be-
steht, noch von ihnen begangen werden, auf sich geladen hätte und so
reuig und zerknirscht wie du hier vor mir läge, so wäre Gottes Güte
und Barmherzigkeit doch so groß, dass Er sie ihm, beichtete er nur,
gnädig verzeihen würde. Sprich also ohne Bangen.«

69 Da sagte Ciappelletto und weinte pausenlos: »O weh, ehrwürdiger Vater, meine ist eine allzu schwere Sünde, als dass ich daran zu glauben wagte, wenn nicht Eure Fürbitte hinzukommt, dass der Herrgott sie mir verzeihen kann.«

70 Worauf der Mönch sagte: »Sprich ohne Furcht, und ich verspreche
71 dir, für dich zu Gott zu beten.« Ciappelletto hörte nicht auf zu weinen

und sprach es nicht aus; der Mönch redete ihm gut zu. Nachdem Ciappelletto den Bruder mit seinem Weinen eine ganze Weile hatte warten lassen, seufzte er tief und sagte: »Ehrwürdiger Vater, da Ihr mir versprecht, für mich zu Gott zu beten, werde ich es Euch gestehen. Wisset denn, dass ich, als ich ein Kind war, einmal meine liebe Mama geschmäht habe.« Nach diesen Worten begann er wieder heftig zu weinen.

Der Mönch sagte: »O mein Sohn, das erscheint dir nun als eine so 72
schlimme Sünde? Wo doch die Menschen tagaus tagein den Namen Gottes lästernd missbrauchen und Er gerne dem verzeiht, der sein Fluchen bereut? Du glaubst also nicht, dass Er dir auch das verzeiht? Weine nicht und fasse Mut, denn wahrlich, wärest du auch einer von denen gewesen, die Ihn ans Kreuz brachten, so würde Er dir angesichts deiner Zerknirschung verzeihen.«

Da sagte Ciappelletto: »O weh, teurer Vater, was sagt Ihr? Meine 73
liebe Mama, die mich neun Monate lang Tag und Nacht in ihrem Leib trug, die mich mehr als hundertmal auf dem Arm hielt! Das war zu viel der Schlechtigkeit, eine zu große Sünde, sie zu schmähen! Und wenn Ihr nicht für meine Seele zu Gott betet, wird mir nicht verziehen werden.« Als der Mönch bemerkte, dass Ciappelletto nichts mehr 74
zu sagen blieb, erteilte er ihm die Absolution und gab ihm seinen Segen. Er hielt ihn für einen durchaus heiligen Mann, da er alles, was Ciappelletto gesagt hatte, glaubte. Und wer hätte ihm wohl keinen Glauben geschenkt, da er doch im Angesicht des Todes gesprochen hatte?

Nach alledem sagte er ihm nun: »Herr Ciappelletto, mit Gottes 75
Gnade werdet Ihr bald gesund sein. Sollte es aber geschehen, dass der Herrgott Eure wohlvorbereitete und begnadete Seele zu sich rufen sollte, würde es Euch gefallen, wenn Euer Leib bei uns bestattet würde?« Worauf Herr Ciappelletto antwortete: »Ja, Herr, lieber als an- 76
derswo, denn Ihr habt mir versprochen, für meine Seele zu Gott zu beten; außerdem habe ich Euren Orden schon immer besonders ver-

ehrt. Deshalb bitte ich Euch, sobald Ihr in Euer Kloster zurückgekehrt
seid, lasst den wahren Leib Christi, der in der Frühe an Eurem Altar
geweiht worden ist, zu mir kommen. Obwohl ich dessen nicht wür-
dig bin, möchte ich ihn mit Eurer Erlaubnis empfangen sowie die letz-
te Ölung, damit ich, wenn ich auch als Sünder gelebt habe, wenigs-
77 tens als Christ sterbe.« Der heilige Mann sagte, dass er das gerne tun
werde, er wohlgesprochen habe und man ihm sofort die Sakramente
bringen werde. So geschah es.

78 Die beiden Brüder, die befürchteten, dass Herr Ciappelletto sie
hintergehen werde, hatten sich deswegen an eine Zwischenwand ge-
stellt, welche die Kammer, wo Ciappelletto lag, von einer anderen
trennte. Dort konnten sie leicht lauschen, sie hörten und verstanden
alles, was Ciappelletto dem Mönch sagte. Als sie hörten, was er beich-
tete, überkam sie einige Male eine so große Lust zu lachen, dass sie fast
79 herausgeplatzt wären. Zwischendurch sprachen sie zueinander: »Was
ist das für ein Mensch, den weder Alter noch Krankheit noch die
Angst vor dem nahen Tod und vor Gott, vor dessen Richterstuhl zu
treten er in kurzer Zeit fürchten muss, in seiner Bosheit haben er-
schüttern und dazu bringen können, dass er nicht so stirbt, wie er ge-
80 lebt hat?« Da sie aber hörten, dass darüber gesprochen wurde, ihn in
der Kirche zu bestatten, kümmerten sie sich wenig um das übrige.

81 Herr Ciappelletto empfing bald danach das Abendmahl; als es
ihm immer schlechter ging, erhielt er die letzte Ölung; noch an dem
Tag, an dem er die musterhafte Beichte abgelegt hatte, starb er kurz
82 nach Sonnenuntergang. Die beiden Brüder, die die von ihm hinterlas-
senen Mittel verwendeten, um ihn in Ehren zu bestatten und um die
Ordensbrüder für die Vigil und die Matutin am Leichnam zu bestel-
len, verfügten das Nötige.

83 Als der heilige Mönch, der ihm die Beichte abgenommen hatte,
hörte, dass er verschieden sei, besprach er sich mit dem Prior des
Klosters und ließ das Kapitel zusammenrufen; den versammelten
Mönchen schilderte er, dass Herr Ciappelletto, wie er aus seiner

Beichte habe entnehmen können, ein heiliger Mann gewesen sei; da er hoffte, dass der Herrgott durch ihn viele Wunder bewirken werde, redete er ihnen zu, den Leichnam des Verstorbenen mit tiefer
Ehrfurcht und Frömmigkeit im Kloster aufzunehmen. Leichtgläubig 84
stimmten dem der Prior und die übrigen Mönche zu. Am Abend zogen alle dorthin, wo der Leichnam des Herrn Ciappelletto lag, und hielten bei ihm eine große und feierliche Totenwache. Unter Gesang kamen am Morgen alle Mönche, in Chorhemd und Pluviale, das Gebetbuch in den Händen und mit dem Kreuz vorneweg, um den Leichnam mit Prunk und Feierlichkeit in ihre Kirche zu holen. Fast alle Einwohner der Stadt, Männer und Frauen, folgten ihnen. Als sie ihn in 85
der Kirche abgesetzt hatten, stieg der heilige Mönch, der ihm die Beichte abgenommen hatte, auf die Kanzel und begann, wunderbare Dinge über sein Leben, sein Fasten, seine Jungfräulichkeit, seine Schlichtheit, Unschuld und Heiligkeit zu predigen. Unter anderem erzählte er ihnen, was Herr Ciappelletto als seine schlimmste Sünde beklagt und bekannt hätte und wie er ihm kaum hätte beibringen können, dass der Herrgott ihm auch das vergeben müsste. Das nahm er zum Anlass, um das Volk, das zuhörte, kräftig zu ermahnen: »Und ihr von Gott Verstoßenen, wegen eines jeden Strohhalmes, der euch lästig ist, flucht mit den Namen des Herrn, der Gottesmutter und aller Heiligen im Paradiese!« Darüber hinaus berichtete er viele Dinge 86
von seiner Aufrichtigkeit und Reinheit. Kurzum, mit seinen Worten, denen die Leute dort vollen Glauben schenkten, prägte er ihn den Köpfen und der ehrfürchtigen Erinnerung aller Anwesenden so stark ein, dass, kaum war der Gottesdienst beendet, die Menschen in hellen Scharen seine Füße und Hände küssten und die Tücher, in die er gehüllt war, abrissen; ein jeder schätzte sich selig, sofern er nur einen Fetzen ergattern konnte. Man musste ihn den ganzen Tag aufgebahrt liegen lassen, damit ein jeder ihn sehen und aufsuchen konnte. In der 87
folgenden Nacht wurde er dann mit allen Ehren in einem Marmorsarkophag in einer Kapelle beigesetzt. Und gleich am folgenden Tag zo-

gen die Leute dorthin, zündeten Lichter an und beteten zu ihm; dann legten sie Gelübde ab und brachten Wachsbilder, je nachdem, was sie
88 versprochen hatten. Der Ruf seiner Heiligkeit und die Verehrung für ihn wuchsen derart, dass kaum einer, der in Schwierigkeiten war, sich an einen anderen Heiligen als an ihn wandte; und sie nannten ihn und nennen ihn den heiligen Ciappelletto, wobei sie versichern, dass der Herrgott viele Wunder durch ihn bewirkt habe und jeden Tag für jeden bewirke, der sich ihm in Frömmigkeit empfehle.

89 So lebte und starb also Herr Cepparello aus Prato und wurde, wie ihr gehört habt, als Heiliger verehrt. Ich will nicht leugnen, dass es möglich scheint, dass er nun Gottes Gegenwart in Seligkeit schaut; denn wie verrucht und schlecht auch sein Leben gewesen sein mag, so konnte er doch in der Todesstunde solche Reue empfinden, dass Gott ihm vielleicht Barmherzigkeit zuteil werden ließ und ihn in sein Reich aufnahm. Weil das aber verborgen bleibt, urteile ich nach dem, was uns sichtbar geworden ist, und meine, dass jener wohl eher in den Händen des Teufels und in ewiger Verdammnis als im Paradies
90 ist. Und wenn dem so ist, können wir ermessen, wie groß die Gnade Gottes uns gegenüber ist, insofern sie nicht unseren Irrtum, sondern die Reinheit unseres Glaubens berücksichtigt, wenn wir aus einem Widersacher, den wir als unseren Freund ansehen, unseren Fürsprecher machen, und Er unsere Gebete anhört, als ob wir uns an einen
91 wahren Heiligen als Vermittler Seiner Gnade gewendet hätten. Damit unsere heitere Schar kraft Seiner Gnade aus dem gegenwärtigen Geschick an Leib und Seele gesund errettet werde, preisen wir Seinen Namen, mit dem wir begonnen haben, und beten Ihn an; Ihm empfehlen wir uns in unserer Not und werden gewiss erhört.

92 Nach diesen Worten verstummte er.

Zweite Novelle

Der Jude Abraham wird von Giannotto aus Civignì aufgefordert, den 1
päpstlichen Hof in Rom aufzusuchen. Nachdem er die Verdorbenheit
der Kleriker gesehen hat, kehrt er nach Paris zurück und bekehrt sich
zum Christentum.

Die Frauen lachten über einige Teile der Novelle Panfilos und fanden 2
das Ganze lobenswert. Nachdem man nun aufmerksam und bis zum
Ende zugehört hatte, forderte die Königin Neifile auf, die neben Pan-
filo saß, eine weitere Geschichte zu erzählen und damit die vergnüg-
liche Unterhaltung fortzusetzen. Diese war nicht weniger mit höfi-
schem Anstand als mit Schönheit geschmückt und antwortete heiter,
dass sie es gern täte, und begann auf folgende Weise:

Panfilo hat in seiner Erzählung gezeigt, dass Gott in Seiner Güte 3
nicht unseren Irrtum beachtet, wenn wir nicht erkennen können,
worin er begründet liegt. Ich möchte euch mit meiner Erzählung zei-
gen, wie Seine Güte, indem sie geduldig die Fehler derer erträgt, die
mit ihren Worten und Werken ein wahres Zeugnis Gottes ablegen
sollten, aber das Gegenteil tun, uns den Beweis ihrer unfehlbaren
Wahrheit gibt, damit wir das, was wir glauben, mit größerer Seelen-
stärke befolgen.

So hörte ich einst erzählen, meine Damen, dass in Paris ein großer 4
Händler und braver Mann namens Giannotto di Civignì lebte; er war
redlich und zuverlässig und führte einen umfangreichen Tuchhandel.
Er war eng befreundet mit einem reichen Juden namens Abraham,
der gleichfalls Händler und dazu ein redlicher und zuverlässiger Mann
war. Giannotto kannte seine Treue und Geradheit und bedauerte 5
sehr, dass die Seele eines so tüchtigen, weisen und guten Menschen
wegen seiner Ungläubigkeit verdammt sein sollte. Deswegen begann 6
er, ihn freundschaftlich zu bitten, die Irrtümer des jüdischen Glau-
bens aufzugeben und sich zur christlichen Wahrheit zu bekehren, die

sich, wie er selbst sehen könnte, als eine heilige und gute Religion täg-
lich weiter ausbreitete und zunähme; so wie er andererseits erkennen
7 könnte, dass sein eigener Glaube schwächer würde und zerfiele. Der
Jude antwortete, dass er allein den jüdischen Glauben für heilig und
gut hielte, dass er in ihm geboren sei und darin leben und sterben
8 wollte; nichts könnte ihn davon abbringen. Aber Giannotto ließ nicht
ab, und nach einigen Tagen wandte er sich noch einmal mit ähnlichen
Worten an ihn und zeigte ihm – so unbeholfen wie Kaufleute das
meistens nur verstehen –, aus welchen Gründen unser Glaube besser
9 als der jüdische sei. Und obwohl der Jude ein großer Meister seines
Gesetzes war, fand er schließlich Gefallen an den Darlegungen Gian-
nottos. Vielleicht bewirkte das die große Freundschaft, die er zu ihm
empfand, vielleicht bewirkten es die Worte, die der Heilige Geist auf
die Zunge eines ungebildeten Menschen legte. Aber trotz allem ließ er
sich nicht zur Umkehr bewegen und beharrte auf seinem Glauben.
10 Giannotto ließ ebenso wenig davon ab, ihn zu bedrängen, wie jener
auf seiner Meinung beharrte. Schließlich sagte der Jude, von der Aus-
dauer und Hartnäckigkeit des anderen besiegt: »Nun denn, Gian-
notto, du wünschst, dass ich Christ werde, und ich bin bereit, dir zu
folgen. Zuvor aber möchte ich noch nach Rom reisen, um dort den zu
sehen, von dem du sagst, er sei Gottes Stellvertreter auf Erden, um
sein Auftreten und Verhalten sowie das seiner Brüder Kardinäle zu
11 betrachten. Wenn ich aus ihrer Erscheinung so wie aus deinen Wor-
ten entnehmen kann, dass euer Glaube besser als meiner ist, was du
zu beweisen versucht hast, werde ich tun, was ich gesagt habe; wenn
es nicht so sein wird, bleibe ich Jude, wie ich es heute bin.«

12 Als Giannotto das hörte, war er über alle Maßen betrübt und
sprach zu sich selbst: »Alle Mühen, die ich glaubte, so gut eingesetzt
zu haben, um jenen zu bekehren, waren umsonst; denn wenn er nach
Rom zieht und dort das schurkische und schmutzige Leben der Kleri-
ker sieht, wird er nicht nur nicht vom Juden zum Christen werden,
13 sondern, wäre er Christ, ohne Zweifel wieder Jude werden.« Zu Abra-

ham gewendet, sagte er: »Aber mein Freund, warum willst du solche
Mühen und solche Ausgaben auf dich laden, um bis nach Rom zu rei-
sen? Ganz abgesehen davon, dass auf einen reichen Mann wie dich zu
Wasser und zu Lande viele Gefahren lauern. Glaubst du nicht, dass du 14
auch hier jemanden fändest, der dich taufte? Und wenn du noch eini-
ge Zweifel über den Glauben hegst, den ich dir dargelegt habe, wo
gäbe es größere Lehrmeister und weisere Menschen als hier, die dir
für alles, was du wünschst und fragst, Belehrung geben können? Dei- 15
ne Reise ist also, so meine ich, überflüssig. Bedenke, dass es dort
ebensolche und sogar bessere Würdenträger gibt, als du sie hier sehen
kannst, weil sie dem obersten Hirten näherstehen. Spare dir, so rate
ich dir, diese Mühe für eine andere Gelegenheit auf, etwa für eine Pil-
gerfahrt, auf der ich dich vielleicht begleiten werde.« Der Jude ant- 16
wortete hierauf: »Ich glaube, dass es so ist, wie du sagst. Um es aber in
einem Wort zu sagen, wenn du wünschst, dass ich tue, worum du
mich so sehr gebeten hast, so werde ich dorthin reisen. Anderenfalls
werde ich gar nichts tun.« Als Giannotto bemerkte, dass er fest blieb, 17
sagte er: »Geh mit Glück.« Bei sich dachte er, dass jener nie Christ
werden würde, nachdem er den päpstlichen Hof in Rom gesehen hät-

te. Er beharrte aber nicht weiter auf der Sache, weil er nichts zu verlie-
18 ren hatte. Der Jude stieg zu Pferd und begab sich, so rasch er konnte,
19 nach Rom. Dort angekommen, wurde er von seinen jüdischen Glau-
bensbrüdern ehrenvoll aufgenommen. Während seines Aufenthaltes
sagte er niemandem, weswegen er gekommen war; aber in aller Stille
beobachtete er das Auftreten des Papstes, der Kardinäle, der anderen
Würdenträger und aller Höflinge. Aus dem, was er als kluger Mann
selber wahrnahm und was ihm berichtet wurde, entnahm er, dass
alle, vom Höchsten bis zum Niedersten, der Wollust, nicht allein der
natürlichen, sondern auch der Sodomie, in ruchloser und zügelloser
Weise, ohne Gewissensbisse und ohne Scham frönten, so dass Huren
und Lotterbuben einen nicht geringen Einfluss auf alle bedeutenden
20 Angelegenheiten hatten. Außerdem wurde er gewahr, dass sie alle-
samt Schlemmer, Trinker und Trunkenbolde waren, die wie rohe Tie-
21 re nur dem Bauche frönten. Als er weiter um sich schaute, sah er, dass
sie so geizig und geldgierig waren, dass sie Menschenblut, sogar
Christenblut und heilige Dinge, gleichviel, ob diese nun gottgeweiht
oder für den menschlichen Nutzen gedacht waren, für Geld kauften
und verkauften und damit einen größeren Handel trieben sowie mehr
Makler beschäftigten, als man es in Paris für Tuchwaren oder irgend-
etwas anderes tat; der offenen Simonie hatten sie den Namen Be-
schaffung, der Schlemmerei den Namen Unterhalt gegeben, so als ob
Gott, wenn wir einmal den Wortsinn außer acht lassen, die Absicht
der bösen Seelen nicht wahrnähme und sich wie die Menschen von
22 der Bezeichnung der Dinge täuschen ließe. Dies und vieles andere,
das wir verschweigen müssen, missfiel dem Juden in höchstem Maße,
da er ein bescheidener und nüchterner Mann war. Als er glaubte, ge-
nug gesehen zu haben, beschloss er, nach Paris zurückzukehren; was
23 er auch tat. Als Giannotto erfuhr, dass er zurückgekehrt war, ging er
zu ihm, ohne die geringste Hoffnung, dass er Christ werde. Freudig
feierten sie das Wiedersehen. Nachdem jener sich einige Tage ausge-
ruht hatte, fragte ihn Giannotto, welchen Eindruck er vom Heiligen

Vater, von den Kardinälen und den übrigen Höflingen habe. Ohne zu 24
zögern antwortete darauf der Jude: »Einen schlechten, und der Herr-
gott möge es ihnen heimzahlen! Ich sage das, weil ich, wenn ich rich-
tig hingeschaut habe, weder etwas von Heiligkeit und Frömmigkeit,
von guten Werken oder vorbildlichem Leben bei irgendeinem der
Kleriker habe entdecken können. Stattdessen erschien es mir, dass
Wollust, Geiz und Völlerei, Betrug, Neid und Stolz sowie ähnliche
und noch schlimmere Dinge, falls es überhaupt noch schlimmere ge-
ben kann, bei allen in so hohem Ansehen stehen, dass ich es eher für
einen Ort der Höllen- als der Himmelskünste halte. Und ich meine, 25
dass euer Hirte und mit ihm alle anderen ihr ganzes Streben, ihren
ganzen Verstand und ihre ganze Kunst darauf verwenden, der christ-
lichen Religion den Garaus zu machen und aus dieser Welt zu vertrei-
ben, wo sie doch eher ihr Fundament und ihre Stütze sein sollten. Da 26
ich sehe, dass nicht eintritt, was jene erstreben, dass sich vielmehr
eure Religion ständig ausbreitet, immer heller leuchtet und glänzt,
kann ich daraus billigerweise nur schließen, dass der Heilige Geist das
Fundament und die Stütze dieser als der vor allen übrigen wahren
und heiligen Religion ist. Wenn ich zuvor deine Ermahnungen hart 27
und schroff abgelehnt habe und kein Christ werden wollte, so sage ich
dir nun klar und deutlich, dass ich unverzüglich Christ werden will.
Gehen wir zur Kirche; dort werde ich mich gemäß dem vorgeschrie-
benen Brauch eures heiligen Glaubens taufen lassen.«

Als Giannotto, der genau den gegenteiligen Schluss erwartet hat- 28
te, ihn so enden hörte, war er glücklicher, als je ein Mensch gewesen
ist. Mit ihm zusammen ging er nach Notre-Dame von Paris und bat
die Kleriker, Abraham unverzüglich zu taufen. Als diese seine Bitte 29
vernahmen, erfüllten sie sie rasch, und Giannotto stand Pate am hei-
ligen Taufbecken und nannte ihn Giovanni. Darauf ließ er ihn von
angesehenen Männern gründlich in unserem Glauben unterrichten,
was dieser rasch lernte, und als guter und tüchtiger Mann führte er ein
frommes Leben.

Dritte Novelle

1 *Der Jude Melchisedech wendet mit einer Erzählung von drei Ringen*
eine große Gefahr ab, in die ihn Saladin bringen wollte.

2 Neifiles Novelle wurde von allen gelobt; und da sie nun schwieg, be-
gann Filomena auf Wunsch der Königin wie folgt zu sprechen:

3 Die Novelle Neifiles erinnert mich an ein gefährliches Ereignis,
das einem Juden zugestoßen ist. Da bereits zur Genüge von Gott und
von der Wahrheit unseres Glaubens gesprochen wurde, soll nunmehr
ein Abstieg zu den Ereignissen und Taten der Menschen gestattet
sein. Sobald ihr die Novelle, die ich euch erzählen werde, gehört habt,
werdet ihr vielleicht vorsichtiger sein, wenn ihr Fragen beantwortet,
4 die man euch stellt. Liebenswerte Gefährtinnen, ihr müsst wissen,
dass, wenn die Dummheit häufig manch einen aus einem glücklichen
Zustand in tiefstes Elend stürzt, der Verstand den Weisen aus großen
Gefahren befreit und ihm einen sicheren Hort der Ruhe verschafft.
5 An vielen Beispielen mag man erkennen, dass tatsächlich die Dumm-
heit vom Glück ins Elend führt; darüber zu berichten, soll jetzt nicht
unsere Sorge sein, weil man tagtäglich tausend Beispiele dafür vor
Augen hat. Dass aber der Verstand eine Ursache des Wohlbefindens
sein kann, das werde ich euch, wie gesagt, mit einer kurzen Novelle
zeigen.

6 Tugend und Tapferkeit des Saladin waren so groß, dass er durch
sie nicht allein aus geringem Stand zum Sultan von Kairo aufstieg,
sondern überdies viele Siege über die Könige der Sarazenen und der
Christen errang. In verschiedenen Kriegen und für seine prächtige
Hofhaltung hatte er seinen Schatz ausgegeben und benötigte für eine
unvorhergesehene Angelegenheit eine größere Menge Geldes; er
wusste aber nicht, woher er es so schnell, wie er es nötig hatte, neh-
men sollte. Da erinnerte er sich eines reichen Juden namens Melchise-
7 dech, welcher in Alexandria Geld zu Wucherzinsen verlieh. Er glaub-

te, dieser könnte ihm dienlich sein, wenn er nur wollte. Jener war aber so geizig, dass er es von sich aus nie getan hätte; und Gewalt wollte ihm der Sultan auch nicht antun. Da ihn die Not bedrängte, und nachdem er hin und her überlegt hatte, wie er den Juden dazu bringen könnte, ihm gefällig zu sein, verfiel er darauf, ihn unter dem Schein der Rechtmäßigkeit zu erpressen.

Er ließ ihn zu sich kommen, empfing ihn freundlich, hieß ihn sich 8
zu ihm setzen und sagte ihm alsdann: »Guter Mann, ich habe von mehreren Personen vernommen, dass du sehr klug bist und weit fortgeschritten in der Gottesgelehrsamkeit. Deswegen möchte ich gerne von dir erfahren, welches der drei Gesetze für dich das wahre ist: das jüdische, das sarazenische oder das christliche.«

Der Jude, der in der Tat ein kluger Mann war, merkte nur zu gut, 9
dass Saladin darauf lauerte, ihn mit seiner Antwort zu fangen, um dann eine Forderung an ihn stellen zu können; er überlegte, dass er keine der drei Religionen mehr als die anderen lobpreisen könnte, ohne dass Saladin nicht seine Absicht erreichte. Wie einer, der eine Antwort sucht, in der er sich nicht verfängt, strengte er seinen Geist
an und fand rasch, was er sagen musste, und begann: »O Herr, die Fra- 10

ge, die Ihr mir vorlegt, ist schön; um alles, was ich dazu empfinde, sa-
gen zu können, wähle ich eine kleine Erzählung, die Ihr nun hören
11 werdet. Wenn ich mich nicht täusche, so erinnere ich mich, viele Male
von einem großen und reichen Mann gehört zu haben, der unter all
den kostbaren Edelsteinen in seinem Schatz einen wunderschönen
und wertvollen Ring besaß; um seines Wertes und seiner Schönheit
willen schätzte er ihn besonders hoch und wollte ihn für alle Zeiten
seinen Nachkommen überliefern; deswegen bestimmte er, dass der-
jenige seiner Söhne, bei welchem dieser von ihm hinterlassene Ring
gefunden würde, als sein Erbe angesehen und von allen übrigen als
12 der Älteste geehrt und geachtet werden sollte. Der, dem er hinterlas-
sen wurde, bestimmte das Gleiche für seine Nachkommen und tat
seinerseits, wie sein Vorfahre es getan hatte. Kurzum, der Ring ging
von Hand zu Hand durch viele Generationen und gelangte schließlich
in die Hände eines Mannes, der drei schöne, tugendhafte, dem Vater
überaus gehorsame Söhne hatte, weswegen er sie alle drei gleicher-
13 maßen liebte. Und die jungen Leute, die die Tradition des Ringes
kannten und von denen ein jeder danach strebte, der Ausgezeichnete
in der Familie zu sein, baten, jeder für sich und so gut er es konnte,
den Vater, der alt war, ihm selbst und nicht den Brüdern bei seinem
14 Tod den Ring zu hinterlassen. Der gute Mann, der sie alle drei glei-
chermaßen liebte und nicht auszuwählen wusste, wem er den Ring
hinterlassen sollte, dachte daran, nachdem er es einem jeden verspro-
chen hatte, sie alle drei zufriedenzustellen. Heimlich ließ er bei ei-
nem geschickten Meister zwei weitere Ringe anfertigen, die dem ers-
ten so sehr glichen, dass selbst der, welcher sie angefertigt hatte, kaum
noch den echten Ring erkennen konnte. Als er seinen Tod nahen
15 fühlte, gab er heimlich einem jeden seiner Söhne einen Ring. Nach
dem Tod des Vaters wollte ein jeder von ihnen das Erbe und die Aus-
zeichnung für sich beanspruchen; ein jeder bestritt dem anderen die-
sen Anspruch; als Begründung und Zeugnis legte ein jeder seinen
Ring vor. Die Ringe waren einander so ähnlich, dass man nicht erken-

nen konnte, welcher der echte war; daher blieb der Streit, wer von ih-
nen der wahre Erbe des Vaters ist, offen und ist es immer noch. Das- 16
selbe, o Herr, sage ich Euch auch über die drei Gesetze, die Gottvater
den drei Völkern gegeben hat und die Ihr mir zur Beurteilung vorge-
legt habt. Ein jedes Volk glaubt, Gottes Erbe, sein wahres Gesetz zu
besitzen und unmittelbar seinen Willen auszuführen. Aber wer es
wirklich besitzt, das ist, wie bei den Ringen, eine noch offene Streit-
frage.«

Saladin erkannte, dass es jenem bestens gelungen war, aus der 17
Schlinge, die er ausgelegt hatte, herauszuschlüpfen; so beschloss er,
ihm seine Notlage zu offenbaren und zu sehen, ob er ihm dienlich sein
wollte. Also eröffnete er ihm, was seine Absicht gewesen wäre, wenn
jener ihm nicht so klug, wie er es getan, geantwortet hätte. Der Jude 18
gab ihm freiwillig jede Summe Geldes, die Saladin von ihm erbat. Sa-
ladin stellte ihn danach voll und ganz zufrieden; darüber hinaus über-
reichte er ihm reiche Geschenke und erhielt ihn sich immer als Freund
und bewahrte ihm in seiner Umgebung einen ehrenvollen Platz.

Vierte Novelle

Ein Mönch, der eine Sünde auf sich geladen hat, für die ihm harte Bestrafung droht, hält auf diskrete Art und Weise seinem Abt das gleiche Vergehen vor und entrinnt so der Strafe. 1

Als Filomena ihre Novelle beendet hatte, schwieg sie; und Dioneo, 2
welcher neben ihr saß, wartete nicht länger auf die Aufforderung der
Königin, weil er wusste, dass er gemäß der begonnenen Reihenfolge
sprechen sollte; er begann wie folgt:

Liebenswerte Damen, wenn ich unser aller Absicht wohlverstan- 3
den habe, so haben wir uns zusammengefunden, um uns mit Erzäh-
lungen zu ergötzen. Um dem nicht zuwiderzuhandeln, ist es, glaube

ich, erlaubt – und unsere Königin sagte das zu Beginn –, dass ein jeder die Novelle erzählt, von der er sich das größte Vergnügen verspricht. Nachdem wir also gehört haben, dass Abraham durch die guten Ratschläge des Giannotto von Civignì seine Seele gerettet und Melchisedech seinen Reichtum vor den Nachstellungen Saladins geschützt hat, möchte ich, wenn ihr es erlaubt, kurz erzählen, wie ein Mönch mit einer List seinen Leib vor einer harten Strafe bewahrt hat.

4 Es gab einmal in der Lunigiana, einem Landstrich, der nicht sehr
weit von hier entfernt liegt, ein Kloster, das reicher an Mönchen und
Gott wohlgefälliger war, als es heute noch ist. Darin lebte unter ande-
ren ein junger Mönch, dessen Kraft und Lebensfrische weder das Fas-
5 ten noch die Nachtwachen bezähmen konnten. Als dieser eines Tages
um die Mittagszeit, als alle anderen Mönche schliefen, alleine um die
Kirche spazierte, die recht einsam gelegen war, erblickte er zufällig
ein recht hübsches Mädchen, vielleicht das Töchterchen eines Bauern
aus der Umgebung, welches durch die Felder streifte und Kräuter
sammelte. Kaum hatte er sie wahrgenommen, als die fleischliche Be-
6 gierde ihn heftig ergriff. So machte er sich an sie heran und kam mit
ihr ins Gespräch; ein Wort ergab das andere, und er wurde mit ihr ei-

nig und nahm sie mit in seine Zelle, ohne dass irgendjemand etwas
bemerkte.

Während er, von der Leidenschaft hingerissen, unvorsichtig laut 7
seinen Spaß mit ihr hatte, geschah es, dass der Abt, der inzwischen
aufgestanden war und gerade an der Zelle vorüberging, das Turteln
der beiden hörte. Um die Stimmen deutlicher zu erkennen, lauschte
er vorsichtig an der Tür. Er war sicher, dass drinnen eine Frau war, und
hätte sich am liebsten sofort öffnen lassen; dann aber besann er sich
auf einen anderen Weg, kehrte in seine Zelle zurück und wartete, bis
der Mönch herauskam. Obwohl der Mönch sich ganz der Lust und 8
dem Vergnügen an seinem Mädchen hingab, war er nichtsdestoweni-
ger die ganze Zeit auf der Hut. Er glaubte, ein Schlurfen von Schritten
im Schlafsaal zu hören, legte sein Auge an ein Guckloch und sah, wie
der Abt an seiner Zelle lauschte. Er begriff sofort, dass der Abt be-
merkt haben konnte, dass das Mädchen in der Zelle war. Er war über 9
die Maßen erschrocken, weil er wusste, dass das zu einer schweren
Strafe führen musste; ohne das Mädchen seinen Schrecken merken zu
lassen, überlegte er sich dennoch rasch die Sache, um einen Ausweg
zu finden. Es fiel ihm eine ungewöhnliche List ein, welche zu dem 10
Ziel führte, das er sich vorstellte. Er gab vor, dass er lang genug mit
dem Mädchen zusammen gewesen sei, und sagte zu ihr: »Ich gehe
einmal hinaus, um nachzuschauen, wie du am besten hier heraus-
kommst, ohne gesehen zu werden; bleib ganz still, bis ich zurück-
komme!« Er ging hinaus, verschloss die Zelle, ging unmittelbar zur 11
Zelle des Abtes und gab ihm den Schlüssel seiner eigenen, so wie es
jeder Mönch tat, wenn er hinausging; dabei sagte er mit unschuldiger
Miene: »Ich konnte heute früh nicht alles Holz herbringen lassen, das
geschlagen wurde; darum will ich mit Eurer Erlaubnis noch einmal in
den Wald gehen und es kommen lassen.«

Der Abt meinte, jener hätte nicht bemerkt, dass er ihn beobachtet 12
hatte, und war froh über die Gelegenheit, sich über seinen Fehltritt
unterrichten zu können; er nahm also den Schlüssel bereitwillig ent-

13 gegen und entließ ihn. Als jener fort war, überlegte er, was er nun zu-
erst tun sollte: Entweder in Gegenwart aller Mönche die besagte Zelle
öffnen, damit sie alle den Fehltritt des Mönches erkannten und nicht
murrten, wenn er ihn bestrafte; oder sich zunächst einmal von dem
14 Mädchen den Verlauf der Sache berichten lassen. Da er dachte, dass sie
vielleicht die Frau oder Tochter eines Mannes war, der es nicht gerne
sähe, wenn ihre Schande allen Mönchen vorgeführt würde, beschloss
er, zuerst einmal zu sehen, wer sie sei, um sich dann zu entscheiden.
Leise ging er zu der Zelle, öffnete sie, trat ein und verschloss die Tür
hinter sich. Als das Mädchen den Abt sah, war sie zu Tode erschro-
15 cken und brach vor Angst und Scham in Tränen aus. Der Herr Abt be-
trachtete sie und sah, dass sie hübsch und jung war; obwohl er selbst
schon alt war, spürte er doch mit einem Mal den Stachel des Fleisches
nicht weniger brennend, als sein junger Mönch ihn verspürt hatte. Er
sagte sich: »Ach, warum nehme ich mir nicht meinen Anteil am Ver-
gnügen, wenn ich ihn bekommen kann, wo ich doch Last und Ärger
habe, soviel ich nur will? Das ist ein hübsches Mädchen, und kein
Mensch auf der Welt weiß, dass sie hier ist. Wenn ich sie dazu bringe,
16 mir zu Willen zu sein, warum sollte ich das nicht tun? Wer wird es
erfahren? Niemand wird es jemals erfahren, und eine heimliche Sün-
de ist schon halb erlassen. Ein solcher Zufall wird vielleicht nie mehr
eintreten. Ich meine, es ist vernünftig, das Gute zu ergreifen, wenn
der Herrgott es einem schickt.«

17 Nachdem er sich das überlegt und so den Vorsatz, um dessentwil-
len er gekommen war, ganz und gar umgestoßen hatte, ging er auf das
Mädchen zu und begann, sie freundlich zu trösten und zu bitten,
nicht länger zu weinen; ein Wort gab das andere, bis er ihr schließlich
18 sein Begehren eröffnete. Das Mädchen, das weder aus Eisen noch aus
Diamant war, beugte sich willig den Wünschen des Herrn Abtes.
Dieser umarmte und küsste sie mehrmals, bestieg das Bett des Mön-
ches; weil er vielleicht das ansehnliche Gewicht seiner Würde und
das zarte Alter des Mädchens berücksichtigte oder vielleicht fürchte-

te, sie durch seine Gewichtigkeit zu belasten, stieg er nicht auf ihren Leib, sondern setzte sie auf seine Brust und verlustierte sich mit ihr eine gute Weile.

Der Mönch, der vorgegeben hatte, in den Wald zu gehen, hatte 19
sich im Schlafsaal versteckt; als er sah, dass der Abt in die Zelle ging, war er schon überzeugt, dass sein Plan erfolgreich verlaufen müsste; als er bemerkte, wie von innen abgeschlossen wurde, war er seiner Sache ganz sicher. Er verließ sein Versteck und ging leise zu einem Loch, durch welches er sehen konnte, was der Abt tat oder sagte; er lauschte und beobachtete. Als der Abt glaubte, lang genug mit dem Mädchen 20
zusammen gewesen zu sein, schloss er sie in die Zelle ein und kehrte in seine eigene Kammer zurück. Nach einiger Zeit, als er den Mönch kommen hörte und glaubte, dieser käme aus dem Wald, nahm er sich vor, ihn kräftig zu tadeln und einzusperren, damit er selbst die gewonnene Beute für sich behalten könnte. Er ließ ihn zu sich rufen, tadelte ihn streng und mit böser Miene und befahl, dass er in den Kerker geworfen werden sollte.

Der Mönch antwortete schlagfertig: »Herr, ich bin noch nicht lang 21
genug im Orden des heiligen Benedictus, um alle Besonderheiten zu erlernen; Ihr selbst habt mir noch nicht gezeigt, dass die Mönche sich mit Frauen belasten sollen, so wie sie sich Fasten und Wachen auferlegen. Da Ihr es mir nun aber gezeigt habt, verspreche ich Euch, wenn Ihr mir verzeiht, hierin niemals mehr zu sündigen; ich werde hingegen immer so verfahren, wie ich es bei Euch gesehen habe.«

Der Abt war ein gescheiter Mann und erkannte sofort, dass jener 22
nicht nur klüger als er selbst gewesen war, sondern dass er auch gesehen hatte, was er selbst getan hatte. Er sah seine Schuld ein und schämte sich, dass er dem Mönch antun wollte, was er selbst ebenso sehr verdient hatte. Also verzieh er ihm und legte ihm über das, was er gesehen hatte, Schweigen auf. Auf diskrete Weise brachten sie das Mädchen aus dem Kloster und, so ist anzunehmen, ließen sie danach noch öfters zurückkehren.

Fünfte Novelle

1 *Die Markgräfin von Monferrato weist mit einer Einladung zum Hühnerschmaus und mit einigen spöttischen Worten die närrische Liebe des Königs von Frankreich zurück.*

2 Die Novelle Dioneos rief bei den Zuhörerinnen zuerst einmal ein ge-
wisses Schamgefühl hervor, das sich in einem feinen Erröten kund-
tat; dann aber schauten sie einander an, konnten das Lachen kaum un-
3 terdrücken und hörten lächelnd zu. Nachdem die Erzählung beendet
war und sie ihn mit einigen freundlichen Worten gerügt hatten, um
ihm zu zeigen, dass derartige Novellen nicht vor Frauen erzählt wer-
den sollten, wandte sich die Königin an Fiammetta, die neben ihr auf
dem Rasen saß, und forderte sie auf, in der Reihe fortzufahren. Diese
begann freundlich und heiter:

4 Es gefällt mir, dass wir mit unseren Novellen zeigen, wie groß die Wirkung anmutiger und schlagfertiger Antworten ist. Sehr klug sind die Männer, die sich bemühen, immer eine Frau höheren Standes als sie selbst zu lieben; ebenso zeigen die Frauen kluge Einsicht, die es verstehen, sich vor der Liebe eines Mannes, der höher als sie selbst steht, zu bewahren. So kam es mir in den Sinn, schöne Frauen, euch mit der Novelle, die ich euch erzählen soll, zu zeigen, wie eine edle Frau sich mit Wort und Tat davor hütete und den anderen davon abbrachte.

5 Der Markgraf von Monferrato, Bannerträger der Kirche und ein
Mann von hoher Tapferkeit, war auf einen Kreuzzug übers Meer ge-
6 zogen. Am Hofe König Philipps des Einäugigen, der sich anschickte,
zu demselben Kreuzzug von Frankreich aus aufzubrechen, sprach
man über seinen Mut; ein Ritter erzählte, es gäbe unter dem Himmel
kein ähnliches Paar wie das des Markgrafen und seiner Gattin. So be-
rühmt der Markgraf unter den Rittern wegen seiner Tugenden sei,
ebenso übertreffe seine Gattin alle Frauen der Welt an Schönheit und

Tugendhaftigkeit. Diese Worte drangen so tief in das Herz des Königs 7
von Frankreich, dass er sich mit einem Mal, ohne sie je gesehen zu ha-
ben, glühend in sie verliebte und beschloss, für den Kreuzzug nir-
gendwo anders als in Genua das Schiff zu besteigen. So hätte er, wenn
er über Land dorthin zöge, eine untadelige Begründung, die Markgrä-
fin zu besuchen. Dabei bedachte er, dass er, da der Markgraf abwesend
war, eine Gelegenheit finden könnte, seinen Herzenswunsch in die
Tat umzusetzen. Und wie er es sich überlegt hatte, so führte er es auch 8
aus; er schickte seine Leute voraus und machte sich mit geringer Be-
gleitung und einigen Edelleuten auf den Weg; als er sich den Lände-
reien des Markgrafen näherte, ließ er der Dame einen Tag im voraus
bestellen, dass sie ihn am folgenden Tag zum Mittagsmahl erwarten
möge.

Die Frau war erfahren und klug und antwortete ihm freundlich, 9
dass das für sie eine hohe Gunst und er willkommen sei. Darauf über-
legte sie, was es bedeuten sollte, dass, während ihr Mann abwesend
war, ein so großer König sie besuchte. Sie ließ sich nicht durch den
Hinweis bestechen, dass der Ruhm ihrer Schönheit ihn angezogen
habe. Als rechtschaffene Frau entschied sie sich nichtsdestoweniger, 10

ihn ehrenvoll zu empfangen, und ließ die Vasallen, die zurückgeblie-
ben waren, zusammenrufen und nach ihren Ratschlägen alles gebüh-
rend vorbereiten. Allein für das Mahl und die Speisen wollte sie selbst
sorgen. Unverzüglich ließ sie alle Hühner, die es in der Gegend gab,
herbeibringen und daraus von ihren Köchen verschiedenartige Ge-
11 richte für die königliche Tafel zubereiten. Der König traf am vorgese-
henen Tag ein und wurde von der Dame ehrenvoll und feierlich emp-
fangen. Ihm erschien sie noch schöner, tugendhafter und sittsamer,
als er sie sich nach den Worten des Ritters vorgestellt hatte; er war
höchst überrascht und pries sie über die Maßen. Seine Begierde ent-
flammte umso heftiger, als er entdeckte, dass die Frau ungewöhnli-
cher war, als er sie zuvor eingeschätzt hatte.

12 Nachdem er sich in Räumen, die für den Aufenthalt eines so gro-
ßen Königs gebührend ausgeschmückt worden waren, ausgeruht hat-
te, begaben sich er und die Markgräfin, als die Essenszeit gekommen
war, zu Tisch; für die übrigen Gäste war je nach Rang an anderen Ti-
13 schen gedeckt. Es wurden dem König zahlreiche Gerichte sowie die
besten und kostbarsten Weine serviert; darüber hinaus entzückte ihn
der Anblick der wunderschönen Markgräfin. Nachdem ein Gericht
nach dem anderen aufgetragen worden war, erfasste den König aller-
dings ein gewisses Erstaunen; er bemerkte nämlich, dass alle Speisen,
14 die aufgetragen wurden, aus Hühnern zubereitet worden waren. Da
der König wusste, dass es in der Gegend auch Wild in Fülle geben
musste, und er seinerseits seine Ankunft rechtzeitig genug angekün-
digt hatte, so dass sie ihre Leute hätte auf die Jagd schicken können,
wollte er ihr, obwohl er sich sehr darüber wunderte, gerade mit Hilfe
dieser Hühner eine Falle stellen. Mit heiterer Miene wandte er sich an
sie und sagte: »Gnädige Frau, gibt es in dieser Gegend denn nur Hüh-
ner und keinen einzigen Hahn?«

15 Die Markgräfin verstand die Frage nur allzu gut, und es schien ihr,
dass der Herrgott ihr, wie sie es gewünscht hatte, die Gelegenheit gab,
ihre Meinung auszusprechen; sie wandte sich freimütig an den König

und antwortete: »Monseigneur, nein; aber die Weibchen, auch wenn sie nach Kleid und Rang einigermaßen anders aussehen als anderswo, sind hier doch ebenso gebaut wie anderswo.«

Als der König diese Worte hörte, verstand er nur zu gut, warum 16
sie ihn zu einem Hühnerschmaus eingeladen hatte, und er begriff, welche Tugend sich unter ihren Worten verbarg; er erkannte, dass bei einer solchen Frau alle weiteren Worte umsonst waren und dass Gewalt nicht statthaft war; so unbedacht er sich in sie verliebt hatte, so weise tat er also daran, die unrühmliche Glut um seiner eigenen Ehre willen auszulöschen. Ohne sie noch länger mit Anspielungen zu be- 17
lästigen, denn er fürchtete ihre Antworten, wandte er sich wieder dem Essen zu und gab die Hoffnung auf. Damit die Unverschämtheit seines Kommens durch einen schnellen Aufbruch verwischt würde, dankte er ihr nach der Mahlzeit für den ehrenvollen Empfang, sie empfahl ihn Gottes Schutz, und er zog nach Genua.

Sechste Novelle

Mit einer eleganten Antwort stellt ein wackerer Mann die üble Schein- 1
heiligkeit der Kleriker bloß.

Nachdem alle die Markgräfin dafür gelobt hatten, dass sie so beherzt 2
und anmutig den König von Frankreich zurechtgewiesen hatte, begann Emilia, die neben Fiammetta saß, auf den Wunsch der Königin in munterer Rede:

Das Witzwort eines wackeren Mannes aus dem Laienstande ge- 3
genüber einem geizigen Kleriker darf nicht vergessen werden, da es ebenso erheiternd wie empfehlenswert ist.

Vor nicht allzu langer Zeit, teure Gefährtinnen, gab es in unserer 4
Stadt einen Franziskanermönch, der als Inquisitor gegen die Lehren der Häresie vorging; er bemühte sich zwar sehr, als ein heiliger und

echter Liebhaber des christlichen Glaubens zu erscheinen, aber wie
alle anderen auch hat er die vollen Geldbeutel ebenso gut wie die glau-
5 bensschwachen Seelen ausgekundschaftet. Dank dieser Schnüffelei
stieß er eines Tages auch zufällig auf einen guten Mann, der reicher an
Geld als an Verstand war; beim Gespräch und in Gesellschaft, keines-
wegs aus Ungläubigkeit, viel eher aus Dummheit, vielleicht auch
durch den Wein und die Ausgelassenheit erhitzt, war diesem der Satz
herausgeschlüpft, dass er einen so guten Wein besäße, dass auch
6 Christus davon tränke. Das wurde dem Inquisitor hintertragen; er er-
fuhr, dass des anderen Besitz groß und sein Geldbeutel prall waren,
überzog ihn »mit Schwertern und mit Stangen« und halste ihm einen
strengen Prozess auf; wobei er es weniger darauf angelegt hatte, den
Unglauben des Angeklagten zu beheben, als seine Hand mit Gulden
7 zu beschweren. So ging er ans Werk. Er ließ den Mann kommen und
fragte ihn, ob es wahr sei, was man gegen ihn gesagt hatte. Der gute
8 Mann sagte ja und schilderte ihm die Umstände. Darauf sagte der hei-
lige Inquisitor und Anhänger des heiligen Johannes Goldbart: »Du
hast also aus Christus einen Trinker und Liebhaber edler Weine ge-
macht, so als hieße Er Cinciglione oder wie sonst einer eurer Trinker,

Säufer und Kneipengänger? Und jetzt willst du das mit schuldbe-
wusstem Ausdruck hinstellen, als wäre es Leichtsinn gewesen? Es
geht aber nicht so, wie du meinst, denn du hättest den Scheiterhaufen
verdient, wenn wir so gegen dich vorgingen, wie wir es tun sollten.«
Mit solchen und ähnlichen Worten sowie einem bedrohlichen Ge- 9
sicht redete er auf ihn ein, als wäre jener ein Epikur, der das ewige Le-
ben leugnet. Kurz und gut, er schüchterte den guten Mann so ein, dass
dieser ihm durch einige Mittelsmänner die Hände mit dem Fett des
heiligen Johannes Goldmund schmieren ließ – selbiges Fett hilft be-
sonders gegen die Pest des Geizes der Kleriker, vor allem der Franzis-
kaner, die Geld selbst nicht anzurühren wagen –, damit jener sich ihm
gegenüber barmherzig zeige. Diese Salbe, die von Galenus unter den 10
Heilmitteln, obwohl sie heilkräftig ist, nicht erwähnt wird, wirkte so
gut, dass sich der angedrohte Scheiterhaufen gnadenvoll in ein Kreuz
verwandelte. So als sollte er zu einem Kreuzzug aufbrechen, ließ er es
wie eine schöne Fahne gelb auf schwarzen Grund heften. Obwohl er 11
schon das Geld erhalten hatte, behielt er ihn noch mehrere Tage in sei-
ner Nähe und legte ihm als Buße auf, eine Messe in Santa Croce zu
hören und sich zur Essensstunde bei ihm zu melden; den Rest des Ta-
ges durfte er dann tun, was er wollte. Während er also eifrig seine 12
Pflichten erfüllte, geschah es, dass er eines Morgens in der Messe ein
Evangelium hörte, in dem folgende Worte gesungen wurden: »Ihr
werdet für jedes das Hundertfache empfangen und das ewige Leben
besitzen.« Diese Worte behielt er fest im Gedächtnis. Gemäß seiner
Verpflichtung begab er sich zur Essenszeit zum Inquisitor. Dieser
speiste gerade. Der Inquisitor fragte ihn, ob er an diesem Morgen die
Messe gehört habe. Jener antwortete eilfertig: »Ja, Herr.« Der Inquisi- 13
tor sagte: »Hast du etwas gehört, worüber du Zweifel und wozu du
Fragen hast?« »Nichts, was ich gehört habe«, antwortete der gute 15
Mann, »erscheint mir ungewiss, sondern ich glaube alles als die reine
Wahrheit. Ich vernahm etwas, das mir großes Mitleid mit Euch und
den Franziskanerbrüdern eingeflößt hat und einflößt, wenn ich mir

16 vorstelle, welch üblen Zustand Ihr im Jenseits antreffen werdet.« Dar-
auf sagte der Inquisitor: »Welche Worte haben dich denn dazu be-
17 wegt, Mitleid mit uns zu empfinden?« Der gute Mann antwortete:
»Herr, es war jenes Wort aus dem Evangelium, das sagt: ›Ihr werdet
für ein jedes das Hundertfache empfangen und das ewige Leben be-
18 sitzen‹.« Der Inquisitor sagte: »Das ist wahr. Aber warum hat dich
19 dieses Wort gerührt?« »Herr«, antwortete der gute Mann, »das will
ich Euch sagen. Seitdem ich Euch aufsuche, habe ich gesehen, wie
man jeden Tag einmal zwei Kessel voll Brühe an die Armen draußen
vor dem Tor verteilt; diese Brühe ist bei Euch und Euren Brüdern üb-
riggeblieben. Wenn Euch nun für einen jeden hundert im Jenseits zu-
rückgegeben werden, so werdet Ihr so viel haben, dass Ihr darin er-
trinkt.«

20 Da die übrigen, die mit dem Inquisitor am Tisch saßen, lachten, fühlte er, wie die habgierige Scheinheiligkeit der Franziskaner verspottet worden war, und war sehr wütend; wäre er nicht schon wegen der anderen Sache getadelt worden, so hätte er ihn noch mit einem zweiten Prozess überzogen, weil er ihn und die anderen Nichtsnutze mit seiner spöttischen Rede lächerlich gemacht hatte. In seinem Zorn befahl er ihm zu tun, was ihm beliebe, und sich nicht mehr bei ihm blicken zu lassen.

Siebente Novelle

1 *Mit einer Novelle über Primasso und den Abt von Cluny tadelt Bergamino auf höfliche Art ein ganz unerwartet geiziges Verhalten von Messer Can della Scala.*

2 Der heitere Ton Emilias und ihre Novelle brachten die Königin und alle anderen zum Lachen, und man lobte den guten Einfall des Bekreuzten. Als nun das Gelächter verstummt war und man sich beru-

higt hatte, begann Filostrato, der mit dem Erzählen an der Reihe war, wie folgt zu sprechen:

Eine schöne Sache ist es, edle Damen, wenn man ein Ziel trifft, 3
das sich nicht bewegt, aber fast wunderbar ist es, wenn ein ungewöhnliches Ding, das unvorhergesehen erscheint, unmittelbar von
einem Bogenschützen getroffen wird. Das schmutzige und laster- 4
hafte Leben der Kleriker, häufig eine feste Zielscheibe, wenn man die Schlechtigkeit treffen will, gibt einem jeden, der es wünscht, ohne Schwierigkeiten Gelegenheit, davon zu sprechen, es zu tadeln und anzugreifen; deswegen tat der wackere Mann gut daran, dem Inquisitor die scheinheilige Nächstenliebe der Franziskaner vorzuhalten, die den Armen geben, was sie besser den Schweinen geben oder wegschütten sollten; umso höher schätze ich den, auf den mich die letzte Novelle gebracht hat und von dem ich erzählen möchte: Mit einer Novelle hat er Messer Can della Scala, einen mächtigen Herrn, wegen eines ungewöhnlichen und einmaligen geizigen Verhaltens getadelt, indem er durch eine andere Person das aussprach, was er selbst gegen jenen zu sagen beabsichtigte; das trug sich wie folgt zu.

5 Da glänzender Ruhm fast überallhin dringt, so zählte Messer
Cane della Scala, dem das Glück in vielem wohlgesonnen war, zu den
berühmtesten und großmütigsten Herren, die man seit den Zeiten
6 Kaiser Friedrichs II. in Italien erlebt hatte. Als er einmal ein großarti-
ges und wunderbares Fest in Verona angeordnet hatte und dazu viele
Leute aus verschiedenen Gegenden, vor allem Hofleute jeglicher Art,
gekommen waren, zog er mit einem Mal seine Einladung zurück, be-
7 schenkte, die gekommen waren, und verabschiedete sie. Es blieb nur
einer namens Bergamino zurück, der ein so eleganter und einfalls-
reicher Erzähler war, dass es keiner geglaubt hätte, der ihn nicht ge-
hört hatte; er bekam weder ein Geschenk noch seinen Abschied und
hoffte, dass dies nicht ohne einen zukünftigen Vorteil für ihn ge-
schehen sei. Aber bei Messer Cane hatte sich der Gedanke festge-
setzt, dass das, was er jenem schenken würde, verloren sei, so als
würde es ins Feuer geworfen; er sagte ihm aber nichts, noch ließ er
ihm etwas sagen.

8 Als Bergamino nach einigen Tagen bemerkte, dass er nicht geru-
fen wurde und man auch nichts von ihm verlangte, was zu seinem
Beruf gehörte, und dass er samt Pferden und Dienern auf eigene Kos-
ten im Gasthof leben musste, überkam ihn allmählich der Trübsinn;
9 dennoch wartete er, weil abzureisen ihm nicht gut erschien. Um wür-
dig auf dem Fest aufzutreten, hatte er drei schöne und stattliche Ge-
wänder mitgebracht, die ihm von anderen Herren geschenkt worden
waren; da sein Wirt bezahlt werden wollte, gab er ihm zuerst das
eine; da er sich länger aufhielt, musste er ihm, um bei ihm bleiben zu
können, das zweite vermachen; er begann das dritte zu verzehren
und stellte sich darauf ein, so lange zu bleiben, wie dieses vorhielt,
und dann abzureisen.

10 Während er nun dabei war, das dritte Gewand zu verzehren, ge-
schah es, dass er eines Tages mit traurigem Gesicht vor Messer Cane
erschien, als dieser zu Mittag speiste. Als Messer Cane ihn erblickte,
sagte er, mehr um ihn zu peinigen, als um sich an einem seiner Aus-

sprüche zu vergnügen: »Bergamino, was hast du? Du bist so trübsin-
nig! Sag doch was!« Ohne nachzudenken und als hätte er es sich schon 11
lange überlegt, antwortete Bergamino unmittelbar mit der folgenden
Novelle, die auf seine Situation zugeschnitten war: »O Herr, Ihr
müsst wissen, dass Primas ein tüchtiger Grammatiker und dazu ein
alle übertreffender, großer und flinker Reimer gewesen ist; dies
brachte ihm solches Ansehen und solchen Ruhm ein, dass, auch wenn
man ihn noch nicht überall gesehen hatte, alle Welt vom Namen und
vom Ruhm her wusste, wer Primas war. Nun geschah es, dass er sich 12
einmal in Paris unter armseligen Umständen aufhielt, so wie es ihm
die meiste Zeit erging, weil seine Tugend bei denen, die einiges ver-
mögen, wenig gelitten war; er hörte von einem Abt aus Cluny, der, so
glaubte man, wegen seiner Einkünfte der reichste Prälat sei, den Got-
tes Kirche, den Papst ausgenommen, habe; von ihm hörte er wunder-
bare und großartige Dinge, welche Hofhaltung er beständig führte
und dass er niemandem, der ihn aufsuchte, Essen und Trinken ver-
weigert hätte, sofern jener nur darum bat, wenn der Abt gerade speis-
te. Primas hörte davon und als ein Mann, dem es Vergnügen bereite- 13
te, wackere Männer und Herren zu sehen, beschloss er, sich die Groß-
zügigkeit dieses Abtes anzuschauen, und fragte, wie weit jener von
Paris wohnte. Darauf wurde ihm geantwortet: ungefähr sechs Meilen
von Paris in einem seiner Klöster; Primas überlegte sich, dass er, wenn
er frühmorgens aufbräche, dort zur Essenszeit ankommen könnte.
Nachdem er sich den Weg hatte beschreiben lassen, aber niemanden 14
fand, der auch dorthin ging, fürchtete er, dass er sich unglücklicher-
weise verirren und so irgendwohin gelangen könnte, wo er so bald
nichts zu essen fände; damit er also keinen Mangel an Essen erdulden
musste, beschloss er, drei Brote mitzunehmen, wobei er Wasser, das
ihm ohnehin kaum schmeckte, überall zu finden meinte. Nachdem er
sich die Brote eingesteckt hatte, machte er sich auf den Weg; und es
traf sich so gut, dass er zur Stunde der Mahlzeit dort ankam, wo der
Abt wohnte. Er ging hinein und schaute sich um; als er die zahlreich 15

aufgestellten Tische, den großen Aufwand in der Küche und andere
Vorbereitungen für die Mahlzeit sah, sagte er sich: ›Wahrhaftig, der ist
16 so großzügig, wie man behauptete.‹ Nachdem er, aufmerksam um-
herschauend, eine Weile herumgestanden hatte, befahl der Sene-
schall des Abtes, als die Stunde der Mahlzeit gekommen war, dass
man das Wasser für die Hände reiche; und nachdem das geschehen
war, gab er jedermann einen Platz. Zufällig ergab es sich, dass der
Platz des Primas unmittelbar gegenüber der Tür war, durch die der
17 Abt aus seinem Raum in den Speisesaal treten musste. An jenem Hof
war es Brauch, dass weder Wein noch Brot noch irgendetwas anderes
zu essen oder zu trinken aufgetragen wurde, bevor der Abt sich nicht
zuerst an der Tafel niedergelassen hatte. Nachdem also der Seneschall
zur Tafel gerufen hatte, ließ er dem Abt bestellen, wenn es ihm gefie-
18 le, das Essen sei gerichtet. Der Abt ließ die Tür öffnen, um in den Saal
zu kommen; als er eintrat und um sich schaute, fiel sein Blick als erstes
auf Primas, der ziemlich schlecht gekleidet war und den er vom Sehen
nicht kannte; als er ihn erblickte, schoss ihm ein böser Einfall durch
den Kopf, auf den er noch nie zuvor gekommen war, und er sagte sich:
19 ›Schau an, wem ich da auf meine Kosten zu essen gebe!‹ Er kehrte um,
befahl, dass man die Tür wieder zumache, und fragte seine Begleiter,
ob jemand den Strolch kenne, der gegenüber der Tür am Tisch saß.
20 Man antwortete nein. Primas, der Appetit hatte wie einer, der gelau-
fen und das Fasten nicht gewohnt war, hatte etwas abgewartet; als er
aber sah, dass der Abt nicht kam, zog er eines der drei Brote, die er bei
21 sich hatte, hervor und begann zu essen. Der Abt wartete eine Weile
und befahl einem seiner Diener, dass er nachsehe, ob dieser Primas
fortgegangen sei. Der Diener antwortete: ›Nein, Herr; sondern er isst
Brot, das er sich mitgebracht hat.‹ Der Abt sagte darauf: ›So esse er
sein eigenes, wenn er welches hat, denn von unserem wird er heu-
22 te nichts essen.‹ Der Abt hätte es gerne gesehen, wenn Primas von
sich aus fortgegangen wäre, da es ihm nicht gut erschien, wenn er
ihn fortgeschickt hätte. Nachdem Primas ein Brot aufgegessen hatte

und der Abt noch nicht gekommen war, machte er sich an das zwei-
te; auch das wurde dem Abt mitgeteilt, der hatte nachschauen las-
sen, ob jener weggegangen wäre. Als der Abt schließlich immer noch 23
nicht kam, begann Primas nach dem zweiten auch das dritte Brot zu
verzehren; das wiederum wurde dem Abt gesagt, der nachdenklich
wurde und sich sagte: ›Welcher sonderbare Einfall ist mir da heute
auch gekommen? Was für ein Geiz, welcher Missmut? Und wem
gegenüber? Schon seit Jahren gab ich mein Essen dem, der zu essen
begehrte, ohne darauf zu achten, ob er ein Edelmann oder ein Bauer,
reich oder arm, ein Kaufmann oder ein Lump gewesen sein mag;
und an zahllose Strolche ist es unter meinen Augen weggegangen,
dabei bin ich noch nie auf einen solchen Gedanken verfallen wie
bei diesem. Gewiss ist der Geiz nicht wegen eines unbedeutenden 24
Mannes über mich gekommen; der mir wie ein Strolch erscheint, er
muss etwas Besseres sein, da er mich derart mit dem Kopf darauf
gestoßen hat, dass ich ihn ehren sollte.‹ Danach wollte der Abt wis- 25
sen, wer jener sei; als er herausfand, dass es Primas war, der gekom-
men war, um einen Großmütigen zu beobachten, von dem er ge-
hört hatte, schämte er sich; er kannte Primas seit langem als wacke-
ren Mann; er begehrte, das Geschehene wieder gutzumachen, und
beeilte sich, ihn auf vielfache Weise zu ehren. So ließ er ihn nach 26
dem Essen, wie es seinem Ansehen entsprach, vornehm einkleiden,
schenkte ihm Geld und einen Zelter und stellte ihm anheim, ob er
noch bleiben oder davonziehen wollte. Primas war es zufrieden,
bedankte sich für seine Aufmerksamkeiten, so gut er konnte, und
kehrte zu Pferd heim nach Paris, von wo er zu Fuß aufgebrochen
war.«

Messer Cane, ein kluger Herr, verstand ohne weitere Erklärung 27
bestens, was Bergamino sagen wollte, und sagte lächelnd: »Bergami-
no, du hast deinen Schaden, deine Tugend sowie meinen Geiz und
das, was du von mir erwartest, trefflich dargestellt; und wahr ist es,
dass mich der Geiz so wie bei dir noch nie ergriffen hat; aber ich werde

28 ihn mit dem Stock, den du mir gewiesen hast, fortjagen.« Und er ließ
den Gastwirt Bergaminos bezahlen, kleidete ihn aufs vornehmste in
eines seiner Gewänder, gab ihm Geld und einen Zelter und stellte es
seinem Gefallen anheim, ob er nun gehen oder bleiben wollte.

Achte Novelle

1 *Guiglielmo Borsiere verspottet mit anmutigen Worten den Geiz des Herrn Ermino de' Grimaldi.*

2 Neben Filostrato saß Lauretta; nachdem sie gehört hatte, wie man die List des Bergamino lobte, kam sie nun selbst an die Reihe, um etwas zu erzählen; ohne eine Aufforderung abzuwarten, begann sie in gefälliger Rede:

3 Die vorige Novelle, teure Gefährtinnen, bringt mich darauf, euch von einem tüchtigen Hofmann zu berichten, der in ähnlicher Weise und nicht ohne Erfolg die Habgier eines reichen Kaufmanns getadelt hat. Obwohl diese Geschichte der vorigen ähnlich ist, sollte sie trotzdem euer Gefallen finden, da sie zu einem guten Ende führte.

4 Es lebte also vor geraumer Zeit in Genua ein Edelmann namens
Ermino de' Grimaldi, der nach jedermanns Meinung an Besitz und
Geld bei weitem den Reichtum eines jeden anderen reichen Bürgers
5 übertraf, den man damals in Italien kannte. Und so wie er reicher als
jeder Italiener war, so übertraf er bei weitem jeden erbärmlichen
Geizkragen auf der ganzen Welt an Knickrigkeit und Geiz. Er hielt
den Beutel nicht allein fest zugeschnürt, wenn es darum ging, für an-
dere etwas auszugeben, sondern auch, wenn es um die täglichen Aus-
gaben für sich selbst ging; und ganz und gar wider den Brauch der Ge-
nuesen, die sich gewöhnlich vornehm kleiden, enthielt er sich hier
wie auch im Essen und Trinken des Allernotwendigsten, um ja kein
6 Geld auszugeben. Deswegen hatte er ganz zu Recht den Zunamen der

Grimaldi verloren, und alle nannten ihn nur noch Herrn Ermino Geiz.

Es geschah nun, dass zu der Zeit, als jener durch Sparsamkeit sein Hab und Gut vermehrte, ein in Sitte und Redeweise fein gebildeter und ausgezeichneter Hofmann nach Genua kam. Er hieß Guiglielmo Borsiere und war kaum zu vergleichen mit denen, die wir heute erleben – zur Schande der abscheulichen und verdorbenen Sitten der Leute, die heutzutage Edelleute und Herren genannt und als solche angesehen werden wollen, sollte man diese Hofleute besser als Esel bezeichnen, welche in dem hässlichen Schmutz der niedrigsten Menschensorte und nicht bei Hofe aufgewachsen sind. In jenen Zeiten bestand ihre Aufgabe darin, sich mit aller Kraft darum zu bemühen, Frieden zu stiften, wo Krieg oder Feindschaft zwischen Edelleuten ausgebrochen waren, Ehen, Verwandtschaften, Freundschaften zu knüpfen, mit schönen, anmutigen Reden den Geist der Ermüdeten zu erfrischen und den Hof zu ergötzen und die Fehler der Bösen zu tadeln; all dies geschah gegen geringe Belohnung. Aber heutzutage verwenden sie ihre Zeit darauf, dem einen Böses über den anderen zu berichten, Zwietracht zu säen, perfide Bosheiten aus-

zustreuen und, was noch schlimmer ist, Böses unter den Menschen
anzurichten; ob zu Recht oder zu Unrecht, werfen sie sich gegensei-
tig Bosheit, Ruchlosigkeit und Perfidie vor; mit falschen Schmeichel-
reden verführen sie edle Menschen zu Gemeinheiten und Nieder-
10 trächtigkeiten. Wer die scheußlichsten Worte oder Taten sagt oder
tut, wird von den schmutzigen und sittenlosen Herren am höchsten
geschätzt und mit großen Belohnungen geehrt. Dies geschieht zur
Schande und Schmach der Gegenwart und ist ein offensichtlicher
Beweis dafür, dass die Tugenden entflohen sind und die Menschen
im Abschaum des Lasters und der Erbärmlichkeit zurückgelassen
haben.

11 Aber um darauf zurückzukommen, womit ich begonnen habe
und wovon der gerechte Zorn mich weiter weggetragen hat, als ich
mir vorgenommen hatte, sage ich euch, dass der besagte Guiglielmo
bei allen Edelleuten Genuas angesehen und geehrt war. Als er sich
nun einige Tage in der Stadt aufgehalten und bereits vieles über den
erbärmlichen Geiz des Herrn Ermino vernommen hatte, wollte er
12 ihn selbst sehen. Herr Ermino hatte schon gehört, welch ein recht-
schaffener Mann Guiglielmo Borsieri war; da er, wie geizig er auch
immer war, dennoch einen Funken Edelsinns in sich trug, empfing er
ihn mit freundlichen Worten und heiterer Miene und begann so-
gleich ein lebhaftes und vielseitiges Gespräch mit ihm; während er
mit ihm sprach, führte er ihn zusammen mit anderen Bürgern der
Stadt, die bei ihm waren, in ein schönes Haus, das er gerade neu hat-
13 te bauen lassen. Nachdem er ihm alles darin gezeigt hatte, fragte er
ihn: »Nun, Herr Guiglielmo, Ihr habt viele Dinge gesehen und gehört
und Ihr wüsstet mir doch gewiss etwas zu empfehlen, das man noch
nie gesehen hat und das ich in den Saal dieses Hauses malen lassen
könnte?«

14 Guiglielmo vernahm die unpassende Rede und antwortete:
»Herr, etwas, was man noch nie gesehen hat, weiß ich Euch nicht zu
empfehlen, es wäre denn ein Niesen oder Ähnliches. Wenn Ihr aber

erlaubt, werde ich Euch etwas empfehlen, was Ihr selbst, so glaube ich, noch nicht gesehen habt.«

Herr Ermino sagte: »Nun, so sagt mir, was das ist«; er erwartete 15
nicht, das zu hören, was jener ihm sagen würde. Unvermittelt erwi- 16
derte Guiglielmo: »Lasst noch die Courtoisie dazumalen.«

Als Ermino das hörte, ergriff ihn mit einem Male eine solche 17
Scham, dass sein Wesen ins Gegenteil verwandelt wurde und er nicht länger der blieb, der er bis dahin gewesen war; er sagte: »Herr Guiglielmo, ich werde sie hinmalen lassen, so dass weder Ihr selbst noch ein anderer mir jemals wieder wird sagen können, ich hätte sie weder gesehen noch gekannt.«

Die Worte Guiglielmos wirkten von jenem Tage an mit solcher 18
Kraft, dass er ein großzügiger und edelmütiger Herr wurde, der für einheimische Bürger und Fremde mehr als je ein anderer zu jener Zeit in Genua ausgegeben hat.

Neunte Novelle

Der König von Zypern, den eine Dame aus der Gascogne verspottet, 1
wird von einem schwächlichen zu einem tapferen Herrscher.

Elissa war die letzte, die die Königin aufrufen konnte; ohne darauf zu 2
warten, begann sie munter:

Junge Frauen, oftmals ist es schon vorgekommen, dass wiederhol- 3
te Ermahnungen und Strafen bei einem Menschen nicht bewirken konnten, was ein Wort, das häufig zufällig und nicht beabsichtigt ausgesprochen wurde, bewirkt hat. Das sehen wir gut in der Novelle, die von Lauretta erzählt worden ist; ich will es euch mit einer weiteren kurzen Erzählung zeigen, weil Gutes immer nutzen kann und mit Aufmerksamkeit vernommen werden soll, wer auch immer es mitteilt.

4 Es geschah also zur Zeit des ersten Königs von Zypern, nach der
Eroberung des Heiligen Landes durch Gottfried von Bouillon, dass
eine edle Dame aus der Gascogne eine Pilgerfahrt zum Heiligen Grab
machte und bei ihrer Rückkehr in Zypern von einigen Schurken auf
5 gemeinste Art beleidigt wurde. In ihrem trostlosen Schmerz dachte
sie daran, den König um Hilfe anzurufen. Es wurde ihr aber gesagt,
dass das verlorene Mühe wäre, denn er führte ein so zurückgezogenes
Leben und wäre so feige, dass er nicht nur die Schmach anderer nicht
mit gerechter Strafe gerächt, sondern selbst eine Unzahl von Beleidi-
gungen mit schändlicher Feigheit erduldet habe; wer auch immer also
eine Beschwerde habe, der lasse sie in Beleidigungen und Beschimp-
6 fungen gegen den König aus. Die Dame vernahm es und verzweifelte
daran, ihr Unrecht gerächt zu sehen; sie beschloss, um einen Trost in
ihrem Leid zu finden, die Feigheit des Königs zu verspotten. Weinend
begab sie sich zu ihm und sagte: »Majestät, ich komme nicht zu dir,
weil ich etwa Vergeltung für das Unrecht erwarte, das mir zugefügt
worden ist. Stattdessen bitte ich dich, mich zu lehren, wie du alles,
was dir, wie ich höre, zugefügt worden ist, hast erdulden können. So
lerne ich von dir, wie ich selbst geduldig mein eigenes Geschick ertra-
gen kann. Bei Gott, wenn es nur ginge, so würde ich dir gerne auch

diese Beleidigung schenken, da du ein solcher Dulder bist.« Der Kö- 7
nig, der bis dahin zaudernd und träge gewesen war, schien wie aus ei-
nem Traum zu erwachen; er begann mit der Schmach, welche der
Dame zugefügt worden war, und rächte sie unbarmherzig; er verfolg-
te von nun an aufs strengste jeden, der sich irgendwie gegen die Ehre
seiner Krone verging.

Zehnte Novelle

Meister Albert von Bologna beschämt auf vornehme Art eine Frau, die 1
ihn hat verspotten wollen, weil er in sie verliebt ist.

Als Elissa geendet hatte, war es an der Königin, die letzte Geschichte 2
zu erzählen; anmutig begann sie wie folgt:

Hochherzige Gefährtinnen, so wie die Sterne in hellen Nächten 3
den Himmel schmücken oder die Blumen im Frühling die Wiesen, so
zieren anmutige Bonmots lobenswerte Sittsamkeit und gefällige Re-
den. Da sie kurz sind, stehen sie den Frauen besser als den Männern 4
an, so dass den Frauen mehr noch als den Männern zu raten ist, zu
häufige und zu lange Reden wenn irgend möglich zu vermeiden, auch
wenn es wenige oder gar keine Frauen mehr gibt, die ein anmutiges
Bonmot verstehen oder, wenn sie es verstehen, darauf zu antworten
wissen – eine Schande und ein Ärgernis für alle, die heute leben.
Denn die Tugend, welche ehemals in der Seele der Frauen heimisch 5
gewesen ist, erscheint heutzutage als Zierat des Leibes nach außen
getreten. Die Frau, die die Kleider mit den buntesten Farben und
Streifen und den meisten Spitzen trägt, glaubt, dass sie höher steht
und größere Ehre verdient als alle anderen; hierbei bedenkt sie nicht,
dass, wenn es nur darum ginge, wie viel man sich umhängt und auf-
lädt, ein Esel mehr tragen könnte als irgendeine Frau; deswegen ist ihr
auch keine größere Ehre als einem Esel zu erweisen. Ich schäme mich, 6

es zu sagen, denn was ich gegen andere Frauen sage, kann ich nicht umhin, auch gegen mich selbst zu sagen: Jene mit Spitzen besetzten, bemalten und buntgestreiften Frauen bleiben entweder stumm und unempfindlich wie Marmorstatuen oder hätten besser geschwiegen, wenn sie einmal auf eine Frage antworten. Sie bilden sich selber ein, dass ihre Unfähigkeit, miteinander oder mit rechtschaffenen Männern zu plaudern, einer reinen Seele entspringe; ihrer Blödheit haben sie den Namen der Ehrbarkeit gegeben, so als wäre nur die Frau ehrbar, welche mit der Dienerin, der Wäscherin oder der Bäckersfrau plaudert. Wenn die Natur – so wie diese Frauen es sich einbilden – das gewollt hätte, dann hätte sie auf andere Weise ihre Schwatzhaftigkeit
7 eingeschränkt. Wahr ist es, dass man hier wie bei anderen Dingen Zeit und Ort beachten muss sowie die Tatsache, mit wem man plaudert. Geschieht es doch manchmal, dass eine Frau oder ein Mann, die glauben, mit einem anmutigen Scherz andere zu beschämen und zuvor ihre eigenen Kräfte nicht mit denen ihres Gegenübers gemessen haben, selbst fühlen, wie ihnen die Röte ins Gesicht steigt, die sie bei
8 anderen haben hervorrufen wollen. Damit ihr euch also davor hütet und das Sprichwort, die Weiber erwischten bei allem immer den

schlimmsten Teil, nicht auch auf euch zutrifft, wünsche ich, dass die
letzte Novelle für heute, die mir zu erzählen obliegt, euch eine Lehre
sein möge; dann werdet ihr euch vor allen Frauen durch eure Bildung
auszeichnen, so wie ihr euch jetzt bereits durch eure edle Gesinnung
auszeichnet.

Vor noch nicht allzu vielen Jahren lebte in Bologna ein großer 9
Arzt, der überall hochberühmt war und vielleicht noch heute lebt;
sein Name war Meister Alberto. Dieser war bereits an die siebzig Jahre 10
alt, besaß aber einen so edlen Geist, dass er, obwohl die Lebenswärme
aus seinem Körper fast schon entwichen war, doch sein Inneres den
Flammen der Liebe noch nicht verschlossen hatte. Auf einem Fest
hatte er nämlich eine wunderschöne verwitwete Frau gesehen, die,
wie einige behaupten, Malgherida de' Ghisilieri hieß; diese gefiel ihm
über alle Maßen, so dass er geradezu wie ein Jüngling die Liebesflam-
men in seiner gereiften Brust empfing; so meinte er, in der Nacht
nicht gut schlafen zu können, wenn er am vorangegangenen Tag nicht
das zarte und bezaubernde Antlitz der schönen Frau gesehen hatte.
Ob zu Fuß oder zu Pferde, immer wenn es ihm passend erschien, 11
schlug er also einen Weg ein, der am Haus dieser Frau vorbeiführte.
Sie selbst und andere Frauen erkannten den Grund seines Umwegs 12
und spotteten untereinander häufig darüber, dass ein Mann, der so alt
an Jahren und an Vernunft war, verliebt sei – als glaubten sie, dass die
angenehme Liebesleidenschaft nur in die unerfahrenen Seelen der
jungen Leute, nicht aber in die der anderen eindringen und dort ver-
weilen könnte.

Als nun Meister Alberto fortfuhr, an ihrem Haus vorbeizuziehen, 13
geschah es an einem Festtag, dass die Frau mit anderen Frauen zu-
sammen vor ihrer Haustür saß; sie sahen, wie Meister Alberto nä-
her kam, und beschlossen, dass sie ihn ehrenvoll empfangen woll-
ten, um ihn wegen seiner Verliebtheit zu hänseln; und das taten sie.
Sie erhoben sich also alle und luden ihn ein, ihnen in einen kühlen 14
Hof zu folgen, wohin sie edle Weine und Konfekt bestellten. Schließ-

lich fragten sie ihn mit wohlgesetzten und artigen Worten, wie es
käme, dass er sich in diese schöne Frau verliebt habe, die doch, wie er
wisse, von vielen schönen, edlen und galanten Jünglingen geliebt
werde.

15 Der Doktor, der bemerkte, dass man ihn freundlich hänselte, blieb
heiter und antwortete: »Gnädige Frau, dass ich liebe, darf keinen klu-
gen Menschen verwundern, am wenigsten Euch selbst, die Ihr es wert
16 seid, geliebt zu werden. Obwohl natürlicherweise den alten Men-
schen die Kräfte genommen sind, welche man für das Liebeswerben
benötigt, so sind ihnen doch weder der gute Wille noch die Einsicht
genommen zu lieben, was der Liebe wert ist; kraft der Natur erkennen
sie das umso besser, als sie mehr Verstand als die Jünglinge besitzen.
17 Wenn ich alter Mann Euch liebe, die Ihr von vielen Jünglingen geliebt
werdet, so bewegt mich eine Hoffnung. Ich habe öfters beobachtet,
dass die Frauen am Nachmittag Lupinen und Porree essen; obwohl
das beste, bekömmlichste und angenehmste Stück des Porree der
Kopf ist, so habt ihr Frauen im allgemeinen doch den falschen Ge-
schmack, denn ihr haltet den Kopf in der Hand und zerkaut die Blät-
18 ter, die nichts taugen und schlecht schmecken. Und wer weiß, gnädi-
ge Frau, ob Ihr nicht ähnlich verfahrt, wenn Ihr Eure Verehrer aus-
sucht? Wenn Ihr richtig verfahren würdet, wäre ich der Auserwählte
und die übrigen würden fortgejagt.«

19 Die edle Frau und ihre Gefährtinnen waren recht beschämt; sie
sagte: »Ihr habt gut daran getan, unseren Übermut auf so höfliche
Weise zu tadeln. Eure Liebe werde ich hingegen als die Liebe eines
klugen und rechtschaffenen Mannes schätzen; verfügt daher, unter
20 Achtung meiner Ehre, nach Belieben über mich.« Der Doktor erhob
sich mit seinen Gefährten, dankte der Frau und nahm heiter lächelnd
Abschied von ihr. Die Frau, die nicht beachtet hatte, wen sie verspot-
ten wollte und glaubte, ihn zu besiegen, wurde so selbst besiegt.
Wenn ihr klug seid, dann hütet ihr euch davor.

Als die Erzählungen der jungen Damen und der drei Jünglinge been- 1
det waren, war der Abend bereits heraufgezogen und die Hitze abge-
klungen. So sprach die Königin in gefälliger Rede: »Teure Gefährtin- 2
nen, es bleibt mir für den heutigen Tag nichts anderes mehr zu tun
übrig, als eine neue Königin einzusetzen, die am morgigen Tag nach
ihrem Gutdünken die ehrbaren Vergnügungen ihres und unseres Le-
bens bestimmen möge. Und obwohl es den Anschein hat, dass der
Tag noch nicht der Nacht gewichen ist, und weil nur für die Zukunft
sorgen kann, wer einige Zeit vorausschaut, so halte ich es für richtig,
dass die folgenden Tage schon zu dieser Stunde beginnen, damit die
neue Königin sich bedachtsam und angemessen für morgen vorberei-
ten kann. In Verehrung für Den, für den alles lebt, und euch zu Gefal- 3
len soll Filomena, eine kluge junge Dame, die Regierung unseres
zweiten Tages übernehmen.«

Nach diesen Worten erhob sie sich, hob den Lorbeerkranz vom 4
Haupt und setzte ihn ihr ehrerbietig auf; sie huldigte als erste der neu-
en Königin, die übrigen Damen und die jungen Männer folgten und
unterwarfen sich willig ihrer Herrschaft.

Filomena errötete vor Scham, da sie sich mit der Herrschaftswür- 5
de gekrönt sah und sich an die Worte erinnerte, die Pampinea kurz
zuvor gesprochen hatte. Aber um nicht dümmlich zu erscheinen,
fasste sie sich ein Herz und bestätigte zuerst alle Ämter, die Pampinea
verteilt hatte; und sie verfügte, was am folgenden Vormittag sowie
für die Abendmahlzeit zubereitet werden sollte, da sie dort, wo sie
waren, bleiben wollten. Danach wandte sie sich mit folgenden Wor-
ten an die Gesellschaft: »Teure Gefährtinnen, obgleich mich Pampi- 6
nea – wohl eher aus Freundlichkeit als wegen meiner Fähigkeiten –
zur Königin über euch erhoben hat, so werde ich, was unser Zusam-
menleben anbelangt, nicht meinem eigenen Urteil allein, sondern
dem meinen gemeinsam mit eurem Urteil folgen. Damit ihr nun
wisst, was ich im Sinn habe, und ihr demzufolge nach Belieben etwas
hinzufügen oder fortlassen könnt, will ich euch mit wenigen Worten

7 erklären, was ich vorhabe. Wenn ich richtig zugesehen habe, wie
Pampinea uns heute regiert hat, so war ihr Stil ebenso lobenswert wie
angenehm. Vorausgesetzt, dass er uns auf die Dauer oder aus einem
anderen Grund nicht zu eintönig werden sollte, möchte ich ihn auch
8 nicht ändern. Nachdem das festgelegt ist, womit wir schon begonnen
haben, wollen wir uns erheben, um ein wenig auszuspannen; wenn
die Sonne untergeht, werden wir im Kühlen die Abendmahlzeit zu
uns nehmen. Nachdem wir uns mit einigen Liedern vergnügt haben,
9 wird es an der Zeit sein, sich zur Ruhe zu begeben. Wenn wir morgen
in der Kühle des anbrechenden Tages aufgestanden sind, wollen wir
uns, wo auch immer und ein jeder nach seinem Gutdünken, vergnü-
gen; wie heute werden wir dann zu gegebener Stunde speisen und
tanzen; nachdem wir geruht haben, wollen wir uns hier wieder zum
Erzählen einfinden, worin das größte Vergnügen wie der größte Nut-
10 zen liegen. Was aber Pampinea noch nicht tun konnte, weil sie zu ei-
ner späten Stunde zur Herrschaft gewählt wurde, möchte ich heute
einführen: nämlich das, was wir erzählen, auf ein Thema einzugren-
zen; das will ich im voraus tun, damit ein jeder Zeit und Muße hat,
um über eine schöne Novelle zum vorgegebenen Thema nachzuden-
ken. Das Thema sei, sofern es euch gefällt, das folgende: Seit dem Be-
ginn der Welt sind die Menschen den Zufällen Fortunas ausgeliefert,
und so wird es ihnen auch bis zum Ende ergehen; ein jeder soll davon
11 erzählen, wie jemand, der von verschiedenen Dingen beunruhigt
wird, wider alle Hoffnung doch ein glückliches Ende erlebt.«

12 Die Damen und die Jünglinge waren alle gleichermaßen mit dieser Anordnung einverstanden und wollten ihr Folge leisten. Nur Dioneo sagte, da die übrigen schwiegen: »Gnädige Frau, wie alle anderen es schon gesagt haben, finde auch ich, dass das, was ihr angeordnet habt, gut und lobenswert ist. Ich aber bitte Euch um eine besondere Gunst, die Ihr mir für die Zeit, die wir zusammen verbringen, gewähren möchtet: dass ich, sofern ich es nicht selbst will, nicht gezwungen werde, eine Novelle gemäß dem vorgeschlagenen Thema zu erzählen,

sondern das erzähle, was mir gefällt. Damit aber niemand annehme, 13
dass ich um diese Gunst bitte, weil mir keine Novellen zu Gebote
stünden, bin ich von nun an einverstanden, dass ich immer als letzter
erzähle.«

Die Königin kannte ihn als einen unterhaltsamen und fröhlichen 14
Menschen; und so fiel ihr glücklicherweise ein, dass, wenn er schon
darum bat, er die Schar, wenn sie von dem einen Thema etwas ermü-
det sein sollte, mit einer heiteren Novelle aufmuntern könnte. Mit der
Zustimmung der übrigen gewährte sie ihm freundlich die erbetene
Gunst. Daraufhin erhoben sie sich und begaben sich gemächlichen 15
Schrittes zu einem Bach mit klarem Wasser, der von einem Berg über
felsiges Gestein und zwischen grünen Gräsern in ein von vielen Bäu-
men beschattetes Tal hinabfloss. Barfüßig und mit entblößten Armen
gingen sie in das Wasser und vergnügten sich miteinander. Als die 16
Stunde der abendlichen Mahlzeit gekommen war, kehrten sie zum
Palast zurück und speisten frohgemut. Nach der Mahlzeit wurden
Musikinstrumente herbeigebracht, und die Königin befahl, dass man
zum Tanze schritt; Lauretta sollte ihn anführen und Emilia, von Dio-
neo auf der Laute begleitet, ein Lied dazu singen. Unverzüglich erhob 17
sich Lauretta und führte den Reigen an; Emilia sang dazu das folgende
zärtliche Lied:

Ich bin so verliebt in meine Schönheit, 18
dass eine andere Liebe mich
nimmermehr kümmert oder lockt.
Blicke ich in den Spiegel, so schaue ich 19
ein Glück, das den Geist beglückt:
weder ein neues Geschick noch der Gedanke ans vergangene
können mich einer so teuren Lust berauben.
Welches andere gefällige Ding
könnte ich je schauen,
was neues Verlangen weckte?

20 Nicht entflieht das Glück, wann immer
ich zum Troste es zu schauen wünsche;
ergreift es mich doch auf mein Verlangen
mit solch innigem Empfinden, dass die Rede
eines Sterblichen es weder wiedergeben noch verstehen könnte,
der nicht selbst in gleicher Sehnsucht glühte.

21 Ich, der ich umso mehr erglühe
je länger ich die Augen dorthin wende,
ganz bin ich sein und gebe mich ihm hin,
kostend schon, was es mir versprochen hat;
noch größere Freude, wenn ich ihm nahe bin,
so dass ich noch nie etwas Schöneres empfand.

22 Fröhlich hatten alle in den Refrain des kleinen Liedes eingestimmt – einige wurden bei den Worten allerdings nachdenklich – und tanzten danach noch einige Reigen; als es schon tief in der Nacht war, beendete die Königin den ersten Tag. Sie ließ Fackeln entzünden und befahl, dass ein jeder sich bis zum Morgen zur Ruhe begebe; und ein jeder kehrte in seine Kammer zurück.

1 ES ENDET DER ERSTE TAG DES DECAMERON
UND ES BEGINNT DER ZWEITE TAG,
AN DEM UNTER DER HERRSCHAFT FILOMENAS
VON DENEN ERZÄHLT WIRD,
DIE VON VERSCHIEDENEN DINGEN
BEUNRUHIGT WERDEN
UND WIDER ALLE HOFFNUNG
DOCH EIN GLÜCKLICHES ENDE ERLEBEN.

2 Schon hatte die Sonne mit ihrem Licht den neuen Tag aufgehen lassen, und mit lieblichem Gezwitscher bezeugten es die Vögel im grünen Gezweig, als die Damen ebenso wie die drei Jünglinge, die aufgestanden waren, in die Gärten hinauskamen, langsamen Schritts das taufrische Gras betraten, Blumengirlanden flochten und lustwandel-
3 ten. Was sie am vorhergegangenen Tag getan hatten, taten sie auch an dem neuen Tag: Solange es noch kühl war, speisten sie und nach einem anschließenden Tanz ruhten sie; etwa um die neunte Stunde erhoben sie sich und – wie es ihrer Königin gefiel – fanden sie sich auf dem Anger ein und ließen sich rings um sie nieder.

4 Die schöne und liebreizende Königin trug den Lorbeerkranz auf dem Haupt und schaute gelassen einen jeden in der Runde an; dann forderte sie Neifile auf, die Erzählungen dieses Tages zu eröffnen. Ohne zu zögern und munter begann sie.

Erste Novelle

1 *Martellino spielt einen Gelähmten; er tut so, als ob der Körper des Heiligen Heinrich ihn geheilt hätte; sein Betrug wird durchschaut, man verprügelt ihn und nimmt ihn fest; als er aufgehängt werden soll, kommt er aber doch noch davon.*

2 Liebe Frauen, es geschah schon viele Male, dass derjenige, der versuchte, einen anderen in den Dingen zu überlisten, die uns mit Ehrfurcht erfüllen sollten, den Spott und den Schaden dazu selbst zu tragen hatte. Um der Anordnung der Königin nachzukommen und um mit meiner Novelle das Thema zu eröffnen, will ich euch erzählen, was einem unserer Mitbürger zuerst an Unglück widerfuhr und wie er schließlich wider seine Erwartung glücklich davongekommen ist.

Vor nicht allzu langer Zeit lebte in Treviso ein Deutscher namens 3
Heinrich, der, weil er arm war, sich als Lastträger verdingte; nichts-
destoweniger führte er nach der Meinung seiner Mitbürger ein from-
mes und gottgefälliges Leben. Aus diesem Grunde behaupteten die 4
Trevisaner – es mag wahr sein oder nicht –, dass in seiner Todesstunde
alle Glocken der größten Kirche Trevisos läuteten, ohne dass irgend-
jemand die Stränge gezogen hätte. Da dies wie ein Wunder geschah, 5
sagten alle, jener Heinrich sei ein Heiliger; die Bevölkerung lief zu
dem Haus, in dem der Tote lag, und er wurde wie der Körper eines
Heiligen in die Kathedrale getragen. Dem Zug schlossen sich die Hin-
kenden, Lahmen und Blinden an, alle, die von einer Krankheit oder
Behinderung betroffen waren, als könnten sie durch die Berührung
dieses Toten geheilt werden. Während dieses Volksauflaufs geschah 6
es, dass drei unserer Mitbürger in Treviso eintrafen; der eine hieß
Stecchi, der andere Martellino und der dritte Marchese, drei Männer,
die von einem Fürstenhof zum anderen zogen und die Zuschauer da-
mit ergötzten, dass sie sich verstellten und andere Menschen nach-
machten. Da sie zum ersten Mal in Treviso waren und jedermann auf-
geregt umherlaufen sahen, wunderten sie sich; als sie den Grund

erfuhren, wurden sie neugierig und wollten sich alles ansehen.
7 Nachdem sie ihr Gepäck in einer Herberge abgelegt hatten, sagte Mar-
chese: »Wir wollen uns diesen Heiligen einmal anschauen; ich weiß
aber nicht, wie uns das gelingen kann, denn der Platz ist voller Deut-
scher und voller Bewaffneter, die der Herr der Stadt zusammengeru-
fen hat, damit keine Unruhe entsteht. Außerdem soll die Kirche so
8 voll sein, dass niemand mehr hineinkommt.« Darauf sagte Martelli-
no, der gerne zuschauen wollte: »Lasst mich nur machen, ich weiß,
9 wie ich zu dem heiligen Toten komme.« Marchese fragte: »Wie denn?«
10 Martellino antwortete: »Hört zu. Ich tue so, als sei ich gelähmt; du
und Stecchi, ihr stützt mich, als ob ich nicht laufen könnte und ver-
sucht, mich zu dem Heiligen zu bringen, damit er mich heile; alle, die
11 uns sehen, werden uns Platz machen und durchlassen.« Marchese und
Stecchi gefiel der Vorschlag; und ohne Zeit zu verlieren, verließen sie
die Herberge. Als sie einen Ort erreicht hatten, an dem sie unbeob-
achtet waren, verdrehte Martellino derart seine Hände, Finger, Arme,
Beine und obendrein den Mund, die Augen sowie das ganze Gesicht,
dass es schrecklich anzusehen war; jedermann, der ihn gesehen hätte,
12 hätte ihn für einen echten Krüppel gehalten. Marchese und Stecchi
hoben ihn hoch und trugen ihn unter den mitleidvollen Blicken der
Menge zur Kirche; leise baten sie alle, die im Wege standen, um der
Liebe Gottes willen beiseitezutreten, was man bereitwillig tat. Da alle
respektvoll zurücktraten und riefen »Macht Platz, macht Platz!«, ge-
langten sie dorthin, wo der Leichnam des heiligen Heinrich aufge-
bahrt war. Mit Hilfe einiger angesehener Männer, die dort standen,
wurde Martellino sofort auf den Leichnam gehoben, damit dessen
13 Heiligkeit auf ihn wirke. Martellino, den die Leute aufmerksam be-
trachteten, um zu sehen, was ihm geschähe, begriff, was er zu tun
hatte, und tat so, als streckte er einen Finger nach dem anderen, darauf
seine Arme und schließlich alle Glieder seines Körpers. Als die Leute
das sahen, priesen sie so laut den heiligen Heinrich, dass man sie
kaum verstehen konnte.

Zufällig war ein Florentiner zugegen, der jenen Martellino gut 14
kannte, der ihn aber noch nie als Krüppel gesehen hatte. Als jener sich
wie geheilt ausgestreckt hatte und er zu erkennen war, lachte er laut
und rief: »Der Herr soll ihn bestrafen! Hätte man nicht glauben kön-
nen, er sei tatsächlich ein lahmer Krüppel?« Einige Trevisaner hörten 15
diese Worte und fragten sofort: »Wieso, war das etwa kein Krüp-
pel?« Der Florentiner antwortete: »Gott bewahre! Er hat sich immer 16
so aufrecht gehalten wie wir hier. Aber wie ihr sehen konntet, ver-
steht er es besser als jeder andere, sich zum Spaß beliebig zu verbie-
gen.« Kaum hatten die Umstehenden das vernommen, als sie schon 17
nach vorne drängten und riefen: »Haltet ihn fest, der Gott und die
Heiligen verhöhnt ... Er war gar nicht gelähmt, sondern er hat nur
so getan, um uns und unseren Heiligen zu verspotten!« Mit diesen 18
Worten ergriffen sie ihn, zerrten ihn an den Haaren und an den
Kleidern und versetzten ihm Fausthiebe und Fußtritte; keiner wollte
nachstehen. Martellino schrie: »Gnade um Gottes willen!« und ver- 19
suchte vergeblich, sich zu schützen: Hiebe und Tritte prasselten im-
mer dichter auf ihn nieder. Stecchi und Marchese standen dabei und 20
sahen, dass die Sache eine üble Wendung nahm; sie bekamen Angst
und wagten es nicht, ihm Hilfe zu leisten; sie stimmten in das allge-
meine Geschrei ein, dass er sterben müsse. Aber nichtsdestoweniger
machten sie sich Gedanken, wie sie ihn aus den Händen der Volks-
menge befreien konnten. Man hätte ihn totgeschlagen, wenn Mar-
chese nicht einen plötzlichen Einfall gehabt hätte. Da alle Männer 21
der städtischen Wache zugegen waren, wandte sich Marchese, so
schnell er konnte, an deren Hauptmann: »Um Gottes willen, der
Bösewicht hat meine Börse mit 100 Goldtalern abgeschnitten;
nehmt ihn fest, damit ich sie wiederbekomme.« Kaum hatte er dies 22
gesagt, so eilten auch schon zwölf Gendarmen zu dem unglückli-
chen Martellino, der ohne Kamm heftig gestriegelt wurde. Mit größ-
ter Mühe bahnten sie sich einen Weg, zerrten den zerschlagenen und
zerrissenen Martellino aus der Menge heraus und führten ihn ab

zum Rathaus. Viele Menschen zogen hinterdrein, da sie sich von
ihm verhöhnt fühlten. Da sie vernommen hatten, dass man ihn we-
gen Beutelschneiderei festgenommen hatte, glaubten sie, dass es kei-
nen besseren Grund gäbe, ihm ordentlich eins auszuwischen. Des-
wegen behauptete mit einem Mal ein jeder, dass er ihm den Geld-
23 beutel abgeschnitten hätte. Als der Vogt der Stadt, der von derbem
Wesen war, das hörte, nahm er ihn über diesen Sachverhalt in ein
24 strenges Verhör. Aber Martellino gab nur spöttische Antworten, so
als ob er die Beschuldigung nicht ernst nähme. Der Stadtvogt wurde
ärgerlich und ließ ihn an die Seilwinde hängen, um ihn durch diesen
oder jenen kräftigen Ruck zum Geständnis zu bringen und danach
aufzuknüpfen.

25 Als man ihn wieder auf die Erde stellte und der Vogt ihn fragte, ob
es wahr sei, was jene gegen ihn vorbrachten, und dass es ihm nichts
nutzen werde zu leugnen, sagte er: »Herr, ich bin bereit, Euch die
Wahrheit zu gestehen; aber lasst bitte einen jeden, der mich anklagt,
sagen, wann und wo ich seinen Geldbeutel abgeschnitten hätte. Da-
nach werde ich Euch gestehen, was ich getan habe und was nicht.«
26 Darauf sprach der Stadtvogt: »Das soll mir recht sein.« Er ließ einige
seiner Ankläger herbeirufen; einer behauptete, er habe ihm seinen
Beutel vor acht Tagen abgeschnitten, ein anderer sagte vor sechs, ein
dritter vor vier Tagen; einige behaupteten, es sei an diesem Tage selbst
passiert.

27 Als Martellino das hörte, sagte er: »Herr, es sind unverschämte
Lügner! Und die Wahrheit meiner Worte kann ich beweisen. Denn
ich bin erst seit kürzester Zeit zum ersten Mal in dieser Stadt; als ich
eintraf, habe ich mich zu meinem Unglück als erstes aufgemacht, um
den heiligen Leichnam anzuschauen, wo man mich, wie Ihr seht,
fürchterlich zugerichtet hat. Dass dies die Wahrheit ist, kann Euch
der Beamte sagen, der das Fremdenbuch führt, und außerdem mein
28 Gastwirt. Wenn es so ist, wie ich Euch sage, so wollt mich bitte nicht
auf die Anklage dieser böswilligen Leute hin foltern und zu Tode

bringen.« Marchese und Stecchi hatten inzwischen mitbekommen, 29
dass der Vogt ihn an die Seilwinde gehängt hatte und streng befragte,
und fürchteten um sein Leben: »Wir haben ihm einen schlechten
Dienst erwiesen und vom Fegefeuer in die Hölle gebracht.« Und sie 30
machten sich rasch ans Werk, suchten den Gastwirt auf und erzählten
ihm, was geschehen war; dieser lachte und führte sie zu einem San-
dro Agolanti, der in Treviso wohnte und großes Ansehen beim Stadt-
regenten genoss. Sie erzählten ihm alles der Reihe nach und baten
ihn, sich Martellinos anzunehmen.

Nach großem Gelächter ging Sandro zum Regenten und bat ihn, 31
dass Martellino herbeigerufen würde. Das geschah. Die ihn aufsuch-
ten, fanden ihn noch, wie er im Hemd, verwirrt und verängstigt vor
dem Richter stand, der nichts von dem hören wollte, was er zu seiner
Entschuldigung vorbrachte; unglücklicherweise waren ihm die Flo-
rentiner auch noch verhasst, und er war entschlossen, ihn an den Gal-
gen zu bringen; auf gar keinen Fall gedachte er ihn an den Regenten
auszuliefern, es sei denn, er würde gegen seinen Willen dazu ge-
zwungen. Nachdem Martellino zu diesem gebracht worden war und 32
ihm alles der Reihe nach berichtet hatte, bat er darum, dass man ihn
gnädigst laufen lasse, denn solange er nicht in Florenz angekommen
sei, würde er den Strick um seinen Hals spüren. Der Regent lachte 33
herzlich und gab allen dreien noch ein Gewand. Wider alle Hoffnung
waren sie einer großen Gefahr entronnen und konnten gesund und
sicher nach Hause zurückkehren.

Zweite Novelle

Rinaldo von Asti wird ausgeraubt, gerät nach Castel Guiglielmo und 1
wird von einer Witwe beherbergt; nachdem er das geraubte Gut zu-
rückerhalten hat, kehrt er heil und gesund nach Hause zurück.

2 Über die Unglücksfälle Martellinos, die Neifile erzählt hatte, lachten die Zuhörerinnen sehr; unter den Zuhörern lachte Filostrato am meisten. Da er neben Neifile saß, forderte ihn die Königin auf, dass er mit dem Erzählen fortfahre. Ohne zu zögern, begann er wie folgt:

3 Schöne Damen, es reizt mich, euch eine Novelle zu erzählen, worin heilige Dinge mit Unglücksfällen und mit der Liebe vermischt werden, und der man vielleicht doch mit Nutzen zuhört. Das gilt besonders für diejenigen, die durch die gefahrvollen Länder der Liebe reisen und die, sofern sie nicht oft genug das Vaterunser des Heiligen Julian gebetet haben, zwar ein gutes Bett bekommen, aber eine schlechte Nacht verbringen.

4 Zur Zeit des Markgrafen Azzo von Ferrara war also einmal ein Kaufmann namens Rinaldo von Asti wegen seiner Geschäfte nach Bologna gekommen. Nachdem er diese erledigt hatte, kehrte er nach Hause zurück; er hatte Ferrara verlassen und ritt gegen Verona, als es geschah, dass er einige Reisende traf, die Kaufleute schienen, in Wirklichkeit aber Räuber und Bösewichte waren; er kam mit ihnen
5 ins Gespräch und schloss sich ihnen unvorsichtigerweise an. Jene bemerkten, dass er Kaufmann war, und nahmen an, dass er Geld bei sich

trüge; sie verabredeten untereinander, ihn auszurauben, sobald sich
eine günstige Gelegenheit böte. Damit er keinen Verdacht schöpfte,
unterhielten sie sich mit ihm wie bescheidene und ordentliche Men-
schen über anständige und Vertrauen erweckende Dinge; so wie sie es
konnten und verstanden, verhielten sie sich ihm gegenüber freund-
lich und zurückhaltend. Daher schätzte er sich glücklich, sie getroffen
zu haben, denn er hatte nur einen berittenen Diener bei sich. Wäh- 6
rend sie so dahinzogen, kamen sie von einem aufs andere und unter-
hielten sich schließlich auch über die Gebete, welche die Menschen an
Gott richten. Einer der Räuber, die zu dritt waren, sagte zu Rinaldo:
»Welches Gebet betet Ihr, werter Herr, wenn Ihr unterwegs seid?« Ri- 7
naldo antwortete darauf: »Ich bin in diesen Dingen sehr einfach und
ungebildet und weiß nur wenige Gebete, wie einer, der im Herge-
brachten lebt und die Dinge nimmt, wie sie sind. Aber auf Reisen bete
ich gewöhnlich, wenn ich am Morgen die Herberge verlasse, ein Va-
terunser und Ave-Maria für die Seelen der Eltern des Heiligen Julian,
danach bete ich zu Gott und zum Heiligen Julian selbst, dass sie mir
eine gute Herberge für die kommende Nacht gewähren mögen. Und 8
ich bin unterwegs gewiss schon oft in große Gefahren geraten, den-
noch habe ich für die Nacht jedes Mal einen ruhigen Ort und eine gute
Herberge gefunden. Deswegen glaube ich fest an den Heiligen Julian,
zu dessen Lob und Ehre ich sagen muss, dass er diese Gnade für mich
bei unserem Herrgott erwirkt hat. Der Tag könnte nicht gut gehen
und am Abend mir nicht wohl sein, wenn ich nicht in der Frühe zu
ihm gebetet hätte.« Der ihn gefragt hatte, sagte: »Habt Ihr Euer Gebet 9
auch heute früh gesprochen?« Worauf Rinaldo antwortete: »Aber ge- 10
wiss.« Der andere, der schon wusste, wie die Sache weitergehen soll- 11
te, dachte bei sich: »Beizeiten möge es dir nützen, denn wenn nichts
dazwischenkommt, wirst du nach meiner Überzeugung eine üble
Herberge finden.« Zu Rinaldo sagte er: »Auch ich bin schon viel un- 12
terwegs gewesen; aber ich habe das Gebet noch nie gebetet, obwohl
ich es schon von vielen gehört habe, die es empfohlen haben; mir

selbst allerdings ist es noch nie passiert, dass ich nicht eine gute Her-
berge gefunden hätte. Heute abend können wir ja sehen, wer besser
unterkommen wird, Ihr, der Ihr Euer Gebet gesprochen habt, oder
ich, der ich es nicht gebetet habe. Ich gebrauche stattdessen lieber das
›Dirupisti‹ oder das ›O intemerata virgo‹ oder das ›De profundis‹. Eine
meiner Großmütter pflegte sie aufzusagen, und sie sollen von großer
Wirkung sein.«

13 So sprachen sie über verschiedene Dinge, während sie ihres We-
ges zogen und auf einen günstigen Ort und eine günstige Gelegenheit
warteten, um ihren heimtückischen Plan auszuführen. Als sie zu spä-
ter Stunde an einem Flussübergang jenseits des Ortes Castel Guigliel-
mo ankamen, nutzten die drei die späte Stunde und den einsamen,
abgeschlossenen Ort, fielen über ihn her, raubten ihn aus und ließen
ihn zu Fuß und im Hemd stehen; als sie abzogen, sagten sie: »Geh
und schau, ob dir dein Heiliger Julian heute Nacht eine gute Herberge
gibt; unser Heiliger wird uns sicher eine verschaffen.« Sie überquer-
14 ten den Fluss und zogen davon. Rinaldos Diener hatte kaum gesehen,
dass dieser überfallen wurde, als er, anstatt ihm zu Hilfe zu eilen, fei-
ge sein Pferd wendete und im Galopp nach Castel Guiglielmo ritt;
noch am Abend gelangte er hinein und fand, ohne sich weiter Sorgen
15 zu machen, eine Herberge. Rinaldo blieb im Hemd und ohne Hosen
zurück; es herrschte eine große Kälte und schneite heftig; er war rat-
los. Die Nacht brach herein; zitternd und zähneklappernd schaute er
sich um, ob nicht irgendwo ein Unterschlupf zu finden wäre, um die
Nacht zu überstehen und nicht vor Kälte umzukommen. Er sah nichts,
denn in der Gegend hatte gerade ein Krieg stattgefunden, und alles
war niedergebrannt. Von der Eiseskälte getrieben, trabte er nach Cas-
tel Guiglielmo, ohne allerdings zu ahnen, wohin sein Diener geflohen
war; er dachte, der Herrgott würde ihm helfen, wenn es ihm noch ge-
16 länge, in die Stadt zu kommen. Aber tiefe Nacht fiel herein, als er noch
eine Meile von der Stadt entfernt war; als er sie endlich erreichte, wa-
ren die Tore geschlossen, die Brücken hochgezogen, und er konnte

nicht mehr hineinkommen. Vor Schmerz und Kummer heulend, 17
schaute er sich um, ob er nicht einen Winkel fände, um sich wenigs-
tens vor dem Schnee zu schützen. Zufällig entdeckte er ein Haus, das
etwas über die Mauer hinausragte; er beschloss, sich unter diesen
Vorsprung zu verkriechen und auf den Tag zu warten. Als er sich un-
ter den Vorbau zurückzog, bemerkte er einen Ausgang, der allerdings
zugeschlossen war. Nachdem er etwas Stroh, das herumlag, zusam-
mengekratzt hatte, kauerte er sich traurig und bekümmert nieder; da-
bei klagte er zum Heiligen Julian und meinte, dass er das für seinen
treuen Glauben nicht verdient hätte. Aber der Heilige hatte ihn im 18
Auge behalten und war dabei, ihm eine gute Herberge zu bereiten.

In der Stadt lebte eine Witwe, so schön wie kaum eine andere, die 19
der Markgraf Azzo wie sein eigenes Leben liebte, und der er dort eine
Bleibe geschaffen hatte, um sie besuchen zu können. Sie wohnte in
dem besagten Haus, unter dessen Vorbau Rinaldo sich zurückgezo-
gen hatte. Zufällig war der Markgraf am Tag zuvor in die Stadt gekom- 20
men, um die Nacht mit ihr zu verbringen; in ihrem Haus waren in
aller Stille ein Bad und eine edle Tafel vorbereitet worden. Als alles
gerichtet war und sie allein auf den Markgrafen selbst wartete, klopfte
ein Bote an die Tür und brachte die Nachricht, dass der Markgraf un-
versehens davonreiten musste; der Bote kehrte sofort wieder um,
nachdem er der Frau die Botschaft ausgerichtet hatte, dass sie nicht
länger auf den Markgrafen warte. Die Frau war darüber einigermaßen 21
betrübt, wusste nicht so recht, was sie tun sollte, und beschloss, selbst
in das Bad zu steigen, das für den Markgrafen zubereitet war, danach
zu speisen und zu Bett zu gehen. Und so stieg sie ins Bad. Die Bade- 22
stube lag nahe bei dem Ausgang, wo der arme Rinaldo sich außerhalb
der Stadtmauer hingekauert hatte. Als die Frau im Bad war, hörte sie,
wie Rinaldo wimmerte und mit den Zähnen klapperte, als wäre er ein
Storch. Sie rief ihre Dienerin und sagte: »Geh und schau einmal, wer
draußen vor der Tür an der Mauer ist, wer das ist und was er dort
macht!« Die Dienerin ging hin, und dank der klaren Nacht sah sie Ri- 23

naldo im Hemd und ohne Hosen, der, wie gesagt, heftig zitternd vor
24 der Tür saß. Er zitterte so sehr, dass er kaum ein Wort herausbringen
konnte; so rasch es ging, sagte er, wer er sei, wie und warum er hier-
her gekommen sei; inständig bat er sie, dass sie ihn doch, wenn es ir-
25 gend ginge, nicht hier draußen in der Nacht erfrieren lasse. Die Die-
nerin war von Mitleid bewegt, kehrte zu ihrer Herrin zurück und be-
richtete ihr alles. Auch diese empfand Mitleid, sie erinnerte sich
daran, dass sie einen Schlüssel für die Tür besaß, die manchmal den
heimlichen Besuchen des Markgrafen diente; sie sagte: »Geh und öff-
ne ihm leise; hier steht noch die Mahlzeit, keiner will sie essen; und
26 Platz zum Übernachten haben wir genug.« Die Dienerin lobte die
Herrin ob ihrer Menschlichkeit und ging fort, um ihm zu öffnen. Als
er drinnen war und die Frau sah, dass er vor Kälte schon erstarrt war,
sagte sie zu ihm: »Geh schnell in das Badewasser, es ist noch warm.«
27 Ohne eine zweite Einladung abzuwarten, tat er das gerne; durch die
Wärme des Bades angenehm gestärkt, glaubte er vom Tod zum Leben
zurückzukehren. Die Frau ließ ihm Kleider ihres Mannes bringen, der
kurz zuvor gestorben war; sie waren wie auf ihn zugeschnitten; nach-
dem er sie angezogen hatte und darauf wartete, was die Frau ihm
noch zu sagen hätte, dankte er Gott und dem Heiligen Julian, die ihn
aus einer bösen Nacht, die ihm bevorgestanden hätte, befreit und, wie
28 es ihm schien, in eine gute Herberge geführt hatten. Als die Frau, die
sich inzwischen ein wenig ausgeruht hatte und ein kräftiges Feuer in
einem ihrer Räume hatte entfachen lassen, hereinkam, fragte sie, wie
29 es dem guten Mann denn nun ginge. Die Dienerin antwortete darauf:
»Herrin, er hat sich angekleidet; es ist ein schöner Mann, und er macht
30 einen guten und wohlerzogenen Eindruck.« »Geh«, sagte die Frau,
»ruf ihn her und sage ihm, er möchte ans Feuer kommen; er möchte
31 etwas essen, denn das hat er gewiss noch nicht getan.« Rinaldo betrat
den Raum; er sah die Frau, und da sie ihm hochgestellt erschien,
grüßte er sie ehrerbietig und bedankte sich so liebenswürdig wie er
32 nur konnte für die Gastfreundschaft, die sie ihm erwiesen hatte. Als

die Frau ihn sah und ihm zuhörte, hatte sie den gleichen Eindruck wie
ihre Dienerin; sie begrüßte ihn aufs freundlichste und bat ihn, sich
nah bei ihr ans Feuer zu setzen; sie fragte ihn, welches Unglück ihn
hergeführt habe. Worauf Rinaldo der Reihe nach alles erzählte. Als 33
Rinaldos Diener in die Stadt gekommen war, hatte die Frau schon et-
was von den Ereignissen vernommen, so dass sie alles, was er erzähl-
te, glaubte. Sie berichtete ihm, was sie von seinem Diener wusste,
und sagte, dass er diesen am folgenden Morgen leicht auffinden wür-
de. Als der Tisch, wie die Frau es anbefohlen hatte, gedeckt war und 34
Rinaldo sowie sie selbst sich die Hände gewaschen hatten, ließen sie
sich gemeinsam zum Essen nieder. Er war von großer Statur, hatte ein 35
schönes und liebenswürdiges Gesicht, besaß dazu anmutige und ge-
fällige Umgangsformen und war mittleren Alters. Die Frau hatte ihn
mehrfach betrachtet, und er gefiel ihr gut; durch die Hoffnung, der
Markgraf schliefe bei ihr, war ihre Sinnenlust bereits geweckt, als sie
ihn bei sich aufgenommen hatte. Nach der Mahlzeit und nachdem sie
von der Tafel aufgestanden war, beriet sie mit ihrer Dienerin, ob es
wohl richtig wäre, wenn sie, da der Markgraf sie habe sitzen lassen,
das nutze, was Fortuna ihr ins Haus gesandt hatte. Die Dienerin 36
durchschaute das Begehren ihrer Herrin und ermunterte sie, so gut
sie es konnte und verstand. Die Frau kehrte also ans Feuer zurück, wo
sie Rinaldo alleine gelassen hatte, schaute ihn zärtlich an und sagte:
»Nun, Rinaldo, warum seid Ihr so nachdenklich? Glaubt Ihr etwa, 37
man werde Euch ein Pferd und ein paar Kleider, die Ihr verloren habt,
nicht ersetzen können? Seid getrost und munter, fühlt Euch wie zu
Hause. Außerdem wollte ich Euch schon seit einiger Zeit sagen, dass
Ihr meinem verstorbenen Mann, seit Ihr seine Kleider tragt, so ähn-
lich seht, dass ich Euch heute abend am liebsten schon hundertmal
umarmt und geküsst hätte. Fürchtete ich nicht, Euer Missfallen zu er-
regen, so hätte ich es gewiss schon längst getan.«

Rinaldo, der nicht blöde war, hörte die Worte, sah das Glitzern in 38
den Augen der Frau und ging ihr mit offenen Armen entgegen: »Gnä-

dige Frau, wenn ich daran denke, aus welcher Situation Ihr mich be-
freit habt und dass ich Euch mein Leben verdanke, so wäre es ein übles
Betragen, täte ich nicht alles, was Ihr von mir wünschtet. So erfüllt
Euren Wunsch, mich zu umarmen und zu küssen, denn mir ist nichts
lieber, als Euch zu umarmen und zu küssen.«

39 Danach bedurfte es keiner weiteren Worte mehr. Die Frau, die vor
Liebeslust glühte, warf sich ihm ohne zu zögern in die Arme. Nach-
dem sie ihn tausendmal geherzt und geküsst hatte und von ihm glei-
chermaßen geküsst worden war, erhoben sie sich und gingen in die
Kammer, wo sie sich, ohne Zeit zu verlieren, niederlegten und, bevor
40 der Tag kam, viele Male und voller Hingabe ihre Begierde stillten. Als
aber die Morgenröte erschien, bat ihn die Frau, dass sie aufstünden;
damit niemand Verdacht schöpfen konnte, gab sie ihm einige alte
Kleider, eine volle Geldbörse und bat ihn, Stillschweigen zu bewah-
ren; zuvor hatte sie ihm gezeigt, wie er in der Stadt seinen Diener fin-
den könnte, und ließ ihn durch die Tür, durch die er gekommen war,
wieder hinaus.

41 Als es hell geworden war, tat er so, als käme er von weither, und
gelangte durch die offenen Tore in die Stadt, wo er seinen Diener
fand. Als er sich nun seine eigenen Kleider, die in dem Koffer waren,
angezogen hatte und das Pferd des Dieners besteigen wollte, geschah
es wie durch ein göttliches Wunder, dass die drei Räuber, die ihn aus-
geraubt hatten und die wegen einer weiteren Übeltat, die sie kurz dar-
auf begangen hatten, gefangen worden waren, in die Stadt geführt
wurden. Da sie alles gestanden, bekam er sein Pferd, seine Kleider und
sein Geld zurück; verlorengegangen waren allein ein paar Schnüre,
42 womit die Räuber nichts anzufangen wussten. So dankte Rinaldo
Gott und dem Heiligen Julian, bestieg sein Pferd und kehrte heil und
gesund nach Hause zurück. Die drei Räuber indessen strampelten am
nächsten Tag mit den Beinen im Wind.

Dritte Novelle

Drei junge Leute, die ihr Hab und Gut verschwendet haben, werden arm; ihr Neffe, der verzweifelt in die Heimat zurückkehrt, schließt Freundschaft mit einem Abt; er entdeckt, dass dieser die Tochter des Königs von England ist, die ihn heiratet, seinen Onkeln das verlorene Gut ersetzt und ihren Wohlstand wiederherstellt. 1

Mit Erstaunen hatten die Frauen und die jungen Männer der Erzählung der Erlebnisse des Rinaldo von Asti gelauscht, seine Frömmigkeit gelobt und dem Herrgott sowie dem Heiligen Julian gedankt, dass sie ihm in der höchsten Not geholfen hatten; es wurde auch die Frau – was man allerdings nur andeutete – nicht für dumm gescholten, weil sie das Gute ergriffen hatte, das der Herrgott ihr ins Haus gesandt hatte. Und während man lächelnd über die angenehme Nacht plauderte, die sie verbracht hatte, besann sich Pampinea, die dicht neben Filostrato saß und wusste, dass sie an der Reihe war, welche Geschichte sie erzählen sollte. Nachdem die Königin sie aufgefordert hatte, begann sie ebenso unbefangen wie heiter: 2 3

Werte Damen, je mehr man über die Wirkungen der Fortuna spricht, umso mehr bleibt noch zu sagen, wenn man seine Erfahrungen nur einmal richtig betrachtet. Das braucht niemanden zu verwundern, wenn er nur genau bedenkt, dass alle Dinge, die wir unbedachterweise unser eigen nennen, in ihren Händen liegen und demzufolge gemäß ihrem verborgenen Urteil vom einen zum anderen und wieder zurück wandern, ohne dass wir selbst darin irgendeine Ordnung erkennen könnten. Obwohl man das alle Tage und bei allen Dingen sieht und obwohl es auch schon zuvor in einigen Novellen dargestellt worden ist, wird es nichtsdestoweniger – weil es unserer Königin gefallen hat, dass wir darüber sprechen – nicht ohne Nutzen für die Zuhörer sein, wenn ich den schon erzählten Geschichten meine eigene hinzufüge, die, so glaube ich, gefallen wird. 4 5

6 In unserer Stadt lebte einmal ein Ritter, dessen Name Herr Tebaldo war und der, wie einige behaupten, aus der Familie der Lamberti stammte; andere versichern, dass er zur Familie der Agolanti gehörte, und sie stützen sich dabei vor allem darauf, dass die Tätigkeit der Söhne der entsprach, die die Agolanti schon immer ausgeübt haben und
7 noch heute ausüben. Aber ich lasse einmal beiseite, aus welcher der beiden Familien er stammte, und sage euch, dass er zu seiner Zeit ein sehr reicher Ritter war, der drei Söhne hatte, von denen der erste Lamberto, der zweite Tebaldo und der dritte Agolante hieß; alle drei waren schöne und anmutige Jünglinge; allerdings war der erste noch keine achtzehn Jahre, als Herr Tebaldo als reicher Mann starb und ihnen als seinen gesetzlichen Erben all sein bewegliches und unbeweg-
8 liches Gut hinterließ. Als die Söhne sahen, dass sie reich an Besitz und Geld waren und dass sie keinem anderen Willen als ihrem eigenen mehr zu folgen hatten, begannen sie zügellos und ungehemmt das Geld auszugeben; sie hielten sich ein großes Gefolge, viele edle Pferde, Hunde und Vögel; sie hatten ein offenes Haus, verteilten Geschenke, veranstalteten Turniere und lebten nicht allein so, wie es sich für Edelleute geziemt, sondern sie taten alles, was ihr jugendli-

ches Begehren ihnen eingab. Dieses Leben führten sie so lange, bis der 9
Schatz, den ihr Vater ihnen hinterlassen hatte, zusammengeschmol-
zen war; den Ausgaben, die sie übernommen hatten, standen keine
ausreichenden Einnahmen gegenüber; sie mussten Besitztümer ver-
pfänden und verkaufen. Heute verkauften sie das eine, morgen das
andere und bemerkten kaum, dass sie schon fast bei nichts angekom-
men waren; erst die Armut öffnete ihnen die Augen, welche der
Reichtum ihnen verschlossen hatte.

Nun rief Lamberto eines Tages die beiden anderen zu sich und er- 10
klärte ihnen, wie wohlhabend ihr Vater gewesen und was ihnen noch
übriggeblieben sei; wie groß ihr Reichtum gewesen und wie groß
nun die Armut sei, in die ihre hemmungslosen Ausgaben sie gebracht
hätten. Bevor ihr ganzes Elend bekannt würde, ermutigte er sie, so gut
er konnte, gemeinsam das wenige, das ihnen verblieben sei, zu ver-
kaufen und wegzuziehen. Das taten sie. Ohne sich zu verabschieden 11
oder irgendein Aufhebens davon zu machen, verließen sie Florenz
und hielten nicht eher an, als bis sie in England waren; in London be-
zogen sie ein Haus, gaben nur das Allernotwendigste aus und be-
trieben unerbittliche Wuchergeschäfte. Fortuna war ihnen dabei so
wohlgesonnen, dass sie in wenigen Jahren eine große Menge Geldes
ansammelten. Deswegen konnten sie einer nach dem anderen mit 12
diesem Geld nach Florenz zurückkehren, einen großen Teil ihrer Be-
sitzungen zurückkaufen, viel Neues dazuerwerben und sich verehe-
lichen. Sie betrieben weiterhin den Geldverleih in England und
schickten einen jungen Neffen namens Alessandro dorthin, damit er
ihre Geschäfte führte; sie selbst vergaßen in Florenz, in welche Situa-
tion sie die maßlosen Ausgaben gebracht hatten, und obwohl sie in-
zwischen alle eine Familie hatten, verschwendeten sie mehr denn je
ihr Geld; jeder Kaufmann lieh ihnen auf Treu und Glauben Geld in
beliebiger Menge. Einige Jahre lang konnten sie mit Hilfe des Geldes, 13
das Alessandro ihnen sandte, solche Ausgaben durchhalten. Dieser
hatte sich darangemacht, Geld an Adlige zu verleihen, die ihm ihre

Burgen und sonstigen Einkünfte zu seinem großen Gewinn verpfän-
deten.

14 Während die drei Brüder verschwenderisch ausgaben und sich
Geld liehen, sobald ihnen die Mittel fehlten, da sie ihre Hoffnung fest
auf England setzten, brach dort, entgegen jeder menschlichen Vor-
aussicht, ein Krieg zwischen dem König und einem seiner Söhne aus,
der das ganze Land spaltete; die einen hielten es mit der einen Seite,
die anderen mit der anderen. Das war der Grund dafür, dass man
Alessandro sämtliche Adelsfesten wegnahm und ihm auch die Ein-
15 künfte nicht mehr als Sicherheit blieben. Alessandro gab die Hoff-
nung nicht auf, dass eines Tages zwischen Vater und Sohn wieder
Friede geschlossen und man ihm dann alles, Zinsen und Kapital, zu-
rückerstatten würde; deswegen verließ er die Insel nicht. Aber die
drei Brüder in Florenz schränkten ihre übertriebenen Ausgaben in
16 keiner Weise ein und nahmen jeden Tag mehr Schulden auf. Als man
im Verlauf mehrerer Jahre sah, dass die Erwartung der Rückzahlun-
gen nicht in Erfüllung ging, verloren die drei Brüder nicht nur jeden
Kredit, sondern wurden, da, wer bezahlt werden sollte, auch bezahlt
werden wollte, ohne weiteres festgenommen. Da ihre Besitzungen
für die Rückzahlungen nicht ausreichten, hielt man sie für den Rest
der Schulden im Gefängnis; ihre Frauen und ihre kleinen Kinder zo-
gen unter den ärmlichsten Umständen hierhin und dorthin aufs
Land; sie wussten nicht, was sie außer einem Leben im Elend über-
haupt noch erwarten sollten.

17 Als Alessandro, der in England mehrere Jahre auf den Frieden gewartet hatte, sah, dass dieser nicht eintrat, und glaubte, dass sein Leben nicht mehr sicher und sein Ausharren vergeblich sei, beschloss er, nach Italien zurückzukehren, und machte sich alleine auf den Weg. Als er, wie das Schicksal es fügte, aus Brügge hinausritt, sah er, dass gleichzeitig ein weiß gewandeter Abt hinauszog, der von zahlreichen Mönchen, Dienern und einem großen Tross begleitet wurde; dabei waren auch zwei ältere Ritter, Verwandte des Königs, denen sich

Alessandro, da er sie kannte, anschloss und die ihn gerne in ihre Ge-
sellschaft aufnahmen. Als sie nun gemeinsam des Weges zogen, frag- 18
te Alessandro sie vorsichtig, wer denn die Mönche seien, die mit so
zahlreicher Begleitung vor ihnen ritten, und wohin sie reisten. Einer 19
der Ritter antwortete darauf: »Der vorausreitet, ist ein junger Ver-
wandter von uns, der seit kurzem zum Abt einer der größten Abteien
Englands gewählt worden ist; da er noch nicht das Alter hat, welches
die Gesetze für die Erlangung einer solchen Würde vorsehen, reisen
wir mit ihm nach Rom, um vom Heiligen Vater einen Dispens für
sein Alter sowie die Bestätigung seines Amtes zu erlangen. Aber hier-
über soll nicht gesprochen werden.«

Der frischgebackene Abt ritt einmal vor, einmal neben seinem 20
Gefolge, so wie man es häufig beobachten kann, wenn Herrschaften
reisen; so geschah es auch, dass er während des Weges Alessandro ne-
ben sich bemerkte; dieser war noch recht jung, hatte ein schönes Ge-
sicht und eine schöne Gestalt, dazu wie kaum ein anderer gebildete,
angenehme und gefällige Umgangsformen. Wunderbarerweise gefiel
er ihm auf den ersten Blick, wie kaum etwas anderes ihm je gefallen
hatte; er rief ihn näher zu sich, begann freundlich mit ihm zu spre-
chen und fragte ihn, wer er sei, woher er käme, wohin er ginge. Ales- 21
sandro schilderte ihm offen seine Situation, gab ihm volle und zufrie-
denstellende Antwort und bot ihm seine wie immer bescheidenen
Dienste an. Als der Abt ihn so schön und wohlgesetzt sprechen hörte 22
und seine Art, sich zu geben und zu äußern, genauer betrachtete,
schätzte er ihn als einen edlen Menschen ein, obwohl er niederen
Standes war; er fand immer größeres Gefallen an ihm. Voller Mitleid
wegen seines Unglücks sprach er ihm freundschaftlichen Trost zu
und sagte ihm, er möge guten Mutes sein, denn wenn er ein recht-
schaffener Mensch wäre, werde der Herrgott ihn wieder an die Stelle
erheben, von der Fortuna ihn herabgestürzt hatte, vielleicht sogar
noch auf eine höhere. Er bat ihn, da er in die Toskana reiste, in seiner
Gesellschaft zu bleiben, denn er wollte selbst auch dorthin. Alessan- 23

dro dankte ihm für den Trost und sagte, dass er ganz zu seinen Diens-
ten stünde.

24 Während der Abt, in dessen Brust durch den Anblick Alessandros
ganz Neues bewegt wurde, weiterzog, geschah es, dass sie nach meh-
reren Tagen in ein Dorf gelangten, wo es nicht allzu üppige Unter-
künfte gab. Der Abt wollte hier übernachten, und Alessandro veran-
lasste ihn, bei einem Wirt abzusteigen, den er selber recht gut kannte;
außerdem ließ er ihm ein Zimmer in dem Teil des Hauses richten, der
noch am wenigsten unbequem war. Er war fast schon der Seneschall
des Abtes geworden, und da er sehr praktisch war, hatte er die gesam-
te Dienerschaft, so gut es ging, den einen hier, den anderen dort, über
das Dorf verteilt untergebracht. Als der Abt gespeist hatte, die Nacht
schon hereingebrochen war und jedermann sich schlafen gelegt hatte,
25 fragte Alessandro den Wirt, wo er denn nun schlafen könnte. Darauf
antwortete der Wirt: »Das weiß ich wirklich nicht. Du siehst, alles ist
belegt, meine Familie und ich schlafen schon auf den Bänken; aber im
Zimmer des Abtes stehen noch einige Korntruhen; ich zeige sie dir
und kann dir darauf ein Lager richten; wenn du willst, kannst du dich
26 dort, so gut es eben geht, für die Nacht hinlegen.« Alessandro meinte
dazu: »Wie soll ich mich ins Zimmer des Abtes legen, du weißt doch,
wie klein es ist und dass wegen der Enge keiner der Mönche dort un-
tergebracht werden konnte! Wenn ich das geahnt hätte, als man das
Bett des Abtes zugezogen hat, hätte ich noch einige der Mönche auf
die Korntruhen gelegt und mich dort hinlegen können, wo jetzt die
Mönche schlafen.«

27 Der Wirt sagte darauf: »Die Sache ist nun einmal so, und du kannst dort, wenn du willst, bestens unterkommen. Der Abt schläft, die Vorhänge sind zugezogen; ich lege dir leise eine Matratze hin, und du legst dich schlafen.«

28 Alessandro sah, dass es so geschehen konnte, ohne dass der Abt gestört würde, und willigte ein; er legte sich, so leise er nur konnte, an den angegebenen Ort. Der Abt, der noch nicht schlief, sondern viel-

mehr sehnsüchtig seinen neuen Begierden nachhing, hörte, was der
Wirt und Alessandro miteinander besprachen. Er hatte auch gehört,
wohin Alessandro sich schlafen gelegt hatte; er sprach zu sich selbst:
»Gott gibt mir eine Gelegenheit, meine Wünsche zu erfüllen; wenn
ich diese nicht ergreife, so wird es wohl geraume Zeit dauern, bis mir
etwas Ähnliches zustößt.«

Nachdem er sich fest entschlossen hatte, die Gelegenheit zu er- 29
greifen, und als die gesamte Herberge zur Ruhe gekommen schien,
rief er Alessandro mit halblauter Stimme und forderte ihn auf, sich zu
ihm zu legen. Nachdem dieser es mehrmals höflich abgelehnt hatte,
entkleidete er sich schließlich und legte sich zu ihm. Der Abt legte 30
ihm die Hand auf die Brust und berührte ihn, so wie hübsche Mäd-
chen ihre Geliebten berühren, worüber Alessandro sich sehr wunder-
te und Zweifel hegte, ob der Abt sich ihm nicht in verbotener Liebe
näherte. Durch eigene Eingebung oder durch eine Geste Alessandros 31
erkannte der Abt mit einmal, was Alessandro befürchtete, und lächel-
te. Rasch entledigte er sich des Hemdes, das er trug, ergriff Alessan-
dros Hand, legte sie auf seine Brust und sagte: »Alessandro, vergiss
deinen dummen Gedanken, greife zu und fühle, was ich verberge.«
Alessandro legte die Hand auf die Brust des Abtes und fühlte zwei 32
zarte, runde und feste Kügelchen gleichwie aus Elfenbein. Kaum
spürte er das, und kaum hatte er sie als Frau erkannt, als er sie auch
schon, ohne eine andere Einladung abzuwarten, in seine Arme schloss
und küssen wollte; sie aber sagte ihm: »Bevor du dich mir näherst, 33
höre zunächst, was ich dir zu sagen habe. Du merkst, dass ich eine
Frau und kein Mann bin. Als Jungfrau verließ ich meine Heimat, um
den Papst aufzusuchen, damit er mich verheirate. Als ich dich an je-
nem Tag erblickte, ergriff mich, ob zu deinem Glück oder zu deinem
Unglück, eine so glühende Liebe, wie keine Frau sie je für einen Mann
empfunden hat. Deswegen habe ich beschlossen, dass ich dich vor je-
dem anderen zum Manne haben möchte. Sofern du mich nicht zur
Frau willst, so verlasse sofort mein Bett und gehe zu deinem eigenen

34 Lager.« Obwohl Alessandro sie nicht kannte, hielt er sie doch, wenn er
ihre Begleitung betrachtete, für edel geboren und reich; dass sie schön
war, sah er. Ohne lange zu überlegen, antwortete er also, dass er,
35 wenn es ihr Wille wäre, gerne zustimmen wollte. Sie aber setzte sich
nun aufrecht ins Bett, steckte ihm vor einem Bild unseres Herrn Jesus
Christus einen Ring an den Finger und ließ ihn den Bund der Ehe ver-
sprechen. Darauf umarmten sie einander, und den Rest der Nacht ver-
36 gnügten sich beide miteinander. Nachdem sie so ihre Angelegenhei-
ten geregelt hatten, erhob sich Alessandro, als der Tag anbrach, verließ
das Zimmer, das er betreten hatte, ohne dass jemand bemerkt hätte,
wo er geschlafen hatte. Überglücklich machte er sich mit dem Abt und
seinem Gefolge wieder auf den Weg; und nach vielen Tagen erreich-
ten sie Rom.

37 Nachdem sie sich dort einige Tage aufgehalten hatten, traten der
Abt, die beiden Ritter und Alessandro ohne weiteres Gefolge vor den
Papst. Nach ehrerbietigem Gruß begann der Abt zu sprechen: »Heili-
ger Vater, Ihr selber müsst besser als jeder andere wissen, dass man,
will man gut und sittsam leben, jede Gelegenheit fliehen soll, die ei-
nen auf etwas anderes bringen könnte. Obwohl ich sittsam zu leben
wünsche, könnte ich ohne weiteres das Gegenteil tun. Denn ich bin
in dem Gewand, in dem Ihr mich seht, heimlich mit einem großen
Teil des Schatzes des Königs von England, meines Vaters, geflohen –
welcher mich, wie Ihr seht, ein junges Mädchen, dem König von
Schottland, einem sehr alten Herrn, zur Frau geben wollte; und ich
38 bin hierher gekommen, damit Eure Heiligkeit mich verheirate. Weni-
ger das Alter des Königs von Schottland trieb mich zur Flucht als die
Furcht, dass ich, wäre ich mit ihm verheiratet, in der Schwachheit
meiner Jugend mich gegen die göttlichen Gesetze und gegen die Ehre
39 des königlichen Blutes meines Vaters vergehen würde. Mit dieser Ab-
sicht bin ich hergekommen; Gott der Herr, der am besten weiß, wes-
sen ein jeder von uns bedarf, hat, so glaube ich, in seiner Barmherzig-
keit mir den zugeführt, der nach Seinem Willen mein Mann werden

sollte. Es ist dieser Jüngling« – und sie zeigte auf Alessandro –, »den
Ihr neben mir seht, dessen Sitten und Tugend einer jeden großen
Dame würdig sind, obgleich der Adel seines Blutes vielleicht nicht so
glänzend leuchtet wie der eines Königs. Ihn habe ich ausgewählt, und 40
ihn will ich haben, einen anderen werde ich nicht nehmen, was auch
immer mein Vater oder irgendjemand davon halten mag. So ist der
hauptsächliche Grund, weswegen ich aufgebrochen bin, behoben. Ich
möchte aber meine Reise damit zu Ende bringen, dass ich die heiligen
und verehrungswürdigen Orte, welche diese Stadt so zahlreich be-
sitzt, und Eure Heiligkeit aufsuche. Die Ehe, die Alessandro und ich
nur in der Gegenwart Gottes geschlossen haben, soll vor Euch und
damit vor allen übrigen Menschen offenbar werden. In Demut flehe 41
ich Euch an, dass Ihr billigen mögt, was Gott und mir zu tun gefallen
hat, und dass Ihr Euren Segen dazu gebt, so dass wir des Wohlwollens
Gottes, dessen Stellvertreter Ihr seid, gewiss sein und gemeinsam zu
Gottes und Eurer Ehre leben und am Ende sterben können.«

Alessandro staunte, als er hörte, dass seine Frau die Tochter des 42
Königs von England war; eine wunderbare heimliche Freude erfüllte
ihn. Noch mehr aber staunten die beiden Ritter; sie wurden so zornig,
dass sie, wenn sie woanders als beim Papst gewesen wären, Alessan-
dro und vielleicht sogar der Frau schlimm zugesetzt hätten. Der Papst 43
andererseits staunte sehr über die Bekleidung der Frau und ebenso
über ihre Wahl. Da er aber sah, dass man nicht mehr umkehren konn-
te, wollte er ihre Bitte erfüllen. Nachdem er zunächst einmal die Rit-
ter, die er erzürnt sah, beruhigt und mit der Frau sowie mit Alessan-
dro ausgesöhnt hatte, ordnete er an, was zu tun sei. An dem von ihm 44
bestimmten Tag lud er sämtliche Kardinäle und viele Adlige zu einem
großen Fest; als sie alle eingetroffen waren, ließ er die Frau in königli-
chen Gewändern eintreten; sie erschien so schön und anmutig, dass
alle sie verdientermaßen priesen; gleichfalls prächtig gekleidet er-
schien Alessandro; nach seinem Äußeren und seinen Sitten war er
nicht mehr ein junger Mann, der auf Wucher geliehen hatte, sondern

einer aus königlichem Haus, so dass die zwei Ritter ihn ehrerbietig grüßten. Und dann ließ er in würdiger Form die Hochzeit feiern; nachdem die Hochzeit prächtig und schön vollzogen worden war, entließ er die beiden mit seinem Segen.

45 Alessandro wie seine Frau hatten, als sie Rom verließen, den Wunsch, Florenz zu besuchen, wohin schon der Ruf der Neuigkeit gedrungen war. Dort wurden sie von den Bürgern mit allen Ehren empfangen. Die Dame ließ, nachdem sie alle Gläubiger ausgezahlt hatte, die drei Brüder befreien und gab ihnen und ihren Frauen wieder ihren Besitz zurück. Danach verließen Alessandro und seine Gattin, die Agolante mit sich führten, unter den guten Wünschen aller Florenz und kamen nach Paris, wo sie vom König ehrenvoll empfangen wurden.

46 Von hier reisten die beiden Ritter nach England, wo sie derart auf
den König einwirkten, dass er Gnade walten ließ und seine Tochter
mit seinem Schwiegersohn freudig empfing. Alessandro schlug er
bald darauf unter großen Ehren zum Ritter und übertrug ihm die
47 Grafschaft Cornwall. In England bewährte er sich so sehr, dass es ihm
gelang, den Sohn mit dem Vater zu versöhnen, woraus großes Wohl
für die Insel entsprang und wodurch er die Liebe und die Anhänglich-
keit aller Einwohner erwarb. Agolante bekam vollständig zurück, was
man ihm schuldete, und kehrte über die Maßen reich nach Florenz
zurück, nachdem Graf Alessandro ihn zuvor zum Ritter geschlagen
48 hatte. Der Graf selbst und seine Gattin lebten in hohem Ansehen; ei-
nige berichten, dass er teils mit Klugheit, teils mit Tapferkeit sowie
mit der Hilfe seines Schwiegervaters noch Schottland erobert habe
und dort zum König gekrönt worden sei.

Vierte Novelle

Landolfo Rufolo verarmt und wird Seeräuber; genuesische Schiffe grei- 1
fen ihn auf; er gerät in einen Schiffbruch und rettet sich auf einer Truhe
voller Edelsteine. Nachdem ihn eine Frau in Korfu aufgenommen hat,
kehrt er als reicher Mann nach Hause zurück.

Lauretta saß neben Pampinea; als diese ihre Novelle mit einem herrli- 2
chen Ende abgeschlossen hatte, begann sie, ohne zu zögern, wie folgt:

Anmutige Frauen, ich denke, es gibt keinen wunderbareren Akt 3
der Fortuna als den Aufstieg aus dem tiefsten Elend ins Königtum, so
wie es Alessandro in der Novelle Pampineas zugestoßen ist. Da es 4
aber einem jeden von uns aufgegeben ist, im Rahmen des Themas zu
bleiben, habe ich keine Bedenken, euch eine Novelle zu erzählen, in
der zwar von noch größerem Elend, aber von einem weniger glanz-
vollen Ausgang die Rede ist. Wohl weiß ich, dass, betrachtet man nur
das Ende, meine Novelle eine geringere Aufmerksamkeit finden wird;
da ich aber keine andere erzählen kann, werdet ihr ein Nachsehen
haben.

Die Gegend zwischen Reggio und Gaeta gilt als eine der reizvolls- 5
ten Landschaften Italiens. Nahe bei Salerno erhebt sich ein Küsten-
streifen über das Meer, der von den dortigen Bewohnern die Küste
von Amalfi genannt wird. Sie bietet eine Fülle von Städtchen, Gärten
und Quellen; viele Reiche leben dort, die Handel treiben wie sonst
nirgendwo. Unter den Städtchen gibt es eines namens Ravello, wo es
heute noch viele reiche Leute gibt und einstmals ein sehr reicher Mann
lebte, der Landolfo Rufolo hieß. Dieser glaubte, noch nicht genügend
zu besitzen und wollte seinen Reichtum verdoppeln; auf diese Weise
hätte er beinahe fast alles und dazu noch sein Leben verloren.

Wie es bei Kaufleuten Brauch ist, plante er eines Tages ein neues 6
Unternehmen, kaufte ein großes Schiff, belud es mit Waren, die er
selbst erworben hatte und segelte damit nach Zypern. Dort musste er 7

feststellen, dass noch einige andere Schiffe eingetroffen waren; und er
war gezwungen, das, was er mitgebracht hatte, nicht nur billig zu ver-
kaufen, sondern, wollte er es loswerden, einfach zu verschleudern, so
8 dass er fast ruiniert war. Tiefer Gram erfüllte ihn, weil er nicht wuss-
te, was er tun sollte, und weil er von einem reichen zu einem armen
Mann geworden war; er konnte nur sterben oder einen Raubzug un-
ternehmen, um den Schaden wiedergutzumachen – um nicht arm
dorthin zurückzukehren, von wo er als reicher Mann aufgebrochen
9 war. Er fand einen Käufer für sein großes Schiff, kaufte sich hiermit
und mit dem Geld, das ihm aus seinem Handel übriggeblieben war,
ein leichtes Segelschiff, das für die Piraterie geeignet war. Dieses rüs-
tete er mit allem Notwendigen bestens aus und machte sich auf, um
sich anderer Menschen Hab und Gut und vor allem das der Türken
10 anzueignen. Das Glück war ihm hierbei holder als beim Warenhan-
del. Etwa innerhalb eines Jahres brachte er so viele türkische Schiffe
auf und plünderte sie, dass er nicht nur das wiedergewann, was er
11 im Handel verloren hatte, sondern es bei weitem verdoppelte. Er er-
kannte, dass er genug erworben hatte; belehrt durch den Schmerz des
ersten Verlustes, wollte er keinen zweiten riskieren und überzeugte

sich selbst, dass das, was er nun besaß, ausreichen sollte, und be-
schloss, nach Hause zurückzukehren. Besorgt um seine Ladung, hielt 12
er sich nicht damit auf, sein Geld anders anzulegen, sondern ließ seine
Leute sich kräftig in die Ruder legen, um auf dem Schiff heimzukeh-
ren, mit dem er seinen Besitz gewonnen hatte. Als sie in das Ägäische 13
Meer kamen, erhob sich eines Abends ein Gegenwind, ein Schirokko,
der die See aufwühlte; ihr leichtes Schiff war dem nicht gewachsen;
vor dem Wind suchten sie deshalb Zuflucht in einer stillen Bucht, die
von einer vorgelagerten Insel gebildet wurde; dort wollten sie einen
günstigeren Wind abwarten. Kurz darauf liefen in die Bucht auch 14
zwei große genuesische Koggen ein, die aus Konstantinopel kamen
und dem gleichen ungünstigen Wind wie Landolfo entkommen wa-
ren. Deren Mannschaften sahen das leichte Schiff und versperrten
ihm den Fluchtweg; sie erfuhren, wem es gehörte. Vom Hörensagen
wussten sie auch, dass er sehr reich war. Als von Natur geldgierige
und beutelüsterne Leute beschlossen sie, das Schiff zu kapern. Ein 15
Teil der Mannschaft wurde gut ausgerüstet und mit Armbrüsten an
Land geschickt, damit niemand das Schiff verlassen konnte, ohne von
den Pfeilen getroffen zu werden; die übrigen näherten sich Landolfos
Schiff in Barken vom Meer aus und brachten es in kürzester Zeit mit-
samt der Besatzung, ohne selbst einen Mann zu verlieren, in ihren Be-
sitz. Nachdem sie Landolfo, dem gerade noch ein Wams am Leibe ge-
blieben war, und die gesamte Ladung auf eine der Koggen geschafft
hatten, versenkten sie es. Am folgenden Tag drehte der Wind, die 16
Koggen setzten die Segel und setzten ihre Reise gen Westen zügig
fort; am Abend kam aber ein stürmischer Wind auf, der die Wogen
hochgehen ließ und die beiden Koggen voneinander trennte. Durch 17
die Gewalt des Windes geschah es, dass die Kogge, auf der sich der
arme und unglückliche Landolfo befand, mit großer Wucht geradezu
wie ein Glas gegen eine Mauer auf eine Untiefe bei der Insel Kefallinia
getrieben wurde und auseinanderbarst. Das Handelsgut, Kisten und
Bretter schwammen auf dem Wasser; die Nacht war dunkel, die See

war stark bewegt, und die Wellen gingen hoch; wie es in solchen
Fällen geschieht, suchte ein jeder der unglücklichen Schiffsinsassen
nach irgendeinem Gegenstand, um sich zu retten, und packte den,
18 den ihm das Geschick vor die Augen trieb. Unter ihnen war auch der
arme Landolfo, der sich viele Male während des Tages den Tod ge-
wünscht hatte, weil er lieber sterben wollte als arm, wie er geworden
war, nach Hause zurückzukehren. Als er jetzt dem Tod ins Auge blick-
te, bekam er es mit der Angst zu tun. Und wie alle anderen ergriff auch
er ein Brett, das vorbeischwamm, hielt sich erst einmal daran fest und
hoffte, dass der Herrgott ihm noch helfen werde davonzukommen.
Er wurde hin und her getrieben und hielt sich, so gut er konnte, ritt-
19 lings auf dem Brett, bis es schließlich Tag wurde. Da schaute er um
sich und sah nur Meer und Wolken und eine Truhe, die, wie er mit
Entsetzen bemerkte, auf ihn zutrieb; er fürchtete, dass sie ihn unter
Wasser drückte. Sobald sie sich näherte, versuchte er, sie mit seinen
20 schwachen Kräften abzudrängen. Aber wie auch immer es geschah,
mit einmal ließ eine heftige Bö die Truhe auf das Brett, auf dem Lan-
dolfo sich festhielt, prallen, dass er herunterfiel, unterging und sich
weniger mit Kraft als mit Angst schwimmend über Wasser hielt. Das
Brett schwamm weit weg; er fürchtete, es nicht mehr zu erreichen
und näherte sich stattdessen der Truhe, die näher war, schob die
21 Brust, so gut es ging, auf den Deckel und lenkte sie mit den Armen. So
trieb ihn das Meer hin und her; er hatte nichts zu essen und mehr zu
trinken, als ihm lieb war; er wusste nicht, wo er war, den Tag und die
22 anschließende Nacht sah er nichts als das Meer. Mit Gottes Gnade
oder kraft des Windes gelangte er am folgenden Tag – nass wie ein
Schwamm und wie ein Ertrinkender sich mit beiden Händen an die
Ränder der Truhe klammernd – an den Strand der Insel Korfu, wo
das Geschick es wollte, das eine arme Frau gerade mit Sand und Salz-
wasser ihr Geschirr wusch und polierte. Als jener sich ihr auf seiner
Truhe näherte, rannte sie schreiend und ängstlich davon, weil sie
23 nichts erkennen konnte. Landolfo konnte nicht sprechen und sah

kaum etwas, deswegen sagte er nichts. Da das Meer ihn herantrieb,
erkannte die Frau schließlich die Truhe und nach genauerem Hinse-
hen auch die beiden Arme, die sich daran festklammerten; und es war
ein menschliches Antlitz zu erkennen. Voller Mitleid näherte sie sich 24
dem Meer, das ruhiger geworden war, packte ihn an den Haaren und
zog ihn samt der Truhe an Land. Nachdem sie mit Mühe seine Finger
von der Truhe gelöst hatte und diese einer Tochter, die bei ihr war,
übergeben hatte, trug sie ihn wie ein kleines Kind in das Dorf. Sie
setzte ihn in ein warmes Bad, rieb ihn kräftig und wusch ihn mit war-
mem Wasser, bis die Lebenswärme und die Kräfte wiederkehrten. Als
es ihr lang genug erschien, nahm sie ihn aus dem Bad und erfrischte
ihn mit Wein und Konfekt. So pflegte sie ihn, wie sie es vermochte,
einige Tage lang, bis er zu Kräften gekommen war und erkannte, wo er
war. Es schien der guten Frau an der Zeit, ihm die Truhe zu überge- 25
ben, die sie für ihn aufbewahrt hatte, und ihm zu sagen, dass er nun
wieder selbst sein Geschick in die Hand nehmen müsse. Das tat sie.
Landolfo erinnerte sich zwar nicht mehr an die Truhe; als die gute 26
Frau sie aber vor ihn hinstellte, nahm er sie in Empfang und dachte
sich, dass sie nicht so wertlos sei, um nicht eines Tages von Nutzen
sein zu können. Seine Hoffnung wurde allerdings enttäuscht, als er
sie anhob und ziemlich leicht fand. Da die Frau nicht im Haus war,
brach er sie trotzdem auf, um nachzusehen, was sie enthielt: Er ent-
deckte eine Fülle von gefassten und nichteingefassten Edelsteinen. Er
kannte sich damit aus und sah sofort, dass sie von großem Wert wa-
ren. Er pries den Herrgott, der ihn noch nicht im Stich gelassen hatte
und war beruhigt. Da Fortuna ihn aber in kurzer Zeit zwei Mal tüchtig 27
gebeutelt hatte, fürchtete er das dritte Mal und dachte, sehr vorsichtig
vorgehen zu müssen, um die wertvollen Dinge nach Hause zu schaf-
fen. Er wickelte sie also, so gut er konnte, in Lumpen und sagte der
Frau, dass er die Truhe nicht mehr benötige, dass sie ihm aber bitte
dafür einen Sack gebe. Die gute Frau tat das gerne. Er machte, so gut er 28
konnte, die Wohltaten wieder gut, die sie ihm erwiesen hatte; nahm

den Sack über die Schulter und ging davon. Er bestieg ein Boot, das
ihn nach Brindisi brachte; von dort gelangte er längs der Küste bis
nach Trani, wo er einige Mitbürger traf, die Tuchhändler waren und
ihn um der Liebe Gottes willen mit Kleidern ausstatteten, nachdem er
ihnen – ausgenommen von der Truhe – erzählt hatte, was ihm zuge-
stoßen war. Darüber hinaus gaben sie ihm ein Pferd und begleiteten
ihn bis Ravello, wohin er unbedingt zurückkehren wollte und wo sie
29 ihn verließen. Als er sich in Sicherheit wähnte, dankte er Gott und
öffnete seinen Sack. Sorgfältiger als beim ersten Mal überprüfte er
nun die einzelnen Dinge und sah sich im Besitz derartig kostbarer
Steine, dass er, verkaufte er sie zum angemessenen Preis, doppelt so
30 reich war als vor seiner Abreise. Es gelang ihm, seine Steine zu ver-
kaufen; er sandte eine ordentliche Summe Geldes nach Korfu, um die
gute Frau, die ihn aus dem Meer gezogen hatte, für ihre Dienste zu
belohnen; in ähnlicher Weise ließ er denen, die ihn in Trani eingeklei-
det hatten, Geld zukommen. Den Rest, den er nicht mehr im Handel
riskieren wollte, behielt er für sich und lebte ehrenvoll bis an sein
Ende.

Fünfte Novelle

1 *Andreuccio aus Perugia kommt nach Neapel, um Pferde zu kaufen; in einer Nacht wird er von drei schweren Unglücksfällen überrascht; er entkommt und kehrt mit einem Rubin nach Hause zurück.*

2 Die Edelsteine, die Landolfo gefunden hat – setzte Fiammetta ein, die nun an der Reihe war –, haben mir eine Novelle ins Gedächtnis gerufen, die kaum weniger Gefahren als diejenige enthält, die Lauretta erzählt hat, die sich aber darin unterscheidet, dass sich einmal die Gefahren in Jahren, dieses Mal aber, wie ihr hören werdet, in einer einzigen Nacht ereigneten.

In Perugia lebte, wie ich hörte, ein junger Mann namens Andreuc- 3
cio di Pietro, von Beruf Pferdehändler. Er hörte, dass Neapel ein guter
Markt für Pferde war; er steckte sich fünfhundert Florentiner Goldta-
ler ein und machte sich zusammen mit anderen Kaufleuten auf den
Weg, weil er bis dahin noch niemals seine Heimatstadt verlassen hat-
te. Eines Sonntagabends traf er in Neapel ein; von seinem Gastwirt
informiert, ging er am nächsten Morgen auf den Markt. Er schaute
sich viele Pferde an, einige gefielen ihm auch, und er fing schon an zu
handeln, konnte sich aber über keines einigen. Da er unerfahren und
unvorsichtig war, zog er, während andere vorübergingen, wiederholt
seine mit Goldtalern gefüllte Börse hervor; er wollte andeuten, dass
er zum Kaufen gekommen war. Als er bei einer solchen Besprechung 4
war und seine Börse zeigte, ging eine junge, sehr schöne Sizilianerin
vorbei, die gegen ein geringes Entgelt einem jeden Mann zu Gefallen
war; er bemerkte sie nicht, sie aber sah im Vorübergehen seine Börse
und dachte im Nu: »Wem wären diese Taler eher zugedacht als mir?«
Und ging weiter. Die junge Frau wurde von einer Alten begleitet, die 5
gleichfalls aus Sizilien kam; als sie Andreuccio erblickte, ließ sie die
Junge weitergehen und wandte sich Andreuccio zu, um ihn zärtlich

zu umarmen. Die Junge bemerkte es, sagte aber kein Wort, sondern
6 blieb abseits stehen, um sie zu beobachten. Andreuccio wandte sich
der Alten zu, erkannte sie und begrüßte sie freudig; sie versprach
ihm, ihn in seiner Herberge aufzusuchen und verabschiedete sich,
ohne weitere Worte zu verlieren. Andreuccio widmete sich wieder
7 dem Geschäftlichen, ohne an diesem Vormittag etwas zu kaufen. Die
junge Frau, die zuerst die Börse Andreuccios erblickt und danach die
vertraulichen Worte zwischen ihm und der Alten beobachtet hatte,
überlegte sich, auf welche Weise sie das Geld oder wenigstens einen
Teil davon erlangen könnte. Dazu fragte sie ihre Begleiterin zunächst
vorsichtig, wer er sei, woher er käme, was er hier täte und wie sie ihn
8 kennenlernen könnte. Die Alte erzählte ihr über Andreuccio alles so
detailliert, wie er selbst es kaum hätte tun können, und dass sie in Si-
zilien und in Perugia im Hause seines Vaters gewohnt und gearbeitet
habe; sie berichtete auch, wo er in Neapel wohnte und warum er ge-
9 kommen war. Das Mädchen war nun bestens über ihn und seine Fa-
milie unterrichtet; ihr Begehren wollte sie mit einer feinen List in die
Wege leiten. Zu Hause gab sie der Alten den ganzen Tag so viel zu tun,
dass sie Andreuccio nicht aufsuchen konnte. Dann rief sie eines ihrer
Hausmädchen, das sie für diese Art von Diensten unterwiesen hatte,
und schickte es gegen Abend zu dem Gasthaus, wohin Andreuccio
10 zurückkehrte. Als das Mädchen dort hinkam, traf sie ihn zufällig allei-
ne vor der Tür; sie fragte, ob er der Gesuchte sei. Als er das bejahte,
zog sie ihn zur Seite und sagte: »Herr, eine edle Dame dieser Stadt
11 möchte Euch, sofern es Euch gefällt, gerne sprechen.« Als sie ihn so
ansprach, hielt er sich selbst für einen hübschen Burschen und glaub-
te, dass jene Dame sich in ihn verliebt haben müsse, so als gäbe es kei-
nen anderen hübschen jungen Mann in Neapel. Ohne zu zögern, er-
widerte er, dass er zur Verfügung stünde und fragte, wo und wann die
12 Dame ihn sprechen wollte. Das Mädchen antwortete: »Herr, folgt mir
13 bitte, sie erwartet Euch bei sich zu Hause.« Darauf sagte Andreuccio,
ohne im Gasthaus Bescheid zu sagen: »Nun geh' voraus, ich folge dir.«

Darauf führte das Mädchen ihn zu ihrem Haus, das in einer Gegend 14
lag, die Malpertugio genannt wurde – der Name zeigt an, wie anständig die Gegend war. Andreuccio wusste und ahnte nichts dergleichen; er glaubte, er käme in ein ehrenhaftes Haus zu einer allseits geschätzten Dame und überschritt ahnungslos die Schwelle hinter dem Mädchen. Das Mädchen hatte bereits seine Herrin mit den Worten »Hier kommt Andreuccio!« gerufen; als er nun die Treppe hinaufstieg, sah
er, wie sie ihn oben erwartete. Sie war noch recht jung, groß gewach- 15
sen und von sehr schönem Aussehen, ihre Kleidung war dezent und elegant. Als Andreuccio hinaufkam, kam sie ihm drei Stufen mit geöffneten Armen entgegen, umarmte ihn und sprach einige Zeit kein Wort, als hätte die Rührung sie überwältigt. Dann küsste sie unter Tränen seine Stirn und sagte mit zitternder Stimme: »O mein An-
dreuccio, sei willkommen!« Dieser wunderte sich über den zärtlichen 16
Empfang und antwortete überrascht: »Madonna, ich grüße Euch!«
Darauf ergriff sie seine Hand und führte ihn, ohne zu reden, durch ei- 17
nen großen Raum in ihr Gemach, das von Rosen und Orangenblüten und anderen Wohlgerüchen erfüllt war; hier stand ein Bett mit Vorhängen, er erblickte Gewänder und andere wertvolle und schöne Stücke, die nach der dortigen Sitte an den Balken hingen. Da er unerfah-
ren war, glaubte er, dass sie eine vornehme Dame sein musste. Nach- 18
dem sie sich gemeinsam auf einer Truhe, die zu Füßen des Bettes stand, niedergelassen hatten, wandte sie sich an ihn mit folgenden Worten: »Andreuccio, du wunderst dich gewiss, dass ich dich zärtlich und mit Tränen empfange, obwohl du mich nicht kennst und meinen Namen nicht einmal per Zufall hast nennen hören. Aber du wirst noch etwas anderes vernehmen, das dich in Erstaunen versetzt: Ich bin nämlich deine Schwester. Und ich sage dir, nachdem der Herrgott mir die Gnade zuteil werden ließ, eines meiner Geschwister zu treffen, die ich alle zu sehen begehrte, werde ich, wann auch immer, so doch getröstet sterben. Und was du vielleicht noch nie gehört hast,
will ich dir jetzt erzählen. Pietro, dein und mein Vater hat – wie du es, 19

glaube ich, schon gewusst hast – lange Zeit in Palermo gelebt; auf-
grund seiner Güte und Liebenswürdigkeit wurde und wird er von al-
len, die ihn kannten, geschätzt. Aber unter allen, die ihn liebten, war
es meine Mutter, eine Witwe adligen Standes, die ihn ganz besonders
geliebt hat: Denn sie fürchtete weder ihren Vater, ihre Brüder noch
um ihren guten Ruf und wurde seine Freundin; aus dieser Verbin-
20 dung bin ich, die du vor dir siehst, entsprungen. Als Pietro Palermo
verlassen und nach Perugia zurückkehren musste, ließ er mich als
kleines Mädchen bei der Mutter zurück und, wie ich vernahm, erin-
nerte sich weder an mich noch an sie jemals wieder. Wenn er nicht
mein Vater gewesen wäre, hätte ich ihn heftig dafür getadelt, dass er
sich so undankbar gegenüber meiner Mutter gezeigt hat, vergessen
wir einmal die Liebe, die er mir als seiner Tochter schuldete, die weder
von einer Dienstbotin noch von einer gemeinen Frau geboren wurde.
Ohne zu wissen, wer er war, hat sie ihm aus innigster Liebe alles gege-
21 ben. Aber was soll es? Es ist nun einmal geschehen; denn üble Dinge,
die vor langer Zeit geschehen sind, sind leichter zu tadeln als wieder-
22 gutzumachen. Er ließ mich als kleines Mädchen in Palermo zurück,
wo mich, als ich erwachsen war, meine Mutter, die reich war, mit ei-
nem rechtschaffenen Edelmann aus Agrigent verheiratete. Dieser zog
um meiner Mutter und meinetwillen nach Palermo. Da er zu den
Guelfen gehörte, schloss er einen Vertrag mit unserem König Karl.
23 Als König Friedrich davon erfuhr, mussten wir, bevor er wirksam
werden konnte, aus Sizilien fliehen; dies geschah zu einem Zeit-
punkt, als ich eine der angesehensten Damen der Insel hätte werden
können. Wir packten weniges zusammen – gemessen an unserem Be-
sitz –, ließen Güter und Paläste zurück, um hierher zu fliehen, wo sich
der König Karl so huldreich erwies, dass er, nachdem er die Schäden,
die wir um seinetwillen erlitten hatten, zum Teil wiedergutgemacht
hat, uns weitere Besitztümer und Häuser geschenkt hat und meinem
Gatten und deinem Schwager immer wieder etwas schenkt, das, du
wirst es sehen, ein gutes Einkommen garantiert. So sitze ich neben dir

und schaue dich an, süßes Brüderlein, dank Gottes Gnade und nicht
der deinigen.« Nach diesen Worten umarmte sie ihn und küsste 24
ihn unter zärtlichen Tränen auf die Stirn. Diese erfundene Geschich- 25
te war folgerichtig und stimmig; der Erzählerin fehlten weder die
Worte noch stockte ihr die Zunge. Als Andreuccio sie hörte, erinner-
te er sich, dass der Vater tatsächlich in Palermo gewesen war; und er
kannte aus eigener Erfahrung das Verhalten junger Leute, die sich von
der Liebe hinreißen lassen; die zärtlichen Tränen, die Umarmungen
und die sittsamen Küsse ließen das Gesagte mehr als wahr erschei-
nen. Da sie verstummt war, antwortete er: »Madonna, dass ich er- 26
staunt bin, soll nicht allzu viel heißen, denn mein Vater hat, aus wel-
chem Grund auch immer, niemals irgendetwas von Eurer Mutter und
von Euch selbst erzählt; selbst wenn er etwas erzählt haben sollte, so
ist es mir nicht zu Ohren gekommen; und für mich gab es Euch ein-
fach nicht. Umso glücklicher bin ich, hier meine Schwester gefunden
zu haben, weil ich mich alleine fühle und solches am wenigsten er-
hoffte. Ich bin nur ein kleiner Kaufmann und kenne niemanden aus 27
den Kreisen, in denen Ihr verkehrt. Aber erklärt mir bitte noch eines:
Wieso wusstet Ihr, dass ich mich hier aufhalte?« Hierauf antwortete 28
sie: »Heute morgen ließ es mich eine arme Frau wissen, die nach ihren
eigenen Worten lange bei unserem Vater in Palermo und Perugia war;
und wenn es mir nicht angemessener erschienen wäre, dass du zu mir
und in dein eigenes Zuhause kommst als ich zu dir in ein fremdes
Haus, so hätte ich dich schon längst aufgesucht.« Nach diesen Worten 29
befragte sie ihn ausführlich und namentlich über alle Verwandten, so
dass Andreuccio, der über jeden Auskunft gab, mehr und mehr glaub-
te, was er nicht hätte glauben dürfen. Es war ein warmer Tag und nach 30
den langen Gesprächen ließ sie frischen Weißwein und Konfekt
kommen und forderte Andreuccio auf zuzugreifen. Dieser wollte an-
schließend aufbrechen, aber sie ließ das nicht zu. Sie tat, als sei sie be-
stürzt und sagte, indem sie ihn umarmte: »Ach, ich spüre deutlich, 31
dass ich dir nichts wert bin! Was soll ich davon halten – du bist im

Haus deiner Schwester, die du zum ersten Mal siehst, du solltest,
wenn du schon gekommen bist, es dir auch bequem machen; aber du
willst fort, um im Gasthaus zu essen? Nein, du wirst bei mir speisen;
und da mein Gatte, was mir sehr leid tut, nicht hier ist, wird die Haus-
32 frau, wie es sich ziemt, dir die Ehre erweisen.« Andreuccio wusste
nichts anderes zu erwidern als: »Ich liebe Euch als meine Schwester,
aber man wartet auf mich mit dem Abendessen, und es wäre unhöf-
33 lich ...« Hierauf sagte sie: »Gott sei Dank habe ich jemanden im Haus,
um ausrichten zu lassen, dass man nicht auf dich wartet! Obwohl es
noch höflicher und deine Pflicht wäre, deine Gefährten zu bitten,
hierher zum Essen zu kommen; anschließend könntet ihr gemeinsam
ausgehen.«

34 Andreuccio antwortete, dass er seine Gefährten an diesem Abend
nicht sehen wollte, dass er aber ihr zu Gefallen ihrer Einladung gerne
folgte. Sie tat so, als schickte sie jemanden zum Gasthaus, damit man
nicht auf ihn wartete. Nach vielen Gesprächen ließen sie sich an ei-
nem Tisch mit den herrlichsten Gerichten zum Abendessen nieder.
Absichtlich zog sie das Mahl bis in die tiefe Nacht hinein. Als sie sich
vom Tisch erhoben und Andreuccio aufbrechen wollte, sagte sie, dass
sie das auf keinen Fall zulassen könnte, weil die Straßen Neapels
nachts besonders für Fremde nicht sicher seien; wie zum Abendessen
habe sie auch schon für die Nacht im Gasthaus Bescheid sagen lassen,
35 dass er nicht kommen werde. Er glaubte es, fühlte sich wohl und blieb
36 bei ihr, leichtgläubig umgarnt. Nicht ohne Hintergedanken verwi-
ckelte sie ihn noch in lange Gespräche. Als die Nacht schon vorge-
schritten war, ließ sie ihn mit einem Knaben, der ihm zu Diensten
sein sollte, in ihrem Zimmer schlafen; sie selbst begab sich mit ihren
37 Dienerinnen in einen anderen Raum. Als Andreuccio allein war, ent-
kleidete er sich bis aufs Wams, zog auch die Beinkleider aus und legte
alles am Kopfende des Bettes zusammen. Als er das Bedürfnis ver-
spürte, sich des überflüssigen Gewichtes seines Körpers zu entledi-
gen, fragte er den Knaben, wo er das tun könne. Dieser wies auf einen

Ausgang in der Ecke des Zimmers: »Geht dorthin.« Nichtsahnend trat 38
er hinaus, setzte seinen Fuß unglücklicherweise auf eine Planke des
Fußbodens, die sich vom Balken gelöst hatte, und diese fiel mit ihm
hinunter. Er hatte einen Schutzengel, denn er tat sich bei dem tiefen
Sturz nicht weh; dafür war er über und über mit dem Schmutz des
Ortes eingedreckt. Damit ihr besser versteht, wie es geschah und was 39
noch geschehen wird, will ich den besagten Ort beschreiben. Es han-
delte sich um ein enges Gässchen zwischen zwei Häusern; auf zwei
Balken von einem Haus zum anderen waren Bretter befestigt worden
und eine Stelle vorbereitet, wo man sich niederhocken konnte. Von
diesen Brettern hatte sich eines gelöst und war mit ihm hinunterge-
fallen. Als Andreuccio bemerkte, in welch jämmerliche Lage er gera- 40
ten war, rief er nach dem Knaben; kaum hatte dieser den Sturz gehört,
als er auch schon die Herrin benachrichtigte. Sie eilte ins Zimmer, um
seine Kleider zu suchen; sie fand sie und in ihnen auch das Geld, das er
dummerweise immer bei sich trug, weil er niemandem traute. Als sie
das an sich gebracht hatte, wonach sie, die als Palermitanerin behaup-
tete, die Schwester eines Mannes aus Perugia zu sein, ihre Schlinge
ausgelegt hatte, kümmerte sie sich nicht mehr um ihn und verschloss
geschwind den Ausgang, hinter dem er hinuntergestürzt war. Als der 41
Knabe nicht antwortete, rief Andreuccio immer lauter. Aber um-
sonst. Ihm kam, wenn auch spät, der Verdacht, dass er auf einen Be-
trug hereingefallen war. Er kletterte über das Mäuerchen, das besagtes
Gässchen von der Straße trennte und ging zu dem ihm bekannten
Eingang, wo er lange Zeit rief und klopfte und Lärm schlug. Wie je- 42
mand, der sein Missgeschick klar vor Augen sah, jammerte er laut:
»Weh mir, in kurzer Zeit habe ich fünfhundert Goldtaler und eine
Schwester verloren!« Er redete weiter vor sich hin und bearbeitete 43
noch einmal die Tür und rief laut. Sein Getöse weckte die Nachbarn,
und schließlich schaute eine aus dem Gesinde unserer Dame ver-
schlafen aus dem Fenster und fragte ärgerlich: »Wer klopft da?« »Hal- 44
lo!«, sagte Andreuccio, »kennst du mich denn nicht? Ich bin Andreuc-

45 cio, der Bruder von Madama Fiordaliso.« Worauf sie antwortete: »Gu-
ter Mann, wenn du zu viel getrunken hast, dann schlafe dich erst
einmal aus und komme morgen früh wieder. Ich weiß weder etwas
von Andreuccio noch von irgendwelchem anderen Unsinn. Geh dei-
46 nes Wegs und lass' uns gefälligst weiterschlafen.« »Wie«, sagte An-
dreuccio, »du weißt nicht, wie ich heiße? Bestimmt weißt du es …
Aber wenn man in Sizilien die Blutsverwandtschaft so schnell ver-
gisst, so gib mir meine Kleider wieder, die bei euch liegen, und ich
47 gehe gern meines Weges.« Sie lachte auf und sagte: »Guter Mann, du
48 träumst«, schloss das Fenster und verschwand. Für Andreuccio wur-
de es nun zur Gewissheit, dass er den Schaden hatte; der Schmerz
darüber schlug in Zorn und blanke Wut um. Mit Gewalt wollte er sich
holen, was er nicht zurückbekommen konnte. Er packte einen großen
49 Stein und schlug damit noch heftiger als zuvor gegen die Tür. Die
Nachbarn, die kurz zuvor schon einmal aufgeweckt worden waren,
wurden durch den Lärm noch einmal aus den Betten und an die Fens-
ter geholt; sie glaubten, dass ein aufdringlicher Kerl die gute Frau mit
seinem dummen Gerede belästigen wollte und beschimpften ihn so,
wie ein Rudel Hunde über einen fremden zugelaufenen Hund bellend
50 herfällt: »Eine Unverschämtheit ist es, um diese Stunde vor den Häu-
sern ordentlicher Frauen zu krakeelen! Geh mit Gott und lass uns
schlafen, guter Mann. Wenn du etwas von ihr willst, dann komm
51 morgen wieder und störe nicht länger unsere Nachtruhe!« Ermutigt
durch diese Worte fühlte sich jedoch ein Bewohner des Hauses, der
Zuhälter unserer guten Frau, den Andreuccio zuvor weder gesehen
noch gehört hatte; er trat ans Fenster und rief mit gewaltiger und
52 schrecklicher Stimme: »Wer ist da unten?« Andreuccio hob den Blick
und konnte, so gut es ging, einen Kerl von einem Mann wahrnehmen,
mit einem schwarzen, dichten Bart, der, aus dem Schlaf gerissen,
gähnte und sich die Augen rieb. Ängstlich rief er zurück: »Ich bin ein
53 Bruder der Frau des Hauses.« Jener wartete die Antwort Andreuccios
erst gar nicht ab und sagte in unerbittlichem Ton: »Ich weiß nicht,

warum ich nicht einfach nach unten komme und dich derart versohle,
dass du nicht mehr stehen und sitzen kannst – du lästiger und besof-
fener Esel, der uns hier nicht schlafen lässt.« Damit schloss er das
Fenster und verschwand. Einige Nachbarn wussten, wer er war, und 54
sagten zu Andreuccio in gedämpftem Ton: »Um Gottes willen, guter
Mann, geh deiner Wege, wenn du nicht umkommen willst; geh, es ist
zu deinem Besten!« Andreuccio, eingeschüchtert durch Stimme und 55
Erscheinung des Zuhälters, spürte, dass die Leute echtes Mitleid mit
ihm hatten, er fühlte sich elend und hatte die Hoffnung aufgegeben,
sein Geld wiederzusehen; so nahm er, ohne zu wissen wohin, den
Weg, den er dem Mädchen am Tag zuvor gefolgt war, um zum Gast-
haus zu kommen. Weil er aber den Gestank nicht ertrug, der von ihm 56
ausging, wollte er sich am Strand reinigen und schlug zur Linken die
Ruga Catalana ein. Als er so Richtung Stadt ging, kamen ihm plötz-
lich zwei Gestalten mit einer Laterne entgegen; er fürchtete, dass es
Nachtwächter oder irgendwelche Übeltäter waren, und um ihnen zu
entrinnen, versteckte er sich in einem Häuschen am Wegrand. Die 57
beiden, als wären sie dahin geschickt, traten auch in das Häuschen ein.
Der eine lud eine Reihe von Werkzeugen ab, die er über der Schulter
trug, sie prüften sie beide und sprachen darüber. Mitten im Gespräch 58
sagte einer: »Was ist denn das? Das ist ja ein Gestank, wie ich ihn
noch nie erlebt habe …« Er hob das Licht und sie erblickten Andreuc-
cio, ein Häufchen Elend. Verblüfft fragten sie: »Wer ist denn das?«
Andreuccio schwieg, sie aber traten näher mit dem Licht und fragten, 59
wie er derartig verdreckt hierher gekommen sei. Darauf erzählte An-
dreuccio alles, was geschehen war. Die beiden überlegten, wo das pas-
siert sein könnte, und meinten zueinander: »Das wird im Haus des
Loddels Buttafuoco gewesen sein.« Und wieder an Andreuccio ge- 60
wandt, sagte einer: »Mein Lieber, obwohl du dein Geld verloren hast,
kannst du dem Herrgott danken, dass du hinuntergestürzt bist und
nicht mehr in das Haus kommen konntest. Wärest du nicht herunter-
gefallen, hätte man dich – so gewiss, wie du vor mir stehst –, im Schlaf

umgebracht, und mit dem Geld hättest du dein Leben verloren. Aber
was hilft das Jammern? Du bekommst so wenig dein Geld zurück wie
einen Stern vom Himmel. Wenn jener hört, dass du darüber redest,
61 wirst du totgeschlagen.« Sie berieten sich miteinander und sagten
dann: »Schau, wir haben Mitleid mit dir. Willst du mit uns gemeinsa-
me Sache machen, so wird der Gewinn, der für dich abfällt, größer
62 sein als das, was du verloren hast.« Andreuccio, verzweifelt wie er
63 war, war zu allem bereit. An jenem Tag war der Erzbischof von Nea-
pel, Filippo Minutolo, bestattet worden, und zwar hatte man ihn in
prächtigen Gewändern, mit einem Rubinring am Finger bestattet, der
über fünfhundert Goldtaler wert war; diesen wollten sie an sich brin-
64 gen und weihten Andreuccio ein. Andreuccio, eher habgierig als be-
sonnen, machte sich mit ihnen auf den Weg. Sie gingen zum Dom;
Andreuccio stank nach wie vor; schließlich meinte der eine: »Gibt es
nicht irgendeine Möglichkeit, wo er sich abwaschen kann, damit er
65 nicht mehr so ekelhaft stinkt?« Der andere hierauf: »Aber ja, gleich
dort ist ein Brunnen mit Winde und Eimer; gehen wir hin und spülen
66 ihn rasch ab.« Als sie zum Brunnen kamen, stellten sie fest, dass das
Seil zwar hing, der Eimer aber fort war. Gemeinsam beschlossen sie,
ihn an das Seil zu binden, ihn in den Brunnen hinabzulassen; er sollte
sich unten abwaschen, wenn er fertig wäre, mit dem Seil ein Zeichen
geben, sie würden ihn dann wieder hochziehen. Und sie taten es.
67 Nachdem sie ihn in den Brunnen hinabgelassen hatten, geschah es
nun, dass einige Wachen, die hinter jemandem her waren oder ein-
fach nur wegen der Hitze Durst bekommen hatten, zu dem Brunnen
kamen, um Wasser zu schöpfen. Als die beiden Räuber sie erblickten,
ergriffen sie unverzüglich die Flucht, noch bevor die Wachleute sie
68 gesehen hatten. Im Brunnen hatte Andreuccio sich inzwischen ge-
säubert und zog am Seil. Die durstigen Wachmänner legten ihre
Schilde, Waffen und Röcke ab und zogen das Seil hoch, an dem sie
glaubten, dass der Eimer hing. Als Andreuccio bemerkte, dass er nah
am Brunnenrand war, ließ er das Seil los und zog sich mit den Händen

hoch. Die Wachleute erblickten ihn, bekamen es mit der Angst zu 69
tun, ließen das Seil los und machten sich, so schnell sie konnten, auf
und davon. Andreuccio war verblüfft, und wenn er sich nicht ordent-
lich festgehalten hätte, wäre er auf den Grund des Brunnens gefallen,
was ihm Gesundheit oder das Leben hätte kosten können. Er kletterte
über den Brunnenrand, entdeckte die Waffen, die nicht seinen Kum-
panen gehörten und war bass erstaunt. Er hatte Angst, wusste nicht, 70
was tun, und klagte über sein Geschick; er ging los, ohne zu wissen,
wohin. Er traf auf die zwei Kumpane, die ihn aus dem Brunnen holen
wollten. Sie staunten, als sie ihn vor sich sahen und fragten, wer ihn
aus dem Brunnen geholt hätte. Andreuccio antwortete, er wisse es
nicht; er erzählte ihnen, was ihm passiert war und was er alles neben
dem Brunnen gefunden hatte. Die beiden begriffen, was geschehen 71
war, lachten und erzählten, warum sie weggelaufen seien, und wer
diejenigen waren, die ihn hochgezogen hatten. Es war bereits Mitter-
nacht, und ohne weitere Reden zogen sie zum Dom. Leicht kamen sie
hinein und gelangten an den großen, marmornen Sarkophag. Mit ih-
rem eisernen Werkzeug stemmten sie den schweren Deckel so weit
hoch und stützten ihn ab, dass ein Mann hineinsteigen konnte. Da- 72
nach sagte der eine: »Wer geht hinein?« Worauf der andere antworte- 73
te: »Ich nicht.« »Ich auch nicht«, sagte jener, »Andreuccio soll hinein- 74
steigen.« »Das tue ich nicht«, sagte Andreuccio. Die beiden bedrohten 75
ihn und sagten: »Wieso willst du nicht hinein? Bei Gott, wenn du
nicht hineingehst, dann schlagen wir dir diese Eisenstangen über den
Schädel, bis du tot umfällst.« Andreuccio bekam es mit der Angst zu 77
tun und kletterte hinein, dabei dachte er: »Sie lassen mich hineinstei-
gen, um mich zu betrügen. Denn sobald ich ihnen alles hinausgege-
ben habe und mich abmühe, hinauszukommen, werden sie sich aus
dem Staub machen und mir nichts mehr abgeben.« Und deswegen
dachte er, seinen Anteil zunächst für sich zu behalten. Er erinnerte
sich an den kostbaren Ring, von dem er sie hatte sprechen hören;
kaum war er drinnen, so zog er ihn vom Finger des Erzbischofs und

steckte ihn ein; danach reichte er den Krummstab, die Mitra, die
Handschuhe hinaus und zog ihn bis aufs Hemd aus; alles gab er ihnen
78 und sagte endlich, dass nichts mehr da sei. Die draußen behaupteten,
es müsste noch der Ring da sein, und er sollte ihn überall suchen; er
behauptete, er fände ihn nicht, tat so, als suchte er ihn und ließ sie
warten. Die beiden waren aber ebenso hinterhältig wie er selbst, und
während er weiter vorgab zu suchen und sich Zeit nahm, zogen sie die
Stütze weg, die den Deckel des Sarkophags hielt, liefen fort und lie-
ßen ihn eingeschlossen zurück. Was Andreuccio empfand, als er das
79 merkte, kann sich ein jeder leicht vorstellen. Mehrmals versuchte er,
mit dem Kopf und mit den Schultern den Deckel hochzuheben; aber
er mühte sich vergebens. Vom Jammer überwältigt, sank er bewusst-
los über dem Leichnam des Erzbischofs zusammen; wer sie betrachtet
hätte, hätte schlecht unterscheiden können, wer von ihnen tot war, er
80 oder der Erzbischof. Als er wieder zu sich gekommen war, begann er
heftig zu weinen, da ihm zwei Arten, zu Tode zu kommen, bevor-
standen: Entweder wurde der Sarg nicht mehr geöffnet, und er ging
an Hunger und im Gestank des Gewürms des Leichnams zugrunde;
81 oder man fand ihn hier, und er wurde als Grabräuber gehenkt. In sol-
che trüben Gedanken versunken, hörte er, wie Leute in die Kirche
kamen und redeten; er bemerkte, dass sie das Gleiche vorhatten, was
er und seine Kumpane getan hatten, und er bekam große Angst.
82 Als sie den Deckel geöffnet und festgestemmt hatten, disputierten sie
darüber, wer von ihnen hineinsteigen sollte; keiner wollte es tun.
Nach langem Disput sagte schließlich ein Priester: »Warum habt ihr
Angst? Glaubt ihr, dass er euch auffrisst? Die Toten essen nicht die
Lebenden, ich steig' hinein.« Nach diesen Worten stützte er seine
Brust auf den Rand des Sarkophags, hielt den Kopf nach draußen und
83 schwang die Beine hinein, um sich dann herabzulassen. Andreuccio
sah es, richtete sich auf, packte ein Bein des Priesters und tat so, als
wollte er ihn hineinziehen. Der Priester spürte den Griff, stieß ei-
nen fürchterlichen Schrei aus und warf sich nach draußen. Die ande-

ren bekamen einen großen Schrecken, ließen den Sarkophag offen-
stehen und rannten fort, als würden sie von tausend Teufeln verfolgt.
Andreuccio war glücklicher als erhofft, schwang sich aus dem Sarko- 84
phag und gelangte aus der Kirche, so wie er hineingekommen war. Es
dämmerte schon der Tag, mit dem Ring auf dem Finger ging er auf
gut Glück los, kam an den Strand und stieß schließlich auch auf sein
Hotel. Seine Gefährten und der Wirt hatten die ganze Nacht mit Ban-
gen auf ihn gewartet. Als sie erfuhren, was ihm widerfahren war, riet 85
ihm der Wirt, Neapel schleunigst zu verlassen; was er auch sofort tat.
Er kehrte nach Perugia zurück und hatte sein Geld in einen Ring in-
vestiert, nachdem er zum Pferdehandel aufgebrochen war.

Sechste Novelle

Madama Beritola wird mit zwei Rehen auf einer Insel gefunden; da sie 1
zwei Söhne verloren hat, kehrt sie in die Lunigiana zurück; dort kommt
einer ihrer Söhne mit ihrem Herrn zusammen, schläft mit dessen Toch-
ter und wird ins Gefängnis geworfen; nachdem Sizilien gegen König
Karl rebelliert hat und die Mutter den Sohn wiedererkannt hat, heiratet
er die Tochter seines Herrn, findet seinen Bruder wieder, und sie werden
wieder in ihre hohe Stellung eingesetzt.

Die Damen wie die Jünglinge waren über das, was Andreuccio zuge- 2
stoßen und was Fiammetta erzählt hatte, sehr belustigt; als die Erzäh-
lung beendet war, ergriff Emilia auf Geheiß der Königin das Wort:

Ernst und betrüblich sind die Wechselfälle der Fortuna; wird von 3
ihnen gesprochen, so wachen unsere Geister zwar auf, aber sie wer-
den auch durch die glücklichen Ereignisse leicht eingeschläfert; daher
sollten wir niemals darin nachlassen, sowohl der Schilderung der
Glücksfälle wie der Unglücksfälle zuzuhören, denn erstere warnt und
letztere tröstet. Deswegen werde ich euch, von welchen bedeutenden 4

Ereignissen auch schon berichtet worden ist, eine weitere, ebenso wahre wie rührende Novelle erzählen. Obwohl sie ein glückliches Ende hat, dauerte das bittere Leid so lange, dass es niemals ganz und gar von der Freude gelindert werden konnte.

5 Teure Damen, wie ihr wisst, wurde nach dem Tod Kaiser Friedrichs II. Manfred als König Siziliens gekrönt; bei diesem stand ein Edelmann aus Neapel namens Arrighetto Capece in hohem Ansehen; er hatte eine schöne und edle Dame zur Frau, die ebenfalls aus Neapel
6 kam und Madama Beritola Caracciola hieß. Die Regierungsgewalt über Sizilien lag in den Händen Arrighettos, als er erfuhr, dass König Karl I. Manfredo bei Benevent besiegt und erschlagen hatte und das gesamte Königreich ihm zufiel. Da er der kurzfristigen Treue der Sizilianer nicht sicher sein konnte und auch nicht der Untertan des Fein-
7 des seines Herrn werden wollte, bereitete er seine Flucht vor. Die Sizilianer merkten das und lieferten ihn und viele andere Freunde und Anhänger König Manfreds als Gefangene an König Karl; zugleich
8 übertrugen sie ihm die Herrschaft über die Insel. Madama Beritola wusste bei all diesen Umwälzungen nicht, was aus Arrighetto geworden war und fürchtete Schlimmes; um nicht in Schande zu geraten,

ließ sie alles stehen und liegen und floh in schwangerem Zustand mit
ihrem etwa achtjährigen Sohn Giuffredi auf einem Boot nach Lipari,
wo sie einen anderen Sohn gebar, den sie Scacciato taufte. Sie enga-
gierte eine Amme und bestieg mit allen zusammen ein Schiff, um zu
ihrer Familie nach Neapel zurückzukehren. Es kam aber anders, als sie 9
geplant hatte. Das Schiff, das nach Neapel segeln sollte, wurde durch
einen starken Wind zur Insel Ponza getrieben; sie trieben in eine klei-
ne Bucht und warteten auf günstigere Winde. Madama Beritola ging 10
wie alle übrigen an Land, zog sich aber an einen abgelegenen Ort zu-
rück, wo sie sich in aller Einsamkeit um ihren Arrighetto bangte. So
hielt sie es einige Tage, bis es geschah, als sie in ihrer einsamen Trauer
versunken war und ohne dass irgendeiner der Matrosen oder der Rei-
senden es bemerkte, dass eine Piratengaleere auftauchte, alle Mann
ohne Widerstand gefangennahm und wieder davonfuhr. Als Mada- 11
ma Beritola ihre tägliche Klage beendet hatte und an den Strand zu-
rückging, um wie gewohnt ihre Kinder aufzusuchen, war dort kein
Mensch mehr. Sie wunderte sich, aber ahnungsvoll richtete sie ihren
Blick aufs Meer hinaus und erblickte die Galeere, die mit dem anderen
Schiff im Schlepptau noch nicht weit hinausgekommen war; und sie
begriff klar und deutlich, dass sie nach dem Mann auch die Kinder
verloren hatte. Elend, allein und verlassen wusste sie nicht, wo sie
eine Menschenseele hätte finden können, wie betäubt rief sie nach
dem Mann und den Kindern und brach am Strand zusammen. Nie- 12
mand kam, um ihre Lebensgeister mit frischem Wasser oder einem
anderen Mittel wieder wachzurufen; so konnten sie frei umher-
schweifen. Aber als die entschwundenen Kräfte nach und nach unter
Tränen und Jammern wieder in ihren schwachen Körper zurückkehr-
ten, rief sie unaufhörlich die Namen ihrer Kinder und suchte sie in
jedem Winkel. Als sie aber bemerkte, dass ihre Suche umsonst war, 13
und die Nacht heraufziehen sah, als sie Hoffnungen hegte, ohne zu
wissen welche, dachte sie auch wieder an sich selbst; und sie verließ
den Strand und zog sich wieder in die Höhle zurück, in der sie in den

14 Tagen zuvor zu trauern pflegte. Als die Nacht voller Angst und in un-
sagbarem Schmerz überstanden, der neue Tag angebrochen und die
dritte Stunde überschritten war, zwang der Hunger sie, die seit zwölf
Stunden nichts mehr zu sich genommen hatte, Gräser abzurupfen; sie
stillte ihren Hunger, so gut es ging, und malte sich unter Tränen das
15 Leben aus, das ihr bevorstand. Als sie derart mit sich beschäftigt war,
bemerkte sie, wie ein Reh in eine benachbarte Höhle ging, nach eini-
ger Zeit wieder herauskam und im Gebüsch verschwand. Neugierig
stand sie auf und betrat die Höhle, aus der das Reh gekommen war; sie
entdeckte zwei frisch geworfene Kitzlein, allerliebst und niedlich an-
zuschauen. Nach ihrer jüngsten Geburt war die Milch noch nicht aus
16 ihrer Brust gewichen, so nahm sie die Tiere auf und legte sie an. Diese
nahmen das Angebot an und nuckelten wie an der echten Mutter und
fortan machten sie keinen Unterschied zwischen dieser und ihr. Die
edle Dame glaubte, Gesellschaft in der Einöde gefunden zu haben; so
nährte sie sich von Gräsern und trank Wasser, trauerte um ihren
Mann und ihre Kinder, erinnerte sich an ihr vormaliges Leben; sie
stellte sich darauf ein, an diesem Ort zu leben und zu sterben, und die
beiden Kitzlein waren ihr so vertraut geworden wie ihre eigenen Kin-
17 der. Als die edle Dame mehr und mehr verwilderte, geschah es nach
mehreren Monaten, dass ein Sturm ein Schiff aus Pisa dort an Land
trieb, wo sie angetrieben worden war, und einige Tage vor Anker ging.
18 Auf diesem Schiff befand sich gemeinsam mit seiner tüchtigen und
frommen Gattin ein Edelmann namens Currado de' Marchesi Male-
spini; beide waren auf der Heimfahrt von einer Pilgerfahrt zu den hei-
19 ligen Stätten im Königreich Neapel. Um sich die Zeit zu vertreiben,
ging das Ehepaar mit seinen Hunden und einigem Gefolge an Land,
und sie durchstreiften die Insel. Nicht weit von dem Ort, wo sich Ma-
dama Beritola aufhielt, jagten die Hunde die beiden Rehe auf, die in-
zwischen größer geworden waren und ihr Futter suchten. Die Rehe
20 flüchteten sich in die Höhle zu Madama Beritola. Diese stand auf, er-
griff einen Stock und trieb die Hunde zurück. In diesem Augenblick

kamen Currado und seine Gattin hinzu, die ihren Hunden gefolgt waren; überrascht sahen sie eine dunkle, hagere und struppige Gestalt vor sich, die nicht weniger überrascht war. Aber als Currado auf 21
ihre Bitten die Hunde weggezogen hatte, überredeten sie sie, ihnen zu sagen, wer sie sei und was sie an diesem Ort tue. Sie eröffnete ihnen ihre Herkunft, ihre unglücklichen Erlebnisse und ihren traurigen Entschluss. Currado weinte bei ihrer Erzählung vor Mitleid, denn er 22
hatte Arrighetto Capece gut gekannt; er bemühte sich, sie von ihrem schrecklichen Vorhaben abzubringen und bot ihr an, sie in sein Haus aufzunehmen und wie eine Schwester zu ehren; sie könnte dort bleiben, bis der Herrgott ihr ein freundlicheres Geschick gewährte. Aber 23
sie wollte sich auf diese Vorschläge nicht einlassen, und Currado ließ seine Frau bei ihr zurück; er sagte, dass er ihr Essen schicken lassen wollte und dass sie, die nur noch Fetzen am Leib trug, Kleider erhalten sollte; er tat alles, damit sie mit ihnen käme. Die Gattin Currados blieb 24
bei Madama Beritola und beklagte ihre Schicksalsschläge; als Speisen und Kleidung gebracht wurden, verwendete sie große Mühe darauf, dass sie sie anzog und dass sie etwas zu sich nahm; sie wollte aber nirgendwohin gehen, wo man sie kannte, und willigte erst nach vielem Zureden ein, mit in die Lunigiana zu kommen; die beiden jungen Rehe und deren Mutter sollten sie begleiten – die Rehmutter war inzwischen zu der Gesellschaft gestoßen, und hatte Madama Beritola zur Verwunderung der anderen Dame stürmisch begrüßt. Als das 25
Wetter sich besserte, bestiegen Madama Beritola mit Currado und seiner Gattin das Schiff; bei ihnen war das Reh mit seinen beiden Jungen; Madama Beritola, deren Namen die anderen nicht kannten, wurde um ihretwillen Cavriuola genannt. Mit günstigen Winden gelangten sie in die Mündung der Magra, wo sie das Schiff verließen und zu den Burgen Currados hinaufstiegen. Dort blieb Madama Beritola, im 26
Gewand einer Witwe, als ehrsame, bescheidene und gehorsame Begleiterin im Gefolge der Gattin Currados; sie hing an ihren Rehen und sorgte dafür , dass sie Futter bekamen.

27 Die Piraten nun, die in Ponza das Schiff gekapert hatten, mit dem
Madama Beritola dort eingetroffen war, und die sie zurückgelassen
hatten, weil sie sie nicht mehr gesehen hatten, segelten nach Genua.
Als die Beute zwischen den Herren der Galeere aufgeteilt wurde,
ging die Amme Madama Beritolas mit den beiden Kindern und an-
deren Dingen an einen Herrn Guasparrino Doria. Dieser schickte
sie in sein Haus zum Gesinde, damit sie dort wie Sklaven arbeite-
28 ten. Die Amme war über die Maßen betrübt, dass sie ihre Herrin
verloren hatte und dass sie selbst und die Kinder in Unglück und
29 Elend gestürzt waren; und sie weinte häufig. Aber sie erkannte bald,
dass weinen nutzlos war, und dass sie und die Kinder wie Skla-
ven lebten. Obwohl sie eine einfache Frau war, war sie klug und
umsichtig; deswegen fasste sie, so gut es ging, Mut, sah, wohin
sie geraten waren, und erkannte, dass die beiden Kinder leicht in
Schwierigkeiten kommen könnten, wenn man erführe, wer sie sei-
en; außerdem hoffte sie, dass, wann auch immer, das Schicksal sich
wenden könnte und die beiden, sofern sie noch lebten, ihren alten
Status wiedererlangen würden. Also beschloss sie, bevor es nicht an
der Zeit wäre, niemandem zu offenbaren, wer sie wären; und sie
30 sagte jedem, der sie fragte, es wären ihre Kinder. Den Älteren nann-
te sie nicht Giuffredi, sondern Giannotto di Procida; den Namen des
jüngeren Bruders glaubte sie nicht verändern zu müssen. Sorgfältig
erklärte sie Giuffredi, warum sie ihm einen anderen Namen gege-
ben habe und wie gefährlich es werden könnte, wenn man seinen
wahren Namen erführe; und dies prägte sie ihm nicht nur einmal,
sondern wiederholte Male ein. Der Junge war verständig und folgte
31 in vorbildlicher Weise der Unterweisung seiner klugen Amme. Ge-
meinsam mit ihrer Amme lebten die beiden Knaben, schlecht ge-
kleidet und in noch schlechteren Schuhen, mehrere Jahre geduldig
im Haus Messer Guasparrinos und mussten alle gemeinen Dienste
verrichten.

32 Als Giannotto allerdings sechzehn Jahre alt war, zeigte er mehr

Charakter, als einem Sklaven zukam; er war des gemeinen Lebens überdrüssig, heuerte auf Galeeren an, die nach Alessandria fuhren; er verließ den Dienst Messer Guasparrinos, zog in verschiedene Länder, ohne irgendwie vorwärtskommen zu können. Etwa drei oder vier 33
Jahre waren vergangen, nachdem er Messer Guasparrino verlassen hatte; es war ein schöner, ansehnlicher junger Mann aus ihm geworden; er hatte gehört, dass sein Vater, den er für tot gehalten hatte, immer noch lebte, aber von König Karl in Gefangenschaft gehalten wurde. Am Geschick verzweifelnd, irrte er umher und gelangte schließlich in die Lunigiana. Hier trat er zufällig in die Dienste Currado Malaspinas ein und bewährte sich aufs beste und angenehmste. Eini- 34
ge Male sah er auch seine Mutter, die Currados Frau begleitete, aber weder erkannte er sie noch sie ihn, denn die Jahre, die vergangen waren, seitdem sie sich zum letzten Mal gesehen hatten, hatten sie beide zu sehr verändert.

Nachdem Giannotto in die Dienste Currados eingetreten war, ge- 35
schah es, dass eine Tochter Currados namens Spina in das Haus ihres Vaters zurückkehrte, nachdem sie Witwe eines Niccolò da Grignano geworden war. Sie war recht schön und jung, von angenehmem Äußeren, etwas älter als sechzehn Jahre, und der Zufall wollte es, dass sie ihre Blicke auf Giannotto und er die seinen auf sie richtete; sie verfielen in glühende Liebe zueinander. Diese Liebe ließ nicht lange auf ihre 36
Erfüllung warten; es dauerte einige Monate, bevor es irgendjemand bemerkte; sie fühlten sich sicher und verhielten sich weniger zurückhaltend, als es in solchen Fällen nötig gewesen wäre. Als die junge 37
Frau und Giannotto eines Tages durch einen schönen und dichten Wald gingen, ließen sie ihre Begleitung zurück; es schien ihnen, als wären die anderen weit weg, und sie ließen sich an einem angenehm grünen, mit Blumen geschmückten und von Bäumen abgeschlossenen Platz nieder, um einander in Liebeslust zu umarmen. Als sie eine 38
geraume Weile, die wegen des Vergnügens kurz erschien, beieinander waren, wurden sie ebenda zuerst von der Mutter der jungen Frau

und kurz darauf von Currado überrascht. Bei ihrem Anblick erfasste
ihn ein übermäßiger Schmerz, und ohne ein Wort der Begründung
ließ er sie von drei seiner Diener ergreifen und in Fesseln auf eine sei-
ner Burgen schaffen. Zitternd vor Zorn und Kummer ging er fort und
39 war entschlossen, sie schmachvoll sterben zu lassen. Auch die Mutter
der jungen Frau war zutiefst getroffen und meinte, dass die Tochter
ihr Vergehen grausam büßen müsste; aber aus einigen Worten Curra-
dos hatte sie entnommen, was er mit den Schuldigen vorhatte. Sie
konnte das nicht dulden und suchte eiligst den zornentbrannten Ehe-
mann auf; sie bat ihn, sich nicht vom Zorn hinreißen zu lassen und im
Alter nicht zum Mörder seiner Tochter zu werden und seine Hände
nicht mit dem Blut eines seiner Diener zu beflecken; er würde einen
anderen Weg finden, um seinen Zorn zu besänftigen, etwa indem er
sie gefangenhielte und in Gefangenschaft ihre Sünde beweinen ließe.
40 Und die fromme Dame wirkte mit diesen und vielen anderen Worten
so auf ihn ein, dass sie ihn davon abbrachte, sie umzubringen. Er be-
fahl, dass ein jeder an einem anderen Ort gefangengehalten und gut
bewacht würde, dass man ihnen wenig zu essen gäbe und sie aufs
strengste behandeln sollte, bis er eine Entscheidung treffen würde. So
geschah es.

41 Ein jeder kann sich denken, wie sie ihr Leben in der Gefangen-
schaft verbrachten, in Tränen und unter Essensentzug, dessen es
nicht bedurft hätte. Giannotto und Spina waren bereits seit einem
Jahr in dieser jammervollen Situation, ohne dass Currado sich um sie
gekümmert hätte, als der König von Aragon die Herrschaft über Sizi-
lien mit Hilfe der Verschwörung des Gian di Procida an sich brachte
und König Karl entriss. Currado, ein Ghibelline, freute sich sehr dar-
42 über. Von diesem Ereignis hörte auch Giannotto durch einen seiner
Wärter; er seufzte tief und sagte: »Oh, weh mir! Seit nunmehr vier-
zehn Jahren schlage ich mich durch die Welt und warte einzig auf die-
sen Augenblick … Nun ist er da, und ich habe nichts Besseres mehr zu
43 hoffen, denn als Toter aus diesem Gefängnis zu kommen!« »Wie

das?« fragte der Wärter. »Was kümmert es dich, wenn mächtige Kö-
nige miteinander streiten? Was hattest du denn in Sizilien zu tun?«
Worauf Giannotto sagte: »Es will mir das Herz zerreißen, wenn ich 44
daran denke, was mein Vater dort getan hat. Ich erinnere mich, ob-
wohl ich ein kleiner Junge war, als wir fliehen mussten, dass er zu
Lebzeiten König Manfreds dort als großer Herr lebte.« »Wer war denn 45
dein Vater?« fuhr der Wärter fort. »Meinen Vater«, sagte Giannotto, 46
»kann ich nun offenbaren, da ich mich in der Situation befinde, in die
ich durch dieses Bekenntnis zu geraten befürchtete. Er hieß und heißt
immer noch, sofern er lebt, Arrighetto Capece; ich selbst heiße nicht
Giannotto, sondern Giuffredi. Ich zweifle nicht daran, dass – sofern
ich hier herauskäme und nach Sizilien zurückkehrte – ich dort noch
einen hohen Rang einnehmen könnte.« Der Wärter führte das Ge- 47
spräch nicht weiter fort, aber bei der nächsten Gelegenheit erzählte er
alles Currado. Dieser tat dem Gefangenen gegenüber zwar so, als wäre
es ihm gleichgültig, er wandte sich aber an Madama Beritola und frag-
te sie höflich, ob sie Arighetto einen Sohn namens Giuffredi ge-
schenkt hätte. Unter Tränen antwortete sie, dass der Ältere ihrer bei-
den Söhne, lebte er noch, so hieße und zweiundzwanzig Jahre alt
wäre. Als Currado das hörte, wusste er, dass es Giannotto war; und es 48
kam ihm in den Sinn, dass, wenn dem so war, er eine gute Tat tun und
die Schande auslöschen konnte, die ihm und seiner Tochter angetan
worden war, indem er sie jenem zur Frau gab. So ließ er insgeheim
Giannotto zu sich bringen und befragte ihn detailliert über sein ver-
gangenes Leben. Da er aufgrund einiger deutlicher Indizien befand,
dass er tatsächlich Giuffredi, der Sohn Arrighetto Capeces, war, sagte
er: »Giannotto, du weißt, welche Schande du mir an einer Tochter an- 49
getan hast; ich habe dich gut und freundlich behandelt, und als mein
Gefolgsmann hättest du immer die Ehre meiner Person und meines
Hab und Gutes respektieren und hüten müssen; andere, denen du an-
getan hättest, was du mir angetan hast, hätten dich schmachvoll ster-
ben lassen. Mein Mitgefühl hat das nicht geduldet. Da es nun so ist, 50

wie du gesagt hast, und du der Sohn eines Edelmannes und einer ad-
ligen Dame bist, will ich, wenn du zustimmst, dein Unglück beenden
und dich aus der elenden Gefangenschaft, in der du dich befindest,
51 befreien, um meine und deine Ehre wiederherzustellen. Du weißt,
dass meine Tochter Spina, die du in leidenschaftlicher, aber unziemli-
cher Beziehung für dich in Anspruch genommen hast, verwitwet und
ihre Mitgift groß und ausreichend ist; wer ihr Vater und ihre Mutter
sind, weißt du. Über deinen gegenwärtigen Zustand schweige ich.
Wenn du einwilligst, bin ich bereit, dass sie, die auf ehrlose Weise
deine Freundin gewesen ist, deine ehrbare Frau werde, und dass du
als mein Sohn hier und mit ihr zusammen so lange verweilst, wie es
52 dir gefällt.« Die Gefangenschaft hatte Giannotto zwar ausgezehrt,
aber sein angeborener Edelmut war ihm erhalten geblieben, ebenso
53 wie die ungetrübte Liebe zu seiner Herrin. Obwohl er glühend er-
sehnte, was Currado ihm anbot, obwohl er sich seiner Macht ausgelie-
fert sah, gab er, ohne eingeschüchtert zu sein, zur Antwort, was seine
edle Gesinnung ihm eingab: »Currado, weder das Verlangen nach der
Herrschaft noch die Geldgier noch irgendein anderer Grund haben
mich zum Verräter an deinem Leben oder an deinem Hab und Gut
54 werden lassen. Ich liebte deine Tochter, ich liebe sie und ich werde sie
immer lieben, weil ich sie meiner Liebe würdig erachte; und wenn ich
nach Ansicht der Ungebildeten unehrenhaft war, so habe ich eine
Sünde begangen, die zur Jugend gehört; und wollte man sie vermei-
den, so müsste man die Jugend abschaffen; wenn die Alten sich ein-
mal daran erinnern wollten, dass sie jung waren und dann Fehltritte
der anderen an ihren eigenen, wie diese an jenen messen würden, so
erschiene mein Fehltritt nicht so schwer, wie du und andere ihn hin-
55 stellen. Ich habe ihn als Freund und nicht als Feind begangen. Was du
jetzt anbietest, wünschte ich immer, tun zu können; hätte ich ange-
nommen, dass es mir zugebilligt worden wäre, so hätte ich es schon
vor langer Zeit erbeten. Umso teurer wird es mir nun sein, wo die
56 Hoffnung fast geschwunden ist. Sollte dein Sinn nicht darauf gerich-

tet sein, was deine Worte sagen, so nähre nicht länger mein eitles
Hoffen. Schicke mich in das Gefängnis zurück und lasse mich leiden,
wie es dir gefällt: Solange ich Spina liebe, werde ich aus Liebe zu ihr
auch dich lieben und achten, was immer du mir antust.« Currado hör- 57
te mit Staunen diese Worte, er erkannte seine edle Gesinnung und
seine glühende Liebe und schloss ihn in sein Herz. Er erhob sich, um-
armte und küsste ihn; er befahl unverzüglich, dass Spina in aller Stille
herbeigeführt würde. In der Gefangenschaft war sie schwach, mager
und bleich geworden; so wie Giannotto ein anderer Mann, schien sie
fast eine andere Frau geworden zu sein. In Gegenwart Currados wil-
ligten beide in den Bund der Ehe ein, wie es bei uns der Brauch ist.
Nachdem er sie einige Tage mit allem Notwendigen hatte versehen 58
lassen, ohne dass jemand etwas erfahren hätte, erschien es ihm an der
Zeit, ihre Mütter von dem freudigen Ereignis zu unterrichten. Er rief
seine Gemahlin und Cavriuola zu sich und sprach wie folgt: »Was sag-
tet Ihr, Madonna, wenn ich Euch Euren ältesten Sohn als Ehemann
einer meiner Töchter wiedersehen ließe?« Worauf Cavriuola antwor- 59
tete: »Ich könnte Euch nichts anderes sagen, als dass ich Euch noch
verbundener wäre, als ich es ohnehin schon bin, weil Ihr mir das zu-
rückgäbet, was mir teurer ist, als ich mir selbst es bin; Ihr gäbet mir
meine verlorene Hoffnung wieder.« Und weinend schwieg sie. Darauf 60
sagte Currado zu seiner Gemahlin: »Und was meintest du, Frau,
wenn ich dir einen solchen Schwiegersohn gäbe?« Worauf seine Ge- 61
mahlin antwortete: »Wenn er Euch gefiele, würde mir nicht nur ein
Edelmann, sondern auch ein Bauer gefallen.« Nun sagte Currado: »Ich 62
hoffe, dass ihr binnen kurzem zwei glückliche Frauen sein werdet.«
Als er bemerkte, dass die beiden jungen Leute ihre vormalige Gestalt 63
wiedergewonnen hatten und standesgemäß gekleidet waren, fragte
er Giuffredi: »Wäre es dir eine zusätzliche Freude, wenn du nun auch
deine Mutter sehen könntest?« Giuffredi antwortete: »Ich vermag 64
kaum zu glauben, dass sie ihre schmerzlichen Schicksalsschläge hat
überleben können! Wenn dem aber so sein sollte, so wäre es mir über

alle Maßen lieb, weil ich mit Hilfe ihres Rates glaube, einen gro-
65 ßen Teil meines Vermögens in Sizilien wiederzuerlangen.« Darauf-
hin ließ Currado die beiden Frauen kommen. Sie beglückwünschten
beide die junge Gemahlin und fragten sich, was Currado wohl zu der
66 Gutherzigkeit inspiriert hatte, sie mit Giannotto zu vermählen. Ma-
dama Beritola hatte die Worte Currados im Ohr und schaute ihn an.
Eine verborgene Kraft der Erinnerung ließ sie die Züge des Knaben
erkennen, und ohne auf ein anderes Zeichen zu warten, lief sie zu ihm
und schloss ihn in ihre Arme; die mütterliche Liebe und die Freude
verschlugen ihr die Sprache, ihr schwanden die Sinne, und sie sank
67 wie tot in den Armen des Sohnes zusammen. Dieser erstaunte sehr,
denn er war ihr wiederholt auf der Burg begegnet und hatte sie nicht
erkannt; aber nun erkannte er sie sofort am Geruch. Er tadelte sich ob
seiner Gedankenlosigkeit und hielt sie mit zärtlichen Tränen und
68 Küssen in seinen Armen. Die Gattin Currados und Spina bemühten
sich voller Mitgefühl um Madama Beritola und riefen ihre Lebens-
geister mit kaltem Wasser und anderen Mitteln wieder zurück; nun
schloss sie aufs neue und unter Tränen den Sohn in ihre Arme; sie
69 herzte und küsste ihn, was er ehrerbietig hinnahm. Mehrere Male
wurden die herzlichen und freudigen Umarmungen wiederholt, und
alle nahmen freudig Anteil; ein jeder erzählte sein Geschick und Cur-
rado erfreute alle seine Freunde mit der Nachricht, dass er neue ver-
wandtschaftliche Bande geknüpft und ein prächtiges Fest vorbereitet
70 habe. Schließlich sagte Giuffredi: »Currado, Ihr habt mir eine glückli-
che Überraschung und meiner Mutter einen ehrenvollen Aufenthalt
geschenkt. Uns zuliebe bliebe nur noch eine Sache zu tun; und deswe-
gen bitte ich Euch, dass Ihr meiner Mutter und mir die Freude durch
die Anwesenheit meines Bruders vollkommen macht. Dieser dient
immer noch als Sklave im Hause des Guasparrino Doria, der ihn und
mich, wie ich Euch berichtet habe, erbeutete. Außerdem bitte ich
Euch, dass Ihr einen Vertrauten nach Sizilien schickt, damit er sich
dort über die neuen Umstände informiere und in Erfahrung bringe,

was es mit meinem Vater Arrighetto auf sich hat, ob er tot ist oder lebt, und wenn er lebt, wie es ihm geht; und dass er uns alle diese Nachrichten überbringe.« Currado gefiel die Bitte Giuffredis, und er 71
entsandte unverzüglich zuverlässige Boten nach Genua und nach Sizilien. Der Bote, der nach Genua geschickt wurde, suchte Messer Guasparrino auf und ersuchte ihn inständigst im Auftrag Currados, dass er Scacciato und seine Amme zu ihm schicken möchte; und er erzählte ihm der Reihe nach, was Currado für Giuffredi und für die Mutter getan hatte. Messer Guasparrino vernahm es mit großem Er- 72
staunen und sagte: »In der Tat werde ich für Currado alles tun, was ich kann und was ihm gefällt. Vor vierzehn Jahren habe ich den Burschen und seine angebliche Mutter in mein Haus genommen; ich werde sie gerne zu ihm schicken. Aber sage ihm auch von mir, dass er aufpassen soll und Giannottos Märchen, der sich heute Giuffredi nennt, nicht allzu viel Glauben schenken soll, denn der ist niederträchtiger, als er vorgibt.« Nach diesen Worten ließ er den Boten ehrenhaft aufneh- 73
men, ließ insgeheim die Amme rufen und befragte die Amme über das, was er vernommen hatte. Als diese von dem Aufstand in Sizilien hörte und erfuhr, dass Arrighetto noch lebte, verlor sie jede Furcht und berichtete der Reihe nach, was geschehen war und warum sie sich so verhalten hatte, wie sie es getan hatte. Messer Guasparrino be- 74
merkte, dass die Worte der Amme mit denen des Boten Currados übereinstimmten, und schenkte ihr Glauben. Da er ein schlauer Kopf war, ging er der ganzen Sache noch weiter nach und fand weiteres, das ihn überzeugte, so dass er sich gewissermaßen für die gemeine Behandlung des Burschen schämte; um die Sache wiedergutzumachen, gab er ihm eine hübsche Tochter, die elf Jahre alt war, zur Frau; da er wusste, welchen Rang Arrighetto eingenommen hatte und einnahm, stattete er sie mit einer ansehnlichen Mitgift aus. Nachdem dies alles 75
festlich begangen war, bestieg er gemeinsam mit dem jungen Mann, dem Töchterchen und dem Boten Currados eine gut bewaffnete Galeere und alle fuhren nach Lerici; dort wurden sie von Currado erwar-

tet, der die ganze Schar auf eine seiner Burgen führte, die nicht weit
76 entfernt war. Hier war ein festlicher Empfang vorbereitet. Mit Wor-
ten ist es kaum wiederzugeben, wie sehr sich die Mutter freute, ihren
Sohn wiederzusehen, wie groß die Freude der beiden Brüder war, wie
sehr sich alle drei freuten, die Amme wiederzusehen, wie alle sich mit
Messer Guasparrino und seiner Tochter und mit Currado, seiner Ge-
mahlin, seinen Kindern und Freunden freuten … Liebe Frauen, ihr
mögt es euch selbst vorstellen … Damit das Glück vollkommen war,
ließ der Herrgott, der sein Wohlgefallen in Überfülle spendet, gute
Neuigkeiten über Arrighetto Capece eintreffen, dass er lebte und es
77 ihm gut ging. Als nämlich die Damen und Herren, die geladen waren,
beim ersten Gang des Festmahles beisammensaßen, kehrte der Bote
aus Sizilien zurück. Er erzählte unter anderem, dass, als der Aufstand
gegen den König ausbrach, das Volk wütend zum Gefängnis zog, die
Wachen erschlug und Arrighetto, der im Auftrag König Karls gefan-
gengehalten wurde, befreite. Als einen der hauptsächlichen Feinde
König Karls hatten sie ihn zu ihrem Hauptmann erhoben und folgten
78 ihm, um die Franzosen zu vertreiben und umzubringen. Deswegen
war er in die höchste Gunst König Peters aufgestiegen, der ihm Güter
und Ehre erstattet hatte; so stand er wieder in hohem Rang und Anse-
hen. Er hatte den Boten sehr ehrenvoll empfangen und war hocher-
freut, gute Neuigkeiten von seiner Gemahlin und seinem Sohn zu hö-
ren, von denen er seit seiner Gefangennahme nichts mehr erfahren
hatte. Er hatte einen leichten Dreimaster mit einigen Edelleuten ge-
79 sandt, die mit dem Boten eingetroffen waren. Man nahm die Worte
des Boten dankbar und heiter auf. Rasch ging Currado mit einigen
Freunden den Edlen entgegen, die wegen Madama Beritola und Giuf-
fredi gekommen waren; er empfing sie herzlich und lud sie zu dem
80 Festmahl ein, das erst begonnen hatte. Madama Beritola und Giuffre-
di und alle anderen Gäste empfingen sie aufs herzlichste; jene über-
brachten Grüße Arighettos und, so gut sie es vermochten, seinen
Dank dafür, dass Currado und seine Gemahlin Madama Beritola und

ihren Sohn so ehrenvoll aufgenommen hatten und baten ihn, über Arrighetto selbst und alles, was in seiner Macht stünde, nach ihrem Belieben zu verfügen. Dann wandten sie sich an Messer Guasparrino, 81
dessen wohltätige Hilfe Arrighetto noch nicht kannte. Sie sagten, sie seien sicher und gewiss, dass Arrighetto, erführe dieser, was er für Scacciato getan habe, auch ihm den allergrößten Dank schuldete. Hierauf nahmen sie vergnügt an der Tafel Platz und speisten mit den jungen Paaren. Nicht nur an einem Tag, sondern mehrere Tage lang 82
feierte Currado gemeinsam mit seinem Schwiegersohn, seinen neuen Verwandten und Freunden. Schließlich meinten Madama Beritola, Giuffredi und die übrigen, dass sie abreisen müssten; nach einem tränenreichen Abschied von Currado und seiner Gemahlin sowie von Messer Guasparrino bestiegen sie gemeinsam mit Spina den Dreimaster und fuhren davon. Da sie günstigen Wind hatten, erreichten 83
sie bald Sizilien, wo Arrighetto sie alle mit unsagbarer Freude, die Frauen und die Söhne, in Palermo empfing. Lange Zeit lebten sie dort glücklich miteinander, dankbar für die erhaltenen Wohltaten und in Frieden mit ihrem Herrgott.

Siebente Novelle

Der Sultan von Babylon verheiratet eine seiner Töchter mit dem König 1
von Garbo; auf der Reise dorthin gelangt sie durch verschiedene Unglücksfälle an verschiedenen Orten innerhalb von vier Jahren in die Hände von neun Männern. Schließlich wird sie ihrem Vater als Jungfrau zurückgegeben und begibt sich ein zweites Mal auf die Reise, um die Frau des Königs von Garbo zu werden.

Hätte die Novelle Emilias noch etwas länger gedauert, so hätte das 2
Mitleid mit den Schicksalsschlägen der Madama Beritola die jungen Damen zu Tränen gerührt. Als sie beendet war, gefiel es der Königin,

dass Panfilo mit dem Erzählen fortfuhr; und artig begann dieser wie folgt:

3 Schwer fällt es uns, meine huldvollen Damen, das zu erkennen, was uns zu tun geziemt. Häufig hat man sehen können, dass diejenigen, die meinten, im Reichtum ohne Sorgen und sicher leben zu können, den Reichtum nicht nur mit Gebeten herbeiflehten, sondern mit großem Einsatz, ohne Anstrengungen oder Gefahren zu scheuen, zu erwerben trachteten. Als sie ihn nun erworben hatten, geschah es, dass einer von denen, die, bevor sie reich geworden waren, ihnen zu-
4 getan war, sie erschlug, weil er ein üppiges Erbe begehrte. Andere sind aus niederem Stand durch tausend gefährliche Kämpfe, über das Blut ihrer Brüder und Freunde zu den Höhen der Macht aufgestiegen; und als sie sich auf dem Gipfel des Glücks wähnten, erkannten sie – ganz zu schweigen von den unendlichen Sorgen und Ängsten, die sie befielen – auf Kosten ihres eigenen Lebens, dass sie Gift aus dem gol-
5 denen Becher der Könige tranken. Viele wünschten sich begierig Körperkraft, Schönheit und äußeren Schmuck, und noch bevor sie einsahen, dass sie damit schlecht beraten waren, brachte es ihnen Jammer
6 und Tod. Und um nicht ausführlicher über die menschlichen Begier-

den zu reden, behaupte ich, dass kein lebender Mensch sie mit Be-
dacht so auswählen könnte, dass er vor Unglücksschlägen geschützt
wäre. Wenn wir also das Rechte tun wollen, so sollen wir hinnehmen
und bewahren, was Der gewährt, der allein weiß, was wir benötigen
und es uns geben kann. Wenn die Menschen auch mit unterschiedli- 7
chen Begierden sündigen, so sündigt ihr, anmutige Frauen, vor allem
dadurch, dass ihr begehrt, schön zu sein; diese Begierde ist so stark,
dass euch die von der Natur gewährte Schönheit nicht genügt und
ihr sie mit wunderbaren Künsten zu vermehren trachtet. Deswe-
gen möchte ich euch erzählen, wie unglücklich eine Sarazenin durch
ihre Schönheit wurde, da sie ihr in nur vier Jahren neun Hochzeiten
bescherte.

Vor geraumer Zeit lebte in Kairo ein Sultan namens Beminedab, 8
dem viele Dinge nach seinem Wunsche gingen. Unter seinen zahlrei- 9
chen Söhnen und Töchtern war eine Tochter namens Alatiel, die für
jeden, der sie sah, die schönste Frau der Welt in jener Zeit war. Da der
König von Garbo ihm in einmaliger Weise geholfen hatte, eine große
Zahl von Fürsten, die ihn angegriffen hatten, zu besiegen, und ihn
um diese besondere Gunst bat, gab er sie ihm zur Frau. In angemesse-
ner Begleitung von Damen und Herren und mit vornehmer und rei-
cher Ausstattung ließ er sie auf ein gut bewaffnetes und ausgerüstetes
Schiff steigen, empfahl sie Gott und schickte sie zu ihm. Da die Win- 10
de günstig waren, setzten die Seeleute die Segel, verließen den Hafen
von Alexandria und hatten nach mehreren Tagen glücklicher Fahrt
schon Sardinien hinter sich gelassen. Sie glaubten sich bereits ihrem
Ziel nahe, als eines Tages plötzlich aus verschiedenen Himmelsrich-
tungen heftige Winde aufkamen, die das Schiff, auf dem sich die
Braut befand, derartig hin und her trieben, dass die Seeleute sich
schon verloren glaubten. Tüchtig wie sie waren, setzten sie zwar ihr 11
ganzes Geschick und ihre ganze Kraft ein und kämpften gegen die
aufgewühlten Wogen; zwei Tage hielten sie durch. Als die dritte
Nacht nach dem Beginn des Sturmes anbrach und dieser, statt nach-

zulassen, noch zunahm, wussten sie weder, wo sie waren, noch konn-
ten sie es berechnen oder in der finsteren Nacht unter einem wolken-
verhangenen Himmel erkennen; nicht weit von Mallorca bemerkten
12 sie, dass das Schiff ein Leck hatte. Sie sahen keine Möglichkeit mehr
zu entkommen, und ein jeder dachte nur noch an sich und nicht mehr
an die anderen; sie warfen ein Ruderboot ins Wasser; auf dieses ver-
trauten die Schiffseigner mehr als auf das lecke Schiff und ließen sich
hinab; nach ihnen drängten sich auch Leute der Mannschaft hinein,
obwohl die Insassen es ihnen mit dem Messer in der Hand verwehr-
ten; sie glaubten, dem Tod zu entrinnen und fielen ihm zum Opfer.
Denn sie kamen alle um, weil das Boot in der stürmischen See nicht
13 über Wasser gehalten werden konnte. Das Schiff, leck und halb mit
Wasser gefüllt, auf dem allein die Braut und ihre Frauen zurückge-
blieben waren – der Sturm und die Angst hatten sie wie tot zu Boden
geworfen –, wurde vom heftigen Wind mit hoher Geschwindigkeit
an der Insel Mallorca auf Grund getrieben. Mit großer Wucht bohrte
es sich in den Sand und lag die Nacht über, vom Meer umtost, einen
14 Steinwurf vom Strand entfernt unbeweglich fest. Als sich mit dem
Tageslicht der Sturm einigermaßen beruhigt hatte, hob die Braut, die
halb tot war, den Kopf und rief, geschwächt wie sie war, nach ihren
Begleiterinnen; sie rief aber umsonst, denn die Gerufenen waren zu
15 weit weg. Da sie weder irgendeine Antwort hörte noch irgendjeman-
den sah, erschrak sie sehr und bekam große Angst. Nachdem sie sich
mit Mühe erhoben hatte, sah sie, dass die Frauen ihrer Begleitung und
alle übrigen Frauen ausgestreckt dalagen; sie rief die eine oder die an-
dere an, aber nur noch wenige gaben ein Lebenszeichen von sich; so
als wären sie vor Angst oder schwerer Übelkeit gestorben. Ihre Angst
16 wuchs. Ungeachtet dessen musste sie etwas tun, da sie auf sich selbst
gestellt war und weder sehen noch erfahren konnte, wo sie waren; sie
bedrängte also diejenigen, die noch lebten, so lange, bis sie sich erho-
ben. Als diese aber auch nicht wussten, wo die Männer waren, und als
sie bemerkten, dass das Schiff voller Wasser auf Land lag, begann sie

mit ihnen gemeinsam ganz jämmerlich zu weinen. Es war bereits die neunte Stunde gekommen, ohne dass sie irgendeinen Menschen auf dem Strand oder in einer anderen Richtung erblickten, der ihnen irgendeinen Akt des Erbarmens und der Hilfe hätte zukommen lassen
können. Um die neunte Stunde geschah es, dass ein Edelmann mit 17
seiner Begleitung vorüberritt, der von einem seiner Landgüter zurückkehrte; sein Name war Pericon da Visalgo. Als er das Schiff erblickte, vermutete er sofort, worum es ging, und beauftragte einen seiner Leute, auf das Schiff zu klettern und zu sehen, ob etwas zu finden sei. Der Diener gelangte mit Mühe hinauf und fand die vornehme 18
junge Dame mit dem kleinen Gefolge, das übriggeblieben war, die
sich alle ängstlich im Bug versteckt hatten. Als sie ihn erblickten, ba- 19
ten sie ihn unter Tränen um Barmherzigkeit; als sie bemerkten, dass weder er sie noch sie ihn verstanden, bemühten sie sich, ihm mit Gesten ihre unglückliche Situation zu bedeuten. Der Diener schaute sich, 20
so gut es ging, alles an und berichtete Pericone. Dieser ließ rasch die Frauen und die kostbarsten Sachen, die man fortschaffen konnte, aus dem Schiff holen und auf eine seiner Burgen bringen. Dort wurden die Frauen versorgt und fanden Ruhe und Trost. Pericone erkannte an der reichen Kleidung und daran, dass alle übrigen Frauen ihr allein Respekt erwiesen, dass es sich um eine hochangesehene edle Dame
handeln musste. Obwohl sie durch die Seereise blass und erschöpft 21
war, erschienen Pericone ihre Gesichtszüge wunderschön; er beschloss, sie zu heiraten, sofern sie noch keinen Gemahl hätte oder ihre Freundschaft zu gewinnen, falls er sie nicht als Gemahlin haben
könnte. Pericone war von herrischem und stattlichem Aussehen. 22
Nachdem er die Dame einige Tage lang aufmerksam hatte versorgen lassen und sie sich wieder erholt hatte, gewahrte er ihre unschätzbare Schönheit; es schmerzte ihn sehr, dass sie sich nicht miteinander verständigen konnten, und er nicht erfahren konnte, wer sie war; da er nichtsdestoweniger von ihrer Schönheit hingerissen war, versuchte er, sie mit liebevollen und gewinnenden Gesten dazu zu bringen, ihm

ohne Gewalt zu Gefallen zu sein. Aber es war vergeblich, denn sie
wies seine Zudringlichkeit entschieden zurück; umso mehr erglühte
23 die Leidenschaft Pericones. Die fremde Dame sah das; sie hatte nach
einigen Tagen auch ungefähr mitbekommen, wo sie gelandet waren
und den Sitten entnommen, dass sie unter Christen lebten. Selbst
wenn sie es vermocht hätte, lag ihr wenig daran, sich zu erkennen zu
geben, denn sie begriff, dass sie sich auf die Dauer durch Gewalt oder
Liebe den Wünschen Pericones würde fügen müssen. Sie beschloss
24 also, ihr unglückliches Geschick nicht als solches zu betrachten. Ihren
Frauen, von denen nur noch drei übriggeblieben waren, befahl sie,
niemandem etwas über ihre Herkunft zu verraten, es sei denn, sie
hätten irgendeine Hilfe für ihre Befreiung zu erwarten. Darüber hin-
aus empfahl sie ihnen eindringlich, ihre Keuschheit zu bewahren,
und versicherte ihnen, dass sie sich selbst vorgenommen habe, dass
allein ihr Ehemann sich ihrer erfreuen sollte. Die Frauen belobigten
sie darob und versprachen, ihrem Wunsch nach bestem Willen nach-
25 zukommen. Von Tag zu Tag entflammte Pericone heftiger, weil das
begehrte Ziel so nahe war und sich ihm doch entzog. Er sah, dass die
Aufmerksamkeiten ihm nichts einbrachten und beschloss, Geschick
und List einzusetzen und sich die Gewalt für den Schluss aufzuhe-
26 ben. Da er gelegentlich beobachtet hatte, dass der Dame der Wein
mundete – weil ihre Religion ihn ihr verbat und sie nicht daran ge-
wöhnt war –, dachte er, sie mit dem Helfer der Venus fangen zu kön-
nen. Er tat so, als störte ihn ihre Sprödigkeit nicht, und richtete eines
Abends ein festliches Gelage aus, zu dem auch die fremde Dame kam.
Die Tafel war reichhaltig gedeckt, und er befahl demjenigen, der sie
bediente, dass er für sie verschiedene Weine durcheinander servierte.
27 Dieser erfüllte den Befehl tadellos; sie passte nicht auf, die Süffigkeit
des Getränks verleitete sie, mehr zu trinken, als ihrem Anstand gut
tat. Sie vergaß alle Sprödigkeit, wurde ausgelassen, und als sie sah,
wie einige Frauen mallorquinische Tänze tanzten, tanzte sie selbst
28 ägyptische Tänze. Pericone sah, dass er sie bald so weit hatte, wie er

sich wünschte, ließ weitere Speisen und Getränke auftragen und zog
das Gelage bis weit in die Nacht hinein. Als die Gäste schließlich fort- 29
gegangen waren, zog er sich allein mit der Dame in das Zimmer zu-
rück. Der Wein hatte sie mehr erhitzt als der Anstand gezügelt, und so
zog sie sich, als wäre Pericone eine ihrer Frauen, in seiner Gegenwart
ohne die geringste Scham aus und stieg ins Bett. Pericone folgte ihr, 30
ohne zu zögern, legte sich neben sie, umschlang sie mit den Armen,
ohne dass sie Widerstand geleistet hätte, und ergötzte sich in Liebe
mit ihr. Als sie – die zuvor nicht gewusst hatte, mit welchem Horn die
Männer stoßen – das einmal gespürt hatte, reute es sie fast, dass sie
nicht schon früher in das Liebeswerben Pericones eingewilligt hatte
und wartete nicht auf weitere Einladungen zu so süßen Nächten, son-
dern lud sich viele Male, zwar nicht mit Worten, die sie nicht kannte,
sondern mit der Tat selbst dazu ein. Fortuna, unzufrieden, dass die 31
Braut eines Königs zur Freundin eines Burgherrn geworden war,
stellte beider Wonne eine grausamere Freundschaft in den Weg. Peri- 32
cone hatte einen Bruder von fünfundzwanzig Jahren, schön und
frisch wie eine Rose; sein Name war Marato. Er hatte die Dame gese-
hen, und sie hatte ihm sehr gut gefallen. Es schien ihm, soviel er ih-
rem Verhalten entnehmen konnte, dass auch sie ihm sehr zugetan
war; er glaubte, dass nur die strenge Aufsicht, der Pericone sie unter-
worfen hatte, sie daran hinderte, das zu tun, was auch sie begehrte. So
verfiel er auf einen grausamen Plan, dessen schändliche Durchfüh-
rung unverzüglich erfolgte. Zufälligerweise lag im Hafen der Stadt 33
ein Schiff mit einer Warenladung nach Chiarenza in der Romania;
zwei junge Genueser waren die Schiffsherren; sie hatten schon die
Segel gesetzt, um auszufahren, sobald der Wind günstig wäre. Marato
war mit den beiden verabredet und wollte in der folgenden Nacht mit
der Dame an Bord kommen. Bei Anbruch der Nacht machte er sich 34
daran, sein Vorhaben auszuführen. Mit einigen ergebenen Gefährten,
die er aufgefordert hatte, ihm zu helfen, schlich er sich heimlich in das
Haus des ahnungslosen Pericone, und sie versteckten sich so, wie sie

35 es verabredet hatten. Als die Nacht vorangeschritten war, öffnete Ma-
rato seinen Gefährten den Raum, in dem Pericone mit der Dame
schlief; sie drangen ein, erschlugen Pericone im Schlaf, bedrohten
auch die Frau, die aufwachte und jammerte, mit dem Tod, wenn sie
Lärm machen sollte, und nahmen sie mit. Ohne dass irgendjemand es
bemerkte, eilten sie mit einem großen Teil der Schätze Pericones an
die Küste, wo Marato und die Dame unverzüglich das Schiff bestie-
36 gen, und die Gefährten heimkehrten. Die Schiffer hatten günstigen
37 Wind und stachen in See. Die Dame weinte bitterlich über den ersten
und über den neuen Schicksalsschlag. Aber Marato nahm den heiligen
Bimbam, den Gott uns gab, in die Hand und begann sie zu trösten, so
dass sie Pericone vergaß und sich an ihn gewöhnte. Sie glaubte schon,
es ginge ihr gut, als Fortuna, als wäre sie nicht zufrieden mit den ver-
38 gangenen, ihr ein neues Unglück bereitete. Wie wir es schon wieder-
holt gesagt haben, war sie von wunderschöner Gestalt und von über-
aus löblichem Betragen; daher verliebten sich die beiden Schiffsher-
ren so sehr in sie, dass sie, um ihr zu dienen und zu gefallen, alles
andere vergaßen; sie achteten allerdings darauf, dass Marato nichts
39 davon bemerkte. Ein jeder erkannte das Verliebtsein des anderen; sie
besprachen sich heimlich darüber und kamen überein, dass sie sich
den Gegenstand dieser gemeinsamen Liebe beschaffen wollten – als
40 ginge es um eine Handelsware oder um einen Geldbetrag. Allerdings
bewachte Marato sie so sehr, dass sie nicht an ihr Ziel gelangen konn-
ten. Als aber nun eines Tages das Schiff mit hoher Geschwindigkeit
voransegelte und Marato vom Heck aufs Meer schaute, ohne dass er
auf die beiden achtete, näherten sie sich ihm einmütig und rasch von
hinten und warfen ihn ins Meer. Das Schiff hatte bereits mehr als eine
Meile zurückgelegt, als man wahrnahm, dass Marato über Bord ge-
gangen war. Als die Dame das hörte, und er auch nicht mehr zu retten
41 war, erfüllte sie das Schiff mit ihrem Wehgeschrei. Die beiden Lieb-
haber eilten sofort zu ihr und bemühten sich, sie mit zärtlichen Wor-
ten und großartigen Versprechungen zu trösten und zu beruhigen;

aber sie verstand sie kaum und beklagte weniger den verlorenen Marato als ihr neues Missgeschick. Nach langen Reden, die sie das eine und das andere Mal an sie richteten und nach denen sie glaubten, sie fast beruhigt zu haben, wandten sie sich untereinander der Frage zu, wer sie als erster auf sein Lager führen sollte. Da nun jeder der erste 42
sein wollte, und sie sich nicht einigen konnten, wechselten sie harte Worte und gerieten in einen heftigen Streit; sie wurden immer wütender, zückten ihre Messer und stachen wild aufeinander ein, ohne dass die Schiffsbesatzung sie hätte trennen können. Der eine fiel geradewegs tot zu Boden, der andere überlebte, von vielen Wunden schwer verletzt. Das missfiel der Dame sehr, denn sie sah sich ohne 43
Hilfe und Rat und befürchtete, dass sich der Zorn der Verwandten und Freunde der Schiffsherren gegen sie richten würde. Aber die Fürsprache des Verwundeten und die Tatsache, dass sie bald in Chiarenza ankamen, nahmen ihr die Todesangst. Mit dem Verwundeten ging sie 44
zusammen an Land und wohnte gemeinsam mit ihm in einem Gasthof. Die Fama ihrer großen Schönheit verbreitete sich eilends in der Stadt und gelangte zu Ohren des Fürsten von Morea, der sich gerade in Chiarenza aufhielt. Er wollte sie daher sehen; als er sie gesehen hatte, erschien sie ihm noch schöner, als die Fama verbreitete, und er verliebte sich augenblicklich in sie, so dass er an nichts anderes mehr denken konnte. Als er hörte, wie sie hierher gekommen war, rechnete er sich aus, dass er sie in seinen Besitz bringen könnte. Während er ei- 45
nen Weg suchte, erfuhren die Verwandten des Verwundeten von seinem Wunsch und übergaben sie ihm, ohne lange abzuwarten. Der war aufs höchste erfreut ebenso wie die Dame, die glaubte, einer großen Gefahr entronnen zu sein. Der Fürst sah, dass sie über die Schön- 46
heit hinaus von königlichem Anstand war; er wusste zwar nicht, wer sie war, aber er schätzte, dass sie eine Edelfrau sein musste; das verdoppelte seine Liebe zu ihr; er erwies ihr großen Respekt und behandelte sie nicht wie eine Freundin, sondern wie seine eigene Frau. Die 47
Dame verglich diese angenehme Situation mit den bösen Erfahrun-

gen der Vergangenheit und fühlte sich heiter und getröstet; ihre Reize
blühten auf, und die Romania schien von nichts anderem als davon zu
48 schwärmen. Ein Freund und Verwandter des Fürsten, der Herzog von
Athen, jung, schön und tapfer, empfand deswegen den Wunsch, sie
zu sehen. Nachdem er seinen Besuch angekündigt hatte, kam er mit
stattlichem Gefolge nach Chiarenza, wo er würdig und feierlich emp-
fangen wurde. Als die beiden Herren nach einigen Tagen zusammen-
kamen und über die Schönheit jener Dame sprachen, fragte der Her-
49 zog, ob sie denn so wunderbar sei, wie man sagte. Darauf antwortete
der Fürst: »Noch viel wunderbarer! Aber ich will, dass nicht meine
50 Worte, sondern deine Augen dich davon überzeugen.« Darum bat der
Herzog den Fürsten aufzustehen und zusammen gingen sie dorthin,
wo sie sich aufhielt. Sie hatte von ihrem Besuch gehört und empfing
sie höflich und heiter. Die beiden Herren ließen sie zwischen sich
Platz nehmen, hatten aber kaum das Vergnügen, Worte mit ihr auszu-
tauschen, weil sie wenig oder nichts von ihrer Sprache verstand. So
schauten beide sie wie ein Wunderding an; das galt besonders für den
Herzog, der kaum glauben mochte, dass sie ein sterbliches Wesen sei.
Während er sie betrachtete, war er sich nicht bewusst, dass er mit den
Augen das Gift der Liebe trank; obwohl er glaubte, durch das An-
schauen einzig sein Wohlgefallen zu befriedigen, wurde er geleimt
51 und verliebte sich leidenschaftlich. Nachdem er und der Fürst sich
von ihr verabschiedet hatten, dachte er in Ruhe nach und glaubte,
dass der Fürst sich mehr als jeder andere glücklich schätzen konnte,
weil ihm eine solche Schönheit zu Gefallen war. Er betrachtete die Sa-
che von allen Seiten, gab seiner heftigen Liebe mehr Gewicht als sei-
ner Ehre und beschloss, was immer sich daraus für ihn ergeben sollte,
den Fürsten seines Glückes zu berauben und sich selbst nach eigenem
52 Vermögen glücklich zu machen. Angespornt von seinem Entschluss,
ließ er Vernunft und Recht beiseite und richtete all seinen Sinn auf die
Durchführung seines heimtückischen Vorhabens. Gemeinsam mit
einem verschwiegenen Diener des Fürsten namens Curiaci ließ er ei-

nes Tages seine Pferde und seine Leute in aller Stille zum Aufbruch
bereitmachen. In der folgenden Nacht wurden er und ein Gefährte
von besagtem Curiaci leise und in voller Bewaffnung in die Schlaf-
kammer des Fürsten eingelassen. Die Frau schlief und der Fürst stand
wegen der großen Hitze nackt am Fenster und suchte Abkühlung in
dem leichten Wind vom Meer. Der Herzog hatte seinem Gefährten 53
zuvor gesagt, was zu tun wäre und schlich leise durch die Kammer bis
an das Fenster; dort stieß er dem Fürsten ein Messer durch den Leib,
packte ihn rasch und warf ihn aus dem Fenster. Der Palast lag hoch 54
über dem Meer und das Fenster, an dem der Fürst stand, ging auf eini-
ge Häuser hinaus, die durch die Wucht der Wellen zusammengefal-
len waren, und wohin sich selten oder nie jemand verirrte. So konnte
es geschehen, wie der Herzog es vorausgesehen hatte, dass der Sturz
des Körpers von niemandem bemerkt wurde oder werden konnte.
Als der Gefährte des Herzogs sah, was geschehen war, nahm er einen 55
Strick, den er mitgebracht hatte, umarmte wie aus Freundschaft den
Curiaci, schlang ihm den Strick um den Hals und zog zu, so dass Cu-
riaci keinen Laut von sich geben konnte; der Herzog trat hinzu, zu-
sammen erdrosselten sie den Diener und warfen ihn dem Fürsten
hinterher. Als dies getan war und weder die Dame noch irgendje- 56
mand etwas gehört hatte, ergriff der Herzog ein Licht, hielt es über
das Lager und deckte die Dame, die fest schlief, leise auf. Ihr Anblick
entzückte ihn; hatte sie ihm in Kleidern gefallen, so gefiel sie ihm
nackt über alle Maßen. Die soeben begangene Missetat ließ ihn nicht 57
zurückschrecken und, überwältigt von heißem Begehren legte er sich
mit blutigen Händen neben sie, die schlaftrunken glaubte, es sei der
Fürst. Nachdem er einige Zeit vergnüglich mit ihr zugebracht hatte, 58
ließ er einige seiner Gefährten kommen, die die Dame, ohne dass sie
Alarm schlagen konnte, durch eine verborgene Tür, durch die er selbst
hineingekommen war, mit sich nahmen; sie wurde auf ein Pferd ge-
setzt, und alle machten sich so lautlos, wie es ging, auf den Weg und
kehrten nach Athen zurück. Da er verheiratet war, brachte er die 59

Dame, die zutiefst betrübt war, nicht nach Athen, sondern an einen
herrlichen Ort außerhalb der Stadt und über dem Meer gelegen; dort
hielt er sie versteckt und ließ sie mit allem Nötigen angemessen ver-
60 sorgen. Die Höflinge des Fürsten hatten am folgenden Morgen bis zur
neunten Stunde auf sein Erwachen gewartet; als sie keinen Laut hör-
ten, öffneten sie die Türen, die nicht verschlossen waren, fanden aber
niemanden und nahmen an, dass er heimlich mit seiner Schönen zu
einer Lustpartie aufgebrochen wäre, und machten sich weiter keine
61 Gedanken. Es geschah nun, dass am folgenden Tag ein Verrückter
durch die Ruinen streifte, zwischen denen die Leichname des Fürsten
und Curiacis lagen; er zog Curiaci am Strick hervor und schleifte ihn
hinter sich her. Nicht ohne Verwunderung wurde der Tote von vielen
erkannt; der Verrückte wurde mit guten Worten überredet, ihnen den
Fundort zu zeigen. Dort fanden sie nun zum großen Leid der ganzen
Stadt den Fürsten, den sie ehrenvoll bestatteten. Man fragte nach den
Schuldigen eines solchen Verbrechens, stellte fest, dass der Herzog
von Athen heimlich abgereist war und folgerte daraus – was die
Wahrheit war –, dass er der Täter war und die Dame entführt hatte.
62 Rasch wurde ein Bruder des Toten als Fürst eingesetzt und angefeu-
ert, Rache zu nehmen. Dieser war aus mehreren anderen Gründen
entschlossen, dem Ruf nach Rache zu folgen, und rief Freunde, Ver-
wandte und Vasallen aus verschiedenen Landesteilen zum Aufgebot.
In Kürze hatte er ein ansehnliches und mächtiges Heer versammelt
63 und zog in den Krieg gegen den Herzog von Athen. Der Herzog, der
davon unterrichtet wurde, bot zur Verteidigung ebenfalls ein großes
Heer auf. Zu seiner Unterstützung kamen viele Herren, unter ihnen
im Auftrag des Kaisers von Konstantinopel dessen Sohn Constanzio
und sein Neffe Manuello mit einem prächtigen und großen Aufgebot.
Ehrenvoll wurden sie vom Herzog und von der Herzogin empfangen,
64 da sie ihre Verwandte war. Als der Kriegsausbruch immer näher rück-
te, wählte die Herzogin einen günstigen Augenblick und ließ die bei-
den Herren zu sich kommen, um ihnen unter Tränen und ausführlich

die ganze Geschichte und die Ursache des Krieges zu erzählen. Sie
legte dar, dass der Herzog, der glaubte, jene Frau heimlich aushalten
zu können, sie herabsetzte und missachtete; sie beklagte sich bitter
und bat die beiden, nach ihren Kräften alles zu tun, um die Ehre des
Herzogs wiederherzustellen und um ihren Schmerz zu lindern. Die 65
jungen Herren kannten bereits die Geschichte, trösteten sie und ga-
ben ihr neue Hoffnung; sie ließen sich sagen, wo die Dame sich auf-
hielt und verabschiedeten sich. Da sie die wunderbare Schönheit der 66
Dame schon so oft hatten preisen hören, wollten sie sie selbst sehen
und baten den Herzog, dass er sie zu ihr führte. Dieser dachte nicht
mehr daran, wie es dem Fürsten ergangen war, als er sie ihm vorge-
führt hatte, und versprach es ihnen. Er ließ also in einem prächtigen
Garten nahe dem Ort, wo die Dame sich aufhielt, eine üppige Tafel
vorbereiten und führte sie zusammen mit einigen anderen Gefährten
dorthin, um zu speisen. Constanzio setzte sich neben sie und betrach- 67
tete sie voller Bewunderung; er schwor bei sich, dass er noch nie et-
was Schöneres gesehen hätte und dass der Herzog und jeder andere
zu entschuldigen wäre, der, um sie zu gewinnen, ihretwillen Verrat
und Gemeinheit begehen würde. Er sah sie wieder und wieder an und
war mehr und mehr entzückt; ihm geschah es nicht anders, wie es
dem Herzog geschehen war. Als Verliebter ging er von dannen, ver- 68
gaß den Feldzug und dachte allein daran, wie er sie dem Herzog weg-
nehmen könnte; er verbarg seine Liebe vor jedermann. Während er 69
leidenschaftlich verliebt war, war der Zeitpunkt gekommen, dass das
Heer gegen den Fürsten ausrücken sollte, der sich den Ländereien des
Herzogs näherte. Der Herzog, Constanzio und alle übrigen zogen ge-
mäß dem Plan von Athen dem Fürsten entgegen, so dass er nicht wei-
ter vordringen konnte. Constanzios Gedanken kreisten während des 70
tagelangen Heerzuges einzig um die Dame; er verfiel darauf, dass er
sie in Abwesenheit des Herzogs für sich gewinnen könnte. Um einen
Grund zur Rückkehr nach Athen zu haben, gab er vor, krank zu sein;
nach Einwilligung des Herzogs übergab er sein Kommando an Manu-

ello und kehrte zu seiner Schwester nach Athen zurück. Nach einigen
Tagen brachte er sie darauf, über die Missachtung zu sprechen, die ihr
vonseiten des Herzogs widerfuhr, indem er eine Geliebte aushielt. Er
sagte, dass er, falls sie es wünschte, ihr helfen und jene Dame fort-
71 schaffen lassen könnte. Die Herzogin nahm an, dass Constanzio es
um ihretwillen und nicht aus Liebe zu jener tun wollte, sagte, dass ihr
das sehr gefiele, allerdings unter der Bedingung, dass der Herzog nie-
mals von ihrer Zustimmung erführe. Constanzio versprach es ihr
hoch und heilig, damit sie einwilligte, dass er nach seinem Gutdün-
72 ken vorgehen konnte. Constanzio ließ heimlich ein leichtes Schiff be-
stücken und sandte es – nachdem er die Besatzung hatte unterrichten
lassen, was sie zu tun hatte – eines Abends in die Nähe des Gartens,
wo die Dame wohnte. Er selbst ging mit einigen anderen in den Pa-
last, wo sie von der Dienerschaft freudig empfangen wurden; auch
die Dame selbst freute sich über den Besuch und ging ihm zu Gefallen
in Begleitung ihrer Diener und der Gefährten Constanzios in den
73 Garten hinaus. Dieser tat so, als wollte er ihr eine Botschaft vom Her-
zog überbringen und ging mit ihr zu einer Pforte, die aufs Meer hinaus-
führte; diese war von einem seiner Gefährten geöffnet worden; die
Dame wurde ergriffen und rasch auf das Schiff gebracht. Er wandte
sich an ihre Begleitung und sagte: »Wer nicht sterben will, bleibe ru-
hig und rede kein Wort; denn ich will nicht die Geliebte des Herzogs
rauben, sondern die Schmach tilgen, die er meiner Schwester zuge-
74 fügt hat.« Niemand wagte, etwas zu sagen. So stieg Constanzio mit
den Seinen auf das Schiff, begab sich neben die weinende Dame und
befahl, sich in die Ruder zu legen. Sie ruderten nicht nur, sondern flo-
75 gen und gelangten am Morgen des folgenden Tages nach Aigina. Sie
gingen an Land und ruhten sich aus. Constanzio vergnügte sich mit
der Dame, die ihre folgenschwere Schönheit beklagte. Anschließend
bestiegen sie wieder das Schiff und gelangten binnen weniger Tage
nach Chios. Constanzio glaubte sich an einem sicheren Ort und zog es
vor, dort zu bleiben, weil er befürchtete, dass sein Vater ihm Vorwür-

fe machen und man ihm die geraubte Dame wieder abnehmen würde. Mehrere Tage lang beweinte die Schöne ihr Missgeschick, aber als sie von Constanzio getröstet wurde, fand sie wie die früheren Male Gefallen an dem, was Fortuna ihr hatte zukommen lassen. Während 76
dies alles geschah, kam der König der Türken, Ozbek, der in andauerndem Streit mit dem Kaiser von Konstantinopel lag, zufällig nach Smyrna. Als er hörte, dass Constanzio ohne jeden Schutz auf Chios ein zügelloses Leben mit einer Frau führte, die er geraubt hatte, setzte er eines Nachts mit einigen kleinen bewaffneten Schiffen über, ging mit seinen Leuten heimlich an Land; sie überraschten viele im Schlaf, bevor diese noch merkten, dass die Feinde gekommen waren; einige waren aufgewacht, eilten zu den Waffen und wurden getötet. Nachdem Grund und Boden eingeäschert, die Beute und die Gefangenen auf die Schiffe geladen waren, kehrten sie nach Smyrna zurück. Hier 77
schaute Ozbek sich die Beute an und erkannte in der schönen Dame dieselbe, die er zusammen mit Constanzio im Schlafe ergriffen hatte; ihr Anblick stimmte ihn überglücklich, unverzüglich machte er sie zu seiner Frau, feierte die Hochzeit und beschlief sie frohgemut mehrere Monate lang. Noch bevor dies alles passierte, hatte der Kaiser mit Ba- 78
sano, dem König von Kappadokien, vereinbart, dass dieser von der einen Seite Ozbek mit einem Heer überzöge, und er selbst ihn von der anderen Seite angriffe; der Vertrag war aber noch nicht abgeschlossen, weil er einige Dinge, die Basano verlangte und die ihm nicht passten, ablehnte. Als er nun hörte, was seinem Sohn zugestoßen war, fühlte er sich zutiefst verletzt, willigte unverzüglich in die Forderungen des Königs von Kappadokien ein und drängte ihn, so rasch wie möglich gegen Ozbek ins Feld zu ziehen; er selbst wollte ihn von der anderen Seite angreifen. Ozbek hörte von dem Plan, sammelte sein Heer und 79
zog zuerst, um nicht von den beiden mächtigen Herren in die Mitte genommen zu werden, gegen den König von Kappadokien; in Smyrna vertraute er seine schöne Dame der Obhut eines Vertrauten und Freundes an. Nach einiger Zeit kam es zur Schlacht mit dem König

von Kappadokien; er selbst wurde getötet und sein Heer geschlagen
und auseinandergetrieben. Siegreich und ohne Hindernis zog Basano
80 nach Smyrna, das sich ihm als Sieger unterwarf. Der Vertraute
Ozbeks, dessen Name Antioco war und dem die schöne Dame anver-
traut war, war zwar betagt, aber als er dieser Schönheit gewahr wurde,
dachte er nicht mehr an die Treue zu seinem Freund und Herrn und
verliebte sich in sie. Er war ihrer Sprache mächtig; das kam ihm sehr
gelegen, ebenso wie es ihr entgegenkam, da sie einige Jahre fast wie
eine Taubstumme hatte leben müssen, weil sie niemanden und nie-
mand sie verstanden hatte. Durch die Liebe beflügelt, gewann Antio-
co in wenigen Tagen ihr Vertrauen, so dass sie nicht mehr an ihren
Herrn dachten, der im Kriege kämpfte; sie verkehrten nicht nur
freundschaftlich, sondern liebevoll miteinander und fanden großen
81 Gefallen aneinander, wenn sie unter einer Decke lagen. Als sie aber
hörten, dass Ozbek besiegt und tot war und dass Basano die Stadt
plünderte, beschlossen sie, nicht auf ihn zu warten. Sie ergriffen ei-
nen großen Teil von Ozbeks Sachen und schifften sich heimlich nach
82 Rhodos ein. Dort wurde Antioco nach kurzer Zeit todkrank. Es traf
sich, dass ein Kaufmann aus Zypern mit ihm zusammen war, mit
dem er befreundet war und den er sehr schätzte; als er sein Ende kom-
men fühlte, wollte er ihm seine Sachen und seine geliebte Dame hin-
83 terlassen. So rief er beide an sein Sterbelager und sagte: »Es geht zwei-
felsfrei mit mir zu Ende; das schmerzt mich, denn ich habe das Leben
noch niemals so sehr genossen wie gerade jetzt. Aber ich sterbe zu-
frieden, weil ich, wenn ich schon sterben muss, doch in den Armen
der beiden Menschen sterbe, die ich mehr als alle anderen auf der Welt
liebe, in deinen Armen, mein bester Freund, und in den Armen dieser
84 Dame, die ich, seit ich sie traf, mehr als mich selbst geliebt habe. Es be-
trübt mich in der Tat sehr, dass ich sterbe und sie als Fremde ohne Hil-
fe und Beistand zurückbleibt; ich wäre aber noch betrübter, wenn ich
nicht wüsste, dass du ihr jenen Beistand gewähren wirst, den du mir
selbst gewähren würdest. Deswegen bitte ich dich, sosehr ich kann,

dass, wenn ich sterbe, du dich meiner Sachen und ihrer Person so an-
nehmen mögest, wie du glaubst, dass es dem Frieden meiner Seele
dient. Und dich, geliebte Frau, bitte ich, dass du mich nach meinem 85
Tod nicht vergessen mögest, damit ich mich dort drüben rühmen
kann, von der schönsten Frau geliebt worden zu sein, die die Natur je
geschaffen hat. Schenkt ihr beide mir diese Hoffnung, so werde ich
getröstet von hinnen gehen.« Der befreundete Kaufmann und die 86
Dame vernahmen diese Worte unter Tränen; sie sagten tröstliche
Worte und versprachen ihm hoch und heilig, das zu tun, was er erbe-
ten hatte, wenn er sterben sollte. Es währte nicht lange und er ver-
schied und wurde ehrenvoll von ihnen begraben. Einige Tage später 87
hatte der Kaufmann aus Zypern seine Angelegenheiten in Rhodos er-
ledigt und wollte auf einer katalanischen Kogge nach Zypern zurück-
kehren. Er fragte die schöne Dame, was sie tun wollte, und ob es ihr
genehm sei, mit ihm nach Zypern zu kommen. Die Dame antworte-
te, dass, wenn es ihm gefiele, sie ihn gerne begleitete, denn sie hoffte,
dass er sie um Antiocos willen wie eine Schwester behandeln und
schätzen würde. Der Kaufmann antwortete, er sei damit zufrieden, 88
ihre Wünsche zu erfüllen; und damit sie vor jeder Schmähung ge-
schützt wäre, bevor sie in Zypern ankämen, tat er kund, sie sei seine
Ehefrau. Sie bestiegen das Schiff, man gab ihnen eine Kajüte im Heck,
wo er, um dem Schein Genüge zu tun, mit ihr ein schmales Bett teilte.
So geschah, was keiner von beiden bei der Abfahrt von Rhodos beab- 89
sichtigt hatte: Das Dunkel, die Annehmlichkeit und Wärme des La-
gers, deren Einfluss nicht zu unterschätzen sind, ließen sie die
Freundschaft und Liebe des toten Antiocos vergessen, und vom glei-
chen Begehren getrieben, begannen sie einander zu necken, und be-
vor sie Baf erreichten, woher der Zyprer kam, vollzogen sie die Ehe. In
Baf angekommen, blieb sie einige Zeit mit dem Kaufmann zusam-
men. Zufällig geschah es, dass um eines seiner Geschäfte willen ein 90
Edelmann namens Antigono nach Baf kam; seine Weisheit war noch
größer als sein Alter, aber seine Reichtümer waren gering, weil er im

Dienste des Königs von Zypern bei verschiedenen Angelegenheiten vermittelt hatte und das Glück ihm dabei nicht hold gewesen war.
91 Dieser kam eines Tages an dem Haus vorüber, in dem die schöne Dame wohnte; der zyprische Kaufmann war mit seinen Waren in Armenien, und der Zufall wollte es, dass Antigono die schöne Dame an einem Fenster erblickte. Er schaute genauer hin, weil sie sehr schön war und erinnerte sich daran, dass er sie schon einmal gesehen hatte,
92 er wusste nur nicht mehr wo. Die schöne Dame war lange ein Spielball des Glücks gewesen, aber das Ende ihrer Schicksalsschläge sollte bevorstehen. Als sie Antigono erblickte, erinnerte sie sich daran, dass sie ihn in Alexandria im Dienste ihres Vaters in nicht unbedeutender Stellung gesehen hatte. So schöpfte sie unversehens Hoffnung, dass sie durch seinen Rat den königlichen Rang wiedererlangen könnte; da sie wusste, dass ihr Kaufmann nicht zu Hause war, ließ sie Antigono
93 so bald wie möglich zu sich rufen. Als er vor ihr stand, fragte sie ihn
94 vorsichtig, ob er, wie sie annahm, Antigono aus Famagusta sei. Antigono antwortete mit Ja und fuhr fort: »Madonna, es scheint mir, dass ich Euch kenne, ich weiß aber nicht woher. Deswegen helft mir bitte – es sei denn, es wäre Euch peinlich –, dass ich mich erinnere, wer Ihr
95 seid.« Als die Dame hörte, dass er es war, umarmte sie ihn unter Tränen und fragte ihn, der sehr erstaunt war, ob er sie nicht schon einmal in Alexandria gesehen hätte. Als er diese Frage vernahm, erkannte Antigono sie sofort als Alatiel, die Tochter des Sultans wieder, von der man glaubte, sie wäre auf See umgekommen; und er wollte ihr die schuldige Reverenz erweisen, aber sie ließ es nicht zu, sondern bat
96 ihn, sich zu ihr zu setzen. Er folgte ihrer Aufforderung und fragte sie ehrerbietig, wieso, wann und woher sie hierher gekommen sei, denn in Ägypten sei man überzeugt, dass sie schon vor mehreren Jahren im
97 Meer ertrunken wäre. Worauf die Dame sagte: »Ich wollte gerne, dem wäre so gewesen und ich hätte nicht das Leben geführt, das ich geführt habe; mein Vater wünschte gewiss dasselbe, wenn er es je erfah-
98 ren wird«; und sie begann aufs neue jämmerlich zu weinen. Antigono

sagte ihr: »Madonna, verzagt nicht, bevor es nötig ist. Erzählt mir, wenn es Euch recht ist, Eure Erlebnisse und welches Leben Ihr geführt habt. Wer weiß, vielleicht finden wir mit Gottes Hilfe einen Weg, um
alles wieder ins rechte Lot zu bringen.« »Antigono«, sagte die schöne 99
Dame, »als ich dich wiedersah, glaubte ich, meinen Vater wiederzusehen. Die Liebe und Zärtlichkeit, die ich verpflichtet bin ihm entgegenzubringen, hat mich bewogen, mich dir zu offenbaren, obwohl ich hätte schweigen können. Nur wenige Menschen hätten mir begegnen können, die mich so glücklich hätten machen können, wie du es getan hast, als ich dir begegnet bin und dich wiedererkannt habe. Deswegen werde ich dir wie einem Vater alles offenbaren, was ich
während meines bösen Missgeschicks immer verborgen habe. Hast 100
du mich angehört und siehst du irgendein Mittel, um mich in meinen früheren Stand zurückzuversetzen, so nutze es bitte; siehst du keines, so flehe ich dich an, niemandem zu sagen, dass du mich gesehen oder
irgendetwas von mir gehört hast.« Hierauf erzählte sie ihm unter Trä- 101
nen alles, was ihr seit dem Schiffbruch auf Mallorca bis zum gegenwärtigen Zeitpunkt zugestoßen war. Antigono kamen Tränen des Mitleids; er besann sich eine Weile und sagte dann: »Madonna, da Eure Herkunft in all Eurem Unglück im Dunkeln geblieben ist, werde ich Euch ganz gewiss kostbarer als je zuvor Eurem Vater und danach
als Gemahlin dem König von Garbo zurückgeben.« Sie fragte, wie das 102
geschehen könnte, und er erklärte ihr sorgsam, was zu tun wäre. Da er aber auf der Stelle nichts weiteres mehr tun konnte, kehrte Antigono unverzüglich nach Famagusta zurück und begab sich zum König; er sprach wie folgt zu ihm: »O Herr, wenn es Euch beliebt, könnt Ihr etwas Ehrenvolles für Euch und ohne Aufwand etwas Nützliches für
mich tun, der ich um Euretwillen arm bin.« Der König fragte, wie er 103
das tun sollte. Darauf sagte Antigono: »In Baf ist die schöne junge Tochter des Sultans eingetroffen, die, wie ein Gerücht ging, schon seit langem ertrunken sein sollte. Sie hat, um ihre Ehre zu bewahren, lange und große Entbehrungen erduldet; gegenwärtig lebt sie in Armut

und wünscht, zu ihrem Vater heimzukehren. Wenn es Euch gefiele, sie ihm unter meiner Obhut zurückzusenden, so gereichte es Euch zur Ehre, und für mich wäre es von großem Nutzen; denn einen sol-
104 chen Dienst würde der Sultan niemals vergessen.« Der König empfand eine Regung fürstlicher Großherzigkeit und gewährte, ohne zu zögern, seine Einwilligung; er ließ sie ehrenvoll nach Famagusta geleiten, wo sie von ihm und von der Königin glanzvoll und mit allen Ehren empfangen wurde. Der König und die Königin fragten sie nach ihren Erlebnissen; sie erzählte alles so, wie Antigono sie es gelehrt
105 hatte. Wenige Tage später entsprach der König ihrer Bitte und sandte sie mit einem ansehnlichen und ehrenhaften Gefolge von Damen und Herren unter der Obhut Antigonos dem Sultan zurück; dieser empfing sie mit unbeschreiblicher Freude, ebenso wie ihre Begleitung und Antigono. Nachdem sie sich ausgeruht hatte, wollte der Sultan wissen, wie es kam, dass sie noch lebte und warum sie ihn niemals etwas
106 über ihr Befinden habe hören lassen. Sie hatte die Unterweisung Antigonos bestens verstanden und sprach wie folgt zu ihrem Vater: »Mein Vater, etwa am zwanzigsten Tag nach meiner Abreise von Euch schlug ein schwerer Sturm unser Schiff leck und warf es nachts auf einen Strand im fernen Westen, nahe bei einem Ort namens Aigues-Mortes. Was aus den Menschen wurde, die auf unserem Schiff waren,
107 weiß ich nicht und habe es auch nie erfahren. Ich erinnere mich nur daran, dass am Morgen, als ich wie vom Tod zum Leben auferstand, das gestrandete Schiff bereits von Bauern entdeckt worden war und die Bewohner der Gegend herbeiströmten, um es auszuplündern; ich selbst und zwei meiner Frauen wurden an den Strand gebracht, wo uns junge Leute sofort ergriffen und mit einer jeden in verschiedene
108 Richtungen flohen. Was aus ihnen geworden ist, habe ich nie erfahren. Aber zwei junge Männer stritten sich um mich und zerrten mich an den Haaren, so dass ich immer lauter jammerte. Sie zerrten mich über einen Weg, um einen großen Wald zu erreichen, als unversehens vier Männer zu Pferde vorüberkamen; als die beiden, die mich

fortschleppen wollten, sie erblickten, ließen sie mich los und entflo-
hen. Die vier Reiter, die mir sehr hoheitsvoll erschienen, eilten zu mir 109
und fragten mich vieles; und ich sagte vieles, aber weder sie verstan-
den mich noch ich sie. Nachdem sie sich einige Zeit beraten hatten,
hoben sie mich auf eines ihrer Pferde und führten mich zu einem
Kloster für Frauen, wie es ihre Religion kennt. Was sie auch immer
gesagt haben mögen, ich wurde wohltätig und in Ehren aufgenom-
men. Mit ihnen gemeinsam habe ich dem heiligen Cresci zu Valcava,
dem die Frauen dort sehr wohl gesonnen sind, meine Dienste erwie-
sen. Aber als ich einige Zeit bei ihnen war und auch ihre Sprache ein 110
wenig gelernt hatte, fragten sie mich, wer ich sei und woher ich kom-
me. Ich wusste, wo ich mich befand und befürchtete, dass sie mich,
falls ich die Wahrheit sagte, als Feindin ihrer Religion davonjagen
würden. Also antwortete ich, dass ich die Tochter eines angesehenen
Edelmanns aus Zypern sei, der mir einen Ehemann in Kreta ausge-
sucht und dorthin geschickt habe; aus Missgeschick seien wir vom
Kurs abgetrieben und dort gestrandet. Um nicht aufzufallen, folgte 111
ich viele Male und in vielen Dingen ihren Sitten und Gebräuchen. Als
mich die Ranghöchste der Frauen, die sie Äbtissin nennen, fragte, ob
ich nach Zypern zurückkehren wollte, antwortete ich, dass ich nichts
sehnlicher wünschte. Sie aber zeigte sich äußerst bedacht auf meine 112
Ehre und wollte mich keiner der Personen anvertrauen, die nach Zy-
pern fuhren. Bis endlich vor etwa zwei Monaten zwei ehrsame Fran-
zosen mit ihren Ehefrauen – unter denen eine Verwandte der Äbtissin
war – eintrafen; als diese erfuhr, dass sie das Grab in Jerusalem aufsu-
chen wollten, wo der, den man dort als Gott verehrt, nachdem er von
den Juden getötet worden war, begraben wurde, vertraute sie mich ih-
nen an und bat sie, mich in Zypern meinem Vater zu übergeben. Wie 113
ehrenvoll die Gesellschaft dieser vornehmen Männer für mich gewe-
sen ist, und wie freundlich sie und ihre Gattinnen mich aufgenom-
men haben, das wäre eine eigene lange Geschichte wert. Nachdem 114
wir das Schiff bestiegen hatten, erreichten wir nach mehreren Tagen

Baf. Ich kannte niemanden dort und wusste nicht, als wir ankamen,
was ich meinen edlen Begleitern sagen sollte, die mich, wie es ih-
nen jene ehrenwerte Dame aufgetragen hatte, meinem Vater über-
geben wollten. Vielleicht hatte Gott Mitleid mit mir und sandte ge-
rade zu jener Stunde, als wir das Schiff verließen, Antigono an den
Kai; diesen machte ich rasch auf mich aufmerksam und sagte ihm in
unserer Sprache – um von meiner Begleitung nicht verstanden zu
115 werden –, dass er mich als seine Tochter ausgeben sollte. Er verstand
mich sofort und schloss mich freudig in seine Arme; meinen edlen
Begleitern und ihren Gattinnen erwies er, gemäß seinen beschränk-
ten Möglichkeiten, einen ehrenvollen Empfang. Er geleitete mich
zum König von Zypern, der mich so ehrenvoll empfing, dass es sich
nicht wiedergeben lässt, und der mich zu Euch gesandt hat. Soll-
te noch etwas anderes zu sagen sein, so möge es Antigono erzäh-
116 len, der schon wiederholt mein Geschick vernommen hat.« Hierauf
wandte sich Antigono an den Sultan und sagte: »O Herr, sie hat
Euch alles erzählt, wie sie es mir erzählt hat und wie die edlen Män-
117 ner, mit denen sie gekommen ist, es mir erzählt haben. Sie hat ei-
ne Sache ausgelassen und hat gut daran getan, weil es ihr nicht gut
ansteht, darüber zu sprechen. Die edlen Herren und Damen haben
nämlich besonders ausführlich berichtet, welch ehrenhaftes Leben
sie mit den religiösen Frauen geführt hat, wie tugendhaft und sitt-
sam sie gewesen ist; und wie viele Tränen sind nicht geflossen, als
ihre Begleiter sie mir übergeben haben und sich von ihr trennen
118 mussten. Wenn ich alles wiedergeben wollte, was sie mir gesagt ha-
ben, so genügten nicht der heutige Tag und die kommende Nacht.
Es sollte aber genügen, dass ihre Worte und das, was ich selbst gese-
hen habe, zeigen, dass Ihr Euch rühmen könnt, eine schönere, eh-
renhaftere und tapferere Tochter als je ein anderer Herrscher Euer
119 eigen zu nennen.« Diese Worte erfreuten den Sultan sehr, und er
flehte wiederholt zu Gott, dass es ihm vergönnt sein möge, würdig
entgelten zu können, womit andere seine Tochter beehrt hatten;

ganz besonders galt dies für den König von Zypern, der sie in Ehren
zurückgesandt hatte. Er ließ viele Geschenke für Antigono bereit-
stellen und entließ ihn nach einigen Tagen, er gab ihm Briefe an den
König von Zypern mit und ließ ihm durch besondere Botschafter
den Dank für alles das ausrichten, was er für seine Tochter getan
hatte. Hierauf bestimmte er, dass das Begonnene auch zu Ende ge- 120
führt würde, dass seine Tochter nämlich die Gemahlin des Königs
von Garbo werden sollte. Er tat ihm alles kund und schrieb ihm au-
ßerdem, dass, falls er sie noch haben wollte, er um sie schicken soll-
te. Der König von Garbo war hocherfreut; ehrenvoll ließ er sie von 121
seinen Gesandten abholen und empfing sie freundlich. Sie, die acht
Männern etwa zehntausend Mal beigewohnt hatte, bestieg sein La-
ger als Jungfrau und ließ ihn das auch glauben. Als Königin lebte sie
lange Zeit glücklich mit ihm zusammen. Und deswegen heißt es: 122
»Ein geküsster Mund verliert nicht sein Glück, sondern rundet sich
neu wie der Mond.«

Achte Novelle

Der Graf von Antwerpen wird verleumdet und geht ins Exil; seine bei- 1
den Kinder lässt er an verschiedenen Orten in England; inkognito kehrt
er aus Irland zurück und sieht, dass es ihnen gut geht; als Stallbursche
dient er im Heer des Königs von Frankreich; seine Unschuld wird er-
kannt, und sein früherer Rang wird ihm wieder verliehen.

Die Damen seufzten tief, als sie von den mannigfachen Schicksals- 2
schlägen der schönen Dame hörten; aber wer weiß schon, warum sie
seufzten? Vielleicht waren einige unter ihnen, die sich nicht weniger
nach so häufig wiederholten Hochzeiten sehnten, als dass sie Mitleid
mit Alatiel empfanden. Wie dem auch sei, alle lachten sehr über die
letzten Worte Panfilos; die Königin entnahm ihnen, dass die Novelle

beendet war, und wandte sich an Elissa, um sie aufzufordern, mit ihrer Erzählung das Thema fortzusetzen. Diese ergriff freudig das Wort und begann:

3 Ein weites Feld ist es, in dem wir uns heute bewegen; manch einer könnte nicht nur einmal, sondern leicht zehnmal an die Reihe kommen, weil Fortuna es so reichlich mit ungewöhnlichen und gefährlichen Ereignissen beschenkt hat; von den unendlich vielen erzähle ich
4 nur eines. Das Römische Reich war von den Franzosen an die Deutschen gegangen, und es entstand zwischen den beiden Völkern eine große Feindschaft und ein andauernder und grausamer Krieg; um das eigene Land zu verteidigen und das gegnerische anzugreifen, sammelten der König von Frankreich und sein Sohn aus ihrem eigenen Reich, von Freunden und Verwandten so viele Streitkräfte, wie sie nur konnten, und boten ein gewaltiges Heer auf, um gegen die Feinde zu ziehen. Bevor sie aufbrachen, setzten sie, um das Reich nicht ohne Regierung zu lassen, den Grafen Gualtieri von Antwerpen als allgemeinen Stellvertreter für die Herrschaft über das gesamte Königreich von Frankreich ein; sie kannten Gualtieri als edlen und weisen Mann, als treuen Freund und Diener, der zwar in der Kriegskunst recht er-

fahren war, der ihnen aber eher für das feine Hofleben als für die An-
strengungen eines Feldzuges geschaffen erschien. Danach machten
sie sich auf den Weg. Gualtieri machte sich mit Vernunft und Diszi- 5
plin an die Aufgaben seines Amtes und besprach alles mit der Königin
und der Schwiegertochter; obwohl diese unter seiner Obhut und
Rechtsprechung standen, ehrte er sie doch als seine Herrinnen und als
Höhergestellte. Besagter Gualtieri war etwa vierzig Jahre alt und von 6
sehr schöner Gestalt, er war liebenswert und gebildet wie kaum ein
anderer Edelmann; er zählte zu den anmutigsten und feinsinnigsten
Kavalieren jener Zeit und war eine ihrer elegantesten Persönlichkei-
ten. Der König von Frankreich und sein Sohn befanden sich auf dem 7
besagten Feldzug; Gualtieris Frau war gestorben und hatte ihm zwei
kleine Kinder, einen Knaben und ein Mädchen, hinterlassen. Es ge-
schah nun, dass, als er häufigen Umgang mit den beiden genannten
hohen Damen pflegte, um mit ihnen die Angelegenheiten des König-
reiches zu besprechen, die Gattin des Königssohnes die Augen auf ihn
warf, dass sie mit der allergrößten Zuneigung seine Person und sein
Auftreten betrachtete und sich in heimlicher Liebe glühend in ihn
verliebte. Da sie sich für jung und attraktiv hielt und ihn ohne Frau 8
sah, glaubte sie, leicht an das Ziel ihres Begehrens zu gelangen; nichts
anderes als ihr Schamgefühl konnte ihr im Wege stehen, und sie be-
schloss, dieses abzulegen und sich ihm zu eröffnen. Als sie eines Ta- 9
ges alleine war und ihr der Zeitpunkt günstig erschien, ließ sie ihn zu
sich rufen, so als wollte sie etwas mit ihm besprechen. Der Graf dach- 10
te nicht daran, woran die Frau dachte, und ging unverzüglich zu ihr.
Sie waren allein in einem Raum, und sie bat ihn, sich zu ihr auf ein
Bett zu setzen; der Graf fragte sie zweimal, warum sie ihn gerufen
habe, sie schwieg jedes Mal; von der Liebe überwältigt, errötete sie
schließlich vor Scham und begann von Tränen unterbrochen und mit
bebender Stimme zu sprechen: »Teurer und süßer Freund und mein 11
Herr, Ihr als ein kluger Mann kennt die Anfälligkeit der Männer und
Frauen, und Ihr wisst natürlich, dass sie aus verschiedenen Gründen

bei den einen größer ist als bei anderen; deswegen darf ein gerechter
Richter auch dieselbe Sünde nicht mit derselben Strafe belegen, wenn
12 es sich um Personen unterschiedlichen Ranges handelt. Wer dächte
denn daran, einen armen Mann oder eine arme Frau – die mühevoll
erarbeiten müssen, was sie für das Leben benötigen – nicht schärfer zu
tadeln, wenn sie von der Liebe ergriffen werden und ihr nachgeben,
als eine reiche und müßiggängerische Dame, die alle ihre Wünsche
13 befriedigen kann? Ich glaube niemand. Ich meine, das sollte ein
Grund sein, diejenige zu entschuldigen, die alles hat, was sie begehrt,
und die sich mit einem Mal von der Liebe ergreifen lässt; im übrigen
sollte es sie entschuldigen, wenn sie einen klugen und tüchtigen Ge-
14 liebten ausgewählt hat. Beides gilt für mich; darüber hat mich noch
anderes in die Liebe getrieben – meine Jugend, die Abwesenheit mei-
nes Ehemannes. Beide mögen Euch gegenüber meine glühende Liebe
rechtfertigen und erreichen, was sie bei klugen Menschen erreichen
sollten – ich flehe Euch an, mir Rat und Hilfe für dieses mein Verlan-
15 gen zu gewähren. Wahr ist es, dass ich, da mein Ehemann fern ist, we-
der den Verlockungen des Fleisches noch der Macht der Liebe wider-
stehen kann, die so stark sind, dass sie die stärksten Männer und na-
türlich die zarten Frauen besiegt haben und täglich besiegen … Ihr
seht mich hier in Reichtum und Müßiggang, die der Liebe beistehen,
16 und ich habe mich meiner Liebe hingegeben. Ich weiß wohl, dass
dies, erführe jemand davon, mir Schande brächte; da meine Liebe aber
verborgen ist und bleibt, ist sie in meinen Augen nicht unehrenhaft.
Denn Amor ist mir so gewogen gewesen, dass er mir nicht nur den
Verstand nicht geraubt hat, als ich meinen Geliebten ausgewählt habe,
sondern dass er mir bei dessen Auswahl beigestanden hat, insofern er
mir Euch als den gezeigt hat, der würdig ist, von einer Dame wie mir
17 geliebt zu werden. Wenn mein Urteil mich nicht täuscht, so halte ich
ihn für den schönsten, charmantesten, anmutigsten und klügsten
Ritter, der im Königreich Frankreich zu finden ist; und so, wie ich
18 mich ohne Ehemann sehe, so sehe ich Euch ohne Ehefrau. Um der

großen Liebe willen, die ich Euch entgegenbringe, flehe ich Euch an,
versagt mir nicht die Eure und habt Mitleid mit meiner Jugend, die
sich wie das Eis im Feuer nach Euch verzehrt.« Bei diesen Worten 19
wurde sie von einer Tränenflut unterbrochen, und sie konnte nicht
weitersprechen, obwohl sie ihr Bitten noch fortsetzen wollte; sie
schlug den Blick nieder und ließ, wie überwältigt von Tränen, ihr
Haupt an die Brust des Grafen sinken. Der Graf war ein treuer Lehns- 20
mann, er machte ihr ernste Vorhaltungen ob ihrer unvernünftigen
Leidenschaft und stieß sie von sich, als sie ihn umarmen wollte; er
schwor, er sollte eher gevierteilt werden, als dass er einwilligte, durch
sein Tun oder das Tun anderer die Ehre seines Herrn zu schänden. Als 21
die Frau das hörte, vergaß sie mit einem Mal ihre Liebe und entbrann-
te in hellem Zorn: »Also verhöhnst du mich und mein Begehren, du
gemeiner Ritter? Da Ihr mich verderben wollt, so sei Gott davor, dass
ich Euch nicht ins Verderben und Elend stürze.« Und mit diesen Wor- 22
ten zerraufte sie sich unversehens die Haare, zerriss ihr Gewand und
begann laut zu schreien: »Zu Hilfe, zu Hilfe, der Graf von Antwerpen
tut mir Gewalt an!« Der Graf fürchtete den Neid der Höflinge mehr 23
als sein Gewissen und ahnte, dass man der boshaften Behauptung der
Frau leichter glauben, als ihn für unschuldig halten würde; er verließ
den Raum und den Palast, so rasch er konnte, flüchtete sich in sein
Haus, hob ohne lange Überlegung seine Kinder auf ein Pferd, bestieg
selbst ein zweites und ritt, so schnell es ging, nach Calais. Auf das Ge- 24
schrei der Frau liefen viele zusammen; als sie den Grund ihrer Hilfe-
rufe vernommen hatten, schenkten sie ihren Worten nicht nur Glau-
ben, sondern fügten noch hinzu, dass der Graf sein charmantes und
elegantes Auftreten seit langem eingesetzt habe, um das zu erreichen.
Man eilte also zum Hause des Grafen, um ihn festzunehmen; als man
ihn nicht mehr antraf, plünderte man es und zerstörte es bis auf die
Grundmauern. Die schmutzig erweiterte Geschichte gelangte ins 25
Heerlager des Königs und seines Sohnes; zornig verurteilten sie den
Grafen und seine Nachkommen zu dauerndem Exil; große Geschen-

26 ke versprachen sie dem, der ihn tot oder lebendig auslieferte. Den
Grafen schmerzte es sehr, dass er sich schuldig gemacht hatte, indem
er unschuldig geflohen war; ohne sich zu erkennen zu geben oder er-
kannt zu werden, gelangte er nach Calais, setzte unverzüglich nach
England über und begab sich arm gekleidet nach London. Bevor er die
Stadt betrat, schärfte er den beiden Kleinen mit vielen Worten vor al-
lem zwei Dinge ein: Dass sie erstens die Armut, in die er sie und sich
selbst ohne ihre Schuld versetzt hatte, mit Geduld ertragen müssten;
und zweitens, dass sie, wenn ihnen ihr Leben teuer wäre, ihren gan-
zen Verstand einsetzten, um niemals irgendeinem Menschen zu of-
27 fenbaren, woher sie kämen noch wessen Kinder sie wären. Der Sohn
hieß Luigi und war etwa neun Jahre alt; die Tochter, die Violante hieß,
war etwa sieben Jahre alt. Trotz ihres zarten Alters verstanden beide
sehr gut die Unterweisung ihres Vaters und zeigten dies auch durch
28 ihr Verhalten. Damit sie leichter unerkannt blieben, meinte der Vater,
ihre Namen ändern zu müssen; also nannte er den Knaben Perotto
und das Mädchen Giannetta. Sie kamen arm nach London und bettel-
ten dort um Almosen, wie wir das von französischen Bettlern ken-
29 nen. Als sie eines Morgens dieser Tätigkeit vor einer Kirche nachgin-
gen, geschah es, dass eine vornehme Dame, die Gattin des Marschalls
des Königs von England, aus der Kirche trat und den Grafen mit den
beiden Kindern sah, die um Almosen baten; sie fragte ihn, woher er
30 käme und ob es seine eigenen Kinder wären. Worauf er antwortete,
dass er aus der Picardie stamme und dass er wegen der Missetaten sei-
nes ältesten, verkommenen Sohnes mit diesen beiden, die seine sei-
31 en, habe weggehen müssen. Die Dame empfand Mitleid und richtete
ihren Blick auf das Mädchen, das ihr sehr gefiel, weil es hübsch und
manierlich war; sie sagte: »Guter Mann, wenn du dein Töchterchen
bei mir lassen willst, denn es sieht ordentlich aus, so nehme ich es ger-
ne auf. Wird es eine tüchtige Frau, so werde ich sie zur angemessenen
32 Zeit verheiraten, und sie wird es gut haben.« Dem Grafen gefiel der
Vorschlag, und er nahm ihn sofort an; unter Tränen übergab er ihr sei-

ne Tochter und empfahl sie ihrer Obhut. Als er auf diese Weise seine
Tochter untergebracht hatte und sie gut aufgehoben wusste, beschloss
er weiterzuziehen; bettelnd zog er mit Perotto über die Insel und ge-
langte unter großen Mühen nach Wales, weil er es nicht gewohnt war,
zu Fuß zu gehen. Dort wohnte ein anderer Marschall des Königs; die- 33
ser war sehr angesehen und hatte ein großes Gefolge; es gab gutes Es-
sen, und der Graf und sein Sohn gingen häufig hin. Am Hofe lebten 34
auch ein Sohn des besagten Marschalls und andere Kinder von Edel-
leuten; sie trugen Wettspiele untereinander aus, wie etwa im Laufen
und Springen; Perotto war dabei, und er konnte nicht nur mithalten,
sondern zeichnete sich bei den einzelnen Wettbewerben aus. Der 35
Marschall sah ihnen von Zeit zu Zeit zu; weil es ihm gefiel, wie der
Knabe auftrat und sich verhielt, fragte er, wer das sei. Man sagte ihm,
es wäre der Sohn eines armen Mannes, der mitunter um Almosen
bäte. Der Marschall ließ ihn fragen, ob er ihm den Knaben überlasse;
der Graf, der Gott um nichts anderes bat, willigte gerne ein, obwohl es
ihm schmerzlich war, sich von ihm zu trennen. Nachdem der Graf 36
seinen Sohn und seine Tochter untergebracht hatte, beschloss er,
nicht länger in England zu bleiben und setzte, sobald es ging, nach Ir-
land über. Er gelangte nach Strangford und verdingte sich als Diener
bei dem Vasallen eines Grafen; er tat alles, was ein Diener oder Bur-
sche zu tun hatte. Ohne von irgendjemandem erkannt zu werden,
verbrachte er dort eine lange, entbehrungsvolle und mühselige Zeit.
Violante – Giannetta genannt – wuchs bei der edlen Dame in London 37
mit den Jahren zu einer so schönen und anmutigen Person heran, dass
die Dame und ihr Gatte sowie ein jeder im Haus und auch, wer immer
sie zu Gesicht bekam, sie wie ein Wunder anschauten; betrachtete
man ihre Sitten und ihr Benehmen, so meinte ein jeder, sie sei des
höchsten Glückes und der höchsten Ehre würdig. Die edle Dame, die 38
sie von ihrem Vater übernommen hatte, ohne je mehr, als sie von ihm
gehört hatte, über ihre Herkunft erfahren zu haben, hatte sich deswe-
gen vorgenommen, sie so zu verheiraten, wie es der Herkunft ent-

39 sprach, die sie für die richtige hielt. Aber der Herrgott, gerechter Rich-
ter über alle Verdienste, verfügte anderes, denn er wusste, dass sie ad-
liger Herkunft war und ohne Schuld die Strafe für die Sünde einer
anderen trug. Und damit das edle Mädchen nicht in die Hände eines
gemeinen Mannes geriet, muss man glauben, dass Er das, was ge-
40 schah, in seiner Güte erlaubte. Die Dame, die Giannetta aufgenom-
men hatte, hatte von ihrem Gatten einen einzigen Sohn, den sie und
der Vater über alles liebten, weil er ihr Sohn war und weil er durch
seine Tugend und sein Verdienst ihrer Liebe würdig war; denn er war
41 wie kaum ein anderer sittsam, tapfer und schön. Derselbe war etwa
sechs Jahre älter als Giannetta; er sah, dass sie schön und anmutig war
und verliebte sich so sehr, dass er nur noch sie sah. Er dachte aber, dass
sie niederer Herkunft sei, und traute sich nicht, seinen Vater und sei-
ne Mutter zu bitten, sie ihm zur Frau zu geben; er fürchtete sogar, dass
sie ihn tadelten, dass er sich unter seinem Stand verliebt habe; so ver-
barg er seine Liebe, wie er nur konnte, und auf diese Weise stachelte er
42 sie mehr an, als wenn er sie offenbart hätte. So geschah es, dass er aus
übermäßigem Kummer krank wurde, und zudem schwer. Um ihn zu
heilen, wurden viele Ärzte gerufen, die ihn untersuchen und ein
Symptom finden sollten; da sie aber seine Krankheit nicht ausfindig
43 machen konnten, verzweifelten sie an seiner Genesung. Das versetzte
den Vater und die Mutter des jungen Mannes in unerträglichen
Schmerz und in große Traurigkeit; oft und voller Mitleid baten sie
ihn, doch die Ursache seines Übels auszusprechen; er aber seufzte
44 nur, oder es drohten ihm die Sinne zu schwinden. Eines Tages, als ein
junger, aber sehr gelehrter Arzt bei ihm saß und seinen Arm dort
hielt, wo man den Puls fühlt, geschah es, dass Giannetta, die ihn im
Auftrag seiner Mutter fürsorglich bediente, den Raum betrat, in dem
45 er daniederlag. Als der junge Mann sie erblickte, fühlte er, ohne dass
sie ein Wort gesprochen oder sonst etwas getan hätte, wie die Liebes-
glut in ihm aufflammte, so dass sein Puls rascher als gewöhnlich zu
schlagen begann. Der Arzt spürte es sofort und wunderte sich, blieb

aber still, um abzuwarten, wie lange der erhöhte Pulsschlag andauer-
te. Als Giannetta den Raum verließ und der Pulsschlag wieder zu- 46
rückging, glaubte der Arzt den Grund für die Krankheit des jungen
Mannes gefunden zu haben. Nach einer Weile – er hielt immer noch
seinen Arm – ließ er sie, als wollte er sie etwas fragen, rufen; sie kam
unverzüglich: Kaum betrat sie den Raum, ging der Puls hoch und ging
zurück, als sie hinausging. Der Arzt glaubte, Gewissheit erlangt zu 47
haben; deswegen erhob er sich, nahm den Vater und die Mutter des
jungen Mannes beiseite und sprach: »Die Genesung eures Sohnes
liegt nicht in den Händen der Ärzte, sondern in den Händen jener
Giannetta, die er, wie ich an deutlichen Zeichen erkennen konnte, lei-
denschaftlich liebt, obwohl sie selbst, soviel ich beobachte, nichts da-
von ahnt. Wenn euch sein Leben lieb ist, müsst ihr selber wissen, was
zu tun ist.« Die Eltern waren froh, als sie das hörten, weil ein Weg für 48
seine Genesung gefunden war; obwohl es sie bekümmerte, dass sie,
wenn es wirklich so wäre, ihrem Sohn Giannetta zur Frau geben
mussten. Als der Arzt fort war, gingen sie zu ihrem Sohn; und die 49
Mutter sprach zu ihm: »Lieber Sohn, ich hätte niemals geglaubt, dass
du irgendeinen deiner Wünsche vor mir verborgen hättest, weil er dir
nicht erfüllt worden wäre; denn du durftest und darfst sicher sein,
dass ich für dein Glück alles tun würde – und wäre es nur einigerma-
ßen zu vertreten –, so als würde ich es für mich selbst tun. Da du aber 50
etwas verborgen hast, hat der Herrgott sich deiner eher erbarmt als du
selbst und hat mir, damit du nicht zugrunde gehst, die Ursache deiner
Krankheit offenbart, die darin liegt, dass du ein Mädchen, wer auch
immer es sei, übermäßig liebst. Wahrlich solltest du dich nicht schä- 51
men, das zum Ausdruck zu bringen, weil es deinem Alter entspricht;
wärest du nicht verliebt, so erschienest du mir wenig schätzenswert.
Also mein Sohn, habe Vertrauen zu mir und entdecke mir dein Be- 52
gehren. Schüttle die Traurigkeit und den Trübsinn ab, die dich krank
machen, sei getrost und gewiss, dass ich alles, was du wünschst und
was in meiner Macht liegt, tun werde, um dich zufriedenzustellen;

53 denn ich liebe dich mehr als mich selbst. Vertreibe Angst und Scham
und sage mir, ob ich für deine Liebe irgendetwas tun kann. Und wenn
du findest, dass ich mich nicht erfolgreich bemühe, so sollst du mich
54 für die grausamste Mutter halten, die je einen Sohn geboren hat.« Der
Sohn schämte sich zunächst, als er die Worte der Mutter hörte; er
überwand aber seine Scham, als er daran dachte, dass sie besser als je-
der andere sein Verlangen erfüllen konnte, und sagte: »Madama, ich
habe meine Liebe verborgen, weil ich bemerkt habe, dass die meisten
Personen, wenn sie in die Jahre gekommen sind, sich nicht mehr dar-
55 an erinnern wollen, jung gewesen zu sein. Ihr aber seid verständnis-
voll; ich leugne nicht nur nicht, was Ihr bemerkt und ausgesprochen
habt, sondern ich bestätige Euch auch, dass Ihr mich gesund sehen
56 werdet, sobald Ihr Euer Versprechen erfüllt haben werdet.« Worauf
die Mutter, die immer noch hoffte, dass die Erfüllung nicht in der
Form erfolgen sollte, an die auch sie dachte, offen antwortete, dass er
ihr sein Begehren gestehe, damit sie unverzüglich ans Werk gehe, um
57 es zu erfüllen. »Madama«, sagte darauf der junge Mann, »die große
Schönheit und die vorbildlichen Sitten unserer Giannetta und die
Unmöglichkeit, sie auf diese Liebe aufmerksam zu machen oder sich
ihrer gar zu erbarmen, sowie die Furcht, sie irgendjemandem zu of-
fenbaren, haben mich dahin gebracht, wo Ihr mich seht. Wenn das,
was Ihr mir versprochen habt, nicht in der einen oder anderen Weise
geschieht, so wird mein Leben von kurzer Dauer sein – dessen seid
58 gewiss.« Der Mutter erschien es eher an der Zeit, ihn zu trösten als ihn
zu tadeln, und sie sagte lächelnd: »Aber mein Sohn, deswegen bist du
krank geworden? Sei getrost und lass' mich nur machen, du wirst ge-
59 sund werden.« Der junge Mann fasste neue Hoffnung; binnen kurzer
Zeit verbesserte sich sein Zustand zusehends; seine Mutter war dar-
über sehr zufrieden und wollte nun versuchen, das zu erfüllen, was
sie versprochen hatte. Sie rief also eines Tages Giannetta zu sich und
60 fragte sie freundlich scherzend, ob sie einen Geliebten habe. Giannet-
ta wurde rot und antwortete: »Mir, einem armen Fräulein, das von zu

Hause weggejagt worden ist und in fremdem Dienst steht, kommt es nicht zu, Liebe zu erwarten oder ihr nachzugehen.« Die Herrin des 61
Hauses sagte darauf: »Wenn Ihr also noch keinen Geliebten habt, so wollen wir einen suchen, mit dem Ihr munter und vergnügt mehr Gefallen finden könnt als an Eurer Schönheit allein; denn es geht doch nicht, dass ein so hübsches Fräulein wie Ihr ohne Liebhaber bleibt.«
Worauf Giannetta antwortete: »Madama, Ihr habt mich aus der Ar- 62
mut, in der sich mein Vater befand, befreit und wie Eure Tochter aufgezogen; deswegen sollte ich auch immer auf Euch hören; aber nun und in diesem Punkt höre ich nicht auf Euch und bin überzeugt, dass es richtig ist. Wenn es Euch gefällt, mir einen Ehemann zu geben, so werde ich ihn lieben, aber nicht einen anderen. Denn von meinen Vorfahren ist mir nichts als die Ehrbarkeit geblieben, und diese geden-
ke ich bis an mein Lebensende zu bewahren.« Diese Darlegung passte 63
überhaupt nicht in das Vorhaben der Hausherrin, ihr Versprechen gegenüber dem Sohn zu erfüllen; als kluge Frau lobte sie aber für sich die Einstellung des Fräuleins. Und sie sagte: »Wie denn, Giannetta, wenn seine Majestät der König, ein junger Kavalier, von dir, einem hübschen Fräulein, einen Liebesdienst erbitten würde, würdest du ihn
zurückweisen?« Sie antwortete, ohne zu zögern: »Gewalt könnte mir 64
der König antun, aber meine Einwilligung bekäme er nicht, wenn es
nichts Ehrenvolles wäre.« Die Edelfrau verstand ihre Sinnesart, ver- 65
zichtete auf weitere Worte und gedachte, sie auf die Probe zu stellen. Ihrem Sohne sagte sie, er sollte so tun, als wäre er geheilt; sie wollte ihn mit ihr in einem Raum zusammenbringen; er sollte sich etwas einfallen lassen, um sie zu verführen; sie meinte, es erschiene ihr ehrenrührig, wenn sie sich selbst wie eine Kupplerin bei dem Mädchen
für den Sohn einsetzen würde. Der Sohn war darüber überhaupt nicht 66
glücklich und erlitt auf der Stelle einen heftigen Rückfall. Als die
Edelfrau das sah, eröffnete sie Giannetta ihr Vorhaben. Als diese sich 67
standhafter zeigte als zuvor, erzählte sie ihrem Gatten, was sie unternommen hatte; beide beschlossen, auch wenn es ihnen schwerfiel,

sie mit ihm zu verheiraten, da es besser sei, einen noch lebenden Sohn
mit einer nicht standesgemäßen Frau als einen toten Sohn ohne Frau
68 zu haben. Nach vielem Hin und Her taten sie es. Giannetta war sehr
glücklich darüber und dankte dem Herrgott, der sie nicht vergessen
hatte, aus tiefster Seele; trotz alledem gab sie sich nie für eine andere
als die Tochter eines Pikarden aus. Der junge Mann genas und feierte
eine fröhlichere Hochzeit als jeder andere; und er machte sich ein
schönes Leben mit ihr.

69 Perotto war in Wales bei dem Marschall des Königs von England
zurückgeblieben; auch er gewann das Wohlwollen seines Herrn und
wurde ein sehr schöner Mann, tapferer als jeder andere auf der Insel;
denn bei Turnieren und Wettkämpfen, in allen Waffengängen tat sich
keiner im ganzen Land so hervor wie er; er wurde als Perotto der Pi-
70 karde überall bekannt und berühmt. Und wie der Herrgott seine
Schwester nicht vergessen hatte, so zeigte Er, dass Er auch auf ihn ach-
tete. Jene Gegend wurde nämlich von einer tödlichen Pestepidemie
heimgesucht, welche die Hälfte der Einwohner dahinraffte; außer-
dem floh der größte Teil der Überlebenden aus Angst in andere Ge-
71 genden, so dass das Land menschenleer erschien. Durch die Seuche
waren der Herr Perottos, seine Gattin, ihr Sohn sowie viele andere,
Brüder, Neffen, Verwandte gestorben; ein Fräulein im heiratsfähigen
Alter und Perotto mit einigen anderen aus der Dienerschaft blieben
72 allein übrig. Als die Epidemie nachgelassen hatte, heiratete das Fräu-
lein, auf Vorschlag und unter dem Beifall der wenigen überlebenden
Bauern, den Perotto, einen tüchtigen und tapferen Mann, und machte
ihn zum Herrn über alles, was ihr durch Erbschaft zugefallen war.
73 Nach kurzer Zeit hörte der König von England, dass der Marschall tot
und Perotto der Pikarde ein tüchtiger Mann war; er setzte ihn an des-
sen Stelle als seinen Marschall ein. Kurzum, das geschah mit den bei-
den unschuldigen Kindern des Grafen von Antwerpen, die er unter
74 ärmlichen Umständen hatte verlassen müssen. Es war schon das acht-
zehnte Jahr vergangen, seitdem der Graf von Antwerpen aus Paris ge-

flohen war; er wohnte in Irland, war alt geworden und hatte in seinem
Elend viel durchgemacht; und er wünschte sich zu erfahren, was aus
seinen Kindern geworden war. Sein Aussehen hatte sich inzwischen 75
verändert, durch die körperliche Tätigkeit war er kräftiger geworden,
als er es als junger Mann, der im Müßiggang lebte, gewesen war; arm
und schlecht gekleidet brach er von dort auf, wo er sich lange Zeit auf-
gehalten hatte, und gelangte in England an den Ort, wo er Perotto zu-
rückgelassen hatte. Er fand ihn wieder als Marschall und großen
Herrn und sah, dass er gesund, kräftig und schön von Gestalt war. Das
gefiel ihm sehr; aber er wollte sich ihm nicht zu erkennen geben, bis er
nicht auch erfahren hatte, was aus Giannetta geworden war. Er mach- 76
te sich also auf den Weg und hielt nicht inne, bis er in London ange-
langt war. Dort erkundigte er sich vorsichtig nach Rang und Namen
der Dame, bei der er seine Tochter gelassen hatte; er fand Giannetta
als Frau des Sohnes wieder, was ihm sehr gefiel. All sein vergangenes
Unglück erschien ihm geringfügig, weil er seine Kinder standesge-
mäß lebend wiedergefunden hatte. Er sehnte sich, Giannetta wieder- 77
zusehen; deswegen suchte er sich einen Platz nahe ihrem Haus, um
zu betteln. Eines Tages sah ihn dort Giachetto Lamiens, so hieß Gian-
nettas Ehemann; da jener arm und alt war, empfand er Mitleid und
befahl einem seiner Diener, dass er ihn ins Haus bringe und ihm um
Gottes willen zu essen gebe. Das tat der Diener gerne. Giannetta hatte 78
von Giachetto bereits mehrere Kinder; der älteste war nicht älter als
acht Jahre; alle waren sie die schönsten und nettesten Kinder der
Welt; sie sahen zu, wie der Graf sein Essen zu sich nahm, umringten
ihn und begrüßten ihn freudig, so als sagte ihnen eine innere Stimme,
dass dies ihr Großvater sei. Dieser erkannte in ihnen seine Enkelkin- 79
der und zeigte sich freundlich und liebevoll; sie wollten sich nicht von
ihm trennen, als ihr Erzieher sie rief. Schließlich kam Giannetta
dazu – die die Stimme des Erziehers gehört hatte – und drohte ihnen
Schläge an, wenn sie nicht ihrem Erzieher folgten. Die Kinder began- 80
nen zu weinen und sagten, dass sie bei dem guten Mann bleiben woll-

ten, der sie lieber mochte als ihr Erzieher. Giannetta und der Graf
81 lachten darüber. Der Graf war aufgestanden, nicht wie ein Vater, son-
dern wie ein armer Bettler, um die Tochter wie eine Dame ehrerbietig
zu begrüßen; es wurde ihm wohl ums Herz, als er sie erblickte; aber
sie erkannte ihn weder auf den ersten Blick noch später; er war sehr
verändert gegenüber seinem früheren Aussehen, denn er war alt und
weißhaarig geworden, er war hager, dunkel und bärtig – ein anderer
82 Mann als der Graf. Als die Frau sah, dass sich die Kinder nicht von ihm
trennen wollten und weinten, wenn man sie wegzog, sagte sie dem
83 Erzieher, er möge es noch eine Weile gestatten. Während die Kinder
noch den guten Alten umringten, trat Giachettos Vater herein, und
der Erzieher erzählte ihm, was vorgefallen war; jener verachtete seine
Schwiegertochter Giannetta und meinte: »Lass sie mit dem Elend zu-
sammen, das Gott ihnen schicken möge; sie sind ein Abbild derjeni-
gen, die sie geboren hat; über die Mutter kommen sie vom Bettelvolk,
es kann also nicht verwundern, wenn sie gerne mit Bettlern verkeh-
84 ren.« Der Graf hörte diese Worte und sie schmerzten ihn sehr; aber er
blieb geduckt sitzen und ertrug die Schmähung wie viele andere zu-
vor. Giachetto hatte gehört, dass die Kinder ihre Freude mit dem alten
Mann, also mit dem Grafen, hatten; das gefiel ihm zwar nicht, aber er
liebte sie sehr und damit sie nicht mehr weinten, schlug er vor, dass
der alte Mann bleiben könnte, wenn er irgendeinen Dienst im Haus
85 übernehmen wollte. Dieser antwortete, dass er gerne bliebe, aber
nichts anderes zu tun verstünde, als Pferde zu versorgen; damit sei er
seit jeher vertraut. Man wies ihm also ein Pferd zu; wenn er dieses
versorgt hatte, spielte er mit den Kindern.

86 Während Fortuna, so wie beschrieben, den Grafen von Antwer-
pen und seine Kinder durch das Leben führte, geschah es, dass der
König von Frankreich nach mehreren Waffenpausen mit den Deut-
schen starb und an seiner Stelle der Sohn gekrönt wurde, um dessen
87 Gemahlin willen der Graf fortgejagt worden war. Nachdem die letzte
Waffenpause mit den Deutschen vorbei war, zog der neue König in

einen neuen aufreibenden Krieg; der König von England, sein neuer Verwandter, schickte ihm viel Kriegsvolk zu Hilfe und unterstellte es seinem Marschall Perotto und dem Sohn seines anderen Marschalls, Giachetto Lamiens. Mit dem letzteren zog auch der gute Alte, nämlich der Graf, der von niemandem erkannt wurde und im Heer als Stallbursche diente; mehr als von ihm erwartet, bewährte er sich dort als tapferer Mann mit Rat und Tat. Während des Feldzuges geschah 88
es, dass die Königin schwer erkrankte; als sie erkannte, dass sie sterben musste, erfasste sie tiefe Reue, und sie beichtete ihre Sünden dem Erzbischof von Rouen, der als sehr fromm und rechtschaffen galt; und mit ihren übrigen Sünden beichtete sie ihm auch, welches große Unrecht dem Grafen von Antwerpen durch ihre Schuld widerfahren war. Sie begnügte sich nicht damit, es ihm zu bekennen, sondern er- 89
zählte es auch vielen anderen ehrenwerten Männern und bat diese, dass sie mit dem König zusammen dafür sorgen sollten, dass der Graf, sofern er noch lebte, oder seine Kinder wieder in ihren früheren Stand eingesetzt würden. Bald darauf schied sie aus dem Leben und wurde ehrenvoll bestattet. Als dem König von der Beichte erzählt wurde, be- 90
dauerte er sehr, dass der tüchtige Mann zu Unrecht beleidigt worden war; und er schickte einen Aufruf durch das ganze Heer und auch darüber hinaus: Wer auch immer ihm Nachricht über den Grafen von Antwerpen und seine Kinder überbringe, werde belohnt; und dass er aufgrund der Beichte der Königin unschuldig in die Verbannung geschickt worden sei und in seine frühere und noch höhere Stellung wieder eingesetzt würde. Diesen Aufruf vernahm der Graf im Kleid 91
des Stallburschen und wusste, dass es die Wahrheit war; unverzüglich suchte er Giachetto auf und bat diesen, mit ihm zusammen zu Perotto zu gehen, um ihnen zu zeigen, wen der König suchen ließ. Als 92
sie alle drei beieinander waren, sagte der Graf zu Perotto, der sich schon offenbaren wollte: »Perotto, dies ist Giachetto, der deine Schwester zur Frau hat, die ihm keine Mitgift eingebracht hat. Und damit deine Schwester nicht ohne Mitgift bleibt, möchte ich, dass er

und kein anderer die Belohnung bekommt, die der König versprochen
hat, und dass du als Sohn des Grafen von Antwerpen zugunsten dei-
ner Schwester Violante, die seine Frau ist, und für mich, der ich der
93 Graf von Antwerpen und Euer Vater bin, verzichtest.« Als Perotto
dies hörte, schaute er ihn genau an und erkannte ihn sofort. Er warf
sich ihm zu Füßen, umarmte ihn und sagte: »O mein Vater, seid will-
94 kommen!« Als Giachetto hörte, was der Graf sagte, und sah, was
Perotto tat, war er so verwundert und freudig überrascht, dass er im
ersten Moment nicht wusste, was zu tun sei; aber dann glaubte er ih-
ren Worten, schämte sich der bösen Worte, die gegen den Grafen als
Stallburschen gefallen waren, fiel auf die Knie und bat um Verzeihung
für die vergangenen Schmähungen; der Graf gewährte sie ihm voller
95 Güte und hob ihn auf. Nachdem sie ihre Erlebnisse voll Mitgefühl
und Freude ausgetauscht hatten, wollten Perotto und Giachetto, dass
der Graf andere Kleider anlegte; das wollte er aber nicht tun, bevor er
nicht sicher war, dass Giachetto die versprochene Belohnung erhalten
würde; deswegen wollte er, auch um den König zu beschämen, im
96 Kleid des Stallburschen auftreten. Giachetto trat also gemeinsam mit
dem Grafen und mit Perotto vor den König und machte das Angebot,
den Grafen und seine Kinder ausfindig zu machen, sofern er ihn ge-
mäß dem Ausruf belohnen würde. Der König ließ unverzüglich die
Belohnung herbeitragen, damit Giachetto sie bewunderte, und ord-
nete an, dass er sie mitnehmen könnte, sofern er ihm, wie er verspro-
97 chen, den Grafen und seine Kinder beibringen würde. Giachetto trat
zurück und stellte sich hinter den Grafen, seinen Stallburschen, und
Perotto und sagte: »Monsignore, hier stehen der Vater und hier der
Sohn; die Tochter habe ich zur Frau und sie ist nicht hier; aber so Gott
98 will, wird sie bald vor Euch erscheinen.« Der König vernahm die
Worte und fasste den Grafen ins Auge. Obwohl er sich sehr verändert
hatte, erkannte er ihn nach einiger Zeit wieder; mit Tränen in den Au-
gen zog er ihn, der vor ihm kniete, hoch, küsste und umarmte ihn;
herzlich begrüßte er Perotto. Unverzüglich befahl er, den Grafen wie-

der mit seiner Kleidung, Dienerschaft und Pferden auszustatten, die
seinem adligen Rang angemessen waren. Das alles wurde getan. Der 99
König zeichnete auch Giachetto aus und wollte wissen, was ihm wi-
derfahren war. Als Giachetto schließlich die großen Geschenke an
sich nahm, die er erhalten hatte, weil er den Grafen und seine Kinder
ausfindig gemacht hatte, sagte der Graf zu ihm: »Nimm diese Gaben
der Großmut des Königs und denke daran, deinem Vater zu sagen,
dass deine Kinder, seine und meine Enkel, nicht von einer Mutter ge-
boren wurden, die von Bettlern abstammt.« Giachetto nahm die Ge- 100
schenke und ließ seine Frau sowie deren Schwiegermutter nach Paris
kommen; auch die Frau Perottos kam dorthin. Dort freuten und feier-
ten sie gemeinsam mit dem Grafen, den der König wieder in alle seine
Besitztümer eingesetzt und noch höher als zuvor ausgezeichnet hatte.
Danach kehrten sie mit seiner Erlaubnis wieder nach Hause zurück. Er
selbst lebte glanzvoller als je zuvor bis an sein Lebensende in Paris.

Neunte Novelle

Bernabò aus Genua wird von Ambruogiuolo hintergangen; er verliert 1
seinen Besitz und befiehlt, dass seine unschuldige Frau getötet wird.
Diese entkommt und tritt als Mann verkleidet in die Dienste des Sul-
tans; sie entdeckt den Betrüger und führt Bernabò nach Alexandria,
wo, nachdem der Betrüger bestraft worden ist, sie sich wieder als Frau
kleidet, und gemeinsam mit ihrem Gatten, der wieder reich geworden
ist, nach Genua zurückkehrt.

Als Elissa ihrer Aufgabe mit einer herzergreifenden Novelle nachge- 2
kommen war, besann sich die Königin Filomena, eine schöne und
hochgewachsene Person mit heiterem und offenem Antlitz, und er-
griff das Wort: »Die Abmachung mit Dioneo soll eingehalten wer-
den; da jetzt nur er und ich als Erzähler übrigbleiben, werde ich zuerst

meine Geschichte erzählen, und er wird, wie er es erbeten hat, die letzte erzählen.« Danach begann sie wie folgt:

3 Im Volk ist das Sprichwort verbreitet, dass der Betrüger oft der Betrogene ist. Wenn dieses auch nicht vernünftig bewiesen werden kann, so kann es doch durch Ereignisse demonstriert werden, die vorkommen. Dass dies tatsächlich so ist, will ich euch, teure Gefährtinnen, darlegen; ihr werdet das Gehörte zu schätzen wissen, damit ihr euch vor den Betrügern hüten könnt.

4 In einem Gasthof in Paris hielten sich einige italienische Großkaufleute auf, um ihre üblichen Geschäfte abzuwickeln. Nachdem sie eines Abends gut gespeist hatten, unterhielten sie sich über Verschiedenes; sie kamen von einem Thema zum anderen und sprachen
5 schließlich über ihre Frauen, die sie zu Hause gelassen hatten. Lachend meinte der eine: »Ich weiß nicht, was die meine treibt; aber eines weiß ich wohl, dass ich nämlich, wenn mir ein junges Mädchen zwischen die Finger gerät, die mir gefällt, die Liebe zu meiner Ehefrau ein wenig beiseite lasse, und mir das Vergnügen gönne, das ich haben
6 kann.« Ein anderer antwortete: »So mache ich das auch; denn wenn ich annehme, meine Frau geht einem Abenteuer nach, so tut sie das;

wenn ich es nicht annehme, so tut sie es trotzdem; drum lieber Glei-
ches für Gleiches. So stark der Esel gegen die Wand tritt, so sehr
schmerzt es ihn.« Ein Dritter fand Gefallen an ähnlichen Sprüchen. 7
Kurzum, alle schienen darin übereinzustimmen, dass die Frauen, die
sie zu Hause gelassen hatten, nicht ihre Zeit verlören. Nur ein gewis- 8
ser Bernabò Lomellin aus Genua behauptete das Gegenteil und versi-
cherte, er habe durch Gottes besondere Gnade eine Frau zum Ehewei-
be, die besitze alle Tugenden, die eine Dame oder ein Edelmann oder
ein Junker besitzen müsse, in so vollkommenem Maße, dass es in Ita-
lien vielleicht nicht ihresgleichen gäbe; denn sie sei wohlgestalt und
noch jung, gewandt und resolut; was sich für Frauen gezieme, wie
Handarbeiten mit Seide und anderen Stoffen, beherrsche sie wie kei-
ne zweite. Kein Mundschenk oder Hofdiener verstehe es besser als 9
sie, einem hohen Herrn bei Tische aufzuwarten; denn sie sei voller
Klugheit, Höflichkeit und Zurückhaltung. Außerdem pries er sie, 10
dass sie ein Pferd zu reiten und einen Vogel abzurichten wisse, dass
sie schreiben und rechnen und die Bücher führen könne, als wäre sie
ein Kaufmann. Nach vielem Lob kam er auch auf das Thema, über das
man gerade sprach, und behauptete, dass keine anständigere und
schamhaftere Frau als sie zu finden sei. Deswegen glaubte er sicher,
wäre er auch zehn Jahre oder gar für immer von zu Hause weg, dass sie
niemals ihren Sinn auf irgendwelche Geschichten mit einem anderen
Mann richten würde. Unter den Kaufleuten, die sich derart ausließen, 11
war auch ein junger Kaufmann aus Piacenza namens Ambruogiuolo,
der bei der letzten Lobpreisung Bernabòs laut lachte und ihn spöttisch
fragte, ob der Kaiser ihm persönlich dieses Privileg vor allen übrigen
Männern habe zuteil werden lassen. Bernabò, etwas aufgebracht, sag- 12
te, dass nicht der Kaiser, sondern der Herrgott, der wohl etwas mäch-
tiger als der Kaiser sei, ihm diese Gnade habe zuteil werden lassen.
Darauf sagte Ambruogiuolo: »Bernabò, ich bezweifle nicht, dass du 13
glaubst, was du sagst; aber mir scheint, du hast den natürlichen Lauf
der Dinge zu wenig berücksichtigt; hättest du das nämlich getan – ich

halte dich nicht für unbedarft –, so wären dir gewiss Erfahrungen auf-
14 gefallen, die dich etwas vorsichtiger hätten reden lassen. Damit du
nicht glaubst, dass wir, die wir etwas rücksichtslos über unsere Frau-
en gesprochen haben, glauben, eine andere Art von Frauen als du zu
15 besitzen, wollen wir beide das Thema noch einmal aufgreifen. Ich
bin immer davon ausgegangen, dass der Mann und nach ihm die Frau
von Gott als das edelste Lebewesen unter allen anderen geschaffen
wurde; allerdings ist der Mann, wie allgemein angenommen und
durch seine Werke bestätigt wird, vollkommener. Da er dies ist, muss
er zweifelsohne eine größere Standhaftigkeit besitzen, und diese be-
sitzt er auch, denn die Frauen sind im allgemeinen unbeständiger, was
sich durch viele natürliche Ursachen beweisen ließe, die ich diesmal
16 beiseitelassen will. Wenn also der Mann mit der größeren Standhaf-
tigkeit sich nicht einmal so weit beherrschen kann, dass er sich nicht
mit einer einließe – übergehen wir die, die ihn bedrängt –, sondern
dass er nicht einmal eine nicht begehren kann, die ihm gefällt, und al-
les tut, was er kann, um mit ihr zusammen zu sein, und dass ihn das
nicht nur einmal im Monat, sondern tausend Mal am Tag überkommt,
was soll nun aber eine Frau, die von Natur unbeständiger ist, gegen
die Bitten, Schmeicheleien, Geschenke und tausend andere Versu-
che eines klugen Mannes tun, der sie liebt? Glaubst du, dass sie fest-
17 bleiben könnte? Wie oft du das auch behaupten magst, ich glaube
nicht, dass du es selbst glaubst. Und du sagst selbst, dass deine Ehe-
frau ein Weib ist, aus Fleisch und Knochen wie die anderen. Wenn
dem so ist, so müssen in ihr auch die gleichen Begierden und die glei-
chen Kräfte wirken, die dem natürlichen Begehren widerstehen kön-
nen. Denn möglich ist es, dass sie, so ehrenhaft sie auch immer sein
mag, das tut, was die anderen tun; und ein Mögliches kann nicht
grundsätzlich geleugnet werden, so wenig wie sein Gegenteil be-
18 hauptet werden kann, wie du es tust.« Bernabò antwortete hierauf:
»Ich bin ein Kaufmann und kein Philosoph; wie ein Kaufmann werde
ich antworten. Was du gesagt hast, gilt für die dummen Frauen, die

keinerlei Schamgefühl haben; die klugen sind eifrig darauf bedacht,
ihre Ehre zu bewahren, und werden stärker als die Männer, die sich
nicht darum kümmern, ihre Ehre zu bewahren. Von solcher Art ist
meine Frau.« Ambruogiuolo sagte: »Wenn den Frauen tatsächlich 19
nach jeder ihrer Affären ein Horn auf der Stirn wüchse, das bezeugte,
was sie getan haben, so glaube ich, dass sich weniger darauf einließen;
aber es erscheint ihnen weder ein Horn auf der Stirn noch hinterlas-
sen sie, wenn sie klug sind, irgendwelche Spuren; nur was bekannt
wird, beschämt und schändet. Wenn sie es heimlich tun können, tun
sie es oder lassen es sein, weil sie zu dumm sind. Und sei gewiss, nur 20
die bleibt keusch, die niemals aufgefordert wurde oder die aufforderte
und nicht erhört wurde. Obwohl das so ist, weil es vernünftig zu be-
weisen ist, könnte ich nicht so viel dazu sagen, wenn ich es nicht viele
Male an mir selbst und mit vielen Frauen erfahren hätte. Und ich sage
dir, hätte ich Gelegenheit, deine allerheiligste Dame zu treffen, so
würde ich sie in kurzer Zeit dahin bringen, wohin ich schon andere
gebracht habe.« Ärgerlich antwortete Bernabò: »Mit Worten kann 21
man lange streiten, du behauptest und ich behaupte, und am Ende
kommt nichts dabei heraus. Da du sagst, dass alle Frauen leicht zu ha-
ben seien und du sie ebenso leicht zu gewinnen verstündest, will ich
dich von der Sittsamkeit meiner Frau überzeugen: Mir soll der Kopf
abgeschlagen werden, wenn du sie jemals dahin bringst, dass sie dir
zu Willen ist; und wenn es dir nicht gelingt, sollst du mir tausend
Goldtaler bezahlen.« Ambruogiuolo, vom Streit erhitzt, antwortete: 22
»Bernabò, ich will mich nicht an deinem Leben vergreifen, wenn ich
gewinne. Aber wenn du unbedingt bewiesen haben willst, was ich
gesagt habe, so setze fünftausend Goldtaler – die dich weniger kosten
als dein Kopf – gegen meine tausend. Solltest du keinen anderen Zeit-
punkt festlegen, so verpflichte ich mich, dass innerhalb von drei Mo-
naten, nachdem ich von hier nach Genua abgereist bin, mir deine Frau
zu Willen sein wird; und dass ich dir das Wertvollste aus ihrem Be-
sitz, das du selbst wiedererkennst, als Beweis vorlegen werde; im Ge-

genzug versprichst du mir hoch und heilig, dass du nicht nach Genua
kommen und dass du ihr auch nichts über unsere Abmachung schrei-
23 ben wirst.« Bernabò sagte, das sei ihm recht; und obwohl die anwe-
senden Kaufleute versuchten, die Wette zu verhindern, weil sie
wussten, dass Schlimmes daraus entstehen konnte, waren die Gemü-
ter der beiden so erhitzt, dass sie nicht auf die anderen hörten, son-
24 dern ihre Abmachung auch noch schriftlich besiegelten. Bernabò
blieb also in Paris, und Ambruogiuolo machte sich, sobald er konnte,
auf den Weg nach Genua. Einige Tage nach seiner Ankunft erkundig-
te er sich vorsichtig, in welchem Viertel die Frau wohne und welchen
Ruf sie habe. Er vernahm, was er bereits von Bernabò gehört hatte
und noch viel mehr; er schien sich auf ein verrücktes Unternehmen
25 eingelassen zu haben. Dennoch machte er sich an ein armes Weib
heran, die das Vertrauen der Frau genoss und in ihrem Haus aus- und
einging. Da er nichts anderes von ihr erreichen konnte, bestach er sie
mit Geld und ließ sich in einer eigens für ihn gebauten Kiste nicht nur
in das Haus, sondern in die Kammer der Frau schaffen; gemäß Am-
bruogiuolos Anweisung vertraute das gute Weib ihr die Kiste dort für
26 ein paar Tage an und tat so, als wollte sie woanders hingehen. In der
Nacht, als Ambruogiuolo merkte, dass die Frau schlief, öffnete er die
Kiste mit einer Vorrichtung von innen und sah sich in Ruhe in der
Kammer um, wo ein Licht brannte; und er betrachtete die Form des
Raumes, die Malereien und alles Auffällige, um es sich im Gedächtnis
27 einzuprägen. Er näherte sich dem Bett, und er bemerkte, dass die Frau
sowie ein kleines Mädchen neben ihr tief schliefen; leise deckte er sie
auf und sah, dass sie nackt so schön wie bekleidet war; er suchte nach
einem besonderen Merkmal und fand nur ein Muttermal unter ihrer
linken Brust, das von einigen goldblonden Härchen umrandet war. Er
deckte sie in aller Stille wieder zu, obwohl ihr schöner Anblick ihn ge-
reizt hätte, sein Leben aufs Spiel zu setzen und sich an ihre Seite zu
28 legen. Er riskierte es aber nicht, weil er gehört hatte, wie spröde und
unnachgiebig sie war. Den größten Teil der Nacht hielt er sich unbe-

merkt in der Kammer auf; einer Schatztruhe entnahm er eine Geldbörse, einen Pelz, einen Ring und einen Gürtel, brachte alles in seiner Kiste unter, kroch selbst wieder hinein und verschloss sie von innen; auf diese Weise verbrachte er zwei Nächte, ohne dass die Frau irgendetwas bemerkte. Am dritten Tag holte die gute Alte wie verabredet 29
ihre Kiste ab und trug sie dorthin zurück, wo sie sie genommen hatte. Ambruogiuolo stieg heraus, bezahlte die Alte wie versprochen und kehrte, so rasch er konnte, vor dem vereinbarten Termin nach Paris zurück.

Er rief alle Kaufleute zusammen, die beim Abschluss der Wette 30
zugegen waren; und in Gegenwart Bernabòs sagte er, dass er den Einsatz gewonnen habe, weil er alles beigebracht habe, dessen er sich gerühmt hatte. Um das zu beweisen, beschrieb er zunächst das Zimmer und seine Einrichtung, darauf zeigte er die Dinge, die er mitgebracht hatte und von denen er behauptete, sie von ihr selbst erhalten zu haben. Bernabò gab zu, dass die Beschreibung des Zimmers zutreffend 31
sei und dass die Gegenstände tatsächlich seiner Frau gehörten; er meinte aber, dass jener das Aussehen der Kammer von einem Diener hätte erfahren und die Gegenstände auch von ihm hätte bekommen können; wenn er nicht noch etwas Weiteres angebe, sei es nicht ausreichend, um gewonnen zu haben. Da sagte Ambruogiuolo schließ- 32
lich: »Eigentlich sollte es genügen; aber wenn du unbedingt willst, dass ich noch mehr berichte, so will ich es dir sagen. Ich sage dir, dass Madonna Ginevra, deine Frau, unter der linken Brust ein ziemlich großes Muttermal hat, das von vielleicht sechs goldblonden Härchen umgeben ist.« Als Bernabò das hörte, fühlte er einen Schmerz, als hät- 33
te man ihm ein Messer ins Herz gestoßen. Sein Gesicht verfärbte sich, und bevor er noch ein Wort gesagt hatte, gab er deutlich zu verstehen, dass Ambruogiuolo die Wahrheit gesprochen hatte. Nach einiger Zeit sagt er: »Meine Herren, was Ambruogiuolo sagt, stimmt; da er gewonnen hat, wird er bezahlt, wann es ihm passt.« Am folgenden Tag wurde Ambruogiuolo voll und ganz ausbezahlt.

34 Bernabò verließ Paris und begab sich voller Zorn über seine Frau
nach Genua. Als er in die Nähe der Stadt kam, wollte er sie nicht be-
treten, sondern stieg auf einem seiner Landgüter zwanzig Meilen vor
der Stadt ab. Einen seiner Diener, zu dem er volles Vertrauen hatte,
schickte er mit zwei Pferden und Briefen nach Genua; er teilte seiner
Frau mit, dass er zurückgekehrt sei und dass sie mit dem Diener zu
ihm kommen möge. Dem Diener befahl er insgeheim, dass er die Frau
an einem ihm geeignet erscheinenden Ort ohne Rücksicht und Mit-
35 leid töten und darauf zurückkommen sollte. Der Diener kam nach
Genua, übergab Briefe und Botschaft und wurde von der Frau freudig
empfangen. Am folgenden Tag bestiegen sie die Pferde und machten
36 sich auf den Weg zu dem Landgut. Während sie nebeneinander ritten
und über verschiedene Dinge sprachen, gelangten sie in ein einsames
und dunkles Tal, das von hohen Felsen und Bäumen eingeschlossen
war. Dem Diener erschien es ein geeigneter Ort, um den Befehl seines
Herrn ungestört auszuführen; er zog sein Messer, packte die Frau am
Arm und sagte: »Madonna, empfehlt Eure Seele dem Herrgott; denn
37 für Euch geht es nicht mehr weiter, Ihr müsst sterben.« Als sie das
Messer sah und die Worte hörte, sagte sie voller Entsetzen: »Gnade,
um Gottes willen! Bevor du mich umbringst, sage mir, was ich dir
38 getan habe, warum du mich umbringst.« »Madonna«, sagte der Die-
ner, »mich habt Ihr überhaupt nicht beleidigt; warum Ihr aber Euren
Gatten beleidigt habt, weiß ich nicht; denn ich weiß nur, dass er mir
befohlen hat, Euch ohne Mitleid auf dem Weg umzubringen; wenn
ich es nicht täte, drohte er, mich aufknüpfen zu lassen. Ihr wisst wohl,
dass ich ihm gegenüber verpflichtet bin und dass ich nicht nein sagen
kann, wenn er mir etwas auferlegt. Bei Gott, Ihr tut mir leid, aber ich
39 kann nicht anders.« Weinend sagte die Frau: »Ach, Gnade um Gottes
willen! Warum willst du im Dienste eines anderen zum Mörder an
mir werden, die ich dir nichts getan habe? Gott der Allwissende weiß,
dass ich niemals etwas tat, wofür ich von meinem Mann einen derar-
40 tigen Lohn verdient hätte. Aber lassen wir das. So du nur willst,

kannst du Gott und deinem Herrn und mir auf folgende Art zu Gefallen sein: Du gibst mir dein Wams und einen Umhang; du nimmst meine Kleider, kehrst mit ihnen zu deinem Herrn zurück und sagst ihm, du habest mich getötet. Ich schwöre dir, bei dem Leben, das du mir schenken wirst, dass ich verschwinden und in eine Gegend gehen werde, aus der weder er noch du noch irgendjemand hier etwas von mir erfahren werden.« Der Diener wollte sie nur ungern umbringen 41
und empfand rasch Mitleid mit ihr. Er nahm ihre Kleider, gab ihr ein Wams und einen Umhang, beließ ihr das Geld, das sie bei sich hatte, bat sie, sich aus der Gegend zu entfernen und ließ sie ohne Pferd in dem Tal zurück. Er kehrte zu seinem Herrn zurück, sagte ihm, dass er seinen Auftrag ausgeführt und ihren Leichnam einem Rudel Wölfe überlassen hätte. Bernabò kehrte nach einiger Zeit nach Genua zurück; als man von dem Vorfall erfuhr, wurde er sehr getadelt.

Die Frau, trostlos und allein, verkleidete sich, so gut sie konnte 42
und ging, als die Nacht hereingebrochen war, in einen nahe gelegenen Weiler. Dort besorgte sie sich von einer Alten, was sie benötigte, schnitt sich das Wams für ihre Figur zurecht, fertigte aus ihrem Hemd ein Paar Hosen, schnitt sich die Haare ab und verwandelte sich in einen Matrosen; sie ging zum Meer, wo sie zufällig einen katalanischen Edelmann traf, den Herrn En Cararh; dieser hatte sein Schiff, das weiter draußen lag, in Albisola verlassen, um sich an einer Quelle zu erfrischen. Sie kam mit ihm ins Gespräch, verdingte sich als sein Diener 43
und bestieg unter dem Namen Sicuran da Finale sein Schiff. Dort erhielt sie bessere Kleidung und leistete dem Edelmann so gute und geschickte Dienste, dass er sehr zufrieden mit ihr war. Nach nicht allzu 44
langer Zeit geschah es, dass der Katalane mit seinem Handelsschiff in Alexandria anlegte, um dem Sultan einige abgerichtete Falken zu überbringen und zu schenken. Der Sultan hatte den Katalanen einmal eingeladen und das Betragen Sicuranos beobachtet, der ständig um ihn war; dem Sultan gefiel er und er fragte den Katalanen, ob er ihn haben könne. Dieser überließ ihn ihm, obwohl es ihm schwerfiel.

45 Durch sein nützliches Wirken erwarb Sicurano in kurzer Zeit das
Wohlwollen und die Zuneigung des Sultans, wie er zuvor die des Ka-
talanen erworben hatte. Eine jährliche Messe führte immer wieder
eine Versammlung von christlichen und sarazenischen Kaufleuten in
Akkon zusammen, das unter der Herrschaft des Sultans war; zum
Schutz der Kaufleute und Waren pflegte der Sultan außer den Beam-
46 ten auch einen seiner Getreuen mit Kriegsvolk zu entsenden. Als es
an der Zeit war, dachte er mit dieser Aufgabe Sicurano zu beauftragen,
47 der die Sprachen vorzüglich beherrschte. Und so tat er es. Sicurano
kam also nach Akkon als Herr und Hauptmann der Bewachung der
Kaufleute und ihrer Waren; er erfüllte seine Aufgaben emsig und en-
gagiert; er war häufig unterwegs und schaute sich um; er traf viele
Kaufleute aus Sizilien, aus Pisa, aus Genua, aus Venedig und andere
Italiener; in Erinnerung an seine Heimat suchte er das Gespräch mit
48 ihnen. Es geschah nun einmal, als er in die Niederlassung veneziani-
scher Kaufleute kam, dass ihm neben anderen Schmuckstücken eine
Geldbörse und ein Gürtel in die Augen fielen, die er zu seinem Erstau-
nen als seine eigenen erkannte; aber ohne sich etwas anmerken zu las-
sen, fragte er freundlich, wem sie gehörten und ob sie verkäuflich sei-
49 en. Dort war nämlich auch Ambruogiuolo aus Piacenza mit viel Han-
delsware auf einem venezianischen Schiff eingetroffen; als er hörte,
dass der Hauptmann der Wache danach fragte, wem diese Sachen ge-
hörten, trat er hinzu und sagte lächelnd: »Herr, sie gehören mir, und
ich verkaufe sie nicht; aber wenn sie Euch gefallen, so schenke ich sie
50 Euch gerne.« Da er lächelte, argwöhnte Sicurano, dass er ihn an ir-
gendeiner Geste erkannt hatte; mit ungerührter Miene sagte er daher:
»Du lachst womöglich, weil ein Bewaffneter sich nach Dingen für
51 Frauen erkundigt?« Ambruogiuolo sagte: »Herr, darüber lache ich
nicht, sondern ich muss nur daran denken, wie ich die Sachen erwor-
52 ben habe.« Darauf sagte Sicurano: »Nun denn, Gott steh dir bei, wenn
53 es nicht unstatthaft ist, sage, wie du sie erworben hast.« »Herr«, sagte
Ambruogiuolo, »diese Dinge gab mir mit anderen Dingen eine Edel-

frau aus Genua, namens Madonna Ginevra, Gattin des Bernabò Lo-
mellin, als ich eines Nachts bei ihr lag, und sie bat mich, sie als Erinne-
rung an ihre Liebe zu bewahren. Ich musste lachen, weil ich an die 54
Dummheit des Bernabò dachte, der töricht genug war, fünftausend
Goldtaler gegen tausend zu wetten, dass ich mir seine Frau nicht ge-
fügig machen würde. Mir gelang es, und ich gewann den Einsatz. Er
hätte viel eher sich für seine Dummheit als seine Frau für das bestra-
fen sollen, was alle Weiber tun; er kehrte von Paris nach Genua zu-
rück, und, soviel ich gehört habe, brachte er seine Frau um.« Als Sicu- 55
rano das hörte, begriff sie sofort, wo der Ursprung für Bernabòs Erbit-
terung gegen sie zu suchen war; und sie erkannte, dass jener ihr
Unglück offensichtlich verursacht hatte; und sie beschloss, ihn nicht
ungestraft davonkommen zu lassen. Sicurano gab vor, sein Gefallen 56
an der Geschichte gefunden zu haben, und knüpfte, nicht ohne Hin-
tergedanken, eine vertrauliche Beziehung zu ihm an. Es kam so weit,
dass Ambruogiuolo auf seine Anregung hin nach dem Ende der Messe
mit allen Waren nach Alexandria kam, wo Sicurano es ihm ermög-
lichte, eine Niederlassung zu gründen; er stellte ihm außerdem genü-
gend Geld zur Verfügung, damit er sah, dass er gut verdienen konnte
und gerne dort blieb. Sicurano war bestrebt, Bernabò von ihrer Un- 57
schuld zu überzeugen; sie ruhte nicht, bis sie ihn schließlich nach
Alexandria kommen lassen konnte, indem sie besondere Gründe vor-
brachte und einige Großkaufleute aus Genua – die sich in Alexandria
aufhielten – intervenieren ließ. Bernabò traf schließlich ein, er befand
sich in einem recht ärmlichen Zustand, und sie brachte ihn in aller
Stille bei einem ihrer Freunde unter, bis es ihr an der Zeit erschien, ih-
ren Plan in die Tat umzusetzen.

Sicurano hatte Ambruogiuolo seine Geschichte auch dem Sultan 58
erzählen lassen, der sie sehr vergnüglich fand. Nachdem Bernabò an-
gekommen war, dachte sie, dass die Sache nicht länger aufzuschieben
sei. Bei einer günstigen Gelegenheit erreichte sie es, dass der Sultan
Ambruogiuolo und Bernabò zu sich kommen ließ, damit er in Gegen-

wart Bernabòs, wenn nicht durch gutes Zureden, dann mit Strenge
Ambruogiuolo dazu brächte zu erzählen, wie er sich tatsächlich mit
59 der Frau Bernabòs hatte rühmen können. Als nun Ambruogiuolo und
Bernabò eintrafen, befahl der Sultan mit strenger Miene, dass Am-
bruogiuolo die Wahrheit darüber berichten sollte, wie er fünftausend
Goldtaler von Bernabò gewonnen habe; anwesend war Sicurano, auf
den Ambruogiuolo voll und ganz vertraute, und der ihm mit beweg-
ter Miene die strengste Folter androhte, wenn er nicht die Wahrheit
60 sagte. Von zwei Seiten jagte man Ambruogiuolo Angst ein; unter die-
sem Druck erzählte er nun klar und eindeutig, in Gegenwart Bernabòs
und vieler anderer Zuhörer, wie sich alles tatsächlich zugetragen hat-
te; als Strafe erwartete er nur, dass er die fünftausend Goldtaler er-
61 statten müsse. Und nachdem er gesprochen hatte, wandte sich Sicu-
rano, als verträte er die richterliche Gewalt des Sultans, an Bernabò
und fragte ihn: »Was tatest du aufgrund dieser Lüge deiner Frau an?«
62 Worauf Bernabò antwortete: »Ich fühlte mich vom Zorn über den
Verlust meines Geldes und von der Schande, die mir meine Frau ange-
tan zu haben schien, überwältigt und ließ sie von einem Diener töten;
er berichtete mir, dass ihr Leichnam von Wölfen verschlungen wur-
63 de.« Der Sultan hatte alles gehört und wohl verstanden, aber er wuss-
te nicht, worauf Sicurano, der die Situation eingefädelt und die Fra-
gen gestellt hatte, nun hinauswollte; aber Sicurano wandte sich nun
64 an ihn: »O Herr, Ihr seht deutlich genug, wie diese Frau sich ihres
Liebhabers und ihres Gatten rühmen kann: Der Liebhaber beraubt sie
ihrer Ehre mit Lügen, ruiniert ihren Ruf und stürzt ihren Ehemann
ins Elend; und der Gatte glaubt der Lüge mehr als der Wahrheit, die er
aus langjähriger Erfahrung kannte, lässt sie umbringen und den Wöl-
fen zum Fraß vorwerfen. Und zu alledem bringen der Freund und der
Ehemann ihr so viel Liebe und Wohlwollen entgegen, dass sie sie
nicht einmal wiedererkennen, obwohl sie lang genug mit ihr zusam-
65 men waren. Da Ihr selbst aber am besten wisst, was ein jeder der bei-
den verdient hat, und Ihr mir die besondere Gnade gewähren möch-

tet, den Betrüger bestrafen zu lassen und dem Betrogenen zu verzei-
hen, werde ich sie Euch und den beiden vor Augen führen.« Der 66
Sultan war bereit, in dieser Angelegenheit ganz und gar dem Willen
Sicuranos zu folgen, und sagte, dass es ihm recht sei und er die Frau
kommen lasse. Bernabò war höchst verwundert, weil er es für gewiss
hielt, sie sei tot. Und Ambruogiuolo ahnte das Verhängnis, hatte
Angst, mehr als nur Geld bezahlen zu müssen, wusste nicht, was er
davon hoffen oder befürchten sollte, wenn die Frau mit einmal er-
schien; er erwartete mit einer gewissen Fassungslosigkeit ihr Kom-
men. Der Sultan hatte also seine Zustimmung gegeben, als Sicurano 67
sich unter Tränen vor ihm auf die Knie warf, augenblicklich ihre
männliche Stimme und ihr männliches Auftreten aufgab und sagte:
»O Herr, ich selbst bin die arme und unglückliche Ginevra, sechs Jahre 68
lang habe ich mich als Mann verkleidet durchgeschlagen, weil dieser
Verräter Ambruogiuolo mich fälschlicherweise ruchlos beleidigt hat,
und weil jener grausame und ungerechte Mann mich seinem Diener
übergeben hat, um mich zu töten und den Wölfen vorzuwerfen.«
Und sie zerriss ihre Kleider und zeigte ihre Brüste, um dem Sultan 69
und allen übrigen zu offenbaren, dass sie eine Frau war; danach wand-
te sie sich an Ambruogiuolo und fragte ihn mit wütenden Worten,
wann sie je, wie er sich rühmte, ihm beigeschlafen habe. Der erkannte
sie, die Scham verschlug ihm die Sprache, und er schwieg. Der Sultan, 70
der sie immer für einen Mann gehalten hatte, war so verwundert über
das, was er gehört hatte und sah, dass er es eher für einen Traum als
die Wirklichkeit hielt. Als er sich wieder gefasst und die Wahrheit zur
Kenntnis genommen hatte, lobte er den Lebenswandel und die Stand-
haftigkeit, die Tugend und die Sitten Ginevras, die bislang Sicurano
genannt wurde, in den höchsten Worten. Er ließ angemessene weib- 71
liche Bekleidung kommen sowie Frauen für ihr Gefolge; gemäß ihrer
Bitte vergab er Bernabò, der den Tod verdient hätte. Dieser hatte sie
erkannt und warf sich weinend und um Vergebung bittend zu ihren
Füßen, welche sie ihm, obwohl er dessen nicht würdig war, gütig ge-

währte; sie bat ihn, sich zu erheben und umarmte ihn liebevoll als ih-
72 ren Ehemann. Anschließend befahl der Sultan, dass Ambruogiuolo mit Honig bestrichen an einem hoch gelegenen Ort der Stadt an einen Pfahl gebunden und nicht abgenommen werde, bis er auseinanderge-
73 fallen sei; so geschah es. Darauf befahl er, den Besitz Ambruogiuolos der Frau Bernabòs zu übertragen, und das waren nicht weniger als zehntausend Dublonen. Er ließ ein großartiges Fest zu Ehren von Bernabò und Madonna Ginevra als seiner tüchtigen Gattin ausrichten und schenkte ihnen Geld, Edelsteine, Gold- und Silbergefäße im
74 Wert von weiteren zehntausend Dublonen. Dann ließ er ihnen ein Schiff ausstatten und gestattete ihnen, nach dem Fest gemäß ihrem Wunsch nach Genua zurückzukehren. Wohin sie mit Freuden und reich geworden zurückkehrten und mit hohen Ehren empfangen wurden. Dies galt besonders für Madonna Ginevra, die man für tot gehalten hatte; solange sie lebte, wurde sie wegen ihrer großen Tugendhaftigkeit und ihrer Stellung hoch geschätzt.

75 Ambruogiuolo wurde noch an dem Tag, an dem er an einen Pfahl gebunden und mit Honig bestrichen worden war, von den Fliegen, Wespen und Bremsen, die in jenem Land zahlreich sind, nicht nur unter großen Qualen getötet, sondern bis auf die Knochen zerfressen; die Knochen, von den Sehnen zusammengehalten, wurden nicht abgenommen und waren noch lange Zeit für jeden, der sie sah, ein Zeugnis seiner Schlechtigkeit. So war der Betrüger der Betrogene.

Zehnte Novelle

1 *Paganino aus Monaco raubt die Frau des Messer Ricciardo di Chinzica; dieser erfährt, wo sie sich aufhält, begibt sich dorthin und befreundet sich mit Paganino; er bittet ihn, ihm seine Frau zurückzugeben, und dieser willigt ein, sofern sie selbst zustimme; sie will aber nicht zu ihm zurückkehren und wird nach dem Tod Messer Ricciardos Paganinos Frau.*

Alle waren des Lobes voll für die von der Königin erzählte Novelle, 2
insbesondere Dioneo, der als letzter an diesem Tag erzählen sollte.
Nachdem er die vorherige Novelle sehr gepriesen hatte, sagte er:

Schöne Frauen, ein Element der Novelle unserer Königin hat mich 3
dazu bewogen, euch eine andere Geschichte zu erzählen, als ich es ur-
sprünglich vorhatte. Es ist das bestialische Verhalten des Bernabò;
denn recht geschieht es ihm und allen anderen, die sich bemühen das
zu glauben, was er selbst so demonstrativ glaubte: Dass sie nämlich
durch die Welt ziehen, sich mit der einen und der anderen verlustie-
ren und annehmen, dass ihre Frauen daheim die Hände in den Schoß
legen; so als wenn wir, die wir unter ihnen geboren werden, aufwach-
sen und leben, nicht wüssten, wonach ihnen der Sinn stünde. Mit die- 4
ser Novelle werde ich euch zeigen, dass, wenn die Dummheit dieser
Leute groß ist, die Dummheit anderer noch größer ist, die glauben,
stärker als die Natur zu sein und mit märchenhaften Begründungen
das zu können, was sie nicht können, und andere zwingen, sich nach
ihnen zu richten, ohne deren eigene Natur zu berücksichtigen.

Es lebte also in Pisa ein Richter namens Messer Riccardo da Chin- 5
zica, der mit mehr Geistesgaben als Körperkräften ausgestattet war.
Vielleicht glaubte er, seine Frau mit der gleichen Art von Anstrengung

befriedigen zu können, mit der er sich seinen Studien widmete; so
suchte er, da er sehr reich war, mit großer Hingabe nach einer sowohl
schönen als auch jungen Dame als Ehefrau, wo er doch sowohl das
eine wie das andere – hätte er sich selbst so gut wie andere zu beraten
6 gewusst – hätte vermeiden sollen. Und sie wurde ihm zuteil, denn
Messer Lotto Gualandi gab ihm seine Tochter Bartolomea zur Frau,
eine der schönsten und anmutigsten jungen Damen Pisas, wo es nur
7 wenige gibt, die nicht aussehen wie die Mauergeckos. Sie führte der
Richter würdevoll in sein Heim und feierte eine großartige und schö-
ne Hochzeit. Allerdings stieß er in der ersten Nacht gerade ein Mal zu,
um die Ehe zu vollziehen und hätte beinahe dieses Spiel abbrechen
müssen; da er mager, ausgetrocknet und kraftlos war, musste er sich
am Morgen mit Likör und Konfekt und anderen Mittelchen stärken,
8 um ins Leben zurückzukehren. Selbiger Herr Richter wusste nun sei-
ne Kräfte besser einzuschätzen, als er es zuvor getan hatte, und stellte
einen Kalender auf, wie er für Kinder geeignet ist, die lesen lernen,
9 und wie es ihn vielleicht schon in Ravenna gibt. Er erklärte nämlich
seiner Frau, dass auf einen Tag nicht nur ein Heiligenfest, sondern
mehrere fielen, und dass in Berücksichtigung derselben aus mancher-
lei Gründen Mann und Frau sich ihrer Vereinigung enthalten müss-
ten; hinzu kämen noch die Quatember, die Vigilien der Apostel und
tausend anderer Heiliger, der Freitag und Samstag und der Tag des
Herrn und die Fastenzeit und bestimmte Himmelskonstellationen
und viele andere Ausnahmen. Vielleicht war er ja der Meinung, dass
man mit den Frauen im Bett so viele freie Tage einhalten müsste, wie
10 er es manchmal bei seinen Prozessen tat. Zum großen Bedauern sei-
ner Frau, die er kaum mehr als einmal im Monat anrührte, hielt er sich
lange Zeit daran; und er bewachte sie aufmerksam, damit ihr nicht ir-
gendjemand die Werktage lehrte, so wie er sie über die Festtage be-
11 lehrt hatte. An einem heißen Tag geschah es, dass den Herrn Riccardo
das Verlangen überkam, auf einem sehr schönen Landgut nahe Monte
Nero ein wenig Erholung zu suchen und die frische Luft einige Tage

zu genießen; seine schöne Gattin führte er mit sich. Um ihr während 12
des Aufenthaltes dort eine Abwechslung zu verschaffen, veranstalte-
te er einen Fischfang; man fuhr mit zwei Booten aus, er selbst zusam-
men mit den Fischern, sie fuhr mit anderen Damen zum Zuschauen
in einem zweiten Boot; und ohne es zu bemerken, trieb sie der Spaß
einige Meilen weit aufs Meer hinaus. Während sie aufmerksam den 13
Fischfang beobachteten, tauchte unversehens eine Galeere des Paga-
nin da Mare auf, eines damals berühmten Korsaren, und richtete ih-
ren Kurs auf die beiden Boote; diese konnten nicht so rasch entkom-
men, dass Paganin nicht das Boot mit den Frauen erreicht hätte. Paga-
nin erblickte die schöne Gattin, verlangte nach nichts weiterem, sah,
dass der Herr Riccardo schon das Land erreicht hatte, nahm sie an
Bord und fuhr davon. Als der Herr Richter – der sogar eifersüchtig auf 14
die Luft war – das sah, wurde er von unbeschreiblichem Schmerz er-
griffen. Ohne irgendetwas zu erreichen, beklagte er sich in Pisa und
anderswo über die Frechheit der Korsaren, ohne zu erfahren, wer ihm
seine Frau weggenommen und wohin er sie geschafft hatte. Paganino 15
seinerseits war zufrieden, als er sah, wie schön sie war; und da er kei-
ne Frau hatte, gedachte er, sie bei sich zu behalten; er begann sie, die
heftig weinte, zärtlich zu trösten. Als die Nacht hereinbrach, legte er 16
mit dem Gürtel auch jeden Gedanken an Feste und Feiertage ab und
tröstete sie mit Werken, da es ihm schien, dass die Worte zuvor we-
nig genutzt hatten. Er tröstete sie so gut, dass ihr, noch bevor Monaco
erreicht war, der Richter und seine Gesetze aus dem Sinn gekommen
waren und sie auf die munterste Art der Welt mit Paganino zusam-
menlebte. Dieser führte sie heim nach Monaco und hielt sie, neben
dem Zuspruch bei Tag und bei Nacht, als seine Gattin in Ehren. Nach 17
einer gewissen Zeit kam es zu Ohren des Herrn Riccardo, wo seine
Frau sich aufhielt. Da er es niemandem zutraute, das zu tun, was nö-
tig war, trieb ihn das glühende Verlangen, sie selbst aufzusuchen; er
war bereit, jede beliebige Summe als Lösegeld für sie zu zahlen. Er
stach in See, erreichte Monaco, und er sah sie und sie ihn. Abends be-

18 richtete sie das Paganino und informierte ihn über seine Absicht. Am
folgenden Morgen sah Herr Riccardo Paganino, trat auf ihn zu und
kam nach kurzer Zeit in ein vertrauliches und freundschaftliches Ge-
spräch, wobei Paganino vorgab, ihn nicht zu kennen und nicht zu
wissen, was er eigentlich vorhatte. Als es ihm an der Zeit erschien, of-
fenbarte ihm schließlich Herr Riccardo – so gut und höflich er nur
konnte – den Grund seines Kommens und bat ihn, so viel zu verlan-
19 gen, wie er wollte, und ihm dafür seine Frau zurückzugeben. Pagani-
no antwortete gutgelaunt: »Seid willkommen, Herr, in aller Kürze
kann ich Euch nur folgendes sagen: Es stimmt, dass sich in meinem
Haus eine junge Dame aufhält, von der ich nicht weiß, ob sie Eure
oder eines anderen Ehefrau ist, weil ich Euch nicht kenne und von ihr
20 nur weiß, dass sie seit einiger Zeit bei mir lebt. Wenn Ihr, wie Ihr sagt,
ihr Gatte seid, so werde ich Euch, da Ihr freundlich und ehrenwert zu
sein scheint, zu ihr geleiten; und ich bin sicher, sie wird Euch erken-
nen. Wenn sie sagt, dass es so ist, wie Ihr sagt und mit Euch gehen
will, so gebt mir nach Gutdünken so viel Lösegeld, wie Ihr wollt;
wenn dem aber nicht so ist, würdet Ihr eine Gemeinheit begehen, sie
mir wegzunehmen, denn ich bin ein junger Mann und kann so gut
wie ein anderer eine Frau besitzen, besonders eine Frau wie sie, die
21 anmutigste, die ich je gesehen habe.« Darauf sagte Messer Riccardo:
»Gewiss ist sie meine Frau; wenn du mich zu ihr führst, wirst du es
sehen, denn sie wird mir sofort um den Hals fallen. Deswegen bitte
ich darum, dass es so geschehen möge, wie du vorgeschlagen hast.«
23 Paganino sagte: »Gehen wir also!« Sie gingen also zum Haus Pagani-
nos und betraten einen Saal, wohin Paganino sie rufen ließ. Schick-
lich gekleidet verließ sie ihre Kammer und kam dorthin, wo Messer
Riccardo und Paganino beisammen waren; sie wandte sich Riccardo
nicht anders zu als irgendeinem Fremden, den Paganino ins Haus ge-
führt hätte. Der Herr Richter, der erwartet hatte, mit überschwängli-
cher Freude begrüßt zu werden, bemerkte es und war sehr erstaunt;
aber er sagte sich: »Vielleicht haben mich Trübsal und Schmerz, die

ich seit ihrem Verlust empfunden habe, so sehr verändert, dass sie
mich nicht wiedererkennt.« Also sagte er: »Frau, es kommt mich teuer 24
zu stehen, dass ich dich zum Fischfang ausgeführt habe, denn ich
habe einen unvorstellbaren Schmerz empfunden, als ich dich verlor,
und nun scheinst du mich nicht einmal wiederzuerkennen, so un-
freundlich empfängst du mich. Siehst du denn nicht, dass ich dein
Herr Riccardo bin, der gekommen ist, um jedes Lösegeld zu bezahlen,
das dieser ehrenwerte Herr, in dessen Haus wir uns befinden, ver-
langt, um dich zurückzubekommen und dich mitzunehmen? Und er
ist so freundlich, dich für die Summe zurückzugeben, die ich bestim-
me.« Die Frau schaute ihn an, lächelte fast unmerklich und sagte: 25
»Mein Herr, wie sprecht Ihr zu mir? Hütet Euch, dass Ihr mich nicht
verwechselt habt, denn ich erinnere mich nicht, Euch jemals gesehen
zu haben.« Darauf Herr Riccardo: »Hüte dich, was du sagst und schau 26
mich recht an; wenn du dich wohl erinnern möchtest, wirst du sehen,
dass ich dein Riccardo di Chinzica bin.« Die Frau sagte: »Herr, ver- 27
zeiht mir; es ist vielleicht nicht schicklich, Euch, wie Ihr es wünscht,
lange zu betrachten; dennoch habe ich Euch so gut angeschaut, dass
ich weiß, Euch noch nie gesehen zu haben.« Herr Riccardo bildete 28
sich ein, dass sie dies aus Furcht vor Paganino sagte und in seiner Ge-
genwart nicht eingestehen wollte, dass sie ihn kannte. Deswegen bat
er Paganino, ihm freundlicherweise zu gestatten, in einem Raum al-
leine mit ihr zu sprechen. Paganino sagte, es sei ihm recht, wenn er sie 29
nicht gegen ihren Willen küssen würde; die Frau wies er an, unter
vier Augen anzuhören, was er zu sagen habe, und ihm nach Gutdün-
ken zu antworten. Die Frau und Herr Riccardo zogen sich also in ei- 30
nen Raum zurück; als sie sich niedergesetzt hatten, begann Herr Ric-
cardo wie folgt: »O du mein Herzlieb, mein süßer Schatz, du meine
Zuversicht, erkennst du denn nicht deinen Riccardo, der dich mehr
liebt als sich selbst? Wie kann das nur sein, habe ich mich denn derart
verändert? Mein Augenstern, schau' mich doch nur an.« Die Frau 31
lachte und unterbrach ihn: »Ihr wisst nur zu gut, dass ich nicht so un-

bedarft bin und Euch nicht als meinen Ehemann, Herrn Riccardo di
Chinzica erkannt hätte. Ihr hingegen, als ich noch bei Euch war,
schient mich kaum zu kennen; denn wenn Ihr auch gelehrt wart oder
immer noch als gelehrt gelten wollt, so hättet Ihr auch so viel Verstand
besitzen müssen, um zu sehen, dass ich jung, gesund und lebenslustig
war; Ihr hättet also wissen müssen, was junge Frauen neben Kleidern
und Essen nicht entbehren können, obwohl sie es aus Scham nicht
32 aussprechen; wie Ihr Euch dazu verhalten habt, wisst Ihr. Und wenn
Euch das Studium der Gesetze mehr zusagte als eine Frau, dann hättet
Ihr Euch keine anschaffen dürfen. Mir erschien es ohnehin, dass Ihr
kein Richter wäret, sondern ein Ausrufer von Fest- und Feiertagen,
so gut kanntet Ihr sie, von Fastenzeiten und Vigilien. Ich sage Euch,
hättet Ihr den Bauern, die Eure Güter bestellen, so viele Feiertage ma-
chen lassen, wie Ihr sie dem vorgeschrieben habt, der mein Gärtchen
33 zu bestellen hatte, so hättet Ihr kein Körnchen Korn eingefahren. Ich
bin an jemanden geraten, den Gott mir als mitfühlenden Walter mei-
ner Jugend geschickt hat; mit ihm lebe ich in diesem Raum, wo man
keine Feiertage kennt, ich meine jene Feiertage, die Ihr, mehr dem
Herrgott zugetan als dem Dienst der Frauen, so häufig begangen habt.
Hinter dieser Tür gab es weder Samstag noch Freitag noch Vigilien
noch Quatember noch die überlange Fastenzeit; hier wird nämlich
Tag und Nacht gearbeitet und die Wolle geschlagen, und beim Mor-
34 gengeläute wusste ich, dass es mehr als ein Mal war. Und deswegen
möchte ich mit ihm zusammen pflügen, solange ich jung bin, und mir
Feiertage, Wallfahrten und das Fasten fürs Alter aufheben. Ihr selbst
solltet, so rasch wie möglich und auf gut Glück Eures Weges gehen
35 und so viele Feiertage feiern, wie es Euch Spaß macht.« Als Messer
Riccardo diese Worte vernahm, war er furchtbar geknickt und sagte,
nachdem sie geendet hatte: »O mein süßer Schatz, was sind denn das
für Worte? Denkst du denn gar nicht an deine und deiner Eltern
Ehre? Willst du lieber als Dirne und in der Todsünde denn als meine
Gattin in Pisa leben? Jener wird deiner überdrüssig werden und dich

mit Schande davonjagen, aber für mich, auch wenn ich dich nicht mehr haben sollte, wirst du immer die teure Herrin meines Hauses
bleiben. Ich liebe dich mehr als mein Leben; solltest du um eines 36
schändlichen und zügellosen Begehrens willen deine und meine Ehre vergessen? O mein Hoffnungsstrahl, vergiss deine Worte und komme mit mir zurück. Da ich dein Verlangen kenne, werde ich mein Bestes für dich tun. Meine Süße, überdenke deinen Entschluss und komme mit mir; seit du mir genommen wurdest, fühle ich mich elend.«
Worauf die Frau antwortete: »An meine Ehre denke ich selbst, da es 37
zu spät ist, mehr als jeder andere. Hätten meine Eltern doch nur daran gedacht, als sie mich Euch ausgeliefert haben! Sie haben damals nicht an meine Ehre gedacht, ich denke heute nicht an ihre. Und lebe ich in der Todsünde, solange der Stößel im Mörser steckt – seid nicht emp-
findlicher als ich selbst. Ich sage Euch, hier bin ich die Ehefrau Pagani- 38
nos, in Pisa war ich Eure Dirne; bei Euch bedurfte es nämlich der Quadratur des Mondes und der Planeten, bis Ihr und ich zur Konjunktion kamen, während Paganino mich die ganze Nacht in den Armen hält, mich an sich drückt und beißt – wie er mich gerbt, möge der
Herrgott Euch statt meiner sagen. Und was und wie wollt Ihr denn zu 39
meinem Besten tun? Dreimal eine Null würfeln, Euch hochpeitschen? Ihr seid ein tapferer Reitersmann geworden, seit ich Euch nicht mehr gesehen habe! Geht und bemüht Euch zu leben, denn Ihr schaut so ausgemergelt und jammervoll aus, als wäret Ihr auf Abruf
hier. Und eines sag ich Euch noch: Wenn er mich wegschicken sollte – 40
wozu er nicht bereit ist, wenn ich bleiben will –, habe ich nicht im Sinn, zu Euch zurückzukehren, aus dem man kein Schälchen Soße pressen könnte; denn ein Mal war ich bei Euch zu meinem Schaden und Verlust, das nächste Mal suche ich woanders meinen Gewinn.
Noch einmal sage ich Euch, hier gibt es weder Feiertage noch Vigilien, 41
und hier will ich bleiben. Geht daher mit Gott, so rasch wie möglich –
oder ich schreie laut, dass Ihr mich zwingen wollt.« Messer Riccardo 42
sah, dass er in einer üblen Lage war, erkannte aber, dass es eine Torheit

gewesen war, mit seiner Impotenz eine junge Frau zum Weib zu nehmen; er verließ vergrämt und traurig den Raum, redete noch eine Weile auf Paganino ein, was aber überhaupt nichts brachte. Ohne etwas erreicht zu haben, verließ er seine Frau und kehrte nach Pisa zurück; dort wurde er vor Schmerz halb verrückt; wenn ihn auf der Straße jemand grüßte oder ansprach, antwortete er nur: »Das üble Loch will keinen Feiertag.« Und er starb nach kurzer Zeit.

43 Als Paganino davon hörte und erkannte, wie sehr die Frau ihn liebte, heiratete er sie als seine rechtmäßige Gattin. Ohne jemals Feiertage oder Vigilien oder Fastenzeiten zu beachten, machten sie sich ein gutes Leben und arbeiteten, solange die Beine sie trugen. Teure Damen, deswegen meine ich, dass Bernabò, als er mit Ambruogiuolo disputierte, auf einer Ziege bergab geritten ist.

1 Diese Novelle brachte die ganze Gesellschaft so sehr zum Lachen,
dass allen die Kinnbacken schmerzten. Und übereinstimmend waren
alle Frauen der Meinung, dass Dioneo recht habe und dass Bernabò
2 ein Esel gewesen sei. Als die Novelle beendet war und das Gelächter
sich gelegt hatte, sah die Königin, dass alle eine Novelle erzählt hat-
ten, dass es spät am Tag und gemäß der Übereinkunft das Ende ihrer
Herrschaft gekommen war; sie nahm also den Kranz von ihrem Kopf
und setzte ihn lächelnd mit den folgenden Worten Neifile aufs Haupt:
»Teure Gefährtin, nun hast du die Herrschaft über dieses Völkchen.«
3 Darauf nahm sie wieder ihren Platz ein. Neifile errötete über die emp-
fangene Ehre; ihr Antlitz zeigte die Färbung einer aufblühenden Rose
an einem Frühlingsmorgen, ihre lieblichen, wie der Morgenstern fun-
kelnden Augen blieben gesenkt. Als sich der aufrichtige Beifall, mit
dem die Anwesenden ihrer Königin freundlich huldigten, gelegt hat-
te, und sie selbst sich gefangen hatte, sagte sie und saß hierbei nicht
4 höher als alle übrigen: »Da ich nun eure Königin bin, will ich nicht
darüber sprechen, was meine Vorgängerinnen getan haben, deren Re-
gierung ihr lobtet, indem ihr ihnen gehorcht habt; ich werde euch

vielmehr mit wenigen Worten darlegen, was ich vorhabe; und gebt
ihr eure Zustimmung, so werden wir es einhalten. Wie ihr wisst, ist 5
morgen Freitag und darauf folgt der Samstag; beide Tage sind für die
meisten Menschen wegen der Speisen, die in Gebrauch sind, etwas
misslich; hinzu kommt, dass wir am Freitag Ihn, der um unseres Le-
bens willen den Tod erlitt, würdig ehren müssen. Deswegen halte ich
es für würdig und angemessen, wenn wir, um Gott zu ehren, uns den
Gebeten und nicht den Novellen widmen. Und am Samstag ist es 6
Brauch, dass die Frauen sich den Kopf waschen und allen Staub und
Schmutz entfernen, der sich durch die Arbeiten der vergangenen Wo-
che angesammelt hat; viele pflegen auch zu fasten, um die Jungfrau,
Mutter des Sohnes Gottes, zu ehren und sich zur Besinnung auf den
folgenden Sonntag von allem Tun auszuruhen. An diesem Tag kön-
nen auch wir nicht einfach in unserer geplanten Lebensweise fortfah-
ren, und ich meine, wir tun gut daran, uns von den Novellen auszuru-
hen. Außerdem halte ich es für opportun, dass wir an einen anderen 7
Ort ziehen – für den ich schon gesorgt habe –, weil wir inzwischen seit
vier Tagen hier sein werden und es vermeiden wollen, dass uns frem-
de Leute überraschen. Nach der Mittagsruhe versammeln wir uns 8
dort am Sonntag. Da das heutige Thema unserer Rede einen weiten
Raum gelassen hat und ihr viel Zeit zum Nachdenken habt, und da es
schön sein wird, wenn das Thema etwas eingeschränkter ist und von
einer der mannigfachen Taten der Fortuna gesprochen wird, dachte
ich an folgendes: von solchen zu sprechen, die eine begehrte Sache 9
mit Geschick erlangen oder eine verlorene wiederbekommen. Hierzu
möge ein jeder etwas erzählen, das für uns alle nützlich oder wenigs-
tens unterhaltend sein kann; Dioneo allein behält sein Privileg.«

Ein jeder lobte die Rede und den Vorschlag der Königin, und so 10
beschlossen sie, dass man ihr folge. Sie ließ darauf ihren Seneschall
rufen und ordnete an, wo am Abend die Tische aufgestellt würden
und was alles während ihrer Herrschaft zu tun wäre. Nachdem das
geschehen war und sich alle erhoben hatten, ließ sie einen jeden das

11 tun, was ihm gefiel. Die Damen und die jungen Herren schlugen den Weg zu einem kleinen Garten ein; dort ergingen sie sich eine Weile und speisten, als die Zeit gekommen war, fröhlich und mit Wohlgefallen. Sie erhoben sich, und der Königin gefiel es, dass Emilia den Reigen anführte; Pampinea sang die folgende Kanzone, und die anderen fielen in den Kehrreim ein.

12 Welche Dame, wenn nicht ich, wird singen,
die ich glücklich in allem Begehren bin?
13 Komm Amor, Ursprung meines Glücks,
meiner Hoffnung, meiner Freuden;
stimmen wir ein Lied an,
nicht über Seufzen und Liebespein,
die mir den Genuss versüßen,
sondern allein über die helle Flamme,
in der ich freudig lebe und brenne
und dich als meinen Gott verehre.
14 Amor, am Tag, da ich deinen Feuerkreis betrat,
führtest du mir einen Jüngling vor Augen,
so schön und tapfer und edel
wie kaum einen anderen
oder ihm vergleichbar:
Für ihn bin ich entbrannt
und widme dir, meinem Herrn, ein heiteres Lied.
15 Und mein höchstes Glück ist,
dass ich ihm gefalle, so wie er mir gefällt,
Amor sei Dank;
denn in dieser Welt besitze ich, was ich begehre,
und in der anderen hoffe ich Frieden zu finden
um der festen Treue willen,
die ich für ihn empfinde. Gott, der es sieht,
wird uns die Gnade seines Reiches gewähren.

Nach dieser wurden noch weitere Kanzonen gesungen, andere Tänze 16
getanzt, und es erklangen noch andere Melodien. Als die Königin meinte, dass es Zeit sei, sich zur Ruhe zu begeben, wurde ein jeder mit Fackeln in sein Gemach geleitet. An den folgenden zwei Tagen gingen sie den Beschäftigungen nach, von denen die Königin gesprochen hatte, und freuten sich auf den Sonntag.

1 ES ENDET DER ZWEITE TAG DES DECAMERON
UND ES BEGINNT DER DRITTE TAG,
AN DEM UNTER DER HERRSCHAFT NEIFILES
DAVON ERZÄHLT WIRD,
WIE JEMAND EINE BEGEHRTE SACHE
MIT GESCHICK ERLANGT
ODER EINE VERLORENE WIEDERBEKOMMT.

2 Die Morgenröte begann vor der aufgehenden Sonne zu erblassen, als
die Königin die Gesellschaft aufstehen ließ. Der Seneschall hatte ge-
raume Zeit zuvor bereits einige notwendige Dinge und Personal zur
Vorbereitung dorthin geschickt, wo man den Tag verbringen wollte;
als er sah, dass die Königin aufbrach, ließ er rasch alles übrige aufla-
den und das Lager nahezu abbrechen und zog mit dem gesamten Ge-
päck und den Dienern hinterher, die bei den Damen und Herren zu-
3 rückgeblieben waren. Langsamen Schrittes ging die Königin in west-
licher Richtung, die Damen und die drei jungen Männer begleiteten
sie oder folgten ihr; die Führung übernahm der Gesang einer Schar
von singenden Nachtigallen und anderen Vögeln auf einem wenig be-
nutzten Weg, zugewachsen mit grünem Gras und Blumen, die sich
der aufgehenden Sonne öffneten. Plaudernd, scherzend und lachend
erreichte die Königin mit ihrer Schar, nachdem sie nicht mehr als
zweitausend Schritte gegangen waren, noch vor halb acht Uhr einen
wunderschönen und stattlichen Palast, der etwas herausgehoben auf
4 einem Hügel gelegen war. Sie traten ein und durchschritten die geräu-
migen Säle, die sauberen, ausgeschmückten und mit allem Notwen-
digen ausgestatteten Zimmer und priesen aufs höchste die Generosi-
tät des Besitzers. Sie priesen ihn noch mehr, als sie in den weiten und
lichten Hof und in die Kellergewölbe hinabstiegen, wo die besten
Weine lagerten und frisches Wasser reichlich sprudelte. Sie wollten
sich darauf ein wenig ausruhen und ließen sich in einer Loggia nieder,
die den Hof beherrschte und mit Laubwerk und den Blumen der Jah-
reszeit geschmückt war; der treffliche Seneschall empfing sie dort
und bewirtete sie mit köstlichem Konfekt und ausgesuchten Weinen.

5 Anschließend wurde ein von Mauern umschlossener Garten ne-
ben dem Palast geöffnet, und sie betraten ihn; er erschien ihnen vom
Eingang aus von so wundervoller Schönheit, dass sie ihn von allen
6 Seiten aufmerksam betrachteten. Breite Wege umschlossen und

durchkreuzten ihn, pfeilgerade und mit Weinlaub überdacht, an denen reichlich Trauben zu sehen waren. Diese Laubengänge verströmten einen starken Duft; vermischt mit den übrigen Düften schienen die Wohlgerüche des Orients über dem Garten zu schweben. Die Wege waren von weißen und roten Rosen und Jasmin eingeschlossen; auf diese Weise konnte man sowohl am Morgen als auch zu fortgeschrittener Stunde vor der Sonne geschützt in angenehmem und
wohlriechendem Schatten wandeln. Ausführlicher wäre zu berich- 7
ten, wie viele Pflanzen und wie sie angepflanzt und verteilt waren; eine jede, die bekannt ist und in unserem Klima gedeiht, war in Über-
fülle vertreten. Besonders beachtenswert befand sich inmitten des 8
üppigen Pflanzenwuchses eine Wiese aus feinem und so grünem Gras, dass es fast schwarz erschien, tausendfach und wie gemalt von bunten Blumen durchsetzt und umgeben von grünen und dichten Orangensträuchern und Zitronenbäumen, die mit Blüten, alten und neuen Früchten nicht nur das Auge angenehm erfreuten, sondern
auch dem Geruchssinn wohltaten. Inmitten der Wiese stand ein 9
wunderbar verzierter Brunnen aus weißem Marmor; inmitten stand auf einer Säule eine Figur, die, sei es durch natürliche oder künstliche Zuleitung, einen hohen und vollen Wasserstrahl – der ein Mühlrad bewegen konnte – zum Himmel schickte, der gefällig plätschernd in
den Brunnen zurückfiel. Das Wasser, das aus dem vollen Brunnenbe- 10
cken abfloss, wurde zunächst unter die Wiese geleitet und trat danach in schön angelegten Kanälen zutage, die es um die Wiese führten, von wo es sich über ähnliche Kanäle in alle Teile des Gartens verteilte; schließlich wurde es an einem Ausgang des schönen Gartens wieder gesammelt, von wo es zur Ebene als heller Bach mit solcher Kraft hinabfloss, dass es zum Nutzen des Besitzers noch zwei Mühlen antrieb.
Der Anblick des Gartens, seiner Komposition, der Pflanzen und des 11
Brunnens und der Wasserläufe gefiel den Damen und den Jünglingen so sehr, dass sie versicherten, wenn man auf Erden ein Paradies einrichten könnte, so wüssten sie es nicht anders auszudenken und zu

gestalten als in der Form dieses Gartens, ohne dass irgendetwas Schö-
12 nes hinzuzufügen wäre. Gutgelaunt wandelten sie durch den Garten, flochten Girlanden aus verschiedenen Blütenzweigen, hörten zu, wie die Singvögel um die Wette sangen und entdeckten entzückende Schönheiten, die sich hinter den zuerst wahrgenommenen verbar-
13 gen. So sahen sie, dass in dem Garten eine Vielzahl schöner Tiere lebte; sie zeigten einander Kaninchen, sahen Hasen, die davonliefen, oder ruhende Rehe, weidende junge Hirsche und viele Arten unschädlicher Tiere, die umhertollten, als wären sie gezähmt. Neben den anderen ergötzlichen Dingen erhöhten sie das Wohlgefallen der
14 Betrachtenden. Sie schauten die einzelnen Dinge ausführlich an; es wurden Tische um den Brunnen aufgebaut, sechs Kanzonen gesungen und einige Tänze getanzt; nach dem Wunsch der Königin begaben sie sich darauf zu Tisch, wo gute und delikate Speisen auf prächtig komponierten Platten aufgetragen wurden; fröhlich erhoben sie sich danach und begannen aufs neue zu singen und zu tanzen, bis es der Königin gut erschien, dass, wer es wollte, sich wegen der steigenden
15 Hitze zur Ruhe begab. Die einen taten dies auch, andere waren so eingenommen von der Schönheit des Ortes, dass sie, während die anderen sich zur Ruhe legten, Romane lasen, Schach oder ein Brettspiel
16 spielten. Als die neunte Stunde gekommen war, standen die einen wieder auf, erfrischten das Gesicht mit dem klaren Wasser, das durch die Wiese floss, und gemäß dem Willen der Königin versammelten sich alle rund um den Brunnen; nach gewohnter Weise nahmen sie Platz und warteten darauf, wer zuerst über das von der Königin gestellte Thema erzählen sollte. Filostrato war der erste, an den die Königin ihre Aufforderung richtete; und er begann wie folgt.

Erste Novelle

Masetto da Lamporecchio stellt sich stumm und wird der Gärtner eines 1
Nonnenklosters; alle Nonnen trachten danach, mit ihm zu schlafen.

Es gibt genug Männer und Frauen, die so dumm sind zu glauben, dass 2
ein Mädchen, das den weißen Schleier und die schwarze Kutte anlegt,
keine Frau mehr ist und keine weiblichen Begierden mehr spürt, so als
hätte sie das Ablegen der Gelübde in einen Stein verwandelt. Wenn 3
sie dann von einem Vorfall hören, der ihrer Meinung widerspricht,
regen sie sich auf, als wäre eine furchtbare widernatürliche Schandtat
begangen worden, und sie bedenken weder, dass sie selbst nicht ein-
mal durch die zügellose Freiheit, tun zu können, was sie wollen, be-
friedigt werden können, noch berücksichtigen sie die große Kraft des
Müßigganges und der Reize. Ebenso gibt es auch genug Leute, die 4
glauben, dass Hacke und Spaten, einfaches Essen und körperliche
Mühsal den Liebesdrang der Landarbeiter abtöten und ihren Verstand
und ihre Wahrnehmung abstumpfen. Aber wie sehr alle, die das glau- 5
ben, sich täuschen, möchte ich euch, da die Königin mich aufgefor-
dert hat, im Rahmen des von ihr gesetzten Themas mit einer kleinen
Novelle verdeutlichen.

Hier in unserer Gegend gab es und gibt es immer noch ein Non- 6
nenkloster, das im Geruch besonderer Frömmigkeit steht; seinen Na-
men möchte ich nicht nennen, um nicht seinen Ruf zu beschädigen.
In diesem Kloster lebten vor nicht allzu langer Zeit acht Nonnen unter
einer Äbtissin, sie waren alle noch jung. In ihrem wunderschönen
Garten arbeitete ein biederer Mann, der unzufrieden mit seinem
Lohn war, sich von dem Vogt auszahlen ließ und sich nach Lamporec-
chio, woher er kam, zurückzog. Dort wurde er freudig empfangen, 7
unter anderen auch von einem jungen, kräftigen Burschen, der für ei-
nen Mann vom Land hübsch anzusehen war und Masetto hieß; dieser
fragte ihn, wo er so lange gewesen sei. Der gute Mann, dessen Name

Nuto war, sagte es ihm; und Masetto fragte ihn, was er im Kloster ge-
8 tan habe. Nuto antwortete wie folgt: »Ich pflegte ihren schönen und großen Garten; manchmal habe ich auch im Wald Holz gehauen, Wasser geschöpft und andere kleine Dienste getan. Aber sie haben mich so schlecht bezahlt, dass ich kaum meine Schuhe bezahlen
9 konnte. Außerdem sind sie alle noch sehr jung und haben, glaube ich, den Teufel im Leibe, denn man kann ihnen nichts recht machen. Als ich einmal im Garten arbeitete, sagte die eine: »Pflanz' das hierhin«, eine andere: »Nein, pflanz' dies hierher«; dann kam die dritte, nahm mir die Hacke aus der Hand und sagte: »Das geht so nicht.« Sie bereiteten mir so viel Verdruss, dass ich aufhörte und aus dem Garten ging. Es kam eins zum anderen, ich wollte nicht länger bleiben und bin
10 heimgekommen. Der Vogt bat mich bei der Verabschiedung, dass, wenn ich jemanden treffe, ihn zu ihm schicken soll; und ich habe es ihm versprochen; aber der Herrgott möge ihm Gesundheit schenken,
11 ich werde niemanden weder suchen noch hinschicken.« Als Masetto die Worte Nutos vernahm, überkam ihn das unbändige Begehren, diese Nonnen aufzusuchen; aus den Worten Nutos entnahm er, dass ihm dort widerfahren könnte, was er sich wünschte. Er bedachte aber,

dass dies nicht eintreten würde, wenn er Nuto etwas sagte; also ant-
wortete er: »Gut, dass du wieder zurückgekommen bist! Was soll ein
Mann zwischen all den Weibern? Bei Teufeln wäre er besser aufgeho-
ben; von sieben Malen wissen sie sechs Mal selber nicht, was sie wol-
len.« Nach der Unterhaltung überlegte sich Masetto, wie er zu den 12
Nonnen gelangen könnte. Er verstand sich auf die Dienste, von denen
Nuto gesprochen hatte, und hielt sich für den Richtigen; er befürchte-
te aber, dass man ihn abweisen würde, weil er jung und ansehnlich
war. Nachdem er hin und her überlegt hatte, fiel ihm ein: »Das Kloster
ist ziemlich weit weg, und niemand kennt mich dort; wenn ich ange-
be, stumm zu sein, wird man mich gewiss anstellen.« Als er diesen 13
Entschluss gefasst hatte, nahm er seine Axt über die Schulter und
machte sich, ohne irgendjemandem ein Wort zu sagen, auf den Weg
zum Kloster; dort angekommen, trat er in den Hof und fand dort den
Vogt. Wie die Stummen sich mit Gesten verständlich machen, bat er
in Gottes Namen um eine Mahlzeit und erbot sich dafür, Holz zu ha-
cken. Der Vogt gab ihm bereitwillig zu essen und führte ihn anschlie- 14
ßend vor einige Holzblöcke, die Nuto nicht mehr hatte zerkleinern
können; er war kräftig und erledigte dies in kurzer Zeit. Der Vogt 15
musste in den Wald gehen und nahm ihn mit sich und ließ ihn Holz
machen; dann zeigte er ihm den Esel und bedeutete ihm mit einigen
Gesten, dass er es nach Hause schaffen sollte. Auch das erledigte er
ordentlich, so dass der Vogt ihn für mehrere Tage bei sich behielt, um
eine Reihe notwendiger Arbeiten zu verrichten; hierbei geschah es,
dass die Äbtissin ihn erblickte und den Vogt fragte, wer das sei. Dieser 16
antwortete: »Madonna, es ist ein armer Taubstummer, der vor einigen
Tagen um eine milde Gabe bat; ich habe sie ihm gewährt und ihn für
einige Arbeiten angestellt, die getan werden mussten. Wenn er es
verstünde, im Garten zu arbeiten und hier bleiben wollte, so könnte
er uns gute Dienste leisten; wir brauchen ihn, er ist kräftig und kann
alles tun, was nötig ist; außerdem müssen wir uns keine Sorgen ma-
chen, dass er Eure Fräulein mit Worten belästigen wird.« Darauf sagte 17

die Äbtissin: »Bei Gott, du hast recht! Bekomme heraus, ob er auch im
Garten gut arbeitet und bemühe dich, ihn hierzubehalten; gib ihm
ein Paar Schuhe, einen alten Kapuzenmantel, verwöhne ihn ein biss-
18 chen und gib ihm gut zu essen.« Der Vogt sagte, er wolle das tun. Ma-
setto war nicht weit entfernt und tat so, als fegte er den Hof; er bekam
alles mit und sagte sich fröhlich: »Wenn ihr mich hier aufnehmt, wer-
de ich euren Garten so bearbeiten, wie er noch niemals bestellt wur-
19 de.« Der Vogt stellte fest, dass er gut zu arbeiten verstand, fragte ihn
mit Gesten, ob er bleiben wolle; jener sagte zu, und er bekam den
Auftrag, den Garten zu pflegen. Der Vogt zeigte ihm, was er zu tun
20 habe und wandte sich danach seinen anderen Aufgaben zu. Masetto
arbeitete Tag für Tag im Garten, die Nonnen ärgerten ihn und mach-
ten sich über ihn lustig, so wie man es häufig mit den Stummen
macht; sie sagten ihm schmutzige Worte und glaubten, er verstünde
sie nicht. Die Äbtissin kümmerte sich nicht darum, da sie vielleicht
21 annahm, dass er ebenso schwanz- wie sprachlos wäre. Nun geschah
es, dass, als er sich eines Tages nach der Arbeit zur Ruhe niedergelegt
hatte, zwei junge Nonnen durch den Garten spazierten; sie sahen und
betrachteten ihn, der so tat, als schliefe er. Und die eine, die etwas un-
befangener war, sagte zur anderen: »Wenn ich wüsste, ich könnte dir
vertrauen, so würde ich dir etwas verraten, woran ich schon öfters ge-
22 dacht habe und das auch dich interessieren könnte.« Die andere ant-
23 wortete: »So sprich doch, ich werde es niemandem sagen.« Die Kecke
begann: »Ich weiß nicht, ob dir auch schon aufgefallen ist, wie streng
wir gehalten werden: Kein Mann wird hereingelassen, außer dem
Vogt, der alt ist, und diesem Stummen. Und oft genug habe ich die
Frauen, die uns besucht haben, sagen hören, dass alle Freuden dieser
Welt nichts gegen das Vergnügen sind, das eine Frau mit einem Mann
24 findet. Deswegen ist mir schon wiederholt in den Sinn gekommen,
einmal mit diesem Stummen auszuprobieren, ob das stimmt. Der
eignet sich bestens dazu, denn, selbst wenn er wollte, könnte er es
nicht weitersagen; er ist ein dummer Kerl, gut gewachsen, aber geistig

zurückgeblieben. Sag mir doch, was du meinst?« »O weh!« sagte die 25
andere, »Was sagst du da? Weißt du nicht, dass wir dem Herrgott un-
sere Jungfräulichkeit gelobt haben?« »Ach«, sagte jene, »wie vieles ge- 26
lobt man nicht den Tag über, ohne davon etwas zu halten! Wenn wir
es versprochen haben, so wird sich eine andere finden, die es einhält.«
Darauf sagte die Gefährtin: »Und was passiert, wenn wir schwanger 27
werden?« Jene gab zurück: »Du denkst ans Übel, bevor es eingetreten 28
ist. Sollte es eintreten, machen wir uns Gedanken. Es gibt tausend
Möglichkeiten, dass niemand etwas erfährt, wenn wir selbst den
Mund halten.« Da ihre Gefährtin noch größere Lust hatte zu erfah- 29
ren, was ein Mann war, sagte sie: »Gut, wie machen wir es?« Die an- 30
dere antwortete: »Wir haben die neunte Stunde, und ich glaube, dass
außer uns alle Schwestern schlafen. Schauen wir, ob jemand im Gar-
ten ist; wenn niemand zu sehen ist, brauchen wir ihn nur an die Hand
zu nehmen und zu jener Hütte zu führen, in der er sich vor dem Re-
gen schützt; eine geht mit ihm hinein, die andere passt auf, ob jemand
kommt. Er ist so dumm, dass er sich in alles fügen wird, was wir wol-
len.« Masetto hörte das ganze Gespräch mit an; er war bereit zu gehor- 31
chen und wartete nur darauf, von der einen oder der anderen aufge-
fordert zu werden. Die beiden Nonnen schauten nach allen Seiten
und sahen, dass niemand sie beobachten konnte; dann näherte sich
diejenige dem Masetto, die das Gespräch begonnen hatte, und weckte
ihn; er sprang auf, und sie erfasste freundlich seine Hand und führte
ihn in die Hütte, während er alberne Grimassen schnitt. In der Hütte
ließ er sich nicht lange bitten, das zu tun, was sie begehrte. Nachdem 32
sie bekommen hatte, was sie wollte, überließ sie loyal der Gefährtin
ihren Platz; Masetto spielte den Einfältigen und war auch ihr zu Wil-
len. Bevor sie sich von ihm trennten, wollte eine jede noch mehr als
einmal ausprobieren, wie der Stumme zu reiten verstand. Nachdem
sie sich untereinander ausgetauscht hatten, waren sie der Meinung,
dass es tatsächlich so vergnüglich war, wie sie es gehört hatten. Und
bei passender Zeit und Gelegenheit verlustierten sie sich mit dem

33 Stummen. Eines Tages geschah es, dass eine andere Nonne, die sie
von ihrem Fenster aus beobachtet hatte, es zwei anderen zeigte; zu-
erst meinten sie, es der Äbtissin mitteilen zu müssen; dann revidier-
ten sie ihren Beschluss, verabredeten sich mit den ersten beiden und
wurden Teilhaberinnen der Kraft Masettos; zu ihnen gesellten sich
34 im Verlauf der Zeit noch drei weitere hinzu. Eines Tages erging sich
schließlich die Äbtissin, die von alledem nichts ahnte, alleine im Gar-
ten; es war sehr heiß und sie fand Masetto – den nach der nächtlichen
Reiterei die geringste Arbeit am Tage erschöpfte –, der hingestreckt
im Schatten eines Mandelbaumes schlief; der Wind hatte seine Klei-
35 der aufgeschlagen und ihn entblößt. Die Dame schaute hin, bemerk-
te, dass sie allein war und wurde von derselben Begierde ergriffen, die
auch ihre Nonnen befallen hatte. Sie weckte Masetto, nahm ihn mit in
ihre Zelle, wo sie einige Tage lang wieder und wieder das süße Ver-
gnügen auskostete, das sie als erste bei anderen zu tadeln pflegte; die
übrigen Nonnen bedauerten es sehr, dass der Gärtner nicht zur Gar-
36 tenarbeit kam. Nachdem sie ihn endlich wieder in seine Kammer zu-
rückgeschickt hatte, wollte sie ihn häufig wiedersehen und schließ-
lich allein für sich haben, so dass Masetto sich außerstande sah, allen
Genüge zu tun, und einsah, dass das Stummsein, gäbe er es länger
vor, ihm großen Schaden einbringen könnte. Als er eines Nachts bei
der Äbtissin war, löste er sein Zungenbändchen und begann wie folgt
37 zu sprechen: »Madonna, ich habe gehört, dass ein Hahn zehn Hühner
einigermaßen befriedigen kann, aber dass zehn Männer nur schlecht
und recht eine Frau befriedigen können. Ich aber muss neun bedie-
nen, was ich um alles in der Welt nicht werde durchhalten können;
ich bin durch das, was ich bisher geleistet habe, so weit gekommen,
dass ich weder wenig noch viel leisten kann. Lasst mich also entweder
in Frieden meines Weges gehen oder findet einen Modus für dieses
38 mein Tun.« Als die Äbtissin ihn, den sie für stumm hielt, auf einmal
sprechen hörte, war sie bass erstaunt und sagte: »Was heißt denn das?
39 Ich dachte, du wärest stumm.« »Madonna«, sagte Masetto, »das war

ich wohl, aber nicht von Natur, sondern wegen einer Krankheit, die
mir die Sprache verschlug; und seit dieser Nacht fühle ich mich ge-
heilt, wofür ich Gott danke, so gut ich nur kann.« Die Dame schenkte 40
ihm Glauben und fragte ihn, was es bedeute, dass er neun Frauen zu
bedienen habe. Masetto berichtete ihr, was geschehen war; als die
Äbtissin das hörte, erkannte sie, dass ihre Nonnen gescheiter als sie
selbst gewesen waren. Sie war eine lebenskluge Frau, darum ließ sie
Masetto nicht seines Weges ziehen, sondern beschloss, einen Ausweg
aus der Sache zu finden, damit Masettos wegen nicht das Kloster in
Verruf geriete. In jenen Tagen war der Vogt verstorben; sie gestanden 41
alle, was zuvor alle getan hatten und beschlossen übereinstimmend
zur Freude Masettos, dass die Leute außerhalb des Klosters glauben
sollten, Masetto sei nach langem Stummsein die Sprache dank ihrer
aller Gebete und der Kraft des Heiligen wiedergegeben worden, dem
das Kloster geweiht war. Sie machten ihn zu ihrem Vogt und teilten
seine Bemühungen so untereinander auf, dass er damit fertig werden
konnte. Seine Bemühungen, denen viele Mönchlein und Nönnchen 42
entsprangen, geschahen so diskret, dass man erst nach dem Tod der
Äbtissin davon vernahm, als Masetto selbst schon alt war und wohl-
habend nach Hause zurückkehren wollte; dies wurde ihm, als man
davon erfuhr, gerne gewährt. Masetto war alt, wohlhabend und Vater 43
ohne die Mühsal und Kosten der Kindsaufzucht geworden, und dank
seiner Gescheitheit hat er es verstanden, seine Jugend bestens zu nut-
zen: Wo er mit einer Axt über der Schulter aufgebrochen war, dorthin
kehrte er zurück und versicherte, dass Christus auf diese Weise den
behandelte, der ihm die Hörner auf die Dornenkrone setzte.

Zweite Novelle

1 *Ein Stallknecht schläft mit König Agilulfs Frau; dieser bemerkt es und schweigt; er macht ihn ausfindig und schert ihm die Haare; der Geschorene schert auch allen übrigen die Haare und entkommt so dem Verhängnis.*

2 Als Filostrato seine Novelle beendet hatte – bei der die Damen einige Male errötet waren und manches Mal auch gelacht hatten –, gefiel es der Königin, dass Pampinea im Erzählen fortfuhr; diese begann mit heiterer Miene:

3 Es gibt Menschen, die sind so unvorsichtig, dass sie wissen und erfahren wollen, was sie nicht wissen sollten, so dass sie manchmal, wenn sie die verborgenen Fehler der anderen brandmarken, um ihre eigene Schande zu vermindern, diese gerade ins Unendliche steigern. Und dass dies wahr ist, will ich euch, reizende Damen, mit einem gegenteiligen Beispiel darlegen, in dem die List eines Mannes, der von noch geringerem Ansehen als Masetto ist, den Scharfsinn eines großen Königs bezwingt.

4 Agilulf, König der Langobarden, hatte wie seine Vorgänger seinen
Hof in Pavia, einer Stadt in der Lombardei; zur Gemahlin hatte er
Theudelinde genommen, die Witwe des Authari, der ebenfalls König
der Langobarden gewesen war. Sie war eine schöne, kluge und ehren-
5 werte Frau, der durch einen Liebhaber böse mitgespielt wurde. Dank
der Tatkraft und der Klugheit des Königs Agilulf lebten die Langobar-
den in Frieden und Wohlstand, als es geschah, dass sich ein Stall-
knecht der genannten Königin über die Maßen in sie verliebte; er war
von niederer Herkunft, aber höherer Denkart, als sein gemeiner
Dienst es verlangte, und er war von schöner Gestalt und so groß ge-
6 wachsen wie der König. Sein niederer Stand hatte ihn nicht vergessen
lassen, dass seine Liebe außerhalb jeder guten Sitte war; deswegen
war er klug genug, sich niemandem anzuvertrauen, auch der Königin

wagte er sich nicht mit seinen Blicken zu offenbaren. Obwohl er ohne 7
die Hoffnung leben musste, jemals einen Gunstbeweis von ihr zu erhalten, tat er sich selbst etwas darauf zugute, dass er seinen Sinn auf eine so hochstehende Dame gerichtet hatte. In seiner glühenden Liebesleidenschaft war er mehr als jeder seiner Gefährten bestrebt, alles
das zu tun, von dem er glaubte, dass es der Königin gefallen würde. So 8
kam es vor, dass die Königin, wenn sie ausritt, lieber den Zelter, den er wartete, als einen anderen ritt; geschah dies, so rechnete er es sich als höchste Gnade an, wich nicht von ihrem Steigbügel und schätzte sich selig, wenn er nur einen Zipfel ihres Gewandes berühren konnte.
Aber wir erleben es oft, dass die Liebe umso größer wird, je geringer 9
die Hoffnung ist; und so geschah es auch mit dem armen Stallburschen, dem es schwer und schwerer fiel, sein mächtiges Verlangen im Verborgenen zu ertragen, ohne dass ihn irgendeine Hoffnung entlastet hätte; da er sich von dieser Liebe nicht lösen konnte, dachte er oft
daran zu sterben. Als er über das Wie seines Todes nachdachte, be- 10
schloss er, so sterben zu wollen, dass offenbar würde, dass er um der Liebe willen stürbe, die er für die Königin empfunden hatte und empfand. Und dies sollte seinem Willen nach geschehen, indem er sein

Glück versuchte und ganz oder teilweise sein Begehren befriedigen
11 wollte. Er wollte keineswegs mit Worten oder mit Briefen der Köni-
gin seine Liebe zu verstehen geben, denn er wusste, dass es vergeblich
wäre, ihr etwas zu sagen oder zu schreiben; sondern er wollte versu-
chen, ob er nicht mit List der Königin beiliegen konnte. Hierzu gab es
allein den Weg der Täuschung, dass er als König verkleidet – der nicht
12 immer bei ihr schlief – in ihre Kammer gelangte. Um zu erfahren,
welches Gewand der König trug, wenn er sich zu ihr begab, versteckte
er sich mehrmals in der Nacht in einem großen Saal des königlichen
Palastes, der zwischen den Kammern des Königs und der Königin lag.
Eines Nachts sah er, wie der König in einen weiten Mantel gehüllt, in
einer Hand eine brennende Fackel, in der anderen einen Stab, aus sei-
ner Kammer zur Kammer der Königin ging, ohne ein Wort ein oder
zwei Mal mit dem Stab an die Tür klopfte, die sogleich geöffnet wur-
13 de, während man ihm die Fackel abnahm. Nachdem er das beobachtet
und den König auch hatte zurückkehren sehen, beschloss er, es auf die
gleiche Art zu versuchen. Er beschaffte sich einen Mantel gleich dem
des Königs, eine Fackel und einen Stock; dann nahm er ein warmes
Bad, damit die Königin nicht vom Stallgeruch irritiert werde oder gar
den Betrug bemerkte, und begab sich in das bekannte Versteck in dem
14 großen Saal. Als er bemerkte, dass alles schlief und ihm die Zeit ge-
kommen schien, sein Verlangen in die Tat umzusetzen und aus so er-
habenem Grund dem ersehnten Tod entgegenzugehen, schlug er mit
Stein und Stahl, die er mitgebracht hatte, eine Flamme, entzündete
die Fackel und begab sich in seinen Mantel gehüllt zu der Kammer, an
15 deren Tür er zwei Mal mit dem Stock klopfte. Die Tür wurde von ei-
ner schläfrigen Dienerin geöffnet, die ihm die Fackel abnahm und sie
verbarg. Ohne ein Wort zu sagen, öffnete er den Bettvorhang, legte
16 den Mantel ab und bestieg das Bett, in dem die Königin schlief. Er um-
armte sie sehnsüchtig, tat aber etwas mürrisch, denn er wusste, dass
der König, wenn er schlechter Laune war, nichts hören wollte, und
ohne dass zwischen ihnen ein einziges Wort fiel, erkannte er die Kö-

nigin mehrere Male fleischlich. Obwohl es ihm schwerfiel, sie zu verlassen, fürchtete er doch, dass, wenn er zu lange bliebe, das errungene Glück sich in Trübsal verwandeln würde; also stand er auf, ergriff seinen Mantel und das Licht, entfernte sich wortlos und kehrte, so rasch
er konnte, in sein Bett zurück. Er war gerade dort angekommen, als 17
der König sich erhob und in die Kammer der Königin kam, worüber sie sehr erstaunt war; als er in das Bett gestiegen war und sie fröhlich begrüßt hatte, fühlte sie sich durch seine Fröhlichkeit ermutigt und sagte: »O Herr, ist heute Nacht etwas Besonderes? Vor kurzem seid Ihr fortgegangen und kehrt so bald wieder, obwohl Ihr Euch mehr als
üblich an mir ergötzt habt? Nehmt Euch in acht, was Ihr tut.« Als der 18
König das hörte, vermutete er sofort, dass die Königin durch die Ähnlichkeit des Verhaltens und der Person getäuscht worden war. Da er bemerkte, dass weder die Königin noch irgendein anderer etwas mitbekommen hatte, beschloss er klugerweise, sie nicht darauf aufmerksam zu machen. Viele Dummköpfe hätten das nicht getan, sondern gesagt: »Ich war doch gar nicht hier; wer war denn hier? Wie ging
das? Wer ist hereingekommen?« Das hätte Anlass zu weiteren Fragen 19
gegeben, wodurch der Ruf der Frau zu Unrecht beschädigt worden wäre und sie einen Grund gehabt hätte, sich denjenigen, den sie einmal bei sich gefühlt hatte, noch einmal herbeizuwünschen. Wenn er schwieg, vermied er den Skandal, wenn er redete, zog er sich Schimpf
und Schande zu. Der König war innerlich bewegt, aber äußerlich ge- 20
fasst und gab ihr zurück: »Frau, scheine ich Euch nicht Manns genug,
nach dem ersten Mal noch einmal zurückzukehren?« Worauf seine 21
Frau antwortete: »Mein Herr, natürlich; ich bitte Euch nur, dass Ihr
auf Eure Gesundheit achtet.« Darauf sagte der König: »So will ich Eu- 22
rem Rat folgen und umkehren, ohne Euch zu belästigen.« Im Inners- 23
ten empört und zornig über das, was man ihm angetan hatte, nahm er seinen Mantel wieder auf, verließ die Kammer und wollte in aller Stille den Täter ausfindig machen; nach seiner Vorstellung musste es jemand aus dem Haus sein, der noch nicht hinausgekommen sein

24 konnte. Er ergriff eine Laterne mit einem kleinen Licht und ging durch
den langen Raum, der sich über den Pferdeställen befand; hier schlief
nahezu seine ganze Dienerschaft in einzelnen Betten. Da er annahm,
dass Puls und Herzschlag desjenigen, der getan hatte, was seine Frau
erzählte, sich nach der anhaltenden Anstrengung noch nicht beruhi-
gen konnten, ging er leise von einem Ende des Raumes zum anderen
25 und fühlte bei jedem den Herzschlag. Alle schliefen fest, außer dem-
jenigen, der bei der Königin gewesen war und noch nicht schlief. So
bemerkte er, dass der König sich näherte, ahnte, was er suchte und
fürchtete sich so sehr, dass die Angst sein Herz noch heftiger schlagen
ließ, als es die Anstrengung schon getan hatte; er war fest davon über-
zeugt, dass der König ihn unverzüglich töten würde, wenn er das
26 spürte. Verschiedene Gedanken, was zu tun sei, gingen ihm durch
den Kopf; als er sah, dass der König unbewaffnet war, beschloss er,
sich schlafend zu stellen, um abzuwarten, was er tun werde. Der Kö-
nig hatte schon viele abgetastet, ohne einen Verdächtigen zu finden;
als er neben ihn trat und fühlte, dass sein Herz stark schlug, dachte er
27 sofort: »Der ist es.« Da er seine weiteren Absichten aber nicht zeigen
wollte, nahm er eine Schere zur Hand, die er mitgenommen hatte,
und schnitt ihm auf der einen Seite die Haare ab, die man zu jener Zeit
lang trug; an diesem Merkmal wollte er ihn am nächsten Morgen wie-
28 dererkennen; danach zog er sich wieder in seine Kammer zurück. Der
Betroffene hatte alles mitbekommen und war schlau genug, um zu
begreifen, warum er gekennzeichnet worden war. Ohne lange zu
warten, stand er auf und fand eine Schere, die zur Pflege der Pferde im
Stall aufbewahrt wurde; dann machte er sich daran, allen, die im
Raum lagen, in aller Stille die Haare in gleicher Weise über den Ohren
abzuschneiden. Ohne dass man ihn gehört hätte, legte er sich darauf
29 nieder und schlief. Am Morgen stand der König auf und befahl, dass
die Tore des Palastes weit geöffnet wurden und die gesamte Diener-
schaft vor ihm erscheine; so geschah es auch. Als sie alle ohne Kopf-
bedeckung vor ihm standen, schaute er sie sich an, um den zu finden,

den er geschoren hatte. Als er sah, dass der größte Teil die Haare auf
die gleiche Weise geschoren hatte, war er erstaunt und sagte sich:
»Derjenige, den ich suche, zeigt, obwohl niederer Herkunft, beachtli-
chen Verstand.« Er sah ein, dass er, ohne einen großen Skandal zu ver- 30
ursachen, denjenigen, den er suchte, nicht erwischen konnte, und
wollte sich um einer bescheidenen Rache willen keine öffentliche
Schande einhandeln; so begnügte er sich damit, ihn mit einem Satz zu
warnen und ihm zu zeigen, dass er alles wisse; an alle gewendet, sagte
er: »Der es tat, möge es niemals wieder tun, und nun geht alle mit
Gott.« Ein anderer hätte ihn an die Seilwinde hängen und foltern las- 31
sen, hätte ihn der strengsten Befragung unterzogen; auf diese Weise
hätte er das aufgedeckt, was ein jeder verborgen halten sollte; und
hätte er es aufgedeckt und blutige Rache genommen, so hätte er seine
Ehre nicht wiederhergestellt, sondern großen Schimpf auf sich gela-
den und den guten Ruf seiner Frau geschändet. Alle, die seine Ermah-
nung hörten, wunderten sich und rätselten lange untereinander, was
der König habe sagen wollen; niemand verstand sie außer demjeni-
gen, den sie betraf. Er war klug genug, den Sinn jener Worte nicht zu
enthüllen, solange der König lebte, und niemals mehr legte er sein Le-
ben durch eine ähnliche Tat in Fortunas Hände.

Dritte Novelle

Unter dem Vorwand der Beichte und eines guten Gewissens bringt eine Dame, die in einen jungen Mann verliebt ist, einen sittenstrengen Mönch dazu, dass er ihr behilflich ist, ihre Begierde zu stillen. 1

Pampinea hatte geendet und fast alle lobten den Wagemut und die Vorsicht des Stallburschen wie auch die Besonnenheit des Königs, als die Königin sich zu Filomena wandte und ihr gebot fortzufahren. Und diese begann nicht ohne Charme: 2

3 Ich gedenke euch einen Streich zu erzählen, den eine schöne
Dame tatsächlich einem strengen Bettelmönch gespielt hat, und der
umso mehr einem jeden Laien gefallen wird, als jene Dummköpfe
mit ihrem verrückten Auftreten und ihren neuen Sitten alles besser
zu tun und zu wissen glauben als alle anderen, während sie ihnen
längst nicht das Wasser reichen können, weil sie mit ihrer gemeinen
Sinnesart nicht einmal in der Lage sind, für ihren Unterhalt zu sorgen
und wie die Schweine dort unterkriechen, wo sie etwas zu essen krie-
4 gen. Diese Geschichte erzähle ich, ihr lieblichen Frauen, nicht nur,
weil ich an der Reihe bin, sondern um eure Aufmerksamkeit darauf
zu richten, dass auch die Mönche, denen wir übermäßig leichtgläu-
bige Frauen allzu viel Glauben schenken, manchmal von einigen
von uns und nicht von den Männern mit Umsicht überlistet werden
können.

5 In unserer Stadt, in der mehr Betrug als Liebe und Treue herrscht, lebte vor nicht allzu vielen Jahren eine adlige Dame, die von der Natur wie kaum eine andere mit Schönheit und Sittsamkeit ausgezeichnet sowie mit Edelmut und feiner Klugheit begabt worden war; obwohl ich ihren Namen und die Namen anderer Personen aus dieser Novelle

kenne, werde ich sie nicht offenbaren, weil noch einige von ihnen le-
ben, die für etwas beschimpft würden, was mit Gelächter übergangen
werden sollte. Jene Dame, die hoher Herkunft war, sah sich mit ei- 6
nem Wollweber verheiratet; da er nur ein Handwerker war, konnte
sie ihre Abneigung ihm gegenüber nicht verwinden; denn kein Mann
niederer Herkunft, so reich er auch sein mochte, schien ihr einer adli-
gen Dame würdig zu sein. Da er überdies mit all seinem Reichtum zu
nichts anderem taugte, als die Wolle in einem Gewebe zu verteilen
oder einen Längsfaden aufzuziehen oder mit einer Spinnerin über das
Gespinst zu streiten, beschloss sie, seine Umarmungen nur noch zu
ertragen, wenn es sich auf keine Weise mehr vermeiden ließe, und zu
ihrer Befriedigung selbst einen anderen zu suchen, der ihr würdiger
als der Wollweber erschien. So verliebte sie sich so sehr in einen Edel- 7
mann mittleren Alters, dass sie, wenn sie ihn tagsüber nicht sah, des
Nachts keine Ruhe fand. Der Edelmann bekam nichts davon mit und
ahnte nichts; sie selbst war übervorsichtig und wagte es nicht, ihm
durch eine Botin oder einen Brief ihre Liebe zu verstehen zu geben,
weil sie die Risiken fürchtete. Sie hatte aber wahrgenommen, dass er 8
häufig mit einem Mönch zusammen war, der, obwohl dumm und
grobschlächtig, wegen seines frommen Lebenswandels den Ruf eines
ehrenwerten Mönches hatte; in ihm sah sie den besten Vermittler
zwischen sich und ihrem Geliebten. Und nachdem sie sich überlegt
hatte, wie sie vorgehen wollte, begab sie sich zu angemessener Zeit in
seine Kirche, ließ ihn rufen und bat ihn, ihr die Beichte abzunehmen.
Der Mönch sah, dass es eine vornehme Dame war und tat es gerne. 9
Nach der Beichte sagte sie zu ihm: »Ehrwürdiger Vater, ich muss mich
in einer Sache an Euch um Rat und Hilfe wenden. Ich habe Euch ge- 10
sagt, wer ich bin, und ich weiß, dass Ihr meine Eltern und meinen
Ehemann kennt, der mich mehr als sein Leben liebt; alles, was ich mir
wünsche, erhalte ich von ihm unverzüglich, da er reich ist und es
leicht erfüllen kann; deswegen liebe ich ihn mehr als mich selbst. Las-
sen wir beiseite, was ich tun würde, wenn ich nur daran dächte, ir-

gendetwas gegen seinen Willen oder gegen seine Ehre zu denken, so
11 wäre ich des Feuers würdiger als irgendein sündiges Weib. Nun gibt
es einen – dessen Namen ich in der Tat nicht kenne, der aber aus gu-
tem Haus ist, und, wenn ich mich nicht täusche, Umgang mit Euch
hat –, der schön und stattlich aussieht, vornehme dunkle Kleider trägt
und vielleicht nicht weiß, was ich darüber denke, der hinter mir her
zu sein scheint. Kaum erscheine ich an der Tür oder am Fenster oder
gehe aus dem Haus, schon taucht er vor mir auf; ich wundere mich,
dass er nicht schon hier ist … Das schmerzt mich sehr; denn solch ein
Benehmen bringt anständigen Frauen, ohne dass sie schuldig wären,
12 Missbilligung ein. Im Stillen habe ich mir schon manchmal vorge-
nommen, meine Brüder zu beauftragen, ihm die Meinung zu sagen;
dann dachte ich aber, dass Männer mitunter Botschaften so überbrin-
gen, dass sie böse Antworten provozieren und den Worten Taten fol-
gen. Damit kein böses Aufsehen erregt wird, habe ich geschwiegen
und bin darauf gekommen, lieber zu Euch als zu jemand anderem dar-
über zu sprechen; denn Ihr scheint sein Freund zu sein, und Euch
steht es gut an, so etwas nicht nur mit einem Freund, sondern auch
13 mit einem Fremden durchzusprechen. Und ich bitte Euch um Gottes
willen, dass Ihr ihn ermahnt und ihn bittet, dass er so in Zukunft
nicht weitermachen soll. Es gibt genügend andere Frauen, die glückli-
cherweise dazu bereit sind und denen es gefällt, wenn sie von ihm
mit Blicken verfolgt und umworben werden; mir hingegen ist das
sehr lästig und mir steht nicht der Sinn danach.« Nach diesen Worten
14 senkte sie den Kopf, als ob sie weinen wollte. Der fromme Mönch ver-
stand sogleich, wer es war, von dem sie sprach; er lobte die Frau we-
gen ihres guten Vorsatzes und versprach ihr, auf ihn einzuwirken,
dass er sie nicht mehr belästigte. Da er wusste, dass sie sehr reich war,
empfahl er ihr die Werke der Barmherzigkeit und des Almosens und
15 erzählte ihr von seiner Bedürftigkeit. Die Dame sagte darauf: »Tut das
um Gottes willen; sollte er es leugnen, so versichert ihm, dass ich es
16 Euch gesagt und mich beklagt habe.« Als sie die Beichte beendet und

Buße geübt hatte, erinnerte sie sich daran, was der Mönch über die
Werke des Almosens gesagt hatte, füllte seine Hand heimlich mit
Geld und bat ihn, Messen für die Toten zu lesen. Dann erhob sie sich
und kehrte nach Hause zurück. Nicht lange Zeit danach besuchte der 17
Edelmann wie gewohnt den frommen Mönch; nachdem sie über dies
und das gesprochen hatten, nahm der Mönch ihn beiseite, um ihn zu
tadeln, weil er die Dame – wie diese es erzählt hatte und der Mönch es
glaubte – mit zudringlichen Blicken und Gesten belästigt hatte. Der 18
Edelmann wunderte sich, weil er sie niemals angeschaut hatte und
auch äußerst selten an ihrem Haus vorbeizugehen pflegte; er wollte
sich schon entschuldigen, aber der Mönch ließ ihn nicht zu Wort
kommen und sagte: »Nun tu nicht so, als seist du erstaunt, und ver-
schwende auch keine Worte, um es zu leugnen, denn das kannst du
gar nicht. Ich habe diese Dinge nicht etwa von den Nachbarn erfah-
ren, sondern sie selbst hat sie mir erzählt und sich sehr beklagt. Diese 19
Narreteien stehen dir nicht an; und ich sage dir auch in ihrem Namen,
dass sie sie, so wie ich auch, ungehörig findet. Um deines Ansehens
und ihrer Ruhe willen bitte ich dich, bleibe ihr fern und lasse sie in
Frieden.« Der Edelmann war gescheiter als der fromme Mönch und 20
brauchte nicht lange, um die Schläue der Dame zu begreifen; er tat so,
als schämte er sich und wollte sich fürderhin von ihr fernhalten. Er
verließ den Mönch und ging zu dem Haus der Dame, die an einem
kleinen Fenster stand und aufmerksam beobachtete, ob er vorbeikä-
me. Als sie ihn sah, reagierte sie so freundlich und liebenswürdig, 21
dass er erkannte, den wahren Sinn der Worte des Mönches verstan-
den zu haben. Von dem Tag an ging er regelmäßig an dem Haus vor-
bei; zunächst vorsichtig und indem er so tat, als wäre es wegen einer
anderen Angelegenheit; er fand seinen Gefallen daran, und sie war
entzückt und fühlte sich bestärkt. Als die Dame nach einiger Zeit be- 22
merkte, dass sie ihm so wie er ihr gefiel, wünschte sie, dass er heftiger
entflammte, und dass sie ihm ihre Liebe beweisen könnte; so nahm
sie Zeit und Gelegenheit wahr, ging wieder zu dem Mönch, setzte sich

in der Kirche zu seinen Füßen und begann zu weinen. Der Mönch
23 fragte sie voller Mitgefühl, welche Neuigkeit sie hätte. Die Dame antwortete: »Ehrwürdiger Vater, die Neuigkeiten, die ich habe, kommen von Eurem Freund, den der Herrgott verwünscht hat, und über den ich mich neulich bitter beklagt habe; ich glaube, dass er mir zur Qual geboren wurde und mir etwas antun wird, was mich nie wieder froh werden lässt, und ich es nie mehr wagen werde, die Füße an diesen
24 Ort zu setzen.« »Wie das«, sagte der Mönch, »hat er denn immer noch
25 nicht davon abgelassen, dich zu belästigen?« »Keineswegs«, sagte die Dame, »denn seit ich mich bei Euch beklagt habe, geht er – weil er es mir vielleicht übelnimmt, dass ich mich beklagt habe – noch einmal
26 so oft vorbei wie früher. Wollte Gott, dass das Vorübergehen und mich Anstarren ihm genug gewesen wäre ... Aber er war so frech und unverschämt, ein Frauenzimmer zu mir zu schicken, das mir Neuigkeiten von ihm und albernen Tand überbringen sollte; und als ob ich nicht schon genügend Täschchen und Gürtel besäße, ließ er mir ein Täschchen und einen Gürtel übergeben; das hat mich so aufgebracht, dass ich, hätte ich mich nicht versündigt und an Euch gedacht, ihn beinahe zum Teufel gewünscht hätte; ich habe mich aber noch einmal beherrscht und wollte nichts unternehmen, bevor ich es Euch nicht
27 wissen ließe. Ich hatte das Täschchen und den Gürtel der Frau, die sie mir übergeben hatte, schon zurückgegeben, damit sie sie zurückbringe, und sie aus dem Haus gejagt; aber dann fürchtete ich, dass sie sie für sich behalten würde, wie das bei denen üblich sein soll, und ihm sagen würde, ich hätte sie erhalten; ich rief sie zurück und habe ihr das Zeug ärgerlich wieder weggenommen; ich habe sie mitgebracht, damit Ihr sie ihm zurückgebt und ihm sagt, dass ich sein Zeug nicht brauche und ich, Gott und meinem Gatten sei Dank, so viele Taschen
28 und Gürtel besitze, dass ich darin ersticken könnte. Wenn er jetzt nicht endlich nachgibt, verzeiht es mir bitte, werde ich alles meinem Gatten und meinen Brüdern erzählen, dann geschehe, was will. Mir ist es lieber, er bekommt Verdruss, wenn es sein muss, als dass man

mir um seinetwillen Schlimmes nachsagt. So weit ist es gekommen.«
Nach diesen Worten holte sie eine schöne und kostbare Tasche mit 29
einem hübschen und teuren Gürtel aus ihrem Umhang und warf sie
dem Mönch unter Tränen in den Schoß. Dieser glaubte alles, was die
Dame sagte und war über die Maßen erzürnt; er nahm sie in die Arme
und sagte: »O meine Tochter, es erstaunt mich nicht und ich kann
dich nicht tadeln, wenn du dich über all das ärgerst; aber du hast gut
daran getan, meinem Rat zu folgen. Ich habe ihn neulich ausge- 30
schimpft, und er hat nicht gehalten, was er mir versprochen hat. Des-
wegen werde ich ihm für das, was er angestellt hat, derartig die Ohren
langziehen, dass er dir keinen Verdruss mehr bereiten wird. Lass dich
nicht mit Gottes Segen vom Zorn besiegen und erzähle den Deinen
nichts davon; denn daraus könnte großes Unglück entstehen. Fürchte
nicht, dass dich irgendjemand tadeln wird, denn vor Gott und den
Menschen werde ich deine Sittsamkeit unnachgiebig bezeugen.« Die 31
Dame tat so, als sei sie einigermaßen beruhigt und sprach nicht weiter
darüber; da sie aber seine Habgier und die seinesgleichen kannte, sag-
te sie: »Herr, in diesen Nächten sind mir meine Eltern erschienen,
und es scheint, dass sie in großer Not sind und um Almosen flehen,
besonders meine Mama, die mir so betrübt und elend erscheint, dass
es zum Erbarmen ist. Ich glaube, sie empfindet große Pein darüber, 32
dass dieser Feind Gottes mich in Versuchung führt. Deswegen bitte
ich, dass Ihr für ihre Seelen vierzig Messen lest und Eure Gebete ver-
richtet, damit der Herrgott sie aus dem Fegefeuer erlöst.« Mit diesen
Worten drückte sie ihm einen Goldtaler in die Hand. Der fromme 33
Mönch nahm ihn freudig entgegen und bestärkte sie mit erbaulichen
Worten und vielen Exempeln in ihrer Frömmigkeit; er erteilte ihr sei-
nen Segen und ließ sie gehen. Er bemerkte nicht, dass er geleimt wor-
den war, und schickte, sobald die Dame gegangen war, nach seinem
Freund. Als dieser eintraf, bemerkte er, dass der Mönch erregt war,
und wusste sofort, dass es Neuigkeiten von seiner Dame gab, und
war gespannt darauf, was der Mönch zu sagen hätte. Dieser wieder- 34

holte in heftigem Zorn die Worte, die ihm vorgesagt worden waren,
und schalt ihn für das aus, was er der Dame zufolge getan haben soll-
te. Der Edelmann, der noch nicht sah, worauf der Mönch hinauswoll-
te, leugnete zaghaft, dass er das Täschchen und den Gürtel hinge-
schickt habe, damit der Mönch nicht für den Fall misstrauisch wür-
35 de, dass die Frau ihm beides gegeben hätte. Aber der Mönch sagte
zornentbrannt: »Wie kannst du das nur leugnen, du schlechter
Mensch? Hier sind sie! Sie selbst hat sie mir übergeben, erkennst du
36 sie nun!« Der Edelmann tat so, als schämte er sich sehr und sagte:
»Aber ja, ich kenne sie! Ich gestehe, ich habe Unrecht getan und ver-
spreche Euch, dass, da sie es überhaupt nicht wünscht, Ihr niemals
37 wieder dergleichen hören werdet.« Es wurden noch viele Worte ge-
wechselt, aber Bruder Schafskopf übergab schließlich das Täschchen
und den Gürtel seinem Freund; nachdem er ihn noch einmal ein-
dringlich ermahnt und aufgefordert hatte, von der ganzen Sache ab-
38 zulassen, was jener ihm versprach, entließ er ihn. Der Edelmann war
beglückt, weil er sich der Liebe der Dame gewiss zu sein schien, und
weil er ein schönes Geschenk erhalten hatte; als er den Mönch verlas-
sen hatte, ging er an einen Platz, von wo aus er der Dame vorsichtig zu
verstehen geben konnte, dass er sowohl die Botschaft als auch das Ge-
schenk erhalten hatte. Die Dame war sehr froh hierüber und beson-
ders auch darüber, dass ihr Plan immer besser zu gelingen schien. Sie
wartete allein noch darauf, dass der Ehemann einmal die Stadt verlas-
sen würde, um ans Ziel zu kommen. Es geschah einige Zeit später,
dass der Ehemann aus gegebenem Anlass nach Genua reisen musste.
39 Als er nun des Morgens zu Pferde gestiegen und fortgeritten war, eilte
die Dame zu dem frommen Mönch und sagte unter heftigem Ge-
schluchze: »O mein Vater, ich ertrage es nicht mehr länger! Weil ich es
Euch neulich versprochen habe, nichts zu unternehmen, bevor ich es
Euch nicht gesagt hätte, bin ich gekommen, um mich zu rechtferti-
gen. Damit Ihr glaubt, dass ich Grund habe, mich zu beklagen und
verbittert zu sein, will ich Euch berichten, was Euer Freund, dieser

Höllenteufel, mir heute vor Morgengrauen angetan hat. Ich weiß 40
nicht, welcher böse Zufall ihm zur Kenntnis gebracht hat, dass mein
Gatte gestern morgen nach Genua gereist ist; aber ich weiß, dass er
heute früh, zu der besagten Stunde in meinen Garten gekommen ist,
über einen Baum bis zu meinem Fenster geklettert ist, das auf den
Garten hinausgeht. Er hatte das Fenster bereits geöffnet und wollte in
meine Kammer eindringen, als ich aufwachte und sofort aufgestan-
den bin; ich wollte um Hilfe rufen und hätte es getan, wenn er, der
noch nicht in meiner Kammer war, wenn er mich nicht in Gottes und
Eurem Namen um Erbarmen angefleht und mir gesagt hätte, wer er
war. Als ich das hörte, schwieg ich aus Liebe zu Euch, rannte, nackt,
wie ich geboren wurde, zum Fenster und habe es ihm vor der Nase zu-
geschlagen. Wie in die Hölle scheint er verschwunden, denn ich habe
nichts mehr gehört. Sagt doch, ob das recht ist und ob ich das erdul- 41
den muss? Ich will es nicht, denn um Euretwillen habe ich schon ge-
nug Nachsicht geübt.« Als der Mönch das hörte, geriet er ganz und gar 42
außer sich und konnte sie nur wiederholt fragen, ob sie ihn nicht mit
jemand anderem verwechselt habe. Worauf die Dame antwortete: 43
»Gott sei's gedankt, dass ich ihn von jedem anderen unterscheiden
kann! Ich sage Euch, dass er es war; und wenn er es leugnen sollte,
glaubt ihm nicht.« Da sagte der Mönch: »O meine liebe Tochter, hier- 44
zu kann man nur sagen, dass es eine Frechheit und Untat war; du ta-
test, was du tun musstest, nämlich ihn fortzuschicken. Damit der 45
Herrgott dich vor Schande bewahre, bitte ich dich, auch dieses Mal
wie die vorherigen meinem Rat zu folgen, dich nicht bei einem deiner
Verwandten zu beklagen, sondern die Sache mir zu überlassen, damit
ich versuche, diesen von der Kette losgelassenen Teufel, den ich für
einen Heiligen hielt, wieder zu zügeln. Gelingt es mir, ihn seinem
bestialischen Treiben zu entreißen, so ist es gut; wenn nicht, gebe ich
dir schon jetzt mein Wort und meinen Segen, dass du das tun sollst,
was du für richtig hältst.« »Nun denn«, sagte die Dame, »für dieses 46
Mal will ich Euch weder erzürnen noch unfolgsam sein; aber sorgt da-

für, dass er sich hütet, mich zu belästigen. Denn ich verspreche Euch,
mich seinetwegen nicht mehr an Euch zu wenden.« Ohne ein weite-
47 res Wort verließ sie geradezu erzürnt den Mönch. Kaum hatte die
Dame die Kirche verlassen, als der Edelmann auftauchte und der
Mönch ihn herbeirief. Er nahm ihn beiseite und überschüttete ihn mit
so bitterbösen Vorwürfen, wie kein Mensch sie je zu einem anderen
gesagt hat; er schalt ihn treulos, wortbrüchig und perfide. Jener hatte
zwei Mal erfahren, was die Vorwürfe dieses Mönches zu bedeuten
hatten, wartete ab, um ihn mit zweideutigen Antworten zu deutli-
chen Aussagen zu bringen; also fragte er zunächst: »Herr, warum seid
48 Ihr so erbost? Habe ich etwa Christus gekreuzigt?« Worauf der
Mönch antwortete: »Schamloser Bube! Höre sich das einer an! Der
redet, als wären ein oder zwei Jahre vergangen und seine ruchlosen
Missetaten im Verlauf der Zeit in Vergessenheit geraten! Ist ihm ent-
fallen, dass er heute in der Morgenfrühe jemanden zutiefst beleidigt
49 hat? Wo bist du denn vor Tagesanbruch gewesen?« Der Edelmann
antwortete: »Ich weiß nicht, wo ich war; der Bote war schon recht
50 früh bei Euch.« »Das stimmt«, sagte der Mönch, »der Bote ist bei mir
gewesen. Und ich weiß nun, dass du glaubtest, die edle Dame würde
dich mit offenen Armen empfangen, sobald ihr Gatte nicht im Haus
ist. Haha, mein Herrchen, da haben wir einen anständigen Menschen,
der in der Nacht umherzieht, in Gärten eindringt, auf Bäume klettert!
51 Glaubst du etwa, die Keuschheit dieser Dame mit Frechheit besiegen
zu können, wenn du nachts über die Bäume zu den Fenstern steigst?
Nichts stößt sie mehr ab als das, was du alles anstellst, und trotzdem
versuchst du es immer wieder! Lassen wir beiseite, dass sie dir ihren
Willen oft genug kundgetan hat, so hast du dich seit meinen Ermah-
52 nungen schon tüchtig gebessert! Aber so viel will ich dir sagen: Bis
heute hat sie nicht etwa aus Liebe zu dir, sondern auf meine inständi-
gen Bitten hin, für sich behalten, was du angestellt hast … Aber jetzt
wird sie nicht länger schweigen, und ich habe ihr freigestellt, nach ih-
rem eigenen Willen zu verfahren, falls du noch etwas tust, was ihr

missfällt. Was wirst du machen, wenn sie es ihren Brüdern erzählt?«
Der Edelmann hatte alles Nötige verstanden, und es gelang ihm, mit 53
vielen großen Versprechungen den Mönch zu beruhigen. Er verab-
schiedete sich, und als sich die folgende Nacht ihrem Ende näherte,
betrat er den Garten, kletterte auf den Baum, sah, dass das Fenster of-
fenstand und stieg in die Kammer, wo er sich, so rasch er konnte, in
die Arme seiner schönen Dame legte. Diese hatte ihn sehnsüchtig er- 54
wartet, empfing ihn freudig erregt und sagte: »Dank sei dem ehrwür-
digen Pater, der dich den Weg hierher gelehrt hat.« Darauf vergnügten
sie sich miteinander, plauderten und lachten herzhaft über die Einfäl-
tigkeit von Bruder Schafskopf; sie amüsierten sich köstlich miteinan-
der und spotteten über Rocken, Kämme und Wollkratzen. Dann re- 55
gelten sie ihre Angelegenheit so, dass sie, ohne noch einmal zu dem
Herrn Ordensbruder zurückkehren zu müssen, viele weitere Nächte
in Seligkeit miteinander verbrachten, wohin Gott in seiner großen
Barmherzigkeit mich und alle Christenseelen, die es danach verlangt,
bitte geleiten möge.

Vierte Novelle

Dom Felice belehrt Bruder Puccio, wie er durch eine bestimmte Buße 1
selig wird. Bruder Puccio unterzieht sich der Buße, und Dom Felice
macht sich währenddessen mit der Frau des Puccio eine schöne Zeit.

Als sie ihre Novelle beendet hatte, schwieg Filomena; mit schönen 2
Worten lobte Dioneo die Klugheit der Dame ebenso wie das Stoßge-
bet, das Filomena angefügt hatte. Die Königin schaute Panfilo an und
sagte: »Panfilo, gib du unserer Unterhaltung eine gefällige Fortset-
zung.« Panfilo antwortete, dass er das gerne tue, und begann:
Madonna, es gibt manche Menschen, die, während sie sich bemü- 3
hen, ins Paradies zu kommen, ohne es zu ahnen, andere hineinschi-

cken; so ist es, wie ihr hören werdet, vor nicht allzu langer Zeit einer unserer Mitbürgerinnen zugestoßen.

4 Wie ich habe sagen hören, lebte nahe bei San Pancrazio ein rechtschaffener und reicher Mann, der Puccio di Rinieri genannt wurde; er war ganz und gar den geistlichen Dingen zugetan und wurde Laienbruder der Franziskaner mit dem Namen Frate Puccio; er hatte keine Familie außer einer Ehefrau und einer Dienerin und musste auch keinem Beruf nachgehen; so konnte er sich dem geistlichen Leben wid-
5 men und hielt sich häufig in der Kirche auf. Da er beschränkt und ungehobelt war, sagte er seine Vaterunser auf, lauschte den Predigten, besuchte die Messe, fehlte nie, wenn die Laienbrüder Lobeshymnen sangen, fastete und kasteite sich; man raunte sich sogar zu, dass er zu
6 den Flagellanten gehörte. Seine Frau hieß Isabetta, sie war erst achtundzwanzig oder dreißig Jahre alt; sie hatte sich hübsch, frisch und rundlich wie ein Äpfelchen gehalten; weil der Gatte ein Heiliger und vielleicht auch zu alt war, hielt er häufig längere Diäten ein, als ihr recht war; wenn sie lieber geschlafen oder mit ihm gescherzt hätte, erzählte er ihr aus dem Leben Christi, aus den Predigten des Bruders
7 Nastagio, den Klagen der Magdalena oder ähnliche Dinge. Zu jener

Zeit kehrte ein Mönch namens Don Felice aus Paris zurück; er war
Ordensgeistlicher in San Pancrazio, noch jung und von schöner Ge-
stalt, von scharfem Geist und tiefer Gelehrsamkeit. Zu ihm fasste
Bruder Puccio großes Vertrauen. Da jener ihm jeden Zweifel löste 8
und, da er seine Lebensumstände erfahren hatte, sich auch als ein hei-
liger Mann zu geben verstand, nahm ihn Bruder Puccio wiederholt
mit nach Hause, um ihn, wenn sich die Gelegenheit ergab, auch zu
bewirten. Um ihrer Liebe zu Bruder Puccio willen pflegte auch seine
Gattin vertrauten Umgang mit ihm und wartete ihm gerne auf. Da der 9
Mönch sich häufig im Hause Bruder Puccios aufhielt und die frische
und rundliche Hausfrau betrachtete, fiel ihm auf, woran es dieser
wohl am schmerzlichsten fehlte. Und er dachte sich, dass er, um Bru-
der Puccio eine Mühe abzunehmen, dem Mangel abhelfen könnte. In- 10
dem er das eine und andere Mal gezielt die Augen auf sie richtete, ge-
lang es ihm, in ihrem Sinn das gleiche Begehren zu wecken, das er
selbst empfand; als der Mönch dessen gewahr wurde, eröffnete er ihr
bei einer günstigen Gelegenheit sein Verlangen. Aber obgleich sie 11
durchaus geneigt war, die Angelegenheit zum Ende zu bringen, war
es schwierig, einen Weg zu finden, denn sie konnte auf gar keinen Fall
an einem anderen Ort mit dem Mönch zusammentreffen als bei ihr zu
Hause; hier ging es aber nicht, weil Bruder Puccio niemals die Stadt
verließ. Das stürzte den Mönch in tiefe Melancholie. Nach geraumer
Zeit fiel ihm eine Möglichkeit ein, wie er sich ohne Bedenken mit der
Frau bei ihr zu Hause treffen könnte, obwohl auch Bruder Puccio zu
Hause war. Als eines Tages Bruder Puccio zu ihm gekommen war, 12
sprach er wie folgt: »Bruder Puccio, ich habe schon oft bemerkt, dass
du den sehnlichsten Wunsch verspürst, heilig zu werden. Mir scheint
es aber, dass du dazu einen langen Weg eingeschlagen hast, während
es doch einen sehr viel kürzeren gibt, den der Papst und seine hohen
Würdenträger, die ihn kennen und benutzen, nicht bekannt machen
wollen. Denn der Stand der Kleriker, der zum großen Teil von Almo-
sen lebt, würde auf der Stelle zerfallen, weil die Laien ihn nicht län-

13 ger mit Almosen oder anderen Gaben unterstützen würden. Da du
aber mein Freund bist und mir sehr viel Achtung erwiesen hast, wer-
de ich ihn dich lehren, sofern ich darauf vertrauen kann, dass du ihn
14 niemand anderem auf der Welt offenbarst und selbst befolgst.« Bru-
der Puccio war begierig, die Sache zu erfahren, und er bat ihn ein-
dringlich, ihn zu unterweisen; er schwor außerdem, dass er es nie-
mals – es sei denn, sein Freund wünsche dies – irgendjemandem wei-
tersagen würde, und er beteuerte, wenn er es nur irgend könnte, alles
15 befolgen zu wollen. »Da du mir das versprichst«, sagte der Mönch,
»werde ich es dir erklären. Du musst wissen, dass die heiligen Kir-
chenväter bestimmt haben, dass derjenige, der heilig werden möchte,
sich dieser Buße, die du hören wirst, unterziehen muss. Aber verste-
he mich richtig: Ich sage nicht, dass du nach der Buße nicht der Sün-
der bleibst, der du bist. Es wird aber geschehen, dass alle Sünden, die
du bis zur Stunde der Buße begangen hast, gelöscht und vergeben
sein werden; und die Sünden, die du danach begehen wirst, werden
dir nicht zu deiner Verdammnis angerechnet, sondern werden wie
16 alle lässlichen Sünden mit Weihwasser abgewaschen. Zu Beginn der
Buße muss man also auf das Gewissenhafteste alle seine Sünden
beichten; anschließend geziemt es sich, dass man eine lange Fasten-
zeit und Abstinenz beginnt, die vierzig Tage dauert; während dersel-
ben sollst du dich von jedem Weib und auch von deiner eigenen Frau
17 fernhalten. Außerdem benötigst du in deinem Haus einen Ort, von
dem aus du in der Nacht den Himmel sehen kannst; bei Sonnenunter-
gang gehst du dorthin, wo du ein Brett benötigst, das so groß ist und
so aufgestellt wird, dass du dich stehend anlehnen und die Arme wie
am Kreuz ausstrecken kannst – und wenn du diese mit kleinen Pflö-
cken abstützen willst, magst du das tun. Ohne dich bis zum Morgen-
grauen zu bewegen, sollst du in dieser Haltung den Himmel anschau-
18 en. Wärest du ein gelehrter Mann, müsstest du dabei bestimmte Ge-
bete sprechen, die ich dir angeben würde; da du es aber nicht bist,
musst du dreihundert Vaterunser und dreihundert Ave-Maria zu Eh-

ren der Dreifaltigkeit beten; du schaust in den Himmel und rufst dir
ins Gedächtnis, dass Gott der Schöpfer des Himmels und der Erde ge-
wesen ist, und erinnerst dich an das Leiden Christi, der – ähnlich wie
du – am Kreuz hing. Wenn dann die Morgenglocke läutet, darfst du, 19
wenn du willst, dich in Kleidern auf dein Bett legen und schlafen. Am
folgenden Tag musst du in die Kirche gehen, um dort mindestens drei
Messen zu hören und fünfzig Vaterunser und ebenso viele Ave-Maria
zu beten; hierauf darfst du wie gewohnt einige deiner Geschäfte erle-
digen, wenn es deren gibt, und etwas zu dir nehmen; zur Vesper fin-
dest du dich wieder in der Kirche ein, um dort einige Gebete zu ver-
richten, ohne die es nicht geht und die ich dir aufschreiben werde.
Und nach Sonnenuntergang fängst du wieder von vorne an. Wirst du 20
das tun, was ich selbst schon getan habe, so wirst du hoffentlich schon
vor dem Ende der Bußzeit auf wunderbare Weise die ewige Seligkeit
spüren, wenn du alles in festem Glauben getan hast.« Darauf sagte 21
Bruder Puccio: »Das ist weder zu schwer noch zu lang, und ich werde
es schaffen; in Gottes Namen will ich am Sonntag beginnen.« Und er 22
ging wieder nach Hause, wo er mit der Erlaubnis des Mönches seiner
Frau alles erzählte. Die Dame verstand nur zu gut, was der Mönch da-
mit meinte, dass er bis zum Morgen bewegungslos stehenbleiben
müsse. Da es ihr aber ein gutes Mittel zu sein schien, sagte sie, dass sie
mit allem zufrieden sei, was er für sein Seelenheil täte, und dass auch,
damit seine Buße vor Gott Gefallen finde, sie mit ihm fasten wolle –
aber zu mehr sei sie nicht bereit. Nach diesem einmütigen Beschluss 23
begann Bruder Puccio seine Buße, als der Sonntag gekommen war;
seine Hochwürden hatte sich mit der Dame verabredet, kam zu einer
Stunde, als niemand ihn sehen konnte; sie aßen und tranken gemein-
sam und legten sich danach bis zur Morgenstunde nieder; dann erhob
sich der Mönch und ging davon, und Bruder Puccio legte sich zur
Ruhe nieder. Der Raum, den Bruder Puccio für seine Buße ausge- 24
wählt hatte, war nahe der Schlafkammer der Dame gelegen, und von
dieser nur durch eine dünne Wand getrennt. Als nun Hochwürden

sich allzu heftig ins Zeug legte, während sie es hemmungslos mitein-
ander trieben, schien es Bruder Puccio, als ob der Boden unter ihm
etwas zitterte. Deswegen unterbrach er sich nach dem hundertsten
Vaterunser und rief, ohne sich von der Stelle zu rühren, seine Frau,
25 um sie fragen, was sie tue. Die Dame war sehr wortgewandt, viel-
leicht ritt sie auch gerade das Tier des heiligen Benedikt oder besser
des heiligen Johannes Gualbertus und antwortete: »Meiner Treu,
26 mein lieber Mann, ich werfe mich hin und her, so gut ich kann.« Bru-
der Puccio sagte darauf: »Wie, du wirfst dich hin und her? Was soll
27 das heißen?« Die Dame lachte – sie war lustig und schlagfertig und
hatte vielleicht auch Grund zu lachen: »Wieso wisst Ihr nicht, was das
heißen soll? Ich habe Euch doch schon tausend Mal sagen hören: Wer
28 des Abends nichts isst, wälzt sich des Nachts.« Bruder Puccio glaubte,
sie könnte nicht schlafen und wälzte sich hin und her, weil sie gefastet
habe. Guten Glaubens sagte er: »Frau, ich habe dir gesagt, du solltest
nicht fasten. Da du es nun einmal hast tun wollen, denke nicht mehr
daran und versuche, ruhig zu liegen. Du wälzt dich derart hin und her,
29 dass Boden und Wände zittern.« Die Frau sagte darauf: »Kümmert
Euch nicht darum; ich weiß schon, was ich tue. Tut Ihr das Eure, so
30 will ich tun, was ich kann.« Bruder Puccio wurde still und machte sich
wieder an seine Vaterunser. Aber die Dame und Hochwürden ließen
von nun an ein Bett in einem anderen Teil des Hauses aufstellen; in
diesem verlustierten sie sich, solange die Buße Bruder Puccios dauer-
te; der Mönch brach auf und die Dame kehrte in ihr Bett zurück, kurz
bevor Bruder Puccio nach seiner Bußübung sich auch darin niederleg-
31 te. Während so Puccio seiner Buße und die Dame mit dem Mönch
ihrem Vergnügen nachgingen, spöttelte sie wiederholt: »Du lässt
32 Bruder Puccio die Buße tun, mit der wir das Paradies gewinnen.« Sie
fühlte sich wohl dabei und gewöhnte sich so sehr an die Kost des
Mönches, dass sie, die von ihrem Mann lange auf Diät gesetzt worden
war, auch nach dem Ende der Bußzeit Bruder Puccios einen Weg fand,
um sich anderen Ortes mit ihm zu verköstigen; für lange Zeit und mit

Diskretion kam sie so zu ihrem Vergnügen. Damit der Schluss mit 33
dem Anfang harmoniert, geschah es also, dass Bruder Puccio, der durch seine Buße ins Paradies zu gelangen glaubte, es den Mönch, der ihm den Weg gezeigt hatte, erreichen ließ ebenso wie sein Weib, das bei ihm große Not an dem litt, was der barmherzige Mönch ihr überreichlich bescherte.

Fünfte Novelle

Zima schenkt Herrn Francesco Vergellesi einen Zelter und darf dafür 1
mit seiner Erlaubnis ein Gespräch mit seiner Frau führen; sie schweigt während dieses Gesprächs, Zima gibt sich selbst die Antworten; und das hat seine Wirkung.

Panfilo hatte, nicht ohne dass die Damen sich belustigt hätten, die 2
Novelle von Bruder Puccio beendet, als die Königin Elissa huldvoll aufforderte fortzufahren. Nicht etwa aus bösem Willen, sondern aus langer Gewohnheit war diese etwas spitz und begann wie folgt:

Viele glauben, weil sie vieles wissen, dass andere nichts wissen, 3
und sie sind häufig der Meinung, andere hereinzulegen, um hinterher festzustellen, dass sie selbst hereingelegt worden sind. Deswegen erscheint es mir als eine große Narrheit, wollte man ohne Not die Verstandeskräfte eines anderen ausprobieren. Da vielleicht nicht jedermann meiner Meinung sein könnte und da ich an der Reihe bin, möchte ich euch erzählen, was einem Ritter aus Pistoia zugestoßen ist.

In Pistoia lebte ein Ritter aus der Familie der Vergellesi, er hieß 4
Francesco; er war sehr reich und klug, außerdem listig, aber über die Maßen geizig. Als er nämlich Podestà von Mailand geworden war und sich nun standesgemäß dafür ausgerüstet hatte, fehlte ihm nur noch ein Zelter, der schön genug für ihn gewesen wäre; als er keinen fand,
der ihm gefallen wollte, überlegte er sich die Sache. Es lebte damals 5

ein junger Mann in Pistoia namens Ricciardo, der von geringer Herkunft, aber sehr reich war; dieser spazierte so geschmückt und herausgeputzt umher, dass alle ihn Zima nannten. Seit langem hatte er Herrn Francescos Frau, die wunderschön und sehr sittsam war, un-
6 glücklich geliebt und umworben. Er besaß nun einen der schönsten Zelter der Toskana, an dem er wegen seiner Schönheit sehr hing. Da es allen bekannt war, dass Zima die Frau des Herrn Francesco verehrte, sagte man diesem, dass er ihn um der Liebe willen, die Zima seiner Frau entgegenbrachte, bekäme, wenn er nur darum fragen wollte. Vom Geiz getrieben, ließ Herr Francesco den Zima herbeirufen; er bat ihn, ihm das Reitpferd zu verkaufen, damit er es ihm zum Geschenk
7 anböte. Als Zima das vernahm, freute er sich und antwortete dem Ritter: »Herr, wenn Ihr mir alles, was Ihr auf der Welt besitzt, gäbet, so verkaufte ich Euch doch nicht meinen Zelter; Ihr könnt ihn aber als Geschenk empfangen, wann immer es Euch gefällt, unter der Bedingung, dass ich, bevor Ihr das Pferd übernehmt, mit Eurer Zustimmung und in Eurer Gegenwart einige Worte an Eure Gattin richten darf, die von niemand anderem als von ihr selbst vernommen werden können.«

Vom Geiz getrieben und in der Hoffnung, jenen hereinzulegen, 8
antwortete der Ritter, dass er das gerne und so lange, wie jener es
wünsche, gewähre. Er ließ ihn im Saal seines Palastes warten, ging
zum Zimmer seiner Frau; er sagte ihr, wie er den Zelter bekommen
könnte, und befahl ihr, herunterzukommen und den Zima anzuhö-
ren; sie dürfe aber nicht das geringste Sterbenswörtchen auf das, was
er sage, antworten. Die Frau hatte vieles daran auszusetzen, da es ihr 9
aber zukam, den Wünschen ihres Mannes zu folgen, sagte sie, sie
wolle es tun, und kam mit ihrem Mann in den Saal, um anzuhören,
was Zima ihr mitzuteilen hatte.

Dieser bestätigte dem Ritter gegenüber noch einmal die Vereinba- 10
rung und setzte sich darauf mit der Frau abseits in den Saal, in ausrei-
chender Entfernung von jedem Zuhörer; sodann begann er seine
Rede: »Edle Frau, ich bin gewiss, Ihr seid so klug, dass Ihr schon seit
langer Zeit bemerkt habt, wie groß die Liebe ist, welche mir Eure
Schönheit eingeflößt hat, die ohne jeden Zweifel jede Schönheit
übertrifft, die ich glaube je gesehen zu haben; ich lasse einmal Eure
lobenswerten Sitten sowie Eure einzigartigen Tugenden beiseite,
welche den hochgesinnten Geist eines jeden Mannes überwältigen
können. Und daher brauche ich Euch nicht mit Worten zu sagen, dass 11
ich Euch die größte und glühendste Liebe entgegenbringe, die je ein
Mann für eine Frau empfunden hat. Sie wird dauern, solange ein elen-
des Leben meine Glieder bewegt, und noch darüber hinaus; denn
liebt man im Jenseits wie im Diesseits, so werde ich Euch in alle Ewig-
keit lieben. Und deswegen dürft Ihr sicher sein, dass Ihr keinen kost-
baren oder gewöhnlichen Gegenstand besitzt, den Ihr so ganz als Euer
Eigentum nehmen und über den Ihr bei allem, was Ihr tut, so sicher
verfügen könnt wie über mich, meine Person und mein ganzes Hab
und Gut. Als Beweis dafür sage ich Euch, dass ich es als größere Gnade 12
empfinde, wenn Ihr mir befehlt, alles zu tun, was ich kann, als wenn
die ganze Welt mir auf meinen eigenen Befehl gehorchen würde. Da 13
ich nun ganz und gar, wie Ihr gehört habt, der Eure bin, erglühe ich

nicht unverdientermaßen in dem Verlangen, Eurer Hoheit, von der
allein und nirgendwo anders her mein Frieden, mein Wohl und mein
Heil kommen kann, mein Flehen vorzutragen. Als Euer untertänigs-
ter Diener flehe ich Euch an, teuerstes Gut und Hoffnung meiner See-
le, dass meine Liebesglut von der Hoffnung zehren darf, dass Ihr so
gütig seid und die Härte, die Ihr mir bisher gezeigt habt, besänftigen
möget, so dass ich, von Eurem Mitleid getröstet, sagen darf, Eure
Schönheit, die meine Liebe entzündet hat, habe mir auch das Leben
geschenkt. Sofern Euer hoher Geist mein Flehen nicht erhören sollte,
werde ich mich aufgeben und bestimmt sterben, und Euch wird man
14 die Schuld an meinem Tod geben. Aber lassen wir beiseite, dass Euch
mein Tod nicht zur Ehre gereichen wird, so glaube ich nichtsdestowe-
niger, dass das Gewissen Euch deswegen manchmal plagen wird und
Ihr bedauern werdet, ihn verursacht zu haben; so werdet Ihr manches
Mal, wenn Ihr milder gesonnen seid, zu Euch selbst sagen: ›Oh, wel-
ches Übel habe ich verursacht, da ich kein Mitleid mit Zima gehabt
habe!‹ Dass diese Reue zu nichts mehr führt, wird Euch noch mehr
15 bekümmern. Damit das nicht eintrifft, bedauert Euer Tun, solange Ihr
mir noch helfen könnt; bevor ich sterbe, habt Erbarmen mit mir, denn
bei Euch allein liegt es, aus mir den freudigsten und den traurigsten
Menschen zu machen, der je gelebt hat. Ich hoffe so sehr auf Eure edle
Gesinnung, dass Ihr es nicht dulden werdet, wenn ich als Lohn für
eine so große Liebe den Tod empfange; sondern dass Ihr vielmehr mit
einer freundlichen Antwort und voller Huld meinen Lebensgeistern,
16 die in Eurer Gegenwart erzittern, Trost spendet.« Hierauf verstumm-
te er, und indem er zutiefst seufzte und Tränen aus seinen Augen
17 quollen, wartete er auf die Antwort der Dame. Das lang andauernde
Werben, die Turniere und Ständchen und alles, was Zima aus Liebe zu
ihr unternommen hatte, hatten die Dame nicht rühren können; aber
nun rührten sie doch die hingebungsvollen Worte des glühenden
Verehrers, und sie begann etwas zu empfinden, was sie zuvor noch
nicht empfunden hatte und was Liebe sein mochte. Und obwohl sie

gemäß der Weisung ihres Gatten schwieg, konnte sie einen schwa-
chen Seufzer doch nicht unterdrücken und ließ durchblicken, was sie
alles gesagt hätte, wenn sie Zima geantwortet hätte. Zima, der eine 18
Weile wartete und bemerkte, dass keine Antwort erfolgte, wunderte
sich und ahnte, welche List der Ritter eingefädelt hatte. Da er aber,
als er ihr ins Gesicht schaute, ein Aufleuchten ihrer Augen beobach-
tete und außerdem die Seufzer vernahm, die sich kaum hörbar ihrer
Brust entrangen, fasste er Hoffnung; von ihr beflügelt, kam er auf
einen neuen Plan. Anstelle der Frau, die ihm zuhörte, antwortete
er sich selbst mit folgenden Worten: »Mein Zima, gewiss habe ich 19
schon vor langer Zeit bemerkt, dass du mir eine große und vollkom-
mene Liebe entgegenbringst; durch deine Worte erkenne ich es noch
viel besser und bin, so wie ich es sein soll, glücklich darüber. Schon 20
immer, wenn ich dir hart und grausam erschienen bin, wünschte ich,
du möchtest nicht glauben, ich wäre in meinem Innern so, wie ich
mich nach außen gezeigt habe. Vielmehr habe ich dich schon immer
vor allen anderen geliebt und geschätzt; aber aus Furcht vor einem
Dritten und um meines guten Rufes willen habe ich mich nach au-
ßen anders geben müssen. Nun aber ist es an der Zeit, dass ich dir 21
deutlich zeige, wie ich dich liebe, und dass ich dir die Liebe lohne,
die du mir entgegengebracht hast und immer noch entgegenbringst.
Sei daher getrost und fasse Hoffnung, denn wie du weißt, wird Herr
Francesco in wenigen Tagen als Bürgermeister nach Mailand ziehen;
du weißt es, denn du hast ihm ja aus Liebe zu mir den schönen Zel-
ter geschenkt. Sobald er fort sein wird, verspreche ich dir gewiss bei
meinem Glauben sowie bei der aufrichtigen Liebe, die ich für dich
hege, dass du dich nach wenigen Tagen bei mir einfinden wirst und
dass wir unserer Liebe süße Erfüllung gewähren werden. Und damit 22
ich nicht noch ein zweites Mal mit dir hierüber sprechen muss, sage
ich dir schon heute, dass an dem Tag, wo du zwei Tücher in dem
Fenster meines Zimmers siehst, das auf den Garten hinausgeht, du
abends und vorsichtig, dass niemand dich sieht, durch die Garten-

pforte zu mir kommst. Ich werde dich erwarten, und gemeinsam
werden wir heiter und ergötzlich, wie wir es begehren, die Nacht
verbringen.«

23 Als Zima anstelle der Dame gesprochen hatte, antwortete er nun
für sich selbst: »Geliebte Frau, die übergroße Freude über Eure freund-
liche Antwort hat meine Kräfte so überwältigt, dass ich kaum in der
gebührenden Form antworten kann; selbst wenn ich so sprechen
könnte, wie ich wollte, wäre keine Rede lang genug, um Euch zu
danken, so wie ich wollte und wie es sich geziemte; deswegen bleibe
es Eurer klugen Einsicht überlassen, das zu erkennen, was ich mit
24 Worten auszudrücken wünsche, aber nicht kann. Ich sage Euch nur,
dass ich, was Ihr mir befohlen habt, gewiss tun werde. Und wenn ich
einer so großen Gabe, die Ihr mir gewährt, sicher sein darf, werde
ich mich nach meinen Kräften bemühen, Euch den größtmöglichen
Dank zu erweisen. Nichts bleibt hier mehr zu sagen übrig, und daher,
o teure Frau, schenke Gott Euch die Freude und das Gute, das Ihr am
25 meisten begehrt. Gott führe Euch.« Zu all dem sagte die Dame kein
einziges Wort; worauf Zima sich erhob, um zu dem Ritter zurückzu-
kehren; dieser sah es, kam ihm entgegen und sagte lächelnd: »Was
26 meinst du, habe ich mein Versprechen gehalten?« »Nein, Herr«, ant-
wortete Zima, »verspracht Ihr mir doch, mich mit Eurer Frau spre-
chen zu lassen; tatsächlich habt Ihr mich aber mit einer Marmorsta-
27 tue sprechen lassen.« Die Antwort gefiel dem Ritter sehr, der, ob-
wohl er eine gute Meinung von seiner Frau hatte, sie doch nicht für
besser hielt, als sie war, und er sagte: »Nun gehört dein Zelter mir.«
28 Worauf Zima antwortete: »Ja, Herr, wenn ich geglaubt hätte, aus der
Freundlichkeit, die Ihr mir gewährt habt, den Nutzen zu ziehen, den
ich daraus gezogen habe, so hätte ich Euch den Zelter auch gegeben,
ohne Euch um die Freundlichkeit zu bitten. Wollte Gott, ich hätte es
getan, denn Ihr habt den Zelter gekauft, und ich habe ihn nicht ver-
kauft.«

29 Der Ritter lachte sich eins; und da er nun im Besitz eines Reitpfer-

des war, machte er sich wenige Tage danach auf den Weg zum Rat-
haus von Mailand. Die Frau blieb allein zu Hause, dachte an die Worte
Zimas und an die Liebe, die er ihr entgegenbrachte, und an den Zelter,
den er um dieser Liebe willen verschenkt hatte. Als sie ihn häufig an
ihrem Haus vorüberreiten sah, sagte sie sich: »Was mache ich? War- 30
um vergeude ich meine Jugend? Jener ist nach Mailand gezogen und
wird vor sechs Monaten nicht zurückkehren. Wann wird er mir die
verlorene Zeit ersetzen? Wenn ich alt bin? Wann finde ich außerdem
einen solchen Liebhaber wie den Zima? Ich bin allein und brauche
niemanden zu fürchten. Warum soll ich mir nicht, solange ich es
kann, einen schönen Tag machen? So wie jetzt werde ich nicht immer
Zeit dazu haben; niemand wird etwas davon erfahren, und wenn
doch jemand davon erfahren sollte, so ist es doch besser zu handeln
und zu bereuen, als nichts zu tun und zu bereuen.«

Nachdem sie so mit sich selbst zu Rate gegangen war, hängte sie 31
eines Tages zwei Handtücher in das Fenster zum Garten, so wie Zima
es gesagt hatte. Als Zima das sah, freute er sich sehr; als die Nacht her-
eingebrochen war, ging er heimlich und allein zur Gartenpforte und
fand sie offen; er kam zu einer zweiten Pforte, die ins Haus führte, wo
er die edle Frau fand, die ihn erwartete. Als sie ihn kommen sah, ging 32
sie ihm entgegen und empfing ihn freudig; er umarmte und küsste sie
hunderttausend Mal und folgte ihr schließlich eine Treppe hinauf.
Rasch legten sie sich nieder und genossen die Erfüllung ihrer Liebe.
Das eine Mal war indessen nicht das letzte Mal; solange der Ritter in 33
Mailand war, und auch nach seiner Rückkehr, kehrte Zima viele Male
zu seiner Dame zurück, woran beide ihr Vergnügen hatten.

Sechste Novelle

1 *Ricciardo Minutolo liebt die Frau des Filippello Sighinolfi; er erfährt, dass sie eifersüchtig auf ihren Mann ist; er sagt ihr, dass Filippello sich am folgenden Tag mit seiner eigenen Frau in einer Badestube treffen würde; sie findet sich dort ein; sie glaubt, dass sie ihren Mann getroffen hat, stellt aber fest, dass sie mit Ricciardo zusammen gewesen ist.*

2 Elissa hatte nichts mehr zu sagen; man lobte den Scharfsinn des Zima, und die Königin forderte Fiammetta auf, mit einer weiteren Novelle fortzufahren. Lächelnd antwortete diese: »Aber gerne, Madonna« und begann:

3 Wir müssen unsere Stadt einmal verlassen, die wie an allem anderen auch reich an Beispielen für alle Themen ist. Wie Elissa es getan hat, soll von Dingen erzählt werden, die sich in anderen Teilen der Erde ereignet haben: So schauen wir nach Neapel, wo eine jener Scheinheiligen, die so tun, als ekelten sie sich vor der Liebe, von ihrem listigen Verehrer dahin gebracht wurde, die Frucht der Liebe zu kosten, bevor sie deren Blüte genossen hatte. Dies soll euch Vorsicht gegenüber dem lehren, was geschehen kann, und Vergnügen am Vergangenen schenken.

4 In Neapel, einer uralten Stadt, so annehmlich wie keine und viel-
leicht die annehmlichste aller Städte Italiens, lebte ein durch seine
Reichtümer ausgezeichneter Edelmann reinsten Blutes; sein Name
war Ricciardo Minutolo. Obwohl derselbe eine wunderschöne und
bezaubernde junge Dame zur Frau hatte, verliebte er sich in eine an-
dere, die nach allgemeiner Auffassung die Schönheit aller übrigen
Neapolitanerinnen bei weitem übertraf; sie hieß Catella und war die
Frau eines anderen adligen jungen Mannes namens Filippel Sighinol-
5 fo, der sie als seine ehrbare Gattin über alles liebte und wert hielt. Ric-
ciardo Minutolo nun liebte diese Catella, aber er verzweifelte schier,
weil alles, was er, um die Gunst und die Liebe einer Frau erringen zu

können, anstellte, ihn nicht an das Ziel seiner Wünsche brachte. Da er seine Liebe weder aufgeben konnte noch wollte, wusste er nicht zu sterben und fand auch keine Freude am Leben. So war es um ihn be- 6
stellt, als es geschah, dass er eines Tages von Frauen, die mit ihm verwandt waren, darin bestärkt wurde, dieser Liebe zu entsagen, denn er würde sich vergeblich um Catella bemühen, weil sie niemand anderen im Sinn hätte als Filippello, auf den sie so eifersüchtig wäre, dass sie glaubte, jeder Vogel am Himmel könne ihn ihr wegnehmen. Als 7
Ricciardo von der Eifersucht Catellas hörte, ersann er unverzüglich einen Plan, wie er ans Ziel seiner Wünsche gelangen konnte. Er tat so, als wäre er daran verzweifelt, die Liebe Catellas gewinnen zu können, und als hätte er seine Liebe auf eine andere adlige Dame gerichtet; und um dieser Liebe willen nahm er an Wettkämpfen und Turnieren teil und tat alles, was er für Catella zu tun pflegte. Es dauerte nicht lange, 8
und ganz Neapel wie auch Catella waren der Überzeugung, dass er nicht länger Catella, sondern diese zweite Dame über die Maßen liebte. Er fuhr darin so lange fort, dass alle Welt es für ausgemacht hielt, und dass – von anderen abgesehen – Catella die Zurückhaltung ablegte, die sie ihm gegenüber wegen seiner Liebe gezeigt hatte, und auch

sie ihn freundlich wie einen Nachbarn und wie alle anderen grüßte,
9 wenn sie ihn sah. Es geschah nun, dass, wie es der Brauch der Neapo-
litaner ist, während der heißen Jahreszeit viele Gruppen von Damen
und Rittern an den Strand zogen, um sich dort zu amüsieren und zu
speisen; Ricciardo, der wusste, dass Catella mit ihrer Gruppe hin-
ausgezogen war, kam mit der seinen hinterher und wurde von der
Gesellschaft der Damen Catellas aufgefordert, sich ihnen anzuschlie-
ßen, wozu er sich bitten ließ, so als hätte er keine Lust zu bleiben.
10 Die Damen und mit ihnen Catella begannen ihn wegen seiner neuen
Liebe zu necken, und er gab ihnen umso mehr Grund, darüber zu
plaudern, als er sehr verliebt tat. Nach einer Weile waren einige der
Damen woanders hingegangen und Catella war mit einigen wenigen
dort geblieben, wo auch Ricciardo sich aufhielt; nun machte Ricciar-
do ihr gegenüber eine spöttische Bemerkung über eine gewisse Lieb-
schaft ihres Gatten Filippello; sie wurde sogleich von heftiger Eifer-
sucht ergriffen und brannte insgeheim darauf zu erfahren, was Ric-
11 ciardo sagen wollte. Sie hielt sich eine Weile zurück, schließlich
konnte sie sich aber nicht länger beherrschen und beschwor Ricciar-
do, dass er, um der Liebe zu der Dame willen, die er liebte, ihr doch
bitte deutlicher erklären möge, was er über Filippello gesagt hatte.
12 Dieser sagte ihr: »Ihr habt mich um einer Person willen beschworen,
um derentwillen ich Euch nicht abschlagen kann, was Ihr erbittet.
Deswegen will ich Euch sofort alles erklären, wenn Ihr mir nur ver-
sprechen wollt, dass Ihr erst dann mit ihm und irgendeinem anderen
darüber sprechen werdet, wenn Ihr selbst gesehen habt, dass wahr ist,
was ich Euch erzähle; wenn Ihr es wollt, werde ich Euch darüber un-
13 terrichten, wie es sich verhält.« Der Dame war recht, was er verlangte,
sie glaubte, er sage die Wahrheit, und gelobte Verschwiegenheit. Ric-
ciardo nahm sie etwas beiseite, damit die anderen sie nicht hören
konnten, und begann wie folgt: »Madonna, wenn ich Euch noch so
liebte, wie ich Euch einst geliebt habe, nähme ich mir nicht die Kühn-
heit heraus, Euch etwas zu sagen, was Euch betrüben könnte; da diese

Liebe aber vergangen ist, kümmert es mich weniger, Euch in allem die
Wahrheit zu sagen. Ich weiß nicht, ob Filippello sich jemals durch 14
meine Liebe zu Euch beleidigt fühlte, und ob er glaubte, Ihr hättet
mich wiedergeliebt. Ob das nun so war oder nicht, mir gegenüber hat
er darüber nie etwas durchblicken lassen. Aber vielleicht hat er abge- 15
wartet, bis ich weniger misstrauisch geworden bin, und scheint mir
nun das antun zu wollen, was er – wie ich annehme – von mir be-
fürchtete: nämlich meine Frau für sich zu gewinnen; und ich habe
festgestellt, dass er sie seit nicht allzu langer Zeit mit heimlichen Bot-
schaften umworben hat, die sie mir alle berichtet hat und auf die sie so
geantwortet hat, wie ich es ihr vorgeschrieben habe. Heute morgen, 16
bevor ich hierher gekommen bin, traf ich in meinem Haus ein Frauen-
zimmer, das heimlich mit meiner Frau verhandelte, und ich glaubte
auch sofort zu wissen, um wen es sich da handelte. So rief ich meine
Frau und fragte sie, was jene von ihr wollte, und sie sagte mir: ›Das ist 17
die Kupplerin von Filippello, die du mir mit deinem Antwortgeben
und Hoffnungmachen aufgeladen hast; und sie sagt, dass er nun un-
bedingt wissen will, was ich vorhabe, und dass er, falls ich einverstan-
den wäre, es einrichten würde, dass wir uns insgeheim in einer hiesi-
gen Badestube treffen könnten; deswegen bittet und drängt er mich.
Wenn du, ich weiß nicht warum, mich nicht zu diesem Hin und Her
aufgefordert hättest, so hätte ich ihn mir seit langem vom Halse ge-
schafft, so dass er mir nicht mehr nachgeschlichen wäre.‹ Mir erschien 18
das unerträglich, er ging zu weit, und ich wollte es Euch sagen, damit
Ihr erkennt, wie Eure Treue und Standhaftigkeit belohnt wird, um de-
rentwillen ich dem Tode nahe war. Und damit Ihr nicht glaubt, dies 19
seien leere Worte oder Märchen, und damit Ihr es Euch selbst –
wenn Ihr wollt – ansehen und mit Händen fassen könnt, habe ich
meiner Frau der Botin, die darauf wartete, als Antwort mitgeben las-
sen, dass sie morgen um die neunte Stunde, wenn man Siesta hält, in
die Badestube kommen würde; das Frauenzimmer ging zufrieden da-
von. Ich nehme nicht an, dass Ihr glaubt, ich wollte sie tatsächlich hin- 20

schicken. Wenn ich aber an Eurer Stelle wäre, würde ich dafür sorgen, dass ich mich selbst anstelle der anderen, die er erwartet, einfinden würde; und wenn ich dann eine Weile mit ihm zusammen wäre, würde ich mich zu erkennen geben und ihm die Ehre erweisen, die ihm gebührt. Dadurch würde er so gedemütigt, dass der Schimpf, den
21 er Euch und mir antun wollte, mit einem Male gerächt wäre.« Als Catella das hörte, dachte sie nicht daran, wer zu ihr sprach oder was er im Schilde führen könnte; sondern, wie Eifersüchtige es tun, glaubte sie ohne Zögern seinen Worten und verknüpfte einige frühere Vorfälle mit dem Gehörten. In jähem Zorn entbrannt, antwortete sie, dass sie gewiss hingehen und es ihr gar keine Mühe machen werde; und sie werde ihn ganz sicher derartig blamieren, dass ihm der Anblick einer jeden anderen Frau die Erinnerung daran wecken würde.
22 Ricciardo war es zufrieden und es schien ihm, dass sein Plan sich gut entwickelte; mit vielen Worten ermunterte und bestärkte er sie, gleichzeitig beschwor er sie allerdings, dass sie mit keinem Wort verraten sollte, dass er es ihr gesagt habe, und das versprach sie ihm hoch
23 und heilig. Am folgenden Tag begab sich Ricciardo zu der Frauensperson, die die Badestube führte, sagte ihr, was er beabsichtigte, und bat sie, ihn dabei, so gut sie konnte, zu unterstützen. Die gute Frau war ihm verpflichtet und sagte, sie täte es gerne; und sie besprach mit
24 ihm, was sie zu tun und zu sagen hätte. In dem Haus, wo sich die Badestube befand, gab es eine dunkle Kammer, in die kein Fenster Licht hineinließ. Auf Ricciardos Wunsch richtete die Frau sie ein und ließ das beste ihrer Betten hineinbringen; nachdem Ricciardo gegessen
25 hatte, legte er sich nieder und erwartete Catella. Diese hatte die Worte Ricciardos wohl vernommen und ihnen mehr Glauben geschenkt, als notwendig gewesen wäre; sie kehrte am Abend empört nach Hause zurück, wo auch Filippello sich einfand, der anderes im Kopf hatte
26 und vielleicht auch nicht so zärtlich wie gewohnt war. Sie merkte das, wurde noch misstrauischer und sagte sich: »Sein Sinnen und Trachten ist tatsächlich auf diese Frau gerichtet, mit der er glaubt, sich mor-

gen zu vergnügen; das wird aber bestimmt nicht geschehen.« Und fast
die ganze Nacht dachte sie daran und malte sich aus, was sie ihm alles
sagen würde, wenn sie mit ihm zusammen gewesen wäre. Kurz und 27
gut, um die neunte Stunde rief Catella ihre Begleitung und ging, ohne
sich in ihrem Vorhaben beirren zu lassen, zu der Badestube, die Ric-
ciardo ihr angegeben hatte. Dort traf sie die besagte Frauensperson
und fragte sie, ob Filippello da wäre. Jene war von Ricciardo instruiert 28
worden und sagte: »Seid Ihr die Dame, die mit ihm sprechen wollte?«
Catella antwortete: »Ja, das bin ich.« »Dann geht zu ihm«, sagte die an- 29 3
dere. Catella suchte, was sie eigentlich nicht finden wollte, und ließ 31
sich zu der Kammer geleiten, in der sich Ricciardo aufhielt; mit ver-
hülltem Haupt trat sie ein und verschloss die Tür. Als Ricciardo sie
eintreten sah, stand er freudig auf, umarmte sie und sagte leise: »Will-
kommen, meine Seele!« Catella tat so, als wäre sie die andere, die sie 32
nicht war, umarmte ihn, küsste ihn voller Hingabe und Zärtlichkeit,
ohne ein Wort zu sagen, weil sie nicht von ihm erkannt werden woll-
te. Der Raum war stockdunkel, was beiden nur recht war; selbst wenn
man sich daran gewöhnt hatte, vermochte man nichts zu sehen. Ric-
ciardo geleitete sie zu dem Bett, und ohne sich mit der Stimme zu ver-
raten, vergnügten sie sich ausgelassen eine geraume Weile miteinan-
der. Aber schließlich schien es Catella an der Zeit zu sein, ihrem gan- 33
zen Ärger Luft zu machen und zornig brach es aus ihr heraus: »O wie
elend ist doch das Geschick der Frauen und wie übel wird ihre Liebe
von vielen Ehemännern missbraucht! Ich Unglückliche habe dich seit
acht Jahren mehr als mein Leben geliebt; und du böser Schurke hast
dich, wie ich erfahren habe, in der Liebe zu einer anderen verzehrt
und vergessen! Nun, mit wem glaubst du denn zusammen zu sein? 34
Du hast mit der geschlafen, die du mit falschen Beteuerungen vor lan-
ger Zeit betrogen hast, indem du ihr Liebe vorgespielt und dich in eine
andere verliebt hast. Ich bin Catella und nicht die Frau Ricciardos,
treuloser Verräter! Erkennst du meine Stimme, ich bin es wirklich.
Tausend Jahre scheint es mir, bis ich dich am hellen Tag so beschämen

35 kann, wie du es verdienst, du räudiger Hund. Weh mir, wem habe ich
meine jahrelange Liebe geopfert? Einem treulosen Hund, der mir,
weil er glaubte, eine andere zu umarmen, mehr Zärtlichkeit und Liebe
in dieser kurzen Zeit erwiesen hat als in der langen Zeit, die er mit sei-
36 ner eigenen Frau zusammen war. Heute warst du feurig, du abtrünni-
ger Schuft, und zu Hause gibst du dich schwach und schlaff und kraft-
los! Aber Gott sei es gedankt, dass du heute deinen eigenen Acker ge-
37 pflügt hast und nicht einen fremden, wie du glaubtest. Kein Wunder,
dass du mich letzte Nacht gemieden hast, denn du hast gehofft, deine
Ladung woanders abzuladen und wolltest als frischer Ritter in die
Schlacht gehen! Gelobt sei der Herr und meine Klugheit, das Wasser
38 ist auch diesmal, wie es sein soll, bergab geflossen! Warum antwor-
test du nicht, du böser Mensch? Warum sagst du kein Wort? Haben
dir meine Worte die Sprache verschlagen? Bei Gott, ich weiß nicht,
was mich noch zurückhält, dass ich dir nicht die Augen auskratze! Du
glaubtest wohl, diese Perfidie besonders gut zu verbergen? Bei Gott,
einer weiß so viel wie der andere; und dir ist es nicht gelungen, denn
ich habe dir mit besseren Hunden aufgelauert, als du erwartet hast.«
39 Ricciardo genoss diese Worte und umarmte und küsste sie, ohne et-
was zu sagen; er wurde immer zärtlicher, so dass sie schließlich fort-
fuhr: »Ja, und nun glaubst du lästiger Hund, mich durch deine Zärt-
lichkeit besänftigen zu können, mich zu beruhigen und zu trösten. Da
hast du dich aber geirrt. Denn ich werde mich erst beruhigen, wenn
ich dich in Gegenwart all unserer Verwandten, Freunde und Nach-
40 barn bloßgestellt haben werde. Bin ich, du böser Mensch, etwa nicht
ebenso schön wie die Frau des Ricciardo Minutolo? Bin ich etwa kei-
ne adlige Dame? Warum antwortest du denn nicht, du schmutziger
Hund? Was besitzt die andere, das ich nicht habe? Weg mit dir, rühr'
41 mich nicht mehr an, du hast für heute genug Lanzen gebrochen. Da du
nun weißt, wer ich bin, wirst du es dir jetzt mit Gewalt holen; aber
Gott sei mir gnädig, ich werde dir schon den Brotkorb höher hängen!
Ich weiß gar nicht, warum ich nicht nach Ricciardo schicke, der mich

mehr als sich selbst geliebt hat, der sich aber nicht rühmen konnte,
dass ich ihn auch nur eines Blickes gewürdigt hätte. Ich weiß nicht,
was schlimm daran wäre ... Du glaubtest, hier seine Frau anzutreffen,
und es lag nicht an dir, dass es nicht so war – wenn ich mir also ihn
nähme, dürftest du mich nicht tadeln.« Die Verbitterung der Dame 42
war groß, und sie fand immer neue Worte. Ricciardo dachte schließ-
lich daran, dass es üble Folgen haben könnte, wenn sie bei ihrer fal-
schen Annahme bliebe; er beschloss, sich zu offenbaren und sie ihrem
Irrtum zu entreißen. Er umarmte sie, hielt sie fest, dass sie nicht weg-
laufen konnte und sagte: »O geliebte Seele, seid getrost. Was meine
Liebe auf einfachem Weg nicht erreichen konnte, hat Amor mich ge-
lehrt, mit List zu gewinnen: Ich bin Euer Ricciardo.« Als Catella das 43
hörte und ihn an der Stimme erkannte, wollte sie sofort aus dem Bett
springen, konnte es aber nicht; sie wollte laut schreien, aber Ricciardo
hielt ihr mit der einen Hand den Mund zu und sagte: »Madonna, es ist
nun einmal unmöglich, Geschehenes ungeschehen zu machen, auch
wenn Ihr Euer ganzes Leben laut schreit. Solltet Ihr weiter laut schrei-
en oder etwas tun, dass irgendjemand das Geschehene erfahren soll-
te, so wird folgendes passieren. Einmal – und das sollte Euch doch ei- 44
nigermaßen am Herzen liegen – werden Eure Ehre und Euer guter
Ruf geschädigt. Solltet Ihr nämlich behaupten, dass ich Euch mit List
hierher gelockt habe, so werde ich sagen, dass das nicht stimmt, dass
ich Euch Geld und Geschenke versprochen habe, um zu kommen;
dass Ihr Euch aufregt und Lärm schlagt, weil die Geschenke nicht so
reichlich wie erhofft ausgefallen seien. Und Ihr wisst, dass die Leute
eher das Schlechte als das Gute glauben, und deswegen wird man eher
mir als Euch Glauben schenken. Außerdem wird zwischen Eurem 45
Gatten und mir eine tödliche Feindschaft entstehen, und diese könn-
te so weit gehen, dass ich ihn töte oder er mich. Das wird Euch weder
froh noch glücklich machen. Daher, Herz meines Leibes, wollt Ihr
doch nicht zugleich Schande auf Euch selbst laden und mein Leben
wie das Eures Gatten in Gefahr und Bedrängnis bringen. Ihr werdet 46

weder die erste noch die letzte sein, die überlistet worden ist; und ich
habe Euch auch nicht überlistet, um Euch das Eurige zu nehmen, son-
dern aus übermäßiger Liebe, die ich für Euch empfinde und als Euer
untertäniger Diener immer empfinden werde. Und da ich und mein
Eigentum und alles, was ich kann und tauge, Euch seit langem gehört
und zu Diensten steht, möchte ich, dass es von nun an mehr denn je
Euer sein soll. Ihr seid klug in allen Dingen, und so werdet Ihr Euch
47 auch hierbei klug verhalten.« Während Ricciardo redete, weinte Ca-
tella heftig; obwohl sie äußerst aufgebracht und betrübt war, folgte
ihre Vernunft doch den offenen Worten Ricciardos, und sie sah, dass
48 das eintreten könnte, was er sagte; deswegen antwortete sie: »Ric-
ciardo, ich weiß nicht, wie Gott der Herr mich den Betrug und die
Kränkung ertragen lässt, die du mir zugefügt hast. Ich will jetzt hier,
wohin mich meine Dummheit und übertriebene Eifersucht gebracht
haben, kein Geschrei anstimmen; sei aber gewiss, dass ich erst wieder
glücklich sein werde, wenn ich mich in der einen oder anderen Weise
dafür gerächt haben werde, was du mir angetan hast. Lass mich, halte
mich nicht länger fest, denn du hast erlangt, was du begehrt hast, du
hast mich gequält, wie und so lange es dir gefallen hat. Lass mich nun
49 gehen, ich bitte dich, lass mich gehen.« Ricciardo bemerkte, dass ihr
Sinn noch sehr verstört war, und er hatte sich vorgenommen, sie erst
gehen zu lassen, wenn sie ihm verziehen hätte. Deswegen begann er,
sie mit gütlichen Worten zu besänftigen, und redete, bat und be-
schwor sie, bis sie schließlich umgestimmt war und sich mit ihm ver-
söhnte. Einvernehmlich blieben sie noch länger zusammen und ver-
50 gnügten sich miteinander. Die Dame erkannte, dass die Küsse des Ge-
liebten köstlicher waren als die des Gatten, und verwandelte ihre
Sprödigkeit in süße Liebe zu Ricciardo, den sie seit jenem Tag aufs
innigste liebte; umsichtig genossen sie ihre Liebe noch viele Male. Der
Herrgott möge uns die unsrige genießen lassen.

Siebente Novelle

Tedaldo überwirft sich mit seiner Dame und verlässt Florenz; nach einiger Zeit kehrt er als Pilger verkleidet zurück, spricht mit seiner Dame und überzeugt sie von ihrem Irrtum; er rettet ihren Ehemann, der ihn getötet haben soll, vor dem Tod und versöhnt ihn mit seinen Brüdern; dann genießt er in Besonnenheit das Glück der Liebe. 1

Fiammetta war verstummt und ihre Novelle wurde von allen gelobt; 2
um keine Zeit zu verlieren, wandte sich die Königin ohne Zögern an Emilia und gebot ihr zu erzählen. Sie begann wie folgt:

Ich möchte in unsere Stadt zurückkehren, die in den letzten bei- 3
den Novellen verlassen wurde; und ich werde euch zeigen, wie einer unserer Mitbürger seine verlorene Dame wiedergewonnen hat.

In Florenz lebte also ein junger Edelmann namens Tedaldo degli 4
Elisei, der in eine Dame, genannt Monna Ermellina, Gattin eines Aldobrandino Palermini, aufgrund ihrer lobenswerten Sitten über die Maßen verliebt war und es verdiente, sein Begehren zu genießen.
Aber Fortuna, die Feindin der Glücklichen, widersetzte sich dem Be- 5
gehren. Denn die Dame, die ihm eine Weile zugeneigt war, entzog sich, aus welchem Grund auch immer, seinem Begehren und wollte weder irgendeine Botschaft von ihm hören noch ihn überhaupt sehen. Dies stürzte ihn in eine tiefe, quälende Melancholie; weil er seine Liebe geheim hielt, vermutete niemand in ihr den Grund seines Trüb-
sinns. Er bemühte sich nun auf verschiedene Weise darum, seine Lie- 6
be, die er ohne Schuld verloren hatte, zurückzugewinnen; aber all seine Mühe war umsonst, und er beschloss, sich aus der Welt zurückzuziehen, damit jene, die sein Übel verursacht hatte, sich nicht daran weiden konnte, wie er sich verzehrte. Er nahm so viel Geld, wie er konnte, und ging heimlich von dannen, ohne Verwandten oder Freunden ein Wort zu sagen, außer einem Vertrauten, der alles wusste. Er gelangte nach Ancona und ließ sich Filippo di San Lodeccio nen-

nen; er wurde mit einem reichen Kaufmann bekannt, trat in seine Dienste auf einem seiner Schiffe, und sie fuhren gemeinsam nach Zy-
7 pern. Seine Sitten und sein Betragen gefielen dem Kaufmann so gut, dass er ihm nicht nur einen guten Lohn zahlte, sondern ihn zu seinem Kompagnon machte und ihm einen großen Teil seiner Geschäfte übergab; diese erledigte er so eifrig und erfolgreich, dass er in wenigen Jahren ein bekannter und wohlhabender Kaufmann wurde. Während dieser Tätigkeit dachte er oft an seine grausame Dame, und heiße Liebe ergriff ihn jedes Mal; er sehnte sich danach, sie wiederzuse-
8 hen, aber standhaft besiegte er sieben Jahre lang die Versuchung. Es geschah aber nun, dass er eines Tages auf Zypern ein Lied hörte, das er selbst gedichtet hatte und in dem er die gegenseitige Liebe zwischen ihm und seiner Dame und ihrer beider Wonne so erzählt hatte, dass er meinte, sie hätte das niemals vergessen können; es entzündete das unaufschiebbare Begehren, sie wiederzusehen, und er beschloss,
9 nach Florenz zurückzukehren. Er brachte seine Angelegenheiten in Ordnung und gelangte, nur von einem Diener begleitet, nach Ancona; nachdem auch sein Besitz eingetroffen war, schickte er diesen an einen Freund seines Kompagnons aus Ancona und zog selbst in aller

Heimlichkeit als Pilger vom Heiligen Grab verkleidet in Begleitung
seines Dieners hinterher. In Florenz angekommen, zog er in eine klei-
ne Herberge, die zwei Brüder in der Nachbarschaft des Hauses seiner
Dame besaßen. Zuallererst ging er vor ihr Haus, ob er sie sehen könn- 10
te; aber alle Fenster und Türen waren verschlossen, was ihn befürch-
ten ließ, dass sie gestorben oder fortgezogen sei. In Gedanken versun-
ken ging er zum Haus seiner Brüder, vor dem seine vier Brüder, alle
schwarz gekleidet, standen, worüber er sehr erstaunte. Da er wusste,
dass er sich, nachdem er weggegangen war, in Kleidung und Figur
sehr verändert hatte, und deswegen nicht mehr so leicht erkannt wer-
den konnte, wandte er sich ohne Scheu an einen Schuster und fragte
ihn, warum sie alle schwarz gekleidet seien. Hierauf antwortete der 11
Schuster: »Sie tragen schwarz, weil vor kaum zwei Wochen ihr Bru-
der Tedaldo, der seit geraumer Zeit fort ist, erschlagen wurde; und ich
habe gehört, sie hätten vor Gericht bewiesen, dass ein gewisser Al-
dobrandino Palermini – der festgenommen wurde – ihn getötet haben
soll, weil er dessen Frau umworben habe und unerkannt heimgekehrt
sei, um bei ihr zu sein.« Tedaldo wunderte sich, dass es jemanden ge- 12
ben sollte, der ihm so ähnlich war, dass er mit ihm verwechselt wur-
de, und es tat ihm leid, dass Aldobrandino ins Unglück geraten war.
Nachdem er erfahren hatte, dass seine Dame gesund und munter war,
kehrte er, da es Nacht war, in seine Herberge zurück und stellte allerlei
Überlegungen an. Nach dem Abendessen wurde er mit seinem Diener
in ein unter dem Dach gelegenes Zimmer zum Schlafen geschickt.
Weil ihm so viele Gedanken durch den Kopf gingen oder weil das Bett 13
schlecht oder das Abendessen karg war, konnte Tedaldo lange nicht
einschlafen; so glaubte er um Mitternacht zu hören, dass Leute vom
Dach in das Haus stiegen; durch die Ritzen seiner Kammertür sah er
ein Licht heraufkommen. Er schaute verstohlen durch die Ritze, um 14
zu beobachten, was das zu bedeuten hätte; er sah, dass ein junges und
recht hübsches Mädchen das Licht hielt und dass drei Männer zu
ihr kamen, die vom Dach herabgestiegen waren. Nachdem sie sich

freundlich begrüßt hatten, sagte einer der Männer zu dem Mädchen:
15 »Gott sei Dank sind wir heute sicher, denn wir wissen gewiss, dass die
Brüder den Aldobrandino Palermini bezichtigt haben, Tedaldo Elisei
erschlagen zu haben, dass er es gestanden hat und das Urteil geschrie-
ben wurde. Wir sollten aber trotzdem Schweigen bewahren, denn
wenn man erführe, dass wir es gewesen sind, kämen wir in die Lage
des Aldobrandino.« Nach diesen Worten gingen sie mit dem Mäd-
16 chen hinunter, das erfreut schien. Als Tedaldo das mit anhörte, grü-
belte er darüber nach, welchen Irrtümern die Menschen erliegen kön-
nen. Zuerst kamen ihm seine Brüder in den Sinn, die an seiner Stelle
einen Fremden beklagt und begraben hatten; dann der Unschuldige,
der unter einem falschen Verdacht angeklagt, mit falschen Zeugen
dem Tode ausgeliefert werden sollte; darüber hinaus dachte er an die
blinde Strenge der Gesetze und der Richter, die zwar beflissen die Irr-
tümer untersuchen, aber häufig durch grausame Befragungen die Un-
wahrheit beweisen, die sich Diener der göttlichen Gerechtigkeit nen-
nen, wo sie doch Handlanger des Unrechts und des Teufels sind. Aber
dann richtete er seine Gedanken auf die Rettung Aldobrandinos und
17 nahm sich vor, was er tun wollte. Er erhob sich am nächsten Morgen,
ließ seinen Diener zurück und ging, als es ihm an der Zeit schien, al-
leine zum Haus seiner Dame. Zufällig fand er die Tür offen, trat ein
und erblickte seine Dame, die auf dem Boden eines ebenerdigen Saa-
les saß und bitterlich weinte; das Mitleid rührte ihn zu Tränen, er trat
zu ihr und sagte: »Madonna, quält Euch nicht länger, der Frieden ist
18 nahe.« Die Dame vernahm die Worte, erhob ihr Antlitz und sagte: »O
guter Mann, du bist ein fremder Pilger, was weißt du von meinem
19 Kummer und von meinem Frieden?« Der Pilger antwortete: »Madon-
na, ich komme aus Konstantinopel, und der Herr hat mich zur rechten
Zeit gesandt, um Eure Tränen in Lachen zu verwandeln und Euren
20 Gatten vom Tode zu befreien.« »Wie«, sagte die Dame, »du kommst
21 gerade aus Konstantinopel und kennst mich und meinen Gatten?« Da
erzählte ihr der Pilger von Anfang an die Geschichte von Aldobrandi-

nos Not und sagte, wer sie war und wie lange sie verheiratet war und
noch vieles andere, was sie betraf. Die Dame war höchst verwundert,
hielt ihn für einen Propheten und fiel auf die Knie, um ihn in Gottes
Namen zu bitten, dass, wenn er Aldobrandino retten wollte, er sich
beeilen möge, weil die Zeit dränge. Der Pilger spielte den heiligen 22
Mann und sagte: »Madonna, steht auf, hört auf zu weinen, beachtet
gut, was ich Euch sagen werde und hütet Euch wohl, zu irgendjeman-
dem darüber zu sprechen. Soviel Gott mir offenbart hat, rührt die
Pein, die Ihr erleidet, aus einer früheren Sünde, die der Herrgott mit
dieser Qual bestrafen wollte; und er will, dass Ihr sie wiedergut-
macht, denn sonst werdet Ihr in noch größere Betrübnis stürzen.« Die 23
Dame sagte hierauf: »O Herr, ich habe viel gesündigt, und ich weiß
gar nicht, welche meiner Sünden ich vor allen anderen wiedergutma-
chen sollte; um Gottes willen, sagt sie mir, wenn Ihr sie kennt, und
ich werde tun, was ich kann, um sie zu büßen.« »Madonna«, sagte der 24
Pilger, »ich weiß wohl, welche Sünde das ist, und ich werde Euch
nicht fragen, um sie von Euch zu erfahren. Wenn Ihr selbst sie aus-
sprecht, werdet Ihr sie aufrichtiger bereuen. Aber kommen wir zu den
Tatsachen: Sagt mir, erinnert Ihr Euch daran, jemals einen Geliebten
gehabt zu haben?« Bei diesen Worten stieß die Dame einen tiefen 25
Seufzer aus und war sehr erstaunt. Denn sie glaubte, dass niemand je
davon erfahren hätte, obwohl an dem Tag, als der Erschlagene als Te-
daldo begraben wurde, der Vertraute Tedaldos, der es wusste, eini-
ge unvorsichtige Andeutungen geäußert hatte. Sie antwortete: »Ich 26
sehe, dass der Herrgott die Geheimnisse der Menschen durchschaut,
und deswegen will ich meine nicht vor Euch verbergen. Es ist wahr,
dass ich in meiner Jugend den unglücklichen Jüngling, für dessen Tod
mein Gatte angeklagt wird, innig geliebt habe. Sein Tod war umso
schmerzlicher und ich habe ihn umso bitterer beweint, als ich mich
ihm gegenüber vor seiner Abreise sehr spröde und abweisend gezeigt
habe; aber weder seine Abreise noch sein langes Fernbleiben, noch
sein Tod haben ihn mir aus dem Herzen reißen können.« Hierauf sag- 27

te der Pilger: »Der unglückliche Jüngling, der getötet wurde, liebte
Euch niemals, wohl liebte Euch Tedaldo Elisei. Aber sagt: Warum
habt Ihr Euch mit ihm überworfen? Hat er Euch jemals gekränkt?«
28 Die Dame antwortete hierauf: »Er hat mich bestimmt niemals ge-
kränkt, sondern die Ursache des Zerwürfnisses waren die Worte ei-
nes vermaledeiten Mönches, der mir einmal die Beichte abgenom-
men hat; als ich ihm meine Liebe und meine innige Beziehung zu Te-
daldo gestand, hat er mich derartig beschimpft, dass es mir heute
noch davon schwindelt; er sagte mir, dass, wenn ich nicht davon ab-
ließe, ich im Rachen des Teufels und im Höllenfeuer enden würde.
29 Das hat mir eine solche Angst eingejagt, dass ich mich fest entschloss,
die Beziehung zu ihm abzubrechen, und deswegen wollte ich weder
Briefe noch Botschaften mehr von ihm erhalten. Aber ich glaube –
denn seine Verzweiflung darüber hat ihn ja, wie ich annehme, außer
Landes getrieben –, wenn er beharrlicher geblieben wäre und ich mit
angesehen hätte, dass er wie Schnee in der Sonne zerging, so wäre
auch mein harter Entschluss dahingeschmolzen, denn ich wünschte
30 nichts weniger auf der Welt.« Nun sagte der Pilger: »Madonna, dies ist
die einzige Sünde, die Euch quält. Ich weiß gewiss, dass Tedaldo Euch
keine Gewalt angetan hat; als Ihr Euch in ihn verliebtet, habt Ihr das
aus freiem Willen getan, weil er Euch gefiel; und Ihr wolltet, dass er
vertraut mit Euch wurde, denn Ihr habt ihm mit Worten und Taten so
viel Hingabe gezeigt, dass, wenn er zuerst geliebt hat, Ihr seine Liebe
31 tausendfach gesteigert habt. Wenn dem so war, wie ich weiß, dass es
war, aus welchem Grund durftet Ihr Euch ihm so unbarmherzig ent-
ziehen? So etwas sollte man zuvor bedenken. Und wenn Ihr glaubtet,
es als eine schlechte Handlung bereuen zu müssen, so hättet Ihr es
32 nicht tun dürfen. So wie er der Eure wurde, wurdet Ihr die Seine. Dass
er nicht der Eure wurde, konntet Ihr nach Eurem Belieben bestim-
men, weil es Euch alleine betraf. Euch aber, die Ihr die Seine wart, ihm
zu entziehen, war ein unrechter Diebstahl, wenn er nicht damit ein-
33 verstanden war. Ihr müsst wissen, dass auch ich Mönch bin, und des-

wegen kenne ich deren Sitten. Wenn ich zu Eurem Nutzen etwas aus-
führlicher darüber spreche, so ist das nicht so unschicklich, wie es bei
einem anderen wäre. Und es gefällt mir, darüber zu reden, damit Ihr
sie für die Zukunft besser kennenlernt, was in der Vergangenheit
nicht der Fall war. Einst waren die Mönche heilige und rechtschaffene 34
Männer, aber diejenigen, die sich heute Mönche nennen und als sol-
che geachtet werden wollen, haben vom Mönch nur die Kutte; selbst
die ist keine echte Mönchskutte mehr. Denn die Gründer der Orden
haben dafür gesorgt, dass die Kutten knapp, bescheiden und aus gro-
bem Tuch geschnitten sind, um zu zeigen, dass die Seelen, deren Lei-
ber in solch hässliches Gewand gehüllt sind, alles Irdische verachten;
heute dagegen machen sie sie weit, gefüttert und aus feinstem, glän-
zendem Tuch; und sie haben ihnen einen wallenden, hoheitsvollen
Schnitt gegeben, so dass sie in den Kirchen und auf den Plätzen scham-
los und eitel wie die Laien in ihren Gewändern umherstolzieren. Und 35
wie der Fischer mit einem Netz viele Fische auf einen Zug einfängt, so
verstehen jene es, in ihren üppigen Falten viele Betschwestern, Wit-
wen, dumme Weiber und Männer einzuwickeln – und das ist ihr ein-
ziges Sinnen und Trachten. Und um noch deutlicher zu werden, so
tragen jene keine Mönchskutten, sondern allein die Farben der Kutte.
Und wo sie sich früher um das Seelenheil der Menschen bemühten, so 36
gieren sie heute nach Frauen und Reichtum; ihren ganzen Eifer haben
sie eingesetzt und setzen ihn ein, mit Gerüchten und Schreckgespens-
tern die Dummköpfe zu erschrecken und ihnen vorzumachen, dass
sie sich mit Almosen und Messen von ihren Sünden reinigen können,
damit der eine ihnen das Brot, der andere den Wein oder der dritte die
Mahlzeit für das Seelenheil ihrer Verstorbenen bringe, denn sie haben
sich nicht aus Frömmigkeit oder um Mühen zu erdulden, sondern aus
Tücke ins Kloster verkrochen. Ja gewiss, Almosen und Gebete reini- 37
gen von den Sünden; wenn aber diejenigen, die sie aufwenden, sähen
und wüssten, wem sie zugutekommen, würden sie sie lieber für sich
behalten oder sie gleich den Schweinen vorwerfen. Und da die Mön-

che wissen, dass die Besitzer eines großen Reichtums sich umso si-
cherer fühlen, je weniger sie sind, bemühen sie sich mit Lärm und Ze-
tern, andere von dem zu vertreiben, was sie allein für sich beanspru-
38 chen. Sie wettern vor den Männern gegen die Wollust, damit diese
sich enthalten und ihnen die Weiber zur Verfügung stehen; sie ver-
dammen den Wucher und den unrechten Gewinn, damit sie, die es
zurückgeben sollen, bequeme Kutten bekommen und sich Bistümer
und größere Prälaturen beschaffen können, deren Besitzer ihren Re-
39 den nach in der Hölle enden müssten. Und wenn man sie wegen all
dieser und vieler anderer schmutzigen Dinge tadelt, so antworten sie:
›Tut, was wir predigen, und nicht, was wir tun‹; und sie meinen, dass
sie hiermit jeglicher Schuld enthoben seien und es für die Herde leich-
ter als für die Hirten sei, standhaft und unnachgiebig zu bleiben. Dass
viele, denen sie eine solche Antwort geben, sie nicht in ihrem Sinn
40 verstehen, weiß ein großer Teil von ihnen. Die heutigen Mönche wol-
len vor allem, dass ihr tut, was sie sagen, das heißt, dass ihr ihre Ta-
schen mit Geld füllt, ihnen eure Geheimnisse anvertraut, keusch und
geduldig bleibt, Beleidigungen verzeiht, euch übler Nachrede enthal-
tet. Das ist alles gut, anständig und fromm. Aber warum predigen sie
es? Damit sie das tun können, was sie nicht tun könnten, wenn die
41 Laien es täten. Wer weiß es nicht, dass die Schurkerei ohne Geld nicht
von Dauer ist? Wenn du und ich das Geld für Vergnügungen ausge-
ben, so kann der Mönch sich nicht im Kloster auf die faule Haut legen;
wenn der Laie zu den Weibern geht, ist kein Platz mehr für den
Mönch; wenn der Laie nicht geduldig ist und die Beleidigungen ver-
zeiht, erkühnt der Mönch sich nicht, in sein Haus zu kommen und
42 seine Familie zu besudeln. Aber warum zähle ich alles auf? Sie klagen
sich selbst an, sobald sie jene Entschuldigung vorbringen. Warum ge-
hen sie überhaupt ins Kloster, wenn sie glauben, nicht fromm und
enthaltsam leben zu können? Und wenn sie es schon tun, warum fol-
gen sie nicht den heiligen Worten des Evangeliums, das Christus tat
43 und lehrte? Sollen sie zuerst einmal Gutes tun und dann erst die an-

deren belehren. Ich habe in meinen Tagen Tausende von ihnen gese-
hen, die gierig ihre Blicke schweifen lassen, sich verlieben und
schließlich in die Häuser der weltlichen Frauen und in die Klöster ein-
dringen … Und dieselben schreien am lautesten auf der Kanzel! Und
solchen Burschen sollen wir hinterherlaufen? Wer das tut, tue, was er
will; aber der Herrgott wird wissen, ob er klug handelt. Aber gesetzt 44
den Fall, dass der Mönch, der Euch getadelt hat, recht hatte und es
eine schwere Sünde wäre, die Ehe zu brechen, ist es nicht eine viel
größere Sünde, einen Menschen zu berauben? Ist es nicht schlimmer,
ihn umzubringen oder ins Exil zu schicken, so dass er durch die Welt
irrt? Jedermann wird das zubilligen. Es ist eine natürliche Sünde, 45
wenn eine Frau eng vertraut mit einem Mann ist; es entspringt aber
der Bösartigkeit, wenn sie ihn beraubt oder tötet oder fortjagt. Dass
Ihr Tedaldo beraubt habt, habe ich Euch bewiesen, denn Ihr habt ihm
Euch selbst weggenommen, die Ihr aus eigenem Willen die Seine ge-
worden wart. Weiterhin sage ich, dass Ihr ihn, was Euch anbelangt, 46
getötet habt, weil es nicht an Euch, die Ihr immer grausamer zu ihm
gewesen seid, gelegen hat, dass er sich nicht mit eigenen Händen um-
gebracht hat. Und das Gesetz sagt, dass derjenige, der etwas Böses
verursacht, die gleiche Schuld trägt, wie derjenige, der es tut. Es ist 47
nicht zu leugnen, dass Ihr nicht die Ursache seid, dass er als Verbann-
ter sieben Jahre durch die Welt geirrt ist. So habt Ihr also in jedem der
drei Dinge eine größere Sünde begangen, als Ihr sie mit Eurer innigen
Beziehung zu ihm begangen habt. Aber vielleicht verdiente Tedaldo
das alles? Das tat er gewiss nicht, denn Ihr selbst habt es bekannt; und
außerdem weiß ich, dass er Euch mehr als sich selbst liebt. Keine 48
Dame ist so sehr wie Ihr und über alle anderen verehrt, gepriesen und
verherrlicht worden, sobald er sich an einem Ort befand, wo er ohne
Verdacht zu erregen sprechen konnte. All sein Wohl, seine Ehre, sei-
ne Freiheit hat er in Eure Hände gelegt. War er nicht adlig und war er 49
nicht schön unter allen anderen seiner Mitbürger? War er nicht tüch-
tig in allem, was Jünglingen ansteht? Wurde er nicht von jedermann

50 geliebt, geschätzt und gern gesehen? Das werdet Ihr nicht abstreiten.
Wie konntet Ihr nur wegen des Geredes eines dummen, ungebildeten
und neidischen Mönchleins einen so grausamen Entscheid gegen ihn
51 fällen? Ich weiß nicht, wie sich die Frauen täuschen können, die die
Männer ablehnen und missachten. Dächten sie daran, was sie selbst
sind und welchen Adel der Herrgott dem Mann vor allen anderen Le-
bewesen verliehen hat, so sollten sie sich brüsten, wenn sie von ei-
nem geliebt werden; und sie sollten ihn in höchsten Ehren halten und
sich mit großem Eifer bemühen, ihm zu gefallen, damit er niemals
52 aufhörte, sie zu lieben. Was Ihr getan habt, wisst Ihr selbst – aufgesta-
chelt durch die Rede eines Mönches, gewiss eines gierigen Tellerle-
ckers und Schmarotzers; der hatte vielleicht nichts anderes im Sinn,
als sich an dem Ort einzunisten, aus dem er einen anderen verjagen
53 wollte. Diese Sünde ist es also, welche die göttliche Gerechtigkeit, die
all ihre Entscheidungen angemessen abwägt, nicht unbestraft lassen
wollte. Denn so, wie Ihr Euch ohne jeden Grund Tedaldo entziehen
wolltet, so befindet sich Euer Gatte ohne Grund um Tedaldos willen
54 in Not und Gefahr. Wenn Ihr wünscht, dass er aus dieser Gefahr be-
freit wird, so müsst Ihr folgendes versprechen und vor allem tun:
Wenn es geschieht, dass Tedaldo aus seiner langen Verbannung hier-
her zurückkehrt, so gebt ihm Eure Gnade, Liebe, Zuneigung und Zärt-
lichkeit zurück und erhebt ihn wieder in den Status, den er innehatte,
bevor Ihr auf den törichten Mönch hereingefallen seid.«

55 Der Pilger war am Ende seiner Rede; die Dame hörte aufmerksam
zu, denn seine Ausführungen erschienen ihr stichhaltig, sie glaubte,
dass sie wegen der Sünde, von der er gesprochen hatte, büßen müsse
56 und sagte: »Freund Gottes, es ist wahr, was Ihr gesagt habt, und dank
Eurer Darstellung durchschaue ich nun die Mönche, die ich bisher für
fromme Männer gehalten habe. Ohne Zweifel habe ich Tedaldo Un-
recht getan, und wenn es mir möglich ist, werde ich es gerne so tun,
wie Ihr gesagt habt. Wie aber soll das vor sich gehen? Tedaldo wird
niemals zurückkommen, denn er ist tot. Ich weiß nicht, warum ich

Euch etwas versprechen soll, was nicht getan werden kann.« Hierauf 57
sagte der Pilger: »Madonna, Tedaldo ist nicht tot, wie Gott mir gezeigt
hat, sondern er lebt, er wäre gesund und wohlauf, wenn er Eurer Gna-
de sicher wäre.« Da sagte die Dame: »Habt acht, was Ihr sagt! Ich sah 58
ihn tot vor meiner Tür liegen, von zahlreichen Messerstichen durch-
bohrt, ich hielt ihn in meinen Armen und netzte sein totes Antlitz mit
meinen Tränen, die waren der Grund, dass gemeine Reden über mich
im Umlauf sind.« Nun sagte der Pilger: »Was auch immer Ihr sagt, ich 59
versichere Euch, Tedaldo lebt. Und wenn Ihr mir das Versprechen ge-
ben wollt, um es auch zu halten, so hoffe ich, dass Ihr ihn bald sehen
werdet.« Darauf sagt die Dame: »Das tue ich und werde es gerne tun. 60
Nichts könnte mir größeres Glück bereiten, als meinen Gatten frei
und unversehrt und Tedaldo am Leben zu sehen.« Nun erschien es Te- 61
daldo an der Zeit, sich zu erkennen zu geben und bei der Dame damit
die Hoffnung auf ihren Gatten zu bestärken; er sagte: »Madonna, um
Euch über das Geschick Eures Gatten zu beruhigen, vertraue ich Euch
ein großes Geheimnis an, das Ihr um Eures Lebens willen für Euch
bewahren müsst.« Sie waren alleine in einem abgelegenen Raum des 62
Hauses, und die Dame hatte volles Vertrauen zu dem gefasst, der ihr
als ein frommer Pilger erschien; Tedaldo zog einen Ring hervor, den
er sorgfältig aufbewahrt hatte, und den die Dame ihm in der letzten
Nacht, in der sie beisammen waren, geschenkt hatte. Er zeigte ihn ihr
und sagte: »Madonna, kennt Ihr diesen Ring?« Die Dame sah ihn an, 63
erkannte ihn sofort wieder und sagte: »Ja, Herr, ich gab ihn einst Te-
daldo.« Nun erhob sich der Pilger, legte Mantel und Hut ab und sagte 64
im Tonfall der Florentiner: »Und erkennt Ihr mich nun?« Die Dame 65
sah ihn an und erkannte Tedaldo; sie erstarrte und schaute ihn voller
Furcht an, wie man einen Toten anschaut, der unter den Lebenden
wandelt; sie glaubte nicht, den Tedaldo vor sich zu haben, der aus Zy-
pern zurückkehrte, sondern einen Tedaldo, der von den Toten aufer-
standen war, und sie war drauf und dran, vor Angst davonzulau-
fen. Tedaldo beruhigte sie: »Madonna, zweifelt nicht daran, ich bin 66

Euer Tedaldo, wie er leibt und lebt, ich bin weder gestorben noch war
67 ich tot, was Ihr und meine Brüder auch immer glauben mögt.« Die Dame wurde etwas ruhiger, fürchtete sich zwar noch vor seiner Stimme, aber nachdem sie ihn genau angesehen hatte und sich überzeugt hatte, dass es tatsächlich Tedaldo war, fiel sie ihm weinend um den Hals, küsste ihn und sagte: »O mein süßer Tedaldo, sei willkommen!«
68 Tedaldo umarmte und küsste sie und sagte: »Madonna, die Zeit ist noch nicht gekommen, um unser Wiedersehen zu feiern! Ich will mich aufmachen, um dafür zu sorgen, dass Aldobrandino gesund und wohlauf zu Euch zurückkehrt; und ich hoffe, dass Ihr bis morgen abend gute Neuigkeiten hören werdet; sobald ich weiß, dass er, wie ich es glaube, gerettet wird, möchte ich Euch heute abend aufsuchen und Euch in aller Ruhe all das erzählen, was ich jetzt noch nicht tun
69 kann.« Er warf den Pilgermantel um, setzte den Pilgerhut auf, gab seiner Dame einen Kuss, sprach ihr Hoffnung zu und verabschiedete sich, um dorthin zu gehen, wo Aldobrandino gefangengehalten wurde; dieser ängstigte sich mehr vor seinem bevorstehenden Tod, als dass er auf eine kommende Rettung gehofft hätte. Mit Zustimmung der Aufseher gelangte er als einer, der Trost spenden sollte, zu ihm,
70 ließ sich neben ihm nieder und sagte: »Aldobrandino, ich bin dein Freund, und Gott hat mich gesandt, um dich zu retten, weil deine Unschuld Seine Barmherzigkeit bewegt hat; wenn du mir daher um Seinetwillen eine kleine Gabe gewähren willst, so wirst du ohne Zweifel noch vor dem Abend des morgigen Tages, an dem du dein Todesurteil
71 erwartest, deinen Freispruch hören.« Aldobrandino antwortete ihm: »Redlicher Mann, wie du sagst, musst du ein Freund sein, denn du interessierst dich für meine Rettung, und weder kenne ich dich noch erinnere ich mich, dich je gesehen zu haben. In der Tat habe ich das Verbrechen niemals begangen, um dessentwillen man mich zum Tode verurteilen will. Vielleicht habe ich andere Sünden begangen, die mich so weit gebracht haben. Aber ich sage dir in aller Ehrfurcht vor Gott dem Herrn: Sollte er mir hier und jetzt Barmherzigkeit er-

weisen, so will ich nicht nur ein Geringes, sondern das Allergrößte
tun und es nicht nur versprechen. Verlange von mir, was du willst, ich
werde es gewiss und ohne Einschränkung erfüllen, sofern ich dem
Urteil entrinne.« Der Pilger sagte hierauf: »Ich will nichts anderes, als 72
dass du den vier Brüdern Tedaldos verzeihst, dass sie dich so weit ge-
bracht haben, indem sie dich beschuldigten, ihren Bruder getötet zu
haben; mögest du sie als Freunde und Brüder ansehen, wenn sie dich
um Verzeihung bitten.« Aldobrandino antwortete ihm: »Wie süß die 73
Rache ist und wie glühend der Wunsch danach, das weiß derjenige,
der beleidigt worden ist. Damit der Herrgott meine Rettung bewirke,
will ich ihnen dennoch gerne vergeben und vergebe ihnen hiermit.
Und sobald ich hier herauskomme und frei bin, werde ich tun, was du
wünschst.« Die Antwort gefiel dem Pilger, und ohne ihm noch mehr 74
zu sagen, bat er ihn inständig, guten Mutes zu bleiben, da er gewiss
noch vor dem Ende des folgenden Tages die Nachricht von seiner Ret-
tung erfahren werde. Er trennte sich von ihm und begab sich zum 75
Rathaus, wo er sich unbemerkt an den Herrn wandte, der Gericht
hielt, und folgendes sagte: »Herr, jedermann soll sich darum bemü-
hen, dass die Wahrheit zutage komme, insbesondere diejenigen, die
ein Amt wie das Eure innehaben, damit nicht die Unschuldigen, son-
dern die Schuldigen bestraft werden. Ich bin gekommen, damit dies
um Eures Ansehens und der Bestrafung derentwillen geschehe, die es
verdient haben. Ihr seid, wie Ihr wisst, mit aller Strenge gegen Aldo- 76
brandino Palermini vorgegangen und glaubt, in ihm denjenigen ge-
funden zu haben, der Tedaldo Elisei umgebracht hat, und steht davor,
ihn deswegen zu verurteilen. Das ist nicht die Wahrheit. Das glaube
ich Euch bis Mitternacht bewiesen zu haben, indem ich Euch die Mör-
der des Jünglings übergeben werde.« Der ehrenwerte Richter, dem 77
Aldobrandino leid tat, schenkte den Worten des Pilgers gerne Gehör;
nachdem dieser vieles berichtet hatte, nahm er aufs erste die beiden
Brüder, denen die Herberge gehörte, sowie ihren Knecht ohne Wi-
derstand im ersten Schlafe fest. Um den Hergang der Sache zu erfah-

ren, wollte er sie der Folter unterziehen, sie aber ließen es nicht dazu
kommen und gestanden einzeln und gemeinsam, dass sie Tedaldo
Elisei erschlagen hätten, ohne ihn zu kennen. Nach dem Motiv be-
fragt, antworteten sie, dass sie es wegen der Frau des einen von ihnen
getan hätten, weil diese, als sie nicht zu Hause waren, von jenem be-
lästigt worden sei: Er hätte sie zwingen wollen, ihm zu Willen zu
78 sein. Nachdem der Pilger hiervon Kenntnis erhalten hatte, nahm er
Abschied von dem ehrenwerten Richter und begab sich insgeheim
zum Haus Madonna Ermillinas. Sie war alleine, da alle anderen im
Haus schlafen gegangen waren, und erwartete ihn, weil sie ebenso
begierig war, gute Nachrichten von ihrem Gatten zu hören, wie sich
wieder voll und ganz mit ihrem Tedaldo auszusöhnen; er trat vor sie
und sprach mit fröhlicher Miene: »Meine teure Dame, freue dich,
denn morgen wirst du deinen Aldobrandino gesund und munter wie-
dersehen.« Und um sie davon zu überzeugen, berichtete er ihr um-
79 ständlich, was er erreicht hatte. Die Dame hatte ihren Tedaldo wieder,
den sie bereits für tot gehalten und beweint hatte; und sie sah, dass
Aldobrandino, dessen Tod sie in wenigen Tagen glaubte beweinen zu
müssen, aus der Gefahr befreit werden würde. Über die beiden plötz-
lichen Ereignisse war sie überglücklich, fiel ihrem Tedaldo um den
Hals und überschüttete ihn mit Küssen. Beide strebten sie dem Bette
zu, wo sie sich heiter und ausgelassen miteinander versöhnten und
80 einander glücklich machten. Am folgenden Tag erhob sich Tedaldo,
bedeutete seiner Dame, was er zu tun beabsichtigte, und bat sie, alles
geheim zu halten; er selbst verließ wieder als Pilger das Haus, um sich
81 der Angelegenheiten Aldobrandinos anzunehmen. Der Richter be-
freite am Morgen unverzüglich Aldobrandino, da er sich über den Fall
ausreichend informiert sah; und wenige Tage später ließ er die Übel-
täter dort köpfen, wo sie den Mord begangen hatten. Aldobrandino
war nun frei, zur großen Freude seiner selbst, seiner Gattin und aller
seiner Freunde und Verwandten; da sie wussten, dass dies alles durch
den Pilger bewirkt worden war, so geleiteten sie ihn in ihr Haus, um

dort während seines Aufenthaltes in der Stadt zu wohnen; sie wur-
den nicht müde, ihn zu ehren und zu feiern, insbesondere die Dame,
die wusste, wem es zugutekam. Aber nach einigen Tagen erschien es 82
ihm an der Zeit, seine Brüder mit Aldobrandino zu versöhnen, weil
jene sich durch seine Freilassung nicht nur verhöhnt sahen, son-
dern sich auch bewaffnet hatten; und er bat Aldobrandino um die
Erfüllung seines Versprechens. Aldobrandino antwortete ohne Um-
schweife, dazu bereit zu sein. Und der Pilger ließ ihn für den nächsten 83
Tag ein schönes Gastmahl veranstalten und forderte ihn auf, dass er
und seine Verwandten und ihre Gattinnen die vier Brüder und ihre
Gattinnen hierzu einladen sollten; er fügte hinzu, dass er sich unver-
züglich zu ihnen begeben werde, um ihnen die Einladung zu diesem
Treffen und zur Versöhnung zu überbringen. Aldobrandino war mit 84
dem, was der Pilger wünschte, zufrieden, und so machte sich dieser
auf den Weg zu den vier Brüdern; er redete mit all den Worten, die die
Sache erheischte, auf sie ein und brachte sie mit unwiderlegbaren
Gründen bald dahin, dass sie, um die Freundschaft Aldobrandinos
wiederzugewinnen, ihn um Verzeihung bitten mussten. Anschlie-
ßend lud er sie und ihre Gattinnen dazu ein, am folgenden Tag bei Al-
dobrandino zu speisen; sie vertrauten ihm und nahmen die Einla-
dung uneingeschränkt an. Am folgenden Tag um die Essenszeit bega- 85
ben sich zuerst die vier Brüder Tedaldos, alle in Schwarz gekleidet,
mit einigen Freunden zum Haus Aldobrandinos, der sie erwartete;
vor allen, die als ihre Begleitung von Aldobrandino eingeladen wor-
den waren, legten sie ihre Waffen ab und übergaben sich Aldobrandi-
no, indem sie um Verzeihung für alles baten, was sie ihm angetan hat-
ten. Gerührt und unter Tränen empfing sie Aldobrandino, küsste sie 86
auf den Mund und vergab ihnen, ohne zu zögern, in wenigen Worten
eine jede Beleidigung. Dann kamen ihre Schwestern und Frauen, alle
dunkel gekleidet, und wurden von Madonna Ermellina und den ande-
ren Frauen freundlich begrüßt. Die Herren und die Damen wurden 87
gleichermaßen prächtig bewirtet; das Zusammensein wurde allein

durch eine traurige Schweigsamkeit beeinträchtigt, die durch die
dunkle Kleidung der Verwandten Tedaldos zum Ausdruck kam – von
einigen waren der Plan und die Einladung des Pilgers auch getadelt
worden, was dieser bemerkt hatte. Als nun, wie er sich das selbst vor-
genommen hatte, der passende Zeitpunkt gekommen war, stand er
88 auf, während die Gesellschaft noch die Früchte aß, und sagte: »Um
Heiterkeit in dieses Gastmahl zu bringen, fehlt einzig Tedaldo; da er
die ganze Zeit unter euch gewesen ist, ohne dass ihr ihn erkannt habt,
89 will ich ihn euch nun vorstellen.« Er warf die Kleider des Pilgers ab
und stand vor ihnen in einem Wams aus grünem Taft; staunend be-
trachtete man ihn eine ganze Weile, bevor man sich getraute, Tedaldo
90 in ihm zu sehen. Er bemerkte es und erzählte viele Dinge über ihre
Verwandtschaft und das, was bei ihnen vorgefallen war sowie über
seine eigenen Erlebnisse; schließlich stürzten seine Brüder und die
übrigen Männer mit Tränen der Freude in den Augen zu ihm und um-
armten ihn; ein Gleiches taten die Frauen, ob sie mit ihm verwandt
91 waren oder nicht, mit Ausnahme von Madonna Ermellina. Aldobran-
dino beobachtete es und sagte: »Was ist los, Ermellina? Warum um-
92 armst du nicht Tedaldo, so wie die anderen?« Die Dame antwortete,
so dass alle es hören konnten: »Keine andere hätte ihn lieber umarmt
oder würde ihn lieber beglückwünschen als ich, weil ich ihm tiefer
verpflichtet bin als eine jede andere, denn er hat mir dich zurückgege-
ben. Aber die schamlosen Reden, die kursierten, als wir damals den
93 beklagten, den wir für Tedaldo hielten, halten mich zurück.« Aldo-
brandino antwortete: »Geh, meinst du, ich hörte auf Verleumder?
Der meine Rettung bewirkt hat, hat, wie ich es nie geglaubt hätte, be-
wiesen, dass sie unrecht haben. Nun geh schon und umarme ihn!«
94 Die Dame wünschte nichts sehnlicher als das und beeilte sich, ihrem
Gatten zu gehorchen und wie alle übrigen umarmte sie ihn herzlich.
Die Großzügigkeit Aldobrandinos fand den Gefallen der Brüder Te-
daldos und eines jeden Anwesenden; das Misstrauen, das in Umlauf
95 gebracht worden war, wurde dadurch ausgeräumt. Nachdem ein jeder

Tedaldo beglückwünscht hatte, riss dieser seinen Brüdern die schwarzen Kleider und seinen Schwestern und Schwägerinnen die dunklen Kleider vom Leibe und verlangte, dass sie neue Kleider kommen ließen. Als sie diese angelegt hatten, begannen sie zu singen und zu tanzen und sich auf mancherlei Weise zu unterhalten. So fand das Gastmahl, das so stumm begonnen hatte, ein klangvolles Ende. Lustig und vergnügt, wie alle waren, zogen sie zum Haus Tedaldos und speisten dort zu Abend; und das Fest zog sich auf diese Weise noch einige Tage
hin. Mehrere Tage lang schauten die Florentiner Tedaldo an, als wäre 96
er auf wunderbare Weise von den Toten auferstanden; vielen, selbst den Brüdern blieb noch ein leichter Zweifel, ob er es wirklich war oder nicht; sie hätten noch lange Zeit daran gezweifelt, wenn nicht zufällig etwas geschehen wäre, das sie darüber aufklärte, wer erschlagen wor-
den war. Das ging wie folgt. Eines Tages zogen Soldaten aus der Luni- 97
giana an ihrem Haus vorbei; als sie Tedaldo sahen, traten sie auf ihn zu
und sagten: »Grüß dich, Faziuolo!« Tedaldo antwortete in Gegenwart 98
seiner Brüder: »Ihr verwechselt mich.« Als jene das hörten, schämten 99
sie sich und baten ihn um Entschuldigung: »In der Tat seht Ihr mehr als jeder andere einem unserer Kameraden ähnlich, der Faziuolo da Pontremoli hieß; dieser ist vor vierzehn Tagen oder etwas länger hierher gekommen, aber wir konnten niemals erfahren, was aus ihm geworden ist. Wir wunderten uns schon über Euer Gewand, denn er
war wie wir auch ein Söldner.« Als der älteste Bruder Tedaldos das 100
hörte, trat er vor und fragte, was Faziuolo denn getragen hätte. Sie beschrieben es, und es stellte sich heraus, dass er tatsächlich so ausgesehen hatte; aus diesem und anderen Erkennungszeichen ging hervor, dass der Ermordete Faziuolo und nicht Tedaldo war; so wurde der letzte Zweifel an dessen Identität bei den Brüdern und bei allen ande-
ren zerstreut. Tedaldo, der mit großem Reichtum nach Hause zurück- 101
gekehrt war, blieb beständig in seiner Liebe; seine Dame ließ sich nicht mehr beirren, und beide genossen noch lange ihre Liebe. Gott möge auch uns die unsrige genießen lassen!

Achte Novelle

1 *Nachdem Ferondo ein gewisses Pülverchen eingenommen hat, wird er als Scheintoter begraben; der Abt, der sich mit seiner Frau vergnügt, holt ihn wieder aus dem Sarg; er steckt ihn ins Gefängnis und macht ihm weis, dass er im Fegefeuer sei; nachdem er auferstanden ist, zieht er den Sohn auf, den der Abt und seine Frau gezeugt haben.*

2 Die lange Novelle Emilias war beendet; aber wegen ihrer Länge hatte sie nicht weniger gefallen, denn sie war zügig erzählt worden, wenn man die Vielzahl und die Vielfalt der erzählten Begebenheiten berücksichtigte. Und nun gab die Königin Lauretta zu verstehen, dass sie beginnen sollte:

3 Teuerste Frauen, ich habe eine wahre Geschichte im Sinn, die sich eher wie eine Lügengeschichte anhört, obwohl sie es nicht ist; ich habe mich an sie erinnert, als ich gehört habe, wie der eine für einen anderen begraben und beweint wurde. Ich erzähle also davon, wie ein Lebender begraben worden ist, wie er selbst und viele andere glaubten, er sei von den Toten auferstanden; und wie derjenige, der das zu verantworten hatte, als Heiliger verehrt wurde, obwohl er die Verdammnis verdient hätte.

4 In der Toskana gab es eine Abtei – sie besteht immer noch –, die
wie viele andere an einem von den Menschen wenig besuchten Ort
gelegen war, wo ein Mönch zum Abt gewählt wurde, der in allen Din-
gen, ausgenommen im Umgang mit den Frauen, ein heiliger Mann
war; er verstand es, sich so vorsichtig zu verhalten, dass niemand et-
was erfuhr oder auch nur ahnte; denn er wurde in jeder Hinsicht als
5 fromm und heilig eingeschätzt. Es geschah nun, dass ein steinreicher
Bauer namens Ferondo, ein über die Maßen ungehobelter und dum-
mer Mann, Vertrauen zu dem Abt gefasst hatte; der Abt ließ es sich
gefallen, weil er sich ab und zu an seiner Einfalt ergötzte. Im Verlauf
des Umgangs bekam der Abt mit, dass Ferondo mit einer wunder-

schönen Frau verheiratet war; er verliebte sich inbrünstig in sie und dachte Tag und Nacht an nichts anderes. Als er hörte, dass Ferondo, 6
obwohl er sonst dumm und einfach war, in der Liebe zu seiner Frau sehr auf der Hut war und sie stets im Auge behielt, wollte er schier verzweifeln. Da er gerissen war, bewegte er Ferondo allerdings dazu, manchmal seine Frau in den Klostergarten mitzubringen, um dort zu lustwandeln. Bei diesen Gelegenheiten sprach er zu ihnen in unaufdringlicher Weise über die ewige Seligkeit und über die frommen Werke vieler Männer und Frauen in der Vergangenheit, so dass die Frau schließlich den Wunsch hegte, bei ihm zur Beichte zu gehen; sie fragte Ferondo um Erlaubnis und erhielt sie. Als die Frau nun zur gro- 7
ßen Befriedigung des Abtes zur Beichte erschien, ließ sie sich neben ihm nieder und begann, noch bevor er irgendetwas sagen konnte, wie folgt: »Hochwürden, wenn der Herrgott mir einen rechten Ehemann 8
gegeben oder ihn mir nicht gegeben hätte, so würde es mir vielleicht unter Eurer Anleitung gelingen, den Weg einzuschlagen, über den Ihr gesprochen habt, und der zum ewigen Leben führt. Berücksichtigt man aber, wie dumm Ferondo ist, so kann ich mich, obwohl verheiratet, als Witwe betrachten und kann, solange er lebt, doch keinen an-

deren Ehemann haben. Er aber, so töricht wie er ist, ist dennoch ohne
jeden Grund und über alle Maßen eifersüchtig auf mich, so dass ich
9 mit ihm nicht anders als in Verdruss und Ungemach leben kann. Be-
vor ich also irgendetwas beichte, bitte ich Euch in aller Demut, dass
Ihr mir hierzu einen Rat erteilt; denn wenn ich in diesem Bereich
nicht den Anfang eines guten Werkes finde, wird mir die Beichte oder
10 ein anderes gutes Werk wenig nützen.« Diese Rede überraschte den
Abt aufs angenehmste, und er glaubte, dass Fortuna seinem Begehren
einen Weg gewiesen hätte; er sagte: »O meine Tochter, welche Last
muss es nicht für eine schöne und zarte Frau, wie Ihr es seid, sein, ei-
nen Dummkopf zum Manne zu haben; aber um wie viel schwerer ist
es, einen eifersüchtigen Ehemann zu haben! Da Ihr mit dem einen
wie mit dem anderen geschlagen seid, glaube ich Euren Verdruss nur
11 allzu gut zu verstehen. Allerdings habe ich, um es in wenigen Worten
zu sagen, nur einen Rat und sehe nur ein einziges Mittel, um Ferondo
von seiner Eifersucht zu heilen. Auf diese Heilung verstehe ich mich
nur allzu gut, vorausgesetzt, Ihr bewahrt in Eurem innersten Herzen,
12 was ich Euch nun sage.« Die Frau sagte: »Mein Vater, zweifelt nicht
daran, ich würde eher sterben als irgendetwas weiterzusagen, was Ihr
13 nicht wünscht. Aber sagt, wie wird er zu heilen sein?« Der Abt ant-
wortete: »Wenn wir ihn heilen wollen, so muss er unbedingt ins Fe-
14 gefeuer.« »Aber wie«, sagte die Frau, »kann ein lebendiger Mensch ins
15 Fegefeuer gehen?« Der Abt sagte: »Er muss sterben, um dorthin zu
gelangen; wenn er ausreichend gebüßt hat und für seine Eifersucht
bestraft worden ist, werden wir mit bestimmten Gebeten Gott bitten,
16 dass er ihn ins Leben zurückschickt. Und das wird Er tun.« »Also«,
17 sagte die Frau, »werde ich als Witwe zurückbleiben?« »Ja«, antwortete
der Abt, »für eine gewisse Zeit, in der Ihr Euch davor hüten müsst,
Euch wieder zu verheiraten, denn Gott würde es übelnehmen; und
wenn Ferondo in diese Welt zurückkehrt, müsstet Ihr zu ihm zurück-
18 kehren, aber er wäre noch eifersüchtiger als vorher.« Da sagte die Frau:
»Wird er nur von diesem abscheulichen Makel geheilt – denn ich

möchte nicht immer eingesperrt bleiben –, so bin ich es zufrieden.
Tut, was Euch beliebt.« Darauf sagte der Abt: »Das werde ich; aber 19
welchen Lohn darf ich von Euch für meinen Dienst erwarten?« »Mein 20
Vater«, sagte die Frau, »was Ihr wollt, wenn ich es Euch geben kann.
Aber was kann meinesgleichen einem Manne wie Euch Angemesse-
nes schenken?« Hierauf sagte der Abt: »Madonna, Ihr könnt für mich 21
nicht weniger tun, als ich für Euch tue, denn wie ich mich für Euer
Wohl und Eure Ruhe einsetzen will, so könnt Ihr es für mein Heil
und mein Leben tun.« Hierauf sagte die Frau: »Wenn dem so ist, bin 22
ich bereit.« »So schenkt mir also Eure Liebe«, sagte der Abt, »und trös- 23
tet mich mit Euch selbst, für die ich glühe und mich verzehre.« Als die 24
Frau das hörte, antwortete sie erschrocken: »O weh, mein Vater, was
verlangt Ihr denn? Ich glaubte, Ihr wäret ein Heiliger; dürfen denn
Heilige von den Frauen, die sie um Rat ersuchen, so etwas verlan-
gen?« Worauf der Abt sagte: »Verwundert Euch nicht, Herzallerliebs- 25
te, denn die Heiligkeit wird nicht beschmutzt, weil sie die Seele aus-
zeichnet; um was ich Euch bitte, ist aber eine Sünde des Körpers. Wie
dem auch sei, Eure reizende Schönheit übt eine solche Macht aus, dass
Amor mich zwingt, es zu tun. Ich sage Euch, dass Ihr Euch Eurer
Schönheit mehr als jede andere Frau rühmen könnt, da sie sogar den
Heiligen gefällt, die doch die himmlische Schönheit zu schauen ge-
wohnt sind. Und darüber hinaus bin ich zwar Abt, aber auch ein Mann 26
und, wie Ihr seht, noch kein alter. Es sollte Euch also nicht unange-
nehm sein, sondern Ihr sollt es Euch wünschen, weil ich Euch, wäh-
rend Ferondo im Fegefeuer ist, in der Nacht Gesellschaft leisten und
Euch das Glück spenden werde, das er Euch bereiten sollte. Niemand
wird etwas bemerken, denn ein jeder hält mich für den, den auch Ihr
in mir gesehen habt. Verweigert Euch nicht dem Gnadenerweis, den 27
Gott Euch schickt; viele Frauen begehren das, was Ihr haben könnt
oder haben werdet, wenn Ihr klug seid und meinem Rat folgt. Außer-
dem besitze ich schöne und kostbare Juwelen, die ich niemandem als
Euch zugedacht habe. Tut also, süße Hoffnung mein, für mich das,

28 was ich Euch zu Gefallen tue.« Die Frau hielt den Kopf gesenkt; sie
wusste nicht, wie sie es ablehnen konnte, noch schien es ihr in Ord-
nung zu sein einzuwilligen. Der Abt sah, dass sie zugehört hatte und
die Antwort hinauszögerte; er glaubte, sie halb gewonnen zu haben,
und ließ seinen Worten noch viele andere folgen; bevor er am Ende
war, hatte er sie davon überzeugt, dass sie gut daran tun würde nach-
zugeben. Verschämt sagte sie, dass sie bereit sei, seinem Wunsch zu
29 folgen, aber erst, wenn Ferondo im Fegefeuer sei. Freudig sagte der
Abt: »Und wir werden unser Bestes tun, damit er hineinkommt;
sorgt nur dafür, dass er mich morgen oder übermorgen aufsucht.«
Nach diesen Worten drückte er ihr einen sehr schönen Ring in die
Hand und entließ sie. Die Frau war glücklich über das Geschenk und
war gespannt auf weitere; sie ging zu ihren Gefährtinnen und erzähl-
te ihnen wunderbare Sachen über die Heiligkeit des Abtes; gemein-
30 sam kehrten sie heim. Wenige Tage danach begab sich Ferondo in die
Abtei; der Abt sah ihn und traf Anstalt, ihn ins Fegefeuer zu schicken.
31 Er suchte ein Pulver von wundersamer Kraft hervor, das er im Mor-
genlande von einem großen Fürsten erhalten hatte; dieser behaupte-
te, der Alte vom Berge habe es benutzt, wenn er jemanden im Schlaf
in sein Paradies schicken oder ihn dort herausholen wollte; dieses
Pulver bewirkt, dass es den, der es einnimmt, ohne zu schaden ein-
schläfert, und er, solange es wirkt, wie tot aussieht. Hiervon tat der
Abt die Menge, die für einen dreitägigen Schlaf ausreichte, in ein Glas
mit ungeklärtem Wein und gab es in seiner Zelle dem ahnungslosen
Ferondo zu trinken; darauf führte er ihn ins Kloster, und gemeinsam
32 mit anderen Mönchen ergötzten sie sich über seine Torheiten. Es dau-
erte nicht lange, und das Pulver begann zu wirken, und Ferondo be-
kam mit einem Mal einen schweren Kopf, schlief im Stehen ein und
33 fiel zu Boden. Der Abt gab sich bestürzt über den Vorfall, ließ seine
Kleider öffnen, ihm kaltes Wasser ins Gesicht spritzen und viele an-
dere Mittel anwenden, so als wollte er ihn aus einer Magenverstim-
mung oder etwas Ähnlichem wieder ins Leben zurückholen; aber als

der Abt und die Mönche bemerkten, dass er sich nicht rührte und dass
auch sein Puls nicht mehr zu spüren war, hielten sie ihn zweifelsfrei
für tot. Sie benachrichtigten daher seine Frau und seine Verwandten,
die herbeieilten. Nachdem die Frau und die Verwandten eine Weile
getrauert hatten, ließ der Abt ihn in den Kleidern, die er am Leibe
trug, in einen Sarg legen. Die Frau ging nach Hause und sagte, sie 34
wollte sich von dem kleinen Kind, das sie von ihm hatte, niemals
trennen; sie blieb also mit dem Söhnchen zu Hause und verwaltete
Ferondos Besitz. In der Nacht stand der Abt auf; gemeinsam mit ei- 35
nem Mönch, der an dem Tag aus Bologna gekommen war und zu dem
er großes Vertrauen hatte, holten sie Ferondo aus dem Sarg und
schleppten ihn in eine stockfinstere Gruft, die als Gefängnis für Mön-
che diente, die ein Vergehen begangen hatten. Sie zogen ihm die Klei-
der aus, steckten ihn in Mönchskleider und ließen ihn auf einem
Bund Stroh liegen, bis er wieder zu sich kommen würde. Der Mönch
aus Bologna war vom Abt darüber informiert worden, was er zu tun
habe, und wartete darauf, ohne dass irgendjemand anderes etwas da-
von wusste, dass Ferondo aufwachte. Am folgenden Tag besuchte der 36
Abt mit einigen Mönchen die Frau zu Hause, sie trug schwarz und
war betrübt. Er tröstete sie und erinnerte sie leise an ihr Versprechen.
Die Frau fühlte sich frei und von dem lästigen Ferondo befreit, er-
blickte einen zweiten Ring zwischen den Fingern des Abtes und sag-
te, dass sie bereit sei; sie verabredeten, dass er in der folgenden Nacht
zu ihr käme. Nach Einbruch der Nacht verkleidete sich also der Abt 37
mit den Kleidern Ferondos und ging in Begleitung seines Mönches
aus Bologna zu ihr; bis zur Frühmesse schliefen sie zusammen mit
großem Spaß und Genuss, danach kehrte er in die Abtei zurück; und
um dieser Obliegenheit nachzugehen, ging er häufig diesen Weg. Ei-
nige begegneten ihm bei diesem Hin und Her, und man hielt ihn für
Ferondos Seele, die Buße tat; das ungebildete Volk aus dem Dorf er-
zählte sich allerlei Geschichten, von der häufig auch die Ehefrau hör-
te, die aber Bescheid wusste. Als Ferondo wieder zu Sinnen kam und 38

nicht wusste, wo er sich befand, kam der Mönch aus Bologna mit ei-
ner Schrecken erregenden Stimme und einem Rutenbündel in der
39 Hand herein, ergriff ihn und verdrosch ihn nach Kräften. Ferondo
40 weinte und schrie und fragte nur: »Wo bin ich?« Der Mönch antwor-
41 tete: »Du bist im Fegefeuer.« »Wie?« sagte Ferondo, »dann bin ich also
42 tot?« Und der Mönch sagte: »Aber ja.« Ferondo schluchzte und wollte
zu seiner Frau und seinem Kind zurück und redete ganz und gar ver-
43 rücktes Zeug. Der Mönch brachte ihm darauf etwas zu essen und zu
44 trinken; als er das sah, sagte Ferondo: »Essen denn die Toten?« Der
Mönch sagte: »Ja, und was ich dir bringe, hat deine Frau gestern der
Kirche gegeben, damit Messen für deine Seele gelesen werden, und
45 der Herrgott wünscht, dass es dir selbst gegeben werde.« Darauf sagte
Ferondo: »Der Herr vergelte es ihr! Bevor ich starb, habe ich sie so ger-
ne die ganze Nacht im Arm gehalten und immer nur geküsst und
manchmal, wenn ich Lust hatte, auch etwas anderes getan.« Da er gro-
ßen Appetit hatte, begann er zu essen und zu trinken; aber der Wein
schien ihm nicht allzu gut zu sein, und er sagte: »Der Herrgott bestra-
fe sie! Sie hätte dem Priester von dem Fass an der Mauer geben sol-
46 len!« Als er mit dem Essen fertig war, packte ihn der Mönch noch ein-
mal und verabreichte ihm mit den bekannten Ruten eine Tracht Prü-
47 gel. Ferondo schrie heftig und sagte danach: »Warum schlägst du
48 mich?« Der Mönch sagte: »Weil Gott der Herr befohlen hat, dass du
49 zwei Mal am Tag gezüchtigt werden sollst.« »Und warum das?« sagte
50 Ferondo. Der Mönch sagte: »Weil du eifersüchtig warst, obwohl du
51 die beste Frau weit und breit als Ehefrau hast.« »O ja«, sagte Ferondo,
»du sagst die Wahrheit; und sie ist so süß und lecker wie Honig; aber
wenn ich gewusst hätte, dass es der Herrgott übelnimmt, wenn der
52 Mann eifersüchtig ist, wäre ich es nicht gewesen.« Der Mönch sagte:
»Darauf hättest du kommen sollen, solange du noch drüben warst,
um dich zu bessern. Und solltest du einmal dorthin zurückkehren, so
erinnere dich an das, was ich dir hier antue und sei nicht wieder eifer-
54 süchtig!« Ferondo sagte: »Und wer tot ist, kann zurückkehren?« Der

Mönch sagte: »Ja, wenn Gott es will.« »Oh«, sagte Ferondo, »wenn ich 55
jemals zurückkehre, werde ich der beste Ehemann der Welt sein; nie-
mals werde ich sie schlagen, niemals ausschimpfen – es sei denn, es
geht um den Wein, den sie uns heute früh geschickt hat; außerdem
hat sie keine Kerze mitgebracht, so dass wir im Dunkeln essen müs-
sen.« Der Mönch sagte: »Sie hat auch an Kerzen gedacht, aber nur für 56
die Messe.« »Du hast recht«, sagte Ferondo, »wenn ich zurückkehre, 57
darf sie tun, was sie will. Aber sag' doch, wer bist du?« Der Mönch 58
sagte: »Auch ich bin tot und komme aus Sardinien; und weil ich mei-
nen Herrn seiner Eifersucht wegen immer gelobt habe, hat Gott mich
zu der Strafe verdammt, dir zu essen und zu trinken zu geben und
dich zu züchtigen, bis Gott ein neues Urteil über dich und mich fällt.«
Ferondo sagte: »Gibt es hier nur uns beide?« Der Mönch sagte: »Tau- 59
sende, aber du kannst sie weder sehen noch hören und sie dich auch
nicht.« Nun sagte Ferondo: »Wie weit sind wir von uns zu Hause 61
fort?« »Oje, oje«, sagte der Mönch, »das ist weiter als die Kackerei.« 62
»Donnerwetter, das ist weit!« sagte Ferondo. »Dann sind wir ja außer- 63
halb der Welt, so weit ist das.« Mit solchen und ähnlichen Gesprächen, 64
mit Essen und Trinken und mit Züchtigungen wurde Ferondo unge-
fähr zehn Monate gefangengehalten; in der Zeit hatte der Abt das
Glück, häufig die schöne Dame besuchen zu können, mit der er sich
die schönste Zeit der Welt machen konnte. Da aber auch Missgeschi-
cke passieren, wurde die Dame schwanger; sie bemerkte es rechtzeitig
und sagte es dem Abt. Beiden schien es nun an der Zeit zu sein, Feron-
do aus dem Fegefeuer ins Leben zurückzurufen, damit er zu ihr zu-
rückkehre, und sie sagen konnte, dass sie von ihm schwanger sei. Der 65
Abt ließ also in der folgenden Nacht Ferondo mit einer nachgemach-
ten Stimme aufrufen: »Sei getrost, Ferondo, denn es gefällt Gott, dass
du auf die Welt zurückkehrst; dort wird dir dein Weib einen Sohn ge-
bären, der soll Benedetto heißen, weil Gott dir diese Gnade dank der
Gebete deines heiligen Abtes und deiner Frau und dem heiligen Be-
nedikt zuliebe gewährt.« Als Ferondo diese Worte hörte, war er sehr 66

froh und sagte: »Das gefällt mir sehr; Gott vergelte es dem Herrgott
und dem Abt und meinem honigsüßen und knusprigen Frauchen.«
67 Der Abt ließ dem Wein, den man ihm brachte, wiederum so viel Pul-
ver hinzufügen, dass er für ungefähr vier Stunden in Schlaf versank;
und ließ ihm seine Kleider anziehen. Dann trug er ihn gemeinsam mit
dem Mönch in aller Stille wieder in den Sarg, in dem er bestattet wor-
68 den war. Beim Morgengrauen kam Ferondo zu sich und sah, wie et-
was Licht in seinen Sarg fiel, das er seit gut zehn Monaten nicht mehr
gesehen hatte. Er schien wieder unter den Lebenden zu sein und be-
gann zu rufen: »Macht auf, macht auf!« Er stemmte sich gegen den
Deckel, so dass er ihn, weil er nicht schwer war, hochheben konnte; in
diesem Augenblick liefen die Mönche herbei, die das Morgengebet
verrichtet hatten, erkannten Ferondos Stimme und sahen ihn aus
dem Sarg steigen. Voller Schrecken rannten sie davon und berichteten
69 die unerhörte Neuigkeit dem Abt. Der tat so, als stünde er vom Gebet
auf, und sagte: »Kinder, habt keine Angst; nehmt Kreuz und Weih-
wasser und folgt mir; wir wollen schauen, was der Allmächtige uns
70 zeigen will.« So geschah es. Ferondo, der lange Zeit kein Tageslicht
mehr gesehen hatte, war totenbleich aus dem Sarg gestiegen; als er
den Abt sah, fiel er ihm zu Füßen und sagte: »O mein Vater, es wurde
mir offenbart, dass Eure Gebete und die des heiligen Benedikt und die
meiner Frau mich aus dem Fegefeuer erlöst und ins Leben zurückge-
bracht haben. Deswegen bitte ich Gott, dass er Euch ein gutes Jahr mit
71 guten Jahreszeiten jetzt und immerdar schenken möge.« Der Abt sag-
te: »Gepriesen sei die Allmacht des Herrn! Geh nun, mein Sohn, da
Gott dich zurückgeschickt hat, und tröste dein Weib, deren Tränen,
seit du aus diesem Leben geschieden bist, nimmer versiegt sind; und
72 sei von nun an ein Freund und Diener Gottes.« Ferondo sagte: »O
Herr, so hat man es mir schon gesagt; lasst mich nur machen: Sobald
ich sie wiederfinde, werde ich sie umarmen und küssen, so sehr mag
73 ich sie.« Der Abt blieb bei seinen Mönchen; er schien sehr ergriffen
von dem Vorgefallenen und ließ in aller Frömmigkeit das Miserere

anstimmen. Ferondo kehrte in sein Dorf zurück, wo ein jeder, der ihn
erblickte, wie vor einem Schreckgespenst davonlief; er rief sie aber zu
sich und versicherte ihnen, er sei auferstanden. Auch seine Frau
fürchtete sich vor ihm. Als die Leute sich aber über ihn beruhigt hat- 74
ten und sahen, dass er tatsächlich lebte, stellten sie ihm eine Menge
Fragen, so als wäre er weiser geworden. Er wusste auf alles eine Ant-
wort, erzählte ihnen Geschichten über die Seelen ihrer Angehörigen
und erfand allerlei schöne Märchen über das Fegefeuer; vor allem Vol-
ke erzählte er, was ihm vor seiner Auferstehung durch den Mund des
Bengels Rabriegel offenbart worden sei. So kehrte er in sein Haus, in 75
den Besitz seiner Güter und zu seiner Frau zurück, schwängerte diese,
und sie gebar zur gehörigen Zeit – aber nur Dummköpfe glauben, dass
das Weib genau neun Monate austrägt – einen Knaben, der Benedetto
Ferondi genannt wurde. Ferondos Rückkehr und seine Erzählungen 76
ließen fast alle an seine Auferstehung glauben und den Ruf der Hei-
ligkeit des Abtes fast ins Unendliche wachsen. Ferondo, der wegen
seiner Eifersucht viele Schläge erhalten hatte, war, wie der Abt es der
Frau versprochen hatte, für die Zukunft von ihr geheilt. Darüber war
die Frau froh und lebte wie gewöhnlich anständig mit ihm zusam-
men; allerdings traf sie sich gerne, wenn es sich unauffällig machen
ließ, mit ihrem heiligen Abt, der ihre größten Bedürfnisse gut und
fleißig erfüllt hatte.

Neunte Novelle

Giletta aus Narbonne heilt den König von Frankreich von einer Fistel; 1
sie wünscht, mit Beltramo von Roussillon verheiratet zu werden; dieser heiratet sie gegen seinen Willen und geht aus Verdruss nach Florenz; dort legt sich Giletta statt eines jungen Mädchens, für das er schwärmt, zu ihm und hat zwei Kinder von ihm; er gewinnt sie lieb und akzeptiert sie als seine Gemahlin.

2 Als Laurettas Novelle zu Ende war, blieb als Erzählerin allein die Königin selbst, weil Dioneos Privileg nicht durchbrochen werden sollte; ohne sich von ihren Untertanen bitten zu lassen, begann sie also frohgemut:

3 Wer wird, nachdem er die Novelle Laurettas gehört hat, noch eine, die gefiele, erzählen können? Ein Vorteil war es, dass es nicht die erste war, sonst hätten die anderen auch nicht gefallen. So hoffe ich, dass es auch der Geschichte ergehen möge, die ich am heutigen Tag erzählen werde. Wie dem auch sei, ich werde euch erzählen, was mir zu dem Thema einfällt.

4 Im Königreich Frankreich lebte ein Edelmann, dessen Name Is-
nardo, Graf von Roussillon war, der, weil er sehr kränklich war, im-
mer einen Arzt namens Gerardo von Narbonne um sich hatte. Der
Graf hatte nur einen kleinen Sohn, Beltramo genannt, der hübsch und
liebenswert war. Mit ihm zusammen wuchsen andere Kinder seines
Alters auf, und unter ihnen war auch eine Tochter des besagten Arz-
tes. Sie hieß Giletta und hegte für Beltramo eine glühende Liebe, die
weit über das hinausging, was in ihrem zarten Alter angemessen ge-
5 wesen wäre. Beltramo wurde nach dem Tod des Grafen der Fürsorge

des Königs anvertraut und musste nach Paris ziehen; das junge Mäd-
chen war hierüber zutiefst betrübt; da ihr Vater kurz danach gestor-
ben war, hätte sie sich zwar gerne nach Paris in die Nähe Beltramos
begeben; weil sie reich und allein zurückgeblieben war, wurde sie aber
sehr behütet und sah keine schickliche Möglichkeit dazu. Da sie be- 6
reits im heiratsfähigen Alter war, Beltramo aber nicht vergessen
konnte, wies sie, ohne den Grund zu offenbaren, die Männer ab, mit
denen ihre Verwandten sie verheiraten wollten. Sie war mehr denn je 7
in Liebe zu Beltramo entbrannt, weil sie hörte, dass er zu einem wun-
derschönen Jüngling herangewachsen war; es geschah nun, dass ihr
berichtet wurde, dass der König von Frankreich nach einer Wuche-
rung an der Brust, die schlecht behandelt worden war, eine äußerst
unangenehme und beängstigende Fistel behalten hatte, die noch kei-
ner der Ärzte, die sich daran versucht hatten, hatte heilen können;
alle hatten sie es nur noch schlimmer gemacht. Der König war daher
verzweifelt und wollte von niemandem mehr Rat und Hilfe anneh-
men. Das Mädchen war glücklich darüber, denn sie hatte damit nicht 8
nur einen triftigen Grund, nach Paris zu reisen, sondern diese Krank-
heit konnte ihr, wenn sie das war, was sie annahm, leicht die Möglich-
keit eröffnen, Beltramo zu heiraten. Da sie von ihrem Vater schon
manche Dinge gelernt hatte, machte sie sich daran, aus mancherlei
Kräutern, die ihrer Vermutung nach gegen jene Krankheit halfen, ein
Pulver herzustellen, stieg zu Pferd und zog nach Paris. Als erstes dach- 9
te sie daran, Beltramo ausfindig zu machen; als sie zum König gelangt
war, bat sie ihn um die Gunst, ihr sein Übel zu zeigen. Der König sah
ein schönes und anmutiges Mädchen, dem er es nicht abschlagen
konnte, und zeigte ihr sein Übel. Kaum hatte sie es gesehen, so war sie 10
auch schon sicher, es heilen zu können und sagte: »Monsignore, wenn
es Euch beliebt, so hoffe ich zu Gott, dass ich Euch, ohne dass Ihr
Schmerzen oder Beschwerden haben werdet, in acht Tagen von die-
sem Übel geheilt haben werde.« Der König machte sich innerlich lus- 11
tig über ihre Worte und dachte: »Was die größten Ärzte der Welt

nicht wussten und verstanden, das soll so einer jungen Dirne gelin-
gen?« Er bedankte sich für ihren guten Willen und antwortete, dass er
sich vorgenommen habe, auf keinen ärztlichen Rat mehr zu hören.
12 Worauf das Mädchen sagte: »Monsignore, Ihr verweigert Euch mei-
ner Kunst, weil ich jung und ein Weib bin; aber ich gebe Euch zu be-
denken, dass ich Euch nicht mit meinem Wissen behandle, sondern
mit der Hilfe Gottes und des Wissens von Meister Gerardo aus Nar-
bonne, der mein Vater und zu seinen Lebzeiten ein berühmter Arzt
13 war.« Nun dachte sich der König: »Vielleicht hat Gott sie mir gesandt;
warum soll ich nicht ausprobieren, was sie zu tun versteht, da sie sagt,
mich ohne Beschwer in kürzester Zeit heilen zu können?« Und er be-
schloss, es zu versuchen und sagte: »Mein Fräulein, wenn Ihr uns nun
nicht heilen werdet, obwohl wir unseren Vorsatz gebrochen haben,
14 was soll dann geschehen?« »Monsignore«, antwortete das Mädchen,
»lasst mich bewachen; und wenn ich Euch nicht binnen acht Tagen
heile, lasst mich verbrennen. Welcher Lohn wird mir aber zuteil,
15 wenn ich Euch heile?« Der König antwortete: »Ihr scheint noch un-
verheiratet zu sein; wenn es Euch gelingt, werden wir Euch einen gu-
16 ten und angesehenen Gatten geben.« Worauf das Mädchen sagte:
»Monsignore, ich bin glücklich, dass Ihr mich verheiraten wollt. Aber
ich möchte den Gatten haben, um den ich Euch bitten werde, ohne
dass ich einen Eurer Söhne oder einen Angehörigen des königlichen
17 Hauses verlangen werde.« Der König versprach es ihr ohne weiteres.
Das Mädchen begann die Kur, die in Kürze und vor der Frist zur Ge-
sundung führte. Der König war geheilt und sagte: »Fräulein, Ihr habt
18 den Gatten verdient.« Sie antwortete: »Monsignore, also habe ich
Beltramo von Roussillon verdient, den ich seit meiner Kindheit von
19 ganzem Herzen liebe.« Dem König erschien es nicht einfach, sie ihm
zu geben; da er es aber versprochen hatte und sein Wort nicht brechen
wollte, ließ er ihn kommen und sagte ihm: »Ihr seid inzwischen groß
und erwachsen; wir wünschen, dass Ihr Eure Grafschaft übernehmt
und ein Fräulein mit Euch führt, das wir Euch zur Frau gegeben ha-

ben.« Beltramo sagte: »Monsignore, wer ist das Fräulein?« Der König 20
antwortete hierauf: »Es ist diejenige, die uns mit ihrer Medizin die
Gesundheit zurückgegeben hat.« Beltramo kannte sie und hatte sie 22
gesehen; sie erschien ihm zwar sehr schön, aber er wusste, dass sie aus
einer Familie stammte, die der seinen nicht ebenbürtig war; verächt-
lich sagte er: »Monsignore, wollt Ihr mich etwa mit einer Ärztin ver-
heiraten? Gott bewahre mich davor, dass ich jemals so eine nehme.«
Der König sagte: »Dann wollt Ihr also, dass wir nicht das Versprechen 23
halten, das wir dem Fräulein gegeben haben, die uns geheilt hat und
die Euch dafür als ihren Gatten ausgesucht hat?« »Monsignore«, sagte 24
Beltramo, »Ihr mögt mir nehmen, was ich habe, und es mir wiederge-
ben, ganz wie es Euch beliebt, weil ich Euer Vasall bin. Aber ich versi-
chere Euch, dass ich mit dieser Verehelichung niemals glücklich sein
werde.« »Natürlich werdet Ihr glücklich sein«, sagte der König, »denn 25
das Fräulein ist schön und klug und liebt Euch sehr. Deswegen erwar-
ten wir, dass Ihr mit ihr ein glücklicheres Leben führen werdet als mit
einer Dame höherer Abkunft.« Beltramo schwieg, und der König ließ 26
eine prächtige Hochzeit vorbereiten; so ungern jener es auch tat, Gi-
letta heiratete an dem bestimmten Tag in Gegenwart des Königs den-
jenigen, den sie mehr als sich selbst liebte. Dieser hatte sich aber schon 27
überlegt, was er tun wollte, bat nach der Hochzeit den König um sei-
nen Abschied und sagte, er wolle auf sein Schloss zurückkehren, um
dort die Ehe zu vollziehen. Er bestieg sein Pferd, ritt aber nicht in seine
Grafschaft, sondern in die Toskana. Er erfuhr, dass die Florentiner ge- 28
rade Krieg gegen die Sienesen führten, und schlug sich auf ihre Seite;
man empfing ihn freudig und machte ihn zum Hauptmann eines
Kriegshaufens; da er einen guten Sold erhielt, verbrachte er geraume
Zeit in ihren Diensten. Die junge Frau war recht unglücklich über die- 29
se Wende, aber sie hoffte, Beltramo in seine Grafschaft zurückzuho-
len, indem sie sich dort an seiner Statt einsetzte; also begab sie sich ins
Roussillon, wo sie von allen als Herrin empfangen wurde. Da der Graf
lange Zeit nicht anwesend war, fand sie alles in Unordnung und Ver-

wahrlosung; aber als kluge Herrin brachte sie mit Eifer und Beharr-
lichkeit alles in Ordnung. Die Untertanen waren es sehr zufrieden.
Sie schätzten und liebten sie sehr und tadelten den Grafen, weil er
30 sich nicht mit ihr zufriedengeben wollte. Als die Frau die Ordnung
wiederhergestellt hatte, schickte sie zwei Ritter zum Grafen und ließ
ihm ausrichten, dass er ihr bedeuten möge, ob es an ihr läge, wenn er
nicht in seine Grafschaft zurückkehre; in diesem Fall würde sie sich
ihm zuliebe entfernen. Unerbittlich gab er ihnen die folgende Bot-
schaft mit: »Sie möge es ganz nach ihrem Belieben halten; ich werde
erst zu ihr zurückkehren, wenn sie diesen Ring am Finger tragen und
31 einen Sohn von mir auf dem Arm halten wird.« Der Ring war ihm
über alles teuer, und er trennte sich nie von ihm, weil ihm eine gehei-
me Kraft innewohnen sollte. Die Ritter begriffen, dass die Bedingun-
gen hart und unmöglich zu erfüllen waren; da sie ihn durch ihre Wor-
te nicht mehr von seinem Entschluss abbringen konnten, kehrten sie
32 zu ihrer Herrin zurück und berichteten ihm seine Antwort. Giletta
war zwar tiefbetrübt, aber nach gründlichem Bedenken beschloss sie,
in Erfahrung zu bringen, ob die beiden Bedingungen nicht zu erfüllen
33 seien. Nachdem sie überlegt hatte, was zu tun sei, um ihren Ehemann
wiederzugewinnen, rief sie einige der bedeutendsten und besten
Männer ihrer Grafschaft zusammen und erzählte ihnen der Reihe
nach in bewegenden Worten, was sie aus Liebe zum Grafen getan hat-
te und zu welchem Erfolg das geführt habe. Sie schloss damit, dass es
nicht in ihrer Absicht läge, dass der Graf um ihretwillen in dauern-
dem Exil lebe; dass sie viel eher den Rest ihres Lebens um ihres See-
lenheiles willen mit Pilgerfahrten und frommen Werken verbringen
wollte. Sie bat sie, Aufsicht und Regierung der Grafschaft zu über-
nehmen und dem Grafen auszurichten, dass sie ihm seinen Besitz frei
und ledig überlasse und nicht die Absicht habe, jemals ins Roussillon
34 zurückzukehren. Während sie sprach, vergossen die wackeren Män-
ner viele Tränen und baten sie inständig, ihren Entschluss rückgängig
35 zu machen und zu bleiben; sie richteten aber nichts aus. Sie empfahl

alle der Gnade Gottes und machte sich, versehen mit Geld und wert-
vollen Juwelen, zusammen mit einem Vetter und einer Kammerfrau,
die wie sie Pilgertracht angelegt hatten, auf den Weg, ohne dass ir-
gendjemand ihr Ziel kannte. Sie aber hielt nicht eher an, bis sie in Flo-
renz war; dort stieg sie aufs Geratewohl in einer kleinen Herberge ab,
die von einer biederen Frau geführt wurde. Sie gab sich als eine be-
scheidene Pilgerin aus und war begierig, Neuigkeiten von ihrem
Herrn zu erfahren. Der Zufall wollte es, dass sie am folgenden Tag
Beltramo mit seinem Gefolge an ihrer Herberge vorüberreiten sah;
obwohl sie ihn nur zu gut erkannte, fragte sie nichtsdestoweniger die
Wirtin, wer das sei. Und diese antwortete: »Das ist ein fremdländi- 36
scher Edelmann, freundlich und vornehm, der in unserer Stadt sehr
beliebt ist; er ist unsterblich verliebt in ein adliges, aber armes Mäd-
chen aus der Nachbarschaft. Tatsächlich ist es ein ehrenhaftes Fräu-
lein, die wegen ihrer Armut noch nicht verheiratet ist und mit ihrer
Mutter, einer klugen und ordentlichen Dame, zusammenlebt. Wenn
die Mutter nicht wäre, hätte sie vielleicht schon getan, was der Graf
von ihr wünscht.« Die Gräfin hörte aufmerksam zu und erkundigte 37
sich noch nach einigen Details; nachdem sie die Umstände genau ein-
schätzen konnte, fasste sie ihren Plan. Sie kannte den Namen und die
Bleibe der Dame und ihrer Tochter – die der Graf liebte – und suchte
sie eines Tages in ihrer Pilgertracht unbemerkt auf. Sie begrüßte Mut-
ter und Tochter, die recht ärmlich lebten, und bat darum, mit der Mut-
ter, wenn es ihr recht sei, unter vier Augen zu sprechen. Die Dame 38
erhob sich und sagte, dass sie bereit sei, sie anzuhören. Sie betraten
alleine eine Kammer, setzten sich und die Gräfin begann: »Madonna,
ich nehme an, Euch verfolgt Fortuna ähnlich wie mich; wenn Ihr es
allerdings wollt, könntet Ihr, wie das Glück es will, Euch und mir hel-
fen.« Die Dame antwortete, dass sie nichts sehnlicher wünschte, als 39
sich selbst von Nutzen sein zu können. Die Gräfin fuhr fort: »Ich be- 40
nötige Eure Zuverlässigkeit. Wenn ich mich Euch anvertraue, und Ihr
hintergeht mich, werdet Ihr Euch selbst und mir schaden.« »Seid un- 41

besorgt«, sagte die Dame, »und sagt mir alles, was Ihr möchtet; von
42 mir werdet Ihr nicht hintergangen.« Nun erzählte ihr die Gräfin, wer
sie war und was ihr seit dem Beginn ihrer Liebe bis zum gegenwärti-
gen Tag widerfahren war, so dass die Edeldame, die schon von ande-
ren von ihrem Schicksal gehört hatte, nicht nur ihren Worten vollen
Glauben schenkte, sondern von Mitleid gerührt wurde. Und die Grä-
fin fuhr fort, nachdem sie ihre Geschicke erzählt hatte: »Ihr habt nun
außer meinen Schicksalsschlägen auch erfahren, welche beiden Dinge
ich erlangen muss, um meinen Gatten zu gewinnen. Ich kenne nie-
mand anderes als Euch, die sie mir beschaffen kann, sofern es stimmt,
was ich gehört habe, dass nämlich mein Gatte, der Graf, in Eure Toch-
43 ter über die Maßen verliebt ist.« Hierauf sagte die Dame: »Madonna,
ob der Graf meine Tochter liebt, weiß ich nicht, aber sein Benehmen
44 ist ganz danach. Wie kann ich Euch nur hiermit nützlich sein?« »Ma-
donna«, antwortete die Gräfin, »das will ich Euch sagen. Zunächst
aber will ich Euch wissen lassen, was es Euch bringen wird, wenn Ihr
mir beisteht. Ich sehe, dass Eure Tochter schön und eines Gatten wür-
dig ist; ich habe aber gehört und glaube verstanden zu haben, dass Ihr
sie bei Euch behaltet, weil Ihr keine Mitgift habt. Als Entgelt für den
Beistand, den Ihr mir leisten könnt, gedenke ich, Ihr aus meinem Ver-
mögen die Mitgift zur Verfügung zu stellen, die Ihr selbst für ausrei-
45 chend haltet, um sie angemessen zu verheiraten.« In ihrer Mittellosig-
keit gefiel der Dame dieses Angebot; da sie aber edlen Sinnes war, sag-
te sie: »Madonna, sagt mir, was ich für Euch tun kann; wenn es
ehrenwert ist, werde ich es gerne tun, und Ihr handelt danach, wie es
46 Euch beliebt.« Darauf sagte die Gräfin: »Mir liegt daran, dass Ihr durch
eine Person, der Ihr vertraut, dem Grafen, meinem Gatten, sagen
lasst, dass Eure Tochter bereit sei, alle seine Wünsche zu erfüllen, so-
fern sie gewiss sein kann, dass er sie wirklich liebt. Dies glaube sie aber
nicht, bevor er ihr nicht den Ring schicke, den er am Finger trägt, und
von dem sie gehört habe, dass er ihn so sehr schätze. Schickt er Euch
47 diesen Ring, so gebt Ihr ihn mir. Anschließend lasst Ihr ihm ausrich-

ten, dass Eure Tochter bereit sei, zu ihm zu kommen, und nun lasst
Ihr insgeheim an ihrer Statt mich an seine Seite legen. Vielleicht
schenkt Gott mir die Gnade, schwanger zu werden; und habe ich den
Ring an meiner Hand und trage einen Sohn von ihm in meinem Arm,
so werde ich ihn zurückgewinnen und werde mit ihm als meinem
Gatten leben, wie es sich geziemt. Und Ihr werdet das besorgt haben.«
Für die Edeldame schien es eine schwere Entscheidung zu sein, denn 48
sie fürchtete wahrscheinlich, dass der Ruf ihrer Tochter beschädigt
werden könnte; aber schließlich dachte sie daran, dass es ehrenwert
sei, wenn die gute Frau ihren Ehemann zurückhaben würde, und dass
sie selbst alles für diesen guten Zweck täte. Sie hatte Vertrauen in die
aufrichtige und ehrenwerte Gesinnung der Gräfin und versprach ihr
nicht nur das Notwendige zu tun, sondern gelangte binnen weniger
Tage auf heimlichem Wege gemäß ihrem Wunsche in den Besitz des
Ringes – was den Grafen einiges an Überwindung gekostet hatte –
und fädelte mit großem Geschick ein, dass die Gräfin sich anstelle der
Tochter zu dem Grafen legte. Der Graf hatte die ersten Umarmungen 49
inbrünstig erwartet, und so gefiel es Gott, dass Giletta mit zwei Knäb-
lein schwanger wurde, wie es bei der zu gegebener Zeit erfolgten Ge-
burt offenbar wurde. Aber die Edeldame vermittelte der Gräfin nicht
nur ein einziges Mal die beglückende Umarmung des Gatten, sondern
zu wiederholten Malen; und sie gingen so vorsichtig zu Werke, dass
nichts nach außen drang und der Graf ein jedes Mal glaubte, nicht mit
seiner Frau, sondern mit derjenigen, die er liebte, geschlafen zu ha-
ben; am Tag, als sie sich trennten, hatte er ihr einige schöne und teure
Schmuckstücke geschenkt, die die Gräfin alle sorgfältig aufbewahrte.
Als die Gräfin sich schwanger fühlte, wollte sie die Edeldame nicht 50
länger für ihre Sache in Anspruch nehmen und sagte ihr: »Madonna,
dank Eurer und Gottes Hilfe habe ich erhalten, was ich begehrte, und
so ist es an der Zeit, dass ich Euch nun zukommen lasse, was Euch be-
liebt, um danach meiner Wege zu gehen.« Die Edeldame sagte, dass 51
sie zufrieden sei, ihr einen Gefallen erwiesen zu haben; dass sie es

aber nicht um des Lohnes willen getan habe, sondern um etwas Gu-
52 tes zu tun. Die Gräfin sagte hierauf: »Madonna, das glaube ich wohl;
und deswegen beabsichtige ich nicht, Euch ein Entgelt zu geben, das
Ihr erbeten hättet, sondern ich möchte ein gutes Werk tun, weil es
53 sich so gehört.« Notgedrungen und beschämt erbat die Edeldame
hundert Goldtaler, um die Tochter zu verheiraten. Die Gräfin ver-
nahm die höfliche Bitte, durchschaute ihre schamhafte Bescheiden-
heit und gab ihr fünfhundert Goldtaler und dazu zahlreiche schöne
und kostbare Juwelen, die noch einmal so viel wert sein konnten. Die
Edeldame war überglücklich und bedankte sich überschwänglich bei
der Gräfin, die sich von ihr verabschiedete und in ihre Herberge zu-
54 rückkehrte. Die Edeldame zog mit ihrer Tochter aufs Land zu Ver-
wandten, um Beltramo den Grund zu nehmen, Botschaften zu schi-
cken und an ihrem Haus vorbeizuziehen; Beltramo wurde kurze Zeit
danach von seinen Leuten nach Hause zurückgerufen; da er hörte,
55 dass die Gräfin verschwunden sei, kehrte er zurück. Die Gräfin freute
sich, als sie hörte, dass er Florenz verlassen habe und in seine Graf-
schaft zurückgekehrt sei; sie selbst blieb bis zu ihrer Niederkunft in
Florenz, wo sie zwei Knäblein gebar, die ihrem Vater sehr ähnlich sa-
56 hen. Sie ließ sie sorgsam stillen; und als es ihr an der Zeit erschien,
machte sie sich auf den Weg und gelangte von niemandem erkannt
nach Montpellier. Nach einigen Tagen der Ruhe hatte sie herausge-
funden, wo sich der Graf aufhielt. Als sie hörte, dass er zu Allerheili-
gen ein Fest für Ritter und Damen veranstaltete, zog sie als Pilgerin
57 gekleidet – wie sie fortgegangen war – dorthin. Als sie dort hörte,
dass die Damen und Ritter im Palast des Grafen versammelt seien,
um zu Tisch zu gehen, stieg sie, ohne ihre Tracht abzulegen, mit den
beiden Knaben auf den Armen hinauf in den Saal und ging durch alle
Menschen hindurch zum Grafen, fiel ihm zu Füßen und sagte unter
58 Tränen: »O Herr, ich bin deine unglückliche Gemahlin, die lange um-
hergeirrt ist, damit du in dein Haus zurückkehren konntest. Bei Gott
bitte ich dich, dass du die Bedingungen einhältst, die du mir durch

die beiden Ritter hast mitteilen lassen: Hier auf meinen Armen er-
blickst du nicht nur einen Sohn, der von dir ist, sondern zwei; und
hier ist dein Ring. Es ist nun an der Zeit, dass ich gemäß deinem Ver-
sprechen von dir als deine Gattin aufgenommen werde.« Als der Graf 59
das hörte, war er fassungslos; er erkannte den Ring, er sah die Kin-
der, die ihm ähnlich waren, er fragte dennoch: »Wie konnte das ge-
schehen?« Die Gräfin berichtete nun zur großen Verwunderung des 60
Grafen und aller Anwesenden der Reihe nach, was und wie es ge-
schehen war. Der Graf sah ein, dass sie die Wahrheit sagte, er erkann-
te ihre Klugheit und Standhaftigkeit und sah die hübschen Knäblein;
um sein Versprechen zu erfüllen und um seinen Rittern und den Da-
men zu willfahren, die ihn baten, sie nun endlich als seine rechtmä-
ßige Gattin in Ehren aufzunehmen, legte er seine starrsinnige Hart-
herzigkeit ab, ließ die Gräfin sich erheben, umarmte und küsste sie
und erkannte sie als seine rechtmäßige Gattin und die Kinder als die
seinen an. Nachdem er sie in angemessene Kleider hatte kleiden las- 61
sen, ließ er zum großen Vergnügen aller Anwesenden und auch sei-
ner übrigen Vasallen an mehreren Tagen ein prächtiges Fest feiern.
Und von jenem Tag an ehrte er sie stets als seine Gattin und liebte sie
zärtlich.

Zehnte Novelle

Alibech wird Einsiedlerin, und der Mönch Rustico lehrt sie, den Teufel in die Hölle zu schicken; sie wird aus der Einsiedelei herausgeholt und heiratet Neerbale. 1

Dioneo hatte der Erzählung der Königin aufmerksam zugehört; als 2
er bemerkte, dass sie zu Ende war und er allein noch zu sprechen hatte, begann er lächelnd und ohne aufgefordert zu werden mit seiner Novelle:

3 Anmutige Damen, ihr habt vielleicht noch nicht davon gehört, wie man den Teufel in die Hölle schickt; deswegen will ich es euch sagen, und ich entferne mich hierbei kaum von eurem heutigen Thema. Vielleicht könnt ihr, wenn ihr es gehört habt, auch eure Seele retten; und ihr werdet gewahr, dass Amor, wie sehr er auch die freundlichen Paläste und die feinen Gemächer den armen Hütten bevorzugt, nichtsdestoweniger manchmal auch in dichten Wäldern, im kalten Gebirge und in einsamen Höhlen seine Kräfte spüren lässt. So wird man verstehen, dass seiner Macht alles untertan ist.

4 Um zur Sache zu kommen, sage ich, dass in der Stadt Gafsa in der Berberei einst ein reicher Mann lebte, der neben einigen anderen Kin-
5 dern eine schöne und attraktive Tochter namens Alibech besaß. Sie war keine Christin, hörte aber von vielen Christen, die in der Stadt lebten, den christlichen Glauben und die christliche Verehrung Gottes lobpreisen; eines Tages fragte sie nun jemanden, in welcher Weise und unter welchen Voraussetzungen sie Gott am besten dienen könnte. Dieser antwortete, dass diejenigen Gott am besten dienten, die alle weltlichen Dinge mieden, so wie diejenigen es täten, die sich in die

Einsamkeit der Wüste Thebens zurückgezogen hätten. Das Mädchen 6
war vielleicht vierzehn Jahre alt und sehr naiv; sie wurde nicht von ei-
nem vernünftigen Verlangen, sondern von einer Art kindischer Lau-
ne ergriffen und ohne irgendjemandem etwas zu sagen, machte sie
sich am folgenden Morgen heimlich und alleine auf den Weg in die
Wüste Thebens. Nach einigen Tagen erreichte sie unter großen Be-
schwernissen und ausgehungert jene Einöde; von ferne sah sie eine
Hütte und wandte sich dorthin; sie erblickte einen heiligen Mann vor
dem Eingang. Dieser wunderte sich, sie an diesem Ort zu sehen, und
fragte, was sie suche. Sie antwortete, dass ihr Gott eingegeben habe, 7
Ihm zu dienen, und dass er sie doch belehren möge, wie man Ihm am
besten diene. Der gute Mann sah, dass sie jung und hübsch war, und 8
fürchtete, dass der Teufel ihn überlisten würde, wenn er sie bei sich
behielte. Er lobte zunächst ihr Vorhaben, gab ihr darauf einige Wur-
zeln, wilde Äpfel und Datteln zu essen und Wasser zu trinken und
sagte: »O meine Tochter, nicht weit von hier lebt ein heiliger Mann,
der das, was du suchst, sehr viel besser versteht als ich; geh zu ihm!«
Und er wies ihr den Weg. Als sie bei diesem angekommen war, hörte 9
sie noch einmal die gleichen Worte, ging weiter und kam schließlich
zur Klause eines jungen Einsiedlers namens Rustico, der ordentlich
und fromm war. Auch ihm stellte sie die Frage, die sie den anderen
gestellt hatte. Rustico, der seine Standhaftigkeit unter Beweis stellen
wollte, schickte sie nicht wie die übrigen weg, sondern behielt sie in
seiner Klause. Als die Nacht kam, machte er ihr ein Lager aus Palm-
blättern zurecht und sagte ihr, sie möge sich darauf niederlegen.
Kaum war dies geschehen, so überfielen ihn auch schon aufs heftigste 10
die Versuchungen; seine Widerstandskräfte waren bald überlistet, er
bemühte sich erst gar nicht und ergab sich. Er vergaß die fromme Be-
sinnung, die Gebete und die Geißelungen und rief sich Jugend und
Schönheit des Mädchens ins Gedächtnis; darüber hinaus überlegte er
sich, wie er es anstellen musste, um zu erreichen, was er begehrte,
ohne dass sie ihn für lasterhaft hielt. Durch einige Fragen bekam er 11

heraus, dass sie noch mit keinem Mann geschlafen hatte und so naiv
war, wie sie aussah; so kam er auf die Idee, sie unter dem Vorwand des
Gottesdienstes dazu zu bringen, ihm zu Willen zu sein. Also erklärte
er ihr zunächst wortreich, welch ein gefährlicher Feind Gottes der
Teufel sei; dann gab er ihr zu verstehen, dass es keinen gottgefällige-
ren Dienst gäbe, als den Teufel in die Hölle zu schicken, wohin Gott
12 ihn verdammt hatte. Das Mädchen fragte, wie das ginge; worauf
Rustico sagte: »Du erfährst es gleich; mache nach, was du mich tun
siehst.« Und er zog die wenigen Kleidungsstücke aus, die er trug, bis
er splitternackt war; das Mädchen tat desgleichen; er kniete nieder,
13 wie um zu beten, und sie ihm gegenüber. Während er auf ihre Schön-
heit schaute, wurden seine Gelüste aufgereizt, und es überkam ihn
die Auferstehung des Fleisches; Alibech sah das und sagte erstaunt:
»Rustico, was ist denn das, was bei dir heraussteht und was ich nicht
14 habe?« »O mein Töchterchen«, sagte Rustico, »das ist der Teufel, von
dem ich dir erzählt habe. Und jetzt siehst du, wie er mich quält, so
15 dass ich es kaum mehr aushalten kann.« Hierauf sagte das Mädchen:
»Gelobt sei der Herr, denn mir geht es besser als dir, weil ich jenen
16 Teufel nicht habe!« Rustico sagte: »Du hast recht, aber dafür hast du
18 etwas, was ich nicht habe.« Alibech sagte: »Und was?« Hierauf sagte
Rustico: »Du hast die Hölle. Und ich versichere dir, dass Gott sie dir
für die Rettung meiner Seele gegeben hat. Wenn dieser Teufel mich
quält, du aber Mitleid mit mir empfindest und zulässt, dass ich ihn
wieder in die Hölle schicke, verschaffst du mir große Erleichterung
und erweist zugleich dem Herrgott einen großen und wohlgefälligen
Dienst, um dessentwillen du doch, wie du sagst, hierher gekommen
19 bist.« Das Mädchen antwortete gutgläubig und naiv: »Ehrwürdiger
20 Vater, da ich die Hölle habe, geschehe es, wann es Euch gefällt.« Nun
sagte Rustico: »Gebenedeit seist du, mein Töchterchen! Schicken wir
21 ihn also hinein, damit er mich in Ruhe lässt.« Nach diesen Worten
führte er das Mädchen zu einer ihrer Lagerstätten und brachte ihr bei,
22 wie man jenen von Gott Vermaledeiten einsperrt. Das Mädchen, das

noch nie einen Teufel in die Hölle geschickt hatte, verspürte beim ers-
ten Mal einen leichten Schmerz, deshalb sagte sie zu Rustico: »Wahr-
haftig, ehrwürdiger Vater, dieser Teufel ist ein Übeltäter und Feind
Gottes, denn sogar, wenn er in der Hölle ist, tut er weh.« Rustico sag- 23
te: »Meine Tochter, das wird vorübergehen.« Und damit es vorüber- 24
ging, schickten sie ihn noch sechsmal hinein, bevor sie sich vom La-
ger erhoben; und fürs erste trieben sie ihm die Hoffart aus dem Haupt,
so dass er Ruhe gab. Die Hoffart kehrte in der folgenden Zeit mehr- 25
mals wieder zurück, und das Mädchen war willfährig, um sie wieder
auszutreiben; schließlich begann ihr das Spiel zu gefallen, und sie
sagte zu Rustico: »Die guten Leute aus Gafsa hatten tatsächlich recht
damit, dass es süß ist, Gott zu dienen; ich kann mich nicht erinnern,
jemals etwas Köstlicheres und Angenehmeres getan zu haben, als den
Teufel in die Hölle zu schicken; und ich bin der Ansicht, dass derjeni-
ge, der etwas anderes tut, als Gott zu dienen, ein Dummkopf ist.«
Und so kam sie häufig zu Rustico und bat ihn: »Ehrwürdiger Vater, ich 26
bin hergekommen, um Gott zu dienen, und nicht, um müßig umher-
zustehen. Lasst uns den Teufel in die Hölle schicken.« Während sie 27
das taten, sagte sie mitunter: »Rustico, ich verstehe nicht, warum der
Teufel eigentlich die Hölle verlässt. Wenn er so gerne drinnen wäre,
wie die Hölle ihn gerne einlässt und behält, so würde er sie nie verlas-
sen.« Oft bat das Mädchen den Rustico zu sich und ermunterte ihn 28
zum Gottesdienst und zupfte ihm schließlich so viel Wolle aus dem
Wams, dass er vor Kälte zitterte, wo ein anderer ins Schwitzen gera-
ten wäre. Deswegen erklärte er dem Mädchen, dass der Teufel nur
dann zu züchtigen und in die Hölle zu schicken sei, wenn er hoffärtig
sein Haupt erhebe: »Mit Gottes Gnade haben wir ihm die Hörner so
sehr abgerieben, dass er Gott bittet, in Ruhe gelassen zu werden.« Auf
diese Weise konnte er das Mädchen etwas beschwichtigen. Als diese 29
bemerkte, dass Rustico sie nicht mehr aufforderte, den Teufel in die
Hölle zu schicken, sagte sie ihm eines Tages: »Rustico, dein Teufel
mag ja abgestraft sein und quält dich nicht mehr; meine Hölle lässt

mir keine Ruhe. Du tust ein gutes Werk, wenn du mit deinem Teufel
die Glut meiner Hölle lindern könntest, so wie ich mit meiner Hölle
30 geholfen habe, deinem Teufel die Hoffart auszutreiben.« Rustico lebte
von Wurzeln und Wasser und konnte ihren Anforderungen nicht
mehr nachkommen; er sagte ihr, dass viele Teufel notwendig wären,
um die Hölle zu lindern, aber dass er so viel tue, wie er alleine könne.
Und so befriedigte er sie manchmal, aber selten. Es war nicht mehr,
als einem Löwen eine Bohne in den Rachen zu werfen. Das Mädchen
zog ein schiefes Maul, denn der Gottesdienst fand nicht so häufig
31 statt, wie sie es wollte. Während zwischen Rusticos Teufel und Ali-
bechs Hölle die Frage des zu starken Verlangens und der zu geringen
Kräfte diskutiert wurde, geschah es, dass in Gafsa ein Feuer ausbrach,
in dem Alibechs Vater mit allen Kindern und Angehörigen im eige-
nen Haus umkam. Alibech blieb als einzige Erbin seines Gutes übrig.
32 Aus diesem Grunde machte sich ein junger Mann namens Neerbale,
der seinen gesamten Besitz für gesellige Veranstaltungen ausgegeben
und gehört hatte, dass sie noch lebte, auf die Suche nach ihr; bevor der
Stadtkämmerer die väterlichen Güter mangels Erben hätte einziehen
können, fand er sie, führte sie zur Erleichterung Rusticos und zu ih-
rem eigenen Leidwesen nach Gafsa zurück, ehelichte sie und erbte mit
33 ihr zusammen ihren großen Besitz. Als sie von den Frauen, noch be-
vor Neerbale mit ihr geschlafen hatte, gefragt wurde, wie sie in der
Wüste Gott gedient habe, antwortete sie, dass sie Ihm gedient habe,
indem sie den Teufel in die Hölle geschickt hätte, und dass Neerbale
34 eine große Sünde begangen habe, sie diesem Dienst zu entreißen. Die
Frauen fragten sie, wie man den Teufel in die Hölle schicke. Mit Wor-
ten und mit Gesten führte sie es ihnen vor. Darauf brachen die Frauen
in unbändiges Gelächter aus – und lachen noch heute – und sagten:
»Nicht traurig sein, Töchterchen, nein, das macht man auch hier!
35 Neerbale wird so mit dir zusammen dem Herrgott dienen.« Die eine
erzählte es der nächsten durch die ganze Stadt; und daraus entstand
das Sprichwort, dass es der fröhlichste Gottesdienst sei, den Teufel in

die Hölle zu schicken; ein Sprichwort, das übers Meer herübergekommen und immer noch bekannt ist. Ihr jungen Damen, die ihr der Gnade Gottes bedürft, lernt deswegen, den Teufel in die Hölle zu schicken, denn das ist Gott wohlgefällig, den Beteiligten eine Lust und bringt viel Gutes hervor.

Vielfach und wiederholt hatte Dioneos Novelle die ehrenwerten Da- 1
men zum Lachen gebracht, so gut gewählt und gesetzt schienen seine
Worte. Als er sie beschlossen hatte, wusste die Königin, dass das
Ende ihrer Herrschaft gekommen war, nahm den Lorbeerkranz ab
und setzte ihn mit leichter Hand auf Filostratos Haupt, indem sie sag-
te: »Bald werden wir sehen, ob der Wolf die Schafe besser hüten wird
als die Schafe, die Wölfe gehütet haben.« Als Filostrato dies hörte, 2
sagte er lächelnd: »Hätte man auf mich gehört, so hätten die Wölfe die
Schafe nicht schlechter gelehrt, den Teufel in die Hölle zu schicken,
als Rustico es mit Alibech getan hat. Sprecht also nicht von Wölfen,
wo ihr doch keine Schafe seid. Dennoch will ich die Herrschaft, da sie
mir zuerkannt wurde, antreten.« Worauf Neifile erwiderte: »Hört zu, 3
Filostrato: Wenn Ihr uns belehren wollt, so hättet Ihr die Klugheit er-
werben sollen, wie Masetto da Lamporecchio sie bei den Nonnen er-
warb, und die Sprache erst wiedererlangen sollen, wenn die Knochen
ohne Lehrmeister flöten können.« Filostrato erkannte, dass man ihm 4
keine Antwort schuldig blieb, und ließ das Witzeln, um sich der über-
tragenen Regierungsgewalt anzunehmen. Er ließ also den Seneschall
rufen und erkundigte sich nach dem Stand der Dinge; er verfügte um-
sichtig einiges, was ihm für die Dauer seiner Herrschaft gut erschien
und der Gesellschaft gefallen konnte; darauf wandte er sich an die Da-
men und sagte: »Liebenswerte Damen, seit ich den Unterschied zwi- 5
schen Gut und Böse erkannt habe, bin ich um der Schönheit einer von
euch willen und zu meinem Unglück Amors Untertan; aber weder
meine Demut noch mein Gehorsam, noch meine Unterwerfung un-
ter alle ihre Launen haben mich davor bewahren können, dass ich

nicht um eines anderen willen verlassen wurde und es mir nicht im-
mer schlimmer ergangen wäre; und so wird es sich, glaube ich, bis zu
6 meinem Tod fortsetzen. Und deshalb gefällt es mir, dass morgen über
ein Thema gesprochen wird, das meinem Schicksal ähnelt, nämlich
von denjenigen, deren Liebe ein unglückliches Ende fand; denn auch
für die meine erwarte ich ein unglückliches. Und auch der Name, mit
dem ihr mich nennt, wurde mir deswegen von dem, der wusste, was
er sagte, gegeben.« Nach diesen Worten erhob er sich und gab allen
7 frei bis zur Stunde des Abendessens. Der Garten war so schön und er-
quicklich, dass niemand ihn verlassen wollte, um sich woanders zu
vergnügen; die Sonne brannte nicht mehr, und man mochte lustwan-
deln, so wie Rehe, Hasen und andere Tiere einander jagten; als man
beisammen saß, war das Getier schon um sie herumgesprungen und
8 hatte sie verwirrt, jetzt liefen einige den Tieren hinterher. Dioneo und
Fiammetta sangen Lieder von der ›Dame aus dem Garten‹, Filomena
und Panfilo spielten Schach; mit den verschiedenen Tätigkeiten ver-
flog die Zeit, und die Stunde des Abendessens war da. Die Tafel wur-
de um den schönen Springbrunnen aufgeschlagen, und sie genossen
9 die Mahlzeit. Filostrato wollte nicht von dem ablassen, was die Köni-
ginnen vor ihm eingeführt hatten und befahl, nachdem die Tafel auf-
gehoben worden war, dass Lauretta einen Reigen anführte und ein
Lied sänge. Sie sagte: »O Herr, ich weiß nicht, ob die Lieder, die ich
kenne, angemessen sind für eine so fröhliche Runde, denn andere
kenne ich nicht. Wünscht Ihr eines, was ich kenne, so singe ich es ger-
10 ne.« Und der König sagte: »Nichts, was von dir ist, könnte anders als
11 schön und lieblich sein. Singe also, was du im Sinn hast.« Nun begann
Lauretta mit süßer, aber auch etwas schwermütiger Stimme, indessen
die übrigen in den Kehrreim einfielen:

12 Trostlos wie keine andere
klage ich und seufze ungeliebt
für nichts und wieder nichts.

Er, der Himmel und Gestirne kreisen lässt, 13
schuf mich zu Seinem Ergötzen
anmutig und schön, sehnsüchtig und beschwingt,
um allen Edlen hier auf Erden
ein Abbild der Schönheit zu sein,
die Er schaut.
Der Sterblichen Unverstand
nahm mich nicht auf
und hat mich verachtet.
Einst schätzte mich einer 14
und nahm das Mägdlein gern
in seine Arme und in seinen Sinn,
er entflammte für meine Augen,
und vergab die Zeit, die rasch
dahinfliegt, in Schwärmerei;
ich war höfisch fein
und machte ihn meiner würdig;
aber nun, weh über mich, bin ich seiner beraubt.
Ein Jüngling, anmaßend und stolz, 15
trat vor mich hin,
rühmte sich seines Adels und seines Mutes,
hielt mich fest gefangen
und wurde eifersüchtig mit falschem Verdacht;
ach, darob verzweifle ich,
denn wahr ist, dass ich
zum Wohle vieler auf die Welt gekommen bin
und einer allein mich nun besitzt.
Ich verwünsche mein Missgeschick, 16
als ich ja sagte, um das Witwenkleid zu tauschen,
so schön im dunklen Trauerflor
sah ich mich und fröhlich, wo ich
im neuen Kleide kaum lange lebe

und minder angesehen als zuvor.
O schmerzliches Hochzeitsfest,
wäre ich doch zuvor gestorben,
um dein Geschick zu erleben!
17 O teurer Liebster, durch den ich
zur glücklichsten aller Frauen wurde,
der du nun im Himmel bei Dem weilst,
der uns schuf, oh, beuge dich
barmherzig herab, denn um eines anderen willen
kann ich dich nicht vergessen;
lass mich spüren, dass deine erloschene Liebe
für mich alleine brannte,
und meine Heimkehr erwirkt.

18 Hier endete Laurettas Lied, das alle zum Nachdenken brachte und auch unterschiedlich verstanden wurde. Einige wollten es auf gut mailändisch auffassen, dass ein fetter Schweinebraten besser als ein

hübsches Mädchen sei; andere verstanden es feinsinniger und auch
19 zutreffender, was hier nicht wiederholt werden soll. Der König ließ über den Blumen und dem Rasen Lichter anzünden und nach diesem Lied noch andere singen, bis es nach Mitternacht war; dann schien es ihm Zeit, sich zur Ruhe zu begeben, und mit einem Gutenachtgruß hieß er alle in ihre Gemächer gehen.

1 ES ENDET DER DRITTE TAG DES DECAMERON,
UND ES BEGINNT DER VIERTE TAG,
AN DEM UNTER DER HERRSCHAFT FILOSTRATOS
VON DENEN ERZÄHLT WIRD,
DEREN LIEBE EIN UNGLÜCKLICHES ENDE
GENOMMEN HAT.

2 Teuerste Damen, wenn ich bisher nach den häufig gehörten und gele-
senen Worten der Weisen geglaubt habe, dass der glühende Sturm
des Neides allein die hohen Türme und die höchsten Wipfel der Bäu-
3 me ergreifen würde, so habe ich mich getäuscht. Ich habe mich immer
bemüht, dem wütenden Hauch des Neides zu entfliehen, deswegen
habe ich auch alles daran gesetzt, mich in den Ebenen oder gar in tie-
fen Tälern aufzuhalten. Das wird dem deutlich werden, der sich diese
kleinen Novellen genau ansieht: Sie wurden nicht nur im Italienisch
der Florentiner und in Prosa und ohne Titel, sondern, soweit es sich
durchhalten ließ, in einem einfachen und niederen Stil geschrieben.
4 Trotz alledem habe ich es nicht vermeiden können, dass mich der hef-
tigste Sturm des Neides geschüttelt hat und fast entwurzelte, dass ich
von den Bissen der Neider zerfleischt wurde. Und so kann ich durch-
aus das wahre Wort der Weisen nachvollziehen, man lebe gegenwär-
5 tig nur im Elend ohne Neid. Einige, die diese kleinen Novellen gele-
sen haben, haben vorgebracht, dass ihr, verständige Damen, mir allzu
sehr gefallt, und dass es nicht schicklich ist, wenn ich so großes Ver-
gnügen darin finde, euch zu erheitern und zu trösten und, wie einige
es noch schlimmer ausdrücken, euch so zu verherrlichen, wie ich es
6 tue. Andere, die etwas abgeklärter urteilen wollen, haben vorge-
bracht, dass es meinem Alter nicht gut ansteht, mich mit derartigen
Dingen zu beschäftigen, als da sind, mit den Damen zu plaudern und
ihnen zu gefallen. Und viele, die so tun, als wären sie liebevoll um
meinen guten Ruf besorgt, sagen, dass ich besser daran täte, mit den
Musen im Parnass zu bleiben, als mich mit diesem albernen Zeug bei
7 euch herumzutreiben. Und dann gibt es noch andere, die eher gering-
schätzig als verständig reden und meinen, ich täte klüger daran, mich
um mein tägliches Brot zu kümmern, als Luftschlössern hinterherzu-
jagen. Und wieder andere setzen alles daran, meine Bemühungen zu
untergraben, indem sie behaupten, die Geschehnisse, die ich euch er-

zähle, wären ganz anders abgelaufen, als ich sie darstelle. Von solchen 8
Anfeindungen, von solchen spitzen und bissigen Bemerkungen, wer-
de ich, edelmütige Damen, während ich in euren Diensten stehe, ver-
folgt und im Innersten verletzt. Gott weiß, dass ich das alles mit ge- 9
lassenem Sinn höre und aufnehme; und obwohl meine Verteidigung
euch allein obläge, will ich meine Kräfte nicht sparen, sondern sie,
ohne alles zu sagen, was nötig wäre, mit einer raschen Antwort un-
verzüglich zur Ruhe bringen. Da ich gerade ein Drittel meiner Arbeit 10
getan habe und meine Kritiker schon zahlreich sind, nehme ich an,
dass sie sich, bevor ich ans Ende gelangt bin und sie nicht zurechtge-
wiesen worden sind, so vermehrt haben, dass sie mich leicht zunich-
temachen können – und dagegen werden auch eure Kräfte, so groß sie
sein mögen, nichts ausrichten. Bevor ich aber eine Erwiderung gebe, 11
möchte ich, um meine Sache zu fördern, eine Novelle erzählen, die
aber nicht vollständig sein soll, weil es nicht so aussehen soll, als woll-
te ich sie mit den Novellen der lobenswerten Gesellschaft, die ich
euch geschildert habe, vermischen; ihre Unfertigkeit soll sie von den
anderen unterscheiden. So spreche ich durch sie zu meinen Wider-
sachern.

Vor geraumer Zeit lebte in unserer Stadt ein Bürger namens Filip- 12
po Balducci; er war von bescheidenem Stand, aber vermögend und
rechtschaffen und bewandert in allem, was seines Standes war. Er
hatte eine Frau zum Weibe, die er über alles liebte, so wie sie ihn, und
sie führten ein geruhsames Leben, in dem einer auf des anderen
Wohlergehen bedacht war. Es geschah nun, was einem jeden zustößt, 13
dass die gute Frau aus diesem Leben schied und Filippo nichts als ei-
nen von ihm empfangenen kleinen Sohn von etwa zwei Jahren hin-
terließ. Er war so untröstlich nach dem Tod seiner Frau, wie ein 14
Mensch nach dem Verlust des Liebsten nur sein kann; und da er sich
durch den Verlust der Gefährtin, die er am meisten liebte, vereinsamt
sah, entschloss er sich, der Welt völlig zu entsagen und sich wie auch
seinen kleinen Sohn ganz und gar in den Dienst Gottes zu stellen.

15 Nachdem er all seine Habe als Almosen gespendet hatte, machte er
sich also unverzüglich zum Monte Senario auf, wo er mit seinem
Sohn in eine kleine Klause zog; sie lebten von Almosen, fasteten und
beteten; und er achtete streng darauf, dass sein Sohn nichts Weltli-
ches zu sehen oder zu hören bekam; denn nichts sollte ihn von dem
frommen Tun ablenken; er sprach allein über die Herrlichkeit des
ewigen Lebens, über Gott und die Heiligen, und lehrte ihn nichts an-
deres außer Gebete. So hielt er ihn viele Jahre lang, ließ ihn niemals
aus der Klause heraus und ließ ihn niemals jemand anderen sehen als
16 sich selbst. Der gute Mann ging manchmal nach Florenz, und wenn er
dort bei wohltätigen Freunden einige Almosen für seine Bedürfnisse
17 erhalten hatte, kehrte er in seine Klause zurück. Als der Knabe das
achtzehnte Lebensjahr erreicht hatte und Filippo alt geworden war,
geschah es, dass er ihn einmal fragte, wohin er ginge. Filippo sagte es
ihm; der Junge sagte darauf: »Lieber Vater, Ihr seid inzwischen alt und
tut Euch schwer; nehmt mich doch einmal mit nach Florenz und
macht mich mit Euren gottesfürchtigen Freunden bekannt, dann
könnte ich, der ich jünger und kräftiger bin als Ihr, um unserer Be-
dürfnisse willen nach Florenz gehen, und Ihr könntet hierbleiben.«
18 Der gute Mann dachte sich, dass sein Sohn groß genug und an das
fromme Leben gewöhnt sei, so dass die weltlichen Dinge ihn nicht
mehr verlocken könnten; er sagte zu sich: »Recht hat er«, und nahm
19 ihn beim nächsten Mal mit. Der Jüngling betrachtete die Paläste, Häu-
ser, Kirchen und die vielen Dinge in der Stadt wie einer, der sich an
nichts Ähnliches erinnern konnte; er kam aus dem Staunen nicht her-
20 aus und fragte den Vater, was das alles sei und wie es hieß. Der Vater
sagte es ihm; und er nahm es auf, war zufrieden und fragte schon
nach dem Nächsten. Und wie der Sohn so fragte und der Vater ant-
wortete, begegneten sie zufällig einer Schar junger, schöner und an-
mutiger Damen, die von einem Hochzeitsfest kamen. Als der Jüng-
21 ling sie erblickte, fragte er den Vater, was sie seien. Der Vater sagte:
»Mein Sohn, schau zu Boden und sieh sie nicht an, sie sind des Teu-

fels.« Darauf sagte der Sohn: »Aber wie heißen sie denn?« Der Vater, 22
um das sexuelle Begehren des Jünglings nicht durch eine Sehnsucht
zu reizen, wollte sie nicht mit ihrem richtigen Namen, nämlich Frau-
en, benennen, sondern sagte: »Sie heißen Gänse.« Wundersam zu 24
hören! Der noch nie eine von ihnen gesehen hatte, scherte sich nicht
mehr um die Paläste, die Ochsen, Pferde, Esel, das Geld oder irgend-
etwas anderes, was er gesehen hatte, sondern antwortete, ohne zu zö-
gern: »Lieber Vater, bitte beschafft mir eine dieser Gänse.« »O weh, 25
mein Sohn«, sagte der Vater, »schweig still, sie sind böse.« Der Jüng- 26
ling fragte: »Schaut das Böse so aus?« »Ja«, sagte der Vater. Hierauf 27
sprach der andere: »Ich verstehe nicht, was Ihr sagt und warum sie
böse sind. Mir jedenfalls ist noch nichts so Schönes und Anmutiges
wie sie vor die Augen gekommen. Sie sind schöner als die gemalten
Engel, die Ihr mir oft gezeigt habt. O bitte, wenn Ihr mich lieb habt,
lasst uns eine von den Gänsen mitnehmen, und ich werde sie füt-
tern.« Der Vater sagte: »Das will ich nicht; du weißt ja nicht, womit 29
sie gefüttert werden!« Und er fühlte in dem Augenblick, dass die Na-
tur stärker war als sein Verstand; und er bereute es, ihn mit nach Flo-
renz genommen zu haben.

So weit genügt mir diese Novelle, und nun will ich mich an die 30
wenden, für die ich sie erzählt habe. Einige meiner Kritiker sagen,
dass es nicht recht sei, wenn ich allzu sehr darauf erpicht sei, euch jun-
gen Damen zu gefallen, und wenn ihr mir zu sehr gefallt. Ich bekenne 31
offen, dass es so ist, dass ihr mir nämlich gefallt, und dass ich mich bemühe, euch zu gefallen. Und wenn jene sich darüber wundern, so lassen wir einmal beiseite, wie lieblich die Küsse, köstlich die Umarmungen und wonniglich die Vereinigungen sind, die wir von euch, ihr süßen Damen, häufig empfangen, und berücksichtigen wir nur, was es bedeutet, euren feinen Anstand, eure liebliche Schönheit, eure elegante Anmut und vor allem eure weibliche Sittsamkeit gesehen zu haben und unaufhörlich anzuschauen. Wenn ihr allein von einem jungen Mann, der auf einem wilden und einsamen Berg in einer en-

gen Klause genährt und erzogen wurde und nur in der Gesellschaft
seines Vaters aufwuchs, sobald er euch erblickte, ersehnt, begehrt und
32 mit Zuneigung verfolgt wurdet! Dürfen jene mich tadeln, angreifen
und zerreißen, dass ich – dessen Leib der Himmel geschaffen hat,
euch zu lieben, und dessen Geist seit frühester Jugend euch zuge-
wandt ist, weil die Tugend aus euren Augen leuchtet, weil eure Worte
honigsüß waren und eure innigen Seufzer das Feuer entfachten –
mich bemühe, euch zu gefallen und ihr mir gefallt, wenn man sieht,
dass ihr einem kleinen Einsiedler, einem Buben ohne Verstand, einer
Art wildem Tier vor allen anderen Dingen gefallt? Wer also euch
nicht liebt und von euch nicht geliebt zu werden wünscht, ist gewiss
eine Person, die Freuden und Tugendkraft der natürlichen Neigung
weder fühlt noch kennt – er möge mich tadeln, denn es kümmert
33 mich wenig. Und diejenigen, die behaupten, ich sei zu alt, zeigen,
dass sie nicht Bescheid wissen, denn der Lauch hat einen weißen Kopf
und einen grünen Stengel. Aber Scherz beiseite, ich antworte ihnen,
dass ich mich bis zum Ende meines Lebens niemals dafür schämen
werde, den Wesen zu dienen, denen die Ehre zu erweisen für Guido
Cavalcanti, für den alten Dante Alighieri und den noch älteren Cino
34 da Pistoia ein kostbares Vergnügen war. Und würde ich damit nicht
Inhalt und Form meiner Rede vergessen, so würde ich Geschichten
von wackeren Männern des Altertums einfügen, die noch im hohen
Alter danach getrachtet haben, den Frauen zu gefallen. Und wenn
35 jene das nicht wissen, so sollen sie schauen, dass sie es lernen. Dass
ich bei den Musen auf dem Parnass bleiben sollte, ist in der Tat kein
schlechter Rat; aber weder können wir bei den Musen noch sie bei uns
wohnen. Wenn man sich aber einmal von ihnen trennt, so ist es doch
nicht tadelnswert, etwas anzuschauen, was ihnen gleicht: Und die
Musen sind Frauen; obwohl die Frauen nicht das vermögen, was die
Musen vermögen, so haben sie doch aufs erste gesehen eine Ähnlich-
keit mit ihnen; allein deswegen sollten sie mir gefallen, einmal abge-
sehen davon, dass sie der Ursprung für Tausende meiner Verse gewe-

sen sind, indessen die Musen mich zu keinem einzigen gebracht ha-
ben. Die halfen mir und lehrten mich, jene tausend zu erfinden; und 36
um diese wie immer bescheidenen Dinge zu schreiben, haben sie
mich schon verschiedene Male aufgesucht, vielleicht im Dienste und
in Anerkennung der Ähnlichkeit, die die Frauen mit ihnen haben.
Wenn dem so ist, entfernt mich das Dichten weder vom Parnass noch
von den Musen, wie viele sich das so vorstellen. Aber was sagen wir 37
nun jenen, die Sorge um meinen Ruf haben und mir raten, mich um
mein tägliches Brot zu kümmern? Ich stelle mir nur vor, dass sie, frag-
te ich sie in der Not danach, mir antworten würden: »Such es doch in
deinen Fabeln!« Und mehr fanden die Dichter in ihren Fabeln als viele 38
Reiche in allen ihren Schätzen, und sie ließen, indem sie ihren Luft-
schlössern nachhingen, ihren Nachruhm blühen, während viele, die
mehr Brot suchten, als sie brauchten, vor ihrer Zeit verdarben. Aber
was noch? Sollen sie mich doch davonjagen, wenn ich sie einmal an-
betteln sollte, obwohl ich es Gott sei Dank noch nicht nötig habe. Und
sollte ich einmal bedürftig sein, so werde ich nach der Lehre des Apos-
tels Überfluss und Not zu tragen wissen. Und deswegen soll sich nie-
mand als ich selbst um meine Angelegenheiten mehr kümmern. Die- 39
jenigen, die behaupten, die Dinge hätten sich nicht so zugetragen,
möchten bitte schön die Originalurkunden beibringen: Sollten sie
nicht mit dem übereinstimmen, was ich schreibe, so werde ich ihren
Tadel annehmen und mich zu bessern versuchen. Solange aber nichts
als Worte vorgebracht werden, sollen sie bei ihrer Meinung bleiben,
wie ich bei der meinen verharre – nämlich dasselbe über sie zu sagen,
was sie über mich sagen. Ich will es nun bei dieser Antwort belassen; 40
und ich werde nun, gestärkt durch Gottes Hilfe und eure Hilfe, edle
Damen, mit guter Hoffnung weitermachen, den Wind blasen lassen
und ihm den Rücken kehren. Was kann mir schon anderes passieren
als das, was dem Staubkorn passiert, das, wenn der Wind bläst, ent-
weder am Boden liegen bleibt oder aber von ihm hochgetragen wird,
manchmal auf die Köpfe der Menschen, auf die Kronen der Könige

und Kaiser und manchmal auf die Paläste und die hochragenden Tür-
me; fällt es nieder, kann es nicht tiefer fallen als bis auf den Ort, von
41 dem es hochgetragen wurde. Und wenn ich bisher schon alle meine
Kraft darauf gerichtet habe, euch zu gefallen, so werde ich mich nun
noch mehr anstrengen; denn ich weiß, dass niemand billigerweise et-
was anderes behaupten kann, als dass alle anderen und ich, die wir
euch lieben, der Natur folgen. Und um den Gesetzen der Natur wider-
stehen zu wollen, bedarf es allzu großer Kräfte, die häufig nicht nur
vergeblich, sondern auch zum großen Schaden dessen eingesetzt
42 werden, der es versucht. Ich bekenne, dass ich diese Kräfte nicht be-
sitze und auch nicht zu besitzen wünsche; verfügte ich über sie, so
würde ich sie eher einem anderen leihen als sie selbst einzusetzen. So
mögen die Nörgler schweigen; und wenn sie sich nicht mitfühlend
erwärmen können, so sollen sie in ihrem Neid erstarren. Sollen sie bei
ihrer Art von Vergnügen oder besser heimlichen Begierden bleiben
und mich für dieses kurze Leben, das uns gewährt ist, in Ruhe lassen.
43 Genug der Abschweifungen, schöne Damen; lasst uns zu dem, was
wir begonnen, zurückkehren und fortfahren.

44 Als die Sonne die Sterne vom Himmel und die Feuchtigkeit der
Nacht vertrieben hatte, und Filostrato aufgestanden war, ließ er auch
seine Gesellschaft sich erheben; sie traten in den schönen Garten hin-
aus, um zu lustwandeln; als die Essensstunde gekommen war, nah-
men sie ihr Mahl ein, wo sie dies auch am Tag zuvor getan hatten.
45 Nachdem sie geruht hatten, während die Sonne im Zenit stand, lie-
ßen sie sich wieder an dem schönen Brunnen nieder, wo Filostrato
Fiammetta aufforderte, mit dem Erzählen zu beginnen. Anmutig be-
gann sie wie folgt.

Erste Novelle

Tancredi, Fürst von Salerno, tötet den Liebhaber seiner Tochter und 1
schickt ihr sein Herz in einem goldenen Pokal; sie füllt diesen mit vergif-
tetem Wasser, trinkt es und stirbt.

Ein schreckliches Thema hat unser König für heute gestellt; er dachte 2
sich, dass wir, sind wir schon zu unserem Vergnügen zusammenge-
kommen, auch von den Tränen der anderen berichten sollten; wer
solche Geschichten erzählt oder wer ihnen zuhört, wird das nicht tun
können, ohne Mitleid zu empfinden. Vielleicht hat er uns dieses The-
ma gegeben, um die Heiterkeit der vergangenen Tage etwas zu dämp-
fen. Was immer ihn auch dazu bewogen haben mag, so werde ich
nun, da es mir nicht ansteht, seinen Willen zu ändern, eine rühren-
de und dazu unglückliche Begebenheit berichten, die eurer Tränen
wert ist.

Tancredi, Fürst von Salerno, wäre ein menschlicher Herrscher von 3
gütiger Art gewesen, wenn er sich nicht im Alter die Hände mit dem
Blut der Liebenden beschmutzt hätte. Während seines ganzen Lebens
war ihm nur eine Tochter geschenkt worden, und glücklicher wäre er
geworden, wenn er sie nicht gehabt hätte. Sie wurde von ihrem Vater 4
so zärtlich geliebt, wie kaum eine Tochter je von ihrem Vater geliebt
wurde; und obwohl sie das Alter, in dem sie hätte verheiratet werden
sollen, schon um viele Jahre überschritten hatte, konnte er sich wegen
seiner zärtlichen Liebe nicht von ihr trennen und verheiratete sie
nicht. Nachdem er sie schließlich doch einem Sohn des Herzogs von
Capua gegeben hatte, blieb sie mit diesem nur kurze Zeit zusammen,
wurde Witwe und kehrte zum Vater zurück. Schön von Gestalt und 5
Aussehen wie kaum eine andere Frau, war sie jung und lebensfroh
und besaß mehr Wissen, als das vielleicht für eine Frau nötig gewesen
wäre. Sie lebte mit dem Vater zusammen, der sie zärtlich liebte, sie ge-
noss die Annehmlichkeiten des Lebens einer vornehmen Dame; sie

bemerkte, dass der Vater sich wegen seiner Liebe zu ihr wenig darum kümmerte, sie noch einmal zu verheiraten; aber sie glaubte, dass es nicht statthaft wäre, ihn darum zu bitten; so beschloss sie, wenn es irgend ginge, sich heimlich einen würdigen Geliebten zu nehmen.
6 Am Hofe ihres Vaters verkehrten viele Männer, edel geborene und andere, wie das so an Höfen zu sehen ist. Nachdem sie nun das Auftreten und die Sitten vieler Männer beobachtet hatte, gefiel ihr mehr als alle anderen ein junger Knappe ihres Vaters namens Guiscardo, der recht bescheidener Herkunft, aber edel an Tugend und Sitten war; sie sah ihn häufig und entbrannte heimlich in glühender Liebe zu ihm; seine Art und sein Wesen schätzte sie mehr und mehr. Der Jüngling, der außerdem nicht auf den Kopf gefallen war, hatte sie bemerkt, und sie hatte sich derart seinem Herzen eingeprägt, dass er fast alles außer
7 der Liebe zu ihr aus seinem Geist verdrängt hatte. Auf diese Weise liebten sie einander heimlich; die junge Frau wünschte nichts sehnlicher, als sich mit ihm zu treffen; sie wollte aber ihre Liebe niemandem anvertrauen. Um ihm nun eine Nachricht zukommen zu lassen, dachte sie sich eine besondere List aus. Sie verfasste einen Brief und sagte ihm darin, was er am folgenden Tag machen sollte, um zu ihr zu ge-

langen; diesen Brief steckte sie in ein Stück Rohr, das sie Guiscardo im
Scherz gab, und sagte: »Nimm es als Blasebalg, deine Dienerin kann
heute abend das Feuer damit anzünden!« Guiscardo steckte es zu sich 8
und dachte sich, dass sie es ihm wohl nicht ohne Grund gegeben hat-
te; er ging in seine Behausung, wo er sich das Rohr genauer betrachte-
te und bemerkte, dass es aufgeschnitten war; er öffnete es, fand den
Brief und las ihn; er verstand wohl, was er zu tun hatte, und war der
glücklichste Mensch, und er machte sich ans Werk, um zu ihr zu ge-
langen, so wie sie ihn angewiesen hatte. Neben dem Palast des Fürs- 9
ten war schon vor undenklichen Zeiten eine Grotte in den Berg gegra-
ben worden; sie erhielt ihr Licht durch eine künstlich angelegte Öff-
nung im Berg, die, da die Grotte nicht mehr benutzt wurde, mit
Dornbüschen und Gräsern zugewachsen war. Über eine heimliche
Treppe, die von einem der zur ebenen Erde gelegenen Zimmer des Pa-
lastes, wo die Frau wohnte, ausging, konnte man in diese Grotte ge-
langen; allerdings war die Treppe durch eine feste Tür verschlossen.
Und diese Treppe war ganz und gar in Vergessenheit geraten, weil sie 10
seit undenklichen Zeiten nicht mehr benutzt worden war, so dass sich
fast niemand mehr an sie erinnerte. Amor aber, vor dessen Augen es
kein Geheimnis gibt, hatte sie der verliebten Frau ins Gedächtnis zu-
rückgerufen. Damit niemand darauf aufmerksam wurde, hatte sie 11
sich mit ihren Mitteln schon viele Tage lang abgemüht, die Tür zu je-
ner Treppe zu öffnen; nachdem ihr das gelungen war, war sie alleine
in die Grotte hinabgestiegen und hatte die Öffnung gesehen; Guiscar-
do hatte sie nun geschrieben, dass er versuchen sollte, durch diese
Öffnung herabzusteigen; sie hatte ihm auch angegeben, wie hoch
etwa die Öffnung vom Boden der Grotte entfernt war. Um hinunter- 12
zukommen, hatte Guiscardo sich rasch ein Seil bestellt, das mit Kno-
ten und Schlaufen versehen war und womit man hinauf- und hinun-
tersteigen konnte. Er zog ein Leder über, um sich vor den Dornen zu
schützen, und ohne dass es jemand bemerkte, ging er in der folgenden
Nacht zu der Öffnung im Berg, befestigte eine der Schlaufen an einem

starken Baumstumpf, der in die Öffnung hineingewachsen war, klet-
13 terte in die Grotte hinab und wartete auf die Frau. Am darauffolgen-
den Tag gab sie vor, schlafen zu wollen, schickte ihre Hofdamen fort
und schloss sich alleine in ihr Zimmer ein. Sie öffnete den Treppen-
ausgang, stieg in die Grotte hinunter, wo sie Guiscardo fand und beide
sich mit unsäglicher Freude begrüßten. Nachdem sie zusammen in
das Zimmer gegangen waren, verbrachten sie dort einen großen Teil
14 des Tages in unermesslicher Wonne. Um ihre Liebe geheim zu halten,
gingen sie vorsichtig zu Werke. Guiscardo kehrte in die Grotte zu-
rück; sie verschloss den Ausgang und ging hinaus zu ihren Jungfern;
Guiscardo stieg in der folgenden Nacht über das Seil wieder durch die
Öffnung im Berg hinaus, durch die er hineingekommen war, und
kehrte nach Hause zurück. Nachdem er diesen Weg einmal kennen-
15 gelernt hatte, kehrte er im Verlauf der Zeit noch öfters zurück. Aber
Fortuna, neidisch auf eine so lange währende große Lust, verwandel-
te mit einem bitteren Ereignis die Freude der beiden Liebenden in
16 Trauer und Leid. Tancredi pflegte manchmal allein in das Zimmer sei-
ner Tochter zu kommen, um mit ihr zusammen zu sein, zu plaudern
17 und dann wieder zu gehen. Eines Tages nun war er nach dem Essen
hinuntergegangen, als die Tochter, die Ghismonda hieß, sich mit ih-
ren Jungfern in einem ihrer Gärten befand; Tancredi war, ohne dass
ihn irgendjemand gesehen oder gehört hatte, in das Zimmer getreten;
er wollte seine Tochter nicht bei ihrem Vergnügen stören, fand die
Fenster ihres Zimmers geschlossen und die Bettvorhänge zugezogen,
so dass er sich zu Füßen des Bettes auf einen niederen Schemel setzte;
er legte das Haupt auf das Bett, zog den Vorhang über sich, so als woll-
18 te er sich absichtlich verbergen, und schlief ein. Während er schlief,
ließ Ghismonda, die unseligerweise an jenem Tag Guiscardo bestellt
hatte, ihre Jungfern im Garten zurück, trat leise in das Zimmer, ver-
schloss es hinter sich, ohne zu bemerken, dass jemand im Zimmer
war, öffnete den Treppenausgang für Guiscardo, der sie schon erwar-
tete. Wie sie es gewohnt waren, legten sie sich auf das Bett. Während

sie sich miteinander vergnügten und miteinander scherzten, geschah
es, dass Tancredi erwachte; er hörte und sah, was Guiscardo und seine
Tochter trieben. Zutiefst betroffen, wollte er zuerst laut schreien; 19
dann entschied er sich aber, still zu bleiben und sich, wenn möglich,
verborgen zu halten, um mit größerer Umsicht und ohne schmähli-
ches Aufsehen zu tun, was ihm bereits in den Sinn gekommen war.
Wie sie es gewöhnlich taten, blieben die beiden Liebenden geraume 20
Zeit beisammen und bemerkten Tancredi nicht. Als es ihnen an der
Zeit erschien, stiegen sie aus dem Bett, Guiscardo kehrte in die Grotte
zurück, und sie verließ das Zimmer. Obwohl Tancredi alt war, ließ er 21
sich aus einem Fenster in den Garten hinab; ohne von irgendjemand
gesehen worden zu sein, kehrte er zu Tode betrübt in sein Zimmer zu-
rück. Auf seinen Befehl wurde Guiscardo so, wie er in sein Lederkos- 22
tüm eingepackt war, zu Beginn der folgenden Nacht von zwei Män-
nern an der Öffnung der Grotte ergriffen und in aller Stille zu Tancre-
di geführt. Als der ihn sah, sagte er, den Tränen nahe: »Guiscardo, mit
dem Wohlwollen, das ich dir gegenüber bewiesen habe, habe ich
nicht die Beleidigung und die Schmach verdient, die du mir angetan
hast, wie ich heute mit meinen eigenen Augen gesehen habe.« Wor- 23
auf Guiscardo nichts weiter sagte als: »Die Liebe vermag mehr, als Ihr
und ich vermögen.«

Tancredi befahl darauf, dass man ihn ohne viel Aufhebens in ei- 24
nem Zimmer gefangenhalten sollte; und so geschah es. Am folgenden 25
Tag, als Ghismunda von all dem noch nichts wusste und nachdem
Tancredi über verschiedene sonderbare Dinge nachgedacht hatte, be-
gab er sich, wie er es gewohnt war, nach dem Essen in das Zimmer der
Tochter; er ließ sie dorthin rufen, schloss sich mit ihr ein und sprach
unter Tränen die folgenden Worte: »Ghismunda, ich nahm an, deine 26
Tugend und deinen Anstand zu kennen, und es wäre mir niemals in
den Sinn gekommen, selbst wenn man es mir gesagt hätte und wenn
ich es nicht mit meinen Augen gesehen hätte, dass du auch nur dar-
an gedacht hättest – geschweige denn, es getan hättest –, dich einem

Mann zu unterwerfen, der nicht dein Gatte wäre. In der kurzen Zeit,
die zu leben mein Alter mir noch gestattet, werde ich mich immer
27 und mit Schmerzen daran erinnern. Aber hätte der Herrgott es doch
gefügt, dass, wenn du dich schon zu einer solchen Schande verführen
ließest, du einen Mann gewählt hättest, der deinem Adel ebenbürtig
gewesen wäre. Aber aus den vielen, die an meinem Hofe leben, hast
du Guiscardo ausgewählt, einen Jüngling des niedersten Standes, der
als Kind bis auf den heutigen Tag an unserem Hofe aus reiner Nächs-
tenliebe aufgenommen worden ist. Dadurch hast du mich in übergro-
ße Pein gestürzt, und ich weiß nicht, welches Urteil ich nun über dich
28 fällen soll. Über Guiscardo, den ich heute nacht ergreifen ließ, als er
aus der Grotte kam, und den ich eingesperrt habe, habe ich bereits
entschieden. Aber so wahr mir Gott helfe, ich weiß nicht, was ich mit
29 dir tun soll. Einerseits bedrängt mich die Liebe, die ich für dich wie
kaum ein anderer Vater seiner Tochter gegenüber empfunden habe;
andererseits hat mich eine gerechte Empörung über deine maßlose
Tollheit ergriffen. Die Liebe will, dass ich dir verzeihe; die Empörung
drängt mich dazu, dich wider meine Natur furchtbar zu bestrafen. Be-
vor ich aber eine Entscheidung treffe, begehre ich zu hören, was du
hierzu zu sagen hast.« Nach diesen Worten neigte er sein Haupt und
30 weinte so heftig wie ein Kind, das hart geschlagen wurde. Als Ghis-
munda die Worte ihres Vaters hörte und erkannte, dass ihre heimli-
che Liebe entdeckt und Guiscardo eingesperrt worden war, empfand
sie einen unsäglichen Schmerz; wie die Frauen es meistens tun, war
auch sie nahe daran, diesen Schmerz mit Geschrei und Tränen zu zei-
gen. Indessen besiegte ihre stolze Seele diese gemeine Anwandlung,
und mit ungewöhnlicher Anstrengung beherrschte sie ihr Antlitz.
Bevor sie noch eine Bitte für ihr eigenes Leben hätte äußern können,
beschloss sie, nicht länger am Leben zu bleiben, da sie glaubte, ihr
31 Guiscardo sei schon tot. Nicht wie eine betrübte oder bei einem Ver-
gehen ertappte Frau, sondern ungerührt und tapfer sprach sie daher
zu ihrem Vater mit tränenlosem, offenem und gefasstem Antlitz:

»Tancredi, ich bin weder willens zu leugnen noch zu bitten, weil das
eine nichts nützen würde, und weil ich nicht will, dass mir das andere
etwas nütze. Darüber hinaus beabsichtige ich nicht, deine Güte und
deine Liebe für mich irgendwie günstig zu stimmen. Ich werde viel-
mehr die Wahrheit bekennen, mit wahren Gründen meine Ehre ver-
teidigen und mit Taten dem Adel meiner Seele treu bleiben. Es ist 32
wahr, dass ich Guiscardo geliebt habe und liebe; und solange ich lebe,
was nicht mehr lange sein wird, werde ich ihn lieben; und wenn man
nach dem Tode liebt, so werde ich nicht aufhören, ihn zu lieben. So
weit brachte mich nicht so sehr mein schwaches weibliches Wesen als
vielmehr deine geringe Sorge, mich zu verheiraten, und Guiscardos
Tugend. Da du, Tancredi, selber aus Fleisch und Blut bist, musstest du 33
wissen, dass du eine Tochter aus Fleisch und Blut und nicht aus Stein
oder Eisen gezeugt hast. Wie alt du heute auch sein magst, solltest
und sollst du dich erinnern, welcher Art die Gesetze der Jugend sind
und mit welcher Kraft sie wirken. Wie hast du, ein Mann, der du in
einem Teil deiner besten Jahre das Waffenhandwerk ausgeübt hast,
nicht wenigstens erkannt, dass Müßiggang und Wohlleben noch
mehr über die Jugend als über das Alter vermögen? Da ich von dir ge- 34
zeugt wurde, bin ich aus Fleisch und Blut und habe so wenig gelebt,
dass ich noch jung bin. Aus dem einen wie aus dem anderen Grund
hat fleischliches Begehren mich getrieben; und die Kraft meines Be-
gehrens ist noch außerordentlich gesteigert worden, weil ich verhei-
ratet gewesen bin und erfahren habe, welche Lust die Befriedigung
dieses Begehrens bereitet. Solchen Kräften konnte ich nicht widerste- 35
hen; und ich beschloss, als junger Mensch und weibliches Wesen dem
nachzugeben, wozu sie mich trieben; und ich verliebte mich. Dabei
verwandte ich meine ganze Kraft darauf, dass das, wozu mich die
sündhafte Natur trieb, soweit ich es bewirken konnte, weder dir noch
mir Schande bereiten würde. Dazu haben der mitleidige Amor und 36
das wohlwollende Geschick einen verborgenen Weg gefunden und
ihn mir gezeigt, der mich unbemerkt zum Ziel meines Begehrens

führte. Das alles leugne ich nicht, wer auch immer es dir gezeigt hat,
37 wie auch immer du es erfahren hast. Nicht zufällig, wie viele es tun, habe ich Guiscardo genommen. Sondern ich wählte ihn nach wohlbedachtem Beschluss vor allen anderen aus; ich brachte ihn mit kluger Vorsicht in meine Räume; und mit maßvoller Beständigkeit haben er
38 und ich lange Zeit unser Begehren gestillt. Durch die Liebe gesündigt zu haben, hast du mir vorgeworfen; darüber hinaus, so scheint es, tadelst du mich mit noch größerer Bitterkeit – und folgst darin eher einer verbreiteten Ansicht als der Wahrheit –, dass ich mich mit einem Mann aus niederem Stand zusammengefunden hätte, so als wärest du nicht erzürnt, hätte ich einen Edelmann ausgesucht. Hierbei bemerkst du nicht, dass du nicht mein Vergehen tadelst, sondern das der Fortuna, die häufig die Unwürdigen erhebt und die Würdigsten
39 fallen lässt. Aber lassen wir das beiseite; betrachte nur einmal den Ursprung der Dinge. So wirst du sehen, dass wir alle Fleisch aus einem Fleische sind und dass ein und derselbe Schöpfer alle Seelen mit gleichen Kräften, gleichen Fähigkeiten und gleichen Tugenden geschaf-
40 fen hat. Uns, die wir gleich geboren wurden und werden, unterscheidet zuerst die Tugend; und die, die in höherem Maße tugendhaft waren und handelten, wurden Adlige genannt; der Rest blieb nicht adlig. Und obwohl ein gegenteiliger Brauch dieses Gesetz verdrängt hat, so ist es weder in der Natur noch in den menschlichen Sitten untergegangen oder aufgehoben worden. Wer tugendhaft handelt, zeigt, dass er adlig ist. Wer diesen anders nennt, begeht den Fehler, nicht wer
41 falsch benannt wird. Betrachte alle deine Edelleute und prüfe ihr Leben, ihre Sitten und ihr Verhalten, und betrachte desgleichen Guiscardo. Wenn du ohne Leidenschaft urteilst, so wirst du ihn als adlig im besten Sinn und deine Edlen als Gemeine bezeichnen. Was die Tugenden und den Wert Guiscardos anbelangt, so glaubte ich nicht den Worten irgendeiner anderen Person, sondern allein deinen eigenen
42 Worten und meinen eigenen Augen. Wer, wenn nicht du selber, hat ihn denn in allem, was einen rechtschaffenen Mann lobenswert

macht, aufs höchste gelobt? Und du tatest das gewiss nicht zu Un-
recht. Denn wenn meine Augen mich nicht täuschen, so habe ich ge-
sehen, dass er jedes Lob, das du ihm gespendet hast, noch wunder-
barer, als deine Worte es ausdrücken konnten, in die Tat umgesetzt
hat. Und wenn ich mich darin irgendwie getäuscht hätte, so wäre ich
ja von dir selbst getäuscht worden. Wirst du immer noch behaupten, 43
dass ich mich mit einem Mann niederer Herkunft zusammengetan
hätte? Du sprächest nicht die Wahrheit. Wenn du allerdings mein-
test, ich hätte einen armen Mann ausgewählt, so müsste ich das zu
deiner eigenen Schande bejahen. Denn so hast du es also verstan-
den, einen fähigen Mann, deinen Diener, zu belohnen. Die Armut
indessen nimmt nicht den Adel, wohl aber den Reichtum. Viele Kö-
nige, viele große Fürsten sind schon arm gewesen, viele von denen,
die das Feld hacken und die Schafe hüten, sind reich gewesen oder
dadurch reich geworden. Die letzte Befürchtung, die du hegtest, 44
was du nämlich mit mir tun sollst, darfst du ganz und gar verges-
sen. Wenn du in deinem hohen Alter bereit bist, das zu tun, was du
als junger Mann nicht tatest, nämlich grausam wider mich zu sein,
so lasse deine Grausamkeit walten. Ich bin nicht bereit, dich deswe-
gen anzuflehen, weil du die erste Ursache der Sünde bist, wenn es
denn überhaupt eine Sünde ist. Daher versichere ich dir, wenn du
nicht das gleiche mit mir machst, was du mit Guiscardo getan hast
oder tun wirst, so werden es meine eigenen Hände tun. Auf denn, 45
geh zu den Weibern, um dort deine Tränen zu vergießen; wenn du
meinst, wir hätten es verdient, dann zeige deine Grausamkeit und
töte uns mit einem einzigen Schlag.« Der Fürst erkannte die Seelen- 46
größe seiner Tochter, er glaubte indessen nicht, dass sie so fest ent-
schlossen sei, wie ihre Worte klangen. Er verließ sie, und da er den
Plan aufgegeben hatte, sie grausam zu bestrafen, gedachte er, sich
für seine glühende Liebe an dem anderen schadlos zu halten. So be-
fahl er den beiden, die Guiscardo bewachten, ihn in aller Stille in
der folgenden Nacht zu erdrosseln, sein Herz herauszureißen und es

ihm zu bringen. So, wie es ihnen befohlen worden war, führten sie
es aus.

47 Am folgenden Tag nun ließ sich der Fürst einen großen und schö-
nen goldenen Pokal bringen, legte das Herz Guiscardos hinein und
ließ ihn durch einen Vertrauten zu seiner Tochter tragen; er trug ihm
auf, ihr den Pokal mit folgenden Worten zu überreichen: »Dein Vater
schickt dir dies als Trost für das, was du am meisten liebst; so wie du
48 ihm Trost für das gespendet hast, was er am meisten liebte.« Ghis-
munda hingegen hatte ihr schreckliches Vorhaben nicht aufgegeben
und hatte sich, nachdem ihr Vater weggegangen war, giftige Gräser
und Wurzeln kommen lassen; diese presste sie aus und tropfte den
Saft in Wasser, um es bereit zu haben, wenn das geschehen würde,
49 was sie befürchtete. Bald danach traf der Vertraute des Fürsten mit
dem Geschenk ein; er überreichte es mit den Worten des Fürsten. Mit
gefasstem Antlitz ergriff sie den Pokal, deckte ihn auf und war sicher,
als sie das Herz sah und die Worte vernahm, dass es das Herz Guiscar-
dos war. Sie wandte sich zu dem Diener und sagte: »Ein geringeres
Grab als aus Gold wäre eines solchen Herzens nicht würdig gewesen;
hiermit hat mein Vater das Richtige getan.«

50 Nach diesen Worten hob sie das Herz an ihren Mund und küsste
es. Darauf sagte sie: »Mein Vater hat mir immer und bis in diese äu-
ßerste Situation meines Lebens die zärtlichste Liebe entgegenge-
bracht, heute aber mehr denn je. Überbringe ihm daher für dieses
großzügige Geschenk den letzten Dank, den ich ihm jemals schulde.«
51 Nach diesen Worten warf sie sich über den Pokal, den sie fest umarm-
te, betrachtete das Herz und sagte: »Oh, du süßer Hort all meiner
Wonne, verflucht sei die Grausamkeit dessen, der dich vor diese mei-
ne leiblichen Augen gebracht hat, denn genug hatte ich daran, dich zu
52 jeder Stunde mit den Augen des Geistes zu schauen. Du hast deine
Bahn vollendet, und was das Geschick dir bereitet hat, hast du hinter
dir gelassen; du hast das Ende erreicht, das jedem beschieden ist. Hin-
ter dir gelassen hast du das Elend und die Mühen der Welt, und dein

Feind selbst hat dir das Grab gegeben, das deine Tugend verdient hat.
Nichts fehlte bei deinem Heimgang, wenn nicht die Tränen derjeni- 53
gen, die du als Lebender so sehr geliebt hast. Damit du auch sie be-
kommst, gab Gott meinem erbarmungslosen Vater ein, dich zu mir
zu schicken; und ich werde dir diese Tränen spenden, da es dir be-
stimmt war, trockenen Auges und mutigen Antlitzes zu sterben.
Habe ich das getan, soll meine Seele sich rasch mit der Seele ver-
einen, die du als teuren Schatz bewahrt hast. In welcher Gesellschaft 54
könnte ich glücklicher und sicherer zu den unbekannten Orten ge-
hen als mit ihr? Ich bin gewiss, dass sie noch hier drinnen weilt und
den Ort ihres und meines Entzückens betrachtet. Und da ich immer
noch gewiss bin, dass sie mich liebt, erwartet sie meine Seele, die
sie unendlich liebt.« Nach diesen Worten beugte sie sich ohne wei- 55
bisches Kreischen über den Pokal, und als entspränge ihrem Kopf
eine Quelle, überschüttete sie ihn mit Tränen, dass es wunderbar
anzuschauen war; unendliche Male küsste sie das tote Herz. Ihre 56
Jungfern standen um sie herum und wussten nicht, was das für ein
Herz war und was ihre Worte bedeuteten; trotzdem wurden sie
vom Mitleid überwältigt, und sie fragten gerührt, aber vergeblich,
nach der Ursache ihres Leids. So gut sie es verstanden und konnten,
bemühten sie sich, sie zu trösten. Als sie aber glaubte, genug ge- 57
weint zu haben, erhob sie ihr Haupt, trocknete ihre Augen und sag-
te: »O heißgeliebtes Herz, dir gegenüber habe ich meinen Dienst er-
füllt; und es bleibt mir nun nichts anderes mehr zu tun übrig, als
mit meiner Seele die Gesellschaft deiner Seele zu suchen.« Darauf 58
ließ sie sich das Gefäß bringen, worin sie am Tage zuvor das Wasser
zubereitet hatte, schüttete das Wasser in den Pokal, wo das Herz
schon von ihren Tränen begossen worden war. Ohne die geringste
Furcht zu zeigen, hob sie den Pokal an den Mund und leerte ihn;
nachdem sie ihn ausgetrunken hatte, stieg sie mit ihm in der Hand
auf ihr Lager, bettete ihren Leib, so würdig sie nur konnte, und legte
das Herz des toten Geliebten nahe an ihr eigenes. Schweigend er-

59 wartete sie ihren Tod. Ihre Jungfern, die alles gesehen und gehört
hatten, aber nicht wussten, was das für ein Wasser war, das sie ge-
trunken hatte, hatten Tancredi benachrichtigen lassen. Dieser ahnte,
was vor sich ging, stürzte hinunter in die Räume der Tochter und
traf dort ein, als sie sich auf ihr Bett legte. Zu spät bemühte er sich,
sie zu trösten; als er sah, wie es mit ihr stand, begann er bitterlich
60 zu weinen. Darauf sagte die Frau: »Tancredi, bewahre deine Tränen
für ein Geschick, das weniger herbeigesehnt worden ist als meines,
und bewahre sie für einen anderen als mich, denn ich verlange nicht
danach. Wer sah schon je einen Menschen außer dir das beweinen,
was er selbst gewollt hat? Wenn aber dennoch etwas von der Liebe
in dir lebt, die du für mich empfunden hast, so gewähre mir als
letztes, dass, wenn es dir schon nicht gefallen hat, dass ich heimlich
und verborgen mit Guiscardo gemeinsam leben sollte, mein Leich-
nam, allen bekannt, an dem Ort, wo du den Leichnam Guiscardos
61 hast hinwerfen lassen, bestattet wird.« Der Fürst konnte nichts ant-
worten, da ihn der Schmerz überwältigt hatte. Als die junge Frau
ihr Ende nahen fühlte, sagte sie, indem sie das tote Herz an ihre
Brust drückte: »Gott sei mit euch, ich scheide.« Sie verlor ihre Sin-
ne, ihre Augen brachen, und sie schied aus diesem jammervollen
Leben.

62 Ein so schmerzliches Ende, wie ihr vernommen habt, fand die Liebe zwischen Guiscardo und Ghismunda. Nach vielen Klagen und nachdem er zu spät seine Grausamkeit bereut hatte, ließ Tancredi beide unter den Klagen aller Bürger von Salerno ehrenvoll in einem Grab beisetzen.

Zweite Novelle

Frate Alberto macht einer Frau weis, dass der Erzengel Gabriel in sie 1
verliebt sei und schläft unter dessen Gestalt mehrere Male mit ihr; nachdem er dann aus Furcht vor ihren Verwandten aus ihrem Haus gesprungen ist, verbirgt er sich im Haus eines armen Mannes; dieser führt ihn am folgenden Tag als wilden Mann auf die Piazza; dort wird er erkannt, von seinen Klosterbrüdern abgeführt und eingekerkert.

Die Novelle Fiammettas hatte ihre Gefährtinnen wiederholt zu Trä- 2
nen gerührt; als sie geendet hatte, sagte der König mit strenger Miene:
»Von geringem Wert erschiene mir mein Leben, wenn ich es für die
Hälfte der Wonnen hingeben müsste, die Ghismunda mit Guiscardo
genossen hat; und keine von euch muss sich darüber wundern, weil
ich, obwohl ich lebe, stündlich tausendfach den Tod erdulde und mir
dafür nicht ein Bruchteil des Glücks gewährt wird. Aber ich lasse mei- 3
ne Angelegenheiten auf sich beruhen und wünsche, dass Pampinea
die traurigen Erzählungen fortsetzt, die dem, was ich erlebe, so ähn-
lich sind; wenn sie dem folgt, was Fiammetta begonnen hat, so wird
sich ein wenig Tau auf die Glut in meinem Inneren legen.« Als Pampi- 4
nea hörte, dass sie an der Reihe war, hatte sie mehr Verständnis für die
Denkungsart ihrer Gefährtinnen als für die des Königs, die in seinen
Worten zum Ausdruck kam. So war sie eher entschlossen, jene zu er-
freuen als den König anders als mit dem Erzählen einer Geschichte
zufriedenzustellen; sie beschloss also, ohne das Thema zu umgehen,
eine komische Novelle zu erzählen, und begann wie folgt:

Im Volk pflegt man zu sagen: ›Gilt ein schlechter Mann als gut, 5
man glaubt es nicht, auch wenn er Schlechtes tut.‹ Das eröffnet ein weites Feld, um über unser Thema und wiederum über die schockierende Scheinheiligkeit der Mönche zu sprechen: In weite und lange Gewänder gehüllt, verlangen sie mit künstlich blasser Miene und demütig schmeichelnder Stimme anderer Menschen Hab und Gut, aber

hochfahrend und anmaßend tadeln sie ihre eigenen Laster bei anderen und demonstrieren, dass sie durch Nehmen und die anderen
6 durch Geben das Heil erlangen. Darüber hinaus geben sie sich nicht wie Menschen, die wie wir alle das Paradies zu verdienen haben, sondern wie dessen Eigentümer und Herren, die einem jeden Sterblichen gemäß der Summe des ihnen hinterlassenen Geldes einen mehr oder weniger ausgezeichneten Platz darin zuweisen; und hiermit betrügen sie sich selbst – sofern sie daran glauben – und setzen alles daran, die-
7 jenigen zu betrügen, die an ihre Worte glauben. Wenn es mir erlaubt wäre, sie darzustellen, wie sie sind, so würde ich viele Einfältige darüber aufklären, was sie unter ihren weiten Kutten verborgen halten. Aber wollte Gott, dass es ihnen mit ihren Lügen so erginge wie einem keineswegs jungen Minoriten, der in Venedig als einer der bedeutendsten Kleriker galt. Von ihm möchte ich gerne erzählen, um eure Gemüter, die vom Tod der Ghismunda zu Mitleid gerührt worden sind, mit ein wenig Lachen wieder aufzumuntern.

8 Es lebte also, werte Damen, in Imola ein Mensch von ruchlosem und lasterhaftem Lebenswandel, der Berto della Massa genannt wurde; seine Schändlichkeiten waren bei den Leuten von Imola bekannt

und brachten ihm schließlich ein, dass man ihm in Imola nicht die
Wahrheit, sondern die Lüge glaubte. Da er bemerkte, dass er mit sei-
nen Gaunerstücken in Imola nicht mehr weiterkam, fühlte er sich am
Ende seines Lateins und zog nach Venedig um, der Zuflucht allen Ge-
sindels, wo er einen günstigeren Boden für sein Treiben als anderswo
zu finden hoffte. So als empfände er Gewissensbisse wegen seiner 9
vergangenen üblen Taten, trug er mit einem Mal eine tiefe Demut und
Frömmigkeit zur Schau, wurde Franziskaner und ließ sich Frate Al-
berto da Imola nennen. In diesem Kleid begann er zum Schein ein as-
ketisches Leben und ermahnte zu Buße und Enthaltsamkeit; er aß
weder Fleisch, noch trank er Wein, wenn sie ihm nicht schmeckten.
Kaum einer hatte bemerkt, dass aus einem Dieb, Zuhälter, Betrüger 10
und Mörder unerwartet ein großer Prediger geworden war, der trotz-
dem die früheren Laster nicht abgelegt hatte, sofern er sie im Verbor-
genen ausüben konnte; zu allem war er auch Priester, der die Messe
zelebrierte, wenn er von vielen gesehen wurde; und er lamentierte
über die Leiden des Heilands wie einer, den die Tränen wenig koste-
ten, wenn er sie haben wollte. Kurzum, mit seinen Predigten und sei- 11
nen Tränen verstand er es, die Venezianer so einzuwickeln, dass es
kein Testament mehr gab, dessen Verwalter und Vollstrecker er nicht
wurde, dass er vieler Leute Geld hütete und der Beichtvater und Rat-
geber der meisten Männer und Frauen war. Auf diese Art war aus dem
Wolf ein Hirte geworden, und der Ruf seiner Heiligkeit war dort grö-
ßer als der des heiligen Franz von Assisi. Es geschah nun, dass eine 12
junge, dumme und eingebildete Frau, namens Madonna Lisetta da Ca'
Quirino, die mit einem Großkaufmann verheiratet war, der sich mit
seinen Galeeren nach Flandern aufgemacht hatte, mit anderen Frauen
bei unserem heiligen Frate zur Beichte ging. Als sie vor ihm kniete
und – wie Venezianer so sind – geschwätzig von ihren Angelegenhei-
ten erzählt hatte, fragte Frate Alberto sie, ob sie einen Geliebten habe.
Erbost antwortete sie: »Aber ehrwürdiger Bruder, habt Ihr denn keine 13
Augen im Kopf? Erscheint Euch meine Schönheit mit derjenigen der

anderen vergleichbar? Wenn ich wollte, könnte ich genug Liebhaber
haben; aber meine Schönheit ist nicht vom ersten Besten zu haben.
Wie viele können sich mit ihrer Schönheit an der meinen messen?
14 Denn ich werde auch im Paradies schön bleiben.« Frate Alberto er-
kannte sofort, dass sie etwas dümmlich war, sie schien ein Acker für
seine Pflugschar, und er verliebte sich unverzüglich und maßlos. Die
Liebkosungen hob er sich allerdings für eine passendere Gelegenheit
auf; für dieses Mal gab er sich heilig, versuchte, sie zu ermahnen, weil
sie hoffärtig sei und anderes mehr. Die Frau gab es ihm zurück und
meinte, er sei ein Bauer und könne nicht zwischen Schönheit und
Schönheit unterscheiden. Frate Alberto wollte sie nicht gegen sich
aufbringen, nahm ihr die Beichte ab und ließ sie mit den übrigen von
15 dannen gehen. Nachdem einige Tage vergangen waren, suchte er zu-
sammen mit einem treuen Kumpan Madonna Lisetta zu Hause auf; in
einem Saal zog er sie beiseite, so dass sie von niemandem gesehen
werden konnten, warf sich vor ihr auf die Knie und sagte: »Madonna,
ich bitte Euch, mir zu verzeihen, was ich am vergangenen Sonntag
über Eure Schönheit geredet habe; denn in der folgenden Nacht bin
ich so hart dafür gezüchtigt worden, dass ich erst heute wieder aufste-
16 hen konnte.« Darauf sagte die Dumm-Madame: »Und wer hat Euch
17 denn so gezüchtigt?« Frate Alberto sagte: »Ich werde es Euch sagen.
Als ich des Nachts wie gewohnt in mein Gebet versunken war, wurde
meine Zelle plötzlich von einem großen Glanz durchflutet, und noch
bevor ich die Ursache erkennen konnte, trat ein wunderschöner Jüng-
ling mit einem mächtigen Stock in der Hand auf mich zu, packte mich
an der Kutte, warf mich zu Boden und verprügelte mich derart, dass
18 mir kein Knochen heil blieb. Als ich ihn fragte, warum er das getan
habe, antwortete er: ›Weil du dir heute herausgenommen hast, die
himmlischen Schönheiten der Madonna Lisetta zu verunglimpfen,
19 die ich, den Herrgott ausgenommen, über alles andere liebe.‹ Hierauf
fragte ich: ›Wer seid Ihr?‹ Und er antwortete, er sei der Erzengel Ga-
briel. ›O Herr‹, sagte ich, ›vergebt mir bitte!‹ Und er sagte darauf: ›Und

ich verzeihe dir unter der Bedingung, dass du, sobald du es kannst, zu
ihr gehst und sie um Vergebung bittest; und sollte sie dir nicht verge-
ben, so werde ich zurückkommen und es dir derart besorgen, dass du
zeitlebens daran denken wirst.‹ Was er mir noch sagte, wage ich Euch
erst zu sagen, nachdem Ihr mir verziehen habt.« Die Dame, die kaum 20
Grips im Kopf hatte, strahlte bei diesen Worten und hielt sie für
wahr; nach einer Weile sagte sie: »Ich habe es Euch doch gesagt, Frate
Alberto, dass meine Schönheit nicht von dieser Welt ist; aber wenn
Gott mir beisteht, tut es mir um Euch leid; und damit Euch nichts Üb-
les mehr widerfahre, vergebe ich Euch, wenn Ihr mir nur sagt, was der
Erzengel Euch noch gesagt hat.« Frate Alberto sagte: »Madonna, da Ihr 21
mir verziehen habt, tue ich das gerne. Aber an eines erinnere ich Euch
noch: dass Ihr Euch nämlich hütet, irgendjemandem auf der Welt et-
was davon weiterzusagen; Ihr, die Ihr heute die glücklichste Frau der
Welt sein werdet, würdet damit alles verderben. Der Erzengel sagte 22
mir, dass ich Euch sagen sollte, dass Ihr ihm so sehr gefallt, dass er
Euch schon gerne des Nachts besucht hätte, wenn er nicht gefürchtet
hätte, Euch zu erschrecken. Nun lässt er Euch durch mich ausrichten, 23
dass er gerne in einer Nacht zu Euch kommen möchte, um eine Weile
mit Euch zu verbringen; da er aber ein Engel ist, und Ihr ihn als Engel
nicht berühren könnt, will er zu Eurer Freude in der Gestalt eines
Mannes kommen. Deswegen sagt er, dass Ihr ihm ausrichten lasst,
wann und in welcher Gestalt er kommen soll; dann wird er kommen.
Mehr als jede andere Frau könnt Ihr Euch deswegen glückselig schät-
zen.« Madonna Dummerchen sagte darauf, dass sie glücklich sei, dass 24
der Erzengel Gabriel sie liebe, denn auch sie liebe ihn, und sie habe je-
des Mal eine Kerze für einige Silbergroschen entzündet, wo sie ein
Bild von ihm gesehen habe; wann immer er zu ihr kommen wolle,
sei er willkommen und fände sie allein in ihrem Zimmer; sie stelle 25
nur eine Bedingung, dass er sie nicht um der Jungfrau Maria willen
verlassen werde, weil man sage, dass er auch sie sehr gern möge, weil
er überall dort, wo sie ihn gesehen habe, vor ihr auf den Knien läge;

und darüber hinaus überlasse sie es ihm, in welcher Gestalt er sie be-
26 suchen wollte, wenn sie nur keine Angst bekäme. Darauf sagte Frate
Alberto: »Madonna, Ihr sprecht klug, und ich werde ihm alles aus-
richten, was Ihr mir sagt. Ihr könnt mir aber eine Gnade erweisen, die
Euch nichts kostet. Die Gnade ist, dass Ihr wünscht, er komme zu
Euch in meiner Gestalt. Und hört, worin die Gnade besteht: Er wird
meine Seele aus meinem Körper entführen und sie ins Paradies ver-
setzen, um meinen Körper anzunehmen; und solange er bei Euch
27 bleiben wird, wird meine Seele im Paradies sein.« Und Madonna Un-
bedarft sagte: »So gefällt es mir; für die Schläge, die Ihr um meinet-
willen habt einstecken müssen, werdet Ihr auf diese Weise entschä-
28 digt.« Darauf sagte Frate Alberto: »Nun sorgt dafür, dass heute nacht
Eure Tür geöffnet ist, damit er zu Euch kommen kann; da er nämlich
in menschlicher Gestalt kommt, kommt er nur durch den Eingang
29 hinein.« Die Frau antwortete, dass das geschehen werde. Frate Alber-
to verließ sie; und sie plusterte sich vor Stolz so sehr auf, dass ihr
Hemd nicht mehr über den Hintern passte; tausend Jahre schien es
30 ihr zu dauern, bis der Erzengel Gabriel zu ihr käme. Frate Alberto
dachte daran, dass er in der Nacht nicht als Engel, sondern als Ritter
aufzutreten habe, und begann sich mit Konfekt und anderen guten
Dingen zu stärken, damit er nicht zu leicht aus dem Sattel geworfen
würde. Nachdem er sich Urlaub verschafft hatte, suchte er gemeinsam
mit einem Kumpan eine Freundin auf, deren Haus er schon zuvor be-
nutzt hatte, um hinter den Stuten herzulaufen. Als es ihm an der Zeit
schien, ging er zum Haus seiner Dame, trat ein, verwandelte sich mit
ein paar Klamotten, die er bei sich trug, in einen Engel, stieg die Trep-
31 pe hinauf und betrat ihre Kammer. Als sie dieses weiße Wesen vor
sich sah, fiel sie auf die Knie, und der Engel segnete sie, hob sie auf und
bedeutete ihr, zu Bett zu gehen; das tat sie bereitwillig und rasch, und
32 der Engel legte sich neben seine fromme Verehrerin. Frate Alberto
war ein schöner, kräftiger und gutgebauter Mann; und als er neben
Madonna Lisetta lag, die frisch und zart war, besorgte er ihr eine ganz

andere Liegekur, als ihr Ehemann es gewöhnlich tat; während der
Nacht flog er mehrmals ohne Flügel, worüber sie sehr glücklich war,
und erzählte vieles von der himmlischen Seligkeit. Als der Morgen 33
sich näherte, verabredete er mit ihr seine Wiederkehr, zog sich mit
seinen Klamotten zurück und kehrte zu seinem Kumpan zurück,
dem, damit er nicht alleine schlafen musste, das gute Weib freund-
schaftliche Gesellschaft geleistet hatte. Madonna Lisetta nahm eine 34
Mahlzeit zu sich und suchte danach mit ihrer Begleitung Frate Alber-
to auf, und berichtete ihm Neuigkeiten vom Erzengel Gabriel, außer-
dem alles, was sie von ihm über die Herrlichkeit des ewigen Lebens
gehört hatte, was er für ein Mann sei und andere Wundererzählun-
gen. Frate Alberto sagte dazu: »Madonna, ich weiß nicht, wie es Euch 35
mit ihm erging; ich weiß nur, dass er zu mir kam und ich ihm Eure
Botschaft ausrichtete; darauf entführte er unverzüglich meine Seele
zwischen so viele Rosen und Blüten, wie sie hier nicht zu sehen sind;
und ich verblieb an einem der köstlichsten Orte bis heute morgen in
der Frühe; was mit meinem Körper geschehen ist, weiß ich nicht.«
»Habe ich es Euch nicht gesagt?« sagte Lisetta, »Euer Leib lag die ganze 36
Nacht in meinen Armen zusammen mit dem Erzengel Gabriel; und
wenn Ihr mir nicht glaubt, so schaut doch unter Eure linke Brustwar-
ze, wohin ich dem Erzengel einen so festen Kuss gegeben habe, dass
man es noch einige Tage sehen wird.« Nun sagte Frate Alberto: »Dann 37
werde ich heute etwas tun, was ich seit langem nicht getan habe, und
mich ausziehen, um zu sehen, ob das wahr ist.« Nach vielem Ge- 38
schwätz ging die Frau nach Hause zurück; dorthin kam Frate Alberto
noch viele Male in Gestalt des Erzengels, ohne daran gehindert zu
werden. Eines Tages geschah es allerdings, dass Madonna Lisetta mit 39
einer Gevatterin über die Schönheit plauderte; um die andere zu be-
eindrucken, sagte sie in ihrer Einfalt: »Wenn Ihr wüsstet, wem mei-
ne Schönheit gefällt, wäret Ihr ganz still.« Die Gevatterin wurde neu- 40
gierig; sie kannte sie nur zu gut und sagte: »Madonna, das könnte
schon wahr sein, aber bevor man nicht weiß, wer es ist, kann man sei-

41 ne Meinung nicht ändern.« Lisetta kannte keine Hemmungen und
sagte: »Frau Gevatterin, man sollte es nicht sagen, aber mein Gelieb-
ter ist der Erzengel Gabriel, der mich mehr als sich selbst liebt, weil ich
42 die schönste Frau auf der Welt und in der Maremma sei.« Die Gevatte-
rin musste ihr Lachen unterdrücken, damit jene weiterschwatzte,
und sagte: »Bei Gott, Madonna, wenn der Erzengel Gabriel Euer Lieb-
haber ist und so zu Euch sprach, wird es stimmen; ich ahnte aber
43 nicht, dass die Engel derartige Dinge tun.« Lisetta sagte: »Gevatterin,
da irrt Ihr. Bei den Wundmalen Christi, er tut es besser als mein Mann
und sagte mir, dass man es auch dort oben täte. Weil ich ihm aber
schöner als irgendeine im Himmel erschiene, hat er sich in mich ver-
44 liebt und besucht mich häufig, so ist das.« Tausend Jahre schienen es
der Gevatterin, als sie Madonna Lisetta verlassen hatte, bis sie einen
Ort fand, um diese Geschichte weiterzuerzählen; auf einem Fest traf
sie eine größere Gesellschaft von Frauen und erzählte ihnen die Ge-
schichte Punkt für Punkt. Die Frauen erzählten sie ihren Männern
und anderen Frauen und diese wieder anderen, bis in weniger als zwei
Tagen ganz Venedig davon gehört hatte. Unter anderen gelangte sie
auch zu Ohren der Schwäger Lisettas, die sich vornahmen, ohne Li-
setta ein Wort zu sagen, diesen Engel ausfindig zu machen und in Er-
fahrung zu bringen, ob er fliegen könne; so legten sie sich mehrere
45 Nächte auf die Lauer. Es geschah, dass auch Frate Alberto etwas von
dieser Geschichte mitbekam; um der Frau deswegen Vorwürfe zu
machen, ging er eines Nachts zu ihr; aber kaum hatte er sich entklei-
det, als die Schwäger, die ihn hatten kommen sehen, schon vor der
Tür der Kammer standen und sie öffnen wollten. Frate Alberto hörte
sie, ahnte bereits, was sie suchten, sprang aus dem Bett und, da er kei-
nen anderen Fluchtweg sah, öffnete er ein Fenster, das auf den Canale
46 Grande ging und stürzte sich ins Wasser. Das Wasser war tief, er
konnte schwimmen und kam nicht zu Schaden. Er schwamm auf die
andere Seite des Kanals und gelangte rasch in ein offenstehendes
Haus; er bat den Mann, der dort war, dass er ihm um Gottes willen

das Leben retten möchte, und erzählte ihm eines seiner Märchen,
warum er auf einmal nackt vor ihm stünde. Der gute Mann empfand
Mitleid; da er seinen Geschäften nachgehen musste, legte er ihn in
sein Bett und sagte ihm, dass er bis zu seiner Rückkehr darin bleiben
sollte; dann schloss er ihn ein und ging davon. Die Schwäger der Frau 47
drangen in das Zimmer ein und sahen, dass der Erzengel Gabriel aus-
geflogen war, ohne seine Flügel mitzunehmen. Sie fühlten sich her-
eingelegt und machten der Frau die heftigsten Vorwürfe; trostlos lie-
ßen sie sie zurück und gingen mit der Tracht des Engels nach Hause.
In der Zwischenzeit war es hell geworden, und unser guter Mann hat- 48
te auf Rialto gehört, dass der Erzengel Gabriel bei Madonna Lisetta
geschlafen hatte, von ihren Schwägern entdeckt worden war und sich
vor Angst in den Kanal gestürzt habe; man wisse nicht, was aus ihm
geworden sei. Er wusste sofort, wen er bei sich aufgenommen hatte.
Als er wieder zu Hause war und ihn erkannte, vereinbarte er nach vie-
lem Hin und Her mit ihm, dass, wenn er ihn nicht den Schwägern
auslieferte, jener ihm fünfzig Goldtaler kommen lassen sollte; und
das geschah auch. Als darauf Frate Alberto den Wunsch äußerte, fort- 49
zugehen, sagte der gute Mann: »Es gibt nur eine einzige Möglichkeit.
Wir feiern heute ein Fest, zu dem einer einen Mann mitbringt, der als
Bär verkleidet ist, ein anderer einen Mann, der ein wilder Mann sein
soll; der dritte führt dies mit und ein anderer etwas anderes; und auf
dem Markusplatz findet eine Jagd statt; und wenn die aus ist, geht ein
jeder mit dem, den er mitgebracht hat, wohin es ihm beliebt. Wenn 50
Ihr also wollt, dass ich Euch, bevor Ihr hier entdeckt werdet, in ir-
gendeiner Gestalt mitnehme, so kann ich Euch dann hinführen, wo-
hin Ihr wollt. Anders sehe ich keine Möglichkeit, wie Ihr hier heraus-
kommen könntet, ohne erkannt zu werden; denn die Schwäger der
Frau wissen, dass Ihr Euch hier im Viertel aufhaltet und haben überall
Wachen aufgestellt, um Euch zu ergreifen.« Obwohl es Frate Alberto 51
hart erschien, sich derart verkleiden zu lassen, drängte ihn die Angst
vor den Verwandten der Dame dazu, es mit sich geschehen zu lassen;

und er sagte, wohin er geführt werden wollte, in welcher Gestalt, war
52 ihm gleichgültig. Jener bestrich ihn von oben bis unten mit Honig, be-
klebte ihn mit Flaumfedern, legte ihm eine Kette um den Hals und
setzte ihm eine Maske vors Gesicht; in eine Hand erhielt er einen gro-
ßen Stock und mit der anderen ließ er ihn zwei große Hunde halten,
die er von den Fleischbänken geholt hatte; danach schickte er jemand
nach Rialto, der ausrufen sollte, dass der Erzengel Gabriel auf dem
53 Markusplatz zu sehen sei: Das war die venezianische Loyalität. Dar-
auf führte er ihn hinaus und ließ ihn vor sich hergehen, während er
ihn an der Kette festhielt; viele waren sehr erstaunt und fragten: »Was
ist denn das?« So führte er ihn zum Markusplatz, wo eine riesige
Menge versammelt war, weil auch noch diejenigen hingekommen
54 waren, die den Ausruf auf Rialto gehört hatten. Dort angelangt, band
er seinen wilden Mann an einer erhöht stehenden Säule fest, um
vorgeblich die Jagd abzuwarten; da der wilde Mann mit Honig ein-
55 geschmiert war, quälten ihn die Fliegen und Bremsen. Als unser
Venezianer sah, dass sich eine große Menge versammelt hatte, tat er
so, als wollte er seinen wilden Mann losbinden und zog ihm die Mas-
ke ab, während er sagte: »Herrschaften, da der Eber nicht zur Jagd
kommt und diese nicht stattfindet, will ich, damit ihr nicht umsonst
gekommen seid, euch den Erzengel Gabriel zeigen, der des Nachts
vom Himmel zur Erde herabgestiegen ist, um die Frauen Venedigs zu
56 beglücken.« Als die Maske weg war, wurde Frate Alberto von allen so-
fort erkannt; es erhob sich ein lautes Geschrei, und er wurde mit den
schändlichsten Schimpfworten bedacht, die nur je ein lüsterner
Schurke zu hören bekommen hatte; sie bewarfen ihn von allen Seiten
57 mit Kot. Das ging so eine ganze Weile, bis die Nachricht endlich zu
seinen Mitbrüdern gelangt war, sich sechs von ihnen aufmachten,
ihm eine Kutte überwarfen, aus der Kette lösten und ihn unter lautem
Gejohle in ihr Haus zurückbrachten; dort soll er elendiglich im Kerker
gestorben sein.

58 Dieser Mensch, der als gut galt und Übles tat, ohne dass man es

geglaubt hätte, hat es also gewagt, sich zum Erzengel Gabriel zu machen und wurde in einen wilden Mann verwandelt; wie verdient, hat er in Schande und umsonst seine Sünden beweint. Wollte Gott, dass es allen anderen ebenso erginge.

Dritte Novelle

Drei Jünglinge lieben drei Schwestern und fliehen mit ihnen nach Kreta; 1
die älteste tötet ihren Geliebten aus Eifersucht; die zweite rettet die erste vom Tode, indem sie sich dem Herzog von Kreta hingibt, wird aber von ihrem Geliebten getötet, der mit der ersten entflieht; des Verbrechens werden aber der dritte Liebhaber und die dritte Schwester beschuldigt; sie werden festgenommen und gestehen es; aus Angst vor dem Tod bestechen sie die Wächter mit Geld und entkommen arm nach Rhodos; dort sterben sie im Elend.

Als Filostrato das Ende der Novelle Pampineas gehört hatte, versank 2
er eine Weile in Gedanken und wandte sich dann mit den Worten an sie: »Am Ende Eurer Novelle fand ich etwas Gutes, das mir gefallen hat; aber zuvor gab es zu viel zum Lachen, was ich gerne nicht gehört hätte«; dann wandte er sich an Lauretta: »Wenn es geht, dann fahrt Ihr, meine Dame, mit einer besseren fort.« Lächelnd sagte Lauretta:
»Ihr seid allzu grausam gegenüber den Liebenden, wenn Ihr ihnen 3
nichts anderes als ein unglückliches Ende wünscht. Um Euch zu gehorchen, will ich eine Geschichte von drei Paaren erzählen, die alle, nachdem sie nur kurze Zeit ihr Liebesglück genossen hatten, ein übles Ende fanden.« Hierauf begann sie wie folgt:

Ihr jungen Damen, ihr könnt es leicht erkennen, dass ein jedes 4
Laster den, der ihm verfallen, und häufig auch andere in ernsthaftes Leid stürzen kann. Es scheint mir, dass unter allen Lastern vor allem der Zorn uns haltlos in unser Unglück treibt; denn dieser ist eine

plötzliche, unüberlegte Aufwallung, die, von einem Schmerz hervor-
gerufen, die Vernunft verscheucht, das Auge des Geistes verdüstert
5 und unser Gemüt mit flammender Wut entzündet. Obwohl er häufig
die Männer überfällt, einige mehr, andere weniger, wurde er trotzdem
mit noch schlimmeren Folgen bei den Frauen beobachtet, weil er sie
leichter entzündet, bei ihnen heller lodert und weniger Widerstand
6 findet. Das ist nicht erstaunlich, denn – wenn wir genauer hinsehen –
das Feuer erfasst seiner Natur gemäß rascher die leichten und zarten
Dinge als die schweren und harten. Und wir sind nun einmal – mögen
7 die Männer es uns nicht verübeln – zarter und wankelmütiger. Wir se-
hen also, dass wir eine natürliche Neigung dazu haben, dass unsere
Sanftmut und Güte aber auch die Besonnenheit und das Vergnügen
der Männer befördern, mit denen wir Umgang pflegen; Zorn und
Wut sind von Übel und eine Gefahr, wogegen wir uns innerlich
wappnen sollten. Deswegen will ich Euch, wie ich schon sagte, mit
meiner Novelle zeigen, wie die Liebe zwischen drei Jünglingen und
ihren Damen durch den Zorn einer von ihnen vom Glück ins Unglück
8 gewendet wurde. Wie ihr wisst, liegt Marseille in der Provence am
Meer und ist eine ehrwürdige alte Stadt, die einstmals viele reiche

Leute und große Kaufleute beherbergte, mehr als sie es heute tut; un-
ter diesen war ein gewisser Don Arnaldo Civada; er war von einfacher
Herkunft, aber von makelloser Rechtschaffenheit und ein ehrlicher
Kaufmann, über die Maßen reich an Besitz und Geld; von seiner Gat-
tin hatte er mehrere Kinder, darunter drei Mädchen, die älter als ihre
Brüder waren. Zwei von ihnen waren Zwillinge und fünfzehn Jahre 9
alt, die dritte war vierzehn Jahre alt. Ihre Verwandten warteten mit
ihrer Verheiratung nur noch auf die Rückkehr Don Arnaldos, der mit
seinen Waren in Spanien unterwegs war. Die Namen der beiden Äl-
testen waren Ninetta und Magdalena, die dritte hieß Bertella. Ein jun- 10
ger Edelmann namens Restagnone, der allerdings arm war, hatte sich
überschwenglich in Ninetta verliebt; ohne dass es irgendjemand auf
der Welt erfuhr, war es ihnen gelungen, sich ihrer Liebe zu erfreuen.
Und sie taten dies schon eine Weile, als es geschah, dass zwei be-
freundete Jünglinge namens Folco und Ughetto, die nach dem Tod ih-
rer Väter sehr reich geworden waren, sich in Magdalena und Bertella
verliebten. Als Restagnone sich davon überzeugt hatte, nachdem Ni- 11
netta es ihm angedeutet hatte, dachte er, dass ihre Liebe seiner eige-
nen Bedürftigkeit aufhelfen könnte, und freundete sich mit ihnen an;
so begleitete er manchmal den einen, manchmal den anderen oder
auch alle beide, wenn sie ihre Frauen und die seine aufsuchten. Als es 12
ihm schien, dass er hinlänglich mit ihnen vertraut war, bat er sie eines
Tages zu sich nach Hause und sagte ihnen: »Werte Herren, unser
freundschaftlicher Umgang hat euch Gewissheit darüber verschafft,
wie sehr ich euch schätze, und dass ich alles, was ich für mich selbst
tun würde, auch für euch täte. Weil ich euch innig verbunden bin, will
ich euch offenbaren, was mir in den Sinn gekommen ist; ihr werdet
anschließend mit mir beschließen, was euch das Beste erscheint.
Wenn eure Worte mich nicht täuschen, und wenn ich das, was ihr 13
Tag und Nacht tut, verstanden habe, so seid ihr in glühender Liebe für
die beiden jungen Damen entbrannt, so wie ich ihre Schwester liebe.
Falls ihr nun einverstanden seid, so habe ich in meinem Herzen ein

süßes und günstiges Heilmittel für diese Liebesglut gefunden; und
14 das ist folgendes. Ihr seid sehr reich, was ich nicht bin; falls ihr euren
Reichtum zusammentun und mich als Dritten daran teilhaben lassen
wolltet, so würden wir gemeinsam überlegen, in welchem Teil der
Welt wir mit unseren Geliebten ein schönes Leben führen möchten.
Ich traue es mir gewiss zu, die drei Schwestern dazu zu überreden,
uns mit einem Teil des väterlichen Gutes dorthin zu begleiten, wo wir
hingehen wollen. Dort können wir dann wie drei Brüder und ein je-
der mit der seinen als die glücklichsten Männer der Welt leben. An
euch liegt es nun, an diesem Glück teilzunehmen oder darauf zu ver-
15 zichten.« Als die beiden, die leidenschaftlich liebten, hörten, dass sie
ihre Mädchen besitzen sollten, quälten sie sich nicht mit langen Über-
legungen, sondern sagten, dass, wenn alles wie geplant geschehen
sollte, sie dazu bereit wären. Nach dieser Antwort traf Restagnone
sich wenige Tage später mit Ninetta, zu der er nicht ohne große
Schwierigkeiten gelangen konnte; als er eine Weile mit ihr zusam-
men war, berichtete er ihr, was die drei geplant hatten und brachte
16 gute Gründe vor, um sie von dem Unternehmen zu überzeugen. Das
war aber nicht schwierig, denn sie wünschte es sich noch mehr als er
selbst, frei und ohne Angst mit ihm zusammen sein zu können. Sie
antwortete ihm freimütig, dass sie einverstanden sei und dass ihre
Schwestern gerade in dieser Angelegenheit das tun würden, was sie
tun wollte; und sie sagte ihm, dass er so bald wie möglich alles
Notwendige anordnen sollte. Restagnone kehrte zu den beiden Ge-
fährten zurück, die ihn wegen seines Vorschlags stark bedrängten,
und sagte ihnen, dass das Vorhaben von ihren Damen gebilligt wer-
17 de. Sie beschlossen, nach Kreta zu gehen; sie verkauften einige ih-
rer Besitzungen unter dem Vorwand, mit dem Geld Handel trei-
ben zu wollen; nachdem sie anderes Hab und Gut zu Geld gemacht
hatten, erwarben sie einen leichten Segler, rüsteten ihn bestens aus
und erwarteten den vereinbarten Termin. Ninetta ihrerseits, die das
Verlangen ihrer Schwestern gut genug kannte, hatte sie mit süßen

Worten in ihrem Wollen bestärkt, so dass diese die Erfüllung kaum
abwarten konnten. In der Nacht, als sie das Schiff besteigen sollten, 18
öffneten also die drei Schwestern eine große Truhe ihres Vaters, ent-
nahmen ihr eine große Menge an Geld und Juwelen, verließen hier-
mit heimlich das Haus und trafen wie verabredet ihre drei Liebhaber,
die sie schon erwarteten. Unverzüglich bestiegen sie mit ihnen das
Schiff, ließen die Ruder eintauchen und erreichten, ohne sich irgend-
wo aufzuhalten, am folgenden Abend Genua, wo die neuen Liebes-
paare zuerst einmal die Wonnen ihrer Liebe freudig genossen. Nach- 19
dem sie sich mit dem Notwendigen frisch ausgerüstet hatten, fuhren
sie von einem Hafen zum anderen und gelangten noch vor dem ach-
ten Tag ohne Hindernis nach Kreta. Hier kauften sie sich schöne und
große Ländereien, auf denen sie nahe bei Candia wunderschöne, herr-
liche Paläste errichten ließen. Dort lebten sie wie edle Herren mit gro-
ßem Gesinde, Hunden, Falken und Pferden und feierten mit ihren
Damen als die glücklichsten Männer der Welt heitere Gelage und Fes-
te. Während sie dieses Leben führten, geschah es – alle Tage sehen 20
wir, wie der Überfluss des Angenehmen den Überdruss erzeugt –,
dass Restagnone, der Ninetta sehr geliebt hatte, da sie nun seinem
Vergnügen ohne Beeinträchtigung zur Verfügung stand, ihrer über-
drüssig wurde und seine Liebe ihr gegenüber nachließ. Bei einem Fest 21
fand eine junge Dame des Landes, schön und von Adel, sein größtes
Gefallen; er begann, sie eifrig zu umwerben, und veranstaltete Emp-
fänge und Feste für sie. Das bemerkte Ninetta und wurde so eifer-
süchtig, dass sie sein Tun auf Schritt und Tritt argwöhnisch verfolgte
und anschließend mit Worten und Übellaunigkeit sich und ihn quäl-
te. Wie der Überfluss Überdruss erzeugt, so steigert die Versagung 22
die Begierde; und der Missmut der Ninetta entfachte die neue Liebe
Restagnones. Ob Restagnone nun im Verlauf der Zeit die Neigung der
geliebten Dame errungen hatte oder nicht, Ninetta hielt ihn für über-
führt, wer immer es ihr zugetragen hatte. Darüber verfiel sie in so tie-
fen Trübsinn, dann in solchen Zorn und in solche Wut, dass die Liebe,

die sie für Restagnone hegte, sich in bösen Hass verwandelte, und sie,
vom Zorn verblendet, beschloss, die Schande, die sie erlitten zu ha-
23 ben glaubte, durch den Tod Restagnones zu rächen. So ließ sie eine
alte Griechin, eine sachkundige Giftmischerin, kommen und brachte
sie mit Versprechungen und Geschenken dazu, ein tödliches Getränk
anzurühren. Ohne weiteren Rat zu suchen, reichte sie dies eines
Abends Restagnone, der erhitzt war und nicht beachtete, was er trank.
Die Kraft des Giftes war so stark, dass es ihn noch vor dem Morgen-
grauen tötete; Folco und Ughetto sowie ihre Frauen, die nicht ahnten,
dass er vergiftet worden war, vergossen gemeinsam mit Ninetta bitte-
24 re Tränen und ließen ihn ehrenvoll begraben. Aber nach wenigen Ta-
gen geschah es, dass die Alte, die für Ninetta das Gift gemischt hatte,
wegen einer anderen Übeltat festgenommen wurde und unter der
Folter neben anderen Missetaten auch diese gestand und sagte, für
wen sie es getan hatte. Ohne etwas verlauten zu lassen, umstellte der
Herzog von Kreta eines Nachts den Palast Folcos, ließ ohne Aufsehen
und Widerstand Ninetta festnehmen und abführen; ohne Folter ver-
nahm er von ihr auf der Stelle alles über den Tod Restagnones, was er
25 hören wollte. Folco und Ughetto hörten insgeheim vom Herzog –
und ihre Frauen von ihnen –, warum Ninetta festgenommen worden
war; das bekümmerte sie sehr, und sie boten alles auf, um Ninetta vor
dem Feuertode zu retten, wozu sie – das wussten sie – verdienterma-
ßen verurteilt werden würde. Es schien aber alles nichts zu helfen,
weil der Herzog entschlossen war, der Gerechtigkeit Genüge zu tun.
26 Magdalena, eine schöne junge Frau, die der Herzog lange umworben
hatte, ohne dass sie ihm nachgegeben hätte, meinte nun, dass sie ihre
Schwester retten könnte, wenn sie ihm entgegenkäme; und durch ei-
nen umsichtigen Boten ließ sie ihm bedeuten, dass sie ihm zur Verfü-
gung stünde, sofern zwei Bedingungen erfüllt würden: dass sie ers-
tens ihre Schwester frei und sicher zurückerlange und dass die Sache
27 geheim bliebe. Der Herzog vernahm die Botschaft mit Wohlgefallen;
er überlegte sich, ob er ihr nachkommen wollte; schließlich ging er

darauf ein und antwortete, er wäre bereit. Mit der Zustimmung der
Frau ließ er Folco und Ughetto, als wollte er sie über die Sache befra-
gen, für eine Nacht festnehmen, und er machte sich heimlich auf, um
Magdalena beizuwohnen. Nachdem er zuvor so getan hatte, als habe 28
man Ninetta gebunden in einen Sack gesteckt, um sie im Meer zu er-
tränken, nahm er sie mit sich zu ihrer Schwester und übergab sie ihr
als Preis für die Nacht; bevor er sich am Morgen von ihr trennte, bat er
sie darum, dass die erste Liebesnacht nicht die letzte sein möge; und
außerdem verlangte er von ihr, die schuldige Frau fortzuschaffen, da-
mit man ihm keine Vorwürfe machen könne, oder er gar ein zweites
Mal unbarmherzig gegen sie vorgehen müsse. Am folgenden Tag 29
wurden Folco und Ughetto wieder freigelassen; sie hörten, dass Ni-
netta in der Nacht getötet worden sei und glaubten es. Zu Hause an-
gekommen, trösteten sie ihre Frauen über den Tod Ninettas; aber
wie sehr auch Magdalena sich bemühte, sie versteckt zu halten, so
bemerkte Folco doch, dass sie im Haus war. Hierüber wunderte er
sich sehr und schöpfte sofort Verdacht. Er hatte davon gehört, dass
der Herzog Magdalena liebte, und fragte sie, wie es passieren konn-
te, dass Ninetta im Haus sei. Um es zu begründen, spann Magdale- 30
na eine lange Geschichte, die ihn, da er misstrauisch war, nicht über-
zeugte. Und er zwang sie, die Wahrheit zu gestehen, die sie ihm nach
vielen Worten sagte. Folco wurde vom Schmerz übermannt, dann er-
griff ihn die Wut, er zog seinen Degen und tötete sie, die ihn ver-
geblich um Gnade anflehte. Da er den Zorn und das Gericht des Her- 31
zogs fürchtete, ließ er die Tote liegen und ging dorthin, wo Ninetta
sich aufhielt, und sagte mit verstellter Heiterkeit: »Lass uns unver-
züglich dorthin gehen, wohin deine Schwester bestimmt hat, dass ich
dich bringen soll, damit der Herzog dich nicht mehr zu fassen be-
kommt.« Ninetta glaubte das, weil sie ängstlich bestrebt war, fortzu-
kommen; ohne von der Schwester Abschied zu nehmen, machte sie
sich noch in der Nacht mit Folco und dem wenigen Geld, das er zu-
sammenraffen konnte, auf den Weg; sie eilten an den Strand, bestie-

32 gen ein Boot, und man erfuhr nie, wo sie angekommen waren. Als man am folgenden Tag Magdalena tot auffand, brachten einige aus Neid oder Hass gegenüber Ughetto das sofort dem Herzog zu Ohren; dieser liebte Magdalena sehr, eilte zornig zu dem Haus und ergriff Ughetto samt seiner Frau. Beide wussten nichts von der Flucht Folcos und Ninettas, aber er zwang sie zu gestehen, dass sie mit Folco am
33 Tode Magdalenas schuldig wären. Aufgrund des Geständnisses fürchteten sie zu Recht den Tod; mit großer Mühe bestachen sie ihre Wächter, indem sie ihnen eine große Menge des Geldes gaben, das sie in ihrem Haus für Notfälle versteckt hatten; zusammen mit den Wächtern und ohne etwas von ihrem Eigentum mitnehmen zu können, bestiegen sie bei Nacht ein Boot und flohen nach Rhodos, wo sie nicht
34 allzu lange Zeit in Armut und Elend lebten. Zu einem solchen Ende hatte Restagnones törichte Liebe und der Zorn Ninettas sie und andere geführt.

Vierte Novelle

1 *Ungeachtet des Versprechens, das König Wilhelm, sein Großvater, gegeben hat, greift Gerbino ein Schiff des Königs von Tunis an, um dessen Tochter zu rauben; als sie von den Schiffsleuten getötet wird, bringt er diese um; er wird schließlich enthauptet.*

2 Lauretta schwieg, als sie ihre Novelle beendet hatte; in der Gesellschaft beklagten manche das Unglück der Liebenden, manch einer tadelte auch den Zorn der Ninetta, einer sagte dies, ein anderer das, bis schließlich der König, als würde er aus tiefem Grübeln gerissen, sein Antlitz hob und Elissa ein Zeichen gab, dass sie fortfahre; und sie begann freundlich:

3 Liebenswerte Damen, viele glauben, dass Amor allein vom Leuchten der Augen entzündet seine Pfeile versendet und mokieren sich

über diejenigen, die daran festhalten, dass manch einer sich auch aufs Hörensagen verlieben kann. Dass jene sich täuschen, wird aus einer Novelle hervorgehen, die ich erzählen möchte; hier werdet ihr nicht nur sehen, wie der Ruf allein ohne den Augenschein gewirkt hat, sondern auch beide in den Tod geführt hat.

Wilhelm II., König von Sizilien, hatte, so meinen die Sizilianer, 4
zwei Kinder, nämlich einen Jungen namens Ruggieri und ein Mäd-
chen namens Gostanza. Ruggieri, der vor dem Vater starb, hinterließ
einen Sohn mit Namen Gerbino, den sein Großvater aufzog und der
ein schöner junger Mann wurde, berühmt für seine Tapferkeit und
seine höfische Bildung. Sein Ruhm blieb nicht nur auf Sizilien be- 5
schränkt, sondern erklang auch in anderen Teilen der Welt, wie etwa
in der Berberei, wo man in jener Zeit dem König von Sizilien Tribut
zahlte. Unter anderen kam der glorreiche Ruhm der Tugend und
Courtoisie des Gerbino auch einer Tochter des Königs von Tunis zu
Ohren; sie war nach dem Urteil eines jeden, der sie gesehen hatte, ei-
nes der schönsten Geschöpfe, die je von der Natur geschaffen worden
waren, außerdem von großer Sittsamkeit und Edelmut. Sie lauschte 6

gerne den Reden wackerer Männer und nahm die ruhmreichen Taten,
die dieser oder jener von Gerbino berichtete, mit so viel Zuneigung
und Wohlgefallen auf, dass sie sich vorstellte, wie er aussehen sollte,
sich leidenschaftlich in ihn verliebte und am liebsten allein über ihn
7 sprach und von ihm sprechen hörte. Andererseits war der außeror-
dentliche Ruf ihrer Schönheit und Tugend wie anderswohin auch
nach Sizilien gedrungen, und er war nicht vergeblich und nicht, ohne
sein Entzücken zu erregen, Gerbino zu Ohren gekommen; vielmehr
8 entflammte er nicht minder für sie wie sie für ihn. Er war über die Ma-
ßen begierig, sie zu sehen; bis er nun einen vernünftigen Grund hätte,
um von seinem Großvater die Erlaubnis zu bekommen, nach Tunis zu
reisen, verlangte er von jedem seiner Freunde, der dorthin fuhr, nach
seinem Vermögen und auf die ihm am besten erscheinende Art ihr
seine heimliche und große Liebe kundzutun und ihm Nachrichten
von ihr mitzubringen. Einer von ihnen stellte es sehr schlau an und
breitete, wie die Händler das so tun, Geschmeide vor ihr aus; er offen-
barte ihr hierbei, dass Gerbino sie glühend verehre und dass er sich
9 und alles, was ihm eigen sei, ihr zu Füßen lege. Voller Freude empfing
sie den Botschafter und die Botschaft; sie antwortete ihm, dass sie in
gleicher Liebe entflammt sei und übersandte ihm als Zeugnis eines ih-
rer kostbarsten Kleinodien. Dieses nahm Gerbino mit höchster Freu-
de als ein ihm teures Geschenk entgegen und übersandte ihr durch
denselben Boten Briefe und teure Geschenke; er traf die Abrede, dass
10 sie sich, wenn Fortuna es zuließe, sehen und umarmen sollten. So
verging mehr Zeit als nötig, dass sie einander liebten; und es geschah,
dass der König von Tunis sie mit dem König von Granada vermählte.
Sie war darüber äußerst betrübt, weil sie nun nicht nur die weite Dis-
tanz von ihrem Geliebten trennte, sondern er ihr ganz und gar entris-
sen wurde. Hätte sie irgendeine Möglichkeit gesehen, dass dies nicht
eintreten würde, so wäre sie ihrem Vater entflohen und zu Gerbino
11 gekommen. Die Nachricht von diesem Ehevertrag versetzte auch
Gerbino in maßlosen Kummer; wiederholt dachte er daran, sie, fände

er einen Weg, mit Gewalt zu entführen, wenn sie über See zu ihrem
Gatten gebracht würde. Der König von Tunis hatte etwas von der Lie- 12
be Gerbinos und seinem Vorhaben gehört, und er fürchtete dessen
Wagemut und Stärke; als die Zeit der Abreise herankam, benachrich-
tigte er König Wilhelm von seiner Absicht und erwartete von ihm die
Garantie, dass dies durch niemanden verhindert würde. König Wil- 13
helm war ein alter Herr und hatte nichts von der Liebe Gerbinos ge-
hört; er kam nicht darauf, dass das sichere Geleit aus diesem Grunde
erbeten wurde; er gewährte es ohne Einschränkung und schickte dem
König von Tunis zum Zeichen seinen Handschuh. Dieser hatte sein
freies Geleit erhalten, ließ im Hafen von Karthago ein großes und
schönes Schiff ausrüsten, ausstatten und ausschmücken, um seine
Tochter darauf nach Granada bringen zu lassen. Man harrte allein
noch des günstigen Windes. Die junge Frau bekam all dies mit und 14
schickte heimlich einen ihrer Diener nach Palermo, der dem geliebten
Gerbino Grüße überbringen und ihm mitteilen sollte, dass sie in we-
nigen Tagen nach Granada geschickt werden sollte; jetzt werde es sich
erweisen, ob er ein so tapferer Mann sei, wie man behaupte, und sie so
sehr liebe, wie er es versichert habe. Der Diener richtete die Botschaft 15
akkurat aus und kehrte nach Tunis zurück. Gerbino nahm die Bot-
schaft zur Kenntnis und wusste außerdem, dass sein Großvater, Kö-
nig Wilhelm, dem König von Tunis sicheres Geleit gewährt hatte; er
war ratlos. Aber die Liebe trieb ihn, und er hatte die Worte der Dame
wohl verstanden. Um also nicht für einen Feigling gehalten zu wer-
den, ging er nach Messina, ließ dort in Eile zwei Galeeren ausrüsten,
bemannte sie mit tapferen Leuten und fuhr mit ihnen in die Nähe von
Sardinien, weil er vermutete, dass das Schiff mit seiner Dame dort
vorbeikommen musste. Bald darauf bewahrheitete sich seine Vermu- 16
tung; denn nach wenigen Tagen kam das Schiff bei schwachem Wind
dort vorbei, wo sie es erwartet hatten. Als Gerbino es erblickte, wand-
te er sich an seine Gefährten: »Ihr Herren, wenn ihr so tapfer seid, wie
ich meine, so glaube ich, dass keiner unter euch ist, der nicht die Liebe

gefühlt hat oder fühlt; denn ohne sie verspürt niemand, so glaube ich,
Edelmut oder Tugend in seinem Herzen; und wenn ihr verliebt wart
17 oder es seid, werdet ihr mein Verlangen verstehen. Ich liebe; die Liebe
brachte mich dazu, euch dieses Abenteuer zuzumuten. Die ich liebe,
weilt auf dem Schiff, das ihr vor euch seht; das Schiff trägt nicht nur
die, die ich liebe, es ist angefüllt mit riesigen Schätzen. Diese können
wir, kämpft ihr nur mannhaft und tüchtig, leicht gewinnen. Als mei-
nen Anteil an dem Sieg beanspruche ich allein die Dame, der zuliebe
ich in den Kampf ziehe; alles übrige sei von nun an und ohne Vorbe-
halt euer. Auf denn, lasst uns das Glück wagen und angreifen; der
Herrgott ist uns gewogen und gibt ihnen ohne Wind keine Möglich-
18 keit zu entkommen.« Es bedurfte nicht so vieler Worte, denn die
Männer aus Messina waren beutehungrig und hatten ihren Sinn
schon darauf gerichtet, was der schöne Gerbino ihnen versprach. So
stimmten sie seinen Worten lautstark zu, bliesen zum Angriff, griffen
19 zu den Waffen und fuhren mit voller Fahrt auf das Schiff zu. Als die
auf dem anderen Schiff die Galeeren von weitem kommen sahen, rüs-
teten sie sich zur Gegenwehr, da sie nicht entkommen konnten. Als
der schöne Gerbino nahe genug war, ließ er sie auffordern, die Schiffs-
20 herren auszuliefern, wenn sie einen Kampf vermeiden wollten. Die
Sarazenen begriffen, wer die anderen waren und was sie verlangten,
und sagten, dass sie wider das freie Geleit, das der König ihnen gege-
ben hätte, angegriffen würden; als Beweis zeigten sie den Handschuh
König Wilhelms und beteuerten, dass sie sich niemals, es sei denn als
im Kampf Besiegte ergeben und niemanden und nichts ausliefern
21 würden. Gerbino hatte auf dem Heck des Schiffes seine Dame erblickt
und sah, dass sie noch schöner war, als er angenommen hatte; seine
Liebe entflammte noch heftiger, und er gab auf die Präsentation des
Handschuhs zurück, dass er keine Falken habe und deswegen auch
keinen Handschuh benötige; wenn sie also die Dame nicht ausliefern
22 wollten, so sollten sie sich zum Kampf bereitmachen. Ohne lange zu
warten, beschossen sie sich mit Pfeilen und schleuderten Steine; und

mit beidseitigen Verlusten tobte der Kampf eine geraume Zeit.
Schließlich sah Gerbino, dass es nicht recht weiterging, und er nahm 23
ein Boot, das er aus Sardinien mitgebracht hatte, steckte es in Brand
und schob es mit den beiden Galeeren an das Schiff heran. Die Saraze-
nen sahen, dass sie sich entweder ergeben oder sterben mussten, lie-
ßen die Tochter des Königs, die im Schiffsraum weinte, auf Deck
bringen; sie führten sie an den Schnabel des Schiffes, machten Gerbi-
no darauf aufmerksam und schnitten ihr – die um Gnade und Hilfe
schrie – die Kehle durch; sie warfen sie ins Meer und riefen: »Hol sie
dir, wir geben sie dir, wie wir es dürfen und wie deine Loyalität es ver-
dient hat.« Gerbino sah ihre Brutalität und ließ sich, ohne sich um 24
Pfeile und Steine zu kümmern, nah an das Schiff bringen, als suchte er
den Tod; er schwang sich trotz der vielen Bewaffneten an Bord; wie
ein hungriger Löwe in den Pferch einbricht und die Rinder mit Zäh-
nen und Klauen zerreißt, um eher seine Wut als seinen Hunger zu
stillen, so zerhieb er mit dem Schwert in der Faust die Sarazenen und
tötete viele. Da das Feuer auf dem Schiff um sich griff, hieß er seine
Matrosen als Lohn wegschleppen, was sie fassen konnten, und sprang
selbst zurück, nachdem er einen traurigen Sieg über die Gegner er-
rungen hatte. Darauf ließ er den Leichnam der schönen Dame aus 25
dem Meer fischen; er beweinte sie lange und mit vielen Tränen und
ließ sie während der Rückkehr nach Sizilien in Ustica, einer kleinen
Insel gegenüber Trapani, ehrenvoll bestatten und kehrte trauriger als
je ein Mann nach Hause zurück. Als der König von Tunis die Nach- 26
richt erhielt, schickte er in Schwarz gekleidete Gesandte zu König
Wilhelm und beklagte sich, dass das freie Geleit nicht eingehalten
wurde; sie berichteten, wie das geschah. König Wilhelm war empört
und konnte ihnen die verlangte Gerechtigkeit nicht verweigern; er
ließ Gerbino festnehmen; ohne dass einer der Großen sich bemüht
hätte, ihn mit Bitten davon abzubringen, verurteilte er ihn zum Tode
und ließ ihm vor seinen Augen den Kopf abschlagen, da er lieber sei-
nen Enkel verlieren denn als wortbrüchiger König gelten wollte. In- 27

nerhalb weniger Tage starben also die beiden Liebenden, die niemals die Früchte ihrer Liebe genossen hatten, eines schmählichen Todes, so wie ich es euch erzählt habe.

Fünfte Novelle

1 *Elisabettas Brüder töten ihren Geliebten; dieser erscheint ihr im Traum und zeigt ihr, wo er begraben wurde; heimlich gräbt sie seinen Kopf aus und setzt ihn in einen Topf mit Basilikum; als sie über diesem Topf täglich stundenlang weint, nehmen sie ihn ihr weg; kurz darauf stirbt sie aus Kummer.*

2 Nachdem Elissas Novelle beendet war, lobte der König sie in angemessener Weise und forderte Filomena auf, die nächste zu erzählen. Sie empfand tiefes Mitleid mit dem unglücklichen Gerbino und seiner Dame und begann nach einem wehmütigen Seufzer:

3 Meine Novelle, anmutige Damen, wird nicht von Leuten so hoher Herkunft wie die Elissas handeln, sie wird darum aber nicht weniger rührend sein; die Stadt Messina, der soeben gedacht wurde, hat sie mir in Erinnerung gebracht, wo sie sich auch ereignet hat.

4 In Messina also lebten drei Brüder, junge Männer und Kaufleute,
die durch den Tod ihres Vaters, der aus San Gimignano stammte,
ziemlich reich geworden waren. Sie hatten eine Schwester namens
Elisabetta, ein schönes und sittsames Mädchen, die sie, aus welchem
5 Grund auch immer, noch nicht verheiratet hatten. In einer der Nie-
derlassungen der drei Brüder war außerdem ein junger Mann aus Pisa
namens Lorenzo beschäftigt, der alle ihre Angelegenheiten leitete
und durchführte; er war ein schöner Mann und von artigem Wesen,
und nachdem Lisabetta ihn einige Male gesehen hatte, geschah es,
dass er ihr ungewöhnlich gut gefiel. Lorenzo wurde dessen das eine
oder andere Mal gewahr, ließ alle seine übrigen Liebschaften fahren

und lenkte seinen Sinn auf sie. Die Angelegenheit nahm ihren Fortgang, beide gefielen einander gleichermaßen und nach nicht allzu langer Zeit fassten sie Vertrauen zueinander und taten, was ein jeder begehrte. Sie blieben beieinander und verbrachten wohlgemut geraume 6
Zeit miteinander; sie waren aber nicht vorsichtig genug, und eines Nachts geschah es, dass, als Lisabetta sich dorthin begab, wo Lorenzo schlief, der älteste Bruder dessen gewahr wurde, ohne dass sie selbst es bemerkte. Er war über das, was er mitbekommen hatte, sehr ärgerlich, besann sich als kluger Mann aber eines Besseren und, ohne etwas zu sagen, überlegte er sich Verschiedenes und wartete bis zum nächsten Morgen. Am nächsten Tag erzählte er seinen Brüdern, was er in 7
der vergangenen Nacht von Elisabetta und Lorenzo gesehen hatte. Nach längerer Beratung beschlossen sie, damit weder sie selbst noch ihre Schwester in Verruf kämen, zunächst Stillschweigen zu bewahren und so lange zu tun, als hätten sie weder etwas gesehen noch erfahren, bis die Zeit gekommen wäre, um sich ohne Schaden oder Unannehmlichkeiten diese Schande, bevor sie noch schlimmer werde, aus den Augen zu schaffen. Sie hielten sich an diese Vereinbarung, 8
scherzten und lachten wie gewöhnlich mit Lorenzo; aber eines Tages

taten sie, als wollten sie einen vergnüglichen Ausflug in die Umge-
bung machen und nahmen Lorenzo mit. Als sie an einem ganz und
gar einsamen Ort, der ihnen günstig erschien, angekommen waren,
brachten sie den völlig ahnungslosen Lorenzo um und begruben ihn
9 so, dass niemand etwas bemerken konnte. Wieder in Messina, ver-
breiteten sie die Nachricht, sie hätten ihn mit geschäftlichen Aufträ-
gen weggeschickt; das glaubte man ihnen, weil sie es schon öfters ge-
10 tan hatten. Als aber Lorenzo nicht zurückkam, fragte Lisabetta häufig
und interessiert ihre Brüder, wie jemand, den das bekümmerte, so
dass eines Tages, als sie sich wieder einmal beharrlich nach ihm er-
kundigte, einer der Brüder sagte: »Was heißt denn das? Fragst du
nach Lorenzo, weil du etwas mit ihm hast? Wenn du noch weiter
11 fragst, wirst du schon eine entsprechende Antwort hören.« Die junge
Frau bekam Angst und wusste nicht wovor; traurig und betrübt fragte
sie nicht länger und verbrachte manche Nacht unter Tränen und bete-
te, dass er zurückkehren möge; und mitunter klagte sie, dass er so lan-
12 ge fortbleibe; freudlos und voller Gram harrte sie seiner. Eines Nacht
geschah es, dass, als sie lange um Lorenzo, der nicht heimkehrte, ge-
weint hatte und schließlich über ihren Tränen eingeschlafen war, ihr
Lorenzo im Traum erschien, bleich und mit wirrem Haar, mit zerfetz-
13 ten und besudelten Kleidern; und es schien ihr, dass er sagte: »O Lisa-
betta, immerzu rufst du mich und bist bekümmert wegen meiner lan-
gen Abwesenheit und klagst mich mit deinen Tränen grausam an.
Wisse daher, dass ich nicht mehr zurückkommen kann, weil mich an
dem Tag, als du mich zuletzt sahst, deine Brüder umbrachten.« Er
wies ihr den Ort, wo sie ihn begraben hatten, sagte ihr, sie solle ihn
14 nicht mehr rufen oder erwarten, und entschwand. Bitterlich weinte
die junge Frau, als sie erwachte und der Erscheinung Glauben schenk-
te. Am folgenden Morgen fasste sie den Entschluss, ohne den Brü-
dern den wahren Grund zu sagen, den angegebenen Ort aufzusu-
chen, um nachzusehen, ob es wahr wäre, was ihr im Schlaf erschienen
15 war. Nachdem man ihr gestattet hatte, sich außerhalb der Stadt in Be-

gleitung einer Frau zu ergehen, die früher in ihren Diensten stand
und ihr Geheimnis kannte, suchte sie so rasch wie möglich den Ort
auf. Sie räumte das trockene Laub weg und grub, wo ihr der Boden
weniger hart erschien; kaum hatte sie etwas gegraben, so fand sie den
Leichnam ihres unglücklichen Geliebten, der noch nicht entstellt und
verwest war. So erkannte sie eindeutig, dass die Erscheinung die
Wahrheit gesagt hatte. Obwohl sie trauriger war als je ein Weib, er- 16
kannte sie doch, dass in diesem Augenblick keine Zeit für Klagen war.
Gern hätte sie den ganzen Leichnam mit sich genommen, um ihn in
ein angemessenes Grab zu legen; als sie aber sah, dass das nicht mög-
lich war, trennte sie mit einem Messer, so gut sie konnte, den Kopf
vom Rumpf, wickelte ihn in ein Tuch, warf wieder die Erde über den
Leichnam, übergab den Kopf der Magd und kehrte, ohne von irgend-
jemandem beobachtet worden zu sein, nach Hause zurück. Dort 17
schloss sie sich in ihrer Kammer ein und vergoss viele bittere Tränen
über dem Kopf, wusch ihn mit ihren Tränen und bedeckte ihn mit
tausend Küssen. Dann nahm sie einen großen und schönen Topf, in
den man Majoran oder Basilikum setzt, und legte ihn, in ein schönes
Tuch gehüllt, hinein; sie gab Erde darauf und pflanzte einen wunder-
schönen Basilikum aus Salerno hinein; und diesen begoss sie mit
nichts anderem als mit Orangen- oder Rosenwasser oder ihren Trä-
nen. Sie nahm die Gewohnheit an, sich immer neben diesen Topf zu 18
setzen und ihn sehnsuchtsvoll zu betrachten, weil er ihren Lorenzo
verbarg; hatte sie ihn lange angehimmelt, so strömten ihre Tränen
ohne Unterlass und netzten das Basilikum. Wegen der langen und 19
fortgesetzten Pflege und aufgrund der durch den verwesenden Kopf
fettigen Erde wurde das Basilikum wunderschön und duftete lieb-
lich; da Lisabetta sich unaufhörlich damit beschäftigte, wurde sie
auch wiederholt von den Nachbarn gesehen. Als die Brüder sich ver- 20
wundert zeigten, dass ihre Schönheit dahinschwand und ihre Augen
erloschen, sagten ihnen die Nachbarn: »Wir haben gesehen, dass sie
Tag für Tag das und das tut.« Die Brüder bemerkten, was sie tat; sie er-

mahnten sie, aber es nützte nichts; und so ließen sie ihr heimlich den Topf wegnehmen. Als sie ihn nicht mehr fand, fragte sie beharrlich danach; als man ihn ihr nicht zurückgab, verfiel sie in Weinen und Wehklagen und wurde schließlich krank; während ihrer Krankheit
21 verlangte sie nach nichts anderem als nach ihrem Topf. Die Brüder wunderten sich darüber und wollten wissen, was in dem Topf war. Nachdem sie die Erde ausgeschüttet hatten, sahen sie das Tuch und darin den Kopf, der noch nicht so weit verwest war, dass man an dem
22 Kraushaar nicht den Kopf Lorenzos erkannt hätte. Sie waren sehr überrascht und fürchteten, dass die Sache publik würde. So begruben sie den Kopf; und nachdem sie ihre Geschäfte abgewickelt hatten, verschwanden sie in aller Stille aus Messina und gingen nach Neapel.
23 Die junge Frau hörte nicht auf zu weinen, verlangte immer wieder ihren Topf und starb schließlich unter Tränen. So endete ihre unglückliche Liebe. Nach einer gewissen Zeit wurde die Sache allgemein bekannt, und einer dichtete ein Lied darauf, das noch heute gesungen wird:

24 »Wer war denn dieser Bösewicht,
er stahl mir meinen Blumentopf usw.«

Sechste Novelle

1 *Andreuola liebt Gabriotto; sie erzählt ihm einen Traum, den sie gehabt hat, und er ihr einen anderen; plötzlich stirbt er in ihren Armen. Als sie ihn mit Hilfe einer Magd zu sich nach Hause trägt, werden sie von der Wache festgenommen; sie erzählt, was geschehen ist. Aber der Podestà will sie vergewaltigen; sie erwehrt sich seiner. Ihr Vater hört von ihrem Geschick; sie wird für unschuldig befunden und freigelassen; nun weigert sie sich, länger in der Welt zu leben, und wird Nonne.*

Die Novelle Filomenas gefiel den Damen sehr, denn sie hatten schon öfters das Lied gehört, aber hatten niemals, wie oft sie auch gefragt hatten, erfahren können, auf welche Geschichte es zurückging. Der König hatte aber kaum den Schluss gehört, als er schon Panfilo gebot, in der Reihe der Erzähler fortzufahren. Panfilo begann also: 2

Der Traum aus der letzten Novelle führt mich dazu, eine Novelle zu erzählen, in der von zwei Träumen berichtet wird, die aber von zukünftigen Ereignissen handeln, während der Traum Lisabettas von der Vergangenheit handelte. Und kaum waren beide Träume erzählt, 3
als sie auch schon eintraten. Und so sollt ihr, liebenswerte Damen, 4
wissen, dass ein jeder, der verschiedene Dinge im Traum sieht, während er schläft, den Eindruck hat, sie seien wahr, nachdem er aufgewacht ist, einige für wahr, andere für wahrscheinlich und wieder andere für ganz und gar unwahr hält; nichtsdestoweniger sind viele von ihnen eingetreten. Deswegen schenken viele einem jeden Traum 5
ebenso viel Glauben wie dem, was sie wachend sehen; und sie grämen sich oder freuen sich über ihre Träume, je nachdem, ob sie sich vor etwas fürchten oder etwas erhoffen. Im Gegensatz dazu gibt es die, die

erst glauben, wenn sie der Gefahr, die ihnen im Traum gezeigt wurde,
ausgesetzt sind. Ich empfehle euch weder die einen noch die anderen;
denn die Träume sind weder immer wahr noch ein jedes Mal falsch.
6 Dass sie nicht immer wahr sind, kann jeder von uns des öfteren erfah-
ren haben; dass sie nicht alle falsch sind, wurde in Filomenas Novelle
7 gezeigt, und ich möchte es mit der meinen zeigen. Ich glaube nämlich,
dass man, lebt und handelt man tugendhaft, sich weder vor einem ge-
genteiligen Traum fürchten noch von seinen guten Vorsätzen abbrin-
gen lassen darf; bei bösem und niederträchtigem Handeln darf man
den Träumen nicht glauben, wie immer wohlwollend oder beruhi-
gend sie auch erscheinen mögen; im umgekehrten Fall soll man ihnen
allen vertrauen. Aber kommen wir nun zur Novelle.

8 In der Stadt Brescia lebte einst ein Edelmann namens Messer Ne-
gro da Ponte Carraro, der neben anderen Kindern eine Tochter na-
mens Andreuola hatte, ein junges, schönes und noch nicht verheira-
tetes Mädchen; dieses verliebte sich, wie es so geht, in einen schönen
und einnehmenden Nachbarn, er hieß Gabriotto und war von einfa-
9 cher Herkunft, besaß aber ein untadeliges Wesen. Unter Mitwirkung
und mit Hilfe einer Magd erreichte das Mädchen nicht nur, dass Ga-
briotto erfuhr, dass Andreuola ihn liebte, sondern dass er auch wie-
derholt zum beiderseitigen Vergnügen in einen schönen Garten ihres
Vaters gelangte. Damit nichts, es sei denn der Tod, ihre glückliche Lie-
10 be trennen konnte, wurden sie insgeheim Mann und Frau. Sie setzten
ihre Zusammenkünfte heimlich fort, und es geschah, dass das Mäd-
chen eines Nachts einen Traum hatte und sah, wie sie und Gabriotto
im Garten einander mit großer Lust umarmten; während sie das
taten, schien es ihr, als käme aus seinem Körper ein dunkles und
schreckliches Ding, dessen Gestalt sie nicht erkennen konnte; und es
schien ihr, als entrisse dieses Ding mit einer wundersamen Kraft –
trotz ihres Widerstandes – Gabriotto ihren Armen, verschwand mit
ihm unter der Erde, und sie konnte weder das eine noch den anderen
11 wiedersehen. Sie empfand einen großen und unsäglichen Schmerz,

mit dem sie erwachte; obwohl sie froh war, dass es ein Traum war,
überfiel sie die im Traum empfundene Furcht. Da Gabriotto in der fol-
genden Nacht zu ihr kommen wollte, versuchte sie alles, damit er
nicht käme; als sie aber seinen festen Willen bemerkte und ihn nicht
misstrauisch machen wollte, empfing sie ihn schließlich doch in dem
Garten. Nachdem sie viele weiße und rote Rosen, die gerade blühten, 12
gepflückt hatte, begab sie sich mit ihm zu einem schönen klaren
Brunnen, der in dem Garten war; sie vergnügten sich eine ganze Wei-
le miteinander, und dann fragte Gabriotto, warum sie sein Kommen
habe absagen wollen. Sie berichtete ihm von ihrem nächtlichen
Traum und erzählte ihm, dass sie Angst bekommen habe. Als Gabri- 13
otto das hörte, lachte er und sagte, es sei töricht, Träumen Glauben zu
schenken, weil sie von zu üppigem oder zu wenigem Essen herrühr-
ten; täglich sehe man, dass sie ohne Bedeutung seien; und schließlich
sagte er: »Wenn ich den Träumen eine Bedeutung beimessen wollte, 14
so wäre ich heute nicht gekommen, weniger wegen deines Traumes
als wegen eines Traumes, den ich letzte Nacht hatte. Mir schien es, als
befände ich mich auf der Jagd in einem schönen, grünen Wald und als
hätte ich ein so schönes und anmutiges Reh gefangen, wie man es bis-
her noch nie gesehen hatte; es schien weißer als der Schnee und wur-
de so zutraulich, dass es sich nicht mehr von mir trennte. Mir erschien 15
es so teuer, dass ich es nicht verlieren wollte und ich ihm deswegen
ein goldenes Halsband umlegte und es an einer goldenen Kette hielt.
Danach schien es mir, als das Reh sich ausruhte und den Kopf in mei- 16
nen Schoß legte, als erschiene, ich weiß nicht woher, ein kohlschwar-
zer Windhund, ausgehungert und fürchterlich; er kam zu mir, ohne
dass ich etwas dagegen tun konnte, er streckte seine Schnauze an mei-
ne linke Seite und biss so tief hinein, dass er mein Herz erreichte, es
herausriss und fortschleppte. Mich durchfuhr ein solcher Schmerz, 17
dass ich aufwachte und meine Brust betastete, ob dort etwas wäre;
aber als ich nichts fand, habe ich über mich selbst lachen müssen. Was
meine ich mit alldem? Solche und andere, noch schrecklichere Dinge

habe ich oft genug geträumt, ohne dass mir deswegen etwas mehr
oder etwas weniger zugestoßen wäre. Lassen wir es also und vergnü-
18 gen uns!« Andreuola war durch ihren eigenen Traum schon sehr in
Schrecken geraten, als sie diesen hörte, bekam sie noch größere
Angst; um aber Gabriotto nicht zu beunruhigen, verbarg sie ihre
Angst, so gut sie nur konnte. Und obwohl sie, während sie ihn und er
sie umarmte und küsste, glücklich war, war sie doch argwöhnisch und
wusste nicht, warum; oft schaute sie ihn an oder blickte in den Gar-
19 ten, ob sich von irgendwoher nicht etwas Schwarzes näherte. So ging
es eine Weile, bis Gabriotto einen tiefen Seufzer ausstieß, sie mit den
Armen umschlang und sagte: »O weh, mein Herz, hilf mir, ich ster-
20 be«; nach diesen Worten fiel er zu Boden. Das Mädchen zog ihn auf
ihren Schoß und sagte unter Tränen: »O mein süßer Herr, was fehlt
21 dir denn?« Gabriotto antwortete nichts, er stöhnte nur und der
Schweiß trat ihm aus allen Poren; nach wenigen Augenblicken schied
22 er aus dem Leben. Wie grausam und unerträglich dies für das Mäd-
chen war, die ihn so sehr liebte, kann sich ein jeder vorstellen. Sie
weinte und versuchte vergeblich, ihn ins Leben zurückzurufen. Sie
betastete ihn am ganzen Körper und fand ihn überall kalt und erkann-
te, dass er wirklich tot war; sie wusste nicht, was sie tun oder sagen
sollte und holte in ihrer Not und Angst die Magd herbei, die in ihre
Liebe eingeweiht war und zeigte ihr die Ursache ihres Schmerzes und
23 ihres Elends. Nachdem sie eine Weile gemeinsam den toten Gabriot-
to beweint hatten, sagte Andreuola: »Da Gott ihn mir genommen hat,
will ich nicht weiterleben; bevor ich mich aber umbringen werde,
möchte ich, dass wir in schicklicher Weise meine Ehre und das Ge-
heimnis unserer Liebe bewahren, und dass dieser Leib, dessen edle
24 Seele entwichen ist, begraben wird.« Hierauf sagte die Magd: »Meine
Tochter, sage nicht, du wolltest dich umbringen; dann wirst du ihn,
den du hier verloren hast, auch in der anderen Welt verlieren, weil du
in die Hölle kommen wirst, wo seine Seele gewiss nicht sein wird,
weil er ein guter Junge war. Besser ist es, du beruhigst dich und ver-

suchst, mit Gebeten und anderen guten Werken seiner Seele zu helfen, falls sie dessen wegen vergangener Sünden bedarf. Um ihn zu be- 25
graben, bietet sich dieser Garten an; und niemand wird es erfahren, weil niemand weiß, dass er jemals hierher gekommen ist. Aber wenn du das nicht willst, dann legen wir ihn außerhalb des Gartens hin; morgen wird man ihn finden und zu sich nach Hause bringen; seine Verwandten werden ihn dann beerdigen.« Obwohl das Mädchen un- 26
unterbrochen und bitterlich weinte, hatte sie die Ratschläge ihrer Magd vernommen; mit dem ersten Teil war sie nicht einverstanden, auf den zweiten antwortete sie wie folgt: »Gott bewahre, ich will nicht, dass dieser teure Jüngling, den ich so sehr geliebt habe und der mein Gatte war, wie ein Hund verscharrt oder auf die Straße geworfen wird. Ich habe ihn beweint, und ich werde tun, was ich kann, dass ihn auch seine Verwandten beweinen können. Und ich weiß auch schon, was wir dazu tun müssen.« Und rasch ließ sie die Magd ein 27
Stück Seidentuch holen, das sie in einer Truhe aufbewahrte; sie breiteten dies aus und legten den Leichnam darauf; Andreuola bettete seinen Kopf auf ein Kissen, schloss unter Tränen seine Augen und seinen Mund, bekränzte und bestreute ihn mit den Rosen, die sie gepflückt hatten; dann sagte sie zur Magd: »Von hier zu seinem Haus ist es nicht 28
weit; wir werden ihn jetzt dorthin tragen und niederlegen. Bald wird es Tag werden, und man wird ihn finden. Wenn das auch für seine Verwandten nicht leicht sein wird, so wird es mir, in deren Armen er gestorben ist, ein Trost sein.« Nach diesen Worten warf sie sich noch 29
einmal mit einer Tränenflut über sein Antlitz und weinte lange Zeit. Da sich der Tag näherte, wurde sie von der Magd gedrängt, erhob sich schließlich und zog den Ring, mit dem Gabriotto sich ihr vermählt hatte, vom Finger und steckte ihn auf seinen Finger; unter Tränen sagte sie: »O mein geliebter Herr, wenn deine Seele jetzt meine Trä- 30
nen schaut und obwohl dein Leib, den sie verlassen, nichts mehr fühlt und empfindet, so nimm doch dieses letzte Geschenk der Frau, die du im Leben so sehr geliebt hast.« Nach diesen Worten brach sie ohn-

31 mächtig zusammen. Nach einiger Zeit kam sie wieder zu sich, und ge-
meinsam mit der Magd trugen sie den Leichnam auf dem Tuch aus
dem Garten und schlugen die Richtung zu seinem Haus ein. Zufällig
geschah es, dass sie mit ihrem Leichnam auf eine Wache stießen, die
32 wegen irgendeines Vorfalls unterwegs war. Andreuola wünschte sich
eher den Tod herbei, als dass sie um ihr Leben fürchtete; als sie die
Leute des Podestà erkannte, sprach sie sie offen an: »Ich weiß, wer ihr
seid, und ich weiß auch, dass es mir nichts nützen würde, davonzu-
laufen. Ich bin bereit, euch zum Podestà zu begleiten und die Sache zu
erklären. Aber niemand von euch rühre mich an; niemand verändere
etwas an diesem Leichnam, sonst erhebe ich Klage gegen ihn.« Ohne
dass einer ihr zu nahe gekommen wäre, brachte sie den Leichnam ins
33 Stadthaus. Als der Podestà von dem Vorfall hörte, stand er auf, rief sie
zu sich und informierte sich über das Vorgefallene; von Ärzten ließ er
untersuchen, ob der Tote etwa vergiftet oder auf andere Weise umge-
bracht worden sei; alle bestätigten, dass das nicht der Fall sei, sondern
34 dass ein Geschwür am Herzen geplatzt und er daran erstickt sei. Jener
hörte das und erkannte, dass die Frau nur eine geringfügige Schuld
traf; er bemühte sich daraufhin, ihr zu erklären, dass er ihr schenken
wolle, was er ihr nicht verkaufen konnte, und sagte, er würde sie frei-
35 lassen, sofern sie ihm zu Willen wäre. Da die Worte nichts nützten,
versuchte er wider jeden Anstand, ihr Gewalt anzutun; Andreuola
indessen, stark vor wütender Empörung, verteidigte sich mannhaft
36 und stieß ihn mit verächtlichen und stolzen Worten zurück. Da es in-
zwischen heller Tag geworden war, hatte Messer Negro von der Sache
erfahren und begab sich zu Tode betrübt mit vielen seiner Freunde
zum Stadthaus; dort wurde er vom Podestà informiert und forderte
37 bekümmert seine Tochter zurück. Der Podestà wollte sich selbst an-
klagen, bevor sie ihn angeklagt hätte, und pries als erstes ihre Stand-
haftigkeit, und um diese zu bestätigen, sagte er, was er zuvor getan
hatte; und da er gesehen habe, wie unbeirrbar und fest sie geblieben
sei, habe er eine große Liebe zu ihr gefasst; und wenn es ihrem Vater

gefiele, so würde er sie, obwohl sie schon einen Ehemann niederen
Standes gehabt habe, gerne zu seiner Frau nehmen. Während sie die- 38
ses alles beredeten, trat Andreuola vor ihren Vater, warf sich weinend zu seinen Füßen und sagte: »Mein Vater, ich glaube nicht, dass es nötig ist, Euch mein kühnes Unterfangen und mein Unglück zu erzählen; denn Ihr habt es gewiss schon vernommen. Deswegen kann ich Euch nur kniefällig um Verzeihung für meinen Fehltritt bitten, dafür, dass ich ohne Euer Wissen den Gatten ausgesucht habe, den ich am
meisten liebte. Um diese Vergebung bitte ich nicht, damit mir das Le- 39
ben geschenkt werde, sondern damit ich als Eure Tochter und nicht
als Eure Feindin sterben kann.« Und weinend fiel sie zu Boden. Mes- 40
ser Negro war ein alter Mann von gütigem und freundlichem Wesen, und die Worte seiner Tochter rührten ihn zu Tränen; liebevoll hob er sie auf und sagte: »Meine Tochter, ich hätte es allzu gerne gesehen, wenn du einen Ehemann gehabt hättest, der dir nach meinem Gutdünken angemessen gewesen wäre; wenn du ihn tatsächlich nach deinem Belieben ausgewählt hast, so sollte er auch mir gefallen. Aber dass du ihn verheimlicht hast, betrübt mich wegen deines geringen Vertrauens und vor allem auch, weil du ihn verloren hast, bevor ich
ihn kennenlernen konnte. Da dies nicht mehr zu ändern ist, will ich 41
ihn nach seinem Tode als meinen Schwiegersohn ehren, was ich um deines Glückes willen gerne schon zu seinen Lebzeiten getan hätte.« Und er wandte sich an seine Kinder und Verwandten und befahl ihnen, Gabriotto ein feierliches und ehrenvolles Begräbnis zu bereiten.
Inzwischen waren auch die Eltern und Verwandten Gabriottos, die 42
die Nachricht gehört hatten, dazugekommen; und so wurde der Leichnam inmitten des Hofes auf das Tuch Andreuolas mit allen Rosen niedergelegt und nicht nur von ihr und seinen Verwandten, sondern von fast allen Frauen und nicht wenigen Männern öffentlich betrauert; und nicht wie ein Plebejer, sondern wie ein Herr wurde er auf den Schultern der vornehmsten Bürger mit großen Ehren aus dem
Hof des Stadthauses zu seiner Grabstätte getragen. Einige Tage spä- 43

ter kam der Podestà auf seinen Heiratsantrag zurück; Messer Negro sprach mit seiner Tochter darüber, aber sie wollte nichts davon hören. Aber um dem Vater entgegenzukommen, traten sie und ihre Magd in ein wegen seiner Heiligkeit berühmtes Nonnenkloster ein und lebten dort noch lange Zeit ein ehrbares Leben.

Siebente Novelle

1 *Simona liebt Pasquino; sie halten sich gemeinsam in einem Garten auf; Pasquino reibt sich die Zähne mit einem Salbeiblatt und stirbt. Simona wird festgenommen; als sie dem Richter zeigen will, wie Pasquino gestorben ist, und ihre Zähne mit einem der Salbeiblätter einreibt, stirbt sie gleichfalls.*

2 Panfilo hatte seine Novelle zu Ende gebracht, als der König, ohne Mitleid für Andreuola zu zeigen, Emilia anschaute und ihr zu verstehen gab, dass es ihm genehm wäre, wenn sie die Reihe der Erzähler fortsetzte. Ohne zu zögern begann sie:

3 Teure Gefährtinnen, die Novelle, die Panfilo erzählt hat, bringt
mich darauf, eine andere zu erzählen, die ihr nur darin ähnlich ist,
dass, wie Andreuola ihren Geliebten in einem Garten verliert, dies
auch hier einer Frau zustößt; und wie Andreuola wird auch sie festge-
nommen, aber sie verteidigt sich vor dem Gericht weder mit Tugend
4 noch mit Gewalt, sondern mit einem plötzlichen Tod. Obgleich wir
schon bei anderer Gelegenheit gesagt haben, dass Amor gerne in den
Häusern vornehmer Menschen wohnt, so lehnt er die Herrschaft über
die Häuser der Armen nicht ab; manchmal entfaltet er hier hingegen
seine Kräfte so stark, dass er auch hier wie bei den Reichen als all-
5 mächtiger Herr gefürchtet wird. Das wird, wenn auch nicht vollstän-
dig, so doch zu einem großen Teil in meiner Novelle deutlich erschei-
nen; mit ihr möchte ich wieder in unsere Heimatstadt zurückkehren,

von der wir uns am heutigen Tag so weit entfernt haben, insofern wir von vielen Dingen erzählt haben und durch viele andere Teile der Welt gestreift sind.

Vor nicht allzu langer Zeit lebte also in Florenz ein junges Mädchen, Tochter eines armen Mannes, die, bedenkt man ihren Stand, recht schön und anmutig war; sie hieß Simona. Und obwohl sie das Brot, das sie essen wollte, mit den eigenen Händen verdienen musste und deswegen ihren Lebensunterhalt mit Wollspinnen bestritt, besaß sie doch kein so anspruchsloses Herz, dass sie es nicht gewagt hätte, die Liebe zu empfinden. Diese hatte sich schon eine gute Weile im Tun und mit den freundlichen Worten eines jungen Mannes geltend gemacht, der auch nicht besseren Standes als sie selbst war und für einen Tuchmeister die Wolle, die gesponnen werden sollte, austeilte. 6
Nachdem sie also die Liebe in ihrem Herzen unter dem gefälligen Äußeren des jungen Mannes, den sie liebte und dessen Name Pasquino war, empfangen hatte, begehrte sie ihn sehr, wagte aber noch nicht, mehr zu tun. Beim Spinnen konnte sie an nichts anderes mehr denken; bei jedem Knäuel gesponnener Wolle, das sie um die Spindel 7

drehte, stieß sie tausend glühende Seufzer aus, da sie sich an den erin-
8 nerte, der ihr die Wolle zum Spinnen gebracht hatte. Er seinerseits drängte sehr darauf, dass die Wolle seines Meisters gut gesponnen würde, so als ob allein das, was Simona spann, und nicht ebenso das der anderen Tuch werden sollte; so gab er ihr mehr Aufträge als jeder
9 anderen. Indem er die Arbeit verteilte und ihr es gefiel, die Arbeit zu bekommen, geschah es, dass er kühner wurde, als er sonst zu sein pflegte, und dass sie Furcht und Scham, die sie gewöhnlich empfand, aus ihrem Herzen verjagte. So taten sie sich zu gemeinsamem Vergnügen zusammen. Dieses Vergnügen gefiel ihm so gut wie ihr, so dass der eine nicht darauf wartete, vom anderen dazu aufgefordert zu werden, sondern dass sie, sich gegenseitig auffordernd, zueinander gekommen sein mussten.

10 Ihre Lust nahm von Tag zu Tag ihren Fortgang und wurde immer heftiger. Da geschah es, dass Pasquino zur Simona sagte, er wolle unbedingt, dass sie einen Weg finde, um mit ihm in einen Garten zu kommen, wohin er sie führen wollte; dort könnten sie angenehmer
11 und ohne Furcht zusammen sein. Simona sagte, dass es ihr recht sei. Eines Sonntags nach dem Essen sagte sie ihrem Vater, sie wolle den Ablass von San Gallo erbitten, und ging dann mit einer Gefährtin namens Lagina zu dem Garten, den Pasquino ihr bezeichnet hatte; dort fand auch er sich mit einem seiner Gefährten ein, der Puccino hieß, aber Stramba genannt wurde. Da sich dort eine neue Liebelei zwischen dem Stramba und der Lagina ergab, zogen sie sich, um ihrem Vergnügen nachzugehen, in einen Teil des Gartens zurück und Stramba und Lagina in den anderen.

12 In jenem Teil des Gartens, wohin Pasquino und Simona gegangen waren, stand ein großer und schöner Salbeistrauch. Unter ihm ließen sie sich nieder und ergötzten sich eine gute Weile miteinander. Als sie darüber sprachen, dass sie in diesem Garten einmal in aller Ruhe eine Jause machen wollten, drehte sich Pasquino zu dem Salbeistrauch um, pflückte ein Blatt und rieb sich damit die Zähne und das Zahn-

fleisch ein, wobei er meinte, dass der Salbei von allem reinige, was
nach dem Essen hängengeblieben sei. Nachdem er eine Zeit lang ge- 13
rieben hatte, sprach er wieder von der Jause, von der sie zuvor geredet
hatten. Er hatte noch nicht lange geredet, als sich sein Gesicht ganz
und gar veränderte, er kurz darauf nicht mehr sehen und sprechen
konnte und nach wenigen Augenblicken starb. Als Simona das sah, 14
weinte sie und schrie, rief den Stramba und die Lagina hinzu, die so-
fort herbeieilten. Als Stramba sah, dass Pasquino nicht nur tot, son-
dern schon aufgebläht und voller dunkler Flecken am Leib und im Ge-
sicht war, schrie er laut: »Oh, du hinterhältiges Weib, du hast ihn ver-
giftet!« Es gab ein großes Geschrei, das die Nachbarn hörten, die bei 15
dem Garten wohnten. Sie kamen herbei und fanden Pasquino tot und
aufgebläht, hörten, wie Stramba klagte und Simona beschuldigte, je-
nen heimtückisch vergiftet zu haben. Sie selbst war außer sich vor
Schmerz über den plötzlichen Unglücksfall, der ihr den Geliebten ge-
nommen hatte, und wusste nicht, wie sie sich rechtfertigen sollte;
und so glaubten schließlich alle, dass es so wäre, wie Stramba es be-
hauptete.

Deswegen wurde sie, die heftig weinte, ergriffen und zum Palast 16
des Bürgermeisters geführt. Dort brachten der Stramba, der Atticcia-
to, der Malagevole, alles Gefährten des Pasquino, ihre Anklage vor,
und ein Richter vernahm sie unverzüglich. Da er aber nicht verstehen
konnte, wie Simona bei der Sache vorgegangen oder schuldig sein
konnte, wollte er in ihrer Gegenwart den Toten, den Ort und die Um-
stände, wovon sie berichtet hatte, in Augenschein nehmen. Ohne 17
großes Aufsehen ließ er sie also dorthin führen, wo noch der Leich-
nam Pasquinos lag, rund wie ein Fass. Der Richter trat heran, wun-
derte sich über den Toten und fragte sie, wie es nun vor sich gegangen
wäre. Sie näherte sich dem Salbeistrauch und berichtete jede Einzel-
heit der Geschichte. Um nun verständlich zu machen, wie der Vorfall
sich ereignet hatte, tat sie, was Pasquino getan hatte, sie rieb nämlich
eines der Salbeiblätter an ihren Zähnen. Der Stramba, Atticciato und 18

alle anderen Gefährten Pasquinos spotteten schon über diesen albernen Unsinn in Gegenwart des Richters, beschuldigten sie lautstark der Heimtücke und forderten den Scheiterhaufen als einzig richtige Strafe für eine solche Hinterhältigkeit; als auf einmal das arme Wesen, das vom Schmerz über den Verlust des Geliebten und durch die Angst vor der Strafe, die Stramba forderte, schon ganz verängstigt war, zum großen Erstaunen der Umstehenden auf die gleiche Weise wie Pasquino zusammenbrach, nachdem sie sich die Zähne mit dem Salbeiblatt eingerieben hatte.

19 O ihr glücklichen Seelen, denen es gegeben war, am gleichen Tag
ein Ende ihrer heißen Liebe und ihres sterblichen Lebens zu finden;
noch glücklicher, wenn ihr gemeinsam an den gleichen Ort ginget;
und überglücklich seid ihr, wenn man im anderen Leben liebt; dann
20 liebt ihr euch dort wie hier! Nach unserem Urteil, die wir sie überlebt
haben, war vor allem die Seele der Simona um ein vieles glücklicher;
denn Fortuna litt es nicht, dass ihre Unschuld den Aussagen der
Stramba, Atticciato, Malagevole, Wollkämmer oder sonstwie niedrig
gestellter Menschen zum Opfer fiele; und indem Fortuna ihr den gleichen schicksalhaften Tod zuteilwerden ließ wie ihrem Geliebten,
fand sie einen würdigen Weg, um sie vor den Beleidigungen jener
Menschen zu schützen und ihre Seele der innig geliebten ihres Pasquino nachfolgen zu lassen.

21 Der Richter, der wie alle anderen von dem Geschehen überrascht
worden war und nicht wusste, was er sagen sollte, war eine Weile wie
erstarrt; schließlich hatte er seine Gedanken wieder gesammelt und
sagte: »Es scheint, als wäre dieser Salbei giftig, was Salbei gewöhnlich
nicht ist. Damit aber kein anderer mehr durch ihn zu Schaden kommt,
22 reiße man ihn samt der Wurzel aus und werfe ihn ins Feuer.« Der die
Aufsicht über den Garten hatte, tat dies in Gegenwart des Richters;
aber er hatte den großen Strauch noch nicht umgeschlagen, als die
23 Ursache des Todes der beiden unglücklichen Liebenden erschien. Un-
ter dem Salbeistrauch saß eine Kröte von außergewöhnlicher Grö-

ße, und von ihrem giftigen Atem war, so bemerkte man, der Strauch vergiftet worden. Niemand wagte es, sich dieser Kröte zu nähern; man umgab sie also mit einem mächtigen Holzstapel und verbrannte sie zusammen mit dem Strauch. So beendete der Richter den Prozess über den Tod des armen Pasquino.

Zusammen wurden Simona und Pasquino, so aufgedunsen, wie 24
sie waren, vom Stramba, Atticciato, von Guccio Imbratta und vom Malagevole in der Kirche San Paolo begraben, zu deren Pfarrkindern sie zufälligerweise beide zählten.

Achte Novelle

Girolamo liebt Salvestra; seine Mutter drängt ihn, nach Paris zu gehen; 1
er kehrt zurück und findet seine Geliebte verheiratet. Heimlich gelangt er in ihr Haus und stirbt an ihrer Seite; er wird in eine Kirche getragen und Salvestra stirbt an seiner Seite.

Emilias Novelle war beendet, als Neifile auf Geheiß des Königs wie 2
folgt begann:

Meiner Ansicht nach, werte Frauen, glauben manche Leute klüger 3
zu sein als andere und sind doch weniger klug; und deswegen nehmen sie sich heraus, ihre eigene Urteilskraft nicht nur dem Rat anderer Menschen, sondern auch der Natur der Dinge entgegenzusetzen. Aus dieser Anmaßung ist schon viel Böses und kaum etwas Gutes hervorgegangen. Da unter allen Äußerungen der Natur die Liebe es 4
am wenigsten duldet, wenn man ihr mit Rat und Tat in den Weg tritt, liegt es in ihrer Natur, dass sie sich eher selbst verzehrt, als dass sie durch einen klugen Rat gelöscht wird. Deswegen ist mir in den Sinn gekommen, euch eine Novelle von einer Dame zu erzählen, die versuchte, schlauer zu sein, als man von ihr verlangte und als sie es tatsächlich war und als es die Angelegenheit duldete, an der sie ihren

Verstand zeigen wollte; glaubte sie doch, die Liebe einem Herzen ent-
reißen zu können, die vielleicht die Sterne hineingelegt hatten, und
5 brachte stattdessen ihren Sohn um Liebe und Leben. Wie die Alten
berichten, lebte in unserer Stadt ein reicher Kaufherr namens Leonar-
do Sighieri, der von seiner Gattin einen Sohn mit Namen Girolamo
hatte; nach dessen Geburt schied er aus diesem Leben, nachdem er
seine Angelegenheiten geregelt hatte. Gemeinsam mit seiner Mutter
6 erzogen ihn seine Vormunde fürsorglich. Der Knabe wuchs zusam-
men mit den Nachbarskindern auf und schloss besondere Freund-
schaft mit der Tochter eines Schneiders; mit dem Alter wuchs auch
die Freundschaft, und es wurde eine so große und leidenschaftliche
Liebe daraus, dass Girolamo nur glücklich war, wenn er sie sah; und
tatsächlich liebte sie ihn auch nicht weniger, als sie selbst geliebt wur-
7 de. Seine Mutter hatte es bemerkt, schimpfte ihn aus und bestrafte
ihn; da Girolamo sich nicht fügte, beklagte sie sich bei seinen Vor-
munden; sie glaubte, dass sie wegen des großen Reichtums des Soh-
nes aus einem Pflaumenbaum einen Orangenbaum machen könne,
8 und sagte zu ihnen: »Dieser unser Sohn ist noch nicht einmal vier-
zehn Jahre alt, und er hat sich in die Tochter eines Schneiders, unseres

Nachbarn, namens Salvestra verliebt; und wenn wir ihn nicht davon
abhalten, so wird er sie noch eines Tages, ohne dass es jemand erfährt,
zur Frau nehmen; dann hätte ich mein Leben lang keine Freude mehr;
oder er verzehrt sich nach ihr, wenn er mit ansehen muss, dass sie ei-
nen anderen heiratet. Damit wir dem entgehen, solltet ihr ihn im 9
Auftrag der Firma weit wegschicken; wenn er sie nicht mehr sieht,
kommt sie ihm aus dem Sinn, und man kann ihm dann ein Mädchen
aus gutem Haus zur Frau geben.« Die Vormunde sagten, dass die Frau 10
recht habe, und dass sie tun würden, was sie könnten. Sie ließen also
den Jungen in das Geschäft kommen, und einer wandte sich freund-
lich an ihn: »Mein Sohn, du bist inzwischen einigermaßen erwachsen 11
und tust gut daran, dich selbst um deine Angelegenheiten zu küm-
mern. Wir würden uns deswegen sehr freuen, wenn du für einige
Zeit nach Paris gingest, wo du siehst, wie ein großer Teil deines Reich-
tums umgesetzt wird; außerdem kannst du dort besser als hier deine
Umgangsformen entfalten und deine Fähigkeiten entwickeln, weil
du manche große Herren, Barone und Edelleute sehen und aus ihrem
Benehmen lernen wirst. Danach kannst du wieder heimkommen.«
Der Junge hörte aufmerksam zu und antwortete kurz, dass er das 12
nicht tun wolle, weil er glaube, so gut wie jeder andere auch in Florenz
bleiben zu können. Als die wackeren Männer das vernahmen, mach-
ten sie ihm zwar wortreiche Vorhaltungen; sie erhielten allerdings
keine andere Antwort und sagten dies der Mutter. Diese wurde sehr 13
zornig; heftig schalt sie ihn wegen seiner Liebe und nicht, weil er
nicht nach Paris gehen wollte. Dann tröstete sie ihn mit sanften Wor-
ten, schmeichelte ihm und bat ihn liebevoll, dass er doch bitte tun
möchte, was seine Vormunde wollten. Und sie erreichte schließlich,
dass er einwilligte, ein Jahr und nicht länger dort hinzugehen. So ge-
schah es. Mit Liebesglut im Herzen ging Girolamo also nach Paris, 14
und er wurde dort mit Versprechungen zwei Jahre lang festgehalten.
Noch verliebter als zuvor kehrte er zurück und fand seine Salvestra
mit einem Zeltmacher verheiratet; das bekümmerte ihn über alle Ma-

15 ßen. Er sah, dass es nicht zu ändern war, und versuchte sich einen
Trost zu verschaffen. Nachdem er herausbekommen hatte, wo sie zu
Hause war, begann er nach der Art eines verliebten Jünglings vor dem
Haus auf und ab zu spazieren und hoffte, dass sie ihn so wenig verges-
sen hatte wie er sie. Die Sache stand indessen anders. Sie erinnerte
sich nicht an ihn, als hätte sie ihn niemals zuvor gesehen; und wenn
sie sich doch an etwas erinnerte, so zeigte sie genau das Gegenteil.
16 Dessen wurde der junge Mann zu seinem großen Schmerz in kürzes-
ter Zeit gewahr; nichtsdestoweniger tat er alles, was er konnte, um
sich ihr wieder ins Gedächtnis zu bringen; als ihm dies alles nichts zu
fruchten schien, beschloss er, auch wenn er darüber sterben müsse,
17 mit ihr selbst zu sprechen. Bei einem Nachbarn informierte er sich,
wie ihr Haus von innen beschaffen war; als sie und ihr Mann eines
Abends mit den Nachbarn ausgegangen waren, schlich er sich heim-
lich hinein und versteckte sich in ihrer Kammer hinter den dort aufge-
spannten Zeltplanen. Er wartete, bis sie zurückgekehrt und zu Bett
gegangen waren; als er merkte, dass ihr Mann eingeschlafen war, ging
er zu der Seite, wo Salvestra lag, legte seine Hand auf ihre Brust und
18 sagte leise: »O meine Seele, schläfst du schon?« Die junge Frau schlief
noch nicht und wollte laut schreien, aber er sagte rasch: »Bei Gott,
19 schrei nicht, denn ich bin dein Girolamo.« Als sie das hörte, sagte sie
mit zitternder Stimme: »Ach, bei Gott, Girolamo, geh fort. Es ist lan-
ge her, dass wir uns als Kinder liebten. Heute bin ich, wie du weißt,
verheiratet; deswegen ist es nicht recht, wenn ich an einen anderen
20 Mann denke als an meinen Ehemann. Daher bitte ich um Gottes wil-
len, geh weg, denn wenn dich mein Mann hört, so könnte ich, wenn
nicht noch Schlimmeres passiert, nie mehr in Frieden und Ruhe mit
ihm zusammensein, wo ich doch jetzt von ihm geliebt werde und zu-
21 frieden mit ihm lebe.« Bei diesen Worten durchfuhr den jungen
Mann ein quälender Schmerz. Auch als er sie mit vielen Bitten und
Versprechungen an die vergangenen Zeiten, an seine Liebe erinnerte,
die auch durch die Trennung nicht vermindert worden sei, erreichte

er nichts. Er sehnte also den Tod herbei und bat sie zu allerletzt, dass 22
sie erlaube, dass er sich neben sie lege, um sich ein wenig aufzuwär-
men, weil er vom langen Warten ganz durchfroren sei; er versprach
ihr, nicht zu sprechen und sie auch nicht zu berühren; sobald ihm
warm wäre, ginge er davon. Salvestra empfand Mitleid mit ihm und 23
gestattete es ihm. Der junge Mann legte sich also neben sie, ohne sie
zu berühren; er konzentrierte seinen Geist auf die Liebe, die er lange
für sie gefühlt hatte, auf ihre grausame Abweisung und seine ent-
täuschte Hoffnung; er beschloss, nicht länger zu leben. Ohne ein
Wort zu sagen, hielt er den Atem an, ballte die Fäuste und starb an ih-
rer Seite. Nach einiger Zeit wunderte sich die junge Frau über sein 24
Verhalten; sie fürchtete, ihr Mann könnte erwachen, und sie sagte:
»Ach, Girolamo, warum gehst du denn nicht?« Als sie keine Antwort 25
hörte, dachte sie, er wäre eingeschlafen; sie streckte die Hand aus, um
ihn zu wecken, aber als sie ihn berührte, fühlte sie, dass er eiskalt war,
was sie sehr wunderte; sie fasste etwas fester zu und bemerkte, dass er
sich nicht rührte; nach einigen weiteren Versuchen erkannte sie, dass
er tot war. Zutiefst bekümmert wusste sie eine Weile nicht, was zu
tun sei. Schließlich überlegte sie sich, ihren Mann um Rat zu fragen, 26
und zunächst so zu tun, als wäre es jemand anderem passiert. Sie
weckte ihren Mann auf und erzählte es ihm so, als wäre es jemand an-
derem passiert, und fragte ihn, was er täte, wenn es ihr selbst passiert
wäre. Der gute Mann antwortete, dass der Tote seiner Ansicht nach in 27
aller Stille zu seinem eigenen Haus gebracht und dort hingelegt wer-
den sollte, ohne dass man etwas Böses über die Frau sagen dürfte, die
sich ja nichts habe zuschulden kommen lassen. Darauf sagte die Frau: 28
»Und das müssen wir beide nun erledigen«; und sie nahm seine Hand
und ließ ihn den Toten neben sich berühren. Verdutzt stand er auf; er
machte Licht und, ohne mit der Frau noch weiter zu diskutieren, klei-
dete er den Toten in seine Kleider, nahm ihn – da sie ja unschuldig wa-
ren – unverzüglich auf die Schulter, trug ihn zu seinem Haus und leg-
te ihn dort nieder. Bei Tagesanbruch entdeckte man den Toten vor der 29

Haustür; die Aufregung war groß, besonders bei der Mutter. Man un-
tersuchte ihn und fand weder eine Wunde noch die Folgen eines
Schlages, so dass die Ärzte meinten, er sei vor Schmerz gestorben,
was tatsächlich der Fall war. Der Leichnam wurde also in eine Kirche
getragen; die vom Schmerz gebeugte Mutter und viele Frauen aus der
Verwandtschaft und aus der Nachbarschaft kamen dorthin, um nach
30 unserem Brauch bitterlich zu trauern und zu wehklagen. Als diese
große Leichenklage angestimmt wurde, sagte der gute Mann, in des-
sen Haus er gestorben war, zu Salvestra: »Ach, hänge deinen Mantel
über und gehe in die Kirche, wo Girolamo aufgebahrt ist, und horch
ein wenig unter den Frauen, was man so darüber redet; ich werde das
Gleiche bei den Männern tun, damit wir erfahren, ob man etwas über
31 uns sagt.« Der jungen Frau, die erst spät von Mitleid ergriffen wurde,
gefiel dieser Vorschlag, weil sie den Toten zu sehen begehrte, dem sie
zu Lebzeiten keinen Kuss mehr gewähren wollte; und sie machte sich
auf den Weg.

32 Wunderbar ist es, zu bedenken, wie schwer es ist, Amors Kräfte
zu erforschen! Jenes Herz, das Girolamos Glück nicht hatte öffnen
können, öffnete sein Unglück, und es wurde, kaum flammte das alte
Feuer plötzlich wieder auf, von solcher Anteilnahme erfasst, als sie
das tote Antlitz erblickte, dass sie sich, in ihren Mantel gehüllt, durch
die Frauen drängte, bis sie vor seinem Körper stand; und mit einem
grellen Schrei warf sie sich mit dem Gesicht über den toten Jüngling,
den sie nicht mehr mit Tränen netzen konnte, weil, bevor sie ihn be-
rührte, der Schmerz, der ihm das Leben geraubt hatte, es auch ihr ent-
33 riss. Die Frauen bemühten sich, sie zu beruhigen, und baten sie, ohne
sie zu erkennen, aufzustehen; als sie das aber nicht tat, versuchten sie,
sie aufzurichten, und mussten im gleichen Augenblick erkennen, dass
es Salvestra war und dass sie tot war. Und alle Frauen, von neuem Leid
34 überwältigt, erhoben ein noch größeres Wehklagen. Die Nachricht
verbreitete sich außerhalb der Kirche auch unter den Männern und
kam ihrem Gatten zu Ohren, der sich dort aufhielt; und er weinte lan-

ge, ohne auf irgendwelchen Trost oder Zuspruch zu hören. Nachdem
er dann vielen Anwesenden die Geschichte erzählt hatte, die zwi-
schen dem Jüngling und seiner Frau in der Nacht vorgefallen war,
wurde allen bewusst, warum die beiden gestorben waren; und alle
beklagten es. Der tote Jüngling und die tote junge Frau wurden, wie 35
man es mit Leichnamen tut, geschmückt, nebeneinander aufgebahrt
und betrauert; beide wurden in einem Grab bestattet. Sie, die die Lie-
be im Leben nicht hatte vereinigen können, verband der Tod in un-
trennbarem Bunde.

Neunte Novelle

Herr Guiglielmo Rossiglione gibt seiner Frau das Herz des Herrn Gui- 1
glielmo Guardastagno zu essen, den sie geliebt und den er getötet hat;
als sie es erfährt, stürzt sie sich aus dem Fenster und stirbt. Gemeinsam
mit ihrem Geliebten wird sie begraben.

Neifiles Novelle war zu Ende und hatte bei allen Zuhörerinnen großes 2
Mitgefühl erregt; der König wollte Dioneos Vorrecht erhalten und
begann nun selbst:

Da euch, wohlmeinende Damen, das Unglück in der Liebe so zu 3
Herzen geht, kam mir eine Novelle in den Sinn, die euer Mitgefühl
nicht weniger erregen wird als die soeben erzählte; denn sie handelt
von Personen höheren Ranges als die vorherige, und ihnen ist etwas
noch Grausameres zugestoßen.

Ihr müsst wissen, dass in der Provence, wie man dort erzählt, zwei 4
edle Ritter lebten, die beide über Burgen und Vasallen herrschten; der
eine hieß Guiglielmo Rossiglione und der andere Guiglielmo Guarda-
stagno. Beide waren tapfer im Waffenhandwerk und zogen gemein- 5
sam unter einer Devise zu Turnieren und Waffengängen. Ein jeder 6
wohnte in seiner Burg, die gut zehn Meilen voneinander entfernt wa-

ren; Guiglielmo Rossiglione hatte eine schöne und liebreizende Frau
zur Gemahlin, und es geschah nun, dass Guiglielmo Guardastagno
wider alle Freundschaft und Waffenbrüderschaft sich über die Maßen
in sie verliebte, und es ihm gelang, die Dame durch gewisse Zeichen
7 darauf aufmerksam zu machen. Das gefiel ihr, weil sie ihn als einen
tapferen Ritter kannte, und auch sie richtete ihre Liebe auf ihn und
ersehnte und erwartete nichts sehnlicher, als dass er sie zur seinen
machte; damit ließ er auch nicht lange auf sich warten, und sie waren
8 das eine und das andere Mal in heißer Liebe zusammen. Da sie sich
unvorsichtig verhielten, geschah es, dass der Ehemann dahinterkam;
er war so empört, dass sich die große Liebe, die er für Guardastagno
empfand, in tödlichen Hass verwandelte; den wusste er besser zu ver-
bergen, als die Liebenden es mit ihrer Liebe verstanden hatten; und er
9 nahm sich fest vor, jenen umzubringen. Nachdem Rossiglione diesen
Entschluss gefasst hatte, wurde im Königreich Frankreich ein Turnier
ausgerufen; Rossiglione setzte Guardastagno darüber sogleich in
Kenntnis und ließ ihm ausrichten, dass er, wenn es ihm recht sei, zu
ihm kommen möge, um zu überlegen, ob und wie sie gemeinsam
dorthin zögen. Guardastagno stimmte freudig zu und wollte ihn am

nächsten Tag zum Abendessen besuchen. Als Rossiglione das ver- 10
nahm, glaubte er, dass die Gelegenheit gekommen sei, ihn umzubrin-
gen. Am folgenden Tag griff er zu seinen Waffen, stieg mit einigen
Knechten zu Pferde und legte sich etwa eine Meile vor seiner Burg auf
die Lauer, um Guardastagno abzupassen. Nach einer Weile näherte 11
dieser sich mit zwei Knechten, alle waren unbewaffnet, als hätten sie
nichts zu befürchten. Als er nah genug war, stürzte Rossiglione voller
Bosheit und Wut und mit erhobener Lanze auf ihn zu und schrie:
»Verräter, du bist des Todes!« Und mit diesen Worten stieß er ihm die
Lanze in die Brust. Guardastagno konnte sich weder wehren noch ein 12
Wort hervorbringen, fiel von der Lanze durchbohrt zu Boden und
starb kurz darauf. Die Knechte wandten ihre Pferde, ohne den Täter
erkannt zu haben, und flohen, so schnell sie konnten, zurück zur Burg
ihres Herrn. Rossiglione stieg ab, öffnete mit einem Messer die Brust 13
des Guardastagno und riss mit den eigenen Händen das Herz heraus;
er ließ es in das Fähnlein einer Lanze wickeln und befahl einem seiner
Knechte, es mitzunehmen. Nachdem er allen eingeschärft hatte, sich
nicht zu erdreisten, etwas über die Sache verlauten zu lassen, bestieg
er sein Pferd und kehrte bei Einbruch der Nacht auf seine Burg zurück.
Die Dame, die gehört hatte, Guardastagno sollte zum Abendessen 14
zu ihnen kommen, erwartete ihn mit großer Sehnsucht; als er nicht
kam, wunderte sie sich und sagte zu ihrem Gatten: »Wie kann es sein,
dass Guardastagno nicht gekommen ist?« Ihr Gatte antwortete: 15
»Frau, ich habe Nachricht, dass er erst morgen kommen kann.« Die
Dame war etwas beunruhigt. Rossiglione stieg vom Pferd, ließ seinen 16
Koch rufen und sagte: »Nimm dieses Wildschweinherz und bereite
ein vorzügliches und schmackhaftes Gericht; sobald ich bei Tisch bin,
schicke es mir auf einer silbernen Schüssel.« Der Koch bot all seine
Kunst und Sorgfalt auf, zerkleinerte es, gab gutes Gewürz dazu und
bereitete einen rechten Leckerbissen. Als es an der Zeit war, begaben 17
sich Messer Guiglielmo und seine Gattin zu Tisch. Die Speisen wur-
den aufgetragen; er selbst aß wenig, der Gedanke an seine Missetat

hinderte ihn. Der Koch ließ ihm den Leckerbissen bringen, den er sei-
ner Frau vorsetzte und als besonders schmackhaft lobte; er selbst gab
vor, keinen Appetit mehr zu haben. Der Dame mangelte es nicht an
18 Appetit, sie griff zu, und es schien ihr so gut, dass sie alles aufaß. Als
der Ritter sah, dass sie alles verzehrt hatte, sagte er: »Frau, wie schien
19 Euch das Gericht?« Die Dame antwortete: »Herr, auf mein Wort, es
20 hat mir sehr gut geschmeckt.« »Gott steh mir bei«, sagte der Ritter,
»das will ich Euch glauben; und es wundert mich nicht, dass Euch tot
21 gefallen hat, was Euch lebend mehr als alles andere ergötzt hat.« Als
die Dame das hörte, zuckte sie zusammen und sagte: »Wieso? Was
22 gabt Ihr mir zu essen?« Der Ritter antwortete: »Was Ihr gegessen
habt, war wirklich und wahrhaftig das Herz des Herrn Guiglielmo
Guardastagno, den Ihr als ein treuloses Weib so sehr geliebt habt. Und
wisset, dass es wirklich seins gewesen ist, weil ich es ihm mit diesen
meinen Händen, bevor ich zurückgekommen bin, aus der Brust geris-
23 sen habe.« Als die Dame hörte, was ihm, den sie über alles liebte, zu-
gestoßen war, war sie zutiefst betrübt; nach einer Weile sagte sie: »Ihr
habt wie ein treuloser und gemeiner Ritter gehandelt. Denn nicht er
hat mich gezwungen, sondern ich habe ihn zum Herrn meiner Liebe
gemacht und Euch damit beleidigt; also hätte auch ich die Strafe emp-
fangen müssen. Niemals aber ist es gottgefällig, dass auf eine so edle
Speise, wie es das Herz des tapferen und vornehmen Ritters Messer
24 Guiglielmo Guardastagno war, noch eine andere Speise folgt.« Sie
stand auf und ohne zu zögern stürzte sie sich aus einem Fenster, das
hinter ihr war. Das Fenster war so hoch gelegen, dass sie nicht nur
starb, sondern fast ganz und gar zerschmettert wurde. Als Messer
Guiglielmo das sah, erschrak er sehr und es schien ihm, dass er Un-
recht getan hatte; er bekam Furcht vor dem Landvolk und dem Grafen
25 der Provence, ließ die Pferde satteln und ging fort. Am folgenden
Morgen erfuhr die ganze Gegend, was vorgefallen war. Denn die Leu-
te von der Burg des Guiglielmo Guardastagno und die von der Burg
der Dame trugen unter großer Trauer und unter Wehklagen die bei-

den Leichname in die Kirche der Burg der Dame; dort wurden sie in ein und demselben Grabe beigesetzt; auf dem Grab stand in Versen, wer darin begraben war und wie und warum sie zu Tode kamen.

Zehnte Novelle

Die Frau eines Arztes legt ihren Geliebten, den sie für tot hält, der aber nur tief schläft, in einen Kasten, den zwei Wucherer zu sich nach Hause tragen; jener wacht auf und wird als Dieb festgenommen. Die Magd der Frau berichtet dem Richter, dass sie ihn in den Kasten gelegt habe, den die Wucherer gestohlen haben; auf diese Weise entkommt er dem Galgen, und die Geldverleiher werden zu einer Geldstrafe verurteilt, weil sie den Kasten entwendet haben. 1

Nachdem der König seine Erzählung beendet hatte, blieb allein Dioneo übrig; da er das wusste, und der König ihm bereits den Auftrag erteilt hatte, begann er: 2

Euch, meine Damen, und mich selbst haben die Erzählungen über das Elend der unglücklichen Liebe gerührt und aufgewühlt; so erscheint es mir höchst wünschenswert, dass wir nicht noch einmal davon anfangen. Gott behüte mich, dass ich, nachdem sie beendet wurden, dem unseligen Thema noch eine schlechte hinzufüge; um das traurige Thema nicht länger zu verfolgen, will ich etwas Besseres und Heiteres erzählen und damit einen Vorgeschmack auf das geben, was am folgenden Tag erzählt werden soll. 3

Ihr sollt also wissen, schöne junge Frauen, dass es noch nicht lange her ist, dass in Salerno ein berühmter Chirurg namens Mazzeo della Montagna lebte. Als er schon sehr alt war, nahm er ein schönes und anmutiges Mädchen aus seiner Stadt zur Frau und stattete sie mit vornehmen und wertvollen Kleidern, mit Schmuck und allem, was einer Dame gefallen kann, besser aus als jede andere Frau in der Stadt; aller- 4

dings war sie die meiste Zeit erkältet, weil er sie im Bett nicht ordent-
5 lich zudeckte. Wie Messer Riccardo di Chinzica, von dem wir schon
erzählt haben, seiner Frau Feiertage auferlegte, so belehrte er sie, dass
er, wenn er einmal mit einer Frau geschlafen habe, sich wer weiß wie
viele Tage erholen müsse und ähnlichen Unsinn. So war sie also äu-
6 ßerst unglücklich. Da sie klug und beherzt war, beschloss sie, unter
die Leute zu gehen, um einen Mann zu finden, damit sie den zu Hause
schonen konnte. Nachdem sie eine Reihe junger Männer durchge-
mustert hatte, machte ihr einer schließlich einen solchen Eindruck,
dass sie ihre ganze Hoffnung, ihr ganzes Sinnen und Trachten auf ihn
setzte. Der junge Mann bemerkte es, auch sie gefiel ihm sehr, und er
7 richtete all seine Liebe auf sie. Er hieß Ruggieri d'Aieroli und war von
edler Herkunft, aber heruntergekommen und von so üblem Lebens-
wandel, dass kein Verwandter oder Freund noch zu ihm hielt oder ihn
sehen wollte; in ganz Salerno war er berüchtigt wegen seiner Diebe-
reien und anderer Bubenstreiche; aber die Frau scherte das wenig,
denn er gefiel ihr wegen etwas anderem; und mit Hilfe einer ihrer
8 Dienerinnen fädelte sie es ein, dass sie sich fanden. Als sie eine Weile
ihr Vergnügen miteinander hatten, begann die Frau, ihn wegen seines

bisherigen Lebenswandels zu tadeln und ihn zu bitten, ihr zuliebe davon abzulassen. Um ihm dabei zu helfen, steckte sie ihm mal die eine,
mal die andere Summe Geldes zu. Und derweil sie all dies diskret mit- 9
einander betrieben, geschah es, dass dem Arzt ein Kranker mit einem faulenden Bein übergeben wurde; der Arzt untersuchte ihn und sagte den Angehörigen, dass, wenn man dem Kranken nicht den faulen Knochen aus dem Bein hole, man ihm das ganze Bein abschneiden oder er sterben müsse; holte man den Knochen heraus, könnte er genesen, aber zur Behandlung übernehme er ihn nur als totgeweihten Mann; seine Angehörigen willigten ein und überließen ihn dem Arzt
unter diesem Vorbehalt. Der Arzt, der wusste, dass der Kranke, wenn 10
er nicht eingeschläfert würde, die Schmerzen nicht überstehen würde und nicht behandelt werden könnte, musste seine Operation auf den Abend verschieben; er ließ am Morgen nach einem seiner Rezepte einen Trank zubereiten, der den Kranken so lange einschläfern sollte, wie er ihn operieren müsste; er ließ sich den Trank nach Hause schicken und stellte ihn in seinem Zimmer ab, ohne irgendjemandem zu
sagen, worum es sich handelte. Als es Abend wurde, und der Arzt ei- 11
gentlich zu seinem Kranken gehen sollte, kam ein Bote und bestellte ihm von engen Freunden aus Amalfi, dass er alles stehen und liegen lassen und unverzüglich kommen möchte, da es bei einer großen
Schlägerei viele Verletzte gegeben hätte. Der Arzt verschob die Be- 12
handlung des Beines auf den nächsten Morgen, bestieg ein Boot und fuhr nach Amalfi. Seine Frau, die wusste, dass er in der Nacht nicht heimkehren würde, ließ, wie sie es gewohnt war, heimlich ihren Ruggieri kommen, schloss ihn in ihrem Zimmer ein, um abzuwarten, bis
alle im Hause schliefen. Ruggieri erwartete sie in dem Zimmer; es 13
überkam ihn ein starker Durst, vielleicht wegen der Mühen des Tages, vielleicht weil er etwas Scharfes gegessen hatte oder einfach aus Gewohnheit; und er erblickte am Fenster jene kleine Karaffe, die der Arzt für den Kranken vorbereitet hatte; in dem Glauben, sie enthielte Trinkwasser, setzte er sie an den Mund und trank sie aus; unmittelbar

14 danach überfiel ihn eine große Müdigkeit, und er schlief ein. Sobald
die Frau konnte, kam sie in das Zimmer; als sie den schlafenden Rug-
gieri erblickte, schüttelte sie ihn ein wenig und redete leise auf ihn
ein, doch aufzustehen; aber das führte zu nichts, er sagte nichts und
rührte sich nicht; sie ärgerte sich, gab ihm einen Stoß und sagte: »Auf-
gestanden, du Schlafmütze; wenn du schlafen willst, solltest du zu
15 Hause bleiben und nicht zu mir kommen.« Ruggieri fiel durch den
Stoß von der Truhe, auf der er saß; er gab kein Lebenszeichen von sich
und schien tot zu sein. Die Frau erschrak, wollte ihn aufheben, schüt-
telte ihn kräftiger, zog ihn an der Nase und am Bart – alles umsonst,
16 denn der Esel war an einen festen Pfahl gebunden. Die Frau bekam
Angst, dass er tot sei; sie kniff ihn kräftig und brannte ihn mit einem
Kerzenlicht, aber nichts passierte. Da sie im Unterschied zu ihrem
Gatten nichts von der Medizin verstand, musste sie ihn zweifelsfrei
für tot halten. Da sie ihn ja über alles liebte, war sie – man kann es sich
vorstellen – zutiefst betrübt. Sie wagte es nicht, jemanden aufzuwe-
17 cken, sondern sank weinend über ihn und beklagte ihr Unglück. Nach
einer Weile dachte die Frau, die neben dem Schaden auch die Schande
zu fürchten hatte, dass sie schleunigst einen Weg finden musste, um
den Toten aus dem Haus zu schaffen. Da sie keine Lösung fand, rief sie
heimlich ihre Magd herbei, zeigte ihr das Unglück und bat sie um Rat.
Die Magd war bass erstaunt; auch sie zog und kniff noch an dem Toten
herum, sah aber auch, dass er nicht reagierte, und meinte schließlich,
was ihre Herrin meinte, dass er nämlich tot sei und man ihn aus dem
18 Haus schaffen müsse. Worauf die Frau sagte: »Und wohin schaffen
wir ihn, damit morgen früh, wenn man ihn entdeckt, keiner auf den
19 Gedanken kommt, er sei aus diesem Haus geschafft worden?« Die
Magd antwortete: »Madonna, ich habe heute abend spät bei der Werk-
statt unseres Nachbarn, des Schreiners, einen nicht allzu großen Kas-
ten gesehen, der, wenn der Meister ihn nicht ins Haus gestellt hat, für
uns geeignet wäre; denn wir könnten ihn hier hineinlegen, ihm zwei
drei Messerstiche verpassen und ihn stehenlassen. Wer ihn dann fin-

det, wird nicht wissen, ob er von hier aus oder von woanders dort hin-
eingelegt worden ist; er wird annehmen, dass er, der doch ein Ha-
lunke war, bei irgendeiner seiner Gaunereien von einem seiner Wi-
dersacher getötet und in den Kasten gelegt worden ist.« Der Frau gefiel 20
der Vorschlag ihrer Magd, ausgenommen, dass sie es um alles in der
Welt nicht übers Herz bringen konnte, ihm eine Verletzung zuzufü-
gen. Sie schickte also die Magd, um nachzusehen, ob der Kasten noch
dort stünde, wo sie ihn gesehen hatte; diese kam zurück und sagte ja.
Die Magd, die jung und kräftig war, nahm also – wobei die Frau ihr
half – Ruggieri auf die Schulter; die Frau ging vorneweg, um aufzu-
passen, ob jemand kam, und sie schafften ihn bis zu dem Kasten, leg-
ten ihn hinein, schlossen den Deckel und ließen ihn stehen. In jenen 21
Tagen waren zwei junge Männer, die auf Zinsen liehen, in ein Haus in
der Nähe eingezogen und wollten vor allem viel verdienen und wenig
ausgeben; sie benötigten noch einigen Hausrat und hatten am Tag zu-
vor bereits den Kasten entdeckt und beschlossen, ihn in ihr Haus zu
schaffen, falls er über Nacht dort stehenbliebe. Sie verließen um Mit- 22
ternacht ihr Haus, sahen ihn noch an demselben Ort und trugen ihn
rasch und ohne ihn näher zu untersuchen – er schien ihnen allerdings
etwas schwer an Gewicht – zu sich nach Hause, wo sie ihn neben der
Kammer, in der die Frauen schliefen, abstellten; sie rückten ihn nicht
lange zurecht, sondern legten sich schlafen. Ruggieri hatte geraume 23
Zeit geschlafen, der Trank war inzwischen verdaut, die Wirkung ließ
nach und gegen Morgen wachte er auf. Obwohl die Betäubung nicht
mehr wirkte und er wieder bei Sinnen war, fühlte er doch eine Art Be-
nommenheit im Kopf, die noch einige Tage anhielt. Er machte die Au-
gen auf und konnte nichts sehen; er fühlte mit den Händen die Wän-
de des Kastens um sich, er wusste nicht, wo er war und fragte sich:
»Was ist das? Wo bin ich? Schlafe ich oder bin ich wach? Heute abend 24
bin ich doch im Zimmer meiner Liebsten gewesen, und jetzt bin ich
mit einmal in einem Kasten? Was ist nur los? Sollte der Arzt zurück-
gekehrt sein, oder ist irgendetwas passiert, weswegen ich, während

ich schlief, versteckt wurde? Ich glaube, so wird es gewesen sein.«
25 Und so verhielt er sich ganz still und lauschte, ob er etwas hören
konnte. Nach geraumer Zeit wurde es ihm in dem engen Kasten un-
bequem, und es schmerzte ihn die Seite, auf der er lag; als er sich um-
drehen wollte, tat er dies so geschickt, dass der Kasten, der auf unebe-
nem Boden stand, umkippte; hierbei machte er einen solchen Lärm,
dass die Frauen, die nebenan schliefen, aufwachten, Angst bekamen
26 und aus Angst stillblieben. Auch Ruggieri hatte Angst bekommen; als
er fühlte, dass sich der Kasten beim Umfallen geöffnet hatte, wollte er
auf alle Fälle hinaus. Da er nicht wusste, wo er war, tappte er durch das
Haus, auf der Suche nach einer Treppe oder einer Tür, um hinauszu-
27 gelangen. Die Frauen, die aufgewacht waren, hörten die Schritte und
riefen: »Wer ist da?« Ruggieri kannte die Stimme nicht und antworte-
te nicht; die Frauen riefen nach den Männern, die fest schliefen, weil
28 sie lange aufgeblieben waren, und nichts hörten. Die Frauen wurden
immer ängstlicher, standen auf, öffneten die Fenster und schrien:
»Haltet den Dieb, haltet den Dieb!« Aus allen Richtungen liefen die
Nachbarn zusammen, über die Dächer, von überallher, und drangen
in das Haus ein; bei dem Lärm waren auch die jungen Männer aufge-
29 wacht. Und Ruggieri mittendrin geriet vor Schrecken außer sich und
wusste nicht wohin; sie fassten ihn und übergaben ihn den Schergen
des Stadtrichters, die auf den Lärm hin herbeigeeilt waren. Diese
führten ihn sofort dem Richter vor, weil er als Bösewicht galt. Unver-
züglich bekannte er unter der Folter, dass er in das Haus der Geldver-
leiher eingebrochen sei; darum gedachte der Richter, ihn ohne weite-
30 res aufhängen zu lassen. Am Morgen verbreitete sich die Nachricht
durch ganz Salerno, dass Ruggieri beim Einbruch ins Haus der Geld-
verleiher erwischt worden sei. Als die Frau und ihre Magd das hörten,
waren sie bass erstaunt und nahe daran zu glauben, dass sie das, was
in der vergangenen Nacht geschehen war, nur geträumt hätten. Die
Frau selbst empfand angesichts der Gefahr, in der Ruggieri schwebte,
31 einen solchen Schmerz, dass sie fast wahnsinnig wurde. Eineinhalb

Stunden nach Sonnenaufgang kehrte der Arzt zurück und verlangte
nach dem vorbereiteten Trank, weil er den Kranken behandeln woll-
te; als er sah, dass die Karaffe leer war, schimpfte er wütend, dass man
in seinem Haus nichts richtig aufbewahren könne. Zornig entgegnete 32
die Frau, die ein ganz anderer Schmerz quälte: »Was würdet Ihr, Herr
Doktor, denn erst sagen, wenn etwas Wichtiges passierte, wo Ihr
schon wegen eines bisschen Wassers so einen Lärm macht? Ist das
denn gar nicht zu ersetzen?« Worauf der Doktor sagte: »Liebe Frau, 33
du meinst, es handelte sich um einfaches Wasser? Das war es aber
nicht, sondern es war ein Schlaftrunk.« Und er erzählte ihr, wozu er es
vorbereitet hätte. Als die Frau das hörte, wusste sie, dass Ruggieri ihn 34
getrunken hatte und ihnen deswegen wie tot erschienen war. Sie sag-
te: »Meister, das wussten wir nicht, Ihr müsst ihn noch einmal vorbe-
reiten.« Der Doktor sah ein, dass es nicht anders ging. Kurz darauf 35
kehrte die Magd zurück, die von ihrer Herrin ausgesandt worden war,
um in Erfahrung zu bringen, was von Ruggieri erzählt wurde; sie sag-
te: »Madonna, über Ruggieri sagt keiner etwas Gutes; was mir zu Oh-
ren gekommen ist, so ist keiner seiner Freunde oder Verwandten für
ihn aufgestanden oder hat sich für ihn eingesetzt; es gilt als sicher,
dass er morgen gehenkt wird. Aber außerdem muss ich Euch etwas 36
Neues erzählen, was erklären kann, wie er in das Haus der Pfandleiher
gekommen ist; hört nur, wie: Ihr erinnert Euch doch an den Schrei-
ner, bei dem der Kasten stand, in den wir ihn hineingelegt haben; der
Schreiner hat eben jetzt mit dem, dem der Kasten anscheinend ge-
hört, den größten Streit gehabt; denn jener verlangt das Geld für sei-
nen Kasten, und der Schreinermeister antwortete, dass er den Kasten
nicht verkauft habe, sondern dass er ihm in der Nacht gestohlen wor-
den sei. Worauf der andere sagte: ›Das stimmt nicht, du hast ihn näm- 37
lich den beiden jungen Geldverleihern verkauft, denn das haben sie
mir heute nacht gesagt, als ich in ihrem Haus den Kasten sah, als sie
Ruggieri gefangen haben.‹ Worauf der Schreiner erwiderte: ›Sie lü-
gen, denn ich habe ihn ihnen niemals verkauft; sondern sie haben ihn

38 mir diese Nacht gestohlen. Gehen wir doch zu ihnen.‹ Und einver-
nehmlich gingen sie zum Haus der Geldverleiher, während ich zu-
rückgekommen bin. Und Ihr seht, ich verstehe jetzt, wie Ruggieri
dorthin gekommen ist, wo man ihn fand; aber wieso er auferstanden
39 ist, verstehe ich auch nicht.« Ihre Herrin verstand nur allzu gut, wie
das passieren konnte, und sie erzählte der Magd, was sie von dem
Arzt erfahren hatte. Sie bat sie, ihr unbedingt bei der Rettung Ruggie-
ris zu helfen, weil sie allein, wenn sie nur wollte, Ruggieri vor dem
40 Galgen und die Ehre ihrer Herrin retten könnte. Die Magd sagte:
41 »Madonna, belehrt mich, wie, und ich werde gerne alles tun.« Die
Frau war in arger Bedrängnis und hatte einen raschen Entschluss ge-
42 fasst, was zu tun sei; und sie gab der Magd genaue Anweisungen. Zu-
erst suchte die Magd den Arzt auf und begann unter Tränen: »Herr,
wegen eines schweren Vergehens, das ich gegen Euch begangen habe,
43 muss ich Euch um Vergebung bitten.« Der Doktor sagte: »Und was ist
44 das?« Immer noch unter Tränen fuhr die Magd fort: »Herr, Ihr wisst,
was für einer der Ruggieri d'Aieroli ist; ihm habe ich gefallen, und
halb aus Furcht, halb aus Liebe bin ich dieses Jahr seine Freundin ge-
worden. Da er gestern abend erfahren hatte, dass Ihr nicht zu Hause
wart, hat er mir so schön getan, dass ich ihn schließlich mit auf meine
Kammer genommen habe; dort hat er Durst bekommen, und da ich
nicht wusste, wo ich etwas Wein oder Wasser finden konnte, und ich
nicht wollte, dass Eure Gattin, die im Saal war, mich sah, fiel mir ein,
dass ich bei Euch eine Karaffe mit Wasser gesehen hatte; ich holte sie,
er trank sie aus, und ich stellte sie wieder an ihren Platz. Ich habe ge-
45 hört, dass Ihr darüber sehr zornig geworden seid. Und ich bekenne,
dass ich Unrecht getan habe, aber wer tut das nicht manchmal? Mir
tut es sehr leid, dass ich das getan habe, aber auch vor allem, weil näm-
lich Ruggieri sein Leben verliert. So bitte ich Euch inständig, dass Ihr
mir vergebt und dass Ihr mir erlaubt, so gut ich es nur kann, Ruggieri
46 beizustehen.« Als der Arzt sie hörte, antwortete er trotz seines Zorns
mit leichtem Spott: »Die Buße hast du dir selbst auferlegt, denn statt

dass dir letzte Nacht ein Jüngling kräftig den Pelz gestriegelt hätte, hast du eine Schlafmütze bei dir gehabt. Geh und rette deinen Liebsten; aber bring ihn nicht mehr mit nach Hause, sonst musst du dieses Mal gleich mitbezahlen.« Der erste Streich schien der Magd gut ge- 47
lungen, und sie eilte zum Gefängnis, wo sich Ruggieri befand. Sie umschmeichelte den Wächter so lange, bis er sie mit Ruggieri reden ließ. Dann klärte sie ihn darüber auf, was er dem Richter antworten musste, wenn er freigelassen werden wollte; und schließlich schaffte sie es auch noch, beim Richter vorgelassen zu werden. Da sie jung und 48
knusprig war, wollte er, bevor er sie anhörte, zuerst einmal den Haken an Gottes Christkindchen hängen; und sie war dem nicht abgeneigt, um besseres Gehör zu finden. Nach dem Mahlen erhob sie sich und sagte: »Herr, Ihr habt Ruggieri d'Aieroli wegen Diebstahls gefangen; aber das ist nicht die Wahrheit.« Und sie erzählte ihm die Geschichte 49
von Anfang bis Ende, wie sie, seine Freundin, ihn in das Haus des Arztes mitgenommen und ihm, ohne es zu wissen, einen Schlaftrunk gegeben hätte; wie sie ihn als tot in den Kasten gelegt hätte; und sie erzählte das, was sie zwischen dem Schreiner und dem Besitzer des Kastens mit angehört hatte; und erklärte ihm, wie Ruggieri in das Haus der Geldverleiher gekommen war. Der Richter erkannte, dass es 50
leicht war, die Wahrheit herauszufinden, und er fragte den Arzt, ob das mit dem Trank stimme, was der Fall war. Danach befragte er den Schreiner, den Eigentümer des Kastens und die Geldverleiher; nach einigem Gerede kam heraus, dass die Geldverleiher den Kasten gestohlen und zu sich nach Hause gebracht hatten. Zuletzt schickte er 51
nach Ruggieri und fragte ihn, wo er am letzten Abend seine Herberge gehabt habe; dieser antwortete, dass er nicht mehr wisse, wo er übernachtet habe, dass er sich aber wohl daran erinnere, mit der Magd des Herrn Mazzeo nach Hause gegangen zu sein, dass er wegen seines großen Durstes Wasser getrunken habe; dass er aber nicht mehr wisse, was mit ihm geschehen sei, bis er im Haus der Geldverleiher in einem Kasten aufgewacht sei. Der Richter hörte sich alles an und fand 52

es sehr vergnüglich; die Magd, Ruggieri, den Schreiner und die Geld-
53 verleiher ließ er alles noch mehrmals wiederholen. Schließlich verur-
teilte er die Geldverleiher zu zehn Goldtalern Strafe, weil sie den Kas-
ten gestohlen hatten, und erkannte Ruggieri für unschuldig und ließ
ihn frei; natürlich war der sehr erleichtert, und seine Dame war über
die Maßen glücklich. Mit ihm und der Magd – die ihm ja mit dem
Messer hatte zusetzen wollen – lachte und scherzte sie; mit ihrer Lie-
beslust wurde es immer besser. Das wünsche ich auch mir, ohne dass
ich in einem Kasten landen möchte.

1 Hatten die vorigen Novellen die Gemüter der liebreizenden Damen
betrübt, so brachte die letzte von Dioneo sie sehr zum Lachen; be-
sonders als er erzählte, wie der Richter seinen Haken angehängt hat,
konnten sie sich vom Mitgefühl erholen, das sie bei den früheren
2 empfunden hatten. Der König aber sah, dass die Sonne im Abend-
glanz leuchtete und dass damit das Ende seiner Herrschaft gekom-
men war; mit freundlichen Worten entschuldigte er sich bei den
schönen Damen dafür, dass er sie über ein so erbarmungsloses Thema
wie das Unglück der Liebenden habe erzählen lassen; nach dieser Ent-
schuldigung erhob er sich, nahm sich den Lorbeerkranz vom Haupt
und setzte ihn vor den wachsamen Augen der Damen auf das blonde
3 Haupt Fiammettas, indes er sagte: »Dir übertrage ich diese Krone,
weil du am besten verstehen wirst, unsere Gefährtinnen für den heu-
4 tigen grausigen Tag mit dem kommenden zu trösten.« Fiammetta, de-
ren Haare in langen goldenen Locken über ihre weißen und zarten
Schultern fielen, deren rundliches Antlitz in lilienweiß und rosenrot
leuchtete, deren Augen scharf wie die eines Falken waren, antwortete
5 lächelnd aus einem rubinrot umrandeten Mündchen: »Filostrato, ich
übernehme sie gerne; und damit du besser einsiehst, was du getan
hast, wünsche und befehle ich, dass morgen ein jeder von Liebenden
erzählen soll, die nach manchen harten Schicksalsschlägen glücklich
6 zusammenfinden.« Das Thema fand bei allen Zustimmung; die Köni-

gin ließ den Seneschall kommen und verfügte alles Notwendige; und
freundlich verabschiedete sie die Gesellschaft bis zur Stunde des
Abendessens. Einige begaben sich in den Garten, dessen Schönheit 7
man so bald nicht überdrüssig werden konnte; andere gingen zu den
beiden Mühlen, die sich außerhalb des Gartens drehten; je nach Nei-
gung vergnügten und unterhielten sie sich bis zum Abendessen. Zur 8
vorgegebenen Zeit versammelten sie sich bei dem schönen Brunnen
und genossen ein lecker bereitetes Mahl. Wie gewohnt erhoben sie
sich danach und widmeten sich Gesang und Tanz; als Filomena den
Tanz anführte, sagte die Königin: »Filostrato, ich will nicht von mei- 9
nen Vorgängern abweichen; wie bei ihnen soll auch auf mein Geheiß
ein Lied gesungen werden; und weil ich sicher bin, dass deine Lieder
deinen Novellen gleichen, und damit nicht noch andere Tage mit dei-
nem Liebesleid verdüstert werden, sollst du nun eines nach deinem
Sinn vorsingen.« Filostrato sagte, dass er es gerne täte und begann so- 10
gleich zu singen:

Mit Tränen zeige ich, o Amor, 11
wie es das Herz schmerzt,
dass es verraten wurde wider Treu und Glauben.
O Amor, als du zum ersten Mal 12
ihr Bild ihm eingeprägt, nach dem ich schmachte,
ohne Gnade zu erhoffen,
zeigtest du sie so tugendhaft,
dass leicht alles Leid ihm dünkte,
das um deinetwillen den Sinn ereilte,
der in Schmerz versunken;
aber jetzt erkenne ich meinen Irrtum,
nicht ohne Schmerz.
Erkannt habe ich den Betrug, 13
als ich mich von ihr verlassen sah,
auf die allein ich hoffte;

als in ihrer Gnade und ihren Diensten
mehr als je ich mich wähnte,
ohne an die künftige Qual
meines Verlustes zu denken,
und erfuhr, dass sie eines anderen Wert
erhört und mich aus ihrem Herz vertrieben hatte.

14 Als ich erkannte, dass ich vertrieben war,
entsprang dem Herz eine Wehklage,
die immer noch andauert:
und ich verwünsche den Tag und die Stunde,
da ihr liebliches Antlitz mir erschien,
das von Schönheit geziert
und mehr denn je entflammt war!
Meine Treue, meine Hoffnung und meine Liebesglut
verwünscht die Seele, die stirbt.

15 Wie trostlos mein Schmerz ist,
hörst Amor du, denn ich rufe dich
mit klagender Stimme:
und sage dir, dass er mich so peinigt,
dass ich den Tod herbeisehne, weil er weniger quält.
Käme er doch und beendete
mein grausames und unseliges Leben
und mein Rasen;
denn wohin ich gehe, werde ich es weniger spüren.

16 Kein anderer Weg, kein anderer Trost
bleibt meinem Schmerz als der Tod.
Amor, schicke ihn mir endlich
und beende mit ihm meine Klagen
und nimm dem Herzen die elende Hülle.
Tue es, denn zu Unrecht
ist mir Freude und Erbauung genommen.
Stimme jene heiter durch meinen Tod,

o Herr, wie du ihr einen neuen Liebhaber gabst.
O Lied, wenn auch niemand dich lernt, 17
so stört es mich kaum, denn kein anderer
singt dich besser als ich selbst.
Einen Auftrag gebe ich dir:
Findest du Amor, so sage nur ihm,
wie schal und bitter mir
das trübe Leben ist,
und bitte ihn, dass er uns um seiner Ehre willen
in einen besseren Hafen führe.

Die Worte dieses Liedes zeigten deutlich, wie und warum Filostrato 18
sich fühlte; und noch deutlicher hätte der Ausdruck einer Dame es zeigen können, die tanzte, wenn die nächtlichen Schatten ihr Erröten nicht verborgen hätten. Nachdem er sein Lied beendet hatte, wurden noch viele andere gesungen, bis es Zeit zum Schlafengehen war. Und auf Geheiß der Königin zog sich eine jede zurück.

1 ES ENDET DER VIERTE TAG DES DECAMERON,
UND ES BEGINNT DER FÜNFTE.
IN IHM WIRD UNTER DER HERRSCHAFT FIAMMETTAS
VON DEN LIEBENDEN ERZÄHLT,
DIE NACH MANCHEN HARTEN SCHICKSALSSCHLÄGEN
GLÜCKLICH ZUSAMMENFINDEN.

2 Der Himmel im Osten war schon hell und die Strahlen der aufgehenden Sonne erleuchteten unsere Halbkugel, als Fiammetta, aufgeweckt durch den süßen Gesang der Vögel, der schon vor Tagesanbruch fröhlich aus dem Buschwerk erklang, die anderen Damen und die drei Jünglinge zusammenrufen ließ. Bedächtigen Schrittes stiegen sie hinab in die Gefilde und lustwandelten, in mancherlei Gespräche vertieft, durch die taufrischen Wiesen, bis die Sonne sich hoch am Him-
3 mel erhoben hatte. Als die Königin fühlte, dass die Sonnenstrahlen wärmer wurden, lenkte sie ihre Schritte zum Haus zurück; dort angekommen, sorgte sie dafür, dass sich alle nach der leichten Anstrengung mit besten Weinen und Konfekt erfrischen konnten. Bis zur Essensstunde lustwandelten alle in dem lieblichen Garten. Als diese gekommen war und der Seneschall umsichtig alles vorbereitet hatte,

auch einige Tanzlieder gesungen worden waren, ließen sie sich, von
der Königin aufgefordert, zum Mahle nieder. Nachdem sie gut und 4
fröhlich gespeist hatten, vergaßen sie nicht, was sie verabredet hatten
und tanzten nach Instrumenten und Liedern einige Tänze. Anschlie-
ßend beurlaubte die Königin sie zur Siesta; einige legten sich zur
Ruhe nieder, andere vergnügten sich in dem Garten. Ein wenig nach 5
der neunten Stunde versammelten sich alle auf Wunsch der Königin
und wie gewohnt bei dem Brunnen. Nachdem die Königin ihren Eh-
renplatz eingenommen hatte, schaute sie Panfilo an und forderte ihn
lächelnd auf, mit den glücklich endenden Novellen zu beginnen. Die-
ser war gerne bereit und sprach wie folgt.

Erste Novelle

Cimone liebt und wird vernünftig; er raubt seine Dame Efigenia auf 1
*hoher See; in Rhodos gerät er in Gefangenschaft, aus der ihn Lisimaco
befreit. Beide zusammen entführen Efigenia und Cassandrea von ihrer
Hochzeit und fliehen mit ihnen nach Kreta und heiraten sie dort. Ge-
meinsam mit ihren Frauen werden sie nach Hause zurückgerufen.*

Liebreizende Damen, viele Novellen kommen mir in den Sinn, die 2
zum Auftakt eines heiteren Tages erzählt werden sollten; eine gefällt
mir aber besonders, weil sie nicht nur ein glückliches Ende hat, von
dem wir erzählen wollen, sondern weil ihr verstehen könnt, wie gött-
lich, mächtig und wohltätig Amors Kraft ist, die von vielen, die nicht
wissen, was sie reden, zu Unrecht verdammt und verunglimpft wird.
Wenn ich mich nicht täusche, so werdet ihr diese Novelle sehr schät-
zen, weil ihr, glaube ich, verliebt seid.

Wie wir also in alten Geschichten der Zyprer gelesen haben, lebte 3
auf Zypern ein Edelmann, der Aristippo genannt wurde und der rei-
cher an weltlichen Gütern als jeder seiner Landsleute war; und wenn

Fortuna ihm nicht ein Missgeschick zugeteilt hätte, wäre er zufriede-
4 ner als jeder andere gewesen. Neben anderen Kindern besaß er näm-
lich einen Sohn, der an Wohlgestalt und Schönheit des Leibes alle an-
deren Jünglinge übertraf, aber hoffnungslos dumm war; sein Name
war Galeso. Weder mit den pädagogischen Bemühungen eines Leh-
rers, noch mit den Schlägen oder Belohnungen seines Vaters oder auf
anderen Wegen hatte man ihm ein Fünkchen Wissen oder Bildung
eintrichtern können; wegen seiner groben und misstönenden Stim-
me und seines mehr tierischen als menschlichen Betragens wurde er
von allen spöttisch Cimone genannt, was in ihrer Sprache so viel wie
5 Schafskopf bedeuten sollte. Den Vater belastete es sehr, dass er sein
Leben vergeudete; da er keinen Hoffnungsschimmer mehr für ihn sah
und er den Grund seines Kummers aus den Augen haben wollte, be-
fahl er ihm, auf dem Land bei seinen Bauern zu leben. Das war Cimo-
ne nur recht, denn die Sitten und Bräuche der ungehobelten Men-
6 schen gefielen ihm besser als die der Städter. Cimone lebte also auf
dem Land und tat, was dort zu tun war, als es eines Tages geschah,
dass er um die Mittagszeit mit einem Stock über der Schulter von ei-
nem Gut zu einem anderen ging und einen schönen Hain betrat, der,

da es Mai war, in vollem Laub prangte. Als er so weiterging, führte 7
ihn sein Glück auf eine Wiese, die von hohen Bäumen umgeben war;
auf einer Seite war ein frischer und lieblicher Quell, neben dem im
grünen Gras ein wunderschönes Mädchen schlief, dessen zartes Ge-
wand fast nichts von seinem makellosen Leib verbarg; vom Gürtel ab-
wärts lag es unter einer weißen, leichten Decke, und zu seinen Füßen
schliefen zwei Frauen und ein Mann, ihre Dienerschaft. Als Cimone 8
sie erblickte, nicht anders, als hätte er noch nie zuvor eine weibliche
Gestalt gesehen, stützte er sich sprachlos auf seinen Stock und be-
trachtete sie aufmerksam und mit größter Bewunderung. In seinem
rohen und ungebildeten Geist, dem keine der vielen Belehrungen
eine Ahnung städtischen Geschmacks hatte geben können, erwachte
ein Gedanke, der ihm sagte, dass dies das Schönste sein müsste, was
ein menschliches Auge je gesehen hätte. Und er betrachtete die Ein- 9
zelheiten, pries ihre Haare, deren goldener Glanz ihm gefiel, und ihre
Nase, den Mund, den Hals und die Arme und vor allem die Brust, die
sich erst ein wenig wölbte. Und den Bauer, der mit einem Mal die
Schönheit beurteilen konnte, verlangte es, ihre Augen zu sehen, die
sie in tiefem Schlaf geschlossen hielt; und um sie zu sehen, überkam
ihn mehrfach die Versuchung, sie aufzuwecken. Da sie ihm aber schö- 10
ner als die Frauen erschien, die er bisher gesehen hatte, glaubte er, eine
Göttin vor sich zu haben; und er besaß so viel Einfühlungsvermögen,
dass ihm das Göttliche verehrungswürdiger erschien als das Weltli-
che; deswegen beherrschte er sich und wartete, bis sie von selbst er-
wachte. Obwohl ihm die Zeit lang wurde, konnte er, von einem bis-
her nicht gekannten Entzücken ergriffen, sich nicht losreißen. Nach 11
geraumer Zeit geschah es, dass das Mädchen, deren Name Efigenia
war, vor ihrer Begleitung erwachte, den Kopf hob, die Augen öffnete
und sah, dass Cimone auf seinen Stock gestützt vor ihr stand; voll
Verwunderung sagte sie: »Cimone, was suchst du denn hier um diese
Zeit?« Wegen seines Aussehens und wegen seiner Ungeschlachtheit 12
sowie wegen der Vornehmheit und des Reichtums seines Vaters war

Cimone allgemein bekannt. Auf Efigenias Worte antwortete er nichts; als er aber sah, dass sie die Augen geöffnet hatte, schaute er tief hinein, und ihr Liebreiz erfüllte ihn mit einer ihm noch unbekannten Won-
13 ne. Als das Mädchen sah, wie er sie anstarrte, befürchtete sie, dass er ihr in seiner Rüpelhaftigkeit zu nahe kommen könnte; sie rief ihre Dienerinnen herbei, stand auf und sagte: »Cimone, gehab' dich wohl.«
15 Worauf Cimone antwortete: »Ich komme mit dir.« Und obwohl das Mädchen, das sich vor ihm fürchtete, seine Begleitung zurückwies, wurde sie ihn nicht los, bis sie vor ihrem Haus angelangt waren; von dort aus begab er sich zum Haus seines Vaters und versicherte diesem, dass er nicht mehr aufs Land zurückkehren wollte. Der Vater und seine Angehörigen fanden das zwar beunruhigend, aber sie ließen ihn gewähren und wollten in Erfahrung bringen, warum er seinen Sinn
16 geändert hatte. Nachdem in Cimones Geist, der kein Wissen aufnehmen wollte, über die Schönheit Efigenias der Pfeil Amors eingedrungen war, hatte er sich ganz und gar verändert und brachte seinen Vater, seine Angehörigen und jeden, der ihn kannte, zum Erstaunen.
17 Zuallererst bat er seinen Vater, dass er ihn mit Kleidern und anderen Dingen so ausstattete, wie er es mit seinen Brüdern getan hatte; der
18 Vater tat das mit Freuden. Da er außerdem mit tüchtigen jungen Männern verkehrte und von ihnen vernahm, was sich für Edelleute und vor allem für Verliebte geziemte, lernte er zu jedermanns großer Bewunderung in kurzer Zeit nicht nur die Anfangsgründe der Wissen-
19 schaften, sondern wurde einer der tüchtigsten Philosophen. Danach – seine Liebe zu Efigenia war die Ursache aller Veränderungen – machte er nicht nur aus seiner rauhen und bäuerischen Stimme die wohlklingende eines Städters, sondern wurde darüber hinaus ein Meister der Musik und des Gesanges; im Reiten und in der Kriegskunst, zu Was-
20 ser wie zu Lande wurde er ein unerschrockener Experte. Um nicht alle seine verschiedenen Fähigkeiten im einzelnen aufzuzählen, sage ich nur, dass er keine vier Jahre nach dem Tag, als er sich verliebte, der anmutigste und bestens erzogene junge Mann war, der mehr Fähigkei-

ten und Tugenden besaß als irgendein anderer auf der Insel Zypern.
Was sollen wir, liebenswerte Damen, von Cimone denken? Sicher 21
waren alle hohen Fähigkeiten, die der Himmel seiner begabten Seele eingeflößt hatte, von der neidischen Fortuna in einem kleinen Teil seines Inneren mit starken Fesseln zusammengeschnürt und festgehalten worden; sie alle hat Amor, der mächtiger ist als sie, zerbrochen
und zerrissen; als ein Provokateur hat er die von grimmiger Finsternis 22
betäubten Geister mit seiner Macht ins helle Licht gestoßen und damit bewiesen, aus welcher Tiefe er die ihm unterworfenen Geister
zieht und wohin er sie mit seinem Glanze führt. Obwohl Cimone – 23
wie junge Liebende das häufig tun – in seiner Liebe zu Efigenia einiges übertrieb, so unterstützte ihn Aristippo nicht nur geduldig, sondern ermunterte ihn auch zu seinen Vergnügungen, weil er bedachte, dass schließlich die Liebe den Schafskopf in einen Menschen verwandelt
hatte. Cimone aber, der sich weigerte, wieder Galeso genannt zu wer- 24
den, weil Efigenia ihn so angesprochen hatte, wollte sein Verlangen zu einem ehrenvollen Ende führen und ließ wiederholt bei Cipseo, dem Vater Efigenias, um ihre Hand anhalten; Cipseo aber erwiderte jedes Mal, dass er sie Pasimundo versprochen habe, einem vornehmen jungen Mann aus Rhodos, und dieses Versprechen nicht bre-
chen wolle. Als die Zeit der verabredeten Hochzeit gekommen war 25
und Pasimundo um seine Frau geschickt hatte, sagte sich Cimone: »Efigenia, jetzt ist es Zeit zu zeigen, wie sehr ich dich liebe. Durch dich bin ich ein Mensch geworden; und wenn ich dich besitzen werde, glaube ich seliger zu sein als ein Gott. Entweder ich werde dich
gewinnen oder ich werde sterben.« Nach diesen Worten rief er einige 26
junge Edelleute zusammen, die seine Freunde waren, und ließ insgeheim ein Schiff für ein Treffen auf See ausrüsten; sie stachen in See und erwarteten das Schiff, auf dem Efigenia zu ihrem Gatten nach Rhodos gebracht werden sollte. Die Freunde ihres Gatten fuhren in Richtung Rhodos mit ihr los, nachdem ihr Vater sie in Ehren verab-
schiedet hatte. Cimone blieb nicht untätig und erreichte sie mit sei- 27

nem Schiff am folgenden Tag; und vom Bug seines Schiffes schrie er
hinüber: »Haltet an, zieht die Segel ein, oder ihr werdet überwältigt
28 und versenkt!« Die Gegner Cimones hatten schon die Waffen an
Deck geholt und waren bereit, sich zu verteidigen; Cimone ergriff ei-
nen Enterhaken, zog das Heck des Schiffes, das segelte, mit aller Kraft
heran und sprang, ohne auf die anderen zu warten, wild wie ein Löwe
auf das Schiff der Rhodesier, ohne sich um deren Anzahl zu küm-
mern; von der Liebe aufgestachelt, stürzte er sich mit einem Dolch in
der Hand mit übermenschlichem Ungestüm unter die Gegner, ver-
29 wundete und metzelte sie nieder, als seien es Schafe. Als die Rhode-
sier das sahen, warfen sie die Waffen nieder und ergaben sich gerade-
30 zu einmütig. Cimone wandte sich an sie: »Männer, weder die Lust auf
Beute noch Hass gegen euch haben mich dahin gebracht, euch auf of-
31 fener See zu überfallen. Was mich dazu getrieben hat, bedeutet mir
viel, wenn ich es erlange, und euch bedeutet es wenig, wenn ihr es mir
freiwillig überlasst. Es geht nämlich allein um Efigenia, die von mir
über alles geliebt wird und die ich von ihrem Vater nicht in Frieden
und Freundschaft habe erhalten können; so hat die Liebe mich ge-
32 zwungen, sie mir von euch mit Waffengewalt zu holen. Ich beanspru-
che, ihr das zu sein, was euer Pasimundo ihr sein sollte. Gebt sie mir
33 und fahrt mit Gottes Segen weiter.« Die Männer wichen eher der Ge-
walt als der Großmut und lieferten Cimone die schluchzende Efigenia
aus. Als er ihre Tränen bemerkte, sagte er: »Edle Frau, sei nicht be-
trübt; ich bin dein Cimone, der dich durch seine lange Liebe besser
34 verdient hat als Pasimundo durch eine Verlobung.« Er ließ sie auf sein
Schiff bringen, ohne irgendetwas anderes anzurühren, kehrte selbst
35 zu seinen Gefährten zurück und ließ die anderen davonsegeln. Cimo-
ne war natürlich überglücklich über seine teure Beute; nachdem er
aber einige Zeit damit zugebracht hatte, die weinende Efigenia zu
trösten, beschlossen er und seine Gefährten, nicht sofort nach Zy-
pern zurückzukehren; sie kamen überein, ihr Schiff nach Kreta zu
steuern, wo ein jeder und vor allem Cimone alte und neue Verwandte

sowie viele Freunde hatten, und sie sich sicher glaubten. Aber die un- 36
beständige Fortuna, die Cimone zwar die Erlangung seiner Geliebten
freundlich gewährt hatte, verwandelte die unschätzbare Freude des
verliebten Jünglings mit einem Mal in bittere Tränen. Es waren noch 37
keine vier Stunden vergangen, seit Cimone die Rhodesier verlassen
hatte, als bei Einbruch der Nacht – die Cimone sich angenehmer als
jede andere zuvor vorgestellt hatte – ein heftiger Sturm aufzog, der
den Himmel mit Wolken bedeckte und das Meer mit wütenden Win-
den aufwühlte; man sah die Hand nicht mehr vor Augen, man konnte
sich nicht auf den Füßen halten und irgendetwas tun. Natürlich war 38
Cimone sehr niedergeschlagen. Es schien ihm, als hätten ihm die
Götter sein Verlangen erfüllt, damit der Tod, den er zuvor nicht ge-
fürchtet hatte, ihm umso schmerzlicher werde. Bekümmert waren 39
auch seine Gefährten, vor allem aber jammerte Efigenia, die laut
weinte und bei jedem Wellenstoß erschrak; bitterlich verwünschte
sie die Liebe Cimones; sie schalt ihn wegen seiner Verwegenheit und
behauptete, dass der unselige Sturm aufgezogen sei, weil die Götter
es nicht wollten, dass er, der sie gegen ihren Willen zur Frau haben
wollte, seines anmaßenden Verlangens froh werde, sondern zusa-
hen, wie sie sterbe und er danach elend umkomme. Der Sturm wütete 40
immer heftiger, und die Seeleute wussten nicht mehr, was sie hätten
tun können; ohne zu wissen, wohin sie getrieben wurden, kamen sie
unter lautem Wehgeschrei in die Nähe der Insel Rhodos; und ohne zu
ahnen, dass es Rhodos war, bemühten sie sich mit allen Mitteln, ir-
gendwie an Land zu kommen, um ihr Leben zu retten. Fortuna war 41
ihnen wohlgesonnen und führte sie in eine kleine Bucht, wo kurz zu-
vor auch die Rhodesier mit ihrem Schiff gelandet waren, die Cimone
hatte wegfahren lassen. Sie merkten erst, dass sie in Rhodos waren,
als sie im ersten Morgenlicht kaum einen Bogenschuss entfernt das
Schiff liegen sahen, das sie am Tag zuvor freigelassen hatten. Cimone 42
war hierüber sehr erschrocken und fürchtete, dass geschehen werde,
was geschah; er befahl, alles zu versuchen, um wieder ins offene Meer

zu kommen, um auf gut Glück woanders hinzusegeln, denn an einem
43 noch schlechteren Ort konnten sie sich gar nicht aufhalten. Vergeblich setzten sie alle Kräfte ein, um wegzukommen, aber es schlug ihnen ein starker Wind entgegen, so dass es ihnen nicht gelang, aus der Bucht herauszukommen, und sie, ob sie es wollten oder nicht, an
44 Land gedrückt wurden. Als sie nahe genug waren, wurden sie von den Seeleuten des Schiffes aus Rhodos, die an Land gegangen waren, erkannt; einer von diesen lief in einen nahegelegenen Ort, wo sich die jungen Edelleute aufhielten, und erzählte ihnen, dass Cimone mit Efigenia auf ihrem Schiff zufällig dort gelandet war, wo sie lagen.
45 Kaum hatten jene das vernommen, nahmen sie viele Leute mit und eilten an den Strand. Cimone, der mit den Seinen schon an Land gegangen war und vorhatte, in einen nahegelegenen Wald zu entfliehen, wurde mit Efigenia festgenommen und in den Ort gebracht. Aus der Stadt kam Lisimaco, der in jenem Jahr das höchste Amt in Rhodos innehatte, mit einer großen Schar Bewaffneter herbei, so wie es Pasimundo in die Wege geleitet hatte, nachdem ihm die Neuigkeit zugetragen worden war und er beim Senat von Rhodos Klage geführt hat-
46 te. Auf diese Weise verlor der arme, verliebte Cimone seine Efigenia, kurz nachdem er sie erobert und ihr kaum einen Kuss entrissen hatte.
47 Efigenia wurde von den edlen Damen der Insel Rhodos aufgenommen; sie sprachen ihr Trost zu wegen der gewaltsamen Entführung und wegen des Ungemachs, das sie während des Sturms ertragen
48 musste; bei ihnen hielt sie sich bis zum Tage der Hochzeit auf. Obwohl Pasimundo alles tat, was in seiner Macht stand, um Cimone und seine Gefährten mit dem Tode bestrafen zu lassen, ließ man ihnen das Leben, weil sie den jungen Leuten aus Rhodos die Freiheit geschenkt hatten, und verurteilte sie zu lebenslangem Gefängnis. Dies ertrugen sie, wie man sich denken kann, in großer Niedergeschlagenheit und ohne die geringste Hoffnung. Pasimundo aber drängte auf
49 die Vorbereitung der kommenden Hochzeit. Aber Fortuna, als reute sie das Leid, das sie Cimone zugefügt hatte, ließ etwas Neues für sei-

ne Rettung geschehen. Pasimundo hatte einen Bruder, der jünger an Jahren, aber ihm ebenbürtig an Tugend war; er hieß Ormisda und stand schon seit langem in Unterhandlungen, um eine edle junge Dame namens Cassandrea zu heiraten, die Lisimaco leidenschaftlich liebte. Um verschiedener Ereignisse willen war die Hochzeit mehrfach aufgeschoben worden. Pasimundo, der seine eigene Hochzeit 50
mit großem Aufwand vorbereitete, dachte, dass es gut wäre, um nicht zweimal Geld ausgeben und feiern zu müssen, wenn er es einrichten könnte, dass Ormisda mit ihm zusammen heiratete. Deswegen verhandelte er noch einmal mit den Eltern Cassandreas und führte alles zu einem guten Ende. Gemeinsam mit ihnen beschlossen er und sein Bruder, dass Pasimundo Efigenia und Ormisda Cassandrea an demselben Tag heimführen sollten. Lisimaco gefiel diese Neuigkeit über- 51
haupt nicht, denn er sah sich der Hoffnung beraubt, dass, wenn Ormisda Cassandrea nicht erhielte, er selbst sie bekommen würde. Er 52
war klug genug, um seinen Ärger für sich zu behalten; er dachte darüber nach, wie er das bevorstehende Ereignis verhindern könnte, und sah keine andere Möglichkeit, als die Braut zu entführen. Einerseits 53
erschien ihm so etwas wegen seines Amtes leicht, andererseits auch ziemlich schändlich; kurzum, der Anstand wich der Liebe, und er beschloss, welche Folgen es auch immer hätte, Cassandrea zu entführen. Und als er sich überlegte, wie er vorgehen und welche Gefährten er 54
gewinnen müsste, erinnerte er sich an Cimone, den er samt seiner Begleitung immer noch gefangenhielt. Er dachte, dass er für dieses Unternehmen keinen besseren und verlässlicheren Gefährten als Cimone gewinnen könnte. So ließ er ihn in der folgenden Nacht heimlich 55
zu sich kommen und sprach wie folgt zu ihm: »Cimone, so wie die Götter großzügig und freimütig die Menschen beschenken, so prüfen sie auch mit Scharfblick ihre Tugenden; und die sie bei allen Gelegenheiten fest und standhaft sehen, wählen sie als die Tüchtigsten für höhere Verdienste aus. Sie haben für deine Tugenden ein weiteres Be- 56
tätigungsfeld ausgesucht, als du es innerhalb der Mauern des väterli-

chen Hauses, in dem sich, soviel ich weiß, die Reichtümer häufen,
finden konntest. Denn mit Hilfe des Ansporns der Liebe haben sie
dich, wie ich gehört habe, vom blöden Tier zum Menschen werden
lassen; dann haben sie mit einem harten Missgeschick und einer qual-
vollen Gefangenschaft erproben wollen, ob dein Sinn sich verändert
57 hat, seitdem du die Beute glücklich besessen hast. Wenn er derselbe
wie vormals geblieben ist, so bieten sie dir jetzt eine unerhörte Chan-
ce, glücklich zu werden. Damit du die dir eigenen Kräfte sammelst
58 und Mut fasst, werde ich dir sagen, worin sie besteht. Pasimundo, der
zufrieden über dein Unglück ist und beharrlich auf deinen Tod sinnt,
wird so rasch wie möglich deine Efigenia ehelichen, damit er sich end-
lich der Beute erfreuen kann, die eine wohlwollende Fortuna dir ge-
währt und eine missgünstige dir genommen hat. Wie sehr dich das
schmerzen sollte, wenn du Efigenia liebst, wie ich glaube, dass du sie
liebst, weiß ich selbst nur zu gut, weil für denselben Tag sein Bruder
Ormisda sich anschickt, mir die gleiche Schmach mit Cassandrea an-
59 zutun, die ich über alles liebe. Um eine solche Schmach und eine sol-
che Widrigkeit Fortunas abzuwenden, hat sie uns allein die Tapfer-
keit unserer Herzen und unsere Fäuste gelassen, damit wir unsere
Schwerter ergreifen sollen, um entweder wie du zum zweiten oder
ich zum ersten Male uns unsere Frauen zu holen. Die Götter haben es
also in deine Hände gelegt, dass, wenn du – ich sage nicht deine Frei-
heit, denn ohne deine Dame scherst du dich wenig um sie – deine teu-
re Geliebte zurückhaben willst, du dich meinem Vorhaben anschlie-
60 ßen kannst.« Diese Worte ließen Cimones Lebensgeister neu erwa-
chen; ohne zu zögern, antwortete er: »Lisimaco, du wirst keinen
tapfereren und treueren Gefährten als mich für dein Unternehmen
finden, sofern ich bekomme, was du sagst; deswegen sage mir, was
ich tun soll, befiehl es mir, und du wirst dich wundern, wozu ich fähig
61 bin.« Worauf Lisimaco sagte: »Heute in drei Tagen werden die Bräute
ins Haus ihrer Ehemänner geführt werden; gegen Abend wirst du mit
deinen Gefährten und mit einigen von meinen Leuten, auf die ich

mich verlassen kann, bewaffnet dort eindringen, sie mitten aus dem Fest rauben und auf ein Schiff bringen, das ich heimlich ausgerüstet habe; ihr werdet jeden, der sich euch entgegenzustellen versucht, niedermachen.« Cimone war mit dem Plan einverstanden, und bis zum 62
festgesetzten Termin blieb er ruhig in seinem Gefängnis. Als der 63
Hochzeitstag gekommen war, gab es ein prächtiges Fest, und eine fröhliche Gesellschaft füllte das Haus der beiden Brüder. Cimone und 64
seine Gefährten und die Freunde trugen Waffen unter ihren Kleidern, und Lisimaco, der alles vorbereitet und sie mit vielen Worten angefeuert hatte, teilte sie zur angemessenen Zeit in drei Trupps ein; einen schickte er vorsichtshalber zum Hafen, damit niemand sie daran hindern konnte, das Schiff zu besteigen; mit den beiden anderen zog er zum Haus Pasimundos und ließ einen vor der Tür, damit niemand sie einsperren noch daran hindern konnte, hinauszukommen; mit dem letzten Trupp und Cimone stiegen sie die Treppe hinauf. Sie 65
drangen in den Saal ein, wo sich die beiden Bräute mit vielen Damen bereits zum Mahl niedergelassen hatten, warfen die Tische um, packten jeder die seine, übergaben sie ihren Gefährten, damit sie sie sofort auf das Schiff brachten. Die Bräute weinten und schrien ebenso wie 66
die übrigen Frauen und Diener, und das ganze Haus füllte sich mit Lärm und Geschrei. Aber mit gezückten Schwertern hielten Cimone, 67
Lisimaco und ihre Gefährten den Weg frei zur Treppe; als sie hinuntereilten, geschah es, dass Pasimundo sich auf den Lärm hin mit einem großen Knüppel bewaffnet hatte und ihnen entgegentrat; Cimone spaltete ihm mit einem kräftigen Hieb den Schädel und ließ ihn tot auf der Treppe liegen. Als der unglückliche Ormisda zur Hilfe her- 68
beistürzte, wurde auch er von Cimone erschlagen, wie auch einige andere, die hinzukamen, von den Gefährten Lisimacos oder Cimones verwundet und zurückgeschlagen wurden. Sie verließen ein Haus 69
voll Blut, Lärm, Wehgeschrei und Kummer und erreichten ohne weiteres Hindernis mit ihrer Beute direkt das Schiff; sie schafften die Frauen hinein, bestiegen es eiligst selbst mit ihren Gefährten; und da

sich am Ufer schon bewaffnetes Volk versammelt hatte, um die Frau-
en zu befreien, ließen sie die Ruder eintauchen und fuhren frohgemut
70 davon. In Kreta angekommen, wurden sie von vielen Freunden und
Verwandten freudig empfangen; nachdem sie ihre Damen geheiratet
und fröhlich gefeiert hatten, genossen sie ihren Raub. Auf Zypern
und auf Rhodos erregte und empörte man sich lange Zeit über ihre
71 Taten. Aber schließlich setzten sich dort wie hier Freunde und Ver-
wandte für sie ein und fanden einen Weg, dass Cimone mit Efigenia
glücklich nach Zypern und Lisimaco mit seiner Cassandrea glücklich
nach Rhodos zurückkehren konnten. Und alle wurden noch lange
Zeit ihres Lebens in ihrer Heimat froh.

Zweite Novelle

1 *Gostanza liebt Martuccio Gomito; als sie hört, dass er tot sei, besteigt sie verzweifelt ein Boot, das vom Wind nach Susa getrieben wird; in Tunis findet sie ihren Geliebten, der am Leben ist, wieder und gibt sich ihm zu erkennen; wegen seiner Ratschläge steht er beim König in hohem Ansehen; er heiratet sie und kehrt mit ihr als reicher Mann nach Lipari zurück.*

2 Als die Königin das Ende der Novelle Panfilos vernommen hatte, lobte sie sie sehr und gebot Emilia, mit dem Erzählen fortzufahren. Diese begann wie folgt:

3 Jedermann soll sich zu Recht darüber freuen, wenn seine Wünsche belohnt werden; und weil die Liebe eher Lust als Leid verdient, gehorche ich heute der Königin mit größerem Vergnügen als unserem König gestern.

4 Ihr müsst wissen, edle Damen, dass nahe bei Sizilien die Insel Lipari gelegen ist; dort wohnte vor nicht allzu langer Zeit ein wunderschönes Mädchen mit Namen Gostanza, Spross einer angesehenen

Familie. In diese verliebte sich Martuccio Gomito, ein junger Mann,
sittsam, artig und tüchtig in seinem Gewerbe. Auch sie war in ähnli- 5
cher Weise für ihn entflammt und fühlte sich nur wohl, wenn sie ihn
sah. Da Martuccio wünschte, sie zu heiraten, ließ er bei dem Vater um
ihre Hand anhalten; dieser antwortete, jener sei zu arm, und er wolle
sie ihm nicht geben. Martuccio empörte es, dass er wegen seiner Ar- 6
mut abgewiesen wurde; und er verschwor sich mit einigen seiner
Freunde und Verwandten, Lipari nicht mehr zu betreten, bevor er
nicht reich geworden sei. Er brach auf und begann vor der Küste Nord-
afrikas Freibeuterei zu betreiben; er plünderte einen jeden aus, der
schwächer war als er selbst; hierbei wäre Fortuna ihm hold geblieben,
wenn er bei seinen glücklichen Unternehmungen nur Maß gehalten
hätte. Während es ihm und seinen Gefährten aber nicht genügte, in 7
kurzer Zeit sehr reich geworden zu sein, sondern sie immer noch rei-
cher werden wollten, geschah es, dass er mit seinen Gefährten von
einigen sarazenischen Schiffen nach langer Gegenwehr gefangen und
ausgeraubt wurde; die meisten von ihnen wurden von den Sarazenen
ertränkt, ihr Schiff wurde versenkt, und er selbst wurde nach Tunis
geschafft und dort in elender Gefangenschaft gehalten. Durch mehr 8

als eine Person gelangte die Nachricht nach Lipari, dass alle, die auf
9 Martuccios Schiff waren, ertränkt worden seien. Als das Mädchen,
das die Abreise Martuccios zutiefst betrübt hatte, erfuhr, dass er mit
den anderen umgekommen sei, weinte sie lange und beschloss, ihrem
Leben ein Ende zu setzen. Sie ertrug es aber nicht, sich selbst Gewalt
10 anzutun, und suchte auf neue Art den sicheren Tod. Heimlich verließ
sie eines Nachts das Haus ihres Vaters und ging zum Hafen; dort fand
sie zufällig, etwas abgelegen von den anderen Schiffen, ein kleines Fi-
scherboot, auf dem die Besitzer, die es eben erst verlassen hatten,
11 Mastbaum, Segel und Ruder zurückgelassen hatten. Sie bestieg es so-
fort und ruderte ins Meer hinaus; da sie wie alle Frauen der Insel mit
der Seefahrt etwas vertraut war, setzte sie die Segel, warf Ruder und
12 Steuer fort und überließ sich ganz dem Wind; sie glaubte gewiss, dass
der Wind entweder das steuerlose und unbeladene Schiff umstürzen
oder an eine Klippe werfen und zerschellen lassen werde, so dass sie,
auch wenn sie es wollte, sich nicht mehr retten könnte und notwen-
digerweise ertrinken werde. Und so verhüllte sie ihr Haupt mit einem
13 Mantel und kauerte sich weinend in dem Boot nieder. Es geschah aber
alles anders, als sie es sich ausgedacht hatte. Es wehte nämlich ein
sanfter Nordwind, das Meer blieb ruhig, und das Boot wurde am
Abend des folgenden Tages etwa hundert Meilen von Tunis entfernt
14 an einen Strand in der Nähe von Susa getragen. Das Mädchen spürte
nicht, dass sie an Land und nicht mehr auf dem Meer war, denn sie
hatte inzwischen kein einziges Mal den Kopf aufgerichtet und wollte
15 das auch nicht tun. Als das Boot auf Sand lief, befand sich zufällig ein
armes Weib am Strand, um die Netze der Fischer aus der Sonne zu
16 nehmen. Sie wunderte sich, dass das Boot mit vollem Segel an Land
getrieben war und dachte, der Fischer sei eingeschlafen, und schaute
in das Boot; dort entdeckte sie aber nur das Mädchen. Da es fest
schlief, sprach sie es wiederholt laut an, weckte es auf und erkannte an
der Kleidung, dass es eine Christin war; da sie italienisch sprach, frag-
te sie, wieso es alleine mit dem Boot an Land getrieben worden war.

Das Mädchen glaubte, als es die italienische Sprache hörte, dass ein 17
Wind es nach Lipari zurückgetrieben habe; es sprang auf, schaute um
sich, ohne die Gegend zu kennen, und fragte die gute Frau, wo es
wäre. Diese antwortete: »Töchterchen, du bist nahe bei Susa in der 18
Berberei.« Als das Mädchen das hörte, war es betrübt, dass Gott ihm 19
den Tod nicht hatte schicken wollen; es fürchtete die Schande, wusste
nicht, was es tun sollte, und sank bitterlich weinend neben dem Boot
nieder. Als die gute Frau das sah, wurde sie vom Mitleid gerührt und 20
bat inständig darum, dass das Mädchen in ihre Hütte mitkommen
solle; hier redete sie ihm gut zu, so dass Gostanza erzählte, wie sie
hergekommen war. Daraus entnahm die gute Frau, dass sie noch
nüchtern war, brachte etwas hartes Brot, Fisch und Wasser herbei
und drängte sie, etwas zu essen. Gostanza fragte nun, wer sie sei und 21
wieso sie so gut italienisch spreche; die gute Frau antwortete, dass sie
aus Trapani komme, Carapresa heiße und hier einigen christlichen Fi-
schern diene. Gostanza war zwar äußerst niedergeschlagen, aber als 22
sie den Namen Carapresa, ›Guter Fang‹, hörte, hielt sie das, ohne zu
wissen warum, für ein günstiges Vorzeichen, fasste neue Hoffnung,
ohne zu wissen worauf, und vergaß ein wenig den Wunsch zu ster-
ben. Ohne preiszugeben, wer sie sei und woher sie komme, bat sie die
gute Frau eindringlich, dass sie um Gottes willen Mitleid mit ihrer
Jugend haben und ihr beistehen möchte, damit ihr keine Schande an-
getan werde. Carapresa hatte ein gutes Herz, holte, als sie das gehört 23
hatte, rasch ihre Netze herein, hüllte Gostanza in ihren Mantel und
brachte sie nach Susa; dort sprach sie zu ihr: »Gostanza, ich werde 24
dich in das Haus einer rechtschaffenen sarazenischen Dame bringen,
der ich oft in ihren Dingen zu Diensten bin; es ist eine Dame alter Art
und voller Barmherzigkeit. Ich werde dich ihr empfehlen, so gut ich es
kann, und ich bin sicher, dass sie dich gerne wie eine Tochter aufneh-
men und behandeln wird; und während du bei ihr bist, solltest du al-
les tun, um ihr Wohlwollen zu gewinnen, bis Gott dir etwas Besseres
senden wird.« Und sie tat, was sie gesagt hatte. Die Dame, die alt war, 25

hörte Carapresa an, schaute dem Mädchen in die Augen, begann zu
weinen, umarmte sie und küsste sie auf die Stirn; dann führte sie sie
ins Haus, wo sie mit anderen Frauen ohne Mann wohnte und alle ver-
schiedene Handarbeiten verrichteten, entweder aus Seide, Palmblät-
26 tern oder Leder. Das Mädchen erlernte in wenigen Tagen einiges da-
von und konnte zusammen mit den übrigen arbeiten; sie erwarb in
wunderbarer Weise die Zuneigung und das Wohlwollen der guten
Dame und der anderen Frauen; und sie erlernte, da jene sie unterwie-
27 sen, auch ihre Sprache. Während das Mädchen in Susa weilte und zu
Hause als verschollen und tot beweint wurde, geschah es, dass ein
Jüngling aus großem und mächtigem Haus, der sich in Granada auf-
hielt, behauptete, dass das Königreich Tunis ihm zustehe, und mit ei-
nem gewaltigen Heer gegen den König von Tunis, der sich Meriabdela
28 nannte, ins Feld zog, um ihn zu verjagen. Diese Nachrichten gelang-
ten im Gefängnis zu Ohren des Martuccio Gomito, der die Sprache
der Berber gut verstand; er hörte, dass der König von Tunis große An-
strengungen für seine Verteidigung machte, und sagte zu einem, der
ihn und seine Gefährten bewachte: »Wenn ich mit dem König spre-
chen dürfte, so traute ich mir zu, ihm einen Rat zu geben, um diesen
29 Krieg zu gewinnen.« Der Wärter sagte diese Worte seinem Haupt-
mann, und dieser hinterbrachte sie sofort dem König. Der König be-
fahl Martuccio zu sich und fragte ihn, welchen Rat er ihm zu geben
30 hätte; er antwortete wie folgt: »Herr, wenn ich einst, als ich mich in
diesen Landen umsah, Eure Kriegführung richtig beobachtet habe,
so beruht sie vor allem auf den Bogenschützen. Wenn also Eurem
Feind die Pfeile ausgingen und Ihr deren im Überfluss hättet, so könn-
31 tet Ihr die Schlacht gewinnen.« Worauf der König sagte: »Wenn das
32 zu erreichen wäre, würde ich zweifellos gewinnen.« Darauf sagte
Martuccio: »Herr, sofern Ihr es wollt, wird es machbar sein. Hört nur,
wie. Ihr müsst Eure Bogen mit dünneren Sehnen ausrüsten, als sie üb-
lich sind, und dann Pfeile anfertigen, deren Kerben allein für diese
dünnen Sehnen geeignet sind. Dies muss heimlich geschehen, damit

Euer Feind es nicht erfährt und sich nicht darauf einstellen kann. All 33
das geschieht aus folgendem Grund: Wenn die Bogenschützen Eures
Feindes ihre Pfeile und Eure Bogenschützen die ihren verschossen
haben, werden die feindlichen Bogenschützen die Pfeile auflesen, die
Eure Leute verschossen haben, und diese werden die feindlichen Pfei-
le auflesen. Aber die Feinde werden Eure Pfeile nicht gebrauchen 34
können, weil die Kerben zu klein für ihre Sehnen sind, während für
Eure Schützen das Gegenteil gilt, weil die dünnen Sehnen ohne wei-
teres die breiten Kerben aufnehmen. Ihr werdet Pfeile im Überfluss
haben, den Feinden werden sie fehlen.« Der König war ein kluger 35
Herr, und der Vorschlag Martuccios gefiel ihm. Er folgte ihm beden-
kenlos und gewann den Krieg. Martuccio gewann sein uneinge-
schränktes Wohlwollen und erlangte großen Reichtum und hohe Eh-
ren. Sein Ruhm ging durch die Lande, und Gostanza erfuhr, dass 36
Martuccio Gomito, den sie lange Zeit für tot gehalten hatte, noch leb-
te. Ihre Liebe, die schon etwas nachgelassen hatte, flammte mit einem
Mal wieder auf, wurde noch heftiger als zuvor, und die Hoffnung er-
stand aufs neue. Deswegen eröffnete sie der guten Dame vollständig 37
ihr Geschick und sagte ihr, dass sie nach Tunis gehen wolle, um ihre
Augen mit dem zu sättigen, auf den die Gerüchte und Erzählungen sie
so neugierig gemacht hätten. Die Dame war des Lobes voll für ihr Be- 38
gehren; als wäre sie ihre Mutter, bestieg sie zusammen mit ihr ein
Boot nach Tunis, wo sie und Gostanza bei einer Verwandten in Ehren
aufgenommen wurden. Da auch Carapresa mit ihnen gekommen war, 39
schickte sie diese aus, um alles über Martuccio herauszufinden. Als
diese berichtete, dass er lebte und ein großer Herr sei, gefiel es der ed-
len Dame, dass sie Martuccio darüber unterrichten wollte, dass seine
Gostanza zu ihm gekommen sei. Sie ging also dorthin, wo Martuccio 40
sich aufhielt, und sagte ihm: »Martuccio, bei mir zu Hause befindet
sich einer deiner Diener aus Lipari, der dich insgeheim sprechen
möchte; weil er sich niemandem anders anvertrauen wollte, bin ich
selbst hergekommen, um dich zu benachrichtigen.« Martuccio be-

41 dankte sich und begab sich zu ihr. Als das Mädchen ihn erblickte, war
sie nahe daran, vor Freude zu sterben; sie konnte sich nicht beherr-
schen, fiel ihm sogleich um den Hals und begann aus Freude und in
Erinnerung an das vergangene Unglück wortlos und zärtlich zu wei-
42 nen. Martuccio betrachtete sie verwundert und sagte seufzend: »O
meine Gostanza, du lebst? Schon lange ist es her, dass ich hörte, du
seiest verschollen und bei uns zu Hause wusste niemand etwas von
dir.« Mit diesen Worten umarmte und küsste er sie zärtlich und unter
43 Tränen. Gostanza erzählte ihm ihr Geschick und berichtete ihm von
der ehrenvollen Aufnahme bei der edlen Dame, in deren Gesellschaft
44 sie sich befand. Nach ausführlichen Gesprächen trennte Martuccio
sich von ihr und begab sich zum König; er erzählte ihm alles, was ihm
und was dem Mädchen zugestoßen war; und er fügte hinzu, dass er
seine Erlaubnis erbitte, sie nach dem Glauben der Christen zu heira-
45 ten. Der König war verwundert über all dies; er ließ das Mädchen
kommen, und als er auch von ihr hörte, was Martuccio gesagt hatte,
46 sagte er: »Nun hast du ihn als Gatten wohl verdient.« Er ließ großarti-
ge und prächtige Geschenke bringen, die er an sie und an Martuccio
verteilte, und er gab ihnen die Erlaubnis, nach ihren Wünschen über
47 sich zu entscheiden. Martuccio erwies der edlen Dame, die Gostanza
aufgenommen hatte, viele Ehren und dankte ihr für das, was sie für
sie getan hatte; er beschenkte sie angemessen und empfahl sie Gott;
unter vielen Tränen verabschiedete sich Gostanza von ihr. Mit Erlaub-
nis des Königs bestiegen beide zusammen mit Carapresa ein Schiff
und kehrten mit günstigen Winden nach Lipari zurück. Dort wurden
48 sie mit unbeschreiblicher Freude empfangen. Martuccio heiratete sie
und richtete eine großartige Hochzeit aus; gemeinsam genossen sie
ihre Liebe noch lange in Ruhe und Frieden.

Dritte Novelle

Pietro Boccamazza flieht mit Agnolella; er stößt auf Räuber; das Mädchen flieht durch einen Wald und wird auf eine Burg geleitet; Pietro wird gefangen, entkommt den Räubern und gelangt nach einigem Ungemach zu der Burg, wo sich Agnolella aufhält. Er heiratet sie und kehrt nach Rom zurück. 1

Niemand war unter allen, der die Novelle Emilias nicht gelobt hätte; 2 als die Königin sah, dass sie beendet war, wandte sie sich Elissa zu und gebot ihr fortzufahren; diese tat das gerne und begann:

Liebenswerte Damen, mir fällt ein, wie zwei unbedachte junge 3 Leute eine böse Nacht verbracht haben; da aber fröhliche Tage darauf folgten und dies unserem Thema entspricht, möchte ich sie euch erzählen.

In Rom, das einst das Haupt der Welt war, heute aber deren 4 Schwanz ist, lebte vor kurzem ein junger Mann, der einer der vornehmen römischen Familien entstammte und Pietro Boccamazza hieß. Dieser verliebte sich in ein wunderschönes und liebreizendes Mädchen, das Agnolella hieß und die Tochter eines Plebejers namens Gigliuozzo Saullo war, der aber bei den Römern sehr beliebt war.
Pietro verstand es, sie von seiner Liebe so zu überzeugen, dass sie ihn 5
nicht weniger liebte als er sie. Pietro wurde von der Leidenschaft ge- 6
trieben, er konnte das quälende Verlangen nach ihr nicht länger ertragen und hielt um ihre Hand an. Das erfuhren seine Verwandten, kamen zu ihm und wiesen ihn wegen seines Vorhabens zurecht; andererseits ließen sie Gigliuozzo Saullo sagen, dass er auf den Antrag Pietros nicht eingehen solle, wenn er es täte, würden sie ihn weder als
Freund noch als Verwandten annehmen. Als Pietro sah, dass ihm der 7
Weg, ans Ziel seines Verlangens zu kommen, verwehrt wurde, wollte er vor Kummer sterben. Hätte Gigliuozzo zugestimmt, hätte er auch gegen den Willen seiner Verwandten das Mädchen zur Frau genom-

8 men. In seinem Herzen nahm er sich vor, das Mädchen, wenn sie zu-
stimmte, zu heiraten; und als er über eine dritte Person vernommen
hatte, dass sie einwilligte, kam er mit ihr überein, aus Rom zu fliehen.
9 Alles wurde vorbereitet, Pietro und Agnolella bestiegen eines Tages in
aller Frühe die Pferde und schlugen den Weg nach Anagni ein, wo
Pietro Freunde hatte, denen er vertraute. Während des Ritts hatten
sie kaum Zeit, um Hochzeit zu feiern, weil sie fürchteten, verfolgt zu
werden; so sprachen sie über ihre Liebe und gaben sich auch einmal
10 einen Kuss. Es geschah nun, als sie etwa acht Meilen von Rom ent-
fernt waren, dass sie, weil Pietro den Weg nicht so genau kannte, den
Weg nach links statt nach rechts einschlugen; sie waren noch nicht
mehr als zwei Meilen geritten, als sie in die Nähe einer Burg kamen,
aus der man sie gesehen hatte, und aus der mit einem Mal ein Dut-
11 zend Bewaffneter hervorbrachen. Als sie sich näherten, erblickte das
Mädchen sie und rief: »Pietro, weg von hier, wir werden überfallen!«
Und sie lenkte auf der Stelle ihr Pferd in einen großen Wald, gab ihm
die Sporen und hielt sich am Sattelknopf fest. Das Pferd galoppierte
12 davon und trug sie in den Wald. Pietro, der mehr sie anschaute, als
dass er auf den Weg achtete, hatte die Bewaffneten nicht so schnell

wie sie bemerkt und wurde von ihnen festgehalten, bevor er sah, wo-
her sie kamen; sie hießen ihn vom Pferd steigen und fragten ihn, wer
er sei; als sie es erfuhren, berieten sie untereinander und meinten: »Er
ist ein Freund unserer Feinde. Was sollen wir anderes mit ihm ma-
chen, als ihm die Kleider und das Pferd wegnehmen und dann zum
Schimpf der Orsini an einer Eiche aufhängen?« Sie einigten sich auf 13
diesen Entschluss und befahlen Pietro, sich auszuziehen. Als er dies
tat und sein Schicksal erraten konnte, geschah es, dass aus einem Hin-
terhalt plötzlich fünfundzwanzig Bewaffnete mit dem Ruf hervor-
brachen: »Tod oder Leben!« Überrascht ließen die einen von Pietro ab 14
und setzten sich zur Wehr; da die Angreifer in der Überzahl waren,
ergriffen sie die Flucht, die anderen stürzten ihnen nach. Als Pietro
das sah, raffte er seine Sachen zusammen, sprang auf sein Pferd und
entfloh, so schnell er konnte, in die Richtung, in die auch das Mäd-
chen entkommen war. Im Wald waren weder Pfad oder Weg zu sehen 15
noch Pferdespuren zu erkennen, er war aber sicher, dass er denen, die
ihn überfallen hatten, und ihren Angreifern entkommen war; als er
seine Geliebte nicht finden konnte, irrte er unter Tränen und zutiefst
betrübt laut rufend durch das Dunkel; aber keine Stimme antwortete 16
ihm; er getraute sich nicht umzukehren und wusste nicht, wohin er
gelangen würde, wenn er weiterginge; außerdem fürchtete er wegen
der wilden Tiere sowohl um sein eigenes Leben wie um das Leben sei-
ner Geliebten, und er hatte Angst, dass ein Bär oder ein Wolf sie ange-
fallen hätte. Einen ganzen Tag lang zog der unglückliche Pietro also 17
unter lautem Rufen durch den Wald, manchmal ritt er den Weg zu-
rück, während er glaubte, vorwärtszureiten; und schließlich war er
vom Rufen, vom Klagen, von der Angst und vom Hunger so er-
schöpft, dass er nicht mehr weiterkonnte. Er bemerkte, dass die Nacht 18
hereingebrochen war und sah keinen anderen Ausweg, als sein Pferd
an eine mächtige Eiche zu binden und selbst hinaufzusteigen, um
nicht während der Dunkelheit von wilden Tieren zerrissen zu wer-
den. Kurz darauf ging der Mond auf, und es wurde fast so hell wie am 19

Tage; aber Pietro hatte Angst einzuschlafen und vom Baum zu stür-
zen; auch wenn seine Lage bequemer gewesen wäre, hätten ihn das
Bangen und die Sorgen um seine Geliebte nicht schlafen lassen; so
wachte er, seufzte und weinte und verwünschte sein Schicksal.

20 Das Mädchen floh – wie wir schon erzählten –, ohne zu wissen
wohin, und überließ sich ganz und gar ihrem Pferd; so geriet sie tief in
den Wald, so dass sie nicht mehr die Stelle fand, wo sie hineingelangt
waren. Nicht anders als Pietro es den ganzen Tag über getan hatte,
hielt sie manchmal inne, manchmal zog sie durch die unwirtliche Ge-
21 gend, jammerte und weinte und beklagte ihr Unglück. Als es Abend
wurde und sie erkannte, dass Pietro nicht zu finden war, schlug ihr
Pferd einen Pfad ein, auf dem es mehr als zwei Meilen dahintrottete,
bis sie eine Hütte vor sich sah und sie endlich erreichte; sie fand einen
22 guten Mann in hohem Alter und seine Frau, ebenfalls sehr alt. Als sie
sie sahen, sagten beide: »Liebes Töchterchen, was machst du denn
23 hier um diese Zeit?« Schluchzend antwortete das Mädchen, dass sie
ihre Gesellschaft im Wald verloren habe, und fragte, wie weit es noch
bis Anagni sei. Worauf der gute Alte antwortete: »Liebes Töchter-
chen, das ist nicht der Weg nach Anagni; dorthin sind es mehr als
24 zwölf Meilen.« Nun sagte das Mädchen: »Gibt es Häuser in der Nähe,
25 wo man eine Herberge findet?« Der alte Mann antwortete: »Es gibt
nirgends welche, wo du noch bei Tageslicht hinkommen könntest.«
26 Hierauf sagte das Mädchen: »Wäret Ihr so gut, da ich nicht mehr wei-
27 terkomme, mich heute nacht aufzunehmen?« Der Alte antwortete:
»Mädchen, dass du heute nacht bei uns bleibst, soll uns recht sein.
Aber wir müssen dir sagen, dass in dieser Gegend bei Tag und Nacht
befreundete und verfeindete Banden umherziehen, die schon viel
Unheil und Schaden angerichtet haben; wenn es das Unglück will,
und eine kommt heute nacht vorbei und würden dir, einem hübschen
jungen Mädchen, etwas Schlimmes antun, so könnten wir dir nicht
28 helfen. Wir wollen dich nur warnen, damit du dich, wenn etwas pas-
29 siert, nicht beklagst.« Diese Worte jagten dem Mädchen zwar einen

Schrecken ein, da es aber spät war, sagte sie: »Wenn Gott es will, so
beschützt Er euch und mich; sollte mir etwas zustoßen, so ist es we-
niger schlimm, von den Menschen gepeinigt als im Wald von wilden
Tieren zerrissen zu werden.« Nach diesen Worten stieg sie vom Pferd 30
und betrat das Haus der armen Alten, wo sie das, was sie aßen, mit
ihnen teilte; danach legte sie sich in den Kleidern zu ihnen auf ein ge-
meinsames Lager. Und sie weinte die ganze Nacht, sie beklagte ihr
Missgeschick und das Pietros, für den sie das Schlimmste befürchten
musste. Gegen Morgen hörte sie lautes Getrappel von Leuten, die sich 31
näherten; sie stand auf und ging in einen kleinen Hof hinter der Hüt-
te; sie sah einen Heuhaufen und versteckte sich darin, damit sie nicht
so leicht zu finden wäre. Kaum hatte sie sich verkrochen, so stand 32
schon ein Haufen übler Bösewichter vor der Hütte; sie drangen ein,
entdeckten Pferd und Sattel des Mädchens und fragten, ob hier noch
jemand sei. Der Alte, der das Mädchen nicht mehr sah, antwortete: 33
»Niemand außer uns selbst; das Pferd, wem es auch immer gehören
mag, ist uns gestern zugelaufen; und wir haben es hereingeholt, da-
mit sich nicht die Wölfe darüber hermachen.« »Also ist es etwas für 34
uns, weil es keinen Herrn hat«, sagte der Anführer der Bande. Die 35
Bande verteilte sich in der Hütte und auch im Hof und legten Schilde
und Spieße ab; hierbei geschah es, dass einer, der nichts Besseres zu
tun wusste, seinen Spieß in den Heuhaufen warf und das Mädchen
beinahe getötet hätte; durch einen Schrei hätte sie sich fast verraten,
denn die Spitze fuhr an ihrer linken Brust entlang, zerriss die Kleider,
so dass sie fürchtete, verwundet zu sein. Aber sie fing sich rasch und
blieb still, weil sie wusste, wo sie sich befand. Nachdem die ganze 36
Bande ihre Ziegenböcke und anderes Fleisch gebraten, gut gegessen
und getrunken hatte, machten sie sich wieder auf den Weg; das Pferd
des Mädchens nahmen sie mit. Als sie eine Weile weg waren, fragte 37
der Alte seine Frau: »Wo ist denn nur das Mädchen, das gestern zu uns
kam; ich habe sie nicht gesehen, seit wir wach sind?« Die Frau ant- 38
wortete, sie wisse es nicht, und suchte nach ihr. Als das Mädchen 39

merkte, dass die Bande abgezogen war, kroch sie aus dem Heu hervor;
der Alte war erleichtert, weil sie nicht der Bande in die Hände gefallen
war, und sagte, da es schon Tag geworden war: »Da es nun hell ist,
werden wir dich, wenn du willst, zur Burg begleiten, die etwa fünf
Meilen entfernt ist; dort bist du in Sicherheit. Du musst aber zu Fuß
gehen, denn diese bösen Menschen haben dein Pferd mitgenom-
40 men.« Das Mädchen nahm das hin und bat die Alten, sie um Gottes
willen zur Burg zu bringen. Und sie erreichten diese um neun Uhr.
41 Die Burg gehörte einem Angehörigen des Hauses der Orsini, der Liel-
lo di Campo di Fiore hieß. Zufällig war seine Gattin zu Hause, eine
herzensgute und fromme Dame; diese erkannte das Mädchen auf den
ersten Blick und bereitete ihr einen herzlichen Empfang. Sie wollte
42 natürlich im einzelnen wissen, warum sie gekommen sei. Und das
Mädchen erzählte ihr alles. Die Dame kannte auch Pietro, der ein
Freund ihres Gatten war, und sie war sehr traurig über das Geschehe-
ne; als sie hörte, wo er überfallen worden war, war sie überzeugt, dass
man ihn umgebracht hätte. Sie sagte also zu Agnolella: »Da du nicht
weißt, wo Pietro ist, solltest du bei mir bleiben, bis sich eine Gelegen-
heit bietet, um dich sicher nach Rom zu bringen.«
43 Pietro befand sich in einer mehr als misslichen Situation auf der
Eiche; als er gerade einnickte, näherten sich gut zwanzig Wölfe und
44 umringten sein Pferd. Dieses spürte ihre Nähe, bäumte sich auf, zer-
riss die Zügel und wollte fliehen; da es umringt war, konnte es nicht
und wehrte sich mit Tritten und Bissen; aber es wurde zu Boden ge-
rissen; die Wölfe packten es an der Kehle und zerrissen es; sie ver-
45 schlangen alles bis auf die Knochen und zogen davon. Pietro war zu-
tiefst verängstigt, denn das Pferd schien ihm ein Gefährte und eine
Stütze; nun glaubte er, nicht mehr aus dem Wald herauszukommen.
46 Als der Tag sich näherte und er vor Kälte fast umkam, gewahrte er
endlich, als seine Blicke unablässig umherschweiften, in einiger Ent-
fernung ein großes Feuer. Voller Angst stieg er bei Tageslicht von sei-
ner Eiche und ging so lange in die Richtung, bis er das Feuer erreichte.

Hirten saßen bei einer fröhlichen Mahlzeit und nahmen ihn mitleidig
auf. Nachdem er gegessen und sich aufgewärmt hatte, erzählte er ih- 47
nen sein Unglück und wie er allein hierher gekommen war; er fragte
sie, ob es in der Gegend ein Landhaus oder eine Burg gäbe, wohin er
gehen könne. Die Hirten sagten, dass sich etwa in einer Entfernung 48
von drei Meilen die Burg des Liello di Campo di Fiore befände, wo
sich gegenwärtig dessen Gattin aufhalte. Pietro war überglücklich
und bat darum, dass man ihn dorthin führe; das taten zwei Hirten
auch gerne. Auf der Burg angekommen, traf Pietro Bekannte und 49
wollte sie schon auffordern, sich auf die Suche nach dem Mädchen zu
machen, als die Hausherrin ihn rufen ließ; er begab sich sofort zu ihr
und traf bei ihr zu seiner unsagbaren Freude Agnolella. Am liebsten 50
wäre er ihr um den Hals gefallen, aus Respekt vor der Hausherrin un-
terließ er es; wenn er glücklich war, sie wiederzusehen, so war das
Mädchen es nicht minder. Die Hausherrin hieß ihn freudig willkom- 51
men; nachdem sie vernommen hatte, was ihm zugestoßen war,
machte sie ihm Vorhaltungen, weil er etwas gegen den Willen seiner
Eltern tun wollte; als sie aber sah, dass er fest entschlossen war und
auch das Mädchen einverstanden war, sagte sie sich: »Wozu rede ich
viel? Die beiden lieben und kennen sich, beide sind mit meinem
Mann befreundet; ihr Verlangen ist ehrenwert und, wie ich meine,
gottgefällig, denn er ist dem Galgen entkommen und sie einem Spieß,
beide obendrein den wilden Tieren … So soll es geschehen.« Sie 52
wandte sich den beiden zu und sagte: »Wenn ihr es euch in den Kopf
gesetzt habt, Mann und Frau zu werden, so soll es auch mir recht
sein. Und so soll die Hochzeit auf Kosten meines Gatten Liello aus-
gerichtet werden. Für die Versöhnung zwischen euch und euren Ver-
wandten will ich dann schon sorgen.« Fröhlich begingen Pietro und 53
Agnolella die Hochzeit, die von der edlen Dame ausgerichtet wurde,
so gut das im Gebirge ging; und sie genossen die erste süße Frucht
ihrer Liebe. Nach einigen Tagen stieg die Dame mit ihnen zu Pferde 54
und sie begaben sich in angemessener Begleitung zurück nach Rom;

obwohl sie dort die Verwandten Pietros sehr erbost über das fand, was Pietro getan hatte, versöhnte sie sie miteinander; und er lebte mit seiner Agnolella bis ins hohe Alter in Frieden und Glück.

Vierte Novelle

1 *Lizio da Valbona findet den Ricciardo Manardi bei seiner Tochter; Ricciardo heiratet sie und versöhnt sich mit dem Vater.*

2 Elissa hatte geendet und lauschte dem Lob, das ihre Gefährtinnen ihrer Novelle spendeten; die Königin beauftragte Filostrato, dass er eine weitere erzählen solle; und lächelnd setzte er ein:

3 Ihr habt mich vielfach getadelt, weil ich euch auferlegt habe, von furchtbaren Begebenheiten zu erzählen, die euch zum Weinen gebracht haben; um diese Zumutung wieder ein wenig gutzumachen, werde ich offenbar angehalten, etwas zu erzählen, das euch zum Lachen bringt. So will ich euch in einer kleinen Novelle von einer Liebe erzählen, die allein von einigen Seufzern und ein bisschen Angst aufgehalten wurde, bevor sie ein glückliches Ende nahm.

4 Meine ehrenwerten Damen, es ist noch nicht lange her, dass in der Romagna ein angesehener und gebildeter Ritter lebte, der Lizio di Valbona hieß; durch einen glücklichen Zufall wurde ihm noch im Alter von seiner Gattin, Madonna Giacomina, eine Tochter geboren.
5 Diese wuchs zum schönsten und allerliebsten Mädchen der ganzen Gegend heran. Da sie ihres Vaters und ihrer Mutter einziges Kind blieb, wurde sie von ihnen über alles geliebt und mit Hingabe und Sorgfalt behütet, denn sie hofften, sie einmal sehr vornehm verheira-
6 ten zu können. Im Hause Messer Lizios verkehrte ein hübscher und stattlicher junger Mann, er hieß Ricciardo und entstammte der Familie Manardi da Brettinoro. Er war häufig bei Messer Lizio und seiner Gattin, und sie sahen ihn geradezu als ihren Sohn an. Wiederholt sah

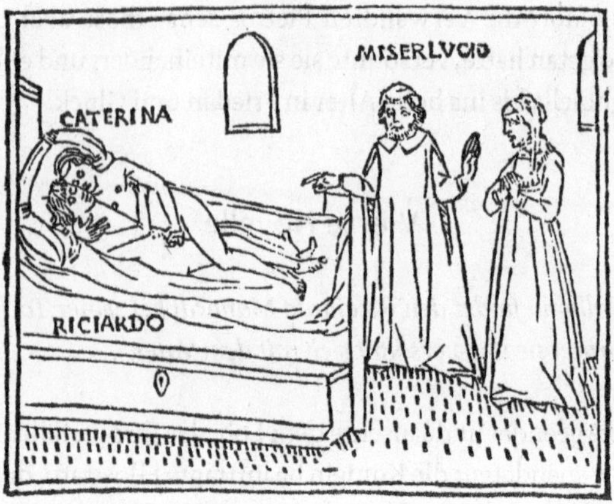

er das wunderschöne und anmutige Mädchen, das wohlerzogen, sitt-
sam und im heiratsfähigen Alter war; und er verliebte sich glühend in
sie, aber verbarg seine Liebe sorgsam. Sie bemerkte das, wich dem Lie- 7
bespfeil nicht aus und verliebte sich auch in ihn, worüber Ricciardo
sehr glücklich war. Er wollte ihr oft ein Wort sagen, schwieg aber 8
trotzdem aus Schüchternheit; einmal aber fasste er sich ein Herz und
sagte zu ihr: »Caterina, bitte lass mich nicht vor Liebe sterben!« Das 9
Mädchen antwortete, ohne zu zögern: »Wollte Gott, dass du mich
nicht sterben ließest!« Aus dieser Antwort schöpfte Ricciardo Glück 10
und Zuversicht, und er sagte ihr: »Ich werde immer nur das tun, was
dir gefällt; aber du musst einen Weg finden, um dein und mein Leben
zu retten.« Hierauf sagte das Mädchen: »Ricciardo, du siehst ja, wie 11
man auf mich aufpasst; deswegen weiß ich nicht, wie du zu mir kom-
men könntest. Aber wenn du etwas weißt, was ich tun kann, ohne
meinem Ruf zu schaden, dann sage es mir, und ich werde es tun.« Ric- 12
ciardo hatte sich schon einiges überlegt und sagte prompt: »Meine
süße Caterina, ich sehe keine andere Möglichkeit, als dass du zum
Schlafen auf den Balkon herauskommst, der über dem Garten deines
Vaters liegt. Wenn ich wüsste, dass du die Nacht dort verbringst,

würde ich alles tun, um hinaufzukommen, wie hoch es auch immer
13 sein mag.« Caterina antwortete hierauf: »Getraust du dich, hinaufzu-
14 kommen, so wird es mir gelingen, dort schlafen zu dürfen.« Ricciardo
sagte ja; nach diesen Worten gaben sie sich einen flüchtigen Kuss und
15 gingen auseinander. Es war Ende Mai, und am folgenden Tag beklagte
sich das Mädchen bei ihrer Mutter, dass sie wegen der Hitze in der ver-
16 gangenen Nacht nicht hätte schlafen können. Die Mutter sagte: »Aber
mein Töchterchen, welche Hitze denn? Es war doch überhaupt nicht
17 warm.« Worauf Caterina sagte: »Liebe Mutter, um der Wahrheit wil-
len solltet Ihr hinzufügen ›nach meinem Empfinden‹. Aber Ihr wisst
18 doch, dass junge Mädchen heißblütiger sind als bejahrte Frauen.« Die
Mutter erwiderte: »Du hast recht, mein Töchterchen. Ich kann es aber
nicht kalt und warm werden lassen, wie du es gerade wünschst. Man
muss die Jahreszeiten ertragen, wie sie kommen; nächste Nacht wird
19 es vielleicht kühler, so dass du besser schlafen wirst.« »So Gott will«,
sagte Caterina, »aber gewöhnlich kühlt es in den Sommernächten
20 nicht ab.« »Aber was sollen wir denn anderes tun?« sagte die Mutter.
21 Caterina antwortete: »Solltet Ihr und mein Vater einverstanden sein,
so würde ich gerne ein Bett auf dem Balkon neben seiner Kammer
über dem Garten aufschlagen, um dort zu schlafen; ich könnte der
22 Nachtigall lauschen, und es wäre kühler als in Eurer Kammer.« Die
Mutter sagte: »Ist schon gut, mein liebes Kind. Ich werde mit deinem
23 Vater sprechen, und wenn es ihm recht ist, tun wir das.« Als die Mut-
ter Messer Lizio den Wunsch vortrug, meinte er, weil er schon älter
und etwas griesgrämig war: »Von welcher Nachtigall will sie sich in
den Schlaf singen lassen? Ich werde sie das Einschlafen beim Gezirpe
24 der Zikaden lehren!« Als Caterina das erfuhr, konnte sie aus Trotz in
der folgenden Nacht nicht einschlafen und weckte ihre Mutter unauf-
25 hörlich auf, indem sie über die Hitze jammerte. Am folgenden Mor-
gen wandte sich nun die Mutter an Messer Lizio: »Herr, habt Ihr Eure
Tochter nicht lieb oder warum lasst Ihr nicht zu, dass sie auf dem Bal-
kon schläft? Die letzte Nacht hat sie wegen der Wärme keine Ruhe

gefunden. Warum wundert es Euch, dass sie der Nachtigall lauschen
will, sie ist doch noch ein halbes Kind? Die Kinder mögen, was ihnen
ähnlich ist.« Auf diese Worte sagte Messer Lizio: »Schon gut, dann 26
soll man ihr ein Bett zubereiten und einen Vorhang herumspannen.
Dann kann sie dort schlafen und nach Herzenslust der Nachtigall lau-
schen.« Als das Mädchen das erfuhr, ließ sie rasch ein Bett auf dem 27
Balkon aufstellen; da sie in der folgenden Nacht dort schlafen wollte,
wartete sie, bis sie Ricciardo ein verabredetes Zeichen geben konnte,
damit er wusste, was er tun sollte. Als Messer Lizio hörte, dass das 28
Mädchen zu Bett gegangen war, verschloss er den Ausgang von seiner
Kammer zum Balkon und legte sich schlafen. Ricciardo bemerkte, 29
dass alles ruhig war, und kletterte mit einer Leiter auf eine Mauer,
weiter auf eine andere und von hier gelangte er mit Mühe und unter
Lebensgefahr über einige Vorsprünge auf den Balkon, wo er von Cate-
rina in aller Stille, aber mit großer Freude empfangen wurde. Nach
vielen Küssen legten sie sich nieder, um sich fast die ganze Nacht mit-
einander zu verlustieren und viele Male die Nachtigall singen zu las-
sen. Die Nacht war kurz, die Lust groß, und sie glaubten nicht, dass 30
der Tag nahe war; erhitzt vom Liebesspiel in der lauen Nacht, schlie-
fen sie ein, ohne sich zuzudecken; Caterina hatte ihren rechten Arm
um Ricciardos Hals geschlungen und hielt in ihrer linken Hand das
Ding, das ihr euch vor Männern zu benennen schämt. So schliefen sie, 31
als der Tag kam und Messer Lizio aufstand. Er erinnerte sich, dass das
Töchterchen auf dem Balkon schlief, öffnete leise die Tür und sagte:
»Nun wollen wir doch einmal sehen, ob heute nacht die Nachtigall
unsere Caterina hat schlafen lassen.« Er trat hinaus und hob sachte 32
den Vorhang beiseite, der das Bett umspannte; er sah sie und Ricciar-
do, die unbekleidet und unbedeckt in der beschriebenen Weise ne-
beneinander schliefen. Er hatte Ricciardo sofort erkannt, zog sich zu- 33
rück, ging zur Kammer seiner Frau, rief sie heraus und sagte: »Nun
steh aber rasch auf, gute Frau, und sieh dir an, wie deine Tochter hin-
ter der Nachtigall her ist, die sie gefangen hat und in Händen hält.« Die 34

35 Frau sagte: »Wie kann denn das passieren?« Messer Lizio sagte: »Das
36 wirst du sehen, wenn du schnell kommst.« Die Frau warf sich rasch
etwas über und folgte leise Messer Lizio; als sie beide vor dem Bett
standen und den Vorhang hoben, konnte auch Madonna Giacomina
deutlich sehen, wie ihre Tochter, die Nachtigall, deren Gesang sie so
37 gerne lauschen wollte, gefangen in der Hand hielt. Die Mutter, die
sich von Ricciardo hintergangen fühlte, wollte ihn laut ausschimp-
fen; aber Messer Lizio sagte ihr: »Frau, wenn du mich liebst, dann sag
kein Wort; denn wenn sie den Vogel schon einmal gefangen hat, so
38 soll er ihr gehören. Ricciardo ist ein edler und reicher junger Mann;
wir gewinnen mit ihm eine gute Verwandtschaft. Will er im Guten
von mir scheiden, so muss er sie als erstes heiraten, damit er sieht,
dass er die Nachtigall in ihren Bauer gesteckt hat und nicht in einen
39 anderen.« Die Mutter gab sich zufrieden, weil ihr Mann nicht verär-
gert war; da sie bedachte, dass ihre Tochter eine schöne Nacht ver-
bracht, sich erholt und die Nachtigall gefangen hatte, schwieg sie.
40 Nach diesem Wortwechsel dauerte es nicht lange, bis Ricciardo er-
wachte; als er sah, dass es heller Tag war, fürchtete er um sein Leben
und weckte Caterina mit den Worten: »O weh, mein Schatz, ich bin
41 noch hier, und es ist heller Tag, was sollen wir nur machen?« Bei die-
sen Worten trat Messer Lizio an das Bett, schob den Vorhang beiseite
42 und antwortete: »Das Richtige.« Als Ricciardo ihn erblickte, blieb
ihm fast das Herz stehen; er richtete sich auf und sagte: »O Herr, seid
mir um Gottes willen gnädig. Ich weiß, dass ich wegen meiner Treu-
losigkeit und Schlechtigkeit den Tod verdient habe, macht also mit
mir, was Euch gefällt; aber ich bitte Euch, dass Ihr, wenn es nur irgend
43 möglich ist, mein Leben verschont.« Worauf Messer Lizio sagte: »Ric-
ciardo, weder die Liebe, die ich dir entgegengebracht, noch das Ver-
trauen, das ich in dich gesetzt habe, haben es verdient, dass du mir
dies angetan hast. Da es nun geschehen ist, und deine Jugend dich zu
diesem Fehltritt verleitet hat, so erspare dir den Tod und Caterina die
Schande, indem du Caterina als deine rechtmäßige Frau ehelichst, da-

mit sie, die eine Nacht die deine war, ihr Leben lang die deine sein
wird. Auf diese Weise wirst du meine Vergebung und dein Leben er-
halten. Solltest du das nicht tun, dann befiehl deine Seele dem Herr-
gott.« Während diese Worte gesprochen wurden, ließ Caterina die 44
Nachtigall frei, bedeckte sich und begann heftig zu weinen und den
Vater zu bitten, dass er Ricciardo verzeihen möge; und außerdem bat
sie Ricciardo, dass er tue, was Messer Lizio von ihm verlange, damit
sie in aller Ruhe und für lange Zeit gemeinsam ähnliche Nächte genie-
ßen könnten. Aber er musste nicht allzu sehr gebeten werden. Denn 45
die Scham über den begangenen Fehler, der Wunsch, ihn wiedergut-
zumachen, und die Angst vor dem Tod sowie der Wunsch, mit dem
Leben davonzukommen, darüber hinaus aber die glühende Liebe und
das Verlangen, das Liebesobjekt zu besitzen, brachten ihn unverzüg-
lich dazu, freimütig zu sagen, dass er bereit sei, das zu tun, was Mes-
ser Lizio recht sei. Also ließ sich Messer Lizio einen der Ringe der Ma- 46
donna Giacomina geben und, ohne den Ort zu wechseln, nahm Ric-
ciardo in ihrer Gegenwart Caterina zu seiner Frau. Hierauf zogen sich 47
Messer Lizio und seine Frau zurück und sagten: »Ruhet euch nun aus,
denn das habt ihr jetzt nötiger als aufzustehen.« Nachdem sie gegan- 48
gen waren, umarmten sich die jungen Leute; da sie während der
Nacht nur sechs Meilen gewandert waren, legten sie noch zwei weite-
re Meilen zurück, bevor sie aufstanden, und beschlossen so ihren ers-
ten gemeinsamen Tag. Ricciardo erhob sich darauf und besprach das 49
Notwendige mit Messer Lizio; wenige Tage später ehelichte er, wie es
sich gebührte, in Gegenwart von Freunden und Verwandten noch
einmal in aller Form das Mädchen und führte sie nach einer ansehnli-
chen und schönen Hochzeit mit Gepränge in sein Haus. Und danach
lebten sie noch lange in Ruhe und Frieden miteinander und stellten
den Nachtigallen, wie es ihnen gefiel, bei Tag und bei Nacht nach.

Fünfte Novelle

1 *Guidotto da Cremona vertraut seine Tochter dem Giacomin da Pavia an und stirbt; in dieses Mädchen verlieben sich in Faenza Giannol di Severino und Minghino di Mingole; sie geraten ihretwegen hart aneinander. Es kommt aber heraus, dass sie die Schwester des Giannol ist, und sie wird die Frau des Minghino.*

2 Die Damen hatten, während sie der Novelle von der Nachtigall zuhörten, so sehr lachen müssen, dass sie, obwohl Filostrato bereits geendet hatte, gar nicht mehr aufhören konnten zu lachen; nach einer Weile sagte die Königin: »Wenn du uns gestern traurig gestimmt hast, so hast du uns heute so ergötzt, dass dir gerechterweise niemand mehr böse sein kann.« Sie wandte sich Neifile zu und forderte sie auf zu erzählen. Diese begann munter:

3 Da Filostrato sich mit seiner Erzählung in der Romagna bewegt hat, so will auch ich mich dort ein wenig ergehen.

4 In der Stadt Fano lebten also zwei Lombarden, der eine hieß Gui-
dotto da Cremona, der andere Giacomin da Pavia; sie waren beide
schon älter und hatten ihre Jugend unter den Waffen und als Söldner
5 verbracht. Als es mit Guidotto zu Ende ging und er weder einen Sohn
noch einen Freund oder Verwandten hatte, dem er mehr Vertrauen
als Giacomin geschenkt hätte, übergab er diesem ein Töchterchen von
etwa zehn Jahren und alles, was er auf dieser Welt besaß, erzählte ihm
6 noch vieles aus seinem Leben und verstarb. Es geschah nun, dass zur
gleichen Zeit in der Stadt Faenza, die lange unter Krieg und Unglück
gelitten hatte, wieder etwas friedlichere Verhältnisse einkehrten und
einem jeden freigestellt wurde, wieder in seine Heimat zurückzu-
kommen. Giacomino, der früher dort gewohnt hatte und dem es dort
gefiel, kehrte mit seiner Habe zurück; er führte auch das Mädchen mit
sich, das Guidotto ihm anvertraut hatte und das er wie seine eigene
7 Tochter liebte und behandelte. Diese wuchs zu einer wunderschönen

Jungfrau heran, die in der Stadt nicht ihresgleichen hatte; so schön sie war, so sittsam und ehrenhaft war sie auch. Sie wurde umworben; vor allem aber verliebten sich zwei anmutige und ordentliche junge Männer leidenschaftlich in sie, die aus Eifersucht in einen maßlosen Hass gegeneinander verfielen; der eine hieß Giannole di Severino und der
andere Minghino di Mingole. Da sie bereits fünfzehn Jahre alt war, 8
hätten beide sie gerne zur Frau genommen, wenn dies ihre Verwandten erlaubt hätten; da sie sie nun auf ehrbare Weise nicht gewinnen konnten, versuchte ein jeder, so gut er es vermochte, ihr nachzustellen.
len. Giacomino hatte in seinem Haus eine bejahrte Magd und einen 9
Diener namens Crivello, ein fröhlicher und umgänglicher Bursche. Mit ihm freundete sich Giannole an, entdeckte ihm, als es ihm an der Zeit erschien, seine ganze Liebe und bat ihn, ihm zu helfen, seine Leidenschaft zu erfüllen; er machte ihm große Versprechungen, wenn er
ihm beistehe. Crivello sagte: »Schau, ich kann nicht mehr für dich 10
tun, als dich, wenn Giacomino einmal zum Abendessen ausgeht, zu ihr zu bringen; denn wollte ich ihr etwas von dir ausrichten, so würde sie mich niemals anhören. So viel kann ich für dich tun; du musst
dann tun, was dir richtig erscheint.« Giannole sagte, dass er gar nicht 11

12 mehr verlange, und sie blieben bei dieser Vereinbarung. Auf der ande-
ren Seite hatte Minghino die Magd ins Vertrauen gezogen und hatte
bereits erreicht, dass sie dem Mädchen mehrere Botschaften über-
bracht und sie von seiner Liebe überzeugt hatte; darüber hinaus hatte
die Magd ihm versprochen, dass sie ihn zu ihr führen werde, sobald
Giacomino aus irgendeinem Anlass des Abends außer Haus wäre.
13 Kurze Zeit später geschah es nun, dass – Crivello zufolge – Giacomino
sich gemeinsam mit einem Freund zum Abendessen begab; nachdem
Crivello es Giannole mitgeteilt hatte, verabredete er mit ihm, ein be-
14 stimmtes Zeichen zu geben und die Tür offenzuhalten. Andererseits
ließ die Magd, die nichts von alledem wusste, Minghino wissen, dass
Giacomino nicht zu Hause wäre, dass er sich nahe dem Haus aufhal-
15 ten sollte und auf ihr Zeichen hereinkommen könnte. Die beiden
Liebhaber, die nichts voneinander wussten und einander misstrau-
ten, machten sich am Abend mit einigen bewaffneten Gefährten auf,
um in den Besitz des Mädchens zu kommen. Minghino verbarg sich
mit den Seinen in dem benachbarten Haus eines Freundes, um auf das
Zeichen zu warten; Giannole wartete mit den Seinen in einiger Ent-
16 fernung von dem Haus des Mädchens. Als Giacomino fortgegangen
war, versuchten Crivello und die Magd, sich gegenseitig wegzuschi-
cken. Crivello sagte zur Magd: »Wieso gehst du denn nicht endlich
17 schlafen? Was treibst du dich noch im Haus herum?« Und die Magd
sagte zu ihm: »Warum bist du nicht bei deinem Herrn? Was treibst
18 du dich noch herum, da du schon gegessen hast?« Aber keiner konnte
19 den anderen bewegen, sich zurückzuziehen. Crivello indessen, der
sich zu einer festen Zeit mit Giannole verabredet hatte, sagte sich:
»Was kümmert mich die? Wenn sie nicht still bleibt, kann sie was er-
leben«; er gab das verabredete Zeichen und öffnete die Tür. Giannole
drang mit zwei Gefährten rasch herein, sie fanden das Mädchen im
20 Saal, ergriffen es und führten es weg. Aber das Mädchen wehrte sich
und schrie laut, wie auch die Magd; Minghino hörte es und eilte mit
seinen Gefährten herbei; als sie sahen, dass das Mädchen aus der Tür

gezerrt wurde, zogen sie ihre Degen und schrien: »Tod den Verrätern!
Was soll das? Was fällt euch ein?« Mit diesen Worten hieben sie auf
sie ein. Bei dem Lärm kamen die Nachbarn heraus, mit Licht und mit 21
Waffen, beschimpften die Entführer und halfen Minghino; nach län-
gerem Kampf befreite Minghino das Mädchen aus den Händen Gian-
noles und brachte es wieder in das Haus Giacominos zurück. Bevor
die Streitenden auseinanderliefen, waren auch schon die Wachen des
Capitano zugegen und führten einige ins Gefängnis, unter ihnen
Minghino, Giannole und Crivello. Giacomino kehrte zurück, als es 22
schon wieder still geworden war; das Geschehene bekümmerte ihn
zwar, aber nachdem er sich erkundigt hatte, fand er, dass das Mädchen
keine Schuld traf, und beruhigte sich; er nahm sich aber vor, sie so
rasch wie möglich zu verheiraten, damit etwas Ähnliches nicht mehr
vorfallen konnte. Am folgenden Tag erfuhren die Angehörigen der 23
beiden Parteien die Tatsachen und erkannten, dass es böse Folgen für
die Festgenommenen haben werde, wenn Giacomino von den Rech-
ten, die er hatte, Gebrauch machte. Sie begaben sich also zu ihm und
baten ihn mit freundlichen Worten, dass er nicht so sehr auf das Un-
recht achten möge, das die beiden jungen Leute ihm aus Unbeson-
nenheit zugefügt hatten, sondern ihnen vielmehr die Liebe und das
Wohlwollen erweisen möchte, das er ihrer Meinung nach für sie
empfände; und die Verwandten wie die jungen Leute erboten sich,
das Unrecht, das sie ihm zugefügt hatten, ganz so, wie es ihm gefiele,
wiedergutzumachen. Giacomino, der in seinen Tagen schon manches 24
erlebt hatte und gutmütig war, antwortete kurz: »Meine Herren, ob-
wohl ich nicht aus eurer Stadt bin, fühle ich mich euch doch so ver-
bunden, dass ich nichts anderes tun kann als das, was euch gefiele.
Darüber hinaus muss ich mich eurem Willen beugen, da ihr euch 25
selbst beleidigt habt; denn dieses Mädchen ist, wie viele vielleicht an-
nehmen, weder aus Cremona noch aus Pavia, sondern sie stammt aus
Faenza; und außerdem wissen weder sie selbst, noch derjenige, der
sie mir übergab, wessen Tochter sie ist. Darum werde ich das, worum

26 ihr mich gebeten habt, ganz nach eurem Wunsch erfüllen.« Als die
wackeren Männer hörten, dass sie aus Faenza war, wunderten sie sich.
Sie dankten Giacomino für seine großmütige Antwort und baten ihn,
dass er ihnen erzählen möge, wie das Mädchen zu ihm gekommen sei
27 und wieso er wisse, dass sie aus Faenza sei. Giacomino berichtete ih-
nen: »Guidotto da Cremona war mein Waffenbruder und Freund; als
er im Sterben lag, erzählte er mir, dass, als diese Stadt von Kaiser
Friedrich erobert und geplündert wurde, er mit seinen Kameraden in
ein Haus eindrang, das voller Sachen war, das die Bewohner aber ver-
lassen hatten bis auf ein etwa zweijähriges Mädchen, das ihn, als er
28 die Treppen hinaufstieg, mit Papa ansprach. Er war gerührt und nahm
es mit allen Dingen aus dem Haus mit nach Fano; dort ist er gestorben
und hat sie mir mit allem, was er besaß, hinterlassen und mir aufge-
tragen, dass ich sie, wenn es an der Zeit wäre, verheiraten und ihr das
29 als Mitgift übergeben möge, was ihres sei. Als sie alt genug war, um
verheiratet zu werden, habe ich niemanden gefunden, der mir gefal-
len hätte; damit das von gestern abend nicht noch einmal geschieht,
30 würde ich gerne jemanden finden.« Unter den Anwesenden befand
sich ein gewisser Guiglielmino da Medicina, der auch bei der Erobe-
rung von Faenza dabei war und der wusste, wem das Haus gehörte,
das Guidotto geplündert hatte; er sah den Besitzer unter den übrigen
und sprach ihn an: »Bernabuccio, hörst du, was Giacomino sagt?«
31 Bernabuccio sagte: »Ja, ich habe schon darüber nachgedacht, weil ich
mich erinnere, dass ich in jenem Getümmel eine kleine Tochter verlo-
32 ren habe, die das Alter hatte, von dem Giacomino sprach.« Guigliel-
mino sagte hierauf: »Natürlich ist sie es, denn ich war zugegen, als
Guidotto erzählte, wo er geplündert hatte, und ich habe dein Haus
erkannt. Nun denke doch einmal, ob es nicht ein körperliches Merk-
33 mal gibt, um sie als deine Tochter zu erkennen.« Bernabuccio kam dar-
auf, dass sie eine Narbe in Form eines Kreuzes über dem linken Ohr
haben müsste, weil ihr kurz vor dem Ereignis eine Geschwulst aufge-
schnitten worden sei. Unverzüglich ging er zu Giacomino, der noch

zugegen war, und bat ihn, ihn mit nach Hause zu nehmen, um ihn das
Mädchen sehen zu lassen. Giacomino tat das gerne und rief das Mäd- 34
chen herbei. Als Bernabuccio sie sah, schien es ihm, als habe er ihre
Mutter vor sich, welche immer noch eine schöne Frau war; da ihm das
nicht ausreichte, bat er Giacomino, er möchte ihm doch bitte erlau-
ben, die Haare über ihrem linken Ohr zu heben, was Giacomino ge-
stattete. Bernabuccio näherte sich ihr, die etwas verschämt war, schob 35
die Haare mit der rechten Hand zur Seite und erblickte die kreuzför-
mige Narbe. Er war nun gewiss, seine Tochter vor sich zu haben, die er
unter zärtlichen Tränen in die Arme schloss, obwohl sie sich etwas
widersetzte. Zu Giacomino gewandt sagte er: »Bruder, dies ist meine 36
Tochter; mein Haus war es, das Guidotto plünderte; meine Frau und
ihre Mutter hat sie im ersten Schrecken vergessen, und bis auf den
heutigen Tag glaubten wir, dass sie in dem Haus, das niederbrannte,
umgekommen ist.« Als das Mädchen die Worte des bejahrten Mannes 37
vernahm, glaubte sie ihnen, und von einer inneren Stimme bewegt,
überließ sie sich seiner Umarmung und begann, still zu weinen.
Bernabuccio schickte nach ihrer Mutter, ihren Verwandten, ihren 38
Schwestern und Brüdern, er stellte sie allen vor und erzählte die Ge-
schichte; Giacomino war sehr froh, und nach vielen Umarmungen
führte ihre Familie sie fröhlich nach Hause. Der Capitano, der ein 39
tüchtiger Mann war und erfuhr, dass Giannole, den er festgenommen
hatte, ein Sohn Bernabuccios und ein leiblicher Bruder des Mädchens
war, beschloss, das Vergehen mit Nachsicht zu behandeln. Er griff als
Vermittler ein und erreichte mit Bernabuccio und Giacomino, dass
mit Minghino und Giannole Frieden geschlossen wurde. Das Mäd-
chen, das Agnesa hieß, gab er zur großen Freude aller Angehörigen
Minghino zur Frau. Gemeinsam mit den übrigen wurden auch Crivel-
lo und alle anderen, die in die Affäre verwickelt waren, freigelassen.
Minghino feierte eine großartige und fröhliche Hochzeit und lebte 40
mit seiner Frau noch lange Jahre glücklich und in Frieden zusammen.

Sechste Novelle

1 *Gian di Procida wird bei einem Mädchen entdeckt, das er liebt, das aber König Friedrich geschenkt worden ist; er wird mit ihr zusammen an einen Pfahl gebunden, um verbrannt zu werden; Ruggier de Loria erkennt ihn wieder; er entkommt und heiratet sie.*

2 Als Neifile ihre Novelle, die den Damen recht gut gefiel, beendet hatte, gab die Königin Pampinea die Anweisung, sie möge eine weitere erzählen. Diese begann unverzüglich mit heiterer Miene:

3 Groß sind die Kräfte der Liebe, ihr anmutigen Damen, und sie setzen die Liebenden außergewöhnlichen und unvorstellbaren Gefahren aus, wie man aus den heute und an den anderen Tagen erzählten Ereignissen entnehmen kann. Trotzdem möchte ich dies noch ein weiteres Mal anhand der Kühnheit eines verliebten jungen Mannes zeigen.

4 Auf Ischia, einer nahe bei Neapel gelegenen Insel, lebte ein schö-
nes und munteres junges Mädchen, namens Restituta; sie war die
Tochter des Edelmanns Marin Bolgaro. Ein junger Mann von der be-
nachbarten kleinen Insel Procida, der Gianni hieß, liebte sie wie sein
5 eigenes Leben, und sie liebte ihn. Gianni kam nicht nur am Tage von
Procida nach Ischia, um die Geliebte zu sehen, sondern er war auch
schon oft bei Nacht hinübergeschwommen, um, wenn nicht sie
6 selbst, wenigstens die Mauern ihres Hauses sehen zu können. Wäh-
rend diese glühende Liebe andauerte, geschah es, dass Restituta eines
Tages ganz alleine am Strand von Klippe zu Klippe kletterte, um mit
einem Messer Muscheln von den Felsen zu lösen, und in eine ver-
steckte Bucht kam, wo eine Gruppe von jungen Sizilianern, die aus
Neapel zurückkehrten, wegen des kühlen Schattens und weil sie dort
frisches Wasser gefunden hatten, mit ihrem Schiff gelandet waren.
7 Als diese das schöne Mädchen, das sie noch nicht gesehen hatte, in der
Einsamkeit erblickten, beschlossen sie, es in ihre Gewalt zu bringen

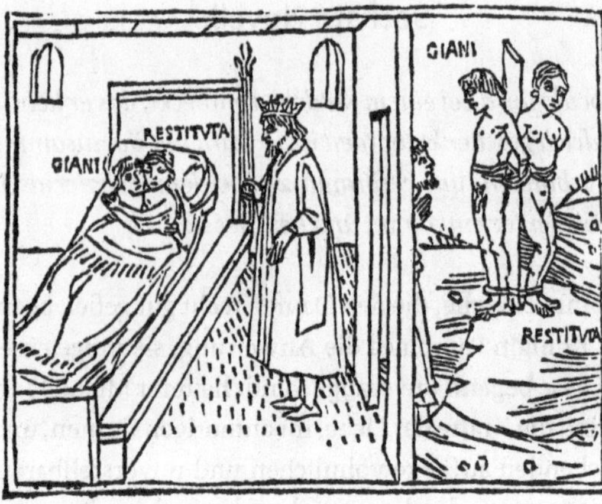

und mitzunehmen; und sie setzten ihren Entschluss in die Tat um.
Obwohl Restituta heftig schrie, ergriffen sie sie und nahmen sie mit. 8
Als sie nach Kalabrien kamen, berieten sie, wem das Mädchen gehören sollte, und ein jeder begehrte es; da sie keine Einigung erzielen konnten und befürchteten, die Sache könnte schlimm ausgehen und ihren Angelegenheiten schaden, kamen sie überein, es König Friedrich von Sizilien zu schenken, denn er war jung und fand Gefal-
len an so etwas; in Palermo angekommen, taten sie es. Der König sah, 9
dass sie schön war und freute sich; da er aber kränklich und schwach war und abwarten wollte, bis er zu Kräften gekommen wäre, befahl er, sie in dem Castello la Cuba unterzubringen und ihr dort aufzuwar-
ten; so geschah es. Auf Ischia war die Aufregung über den Raub des 10
Mädchens groß; man war vor allem beunruhigt, weil man keine Ah-
nung hatte, wer es geraubt haben könnte. Gianni, der wie kein ande- 11
rer betrübt war, erwartete nicht, dass er in Ischia irgendetwas erfahren würde; aber er wusste, wohin das Schiff gefahren war, ließ ein eigenes ausrüsten, bestieg es und suchte, sobald er konnte, die ganze Küste nach dem Mädchen ab, von der Punta della Campanella bis zum Capo Scalea in Kalabrien. In Scalea wurde ihm gesagt, sie sei von sizi-

12 lianischen Seeleuten nach Palermo gebracht worden. So schnell es
ging, ließ sich Gianni dorthin bringen, und als er nach langer Suche
herausgefunden hatte, dass sie dem König geschenkt worden war, der
sie im Castello la Cuba bewachen ließ, war er entsetzt und verlor fast
alle Hoffnung, sie jemals zurückbekommen oder überhaupt wieder-
13 sehen zu können. Trotzdem hielt ihn die Liebe fest; er schickte das
Schiff fort, und da ihn in Palermo niemand kannte, blieb er dort. Da er
oft am Castello la Cuba vorüberspazierte, erblickte er sie zufällig eines
Tages an einem Fenster; und sie sah ihn; beide waren froh darüber.
14 Gianni bemerkte, dass der Ort abgelegen war; er näherte sich, so gut
es ging, und sprach mit ihr. Sie informierte ihn, was er tun müsse,
wenn er sie von nahem sprechen wollte. Er ging fort, nachdem er sich
15 zuvor die örtlichen Umstände eingeprägt hatte. Nachdem er einen
Teil der Nacht hatte verstreichen lassen, kehrte er zurück, kletterte an
einer Wand hoch, an der sich kaum die Spechte hätten festkrallen
können, und gelangte in den Garten. Hier fand er eine Stange, die er –
wie ihn das Mädchen gelehrt hatte – an ein Fenster lehnte, um mit ge-
16 ringer Mühe hinaufzusteigen. Dem Mädchen schien es, dass es seine
Ehre ohnehin verloren hatte, um derentwillen sie sich zuvor ihm ge-
genüber etwas spröde verhalten hatte; Restituta glaubte, dass sie sie
niemandem würdiger anvertrauen und ihn dazu bringen könnte, sie
zu befreien; deswegen hatte sie sich entschlossen, seinem Begehren
zu Willen zu sein, und hatte also das Fenster offengelassen, damit er
17 rasch hineinkommen konnte. Gianni fand es offen, stieg leise hinein
18 und legte sich neben das Mädchen, das noch nicht schlief. Restituta
eröffnete ihm, bevor sie zu etwas anderem kamen, ihren Plan und bat
ihn inständig, sie herauszuholen und mit sich zu nehmen. Gianni
sagte nur, dass dies sein Wunsch sei, und dass er, sobald er wieder
draußen sei, alles in die Wege leiten werde, um sie bei seinem nächs-
19 ten Besuch mitzunehmen. Hierauf umarmten sie sich innig und ge-
nossen die Wonnen, die allein die Liebe bietet. Und nachdem sie dies
mehrere Male wiederholt hatten, schliefen sie, ohne noch an irgend-

etwas anderes zu denken, eng umschlungen ein. Dem König hatte das 20
Mädchen schon bei der ersten Begegnung sehr gefallen; er fühlte sich
wohl und beschloss, obgleich die Nacht sich schon dem Tage näherte,
sie für eine Weile aufzusuchen. Und mit einigen Dienern begab er 21
sich in aller Stille zum Castello la Cuba, ließ sich leise die Kammer öff-
nen, in der das Mädchen schlief und trat mit einem großen Leuchter
ein. Er schaute auf das Bett und erblickte sie und Gianni nackt und in
inniger Umarmung schlafend. Er sagte kein Wort, aber unvermittelt 22
packte ihn der Zorn derart, dass er um ein weniges seinen Dolch ge-
zogen und beide umgebracht hätte. Er besann sich aber darauf, dass es 23
schändlich wäre, wenn irgendjemand und vor allem ein König zwei
Nackte im Schlaf töten würde; er beherrschte sich und beschloss, sie
öffentlich durch das Feuer hinrichten zu lassen. Er wandte sich an sei-
ne Begleitung und sagte: »Was hältst du von dem Weibsstück, auf das
ich mich gefreut habe?« Er fragte außerdem, ob er den Jüngling ken-
ne, der sich die Frechheit erlaubt habe, in seinen Palast einzudringen
und ihm diese Schmach anzutun. Der Gefragte antwortete, dass er 24
ihn noch nie gesehen habe. Zornig verließ der König die Kammer und 25
befahl, die beiden Liebenden, sobald es heller Tag geworden sei, nackt
und gefesselt auf den öffentlichen Platz zu bringen, wo sie mit dem
Rücken zueinander an einen Pfahl gebunden werden sollten; dort
sollten sie bis zur dritten Stunde zur Schau gestellt werden, um dann,
wie sie es verdient hätten, verbrannt zu werden. Nach diesen Wor-
ten kehrte er voller Zorn nach Palermo zurück. Als der König fort 26
war, stürzten sich seine Leute sofort auf die Liebenden, weckten sie
abrupt und fesselten sie erbarmungslos. Natürlich waren die Lieben-
den schmerzlich überrascht, fürchteten um ihr Leben, weinten und
klagten. Gemäß dem Befehl des Königs brachte man sie nach Palermo 27
und band sie an einen Pfahl auf dem Platz; vor ihren Augen wurden
die Bündel für das Feuer aufgeschichtet, in dem sie zur befohlenen
Stunde sterben sollten. Unverzüglich strömten alle Palermitaner, 28
Männer und Frauen zusammen; die Männer liefen herbei, um das

Mädchen zu betrachten und ihre Schönheit und Wohlgestalt zu prei-
sen; die Frauen kamen, um die Schönheit und Wohlgestalt des Jüng-
29 lings aufs höchste zu loben. Die unseligen Liebenden aber schämten
sich sehr, hielten die Köpfe gesenkt, beweinten ihr Unglück und er-
30 warteten die Stunde des grausamen Feuertodes. Während sie ihr letz-
tes Stündlein erwarteten, verbreitete sich die Nachricht von ihrem
Vergehen und gelangte auch zu Ohren des Ruggier di Loria, eines
Mannes von unschätzbaren Verdiensten, der damals Admiral des Kö-
nigs war; er begab sich auf den Platz, um sie anzuschauen. Dort be-
trachtete er zunächst das Mädchen, deren Schönheit er pries; danach
wandte er sich dem Jüngling zu und erkannte ihn ohne weiteres; er
31 trat näher heran und fragte, ob er Gianni di Procida sei. Gianni hob
den Kopf, erkannte den Admiral und antwortete: »O Herr, ich war
einmal der, nach dem ihr fragt, ich bin es aber, um es nicht länger
32 mehr zu sein.« Der Admiral fragte ihn nun, was ihn so weit gebracht
habe; worauf Gianni antwortete: »Die Liebe und der Zorn des Kö-
33 nigs.« Der Admiral ließ sich die Geschichte ausführlich erzählen;
nachdem er alles vernommen hatte und sich entfernen wollte, rief
Gianni ihn noch einmal zurück und sagte: »O Herr, erwirkt mir eine
34 Gnade bei dem, der mich hierher gebracht hat.« Ruggieri fragte: »Wel-
che?« Worauf Gianni sagte: »Ich weiß, dass ich bald sterben muss; ich
bin mit dem Rücken an dieses Mädchen gebunden, das ich mehr als
mein Leben geliebt habe, so wie sie auch mich geliebt hat; und ich er-
bitte die Gnade, dass wir mit dem Gesicht zueinander angebunden
35 werden, damit ich sterbend in ihrem Antlitz einen Trost finde.« Lä-
chelnd sagte Ruggieri: »Ich werde dafür sorgen, dass du sie bis zum
36 Überdruss anschauen kannst.« Er verließ ihn und befahl denjenigen,
die mit der Durchführung der Verbrennung beauftragt waren, ohne
einen weiteren Befehl des Königs nichts zu tun; daraufhin suchte er
unverzüglich den König auf. Obwohl dieser sehr zornig war, ließ er
ihn nicht zu Worte kommen, sondern sagte: »König, wodurch haben
dich die beiden jungen Leute beleidigt, die laut deinem Befehl auf

dem Platz verbrannt werden sollen?« Der König sagte es ihm, und 37
Ruggieri fuhr fort: »Ihr Vergehen verdient bestraft zu werden, aber nicht von dir. Und wie die Vergehen Bestrafung, so verdienen Wohltaten Belohnung über die Gnade und die Barmherzigkeit hinaus.
Weißt du denn, wer sie sind, die du verbrennen lassen willst?« Der 38
König antwortete mit Nein; und Ruggieri sagte: »Und ich will, dass du es erfährst, damit du einsiehst, wie unbedacht du dich vom Zorn
hast hinreißen lassen. Der junge Mann ist ein Sohn des Landolfo di 39
Procida, eines leiblichen Bruders des Messer Gian di Procida, dank dessen Hilfe du Herr dieser Insel geworden bist. Das Mädchen ist die Tochter des Marin Bolgaro, dessen Einfluss bewirkt, dass du nicht von
Ischia verdrängt worden bist. Darüber hinaus sind die beiden jung 40
und lieben sich seit langem; die Liebe – und nicht etwa der Wunsch, deine Herrschaft zu missachten – hat sie in dieses Vergehen getrieben, wenn man das, was die jungen Menschen aus Liebe tun, überhaupt als Vergehen bezeichnen kann. Warum also willst du sie sterben lassen, wo du sie mit Aufmerksamkeiten und Geschenken ehren solltest?«
Der König hörte diese Worte und erkannte, dass Ruggieri die Wahr- 41
heit sagte; er hielt nicht nur in seinem grausamen Vorhaben inne, sondern es reute ihn auch, was er getan hatte. Unverzüglich befahl er, dass man die beiden jungen Leute vom Pfahl löse und zu ihm führe.
So geschah es. Nachdem er ihr Geschick in allen Einzelheiten erfah- 42
ren hatte, glaubte er, mit Geschenken und Ehrerweisungen die erlittene Unbill wiedergutmachen zu müssen. Er ließ sie ehrenvoll einkleiden und bestimmte – da er sie damit einverstanden wusste –, dass Gianni das Mädchen heiratete. Mit herrlichen Geschenken schickte er sie nach Hause zurück, wo sie freudig empfangen wurden und in Wonne und Glück zusammen lebten.

Siebente Novelle

1 *Teodoro ist in Violante verliebt, die Tochter seines Herrn Amerigo; er
schwängert sie und wird deswegen zum Galgen verurteilt; als man ihn
unter Geißelhieben zum Galgen führt, wird er von seinem Vater wie-
dererkannt; er wird freigelassen und nimmt Violante zur Frau.*

2 Als die Damen, die mit Bangen erwartet hatten, dass die Liebenden
verbrannt würden, endlich hörten, dass sie gerettet wurden, waren
sie erleichtert und priesen den Herrgott. Die Königin vernahm das
Ende und übertrug Lauretta die Aufgabe, die folgende Novelle zu er-
zählen; diese begann frohgemut wie folgt:

3 Wunderschöne Damen, zu der Zeit, als der gute König Wilhelm
Sizilien regierte, lebte auf der Insel ein Edelmann namens Amerigo
Abate da Trapani, der neben anderen zeitlichen Gütern auch mit Kin-
4 dern gesegnet war. Er bedurfte deswegen einer zahlreichen Diener-
schaft; als nun einmal genuesische Korsaren auf ihren Galeeren aus
der Levante zurückkamen, wo sie in Armenien zahlreiche Kinder ge-
fangen hatten, kaufte er, da er glaubte, es seien Türken, einige von ih-
nen. Die meisten von ihnen schienen ihm Hirtenjungen zu sein, aber
einer zeigte ein vornehmeres und feineres Aussehen; er hieß Teodo-
5 ro. Obwohl er wie ein Diener behandelt wurde, wuchs er doch im
Haus gemeinsam mit den Kindern Messer Amerigos auf; er entwi-
ckelte sich eher im Sinn seiner Natur als gemäß den Umständen und
wurde ein manierlicher und gebildeter junger Mann, an dem Messer
Amerigo so großes Gefallen fand, dass er ihm die Freiheit schenkte;
und weil er ihn für einen Türken hielt, ließ er ihn auf den Namen
Pietro taufen und machte ihn zu seinem Geschäftsführer, da er gro-
6 ßes Vertrauen in ihn setzte. Unter den Kindern Messer Amerigos
wuchs auch seine Tochter Violante zu einer schönen und anmutigen
Jungfrau heran, die sich, wie es so kam, in Pietro verliebte, weil der
Vater ihre Verehelichung hinauszögerte. Obwohl sie ihn liebte und

eine hohe Wertschätzung für seine Sitten und Fähigkeiten empfand,
schämte sie sich doch, sich ihm zu offenbaren. Aber Amor nahm ihr 7
diese Mühe ab, denn auch Pietro, der sie oftmals insgeheim ange-
schaut hatte, hatte sich so sehr in sie verliebt, dass er nicht glücklich
war, wenn er sie nicht sah; aber er befürchtete, dass sie etwas bemerk-
te, weil es ihm nicht schicklich erschien. Das Mädchen, das ihn gerne
sah, erriet es, und um ihn zuversichtlich zu stimmen, zeigte sie, dass
sie glücklich darüber war. So ging es eine Weile, ohne dass sie wagten, 8
einander irgendetwas zu sagen, obwohl das ein jeder wünschte.
Während beide gleichermaßen in Liebe entflammt waren, fand For- 9
tuna, als hätte sie beschlossen, ihr Begehren zu erfüllen, einen Weg,
um die Ängstlichkeit zu verscheuchen, die sie hemmte. Messer Ame- 10
rigo besaß etwa eine Meile vor Trapani ein schönes Stück Land, das
seine Gattin und ihre Tochter in Begleitung anderer Damen und der
Dienerschaft oft zur Erholung aufzusuchen pflegten. Eines Tages bei 11
großer Hitze hielten sie sich dort auf und hatten auch Pietro mitge-
nommen. Es geschah, wie es im Sommer manchmal geschieht, dass
sich der Himmel plötzlich mit Gewitterwolken verdunkelte. Damit
das Unwetter sie nicht auf dem Land überraschte, machte sich die Ge-

sellschaft so rasch wie möglich wieder auf den Heimweg nach Trapa-
12 ni. Aber Pietro, der jung war, und auch das Mädchen eilten der übri-
gen Gesellschaft voraus, vielleicht wurden sie ebenso durch die Liebe
wie durch das drohende Unwetter getrieben. Sie hatten sich bereits so
weit von den übrigen entfernt, dass sie kaum noch zu sehen waren,
als nach mehreren Donnerschlägen plötzlich schwerer und dichter
Hagel niederkam, vor dem die Mutter und ihre Begleitung in die Hüt-
13 te eines Bauern flüchteten. Pietro und das Mädchen fanden so rasch
keine schützendes Dach und flüchteten in eine alte, ganz und gar zer-
fallene Kapelle, in der sich niemand sonst aufhielt; sie kauerten sich
zusammen unter den Resten des Daches; da es wenig Schutz bot,
mussten sie dicht zusammenrücken und sich notwendigerweise auch
berühren; das führte dazu, dass sie sich sicherer fühlten, um einander
14 ihr Verlangen zu gestehen. Pietro begann als erster: »Gebe Gott, dass
der Hagel nie enden wollte, solange ich bleiben kann, wie ich gerade
16 bin.« Und das Mädchen sagte: »Das wäre mir auch lieb.« Und nach die-
sen Worten fassten sie sich bei den Händen, drückten sich, umarmten
und küssten sich, während der Hagel niederging. Um mich nicht in
Einzelheiten zu verlieren, sage ich nur: Das Wetter heiterte sich nicht
eher auf, als bis sie die höchsten Freuden der Liebe erfahren und sich
17 verabredet hatten, wie sie heimlich einander genießen konnten. Das
Unwetter ließ nach, und am Eingang der Stadt, der nahe war, erwar-
teten sie die Mutter und kehrten mit ihr nach Hause zurück. Vorsich-
tig und insgeheim trafen sie sich noch einige Male und genossen ein-
ander; die Sache nahm ihren Fortgang, und das Mädchen wurde
schwanger, was keinem von beiden recht war. Sie versuchte einige
Kunstgriffe, um die Schwangerschaft gegen den Lauf der Natur zu
18 unterbrechen, aber das gelang ihr nicht. Pietro, der um sein eigenes
Leben fürchtete, sagte ihr, dass er die Flucht ergreifen wollte; sie sagte
19 nur: »Wenn du mich verlässt, bringe ich mich um.« Worauf Pietro, der
sie sehr liebte, antwortete: »Wie kannst du, meine Frau, wollen, dass
ich hierbleibe? Deine Schwangerschaft wird unseren Fehltritt aufde-

cken, und dir wird man leicht verzeihen, während ich Armer für dei-
ne und meine Sünde bestraft werde.« Das Mädchen sagte: »Pietro, 20
meine Sünde wird offenbar, aber sei gewiss, dass, wenn du es nicht
selbst gestehst, niemand etwas von dir erfahren wird.« Pietro sagte 21
hierauf: »Da du es mir versprichst, will ich bleiben; aber denke an dein
Versprechen!« Das Mädchen hatte zwar ihren Zustand, so gut sie es 22
konnte, verborgen; aber schließlich konnte sie die Rundung ihres Lei-
bes nicht länger verbergen; unter vielen Tränen offenbarte sie sich ih-
rer Mutter und bat sie um ihre Hilfe. Diese war sehr traurig darüber, 23
schalt sie heftig und wollte wissen, wie das gekommen sei. Das Mäd-
chen dachte sich eine Geschichte aus, um Pietro nicht hineinzuzie-
hen, und gab der Wahrheit eine andere Form. Die Mutter glaubte es;
um den Fehltritt geheimzuhalten, schickte sie ihre Tochter auf eines
ihrer Güter. Als die Zeit der Geburt kam, begann das Mädchen, wie 24
alle Frauen in diesem Fall, laut zu stöhnen; auch die Mutter hatte
nicht bemerkt, dass Messer Amerigo, der sonst nie dorthin kam, von
der Vogeljagd heimkehrte und an der Kammer vorbeikam, wo die
Tochter in den Wehen lag; er war überrascht, betrat sofort die Kam-
mer und fragte, was das zu bedeuten habe. Als die Mutter ihren Mann 25
sah, stand sie erschrocken auf und erzählte ihm, was mit der Tochter
geschehen war. Er war aber weniger arglos als seine Frau und sagte, es
stimme nicht, dass sie nicht wisse, von wem sie schwanger sei; des-
wegen wollte er alles wissen, und nur so könne sie Milde von ihm er-
warten; ansonsten sei sie ohne Nachsicht des Todes. Die Mutter be- 26
mühte sich, so gut sie konnte, ihren Mann zu bitten, sich mit dem zu
begnügen, was die Tochter sagte; aber es half nichts. Denn er stürmte 27
wütend hinaus und kehrte mit einem blanken Schwert in der Faust
zurück, um über die Tochter – die, während die Mutter ihn mit Wor-
ten hingehalten hatte, ein Knäblein geboren hatte – mit den Worten
herzufallen: »Sag, von wem das Kind stammt, oder du bist auf der
Stelle tot.« Das Mädchen fürchtete um sein Leben, und sie brach ihr 28
Versprechen gegenüber Pietro; sie gestand ihrem Vater, was zwischen

ihnen vorgefallen war. Der Ritter geriet außer sich vor Empörung und
hätte sie beinahe erschlagen; nachdem er ihr gesagt hatte, was der
Zorn ihm diktierte, warf er sich auf sein Pferd, eilte nach Trapani, wo
er sich an den königlichen Gerichtsherrn, einen gewissen Messer
Currado, wandte und die Schmach berichtete, die Pietro ihm zugefügt
hatte; dieser zauderte nicht und ließ Pietro, der nicht darauf gefasst
war, festnehmen; und unter der Folter gestand er, was er getan hatte.
29 Als er nach einigen Tagen dazu verurteilt wurde, durch die Stadt ge-
peitscht und dann aufgehängt zu werden, und damit beide Liebenden
sowie ihr kleiner Sohn von dieser Erde getilgt würden, füllte Messer
Amerigo, dessen Zorn durch das Todesurteil gegen Pietro noch nicht
besänftigt war, Gift in einen Krug mit Wein, gab diesen einem Diener
30 zusammen mit einem blanken Dolch und sagte: »Geh mit diesen bei-
den Dingen zu Violante und gib sie ihr in meinem Namen, damit sie
sich auf der Stelle entscheide, ob sie durch das Gift oder durch das Ei-
sen sterben wolle. Wenn sie das nicht tut, werde ich sie öffentlich ver-
brennen lassen, wie sie es verdient hat. Sobald das geschehen ist,
nimmst du das Kind, das sie vor kurzem geboren hat, zerschlägst sei-
nen Schädel an der Mauer und wirfst es den Hunden zum Fraße vor.«
31 Der Diener, der eher bösartig als gutmütig war, machte sich mit dem
erbarmungslosen Urteil auf den Weg, das der wütende Vater über
32 Tochter und Enkel gefällt hatte. Der verurteilte Pietro wurde von den
Henkersknechten unter Peitschenhieben zum Galgen getrieben, und
sie kamen, wie es der Lauf des Zuges mit sich brachte, an einer Her-
berge vorbei, in der sich drei adlige Herren aus Armenien aufhielten,
die von ihrem König als Botschafter zum Papst in Rom unterwegs
waren, um wichtige Dinge wegen eines Kreuzzuges zu verhandeln;
sie waren hier abgestiegen, um sich einige Tage zu stärken und auszu-
ruhen, und sie waren von einigen Edelleuten Trapanis, insbesondere
33 von Messer Amerigo, mit hohen Ehren empfangen worden. Sie hör-
ten, dass man Pietro vorbeiführte, und schauten aus dem Fenster.
34 Pietro war vom Gürtel aufwärts nackt und hatte die Hände auf dem

Rücken gefesselt. Einer der drei Botschafter, ein würdiger alter Herr
namens Fineo, schaute ihn an und entdeckte auf seiner Brust einen
großen roten Flecken, der nicht aufgemalt, sondern in der Haut ge-
wachsen war, und den die Frauen hierzulande als Muttermal bezeich-
nen. Und unversehens erinnerte er sich an einen Sohn, der ihm vor 35
fünfzehn Jahren von Korsaren am Strande von Lajazzo geraubt wor-
den war, und von dem er seitdem nichts mehr gehört hatte. Er schätz- 36
te das Alter des armen Kerls, der ausgepeitscht wurde, und es kam
ihm in den Sinn, dass sein Sohn, falls er noch lebte, das gleiche Alter
haben müsste; wegen des Males mutmaßte er, dass er es sein müsste;
er dachte, dass er sich noch seines eigenen Namens, des Namens sei-
nes Vaters und seiner Muttersprache entsinnen müsste. Als er nahe 37
vorbeikam, rief er ihm also zu: »Teodoro!« Als Pietro die Stimme hör- 38
te, hob er prompt den Kopf; Fineo fragte ihn in armenischer Sprache:
»Woher bist du? Und wessen Sohn?« Aus Ehrerbietung vor dem ho- 39
hen Besuch ließen die Schergen anhalten, so dass Pietro antworten
konnte: »Ich stammte aus Armenien und war der Sohn eines gewis-
sen Fineo; als Kind wurde ich, von ich weiß nicht wem, entführt.« Als 40
Fineo das hörte, war er sicher, dass es sein verlorener Sohn war; mit
Tränen in den Augen kam er mit seinen Gefährten herunter und um-
armte ihn inmitten seiner Schergen; er warf ihm seinen kostbaren
Mantel über die Schultern und bat denjenigen, der ihn zur Hinrich-
tung führte, doch abwarten zu wollen, bis er eine neue Order erhalte.
Der antwortete, er werde gerne warten. Fineo hatte bereits erfahren, 41
warum Pietro hingerichtet werden sollte, weil die Nachricht sich ver-
breitet hatte. Deswegen begab er sich unverzüglich mit seinen Ge-
fährten und ihrem Gefolge zu Messer Currado und sagte ihm: »Mes- 42
ser, den Ihr gerade wie einen Sklaven zum Galgen führen lasst, er ist
ein freier Mann und mein Sohn; er wird unverzüglich diejenige heira-
ten, die er, wie gesagt wird, ihrer Jungfräulichkeit beraubt hat. Des-
wegen schiebt die Hinrichtung auf, um zu erfahren, ob sie ihn zum
Ehemann haben will, damit, falls sie das will, nicht gegen das Gesetz

43 verfahren wird.« Messer Currado war sehr erstaunt, als er hörte, dass
es sich bei dem Verurteilten um Fineos Sohn handelte. Er war be-
schämt wegen dieser Ungerechtigkeit des Schicksals, gestand, dass
Fineo im Recht war und bat ihn, nach Hause zu gehen; er selbst sand-
44 te nach Messer Amerigo und berichtete ihm alles. Messer Amerigo,
der schon glaubte, seine Tochter und sein Enkel seien tot, war todun-
glücklich über das, was er getan hatte; er erkannte, dass, sofern seine
Tochter noch lebte, alles wiedergutgemacht werden könnte. Eilends
schickte er trotzdem zu seiner Tochter, damit seine Anweisung, falls
45 es noch möglich sei, nicht durchgeführt würde. Der Bote lief hin und
fand den Diener, der das Gift und den Dolch überbracht hatte und
Violante, die vor der Entscheidung zurückschreckte, mit bösen Wor-
ten zwingen wollte, sich zu entscheiden. Als er den neuen Befehl sei-
nes Herrn vernahm, ließ er ab von ihr, kam zurück und sagte ihm,
46 wie die Angelegenheit stünde. Messer Amerigo war glücklich darüber
und ging zu Fineo, um sich unter Tränen und so gut er konnte für sein
Verhalten zu entschuldigen und um Verzeihung zu bitten; er versi-
cherte, dass, falls Teodoro seine Tochter als Gattin begehrte, er sie ihm
47 mit Freuden geben würde. Fineo nahm die Entschuldigung gerne ent-
gegen und antwortete: »Ich wünsche, dass mein Sohn Eure Tochter
heiratet; sollte er das nicht wollen, so soll das über ihn gefällte Urteil
48 vollstreckt werden.« Nachdem Fineo und Amerigo das vereinbart hat-
ten, gingen sie zu Teodoro, bei dem sich die Angst vor dem Tod mit
der Freude über den wiedergefundenen Vater mischte, und fragten
49 ihn nach seinem Willen. Als Teodoro hörte, dass Violante, sofern sie
es wünschte, seine Frau würde, war er so selig, als wäre er aus der Höl-
le ins Paradies gesprungen; er sagte, dies mache ihn überglücklich, so-
50 fern es auch ihr Wunsch sei. Man schickte also zu dem Mädchen, um
ihren Willen zu erfahren. Als sie hörte, was mit Teodoro geschehen
war und geschehen sollte, während sie doch als unglücklichste aller
Frauen den Tod erwartete, schenkte sie den Worten erst nach gerau-
mer Zeit allmählich Glauben; sie heiterte schließlich ein wenig auf

und antwortete, dass sie, wenn sie allein ihrem eigenen Willen folgte, nichts lieber als Teodoros Frau sei, dass sie aber das täte, was ihr Vater befehle. So wurde das Mädchen mit der Zustimmung aller verheira- 51
tet, und es wurde ein prächtiges Fest zum Vergnügen aller Bürger gefeiert. Das junge Mädchen, das sich erholte und ihren Sohn einer 52
Amme übergab, wurde nach kurzer Zeit noch schöner als zuvor; und nachdem sie sich aus dem Wochenbett erhoben hatte und vor Fineo trat, der aus Rom zurückkehrte, huldigte sie ihm wie ihrem Vater. Dieser war glücklich über eine so schöne Schwiegertochter, ließ eine prächtige und fröhliche Hochzeit ausrichten und nahm sie für alle Zeiten als seine Tochter auf. Nach einigen Tagen geleitete er seinen 53
Sohn, sie und den Enkel auf ein Schiff und führte sie mit nach Lajazzo, wo die beiden Liebenden in Glück und Frieden bis an ihr Lebensende lebten.

Achte Novelle

Nastagio degli Onesti liebt eine Dame aus dem Hause der Traversari 1
und gibt sein ganzes Vermögen aus, ohne wiedergeliebt zu werden. Er geht nach Chiassi, als seine Familie ihn darum bittet. Hier sieht er, wie ein Ritter hinter einem Mädchen herjagt, sie tötet und sie von zwei Hunden verschlungen wird. Er lädt seine Verwandten und die von ihm geliebte Frau zu einem Essen ein; die Frau sieht mit an, wie jenes gleiche junge Mädchen zerfleischt wird; sie fürchtet, dass ihr ein Gleiches geschehen könnte, und nimmt Nastagio zum Gatten.

Als Lauretta verstummt war, begann Filomena, von der Königin auf- 2
gefordert, wie folgt:

Liebenswerte Frauen, so wie uns das Mitleid empfohlen wird, 3
so wird auch unsere Grausamkeit von der göttlichen Gerechtigkeit streng gerächt. Um euch das zu zeigen und damit ihr die Grausamkeit

aus eurem Herzen vertreibt, möchte ich euch eine Novelle erzählen,
die ebenso sehr Mitleid erregt wie Ergötzen bereitet.
4 In Ravenna, der alten Stadt der Romagna, gab es eine große Zahl
edler und wohlhabender Männer; unter ihnen war ein Jüngling na-
mens Nastagio degli Onesti, der nach dem Tod seines Vaters und ei-
5 nes seiner Onkel unermesslich reich geworden war. Wie das bei jun-
gen Leuten geschieht und da er noch unverheiratet war, verliebte er
sich in eine Tochter des Herrn Paolo Traversaro, ein Mädchen, das
zwar von höherem Adel als er selbst war, das er aber durch seine Be-
6 mühungen dahin zu bringen hoffte, dass auch sie ihn liebte. Aber all
seine großartigen und wunderbaren Bemühungen nutzten ihm nicht
nur nichts, sondern schadeten ihm anscheinend sogar; denn das ge-
liebte Mädchen zeigte sich ihm gegenüber über die Maßen spröde,
hart und scheu. Entweder wegen ihrer einzigartigen Schönheit oder
aber wegen ihres Adels war sie so hochmütig und abweisend, dass
7 weder er selbst noch irgendetwas, was ihm gefiel, ihr gefiel. Für Na-
stagio war dieser Zustand so schwer erträglich, dass er sich vor Kum-
mer und Schmerz umbringen wollte; aber er widerstand diesem
Wunsch und nahm sich vor, sie nicht mehr zu beachten oder, wenn er
es vermöchte, sie so sehr zu verabscheuen, wie sie ihn verabscheute.

Aber sein Vorsatz war vergeblich, denn je geringer seine Hoffnung 8
wurde, umso größer wurde anscheinend seine Liebe. Da der junge 9
Mann nun fortfuhr zu lieben und verschwenderisch Geld auszuge-
ben, erschien es seinen Freunden und Verwandten, dass er sowohl
seine Kräfte als auch sein Vermögen aufbrauchte. Deshalb gaben sie
ihm den wiederholten und dringenden Rat, Ravenna zu verlassen
und sich für einige Zeit an einem anderen Ort aufzuhalten; auf diese
Weise würden die Liebe und die Kosten geringer. Mehrfach schlug 10
Nastagio diesen Ratschlag in den Wind; da sie ihn aber drängten und
er kaum noch nein sagen konnte, wollte er ihn befolgen. Nachdem er
Vorbereitungen hatte treffen lassen, als wollte er nach Frankreich,
Spanien oder an einen anderen weit entfernten Ort ziehen, stieg er zu
Pferd, verließ, von vielen seiner Freunde begleitet, Ravenna und be-
gab sich nach Chiassi, einem Ort, der vielleicht drei Meilen außerhalb
Ravennas liegt. Dorthin ließ er große und kleine Zelte kommen und 11
sagte denen, die ihn begleitet hatten, dass er hierbleiben wollte und
dass sie zurückkehren könnten. Nachdem Nastagio sich dort nieder- 12
gelassen hatte, setzte er wie eh und je sein elegantes und großzügiges
Leben fort, lud wie vordem alle Welt, sei es mittags, sei es abends, zu
Gelagen ein. Nun geschah es, dass er etwa Anfang Mai bei herrlichem 13
Wetter, als er in Gedanken an seine grausame Dame versunken war,
seinem Gefolge befahl, ihn alleine zu lassen, um ungestört seiner
Stimmung nachhängen zu können. Indem er in Gedanken verloren
einen Fuß vor den anderen setzte, gelangte er in den Pinienhain. Die 14
Mittagsstunde rückte näher, er war bereits eine halbe Meile in den
Wald eingedrungen, ohne an Essen oder sonst etwas zu denken, als er
plötzlich lautes Wehklagen und grelle Schreie einer Frau zu hören
glaubte. Er unterbrach seine süße Träumerei, hob den Kopf, um zu
schauen, was es gäbe, und war erstaunt, sich im Pinienhain wiederzu-
finden. Als er genauer um sich schaute, sah er außerdem, wie durch 15
das Unterholz aus dichten Sträuchern und Büschen ein nacktes, schö-
nes Mädchen mit aufgelösten Haaren, von Dornen und Zweigen zer-

kratzt, weinend und laut um Hilfe rufend dorthin gerannt kam, wo er
16 stand; außerdem erblickte er ihr zur Seite zwei riesige und wilde
Hunde, die sie wütend verfolgten und, wenn sie nur konnten, auch
heftig anfielen; hinter ihr erblickte er auf einem schwarzen Ross einen
dunklen, zornig dreinblickenden Ritter, der in der Hand ein Schwert
hielt und ihr mit schrecklichen und gemeinen Worten den Tod an-
17 drohte. Das Ganze erfüllte ihn gleichzeitig mit Staunen und Entset-
zen, schließlich auch mit Mitleid für die unglückliche Frau; er emp-
fand den Wunsch, sie aus solcher Angst und Todesnähe, wenn irgend
18 möglich, zu befreien. Da er ohne Waffen war, ergriff er einen Ast als
Stock und trat den Hunden wie dem Ritter in den Weg.

19 Aber der Ritter, der das sah, rief ihm von weitem zu: »Nastagio,
mische dich nicht ein; lass die Hunde und mich vollstrecken, was die-
20 ses böse Weib verdient hat.« So sprach er, und die Hunde packten das
Mädchen und zwangen es stehenzubleiben, der Ritter war herange-
kommen und sprang vom Pferd. Nastagio trat zu ihm und sagte: »Ob-
wohl du mich kennst, weiß ich nicht, wer du bist. Trotzdem sage ich
dir, es ist eine große Gemeinheit, wenn ein bewaffneter Ritter ein
nacktes Weib töten will und ihr wie einem wilden Tier die Hunde
nachhetzt. Solange ich nur kann, werde ich sie beschützen.«

21 Darauf sagte der Ritter: »Nastagio, ich stamme aus der gleichen
Stadt wie du; du selbst warst noch ein Kind, als ich, der ich Guido de-
gli Anastagi heiße, in diese hier glühender verliebt war, als du in die
Traversari verliebt bist. Ihr grausamer Stolz war mein Verhängnis, so
dass ich mit dem Schwert, das du in meiner Hand siehst, meinem Le-
ben ein verzweifeltes Ende setzte und dafür zu ewiger Verdammnis
22 verurteilt worden bin. Diese aber, die froh über meinen Tod war, starb
nicht lange Zeit danach. Weil sie ihre Grausamkeit und die Freude,
die sie angesichts meiner Leiden empfunden hat, nicht bereute – denn
sie glaubte nicht zu sündigen, sondern verdienstvoll zu handeln –,
23 wurde auch sie in die Hölle verdammt. Als sie herabkam, wurde ihr
und mir die Strafe erteilt, dass sie mir zu entrinnen versucht, und dass

ich sie, die ich so innig liebte, nun als Todfeindin und nicht als geliebte
Frau verfolge; denn sooft ich sie erreiche, muss ich sie mit diesem 24
Schwert, mit dem ich mich selbst umgebracht habe, umbringen und
ihr den Rücken öffnen, um, wie du gleich sehen wirst, jenes harte und
kalte Herz, das weder von Liebe noch von Mitleid bewegt wurde, zu-
sammen mit allen Eingeweiden herauszuholen und den Hunden vor-
zuwerfen. Kurze Zeit danach, so will es Gottes Allmacht und Gerech- 25
tigkeit, wird sie, als wäre sie nicht tot, wieder auferstehen, um ihre
qualvolle Flucht von neuem zu beginnen, und die Hunde und ich ja-
gen sie von neuem. Und es geschieht, dass ich sie jeden Freitag um 26
diese Stunde an dieser Stelle erreiche und das Gemetzel vollstrecke,
das du sehen wirst. Aber denke nicht, dass wir an den übrigen Tagen
ruhen; vielmehr ergreife ich sie an anderen Orten, wo sie auf grausa-
me Weise an mich gedacht oder wider mich gehandelt hat. Ich bin,
wie du siehst, aus ihrem Verehrer zu ihrem Feind geworden und muss
sie so viele Jahre verfolgen, wie es Monate gewesen sind, die sie grau-
sam gegen mich war. Lass mich also die göttliche Gerechtigkeit voll- 27
strecken und versuche nicht zu verhindern, was du nicht verhindern
kannst.« Als Nastagio diese Worte hörte, ergriff ihn ein Schauder, 28
und es sträubten sich ihm die Haare; er trat zurück, betrachtete das
arme Mädchen und erwartete angsterfüllt, was der Ritter tun würde.
Dieser hatte seine Rede beendet und stürzte wie ein wütender Hund 29
mit dem Schwert in der Hand auf das Mädchen, das niedersank, von
den beiden Hunden festgehalten wurde und um Gnade schrie, wor-
auf er ihr mit aller Kraft das Schwert durch die Brust stieß, so dass es
hinten heraustrat. Nach diesem Stoß stürzte das Mädchen jammernd 30
und stöhnend vornüber. Der Ritter zog einen Dolch, öffnete ihre Len-
den und riss das Herz sowie alles übrige heraus und warf es den Hun-
den vor, die es sofort gierig verschlangen. Kaum war das vollendet, als 31
das Mädchen, so als wäre nichts geschehen, unvermittelt wieder auf-
stand und zum Meer hin rannte, die Hunde jagten hinterher und ver-
suchten sie zu packen. Der Ritter bestieg sein Pferd, ergriff sein

Schwert und verfolgte sie von neuem. Nach kurzer Zeit entschwan-
32 den sie, so dass Nastagio sie nicht mehr sehen konnte. Nachdem er
diese Dinge mit angesehen hatte, verharrte er eine Weile voller Mit-
leid und Furcht. Nach einiger Zeit kam ihm in den Sinn, dass ihm die-
ses Ereignis von großem Nutzen sein könnte, da es sich jeden Freitag
wiederholte. Nachdem er die Stelle markiert hatte, kehrte er zu sei-
nem Gefolge zurück. Als es ihm passend schien, rief er seine Ver-
33 wandten und Freunde zusammen und sprach zu ihnen: »Ihr habt
mich lange Zeit aufgefordert, dass ich aufhöre, meine Feindin zu lie-
ben und mein Vermögen auszugeben. Ich bin bereit, euch zu folgen,
vorausgesetzt, dass ihr mir einen Gefallen tut, nämlich dafür sorgt,
dass am nächsten Freitag Herr Paolo Traversari, seine Gattin und sei-
ne Tochter sowie alle Damen ihrer Verwandtschaft und wen ihr sonst
34 noch einladen wollt, bei mir das Mittagsmahl einnehmen. Warum ich
35 das wünsche, werdet ihr dann sehen.« Den anderen erschien dies als
eine geringfügige Bitte; sie kehrten nach Ravenna zurück, und mit ei-
ner angemessenen Frist luden sie alle die ein, die Nastagio genannt
hatte. Obwohl es nicht leicht war, auch das Mädchen, das Nastagio
36 liebte, mitzubringen, kam sie schließlich doch mit den anderen. Na-
stagio ließ ein üppiges Mahl richten und die Tische unter den Pinien
um die Stelle herum aufstellen, wo er die qualvolle Bestrafung der
grausamen Frau gesehen hatte. Er bat die Herren und Damen zu Tisch
und setzte das geliebte Mädchen genau vor die Stelle, wo sich das Er-
37 eignis abspielen sollte. Das letzte Gericht war aufgetragen, als man
schon das jämmerliche Geschrei des von den Hunden gejagten Mäd-
chens hörte; alle wunderten sich und fragten, was das wäre, aber nie-
mand wusste es zu sagen. Sie standen auf, um zu sehen, was es sein
könnte, als sie auch schon das gepeinigte Mädchen, den Ritter und die
38 Hunde erblickten, die mitten unter ihnen auftauchten. Man erregte
sich laut über die Hunde und den Ritter, viele stürzten nach vorn, um
dem Mädchen zu helfen. Aber der Ritter sprach sie an, wie er Nastagio
angesprochen hatte; er veranlasste sie nicht nur, sich zurückzuziehen,

sondern versetzte sie alle in Schrecken und Staunen. Als er tat, was er 39
auch zuvor getan hatte, mussten gerade die Frauen in der Gesellschaft
so bitterlich weinen, als würde es ihnen selbst angetan – einige der
Frauen waren sowohl mit dem leidenden Mädchen als auch mit dem
Ritter verwandt und erinnerten sich an seine Liebe und seinen Tod.
Als alles vollendet war und die Dame und der Ritter fort waren, wur- 40
de die Szene von denen, die sie gesehen hatten, ausführlich und leb-
haft besprochen. Zu denjenigen, die den größten Schrecken empfun-
den hatten, zählte das grausame Mädchen, das Nastagio liebte; sie
hatte alles genau gesehen und gehört sowie erkannt, dass sie mehr als
irgendjemand sonst davon betroffen war; sie brauchte sich nur daran
zu erinnern, wie grausam sie Nastagio behandelt hatte. Es schien ihr
schon, als müsste sie seinem Zorn entfliehen und als spürte sie die
Hunde an ihrem Leib. Sie bekam eine solche Angst davor, etwas Ähn- 41
liches zu erleiden, dass sie eine gute Gelegenheit erspähte, die sich am
gleichen Abend bot, und, da sie den Hass in Liebe verwandelt hatte,
eine ihr ergebene Jungfer heimlich zu Nastagio sandte, um ihn ihrer-
seits zu bitten, doch bitte zu ihr zu kommen, denn sie sei bereit, alles
zu tun, was er wünschte. Hierauf ließ Nastagio antworten, dass er 42
sich darüber sehr freue, dass er aber, wenn es ihr gefiele, nur das wün-
sche, was mit ihrer Ehre vereinbar wäre, nämlich sie als seine Frau
heimzuführen. Das Mädchen wusste, dass es nur noch von ihr ab- 43
hing, ob sie die Frau Nastagios wurde, und ließ ihm antworten, dass
es ihr recht sei. Als Botin in eigener Sache ging sie zu ihrem Vater und
zu ihrer Mutter und sagte ihnen, dass sie gerne die Gattin Nastagios
werden wollte; worüber die Eltern sich sehr freuten. Am darauffol- 44
genden Sonntag heiratete Nastagio sie und ließ die Hochzeit ausrich-
ten. Lange Zeit lebte er glücklich mit ihr. Die Angst ist nicht nur die
Ursache dieses einen guten Ereignisses gewesen, sondern alle Frauen
Ravennas wurden dadurch eingeschüchtert und haben sich seither
williger den Wünschen der Männer hingegeben als zuvor.

Neunte Novelle

1 *Federigo degli Alberighi liebt, ohne geliebt zu werden; zu Ehren seiner Dame verschwendet er sein gesamtes Hab und Gut; es bleibt ihm allein ein Falke, den er, da er nichts anderes mehr besitzt, seiner Dame als Speise vorsetzt, als sie ihn besucht; sie erfährt das, ändert ihren Sinn, heiratet ihn und macht ihn reich.*

2 Filomena hatte ihre Novelle beendet, und als die Königin sah, dass außer ihr und Dioneo niemand mehr zu erzählen hatte, begann sie mit heiterer Miene:

3 Nun bin ich an der Reihe; und ich, teure Damen, möchte euch gerne eine Novelle erzählen, die der letzten ähnlich ist, damit ihr nicht nur erkennt, was euer Liebreiz über edle Herzen vermag, sondern damit ihr lernt, eure Gunst, wenn es angebracht ist, selbst zu gewähren, ohne der Fortuna immerzu die Lenkung zu überlassen, die ihre Güter ohne Umsicht und maßlos verteilt.

4 Ihr müsst also wissen, dass Coppo di Borghese Domenichi, einer
der bedeutenden Menschen unserer Stadt, der auch in unseren Tagen
noch als Autorität verehrt wird und mehr wegen seiner Sitten und Tu-
genden als wegen seines reinen adligen Blutes dauernden Ruhm ver-
dient, schon alt war, als er Vergnügen daran fand, mit Nachbarn und
anderen Menschen über Dinge aus der Vergangenheit zu sprechen; er
verstand dies besser als jeder andere, weil er sich genauer erinnerte
5 und eine schmuckvolle Redeweise besaß. Neben anderen schönen
Geschichten pflegte er zu erzählen, dass in Florenz einst ein junger
Mann namens Federigo di Messer Filippo Alberighi lebte, der in den
ritterlichen Übungen und in den höfischen Sitten angesehener war als
6 jeder andere Ritter in der Toskana. Wie es bei den meisten Edelleuten
geschieht, verliebte auch er sich in eine adlige Dame namens Monna
Giovana, die zu ihrer Zeit als eine der schönsten und anmutigsten
Frauen in Florenz galt. Um ihre Liebe zu erringen, bestritt er Zwei-

kämpfe und zog auf Turniere, gab große Feste und verschwendete hemmungslos sein Vermögen. Sie aber, nicht weniger ehrbar als schön, machte sich weder etwas aus all diesen Dingen noch aus dem,
der sie veranstaltete. Da Federigo viel ausgab und nichts hinzuer- 7
warb, schwanden seine Reichtümer auf natürliche Weise dahin, und er verarmte; es blieb nichts als ein kleines Gut, von dessen Einkünften er gerade mal leben konnte, und ein Jagdfalke, der zu den besten
der Welt zählte. Obwohl er mehr denn je verliebt war, zog er nach 8
Campi, wo sein Gut war, weil er in der Stadt nicht mehr so leben konnte, wie er es sich vorstellte. Dort draußen ging er, wann immer er konnte, auf die Vogeljagd, und ohne jemanden um Hilfe zu bitten, er-
trug er geduldig seine bescheidenen Verhältnisse. Als Federigo derart 9
heruntergekommen war, geschah es, dass der Gatte Monna Giovannas erkrankte und, da er den Tod näherkommen sah, sein Testament machte. Er war sehr reich und setzte als Erben seinen halbwüchsigen Sohn ein; sollte dieser ohne legitimen Erben sterben, so setzte er Monna Giovanna, die er sehr geliebt hatte, an seine Stelle. Darauf ver-
schied er. Monna Giovanna blieb als Witwe zurück und verbrachte 10
den Sommer, wie es bei unseren Damen Brauch ist, mit ihrem Sohn auf einem Landgut, das nicht weit entfernt von dem Gut Federigos

11 lag. Es geschah nun, dass sich der Junge mit Federigo anfreundete und
für Vögel und Hunde begeisterte; nachdem er viele Male den Falken
Federigos hatte fliegen sehen, und dieser ihm über die Maßen gefiel,
wünschte er, ihn zu besitzen; er traute sich aber nicht, ihn darum zu
12 bitten, weil er sah, dass er Federigo sehr teuer war. Nun geschah es
aber, dass der Junge erkrankte; die Mutter war zutiefst betrübt, weil er
ihr als einziges geblieben war und sie ihn über alles liebte; sie blieb
den ganzen Tag bei ihm, versuchte ihn zu trösten und fragte ihn häu-
fig, ob er sich nicht irgendetwas wünschte; sie bat ihn, es ihr zu sagen,
und sie wollte gewiss ihr Möglichstes tun, um es für ihn zu beschaf-
13 fen. Nachdem er viele Male dieses Anerbieten gehört hatte, sagte der
Junge schließlich: »Liebe Mutter, wenn Ihr es erreicht, dass ich den
Falken Federigos haben könnte, glaube ich, rasch gesund zu werden.«
14 Die Mutter verstummte bei diesen Worten und musste nachdenken,
was sie tun sollte. Sie wusste, dass Federigo sie sehr geliebt hatte und
dass sie ihn nicht einmal eines Blickes gewürdigt hatte. So sagte sie:
»Wie kann ich ihn um diesen Falken bitten, der, soviel ich gehört
habe, einer der besten überhaupt ist und ihm den Lebensunterhalt si-
chert? Und wie kann ich nur so unbedarft sein, einem Edelmann die
15 einzige Freude nehmen zu wollen, die ihm geblieben ist?« Sie über-
legte hin und her; und obwohl sie sicher war, den Falken zu bekom-
men, wenn sie ihn darum fragte, wusste sie nicht, was sie sagen soll-
te; sie gab dem Sohn keine Antwort und ließ die Sache auf sich beru-
16 hen. Schließlich aber trug die Liebe zum Sohn den Sieg davon; sie
beschloss, um ihn zufriedenzustellen – was auch immer geschehen
würde –, nicht einen Boten zu schicken, sondern selbst den Falken zu
holen. Sie antwortete also: »Mein Sohn, sei getrost und werde bald ge-
sund, denn ich verspreche dir, dass ich ihn morgen als erstes holen
17 werde.« Der Junge war glücklich und zeigte noch am selben Tag eine
18 leichte Besserung. Am folgenden Vormittag begab sich die Dame in
Begleitung einer anderen Dame auf einen kleinen Spaziergang, und
sie erreichten wie zufällig das kleine Haus Federigos und fragten nach

ihm. Da es nicht die Zeit zum Vogelfang war, hielt er sich in seinem 19
Garten auf und ließ einige kleinere Arbeiten ausführen; als er hörte,
dass Monna Giovanna vor seiner Tür stand, war er sehr erstaunt und
lief freudig dorthin. Sie sah ihn kommen und eilte ihm voller Lie- 20
benswürdigkeit entgegen; Federigo begrüßte sie ehrerbietig, und sie
sagte: »Federigo, sei gegrüßt!« Sie fuhr fort: »Ich bin gekommen, um
dich dafür zu entschädigen, dass du um meinetwillen, die du mehr als
notwendig gewesen wäre geliebt hast, Nachteile erlitten hast. Deswe-
gen möchte ich dich heute mit meiner Begleitung zu einem gemein-
samen freundschaftlichen Essen aufsuchen.« Voller Ergebenheit ant- 21
wortete Federigo: »Madonna, ich erinnere mich nicht daran, dass mir
von Euch je ein Schaden widerfahren wäre; vielmehr habe ich nur Gu-
tes von Euch erfahren; denn das, was ich wert bin, bin ich kraft Eures
Wertes und kraft der Liebe geworden, die ich Euch entgegengebracht
habe. Euer großmütiger Besuch ist mir um vieles teurer, als wenn ich, 22
da Ihr zu einem armen Gastgeber gekommen seid, Euch noch einmal
all das zu Füßen legen könnte, was ich Euch einst angeboten habe.«
Mit diesen Worten führte er sie ehrerbietig in sein Haus und von dort 23
in den Garten. Und da er niemand anderen hatte, der ihnen Gesell-
schaft leisten konnte, sagte er: »Madonna, ich habe niemand anderen
als die gute Frau dieses Bauern, die Euch Gesellschaft leisten wird, so-
lange ich für die Vorbereitung des Mahles sorge.« Bei aller Armut war 24
ihm noch nie zuvor aufgefallen, wie dringend er des Reichtums be-
durft hätte, den er verschwendet hatte. Er sah das ein, als er an diesem
Tag nichts fand, mit dem er die Dame hätte ehrenvoll bewirten kön-
nen, um deren Liebe willen er unendlich viele Menschen bewirtet
hatte. Verängstigt und sein Geschick verwünschend rannte er wie au- 25
ßer sich hin und her; er fand kein Geld und nichts, was er hätte ver-
pfänden können; die Zeit war fortgeschritten, und groß war sein
Wunsch, die edle Dame ehrenvoll zu bewirten, ohne dass er seinen
Bauern um etwas hätte bitten wollen; bis ihm schließlich der Falke
ins Auge fiel, der auf seiner Stange saß; und da er nichts anderes fand,

ergriff er ihn, fand, dass er fett genug war, und meinte, er sei eine wür-
26 dige Speise für eine Dame. Ohne lange zu überlegen, drehte er ihm
den Hals um, ließ ihn von einer Magd rasch rupfen und ausnehmen
und sorgfältig am Spieß braten. Nachdem die Tafel mit weißen Tü-
chern gedeckt war, von denen ihm noch einige übriggeblieben waren,
kehrte er mit heiterer Miene zu den Damen im Garten zurück und
27 sagte, dass das Mahl, so gut er es vermochte, zubereitet sei. Die Dame
und ihre Gefährtin erhoben sich also und gingen zu Tisch; und ohne
zu wissen, was sie aßen, verzehrten sie gemeinsam mit Federigo, der
28 ihnen voller Hingabe aufwartete, den edlen Falken. Als sie vom Ti-
sche aufgestanden waren und noch miteinander plauderten, schien es
der Dame an der Zeit, das vorzubringen, was sie hergeführt hatte; lie-
29 benswürdig wandte sie sich an Federigo: »Wenn du, Federigo, dich an
dein früheres Leben und an meine Unnahbarkeit erinnerst, die du
vielleicht als stolze Überheblichkeit aufgefasst hast, so wundert dich
zweifellos meine Vermessenheit, wenn ich dir sage, weswegen ich ei-
gentlich gekommen bin; wenn du Kinder hättest oder gehabt hättest
und du wüsstest, was die Liebe zu ihnen vermag, wäre ich gewiss,
30 dass du etwas Verständnis für mich hättest. Da du aber keine hast, ich
hingegen eines habe, kann ich mich dem natürlichen Verhalten der
Mütter nicht entziehen. Dieses zwingt mich, auch wenn es mir nicht
gefällt, es unschicklich und unbillig ist, dich darum zu bitten, mir et-
31 was zu schenken, das dir zu Recht unendlich teuer ist. Denn dein
schlimmes Geschick hat dir keinen anderen Trost, keine andere Freu-
de oder ein anderes Vergnügen gelassen. Und das Geschenk ist dein
Falke, in den sich mein Sohn derartig vernarrt hat, dass ich, wenn ich
ihn ihm nicht mitbringe, eine Verschlimmerung seiner Krankheit
32 fürchten und um sein Leben bangen muss. Und so bitte ich dich, dass
du nicht aus Liebe zu mir – um derentwillen du zu nichts verpflichtet
bist –, sondern aus Edelmut, den du durch dein ritterliches Verhalten
mehr als jeder andere bewiesen hast, mir deinen Falken schenken
möchtest, damit ich durch dieses Geschenk meinem Sohn die Ge-

sundheit zurückgeben kann und dir für immer verpflichtet sein werde.« Als Federigo hörte, worum die Dame ihn bat, und erkannte, dass 33
er ihr den Dienst nicht erweisen konnte, da er sie den Falken hatte verspeisen lassen, brach er in Tränen aus, ohne irgendein Wort antworten zu können. Die Dame glaubte, er weinte so bitterlich, weil er sich von seinem Falken trennen sollte, und sie wollte ihre Bitte fast schon zurückziehen; aber sie schwieg und wartete, bis Federigo aufhörte zu weinen und sagte: »Madonna, seitdem es Gott gefallen hat, 34
dass ich meine Liebe auf Euch gerichtet habe, habe ich es häufig schmerzlich erlebt, wie Fortuna sich widersetzt hat; aber all das ist ein Nichts gewesen gegenüber dem, was sie mir heute antut; wie soll ich je meinen Frieden mit ihr finden, wenn ich daran denke, dass Ihr in meine arme Hütte gekommen seid, die Ihr, als ich noch reich war, nicht zu besuchen geruhtet, und nun ein kleines Geschenk erbittet, das ich Euch nicht geben kann, weil sie es so gelenkt hat. Und warum das so ist, werde ich Euch kurz erklären. Als ich hörte, dass Ihr mir die 35
Gnade erweisen wolltet, mit mir zu speisen, hielt ich es für würdig und angemessen, Eure Trefflichkeit und Erhabenheit nicht wie bei anderen Gästen mit einem gewöhnlichen, sondern mit dem teuersten Gericht zu ehren, das mir zur Verfügung stand. So erinnerte ich mich 36
an den Falken, den Ihr erbittet, und ich hielt ihn für eine Speise, die Eurer würdig sei, und er wurde Euch gebraten vorgesetzt, und ich glaubte, ihn auf die beste Art verwendet zu haben. Nun sehe ich, dass Ihr ihn auf andere Art haben wolltet; und der Schmerz, Euch nicht mehr damit dienen zu können, ist so unerträglich, dass ich keine Ruhe mehr finden werde.« Nach diesen Worten ließ er die Federn, 37
Krallen und den Schnabel als Zeugnis bringen. Als die Dame all dies sah und hörte, tadelte sie ihn, dass er einen so edlen Falken einem Weib vorgesetzt habe; für sich und insgeheim lobte sie aber seine Hochherzigkeit, die auch die Armut nicht hatte beugen können. Da sie aber die Hoffnung aufgegeben hatte, den Falken zu bekommen, und an der Genesung ihres Sohnes zweifeln musste, schied sie be-

38 trübt und kehrte zu ihrem Sohn zurück. Es vergingen nur wenige
Tage, dass dieser zum großen Schmerz seiner Mutter aus diesem Le-
ben schied, entweder hatte ihn die Pein, dass er den Falken nicht be-
39 kam, oder der Lauf der Krankheit selbst dahingerafft. Nachdem sie ei-
nige Zeit in Tränen und Verbitterung verbracht hatte, wurde sie von
ihren Brüdern, da sie reich und noch jung war, wiederholt aufgefor-
dert, noch einmal zu heiraten. Obwohl sie es selbst nicht wollte, weil
sie sich aber bedrängt fühlte und weil sie sich an die Tüchtigkeit Fede-
rigos und an seinen Großmut erinnerte – als er seinen edlen Falken
um ihretwillen getötet hatte –, sagte sie schließlich zu ihren Brüdern:
40 »Wenn es euch recht wäre, bliebe ich am liebsten unvermählt; solltet
ihr aber darauf bestehen, so werde ich niemals einen anderen als Fede-
41 rigo degli Alberighi heiraten.« Die Brüder spotteten: »Du Törin, was
42 sagst du da? Warum einen, der nichts hat?« Worauf sie antwortete:
»Liebe Brüder, das weiß ich wohl, aber ich ziehe einen Mann ohne
43 Reichtum dem Reichtum ohne Mann vor.« Die Brüder nahmen ihre
Einstellung zur Kenntnis, sie kannten Federigo auch seit langem und
gaben sie ihm mit allem Reichtum, obwohl er arm war. Federigo sah
sich mit der vornehmen Dame vermählt, die er über alles geliebt hat-
te, überdies sah er sich als Herr eines großen Vermögens, das er besser
verwaltete als sein voriges; gemeinsam lebten sie glücklich bis ans
Ende ihrer Tage.

Zehnte Novelle

1 *Pietro da Vinciolo speist woanders; seine Frau lässt einen jungen Mann zu sich kommen; aber Pietro kommt zurück; sie versteckt den anderen unter einem Hühnerkorb; Pietro erzählt, dass im Haus des Ercolano, wo er gespeist habe, ein junger Mann bei der Frau gefunden worden sei; die Frau entrüstet sich über die Frau Ercolanos; unglücklicherweise stellt ein Esel seinen Huf auf die Finger desjenigen, der unter dem Korb ver-*

steckt ist, und dieser schreit auf; Pietro eilt hinzu, sieht ihn und erkennt, dass die Frau ihn betrogen hat; aber wegen seiner traurigen Veranlagung schließt er Frieden mit ihr.

Die Königin hatte ihre Novelle beendet, und alle hatten Gott geprie- 2
sen, dass er Federigo würdig belohnt habe, als Dioneo, der niemals eine Aufforderung abwartete, begann:

Ich weiß nicht, ob ich es ein zufälliges Laster, eine Art schlechter 3
Angewohnheit oder eine böse Anlage der Natur nennen soll, wenn die Menschen eher über Böses als über Gutes lachen, besonders wenn
sie uns nichts angehen. Die Mühe, der ich mich bisher unterzogen 4
habe und der ich mich auf ein Neues unterziehen will, geht dahin, den Trübsinn zu verscheuchen und euch zum Lachen zu bringen; obwohl nun, verliebte Mädels, die folgende Novelle teilweise recht unschicklich ist, aber erheiternd wirken kann, will ich sie euch erzählen.
Hört ihr der Novelle zu, so stellt euch vor, dass ihr in einen Garten 5
geht, wo ihr mit zarter Hand die Rosen pflückt, ohne euch an den Dornen zu stechen. So werdet ihr den bösen Menschen, sein Missge-

schick, sein Laster vergessen und fröhlich über die Liebeslist seiner
Frau lachen und Erbarmen mit fremdem Unglück empfinden, wo es
nötig ist.
6 Vor nicht allzu langer Zeit lebte in Perugia ein reicher Mann na-
mens Pietro da Vinciolo, der eine Frau heiratete, um die anderen hin-
ters Licht zu führen und die allgemeine Ansicht seiner Mitbürger über
7 seine Neigung zu den Frauen zu entkräften; Fortuna begünstigte sei-
ne Neigung, insofern er ein robustes, rothaariges und hitziges Mäd-
chen zur Frau nahm, das sich lieber zwei als einen Mann gewünscht
hätte und nun an einen geriet, dessen Sinn eher auf einen als auf eine
8 gerichtet war. Im Verlauf der Zeit erkannte sie das; da sie glaubte,
schön und frisch zu sein, ihr heißes Blut und ihre Jugendkraft spürte,
war sie sehr verärgert, beschimpfte ihren Mann wiederholt und mach-
te ihm das Leben sauer; als sie aber bemerkte, dass sie sich eher ver-
9 schleißen als ihn bessern würde, sagte sie sich: »Der Lump lässt mich
im Stich, um seine Laster in Holzschuhen durchs Trockene zu führen;
ich mach mich jetzt daran, jemand anderes auf mein Schiffchen und
10 Wasser unter den Kiel zu bekommen. Ich habe ihn zum Mann ge-
nommen und ihm eine gute Mitgift mitgebracht, weil ich annahm, er
sei ein Mann und lüstern, worauf ich es bin, und worauf die Männer
lüstern sein sollen; wenn ich nicht geglaubt hätte, dass er ein Mann
11 wäre, hätte ich ihn niemals geheiratet. Er wusste doch, dass ich eine
Frau bin, warum hat er mich also geheiratet, wenn die Frauen ihm ge-
12 gen den Strich gehen. Das muss ich nicht mitmachen. Wenn ich mit
der Welt nichts haben wollte, wäre ich ins Kloster gegangen; da ich
mich aber nun einmal in dieser Welt bewegen will, kann ich nicht
vergeblich bis ins Alter abwarten, ob ich mit ihm meine Lust und
mein Vergnügen finde; komme ich darauf, wenn ich alt bin, so werde
ich vergeblich der verlorenen Jugend nachweinen, die zu genießen er
mir ein Vorbild gibt und mir vormacht, wie ich genießen kann, was er
13 genießt. Meine Lust ist lobenswert, wohingegen die seine eine Schan-
de ist; denn ich verletze nur die Gesetze, er aber verletzt die Gesetze

und die Natur.« Dies überlegte sich die gute Frau mehr als einmal; um 14
ihre Vorstellungen heimlich in die Tat umzusetzen, vertraute sie sich
einer Alten an, die eine Heilige Verdiana schien, welche die Schlan-
gen füttert, die mit dem Rosenkranz zu jedem Anlass ging und über
nichts anderes redete als über die Kirchenväter oder die Wundmale
des Heiligen Franz und von allen für eine Heilige gehalten wurde. Zu 15
gegebener Zeit eröffnete sie ihr nun ihre Absicht, und die Alte sagte:
»Meine Tochter, Gott, der alles weiß, weiß auch, dass du gut daran
tust. Und wenn du keinen anderen Grund hättest, solltest du es wie
eine jede junge Frau tun, um nicht die Zeit eurer Jugend zu verlieren;
für den Weisen ist kein Schmerz größer, als wenn er die Zeit verloren
hat. Denn wenn wir alt sind, sind wir beim Teufel zu nichts anderem 16
gut, als die Asche um die Kohlen zu hüten? Wenn eine überhaupt,
dann kann ich das wohl bezeugen. Denn heute, wo ich alt bin, ver-
spüre ich Stiche im Herzen, wenn ich an die Zeit denke, die ich nutz-
los habe verstreichen lassen. Obwohl ich nicht alles versäumt habe – 17
du sollst nicht glauben, dass ich ein Dummerchen gewesen bin –, so
habe ich doch nicht alles getan, was ich hätte tun können; wenn ich
heute daran denke, wo, so wie du mich hier vor dir siehst, mir keiner
mehr einheizt, tut mir das in der Seele weh. Bei den Männern ist es ja 18
nicht das Gleiche. Denn sie werden nicht nur für die eine Sache gebo-
ren, sondern sind geeignet für tausend Dinge; und die Alten gelten
mehr als die Jungen; aber die Frauen werden einzig um der einen Sa-
che willen geboren und damit Kinder auf die Welt kommen; und des-
wegen werden sie geschätzt. Und hättest du nichts anderes, so könn- 19
test du es daraus ersehen, dass wir immer für das Eine zur Verfügung
stehen, was bei den Männern nicht der Fall ist; und außerdem würde
eine Frau viele Männer zur Erschöpfung bringen, indessen viele Män-
ner eine Frau nicht ermüden können. Und da wir zu dem Einen gebo-
ren sind, sage ich dir noch einmal, dass du gut daran tust, deinem
Mann Gleiches mit Gleichem heimzuzahlen, damit du im Alter nur
deinem Aussehen etwas vorzuwerfen hast. Auf dieser Welt hat jeder 20

das, was er sich nimmt, besonders die Frauen, die mehr auf die Zeit
achten müssen, die ihnen zur Verfügung steht, als die Männer; wenn
wir nämlich alt geworden sind, will uns weder der Mann noch irgend-
ein anderer mehr sehen, sondern sie schicken uns in die Küche, um
der Katze Märchen zu erzählen und die Töpfe und Schüsseln zu zäh-
21 len; und obendrein verspotten sie uns noch und trällern: ›Den Mäd-
chen das leckere Schmalz, den Alten den Bissen im Hals‹ – und vieles
22 andere, was man so sagt. Und damit ich dich nicht nur mit Worten
abspeise, sage ich dir, dass du dich keiner nützlicheren Person anver-
trauen konntest als mir, weil es keinen feinen Herrn gibt, dem ich
nicht ins Gesicht sagte, was nötig wäre, und keinen hartherzigen oder
ungeschlachten, den ich nicht erweichen und dazu bringen würde,
23 was ich will. Zeige mir den, der dir gefällt und lass den Rest meine Sa-
che sein. Aber erinnere dich an eins, meine liebe Tochter, dass ich
nämlich ein armes Wesen bin, und ich will dich von nun an allen Ab-
lässen, die ich gewinne, und Vaterunsern, die ich bete, teilhaben las-
sen, damit der Herrgott sie als ebenso viele Lichter und Kerzen für
24 deine Toten gelten lasse.« Hiermit war sie am Ende. Die junge Frau
vereinbarte also mit der Alten, dass diese, wenn sie einen Jüngling
sähe, der häufig durch die Straße kam und den sie ihr genau beschrieb,
wisse, was sie zu tun habe; sie gab ihr ein Stück Pökelfleisch und emp-
25 fahl sie Gott. Nach wenigen Tagen schickte die Alte ihr heimlich den
ins Haus, den sie benannt hatte; und kurz danach einen anderen, wie
die junge Frau die Lust überkam; obwohl sie Angst vor ihrem Mann
26 hatte, ließ sie sich keine Gelegenheit entgehen, die sich ihr bot. Es ge-
schah nun, dass der Ehemann eines Abends ausging, um mit einem
Freund namens Ercolano zu speisen; die Ehefrau trug der Alten auf,
ihr einen der hübschesten und anmutigsten Jünglinge Perugias zuzu-
27 führen, was diese auch umgehend tat. Aber als die junge Frau mit dem
jungen Mann bei Tisch saß, um zu speisen, rief Pietro mit einem Mal
28 an der Tür, dass ihm geöffnet werde. Die Frau hörte es und glaubte zu
sterben; sie wollte, wenn sie nur gekonnt hätte, den Jüngling verste-

cken, aber ihr fiel nichts Besseres ein, als ihn in einem offenen Vor-
raum unter einen Hühnerkorb kriechen zu lassen; sie warf die Lein-
wand eines Strohbettes darüber, die sie hatte säubern lassen; und
rasch ließ sie ihrem Mann öffnen. Als er hereinkam, sagte sie: »Ihr 29
habt euer Essen aber rasch hinuntergeschlungen.« Pietro antwortete: 30
»Wir haben nicht einmal angefangen.« »Wie denn das?« fragte die 31
Frau. Pietro sagte nun: »Ich sage es dir. Wir saßen gerade zu Tisch, Er- 32
colano, seine Frau und ich, als wir ganz in unserer Nähe niesen hör-
ten, worum wir uns weder beim ersten noch beim zweiten Mal küm-
merten; der einmal geniest hatte, nieste aber noch ein drittes, viertes,
fünftes Mal und immer weiter, so dass wir uns schließlich doch wun-
derten. Ercolano, der sich über seine Frau geärgert hatte, weil sie uns 33
lange vor der Haustür hatte warten lassen, meinte wütend: ›Was soll 34
denn das? Wer niest denn da?‹ Er stand auf und ging zu einem Bret-
terverschlag unter einer nahegelegenen Treppe, wie man sie gerne an-
legt, um etwas unterzubringen. Es schien ihm, als käme das Niesen 35
von dort, und er öffnete den Zugang; kaum öffnete er ihn, als auch
schon ein widerlicher Schwefeldampf herauskam; dieser Gestank war
schon zuvor herausgekommen, und als wir uns beschwerten, hatte
die Frau gesagt: ›Das kommt, weil ich meine Schleier mit Schwefel 36
gebleicht habe, und die Pfanne, in die ich den Schwefel gestreut hatte,
habe ich unter die Treppe abgestellt, und die dampft immer noch.‹ Als 37
Ercolano den Verschlag geöffnet und der Dampf sich verzogen hatte,
schaute er hinein und sah den Niesenden, der immer weiter nieste,
und der Schwefeldampf war ihm schon derart auf die Brust geschla-
gen, dass er bald weder niesen noch irgendetwas anderes hätte tun
können. Ercolano erblickte ihn und rief: ›Frau, nun weiß ich, warum 38
wir soeben, als wir eintrafen, so lange draußen vor der Tür warten
mussten; ich werde nicht ruhen, bis ich dir das heimgezahlt habe!‹
Als die Frau dies hörte und sah, dass ihre Sünde offenbar war, sprang 39
sie ohne ein Wort der Entschuldigung vom Tisch auf und lief davon,
ich weiß nicht, wohin. Ercolano bemerkte nicht, dass seine Frau ent- 40

floh und forderte den Niesenden auf, herauszukommen; aber jenem
fehlte die Kraft, und er rührte sich nicht mehr, was Ercolano ihm auch
befahl; schließlich ergriff Ercolano ihn am Fuß, zerrte ihn heraus und
41 lief nach einem Messer, um ihn umzubringen. Ich aber fürchtete die
Polizei, stand auf und verhinderte, dass er jenen tötete oder ihm et-
was Böses antat; ich beschützte ihn und rief um Hilfe, so dass schließ-
lich Nachbarn den halbtoten jungen Mann aus dem Haus und ich
weiß nicht wohin schafften. So wurde unser Essen gestört, ich habe
nichts davon gehabt und, wie gesagt, nicht einmal einen Bissen pro-
42 bieren können.« Als die Frau diese Geschichte hörte, erkannte sie,
dass andere Frauen so schlau wie sie selbst waren, obwohl diese oder
jene ab und zu Pech haben konnte; allzu gern hätte sie die Frau Erco-
lanos in Schutz genommen; sie glaubte aber, für ihr eigenes Vergehen
freiere Bahn zu haben, wenn sie das Vergehen der anderen ordentlich
43 tadelte; und sie hob an: »Das sind ja schöne Sachen! Eine fromme und
wackere Ehefrau muss das ja sein! Eine durch und durch anständige
Frau, bei der ich zur Beichte gegangen wäre, so fromm schien sie!
Schlimmer noch, als alte Frau hätte sie den jungen ein Vorbild sein
44 müssen! Vermaledeit sei die Stunde ihrer Geburt und sie selbst, dass
sie noch am Leben ist, dieses treulose, verdorbene Weib, eine Schande
und Schmach aller Frauen dieser Welt. Die Ehre und Treue, die sie ih-
rem Mann versprochen, und jeden Anstand hat sie mit Füßen getre-
ten; und über ihn, einen so tüchtigen Mann und ehrenvollen Bürger,
der sie so gut behandelte, hat sie um eines anderen willen Schande ge-
45 bracht und sich selbst entehrt. Gott stehe mir bei, aber solchen Wei-
bern gebührt kein Erbarmen; sie sollten sterben, ganz und gar leben-
46 dig im Feuer zu Asche verbrannt werden!« Darauf erinnerte sie sich
an ihren Liebhaber, der unter dem Korb ganz in der Nähe lag; und sie
bat Pietro, dass er zu Bett gehen möge, weil es an der Zeit sei. Pietro,
der größere Lust hatte, etwas zu essen als schlafen zu gehen, fragte
indessen, ob es nicht etwas zu essen gäbe, worauf die Frau antworte-
47 te: »Na und ob es etwas zu essen gibt! Wir bereiten immer etwas vor,

wenn du nicht zu Hause bist! Bin ich etwa Ercolanos Frau! Nun geh
schon schlafen, es ist das Beste, was du tun kannst.« An dem Abend 48
waren einige Bauern Pietros mit Sachen vom Land gekommen und
hatten ihre Esel, ohne ihnen etwas zu trinken zu geben, in einem klei-
nen Stall neben dem Vorraum untergebracht; es geschah nun, dass ei-
ner dieser Esel, der großen Durst hatte, den Kopf aus dem Halfter ge-
zogen hatte, aus dem Stall gekommen war und frei umherlief, um
nach Wasser zu suchen; dabei gelangte er geradewegs an den Korb,
unter dem sich der junge Mann befand. Da er auf allen vieren zusam- 49
mengekauert war, hatte er die Finger einer Hand etwas unter dem
Korb hervorgeschoben; nun wollte es sein Glück oder Unglück – wie
man es nimmt –, dass der Esel einen Huf daraufstellte; ihn durchfuhr
ein furchtbarer Schmerz, und er schrie laut auf. Pietro bemerkte über- 50
rascht, dass jemand in seinem Haus schrie; er verließ die Kammer
und hörte immer noch ein Wimmern, weil der Esel weiter fest auf der
Hand stehen blieb; er sagte: »Wer ist da?«, lief zu dem Korb, hob ihn
hoch und erblickte den Jüngling, dessen Finger zerquetscht waren
und der aus Angst, dass Pietro ihm etwas antun würde, an allen Glie-
dern zitterte. Pietro erkannte ihn, weil er aufgrund seiner schlechten 51
Angewohnheit lange hinter ihm her war, und fragte: »Was machst du
denn hier?« Jener antwortete nichts darauf, sondern bat ihn, dass er
ihm um Gottes Willen nichts zuleide tun möchte. Pietro sagte ihm: 52
»Steh auf und habe keine Angst, dass ich dir etwas tue. Sage mir aber,
wieso und warum du hier bist.« Der Jüngling gestand ihm alles; Pietro 53
war froh, dass er ihn entdeckt hatte, so wie seine Frau betrübt war; er
fasste den Jüngling an der Hand und führte ihn in die Kammer, wo die
Frau ihn voller Angst erwartete. Pietro nahm ihr gegenüber Platz und 54
sagte: »Eben erst hast du Ercolanos Frau verwünscht und gesagt, sie
solle verbrannt werden und sei eine Schande für euch alle. Warum
hast du das nicht von dir selbst gesagt? Und wenn du es von dir nicht
sagen wolltest, wie konntest du die Unverschämtheit besitzen, es von
ihr zu sagen, wo du wusstest, dass du das Gleiche wie sie getan hat-

test? Nichts anderes hat dich dazu gebracht, als dass ihr Frauen alle
gleich seid und mit der Schuld dritter eure eigenen Fehler zu verber-
gen sucht. Feuer möge es vom Himmel regnen, um euch alle zu ver-
55 brennen, euch böse Sippschaft!« Da seine Frau bemerkte, dass er ihr
grundsätzlich nur Worte entgegengeschleudert hatte und überdies
froh und glücklich schien, einen so hübschen Jungen an der Hand zu
haben, fasste sie sich ein Herz und sagte: »Ich bin mir ganz sicher, dass
du uns Frauen gerne im Feuer, das vom Himmel regnet, verbrennen
sähest, weil du uns so wenig begehrst wie der Hund die Prügel; aber
56 beim Kreuz des Herrn, das wird nicht geschehen. Aber ich möchte
nun einmal abklären, worüber du dich eigentlich beschwerst. Denn
ich würde gut dabei wegkommen, wenn du mich mit Ercolanos Frau
vergleichen wolltest: Sie ist nämlich eine heuchlerische Betschwester,
die von ihm bekommt, was sie begehrt; und er hält sie teuer, wie sich
57 das für eine Ehefrau gehört – was mir nicht zuteil wird. Gewiss sorgst
du für meine Kleidung, aber du weißt, wie es mit dem Rest bestellt ist,
und wie lange du schon nicht mit mir geschlafen hast. Und ich liefe
lieber barfuß und in Fetzen umher und würde im Bett gut behandelt,
als dass ich all das Zeug bekäme und so behandelt würde, wie du mich
58 behandelst. Verstehe mich richtig, Pietro, ich bin ein Weib wie die an-
deren und begehre das, was die anderen begehren; wenn ich es mir
besorge, da ich es von dir nicht bekomme, kann man es mir nicht ver-
übeln; und ich halte wenigstens noch so viel auf deine Ehre, dass ich
59 mich nicht mit Gassenjungen oder Grindköpfen einlasse.« Pietro er-
kannte, dass ihr in dieser Nacht die Worte nicht ausgehen würden; da
er sich kaum für sie interessierte, sagte er: »Frau, nun ist es genug; ich
werde dich schon zufriedenstellen; du könntest so freundlich sein,
uns etwas zum Abendessen zu bereiten, denn dieser junge Mann hat
60 wie ich noch nichts gegessen.« »Aber sicher hat er noch nichts geges-
sen«, sagte die Frau, »denn als dich der Teufel hergeschickt hat, woll-
61 ten wir uns gerade zum Essen niederlassen.« »Dann mach', dass wir
essen können«, sagte Pietro, »anschließend sorge ich dafür, dass du

dich nicht beklagen wirst.« Als die Frau hörte, dass ihr Mann sich be- 62
ruhigt hatte, stand sie auf, ließ die Tafel decken und die vorbereiteten
Speisen kommen, und fröhlich tafelte sie mit ihrem schlechten Ehe-
mann und dem jungen Burschen. Wie Pietro es nach dem Essen ange- 63
stellt hat, dass alle drei zufrieden waren, ist mir entfallen; ich weiß so
viel, dass der junge Mann auf der Piazza nicht mehr sicher war, ob er
die Nacht ausgiebiger mit der Frau oder mit ihrem Ehemann verbracht
hatte. Deswegen sage ich euch, teuerste Damen, wer dir es tut, tue es 64
ihm wieder; und wenn du nicht kannst, behalte ihn im Sinn, bis du es
kannst; denn so wie der Esel an die Wand tritt, bekommt er es zurück.

Die Novelle Dioneos war beendet, und die Damen hatten weniger ge- 1
lacht, weil sie sich genierten und nicht, weil sie ihnen nicht gefallen
hätte. Die Königin sah, dass das Ende ihrer Herrschaft gekommen
war, erhob sich, nahm den Lorbeerkranz ab und setzte ihn voller An-
mut Elissa auf das Haupt; dazu sprach sie die folgenden Worte: »Nun
ist es an Euch, Madonna, zu gebieten.«

Als Elissa die Ehre übernommen hatte, tat sie das, was schon zu- 2
vor getan worden war: Sie gab zuerst dem Seneschall die für die Dauer
ihrer Herrschaft notwendigen Anweisungen, und zum Gefallen der
Gesellschaft sagte sie: »Wir haben schon oft davon gehört, dass viele 3
mit einer gewitzten und schlagfertigen Antwort bissige Angriffe oder
drohende Gefahren abzuwehren verstanden. Da dieses Thema schön
und nützlich ist, wünsche ich, dass morgen mit Gottes Beistand da-
von erzählt wird, wie jemand mit einem anmutigen Wort eine Necke-
rei zurückgibt oder mit einer klugen und raschen Antwort einen Ver-
lust, eine Gefahr oder eine Beschämung abwendet.« Das fand bei allen 4
großen Beifall; und so erhob sich die Königin und verabschiedete alle
bis zur Stunde der Abendmahlzeit. Als man sah, dass die Königin sich 5
erhoben hatte, wandte sich ein jeder der ehrenwerten Gesellschaft
wie üblich dem zu, was ihm am meisten gefiel. Als die Zikaden ver- 6
stummt waren, wurden alle zur Tafel gerufen; die Mahlzeit verlief

festlich und munter, und anschließend begann man zu singen und zu
7 musizieren. Auf Wunsch der Königin hatte Emilia einen Tanz eröff-
net, und Dioneo wurde aufgefordert, ein Lied anzustimmen. Er setzte
unverzüglich ein mit: ›Monna Aldruda, hebt den Steiß, ich bring'
8 euch gute Mär‹. Alle Damen begannen zu lachen, insbesondere die
9 Königin, die ihm befahl, ein anderes Lied zu singen. Dioneo sagte:
»Madonna, hätte ich ein Tamburin, so würde ich anstimmen ›Hebet
den Rock, Monna Lapa‹ oder ›Unterm Olivenbaum ist der Rasen‹ oder
vielleicht auch ›Der Wellenschlag tut mir gar weh‹! Aber ich habe kei-
nes, drum wählt aus, was Euch gefällt. Etwa ›Komm heraus und lass
10 ihn schneiden, wie den Maibaum auf dem Land‹?« Die Königin sagte:
11 »Nein, wähle ein anderes!« »Also«, sagte Dioneo, »werde ich singen:
12 ›Monna Simona, keltert ein, es ist noch nicht Oktober‹.« Lachend sag-
te die Königin: »Beim Teufel, sing' bitte ein hübsches Lied, wir mögen
13 das nicht.« Dioneo sagte: »Also gut, nehmt es mir nicht übel; welches
gefällt Euch denn? Ich kenne viele. Wollt Ihr ›Wenn ich mein Nest-
chen nicht versorge‹ oder ›Mach' es sachte, mein lieber Mann‹ oder
14 ›Für hundert Lire kauf ich mir 'nen Hahn‹?« Obwohl alle lachten, war
die Königin etwas verärgert und sagte: »Lass' die Alberei und singe
ein hübsches Lied, oder du wirst merken, dass ich auch zornig werden
15 kann.« Dioneo ließ sich das nicht zweimal sagen und begann mit dem
folgenden Lied:

16 Amor, der bezaubernde Glanz
ihrer wunderschönen Augen
hat mich dir und ihr unterworfen.
17 Aus ihrer schönen Augen Glanz
hat sich in meinem Herzen deine Glut entzündet,
als er in mein Inneres drang;
wie mächtig dein Wirken ist,
offenbarte mir ihr leuchtend' Angesicht;
als ich es schaute, fühlte ich,

wie alles Vermögen
ihr folgte und sich ergab,
was mich seufzen machte.
So ward ich, teurer Herr, einer deiner 18
gehorsamen Untertanen,
ergeben deiner Gnade;
aber kennt man denn
das edle Begehren, das du mir eingegeben,
und die unbedingte Treue,
die meine Seele so beherrscht,
dass ich allein
in ihr meinen Frieden suche und finde.
So bitte ich dich, o gnädiger Herr, 19
dass du ihr's zeigst und sie von deinem Feuer
zu meinen Gunsten etwas fühlen lässt,
denn ich verzehre mich, und in dem Martyrium
vergehe ich nach und nach;
und wenn es so weit sein wird,
bitte, wie du es tun musst, bei ihr für mich,
wie ich es gerne auch bei dir für mich tun würde.

Da Dioneo durch sein Schweigen zeigte, dass sein Lied beendet war, 20
ließ die Königin noch einige andere Lieder singen, obwohl sie das Lied
Dioneos sehr gelobt hatte. Als die Nacht schon fortgeschritten war, 21
befahl die Königin, da die nächtliche Frische der Hitze des Tages gefolgt war, dass sich ein jeder bis zum folgenden Tage zur Ruhe begeben möge.

1 ES ENDET DER FÜNFTE TAG DES DECAMERON,
UND ES BEGINNT DER SECHSTE TAG,
AN DEM UNTER DER HERRSCHAFT ELISSAS
DAVON ERZÄHLT WIRD,
WIE JEMAND MIT EINEM ANMUTIGEN WORT
EINE NECKEREI ZURÜCKGIBT
ODER MIT EINER KLUGEN
UND RASCHEN ANTWORT EINEN VERLUST,
EINE GEFAHR ODER EINE BESCHÄMUNG ABWENDET.

2 Der Mond, der hoch am Himmel stand, hatte seinen Glanz verloren,
und das neu aufgehende Licht erleuchtete schon unsere Hemisphäre,
als die Königin aufstand und die Gesellschaft zusammenrufen ließ.
Gemächlichen Schrittes entfernten sie sich von dem schönen Palast
und lustwandelten über den Tau, indessen sie sich über verschiedene
Dinge unterhielten und über die mehr oder weniger große Schönheit
der erzählten Novellen stritten oder noch einmal über die verschiede-
nen Ereignisse lachten; als die Sonne bereits hoch am Himmel stand
und herniederbrannte, erschien es ihnen besser umzukehren, und sie
3 kamen wieder zum Palast. Dort waren die Tische gedeckt und mit
schönen duftenden Blumen geschmückt; bevor es zu heiß wurde, lie-
ßen sie sich dort auf Geheiß der Königin zum Mahle nieder. Dieses
verlief fröhlich; bevor sie etwas anderes unternahmen, sangen sie
noch einige hübsche und muntere Lieder; anschließend legten sich ei-
nige zur Ruhe, andere spielten Schach oder Brettspiele; Dioneo und
4 Lauretta begannen ein Lied über Troilus und Griseida. Als die Stunde
ihrer Zusammenkunft gekommen war, rief die Königin sie zusam-
men, und sie ließen sich wie gewohnt um den Brunnen nieder; als
aber die Königin dazu auffordern wollte, die erste Novelle zu erzäh-
len, geschah etwas Unvorhergesehenes. Denn die Königin und alle
übrigen hörten einen großen Lärm, der vom Gesinde aus der Küche
5 kam. Daraufhin ließ sie den Seneschall rufen und fragte ihn, wer und
warum so laut schrie; dieser sagte, dass ein Streit zwischen Licisca
und Tindaro ausgebrochen sei, dass er aber den Grund nicht kenne,
weil er just von der Königin gerufen worden war, als er sie beruhigen
6 wollte. Worauf die Königin Licisca und Tindaro unverzüglich herbei-
kommen hieß und sie, als sie sich präsentierten, nach dem Grund ih-
7 res Streites fragte. Tindaro wollte schon antworten, als Licisca, die
nicht mehr die Jüngste und etwas hochnäsig und noch sehr aufgeregt
war, mit böser Miene zu ihm sagte: »Schau dir mal den Esel an, der,

wo ich bin, sich erkühnt, den Mund als erster aufzumachen! Jetzt lass' 8
mich einmal«, und zur Königin gewandt fuhr sie fort: »Madonna, der
will mich die Frau des Sykophant kennen lehren, als ob ich nicht gut
bekannt mit ihr wäre, und mir weismachen, dass in der ersten Nacht,
als Sykophant bei ihr schlief, Junker Bengel mit Gewalt und Blutver-
gießen in den schwarzen Hügel drang; ich sage aber, dass er in aller
Friedlichkeit und zu ihrem vollen Vergnügen hineinspazierte. Und er 9
ist doch solch ein Esel, dass er meint, die Mädchen wären so dumm,
ihre Zeit unter der Kuratel der Väter und Brüder zu verschwenden,
die sechs von sieben Mal drei oder vier Jahre zu lang warten, um sie zu
verheiraten. Da hätten sie was, wenn sie so lange fackelten! Beim 10
Herrn Jesus, ich weiß, was ich sage, wenn ich darauf schwöre, dass ich
keine kenne, die unberührt in die Ehe gegangen wäre, und auch von
den Verheirateten kenne ich genug, die es ihren Männern ordentlich
heimzahlen. Und dieser Schafskopf will mich die Frauen kennen leh-
ren, als wäre ich von gestern!« Während Licisca redete, brachen die 11
Damen in ein solches Gelächter aus, dass ihnen die Kiefer schmerz-
ten; und die Königin versuchte mehrere Male vergeblich, die Ruhe
wiederherzustellen; sie gab es schließlich auf und wartete ab, bis jene
alles, was sie auf dem Herzen hatte, gesagt hatte. Als sie am Ende war, 12
sagte die Königin lächelnd zu Dioneo: »Das ist etwas für dich, Dio-
neo. Wenn wir unsere Novellen erzählt haben, dann wirst du den
endgültigen Spruch darüber fällen.« Worauf Dioneo ohne zu zögern 13
antwortete: »Madonna, der Spruch ist bereits gesprochen. Und ich
denke, Licisca hat recht, und Tindaro ist ein Esel.« Als Licisca das hör- 14
te, lachte sie und wandte sich an Tindaro: »Das habe ich dir doch ge-
sagt: Geh mit Gott, glaubst du, mehr als ich zu wissen, der du noch
nass hinter den Ohren bist? Gott sei's gedankt, dass ich nicht um-
sonst gelebt habe«; und sie hätten an diesem Tag nichts anderes mehr 15
tun können, als ihr zuzuhören, wenn die Königin sie nicht mit stren-
ger Miene zum Schweigen gebracht und ihr befohlen hätte, den Mund
zu halten und still zu sein, sonst würde sie ausgepeitscht; sie schickte

16 sie und Tindaro weg. Als sie beide fortgegangen waren, forderte sie
Filomena auf, mit den Novellen zu beginnen; und munter begann
dieselbe.

Erste Novelle

1 *Ein Ritter sagt zu Madonna Oretta, er werde ihr den Weg mit einer Novelle so verkürzen, dass sie meine, sie sitze zu Pferde; er erzählt sie aber so schlecht, dass sie ihn bittet, sie wieder abzusetzen.*

2 So wie in hellen Nächten die Sterne den Himmel, im Frühling die
Blumen die Wiesen und die Büsche die Hügel zieren, ähnlich schmü-
cken, meine jungen Damen, anmutige Bonmots Reden und Um-
gangsformen; und weil sie kurz sind, stehen sie den Frauen eher an,
wie auch vieles Reden den Frauen weniger als den Männern geziemt.
3 Es ist eine Schmach für uns alle, dass heutzutage wenigen oder gar
keiner Frau mehr – aus welchem Grund auch immer: weil unser Geist
armselig ist oder weil der Himmel unserer Zeit übel will – die Gabe
geblieben ist, zu angemessener Zeit ein Bonmot zu finden und, wie es
4 sich gehört, einzusetzen. Da Pampinea hierüber aber bereits genü-
gend gesprochen hat, will ich mich nicht länger dazu äußern, sondern
euch darauf aufmerksam machen, wie hübsch so ein Bonmot zur
rechten Zeit ist, und euch erzählen, wie eine Edelfrau einen Ritter auf
artige Weise zum Schweigen gebracht hat.

5 Viele von euch werden sich daran erinnern oder davon gehört ha-
ben, dass vor nicht allzu langer Zeit in unserer Stadt eine edle, sittsa-
me und redegewandte Dame lebte, die es nicht verdiente, dass ihr
6 Name verschwiegen werde. Sie hieß Madonna Oretta und war die
Gattin des Messer Geri Spina. Diese hielt sich einmal, so wie wir, auf
dem Lande auf. So spazierte sie zum Vergnügen mit anderen Damen
und Rittern, die an diesem Tag bei ihr zu Hause gespeist hatten, von

einem Ort zu einem anderen; da der Weg dorthin, wohin sie gelangen
wollten, etwas weit erschien, sagte einer der Ritter der Gesellschaft:
»Madonna Oretta, wenn es Euch recht ist, so verkürze ich Euch den 7
Weg mit einer meiner schönsten Novellen, so dass Ihr glaubt, Ihr
würdet von einem Pferd getragen.« Die Dame antwortete darauf: »Ich 8
bitte Euch sehr darum, Messere, und ich werde es zu schätzen wis-
sen.« Der Herr Ritter, der wahrscheinlich seinen Degen auch nicht 9
besser zu führen verstand als die Zunge beim Erzählen, begann nach
diesen Worten seine Novelle, die für sich genommen sehr hübsch
war; er aber wiederholte drei-, vier- und sechsmal dasselbe Wort,
kam immer wieder auf schon Gesagtes zurück und fügte dann ein:
»Das war nicht gut«; häufig warf er die Namen ganz und gar durch-
einander, und außerdem stellte er die Eigenschaften der Personen
und das, was sie taten, miserabel dar. Madonna Oretta brach der 10
Angstschweiß aus und es vergingen ihr fast die Sinne, während sie
ihm zuhörte; schließlich konnte sie es nicht länger ertragen und als
sie merkte, dass er aus seinem Durcheinander nicht mehr herausfand,
sagte sie mitleidig: »Messer, Euer Pferd hat einen harten Gang, tut mir 11
bitte den Gefallen und helft mir wieder auf meine eigenen Füße.« Der 12

Ritter war glücklicherweise im Begreifen besser als im Erzählen, verstand ihre Bitte als gut gemeinten Scherz; er brach die begonnene und schlecht gesponnene Novelle ab und fuhr mit anderen Erzählungen fort.

Zweite Novelle

1 *Der Bäcker Cisti macht Messer Geri Spina mit einer kurzen Antwort darauf aufmerksam, dass er eine unbillige Forderung erhoben hat.*

2 Die Rede der Madonna Oretta wurde von allen Damen und Herren sehr gelobt; und die Königin forderte Pampinea auf fortzufahren. Diese begann wie folgt:

3 Schöne Damen, ich selbst kann es nicht beurteilen, was mehr zu
bedauern ist: dass die Natur einem edlen Geist einen gemeinen Kör-
per geschenkt hat, oder dass Fortuna einen mit einem edlen Geist be-
gabten Körper in einen gemeinen Beruf versetzt hat – so wie es mit
unserem Mitbürger Cisti und mit vielen anderen geschehen ist. Be-
sagten Cisti, der mit einem hohen Geist begabt war, machte Fortuna
4 zum Bäcker. Gewiss würde ich die Natur und Fortuna verwünschen,
wenn ich nicht wüsste, dass die Natur findig ist, und dass Fortuna
tausend Augen besitzt, obwohl die Dummköpfe sie sich blind vor-
5 stellen. Beide verhalten sich, meine ich, wie die Menschen sich oft
verhalten: Sie wissen nicht, was kommen wird, und vergraben bei
Gelegenheit ihre kostbarsten Dinge an den am wenigsten verdächti-
gen und hässlichsten Orten ihrer Häuser; wenn sie ihrer aber am
meisten bedürfen, holen sie sie hervor, obwohl sie an dem hässlichen
6 Ort besser behütet waren als in dem schönen Gemach. Und so verber-
gen auch die beiden Vollstreckerinnen des Irdischen häufig ihre teu-
ersten Dinge im Schatten der gemeinsten Künste, damit sie umso
7 leuchtender glänzen, wenn sie sie notgedrungen hervorholen. Wie

der Bäcker Cisti dies bei einer wie immer geringfügigen Gelegenheit gezeigt hat und Messer Geri Spina die Augen des Verstandes öffnete, das hat mir die Novelle von Madonna Oretta, der Gattin des Messer Geri Spina, in Erinnerung gerufen, und ich möchte es euch mit einer kleinen Novelle darlegen.

Ich sage also, dass Papst Bonifaz, dessen hohe Wertschätzung 8
Messer Geri Spina genoss, vornehme Gesandte wegen gewichtiger
Geschäfte nach Florenz geschickt hatte und diese im Haus des Messer
Geri abgestiegen waren. Als er mit ihnen über die Angelegenheiten
des Papstes verhandelte, geschah es, dass er, aus welchem Grund auch
immer, gemeinsam mit den päpstlichen Gesandten fast jeden Morgen
zu Fuß bei der Kirche Santa Maria degli Ughi vorbeiging, wo der Bä-
cker Cisti seinen Ofen hatte und persönlich sein Handwerk ausübte.
Obwohl Fortuna ihm nur ein bescheidenes Handwerk gegeben hatte, 9
war sie ihm doch so gewogen, dass er damit sehr reich geworden war,
und er führte ein aufwendiges und freigebiges Leben; neben vielen
anderen guten Dingen hatte er die besten Weiß- und Rotweine, die
man in Florenz oder im Umland finden konnte. Als er bemerkte, dass 10

Messer Geri und die päpstlichen Gesandten jeden Morgen an seinem
Laden vorüberkamen, glaubte er, da es sehr warm war, dass es auf-
merksam wäre, wenn er ihnen ein Glas seines Weißweines anbieten
würde; wegen des Standesunterschiedes zwischen ihm und Messer
Geri erschien es ihm wenig schicklich, dass er sich anmaßen dürfte,
ihn einzuladen, sondern er dachte, dass er Messer Geri dazu bringen
11 sollte, sich selbst einzuladen. Er ließ nun – wie gewöhnlich in ein blü-
tenweißes Wams und eine frische Schürze gekleidet, die ihn weniger
als Bäcker denn als Müller erscheinen ließen – an jedem Morgen,
wenn er die Zeit gekommen sah, dass Messer Geri mit den Gesandten
vorbeikommen müsste, vor seinen Laden einen neuen verzinnten Ei-
mer mit frischem Wasser, ein neues Bologneser Krüglein mit ausge-
suchtem Weißwein sowie zwei Becher, die wie aus Silber leuchteten,
12 herausbringen; er setzte sich dazu, und als sie vorbeikamen, spuckte
er kräftig aus, bevor er so genüsslich seinen Wein zu schlürfen be-
13 gann, dass selbst ein Toter Appetit darauf bekommen hätte. Nachdem
Messer Geri das ein oder zwei Male mit angesehen hatte, fragte er
14 schließlich beim dritten Mal: »Cisti, wie ist er? Ist er gut?« Cisti sprang
auf und antwortete: »Ja, Messer! Aber Ihr könnt es erst merken, wenn
15 Ihr ihn gekostet habt!« Messer Geri hatte entweder durch die Be-
schaffenheit des Weines oder durch eine außergewöhnliche Anstren-
gung oder durch das sichtbare Wohlbehagen Cistis Durst bekommen,
wandte sich an die Gesandten und sagte lächelnd: »Meine Herren, es
trifft sich gut, dass wir den Wein dieses wackeren Mannes kosten;
vielleicht ist er so gut, dass wir es nicht bereuen.« Und gemeinsam tra-
16 ten sie näher heran. Cisti ließ eine Bank aus der Backstube heraustra-
gen und bat sie, Platz zu nehmen; und als ihre Diener sich näherten,
um die Becher zu reinigen, sagte er: »Freunde, tretet zurück und lasst
mich diesen Dienst erweisen, denn ich verstehe es ebenso gut einzu-
schenken wie einzuschieben, und erwartet nicht, dass ihr ein Tröpf-
17 chen abbekommt!« Nach diesen Worten putzte er selbst vier neue
und schöne Becher, ließ einen kleinen Krug mit seinem guten Wein

kommen und schenkte Messer Geri und seinen Gefährten sorgfältig
ein; diesen mundete der Wein besser als je ein anderer zuvor; und so-
lange die Gesandten sich in Florenz aufhielten, kehrte Messer Geri
nahezu jeden Morgen zu einem Trunk bei Cisti ein. Als sie ihre Ver- 18
handlungen abgeschlossen hatten und abreisen mussten, veranstalte-
te Messer Geri ein prächtiges Gastmahl, wozu er eine Anzahl der an-
gesehensten Bürger und außerdem Cisti einladen ließ; dieser wollte
aber auf keinen Fall kommen. Messer Geri beauftragte also einen Die- 19
ner, dass er eine Flasche von Cistis Wein holen und davon jedem Gast
ein halbes Glas zum ersten Gang einschenken sollte. Der Diener, der
vielleicht verärgert war, weil er niemals von dem Wein hatte kosten
können, nahm eine große Flasche mit. Als Cisti ihn erblickte, sagte er: 20
»Mein Sohn, Messer Geri schickt dich nicht zu mir.« Der Diener versi- 21
cherte wiederholt, dass dem so sei, konnte aber keine andere Antwort
erhalten, kehrte um und berichtete es Messer Geri. Dieser sagte:
»Gehe noch einmal hin und sage, dass ich dich schicke; wenn er sich
weigert, frage ihn, zu wem ich dich schicken sollte.« Der Diener kehr- 22
te um und sagte: »Cisti, Messer Geri schickt mich tatsächlich zu dir.«
Worauf Cisti antwortete: »Mein Sohn, das tut er gewiss nicht.« 23
»Also«, sagte der Diener, »zu wem schickt er mich denn?« Darauf Ci- 24 25
sti: »Zum Arno.« Diese Antwort berichtete der Diener Messer Geri; 26
diesem gingen die Augen auf, und er sagte dem Diener: »Lass mich die
Flasche sehen, die du mitgenommen hast.« Als er sie sah, sagte er:
»Cisti hat recht.« Er schalt ihn aus und ließ ihn eine angemessene Fla-
sche mitnehmen. Als Cisti sie sah, sagte er: »Nun weiß ich, dass er 27
dich zu mir geschickt hat«, und füllte sie ihm gerne. Und noch an 28
demselben Tag ließ er ein kleines Fläschchen mit dem gleichen Wein
füllen und es diskret zu Messer Geri bringen; er selbst ging hinterher,
traf ihn zu Hause an und sagte: »Messer, Ihr sollt nicht glauben, dass
die große Flasche von heute morgen mich erschreckt hätte; es schien
mir allerdings, als ob Ihr vergessen hättet, was ich Euch in den vergan-
genen Tagen mit meinen kleinen Krügen habe zeigen wollen, dass es

nämlich kein Gesindewein war – daran wollte ich Euch heute morgen
29 erinnern. Da ich mich nun nicht länger als Besitzer dieses Weines
fühle, habe ich Euch alles herschaffen lassen; verfahrt damit nach Eu-
30 rem Belieben.« Messer Geri hielt das Geschenk Cistis äußerst wert
und stattete ihm den Dank ab, den er ihm zu schulden glaubte; er hielt
ihn immer hoch in Ehren und nannte sich seinen Freund.

Dritte Novelle

1 *Mit einer schlagfertigen Anwort setzt Monna Pulci der anzüglichen
Witzelei des Bischofs von Florenz ein Ende.*

2 Als Pampinea ihre Novelle beendet hatte und die Antwort wie die
Freigebigkeit Cistis von allen sehr gelobt worden war, beliebte es der
Königin, dass Lauretta weitererzählte. Fröhlich begann diese wie
folgt:

3 Gefällige Damen, als erste Pampinea und nach ihr Filomena ha-
ben das Richtige über die Anmut des Bonmots und über unsere gerin-
gere Begabung dazu gesagt; so muss ich nicht mehr darauf zurück-
kommen, sondern will zu eurer Erinnerung nur hinzufügen, dass ein
Bonmot den betroffenen Zuhörer nicht wie ein Hund, sondern wie
ein Schaf beißen darf; denn bisse es wie ein Hund, so wäre es kein
4 Bonmot, sondern eine Schmähung. Die Worte der Madonna Oretta
und die Antwort Cistis gaben ein ausgezeichnetes Vorbild. In der Tat,
beißt einer mit seiner Antwort wie ein Hund, sofern er selbst zuvor
wie von einem Hund gebissen wurde, so erscheint das nicht so ta-
delnswert, als wenn er nicht gebissen wurde. Daher beachtet man
notwendigerweise, wie, wann, mit wem und wo man ein Witzwort
5 einsetzt. Das alles hat einer unserer Prälaten zu wenig beachtet und
erlitt einen festeren Biss, als er austeilte. Dies will ich euch mit einer
kurzen Novelle zeigen.

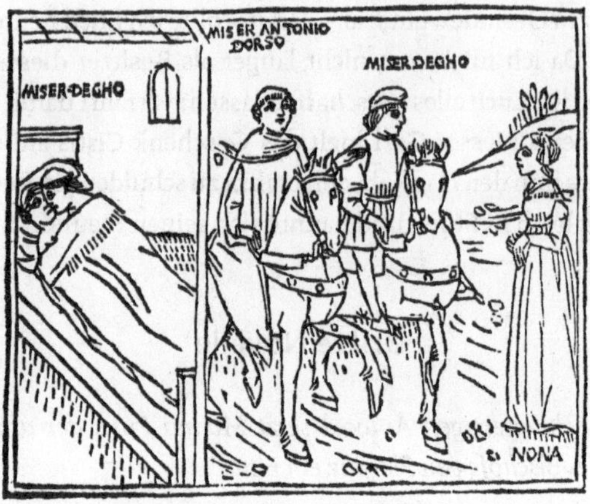

Als Antonio d'Orso, ein tüchtiger und kluger Prälat, Bischof von 6
Florenz war, kam ein katalanischer Edelmann namens Messer Dego
della Ratta, Marschall König Roberts, in die Stadt; da dieser von sehr
schöner Gestalt und ein großer Frauenjäger war, geschah es, dass ihm
unter den Florentinerinnen eine besonders gefiel, eine schöne Dame
und Enkelin eines Bruders des besagten Bischofs. Als er hörte, dass 7
ihr Gatte, obwohl er aus einer guten Familie stammte, geizig und kor-
rupt war, vereinbarte er mit ihm, dass er ihm fünfhundert Goldtaler
gebe, um ihn eine Nacht mit seiner Frau schlafen zu lassen. Nachdem
er gegen ihren Willen mit der Frau geschlafen hatte, ließ er fünfhun-
dert Silbergroschen mit Gold überziehen und gab sie ihm. Als es dann
bekannt wurde, hatte der niederträchtige Mann den Schaden und den
Spott. Der Bischof, klug wie er war, tat so, als wüsste er von nichts. Da 8
der Bischof und der Marschall häufig zusammen waren, geschah es,
dass der Bischof, als sie am Johannistag nebeneinander ausritten und
auf der Straße, wo das Pferderennen abgehalten wurde, die Frauen
anschauten, ein junges Mädchen gewahrte, das als Frau von der ge-
genwärtigen Pest dahingerafft worden ist; ihr Name war Madonna
Nonna de' Pulci, eine Base des Messer Alesso Rinucci, den ihr alle

9 kennen müsstet. Sie war frisch und hübsch, redegewandt und offenherzig und vor kurzem in Porta San Piero verheiratet worden. Der Bischof zeigte sie dem Marschall, und als sie bei ihr waren, legte er die Hand auf die Schulter des Marschalls und sagte: »Nonna, was hältst
10 du von dem hier? Glaubst du, mit ihm fertig zu werden?« Nonna schien es, dass diese Worte ihre Ehrbarkeit verletzten und sie in den Augen der Umstehenden, die zuhörten, herabsetzten; sie dachte aber nicht daran, sich von irgendeinem Makel reinzuwaschen, sondern wollte einen Streich für einen anderen zurückgeben; also antwortete sie, ohne zu zögern: »Messere, mit mir würde er bestimmt nicht fertig
11 werden; sondern ich nähme nur reine Münzen.« Sowohl der Marschall als auch der Bischof fühlten sich von dieser Antwort getroffen; der eine als der Urheber der Entehrung der Enkelin des Bruders des Bischofs, der andere, der in der Enkelin des eigenen Bruders entehrt worden war. Sie schauten einander an, schämten sich und zogen
12 wortlos weiter, ohne an jenem Tag noch irgendetwas zu sagen. Es war also nicht unstatthaft, dass die junge Dame, die gebissen worden war, eine bissige Antwort zurückgegeben hat.

Vierte Novelle

1 *Chichibio, Koch des Currado Gianfigliazzi, verwandelt Currados Zorn durch eine schlagfertige Antwort in Gelächter und entkommt so der Züchtigung, die ihm Currado angedroht hat.*

2 Lauretta schwieg, und Nonna wurde von allen gelobt; nun forderte die Königin Neifile auf fortzufahren, und sie begann:

3 Liebenswerte Damen, häufig ist es der flinke Witz, der den Sprechern je nach den Umständen die geschliffenen und nützlichen Worte eingibt, mitunter hilft aber auch Fortuna den Furchtsamen und legt ihnen rasch Worte auf die Zunge, die sie ruhigen Sinnes

niemals gefunden hätten. Das möchte ich euch mit meiner Novelle zeigen.

Eine jede von euch kann es gehört oder miterlebt haben, dass Cur- 4
rado Gianfigliazzi ein edler, freigebiger und großherziger Bürger unserer Stadt gewesen ist, der sich beständig mit seiner Hundemeute und seinen Greifvögeln vergnügte; seine verdienstvolleren Tätigkeiten wollen wir hier einmal hintanstellen. Eines Tages erlegte er bei Pe- 5
retola mit einem seiner Falken einen Kranich; er fand ihn jung und fett und schickte ihn seinem guten Koch, der Chichibio hieß und aus Venedig kam; dieser sollte ihn für das Abendessen braten und schmackhaft zubereiten. Chichibio, der nicht nur ein Schwätzer 6
schien, sondern es auch war, setzte den Kranich aufs Feuer und bereitete ihn sorgfältig zu. Er war schon fast gar und verströmte einen le- 7
ckeren Duft, als Brunetta, ein Mädchen aus der Nachbarschaft, in das Chichibio sehr verliebt war, in die Küche kam, den Bratenduft schnupperte und ihn mit süßen Worten bat, ihm doch eine Keule zu geben. Trällernd antwortete er ihr: »Von mir nicht, Madonna, niemals 8
von mir.« Frau Brunetta war verstimmt und sagte: »Bei Gott, wenn du 9
sie mir nicht gibst, so werde ich dir niemals etwas Gutes tun.« Es folg-

ten noch viele Worte, bis Chichibio, um seine Herzdame nicht zu verprellen, eine Keule von dem gebratenen Kranich löste und sie ihr gab.
10 Als der Kranich mit der fehlenden Keule Currado und seinen Gästen aufgetischt wurde, wunderte er sich, ließ Chichibio rufen und fragte ihn, was aus der zweiten Keule des Kranichs geworden wäre. Der lügnerische Venezianer antwortete ohne Zögern: »Herr, die Kraniche ha-
11 ben nur eine Keule und ein Bein.« Currado sagte zornig: »Wieso zum Teufel sollten sie nur eine Keule und ein Bein haben? Habe ich etwa
12 noch nie einen Kranich gesehen?« Cichibio bestand darauf: »O Herr, es ist so, wie ich Euch sage; wenn Ihr wollt, zeige ich es Euch an den
13 lebenden.« Den Gästen zuliebe verzichtete Currado darauf, den Disput fortzusetzen, und sagte: »Wenn du sagst, dass du mir zeigen willst, was ich weder gehört noch gesehen habe, so will ich es mir morgen früh ansehen und mich damit begnügen. Aber beim Leib Christi schwöre ich dir, wenn es anders ist, so lasse ich dich züchtigen,
14 dass du dich, solange du lebst, daran erinnern wirst.« Der nächste Morgen graute und Currado, den der Schlaf nicht besänftigt hatte, erhob sich wutschnaubend und befahl, die Pferde bereitzustellen; er ließ Chichibio auf einen Gaul steigen, führte ihn zu einem Fluss, an dessen Ufer er am Morgen immer Kraniche gesehen hatte, und sagte: »Bald werden wir sehen, wer gestern abend gelogen hat, du oder ich.«
15 Chichibio, der bemerkte, dass sich Currados Zorn noch nicht gelegt hatte und dass er seine Lüge irgendwie beweisen musste, wusste nicht, was zu tun sei und trabte voller Angst neben Currado her; wenn er gekonnt hätte, hätte er sich nur allzu gern aus dem Staube gemacht; da das unmöglich war, schaute er nach allen Seiten um sich; was er sah, musste er für Kraniche halten, die auf zwei Beinen stan-
16 den. Als sie nahe an den Fluss gekommen waren, erblickte er als erster am Ufer wohl zwölf Kraniche, die alle auf einem Bein standen, wie sie es tun, wenn sie schlafen; sofort zeigte er sie Currado und sagte: »Messer, dort könnt Ihr gut sehen, dass ich Euch gestern die Wahrheit gesagt habe, dass nämlich die Kraniche nur eine Keule und einen Fuß

haben – schaut Euch die an, die dort stehen.« Currado schaute hin und sagte: »Warte es ab, ich werde dir zeigen, dass sie zwei haben«; er ritt etwas näher heran und rief: »Hoho!« Auf den Schrei hin setzten die Kraniche den anderen Fuß auf, liefen einige Schritte und flogen davon. Currado wandte sich zu Chichibio und sagte: »Wie sieht es nun 17
aus, du Spitzbub? Haben die nun zwei oder nicht?« Chichibio war verdattert und wusste selbst nicht, wie ihm die Antwort kam: »Messer, das stimmt, aber gestern abend habt Ihr nicht ›hoho‹ gerufen; wenn Ihr das getan hättet, dann hätte der Kranich auch die andere Keule und den anderen Fuß gezeigt, wie die hier es getan haben.« 18
Currado gefiel die Antwort so gut, dass er seinen Zorn vergaß und in lautes Gelächter ausbrach: »Chichibio, du hast recht, das hätte ich tun 19
sollen.« Auf diese Weise hielt Chichibio durch eine schlagfertige und komische Antwort sein Unglück auf und besänftigte seinen Herrn. 20

Fünfte Novelle

Messer Forese da Rabatta und Meister Giotto, der Maler, kehren gemeinsam von Mugello nach Florenz zurück; sie verspotten sich gegenseitig wegen ihres schäbigen Aussehens. 1

Als Neifile geendet und die Antwort Chichibios vielen Frauen sehr gefallen hatte, forderte die Königin Panfilo auf, der wie folgt begann: 2

Häufig geschieht es, meine teuren Damen, dass Fortuna in den niedersten Künsten oft die größten Schätze der Tugend verbirgt, wie Pampinea es zuvor gezeigt hat; in ähnlicher Weise hat die Natur auch in die hässlichsten menschlichen Gestalten die wundersamsten Geistesgaben gelegt. Das tritt bei zwei unserer Mitbürger zutage, von de- 3
nen ich euch kurz erzählen möchte. Der eine hieß Messer Forese Rabatta und war klein und ungestalt, hatte ein flaches und eingedrücktes Gesicht, das selbst den hässlichsten der Baronci noch verunstaltet 4

hätte; er besaß aber ein derartiges Wissen der Gesetze, dass er von
vielen wackeren Männern als eine wandelnde Bibliothek der Rechts-
5 gelehrsamkeit angesehen wurde. Der andere hieß Giotto und besaß
ein so ausgezeichnetes Genie, dass er alles, was die Natur, die Mutter
aller Dinge und Bewegerin der Sphären, geschaffen hat, mit Stift, Fe-
der oder Pinsel so ähnlich malte, dass es nicht ähnlich, sondern von
ihr selbst gemacht erschien; oft geschah es, dass sich das Auge der
Menschen irrte, wenn es die von ihm geschaffenen Dinge anschaute
6 und sie, die gemalt waren, für echt hielt. Verdientermaßen ist er einer
der Ruhmessterne unserer Stadt, weil er die Kunst wieder ans Licht
geführt hat, die lange Zeit wegen der irrtümlichen Einstellung einiger
Künstler vergraben war, weil diese mehr den Augen der Ignoranten
als dem Verstand der Gelehrten gefallen wollten. Und den Ruhm er-
rang er, als er lebte, weil er, ein Meister für alle, in größter Bescheiden-
7 heit es immer ablehnte, als ein solcher bezeichnet zu werden. Der Ti-
tel, den er zurückwies, gebührte ihm umso mehr, als er von denen,
die weniger wussten als er oder die seine Schüler waren, begehrt oder
8 usurpiert wurde. Aber wie bedeutend auch seine Kunstfertigkeit war,
so war er als Person oder im Aussehen auf keinen Fall schöner als
Messer Forese. Nun komme ich aber zu meiner Novelle.

Messer Forese und Giotto hatten ihre Besitzungen in Mugello. 9
Messer Forese hatte die seinen während der Gerichtsferien besucht
und traf, als er auf seinem geliehenen Gaul heimritt, zufällig besagten
Giotto, der gleichfalls seine Güter besucht hatte und nach Florenz zu-
rückkehrte; sein Gaul und seine Ausstattung waren auch nicht besser,
und so ritten sie wie zwei alte Männer gemächlich nebeneinander her.
Wie es im Sommer häufig geschieht, überraschte sie ein plötzlicher 10
Regenschauer, und sie flohen, so rasch sie nur konnten, in die Hütte
eines Bauern, den sie beide gut kannten. Als der Regen nach einer 11
Weile nicht aufhörte, sie aber noch an demselben Tag in Florenz sein
wollten, borgten sie sich von dem Bauern zwei alte Mäntel aus gro-
bem Tuch und, da nichts Besseres vorhanden war, zwei alte vom Ge-
brauch verschlissene Hüte und trotteten von dannen. Nach einer 12
Weile waren sie ganz durchnässt und vom Dreck, den die Pferde auf-
warfen, über und über verschmutzt, was ihr Aussehen keineswegs
verbesserte; der Himmel heiterte sich auf, und nachdem sie lange Zeit
stumm geblieben waren, begannen sie miteinander zu plaudern.
Messer Forese ritt dahin und hörte Giotto zu, der ein guter Erzähler 13
war; schließlich schaute er zur Seite, betrachtete ihn von oben bis un-
ten und sah, wie er ganz und gar unansehnlich und klapperig, aber
ohne sich daran zu stören, Geschichten erzählte; er musste lachen
und sagte: »Giotto, wenn uns jetzt ein Fremder begegnete, der dich 14
noch nie gesehen hätte, meinst du, dass er dich für den besten Maler
auf Erden hielte?« Worauf Giotto ohne Zögern antwortete: »Ich glau- 15
be, Messere, dass er davon überzeugt wäre, nachdem er Euch betrach-
tet hätte und glaubte, Ihr könntet das ABC.« Als Messer Forese das 16
hörte, erkannte er seinen Irrtum und sah, dass er mit der Münze be-
zahlt wurde, die seine Ware verdiente.

Sechste Novelle

1 *Michele Scalza beweist einigen jungen Leuten, dass die Baronci das*
edelste Geschlecht auf der Welt oder in der Maremma sind; und er ge-
winnt ein Abendessen.

2 Die Damen lachten noch über die schöne und rasche Antwort Giot-
tos, als die Königin schon Fiammetta aufforderte fortzufahren; und
sie begann wie folgt:

3 Als Panfilo, meine jungen Damen, an die Baronci erinnerte, die
ihr vielleicht nicht so gut kennt wie Panfilo selbst, ist mir eine Novelle
eingefallen, in der der Adel ihrer Familie so dargelegt wird, dass wir
im Rahmen unseres Themas bleiben. Deswegen möchte ich sie euch
gerne erzählen.

4 Vor nicht allzu langer Zeit lebte in unserer Stadt ein junger Mann
namens Michele Scalza; er war einer der lustigsten und angenehms-
ten Menschen, der immer eine Menge seltsamer Geschichten parat
hatte; deswegen schätzten es die jungen Leute sehr, wenn er sich zu
5 ihnen gesellte. Eines Tages, als er mit einigen auf dem Mont'Ughi zu-
sammen war, entbrannte unter ihnen ein Disput, welches die edels-
ten und ältesten Geschlechter in Florenz seien; die einen sagten, es
wären die Uberti, die anderen meinten, es wären die Lamberti, andere
6 nannten noch weitere, wie sie ihnen gerade in den Sinn kamen. Scalza
hörte zu und sagte schließlich grinsend: »Geht mir doch weg, ihr
Tröpfe, ihr wisst ja nicht, was ihr redet. Denn das edelste und älteste
Geschlecht nicht nur in Florenz, sondern auf der ganzen Welt und
selbst aus der Maremma sind die Baronci; darüber sind sich alle Wei-
sen und jedermann mit mir einig, der ich sie kenne. Und damit ihr
wisst, wen ich meine: ich spreche von den Baronci, euren Nachbarn in
7 Santa Maria Maggiore.« Die jungen Männer, die an andere Namen ge-
dacht hatten, lachten ihn bei diesen Worten aus und sagten: »Du ver-
8 äppelst uns, so als wüssten wir nicht, wer die Baronci sind!« Scalza

gab zurück: »Beim Evangelium, das tue ich nicht, sondern ich sage die Wahrheit. Wenn einer dem Sieger und sechs Gefährten nach seiner Auswahl ein Abendessen spendiert, so will ich die Wette halten. Und
darüber hinaus könnt ihr den Schiedsrichter auswählen.« Einer der 9
jungen Leute mit Namen Neri Vannini sagte: »Ich halte dagegen und möchte das Abendessen gewinnen«; als Schiedsrichter einigten sie sich auf Piero di Fiorentino, in dessen Haus sie waren. Scalza und Neri gingen zu ihm, die übrigen hinterher, um mit anzusehen, wie Scalza verlieren würde und um ihn auszulachen; sie legten ihm die Wette
vor. Piero war ein kluger Mann; er hörte sich zunächst die Argumente 10
Neris an und wandte sich darauf an Scalza: »Wie kannst du begrün-
den, was du behauptest?« Scalza sagte: »Wie bitte? Ich werde einen 11
solchen Grund anführen, dass du und jeder, der es bisher leugnet, sa-
gen werdet, dass ich recht habe. Ihr wisst, dass die Geschlechter umso 12
edler sind, je älter sie sind; darüber war man sich vorhin einig. Die Baronci sind nun älter als jedes andere Geschlecht, und deswegen sind sie auch edler als die übrigen; wenn ich also beweise, dass sie die ältes-
ten sind, so habe ich die Wette gewonnen. Ihr müsst wissen, dass der 13
Herrgott die Baronci erschaffen hat, als Er gerade angefangen hatte,

malen zu lernen, und dass die anderen Menschen erschaffen wurden,
14 als der Herrgott malen konnte. Und damit ihr seht, dass ich die Wahr-
heit sage, schaut euch die Baronci und die anderen Menschen an:
Während alle anderen gut gestaltete und richtig proportionierte Ge-
sichter haben, werdet ihr bei den Baronci einmal ein sehr langes und
schmales, dann ein über die Maßen breites Gesicht finden; oder eines
mit einer langen, ein anderes mit einer kurzen Nase; oder Gesichter
mit vorstehendem und in die Höhe gekrümmtem Kinn und mit
Kinnbacken wie bei einem Esel; oder ein Auge ist größer als das ande-
re, oder eines sitzt tiefer als das andere – so wie Kinder, die zeichnen
15 lernen, die Gesichter machen. Es wird, wie ich gesagt habe, deutlich,
dass der Herrgott sie schuf, als er malen lernte, so dass sie älter als die
16 anderen Geschlechter und deswegen edler sind.« Piero der Schieds-
richter, Neri, der um das Essen gewettet hatte, und alle anderen wuss-
ten, wovon Scalza gesprochen hatte; sie lachten über die lustige Be-
weisführung Scalzas und bestätigten, dass er recht habe; dass er das
Abendessen gewonnen habe und dass die Baronci gewiss das älteste
und edelste Geschlecht nicht nur in Florenz, sondern auf der ganzen
17 Welt und in der Maremma sei. Und deswegen hat Panfilo, als er die
Hässlichkeit des Gesichtes von Messer Forese beschreiben wollte, zu
Recht gesagt, es hätte noch einen Baronci verunstaltet.

Siebente Novelle

1 *Madonna Filippa wird von ihrem Gatten mit ihrem Geliebten überrascht; sie muss sich vor Gericht rechtfertigen; mit einer kurzen und witzigen Rede erlangt sie ihre Freiheit und erreicht, dass das Gesetz geändert wird.*

2 Fiammetta schwieg und ein jeder lachte noch über die Begründung Scalzas, dass die Baronci edler als alle anderen Geschlechter seien, als

die Königin schon Filostrato aufforderte, eine Geschichte zu erzählen; und er begann wie folgt:

Verehrte Damen, die Redegewandtheit ist eine treffliche Bega- 3
bung, aber ich halte sie für besonders anerkennenswert, wenn man sie einzusetzen versteht, wo es notwendig ist. Das hat eine edle Dame, von der ich erzählen will, sehr wohl verstanden; denn sie erregte nicht nur bei ihren Zuhörern Heiterkeit und Lachen, sondern befreite sich auch – wie ihr hören werdet – aus der Falle eines schmählichen Todes.

In der Stadt Prato galt ein in der Tat ebenso tadelnswertes wie 4
strenges Gesetz, welches ohne jede Einschränkung befahl, dass eine Ehefrau verbrannt werden sollte, die von ihrem Mann beim Ehebruch mit einem Geliebten entdeckt würde, ebenso wie jede, die sich einem
beliebigen anderen Mann für Geld hingegeben habe. Als das Gesetz 5
noch galt, geschah es, dass eine edle, schöne und über die Maßen verliebte Dame, deren Name Madonna Filippa war, eines Nachts in ihrer Kammer von Rinaldo de' Pugliesi, ihrem Gatten, in den Armen des Lazzarino de' Guazzagliotri, eines hübschen jungen Edelmanns dieser Stadt, gefunden wurde, der sie ebenso sehr liebte wie sich selbst.

6 Als Rinaldo das entdeckte, war er sehr empört und konnte sich nur
mit Mühe beherrschen, um nicht über sie herzufallen und sie umzu-
bringen. Hätte er nicht die Folgen für sich selbst fürchten müssen, so
7 hätte er der Aufwallung seines Zornes nachgegeben. Nachdem er sich
zurückgehalten hatte, sie umzubringen – was ihm in Prato vom Ge-
setz untersagt war –, so konnte er doch nicht darauf verzichten, den
8 Tod seiner Frau zu bewirken. Da er ausreichendes Zeugnis über ihren
Fehltritt ablegen konnte, zeigte er die Dame am folgenden Tage an,
ohne sich noch einmal zu bedenken, und ließ sie vor Gericht rufen.
9 Sie war stolzen Sinnes, wie es die Frauen zu sein pflegen, die wahrhaft
verliebt sind; und obwohl ihre Freunde und Verwandten ihr davon
abrieten, entschloss sie sich, vor Gericht zu erscheinen; sie wollte lie-
ber die Wahrheit gestehen und tapfer sterben als feige fliehen und in
freiwilliger Verbannung leben – unwürdig eines Geliebten, in dessen
10 Armen sie die vergangene Nacht verbracht hatte. Unter dem Geleit
zahlreicher Frauen und Männer, die ihr zu leugnen rieten, trat sie vor
den Podestà und fragte mit ruhiger Miene und fester Stimme, was er
11 von ihr wünsche. Der Podestà sah, dass sie sehr schön und voller An-
stand war, und ihren Worten entnahm er ihren stolzen Sinn; er emp-
fand Mitleid mit ihr und befürchtete, dass sie etwas bekennen würde,
wofür er sie, um des Ansehens seines Amtes willen, sterben lassen
12 müsste. Aber er musste sie über das befragen, dessen sie beschuldigt
wurde, und sagte: »Madonna, hier steht Euer Gatte Rinaldo und be-
schuldigt Euch, dass er Euch im Ehebruch mit einem anderen Mann
entdeckt habe; und er fordert von mir, dass ich Euch gemäß eines gel-
tenden Gesetzes dafür mit dem Tod bestrafe; das darf ich nicht tun,
ohne dass Ihr es gesteht. Deswegen beachtet wohl, was Ihr mir ant-
wortet, und sagt mir, ob es wahr ist, wessen Euer Gatte Euch beschul-
13 digt.« Ohne sich einschüchtern zu lassen, antwortete die Dame in
verbindlichem Ton: »Messere, es ist wahr, dass Rinaldo mein Gatte ist
und dass er mich in der vergangenen Nacht in den Armen Lazzarinos
fand, in denen ich mich – wegen der vollkommenen Liebe, die ich für

ihn empfinde – schon viele Male befunden habe; dieses werde ich nie-
mals leugnen. Ihr wisst aber auch sicher, dass die Gesetze für alle
gleich sein und mit der Zustimmung aller, die sie betreffen, beschlos-
sen werden sollen. Beides ist bei diesem Gesetz nicht berücksichtigt 14
worden, denn es betrifft nur die armen Frauen, die sehr viel besser als
die Männer viele befriedigen können. Darüber hinaus hat nicht nur
keine einzige Frau ihm seine Zustimmung gegeben, sondern es ist
auch keine dazu aufgefordert worden. Daher darf man es ein nieder-
trächtiges Gesetz nennen. Wenn Ihr zu Lasten meines Leibes und Eu- 15
rer Seele dieses Gesetz anwenden wollt, so liegt das bei Euch. Bevor
Ihr aber ein Urteil fällt, wollt Ihr mir eine kleine Gunst gewähren.
Würdet Ihr bitte meinen Gatten fragen, ob ich mich ihm ein jedes
Mal, wenn es ihm gefiel, ganz und vollständig hingegeben habe, ja
oder nein.« Ohne die Frage des Podestà abzuwarten, antwortete Ri- 16
naldo unverzüglich, dass seine Frau auf sein Verlangen ihm alles ge-
währt habe. »Also«, fuhr die Dame sogleich fort, »frage ich Euch, Mes- 17
ser Podestà, was sollte oder soll ich mit dem machen, was er übrig
lässt, wenn er sein Bedürfnis und seine Lust gefunden hat? Soll ich es
den Hunden vorwerfen? Anstatt es verkommen zu lassen oder weg-
zuwerfen, ist es doch besser, damit einem Edelmann zu Diensten zu
sein, der mich mehr als sich selbst liebt?« Zu der gerichtlichen Befra- 18
gung einer bekannten und angesehenen Dame waren nahezu alle
Bürger Pratos zusammengelaufen; als sie diese erfrischend offene
Frage hörten, riefen sie unter großem Gelächter wie aus einem Mun-
de, dass die Dame wahr gesprochen hatte. Aber bevor sie auseinan-
dergingen, legte ihnen der Richter nahe, das grausame Gesetz abzu-
ändern; und sie beschränkten es auf die Frauen, die wegen des Geldes
ihren Ehemännern untreu würden. Rinaldo verließ das Gericht be- 19
schämt wegen seiner törichten Anzeige; und die Dame war munter
und frei, wieder auferstanden aus dem Feuer, und kehrte glorreich
nach Hause zurück.

Achte Novelle

1 *Fresco rät seiner Nichte, nicht in den Spiegel zu schauen, wenn die un-
sympathischen Menschen ihr, wie sie selbst sagte, so unerträglich seien.*

2 Die von Filostrato erzählte Novelle hatte bei den zuhörenden Damen
zuerst ein gewisses Schamgefühl ausgelöst und sie leicht erröten las-
sen; dann schauten sie einander an und lauschten mit kaum unter-
3 drücktem Lachen. Als die Novelle beendet war, wandte sich die Köni-
gin an Emilia und forderte sie auf fortzufahren. Diese begann mit ei-
nem Seufzer, als sei sie dem Schlaf entrissen worden:

4 Anmutige Freundinnen, ein Gedanke hat mich eine ganze Weile
abgelenkt, und um der Königin zu gehorchen, werde ich eine kürzere
Novelle erzählen, als ich es getan hätte, wenn ich mit meinen Sinnen
dabei gewesen wäre. Ich werde euch von der törichten Verirrung ei-
nes jungen Mädchens erzählen, das sich nach dem spöttischen Bon-
mot ihres Onkels hätte bessern können, wenn sie imstande gewesen
wäre, ihn zu verstehen.

5 Einer namens Fresco da Celatico hatte also eine Nichte, die den
Kosenamen Cesca trug. Sie war hübsch von Gestalt und Gesicht, ob-
wohl nicht gerade engelsgleich, wie wir sie bereits häufig gesehen ha-
ben. Denn sie hielt sich für so vornehm, dass sie die Gewohnheit an-
genommen hatte, Männer und Frauen und alles, was sie sah, zu be-
kritteln; hierbei dachte sie überhaupt nicht an sich selbst, wo sie doch
so unsympathisch, unausstehlich und widerwärtig wie kaum eine an-
dere war, und man ihr nichts recht machen konnte. Außerdem war sie
so hochmütig, als wäre ihr das französische Königshaus gerade gut
6 genug. Auf der Straße fühlte sie sich so angeekelt, dass sie ihr Näschen
ununterbrochen rümpfte, als ob ein jeder, den sie sah oder der ihr be-
7 gegnete, stänke. Übergehen wir viele andere ihrer unausstehlichen
und verdrießlichen Eigenheiten. Eines Tages geschah es, dass sie
heimkehrte, sich mit viel Getue neben Fresco niederließ und nur

noch heftig schnaubte. Fresco fragte sie: »Aber Cesca, heute ist doch
Feiertag, warum kommst du schon wieder nach Hause?« Mit affek- 8
tierter Erschöpfung antwortete sie: »Tatsächlich bin ich rasch wieder heimgekommen, weil ich glaube, dass noch nie so viele unausstehliche und verdrießliche Männer und Frauen unterwegs waren wie heute, und alle mich anekeln. Ich glaube, es gibt kein Weib auf der Welt, dem die Verdrießlichen so unangenehm auffallen wie mir; daher bin
ich so rasch zurückgekommen.« Fresco missfiel das Getue der Nichte 9
sehr und er sagte: »Mein Kind, wenn dir die Unausstehlichen so unausstehlich sind, und du trotzdem zufrieden bleiben willst, dann be-
trachte dich niemals im Spiegel.« Aber sie, die hohler war als ein Rohr 10
und meinte, den Verstand Salomons zu besitzen, verstand die Worte Frescos nicht besser als ein Schaf; sie sagte, sie wolle in den Spiegel schauen wie die anderen auch. Und sie blieb dumm bis heute.

Neunte Novelle

1 *Guido Cavalcanti sagt einigen Florentiner Rittern, die ihn überrascht
haben, auf elegante Weise eine Grobheit.*

2 Als die Königin sah, dass Emilia ihre Novelle beendet hatte, und sie an
der Reihe war, weil für den letzten das Privileg galt, begann sie wie
folgt:

3 Obwohl ihr heute, meine anmutigen Damen, mehr als zwei No-
vellen vorweggenommen habt, die ich zu erzählen gedachte, bleibt
mir doch noch eine übrig; sie schließt mit einem so tiefsinnigen Bon-
mot, wie es bisher vielleicht noch nicht berichtet worden ist.

4 Ihr müsst wissen, dass es einstmals in unserer Stadt viele schöne
und lobenswerte Bräuche gab, von denen keiner bestehen geblieben
ist, weil mit den Reichtümern auch der Geiz gewachsen ist, der sie alle
5 vertrieben hat. Dazu zählte auch, dass sich eine bestimmte Anzahl
von Edelleuten der einzelnen Viertel zu kleinen Gesellschaften zu-
sammentaten, von denen ein jeder, heute dieser, morgen ein anderer
und jeder an einem Tag, die Kosten für eine gemeinsame Mahlzeit
übernehmen konnte; oft ehrten sie damit Edelleute, die zu Gast in der
6 Stadt waren oder Bürger der Stadt. Mindestens einmal im Jahr legten
sie gemeinsam eine festliche Kleidung an und zogen in einem Zug
durch die Stadt; ab und zu, anlässlich bedeutender Feste oder wenn
ein Sieg oder ein anderes Ereignis zu feiern war, veranstalteten sie
7 auch Turniere. Unter diesen Gesellschaften war auch die des Messer
Betto Brunelleschi; Messer Betto und seine Gefährten hatten sich
nicht ohne Grund sehr darum bemüht, Guido di Messer Cavalcante
8 de' Cavalcanti in ihren Kreis aufzunehmen. Abgesehen davon, dass er
einer der besten Logiker und Naturphilosophen der Welt war – was
die Gesellschaft wenig interessierte –, war er auch ein sehr liebens-
würdiger, umgänglicher und redegewandter Mann, der sich wie kaum
ein anderer auf alle Fertigkeiten eines Edelmannes verstand; dazu war

er sehr reich und verstand es vorzüglich, den zu ehren, der es ihm
wert erschien. Aber Messer Betto war es nicht gelungen, ihn für ihren 9
Kreis zu gewinnen; er und seine Gefährten glaubten den Grund darin
zu finden, dass er sich durch sein Spekulieren aus dem Umgang mit
Menschen gelöst hatte; und da er mitunter den Meinungen der Epi-
kureer anhing, sagte das Volk, dass seine Spekulationen darum kreis-
ten, ob es Gott nicht gäbe. Eines Tages geschah es nun, dass Guido, 10
wie er oft zu tun pflegte, von San Michele in Orto über den Corso de-
gli Adimari bis zu San Giovanni gegangen war; dort standen viele Sär-
ge aus Marmor um die Kirche, die sich heute in Santa Reparata befin-
den; er hielt sich zwischen den Särgen, den Porphyrsäulen, die dort
standen, und dem verschlossenen Tor von San Giovanni auf, als Mes-
ser Betto mit seinen Gefährten über den Platz von Santa Reparata
herangeritten kam; als sie Guido inmitten der Särge sahen, sagten sie:
»Nehmen wir ihn mal in die Zange«, sprengten auf ihn zu und, bevor 11
er es sich versah, umringten sie ihn und bestürmten ihn mit Worten:
»Guido, bei uns willst du nicht mitmachen; aber wenn du herausge-
funden hast, dass es Gott nicht gibt, was hast du dann erreicht?« Als 12
er sich von ihnen umringt sah, antwortete Guido, ohne zu zögern:

»Meine Herren, bei euch zu Hause dürft ihr mir sagen, was euch ge-
fällt.« Und er stützte sich mit der Hand auf einen der großen Särge,
schwang sich, da er behende war, mit einem Satz auf die andere Seite,
13 entrann ihnen so und ging davon. Sie blieben zurück und schauten
sich an; sie meinten, sie hätten es mit einem Verrückten zu tun, und
was er gesagt hatte, bedeute nichts, denn mit dem Ort, an dem sie sich
befanden, hätten sie so wenig wie andere Bürger oder wie Guido
14 selbst etwas zu schaffen. Aber Messer Betto wandte sich an sie: »Un-
bedarft seid ihr, wenn ihr ihn nicht verstanden habt! Elegant und mit
wenigen Worten hat er uns eine ordentliche Grobheit gesagt. Denn
überlegt doch einmal – die Särge sind die Häuser der Toten, hier legt
man sie hinein, hier wohnen sie; er sagt nun, dies sei unser Zuhause,
um uns zu bedeuten, dass wir und die anderen Menschen verglichen
mit ihm und den Gelehrten ungebildete Ignoranten sind, schlimmer
noch als die Toten; und deswegen sind wir hier wie bei uns zu Hause.«
15 Nun verstanden alle, was Guido sagen wollte und schämten sich; sie
belästigten ihn von nun an nicht mehr; Messer Betto galt ihnen für-
derhin als ein feinsinniger und verständiger Ritter.

Zehnte Novelle

1 *Frate Cipolla verspricht einer Schar bäuerlicher Zuhörer, ihnen eine Feder des Erzengels Gabriel zu zeigen; als er in dem Reliquienschrein stattdessen Kohlen vorfindet, behauptet er, es seien die, auf denen der heilige Laurentius geröstet wurde.*

2 Nachdem die übrigen der Gesellschaft ihre Novelle erzählt hatten, sah Dioneo, dass er an der Reihe war. Deswegen begann er, ohne eine feierliche Aufforderung abzuwarten und indem er die schweigen hieß, die das soeben vernommene Bonmot des Guido priesen:

3 Anmutige Frauen, obwohl ich das Vorrecht genieße, von dem zu

erzählen, was mir gefällt, möchte ich mich doch heute nicht von dem
Thema entfernen, worüber ihr alle schon so trefflich gesprochen
habt. Indem ich euren Spuren folge, will ich euch zeigen, wie einer der
Brüder des Ordens des Heiligen Antonius mit einem raschen Einfall
einer Schmach entronnen ist, die zwei junge Burschen ihm bereiten
wollten. Es soll euch nicht beunruhigen, wenn ich die Novelle mit al- 4
len Umständen und daher etwas länger erzählen werde; denn be-
trachtet nur die Sonne, sie steht noch hoch am Himmel.

Certaldo, wie ihr sicher schon gehört habt, ist in unserer Provinz 5
ein befestigter Ort im Tal der Elsa; obwohl er klein ist, wurde er von
adligen und wohlhabenden Familien bewohnt. Weil dort nun eine 6
fette Weide zu finden war, pflegte einer der Brüder des Heiligen An-
tonius für lange Zeit einmal im Jahr hinzukommen, um Almosen bei
den Dummen einzusammeln; sein Name war Frate Cipolla, und viel-
leicht war er dort nicht weniger wegen seines Namens als wegen einer
anderen Art der Frömmigkeit gern gesehen, weil doch jener Land-
strich Zwiebeln hervorbringt, die in der ganzen Toskana bekannt
sind. Dieser Frate Cipolla war von kleiner Gestalt, rothaarig und mit 7
einem freundlichen Gesicht, dazu einer der besten Kumpane dieser

Welt. Obgleich er überhaupt keine Bildung besaß, war er außerdem ein ausgezeichneter und schlagfertiger Redner, und wer ihn nicht kannte, hätte ihn leicht nicht nur für einen großen Meister der Beredsamkeit, sondern sogar für einen Cicero oder Quintilian gehalten. Er war Pate oder Freund oder wohlwollender Beschützer fast aller Bewohner des Landstrichs.

8 Wie gewöhnlich kam er auch diesmal wieder im Monat August.
Eines Sonntagmorgens, als Männlein und Weiblein aus den umlie-
genden Dörfern in der Pfarrkirche versammelt waren und ihm der
9 Zeitpunkt gekommen schien, trat er vor sie und sprach: »Werte Her-
ren und Damen, wie ihr wisst, spendet ihr gewöhnlich Jahr für Jahr
den armen Brüdern des hohen Herrn, des Heiligen Antonius, von eu-
rem Korn und Hafer; der eine gibt mehr, der andere weniger, je nach
seinem Vermögen und nach seiner Frömmigkeit, damit der glückseli-
ge Heilige Antonius eure Ochsen, Esel, Schweine und Schafe be-
10 schützt; darüber hinaus pflegt ihr, besonders diejenigen, die zu unse-
rer Laienbruderschaft gehören, den Obolus zu entrichten, den man
nur einmal im Jahr zahlt. Um diesen einzusammeln, bin ich von mei-
nem Oberen, also vom Herrn Abt, ausgesandt worden. Und so werde
ich mit Gottes Segen heute nachmittag um drei Uhr, wenn ihr die
Glocken läuten hört, auf den Platz draußen vor die Kirche kommen,
wo ich immer meine Predigt halte, und ihr werdet das Kreuz küssen.
11 Weil ich weiß, dass ihr alle dem hohen Herrn Antonius ergeben seid,
werde ich euch außerdem als besondere Gnade eine hochheilige und
schöne Reliquie zeigen, welche ich selbst aus dem Heiligen Land mit-
gebracht habe. Es ist eine der Federn des Engels Gabriel, welche er
in der Kammer der Jungfrau Maria zurückgelassen hat, als er ihr die
12 Verkündigung in Nazareth überbrachte.« Nach diesen Worten ver-
stummte er und setzte die Messe fort.

13 Als Frate Cipolla diese Dinge sagte, waren unter den vielen Zuhö-
rern in der Kirche auch zwei schlaue Burschen, der eine hieß Giovanni
del Bragoniera, der andere Biagio Pizzini. Untereinander hatten sie

sich über Frate Cipollas Reliquie schon mokiert. Obwohl sie mit ihm
befreundet waren und zu seinen Anhängern zählten, beschlossen sie,
ihm mit dieser Feder einen Streich zu spielen. Da sie erfahren hatten, 14
dass Frate Cipolla das Mittagsmahl mit einem Freund auf der Burg
einnehmen werde, und als sie hörten, er sei bei Tisch, gingen sie die
Straße hinunter zu dem Gasthof, wo der Frate abgestiegen war. Sie
hatten den Plan, dass Biagio den Diener Frate Cipollas in ein Gespräch
verwickeln sollte und Giovanni währenddessen in den Sachen des
Bruders nach der besagten Feder – wie auch immer sie aussehen
mochte – suchen und sie mitnehmen sollte; sie wollten sehen, wie er
das dann dem Volk erklären würde.

Frate Cipolla hatte einen Diener, den die einen Guccio Balena, die 15
anderen Guccio Imbratta und noch andere Guccio Porco nannten.
Dieser war ein so übler Kerl, dass Lippo Topo nichts gegen ihn war.
Frate Cipolla lästerte häufig mit seinen Freunden über ihn und pflegte 16
zu sagen: »Mein Diener besitzt neun Eigenschaften, von welchen eine
jede die Kraft hätte, Tugend, Verstand und Moral in Salomon, Aristo-
teles und Seneca auszulöschen. Nun denkt einmal, welch ein Mensch
das ist, der weder Tugend noch Verstand noch Moral besitzt – und er
hat neun solcher Eigenschaften!« Und als er einmal gefragt wurde, 17
welche Eigenschaften das denn seien, antwortete er: »Ich sag euch, er
ist langsam, schmutzig, lügnerisch, frech, zerfahren, verleumderisch,
nachlässig und achtlos, zerstreut und sittenlos; einige weitere Fehler-
chen verschweigt man besser. Aber was ihn besonders lächerlich 18
macht, ist, dass er an jedem Ort eine Frau sucht und einen Hausstand
begründen möchte. Obwohl er einen großen, schwarzen und fettigen
Bart hat, glaubt er selbst, so schön und einnehmend zu sein, dass alle
Frauen, die ihn sehen, sich in ihn verlieben müssten; wenn man ihn
nur ließe, liefe er wie närrisch allen hinterher. Und in der Tat ist er mir 19
von großem Nutzen; denn wenn mich jemand ganz geheim und un-
ter vier Augen sprechen möchte, so will auch er gleich seinen Teil mit-
hören; und wenn ich einmal etwas gefragt werde, hat er solche Angst,

dass ich nicht antworten könnte, dass er selbst rasch mit ja oder nein
antwortet, je nachdem, wie die Sache gerade beurteilt werden sollte.«
20 Diesen nun hatte Frate Cipolla in der Herberge zurückgelassen
und ihm eingeschärft, wohl darauf zu achten, dass niemand an seine
Sachen gehe, schon gar nicht an seine großen Taschen, denn darin sei-
21 en die heiligen Dinge versteckt. Aber Guccio Imbratta zog es – mehr
noch als die Nachtigall auf die grünen Zweige – in die Küche, vor al-
lem, wenn er dort ein Mädchen witterte. In jener Herberge nun hatte
er ein fettes, feistes, klein und kümmerlich aussehendes Mädchen
entdeckt, mit Brüsten groß wie Mistkörbe, einem Gesicht, das nach
dem der Baronci geschnitten war, verschwitzt, schmierig und ver-
rußt; wie der Geier, der sich aufs Aas stürzt, hatte Guccio das Zimmer
Frate Cipollas offen und seine Habe im Stich gelassen, um sich dort
22 niederzulassen. Obwohl es August war, setzte er sich mit Nuta, so
hieß sie, nahe ans Feuer und knüpfte ein Gespräch an. Er erzählte ihr,
er sei ein Edelmann in Prokura, er habe tausendhundert Taler außer
denen, die er schulde, die eher mehr als weniger seien; er verstünde so
23 viele Dinge in Wort und Tat wie kaum sein eigener Herr. Er vergaß
dabei seine Kapuze, die so fettig war, dass man damit die Armensup-
pe im Kloster zu Altopascio hätte würzen können; ein zerrissenes
und geflicktes Wams, das er um Hals und Schultern trug, stand vor
Dreck und zeigte mehr Flecken und war bunter als je ein Türken- oder
Indertuch; er vergaß sein zerfetztes Schuhwerk und seine durchlö-
cherten Strümpfe und redete, als wäre er der Herr von Châtillon, der
sie neu kleiden und ausstatten und außerdem aus diesem Elend, in
dem sie ohne was und mit anderen zusammensteckte, befreien woll-
te; Hoffnung auf ein besseres Geschick und noch manches andere
24 wollte er ihr geben. Obwohl er all das gefühlvoll zum Ausdruck
brachte, redete er umsonst, denn seine Worte wie die meisten seiner
Taten verhallten im Wind.
25 Die zwei jungen Leute sahen also, dass Guccio Porco mit der Nuta
beschäftigt war, und waren damit zufrieden, denn sie ersparten sich

die Hälfte ihrer Anstrengung. Ohne dass ihnen jemand in den Weg trat, gelangten sie in das Zimmer Frate Cipollas, das sie offen fanden. Das erste, was ihnen in die Hände fiel, war die Tasche mit der Feder;
sie öffneten sie und entdeckten eine kleine Schachtel, die in ein Sei- 26
dentuch eingewickelt war; sie öffneten die Schachtel und fanden darin eine Feder, die aussah wie aus einem Papageienschwanz – das musste sie sein, die er den Gläubigen von Certaldo zu zeigen versprochen hatte. Und gewiss konnte er das zu jener Zeit noch leicht glauben 27
machen, weil die feinen Dinge aus Ägypten nur in kleinen Mengen bis in die Toskana gekommen waren; später strömten sie in Hülle und
Fülle ein und korrumpierten Italien. Wenn sie auch hier und da ein 28
wenig bekannt waren, so kannten die Einwohner jenes Landstriches sie überhaupt noch nicht; im Gegenteil, wo noch die rauhe Tugend der Alten herrschte, hatten die allermeisten Bewohner weder Papa-
geien gesehen noch je davon reden hören. Die Burschen waren froh, 29
dass sie die Feder gefunden hatten, und nahmen sie mit. Da sie aber die Schachtel nicht leer lassen wollten, füllten sie sie mit einigen Kohlen, die sie in einer Ecke des Zimmers sahen; sie verschlossen die Schachtel, brachten alles wieder so in Ordnung, wie sie es vorgefunden hatten, und gingen, ohne gesehen worden zu sein, mit ihrer Feder lustig von dannen. Sie waren gespannt, was Bruder Cipolla wohl sagen würde, wenn er anstelle der Feder die Kohlen entdeckte.

Die einfachen Männer und Frauen, die in der Kirche waren und 30
hörten, dass sie um drei Uhr die Feder des Engels Gabriel sehen sollten, gingen von der Messe nach Hause; ein Nachbar sagte es dem anderen, eine Gevatterin der anderen, so dass, als man gegessen hatte, eine Menge Leute, Männer und Frauen, auf den Platz strömten – der schon fast zu eng wurde; und alle warteten mit Spannung darauf, die
Feder zu sehen. Bruder Cipolla hatte gut gespeist und danach ein we- 31
nig geruht; er erhob sich kurz nach drei Uhr, und als er hörte, dass eine große Menge von Bauern gekommen war, um die Feder zu sehen, ließ er Guccio Imbratta ausrichten, dass er mit den Glöckchen hoch-

32 komme und die Taschen mitbringe. Dieser trennte sich mit Mühe von
der Küche und von der Nuta und brachte die gewünschten Sachen trä-
gen Schrittes in die Oberstadt; keuchend traf er dort ein, denn das
Wassertrinken hatte seinen Leib ziemlich aufgeschwemmt. Auf Be-
fehl Frate Cipollas ging er an die Kirchentür, wo er kräftig seine Glöck-
chen zu läuten begann.

33 Als sich alles Volk dort zusammengedrängt hatte, begann Bruder
Cipolla zu predigen, ohne vorher noch nachzusehen, ob seine Sachen
auch beisammen wären; er sagte vieles, was zu seinem Vorhaben
34 passte. Als er nun dazu kommen wollte, die Feder des Engels Gabriel
zu zeigen, betete er zunächst ganz feierlich das Confiteor, ließ zwei
Fackeln anzünden, wickelte langsam das Seidentuch auf, nachdem er
vorher seine Kapuze abgezogen hatte, und brachte die Schachtel zum
Vorschein. Nun sprach er einige Worte des Lobes und der Fürbitte
zum Engel Gabriel und zu seiner Reliquie; dann öffnete er die Schach-
35 tel. Als er die Kohlen erblickte, gab er die Schuld nicht Guccio Balena,
denn so viel traute er ihm nicht zu; er verwünschte ihn auch nicht,
weil er nicht aufgepasst hatte, dass kein Fremder an seine Sachen gin-
ge; vielmehr verwünschte er im stillen sich selbst, dass er einem sol-
chen Burschen die Obhut über seine Sachen anvertraut hatte, wo er
ihn doch als nachlässig, ungehorsam und unaufmerksam kannte.
36 Ohne blass zu werden, wandte er das Antlitz und die Hände gen
Himmel und sagte, dass alle es hören konnten: »O Gott, Deine Macht
sei gelobt!«

37 Darauf schloss er die Schachtel und wandte sich an das Volk:
»Werte Herren und Damen, ihr müsst wissen, dass, als ich noch sehr
jung war, mein Oberer mich in jene Gegenden sandte, wo man die
Sonne sieht, und es wurde mir ausdrücklich aufgetragen, so lange zu
suchen, bis ich die Privilegien des Porcellana fände, welche, obwohl
sie zu besiegeln nichts kostet, anderen nützlicher sind als uns selbst.
38 So machte ich mich um dieser Sache willen auf den Weg, schiffte
mich in Venedig ein, fuhr über das Quartier der Griechen, von dort

über das Königreich Garbo, ritt über die Straße von Baldacca, gelangte
nach Parione, von dort, nicht ohne Durst zu leiden, erreichte ich nach
einiger Zeit die Ufer von Sardinien. Aber warum nur zähle ich euch 39
alle die Länder um mich herum auf? Als ich den Meeresarm vom Hei-
ligen Georg überquert hatte, kam ich in die Betrügei und in die Töl-
pei, sehr völkerreiche Länder mit vielen Volksstämmen, von dort ge-
langte ich in die Mogelei, wo ich viele unserer Brüder und die anderer
Orden fand, die um der Liebe Gottes willen alle Mühe mieden, ande-
rer Sorgen nicht besorgten, ihrem Nutzen folgten und nur Geld ohne
Prägstock ausgaben. Darauf kam ich ins Land der Abruzzen, wo Män- 40
ner und Frauen mit Holzschuhen die Berge besteigen und die Schwei-
ne mit ihrem Darme überziehen; ein wenig weiter fand ich Leute, die 41
trugen das Brot im Bengel und den Wein im Säckchen. Von dort kam
ich ins Land der Basken, wo das Wasser nach unten fließt. Kurzum, so 42
weit kam ich hinein, dass ich schließlich nach Möhr-Indien gelangte,
dort sah ich – und beschwöre das beim Gewand, das ich trage – die
Gartenmesser fliegen, ein unglaublich Ding für jeden, der es noch
nicht gesehen hat. Aber Maso der Weise lasse mich nicht lügen – die-
ser große Kaufmann, den ich dort traf, knackte Nüsse und verkaufte
die Schalen en detail. Da ich aber das, was ich suchte, nicht finden 43
konnte, weil es von dort nach dahin übers Wasser geht, kehrte ich um
und gelangte in jenes selige Land, wo im Sommer kaltes Brot vier
Pfennige wert und die Wärme umsonst ist. Dort traf ich den ehren-
werten Vater Tadelt-mich-nicht-wenn-es-euch-gefällt, den ehrwür-
digen Patriarchen von Jerusalem. Aus Achtung vor dem Gewand des 44
heiligen Herrn Antonius, das ich immer getragen habe, zeigte mir sel-
biger alle Reliquien, die er besaß. Das waren so viele, dass ich, wollte
ich sie euch alle aufzählen, schon einige Meilen dazu brauchte. Um
euch aber nicht zu enttäuschen, nenne ich euch einige. Als erstes zeig- 45
te er mir den Finger des Heiligen Geistes, vollständig und unverän-
dert wie eh und je; ein Löckchen des Seraphs, der dem Heiligen Franz
erschienen ist, und einen Fingernagel der Cherubim, sowie eine Rip-

pe von Das-Wort-ist-Fleisch-geworden; Kleidungsstücke des heili-
gen katholischen Glaubens, einige Strahlen des Sternes der Heiligen
Drei Könige, ein Fläschchen mit dem Schweiß des Heiligen Michael,
als er mit dem Teufel kämpfte, einen Kiefer des Todes des heiligen La-
46 zarus und noch viele andere. Da ich ihm großzügig die Fülle von den
Abhängen des Monte Morello in Italienisch und einige Kapitel aus
dem Bocksbuch, die er beide schon lange gesucht hatte, hinterließ,
47 teilte er seine Reliquien mit mir. Er schenkte mir einen Zahn vom
Heiligen Kreuz, eine Ampulle mit etwas Glockenklang aus dem Tem-
pel Salomons und die Feder des Engels Gabriel, von der ich schon ge-
sprochen habe; dazu eine der Holzpantinen des heiligen Gherardo
von Villamagna, die ich vor kurzem in Florenz Gherardo di Bonsi ge-
geben habe, der sie in hoher Verehrung hält. Schließlich gab er mir
Kohlen, auf denen der selige Märtyrer Laurentius geröstet wurde. Alle
diese Dinge habe ich ehrfürchtig hergetragen und besitze sie alle.
48 Wahr ist, dass meine Oberen es nicht geduldet haben, dass ich sie vor-
zeige, solange sie nicht als echt bezeugt sind. Nun aber, da schon eini-
ge Wunder durch sie bewirkt worden sind und Briefe vom Patriar-
chen es bestätigt haben, habe ich die Erlaubnis erhalten, sie vorzuzei-
gen. Ich vertraue sie aber anderen nicht an und habe sie immer bei mir.
49 Tatsächlich habe ich die Feder des Engels Gabriel in einer Schachtel
aufbewahrt, damit sie nicht beschädigt wird, und die Kohlen des Hei-
ligen Laurentius in einer anderen Schachtel. Diese Schachteln glei-
chen sich so sehr, dass ich sie schon oft miteinander verwechselt habe;
so ist es mir auch heute geschehen. So dachte ich, ich hätte die Schach-
50 tel mit der Feder ergriffen, habe aber nun die mit den Kohlen. Das er-
scheint mir nicht als ein Irrtum, sondern ist wohl eher der Wille Got-
tes gewesen, der mir die Schachtel mit den Kohlen in die Hand legte,
denn erst jetzt erinnere ich mich daran, dass in zwei Tagen das Fest
51 des Heiligen Laurentius ist. Gott hat es also gewollt, dass ich euch die
Kohlen zeige, mit denen er geröstet wurde, um so in euren Seelen die
Verehrung zu entfachen, die ihr ihm schuldig seid. Nicht die Feder

gab er mir, die ich greifen wollte, sondern die gesegneten Kohlen, welche von den Säften seines heiligen Leibes gelöscht worden sind.
So nähert euch denn in Ehrfurcht, meine geliebten Kinder, zieht eure 52
Kapuzen herab und betrachtet sie. Und wer von diesen Kohlen mit dem Kreuzzeichen berührt wird, wird das gesamte Jahr sicher leben, weil kein Feuer ihn brennt, das er nicht spürt.«

Nach diesen Worten stimmte er einen Lobeshymnus auf den Hei- 53
ligen Laurentius an, öffnete die Schachtel und zeigte die Kohlen. Die dumme Menge betrachtete sie staunend und ehrfürchtig; sie drängten sich um Frate Cipolla, und indem sie noch mehr stifteten als üb-
lich, baten viele ihn, dass er sie damit berührte. So nahm Frate Cipolla 54
denn die Kohlen in die Hand und malte auf ihre weißen Hemden und Blusen und auf die Schleier der Frauen Kreuze, so groß es nur eben ging, und behauptete dabei, dass, wenn er die Kohlen jetzt auch abnütze, sie in der Schachtel wieder nachwüchsen, wie er es schon oft ausprobiert habe.

Auf diese Weise hat er zu seinem eigenen Vorteil die Einwohner 55
von Certaldo bekreuzigt und hatte diejenigen durch seinen raschen Einfall hereingelegt, die glaubten, indem sie die Feder wegnahmen, ihn hereinlegen zu können. Die beiden waren bei der Predigt zugegen und hatten seine Ausrede, seine umständlich vorbereitenden Worte
mit angehört und sich dabei vor Lachen ausgeschüttet. Nachdem das 56
Volk abgezogen war, gingen sie zu ihm und enthüllten ihm lachend, was sie getan hatten; darauf gaben sie ihm die Feder zurück, welche ihm im folgenden Jahr ebenso viel einbrachte wie an jenem Tag die Kohlen.

Auch diese Novelle bereitete der Gesellschaft großes Vergnügen und 1
Unterhaltung; man amüsierte sich sehr über Fra Cipolla, vor allem über seine Pilgerschaft und die Reliquien, die er gesehen und mitgebracht hatte. Als die Königin sah, dass mit der Novelle auch ihre Herrschaft beendet war, erhob sie sich, nahm die Krone ab und setzte sie

2 lächelnd Dioneo aufs Haupt und sagte: »Es wird Zeit, Dioneo, dass du
zu spüren bekommst, welche Last es ist, Frauen zu regieren und zu
lenken. Sei du also der König und walte deines Amtes so, dass wir
3 dich am Ende der Regierung loben können.« Dioneo nahm die Krone
an und antwortete lachend: »Gewiss habt ihr schon oft Schachkönige
gesehen, die kostbarer sind, als ich es bin. Und wenn ihr mir gehorcht,
wie man einem richtigen König gehorchen muss, so werdet ihr das
Vergnügen finden, ohne das kein Fest ein wirkliches Fest ist. Aber ge-
4 nug der Worte: Ich werde regieren, wie ich es verstehe.« Wie üblich
ließ er den Seneschall kommen und befahl ihm, was während seiner
Regierung zu tun sei; danach sagte er: »Meine verehrten Damen, in
verschiedener Weise wurde bereits so viel von der Findigkeit der
Menschen und den vielfältigen Fügungen des Geschicks erzählt, dass
ich große Mühe gehabt hätte, ein Thema zu finden, wenn vor kurzem
nicht die Mamsell Licisca hier erschienen wäre, die mich mit ihren
5 Worten ein Thema für das morgige Erzählen hat finden lassen. Wie
ihr euch erinnert, sagte sie, dass sie keine Nachbarin kenne, die als
Jungfrau verheiratet worden wäre, und fügte hinzu, dass sie wohl
wisse, welche und wie viele Streiche auch die Ehefrauen ihren Män-
6 nern spielten. Lassen wir den ersten Teil ihrer Rede, weil es Kinderei-
en sind; den zweiten Teil aber halte ich für ein vergnügliches Thema,
um davon zu erzählen. Da Mamsell Licisca uns angeregt hat, soll mor-
gen von den Streichen erzählt werden, die die Frauen ihren Männern
aus Liebe gespielt haben oder um sich selbst aus einer Notlage zu ret-
7 ten, ob die es gemerkt haben oder nicht.« Einige der Frauen meinten,
dass es ihnen unziemlich erscheine, über ein solches Thema zu spre-
chen, und baten ihn, seinen Vorschlag zu ändern; er antwortete ih-
8 nen: »Meine Damen, nicht weniger als ihr weiß ich, was ich anbefoh-
len habe; und was ihr mir sagen wollt, kann mich nicht von meinem
Wunsch abbringen. Denn ich denke, dass wir in einer Zeit leben, wo
Männern und Frauen eine jede Rede erlaubt ist, sofern sie sich hüten,
9 Unanständiges zu tun. Wisst ihr denn nicht, dass wegen der Ver-

derbtheit der Zeit die Richter ihre Gerichte verlassen haben? Dass die
göttlichen wie die menschlichen Gesetze verstummt sind? Dass je-
dermann, um sein Leben zu retten, volle Freiheit gegeben ist? Wenn 10
also beim Erzählen euer Schamgefühl etwas großzügiger wird – nicht
um den anzüglichen Vorgaben Taten folgen zu lassen, sondern um
euch und den anderen Vergnügen zu verschaffen –, so sehe ich nicht,
mit welchem plausiblen Argument euch irgendjemand in Zukunft
tadeln sollte. Darüber hinaus hat sich unsere Gesellschaft vom ersten 11
Tag an bis heute ehrenhaft verhalten; denn, was auch immer erzählt
worden ist, keine Handlung hat unser Zusammensein befleckt oder
wird es, mit Gottes Hilfe, auch in Zukunft nicht beflecken. Wer kenn- 12
te außerdem nicht eure Ehrenhaftigkeit? Diese vermögen weder die
ausgelassenen Unterhaltungen noch die Todesangst einzuschüch-
tern. Und um die Wahrheit zu sagen: Wer erführe, dass ihr auf einmal 13
aufhörtet, lustige Dinge zu erzählen, könnte darauf kommen, dass
ihr sie nicht mehr erzählen wolltet, weil ihr schuldig geworden wäret.
Ihr würdet mir eine schlechte Ehre erweisen, der ich euch gegenüber 14
immer folgsam gewesen bin, wenn ihr nun sagen würdet, da ihr mich
zu eurem König gemacht und mir die Gesetzgebung anvertraut habt,
ich hätte nicht das Gesetz gegeben. Vergesst diese Verdächtigungen, 15
die den böswilligen Geistern eher anstehen als unsereinem; und ein
jeder sinne auf die gute Gelegenheit, eine schöne Geschichte zu er-
zählen.« Nach diesen Worten sagten die Frauen, dass es so geschehe, 16
wie er es wünschte; und der König gestattete einem jeden, die Zeit bis
zum Abendessen nach Belieben zu verbringen. Die Sonne stand noch 17
hoch, weil die Erzählungen kurz waren; während Dioneo und die an-
deren Jünglinge sich zum Brettspiel niedersetzten, rief Elissa die Da-
men zu sich und sagte: »Seitdem wir hier sind, habe ich den Wunsch 18
gehegt, euch zu einem nahe gelegenen Ort zu führen, der Frauental
heißt, und wo keine von euch je gewesen sein wird. Bisher sah ich
noch keine Gelegenheit dazu, aber heute steht die Sonne noch hoch
am Himmel. Wenn ihr Lust habt, dorthin zu gehen, werdet ihr es

19 ganz gewiss nicht bereuen, dort gewesen zu sein.« Die Damen ant-
worteten, dass sie bereit wären, riefen eines ihrer Mädchen und
machten sich auf den Weg, ohne die Jünglinge etwas wissen zu las-
sen. Nach kaum einer Meile gelangten sie in das Frauental. Sie betra-
ten es über einen schmalen Weg, der auf einer Seite eines klaren Bäch-
leins entlangführte; unbeschreiblich schön und ergötzlich – beson-
ders während der warmen Zeit des Tages – eröffnete es sich ihnen.
20 Und wie eine von ihnen es mir später berichtete, erschien die Talsoh-
le so rund, als wäre sie mit dem Zirkel ausgemessen worden, obwohl
sie doch ein Werk der Natur und nicht von Menschenhand geschaffen
war; sie hatte einen Umkreis von etwas mehr als einer halben Meile
und wurde von sechs nicht allzu hohen Hügeln umrahmt, auf denen
jeweils ein Gebäude stand, das die Form einer schönen Burg hatte.
21 Die Abhänge der Hügel waren stufenartig wie in einem Amphithea-
22 ter angelegt und verengten sich nach unten. Die nach Süden gelege-
nen Hänge waren dicht mit Weinstöcken, Oliven und Mandelbäu-
men, Kirschbäumen und Feigenbäumen und anderen fruchttragen-
23 den Bäumen bepflanzt; die nach Norden gelegenen Hänge trugen das
volle Grün von Eichen, Eschen und anderen hochragenden Bäumen.
24 In der Ebene, zu der allein der Weg führte, den die Damen gekommen
waren, wuchsen reichlich Tannen, Zypressen, Lorbeerbäume und ei-
nige Kiefern, die so hübsch zusammengestellt und zugeordnet wa-
ren, als hätte einer der besten Künstler sie gepflanzt. Durch ihre Kro-
nen drang die Sonne, obwohl sie hoch stand, kaum oder gar nicht bis
auf den Boden, der mit feinstem Gras und buntfarbigen Blumen be-
25 deckt war. Nicht weniger ergötzlich war darüber hinaus ein Bach, der
aus einem Tal zwischen zwei Hügeln über glattes Gestein hervor-
sprudelte und vergnüglich plätschernd in der Luft zerstäubte, so dass
26 es von weitem aussah, als würde Quecksilber verflüssigt; weiter un-
ten im Tal wurde er von einem kleinen Kanal aufgefangen und floss in
raschem Lauf in die Mitte des Tales, wo er sich zu einem kleinen See
erweiterte, wie ihn die Städter als Fischweiher gelegentlich in ihren

Gärten anlegen. Dieser See war nicht tief und reichte einem Mann ge- 27
rade bis an die Brust; das Wasser war ohne jede Trübung und ließ bis
auf den Grund auf feine Steinchen blicken, die man hätte zählen kön-
nen; man konnte nicht nur bis auf den Grund sehen, sondern ent-
deckte, belustigt und überrascht, hin und her schießende Fische. Das 28
Ufer des Sees bildete die Wiese, die dank der Feuchtigkeit üppig
wuchs. Das Wasser, das der See nicht fassen konnte, floss über einen
weiteren Kanal aus dem Tal hinab. Die jungen Damen betraten dieses 29
Tal, schauten sich um und priesen es; da es sehr warm war, verlockte
sie das Wasser; und sie beschlossen, da niemand sie sehen konnte, ein
Bad zu nehmen. Sie befahlen dem Mädchen, dass es auf dem Weg 30
bliebe und aufpasse, ob jemand käme, und es ihnen mitteilte; dann
entkleideten sie sich und begaben sich in das Wasser, das ihre weißen
Körper geradeso verbarg wie ein dünnes Glas eine rote Rose. Weil sie 31
in dem Wasser keinerlei Trübung verursachten, verfolgten sie, so gut
sie konnten, die Fische, die kaum Stellen hatten, um sich zu verste-
cken; und sie versuchten, sie mit den Händen zu fangen. Sie vergnüg- 32
ten sich damit und fingen auch einige; als es genug war, kamen sie aus
dem Wasser und kleideten sich an; da sie den Ort nicht mehr loben
konnten, als sie es schon getan hatten, schien es ihnen an der Zeit
heimzukehren; gemächlichen Schrittes machten sie sich auf den Weg
und sprachen noch viel über den schönen Ort. Als sie zu guter Stunde 33
beim Palast eintrafen, fanden sie die jungen Männer noch beim Spiel;
lachend sagte Pampinea: »Heute haben wir euch doch einmal überlis-
tet.« »Wie das?« sagte Dioneo, »werdet ihr schon aktiv, bevor ihr Ge- 34
schichten erzählt?« Pampinea sagte: »Ja, Herr und Gebieter.« Und sie 35
berichtete ihm ausführlich, woher sie kamen, wie das Tal aussah, wie
weit es entfernt war und was sie dort unternommen hatten. Als der 36
König von der Schönheit des Ortes hörte, begehrte er, ihn zu besu-
chen, und ließ rasch das Abendessen auftragen; nachdem sie dies ver-
gnüglich beendet hatten, verließen die drei Jünglinge mit ihren Die-
nern die Damen und begaben sich zu dem Tal, wo noch keiner von

ihnen gewesen war; dort betrachteten sie alles und priesen es als ei-
37 nen der schönsten Orte der Welt. Nachdem sie gebadet und sich wie-
der angekleidet hatten, kehrten sie zurück, um es nicht zu spät wer-
den zu lassen; sie fanden die Damen, die nach einer Melodie, die
Fiammetta vorgab, einen Reigen tanzten; als der Reigen beendet war,
38 berichteten sie über das Frauental und waren des Lobes voll. Der Kö-
nig rief also den Seneschall herbei und befahl ihm, dass er am nächs-
ten Morgen dort draußen Lagerstätten vorbereiten möge, damit man
39 sich des Mittags zur Ruhe legen könnte. Anschließend ließ er Lichter,
Wein und Konfekt herbeibringen; nach dieser Erfrischung hieß er die
Gesellschaft, sich zum Tanze zu ordnen; da Panfilo auf seinen Wunsch
einen Tanz anführte, wandte der König sich freundlich an Elissa:
40 »Schöne junge Dame, du hast mir heute die Ehre der Krone übertra-
gen, und ich möchte dir heute abend die Ehre einer Kanzone übertra-
41 gen; drum singe eine, die dir am besten gefällt.« Lächelnd antwortete
Elissa, dass sie es gerne tue, und begann mit süßer Stimme wie folgt:

42 Amor, wenn deinen Fängen ich entrinnen kann,
so wird kein andrer je mich noch mal fangen.
43 Als Mädchen ging ich einst in deinen Krieg
und glaubte, es wäre die holdeste Seligkeit,
wo ich jeder Rüstung mich entledigte
wie einer, der sicheres Vertrauen hegt.
Du treulos grausam gieriger Tyrann
bist unversehens über mich gekommen
mit deinen Waffen und Haken.
44 In deine Ketten eingebunden
übergabst du mich, bitter weinend und gequält,
dem, der geboren, damit ich sterben soll;
nun hält er mich in seiner Macht;
so streng ist seine Herrschaft,
dass Seufzer und Klagen, die mich verzehren,

ihn nicht rühren können.
All mein Flehen trägt der Wind davon, 45
niemand hört mich oder will mich hören,
so wächst mein Leid – und ohne dass ich sterben
könnt', ist mir das Leben eine Last.
O Herr, erbarme dich doch meiner Qual
und tue das, was ich nicht kann:
Gib ihn mir in deine Ketten fest gebunden.
Willst du das nicht tun, 46
so löse alle Hoffnungsbande.
O bitte, Herr, gewähr es mir,
dann glaube ich, dass ich
so schön wie früher werden könnt',
und vom Schmerz befreit,
mich schmücken mit weißen und roten Blüten.

Elissa endete ihr Lied mit einem wehmütigen Seufzer; alle wunder- 47
ten sich über ihre Worte, aber niemand konnte erraten, was sie dazu
bewogen hatte. Der König indessen war guter Stimmung, ließ Tin- 48
daro rufen und befahl diesem, seinen Dudelsack herbeizuholen; zu
dem Klang desselben ließ er noch manche Tänze tanzen. Als die
Nacht schon fortgeschritten war, befahl er allen, sich zur Ruhe zu be-
geben.

1 ES ENDET DER SECHSTE TAG DES DECAMERON,
UND ES BEGINNT DER SIEBENTE,
AN DEM UNTER DER HERRSCHAFT DIONEOS
VON DEN STREICHEN ERZÄHLT WIRD,
DIE DIE FRAUEN IHREN MÄNNERN
ENTWEDER AUS LIEBE GESPIELT HABEN
ODER UM SICH SELBST AUS EINER NOTLAGE ZU RETTEN,
OB DIE ES GEMERKT HABEN ODER NICHT.

2 Die Sterne waren schon vom östlichen Himmel verschwunden, aus-
genommen der Luzifer, der noch in der erblassenden Morgenröte
leuchtete, als der Seneschall mit vielen Wagen zum Frauental zog, um
dort alles gemäß dem Befehl und der Bestimmung seines Herrn aus-
3 zuführen. Kurz nach dem Aufbruch erhob sich auch der König, der
durch den Lärm des Aufladens und der Lasttiere geweckt worden
war; und er gebot auch den Damen und den jungen Herren aufzuste-
4 hen. Die Sonnenstrahlen waren noch nicht sehr kräftig, als sich die
Gesellschaft auf den Weg machte; und es schien ihnen, dass die Nach-
tigallen und die anderen Vögel an diesem Morgen fröhlicher sängen
als sonst; ihr Gesang begleitete sie bis zum Frauental, wo sie vom Ge-
sang vieler anderer Vögel empfangen wurden, die sich über ihre An-
5 kunft zu freuen schienen. Sie begingen das Tal aufs neue und nahmen
es noch einmal in Augenschein; es erschien ihnen noch schöner als
am Tage zuvor, weil die Tageszeit seinem Zauber angemessen war.
6 Und nachdem sie sich mit Wein und Konfekt gestärkt hatten, began-
nen sie zu singen, um nicht von den Vögeln beschämt zu werden; das
Tal stimmte im Widerhall in ihren Gesang ein, und die Vögel – als
wollten sie unübertroffen bleiben – fügten neue und süße Melodien
7 hinzu. Als die Stunde der Mahlzeit gekommen war, wurden die Ti-
sche unter den Lorbeerbäumen und den anderen schönen Bäumen
aufgestellt, und gemäß dem Wunsch des Königs setzten sie sich nahe
beim schönen See nieder; während der Mahlzeit sahen sie Schwärme
von Fischen vorüberziehen, und der Anblick gab Anlass zu mancher-
8 lei Gesprächen. Als die Mahlzeit beendet war, die Gerichte und Tische
weggeräumt waren, stimmten sie noch einmal ein freudiges Singen
9 an. Da der umsichtige Seneschall an mehreren Stellen des kleinen Ta-
les Lagerstätten hatte aufstellen und mit bunten Stoffen und Vorhän-
gen überdachen und verhüllen lassen, konnte sich, wem es gefiel, mit
der Erlaubnis des Königs zur Ruhe niederlegen; wer nicht schlafen

wollte, konnte nach seinem Gutdünken anderen Unterhaltungen nachgehen. Als die Zeit gekommen war und sich alle wieder versam- 10
melten, um sich Novellen zu erzählen, wurden auf Wunsch des Königs nicht weit von dem Ort, wo man gegessen hatte, und nahe am See Teppiche auf dem Gras ausgebreitet, auf denen man sich niederließ. Der König gebot Emilia, den Anfang zu machen; und diese begann heiter lächelnd.

Erste Novelle

Gianni Lotteringhi hört des Nachts, dass an seine Tür geklopft wird; er weckt seine Frau, und sie macht ihn glauben, es sei das Gespenst; sie beschwören es mit einem Gebet, und das Klopfen hört auf. 1

Es wäre mir sehr viel lieber gewesen, o Herr, wenn es Euch gefallen 2
hätte, eine andere Person als mich auszusuchen, um das schöne Thema zu eröffnen, über das wir heute erzählen sollen; da Ihr es aber wünscht, dass ich alle anderen ermutige, so werde ich es gerne tun.
Und ich werde mich bemühen, verehrte Damen, etwas zu erzählen, 3
das euch für die Zukunft nützlich sein kann; denn wenn auch andere sich derart wie ich vor einem Gespenst fürchten (und ich weiß bei Gott nicht, was das ist, noch habe ich irgendeine gefunden, die es wüsste, obwohl wir alle Angst davor haben), so erfahrt ihr, wenn ihr bei meiner Novelle gut aufpasst, wie ihr es verjagen könnt, falls es euch heimsucht, und ihr werdet ein gutes, frommes Gebet und manches andere Wertvolle lernen.

Einst lebte in Florenz im Viertel San Pancrazio ein Wollweber mit 4
Namen Gianni Lotteringhi; in seinem Handwerk war er geschickt, weniger klug in anderen Dingen; und da er einfachen Gemütes war, bekleidete er häufig das Amt des Vorstehers der Chorbruderschaft von Santa Maria Novella, musste sie beaufsichtigen und manche an-

deren Aufgaben erfüllen; deswegen kam er sich sehr wichtig vor, was
auch damit zusammenhing, dass er als ein wohlhabender Mann den
5 Mönchen häufig üppige Mahlzeiten spendierte. Und weil sie dann
und wann auch ein Paar Hosen oder eine Kutte oder ein Skapulier von
ihm bezogen, lehrten sie ihn schöne Gebete und gaben ihm das Va-
terunser auf Italienisch und die Legende vom Heiligen Alexius und
die Klage des Heiligen Bernhard und das Lob auf Frau Mechthild von
Magdeburg und ähnlich dummes Zeug, das ihm aber sehr teuer war
6 und das er um seines Seelenheiles willen sorgfältig hütete. Dieser
hatte nun eine sehr schöne und reizvolle Dame zur Frau; sie hieß
Monna Tessa, war die Tochter des Mannuccio dalla Cuculia und besaß
Klugheit und Erfahrung. Da sie die Einfältigkeit ihres Mannes kannte,
hatte sie sich in Federigo di Neri Pegolotti, einen schönen und blü-
henden jungen Mann, verliebt und selbiger in sie; über eine Magd
fädelte sie es ein, dass Federigo sie in einem sehr schönen Landhaus
aufsuchte, das Gianni in Camerata besaß und wo sie den Sommer
7 verbrachte. Gianni kam manchmal zum Abendessen und Schlafen
dorthin, kehrte aber am folgenden Morgen in seinen Laden und mit-
8 unter auch zu seiner Bruderschaft zurück. Federigo, der nichts mehr

als das erhofft hatte, nahm seine Gelegenheit am vereinbarten Tage wahr und begab sich am Abend zu dem Landhaus. Da Gianni an jenem Abend nicht erwartet wurde, speiste er gemütlich mit der Dame und legte sich mit ihr zur Ruhe; er hielt sie fest umschlungen und lehrte sie während der Nacht an die sechs Lobeshymnen aus dem Vor-
rat ihres Gatten. Weder sie noch Federigo sahen das erste Treffen als 9
das letzte an; damit die Magd ihn nicht jedesmal aufsuchen musste,
verabredeten sie folgendes: Immer wenn er sich zu seinem Landhaus 10
begab oder es verließ – das etwas weiter oben gelegen war –, sollte er einen Blick in den Weinberg werfen, der neben ihrem Hause lag; dort werde er einen Eselskopf auf einem Pfahl sehen; und immer wenn dessen Schnauze nach Florenz gerichtet sei, könnte er unbesorgt und bedenkenlos nach Einbruch der Nacht zu ihr kommen, wo er, wenn die Tür verschlossen wäre, dreimal leise anklopfen sollte, damit sie ihm öffnete. Zeigte der Eselskopf nach Fiesole, so dürfte er nicht
kommen, weil Gianni im Hause sei. Auf diese Weise trafen sie viele 11
Male zusammen. Eines Tages geschah es nun, als Federigo mit Monna 12
Tessa speisen sollte und sie schon zwei fette Kapaune hatte kochen lassen, dass Gianni, der nicht heimkommen sollte, mit einem Mal spät zurückkehrte. Die Dame war äußerst enttäuscht; Gianni und sie verzehrten ein wenig Pökelfleisch, das sie nebenbei hatte sieden las-
sen. Der Magd trug sie auf, die beiden gekochten Kapaune in ein wei- 13
ßes Tuch zu wickeln, viele frische Eier und eine Flasche guten Weines hinzuzugeben und alles in einen Garten zu bringen, in den man gelangen konnte, ohne durch das Haus zu gehen, und wo sie schon wiederholt mit Federigo gespeist hatte; sie sollte die Sachen unter einem
Pfirsichbaum neben einer kleinen Wiese abstellen. Sie war aber so 14
verärgert, dass sie vergaß, der Magd zu sagen, sie sollte warten, bis Federigo gekommen sei, und ihm ausrichten, dass Gianni im Hause sei
und dass er die Sachen aus dem Garten mitnehmen möge. So dauerte 15
es nicht allzu lange, bis Federigo, nachdem sie und Gianni wie auch die Magd zu Bett gegangen waren, einmal leise an die Tür klopfte, die

so nahe bei der Kammer lag, dass Gianni es augenblicklich hörte, ge-
nauso wie seine Frau; diese tat so, als ob sie schlief, damit Gianni kei-
16 nen Verdacht schöpfte. Nach einer Weile klopfte Federigo zum zwei-
ten Mal; Gianni wunderte sich, stieß seine Frau an und sagte: »Tessa,
17 hörst du nichts? Mir scheint, es klopft an unsere Tür.« Die Frau, die es
besser als er gehört hatte, tat so, als werde sie gerade erst wach und
18 sagte: »Was? Wie?« »Ich meine«, sagte Gianni, »es wird an unsere Tür
19 geklopft.« Darauf sagte die Frau: »Klopfen? Ach, mein lieber Gianni,
weißt du denn nicht, was los ist? Es ist das Gespenst, vor dem ich
nächtelang Angst habe, und immer wenn es klopft, stecke ich den
Kopf unter die Decke und traue mich erst wieder hervor, sobald es
20 heller Tag ist.« Darauf sagte Gianni: »Geh Frau, hab' keine Angst,
denn ich habe, als wir zu Bett gingen, das Te lucis und das O inteme-
rata virgo und noch andere fromme Lieder gesungen, außerdem habe
ich das Bett in alle Himmelsrichtungen im Namen des Vaters, des
Sohnes und des Heiligen Geistes gesegnet, so dass wir uns nicht
fürchten müssen, denn es kann uns nicht schaden, wie mächtig es
21 auch sein mag.« Damit Federigo nicht seinerseits Verdacht schöpfte
und mit ihr in Streit geriet, beschloss Monna Tessa augenblicklich,
dass sie aufstehen müsste, um ihm zu verstehen zu geben, Gianni sei
im Haus; und sie sagte zu ihrem Ehemann: »Schon gut, du sagst eben
deine Sprüche; aber ich werde mich erst heil und sicher fühlen, wenn
22 wir es beschwören, solange du hier bist.« Gianni sagte: »Und wie be-
23 schwört man es?« Die Frau sagte: »Ich weiß, wie man beschwört. Vor
einigen Tagen bin ich wegen eines Ablasses nach Fiesole gepilgert;
und dort hat mir eine der Klausnerinnen – der Herrgott kann dir bes-
ser sagen als ich, wie fromm sie war! –, die sah, wie verschreckt ich
war, ein schönes frommes Gebet beigebracht und gesagt, dass sie es
selbst, als sie noch keine Klausnerin war, öfters angewendet hat und
24 das ihr sehr geholfen hat. Aber bei Gott, ich habe mich, solange ich al-
lein war, nicht getraut, es auszuprobieren. Heute bist du hier, und nun
25 können wir es zusammen beschwören.« Gianni sagte, das sei ihm

recht; sie standen auf und schlichen sich zur Tür, vor der Federigo im-
mer noch wartete und schon misstrauisch wurde. Dort angelangt,
sagte Monna Tessa zu Gianni: »Du musst aber ausspucken, wenn ich
es dir sage.« Gianni sagte: »Gut.« Und die Frau begann mit ihrem Ge- 26
bet: »O Spukgestalt der Nacht, so wie du kommst, so gehst du, auf
deinem steifen Schweif; unter dem Pfirsichbaum im Garten, da liegt
der fette Bissen mit hundert Kackerchen vom Huhn. Setzt das Fläsch-
chen an und geh, tu' mir und meinem Mann nicht weh.« Hierauf sagte
sie zu Gianni: »Nun spuck schon!«, und Gianni tat es. Draußen vor 28
der Tür hörte Federigo diese Worte, vergaß seine Eifersucht und, ob-
wohl er frustriert war, wäre er fast vor Lachen geplatzt; als Gianni aus-
spuckte, fügte er nur leise hinzu: »Die Zähne mit.« Nachdem Monna 29
Tessa das Gespenst drei Mal beschworen hatte, legte sie sich wieder
mit ihrem Mann ins Bett. Federigo hatte mit ihr zu Abend essen wol- 30
len und die Beschwörungsformel richtig verstanden; er ging in den
Garten, fand Kapaune, Eier und Wein, nahm alles mit nach Hause
und ließ es sich schmecken. Als sie sich danach wieder trafen, muss-
ten sie noch oft über die Beschwörung lachen. Tatsächlich behaupten 31
einige, dass Monna Tessa sehr wohl den Eselskopf gen Fiesole gedreht
hatte, dass aber ein Bauer durch den Weinberg kam, dem Eselskopf
einen Hieb mit dem Stock versetzt habe, so dass er sich ein paar Mal
um sich selbst gedreht habe und schließlich in Richtung Florenz ste-
hengeblieben sei. Deswegen habe Federigo angenommen, dass er
willkommen sei; außerdem habe die Beschwörung gelautet: »Ge- 32
spenst, Gespenst, Gespenst, nun führ dich Gott hinweg, den Schädel
hat ein dummer Kerl verdreht, und mein Mann ist hier bei mir.« So
habe sich Federigo ohne Unterkunft und Abendessen davongemacht.
Aber meine Nachbarin, eine sehr alte Frau, erzählt mir, dass beide Be- 33
schwörungen wahr sind, wie sie als Kind mitbekommen habe. Aber
die zweite Beschwörung sei nicht mit Gianni Lotteringhi passiert,
sondern mit einem gewissen Gianni di Nello, der bei der Porta San
Piero wohnte und ein ebenso ausgemachter Trottel gewesen sei wie

34 Gianni Lotteringhi. Und deswegen, teuerste Damen, liegt es bei euch, die Beschwörung auszusuchen, die euch am besten gefällt, oder vielleicht alle beide: Denn bei solchen Gelegenheiten besitzen sie große Kraft, wie ihr vernommen habt. Merkt sie euch, sie könnten euch von Nutzen sein.

Zweite Novelle

1 *Peronella versteckt ihren Geliebten in einem Fass, als ihr Mann nach Hause kommt; da ihr Mann das Fass verkaufen wollte, sagt sie, dass sie es an jemanden verkauft habe, der es sich gerade von innen ansehe, ob es in Ordnung sei; der Geliebte kommt heraus, lässt es vom Ehemann auskratzen und zu sich nach Hause tragen.*

2 Mit großem Gelächter wurde die Novelle Emilias von allen aufgenommen; auch die Beschwörungen empfahlen sie als fromm und dienlich; da sie beendet war, bedeutete der König Filostrato fortzufahren, und er begann:

3 Verehrteste Damen, die Männer, insbesondere die Ehemänner
spielen euch so viele Streiche, dass ihr, wenn irgendeine Frau ihren
Ehemann überlistet, nicht nur darüber glücklich sein solltet, dass es
geschehen ist oder ihr es erfahren oder gehört habt, wie es jemand an-
deres erzählt hat, sondern dass ihr es überall weitererzählen solltet,
damit es auch unter den Männern bekannt wird; und wenn sie es wis-
4 sen, und die Frauen ihrerseits auch Bescheid wissen, so kann das
nichts anderes als sehr nützlich sein; denn wenn der eine weiß, was
der andere auch weiß, so versucht er es nicht mehr, ihn allzu leichtfer-
5 tig hereinzulegen. Wer wird also daran zweifeln, dass das, was wir
heute über dieses Thema erzählen werden, die Männer, sofern sie da-
von hören, nicht dazu bringen wird, euch weniger Streiche zu spie-
len, weil sie dann nämlich wissen, dass auch ihr, falls ihr wollt, ihnen

Streiche zu spielen versteht? Ich möchte euch nun erzählen, was eine 6
junge Frau, obwohl niederen Standes, ihrem Mann angetan hat, um sich geistesgegenwärtig in Sicherheit zu bringen.

Vor nicht allzu langer Zeit heiratete in Neapel ein armer Mann ein 7
hübsches und reizendes Mädchen namens Peronella; sie verdienten nur wenig, er als Maurer, sie mit dem Spinnen, und fristeten ihr Leben, so gut es eben ging. Es geschah, dass ein junger Leichtfuß eines 8
Tages großes Gefallen an Peronella fand und sich in sie verliebte. Er bedrängte sie auf allerlei Art so sehr, dass er mit ihr intim wurde. Um 9
zusammen zu sein, trafen sie folgende Verabredung: Da ihr Mann jeden Tag in der Frühe aus dem Haus ging, um zu arbeiten oder Arbeit zu suchen, sollte der junge Mann sich in der Nähe aufhalten, um ihn weggehen zu sehen; da das Haus in einer stillen Gegend lag, konnte er, wenn der Ehemann gegangen war, seinerseits ins Haus schlüpfen. So taten sie es viele Male. Eines Tages geschah es aber, dass, als Gian- 10
nello Scrignario, so hieß der junge Mann, bei Peronella weilte, der gute Ehemann, der außer Haus war und den ganzen Tag nicht heimzukommen pflegte, vor der Tür stand; als er die Tür verschlossen fand

11 und klopfte, sagte er sich: »Gelobt seist du, Herr, du hast mich zwar
nicht reich werden lassen, aber du hast mich mit einer guten und an-
ständigen Frau beglückt! Sobald ich aus dem Haus bin, verschließt sie
12 die Tür, damit sie niemand belästigen kann.« Peronella hörte am
Klopfen, dass ihr Mann vor der Tür stand, und sagte: »O weh, liebster
Giannello, ich bin verloren! Das ist mein Mann, Gott vergelte es ihm!
Ich weiß nicht, was das bedeuten soll, denn er ist noch nie um diese
Zeit heimgekommen, aber vielleicht hat er gesehen, wie du hereinge-
13 kommen bist! Wie dem auch sei, verstecke dich um Gottes willen
hier in dem Fass, und ich werde ihm schnell aufmachen. Wir wollen
doch einmal hören, warum er heute so früh nach Hause kommt.«
14 Giannello verschwand rasch in dem Fass, Peronella öffnete die Tür
und empfing ihren Mann mit böser Miene: »Das sind aber ganz neue
Sachen, dass du heute so früh zurück bist! Es sieht ja ganz so aus, als
wolltest du heute überhaupt nichts tun, mit deinem Werkzeug in der
Hand! Wenn du so weitermachst, wovon sollen wir dann leben? Wo-
her kommt das Brot? Willst du etwa meinen Rock und die anderen
paar Lumpen versetzen, und ich spinne Tag und Nacht, dass mir das
Fleisch von den Fingern fällt, damit wir ein bisschen Öl für unsere
15 Lampe haben? Mein lieber Mann, die Nachbarinnen wundern sich
schon und machen sich lustig über mich, weil ich mich so abrackere!
Und du kommst mit leeren Händen nach Hause und solltest bei der
16 Arbeit sein!« Nach diesen Worten begann sie zu heulen und fing noch
einmal von vorne an: »O weh, ich armes geplagtes Weib, unter wel-
chem Unglücksstern wurde ich geboren! Und ich hätte einen ordent-
lichen jungen Mann bekommen können und habe ihn abgewiesen,
um auf diesen zu verfallen, der nicht einmal ahnt, wen er bekommen
17 hat! Andere vergnügen sich mit ihrem Geliebten, und keine hat weni-
ger als zwei oder drei, verlustieren sich und zeigen ihren Männern den
Mond für die Sonne. Und ich dummes Ding bin gutmütig genug, um
das nicht mitzumachen, und sitze im Elend … Ich weiß nicht, warum
18 ich mir nicht wie die anderen auch einen Liebhaber schnappe! Ver-

stehe mich recht, mein lieber Mann, wenn ich es wollte, wüsste ich
schon wen … Hier gibt es genug flotte Burschen, die mich lieben und
es gut mit mir meinen und die mir schon eine Menge Geld angeboten
haben für Kleider und Schmuck! Aber ich habe es nicht über das Herz
bringen können, denn ich bin nicht die Tochter von so einer … Und
du kommst heim und solltest auf der Arbeit sein!« Der Mann sagte: 19
»Aber liebe Frau, reg' dich doch bei Gott nicht so auf! Ich bin doch zur
Arbeit gegangen, aber weder ich noch du selbst haben etwas gewusst.
Heute ist nämlich das Fest des Heiligen Galleon, an dem nicht gear- 20
beitet wird; deswegen bin ich schon wieder zu Hause. Aber ich habe
auch schon daran gedacht, dass wir etwas zu essen für mehr als einen
Monat haben werden; denn ich habe dem, der neben mir steht, das
Fass verkauft, das uns so lange schon im Weg stand; und der gibt mir
fünf Silbertaler dafür.« Peronella sagte hierauf: »Auch das noch! Du, 21
ein Mann, der herumkommt und weiß, wie die Dinge laufen, hast
dasselbe Fass für fünf Liliengulden verkauft, das ich, ein armes Weib,
das kaum aus dem Haus gekommen ist, einem guten Mann für sieben
Silbertaler verkauft habe, weil es uns im Wege stand; als du zurück-
kamst, kroch er in das Fass, um zu sehen, ob es in Ordnung sei.« Als 22
der Ehemann das vernahm, war er mehr als zufrieden und sagte zu
dem, der ihn deswegen begleitet hatte: »Mein Lieber, geh mit Gott, du
hörst ja, meine Frau hat es für sieben verkauft, und du wolltest mir
nur fünf geben.« Der andere sagte: »Schon gut und viel Glück!« Und 23
ging seines Weges. Peronella sagte zu ihrem Mann: »Nun komm 24
schon, da du da bist, und bring' unseren Handel zu Ende!« Giannello, 25
der mit gespitzten Ohren aufpasste, was er zu befürchten oder wie er
sich zu verhalten hätte, sprang bei diesen Worten Peronellas ge-
schwind aus dem Fass, als hätte er die Rückkehr des Ehemannes gar
nicht wahrgenommen, und sagte: »Hallo, junge Frau, wo bist du?«
Der Ehemann trat heran und sagte: »Hier bin ich, was willst du?« 26
Giannello sagte: »Wer bist du denn? Ich wollte die Frau sprechen, die 27
mir das Fass verkauft hat.« Der gute Mann sagte: »Das könnt Ihr auch 28

29 ruhig mit mir tun, ich bin ihr Mann.« Hierauf sagte Giannello: »Das
Fass scheint mir ordentlich dicht zu sein; aber Ihr scheint Hefe darin
gehabt zu haben, denn es ist über und über mit einer trockenen Krus-
te überzogen, die ich nicht einmal mit den Fingernägeln abkriege; ich
30 nehme es erst, wenn es sauber ist.« Nun sagte Peronella: »Daran soll
das Geschäft nicht scheitern. Mein Mann wird es saubermachen.«
31 Und ihr Mann sagte: »Natürlich«, legte sein Werkzeug ab, zog sein
Wams aus, ließ sich ein Licht und einen Kratzer geben, stieg in das
32 Fass und begann mit der Arbeit. Peronella beugte sich mit dem Kopf,
den Schultern und beiden Armen über das Fass, das nicht allzu um-
fangreich war, als ob sie aufpassen wollte und sagte: »Kratz hier noch
33 ein bisschen und dort und dort«, »schau', da ist noch etwas.« Und
während sie auf diese Weise den Mann dirigierte, überlegte sich
Giannello – der, als der Mann zurückkehrte, sein Begehren noch nicht
so gestillt hatte, wie er es gewollt hätte –, dass er es nun befriedigen
34 wollte, wie es gerade ging; sie hielt die Öffnung des Fasses unter Ver-
schluss, und er erfüllte sein jugendliches Verlangen so, wie die bruns-
tigen Hengste in den weiten Steppen die parthischen Stuten besprin-
gen; er gelangte fast in demselben Augenblicke zu seinem Höhe-
punkt, wie das Fass ausgekratzt war; er trat zurück, Peronella zog
35 ihren Kopf aus dem Fass, und ihr Mann kam wieder heraus. Nun sagte
Peronella zu Giannello: »Nimm das Licht, guter Mann, und schau', ob
36 alles so sauber ist, wie du es wünschst.« Giannello schaute hinein, sag-
te, dass es recht sei, und er zufrieden wäre; er gab dem Mann sieben
Silbertaler und ließ sich das Fass nach Hause bringen.

Dritte Novelle

1 *Frate Rinaldo schläft bei seiner Gevatterin; der Ehemann entdeckt die beiden, aber sie machen ihm weis, dass jener die Würmer ihres Kindes besprochen habe.*

Wie geheimnisvoll Filostrato auch von den parthischen Stuten 2
sprach, die gewitzten Damen lachten darüber und taten so, als lachten sie über etwas anderes. Als aber der König bemerkte, dass die Novelle beendet war, forderte er Elissa auf fortzufahren; bereitwillig begann sie:

Allerliebste Damen, Emilias Beschwörung des Gespenstes hat 3
mir eine andere Novelle über eine Beschwörung in Erinnerung gerufen; obwohl sie nicht so schön ist wie die vorherige, will ich sie erzählen, weil mir eine andere zu unserem Thema nicht einfällt.

Ihr müsst wissen, dass in Siena einst ein schmucker junger Mann 4
aus ehrbarer Familie namens Rinaldo lebte; über die Maßen war er in seine Nachbarin verliebt, eine sehr schöne Frau, die mit einem reichen Mann verheiratet war. Er hoffte, hätte er nur Gelegenheit, unbemerkt mit ihr zu sprechen, dass sie ihm alles, was er begehrte, gewähren würde. Als er keinen Weg sah, sie zu sprechen, er aber bemerkte, dass die Dame schwanger war, gedachte er, ihr Gevatter zu werden. Er befreundete sich also mit ihrem Gatten und schlug es ihm auf die unver-
fänglichste Art vor; und so geschah es. Rinaldo wurde also der Gevat- 5

ter der Madonna Agnesa; er hatte größere Freiheit, mit ihr zu spre-
chen, und ließ nun mit Worten wissen, was sie schon seit langem aus
seinen Augen abgelesen hatte; aber es brachte ihm nichts ein, obwohl
6 es der Dame nicht missfiel, ihm zugehört zu haben. Kurz darauf pas-
sierte es, dass Rinaldo, aus welchem Grund auch immer, Mönch wur-
de; obwohl er hier neue Weideplätze fand, blieb er doch bei seinem
7 alten. Obwohl er als Mönch die Liebe zu seiner Gevatterin und andere
seiner weltlichen Beschäftigungen zurückgestellt hatte, nahm er sie
im Laufe der Zeit wieder auf, ohne die Kutte abzulegen; er gewann
wieder Vergnügen daran, sich in gute Tücher zu kleiden, anmutig und
kokett zu tun, Kanzonen, Sonette und Lieder zu komponieren und zu
8 singen und viele ähnliche Dinge zu tun. Aber was sage ich hier von
unserem Frate Rinaldo? Wer von den Mönchen täte es ihm nicht
9 gleich? Schande über die verdorbene Welt! Sie schämen sich nicht,
fett und mit rosigem Gesicht aufzutreten, in ihren Kleidern und allem
übrigen den feinsten Geschmack zur Schau zu stellen; sie kommen
daher nicht wie Tauben, sondern wie die Hähne mit angeschwolle-
10 nem Kamm. Lassen wir einmal beiseite, dass ihre Zellen angefüllt
sind mit Büchsen voller honigsüßer Latwergen und Salben, mit
Schachteln voller Konfekt, mit Karaffen voller Essenzen und Öle, mit
Krügen voller Malvasier, griechischen und anderen auserlesenen
Weinen, so dass sie weniger wie Mönchszellen aussehen als wie Spe-
zerei- und Salbenläden; viel schlimmer ist es, dass sie sich nicht ein-
mal schämen, dass man weiß, wie sehr sie von der Gicht befallen sind,
und dass sie glauben, man wisse nicht, dass stetes Fasten, grobe und
karge Kost und eine bescheidene Lebensführung die Menschen hager,
11 schmal und im allgemeinen gesund macht; wenn sie schon krank
werden, dann nicht an der Gicht, zu deren Medizin die Keuschheit
12 und ein bescheidenes Mönchsleben gehören. Und sie glauben, man
wisse nicht, dass ein karges Leben, die langen Nachtwachen und Ge-
bete und die Kasteiungen die Menschen bleich und ausgezehrt er-
scheinen lassen; und dass weder der Heilige Dominikus noch der

Heilige Franziskus vier Kutten statt einer besaßen oder sich in ausgesucht feine, in der Wolle vorgefärbte Tücher kleideten, um darin zu prunken, sondern dass sie grobes, naturfarbenes Leinen trugen, um sich vor der Kälte zu schützen. Aber der Herrgott möge alledem Abhilfe verschaffen, weil die einfachen Gemüter, die jene ernähren, es verdienen.

Frate Rinaldo verfiel also wieder in seine früheren Gelüste und be- 13
suchte die Gevatterin recht häufig; er war noch dreister geworden,
und er bedrängte sie unermüdlicher als zuvor, ihm zu gewähren, was
er begehrte. Die gute Dame sah, dass er keine Ruhe gab und hielt ihn 14
vielleicht für attraktiver, als er war; als er sie eines Tages wieder be-
stürmte, verfiel sie auf die Frage, die alle stellen, die schließlich ge-
währen wollen, was von ihnen begehrt wird und sagte: »Wie, Frate
Rinaldo, tun denn die Mönche so etwas?« Worauf Frate Rinaldo ant- 15
wortete: »Madonna, wenn ich die Kutte ausziehe – und das geht
leicht –, erscheine ich wie jeder andere Mann und nicht als Mönch.«
Die Dame schien lachen zu wollen und sagte: »O weh, ich Arme, Ihr 16
seid doch mein Gevatter! Wie soll denn das gehen? Es wäre ein gro-
ßer Frevel, und ich habe oft gehört, es sei eine schwere Sünde. Wenn
das nicht wäre, würde ich tun, was Ihr wünscht.« Worauf Frate Rinal- 17
do sagte: »Dumm wäret Ihr, wenn Ihr es deswegen nicht tätet. Ich
sage nicht, dass es keine Sünde sei, aber der Herrgott vergibt auch grö-
ßere Sünden dem, der sie bereut. Sagt mir nur: Wer ist näher mit Eu-
rem Sohn verwandt, ich, der ihn über das Taufbecken hielt, oder Euer
Mann, der ihn zeugte?« Die Dame antwortete: »Mein Mann ist der 18
nähere Verwandte.« »Das ist richtig«, sagte der Mönch, »und Euer 19
Mann schläft nicht mit Euch?« »Aber ja«, antwortete sie. »Also«, sagte 20
der Mönch, »kann auch ich, der ich weniger verwandt bin mit Eurem
Sohn als Euer Mann, mit Euch schlafen wie Euer Mann.« Madonna 22
Agnesa, die nichts von der Logik verstand und die auch nur noch eines
kleinen Anstoßes bedurfte, glaubte entweder den Worten des Mön-
ches oder tat wenigstens so, als ob sie ihnen glaubte, und antwortete:

»Wer fände schon eine Erwiderung auf Eure klugen Worte?« Trotz
der Gevatterschaft fand sie sich nun damit ab, ihm zu Willen zu sein.
Sie beließen es nicht nur bei dem einen Mal, sondern unter dem
Schutz der Gevatterschaft fühlten sie sich freier und weniger beob-
23 achtet und fanden viele Male zueinander. Einmal aber geschah es, dass
Frate Rinaldo zu ihr kam und hier niemanden antraf außer einer ihrer
jungen Mägde, einem hübschen und netten Mädchen, das er mit sei-
nem Begleiter unters Dach zu den Tauben schickte, um ihr das Vater-
unser beizubringen; er selbst zog sich mit der Dame, die ihr Knäblein
an der Hand hielt, in die Schlafkammer zurück und verschloss diese;
dort ließen sie sich auf einer Bettstatt nieder und verlustierten sich
24 miteinander. Während sie so beschäftigt waren, passierte es, dass der
Herr Gevatter zurückkehrte und, ohne dass irgendjemand ihn gehört
25 hätte, vor der Kammertür stand, klopfte und nach seiner Frau rief. Als
Madonna Agnesa ihn hörte, sagte sie: »Ich bin verloren, das ist mein
Mann; jetzt merkt er, warum wir so vertraulich miteinander sind.«
26 Frate Rinaldo stand ohne Kutte und Skapulier und nur im Unterge-
wand da und antwortete: »Recht habt Ihr, wenn ich angezogen wäre,
fände sich eine Ausrede; aber wenn Ihr öffnet, und er sieht mich, wie
27 ich bin, gibt es keine Entschuldigung.« Die Frau hatte einen rettenden
Einfall und sagte: »Kleidet Euch geschwind an, dann nehmt Ihr mein
Kind auf den Arm und hört genau auf das, was ich ihm sage, damit
28 auch Ihr die passenden Worte findet. Lasst mich nur machen.« Der
gute Mann pochte immer noch, als seine Frau antwortete: »Ich kom-
me schon«, aufstand, gutgelaunt zur Tür ging, sie öffnete und sagte:
»O mein lieber Mann, glücklicherweise ist Frate Rinaldo bei uns, und
der Herrgott hat ihn geschickt; wäre er heute nicht gekommen, so
29 hätten wir unser Kindchen verloren.« Als der bigotte Dummkopf das
30 hörte, bekam er einen großen Schrecken und sagte: »Wieso?« »O lie-
ber Mann«, sagte die Frau, »der Kleine brach plötzlich zusammen, ich
fürchtete um sein Leben und wusste nicht mehr aus noch ein, als in
dem Augenblick unser Gevatter Frate Rinaldo hinzukam, ihn auf den

Arm nahm und sagte: ›Gevatterin, er hat Würmer im Leib, die krie-
chen zum Herzen und bedrohen unmittelbar sein Leben; aber habt
keine Angst, denn ich werde sie besprechen, und sie werden alle um-
kommen; und bevor ich wieder weggehe, wird Euer Kind so gesund
wie nie zuvor sein.‹ Und du wärest nötig gewesen, um bestimmte Ge- 31
bete zu sprechen, aber die Magd konnte dich nicht finden; so ließ er
sie durch einen seiner Begleiter auf dem höchsten Punkt unseres Hau-
ses sprechen, während wir hier hineingegangen sind. Und weil bei ei- 32
nem solchen Werk niemand außer der Mutter des Kindes zugegen
sein darf, haben wir uns eingeschlossen, damit uns niemand stört.
Und er hält ihn noch auf dem Arm, und glaube mir, er wartet nur dar-
auf, dass sein Begleiter mit den Gebeten fertig ist, und dann ist alles zu
Ende, denn das Kind ist schon wieder völlig bei sich.« Der Simpel 33
glaubte all das, und er war derartig besorgt um seinen Sohn, dass ihm
der Betrug seiner Frau gar nicht in den Sinn kam; mit einem tiefen
Seufzer sagte er: »Ich will hinein und ihn sehen.« Aber Madonna 34
Agnesa sagte: »Tue es nicht, denn du verdirbst alles; warte, ich will se-
hen, ob du hinein kannst, und dich dann rufen.« Frate Rinaldo hatte 35
alles mit angehört, sich in aller Ruhe angekleidet und das Kind auf den
Arm genommen; als alles hergerichtet war, rief er: »O Gevatterin,
höre ich nicht unseren Gevatter?« Der Simpel gab zurück: »Ja, Mes- 36
ser.« »Nun kommt doch herein«, sagte Frate Rinaldo. Jener tat es und 37
Frate Rinaldo sagte: »Übernehmt hier Euren Sohn, der dank der Gna-
de Gottes wieder gesund ist, während ich noch vor kaum einer Stunde
glaubte, Ihr würdet ihn heute abend nicht mehr lebendig sehen. Sorgt
dafür, dass ein Wachsbild in seiner Größe zum Lobe des Herrn vor
dem Bild des Heiligen Ambrosius aufgestellt werde, durch dessen
Hilfe Gott Euch diese Gnade erwiesen hat.« Als das Kind seinen Vater 38
erblickte, lief es, wie Kinder das tun, freudig auf ihn zu; dieser hob es
auf den Arm, Tränen flossen seine Wangen herab, als hätte er es dem
Tode entrissen; und er herzte es und dankte seinem Gevatter, der es
geheilt hatte. Der Begleiter des Frate Rinaldo, der die Magd nicht nur 39

ein Vaterunser, sondern mehr als vier gelehrt und ihr einen Beutel aus
weißem Zwirn, den ihm eine Nonne geschenkt hatte, gegeben hatte,
so dass sie ihm ganz und gar ergeben war, hatte vernommen, dass der
Simpel von Ehemann vor der Schlafkammer nach seiner Frau gerufen
hatte, hatte sich an einen Ort geschlichen, von dem er alles mitbe-
kommen konnte; als er sah, dass die Sache ein gutes Ende fand, kam er
die Treppe herunter, betrat die Kammer und sagte: »Frate Rinaldo, ich
40 habe alle vier Gebete wie befohlen aufgesagt.« Hierauf sagte Frate Ri-
naldo: »Bruder, du bist gut bei Atem und hast wohlgetan. Ich hatte, als
mein Gevatter kam, erst zwei Gebete gesprochen, aber der Herrgott
hat wegen deiner und meiner eigenen Bemühung die Gesundung des
41 Knaben gewährt.« Der törichte Ehemann ließ auserlesene Weine und
Konfekt bringen und erwies seinem Gevatter und dessen Begleiter
eine Aufmerksamkeit, für die sie empfänglicher als für alles andere
waren; dann begleitete er sie vors Haus und empfahl sie Gott; unver-
züglich ließ er die Wachsstatue anfertigen und ließ sie vor dem Bild
des Heiligen Ambrosius aufstellen, aber nicht vor dem in Mailand.

Vierte Novelle

1 *Tofano sperrt eines Nachts seine Frau aus; da sie auch auf ihre Bitten nicht hineinkommt, gibt sie vor, sich in einen Brunnen zu stürzen, wirft aber stattdessen einen schweren Stein hinein. Tofano kommt heraus und läuft zum Brunnen; sie schlüpft ins Haus und sperrt ihn aus; sie beschimpft ihn heftig und stellt ihn bloß.*

2 Als der König das Ende der Novelle Elissas vernommen hatte, wandte er sich unmittelbar an Lauretta und gab ihr zu verstehen, dass sie fortfahren möge. Ohne zu zögern, begann sie wie folgt:

3 O Amor, wie groß sind deine Kräfte, wie zahlreich sind deine Ratschläge und wie tief deine Einsichten! Welcher Philosoph, welcher

Künstler hätte jemals solche Argumente, solche Einsichten und sol-
che Beweise vorführen können oder könnte sie noch vorführen, wie
du sie dem eingibst, der deinen Spuren folgt? An dir gemessen kommt 4
jede andere Belehrung zu spät, wie man es dem entnehmen kann, was
bisher erzählt worden ist. Ich füge, liebenswerte Frauen, eine List hin-
zu, die eine einfache Frau angewandt hat; ein anderer als Amor hätte
sie nicht dazu bringen können.

Es lebte also in Arezzo ein reicher Mann mit Namen Tofano. Die- 5
sem ward als Gattin eine sehr schöne Frau namens Signora Ghita zu-
teil, auf die er plötzlich, ohne zu wissen warum, eifersüchtig wurde.
Als die Frau das bemerkte, war sie empört; sie fragte ihn mehrmals,
welchen Grund er für seine Eifersucht hätte; als er darauf nichts außer
einigen allgemeinen und bösartigen Gründen anführen konnte, kam
es der Frau in den Sinn, ihn an der Krankheit sterben zu lassen, vor der
er Angst hatte. Da sie bemerkt hatte, dass ein junger Mann, der nach 6
ihrem Urteil stattlich war, sie verehrte, verständigte sie sich heimlich
mit ihm. Als die Dinge zwischen ihr und ihm schon so weit fortge-
schritten waren, dass zu den Worten nur noch die Taten fehlten, ge-
dachte die Frau auch hierzu einen Weg zu finden. Und da sie schon 7

erkannt hatte, dass zu den schlechten Sitten ihres Ehemannes die Lust
am Trinken gehörte, ermunterte sie ihn nicht nur, sondern drängte
8 ihn häufig mit Arglist dazu. Das tat sie so oft und das spielte sich der-
art ein, dass, immer wenn es ihr passte, sie ihn so weit brachte, dass er
trank, bis er voll war. Als sie sah, dass er betrunken war, legte sie ihn
schlafen und traf sich ein erstes Mal mit ihrem Geliebten; das Ganze
wiederholte sie danach regelmäßig und in aller Ruhe. Sie hatte so gro-
ßes Vertrauen in seine Trunkenheit, dass sie es nicht nur wagte, ihren
Geliebten mit ins Haus zu bringen, sondern selbst auch manchmal ei-
nen großen Teil der Nacht zu ihm nach Hause ging, was nicht weit
weg war.

9 Die verliebte Frau ließ es auf diese Weise laufen, bis der unglück-
liche Mann mit einem Mal bemerkte, dass sie selbst, wenn sie ihn zum
Trinken anspornte, niemals trank. Daraus schöpfte er den Verdacht,
dass es so sein könnte, wie es tatsächlich war, dass die Frau ihn näm-
lich betrunken machte, um, wenn er eingeschlafen war, ihrem eige-
10 nen Vergnügen nachzugehen. Er wollte herausbekommen, ob das
wirklich so war, und ohne etwas getrunken zu haben, führte er sich
eines Abends mit seinen Reden und seinem Verhalten so auf, als wäre
er voller denn je. Die Frau glaubte ihm das, meinte, dass er für einen
guten Schlaf nichts weiter mehr zu sich zu nehmen brauchte, und leg-
te ihn ins Bett. Danach ging sie, wie sie es manchmal tat, außer Haus
11 zu ihrem Geliebten, wo sie bis Mitternacht blieb. Als Tofano hörte,
dass seine Frau nicht im Hause war, stand er auf, ging zur Haustür,
schloss sie von innen zu und postierte sich am Fenster, damit er sähe,
wann sie zurückkehrte, und ihr vor Augen führen könnte, dass er sie
ertappt hatte. Er harrte aus, bis die Frau zurückkehrte. Als sie ankam
und die Tür verschlossen fand, war sie äußerst erschrocken und ver-
12 suchte, den Eingang mit Gewalt zu öffnen. Tofano schaute sich das
eine Weile an und sagte schließlich: »Frau, du rackerst dich vergebens
ab, denn hier kommst du nicht wieder herein. Geh dorthin zurück,
wo du bis jetzt gewesen bist, und sei gewiss, dass du nicht eher wieder

hier hereinkommst, bis ich dir in Gegenwart deiner Verwandtschaft
und der Nachbarn die Ehre erwiesen haben werde, die dir gebührt.«
Die Frau bat ihn um der Liebe Gottes willen, dass er ihr doch öffnen 13
möge, denn sie käme nicht daher, woher er glaubte; sie käme von
einer Nachbarin, wo sie gemeinsam aufgeblieben wären, denn die
Nächte wären so lang, und sie könne doch nicht immer alleine zu
Hause schlafen oder alleine wach bleiben. Das Flehen nutzte nichts,
denn dieser dumme Kerl hatte sich vorgenommen, dass alle Einwoh-
ner Arezzos, die noch gar nichts davon wussten, die Familienschande
erführen. Als die Frau bemerkte, dass Bitten ihr nicht half, versuchte 14
sie es mit Drohungen und sagte: »Wenn du nicht öffnest, wird es dir
noch sehr leid tun.« Darauf antwortete Tofano: »Was willst du denn 15
schon anstellen?« Die Frau, deren Verstand bereits von Amors Einge- 16
bungen geschärft worden war, antwortete: »Bevor ich die Schmach
erdulde, die du mir zu Unrecht antun willst, werde ich mich hier in
diesen Brunnen stürzen; wenn man mich tot auffindet, wird man
glauben, dass du selbst in deiner Trunkenheit mich hineingestoßen
hast. So wirst du fliehen müssen, alles, was du besitzt, verlieren und
in Verbannung leben; oder man hackt dir als meinem Mörder – der du
in Wahrheit auch gewesen bist – den Kopf ab.«

Auch diese Worte brachten Tofano um nichts von seinem dum- 17
men Vorhaben ab. So sagte die Frau: »Nun denn, ich kann deine Bos-
heit nicht länger ertragen; Gott verzeihe sie dir, lass den Spinnrocken,
den ich hier liegen lasse, wieder ans Spinnrad anbringen.« Nach die- 18
sen Worten ging die Frau zum Brunnen; die Nacht war so finster, dass
man draußen einander nicht sehen konnte. Sie nahm einen großen
Stein, der dort lag, und rief: »Herrgott, verzeih mir!« und ließ ihn in
den Brunnen fallen. Der Stein klatschte laut auf das Wasser; als Tofa- 19
no das hörte, glaubte er tatsächlich, dass sie sich hinuntergestürzt hät-
te. Er ergriff den Eimer mit dem Seil, stürzte aus dem Haus, um ihr zu
Hilfe zu eilen, und rannte zum Brunnen. Die Frau hatte sich neben 20
dem Hauseingang versteckt, sah ihn zum Brunnen eilen, schlüpfte

ins Haus, verschloss die Tür, ging ans Fenster und sprach: »Den Wein
soll man mit Wasser verdünnen, wenn man ihn trinkt, und nicht in
der Nacht danach.«

21 Tofano hörte sie, sah sich genasführt und ging zur Haustür zu-
22 rück. Als er nicht hineinkam, forderte er sie auf, ihm zu öffnen. Sie
gab es auf, so gedämpft wie bisher zu sprechen, und schrie los: »Beim
Heiligen Kreuz, du widerwärtiger Saufbold, du kommst heute abend
nicht mehr herein! Dein Treiben kann ich nicht mehr ertragen; alle
23 sollen es sehen, wer du bist und wann du nachts heimkommst.« Tofa-
no seinerseits kochte vor Wut, wurde grob und schrie laut; der Lärm
weckte die Nachbarn, sie standen auf; Männer und Frauen kamen ans
24 Fenster und fragten, was es gäbe. Die Frau begann mit tränenerstick-
ter Stimme: »Schaut euch nur diesen bösen Menschen an, der abends
betrunken nach Hause kommt, der in den Wirtshäusern schon ein-
schläft und dann um diese Stunde hier eintrifft. Lange habe ich ihn
ertragen, nichts hat es geholfen; ich konnte es nicht mehr ertragen; so
habe ich ihn ausgesperrt und ihm diese Schmach angetan, um zu se-
25 hen, ob er nicht in sich geht.« Gereizt erzählte Tofano seinerseits, was
26 geschehen war, und drohte mit lauter Stimme. Die Frau wandte sich
an die Nachbarn und sagte: »Nun seht ihr, was für ein Mann das ist!
Was würdet ihr wohl sagen, wenn ich draußen stünde und er drinnen
so wie ich? Bei Gott, ich zweifle daran, ob ihr glaubt, er sage die Wahr-
heit. Jetzt könnt ihr einmal seinen Verstand beurteilen! Er behauptet
27 in der Tat, dass ich getan hätte, was ich glaube, dass er getan hat. Er
glaubte, mich damit zu erschrecken, dass er irgendetwas in den Brun-
nen geworfen hat; aber wollte Gott, dass er sich wirklich hinunterge-
stürzt hätte und ersoffen wäre, so wäre wenigstens der Wein, den er
getrunken hat, mit Wasser versetzt worden.«

28 Die Nachbarn, Männer und Frauen, redeten auf Tofano ein und
gaben ihm die Schuld; sie beschimpften ihn, weil er Schlechtes über
seine Frau sagte. Und in kurzer Zeit breitete sich der Lärm von Nach-
bar zu Nachbar aus, so dass auch die Verwandten der Frau geweckt

wurden. Sie kamen herbei, hörten den Bericht erst dieses, dann jenes 29
Nachbarn; sie nahmen Tofano beiseite und schlugen ihn windel-
weich; dann kehrten sie zusammen mit seiner Frau nach Hause zu-
rück und drohten ihm noch Schlimmeres an. Tofano sah, dass er böse 30
hereingefallen war und dass seine Eifersucht ihn schlecht beraten hat-
te. Da er seine Frau gern hatte, setzte er einige Freunde als Mittler ein,
er brachte es so weit, dass sie schließlich zu ihm zurückkehrte. Er ver-
sprach ihr, nie mehr eifersüchtig zu sein; darüber hinaus gewährte er
ihr die Freiheit zu tun, was sie wollte, nur dass sie es so vorsichtig täte,
dass niemand davon erführe. So macht der blöde Bauer Frieden, nach- 31
dem er eine aufs Dach bekommen hat. Hoch die Liebe und nieder mit
dem Geiz und was dazugehört!

Fünfte Novelle

Ein Eifersüchtiger nimmt seiner Frau als Priester verkleidet die Beichte ab; sie macht ihm weis, dass sie einen Priester liebt, der sie jede Nacht besucht; während der Eifersüchtige aus einem Versteck den Hauseingang überwacht, lässt die Dame ihren Geliebten über das Dach zu sich kommen. 1

Lauretta hatte ihre Erzählung beendet; ein jeder lobte die Frau, dass sie ihren niederträchtigen Mann behandelt hatte, wie es ihm gebührte; der König, um keine Zeit zu verlieren, wandte sich an Fiammetta und übertrug ihr freundlich die Aufgabe, eine Novelle zu erzählen; sie begann wie folgt: 2

Meine hochverehrten Damen, die letzte Novelle regt mich an, von 3
einem anderen Eifersüchtigen zu erzählen, denn ich bin der Ansicht, dass es zu Recht geschieht, wenn ihre Frauen ihnen eins auswischen, besonders wenn sie auch noch ohne Grund eifersüchtig sind. Hätten die Gesetzgeber alles richtig berücksichtigt, so hätten sie in diesem

Fall für die Frauen keine andere Strafe vorgesehen als für diejenigen, die sich gegen einen Angriff wehren; denn die Eifersüchtigen trachten den jungen Frauen nach dem Leben und sinnen auf nichts anderes
4 als auf ihren Tod. Die Frauen leben die ganze Woche im Haus eingeschlossen und gehen ihren familiären und häuslichen Aufgaben nach; am Sonntag möchten sie wie alle übrigen etwas Ruhe, Erholung und Unterhaltung mitbekommen: wie die Bauern auf dem Feld, die Handwerker in der Stadt und die Richter der Gerichtshöfe, so wie Gott selbst, der sich am siebten Tag von allen seinen Werken ausruhte; so wollen es die kirchlichen und bürgerlichen Gesetze, die zur Ehre Gottes und zum allgemeinen Wohl die Tage der Mühsal von den Tagen
5 der Ruhe unterscheiden. Hierbei wollen die Eifersüchtigen nicht mitspielen, sondern aus den Tagen, die für alle anderen Menschen heiter und erholsam sind, machen sie für ihre Frauen, weil sie sie streng eingesperrt halten, traurige und trübselige Tage; wie diese armen Wesen
6 dahinsiechen, wissen diejenigen, die es erlebt haben. Was also eine Frau einem zu Unrecht eifersüchtigen Ehemann antut, sollte nicht verurteilt, sondern belobigt werden.

7 In Rimini lebte einst ein reicher Kaufmann, mit viel Besitztümern

und Geld, der eine sehr schöne Dame zur Ehefrau hatte, auf die er
über die Maßen eifersüchtig wurde; er hatte keinen anderen Grund
hierfür, als dass er sie sehr liebte, sie für sehr schön hielt und wusste,
dass sie sich hingebungsvoll bemühte, ihm zu Gefallen zu sein, und
nun annahm, dass jeder Mann sie liebte, dass sie allen schön erschien,
und dass sie sich bemühte, einem anderen ebenso zu gefallen wie
ihm – ein bösartiges und wenig einfühlsames Argument. In seiner Ei- 8
fersucht hütete und bewachte er sie so streng, wie etwa die zum Tode
Verurteilten von ihren Wärtern überwacht werden. Die Dame – las- 9
sen wir einmal beiseite, dass sie weder zu einer Hochzeit, auf ein Fest
oder in die Kirche gehen durfte – konnte weder einen Fuß vor die Tür
setzen, noch wagte sie es, ein Fenster zu öffnen, um aus irgendeinem
Grund hinauszuschauen; aus diesem Grunde führte sie ein misera-
bles Leben; und sie ertrug diesen verdrießlichen Zustand umso weni-
ger, als sie sich nicht schuldig fühlte. Weil sie meinte, dass ihr Mann 10
ihr dieses Unrecht grundlos zufügte, beschloss sie, zu ihrem eigenen
Trost einen Weg ausfindig zu machen, dass er wenigstens einen
Grund dazu hätte. Da sie nicht aus dem Fenster schauen durfte und so 11
nicht die Möglichkeit hatte, einem schwärmerischen Verehrer, der
vorüberkam, einen freundlichen Blick zuzuwerfen, da sie aber wuss-
te, dass im Nachbarhaus ein schöner und attraktiver Jüngling wohnte,
überlegte sie, ob es nicht irgendeinen Ritz in der Mauer zwischen den
beiden Häusern gäbe, durch den sie schauen könnte und vielleicht
den Jüngling sähe, um mit ihm zu sprechen und ihm ihre Liebe zu
schenken und, wäre er einverstanden, die seine zu erwirken. Und 12
vielleicht fände sich eine Gelegenheit, um sich manchmal mit ihm zu
treffen und auf diese Weise den ärgerlichen Zustand zu überstehen,
bis der unheilvolle Geist aus ihrem Mann entwichen wäre. Und in- 13
dem sie – immer wenn ihr Mann außer Haus war – die Mauer zwi-
schen den Häusern absuchte, entdeckte sie zufällig in einem abgele-
genen Teil des Hauses einen recht breiten Spalt; sie schaute hindurch
und konnte, wenn auch mit Mühe, erkennen, dass sich auf der ande-

ren Seite ein Zimmer befand; sie sagte sich: »Wenn dies das Zimmer
Filippos wäre – dies war der Name des Jünglings aus dem Nachbar-
14 haus –, so wäre mir geholfen.« Vorsichtig ließ sie von einer Magd, die
Mitleid mit ihr hatte, Nachforschungen anstellen und fand heraus,
dass der junge Mann tatsächlich allein in jenem Zimmer schlief. Also
ging sie häufig zu der Öffnung, und wenn sie hörte, dass der junge
Mann sich auf der anderen Seite aufhielt, ließ sie Steinchen und Holz-
splitter hindurchfallen, bis er schließlich einmal näherkam, um zu se-
15 hen, was das sei. Nun rief sie ihn leise, und er, der ihre Stimme kann-
te, antwortete; sie ergriff die Gelegenheit und eröffnete ihm in kur-
16 zen Worten, was sie im Sinn hatte. Der Jüngling war glücklich und
vergrößerte die Öffnung auf seiner Seite, ohne dass jemand anderes
es bemerken konnte. Und auf diese Weise plauderten sie miteinander
und fassten sich an den Händen; wegen der strengen Bewachung des
17 Eifersüchtigen konnte nicht mehr passieren. Da sich das Weihnachts-
fest näherte, sagte die Dame zu ihrem Mann, dass sie wie alle Chris-
tenmenschen am Morgen des Festes, wenn es ihm recht sei, zur
Beichte und zur Kommunion in die Kirche gehen wollte; worauf der
18 Eifersüchtige fragte: »Welche Sünden willst du denn beichten?« Die
Frau sagte: »Was? Meinst du etwa, ich sei eine Heilige, nur weil du
mich einsperrst? Du weißt sehr wohl, dass ich Sünden begehe wie
alle anderen Menschen auch; aber ich will sie nur einem Priester be-
19 kennen und nicht dir.« Bei diesen Worten schöpfte der Eifersüchtige
Verdacht und beschloss, in Erfahrung zu bringen, welche Sünden sie
wohl begangen habe; ihm kam die Idee, wie er das erreichen konnte.
Er antwortete also, dass es ihm recht sei; er wünsche aber nicht, dass
sie in eine andere Kirche gehe als in ihre Kapelle, und dies müsse in
der Frühe geschehen, und sie müsse bei ihrem Kaplan oder bei einem
Priester, den er ihr benenne, und bei keinem anderen beichten und
danach sofort nach Hause gehen. Die Dame schien ihn mehr oder we-
niger durchschaut zu haben; aber ohne etwas zu sagen, war sie einver-
20 standen. Am Morgen des Festes stand die Dame in aller Frühe auf,

machte sich zurecht und begab sich in die von ihrem Gatten vorge-
schriebene Kirche. Auch der Eifersüchtige stand auf und ging in die-
selbe Kirche, wo er noch vor ihr eintraf; da er schon zuvor mit dem
Priester vereinbart hatte, was er tun wollte, zog er sich rasch eine der
Kutten des Priesters über, die eine breite, über die Wangen gehende
Kapuze hatte; diese zog er tief ins Gesicht und setzte sich in den Chor.
Als die Dame in die Kirche trat, fragte sie nach dem Priester; dieser 21
kam, und als er hörte, dass sie beichten wollte, sagte er, dass er die
Beichte nicht abnehmen könne, aber einen anderen schicken werde.
Er ging fort und schickte den Eifersüchtigen in sein Unglück. Dieser 22
schritt sehr würdevoll herbei; obwohl es noch heller Tag war und er
die Kapuze über die Augen gezogen hatte, konnte er sich doch nicht
so verstellen, dass seine Frau ihn nicht rasch erkannt und zu sich
selbst gesagt hätte: »Gottlob, dass der Eifersüchtige Priester gewor-
den ist; nun gut, jetzt bekommt er, was er sucht.« Sie tat also, als ob sie 23
ihn nicht erkannt hätte, und setzte sich zu seinen Füßen. Unser Meis-
ter Eifersüchtig hatte sich einige Steine in den Mund genommen, die
seine Stimme verändern sollten, damit seine Frau ihn nicht daran er-
kennen konnte; im übrigen glaubte er, er sei so gut vermummt, dass
sie ihn nicht erkennen würde. Nachdem die Frau ihm zuerst gesagt 24
hatte, dass sie verheiratet sei, beichtete sie ihm, dass sie sich in einen
Priester verliebt hätte, der jede Nacht zu ihr käme, um mit ihr zu
schlafen. Als der Eifersüchtige das hörte, fuhr es ihm wie ein Messer 25
ins Herz; hätte es ihn nicht danach verlangt, mehr darüber zu erfah-
ren, hätte er die Beichte Beichte sein lassen und wäre aufgesprungen;
er zwang sich zur Ruhe und fragte seine Frau: »Wieso? Schläft Euer
Mann denn nicht mit Euch?« Sie antwortete: »Aber ja.« »Wie«, fragte 26
der Eifersüchtige, »konnte dann der Priester bei Euch schlafen?«
»Messer«, sagte seine Frau, »wie der Priester das gemacht hat, weiß ich 28
nicht, aber es gibt kein Schloss im Haus, das sich nicht öffnet, wenn er
es berührt; und er sagte, dass er, wenn er vor meine Kammertür ge-
kommen sei und bevor er sie geöffnet habe, bestimmte Worte gespro-

chen habe, durch die mein Gatte unverzüglich eingeschlafen sei; und
wenn er gemerkt habe, dass er schlafe, öffne er die Tür, komme herein
29 und lege sich zu mir. Und das ist bisher immer gelungen.« Hierauf
sagte der Eifersüchtige: »Madonna, das ist eine Sünde, und Ihr solltet
30 unbedingt davon ablassen.« Sie sagte hierauf: »Messer, das werde ich
31 niemals können, denn ich liebe ihn zu sehr.« »Also«, sagte der Eifer-
32 süchtige, »kann ich Euch keine Absolution erteilen.« Seine Frau sagte
hierauf: »Das tut mir sehr leid, denn ich bin nicht hierher gekommen,
um Euch Lügen zu erzählen. Aber wenn ich glaube, bereit dazu zu
33 sein, werde ich es Euch sagen.« Nun sagte der Eifersüchtige: »Madon-
na, Ihr dauert mich, denn ich muss mit ansehen, wie Ihr Euer Seelen-
heil verspielt. Aber um Euretwillen will ich die Mühe auf mich neh-
men und besondere Gebete sprechen, die Euch vielleicht helfen wer-
den; ich werde Euch ab und zu einen jungen Geistlichen schicken,
dem Ihr sagen könnt, ob sie Euch genützt haben oder nicht; und wenn
34 sie Euch nützen, werden wir einen Schritt weitergehen.« Hierauf sag-
te seine Frau: »Messer, schickt bitte niemanden zu mir nach Hause,
wenn mein Mann, der sehr eifersüchtig ist, davon erführe, ließe er
sich nicht aus dem Kopf schlagen, dass das etwas Übles bedeute; und
35 ich hätte lange mit nichts Gutem von ihm zu rechnen.« Hierauf ant-
wortete der Eifersüchtige: »Madonna, davor braucht Ihr Euch nicht zu
fürchten, denn ich werde es so einrichten, dass Ihr kein Wort von ihm
36 hören werdet.« Seine Frau sagte: »Wenn Ihr Euch das zutraut, soll es
mir recht sein.« Nachdem sie ihre Beichte abgelegt und ihre Buße er-
37 halten hatte, erhob sie sich, um der Messe zu folgen. Wutschnaubend
über sein Missgeschick entledigte sich der Eifersüchtige seines Pries-
tergewandes und ging nach Hause; er hatte nichts anderes im Sinn, als
den Priester und seine Frau zu erwischen, um ihnen beiden übel mit-
zuspielen. Auch die Dame kehrte nach Hause zurück und sah an der
Miene ihres Gatten, dass sie ihm ein böses Christfest bereitet hatte; er
verbarg aber, so gut er konnte, was er getan hatte und was er zu wissen
38 glaubte. Da er für sich beschlossen hatte, die kommende Nacht vor der

Haustür auf den Priester zu warten, sagte er zu seiner Frau: »Ich werde
heute abend woanders essen und nächtigen; deswegen verschließe
gut den Hauseingang und die Tür auf der halben Treppe und die der
Kammer; und geh' zu Bett, wenn es dir an der Zeit erscheint.« Seine 39
Frau antwortete: »Ist schon recht.« Und als sie Gelegenheit dazu hat- 40
te, ging sie zu dem Mauerloch und gab ihr übliches Zeichen; Filippo
hörte es und kam sogleich herbei; die Dame berichtete ihm, was sie
des Morgens getan und was ihr Gatte ihr nach dem Essen gesagt hatte;
dann sagte sie: »Ich bin sicher, dass er sich nicht vom Haus entfernen,
sondern aus der Nähe die Eingangstür überwachen wird; finde du
deswegen einen Weg, um über das Dach zu mir zu kommen, damit
wir zusammen sein können.« Der junge Mann war überglücklich über 41
den Vorschlag und sagte: »Madonna, lasst mich nur machen.« Bei Ein- 42
bruch der Nacht versteckte sich der Eifersüchtige mit seinen Waffen
in aller Heimlichkeit in einer Kammer im Erdgeschoss. Seine Frau ließ
alle Türen verschließen und vor allem die Tür auf halber Treppe, da-
mit der Eifersüchtige nicht heraufkommen könnte; dann kam der
Jüngling vorsichtig aus seinem Haus herüber; sie gingen gemeinsam
zu Bett, vergnügten sich miteinander und waren guter Dinge. Bei Ta-
gesanbruch kehrte der junge Mann in sein Haus zurück. Der Eifer- 43
süchtige verbrachte fast die ganze Nacht neben dem Hauseingang und
wartete auf den Priester; er war verärgert, ausgehungert und fast halb-
tot vor Kälte; als der Tag sich näherte, und er die Augen nicht mehr
aufhalten konnte, schlief er auf dem Boden seiner Kammer ein. Ge- 44
gen neun Uhr am Morgen stand er auf, tat so – da die Haustür geöffnet
war –, als käme er von draußen, ging hinauf in sein Haus und früh-
stückte. Danach schickte er einen Buben – als wäre es ein Gehilfe des
Priesters, der die Beichte abgenommen hatte – zu seiner Frau und ließ
fragen, ob der Bewusste wiedergekommen sei. Die Dame erkannte 45
natürlich den Boten und antwortete, dass er in der vergangenen Nacht
nicht gekommen sei, dass, wenn er so weitermache, sie ihn aus dem
Sinn verlieren würde, obwohl sie das gar nicht wünschte. Was soll ich 46

noch sagen? Der Eifersüchtige verbrachte viele Nächte, um den Pries-
ter am Eingang abzufangen, und seine Frau verbrachte währenddes-
sen eine ununterbrochen gute Zeit mit ihrem Geliebten. Schließlich
hielt es der Eifersüchtige nicht mehr länger aus und fragte seine Frau
mit grimmiger Miene, was sie vor kurzem dem Priester gebeichtet
habe. Sie erwiderte, dass sie ihm das nicht sagen wollte, weil das un-
47 anständig und ungebührlich sei. Worauf der Eifersüchtige sagte: »Du
böses Weib, dir zum Trotz weiß ich, was du gebeichtet hast; und nun
will ich wissen, wer der Priester ist, in den du verliebt bist, und der
kraft seiner Hexerei jede Nacht mit dir schläft – oder ich schneide dir
48 den Hals ab.« Die Dame sagte, es sei nicht wahr, dass sie in einen
49 Priester verliebt sei. »Wie?« sagte der Eifersüchtige, »sagtest du das
50 etwa nicht dem Priester, der dir die Beichte abgenommen hat?« Seine
Frau sagte: »Er muss es dir gar nicht erzählt haben, du brauchst nur
dabei gewesen zu sein; selbstverständlich habe ich es ihm gesagt.«
51 »Also«, sagte der Eifersüchtige, »dann sag' mir doch endlich, wer die-
52 ser Priester ist.« Seine Frau lächelte und sagte: »Es freut mich sehr,
wenn ein kluger Mann von einer einfachen Frau genasführt wird, so
wie ein Schaf an den Hörnern zur Schlachtbank geführt wird. Ob-
wohl du seit der Stunde nicht mehr klug bist, als du dich, ohne zu wis-
sen warum, von dem bösen Geist der Eifersucht hast ergreifen lassen;
je törichter und dümmer du geworden bist, umso geringer wird mein
53 Ansehen. Glaubst du denn wirklich, lieber Gatte, die Augen in mei-
nem Kopf wären so blind wie dein Verstand? Das solltest du nicht,
denn mit einem Blick erkannte ich den Priester, der mir die Beichte
abgenommen hat: das warst du selbst. Ich aber habe mir vorgenom-
men, dir zu geben, was du gesucht hast. Und ich habe es dir gegeben.
54 Wärest du aber so gescheit gewesen – wie du es zu sein glaubst – und
hättest nicht auf diese Weise die Geheimnisse deiner wackeren Ehe-
frau in Erfahrung bringen wollen, so hättest du, ohne einer lächerli-
chen Verdächtigung aufzusitzen, bemerkt, dass sie dir die Wahrheit
55 gebeichtet und in keiner Weise gesündigt hat. Ich sagte dir, dass ich

einen Priester liebte: Und hast du, den ich zu Unrecht liebe, dich nicht
zum Priester gemacht? Ich sagte dir, dass keine Tür meines Hauses
verschlossen wäre, wenn er mit mir schlafen wollte: Und welche Tür
im Haus war denn verschlossen, wenn du dorthin kommen wolltest,
wo ich mich aufhielt? Ich sagte dir, dass der Priester jede Nacht mit 56
mir schlief: Und wann hast du nicht bei mir geschlafen? Und sooft du
deinen Gehilfen zu mir geschickt hast, wenn du nicht bei mir geblie-
ben bist, weißt du, dass ich dir habe ausrichten lassen, dass der Pries-
ter nicht bei mir gewesen ist. Wer sich nicht von der Eifersucht so wie 57
du hätte betören lassen, hätte doch alles das verstanden? Und dann
versteckst du dich im Haus, um die Haustür zu bewachen, und willst
mir weismachen, du wolltest woanders essen und schlafen! Besinne 58
dich endlich und werde der Mann, der du früher warst, und mache
dich nicht zum Gespött für jeden, der dich so kennt wie ich es jetzt
tue, und lege deine grimmige Miene ab. Denn ich schwöre es dir,
wenn ich dir die Hörner aufsetzen wollte und du hundert statt nur
zwei Augen hättest, so hätte ich das Herz, meinem Begehren so nach-
zugehen, dass du es gar nicht merken würdest.« Der bösartige Eifer- 59
süchtige, der glaubte, auf raffinierte Weise seiner Frau auf die Spur ge-
kommen zu sein, hielt sich bei diesen Worten für überlistet. Seine
Frau erschien ihm nach diesen Worten anständig und klug, und er
legte die Eifersucht, als er ihrer bedurft hätte, ganz und gar ab, wie er
sie sich angeeignet hatte, als er ihrer nicht bedurfte. Und die kluge
Dame – als hätte sie die Freiheit, sich nach Belieben zu vergnügen –
ließ ihren Geliebten nicht mehr wie die Katze über das Dach, sondern
durch den Eingang kommen und verbrachte auf diskrete Weise noch
viele fröhliche Stunden und eine lustige Lebenszeit mit ihm.

Sechste Novelle

1 *Während Madonna Isabella mit Leonetto zusammen ist, besucht sie Messere Lambertuccio, der sie liebt, und ihr Gatte kommt zurück; sie schickt Messere Lambertuccio mit einem Messer in der Hand aus dem Haus, und der Gatte geleitet Leonetto nach Hause.*

2 Die Novelle Fiammettas hatte allen sehr gut gefallen und sie bestätigten, dass die Dame angemessen mit ihrem rücksichtslosen Mann verfahren sei. Dann forderte der König Pampinea auf fortzufahren; und sie begann wie folgt:

3 Es gibt viele, die törichterweise behaupten, dass die Liebe den Verstand raube und dass, wer liebt, nicht ganz bei sich sei. Diese Meinung erscheint mir unsinnig; die bisherigen Erzählungen haben es schon hinreichend bewiesen; und ich will es noch einmal zeigen.

4 In unserer Stadt, die reich an allen Gütern ist, lebte eine junge, ad-
lige und sehr schöne Dame, Gattin eines tapferen und angesehenen
5 Ritters. Da es vorkommt, dass der Mensch nicht immer dasselbe es-
sen möchte, sondern manchmal nach Abwechslung verlangt, so ver-
liebte sich diese Dame, die von ihrem Gatten nicht ausreichend be-
friedigt wurde, in einen hübschen und sittsamen jungen Mann na-
mens Leonetto, obwohl er nicht adliger Herkunft war; und er
verliebte sich in sie. Ihr wisst, dass das, was beide Seiten wünschen,
selten ohne Erfolg bleibt, und so dauerte es nicht lange, bis sich ihre
6 Liebe erfüllte. Da sie eine schöne und anmutige Dame war, geschah
es, dass sich auch ein Ritter namens Messere Lambertuccio heftig in
sie verliebte; sie aber konnte sich um alles in der Welt nicht dazu ent-
schließen, ihn zu lieben, weil er ihr unsympathisch und abstoßend
erschien; er aber bedrängte sie mit Botschaften, und als ihm das nichts
nützte, drohte er ihr, dass er, der ein mächtiger Mann war, sie enteh-
ren werde, wenn sie ihm nicht zu Willen sei; das bewog sie, da sie ihn

kannte und fürchten musste, sich ihm zu fügen. Die Dame, die Madonna Isabella hieß, weilte, wie es im Sommer bei uns üblich ist, auf einem ihrer wunderschönen Landgüter; es geschah nun, dass sie, als ihr Gatte davongeritten war, um den Tag woanders zu verbringen, ihrem Leonetto ausrichten ließ, er möchte zu ihr kommen; voller Freude eilte dieser sogleich zu ihr. Auch Messere Lambertuccio hatte vernommen, dass der Gatte seiner Dame nicht zu Hause war, bestieg alleine sein Pferd, ritt zu ihr und klopfte an ihre Pforte. Die Magd hatte ihn kommen sehen und ging sofort zu ihrer Herrin, die in ihrer Kammer mit Leonetto zusammen war, rief sie heraus und sagte: »Madonna, Messere Lambertuccio steht unten alleine vor der Tür.« Als Madonna Isabella das hörte, war sie zutiefst betrübt; aber sie hatte große Angst vor ihm und bat Leonetto, es sich nicht verdrießen zu lassen und sich so lange hinter dem Bettvorhang zu verstecken, bis Messere Lambertuccio wieder fort sei. Leonetto, der ihn nicht weniger fürchtete als sie, versteckte sich also; und die Dame sagte ihrer Magd, dass sie Messere Lambertuccio hereinlassen möge. Sie öffnete ihm, er stieg im Hofe von seinem Pferd, band es an einen Haken und ging hinauf. Madonna Isabella kam ihm mit heiterer Miene bis zur Treppe entge-

gen und fragte ihn mit freundlichen Worten, was ihn zu ihr führe.
13 Der Ritter umarmte und küsste sie, dann sagte er: »Meine Geliebte,
ich vernahm, dass Euer Gatte nicht zu Hause sei, und wollte etwas
mit Euch zusammen sein.« Nach diesen Worten betraten sie die Kam-
mer, verschlossen sie, und Messere Lambertuccio vergnügte sich mit
14 ihr. Während sie beieinander lagen, geschah es, dass wider alle Er-
wartung ihr Gatte heimkehrte; als die Magd ihn kommen sah, rannte
sie zur Kammer ihrer Herrin und sagte: »Madonna, der Herr kehrt zu-
15 rück; er müsste schon im Hof sein.« Als Madonna Isabella, die zwei
Männer bei sich hatte – der Ritter wurde durch sein Pferd verraten! –,
das hörte, wäre sie vor Schrecken fast gestorben; trotzdem sprang sie
unverzüglich aus dem Bett, fasste einen Entschluss und sagte zu Mes-
sere Lambertuccio: »Messere, wenn Ihr mich nur ein wenig lieb habt
und mich vor dem Tode bewahren wollt, so tut jetzt, um was ich Euch
16 bitte. Ergreift Euren blanken Dolch, stürzt die Treppe voller Wut und
mit grimmiger Miene hinunter und ruft dabei: ›Ich schwöre bei Gott,
dass ich ihn finde!‹ Und wenn mein Gatte Euch aufhalten oder ir-
gendetwas fragen will, so sagt nichts anderes, steigt auf Euer Pferd
17 und haltet Euch auf keinen Fall mit ihm auf.« Messere Lambertuccio
sagte, das täte er gern; er zog seinen Dolch, wurde rot im Gesicht –
teils wegen der Liebesmüh, teils wegen des Zornes über die Rückkehr
des Ritters – und tat so, wie seine Dame ihn geheißen hatte. Deren
Gatte, der im Hof vom Pferd gestiegen war, wunderte sich über das
dort angebundene Pferd und wollte gerade die Treppe hinaufgehen,
als Messere Lambertuccio herabgestürzt kam; verblüfft sah er seine
Miene und hörte seine Worte und fragte ihn: »Was soll das, Messe-
18 re?« Messere Lambertuccio setzte den Fuß in den Steigbügel und
schwang sich in den Sattel, er sagte nur: »Beim Leib Christi, ich erwi-
19 sche ihn woanders«, und ritt auf und davon. Der Edelmann ging hin-
auf und fand seine Gattin oben auf der Treppe bestürzt und voller
Angst; er sagte: »Was soll das alles? Hinter wem ist Messere Lamber-
20 tuccio wie rasend her?« Madonna Isabella trat in ihre Kammer zurück,

damit Leonetto sie hörte, und sagte: »Messere, ich bin halbtot vor
Angst. Ein junger Mann, den ich nicht kenne, stürzte herein, und
Messere Lambertuccio verfolgte ihn mit einem Dolch in der Faust; er
fand per Zufall diese Tür offen und sagte zitternd vor Angst: ›Madon-
na, helft mir um Gottes willen, damit ich nicht in Euren Armen ster-
be.‹ Ich fuhr hoch und wollte gerade fragen, wer er sei und was das 21
bedeute, als Messere Lambertuccio heraufkam und rief: »Wo steckst
du, Verräter?« Ich stellte mich in die Tür meiner Kammer und hielt
ihn auf; er wahrte die Form, als er sah, dass ich ihn nicht hereinlassen
wollte, redete vieles und stürzte wieder hinaus, wie Ihr selbst es gese-
hen habt.« Ihr Gatte sagte: »Frau, Ihr habt recht daran getan, denn es 22
wäre eine Schande gewesen, wenn hier drinnen jemand erschlagen
worden wäre; und Messere Lambertuccio hat sich schändlich verhal-
ten, jemanden zu verfolgen, der sich zu uns geflüchtet hat.« Dann
fragte er, wo der junge Mann sei. Die Dame antwortete: »Messere, ich 23
weiß nicht, wo er sich versteckt hat.« Der Ritter sagte darauf: »Wo 24
bist du? Komme ruhig heraus!« Leonetto, der alles mit angehört hatte 25
und tatsächlich Angst hatte, kam zaghaft aus seinem Versteck. Nun 26
fragte der Ritter: »Welche Händel hast du denn mit Messere Lam-
bertuccio?« Der junge Mann antwortete: »Messere, nichts auf dieser 27
Welt; und ich glaube fest, er hat entweder den Verstand verloren oder
mich verwechselt. Denn als er mich nicht weit von hier erblickte, er-
griff er seinen Dolch und sagte: ›Verräter, du bist des Todes!‹ Ich frag-
te ihn erst gar nicht, warum, sondern lief sofort, so schnell ich konn-
te, weg und kam hierher, wo ich, Dank sei dem Herrgott und dieser
edlen Dame, gerettet worden bin!« Darauf sagte der Ritter: »Nun 28
gut, hab' keine Angst; ich werde dich heil und unversehrt nach Hause
bringen. Dann kannst du herausbekommen, was er mit dir zu schaf-
fen hat.« Nachdem sie miteinander gespeist hatten, ließ er ihn zu 29
Pferd steigen, geleitete ihn nach Florenz und setzte ihn bei sich zu
Hause ab. Noch an demselben Abend sprach der junge Mann, gemäß
den Anweisungen seiner Dame, heimlich mit Messere Lambertuccio,

und sie trafen eine Abrede, dass der Ritter, so viel man auch über die Sache redete, nichts von dem Streich erfuhr, den ihm seine Frau gespielt hatte.

Siebente Novelle

1 *Lodovico offenbart Madonna Beatrice die Liebe, die er für sie empfindet; sie schickt darauf ihren Gatten Egano in ihren Kleidern in den Garten und schläft mit Lodovico; anschließend steht dieser auf, geht in den Garten und verprügelt Egano.*

2 Die ganze Gesellschaft fand die Idee Madonna Isabellas, von der Pampinea erzählt hatte, wunderbar; Filomena aber, die der König aufgefordert hatte fortzufahren, sagte:

3 Wenn ich mich nicht täusche, teure Damen, so glaube ich, euch sogleich eine nicht weniger schöne erzählen zu können.

4 Ihr müsst wissen, dass in Paris einst ein Edelmann aus Florenz
lebte, der aus Armut Kaufmann geworden war; und mit dem Handel
hatte er solches Glück gehabt, dass er sehr reich geworden war; von
seiner Gattin hatte er nur einen Sohn, dem er den Namen Lodovico
5 gegeben hatte. Und damit er eher als Edelmann gemäß der Herkunft
seines Vaters denn als Kaufmann aufwuchs, hatte ihn sein Vater nicht
in einem Handelshaus untergebracht, sondern ihn mit anderen Edel-
leuten in den Dienst des Königs von Frankreich gegeben, um dort
6 gute Umgangsformen und andere schöne Dinge zu lernen. Dort ge-
schah es, dass einige Ritter, die vom Heiligen Grab zurückgekehrt wa-
ren, einer Unterhaltung zuhörten, die junge Leute – unter ihnen auch
Lodovico – über die schönen Damen in Frankreich, England und an-
deren Teilen der Welt führten; und einer von ihnen mischte sich ein
und sagte, dass unter allen Frauen, die er jemals aufgesucht und gese-
hen habe, keine von ähnlicher Schönheit gewesen sei wie Madonna

Beatrice, die Gattin des Egano de' Galluzzi aus Bologna; und alle seine Gefährten, die sie mit ihm zusammen in Bologna gesehen hatten,
stimmten ihm zu. Als Lodovico, der noch in keine Frau verliebt war, 7
das hörte, erfasste ihn ein glühendes Begehren, sie zu sehen, und er konnte an nichts anderes mehr denken. Er war fest entschlossen, nach Bologna zu reisen, um sie anzuschauen und um zu sehen, ob er Gefallen an ihr finden würde; seinen Vater machte er glauben, dass er das Heilige Grab aufsuchen wollte, was jener ihm nur widerstrebend er-
laubte. Er nahm also den Namen Anichino an und gelangte nach Bolo- 8
gna; wie Fortuna es wollte, erblickte er die Dame am folgenden Tag auf einem Fest, und sie erschien ihm noch sehr viel schöner, als er sie sich vorgestellt hatte; er beschloss also, Bologna nicht zu verlassen,
bevor er nicht ihre Liebe erworben hätte. Indem er sich überlegte, 9
welchen Weg er dazu einschlagen sollte und nachdem er alles andere ausgeschlossen hatte, kam er schließlich darauf, dass er, wenn er in das Gesinde ihres Gatten – das sehr groß war – aufgenommen würde,
mit einigem Glück das erreichen könnte, was er begehrte. Er verkauf- 10
te also seine Pferde, versorgte sein Gefolge in angemessener Weise und schärfte ihnen ein, dass sie so tun sollten, als kennten sie ihn

nicht; dann machte er sich mit seinem Gastwirt vertraut und sagte
ihm, dass er gerne in den Dienst eines vornehmen Herrn, wenn es ei-
nen solchen gäbe, treten würde; worauf der Gastwirt sagte: »Du bist
genau der Diener, der einem hiesigen Edelmann mit Namen Egano
gefallen sollte, er hat sehr viele und möchte, dass sie alle so gut ausse-
11 hen wie du; ich werde mit ihm reden.« Wie gesagt, so getan; und be-
vor er noch Egano verließ, hatte er Anichino schon bei ihm unterge-
12 bracht; zufriedener konnte er nicht sein. Während er in Eganos Haus
weilte, hatte er häufige Gelegenheiten, seine Gattin zu sehen, und
leistete Egano so gute und willkommene Dienste, dass dieser ihn so
sehr schätzte, dass er ohne ihn nichts tun konnte; und bald hatte er
ihm nicht nur sich, sondern die Lenkung all seiner Angelegenheiten
13 anvertraut. Eines Tages geschah es, dass Egano auf die Beizjagd gegan-
gen und Anichino zu Hause geblieben war. Madonna Beatrice setzte
sich mit ihm zum Schachspiel; sie hatte seine Verliebtheit noch nicht
bemerkt, obwohl sie im stillen seine gesitteten Umgangsformen als
wohltuend empfand. Anichino nun versuchte ihr zu gefallen und
14 spielte so, dass sie gewann, was sie sehr erfreute. Und da das Gefolge
der Dame, das zugeschaut hatte, hinausgegangen war, und sie alleine
vor dem Schachbrett saßen, stieß Anichino einen tiefen Seufzer aus.
15 Die Dame schaute auf und sagte: »Was hast du, Anichino? Tut es dir so
16 weh, dass ich gewinne?« »Madonna«, antwortete Anichino, »ich habe
17 einen gewichtigeren Grund, um zu seufzen.« Die Dame sagte hierauf:
18 »Aber sag' ihn mir doch, wenn ich dir etwas wert bin!« Als Anichino
hörte, dass sie ihn, die er über alles in der Welt liebte, in dieser Weise
beschwor, stieß er einen noch tieferen Seufzer als den ersten aus; die
Dame bat ihn also noch einmal, ihm den Grund seiner Seufzer zu sa-
gen; worauf er sagte: »Madonna, ich fürchte, dass ich Euch verärgere,
wenn ich ihn Euch gestehe; und ich fürchte, dass Ihr es weitersagt.«
19 Die Dame sagte hierauf: »Aber ich bin gewiss nicht verärgert; und du
kannst sicher sein, dass ich es, wenn du es nicht willst, niemandem
20 weitersage.« Nun sagte Anichino: »Da Ihr mir das versprecht, will ich

es Euch sagen …« Und mit Tränen in den Augen gestand er ihr, wer er
war, was er von ihr gehört und wie er sich in sie verliebt hatte, und
warum er in den Dienst ihres Gatten getreten war; anschließend bat
er sie voller Demut, dass sie, wenn es ihr möglich sei, Mitleid mit ihm
haben und sein geheimes und glühendes Begehren stillen möge; und
wenn sie hierzu nicht bereit sei, möge sie alles so lassen, wie es sei und
es dulden, dass er sie liebte. O einzigartige Natur der Frauen aus Bo- 21
logna! In solchen Fällen waren sie immer des Lobes wert! Noch nie
haben sie Tränen oder Seufzer bevorzugt, sondern dem Flehen immer
nachgegeben und sich dem liebevollen Begehren gebeugt. Wüsste
ich euch würdig zu preisen, nie würde meine Stimme versagen. Wäh- 22
rend Anichino redete, betrachtete die edle Dame ihn; und da sie sei-
nen Worten Glauben schenkte, drang sein Liebesflehen mit solcher
Macht in ihren Geist, dass auch sie zu seufzen begann und nach eini-
gen Seufzern antwortete: »Geliebter Anichino, sei guten Mutes. We- 23
der Geschenke noch Versprechen, noch die Galanterie der Edelleute,
der Herren oder anderer, die mich umworben haben oder noch um-
werben, haben mein Herz je so zu rühren vermocht, dass ich einen
von ihnen geliebt hätte; aber du hast es vermocht, dass ich in der kur-
zen Zeit deiner Rede mehr dir als mir selbst angehöre. Ich denke, dass 24
du meine Liebe verdient hast, und deswegen schenke ich sie dir und
verspreche dir, dass du sie noch vor dem Ende der kommenden Nacht
wirst genießen können. Und damit das geschehen kann, kommst du 25
um Mitternacht zur Schlafkammer; ich werde die Tür nicht verschlie-
ßen, und du weißt, in welchem Teil des Bettes ich schlafe; du trittst
heran, sollte ich schlafen, so weckst du mich, und ich werde dein lan-
ge gehegtes Begehren stillen. Und damit du meinen Worten glaubst,
gebe ich dir einen Kuss als Unterpfand.« Und nach diesen Worten
warf sie ihre Arme um seinen Hals und küsste ihn liebevoll so wie er
sie. Nach diesen Worten verließ Anichino die Dame und ging seinen 26
Angelegenheiten nach, und mit freudiger Erwartung sah er dem
Abend entgegen. Egano kehrte von der Beizjagd zurück; und weil er 27

müde war, ging er nach dem Abendessen schlafen; seine Frau folgte
ihm und ließ wie versprochen die Türe der Kammer unverschlossen.
28 Durch diese Tür betrat Anichino zur angegebenen Stunde leise die
Kammer, verschloss sie hinter sich, ging auf die Seite, wo die Frau
schlief; als er seine Hand auf ihre Brust legte, bemerkte er, dass sie
29 nicht schlief. Als sie Anichinos Hand spürte, ergriff sie sie fest mit bei-
den Händen, drehte sich so im Bett um, dass Egano, der schlief, auf-
30 wachte und sagte zu ihm: »Ich wollte es dir heute abend nicht sagen,
weil ich glaubte, du wärest müde; aber sag' doch einmal, Egano, so
wahr dir Gott helfe, wen hältst du für deinen besten und treuesten
31 Diener in deinem Haus und für den, der dich am meisten liebt?« Ega-
no antwortete: »Frau, was fragst du mich da? Weißt du es denn nicht?
Ich hatte nie einen anderen, dem ich so vertraute und vertraue und
den ich so schätze wie Anichino. Aber warum fragst du mich das?«
32 Als Anichino bemerkte und hörte, dass Egano aufgewacht war und
man über ihn sprach, wollte er schon wiederholt seine Hand wegzie-
hen und sich davonmachen, denn er hatte große Angst, dass seine
Dame ihn hereinlegen wollte; sie aber hielt ihn so fest, dass er das
33 nicht konnte. Madonna Beatrice antwortete Egano: »Das will ich dir
sagen. Ich glaubte auch, dass es so wäre, wie du sagst, und dass er dir
treuer als jeder andere wäre. Aber er hat mich enttäuscht; denn als du
heute auf die Beizjagd gegangen bist, blieb er hier, und als ihm die Ge-
legenheit günstig erschien, besaß er die Unverschämtheit, mich auf-
34 zufordern, ihm zu Willen zu sein. Damit ich dir das nicht umständ-
lich beweisen musste, sondern es dir unmittelbar vorführen kann,
habe ich geantwortet, dass ich einverstanden sei und dass ich ihn nach
35 Mitternacht im Garten unter der Kiefer erwarten würde. Ich denke
gar nicht daran, hinunterzugehen; wenn du aber die Treue deines
Dieners kennenlernen möchtest, so ziehe dir meine Kleider über,
nimm einen Schleier über den Kopf und schau', ob er kommt; ich bin
36 sicher, er wird es tun.« Als Egano das hörte, sagte er: »Natürlich will
ich das sehen«; stand auf, ergriff, so gut das im Dunkeln ging, einen

Rock seiner Frau, warf einen Schleier über den Kopf und ging in den
Garten, um dort auf Anichino zu warten. Als Madonna Beatrice be- 37
merkte, dass er aufgestanden war und die Kammer verlassen hatte,
stand sie auf und schloss die Tür von innen zu. Anichino hatte die 38
größte Angst seines Lebens durchstehen müssen und sich heftig be-
müht, sich dem Griff seiner Dame zu entziehen; dabei hatte er mehr
als einmal sich und die Liebe zu ihr, der er vertraut hatte, verwünscht.
Als er schließlich hörte, was sie erreicht hatte, war er der glücklichste
Mensch der Welt. Die Dame war wieder ins Bett geschlüpft und for-
derte ihn auf, sich wie sie zu entkleiden und zu ihr zu kommen. Ge-
meinsam genossen sie einander und vergnügten sich geraume Zeit.
Als Beatrice meinte, dass Anichino nicht mehr länger bei ihr bleiben 39
sollte, bat sie ihn aufzustehen und sich anzukleiden, und sagte: »Mein
Süßer, jetzt nimmst du dir einen ordentlichen Stock, gehst in den
Garten und tust so, als hättest du mich durch dein Geständnis nur
prüfen wollen; Egano schimpfst du kräftig aus, so als wäre ich es, und
haust ihn windelweich. Und das wird uns viele vergnügliche und
herrliche Stunden einbringen.« Anichino stand auf, ergriff einen ro- 40
busten Weidenstock und ging in den Garten; Egano sah ihn, wie er
zur Kiefer kam und tat schon so, als wollte er ihn voller Freude begrü-
ßen; aber Anichino sagte nur: »Aha, du infames Weib, nun bist du
hierher gekommen und hast gedacht, ich wollte tatsächlich meinem
Herrn eine solche Schande antun? Das soll dir übel bekommen!« Und
er prügelte auf ihn los. Egano hörte ihn, sah den Stock und lief weg, 41
ohne ein Wort zu sagen; Anichino setzte ihm nach und sagte: »Gott
strafe dich, böses Weib! Morgen werde ich es dem Egano berichten.«
Egano musste einiges einstecken, bevor er so rasch wie möglich in die 42
Kammer zurücklief; dort fragte Beatrice, ob Anichino in den Garten
gekommen sei. Egano sagte: »Wäre er besser nicht gekommen; denn 43
er glaubte, dass ich du wäre, und hat mich mit einem Stock verprügelt
und gleichzeitig als niederträchtiges Weibsbild beschimpft. Es sollte
mich wundern, wenn er dir einen Antrag gemacht hätte, um mir

Schande zu bereiten; da du immer so lustig und ausgelassen bist,
44 wollte er dich auf die Probe stellen.« Darauf sagte seine Frau: »Gott sei gelobt, dass er mich mit Worten und dich mit Taten auf die Probe gestellt hat; er könnte sagen, dass ich seine Worte geduldiger ertragen kann als du seine Taten. Da er dir aber so treu ergeben ist, sollte man
46 ihn treu und wert halten.« Egano sagte: »Du sagst die Wahrheit.« Und für ihn war damit bewiesen, dass er die treueste Frau und den treuesten Diener hatte, die je ein Edelmann besessen hatte. Obwohl Anichino und Beatrice oft über den Streich lachen mussten, fanden sie ausreichende Muße – die sie anderweitig nicht gefunden hätten –, ihrer Lust und ihrem Vergnügen nachzugehen; indessen Anichino gerne in Eganos Diensten blieb.

Achte Novelle

1 *Die Gattin eines Eifersüchtigen bindet sich in der Nacht einen Bindfaden um den Zeh, um zu spüren, ob ihr Liebhaber kommt; der Ehemann bemerkt es; aber während er den Liebhaber verfolgt, holt seine Gattin an ihrer Stelle eine andere Frau in das Bett; der Ehemann verhaut diese, schneidet ihr die Zöpfe ab und geht damit zu den Brüdern seiner Gattin. Diese erkennen die Wahrheit und schimpfen ihn aus.*

2 Seltsamerweise meinten alle, dass Madonna Beatrices Streich gegenüber ihrem Mann recht bösartig gewesen sei, und sie versicherten, dass Anichino eine große Angst ausgestanden haben musste, als seine Dame ihn festhielt und er mit anhören musste, dass er sie aufgefordert hätte, ihm zu Willen zu sein. Da der König sah, dass Filomena geendet hatte, wandte er sich an Neifile und sagte: »Erzählt Ihr nun«; sie lächelte und begann:

3 Schöne Frauen, es ist nicht leicht für mich, euch mit einer Novelle zu unterhalten, die so schön ist wie diejenigen, die wir bisher ge-

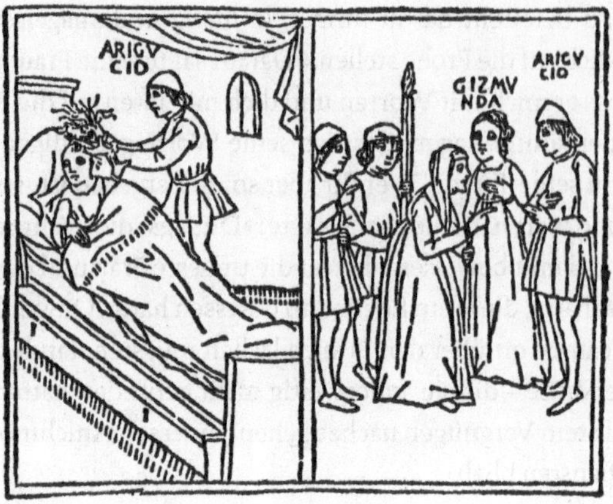

hört haben; aber mit Gottes Hilfe hoffe ich, mich der Aufgabe zu entledigen.

Ihr müsst also wissen, dass in unserer Stadt einstmals ein sehr rei- 4
cher Kaufmann namens Arriguccio Berlinghieri lebte, der törichterweise – wie es bis heute die Kaufleute täglich tun – seinen Stand durch eine adlige Ehefrau aufwerten wollte. Er heiratete also eine junge
Edeldame namens Sismonda, die schlecht zu ihm passte. Da er, wie es 5
bei Kaufleuten üblich ist, häufig auf Reisen und selten bei ihr zu Hause war, verliebte sie sich in einen jungen Mann namens Ruberto, der
sie lange Zeit verehrt hatte. Es geschah nun, als sie sehr vertraut mit 6
ihm und vielleicht etwas unvorsichtig geworden war, oder weil sie leidenschaftlich verliebt war, dass Arriguccio etwas von der Angelegenheit mitbekam und, wie es auch immer zugegangen sein mag, der eifersüchtigste Mann auf der Welt wurde; er stellte seine Reiserei ein, ließ seine Geschäfte liegen und richtete seine gesamte Aufmerksamkeit darauf, sie zu bewachen; er konnte nicht einschlafen, bevor sie sich nicht zuerst ins Bett gelegt hatte. Seine Gattin empfand das als äußerst schmerzlich, denn sie fand keine Gelegenheit mehr, um mit
ihrem Ruberto zusammen zu sein. Nachdem sie aber nun viel darüber 7

nachgedacht hatte und auch von ihm häufig bestürmt worden war, fiel
ihr eine Möglichkeit ein. Da ihre Kammer zur Straße hinausging und
sie festgestellt hatte, dass Arriguccio zwar Mühe hatte einzuschlafen,
dann aber tief und fest schlief, dachte sie, dass Ruberto etwa um Mit-
ternacht an die Haustür kommen sollte, sie ihm öffnete und sie mit
8 ihm zusammen sein konnte, während ihr Mann fest schlief. Und da-
mit sie bemerkte, wenn er vor der Tür stünde, ohne dass es irgendje-
mand anderes merkte, dachte sie einen Faden durch das Fenster der
Kammer bis auf die Straße zu führen, der über den Boden bis in ihr
Bett reichte, und den sie sich des Nachts um den großen Zeh band.
9 Diesen Plan ließ sie Ruberto zukommen und forderte ihn auf, an dem
Faden zu ziehen, wenn er vor der Tür stünde; schliefe ihr Mann, so
würde sie den Faden loslassen und ihm öffnen, schliefe er nicht, so
10 zöge sie den Faden zurück, damit er nicht wartete. Ruberto gefiel die
Sache; wiederholt begab er sich vor die Tür, und manchmal kamen sie
11 zusammen, manchmal nicht. Die Erfindung bewährte sich, aber eines
Nachts geschah es, dass, während die Frau schlief, Arriguccio seinen
Fuß ausstreckte und den Faden spürte; er fasste mit der Hand danach,
fand, dass er am Zeh seiner Frau festgebunden war und sagte sich:
12 »Dahinter steckt eine Gaunerei.« Als er nun bemerkte, dass der Faden
aus dem Fenster hinausführte, war er fest davon überzeugt. Er schnitt
ihn also vorsichtig vom Zeh seiner Frau ab, band ihn an seinen eige-
13 nen und wartete, was das geben würde. Es dauerte nicht lange, bis
Ruberto kam, wie er es gewohnt war, an dem Faden zog und Arriguc-
cio es fühlte; da er aber den Faden nicht recht fest gebunden hatte,
hielt Ruberto, der mit Nachdruck gezogen hatte, den ganzen Faden in
14 der Hand; er verstand, dass er bleiben sollte und tat es. Arriguccio
sprang aus dem Bett, nahm seine Waffen und eilte zum Eingang, um
nachzusehen, wer es sei, und um ihm eine Lektion zu erteilen. Denn
obwohl Arriguccio Kaufmann war, war er draufgängerisch und stark;
als er die Tür nicht so leise, wie seine Frau es zu tun pflegte, öffnete,
bemerkte Ruberto, der draußen wartete, dass es diesmal Arriguccio

war, rannte sofort davon, und Arriguccio setzte ihm nach. Als der eine 15
den anderen eine Weile verfolgt hatte, blieb Ruberto, der auch bewaffnet war, schließlich stehen, zog seinen Degen, und sie gingen
aufeinander los. Monna Sismonda war aufgewacht, als Arriguccio die 16
Kammertür öffnete, fand, dass der Faden an ihrem Zeh abgeschnitten war und wusste sofort, dass ihre List entdeckt war; als sie bemerkte, dass Arriguccio Ruberto verfolgte, und erkannte, was bevorstand, rief sie ihre Magd herbei, die in alles eingeweiht war, und redete so lange auf sie ein, bis sie sich an ihrer statt in ihr Bett legte, und bat sie, dass sie die Schläge, die Arriguccio ihr verabreichen würde, geduldig und ohne sich zu erkennen zu geben über sich ergehen ließe; sie würde dafür so belohnt werden, dass sie keinen Grund mehr hätte, sich zu
beklagen. Danach löschte Monna Sismonda das Licht, das in der Kam- 17
mer brannte, ging hinaus und versteckte sich im Haus, um das Kom-
mende abzuwarten. Die Nachbarn im Viertel waren von dem Streit 18
zwischen Arriguccio und Ruberto aufgeweckt worden und beschwerten sich laut; Arriguccio, der fürchtete, erkannt zu werden, und der weder in Erfahrung bringen konnte, wer der junge Mann war, noch ihn überwältigen konnte, ließ zornig und übelgelaunt von ihm ab, um nach Hause zurückzukehren; kaum war er in der Schlafkammer, brach es wütend aus ihm heraus: »Wo steckst du, du niederträchtiges Weib? Du hast das Licht gelöscht, damit ich dich nicht finden kann,
aber da hast du dich getäuscht!« Er ging zum Bett und glaubte seine 19
Frau zu fassen, ergriff aber die Magd und bearbeitete sie mit den Fäusten und mit den Füßen, bis sie grün und blau war; darauf schnitt er ihr die Haare ab und beschimpfte sie schlimmer, als jemals ein böses
Weib beschimpft wurde. Aus gutem Grund weinte die Magd laut, 20
und obwohl sie wiederholt ausrief: »O weh, Gnade, um Gottes willen!« oder »Hört auf!«, wurde ihre Stimme immer wieder vom Schluchzen unterbrochen; und Arriguccio hatte sich derart in seine Wut hineingesteigert, dass er nicht mehr die Stimme einer anderen
Frau von der seiner eigenen unterscheiden konnte. Nachdem er sie, 21

wie gesagt, nach allen Regeln durchgeprügelt und ihre Haare abge-
schnitten hatte, sagte er: »Du schändliches Weib, ich werde dich nicht
mehr anrühren, sondern zu deinen Brüdern gehen und ihnen von
deinen guten Werken berichten; sie sollen dich abholen und mit dir
machen, was ihrer Ehre angemessen ist; denn in meinem Haus bleibst
du nicht länger.« Nach diesen Worten verließ er die Kammer, ver-
22 schloss sie und ging allein davon. Als Monna Sismonda, die alles mit-
bekommen hatte, hörte, dass ihr Mann aus dem Haus war, öffnete sie
die Kammer, zündete ein Licht an und fand ihre Magd, die grün und
blau von den Schlägen war und heftig weinte; sie tröstete sie, so gut es
ging, brachte sie in ihre Kammer und ließ sie heimlich gesundpflegen;
23 sie gab ihr so viel Geld des Arriguccio, dass sie zufrieden war. Nach-
dem sie die Magd in ihre Kammer gebracht hatte, brachte sie ihr eige-
nes Bett rasch in Ordnung, so als hätte in der Nacht niemand darin
geschlafen, zündete eine Lampe an, kleidete sich so an, als wäre sie
noch nicht zu Bett gegangen; dann nahm sie ihre Handarbeit, setzte
sich auf den Treppenabsatz und begann zu nähen; sie wartete, wie das
24 Ganze ausgehen werde. Arriguccio ging, nachdem er das Haus verlas-
sen hatte, so schnell er konnte zum Haus der Brüder seiner Gattin; er
pochte so lange, bis man ihn hörte und ihm öffnete. Als die drei Brü-
der und die Mutter hörten, dass es Arriguccio sei, standen sie auf, lie-
ßen Licht machen und fragten ihn, was ihn zu dieser Stunde allein zu
25 ihnen führe. Angefangen bei dem Faden an Monna Sismondas Zeh,
erzählte Arriguccio ihnen alles, was er entdeckt und getan hatte; als
Beweisstück seiner Taten überreichte er ihnen die Haare, die er glaub-
te, seiner Frau abgeschnitten zu haben, und fügte hinzu, dass sie sie
abholen sollten, um mit ihr zu tun, was ihrer Meinung nach die Fami-
lienehre gebiete; denn er gedenke, sie nicht länger in seinem Haus zu
26 dulden. Die Brüder waren aufs äußerste empört über das, was sie ge-
hört hatten und für die Wahrheit hielten; ergrimmt über ihre Schwes-
ter, ließen sie Fackeln anzünden und begaben sich gemeinsam mit Ar-
27 riguccio zu seinem Haus, um scharf mit ihr ins Gericht zu gehen. Als

ihre Mutter das sah, folgte sie ihnen und bat sie nacheinander, dass sie
das Ganze nicht so ohne weiteres glauben sollten, ohne nicht etwas
von anderer Seite gehört oder in Erfahrung gebracht zu haben; denn
der Ehemann könnte aus einem anderen Grunde Ärger mit ihr haben
oder ihr etwas angetan haben, und jetzt wollte er ihr eine Schuld zu-
schieben, um selbst eine Entschuldigung zu haben; außerdem wun-
derte sie sich sehr über das Vorgefallene, wo sie doch ihre Tochter gut
genug kannte und sie von klein auf aufgezogen habe – und noch vieles
mehr. Sie erreichten Arriguccios Haus, betraten es und stiegen die 28
Treppe hinauf; Monna Sismonda hörte sie und fragte: »Wer kommt
da?« Einer der Brüder antwortete: »Das weißt du wohl, böses Weib!« 29
Hierauf sagte Mona Sismonda: »Bei Gott, was soll das heißen?« Sie 30
stand auf und sagte: »Meine Brüder, seid willkommen! Was führt
euch drei um diese Stunde hierher?« Die Brüder waren aufs erste sehr 31
erstaunt, als sie sahen, wie sie nähte, und dass ihr Gesicht keine Spur
der Schläge aufwies, von denen Arriguccio gesprochen hatte; sie mä-
ßigten ihren Zorn und forderten sie auf zu erklären, warum Arriguc-
cio sich über sie beklagt hätte; hierbei drohten sie ihr, ihnen unbe-
dingt alles zu gestehen. Monna Sismonda sagte: »Ich weiß überhaupt 32
nicht, was ich euch sagen soll, noch worüber sich Arriguccio beklagt
haben sollte.« Arriguccio schaute sie an wie außer sich, denn er erin-
nerte sich, dass er ihr Dutzende von Schlägen ins Gesicht versetzt, sie
zerkratzt und aufs Übelste misshandelt hatte – und mit einem Mal
stand sie vor ihm, als wäre gar nichts gewesen. Kurzum, die Brüder 33
berichteten ihr, was Arriguccio ihnen erzählt hatte, von dem Faden,
von den Schlägen und von allem übrigen. Sie wandte sich an Arriguc- 34
cio und sagte: »O weh, mein Mann, was höre ich denn da? Warum
gibst du mich zu deiner eigenen Schande für ein schlechtes Weib aus,
wo ich es doch nicht bin, und dich selbst für einen grausamen und bö-
sen Mann, der du es nicht bist? Wann wärest du heute nacht zu Hause
gewesen oder gar bei mir? Und wann hättest du mich geschlagen? Ich
erinnere mich nicht daran.« Arriguccio begann: »Aber du schändli- 35

ches Weib, sind wir denn nicht gemeinsam zu Bett gegangen? Bin ich
denn nicht zurückgekommen, nachdem ich deinen Geliebten verfolgt
habe? Habe ich dich denn nicht verhauen und dir die Haare abge-
36 schnitten?« Seine Frau antwortete: »In diesem Haus bist du gestern
abend nicht schlafen gegangen. Aber lassen wir das, weil ich kein an-
deres Zeugnis als meine wahre Rede dafür habe. Kommen wir dazu,
dass du mich geschlagen und mir die Haare abgeschnitten hättest.
37 Niemals hast du mich geschlagen. Schaut mich doch alle an, ob ihr ir-
gendein Zeichen von Schlägen an mir erkennen könnt! Ich würde es
dir auch nicht raten, dich zu erfrechen, die Hand gegen mich zu erhe-
ben, denn, beim Kreuz Christi, ich würde dir die Augen auskratzen.
38 Und hättest du mir die Haare abgeschnitten, so sollte ich es bemerkt
haben, aber vielleicht habe ich das gar nicht: Schaut doch nur einmal,
ob sie abgeschnitten sind oder nicht.« Und sie nahm den Schleier vom
39 Kopf und zeigte ihre vollen Haare. Die Brüder und ihre Mutter hörten
sich das alles an und wandten sich schließlich an Arriguccio: »Was
willst du denn eigentlich, Arriguccio? Das sieht ganz anders aus, als
was du uns erzählt hast. Was willst du uns denn jetzt noch zeigen?«
40 Arriguccio fühlte sich wie im Traum, wollte aber dennoch reden; da
er aber sah, dass das, was er glaubte, beweisen zu können, nicht so
41 war, getraute er sich nicht mehr. Seine Frau wandte sich an ihre Brü-
der und sagte: »Geliebte Brüder, ich glaube, er hat sich darum bemüht,
dass ich etwas tue, was ich nie hätte tun wollen, dass ich euch nämlich
von seinen elenden Missetaten erzähle. Und das werde ich tun. Ich
bin der festen Überzeugung, dass das, was er euch erzählt hat, ihm
auch widerfahren ist, und dass er es selbst getan hat. Aber hört, wie
42 das kommen konnte. Dieser wackere Mann, dem ihr mich in einer
Unglücksstunde als Frau angetraut habt, der sich Kaufmann nennt,
auf dessen Wort man sich verlassen und der maßvoller als ein Mönch
und anständiger als ein Fräulein leben sollte, zieht seit einigen Aben-
den, mal mit dem einen, mal mit einem anderen üblen Weibsbild
durch die Schenken, um sich zu betrinken; und ich sitze hier, so wie

ihr mich soeben gesehen habt, und warte auf ihn bis Mitternacht oder
bis in die frühen Morgenstunden. Gewiss hat er in seiner Trunkenheit 43
bei einem seiner verkommenen Flittchen gelegen, fand den Faden an
ihrem Fuß und hat dann alle die Heldentaten, von denen er euch erzählt hat, unternommen, ist schließlich zu ihr zurückgekehrt, hat sie
verprügelt und ihr die Haare abgeschnitten. Und da er noch nicht
ganz bei sich war, nahm er an – und gewiss glaubt er noch in diesem
Moment daran –, dass er das alles mir zugefügt hätte. Wenn ihr ihn
genau anschaut, seht ihr, dass er noch halb betrunken ist. Trotz allem, 44
was er über mich gesagt hat, solltet ihr ihn als einen Betrunkenen ansehen; und da ich ihm verzeihe, verzeiht auch ihr ihm.« Bei diesen 45
Worten wurde die Mutter unruhig und sagte: »Mein liebes Töchterchen, das sollte beim Kreuz Christi nicht passieren, sondern man
sollte diesen lästigen und undankbaren Hund totschlagen, denn er
war es nicht wert, meine Tochter zu heiraten. Schau sich einer das an!
Als hätte er dich aus der Gosse aufgelesen! Der Schlag soll ihn treffen, 46
wenn du dir noch länger das dumme Geschwätz dieses Abschaums
eines Koofmichs anhören müsstest! Mit den Räuberbanden, in grobem Tuch, mit hängendem Hosenboden und der Feder am Hintern
kommen sie mit ein paar Pfennigen vom Land zu uns und wollen die
Töchter der Edlen und die feinen Damen zur Frau, lassen sich ein
Wappen machen und spucken große Töne: ›Ich gehöre zu den Soundso‹ oder ›Meine Familie hat mir das so mitgegeben‹. Wären meine 47
Söhne doch meinem Rat gefolgt und hätten dich mit einer geringen
Mitgift in die Familie der Grafen Guido gebracht; stattdessen wollten
sie dich unbedingt diesem Prachtstück eines Mannes überlassen, und
der schämt sich nicht, dich, die beste und anständigste Frau in Florenz, mitten in der Nacht als Hure zu beschimpfen, so als kennten wir
dich nicht gut genug. Bei Gott, wenn man auf mich hörte, sollte man
ihm eine Abreibung verpassen, die er nicht vergisst.« Und zu ihren 48
Söhnen sagte sie: »Ihr Lieben, ich habe es euch gesagt, dass es nicht
sein sollte. Habt ihr gut zugehört, wie euer Herr Schwager, der Pfen-

nigkrämer, eure Schwester behandelt? Wenn ich an eurer Stelle wäre,
und er hätte gesagt und getan, was er gesagt und getan hat, so wäre
ich nicht eher glücklich und zufrieden, bis ich ihn beiseite geschafft
hätte; und wäre ich ein Mann, so wie ich nur eine Frau bin, so sollte
es niemand anderes für mich erledigen. O Herr, schicke ihn ins Ver-
derben, den jämmerlichen Trunkenbold; dass er sich nicht einmal
49 schämt!« Die jungen Leute schauten und hörten sich das alles an,
wandten sich an Arriguccio und hielten ihm eine Schmährede, wie
sie kein Übeltäter je über sich hatte ergehen lassen müssen; und sie
endeten mit den Worten: »Wir verzeihen dir noch einmal, weil du
betrunken bist; aber hüte dich bei deinem Leben, dass wir ähnliche
Geschichten nicht noch einmal hören; denn kommt uns irgend-
etwas dieser Art zu Ohren, so bezahlst du für diesmal mit!« Nach
50 diesen Worten gingen sie davon. Arriguccio stand da, als hätte er den
Verstand verloren, und wusste nicht mehr, ob er das, was er getan
hatte, nur geträumt hatte. Er sagte kein Wort mehr und ließ seine
Frau in Frieden; dank ihrer Klugheit entkam sie nicht nur der unmit-
telbar drohenden Gefahr, sondern öffnete sich den Weg, um auch in
der Zukunft ohne Angst vor ihrem Gatten ihrem Vergnügen nach-
zugehen.

Neunte Novelle

1 *Lidia, Gattin des Nicostrato, liebt Pirro; damit dieser es glauben kann, verlangt er drei Dinge von ihr, die sie alle erfüllt; darüber hinaus verlustiert sie sich mit ihm in Gegenwart des Nicostrato und macht ihm weis, dass das, was er gesehen hat, nicht wahr sei.*

2 Die Novelle Neifiles hatte so großes Gefallen erregt, dass die Damen gar nicht aufhören konnten, sich darüber zu amüsieren und zu unterhalten, obwohl der König ihnen wiederholt zu schweigen befoh-

len und Panfilo gebeten hatte fortzufahren; aber sie verstummten schließlich, und Panfilo begann wie folgt:

3 Verehrte Damen, ich glaube, dass die leidenschaftlich Liebenden jedes schwierige und zweifelhafte Unternehmen wagen. Obwohl das in einigen Novellen schon gezeigt wurde, möchte ich es doch noch einmal deutlicher mit einer Novelle darstellen, in der von einer Frau die Rede ist, die eher von Fortuna begünstigt als von ihrem Verstand
4 beraten wurde. Daher rate ich nicht, ihr nachzueifern, denn weder ist Fortuna immer wohlgesonnen, noch sind alle Menschen auf der Welt gleichermaßen verblendet.

5 In Argos, einer alten Stadt in Achaia, die durch ihre königlichen Herrscher berühmter als durch ihre Größe ist, lebte einst ein Edelmann mit Namen Nicostrato; als er dem Alter nahe war, gewährte Fortuna ihm zur Frau eine vornehme Dame namens Lidia, die ebenso
6 beherzt wie schön war. Da er reich und vornehm war, besaß er zahlreiches Gesinde, viele Hunde und Falken, sein großes Vergnügen war die Jagd. Unter seinen Dienern war ein schmucker junger Mann, von hübscher Gestalt und geschickt zu vielerlei Diensten; er hieß Pirro, und Nicostrato liebte ihn sehr und vertraute ihm mehr als allen ande-

7 ren. In diesen verliebte sich Lidia so sehr, dass sie Tag und Nacht an
nichts anderes als an ihn denken konnte; Pirro aber schien sich nicht
darum zu kümmern, weil er es entweder nicht bemerkte oder nicht
bemerken wollte. Die Dame empfand deswegen eine unerträgliche
8 Qual. Sie war entschlossen, ihn das wissen zu lassen, rief ihre Kam-
merfrau namens Lusca zu sich, zu der sie großes Vertrauen hatte, und
sagte ihr. »Lusca, die Wohltaten, die du von mir empfangen hast, ver-
pflichten dich zu Gehorsam und Treue. Hüte dich daher, dass das,
was ich dir jetzt sagen werde, kein anderer erfährt als derjenige,
9 den ich dir nennen werde. Wie du siehst, Lusca, bin ich eine junge,
frische Frau und besitze in Fülle alles, was man sich nur wünschen
kann; kurzum, ich kann mich nur über eines beklagen, dass nämlich
mein Gatte für mich zu alt ist und dass ich also wenig zufrieden mit
10 dem bin, woran junge Frauen das größte Vergnügen finden. Da auch
ich dieses Vergnügen suche, habe ich mir schon seit einiger Zeit über-
legt, dass, wenn schon Fortuna so unfreundlich zu mir gewesen ist
und mir einen alten Ehemann gegeben hat, ich mich selbst nicht auch
noch schädigen will, indem ich meine Lust und mein Heil nicht zu
11 finden weiß. Um diesen Wunsch so gut wie meine anderen Wünsche
zu erfüllen, habe ich beschlossen, dass unser Pirro, der dessen wie
kein anderer würdig ist, ihm mit seinen Umarmungen nachkommt;
und ich habe eine solche Liebe für ihn entwickelt, dass ich nur glück-
lich bin, wenn ich ihn sehe oder an ihn denke; und sollte ich nicht in
12 Kürze mit ihm vereint sein, so werde ich gewiss sterben. Wenn dir
also mein Leben etwas wert ist, so tue ihm kund, wie auch immer es
dir am besten erscheint, dass ich ihn liebe, und bitte ihn meinerseits,
dass er zu mir kommen möge, sobald ich dich nach ihm schicken wer-
13 de.« Die Kammerfrau sagte, dass sie es gern tue; und als ihr Zeit und
Ort günstig erschienen, nahm sie Pirro beiseite und überbrachte ihm,
so gut sie es konnte, die Botschaft ihrer Herrin. Pirro war sehr er-
staunt darüber, wie jemand, der nichts davon geahnt hatte; und er
fürchtete, dass die Dame ihn nur prüfen wollte; deswegen antwortete

er abrupt und barsch: »Lusca, ich mag nicht glauben, dass dies die 14
Worte meiner Herrin sind; denke an das, was du sagst. Und sollten es
ihre Worte sein, so glaube ich nicht, dass sie so gemeint sind; sollten
sie aber so gemeint sein, so erweist mir mein Herr mehr Ehre, als ich
verdiene, und ich würde ihm nicht um mein Leben eine solche
Schmach antun. Hüte dich also, noch einmal mit mir darüber zu spre-
chen!« Die Lusca ließ sich durch seine schroffe Rede nicht einschüch- 15
tern und sagte: »Pirro, über diese Sache und alles andere, was meine
Herrin mir befiehlt, werde ich so oft mit dir sprechen, wie sie es
wünscht, ob dir das gefällt oder nicht; und du bist ein Dummkopf!«
Mit den Worten Pirros kehrte sie etwas ärgerlich zu ihrer Herrin zu- 16
rück; als diese es hörte, wollte sie sterben. Nach einigen Tagen sprach
sie ihre Kammerfrau noch einmal darauf an: »Lusca, du weißt doch, 17
dass ein Baum nicht mit dem ersten Streich fällt. Daher solltest du
dich noch einmal an ihn wenden, der zu meinem Schaden so loyal
sein will; wähle den richtigen Augenblick und stelle ihm in allen Ein-
zelheiten meine Liebesglut so dar, dass es ihn beeindruckt. Wenn wir
jetzt davon ablassen, gehe ich zugrunde, und er nimmt an, er sei hin-
tergangen worden; die Liebe, die wir suchten, wird in Hass umschla-
gen.« Die Kammerfrau beruhigte ihre Herrin; sie suchte Pirro auf, der 18
heiter und gut gelaunt war und sagte ihm: »Pirro, vor einigen Tagen
habe ich dir berichtet, wie sehr meine Herrin und die deine für dich
entbrannt ist und wie sehr sie dich liebt; heute versichere ich dir noch
einmal, dass sie gewiss nur noch kurze Zeit leben wird, sofern du wei-
terhin unerbittlich bleiben solltest. Daher bitte ich dich, doch ihr Be-
gehren stillen zu wollen. Solltest du auf deiner Weigerung beharren,
so müsste ich dich, der du mir sehr klug und verständig erscheinst, für
einen Dummkopf halten. Welch ein Ruhm könnte es für dich bedeu- 19
ten, dass eine so schöne, vornehme Dame dich über alles andere liebt!
Und wie darfst du dich bei Fortuna bedanken, dass sie dir eine solche 20
Gelegenheit bietet, um dein jugendliches Begehren zu stillen und al-
len deinen Wünschen eine Zuflucht zu gewähren! Kennst du einen 21

jungen Mann deinesgleichen, dessen Verlangen besser aufgehoben
wäre, sofern du vernünftig bist? Welcher andere hätte schönere Waf-
fen, Pferde und Kleider sowie mehr Geld als du, wenn du ihr deine
22 Liebe schenktest? Besinne dich endlich und öffne dein Herz meinen
Worten! Denke daran, es geschieht nur einmal, dass Fortuna mit lä-
chelndem Antlitz und unverhülltem Schoße vor einem steht; wer sie
23 nicht umarmt und bettelarm wird, hat sich nicht zu beklagen. Und
außerdem verbindet die Diener mit ihren Herren nicht die Loyalität,
die zwischen Freunden und Verwandten üblich ist; im Gegenteil, die
Diener sollten sie, soweit es ihnen möglich ist, so behandeln, wie sie
24 von ihnen behandelt werden. Glaubst du etwa, dass Nicostrato, hät-
test du eine schöne Frau, Mutter, Tochter oder Schwester, und er fän-
de Gefallen an ihnen, sich dir gegenüber so loyal verhalten würde, wie
25 du es gegenüber seiner Frau tun willst? Dumm wärest du, wenn du
das glaubtest. Und sei sicher, er würde Gewalt anwenden, wenn Bit-
26 ten und Schmeichelworte nicht zum Ziel führten. Behandeln wir also
sie und ihre Dinge so, wie sie uns und unsere Dinge behandeln. Nutze
die Gunst der Fortuna; vertreibe sie nicht, sondern gehe ihr entgegen
und umarme sie. Tust du es nicht, so wirst du es noch oftmals bitter
bereuen und am liebsten sterben – abgesehen davon, dass der Tod dei-
27 ner Dame gewiss ist.« Pirro hatte Zeit gehabt, um über Luscas frühe-
res Angebot nachzudenken; und er hatte sich entschlossen, falls sie
wiederkomme, eine andere Antwort zu geben und den Wünschen
der Dame zu willfahren, sofern sie beweisen könnte, dass sie ihn
28 nicht nur prüfen wollte. So antwortete er: »Schau', Lusca, alles, was du
sagst, stimmt; ich weiß aber auch, dass mein Herr klug und umsichtig
ist und mir alle seine Angelegenheiten überantwortet hat; deswegen
befürchte ich sehr, dass Lidia auf seinen Wunsch und Rat hin dies al-
29 les unternimmt, um mich zu prüfen. Um sicher zu gehen, verlange ich
drei Dinge von ihr; danach werde ich alles tun, was sie von mir
30 wünscht. Und diese drei Dinge sind die folgenden: Erstens soll sie un-
ter den Augen Nicostratos dessen besten Falken töten; dann soll sie

mir eine Locke aus dem Bart Nicostratos schicken; und schließlich
noch einen seiner gesündesten Zähne.« Diese Dinge erschienen Lusca 31
sehr schwierig und ihrer Herrin noch schwieriger. Aber Amor ist ein
großer Tröster und ein meisterlicher Ratgeber; er gab Lidia den Ent-
schluss ein, alles zu tun; durch ihre Kammerfrau ließ sie Pirro aus-
richten, dass sie alle Forderungen bald erfüllen werde; darüber hinaus
ließ sie ihm sagen, dass sie, weil er Nicostrato für sehr klug hielt, sich
in seiner Gegenwart mit Pirro verlustieren und Nicostrato glauben
machen werde, dass das nicht der Fall sei. Pirro wartete nun darauf, 32
wie Lidia die Forderungen erfüllen werde. Einige Tage später gab Ni-
costrato, wie er es häufig zu tun pflegte, mehreren Edelleuten ein
Gastmahl; nachdem die Tafel aufgehoben war, betrat sie, in grünen
Samt gekleidet und mit reichem Schmuck, den Festsaal; unter den
Blicken Pirros und aller anderen ging sie zu der Stange, auf der der
Sperber saß, den Nicostrato am höchsten schätzte, löste ihn, als woll-
te sie ihn auf ihre Hand heben, packte ihn bei den Fesseln und schlug
ihn gegen die Wand, bis er tot war. Auf Nicostratos Ruf: »O weh, 33
Frau, was hast du getan?« antwortete sie nicht, sondern wandte sich
mit folgenden Worten an die Edelleute, die mit ihm gespeist hatten:
»Ihr Herren, wie sollte ich mich wohl an einem König, der mich belei-
digt, rächen, wenn ich nicht einmal den Mut hätte, mich an einem
Sperber zu vergreifen? Ihr sollt nämlich wissen, dass dieser Vogel mir 34
die Zeit gestohlen hat, die die Männer dem Vergnügen ihrer Frauen
widmen sollten. Denn kaum erscheint das erste Morgenrot am Him-
mel, erhebt sich Nicostrato, besteigt sein Pferd mit dem Sperber auf
der Faust, um hinauszureiten und ihm beim Jagen zuzuschauen; und
ich, so wie ihr mich hier seht, bleibe allein und enttäuscht im Bett zu-
rück. Deswegen empfand ich schon oft den Wunsch, das zu tun, was 35
ich gerade getan habe; und ich habe mich nur zurückgehalten, weil ich
es in Gegenwart von Männern tun wollte, die als gerechte Richter
über meine Klage entscheiden, so wie ich glaube, dass ihr es tun wer-
det.« Die edlen Herren, die ihr zuhörten, glaubten, dass sie Nicostrato 36

so sehr liebte, wie ihre Worte es versprachen, und sie wandten sich
lachend an Nicostrato, der erbost war, und sagten: »Nun, die Dame
hat recht, ihre Kränkung mit dem Tod des Sperbers zu rächen!« Und
als die Dame schon in ihre Kammer zurückgekehrt war, verwandelten
sie Nicostratos Ärger in Lachen, indem sie weitere Geschichten über
37 das Thema erzählten. Pirro hatte alles mit angesehen und sagte sich:
»Meinem Liebesglück hat sie einen guten Anfang gegeben; gebe Gott,
38 dass sie durchhält!« Es waren noch nicht viele Tage vergangen, nach-
dem Lidia den Sperber getötet hatte; als sie alleine mit Nicostrato in
ihrer Kammer war, begann sie ihn zu liebkosen und mit ihm zu scher-
zen; und da er sie im Spaß etwas an den Haaren zog, fand sie einen
Grund, die zweite Forderung Pirros zu erfüllen: Rasch fasste sie ein
Löckchen seines Bartes, lachte auf und zog so kräftig, dass sie es aus-
39 rupfte. Als Nicostrato sich beschwerte, sagte sie: »Warum ziehst du
ein Gesicht, habe ich dir etwa ein halbes Dutzend Haare ausgerupft?
Ich habe dir nicht so wehgetan, wie du mir gerade, als du mich an den
40 Haaren gezogen hast!« Während sie weiter miteinander schäkerten,
bewahrte Lidia die Bartlocke ihres Mannes vorsichtig auf und über-
41 sandte sie noch an demselben Tag ihrem teuren Geliebten. Wegen der
dritten Forderung machte sie sich einige Gedanken; da sie aber sehr
schlau war, und Amor ein übriges tat, hatte sie einen Einfall, wie sie
42 sie erfüllen könnte. Nicostrato waren zwei Edelknaben zu Diensten,
die ihm von ihren Vätern übergeben worden waren, um sich höfische
Sitten anzueignen; wenn Nicostrato seine Mahlzeiten einnahm,
schnitt ihm der eine die Speisen, und der andere schenkte ihm die Ge-
tränke ein; Lidia ließ beide zu sich kommen und redete ihnen ein,
dass sie aus dem Mund röchen; sie befahl ihnen, wenn sie Nicostrato
bedienten, ihren Kopf so weit wie möglich beiseite zu drehen und mit
43 niemandem darüber zu sprechen. Die Knaben glaubten, was sie sagte,
und verhielten sich so, wie sie sie geheißen hatte. Und so fragte sie ei-
nes Tages Nicostrato: »Hast du schon bemerkt, wie sich die beiden
44 Knaben benehmen, wenn sie dich bedienen?« Nicostrato sagte:

»Schon, und ich habe sie schon danach fragen wollen.« Hierauf sagte 45
Lidia: »Tue es lieber nicht, denn ich kann es dir sagen; ich habe lange
geschwiegen, weil ich dich nicht verletzen wollte; aber da es jetzt
schon andere bemerken, kann ich es dir nicht mehr länger verschwei-
gen. Der Grund ist, dass du sehr stark aus dem Munde riechst, woher 46
das auch immer kommen mag, denn früher war es nicht der Fall. Das
ist eine üble Sache, weil du mit Edelleuten verkehrst; und deswegen
sollte man auch etwas dagegen tun.« Nicostrato sagte hierauf: »Was 47
könnte es nur sein? Doch nicht ein fauler Zahn?« Und Lidia sagte: 48
»Vielleicht ja.« Sie führte ihn an ein Fenster, ließ ihn den Mund öff-
nen, schaute hinein und sagte: »O Nicostrato, wie hast du das nur aus- 49
gehalten? Auf dieser Seite sitzt einer, der ist durch und durch verfault;
und glaube mir, wenn der noch länger drinnen bleibt, steckt er die an-
deren auch an. Ich rate dir, ihn herauszureißen, bevor es noch schlim-
mer wird.« Nun sagte Nicostrato: »Wenn du es sagst, bin ich einver- 50
standen; und man soll nur rasch einen Arzt rufen, um ihn herauszu-
ziehen.« Hierauf sagte seine Frau: »Gott bewahre, dazu braucht es 51
keinen Arzt! Ich glaube, er sitzt so, dass ich selbst ihn auch ohne Arzt
ziehen kann. Außerdem sind die Ärzte bei solchen Sachen so roh, 52
dass ich es nicht ertragen kann, dich ihren Händen auszuliefern. Ich
will lieber alles alleine machen, denn sollte es zu schmerzhaft wer-
den, werde ich sofort aufhören, was der Arzt nicht tun würde.« Sie 53
ließ also die notwendigen Werkzeuge herbeischaffen und schickte
alle außer Lusca aus dem Zimmer; dann schlossen sie von innen ab,
und Nicostrato musste sich auf einen Tisch legen. Die eine führte die
Zange in seinen Mund, erfasste einen seiner Zähne und riss ihn, ob-
wohl er vor Schmerzen laut schrie, mit aller Kraft heraus, während
die andere ihn ordentlich festhielt. Dieser Zahn wurde rasch ver- 54
steckt, und Lidia hielt einen anderen, ordentlich verrotteten Zahn in
der Hand, den sie dem vor Schmerzen halb ohnmächtigen Nicostrato
mit den Worten zeigte: »Sieh nur, was du schon so lange im Mund
hattest!« Obwohl er heftige Schmerzen ausgehalten und laut gejam- 55

mert hatte, glaubte er es und, da alles vorbei war, hielt er sich für ge-
heilt; als er ein wenig gestärkt worden war und der Schmerz sich ge-
56 legt hatte, verließ er die Kammer. Lidia nahm seinen Zahn und schick-
te ihn unverzüglich ihrem Geliebten, der nun ihrer Liebe sicher und
57 bereit war, alle ihre Wünsche zu erfüllen. Obwohl der Dame jede
Stunde, die sie noch nicht bei ihm war, so lang wie tausend Stunden
erschien, wollte sie ihn vollständig von ihrer Liebe überzeugen und
auch ihr Versprechen halten. Sie täuschte eine Krankheit vor; und als
eines Tages Nicostrato, allein von Pirro begleitet, sie nach dem Essen
aufsuchte, bat sie darum, dass die beiden sie in den Garten führten,
58 damit sie dort ein wenig Abwechslung fände. Beide trugen sie ge-
meinsam in den Garten und setzten sie dort unter einem hübschen
Birnbaum nieder. Nach einer Weile sagte Lidia, die zuvor Pirro
schon informiert hatte, was er zu tun hätte: »Pirro, mich verlangt
59 nach diesen Birnen, steige doch hinauf und wirf einige herunter.« Pir-
ro kletterte rasch auf den Baum und warf einige Birnen herab; als er
das tat, sagte er mit einmal: »Aber Messere, was tut Ihr denn da? Und
Ihr, Madonna, schämt Ihr Euch denn nicht, das alles in meiner Gegen-
wart? Glaubt ihr etwa, ich sei blind? Soeben wart Ihr noch sehr krank,
wieso seid Ihr so schnell gesund, dass Ihr so etwas tun könnt? Wenn
Ihr es tun wollt, dann habt Ihr doch viele schöne Zimmer; warum
sucht Ihr nicht eines auf, um dergleichen zu tun? Das wäre anständi-
60 ger als vor meinen Augen!« Lidia sagte zu ihrem Gatten: »Was redet
61 der Pirro da? Phantasiert er?« Und Pirro sagte: »Ich phantasiere über-
62 haupt nicht, Madonna! Glaubt Ihr etwa nicht, was ich sehe?« Ni-
costrato war sehr erstaunt und sagte: »Pirro, ich glaube wirklich, dass
63 du träumst.« Pirro antwortete ihm: »O Herr, weder träume ich, noch
träumt Ihr, sondern Ihr bewegt Euch kräftig; wenn auch der Birn-
baum ebenso kräftig bewegt würde, bliebe keine Birne mehr oben.«
64 Nun sagte Lidia: »Was kann das nur sein? Sollte es stimmen, dass er
tatsächlich zu sehen glaubt, was er sagt? Gott helfe mir, aber wäre ich
gesund, so stiege ich selbst hinauf, um die wunderbaren Dinge zu se-

hen, die er sieht.« Auf dem Baum erzählte Pirro weiter seine Ge- 65
schichten; und Nicostrato sagte ihm schließlich: »Steig' herab!« Als er
unten war, fragte er: »Nun sag, was du gesehen hast.« Pirro antworte- 66
te: »Ihr denkt sicher, ich sei verrückt oder weggetreten; aber ich sah,
wie Ihr Eure Frau beschlafen habt, so muss ich es ausdrücken; und als
ich dann heruntergestiegen bin, sah ich, wie Ihr aufgestanden seid
und Euch wieder hingesetzt habt.« »Aber ganz gewiss«, sagte Ni- 67
costrato, »hast du das geträumt; denn seit du auf den Baum gestiegen
bist, haben wir uns nicht von der Stelle gerührt.« Pirro entgegnete 68
ihm: »Warum streiten wir uns? Ich habe Euch gesehen, und ich habe
Euch auf dem gesehen, was Euch gehört.« Nicostrato wunderte sich 69
immer mehr und sagte schließlich: »Nun will ich selbst einmal aus-
probieren, ob der Birnbaum verzaubert ist, und ob man von dort oben
wunderbare Dinge sehen kann!« Und er kletterte hinauf. Kaum war er
oben, so begannen Lidia und Pirro, sich miteinander zu verlustieren;
als Nicostrato das sah, rief er: »Oh, du böses Weib, was tust du? Und
du, Pirro, in den ich mein ganzes Vertrauen gesetzt habe?« Und mit
diesen Worten kam er wieder vom Baum herunter. Lidia und Pirro 70
sagten: »Setzen wir uns wieder hin.« Während er herunterkam, setz-
ten sie sich wieder so hin, wie er sie verlassen hatte. Als Nicostrato
unten war und sah, dass sie so dasaßen wie zuvor, begann er, sie zu
beschimpfen. Pirro sagte ihm: »Nicostrato, ich gestehe, dass ich mich, 71
wie Ihr zuvor sagtet, täuschte, als ich auf dem Birnbaum war; ich er-
kenne es an dem, was ich hier sehe, und weiß, dass Ihr Euch getäuscht
habt. Dass ich die Wahrheit sage, wird Euch dadurch bewiesen, dass 72
Eure Gattin, die anständig und klug wie keine andere ist, Euch doch
nicht ausgerechnet vor Euren Augen – wenn sie Euch denn derglei-
chen antun wollte – eine solche Schande antun würde. Von mir selbst
will ich erst gar nicht reden, denn ich würde mich eher vierteilen las-
sen, bevor ich auch nur daran dächte und es auch noch in Eurer Ge-
genwart tun würde. Die Schuld an dieser Gesichtstäuschung muss 73
der Birnbaum tragen; denn nichts hätte mich davon abbringen kön-

nen, dass Ihr nicht Eure Gattin beschlafen hättet, wenn ich Euch nicht
hätte sagen hören, dass es Euch erschienen wäre, als hätte ich das ge-
tan, woran ich ganz sicher nicht gedacht und was ich niemals getan
74 hätte.« Und nun sagte die Frau, die verärgert aufgestanden war: »Der
Herrgott möge dich strafen, denn du traust mir so wenig Verstand zu,
dass ich, wenn ich die Schandtaten, die du behauptest, gesehen zu ha-
75 ben, im Sinn hätte, sie vor deinen Augen tun würde. Sei gewiss, wenn
ich es tun wollte, käme ich nicht hierher, sondern wüsste es in einer
unserer Kammern so einzurichten, dass du wohl große Schwierigkei-
76 ten hättest, es jemals herauszubekommen.« Nicostrato schien es der
Wahrheit zu entsprechen, dass sie unter seinen Augen nichts Böses
getan hätten; er verzichtete auf weitere Vorwürfe und begann über
das seltsame Ereignis zu räsonieren und über die wundersame Ge-
77 sichtstäuschung, die denjenigen befiel, der den Baum bestieg. Aber
seine Gattin zeigte sich empört über die schlechte Meinung, die Ni-
costrato ihr gegenüber geäußert hatte, und sagte: »Wahrhaftig, dieser
Birnbaum soll weder über mich noch über eine andere Frau noch ein-
78 mal Schande bringen; Pirro, hole rasch ein Beil und räche dich und
mich, indem du ihn umhaust; obwohl es besser wäre, Nicostrato ei-
nes über den Kopf zu geben, weil er sich ohne Überlegung die Augen
des Geistes hat blenden lassen. Denn obwohl den Augen, die du im
Kopf trägst, wahr erschien, was du sagtest, hätte dein Urteilsvermö-
79 gen dem niemals zustimmen dürfen.« Pirro holte rasch das Beil und
fällte den Birnbaum; neben dem gefällten Baum sagte Lidia zu Ni-
costrato: »Da ich den Widersacher meiner Ehrbarkeit gefällt sehe, ist
auch mein Zorn verflogen.« Dem Nicostrato, der sie darum bat, ver-
zieh sie gnädig und verlangte von ihm, dass er ihr, die sie ihn mehr als
80 sich selbst liebte, nie mehr so etwas unterstellen dürfe. So kehrte der
arme gefoppte Ehemann gemeinsam mit ihr und ihrem Liebhaber
zum Palast zurück, wo Pirro und Lidia sich noch oft und in aller Ruhe
miteinander vergnügten. Gott gewähre uns ein Gleiches.

Zehnte Novelle

Zwei Bürger aus Siena lieben die Gevatterin des einen; der Gevatter 1
stirbt und erscheint, wie er es versprochen hat, seinem Gefährten, um
ihm zu erzählen, wie es ihm im Jenseits ergeht.

Allein der König musste noch eine Novelle erzählen; als er sah, dass 2
sich die Frauen, die der unschuldige Birnbaum schmerzte, beruhigt
hatten, begann er wie folgt:

Selbstverständlich muss ein gerechter König die von ihm geschaf- 3
fenen Gesetze achten; tut er das nicht, so muss man ihn als einen
Sklaven, der Strafe verdient, und nicht als König beurteilen; ich als
euer König sehe mich diesem Vergehen und dieser Bestrafung not-
wendigerweise ausgesetzt. Tatsächlich gab ich gestern unserer heuti- 4
gen Unterhaltung das Thema in der Absicht, dass ich von meinem
Privileg keinen Gebrauch machen, sondern über dasselbe Thema wie
ihr erzählen wollte. Aber es ist nicht nur das erzählt worden, was ich 5
selbst erzählen wollte, sondern es sind über unser Thema so viele und
schöne Dinge gesagt worden, dass ich, so sehr ich auch in meinem
Gedächtnis suche, nichts finden oder erkennen kann, was damit ver-
gleichbar wäre. Daher muss ich zu meinem angestammten Privileg 6
zurückkehren und bin bereit, mich in jede Strafe oder Wiedergutma-
chung, die mir auferlegt wird, zu fügen. Ich sage also, verehrte Da- 7
men, dass die Novelle, die Elissa über den Gevatter und die Gevatte-
rin und die Torheit der Sieneser erzählt hat, so anregend ist, dass ich
all die Streiche, die schlaue Ehefrauen ihren dummen Männern spie-
len, beiseitelasse und euch eine Novelle über die Sieneser erzählen
möchte; obwohl sie manches Unwahrscheinliche enthält, ist sie doch
zum Teil unterhaltsam.

Es lebten also in Siena zwei junge Männer aus dem Volke, der eine 8
hieß Tingoccio Mini und der andere Meuccio di Tura; beide wohnten
an der Porta Salaia, verkehrten mit keinem anderen, sondern aus-

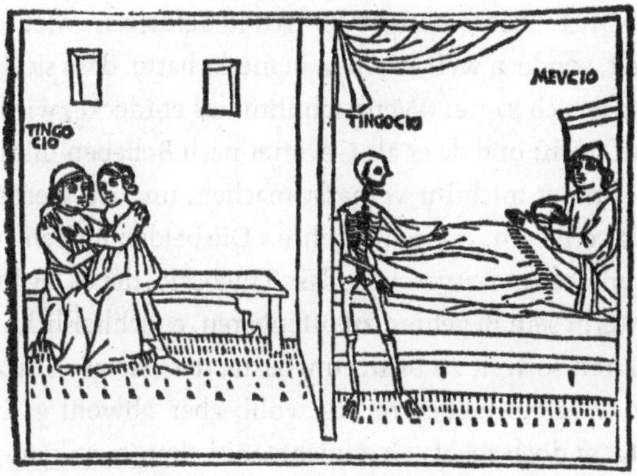

9 schließlich miteinander, und schienen sich sehr zu mögen. Da sie, wie die Menschen das so tun, gemeinsam in die Kirche und zu den Predigten gingen, hatten sie schon oft davon gehört, welches Glück und welche Leiden den Seelen der Verstorbenen je nach ihren Verdiensten in der anderen Welt zuteilwerden; da sie hierüber aber gerne etwas genauere Auskünfte gehabt hätten, aber nicht wussten wie, versprachen sie sich gegenseitig, dass derjenige, der als erster von ihnen stürbe, wenn es ginge, zu dem Überlebenden zurückkehren würde, um ihm all das zu erzählen, was er zu wissen wünschte. Das bekräftigten
10 sie mit einem Schwur. Nachdem sie sich, wie gesagt, dieses Versprechen gegeben hatten, geschah es, dass Tingoccio der Gevatter eines Ambruogio Anselmini wurde, der in Camporeggi wohnte und von seiner Frau, die Monna Mita hieß, mit einem Sohn beschenkt worden
11 war. Tingoccio besuchte nun gemeinsam mit Meuccio einige Male die neue Gevatterin, eine sehr schöne und reizende Dame, und verliebte sich trotz der Gevatterschaft in sie; aber auch Meuccio gefiel sie sehr, und da er hörte, wie Tingoccio sie pries, verliebte auch er sich in sie.
12 Diese Liebe hielten sie voreinander verborgen, aber aus verschiedenen Gründen. Tingoccio hütete sich, sie Meuccio zu entdecken, weil es ihm unerlaubt erschien, seine Gevatterin zu lieben, und er sich des-

wegen schämte. Dies war nicht der Grund dafür, dass Meuccio es für
sich behielt, sondern weil er schon bemerkt hatte, dass sie Tingoccio
gefiel, und er sich sagte: »Wenn ich ihm das entdecke, wird er eifer- 13
süchtig auf mich; und da er als Gevatter nach Belieben mit ihr reden
kann, so kann er mich ihr verhasst machen, und ich werde von ihr
niemals das erhalten, was ich begehre.« Die beiden jungen Leute wa- 14
ren also verliebt, und es geschah, dass Tingoccio, der es leichter hatte,
der Gevatterin sein Begehren zu offenbaren, es schließlich mit Wor-
ten und Taten so weit zu bringen wusste, dass sie gewährte, was er
verlangte. Meuccio bemerkte das wohl, aber obwohl es ihm sehr
missfiel, tat er doch so, als ob er nichts mitbekommen hätte; denn er
hoffte, auch einmal an das Ziel seiner Wünsche zu kommen, und er
wollte vermeiden, dass Tingoccio einen Vorwand oder Grund fände,
das zu verhindern oder ihm zu verderben. So liebten die beiden Ge- 15
fährten, der eine glücklicher als der andere. Es geschah indessen, dass
Tingoccio, der die süßen Gefilde der Gevatterin entdeckt hatte, diese
so kräftig pflügte und beackerte, dass er krank wurde; nach einigen
Tagen verschlimmerte sich seine Krankheit so sehr, dass er ihr erlag
und verschied. Nachdem drei Tage vergangen waren – vielleicht war 16
es ihm früher nicht möglich –, kam er wie versprochen eines Nachts in
die Kammer Meuccios, der tief schlief, und rief ihn an. Meuccio wach- 17
te auf und sagte: »Wer bist du?« Worauf er antwortete: »Ich bin der 18
Tingoccio, der wie versprochen zurückgekehrt ist, um dir aus dem
Jenseits zu berichten.« Meuccio erschrak zwar bei seinem Anblick, 19
aber er beruhigte sich und sagte: »So sei mir willkommen, mein Bru-
der!« Und er fragte ihn, ob er verloren sei. Tingoccio antwortete hier- 20
auf: »Verloren sind die Dinge, die man nicht wiederfindet; und wie
könnte ich hier sein, wenn ich verloren wäre?« »Nun«, sagte Meuccio, 21
»ich meine das nicht so, sondern frage dich, ob du unter den ver-
dammten Seelen im Feuer der Hölle bist.« Tingoccio antwortete: 22
»Das nicht, aber ich erleide für meine Sünden schwere und qualvol-
le Strafen.« Nun wollte Meuccio detailliert von Tingoccio wissen, 23

welche Strafen er für die begangenen Sünden zu erdulden habe; und
Tingoccio sagte ihm alle. Dann fragte ihn Meuccio, ob er etwas für
ihn tun könne. Tingoccio antwortete ja, er könne Messen lesen und
Gebete sprechen lassen und Almosen spenden; das könnte ihm im
Jenseits sehr nützlich sein; und Meuccio sagte, dass er es gern täte.
24 Als Tingoccio ihn verlassen wollte, erinnerte sich Meuccio an die Ge-
vatterin; er hob seinen Kopf ein wenig und sagte: »Gut, dass es mir
einfällt, Tingoccio: Und welche Strafe ist dir auferlegt worden, weil
du, als du hier auf Erden warst, mit deiner Gevatterin geschlafen
25 hast?« Tingoccio antwortete hierauf: »Als ich dort drüben ankam,
war einer da, der alle meine Sünden zu wissen schien, und er befahl
mir, mich an den Ort zu begeben, wo ich unter großer Pein meine
Sünden zu bereuen hatte; dort fand ich viele andere, die zu der glei-
chen Strafe verurteilt worden waren wie ich. Dort dachte ich dar-
an, was ich mit der Gevatterin getan hatte, und ich erwartete, dass
ich eine noch härtere Strafe zu verbüßen hätte; und ich zitterte vor
Angst, obwohl ich mich in einem mächtig lodernden Feuer befand.
26 Das bemerkte einer neben mir und sagte: ›Hast du denn etwas
Schlimmeres als die anderen hier begangen, weil du mitten im Feuer
zitterst?‹ ›O weh, lieber Freund‹, sagte ich, ›ich habe große Angst,
dass ich noch für eine schwere Sünde verurteilt werde, die ich began-
27 gen habe.‹ Jener fragte mich, welche Sünde das sei. Worauf ich sagte:
›Ich habe die Sünde begangen, mit meiner Gevatterin zu schlafen;
28 und ich habe es so oft getan, dass ich mich wund gerieben habe.‹ Da
machte er sich lustig über mich und sagte: ›Ach du Dummerjan, du
brauchst keine Angst zu haben, denn hier zählen die Gevatterinnen
29 nicht!‹ Als ich das hörte, war ich erleichtert.« Da sich der Tag näherte,
sagte er nach diesen Worten: »Meuccio, Gott sei mit dir, ich kann
30 nicht länger bleiben.« Und er entschwand. Als Meuccio erfuhr, dass
der Verkehr mit den Gevatterinnen im Jenseits nicht angerechnet
wurde, machte er sich über seine Ignoranz lustig, denn er hatte schon
einige von ihnen ausgelassen; und er hatte etwas dazugelernt. Hätte

Frate Rinaldo das auch schon gewusst, so hätte er nicht so subtile Begründungen anführen müssen, um seine Frau Gevatterin für sich zu gewinnen.

Ein lauer Wind hatte sich erhoben, und die Sonne senkte sich am Ho- 1
rizont, als der König, nachdem seine Novelle beendet war und nie-
mand mehr erzählen musste, die Krone vom Haupt nahm und sie
Lauretta mit den Worten aufsetzte: »Madonna, ich kröne Euch mit
dem, was Euer Name sagt, zur Königin unserer Gesellschaft; und von
nun an bestimmt Ihr als Herrin, was nach Eurer Meinung alle erfreu-
en und unterhalten soll.« Darauf setzte er sich wieder nieder. Die 2
neue Königin Lauretta ließ den Seneschall herbeirufen und befahl
ihm, die Tische in dem lieblichen Tal zu einem früheren Zeitpunkt als
üblich aufzustellen, damit sie geruhsam zum Palast zurückkehren
könnten; und sie teilte ihm mit, was er für die Dauer ihrer Herrschaft
zu tun habe. Darauf wandte sie sich an die Gesellschaft und sagte: 3
»Dioneo verfügte gestern, dass wir heute von den Streichen erzählen,
die die Frauen ihren Ehemännern spielen; und wollte ich zeigen, dass
ich zur Gattung der kleinen Kläffer gehöre, die sich sofort rächen wol-
len, so würde ich vorschlagen, dass wir morgen von den Streichen er-
zählen sollten, die die Ehemänner ihren Frauen spielen. Das will ich 4
aber nicht tun, sondern ich sage, dass ein jeder daran denken soll, über
die Streiche zu sprechen, die tagtäglich die Frauen den Männern oder
die Männer den Frauen oder ein Mann dem anderen spielen; und ich
glaube, dass dieses ein nicht minder vergnügliches Thema sein wird
als das heutige.« Nach diesen Worten erhob sie sich und entließ die
Gesellschaft bis zur Stunde des Abendmahls. Es erhoben sich die Da- 5
men wie auch die jungen Männer; einige begannen barfuß durch das
klare Wasser zu waten, andere ergingen sich unter den schönen,
hochgewachsenen Bäumen auf grünem Rasen. Dioneo und Fiammet- 6
ta sangen zusammen eine Weile von Arcita und Palemone; und so
verbrachten sie ergötzlich mit vielfacher und unterschiedlicher Un-

terhaltung die Zeit bis zum Abendmahl. Als diese gekommen war,
waren die Tische am Ufer des Sees aufgestellt; unter dem Gesang der
Vögel, erfrischt von der milden Luft, die von den Hügeln herabwehte,
und von keiner Mücke belästigt, speisten sie heiter und in aller Ruhe.
7 Als die Tafel aufgehoben war und sie noch ein wenig durch das liebli-
che Tal spaziert waren, machten sie sich, als die Sonne noch hoch im
Westen stand, auf den Wunsch ihrer Königin gemächlichen Schrittes
auf den Heimweg; indem sie über das, was sie erzählt hatten, und vie-
le andere Dinge plauderten und scherzten, gelangten sie kurz vor Ein-
8 bruch der Nacht zu dem schönen Palast. Ihre Erschöpfung nach der
kurzen Wegstrecke wurde durch erfrischende Weine und Konfekt
vertrieben, und bald versammelten sie sich um den schönen Brunnen
zum Tanze, bald zu den Klängen von Tindaros Sackpfeife, bald zu an-
9 derer Musik. Schließlich forderte die Königin Filomena auf, eine Kan-
zone zu singen; und diese begann wie folgt:

10 Oh, wie elend ist mein Leben!
Werde ich jemals wieder so sein
wie vor dem schmerzlichen Verlust?
11 Ich weiß es nicht, denn so leidenschaftlich glüht
das Verlangen in meiner Brust,
dort zu bleiben, wo ich, ach, einst war.
Mein teures Gut, mein einziger Hort,
der mein Herz gebunden,
sag' du es mir, denn einen anderen
zu fragen, wage ich nicht, und weiß nicht wen.
O du mein Herr, lass' es mich hoffen,
dass ich die verwirrte Seele tröste.
12 Ich vermag es nicht zu sagen, welche Wonne
mich entzündet hat, so dass
ich keine Ruhe finde bei Tag oder bei Nacht.
Denn Hören, Fühlen, Sehen

haben ein jedes mit nicht gekannter Kraft
aufs neue das Feuer entfacht,
in dem ich mich verzehre;
du allein vermagst mich noch zu trösten
und die verzagten Kräfte wieder aufzurichten.
O sage mir, ob und wann es sein wird, 13
dass ich dich wiederfinde,
wo ich jene Augen küsste, die mich getötet haben;
sag' es mir, mein teures Gut und meine Seele,
wann wirst du kommen
und mit dem Wörtchen ›bald‹ mich trösten.
Kurz bis zum Kommen
und lange im Verweilen,
so soll es mir recht sein, denn Amor hat mich getroffen.
Geschieht es wohl, dass ich dich halte, 14
so weiß ich nicht, ob ich so töricht bin wie einst
und dich noch einmal ziehen lasse.
Ich werde dich halten, was immer auch geschieht;
und an dem süßen Mund
muss ich mein Verlangen stillen.
Mehr will ich jetzt nicht sagen:
Nun komme bald, mich zu umarmen,
allein das Hoffen lässt mich singen.

Dieses Lied ließ die Gesellschaft glauben, dass Filomena von einer 15
neuen und freudigen Liebe ergriffen war; und weil sie ihren Worten
nach schon mehr als nur den Anblick genossen hatte, hielten einige
sie für glücklicher als sich selbst und beneideten sie. Als sie ihr Lied
geendet hatte, erinnerte sich die Königin daran, dass der folgende Tag
ein Freitag war; so wandte sie sich freundlich an alle: »Wie ihr wisst, 16
edle Damen und ihr jungen Herren, wird am morgigen Tag der Leiden
unseres Herrn gedacht; und wenn ich mich recht erinnere, haben wir,

als Neifile Königin war, unsere vergnüglichen Unterhaltungen ausge-
17 setzt; so wie wir es auch an dem folgenden Samstag taten. Da ich dem guten Beispiel Neifiles folgen möchte, glaube ich, dass es schicklich ist, wenn wir morgen und am folgenden Tag so wie an den vergangenen Tagen auf unser unterhaltsames Erzählen verzichten, und uns ins Gedächtnis rufen, was an diesen Tagen für unser Seelenheil gesche-
18 hen ist.« Allen gefiel die fromme Rede ihrer Königin; weil die Nacht schon fortgeschritten war, wurden sie von ihr entlassen und begaben sich zur Ruhe.

1 ES ENDET DER SIEBENTE TAG DES DECAMERON,
UND ES BEGINNT DER ACHTE TAG,
AN DEM UNTER DER HERRSCHAFT LAURETTAS
VON DEN STREICHEN ERZÄHLT WIRD,
DIE TAGTÄGLICH DIE FRAUEN DEN MÄNNERN
ODER DIE MÄNNER DEN FRAUEN SPIELEN
ODER EIN MANN DEM ANDEREN.

2 Schon erglänzten am Morgen des Sonntags die höchsten Berggipfel
im Licht der aufgehenden Sonne, und die Schatten hatten sich aufge-
löst, so dass die Dinge sichtbar wurden, als die Königin mit ihrer Ge-
sellschaft aufstand, um durch das taufrische Gras zu spazieren; um
halb acht Uhr besuchten sie den Gottesdienst in einer kleinen in der
Nähe gelegenen Kirche. Sie kehrten nach Hause zurück; nachdem sie
heiter und guter Dinge gegessen hatten, sangen und tanzten sie noch
eine Weile, bis die Königin sie beurlaubte, damit, wer es wollte, sich
3 ausruhen konnte. Als die Sonne den Mittag überschritten hatte, nah-
men sie alle auf Wunsch der Königin zum Erzählen bei dem schönen
Brunnen Platz. Auf Geheiß der Königin begann Neifile wie folgt.

Erste Novelle

1 *Gulfardo leiht sich Geld von Guasparuolo und gibt es dessen Frau, damit sie wie vereinbart mit ihm schläft; in der Gegenwart von Guasparuolo sagt er, dass er es ihr zurückgegeben habe, und sie bestätigt dies.*

2 Wenn es der Herrgott bestimmt hat, dass ich den heutigen Tag mit
meiner Novelle beginnen soll, so will ich es gerne tun. Und weil, ihr
liebenswerten Damen, viel von den Streichen erzählt wurde, die
die Frauen den Männern gespielt haben, möchte ich euch gerne von
einem erzählen, den ein Mann einer Frau gespielt hat; ich möchte ihn
aber damit nicht tadeln oder sagen, dass ihr nicht recht geschehen sei;
vielmehr möchte ich den Mann loben und die Frau tadeln und zeigen,
dass auch die Männer die betrügen können, die ihnen vertrauen, so
3 wie sie von denjenigen betrogen werden, denen sie vertrauen. Es
kommt hinzu, dass das, was ich erzählen werde, nicht einen Betrug,
sondern eine verdiente Belohnung genannt werden sollte. Denn eine

Frau hat ihre Ehrbarkeit und ihre Keuschheit wie ihr Leben zu hüten
und darf sich nicht dazu verleiten lassen, sie aus irgendeinem Grund
zu beflecken – und wenn dies unmöglich ist, so allein wegen der
Schwachheit unseres Geschlechts; und ich behaupte, dass diejenige
das Feuer verdient hat, die sich gegen Bezahlung dazu verleiten lässt;
diejenige, die durch die übermächtige Kraft der Liebe dazu gebracht 4
wird, verdient die Gnade eines nicht allzu strengen Richters, wie es in
Prato gegenüber Madonna Filippa der Fall gewesen ist – was Filostrato
vor wenigen Tagen erzählt hat.

In Mailand lebte einst ein deutscher Söldner mit Namen Gulfardo, 5
ein wackerer Bursche, der demjenigen, dem er diente, stets die Treue
hielt, was bei den Deutschen selten vorkommt. Und da er geliehenes
Geld zuverlässig zurückzahlte, hätte er genügend Kaufleute gefunden,
die ihm jede Summe zu geringem Zins geliehen hätten. Wäh- 6
rend seines Aufenthaltes in Mailand verliebte sich dieser Gulfardo in
eine sehr schöne Dame namens Madonna Ambruogia; sie war die
Gattin eines reichen Kaufmanns, der den Namen Guasparuol Cagastraccio
trug, und mit dem er gut bekannt und befreundet war. Ohne
dass der Gatte oder irgendjemand etwas bemerkte, liebte er sie heim-

lich und schickte eines Tages zu ihr, um sie zu bitten, dass sie seine
höfische Liebe anhören möge, und dass er bereit wäre, das zu tun, was
7 sie von ihm verlange. Nach vielem Hin-und-Hergerede kam die
Dame zu dem Beschluss, dass sie bereit sei, zu tun, was Gulfardo be-
gehrte, wenn zwei Bedingungen erfüllt würden. Die eine war, dass er
es niemals eine andere Person wissen ließe; die andere war, dass sie
zweihundert Gulden benötigte, und dass er, der ein reicher Mann sei,
8 sie ihr gebe. Dann stünde sie ihm zu Diensten. Als Gulfardo diese
habgierige Forderung vernahm, empörte ihn diese Gemeinheit, denn
er hielt sie für eine rechtschaffene Dame; seine glühende Leidenschaft
wandelte sich geradezu in Hass, und er gedachte sie hereinzulegen. Er
ließ ihr also ausrichten, dass er gerne alles, was ihr gefiele, tun würde;
und er bat sie auch, ihm zu sagen, wann er sie besuchen könnte, um
ihr auch das Geld zu bringen; niemand werde etwas davon erfahren,
ausgenommen einer seiner Gefährten, zu dem er großes Vertrauen
9 habe, und der ihn bei allem, was er tue, begleite. Die Dame, ein ge-
meines Weibsbild, freute sich über diese Antwort und ließ ihm sa-
gen, dass ihr Mann Guasparuolo in einigen Tagen wegen seiner Ge-
schäfte nach Genua reisen müsste; sie werde ihn das wissen lassen
10 und nach ihm schicken. Als es Gulfardo an der Zeit erschien, begab er
sich zu Guasparuolo und sagte ihm: »Ich habe etwas Bestimmtes vor
und benötige dazu zweihundert Gulden; leihe sie mir bitte zu dem
üblichen Zinssatz.« Guasparuolo sagte, dass er das gerne tue, und
11 zahlte ihm sofort das Geld aus. Wenige Tage danach reiste Guaspa-
ruolo nach Genua, wie seine Frau es angekündigt hatte; so ließ sie
Gulfardo auch ausrichten, dass er zu ihr kommen und die zweihun-
12 dert Gulden mitbringen sollte. Und Gulfardo ging gemeinsam mit
seinem Gefährten zu dem Haus; sie erwartete ihn bereits, und als ers-
tes übergab er ihr in Gegenwart seines Gefährten die zweihundert
Gulden und sagte: »Madonna, nehmt dieses Geld und übergebt es Eu-
13 rem Gatten, wenn er zurückgekehrt sein wird.« Die Dame nahm das
Geld entgegen; sie verstand allerdings nicht, warum er den Satz hin-

zugefügt hatte; sie glaubte, er habe ihn gesagt, damit sein Gefährte
nicht bemerkte, dass es eigentlich die Bezahlung für sie war; deswe-
gen sagte sie: »Das will ich gerne tun, aber ich will noch sehen, ob es
stimmt.« Und sie schüttete es auf den Tisch, fand, dass es zweihun-
dert Gulden waren, und sagte, sie sei es zufrieden. Sie wandte sich 14
wieder an Gulfardo, führte ihn in ihre Kammer und gab sich ihm in
dieser Nacht sowie in manchen weiteren Nächten hin, bis ihr Gatte
aus Genua zurückgekehrt war. Als dies geschehen war, passte Gulfar- 15
do sogleich den Moment ab, als Guasparuolo mit seiner Frau im Haus
war, ging zu ihnen und sagte in ihrer Gegenwart: »Guasparuolo, das
Geld, die zweihundert Gulden, die du mir kürzlich geliehen hast,
habe ich nicht gebraucht, denn ich konnte das Geschäft, wofür ich sie
vorgesehen hatte, nicht abschließen; und ich habe sie sofort deiner
Frau zurückgebracht und ihr übergeben; lösche also bitte meine Rech-
nung.« Guasparuolo wandte sich an seine Frau und fragte sie, ob sie 16
sie erhalten habe; sie dachte an den Zeugen, konnte es nicht leugnen
und sagte: »Aber natürlich habe ich sie erhalten, ich hatte nur verges-
sen, es dir zu sagen.« Guasparuolo sagte hierauf: »Gulfardo, es ist alles 17
in Ordnung; geht mit Gott, ich werde Eure Rechnung löschen.« Gul- 18
fardo verabschiedete sich, die Dame war hereingefallen und musste
den schimpflichen Lohn für ihre niederträchtige Gesinnung ihrem
Gatten übergeben. Auf diese Weise genoss der schlaue Liebhaber sei-
ne habgierige Dame kostenlos.

Zweite Novelle

Der Pfarrer von Varlungo schläft mit Monna Belcolore und hinterlässt ihr als Unterpfand seinen Mantel; dann leiht er sich von ihr einen Mörser aus; den schickt er ihr zurück und verlangt, dass sie ihm den Mantel zurückgebe, den er als Pfand hinterlassen habe; die gute Frau schickt ihn mit einem Witzwort zurück. 1

2 Sowohl die jungen Männer als auch die Damen lobten gleicherma-
ßen, wie Gulfardo mit der habgierigen Mailänderin verfahren war;
dann wandte sich die Königin lächelnd an Panfilo und bat ihn fortzu-
fahren; und dieser begann wie folgt:

3 Schöne Damen, mir fällt es zu, euch eine Geschichte zu erzählen,
die sich gegen diejenigen richtet, die uns unaufhörlich verletzen,
ohne dass wir es ihnen zurückgeben könnten; gemeint sind die Geist-
lichen, die einen Kreuzzug gegen unsere Frauen ausgerufen haben;
und wenn sie sich eine untergeschoben haben, glauben sie, einen
Schulderlass und Ablass aller Sündenstrafen erlangt zu haben, so als
hätten sie den Sultan in Fesseln von Alexandria nach Avignon ge-
4 bracht. Die armen Laien können ihnen nicht ein Gleiches zufügen,
auch wenn sie sich an ihren Müttern, Schwestern, Freundinnen und
Töchtern mit der gleichen Inbrunst gütlich täten, wie jene über ihre
5 Ehefrauen herfallen. Und deswegen will ich euch eine bäuerliche
Liebschaft erzählen, die nicht lang ist, aber über deren Ende man la-
chen kann, und der ihr auch entnehmen könnt, dass man den Geistli-
chen nicht alles glauben darf.
6 In Varlungo, einem Dorf, das, wie ihr alle wisst oder gehört haben

werdet, ganz in unserer Nähe liegt, lebte also ein wackerer Pfarrer, der
für die Frauen immer auf dem Posten war; er konnte zwar nicht sehr
gut lesen, aber er verstand es, seine Pfarrkinder am Sonntag auf dem
Kirchplatz mit vielen trefflichen und frommen Worten zu unterhal-
ten; besonders und häufiger als jeder andere Pfarrer vor ihm besuchte 7
er allerdings die Frauen, wenn ihre Männer außer Haus waren, und
brachte ihnen Amulette oder Weihwasser oder einen Kerzenstum-
mel und erteilte ihnen seinen Segen. Es geschah nun, dass ihm schon 8
manche seiner Pfarrtöchter gefallen hatten, eine aber gefiel ihm ganz
besonders; sie hieß Monna Belcolore, und sie war mit einem Bauern
namens Bentivegna del Mazzo verheiratet; sie war in der Tat ein statt- 9
liches, frisches und sonnengebräuntes Bauernweib, die sich aufs
Mahlen besser als jede andere verstand; außerdem wusste sie das
Tamburin zu spielen und zu singen und, wenn es nottat, besser als an-
dere, mit leichter Hand die Tänze anzuführen. Also verguckte sich 10
der Herr Pfarrer mächtig in sie, geriet fast außer sich und strich den
ganzen Tag herum, um sie zu Gesicht zu bekommen; bemerkte er am
Sonntag, dass sie in der Kirche war, stimmte er, um seine schöne
Stimme zu zeigen, ein lautes Kyrie oder Sanctus an, das sich wie
Eselsgeschrei anhörte; sah er sie aber nicht, hielt er sich manierlich zu-
rück. Trotzdem stellte er es aber so an, dass weder Bentivegna del
Mazzo noch irgendeine Nachbarin etwas mitbekamen. Um das Ver- 11
trauen der Monna Belcolore zu gewinnen, machte er ihr immer mal
wieder Geschenke; bald schickte er ihr einen Büschel frischen Knob-
lauchs – und er hatte den schönsten in seinem Garten, den er eigen-
händig pflegte –, bald ein Körbchen mit Schoten, bald einige Zwiebeln
oder Schalotten. Und wenn sich die Gelegenheit bot, schaute er sie 12
mit schiefem Blick an oder jammerte verliebt; sie gab sich spröde, als
merke sie nichts, und ging stolz von dannen; und der Herr Pfarrer
kam nicht an sein Ziel. Eines Tages geschah es, dass der Pfarrer genau 13
um die Mittagszeit durch die Gegend strolchte und Bentivegna del
Mazzo mit einem vollbeladenen Esel traf; er fragte ihn, wohin er un-

14 terwegs sei. Bentivegna antwortete: »Um der Wahrheit willen, Herr,
ich muss in die Stadt wegen einer wichtigen Angelegenheit. Ich brin-
ge diese Dinge dem Herrn Bonaccorri da Ginestreto, damit er mir
hilft, weil der Herr Bestrafungsrichter mich durch seinen Kurator um
15 mein peremptorisches Erscheinen gebeten hat.« Freudig sagte der
Pfarrer: »Mein Sohn, du tust gut daran. Gehe mit meinem Segen und
kehre bald zurück. Und wenn du Lapuccio oder Naldino triffst, dann
vergiss nicht, dass sie mir die Riemen für meine Dreschflegel beschaf-
16 fen sollen.« Bentivegna sagte, dass er das tun werde; da er weiter nach
Florenz zog, meinte der Pfarrer, dass dies eine Gelegenheit wäre, um
die Belcolore aufzusuchen und sein Glück zu versuchen. Er machte
sich auf den Weg und hielt erst vor ihrem Haus an. Er trat ein und sag-
17 te: »Gott segne dieses Haus; ist niemand daheim?« Belcolore war auf
dem Boden, hörte ihn und sagte: »O Herr, seid willkommen; was
18 führt Euch bei dieser Hitze hierher?« Der Pfarrer antwortete: »Wenn
es der Himmel gut mit mir meint, so möchte ich dir ein wenig Gesell-
19 schaft leisten, denn ich traf deinen Mann, der in die Stadt ging.« Bel-
colore kam herunter, setzte sich nieder und begann die Kohlsamen zu
klauben, die ihr Mann kurz zuvor gedroschen hatte. Der Pfarrer be-
gann das Gespräch: »Nun, Belcolore, willst du mich auf diese Art
21 langsam umbringen?« Belcolore lachte und sagte: »Was tue ich?« Der
Pfarrer sagte: »Du tust nichts, aber du lässt mich nicht das tun, was ich
22 begehre, und was Gott zu tun befahl.« Belcolore sagte: »Nun aber
23 sachte! Tun die Geistlichen denn auch so etwas?« Der Pfarrer antwor-
tete: »Und wir tun es besser als andere Männer – warum auch nicht?
Und ich sage dir, wir leisten bessere Arbeit. Weißt du auch warum?
Weil wir nur mahlen, wenn viel Wasser da ist. Aber es soll nicht dein
24 Schaden sein, wenn du still bist und mich gewähren lässt.« Belcolore
sagte: »Aber was soll es mir schon nützen, wo ihr doch geiziger als der
25 Teufel seid?« Darauf erwiderte der Pfarrer: »Ich aber nicht, wähle nur
aus: Willst du ein Paar Schuhe oder ein Stirnband oder ein schönes
26 Tuch oder irgendetwas anderes?« Belcolore sagte: »Lasst es gut sein!

Davon habe ich genug. Aber wenn Ihr mich so gerne habt, tut mir ei-
nen Gefallen, und dann tue ich, was Ihr von mir verlangt!« Der Pfarrer 27
sagte darauf: »Sag', was du dir wünschst, und ich werde es gerne tun!«
Belcolore sagte nun: »Am Samstag muss ich nach Florenz gehen, um 28
die Wolle abzugeben, die ich gesponnen habe, und um mein Spinn-
rad ausbessern zu lassen. Wenn Ihr mir fünf Lire borgt – und ich weiß,
Ihr habt sie –, so kann ich meinen dunklen Rock und den Festtagsgür-
tel beim Pfandleiher auslösen, die ich in die Ehe gebracht habe; ich
kann ohne sie weder in die Kirche noch sonst irgendwohin gehen;
dann tue ich alles, was Ihr wollt.« Der Pfarrer antwortete: »So wahr 29
mir Gott helfe, ich habe sie nicht bei mir; aber glaub' mir, bis Samstag
werde ich sie dir gewiss geben.« »Aber natürlich«, sagte Belcolore, 30
»versprechen könnt Ihr alle viel, aber halten nichts. Glaubt Ihr etwa,
Ihr könnt es mit mir wie mit der Biliuzza machen, die Ihr mit nichts
habt sitzenlassen? Und dann ist aus ihr eine Dirne geworden. Wenn
ihr das Geld nicht habt, dann holt es.« »Aber, aber«, sagte der Pfarrer, 31
»du wirst mich jetzt nicht fortschicken, wo ich es gerade so glücklich
getroffen habe, dass niemand im Haus ist; und wenn ich zurückkom-
me, wird uns jemand stören. Ich weiß nicht, ob ich so bald eine solche
gute Gelegenheit finde.« Und sie sagte: »Na gut, wenn Ihr gehen wollt, 32
geht, wenn nicht, dann lasst es bleiben.« Der Pfarrer bemerkte, dass 33
sie nicht bereit war, ihm irgendeinen Gefallen zu erweisen außer ums
salvum me fac, während er es doch *sine custodia* tun wollte, und sag-
te: »Also, du willst mir nicht glauben, dass ich dir das Geld geben wer-
de; damit du mir glaubst, will ich dir meinen Mantel als Pfand hinter-
lassen.« Belcolore warf einen Blick darauf und sagte: »So, was ist der 34
denn wert?« Der Pfarrer sagte: »Wie, was er wert ist? Er ist nicht nur 35
aus Zweibrückner, sondern aus Dreibrückner, manche bei uns sagen
sogar aus Vierbrückner Tuch. Vor zwei Wochen hat er mich beim
Trödler Lotto wohl sieben Lire gekostet, und das waren noch fünf Lire
zu wenig, wie mir Buglietto gesagt hat, der, wie du weißt, sich mit
diesem Tuch auskennt.« »Wirklich?« sagte Belcolore. »Bei Gott, das 36

37 hätte ich nicht gedacht; nun gebt ihn mir aber zuerst!« Der Herr Pfar-
rer, dessen Armbrust gespannt war, zog den Mantel aus und gab ihn
ihr; nachdem sie ihn beiseitegelegt hatte, sagte sie: »Herr, lasst uns in
den Schuppen gehen, dorthin kommt niemand.« Und das taten sie.
38 Und dort gab ihr der Pfarrer viele süße Schmätzchen, vermählte sie
mit dem Herrgott und vergnügte sich eine ganze Weile mit ihr; da-
nach ging er in der Sutane heim in seine Kirche, so als käme er von ei-
39 ner Hochzeit. Dort bedachte er, dass alle in einem Jahr gespendeten
Opferkerzen nicht einmal die Hälfte von fünf Lire wert seien, und es
reute ihn, seinen Mantel zurückgelassen zu haben. Er überlegte sich
40 also, wie er ihn ohne Lösegeld wieder in Besitz bekommen könnte. Da
er ziemlich gerissen war, fiel ihm auch ein, wie er ihn zurückhaben
konnte; und so führte er es auch durch. Am folgenden Tag, einem Fei-
ertag, schickte er den Knaben seines Nachbarn zu Monna Belcolore
und ließ ihr ausrichten, dass sie ihm bitte ihren steinernen Mörser
ausleihen möchte, denn er wollte mit Binguccio dal Poggio und Nuto
Buglietti in der Frühe speisen und eine Tunke vorbereiten. Belcolore
41 schickte ihm den Mörser. Als es Essenzeit war, wartete der Pfarrer ab,
bis Bentivegna und Belcolore gemeinsam beim Essen saßen; dann rief
er seinen Mesner und sagte ihm: »Nimm den Mörser, bringe ihn der
Belcolore zurück und sage ihr: ›Der Herr Pfarrer lässt sich bedanken,
und er bittet Euch, ihm seinen Mantel zurückzugeben, den der Junge
42 Euch als Pfand hinterlassen hat.‹« Der Mesner machte sich mit dem
Mörser auf den Weg und fand die Belcolore gemeinsam mit ihrem
Mann beim Essen; er setzte den Mörser zu Boden und richtete die
43 Botschaft des Pfarrers aus. Als die Belcolore hörte, dass sie den Mantel
zurückgeben sollte, wollte sie antworten; aber Bentivegna sagte mit
zorniger Miene: »Da verlangst du doch tatsächlich ein Unterpfand
von unserem Herrn Pfarrer? Beim Heiligen Kreuz, ich möchte dir am
liebsten eine runterhauen! Nun los, gib ihm ihn schleunigst zurück,
oder dich hole der Teufel! Und pass auf, was er auch immer von uns
44 verlangt, sei es auch unseren Esel, das bekommt er.« Belcolore erhob

sich murrend, ging zur Truhe, holte den Mantel hervor und gab ihn
dem Mesner mit den Worten: »Richte dem Herrn Pfarrer von mir aus:
›Die Belcolore bittet Gott, dass Ihr nie mehr Tunke in ihrem Mörser
stampfen werdet, weil Ihr ihr mit dieser so wenig Ehre gemacht habt.‹«
Der Mesner nahm den Mantel und bestellte die Botschaft; lachend 45
sagte der Pfarrer: »Wenn du sie siehst, dann sage ihr, wenn sie uns
nicht den Mörser leiht, werde ich ihr nicht den Stößel leihen, eins ge-
hört zum anderen.« Bentivegna glaubte, seine Frau habe die Botschaft 46
ausrichten lassen, weil er sie ausgeschimpft hatte, und kümmerte sich
nicht darum; Belcolore aber war wütend auf den Pfarrer und wechsel-
te kein Wort mit ihm bis zur Weinernte. Als der Pfarrer ihr dann aber
angedroht hatte, sie in den tiefsten Höllenschlund zu verdammen,
bekam sie es mit der Angst zu tun und söhnte sich bei Most und hei-
ßen Kastanien mit ihm aus; und gemeinsam trieben sie es lustig mit-
einander. Und statt der fünf Lire ließ der Pfarrer ihr Tamburin neu be- 47
ziehen und ein Glöckchen anhängen; sie war es zufrieden.

Dritte Novelle

Calandrino, Bruno und Buffalmacco gehen den Mugnone herunter, um den Heliotrop zu suchen; Calandrino glaubt, ihn gefunden zu haben; mit Steinen beladen kehrt er heim; seine Frau schimpft ihn aus, er ärgert sich und verprügelt sie; und seinen Gefährten erzählt er, was sie besser wissen als er. 1

Als Panfilo seine Novelle beendet hatte – über die die Damen gar nicht 2
aufhören konnten zu lachen –, forderte die Königin Elissa auf fortzufahren; noch lachend begann diese:

Ich weiß nicht, ihr schönen Damen, ob ich euch mit meiner klei- 3
nen, aber nicht weniger wahren Novelle so zum Lachen bringen werde, wie es Panfilo gelungen ist; aber ich werde mich bemühen.

4 In unserer Stadt, die immer reich an verschiedenen Lebensweisen
und sonderbaren Menschen gewesen ist, lebte vor nicht allzu langer
Zeit ein Maler, den man Calandrino nannte, ein einfacher Mensch mit
seltsamen Angewohnheiten. Die meiste Zeit verbrachte er mit zwei
anderen Malern; der eine hieß Bruno und der andere Buffalmacco,
zwei unterhaltsame und darüber hinaus schlaue und gewitzte Bur-
schen, die sich häufig über Calandrinos sonderbare Sitten und sein
5 schlichtes Gemüt lustig machten. Außerdem lebte damals in Florenz
ein junger, gescheiter und überaus beliebter Mann, dem alles, was er
unternahm, wunderbar gelang, der Maso del Saggio hieß. Als dieser
von Calandrinos Einfalt hörte, schlug er vor, dass man ihm auf seine
Kosten einen lustigen Streich spielen und ihn irgendetwas Verrücktes
6 glauben machen sollte. Und als er ihn eines Tages zufällig in der Kir-
che San Giovanni entdeckte, wie er die Gemälde und das Schnitzwerk
des Tabernakels bewunderte, das erst kurz zuvor aufgestellt worden
war, hielt er das für eine gute Gelegenheit, um seine Absicht in die Tat
7 umzusetzen. Er unterrichtete einen Freund über sein Vorhaben, und
sie näherten sich beide dem Ort, wo Calandrino alleine saß; sie taten
so, als sähen sie ihn nicht und begannen über die Eigenschaften und

Kräfte verschiedener Steine zu sprechen; Maso redete so überzeu-
gend, als wäre er ein bedeutender und großer Experte. Calandrino 8
vernahm ihre Worte und spitzte die Ohren; als er bemerkte, dass sie
keine Geheimnisse austauschten, trat er zu ihnen, was Maso nur recht
war. Er fuhr in seiner Rede fort, bis Calandrino ihn schließlich fragte,
wo diese Steine mit den wunderbaren Eigenschaften zu finden wä-
ren. Maso antwortete, dass sie im Plapperland bei den Basken, in einer 9
Gegend mit dem Namen Schlaraffia zu finden wären, wo die Weinre-
ben mit Würsten zusammengebunden seien und wo man eine Gans
für einen Dreier und einen kleinen Gänserich noch dazu bekomme;
dort gäbe es einen Berg aus geriebenem Parmesan, auf dem die Men-
schen nichts anderes täten, als Gnocchi und Ravioli in Hühnerbrühe
zu kochen, um sie herunterzuwerfen; je mehr einer auffange, umso
mehr bekomme er. Und daneben fließe ein Bächlein vom besten
Wein, ohne jedes Tröpfchen Wasser. »Oh!« sagte Calandrino. »Das ist 10
ja ein wunderbares Land. Aber sag' mir, was machen sie mit den ge-
kochten Hühnern?« Maso antwortete: »Die essen die Basken alle auf.« 11
Calandrino sagte darauf: »Bist du schon da gewesen?« Maso antwor- 12
tete: »Fragst du, ob ich je dort gewesen bin? Natürlich war ich dort,
einmal und tausendmal.« Nun sagte Calandrino: »Und wie viele Mei- 14
len sind es bis dorthin?« Maso antwortete: »Mehr als tausend, die 15
Nacht durchsausend.« Calandrino sagte: »Dann ist es weiter als die 16
Abbruzzen?« Maso antwortete: »So gewiss wie nichts.« Der einfältige 17
Calandrino sah, wie Maso diese Worte mit ruhiger und ernster Miene
äußerte, und glaubte, er sage die reine und unerschütterliche Wahr-
heit. Er sagte: »Das ist zu weit weg, aber wenn es näher wäre, würde
ich gerne einmal mit dir hingehen, um etwas von den Gnocchi mitzu-
kriegen und mir den Bauch vollzuschlagen. Aber sag' doch – und Gott
segne dich! – findet man denn hierzulande nicht irgendeinen dieser
wunderbaren Steine?« Maso antwortete darauf: »Ja, zwei Arten von 19
Steinen, die eine große Kraft besitzen, finden sich hier. Das eine sind
die Mahlsteine von Settignano und Montisci; wenn man nämlich

Mühlsteine aus ihnen macht, dann macht man Mehl damit; und des-
wegen sagt man, dass die Gnade von Gott kommt und die Mühlsteine
aus Montesci. Aber von denen gibt es so viele, dass sie bei uns nichts
mehr wert sind, so wie bei ihnen dort die Smaragde, von denen es hö-
here Berge als den Monte Morello gibt, und sie leuchten, dass Gott
dich behüte. Und wisse, wer die Mühlsteine, bevor sie durchbohrt
würden, schön und sauber zu einem Ring verarbeitete und sie dem
20 Sultan überbrächte, erhielte, so viel er nur wollte. Der andere ist ein
Stein, den wir Steinkenner Heliotrop nennen; das ist ein Stein, der
die wunderbare Kraft besitzt, dass, wer auch immer ihn trägt, von
21 niemand anderem gesehen werden kann.« Nun sagte Calandrino:
»Das sind ja gewaltige Zauberkräfte! Aber wo findet man denn diesen
22 zweiten Stein?« Maso antwortete, dass man ihn im Mugnone finde.
23 Calandrino sagte: »Wie groß ist denn dieser Stein? Und welche Farbe
24 hat er?« Maso antwortete: »Sie sind unterschiedlich groß, der eine
25 mehr, der andere weniger. Aber alle sind sie fast schwarz.« Calandrino
merkte sich alles genau; er tat so, als hätte er etwas anderes zu tun und
verabschiedete sich von Maso; er nahm sich vor, nach diesem Stein zu
suchen; aber er beschloss, es nicht zu tun, ohne zuvor Bruno und Buf-
falmacco ins Vertrauen gezogen zu haben, die er ganz besonders
26 mochte. Er machte sich also auf die Suche nach ihnen, damit sie un-
verzüglich und vor irgendeinem anderen nach den Steinen suchten;
27 und der Vormittag verging mit dieser Suche. Als schließlich die neun-
te Stunde bereits überschritten war, erinnerte er sich daran, dass sie
im Kloster der Frauen von Faenza arbeiteten; und obwohl es sehr heiß
war, ließ er alles stehen und liegen, eilte zu ihnen, rief sie zusammen
28 und sagte: »Freunde, glaubt mir, wir können die reichsten Leute von
Florenz werden; denn ich habe von einem vertrauenswürdigen Mann
erfahren, dass es im Mugnone einen Stein gibt, der den, der ihn bei
sich trägt, unsichtbar macht. Mir scheint es, dass wir ihn schleunigst,
29 bevor es jemand anderes tut, suchen sollten. Wir finden ihn ganz be-
stimmt, denn ich weiß, wie er aussieht. Sobald wir ihn gefunden ha-

ben, stecken wir ihn in unseren Beutel und gehen zu den Tischen der
Wechsler, die, wie ihr wisst, immer schwer mit Silber und Goldstü-
cken beladen sind, und nehmen uns so viel wir wollen. Niemand wird
uns sehen, und so werden wir im Nu reich und brauchen nicht mehr
täglich wie die Schnecken die Mauern zu verschmieren.« Als Bruno 30
und Buffalmacco das hörten, mussten sie das Lachen unterdrücken,
schauten sich aber gegenseitig an und taten so, als seien sie bass er-
staunt und mit seinem Vorschlag ganz und gar einverstanden; Buffal-
macco fragte indessen, wie jener Stein hieß. Calandrino, der schwer 31
von Begriff war, hatte den Namen vergessen; er antwortete also: »Was
soll uns der Name nützen, wenn wir seine Kraft kennen? Wir sollten
uns vielmehr auf die Suche machen und nicht länger warten.« »Nun 32
gut«, sagte Bruno, »wie sieht er denn aus?« Calandrino sagte: »Sie se- 33
hen unterschiedlich aus, aber alle sind fast schwarz. Ich glaube also,
wir sollten alle einsammeln, die schwarz aussehen, so viel wir davon
finden; lasst uns also keine Zeit verlieren und losgehen.« Worauf Bru- 34
no sagte: »Warte mal.« Und er wandte sich an Buffalmacco: »Calandri-
no hat zwar recht, aber es scheint mir jetzt nicht die richtige Stunde zu
sein; denn die Sonne steht hoch und hat alle Steine des Mugnone aus-
getrocknet, so dass sie gerade alle weiß erscheinen, die des Morgens,
wenn die Sonne sie noch nicht ausgetrocknet hat, jedoch alle schwarz
aussehen. Außerdem ist heute, an einem Werktag, sehr viel Volk im 35
Mugnone; sollten sie uns sehen, so könnten sie erraten, was wir im
Sinn haben, und auf den gleichen Gedanken kommen; und sie könn-
ten den Stein finden, und unsere ganze Bemühung wäre umsonst ge-
wesen. Wenn ihr auch der Meinung seid, so scheint es mir, dass wir 36
dieses Werk in der Frühe, wenn man die schwarzen von den weißen
Steinen unterscheiden kann, und an einem Feiertag tun sollten, wenn
niemand da ist, der uns beobachtet.« Buffalmacco befürwortete den 37
Vorschlag Brunos, und Calandrino stimmte zu. Sie verabredeten,
dass sie gemeinsam am Sonntagmorgen diesen Stein suchen wollten;
vor allem bat Calandrino darum, dass sie mit niemandem über die

Angelegenheit sprechen sollten, weil sie ihm als Geheimnis anver-
38 traut worden sei. Nachdem sie das verabredet hatten, erzählte er ih-
nen, was er von dem Land Schlaraffia gehört hatte und schwor Stein
und Bein, dass alles wahr sei. Als Calandrino fortgegangen war, ver-
abredeten sie unter sich, wie sie sich bei dieser Sache verhalten woll-
39 ten. Sehnlichst erwartete Calandrino den Sonntag und erhob sich
noch vor Tagesanbruch. Er holte seine Freunde, sie verließen die Stadt
durch das Tor San Gallo und stiegen den Mugnone hinab, um flussab-
wärts nach dem Stein zu suchen. Calandrino eilte voller Eifer voraus,
sprang hierhin und dorthin, und wo auch immer er einen dunklen
40 Stein erblickte, sprang er hin, steckte ihn in sein Hemd. Seine Freunde
kamen hinterher und nahmen ab und zu einen Stein mit; Calandrino
indessen hatte nach wenigen Schritten schon sein Hemd gefüllt;
dann steckte er die Enden seines Rockes in den Gürtel und hatte auch
diesen Beutel bald gefüllt; schließlich machte er noch aus seinem
41 Mantel einen Beutel und füllte ihn mit Steinen. Als Buffalmacco und
Bruno um die Essensstunde sahen, dass Calandrino voll beladen mit
Steinen war, sagte Bruno zu Buffalmacco – wie sie es verabredet hat-
42 ten: »Wo ist denn Calandrino?« Buffalmacco schaute in alle Richtun-
gen und antwortete, obwohl er ihn ganz in der Nähe sah: »Ich weiß es
43 nicht, vor kurzem war er noch dort vor uns.« Bruno sagte: »Was heißt
vor kurzem? Mir scheint, er ist schon längst zum Essen nach Hause
gegangen und lässt uns hier wie die Narren nach schwarzen Steinen
44 suchen.« »Und wahrscheinlich«, sagte Buffalmacco, »hat er uns ganz
schön hereingelegt, und wir waren dumm genug, ihm zu glauben.
Sapperlot! Wer außer uns ist auch schon so dumm und glaubt, man
45 könne im Mugnone Steine von solcher Kraft finden?« Als Calandrino
diese Worte hörte, bildete er sich ein, dass er eben solche Steine ge-
funden hätte, und dass jene ihn, obwohl er noch zugegen war, wegen
ihrer besonderen Eigenschaft nicht sehen könnten. Frohgemut über
sein Glück, sagte er kein Wort und beschloss, nach Hause zu gehen; er
46 kehrte um und kam wieder den Fluss hinauf. Buffalmacco und Bruno

sahen es, und Buffalmacco sagte: »Und was machen wir jetzt? Warum gehen wir nicht auch heim?« Bruno antwortete: »Gehen wir also. 47
Aber ich schwöre zu Gott, so etwas soll mir Calandrino nicht mehr antun! Wenn ich ihn vor mir hätte wie den ganzen Vormittag über, so würde ich ihm diesen Kieselstein in die Hacken werfen, dass er sich noch einige Zeit an diesen Streich erinnern würde.« Und mit diesen Worten schleuderte er ihm einen Stein an die Beine. Calandrino stockte der Atem vor Schmerz, aber er ging, ohne ein Wort zu sagen,
an ihnen vorbei. Buffalmacco nahm einen der aufgesammelten Steine 48
in die Hand und sagte zu Bruno: »Hier, schau' dir diesen Stein an, der sollte Calandrino ins Kreuz treffen!« Und er warf ihn ihm nach. Auf diese Weise folgten sie ihm bis an das Stadttor und bewarfen ihn mit
Steinen. Dort warfen sie die übrigen Steine weg, die sie aufgesammelt 49
hatten, und gesellten sich zu den Torwachen, die schon zuvor unterrichtet worden waren und mit größtem Vergnügen so taten, als sähen
sie nicht, wie Calandrino an ihnen vorüberzog. Dieser ging, ohne ste- 50
henzubleiben, zu seinem Haus, das nahe beim Canto alla Macina gelegen war. Fortuna begünstigte das Possenspiel, zumal Calandrino auf dem ganzen Rückweg von niemandem angesprochen wurde, weil
alle beim Mittagessen saßen. Mit Steinen beladen betrat Calandrino 51
sein Haus. Zufällig stand Monna Tessa, seine schöne und tüchtige Ehefrau, oben auf der Treppe, und sie war schon etwas verärgert über seine lange Abwesenheit; als sie ihn kommen sah, begann sie zu schimpfen: »Endlich schickt der Teufel dich nach Hause! Alle Welt
hat schon gegessen, und nun kommst du dazu.« Bei diesen Worten 52
bemerkte Calandrino, dass er nicht unsichtbar war, und rief zornig und verzweifelt: »O du verdammtes Weib, musst du denn gerade da sein? Du machst mir alles kaputt; bei Gott, das zahle ich dir heim!« Er lud die Steine, die er herangeschleppt hatte, in einer Kammer ab und rannte wutentbrannt auf sein Weib zu, packte sie an den Haaren, warf sie nieder und schlug wie ein Wilder mit Faustschlägen und Fußtritten auf sie ein, riss ihr die Haare aus und brach ihr sämtliche Knochen

53 im Leib. Vergebens bat sie mit gefalteten Händen um Gnade. Buffalmacco und Bruno hatten sich mit den Torwächtern noch eine Weile lustig gemacht und waren Calandrino dann langsam gefolgt; an seiner Haustür angekommen, hörten sie, wie Calandrino seine Frau verprügelte; sie riefen ihn und taten so, als wären sie gerade erst gekommen. Schweißtriefend, hochrot im Gesicht und völlig ermattet erschien
54 Calandrino am Fenster und bat sie heraufzukommen. Sie taten so, als wüssten sie nicht, worum es ginge, und kamen herauf; dort sahen sie, dass der Raum voller Steine war, und dass Monna Tessa mit aufgelösten Haaren, zerrissenen Kleidern, mit bleichem und blutigem Gesicht bitterlich heulend in einer Ecke saß; Calandrino hockte ohne Gürtel
55 keuchend und erschöpft in der anderen Ecke. Als sie das Ganze betrachtet hatten, sagten sie: »Calandrino, was soll das? Willst du eine Mauer bauen, weil du so viele Steine zusammengetragen hast?« Und dann fügten sie hinzu: »Was ist denn mit Monna Tessa los? Hast du
56 sie etwa geschlagen? Was soll denn das?« Calandrino war erschöpft, weil er die Steine zusammengeschleppt und mit solcher Wut seine Frau verprügelt hatte, und weil es ihn schmerzte, sein vermeintliches Glück verloren zu haben; er war unfähig, eine Antwort hervorzu-
57 bringen; nach einer Pause begann Buffalmacco noch einmal: »Auch wenn du irgendeinen Grund hattest, zornig zu sein, so hättest du uns doch nicht derartig hereinlegen dürfen! Du hast uns überredet, gemeinsam einen wertvollen Stein zu suchen, und dann hast du uns, ohne ein Wort zu sagen, wie zwei Trottel im Mugnone stehenlassen und bist davongegangen. Das nehmen wir dir sehr übel; und das hast
58 du mit uns zum letzten Mal gemacht!« Bei diesen Worten fühlte sich Calandrino zu einer Antwort genötigt: »Freunde, beruhigt euch! Es ist anders, als ihr denkt. Ich Unglücksvogel hatte den Stein gefunden; und wollt ihr auch hören, dass das wahr ist? Als ihr das erste Mal nach mir gefragt habt, bin ich keine zehn Ellen weit entfernt gewesen; und als ich gesehen habe, dass ihr mich nicht seht, bin ich immer ganz nah bei euch gewesen und den ganzen Weg immer vor euch her gelaufen.«

Und er erzählte ihnen nun von Anfang an, was sie getan und gesagt 59
hatten, und zeigte ihnen die Stellen am Rücken und an den Beinen,
wo sie ihn mit den Steinen getroffen hatten; dann fuhr er fort: »Und 60
ich sage euch, als ich durch das Stadttor kam, mit all diesen Steinen
beladen, die hier liegen, sagte mir niemand etwas; und ihr wisst doch,
wie unangenehm und lästig die Wärter sind, die immer alles genau
sehen wollen; und dann sind mir auf dem Weg Gevatter und Freunde
begegnet, die mir sonst immer etwas zurufen oder mich auf ein Glas
einladen, und diesmal sagte mir keiner auch nur ein Sterbenswört-
chen, weil sie mich nicht sahen. Schließlich kam ich hier zu Hause an, 61
und da erschien doch dieses vermaledeite Teufelsweib und erblickte
mich mit einem Mal, denn, ihr wisst es ja, diese Weiber nehmen allen
Dingen die Kraft. Und so wurde ich der unglücklichste Mann in Flo-
renz, der ich der glücklichste gewesen bin. Und deswegen habe ich 62
sie, was das Zeug hielt, verhauen; und ich weiß nicht, was mich noch
zurückhält, dass ich ihr nicht die Adern aufschneide; verflucht sei die
Stunde, als ich sie zum ersten Mal sah und als sie in dieses Haus kam!«
Und der Zorn packte ihn, so dass er aufstehen wollte, um sie aufs
neue zu schlagen. Buffalmacco und Bruno taten bei diesen Worten 63
höchst erstaunt und bestätigten wiederholt, was Calandrino sagte; sie
mussten sich aber beherrschen, um nicht vor Lachen herauszuplat-
zen; als sie aber sahen, dass er sich in seiner Wut noch einmal auf sei- 64
ne Frau stürzen wollte, hielten sie ihn zurück. Sie sagten, dass die
Schuld nicht bei ihr, sondern bei ihm läge; denn er wisse ja, dass die
Weiber den Dingen die Kraft nähmen, und habe es ihr nicht verbo-
ten, ihm an diesem Tag unter die Augen zu treten. Diese Einsicht
habe ihn Gott vergessen lassen, weil ihm entweder das Glück nicht
beschieden sein sollte, oder weil er beabsichtigt hatte, seine Freunde
zu hintergehen, denen er es hätte offenbaren müssen, dass er den
Stein gefunden hatte. Mit vielen Worten und viel Mühe versöhnten 65
sie die beklagenswerte Frau mit ihm; dann verabschiedeten sie sich
und ließen ihn traurig mit allen seinen Steinen sitzen.

Vierte Novelle

1 *Der Propst von Fiesole liebt eine verwitwete Dame; sie aber liebt ihn nicht; während er glaubt, mit ihr zu schlafen, schläft er mit ihrer Magd, und die Brüder der Dame führen seinen Bischof zu den beiden.*

2 Elissa hatte ihre Novelle zum großen Vergnügen der ganzen Gesellschaft erzählt und beendet, als die Königin sich an Emilia wandte und ihr bedeutete, dass sie nun an der Reihe wäre; unverzüglich begann dieselbe:

3 Meine besten Damen, wie sehr Priester, Mönche und sämtliche Kleriker sich an uns heranzumachen versuchen, ist meiner Meinung nach durch einige Novellen dargelegt worden; da es aber mehr gibt, als man erzählen kann, möchte ich euch noch eine von einem Propst erzählen, der es um alles in der Welt erreichen wollte, dass eine verwitwete vornehme Dame ihm ihre Gunst schenkte, ob sie es wollte oder nicht; sie selbst war aber klug genug, ihn so zu behandeln, wie er es verdiente.

4 Wie eine jede von euch weiß, war Fiesole, dessen Hügel wir von
hier aus sehen können, einst eine ehrwürdige und bedeutende Stadt,
obwohl sie heute verfallen ist; nichtsdestoweniger hat sie bis heute
5 einen Bischof. Nahe beim Dom besaß eine adlige Witwe, namens
Monna Piccarda, ein nicht allzu großes Anwesen mit einem Haus. Da
sie nicht sehr wohlhabend war, wohnte sie dort die meiste Zeit des
Jahres, gemeinsam mit zwei Brüdern, wackeren und gesitteten jun-
6 gen Männern. Sie war eine noch junge, schöne und attraktive Dame
und besuchte regelmäßig die Kirche, und es geschah, dass der Dom-
propst sich so heftig in sie verliebte, dass er nicht mehr aus noch ein
wusste. Nach einiger Zeit erkühnte er sich, gestand ihr sein Verlangen
und bat sie, seine Liebe anzunehmen und ihn so zu lieben, wie er sie
7 liebte. Der Propst war zwar alt an Jahren, aber er war dreist und hoch-
mütig wie ein junger Mann; mit seinem unfreundlichen, aufdringli-

chen und lästigen Benehmen glaubte er, sich alles leisten zu können, so dass niemand gut auf ihn zu sprechen war. Besagte Dame aber wollte ihm nicht nur nichts Gutes, sondern sie fand ihn noch unleidlicher als ihre Migräne; klug, wie sie war, antwortete sie ihm also: 8
»Euer Hochwürden, dass Ihr mich liebt, kann mir teuer sein, und ich muss und werde Euch gerne lieben; aber in dieser Liebe zwischen Euch und mir darf sich niemals etwas Unzüchtiges ereignen. Ihr seid mein geistiger Vater und seid Priester, und Ihr nähert Euch wohl schon dem Alter, so dass Ihr Euch ehrbar und keusch zu verhalten habt. Ich bin andererseits kein Mädchen mehr, dem solche Liebschaften anstünden, sondern eine Witwe; und Ihr wisst, dass die Witwen ein züchtiges Leben zu führen haben. Und deswegen verzeiht mir, dass ich Euch auf die Weise, wie Ihr es begehrt, nicht lieben werde und von Euch nicht geliebt werden möchte.« Der Propst konnte zwar 9
fürs erste nicht mehr bei ihr erreichen; er ließ sich aber vom ersten Rückschlag nicht erschrecken oder unterkriegen, sondern bedrängte sie in seiner sorglosen Frechheit mit vielen Briefen und Botschaften und lauerte ihr sogar auf, wenn er sie in der Kirche sah. Dieses aufdringliche Benehmen empfand die Dame als ärgerlich und lästig, und

sie beschloss, ihn sich so vom Hals zu schaffen, wie er es verdiente,
und wie sie anders nicht konnte. Sie wollte aber nichts unternehmen,
10 ohne es mit ihren Brüdern abgesprochen zu haben. Sie erzählte ihnen
von dem zudringlichen Verhalten des Propstes und sagte ihnen, was
sie dagegen unternehmen wollte; nachdem sie ihre volle Zustim-
mung erhalten hatte, begab sie sich kurz danach wie gewöhnlich in
die Kirche; kaum sah sie der Propst, so näherte er sich ihr, wie er es zu
11 tun pflegte, und knüpfte ein vertrauliches Gespräch an. Als die Dame
ihn kommen sah, machte sie ein freundliches Gesicht; sie traten zur
Seite, und der Propst redete mit den üblichen Worten auf sie ein; die
12 Dame tat einen tiefen Seufzer und sagte: »Euer Hochwürden, ich
habe schon wiederholt davon gehört, dass keine Burg so fest sein
kann, dass sie nicht, wenn sie täglich bestürmt wird, schließlich ein-
mal eingenommen würde. Ich sehe, dass dies mit mir geschehen ist.
Ihr habt mir mit süßen Worten und mit Euren Aufmerksamkeiten
derartig zugesetzt, dass ich meinen ursprünglichen Vorsatz aufgege-
ben habe; und da es Euer Wunsch ist, bin ich bereit, die Eure zu wer-
13 den.« Hocherfreut sagte der Propst: »Madonna, ich danke Euch; und
um Euch die Wahrheit zu sagen, war ich schon sehr verwundert, dass
Ihr mir so lange widerstanden habt, denn das ist mir bisher mit keiner
anderen passiert. Vielmehr habe ich manchmal gesagt: ›Wären die
Frauen aus Silber, so würden sie zum Geld nicht taugen, weil sie den
Hammer nicht aushielten.‹ Aber lassen wir das jetzt. Wann und wo
14 können wir uns treffen?« Die Dame antwortete hierauf: »Mein ge-
liebter Herr, das könnte sein, wann immer es Euch gefiele; denn ich
habe keinen Ehemann, dem ich Rechenschaft ablegen müsste, wo ich
15 die Nacht verbringe. Allein ich weiß keinen passenden Ort.« Der
16 Propst sagte: »Wieso? Warum nicht bei Euch?« Die Dame antworte-
te: »Hochwürden, Ihr wisst, dass ich zwei junge Brüder habe, die mir
bei Tag und bei Nacht Gesellschaft ins Haus bringen, und mein Haus
ist nicht sehr groß. Deswegen könnte man dort nicht zusammen-
kommen, ohne ganz und gar still zu sein; man müsste stumm und

ohne Licht wie die Blinden beisammen sein. Wenn man es wollte,
könnte man es so machen; denn die übrigen Bewohner verirren sich
zwar nicht in mein Zimmer, aber ihre eigenen liegen dicht neben dem
meinen, und der leiseste Ton ist zu vernehmen.« Der Propst sagte 17
nun: »Madonna, für ein oder zwei Nächte mag das gehen, bis ich einen
anderen Ort gefunden habe, wo wir bequemer zusammensein kön-
nen.« Die Dame sagte: »Herr, das liegt ganz bei Euch. Um eines bitte 18
ich Euch noch: dass es ein Geheimnis bleibt und niemand ein Wort
erfährt.« Der Propst sagte nun: »Madonna, habt deswegen keine 19
Angst; und tut alles, damit wir heute abend beisammen sind.« Die 20
Dame sagte: »Mir ist es recht.« Sie gab ihm die Stunde an, wann er
kommen sollte, und kehrte nach Hause zurück. Monna Piccarda hatte 21
eine nicht mehr allzu junge Magd, deren Gesicht besonders hässlich
und verunstaltet war. Ihre Nase war ganz und gar breitgedrückt, der
Mund schief, die Lippen waren dick und die Zähne groß und schief;
sie schielte dazu und litt an den Augen; ihr Teint war gelb und grün,
als hätte sie den Sommer in Sinigallia und nicht in Fiesole verbracht.
Außerdem war sie lendenlahm und auf der rechten Seite verkrüppelt.
Ihr Name war Ciuta, und da sie ein solch unschönes Aussehen hatte, 22
nannte jedermann sie Ciutazza. Obwohl sie körperlich missgestaltet
war, war sie doch recht verschmitzt. Monna Piccarda rief sie zu sich 23
und sagte ihr: »Ciutazza, wenn du mir heute nacht einen Dienst er-
weist, schenke ich dir ein schönes neues Hemd.« Als die Ciutazza das 24
hörte, sagte sie: »Madonna, gebt Ihr mir ein Hemd, so gehe ich dafür
durchs Feuer, nicht mehr und nicht weniger.« »Nun gut«, sagte ihre 25
Herrin, »ich möchte, dass du heute nacht mit einem Mann in meinem
Bett schläfst und zärtlich zu ihm bist; aber hüte dich, auch nur ein ein-
ziges Wörtchen mit ihm zu reden, damit dich meine Brüder nicht hö-
ren, die, wie du weißt, nebenan schlafen. Und dann werde ich dir das
Hemd schenken.« Die Ciutazza sagte: »Wenn's nötig ist, werde ich 26
nicht nur mit einem, sondern mit sechsen schlafen.« Als der Abend 27
gekommen war, kam der Herr Proprost, wie ihm beschieden worden

war; die beiden Brüder hielten sich, wie ihre Schwester es vorgesehen
hatte, in ihrer Kammer auf und waren gut vernehmbar. So betrat der
Propst ganz leise und im Dunkeln die Kammer der Monna Piccarda
und ging zu dem Bett; die Ciutazza kam, wie ihre Herrin es ihr gesagt
28 hatte, von der anderen Seite. Der Herr Proprost glaubte, dass seine
Dame an seiner Seite läge, umarmte die Ciutazza, küsste sie wortlos,
so wie sie ihn; und er verlustierte sich mit ihr und holte sich die Won-
29 nen, die er so lange ersehnt hatte. Nachdem dieser Teil des Planes
durchgeführt war, beauftragte Monna Piccarda ihre Brüder, dass sie
das übrige täten. Sie verließen leise ihre Kammer und gingen auf die
Piazza, und Fortuna war ihnen günstiger gesonnen, als sie es erwartet
hatten. Da es sehr heiß war, hatte der Bischof nämlich gefragt, ob er
sich im Hause dieser beiden jungen Herren ein wenig ausruhen und
30 ein Gläschen trinken könne. Als er sie kommen sah, ließ er sie seinen
Wunsch wissen und machte sich mit ihnen auf den Weg. Er betrat ei-
nen kühlen Innenhof, wo viele Lichter angezündet waren, und wo er
31 mit großem Behagen einen guten Wein zu sich nahm. Nachdem sie
den Wein gekostet hatten, sagten die jungen Herren: »Herr, da Ihr
uns mit Eurem Besuch in unserer bescheidenen Bleibe beehrt habt,
wozu wir Euch eingeladen hatten, möchten wir Euch gerne eine Klei-
32 nigkeit zeigen.« Der Bischof antwortete, dass er das gerne tun würde;
und so ergriff einer der jungen Leute eine Fackel und führte den Bi-
schof wie die übrigen zu der Kammer, wo der Herr Proprost bei der
Ciutazza lag; jener hatte einen scharfen Ritt hinter sich und hatte, be-
vor die Gruppe ankam, bereits mehr als drei Meilen hinter sich ge-
bracht, so dass er sich trotz der Hitze im Arm der Ciutazza ausruhte.
33 Der junge Mann mit der Fackel betrat die Kammer und zeigte dem Bi-
34 schof und allen übrigen den Propst in den Armen der Ciutazza. In die-
sem Augenblick erwachte der Herr Propst, gewahrte den Fackelschein
und die Menschen, die vor ihm standen; beschämt und voller Angst
steckte er den Kopf unter die Decke. Der Bischof nahm ihn kräftig ins
35 Gebet und befahl ihm, sich und diejenige zu zeigen, bei der er lag. Als

der Propst erkannte, dass Monna Piccarda ihn hereingelegt und mit Schmach überhäuft hatte, war er zutiefst betrübt; auf Befehl des Bischofs zog er sich an und wurde unter strenger Bewachung nach Hause gebracht, um für seine Sünde zu büßen. Der Bischof wollte anschließend noch erfahren, wieso er an diesem Ort mit der Ciutazza geschlafen habe. Die jungen Herren erklärten es ihm; hierauf lobte 36
der Bischof die Dame und auch ihre Brüder, die sich ihre Hände nicht mit dem Blut des Geistlichen beflecken wollten und ihn behandelt hatten, wie er es verdiente. Für die Sünde ließ ihn der Bischof vierzig 37
Tage lang büßen, aber die Liebe und die Demütigung ließen ihn länger als neunundvierzig Tage leiden. Noch für lange Zeit zeigten die Kinder mit dem Finger auf ihn, wenn er auf der Straße erschien, und riefen: »Schau, da ist er, der mit der Ciutazza geschlafen hat!« Das peinigte ihn so sehr, dass er fast verrückt geworden wäre. Und auf diese Weise hat sich die wackere Dame den lästigen und anmaßenden Propst vom Hals geschafft, und die Ciutazza hat ein Hemd erworben.

Fünfte Novelle

Drei junge Leute ziehen einem Richter aus den Marken in Florenz die 1
Hosen aus, während er Recht spricht.

Emilia hatte ihre Erzählung zu Ende gebracht, und die vornehme 2
Witwe war von allen gelobt worden, als die Königin Filostrato anschaute und sagte: »Die Reihe ist nun an dir.« Dieser antwortete unverzüglich, dass er bereit sei und begann:

Meine liebenswürdigen Damen, der junge Maso del Saggio, den 3
Elissa vorhin genannt hat, bringt mich auf eine Geschichte von ihm und seinen Gefährten, und ich verzichte auf eine andere, die ich mir vorgenommen hatte. Die Novelle ist nicht unzüchtig, nur weil einige

Worte darin vorkommen, die ihr nicht in den Mund nehmen würdet; sie gibt aber einigen Grund zu lachen, und so werde ich sie auch erzählen.

4 Ihr werdet alle davon gehört haben, dass in unsere Stadt häufig Bürgermeister aus den Marken kommen; das sind im allgemeinen Männer von kleinlicher Sinnesart, die ein so einfaches und elendes Leben führen, dass ihr ganzes Tun und Handeln nichts anderes als schäbig ist. Da sie von Haus aus armselig und geizig sind, bringen sie auch Richter und Notare mit, die so aussehen, als wären sie vom Pflug oder aus einer Werkstatt weggeholt worden und nicht einer Rechts-
5 schule entsprungen. Einer von diesen Bürgermeistern hatte nun unter den vielen Richtern auch einen gewissen Herrn Niccola da San Lepidio mitgebracht, der eher ein Grobschmied als alles andere zu sein schien, und der mit anderen Richtern die Kriminalfälle zu ver-
6 handeln hatte. Und obwohl die Bürger nichts im Palazzo des Podestà zu tun haben, geschieht es häufig, dass sie doch manchmal dorthin gehen; das tat auch Maso del Saggio eines Morgens, um dort einen Freund zu suchen. Dort sah er den Herrn Niccola und nahm diesen
7 sonderbaren neuen Vogel näher in Augenschein. Er trug ein ganz ver-

räuchertes Pelzkäppchen auf dem Kopf, die Federbüchse am Gürtel,
sein Wams war länger als der Rock; und neben allem, was sich für ei-
nen gebildeten Mann nicht schickte, fielen ihm besonders ein Paar
Hosen auf, deren Hosenboden – im Sitzen standen seine engen Ober-
kleider weit auseinander und ließen es sehen – ihm bis in die Knie
hing. Maso hielt sich nicht lange bei dieser Beobachtung auf und such- 8
te nicht länger nach seinem Freund, sondern dachte an etwas anderes.
Er fand zwei Kumpane, der eine hieß Ribi und der andere Matteuzzo –
beide nicht weniger spitzbübisch als er selbst –, und sagte ihnen: »Tut
mir den Gefallen und kommt mit zum Palazzo des Podestà; ich will
euch eine Vogelscheuche zeigen, wie ihr sie noch nicht gesehen habt.«
Sie gingen zusammen zum Palazzo, und er zeigte ihnen den Richter 9
und seine Hosen. Sie begannen schon von weitem zu lachen; als sie
näher kamen, bemerkten sie, dass man leicht unter die Bretterbühne
gelangen konnte, auf der der Richter saß, und dass das Brett, auf dem
seine Füße standen, so schadhaft war, dass man leicht Hände und
Arme durchstecken konnte. Maso sagte darauf zu seinen Kumpanen: 10
»Morgen wollen wir ihm die Hosen ausziehen, das geht ganz ein-
fach.« Sie sahen alle, wie es ging; sie verabredeten, was zu sagen und 11
zu tun sei, und kehrten am folgenden Vormittag zurück. Der Hof war
voller Menschen, und Matteuzzo ging unter die Bretterbühne, ohne
dass irgendjemand es gewahr wurde, und begab sich unter das Brett,
auf das der Richter seine Füße gestellt hatte. Maso stellte sich neben 12
den Herrn Richter und ergriff einen Zipfel seines Rocks; Ribi stellte
sich auf die andere Seite und ergriff einen anderen Zipfel; Maso be-
gann wie folgt: »O Herr, o Herr, ich bitte Euch um Gottes willen, be-
wirkt es, bevor sich jener Halunke, der Euch zur Seite steht, davon-
macht, dass er mir ein Paar Stiefel zurückgibt, die er mir gestohlen hat,
obwohl er es leugnet. Aber ich habe ihn vor noch nicht einem Monat
gesehen, wie er sie hat sohlen lassen.« Auf der anderen Seite schrie 13
Ribi laut: »Herr, glaubt ihm nicht, er ist ein Gauner; weil er weiß, dass
ich ihn verklagen will, denn er hat mir ein Felleisen gestohlen; und er

ist sofort hergekommen, um von den Stiefeln zu reden, die ich schon
einige Zeit bei mir habe. Und wenn Ihr mir nicht glaubt, so kann ich
als Zeugen die Obsthändlerin von nebenan, die Kuttelfrau und den
Kehrichtsammler von Santa Maria in Verzaia angeben, der ihn gese-
14 hen hat, als er vom Land kam.« Auf der anderen Seite ließ Maso den
Ribi nicht aussprechen, sondern schrie dazwischen, und Ribi schrie
immer lauter. Während der Richter nun aufstand und sich einmal
dem einen, dann wieder dem anderen zuwandte, um sie besser zu
verstehen, hatte Matteuzzo Zeit, um durch das schadhafte Brett zu
greifen und die Hosen des Richters herunterzuziehen; das gelang
15 ihm sofort, weil der Richter dünn und ausgemergelt war. Dieser be-
merkte es und wusste nicht, wie ihm geschah; er wollte seine Ober-
kleider zusammenraffen, um sich zu bedecken und wieder hinzuset-
zen; aber Maso auf der einen und Ribi auf der anderen Seite hielten
16 ihn fest und schrien laut: »Herr, es ist eine Gemeinheit, wenn Ihr mir
nicht Recht gebt und mich anhört und weggeht! Für eine solche Baga-
telle braucht es hierzulande keinen Schriftsatz!« Und bei diesen Wor-
ten hielten sie ihn an seinen Kleidern fest, so dass alle, die im Hof wa-
ren, herbeiliefen und sahen, dass ihm die Hosen heruntergezogen
waren. Matteuzzo hielt diese eine Weile fest, ließ sie dann los und
17 verschwand, ohne dass ihn jemand gesehen hätte. Als es Ribi genug
zu sein schien, sagte er: »Ich schwöre bei Gott, ich wende mich an die
18 Aufsicht!« Und auf der anderen Seite ließ Maso das Oberkleid los und
sagte: »Nun, ich komme so oft zurück, bis ich Euch nicht mehr so be-
schäftigt finde wie heute.« Und der eine wie der andere verschwand,
19 so schnell er konnte. Der Herr Richter zog sich in aller Öffentlichkeit
die Hosen hoch, so als käme er gerade aus dem Bett; er bemerkte, was
mit ihm angestellt worden war, und fragte, wo die beiden wären, die
immerzu von dem Felleisen und den Stiefeln geredet hätten; er
schwor bei den Eingeweiden Christi, dass er wissen wolle, wer in Flo-
renz den Richtern die Hosen herunterzöge, während sie Recht sprä-
20 chen. Der Podestà erfuhr davon und schlug Lärm; aber seine Freunde

erklärten ihm, dass man ihn darauf hinweisen wollte, dass die Florentiner sehr wohl bemerkt hätten, dass er, um Geld zu sparen, statt ordentlicher Richter Schafsköpfe mit sich gebracht habe; er hielt es also für das Beste, zu schweigen und der Sache nicht weiter nachzugehen.

Sechste Novelle

Bruno und Buffalmacco entwenden Calandrino ein Schwein; sie stellen mit ihm den Versuch an, es mit Hilfe von Ingwerpillen und süßem Wein zu suchen; sie geben ihm aber zwei Pillen Hundsingwer in Aloe getränkt; er spuckt sie aus und erscheint selbst als der Dieb. Sie drohen ihm an, es seiner Frau zu sagen, und er muss das Schwein zurückkaufen. 1

Kaum hatte Filostrato seine Novelle, die großes Gelächter erregte, beendet, als die Königin Filomena aufforderte fortzufahren; sie begann wie folgt: 2

Meine liebenswerten Damen, so wie Filostrato von dem Namen 3
Maso dazu gebracht wurde, die Novelle zu erzählen, die ihr soeben gehört habt, so haben mich Calandrino und seine Gefährten darauf gebracht, noch eine Novelle über sie zu erzählen, die euch, wie ich glaube, gefallen wird.

Wer Calandrino, Bruno und Buffalmacco waren, brauche ich euch 4
nicht zu erklären, denn ihr habt vorhin schon einiges über sie gehört. So sage ich nur, dass Calandrino ein kleines Gut nicht weit von Florenz besaß, das seine Frau in die Ehe mitgebracht hatte; von diesem erhielt er jedes Jahr ein Schwein; er und seine Frau gingen gewöhnlich im Dezember hinaus, um es zu schlachten und einsalzen zu lassen.
Einmal geschah es nun, dass Calandrino ohne seine Frau, der es nicht 5
gut ging, loszog, um das Schwein zu schlachten. Als Bruno und Buffalmacco hörten, dass seine Frau ihn nicht begleitete, suchten sie ei-

nen gut befreundeten Pfarrer auf, einen Nachbarn Calandrinos, um
6 einige Tage bei ihm zu bleiben. An dem Morgen, als die beiden ankamen, hatte Calandrino das Schwein geschlachtet; als er sie zusammen mit dem Pfarrer sah, rief er sie zu sich und sagte: »Seid willkommen. Ihr sollt sehen, dass ich ein guter Hauswirt bin.« Und er führte sie ins
7 Haus und zeigte ihnen das Schwein. Sie sahen, dass es ein prächtiges Schwein war, und Calandrino erzählte ihnen, dass er es für seine Familie einsalzen wollte; Bruno sagte hierauf: »Oh, wie dumm bist du! Verkaufe es doch, und wir verjubeln das Geld! Deiner Frau sagen
8 wir, es sei gestohlen worden.« Calandrino sagte: »Nein, sie würde das nicht glauben und mich aus dem Haus jagen. Bemüht euch nicht, ich werde das nicht tun!« Die anderen redeten noch eine Weile auf ihn ein, aber vergebens. Calandrino lud sie so misslaunig zum Abendes-
9 sen ein, dass sie es ablehnten und sich verabschiedeten. Bruno sagte zu Buffalmacco: »Wollen wir ihm nicht heute nacht das Schwein
11 klauen?« Buffalmacco sagte: »Wie soll das gehen?« Bruno sagte: »Das Wie habe ich mir schon überlegt; sofern er das Schwein nicht woan-
12 ders hinschafft.« »Dann machen wir es«, sagte Buffalmacco, »und warum eigentlich nicht? Dann lassen wir es uns mit dem Pfarrer zusam-

men gut schmecken.« Der Pfarrer sagte, dass er dabei gerne mitmache. 13
Nun sagte Bruno: »Wir müssen aber listig zu Werke gehen. Buffal-
macco, du weißt, wie geizig Calandrino ist und dass er gerne trinkt,
wenn ein anderer bezahlt. Wir wollen also mit ihm in die Taverne ge-
hen; dort tut der Pfarrer so, als wollte er alles bezahlen, und lässt ihn
nicht bezahlen; er wird sich betrinken, und uns wird alles gelingen,
weil er alleine zu Hause ist.« Sie taten, was Bruno gesagt hatte. Als Ca- 14
landrino sah, dass der Pfarrer ihn nicht zahlen ließ, trank er in vollen
Zügen; und obwohl er nicht allzu viel vertrug, füllte er sich gut ab. Es
war schon tief in der Nacht, als er die Taverne verließ, und, ohne noch
woanders essen zu wollen, nach Hause ging; er glaubte, die Tür ver-
schlossen zu haben, ließ sie aber offen und legte sich schlafen. Bruno 15
und Buffalmacco gingen noch gemeinsam mit dem Pfarrer essen; an-
schließend holten sie ihr Werkzeug, um an der Stelle in Calandrinos
Haus einzudringen, die Bruno ausgesucht hatte, und machten sich
heimlich auf den Weg. Als sie sahen, dass die Tür nicht verschlossen
war, schlichen sie hinein, entdeckten das Schwein und schafften es in
das Haus des Pfarrers, verstauten es und legten sich schlafen. Ca- 16
landrino hatte am folgenden Tag seinen Rausch ausgeschlafen; er kam
herunter, schaute um sich, sah, dass die Tür offen und das Schwein
weg war. Er fragte also diesen und jenen, ob sie wüssten, wer das
Schwein hätte; als er es nicht fand, schlug er Lärm: O weh, o weh, sein
Schwein sei gestohlen worden. Bruno und Buffalmacco standen auf 17
und gingen zu ihm, um zu erfahren, was er von dem Schwein zu er-
zählen habe. Als Calandrino sie erblickte, rief er sie unter Tränen zu
sich und sagte: »Ach, liebe Freunde, mein Schwein ist gestohlen wor-
den!« Bruno trat zu ihm und sagte leise: »Ein Wunder, dass du end- 18
lich schlau geworden bist!« »Aber nein«, sagte Calandrino, »ich sage 19
die Wahrheit.« »Sag' das laut und deutlich«, sagte Bruno, »schrei' kräf- 20
tig, damit es wirklich danach aussieht!« Calandrino schrie noch lau- 21
ter: »Beim Leib Christi, ich sage die Wahrheit: Es wurde mir gestoh-
len.« Und Bruno sagte: »Gut so, gut so! Schrei' laut und kräftig, damit 22

23 es sich anhört, als wäre es die Wahrheit!« Calandrino sagte: »Und du
könntest mich zum Teufel schicken, du glaubst es mir nicht! Ich will
24 aufgehängt werden, wenn es mir nicht gestohlen worden ist!« Nun
sagte Bruno: »Aber wie soll denn das passiert sein? Ich habe es doch
gestern noch hier gesehen, oder willst du mich glauben machen, es sei
26 gestohlen worden?« Calandrino sagte: »So ist es, sage ich dir.« Und
27 Bruno sagte: »Wie ist das nur möglich?« »Aber gewiss«, sagte Ca-
landrino, »so ist es, und ich bin ruiniert und weiß nicht, wie ich nach
Hause kommen soll. Denn meine Frau wird es mir nicht glauben; und
28 sollte sie es mir glauben, so gibt sie ein Jahr lang keine Ruhe.« Nun
sagte Bruno: »Gott behüte mich, das ist schlecht, wenn es wahr ist.
Aber du weißt, Calandrino, dass ich dir gestern beigebracht habe, das
alles zu behaupten. Es wäre nun nicht gut, wenn du gleichzeitig deine
29 Frau und deine Freunde hereinzulegen versuchst.« Calandrino be-
gann zu schreien: »Aber warum bringt ihr mich denn zur Verzweif-
lung? Und lasst mich die Welt, Gott und alle Heiligen verwünschen?
Ich sage euch, mein Schwein ist mir heute nacht gestohlen worden.«
30 Nun sagte Buffalmacco: »Wenn dem so ist, so sollten wir einmal
versuchen, eine Möglichkeit zu finden, um es wiederzubekommen.«
31 »Und welche Möglichkeit«, sagte Calandrino, »könnten wir denn fin-
32 den?« Hierauf sagte Buffalmacco: »Gewiss ist jemand aus Indien her-
gekommen, um dein Schwein zu stehlen. Irgendeiner deiner Nach-
barn muss es gewesen sein; wenn du sie also zusammenbringen
könntest, so weiß ich, wie man die Probe mit Brot und Käse anstellt;
33 und wir werden rasch den Schuldigen finden.« »Ja«, sagte Bruno, »du
wirst hier was Rechtes bei den Herrschaften mit Brot und Käse raus-
finden! Einer von denen ist es doch gewesen, und sie werden gar nicht
35 erst kommen!« »Was ist also zu tun?« sagte Buffalmacco. Bruno ant-
wortete: »Man sollte hübsche Pillen aus Ingwer und einen guten Süß-
wein vorbereiten und sie dazu einladen; sie ahnen nichts von einer
Probe und werden kommen; und die Ingwerpillen kann man so gut
36 segnen wie Brot und Käse.« Buffalmacco sagte: »Da hast du recht. Ca-

landrino, was meinst du dazu, wollen wir es so machen?« Calandrino 37
sagte: »Um Gottes Willen, ich bitte euch darum! Wenn ich nur wüss-
te, wer es hat, so wäre ich schon halb zufrieden.« »Los denn«, sagte 38
Bruno, »ich gehe gerne für dich nach Florenz, wenn du mir das Geld
gibst.« Calandrino besaß etwa einen halben Gulden, den er ihm gab. 39
Bruno ging nach Florenz zu einem befreundeten Apotheker, kaufte
ein Pfund Ingwerpillen und ließ zwei aus Hundsingwer machen, die
er mit Aloesaft bestreichen ließ; aber auch sie erhielten den gleichen
Zuckerguss wie die übrigen, zusätzlich allerdings ein kleines Zeichen,
damit sie zu unterscheiden waren. Außerdem kaufte er eine Flasche
Süßwein; er brachte alles aufs Land zu Calandrino und sagte ihm:
»Lade alle, die du verdächtigst, zu einem Umtrunk ein; morgen ist ein 40
Feiertag, und sie werden alle gerne kommen. Ich werde heute nacht
zusammen mit Buffalmacco einen Zauber über die Pillen legen und
sie dir morgen früh ins Haus bringen; aus Freundschaft zu dir werde
ich sie selbst austeilen und sagen, was zu sagen und zu tun sein wird.«
Calandrino tat, wie ihm geheißen. Am folgenden Morgen war eine 41
große Schar von jungen Florentinern, die sich auf dem Land aufhiel-
ten, und von Bauern vor der Kirche unter der Ulme versammelt; Bru-
no und Buffalmacco traten mit einer Schachtel voller Pillen und der
Flasche Wein hinzu; sie ließen sich alle im Kreis aufstellen, und Bru-
no sagte: »Meine Herren, mir obliegt es, euch darüber aufzuklären, 42
warum ihr heute hier versammelt seid, damit ihr euch nicht beklagen
könnt, falls etwas geschieht, was euch nicht gefällt. Calandrino, der 43
bei uns ist, wurde gestern nacht ein geschlachtetes Schwein entwen-
det, und er weiß nicht, wer es getan hat; und da es nur einer von uns
ihm genommen haben kann, lässt er nun einen jeden von euch eine
dieser Pillen sowie einen Schluck des Weines kosten. Ihr sollt aber
gleich wissen, dass derjenige, der das Schwein hat, die Pille nicht her-
unterzuschlucken vermag; sie erscheint ihm bitter wie Gift, und er
wird sie ausspucken. Damit seine Schmach nicht vor allen offenbar
werde, ist es vielleicht besser, wenn der Betreffende es dem Pfarrer

44 beichtet, und ich werde dann auf alles Weitere verzichten.« Alle, die
anwesend waren, wollten die Pillen probieren; so forderte Bruno
auch Calandrino auf, sich in eine Reihe mit den anderen zu stellen,
und gab jedem eine Pille; bei Calandrino angekommen, nahm er eine
45 der Pillen mit Hundsingwer und legte sie ihm in die Hand. Calandri-
no warf sich die Pille sofort in den Mund und begann sie zu zerkauen;
kaum aber schmeckte er den bitteren Saft der Aloe, so spuckte er sie
46 wieder aus. Einer schaute den anderen an, um zu sehen, ob er die Pille
ausspuckte; Bruno tat so, als kümmerte er sich nicht darum; aber er
hatte noch nicht alle ausgeteilt, als er hinter sich sagen hörte: »Ei Ca-
landrino, was soll das heißen?« Bruno drehte sich rasch um, sah, dass
47 Calandrino seine Pille ausgespuckt hatte, und sagte: »Warte, vielleicht
gab es einen anderen Grund! Nimm eine andere Pille!« Er steckte ihm
48 die zweite in den Mund und verteilte die übrigen. Calandrino er-
schien die zweite noch bitterer als die erste; er schämte sich aber, sie
auszuspucken und kaute eine Weile darauf herum; der Geschmack
trieb ihm allerdings dicke Tränen in die Augen; schließlich spuckte er
49 sie aus, wie er es mit der ersten getan hatte. Buffalmacco gab allen und
auch Bruno etwas zu trinken; als sie Calandrino sahen, hielten sie es
alle für gewiss, dass er selbst das Schwein gestohlen hatte, und einige
50 tadelten ihn heftig. Als alle fortgegangen waren, blieben Bruno und
Buffalmacco bei Calandrino; Buffalmacco sagte ihm: »Ich war schon
immer der Überzeugung, dass du das Schwein heimlich verkauft
hast; und du hast behauptet, es sei dir gestohlen worden, damit du
51 uns nicht zum Trinken einladen musst.« Calandrino hatte immer
noch den bitteren Geschmack der Aloe im Mund und schwor, er habe
52 das nicht getan. Buffalmacco sagte: »Sag' ehrlich Freundchen, hast du
53 eine Menge Gulden bekommen?« Bei diesen Worten packte Calandri-
no die Verzweiflung; Bruno sagte zu ihm: »Nun hör' einmal gut zu,
Calandrino, einer aus der Gesellschaft, der mit uns gegessen und ge-
trunken hat, erzählte uns, dass du hier draußen ein Mädchen unter-
hältst, dem du alles zukommen lässt, was du nur entbehren kannst,

und er war sicher, dass du ihr das Schwein gegeben hast. Aus dir ist
ein rechter Schelm geworden! Einmal hast du uns in den Mugnone 54
geführt, um schwarze Steine zu suchen, und als wir dir ahnungs-
los nachgetrottet waren, hast du dich aus dem Staub gemacht und
wolltest uns glauben machen, du hättest welche gefunden! Und
heute willst du uns mit deinen Beteuerungen weismachen, dass das
Schwein, das du verschenkt oder sogar verkauft hast, dir gestohlen
worden sei. Wir kennen deine Spitzbübereien und fallen nicht mehr 55
darauf herein! Wir hatten einige Mühe, um die Probe vorzubereiten,
und dafür schenkst du uns zwei Paar Kapaune, oder wir sagen alles
Monna Tessa.« Calandrino bemerkte, dass man ihm keinen Glauben 56
schenkte; da er schon genug gelitten hatte und den Zorn seiner Frau
fürchtete, gab er ihnen zwei Paar Kapaune; nachdem sie das Schwein
eingesalzen und nach Florenz gebracht hatten, ließen sie Calandrino
mit dem Schaden und mit dem Spott zurück.

Siebente Novelle

Ein Scholar liebt eine Witwe; diese liebt einen anderen und lässt ihn in 1
einer Winternacht im Schnee stehen und auf sie warten; er rät ihr dar-
aufhin, sich im Juli einen Tag lang auf einen Turm zu stellen und sich der
Sonne, den Mücken und Bremsen auszusetzen.

Die Damen hatten über Calandrino, den armen Tölpel, sehr lachen 2
müssen; er tat ihnen allerdings auch leid, weil die beiden anderen ihm
zu dem Schwein auch noch die Kapaune weggenommen hatten. Da
die Novelle zu Ende war, forderte die Königin Pampinea auf, ihre No-
velle zu erzählen; ohne zu zögern, begann sie wie folgt:

Meine teuersten Damen, es geschieht häufig, dass eine List von ei- 3
ner anderen übertroffen wird, und deswegen ist es unklug, sich dar-
über zu freuen, den anderen hereingelegt zu haben. In vielen Novel-

len, die bisher erzählt worden sind, haben wir über Streiche gelacht, die nicht gerächt worden sind. Ich möchte dagegen ein gewisses Mitleid erregen, indem ich euch erzähle, wie der Streich einer unserer Mitbürgerinnen eine gerechte Vergeltung erfahren hat, so dass sie ihre eigene List als die Überlistete fast mit dem Tod hätte büßen müssen. Dem zuzuhören, wird zu eurem Nutzen sein, denn Vernunft zeigt ihr, wenn ihr euch vorseht, bevor ihr andere hereinlegt.

4 Vor nicht allzu langer Zeit lebte in Florenz eine junge Frau von schöner Gestalt, stolzem Sinn und edler Herkunft; sie war mit den Gütern Fortunas ausreichend gesegnet und hieß Elena. Sie war verwitwet und wollte sich nicht ein zweites Mal verheiraten, obwohl sie sich in einen schönen und anmutigen jungen Mann ihrer Wahl verliebt hatte; sie hatte keine anderen Sorgen und machte sich häufig, dank der Mitwirkung ihrer Zofe, der sie voll vertraute, mit ihm zu-
5 sammen wonnige Stunden. Es geschah nun zu jener Zeit, dass ein junger Adliger aus unserer Stadt, der Rinieri hieß, nach Florenz zurückkehrte; er hatte lange in Paris studiert, nicht um anschließend, wie viele es tun, sein Wissen zu verhökern, sondern um das Wesen

und den Ursprung der Dinge zu erforschen, wie es einem Edelmann
bestens ansteht; in Florenz führte er ein bürgerliches Leben und wur-
de sowohl um seines Adels als auch um seiner Wissenschaft willen
geachtet und geschätzt. Aber es geschah mit diesem Rinieri, wie es 6
häufig mit denen geschieht, die Einsicht in die tiefen Dinge haben
und sich umso rascher in Amors Schlingen verfangen. Als er sich ei-
nes Tages zur Zerstreuung auf ein Fest begeben hatte, erschien vor sei-
nen Augen jene Elena; sie war, wie es unsere Witwen tun, in Schwarz
gekleidet und erstrahlte in solcher Schönheit und Liebenswürdigkeit,
wie ihm nach seinem Dafürhalten noch keine andere je erschienen
war. Er war überzeugt, dass derjenige sich selig schätzen konnte, dem
der Herrgott die Gnade zuteilwerden ließe, sie nackt in seinen Armen
zu halten. Nachdem er sie ein ums andere Mal betrachtet hatte und 7
wusste, dass die großen und kostbaren Dinge nicht ohne Anstren-
gung erworben werden, beschloss er für sich, all seine Mühe und
Sorgfalt darauf zu verwenden, ihr zu gefallen, um auf diese Weise
ihre Liebe und Hingabe zu erringen. Die junge Frau senkte ihre Au- 8
gen nicht schüchtern zu Boden, sondern ließ sie, da sie sich für das,
was sie war und auch noch für mehr hielt, geschickt umherschweifen;
sie spürte rasch, dass sie mit Verlangen betrachtet wurde; und als sie
Rinieri entdeckte, dachte sie selbstgefällig: »Heute bin ich nicht um-
sonst hierher gekommen, denn wenn ich mich nicht irre, habe ich ei-
nen Gimpel gefangen.« Sie begann, ihn ab und zu aus den Augenwin- 9
keln zu betrachten, und sie bemühte sich, ihm zu zeigen, dass sie sich
für ihn interessierte; sie dachte sich, dass ihre Schönheit umso mehr
gelte – besonders bei dem, dem sie auch ihre Liebe geschenkt hatte –,
je mehr Männer sie in ihren Bann zöge und mit ihrer Schönheit betör-
te. Der gelehrte Scholar schob alle philosophischen Ideen beiseite und 10
richtete seine Gedanken ausschließlich auf sie. In der Erwartung, ihr
gefallen zu müssen, begann er, unter diesem oder jenem Vorwand vor
ihrem Haus – das er erkundet hatte – umherzuspazieren. Die Frau bil- 11
dete sich aus dem angeführten Grund einiges darauf ein und zeigte

ihm, dass ihr das sehr gefiel. Also fand der Scholar einen Weg, ihre
Zofe ins Vertrauen zu ziehen, entdeckte dieser seine Liebe und bat sie,
dass sie bei ihrer Herrin bewirken möchte, ihm ihre Gunst zu schen-
12 ken. Die Zofe versprach das ausgiebig und berichtete ihrer Herrin; bei
ihrem Bericht lachte diese herzlich und sagte: »Hast du nicht be-
merkt, wie jener den Verstand verliert, den er aus Paris mitgebracht
hat? Nun denn, geben wir ihm, was er sucht. Sag' ihm, wenn er dich
wieder anspricht, dass ich ihn noch heftiger liebe als er mich, dass ich
aber auf meinen guten Ruf zu achten habe, um mich erhobenen Haup-
tes unter den anderen Frauen bewegen zu können; wenn er so klug
13 sei, wie man behauptet, so liebte er mich deswegen umso mehr.« Die
Unglückselige ahnte nicht, was es bedeutet, mit einem Scholaren an-
zubändeln. Die Zofe suchte ihn auf und richtete ihm aus, was ihre
14 Herrin ihr aufgetragen hatte. Der Scholar war überglücklich und
übersandte ihr Geschenke und Briefe mit den heißesten Liebes-
schwüren; dies alles wurde zwar angenommen, aber die Antworten
blieben allgemein. Auf diese Weise nährte sie lange Zeit seine Hoff-
15 nungen. All das offenbarte sie ihrem Liebhaber; als er sich darüber
aufregte und sogar eifersüchtig wurde, wollte sie ihm zeigen, dass er
sie zu Unrecht verdächtigte. Da der Scholar sie heftig bedrängte,
schickte sie ihre Zofe zu ihm und ließ ihm ausrichten, dass sie noch
keine Zeit gehabt habe, ihm etwas zu Gefallen zu tun, dass sie aber
hoffe, zur Weihnachtszeit, die nahe sei, mit ihm zusammen sein zu
16 können, da er sie von seiner Liebe überzeugt habe. Am Abend nach
dem Fest möchte er, wenn es ihm recht sei, in ihren Hof kommen, wo
17 sie ihn, sobald sie könnte, abholen werde. Der Scholar, glücklich wie
kein anderer, begab sich zur angegebenen Stunde zum Haus seiner
Dame; die Zofe führte ihn in den Hof, verschloss alles, und er begann
18 zu warten. Monna Elena hatte für den Abend ihren Liebhaber eingela-
den; nachdem sie gespeist hatten, erzählte sie ihm, was sie vorhatte
und fügte hinzu: »Und du wirst dich davon überzeugen können, wel-
che Art von Liebe ich für denjenigen empfunden habe und empfinde,

auf den du törichterweise eifersüchtig bist.« Der Liebhaber hörte die- 19
se Worte voller Zufriedenheit und war neugierig auf die Verwirkli-
chung ihres Vorhabens. Zufällig hatte es am Vortag sehr stark ge-
schneit und es lag überall Schnee; dem Scholaren wurde es im Hof
bitterkalt; in der Hoffnung, sich bald aufwärmen zu können, hielt er
indessen geduldig durch. Nach einer Weile sagte Monna Elena zu ih- 20
rem Liebhaber: »Gehen wir in die Kammer und hören einmal zu, was
der Mann, auf den du eifersüchtig bist, meiner Zofe antworten wird,
die ich mit einer Botschaft hinuntergeschickt habe.« Sie traten an ein 21
kleines Fenster und ohne gesehen zu werden, hörten sie, was die Zofe
zu dem Scholaren sagte: »Rinieri, der gnädigen Frau tut es ganz
schrecklich leid, aber heute abend hat sie einer ihrer Brüder besucht
und hat viel mit ihr besprochen, dann wollte er auch noch mit ihr zu
Abend speisen und ist immer noch nicht weggegangen. Ich glaube
aber, dass er bald nach Hause gehen wird. Sie hat deswegen nicht
kommen können, wird nun aber bald kommen. Sie bittet dich, dir das
Warten nicht zu lang werden zu lassen.« Der Scholar glaubte, was 22
ihm gesagt wurde, und antwortete: »Sage meiner Dame, dass sie sich
um mich keine Sorgen machen möge, wenn sie nur, wann immer es
ihr passt, zu mir kommt; aber sie möge bitte bald kommen.« Die Zofe 23
ging hinein und legte sich schlafen; ihre Herrin sagte zu ihrem Lieb-
haber: »Was sagst du nun? Glaubst du denn, wenn ich, wie du fürch-
test, eine Schwäche für ihn hätte, würde ich es zulassen, dass er dort
unten erfröre?« Nach diesen Worten legte sie sich gemeinsam mit ih-
rem Geliebten, der schon einigermaßen beruhigt war, zu Bett; sie
verlustierten sich geraume Zeit und lästerten und spotteten über den
armen Scholaren. Dieser hielt sich im Hof in Bewegung, um sich et- 24
was aufzuwärmen, aber er fand keinen Unterschlupf vor der Kälte
und verwünschte den Bruder, der sich so lange aufhielt; kaum hör-
te er irgendein Geräusch, glaubte er, es käme von der Tür, die seine
Dame öffnete; aber er hoffte vergebens. Monna Elena vergnügte sich 25
bis Mitternacht mit ihrem Liebhaber, dann sagte sie: »Mein Liebling,

was denkst du nun über unseren Scholaren? Erscheint dir sein Ver-
stand größer als meine Liebe zu ihm? Vertreibt die Kälte, die ich ihm
zumute, deine Eifersucht, die mein albernes Geschäker erregt hat?«
26 Der Liebhaber antwortete: »O mein Herzlieb, nun weiß ich, du bist
mein Ein und Alles, mein Frieden, meine Wonne und meine Hoff-
27 nung, und du bist es für mich.« »Nun dann«, sagte die Frau, »küsse
mich tausendmal, damit ich spüre, dass du die Wahrheit sagst.« Und
der Liebhaber nahm sie fest in seine Arme und küsste sie mehr als tau-
28 send, nämlich hunderttausend Male. Und nachdem sie sich eine Wei-
le unterhalten hatten, sagte die Dame: »Dann lass uns doch einmal
nachschauen, ob das Feuer, in dem mein neuer Liebhaber – wie er es in
29 seinen Briefen behauptet – glüht, ein wenig abgekühlt ist.« Sie erho-
ben sich und traten ans Fenster, von wo aus sie sahen, dass der Scholar
zum eigenen Zähneklappern ein hastiges Tänzchen aufführte, wie sie
es noch nie gesehen hatten. Nun sagte Monna Elena: »Was sagst du
nun, mein süßer Schatz? Ohne Dudelsack oder Trompete führe ich
30 die Männer zum Reigen an!« Lachend antwortete der Liebhaber: »Ja,
31 mein Süßliebchen.« Und die Dame sagte: »Ich möchte dich gerne zur
Tür begleiten; ich werde mit ihm sprechen, während du ganz still
bleibst. Wir hören, was er zu sagen hat, das wird uns vielleicht noch
größeren Spaß machen als ihm zuzusehen.« Sie öffneten leise die
Kammertür und gingen hinunter zum Ausgang. Ohne zu öffnen, rief
32 sie ihn durch eine Ritze mit unterdrückter Stimme. Der Scholar hör-
te, wie man ihn rief; er pries den Herrn und glaubte schon, eingelas-
sen zu werden; er näherte sich der Tür und sagte: »Hier bin ich, Ma-
donna; lasst mich um Gottes willen hinein, denn ich bin halbtot vor
33 Kälte!« Die Dame sagte: »Aber ja, ich weiß, du bist schon ganz steif!
Es ist ja auch ziemlich kalt, weil ein wenig Schnee liegt; aber davon
gibt es in Paris doch noch viel mehr! Ich kann dich immer noch nicht
hereinlassen, weil mein Bruder, der verflixte Kerl, der gestern abend
zum Essen gekommen ist, nicht weggehen will. Aber bald geht er,
und dann öffne ich dir sofort. Mit Mühe habe ich mich davongeschli-

chen, damit du nicht die Geduld verlierst.« Der Scholar sagte: »O Ma- 34
donna, ich flehe Euch bei Gott an, öffnet mir, damit ich drinnen war-
ten kann! Denn es schneit und schneit immer mehr! Und ich warte
auch, so lange Ihr es wünscht.« Die Dame sagte: »O weh, mein Schätz- 35
chen, das kann ich nicht, denn die Tür macht so viel Lärm, wenn man
sie öffnet, dass mein Bruder es leicht hören wird, wenn ich sie aufma-
che. Aber ich werde ihm jetzt sagen, dass er nach Hause gehen soll,
und dir danach öffnen.« Der Scholar sagte: »Dann geht nur rasch; und 36
macht bitte ein ordentliches Feuer, damit ich mich, wenn Ihr mich
einlasst, aufwärmen kann. Ich bin nämlich so durchfroren, dass ich
kaum noch meine Glieder fühle.« Die Dame sagte: »Das kann doch gar 37
nicht sein, wenn es stimmt, was du mir oft geschrieben hast, dass du
nämlich vor Liebe glühst. Du machst dich lustig über mich. Ich gehe
nun; warte nur und sei guten Mutes.« Der Liebhaber hatte alles mit 38
angehört und fand großen Spaß dabei; sie gingen gemeinsam wieder
zu Bett, aber sie schliefen nicht viel, weil sie die Zeit damit verbrach-
ten, sich miteinander zu vergnügen und sich über den Scholaren lus-
tig zu machen. Der arme Scholar klapperte vor Kälte mit den Zähnen 39
wie ein Storch mit dem Schnabel, und er bemerkte, dass er hereinge-
legt worden war; wiederholt versuchte er, die Hoftür zu öffnen oder
anderswo hinauszukommen. Er wusste nicht wie, ging wie ein Löwe
im Käfig auf und ab. Er verwünschte das schlechte Wetter, die Bosheit
seiner Dame, die Länge der Nacht und seine eigene Torheit. Er war 40
sehr erbittert über sie, und die lange und leidenschaftliche Liebe, die
er für sie empfunden hatte, verwandelte sich im Nu in grimmigen
und gnadenlosen Hass; er erwog allerlei Wege, um sich zu rächen,
und hiernach verlangte es ihn mehr als zuvor nach dem Zusammen-
sein mit ihr. Nach langen Stunden ging die Nacht zu Ende und der 41
Morgen graute; nun kam auch die Zofe, von ihrer Herrin instruiert,
herunter, um den Hof wieder zu öffnen; und indem sie tat, als hätte
sie Mitleid mit ihm, sagte sie: »Der Schlag möge ihn treffen, der uns
gestern ins Haus geschneit kam! Er hat uns die ganze Nacht auf Trab

gehalten und dich fast erfrieren lassen. Aber weißt du was? Trage es
mit Geduld, denn was heute nicht hat sein können, kann ein anderes
Mal sein. Ich weiß genau, dass meiner Herrin nichts Unangenehme-
42 res hätte geschehen können.« Der Scholar war zwar verbittert, aber
er war klug genug, um zu wissen, dass derjenige zittert, der Dro-
hungen ausstößt; er verschloss also in seiner Brust, was er in unge-
zügelter Empörung gerne hinausgeschrien hätte; ohne seinem Zorn
43 freien Lauf zu lassen, sagte er voller Ergebenheit: »Ich habe eine der
schlimmsten Nächte hinter mir, aber ich habe erfahren, dass dies
nicht die Schuld der gnädigen Frau war, denn sie ist ja selbst voll des
Mitleids zu mir heruntergekommen, um sich zu entschuldigen und
mich zu trösten. Du sagst es, was nicht in dieser Nacht gewesen ist,
44 wird ein anderes Mal sein. Empfiehl mich ihr und geh' mit Gott.« So
gut er konnte, schleppte er sich mit steif gefrorenen Gliedern nach
Hause; erschöpft und todmüde fiel er auf sein Bett und schlief ein;
halb gelähmt wachte er auf; er sandte nach einem Arzt, erzählte ihm
45 von der Nacht im Freien und bat ihn um Hilfe. Man half ihm mit kräf-
tigen und wirkungsvollen Mitteln, so dass seine Glieder nach einiger
Zeit gesundeten, und er seine Muskeln wieder ausstrecken konnte.
Wenn er nicht jung gewesen und eine wärmere Jahreszeit gekommen
wäre, hätte er es nur schwer überstanden. Obwohl er nun wieder
frisch und gesund war, verschloss er aber seinen Hass tief im Herzen
46 und tat so, als wäre er mehr denn je in seine Witwe verliebt. Nach ei-
ner gewissen Zeit geschah es nun, dass Fortuna dem Scholaren eine
Gelegenheit bot, sein Verlangen zu befriedigen. Denn der junge
Mann, der von der Witwe geliebt wurde, kümmerte sich nicht um
das, was sie ihm an Liebe geschenkt hatte, sondern verliebte sich in
eine andere Dame; er sagte und tat allein das, was dieser gefiel, indes-
47 sen die Verflossene sich in bitteren Tränen verzehrte. Ihre Zofe emp-
fand großes Mitleid mit ihrer Herrin und suchte nach einem Mittel,
um sie aus ihrer Niedergeschlagenheit wegen des verlorenen Glieb-
ten zu befreien; sie sah, dass der Scholar immer noch vor dem Haus

umherspazierte, und verfiel auf die närrische Idee, dass die Liebe des
ehemaligen Liebhabers durch Magie wiederhergestellt werden könn-
te, und dass der Scholar ein Meister der Magie wäre. Das tat sie ihrer
Herrin kund. Dummerweise bedachte die Dame nicht, dass der Scho- 48
lar die Magie ja schon längst für sich selbst hätte anwenden können,
und hörte auf die Worte ihrer Zofe; sofort verlangte sie von ihr, in Er-
fahrung zu bringen, ob der Scholar dazu bereit sei, und ihm zu ver-
sprechen, dass sie, um ihn zu belohnen, alles tun würde, was er be-
gehrte. Die Zofe richtete die Botschaft gut und gewissenhaft aus; bei 49
ihren Worten dachte der Scholar voller Zufriedenheit bei sich selbst:
»Gelobt sei der Herr! Endlich kann ich mit seiner Hilfe das böse Weib
für die Unbill bestrafen, die sie mir als Lohn für meine Liebe zugefügt
hat.« Zu der Zofe sagte er: »Richte meiner geliebten Dame aus, dass sie 50
unbesorgt sein möge. Hielte sich ihr Geliebter auch in Indien auf, so
würde ich ihn unverzüglich wieder herbeiholen, damit er sie um Gna-
de dafür bittet, dass er ihr Missfallen erregt hat. Wie das aber anzu-
stellen ist, werde ich ihr selbst sagen, wo immer es ihr beliebt. So viel
sage ihr und beruhige sie.« Die Zofe überbrachte die Botschaft, und es
wurde als Treffpunkt Santa Lucia dal Prato vereinbart. Die Dame und 51
der Scholar trafen sich dort und sprachen alleine miteinander; ohne
sich noch daran zu erinnern, dass sie fast seinen Tod verursacht hatte,
erklärte sie ihm offen ihr Problem und was sie von ihm begehrte und
bat ihn, ihr um ihres Wohlergehens willen zu helfen. Der Scholar sag- 52
te: »Madonna, in der Tat habe ich neben anderen Dingen in Paris auch
die Nigromantie erlernt und beherrsche sie. Da es sich aber um eine in
Gottes Augen böse Kunst handelt, habe ich geschworen, sie nie, we-
der für mich noch für andere, anzuwenden. Nun empfinde ich aber für 53
Euch eine so leidenschaftliche Liebe, dass ich nicht wüsste, wie ich
Euch irgendeinen Eurer Wünsche abschlagen könnte. Und wenn ich
also um dieses Wunsches allein in die Hölle kommen sollte, so bin ich
bereit dazu, weil Ihr es wünscht. Ich erinnere Euch aber daran, dass es 54
schwieriger und unangenehmer ist, als Ihr es Euch vielleicht vorstellt,

insbesondere wenn eine Frau die Liebe eines Mannes oder ein Mann
die Liebe einer Frau zurückgewinnen will: Dies kann nur durch die
Person selbst, die es begehrt, durchgeführt werden; und um das zu
tun, bedarf es einigen Mutes, denn es muss an einsamen Orten und
ohne Begleitung geschehen. Ich weiß nicht, ob Ihr dazu bereit seid.«
55 Hierauf antwortete Monna Elena, die liebestoll, aber nicht klug war:
»Amor gibt mir einen solchen Ansporn, dass ich alles tun würde, um
den zurückzugewinnen, der mich zu Unrecht verlassen hat; aber sage
56 mir bitte, wie ich meinen Mut unter Beweis stellen muss.« Mit teufli-
scher Tücke erläuterte ihr nun der Scholar: »Madonna, ich werde ein
Zinnbild von demjenigen anfertigen müssen, den Ihr wiederzuge-
winnen begehrt; dies übersende ich Euch, und Ihr müsst damit bei
abnehmendem Mond zur ersten Schlafenszeit in einem fließenden
57 Gewässer siebenmal nackt und alleine untertauchen; anschließend
müsst Ihr nackt einen Baum oder ein unbewohntes Haus besteigen
und mit dem Bild in der Hand gen Norden gewandt siebenmal be-
stimmte Worte sprechen, die ich Euch aufschreiben werde. Habt Ihr
sie ausgesprochen, so werden zwei so schöne Jungfrauen kommen,
wie Ihr sie noch nie gesehen habt, Euch begrüßen und Euch freund-
58 lich fragen, was Ihr begehrt. Diesen nun solltet Ihr offen und ehrlich
Eure Wünsche sagen – aber hütet Euch, dass Ihr nicht Namen und
Worte miteinander verwechselt. Habt Ihr das getan, so werden sie
sich entfernen, indessen Ihr zu dem Ort zurückkehren dürft, wo Ihr
Eure Kleider abgelegt habt, um Euch anzukleiden und nach Hause zu
59 gehen. Und gewiss wird dann zur halben kommenden Nacht Euer
Geliebter unter Tränen zu Euch kommen, um Euch um Gnade und
Vergebung zu bitten. Und Ihr müsst wissen, dass er Euch von jener
Stunde an niemals mehr um einer anderen willen verlassen wird.«
60 Monna Elena hörte diese Worte und glaubte ihnen uneingeschränkt;
sie bildete sich schon ein, ihren Geliebten in den Armen zu halten,
und sagte voller Hoffnung: »Zweifelt nicht daran, dass ich alles genau
so tun werde. Und ich habe die beste Gelegenheit dazu; denn ich be-

sitze ein Landhaus im Tal des Arno, das nahe am Fluss gelegen ist; wir
haben Juli, und ein Bad zu nehmen, ist erfrischend. Außerdem erin- 61
nere ich mich, dass nicht weit vom Fluss ein unbewohntes Türmchen
steht, das die Hirten manchmal mit einer Leiter aus Kastanienholz
besteigen, um nach Tieren Ausschau zu halten, die sich verlaufen ha-
ben; das ist ein ganz einsamer und abgelegener Ort. Dort hinauf wer-
de ich mich begeben und alles tun, was du mir befohlen hast.« Der 62
Scholar wusste nur allzu gut über das Landhaus und den Turm Be-
scheid und sah seinen Plan bestätigt; er sagte: »Madonna, ich kenne
die Gegend nicht, weder das Landhaus noch den Turm; aber wenn es
so ist, wie Ihr sagt, so gibt es wohl keinen besseren Ort. Wenn es also
so weit ist, werde ich Euch das Abbild und den Spruch schicken. Ich
bitte Euch aber sehr, dass Ihr mir, wenn Euer Begehren erfüllt ist und
Ihr seht, dass ich Euch geholfen habe, das Versprochene gewährt.« Sie 63
beteuerte, dass sie das unweigerlich tun werde, verabschiedete sich
und ging nach Hause. Der Scholar freute sich, dass sein Plan Erfolg 64
versprach, fertigte ein Abbild mit einigen Zauberzeichen an und
schrieb einen unsinnigen Zauberspruch. Als es ihm an der Zeit er-
schien, schickte er beides der Dame und ließ ihr ausrichten, dass sie in
der kommenden Nacht tun sollte, was er ihr gesagt hatte. Anschlie-
ßend suchte er mit einem Diener das Haus eines Freundes auf, das in
der Nähe des Turmes lag, um sein Vorhaben zu vollenden. Die Dame 65
machte sich ihrerseits mit ihrer Zofe auf den Weg zum Landhaus; als
die Nacht hereingebrochen war, gab sie vor, schlafen gehen zu wollen,
und schickte auch die Zofe zu Bett; zur Stunde des ersten Schlafes
schlich sie sich leise aus dem Haus und ging an den Fluss in der Nähe
des Turmes. Sie schaute sich um; als sie niemanden erblickte oder
hörte, entkleidete sie sich und versteckte ihre Kleider unter einem
Strauch; dann tauchte sie sieben Male unter und ging nackt, mit dem
Bild in der Hand zu dem Turm. Der Scholar hatte sich bei Einbruch 66
der Nacht nahe dem Turm zwischen Weiden und anderen Bäumen
versteckt und alles mit angesehen; sie kam nackt an ihm vorüber und

ihr schneeweißer Leib besiegte die Dunkelheit; als er ihre Brust und
die anderen Teile ihres schönen Körpers betrachtete, musste er daran
denken, wie sie bald aussehen würden, und es überkam ihn schon das
67 Mitleid; andererseits überfiel ihn auf einmal der Stachel des Fleisches,
und er war schon drauf und dran aufzuspringen, um seine Lust an ihr
zu kühlen; er war nahe daran, dem einen oder dem anderen Verlangen
68 zu erliegen. Aber er erinnerte sich wieder daran, wer er war und wer
sie war, die ihn beschämt und verletzt hatte; seine Empörung ent-
flammte aufs neue und vertrieb Mitleid und Lust. Er blieb fest in sei-
69 nem Plan und ließ sie vorübergehen. Sie bestieg ihrerseits den Turm,
wandte sich gen Norden und sprach die Worte, die der Scholar ihr
aufgeschrieben hatte; dieser aber schlich sich in den Turm und zog
vorsichtig die Leiter weg, die zum Dach hinaufführte, wo sich Monna
70 Elena befand. Dann wartete er ab, was sie sagen und tun würde. Mon-
na Elena sagte siebenmal ihren Zauberspruch auf und wartete auf die
beiden Jungfrauen; sie wartete und wartete, indes ihr die Kühle der
Nacht auch etwas zusetzte, bis sie das Morgenrot sah. Es schmerzte
sie, dass nicht eingetreten war, was der Scholar ihr versprochen hatte,
und sie sagte sich: »Ich fürchte, das er mir eine ebensolche Nacht ver-
schaffen wollte, wie ich sie ihm zugemutet habe; aber er hat sich
schlecht gerächt, denn diese Nacht war nicht halb so lang und längst
71 nicht so kalt wie seine.« Damit sie nicht vom Tageslicht überrascht
wurde, wollte sie vom Turm herabsteigen; aber die Leiter war ver-
72 schwunden. Als hätte sie den Boden unter den Füßen verloren,
schwanden ihr die Sinne und sie brach zusammen. Als ihre Kräfte
wiederkehrten, begann sie jämmerlich zu weinen und zu klagen; sie
erkannte das Werk des Scholaren; sie bedauerte, ihn beleidigt und
ihm anschließend blind vertraut zu haben, obwohl er sie verdienter-
73 maßen doch verabscheuen musste. So verging geraume Zeit. Dann
schaute sie noch einmal, ob sie nicht hinunterkäme; sie fand nichts
und brach aufs neue in Tränen aus; sie machte sich bittere Vorwürfe:
»O du Unselige, was werden deine Brüder, deine Verwandten und

Nachbarn und alle Florentiner sagen, wenn sie dich hier nackt und
bloß sehen? Dein vielgepriesener guter Ruf ist dahin; und wolltest 74
du irgendwelche Ausreden erfinden, so führte das zu nichts, denn der
vermaledeite Scholar, der weiß, was du getan hast, wird die Wahrheit
offenbaren. Ach, du hast sowohl deine unglückliche Liebe als auch
deine Ehre verloren!« Und der Schmerz überwältigte sie, so dass sie
sich fast vom Turm gestürzt hätte. Die Sonne war schon aufgegangen, 75
und sie trat an die Brüstung des Turmes, um Ausschau zu halten, ob
sich nicht ein Hirtenjunge in der Nähe aufhielt, den sie zu ihrer Zofe
schicken konnte; da geschah es, dass der Scholar, der unter einem
Busch geschlafen hatte, erwachte, sie ebenso wie sie ihn erblickte;
und er sagte: »Madonna, guten Tag! Sind die Jungfrauen schon da ge-
wesen?« Als Monna Elena ihn sah und hörte, kamen ihr aufs neue die 76
Tränen, und sie bat ihn, in den Turm zu kommen, um mit ihm zu
sprechen. Der Scholar tat das gerne. Elena legte sich bäuchlings nieder 77
und hielt den Kopf über die Falltür und sagte mit Tränen in der Stim-
me: »Rinieri, ich habe dir gewiss eine böse Nacht bereitet, aber du
hast dich nicht schlecht dafür gerächt; denn obwohl wir im Juli sind,
wäre ich heute nacht ohne Kleider fast erfroren. Und ich bedauere es
sehr und habe mir schon die Augen aus dem Kopf geweint, dass ich
dich hintergangen habe und dass ich danach so dumm gewesen bin,
deinen Worten zu glauben. Deswegen bitte ich dich, dass du es mit 78
der Rache für die Beleidigung, die ich dir angetan habe, nun genug
sein lässt, mir meine Kleider gibst und mich herabsteigen lässt; tue
das nicht aus Liebe zu mir, der ich deiner Liebe nicht wert bin, son-
dern aus Liebe zu dir selbst als eines Edelmannes. Beraube mich nicht
meiner Ehre, die du, auch wenn du es wolltest, mir nicht mehr zu-
rückgeben kannst; denn wenn ich dich auch um jene eine Nacht be-
trogen habe, so vermag ich dir, wann immer du es wünschst, viele an-
dere Nächte dafür schenken. Lass es bitte genug sein mit deiner Rache 79
und begnüge dich als ein Ehrenmann damit, dass du mich zur Ein-
sicht gebracht hast. Lass deine Kraft nicht an einem armen Weib aus;

der Adler erntet keinen Ruhm, wenn er eine Taube schlägt. Um der
80 Liebe Gottes und deiner Ehre willen, habe Mitleid mit mir.« Ange-
sichts ihrer Klagen und Bitten rief sich der Scholar mit unbarmherzi-
gem Sinn die erlittene Schmach ins Gedächtnis; und er empfand da-
bei ebenso viel Befriedigung wie Pein: Befriedigung, weil er nichts
so sehnlich herbeigewünscht hatte als die Rache; Pein, weil seine
menschliche Gesinnung ihm Mitleid mit der unglücklichen Frau ein-
flößte; das Mitgefühl konnte jedoch seine unerbittliche Rachsucht
81 nicht überwinden, und er antwortete: »Madonna Elena, wenn mein
Flehen, das ich nicht wie du gerade mit honigsüßen Tränen verstär-
ken konnte, es vermocht hätte, mir, der ich halb erfroren im Schnee
vor deiner Tür zitterte, nur einen Augenblick unter deiner warmen
Bettdecke zu verschaffen, so fiele es mir leicht, deinen Wunsch zu er-
82 füllen. Wenn dir aber heute mehr an deiner Ehre gelegen ist und es dir
schwer wird, nackt auf dem Turm zu bleiben, so richte deine flehent-
lichen Bitten doch an ihn, in dessen Armen in jener Nacht – an die du
selbst erinnert hast – zu liegen es dich nicht dauerte, während du hör-
test, wie ich mit klappernden Zähnen im Schnee umherstapfte. Soll
er dir doch helfen, soll er dir die Kleider bringen und die Leiter, um
herabzusteigen! Vertraue ihm doch deine empfindliche Ehre an, für
den du heute und tausend Male zuvor nicht gezögert hast, sie aufs
83 Spiel zu setzen! Warum rufst du ihn nicht, damit er herbeieilt und dir
beisteht? Wem stünde es mehr zu als ihm? Du gehörst ihm, und wen
sollte er nicht behüten und beschützen, wenn nicht dich? Ruf ihn
doch, du Törin, und prüfe, ob deine Liebe zu ihm und dein und sein
Verstand dich aus meiner Dummheit befreien können! Hast du ihm
nicht, als du dich mit ihm vergnügtest, die Frage gestellt, was ihm
84 größer erschien: meine Dummheit oder deine Liebe zu ihm? Sei nicht
freigebig mir gegenüber mit etwas, was ich nicht begehre, und was du
mir nicht versagen könntest, wenn ich es begehrte. Spare deine Näch-
te für deinen Liebhaber auf, sofern du hier lebend davonkommst; dir
und ihm sollen sie gehören, denn ich hatte genug von der einen Nacht,

in der ich verhöhnt wurde. Listig setzt du deine Worte ein und be- 85
mühst dich schmeichlerisch um mein Wohlwollen, nennst mich tap-
fer und edel und versuchst insgeheim, dass ich großherzig auf die Be-
strafung deiner Bosheit verzichte. Aber deine Schmeichelreden wer-
den mir nicht den Verstand vernebeln, wie es deine hinterhältigen
Versprechungen getan haben. Ich kenne mich gut genug, und ich habe
in Paris nicht so viel über mich gelernt, wie du es mich in einer einzi-
gen Nacht gelehrt hast. Gesetzt den Fall, ich wäre großmütig, so ge- 86
hörst du nicht zu denjenigen, an denen Großmut geübt werden sollte:
Für wilde Tiere wie dich ist der Tod das Ende der Buße und der Rache,
indessen es für Menschen mit dem, was du sagtest, sein Genügen ha-
ben sollte. Denn so wenig ich ein Adler bin, so sehe ich in dir auch 87
keine Taube, sondern eine giftige Schlange, obwohl alles, was ich dir
zufüge, nicht eigentlich Rache heißen kann, sondern Bestrafung,
weil jene die Beleidigung übertreffen muss, und an deren Niveau rei-
che ich nicht heran. Wollte ich mich nämlich rächen und berücksich- 88
tigte ich, was du mit meinem Leben angestellt hast, so wäre es mir
nicht genug, dir oder hundert anderen deinesgleichen das Leben zu
nehmen, weil ich nur ein gemeines, nichtswürdiges und schuldiges
Weibsstück töten würde. Und beim Teufel, verschwindet dein Frätz- 89
chen, das in wenigen Jahren von Falten zerstört sein wird, was ver-
schwindet mehr als eine schäbige Weibsperson? Während es dich
nicht kümmerte, einen tüchtigen, edlen Mann – wie du mich eben
nanntest – in den Tod zu schicken, der an einem einzigen Tag noch
nützlicher für diese Welt sein kann, als hunderttausend deinesglei-
chen es nicht werden sein können, solange diese Welt besteht. Durch 90
die Pein, die du erträgst, lehre ich dich, was es bedeutet, gestandene
Männer zu verhöhnen, was es heißt, Scholaren zu verhöhnen; und
falls du davonkommst, gebe ich dir einen Grund, nicht noch einmal
die gleiche Torheit zu begehen. Aber wenn es dich verlangt, herun- 91
terzukommen, warum stürzt du dich nicht herab? Wenn du dir den
Hals brichst, bist du mit Gottes Hilfe die Pein los, in der du glaubst,

dich zu befinden, und machst mich zum glücklichsten Menschen auf der Welt. Mehr will ich dir nicht mehr sagen; ich habe einen Weg gefunden, dich dort hinaufzubringen, sieh du nun zu, wie du herunter-
92 kommst, so wie du es verstanden hast, mich zu übertölpeln.« Während der Worte des Scholaren weinte die arme Frau in einem fort; die Zeit verging, und die Sonne stieg immer höher; als er schwieg, sagte
93 sie: »Ach, du grausamer Mann, wenn du schon in jener vermaledeiten Nacht so großes Leid erfahren hast und dir mein Vergehen so schwer erscheint, wenn denn weder meine jugendfrische Schönheit noch meine bitteren Tränen noch mein demütiges Flehen dein Mitleid erregen können, so möchte doch zumindest das eine deine unerbittliche Strenge erweichen, dass ich dir schließlich doch mein Vertrauen geschenkt und dir mein innerstes Geheimnis entdeckt und dir so die Möglichkeit gegeben habe, mir mein Vergehen vor Augen zu führen; hätte ich mich dir nicht anvertraut, so hättest du keine Gelegenheit gehabt, dich an mir zu rächen, was du nach deinen Worten glühend
94 begehrt hast. Ach, lass' deinen Zorn fahren und vergib mir! Willst du mir vergeben und mich herabsteigen lassen, so bin ich bereit, meinen treulosen Liebhaber zu verlassen und dir allein als meinem Geliebten und Herrn zu folgen, obwohl du meine Schönheit als flüchtig und gering zu erachten scheinst; wie auch immer diese und die der anderen Frauen beschaffen sein und eingeschätzt werden mag, so dient sie doch – wie ich weiß – dem Begehren, dem Vergnügen und der Lust
95 der jungen Männer. Und du bist nicht alt. Und wie grausam ich von dir behandelt werde, so kann ich nicht glauben, dass du ansehen wolltest, wie ich mich verzweifelt herabstürzen und vor deinen Augen eines schmachvollen Todes sterben sollte, wo ich dir doch, als du noch nicht der Lügner warst, der du geworden bist, so sehr gefallen habe.
96 Ach, erbarme dich meiner, um Gottes willen! Die Sonne steigt und brennt vom Himmel herab; wie die Kühle der Nacht so quält mich
97 nun mehr und mehr die Glut.« Dem Scholaren bereitete es Vergnügen, sie mit Worten hinzuhalten, und er antwortete: »Madonna, du

hast mir dein Vertrauen nicht aus Liebe zu mir geschenkt, sondern
weil du deinen verlorenen Liebhaber zurückgewinnen wolltest; und
dafür solltest du noch besonders bestraft werden. Töricht wäre es,
wenn du glaubtest, dies wäre der einzige Weg gewesen, um Rache an
dir zu nehmen. Unter dem Vorwand, dich zu lieben, hatte ich viele 98
andere Schlingen ausgelegt; wenn nicht in dieser, dann hättest du
dich in kürzester Zeit in einer anderen verfangen müssen. Aber keine
andere hätte dir größere Pein und Schande eingebracht; und ich habe
bei dieser nicht zugegriffen, um dir gefällig zu sein, sondern um rasch
zu triumphieren. Und wenn alle anderen Fallen nicht zum Erfolg ge- 99
führt hätten, so wäre mir immer noch meine Feder verblieben, mit
der ich so viele Dinge über dich niedergeschrieben hätte, dass, hättest
du sie gelesen, du tausendmal am Tage gewünscht hättest, niemals
geboren worden zu sein. Denn die Kraft der Feder hat eine größere
Wirkung, als es sich diejenigen vorstellen, die sie noch nicht erfahren
haben. Ich schwöre bei Gott – möge Er mir nach einem glücklichen 100
Beginn auch ein ebenso glückliches Ende dieser Rache schenken –,
dass ich solche Sachen über dich geschrieben hätte, dass du dir aus
Scham nicht nur vor den anderen, sondern vor dir selbst die Augen
aus dem Kopf gerissen hättest. Darum schilt nicht das Meer, wenn ein
Bächlein es anwachsen lässt. Ob du mich liebst oder die meine sein 101
willst, berührt mich nicht; wenn du kannst, kehre zu dem zurück,
dem du zugehört hast; ihn, den ich einst gehasst habe, mag ich leiden,
wenn ich berücksichtige, wie er dich behandelt hat. Ihr Frauen ver- 102
liebt euch in junge Männer und begehrt deren Liebe, weil sie frischer
aussehen, ihre Bärte noch tiefschwarz sind, weil sie mit stolzer Brust
umherstolzieren, tanzen und an Turnieren teilnehmen; all das besa-
ßen und vermochten diejenigen, die ein wenig älter sind, indessen
jene manches erst noch lernen müssen. Darüber hinaus haltet ihr die
jungen Burschen für bessere Reitersleute, die pro Tag mehr Etappen
als die reiferen Männer schaffen. Ich gebe gerne zu, dass sie euch mit 103
größerer Kraft den Pelz gerben, dafür wissen die Älteren besser, wo

sich die Flöhe versteckt halten, und ihr solltet das Wenige, aber Ge-
pfefferte dem Häufigen, aber Langweiligen bei weitem vorziehen; im
Trab geritten zu werden, ist sehr ermüdend, im Passgang ist die Reise
bequemer, obwohl ihr später, aber dafür ausgeruht in der Herberge
04 ankommt. Ihr Wesen ohne Verstand wisst gar nicht, wie viel Übel un-
ter einem Wenig an schöner Erscheinung verborgen ist. Denn die jun-
gen Burschen begnügen sich nicht mit einer von euch, sondern be-
gehren alle, die sie zu Gesicht bekommen und derer sie wert zu sein
glauben. Denn ihre Liebe ist nicht beständig, und hierfür legst du
05 selbst das beste Zeugnis ab. Sie meinen aber, sie wären es wert, von
ihren Damen verehrt und verwöhnt zu werden; ihren größten Ruhm
finden sie, wenn sie damit prahlen, wie viele von euch sie schon ge-
habt haben; deswegen geben sich viele den Mönchen hin, die es nicht
hinausposaunen. Obgleich du behauptest, dass niemand von deinen
Liebschaften etwas erfahren hat außer deiner Zofe und mir, so kennst
du nicht die Wahrheit und täuschst dich, wenn du es glaubst; denn in
dem Viertel deines Liebhabers wie in deinem redet man über nichts
anderes. Aber in solchen Fällen erfährt derjenige es zuletzt, den es be-
trifft. Die jungen Leute bringen euch um euer Hab und Gut, indessen
06 die Älteren euch etwas dazuschenken. Bleibe du also, die du den fal-
schen ausgewählt hast, bei dem, den du dir genommen hast; und lass'
mich, den du verhöhnt hast, bei einer anderen bleiben; denn ich habe
eine sehr viel bessere Frau als dich gefunden, die mich besser kennt als
07 du. Damit du nun endlich die Gewissheit meines sehnenden Blicks –
weil du meinen Worten nicht glaubst – ins Jenseits überbringen
kannst, so stürze dich endlich hinunter; deine Seele, auf die der Teufel
schon wartet, wird es noch wahrnehmen, ob meine Augen feucht
08 werden oder nicht, wenn du kopfüber herunterfällst. Da ich aber
glaube, dass du mir dieses Vergnügen nicht gönnst, so sage ich dir nur,
dass du dich, wenn die Sonne dich verbrennt, an die Kälte erinnerst,
die du mich hast erleiden lassen. Vermischst du die Hitze mit jener
09 Kälte, so mag sie dir erträglich erscheinen.« Trostlos musste die Frau

einsehen, dass die Worte des Scholaren auf ihr grausames Ende ziel-
ten; und sie sagte unter Tränen: »Nun, da keines meiner Worte dich
rührt, so möge doch die Liebe dich rühren, die du für jene Frau emp-
findest, und von der du sagst, sie sei klüger als ich und sie liebe dich.
Um der Liebe zu ihr willen verzeih' mir und gib mir meine Kleider
wieder und lass' mich vom Turm herabsteigen.« Der Scholar lachte; 110
da er sah, dass die dritte Stunde schon überschritten war, antwortete
er: »Nun gut, ich kann nicht nein sagen, denn jene Dame hat mich
darum gebeten; sage mir, wo die Kleider versteckt sind, ich werde sie
holen und lasse dich dann heruntersteigen.« Die Frau glaubte ihm, 111
beruhigte sich etwas und zeigte ihm den Ort, wo ihre Kleider lagen.
Der Scholar verließ den Turm und befahl seinem Diener, sich in der
Nähe des Turmes aufzuhalten und darauf zu achten, dass niemand
den Turm betrete, bevor er zurückgekommen sei. Anschließend be-
gab er sich zum Haus seines Freundes, speiste in aller Ruhe und legte
sich, als es ihm an der Zeit erschien, zur Ruhe nieder. Die Frau blieb 112
auf dem Turm; obwohl sie törichterweise etwas Hoffnung geschöpft
hatte, war sie doch zutiefst verzweifelt; sie hockte sich dorthin, wo
die Brüstung des Turmes ein wenig Schatten spendete und wartete, in
traurige Gedanken versunken. Sie grübelte vor sich hin, brach in Trä-
nen aus, einmal hoffte sie, dass der Scholar ihre Kleider bringen wer-
de, dann verzweifelte sie daran; da sie in der Nacht nicht geschlafen
hatte, überwältigte sie der Jammer, und sie schlief ein. Die Sonne 113
stand inzwischen im Mittag und brannte unmittelbar und mit solcher
Stärke auf ihren zarten, empfindlichen Körper und auf ihren Kopf,
dass sie alle freiliegende Haut so verbrannte, dass sie platzte; der
Schmerz riss sie aus ihrem tiefen Schlaf. Sie fühlte den Brand; sie be- 114
wegte sich ein wenig, und die verbrannte Haut schälte sich ab, wie
man es bei verbranntem Pergament beobachtet, an dem man zieht;
der Kopf schmerzte sie, und sie dachte, er würde zerspringen – was
kein Wunder war. Der Estrich des Turmes war so heiß, dass sie weder 115
stehen noch sitzen konnte; weinend lief sie hin und her. Es wehte 116

kein Lüftchen, und Schwärme von Mücken und Bremsen ließen sich
auf dem offenen Fleisch nieder, quälten und stachen sie so sehr, dass
sie bei jedem Stich glaubte, ein Dolch durchbohrte sie; obwohl es
nichts nutzte, schlug sie mit den Händen um sich und verwünschte
117 sich, ihr Leben, ihren Liebhaber und den Scholaren. Sie wurde von der
unsäglichen Sonnenglut, von den Mücken und Bremsen, vom Durst
noch mehr als vom Hunger gequält und gepeinigt und zusätzlich von
tausend unerträglichen Vorstellungen geängstigt; sie stellte sich auf
die Zehenspitzen, um zu schauen, ob nicht irgendeine Person in der
Nähe wäre; sie war zum Äußersten entschlossen und wollte um Hilfe
118 rufen. Aber eine missgünstige Fortuna hatte ihr auch diese Möglich-
119 keit versagt. Denn die Bauern hatten während der Mittagshitze die
Felder verlassen; an diesem Tag arbeiteten nur wenige draußen, weil
viele bei ihren Häusern das Korn droschen; so vernahm sie nichts als
das Zirpen der Zikaden, und sie sah den Arno, dessen Anblick ihren
Durst nicht linderte, sondern verstärkte. Sie erblickte auch Gebüsch,
120 schattige Plätze und Häuser, die ihr Weh nur vermehrten. Was ist
noch über die unglückselige Witwe zu sagen? Die Sonne von oben,
der brennende Estrich von unten, die Stiche der Mücken und Brem-
sen am ganzen Körper hatten sie furchtbar zugerichtet. In der Nacht
zuvor hatte der schneeweiße Glanz ihres Leibes noch die Dunkelheit
besiegt, und nun war sie knallrot, verbrannt und blutig und erschien
121 als ein abgrundhässliches Etwas. Ohne Hoffnung und ohne Rat sah
sie dem Tod schon ins Auge, als früh am Nachmittag der Scholar, der
sich ausgeruht hatte und sich wieder an seine Dame auf dem Turm er-
innerte, nach ihr schaute und gleichzeitig seinem Diener, der ganz
ausgehungert war, etwas zu essen bringen ließ. Die Frau hörte ihn,
näherte sich von Schmerzen geplagt und am Ende ihrer Kräfte der
122 Falltür und sagte mit Tränen in der Stimme: »Rinieri, über die Maßen
hast du dich gerächt; wenn ich dich bei Nacht in meinem Hof habe er-
frieren lassen, so lässt du mich bei Tage auf diesem Turm braten und
verbrennen und vor Hunger und Durst sterben. Daher flehe ich dich

bei der Liebe Gottes an, komme herauf und gib mir den Tod, den ich
mir selbst zu geben nicht den Mut habe; gib du ihn mir, denn ich wün-
sche ihn mir sehnlich, weil meine Qual unerträglich ist. Willst du mir 123
diesen Gnadenakt nicht gönnen, so reiche mir wenigstens ein Glas
Wasser, damit ich meinen Mund netzen kann, meine Tränen reichen
dazu nicht aus, so sehr bin ich im Innern ausgetrocknet und ausge-
brannt.« Der Scholar erkannte wohl an ihrer Stimme, dass sie am Ende 124
ihrer Kräfte war; er sah auch zum Teil ihren von der Sonne verbrann-
ten Körper; dies und ihr demütiges Flehen erregten sein Mitleid;
trotzdem antwortete er: »Du böses Weib wirst nicht von meiner 125
Hand sterben; du wirst durch deine eigenen Hände sterben, so du
selbst es willst. Und du wirst so viel Wasser von mir zu deiner Erfri-
schung bekommen, wie ich Wärme von deinem Ofen erhalten habe,
um mich aufzuwärmen. Allerdings schmerzt es mich sehr, dass mei- 126
ne Unterkühlung durch warmen stinkenden Mist geheilt werden
musste, indessen deine Überhitzung mit duftendem Rosenwasser
geheilt werden wird; und während ich beinahe Leib und Leben einge-
büßt hätte, wirst du, nachdem du deine alte Haut durch die Hitze ver-
loren hast, schön und frisch wie die Schlange nach der Häutung er-
scheinen.« »Oh, ich Unselige«, sagte Elena, »die Schönheit, die ich 127
auf diese Weise erworben habe, schenke der Herrgott all denen, die
mir übel wollen. Aber du, grausamer als ein wildes Tier, wie hast du es
erdulden können, dass ich so zugerichtet worden bin? Hätte ich et-
was anderes von dir oder irgendeinem anderen erwarten können,
wenn ich deine gesamte Verwandtschaft unter furchtbaren Qualen
umgebracht hätte? Ich weiß nicht, ob ein Verräter, der eine ganze 128
Stadt dem Untergang ausgeliefert hätte, einer noch grausameren Be-
strafung ausgeliefert worden wäre, als der du mich ausgesetzt hast, in-
dem du mich von der Sonne hast verbrennen und von den Bremsen
zerstechen lassen; und obendrein mir nicht einmal einen Schluck zu
geben, wo man doch dem Verurteilten, der zur Hinrichtung geführt
wird, ein Glas Wasser, wenn nicht auf seinen Wunsch sogar Wein

129 reicht. Da ich sehe, dass du auf deiner unerbittlich grausamen Härte
beharrst und ich dich nicht zu einer Regung des Mitleids bewegen
kann, werde ich mich geduldig auf den Tod vorbereiten, so dass Gott
sich mir barmherzig erweisen wird; Ihn bitte ich, das er deinem Tun
130 gerecht werden möge.« Nach diesen Worten schleppte sie sich mit
großer Mühe in die Mitte des Turmes, um sich in ihrer Verzweiflung
ganz und gar der Sonnenglut auszusetzen. Mehr als einmal glaubte sie
vor Schmerz und Durst zu verenden, während sie immerzu jammerte
131 und ihr Unglück beklagte. Da es Abend wurde, und der Scholar mein-
te, es sei nun genug, nahm er ihre Kleider, wickelte sie in den Mantel
des Dieners und begab sich zum Haus der unglücklichen Frau. Dort
fand er ihre Zofe, die traurig und ratlos auf der Türschwelle hockte; er
132 fragte sie: »Gutes Weib, was macht deine Herrin?« Die Zofe antwor-
tete hierauf: »Messere, ich weiß es nicht. Gestern abend glaubte ich,
sie sei zu Bett gegangen, und heute morgen glaubte ich, sie in ihrem
Bett zu finden; aber ich fand sie weder dort noch woanders; und ich
weiß nicht, was aus ihr geworden ist. Deswegen bin ich zutiefst be-
133 kümmert. Aber Ihr, Messere, wisst Ihr denn nichts von ihr?« Der
Scholar antwortete: »Hätte ich dich doch zusammen mit ihr dorthin
geschafft, wohin ich sie geschafft habe, um dich für deine Schuld zu
bestrafen, wie ich sie für ihre Schuld bestraft habe! Aber du wirst mir
nicht entwischen, bevor ich es dir nicht heimgezahlt habe, so dass du
keinen Mann mehr verhöhnst, ohne an mich zu denken.« Nach diesen
Worten sagte er seinem Diener: »Gib ihr die Kleider und sage ihr, dass
134 sie, wenn sie will, zu ihrer Herrin gehen soll.« Der Diener tat, wie ihm
geheißen; die Zofe nahm die Kleider und erkannte sie wieder; nach
den Worten des Scholaren befürchtete sie, dass sie sie umgebracht
hätten und unterdrückte einen Aufschrei; kaum war der Scholar weg-
135 gegangen, rannte sie in Tränen mit den Kleidern zum Turm. Einem
der Bauern der Witwe waren zufällig an jenem Tag zwei Schweine
entlaufen; auf der Suche nach ihnen kam er, nachdem der Scholar fort
war, an jenen kleinen Turm; als er um diesen herum seine Schweine

suchte, vernahm er das Gejammer der unglücklichen Frau; er stieg
hinauf, so weit er konnte und rief so laut wie möglich: »Wer heult
denn da oben?« Die Frau erkannte die Stimme ihres Bauern, rief ihn 136
bei seinem Namen und sagte: »Ach du, hol' meine Zofe und sorge da-
für, dass sie zu mir heraufkommen kann.« Der Bauer erkannte seine 137
Herrin und sagte: »O weh, Madonna, wer hat Euch denn da hinaufge-
bracht? Eure Zofe sucht Euch schon den ganzen Tag; aber wer hätte
gedacht, dass Ihr hier oben seid?« Er nahm die Stangen der Leiter und 138
band die Sprossen mit Weiden fest; währenddessen traf die Zofe ein
und betrat das Innere des Turmes; sie konnte sich nicht mehr beherr-
schen, schlug die Hände ins Gesicht und schrie laut: »O weh, geliebte
Herrin, wo seid Ihr nur?« Monna Elena hörte sie und sagte, so laut sie 139
konnte: »O mein Schwesterchen, hier oben bin ich. Weine nicht,
bringe mir rasch meine Kleider.« Als die Zofe ihre Stimme vernahm, 140
beruhigte sie sich, bestieg die Leiter, die der Bauer wiederhergestellt
hatte, und gelangte auf den Turm; als sie sah, dass ihre Herrin, die
nackt und erschöpft auf dem Boden lag, weniger wie ein menschli-
ches Wesen als wie ein verkohlter Baumstrunk aussah, schlug sie die
Hände vors Gesicht und beweinte sie wie eine Tote. Aber ihre Herrin 141
bat sie, still zu sein und ihr beim Ankleiden zu helfen. Als sie erfahren
hatte, dass niemand wusste, wo sie geblieben war, außer dem Bauern
und denjenigen, die ihre Kleider hin und her getragen hatten, fand sie
etwas Trost; sie bat die Zofe und den Bauern, um Gottes willen nie-
mandem etwas zu sagen. Nach einigem Hin und Her nahm der Bauer 142
die Witwe, die nicht laufen konnte, auf die Schulter und brachte sie
lebend aus dem Turm hinaus. Die unglückliche Zofe, die hinterher-
kam und weniger vorsichtig die Leiter herunterstieg, rutschte mit
dem Fuß aus, fiel zu Boden und brach sich den Oberschenkel; vor
Schmerzen brüllte sie wie ein Löwe. Der Bauer legte die Witwe auf 143
einem Stück Rasen nieder und schaute nach der Zofe; als er sah, was
mit ihr geschehen war, brachte er auch sie zu dem Rasen und bettete
sie neben ihre Herrin. Diese sah, dass noch ein weiteres Unglück zu

dem ihren dazukam und sie keine Hilfe mehr von ihrer Zofe erwarten
konnte; sie begann so jämmerlich zu weinen, dass auch der Bauer sie
144 nicht mehr zu trösten wusste und in ihr Wehgeschrei einstimmte. Da
aber die Sonne schon tief am Himmel stand, und damit die Nacht sie
nicht überraschte, ging er auf Wunsch der trostlosen Witwe zu sich
nach Hause, holte seine zwei Brüder und seine Frau, und gemeinsam
kehrten sie mit einem Brett zurück; sie legten die Zofe darauf und tru-
gen sie nach Hause. Nachdem sie ihre Herrin mit etwas Wasser er-
frischt und mit freundlichen Worten getröstet hatten, nahm der Bau-
145 er sie auf den Rücken und trug sie in ihre Kammer. Die Frau des Bau-
ern gab ihr eingeweichtes Brot zu essen, kleidete sie aus und brachte
sie zu Bett. Sie ordneten an, dass die Herrin und ihre Zofe des Nachts
146 nach Florenz gebracht würden, was auch geschah. Monna Elena kann-
te viele Betrugsmanöver, und so dachte sie sich auch eine Geschichte
aus, um die sonderbaren Ereignisse zu begründen. Ihrer Zofe, ihren
Brüdern und Schwestern und allen anderen machte sie weis, dass al-
147 les ein Teufelsspuk gewesen sei. Die Ärzte waren eifrig zur Stelle; sie
heilten die Frau – die einiges zu leiden und durchzumachen hatte,
weil ihre Haut wiederholt in den Tüchern hängenblieb – von einem
heftigen Fieber und den anderen Verletzungen; ebenso heilten sie
148 auch den Knochenbruch der Zofe. Die Frau selbst vergaß danach ih-
ren Liebhaber und hütete sich fortan wohlweislich, zu lieben und zu
betrügen. Als der Scholar hörte, dass die Zofe sich den Schenkel ge-
brochen hatte, schien ihm seine Rache vollkommen geglückt, und er
149 ließ die Sache auf sich beruhen. So geschah es also mit der eingebilde-
ten jungen Frau, die glaubte, mit einem Scholaren ihren Spott treiben
zu können, so wie sie es mit jedem anderen getan hätte, und die nicht
ahnte, dass nicht alle Scholaren, aber doch die meisten sehr wohl wis-
sen, wo der Teufel den Schwanz trägt. Und deswegen, ihr Damen,
hütet euch davor, euren Schabernack zu treiben – insbesondere mit
den Scholaren.

Achte Novelle

Zwei junge Leute sind miteinander befreundet; der eine schläft mit der 1
Frau des anderen; dieser bemerkt es und verabredet mit dessen Frau,
dass er in eine Truhe eingeschlossen wird; dann beschläft er die Frau auf
der Truhe.

Den Damen erschien alles, was Elena zugestoßen war, als schlimm 2
und beklagenswert, da sie aber auch meinten, dass es ihr teilweise zu
Recht geschehen sei, empfanden sie nur mäßiges Mitleid, obwohl sie
meinten, dass der Scholar sich allzu unerbittlich, hartherzig und grau-
sam verhalten habe. Als Pampinea ihre Novelle beendet hatte, wies
die Königin Fiammetta an fortzufahren; diese folgte geflissentlich
und sagte:

Liebenswerte Damen, da ich den Eindruck habe, dass euch die 3
Strenge des beleidigten Scholaren etwas betrübt hat, halte ich es für
angemessen, die traurige Stimmung mit einer lustigen Geschichte ein
wenig aufzumuntern. Deswegen möchte ich euch eine kurze Novelle
von einem jungen Mann erzählen, der auf eine Unbill milde reagierte
und sich maßvoll rächte. Daraus werdet ihr entnehmen können, dass
es ausreicht, wenn die Mauer es dem Esel zurückgibt, wenn er sie tritt,
dass man die Rache, will man sich für eine Beleidigung rächen, also
nicht über das Maß hinaus treiben soll.

Ihr müsst also wissen, dass in Siena, wie ich gehört habe, einst 4
zwei junge Männer lebten, die aus guten und wohlhabenden bürgerli-
chen Häusern stammten; der eine hieß Spinelloccio Tavena und der
andere Zeppa di Mino, beide wohnten nahe der Porta Camollia. Diese 5
beiden waren immer beisammen, und es sah so aus, dass sie sich wie
Brüder gegenseitig schätzten; ein jeder von ihnen hatte eine sehr
schöne Frau zum Eheweib. Es geschah nun, dass Spinelloccio, der 6
häufig im Hause des Zeppa war, sich derart mit Zeppas Frau – ob jener
daheim war oder nicht – anfreundete, dass er schließlich auch mit ihr

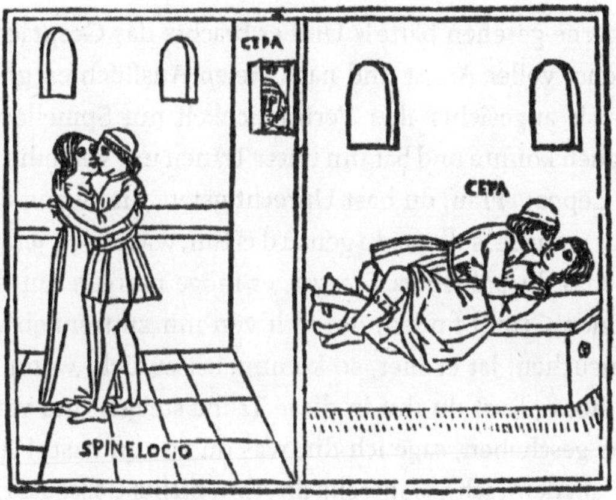

ins Bett ging; und dies taten sie geraume Zeit, ohne dass es jemand
7 bemerkte. Als aber eines Tages Zeppa zu Hause war, ohne dass seine Frau es wusste, kam Spinelloccio und rief nach ihm. Seine Frau antwortete, er sei nicht zu Hause, also ging Spinelloccio rasch hinauf, traf
8 die Frau, und sie umarmten und küssten sich. Zeppa sah das, sagte aber kein Wort und hielt sich versteckt, um zu sehen, wie das Ganze ausging; kurz darauf sah er, dass beide eng umschlungen in die Schlafkammer gingen und diese von innen verschlossen. Das empörte ihn
9 sehr. Er wusste allerdings gut genug, schlüge er Lärm, wäre er nicht weniger blamiert, sondern öffentlich entehrt; also überlegte er sich, wie er, ohne dass ein Außenstehender etwas erführe, sich rächen und sein Selbstgefühl wiederherstellen könnte. Nach einigem Nachdenken glaubte er, einen Weg gefunden zu haben; und er blieb so lange
10 versteckt, wie Spinelloccio sich bei seiner Frau aufhielt. Als jener schließlich das Haus verlassen hatte, ging er in die Kammer und fand dort seine Frau, die gerade dabei war, ihr Kopftuch wieder zu befestigen, das Spinelloccio beim Liebesspiel heruntergezogen hatte; er sag-
11 te: »Frau, was machst du?« Sie antwortete: »Siehst du das nicht?«
12 Zeppa sagte: »Aber ja. Und ich habe noch anderes gesehen, was ich

nicht so gerne gesehen hätte!« Und er brachte das Gespräch auf das
Vorgefallene; voller Angst und nach vielen Ausflüchten gestand sie
ihm, was sie angesichts aller Vertraulichkeit mit Spinelloccio auch
nicht leugnen konnte und bat ihn unter Tränen um Verzeihung. Hier- 13
auf sagte Zeppa: »Frau, du hast Unrecht getan, und wenn du willst,
dass ich dir vergebe, solltest du genau das tun, was ich dir jetzt erkläre.
Ich will, dass du Spinelloccio sagst, er möge morgen um die dritte 14
Stunde einen Grund finden, um sich von mir zu trennen und dich
hier aufzusuchen. Ist er hier, so komme ich zurück; wenn du mich
kommen hörst, lässt du ihn in diese Truhe steigen und verschließt
sie. Ist das geschehen, sage ich dir, was du zu tun hast. Habe keine
Angst bei alledem, ich verspreche dir, ihm nichts Böses zu tun.« Um
ihn freundlich zu stimmen, sagte die Frau, dass sie alles tun wollte,
und sie tat es. Am folgenden Tag waren Spinelloccio und Zeppa um 15
die dritte Stunde beisammen; und Spinelloccio, der der Frau verspro-
chen hatte, um diese Zeit zu ihr zu kommen, sagte zu Zeppa: »Ich
muss heute bei einem Freund zu Mittag speisen und will ihn nicht
warten lassen; lebe wohl.« Zeppa sagte: »Es ist doch jetzt noch keine 16
Mittagszeit.« Spinelloccio sagte: »Macht nichts, ich muss noch etwas 17
anderes mit ihm besprechen, und so komme ich besser frühzeitig.«
Spinelloccio trennte sich von Zeppa, machte einen Umweg und traf 18
bei dessen Frau ein; kaum waren sie zusammen, als auch Zeppa nach
Hause kam; als ihn seine Frau hörte, tat sie ganz ängstlich, ließ ihn in
die Truhe steigen, die ihr Mann ihr gezeigt hatte, verschloss diese und
verließ die Kammer. Zeppa kam nach oben und sagte: »Frau, ist es 19
Essenszeit?« Die Frau antwortete: »Ja, es ist so weit.« Hierauf sagte 20
Zeppa: »Spinelloccio ist heute zu einem Freund zum Mittagessen ge-
gangen und hat seine Frau alleine gelassen; geh' ans Fenster und rufe
sie, damit sie bei uns isst.« Die Frau, eingeschüchtert und lamm- 22
fromm, tat, wie ihr Mann ihr befahl. Spinelloccios Frau, von Zeppas
Frau gedrängt, kam herüber, weil sie vernahm, dass ihr Mann nicht
bei ihr essen würde. Kaum war sie angekommen, nahm sie Zeppa vol-

ler Liebenswürdigkeit bei der Hand, schickte seine eigene Frau in die
Küche, führte sie in die Schlafkammer, drehte sich um und verschloss
23 von innen. Als die Frau das sah, sagte sie: »Aber Zeppa, was soll das
heißen? Habt Ihr mich deswegen kommen lassen? Sieht so Eure
24 Freundschaft und Loyalität gegenüber Spinelloccio aus?« Zeppa hielt
sie fest und stellte sich neben die Truhe, in der ihr Mann versteckt
war, und sagte: »Frau, bevor du dich beschwerst, höre, was ich dir zu
sagen habe. Ich habe Spinelloccio wie einen Bruder geliebt und liebe
ihn immer noch; und gestern habe ich herausbekommen, ohne dass
er etwas davon bemerkt hat, dass er mein Vertrauen so weit miss-
braucht hat, dass er mit meiner Frau dasselbe treibt wie mit dir. Weil
ich ihn liebe, will ich von ihm nur den Ausgleich für seine Kränkung
25 haben: Er hat meine Frau gehabt, ich will dich haben. Solltest du
selbst das nicht wollen, so werde ich ihn auf frischer Tat ertappen;
und ich werde es nicht dulden, dass sein Unrecht unbestraft bleibt;
ich werde ihm so mitspielen, dass ihr beide eures Lebens nicht mehr
26 froh werdet.« Nach wiederholten Versicherungen glaubte Spinel-
loccios Frau seinen Worten und sagte: »Lieber Zeppa, da die Rache
nun auf mich fallen muss, bin ich unter der Voraussetzung einver-
standen, dass ich auch nach dem, was wir miteinander tun, mit deiner
Frau in Frieden leben kann, so wie ich selbst, obwohl sie mir das ange-
27 tan hat, mit ihr in Frieden leben möchte.« Zeppa antwortete hierauf:
»Dafür will ich Sorge tragen; und außerdem schenke ich dir ein so
teures und schönes Kleinod, wie es keine andere hat.« Nach diesen
Worten umarmte und küsste er sie und legte sie auf die Truhe, in der
ihr Mann eingeschlossen war, um sich, so lange es ihm gefiel, mit ihr
28 zu verlustieren, so wie sie es mit ihm tat. Spinelloccio hatte in der
Truhe alles gehört, was Zeppa gesagt und seine Frau geantwortet hat-
te, ebenso wie den Tanz der beiden; er war zunächst zu Tode beküm-
mert; wenn er nicht Angst vor Zeppa gehabt hätte, hätte er seine Frau,
29 eingeschlossen wie er war, kräftig ausgeschimpft. Schließlich bedach-
te er, dass die Unbill von ihm ihren Ausgang genommen hatte und

dass Zeppa sich ihm gegenüber richtig verhielt, nachdem er ihn als
Freund hintergangen hatte; und er beschloss, die Freundschaft zu
ihm zu erhalten, wenn auch Zeppa das wünschte. Nachdem Zeppa 30
sich lange genug mit der Frau vergnügt hatte, stieg er von der Truhe
herab; als die Frau nach dem Kleinod fragte, öffnete er die Kammer
und ließ seine Frau kommen, die lachte nur und sagte: »Madonna, Ihr
habt mir Gleiches mit Gleichem vergolten.« Zeppa sagte zu ihr: »Öff- 31
ne die Truhe!« Sie tat es, und Zeppa zeigte der Frau ihren Ehemann
Spinelloccio. Lange könnte man davon erzählen, wer sich von den 32
beiden mehr schämte: Spinelloccio, der Zeppa erblickte, von dem er
wusste, dass er wusste, was er selbst getan hatte; oder die Frau, die
ihren Ehemann erblickte, der mitbekommen hatte, welchen Tanz sie
über seinem Kopf ausgeführt hatte. Zeppa sagte zu ihr: »Dies Kleinod 33
schenke ich dir.« Spinelloccio stieg aus der Truhe und sagte ohne viele 34
Worte: »Zeppa, es steht eins zu eins. Und so bleiben wir, wie du es so-
eben zu meiner Frau gesagt hast, Freunde wie eh und je; und da wir
bisher die Frauen noch nicht miteinander geteilt hatten, so wollen wir
sie von jetzt an miteinander teilen.« Zeppa war es zufrieden, und alle 35
vier speisten in größter Einigkeit zusammen. Von Stunde an besaß
jede Frau zwei Männer und jeder Mann zwei Frauen, ohne dass es je-
mals Zank und Streit zwischen ihnen gab.

Neunte Novelle

Meister Simone, ein Arzt, wird von Bruno und Buffalmacco in einen Geheimbund aufgenommen, der kapern geht; sie schicken ihn eines Nachts irgendwohin und Buffalmacco stürzt ihn in eine Abfallgrube und lässt ihn dort liegen. 1

Nachdem die Damen einige Zeit über die Weibergemeinschaft der 2
beiden Sieneser gescherzt hatten, war es an der Königin, das Wort zu

ergreifen, da sie Dioneos Vorrecht nicht missachten wollte; sie begann wie folgt:

3 Liebenswerte Damen, Spinelloccio verdiente sehr wohl den Streich, den Zeppa ihm gespielt hat; deswegen sollte derjenige nicht allzu heftig getadelt werden – wie Pampinea es vorhin zeigen wollte –, der demjenigen einen Streich spielt, der ihn so haben will oder der ihn verdient. Spinelloccio verdiente ihn; ich möchte euch von einem erzählen, der ihn gerade so haben wollte, weil er der Meinung war, dass diejenigen, die ihm den Streich spielten, nicht zu tadeln, sondern zu belobigen seien. Der Streich wurde einem Arzt gespielt, der mit pelzgeschmücktem Doktorhut aus Bologna nach Florenz zurückkehrte und ein Schafskopf war.

4 Alle Tage sehen wir, dass unsere Mitbürger aus Bologna als Richter, Arzt oder Notar mit langen und weiten Talaren, scharlachfarben
und mit Pelz und anderem Prunk verziert, zurückkehren, und wie sie
5 sich dann so alle Tage bewähren. Unter diesen war auch ein gewisser
Meister Simone da Villa, der reicher an väterlichem Gut als an Wissen
war und der vor nicht allzu langer Zeit mit scharlachfarbigem Talar

und breitem Kragen als Doktor der Medizin – wie er behauptete – heimkehrte und seinen Wohnsitz in einer Straße nahm, die wir heute
Via del Cocomero nennen. Dieser frisch heimgekehrte Meister Simo- 6
ne besaß neben anderen bemerkenswerten Gewohnheiten die Angewohnheit, Personen, die ihn begleiteten, zu fragen, wer dieser oder jener sei, der ihnen begegnete; und er merkte sich und sammelte alle diese Informationen, so als hätte er die Arzneien für seine Kranken gemäß den Verhaltensweisen der Menschen zusammensetzen müs-
sen. Unter denen, die er mit besonderer Aufmerksamkeit beobachte- 7
te, befanden sich zwei Maler, Bruno und Buffalmacco, von denen heute schon die Rede war; die beiden waren dauernd zusammen und
zählten zu seinen Nachbarn. Da es ihm schien, dass sie sich weniger 8
als andere um ihr Ansehen in der Welt kümmerten und so fröhlich lebten, wie sie es taten, fragte er verschiedene Leute nach ihnen aus. Als er hörte, dass es arme Maler waren, setzte er es sich in den Kopf, dass ihre Armut ihnen kein fröhliches Leben gestatte und dass sie – da sie, wie er gehört hatte, sehr schlau seien – aus irgendeiner den Men-
schen unbekannten Quelle große Gewinne erzielen müssten. Es regte 9
sich in ihm also der Wunsch, sich wenn irgend möglich mit beiden oder wenigstens mit einem von ihnen anzufreunden; in der Tat ge-
lang es ihm, sich mit Bruno anzufreunden. Bruno erkannte nach eini- 10
gen wenigen Begegnungen mit ihm, dass es sich bei diesem Herrn Doktor um einen Dummkopf handelte; und wegen seiner zahlreichen albernen Einfälle verbrachte er manche lustige Stunde mit ihm.
Auch der Arzt fand ein sonderbares Gefallen an ihm. Als er ihn nun 11
eines Tages zum Essen eingeladen hatte und glaubte, vertraulich mit ihm reden zu können, drückte er ihm seine Verwunderung darüber aus, dass er und Buffalmacco, die doch arm seien, so fröhlich und unbeschwert leben könnten; und er bat ihn, ihm zu erklären, wie sie das
anstellten. Bruno erschien auch diese Frage des Arztes als einer seiner 12
närrischen Einfälle, und er musste lachen, aber zugleich wollte er sie so beantworten, wie es die Dämlichkeit des Fragers verdiente. Er sag-

te: »Meister, vielen Leuten sage ich nicht, wie wir es anstellen, aber
Euch gegenüber scheue ich mich nicht, es zu erzählen, denn ich weiß,
13 dass Ihr unser Freund seid und es nicht weitersagen werdet. Tatsäch-
lich leben mein Kumpan und ich so fröhlich und unbeschwert, wie es
Euch vorkommt; aber weder aus unserem Handwerk noch aus ir-
gendwelchen Besitztümern beziehen wir genügend Einkünfte, um
das Wasser zu bezahlen, das wir benutzen. Deswegen sollt Ihr aber
nicht glauben, dass wir stehlen gingen. Wir gehen nämlich kapern
und sammeln alles ein, was uns gefällt oder was wir gebrauchen kön-
nen, ohne dass jemand anderes einen Schaden hätte. Und auf diese
Weise können wir ein so unbeschwertes Leben führen, wie Ihr es
14 seht.« Der Arzt glaubte seinen Worten, ohne sie zu verstehen, und
war bass erstaunt; er war sofort begierig zu erfahren, was kapern be-
deute, und er versicherte eindringlich, dass er es nicht weitersagen
15 werde. »O weh, Meister«, sagte Bruno, »was fragt Ihr? Ihr wollt ein
großes Geheimnis von mir erfahren, und es wird mich ins Verderben
stürzen, mir den Tod bringen und mich in den Rachen des Teufels
stürzen, wenn ich es Euch verrate. Ich empfinde aber eine solche
Freundschaft für Eure qualitative Großkopffertigkeit und ein so tiefes
Vertrauen zu Euch, dass ich Euch Euren Wunsch nicht verweigern
kann. Ich werde Euch alles erzählen, wenn Ihr mir beim Heiligen
Kreuz von Montisoni schwört, dass Ihr es, wie versprochen, niemals
16 irgendjemandem weitererzählen werdet.« Der Meister bekräftigte,
17 dass er das niemals tun werde. »Mein hochwertester Doktor«, sagte
Bruno, »Ihr müsst also wissen, dass vor nicht allzu langer Zeit ein be-
deutender Meister der Nigromantie in dieser Stadt weilte, der Michael
Scotus hieß, weil er aus Schottland kam, und der von allen edlen
Männern, deren es heute nur noch wenige gibt, mit höchsten Ehren
empfangen wurde. Als er nun wieder abreisen wollte, ließ er zwei sei-
ner begabten Schüler zurück, welchen er anbefahl, diesen edlen Män-
nern, die ihm die Ehre erwiesen hatten, immer zu Diensten zu sein.
18 Sie dienten nun den besagten Edelleuten bereitwillig bei ihren Lie-

beshändeln und in anderen geringfügigen Dingen; schließlich gefiel
ihnen die Stadt und der Lebenswandel ihrer Bürger, und sie fassten
den Entschluss, für immer hier zu bleiben; und sie schlossen große
und feste Freundschaften mit einigen, unbeschadet, ob sie adlig oder
nicht adelig, arm oder reich waren, sie legten allein Wert darauf, dass
sie ihre Lebensart teilten. Um diesen ihren Freunden zu Gefallen zu 19
sein, bildeten sie eine Gesellschaft von ungefähr fünfundzwanzig
Männern, die sich mindestens zweimal im Monat an einem festgeleg-
ten Ort treffen sollten; dort äußerte nun ein jeder seinen besonderen
Wunsch, und sie erfüllten ihn noch unverzüglich über Nacht. Buffal-
macco und ich waren mit jenen beiden besonders befreundet und ver-
traut, und wir wurden in die Gesellschaft aufgenommen, in der wir
noch immer sind. Und ich sage Euch, wann immer wir uns versam- 20
meln, gibt es wunderbare Dinge zu bestaunen, wie Wandteppiche
rund um den Saal und königlich gedeckte Tafeln, eine Unzahl edler
und schöner, männlicher und weiblicher Diener und Dienerinnen,
die einem jeden der Gesellschaft zur Verfügung stehen, und Becken,
Krüge, Flaschen und Becher und vieles Geschirr aus Silber und Gold,
aus dem wir essen und trinken; und darüber hinaus viele und ver-
schiedene Speisen, wie ein jeder sie sich wünscht, die uns nacheinan-
der aufgetragen werden. Unmöglich kann ich beschreiben, welche 21
wunderschönen Weisen und Melodien zu hören sind, von Instru-
menten und Stimmen, wie viele Kerzen bei diesen Mahlzeiten leuch-
ten noch welche Unmenge an Konfekt dort verzehrt wird oder welche
kostbaren Weine getrunken werden. Hochgeschätzter Großkopf, Ihr 22
sollt nicht glauben, dass wir dort die Kleider und Gewänder tragen,
die Ihr an uns seht; auch der Allerärmste erscheint dort als ein Kaiser,
so teuer und reich verziert sind seine Kleider. Vor allem aber gibt es 23
dort die Lust an schönen Frauen, die, kaum wünscht man sie herbei,
sofort aus der ganzen Welt herbeigeschafft werden. Ihr werdet die
Herrin der Bartnicker, die Königin der Basken, die Frau des Sultans,
die Kaiserin von Usbekistan, die Plaudertasche von Nordwegien, die

24 Admiralin von Berlinzona und die Staupte von Narses treffen. Was
soll ich Euch erzählen? Es finden sich ein alle Königinnen der Welt
und obendrein noch die Königsgemahlin des Priesters Johannes –
jetzt staunt Ihr?! Nachdem die alle sich nun an Süßigkeiten ergötzt
und am Wein gelabt, ein oder zwei Tänzchen getanzt haben, ver-
schwindet eine jede mit dem Herrn, der sie herbeigerufen hat, in ein
25 Kämmerlein. Und wisset, jene Kämmerlein scheinen wie ein Paradies
so schön, und sie verströmen Düfte wie die Arzneibüchsen in Eurem
Laden, wenn Ihr den Kümmel stoßt; und es stehen Betten dort, die
schöner sind als das Bett des Dogen von Venedig, und darauf legen sie
26 sich zur Ruhe. Wie die fleißigen Weberinnen sich in die Tritte legen
und den Brustbaum an sich ziehen, damit das Tuch eng gesponnen
27 wird, das könnt Ihr Euch vorstellen! Aber ich meine, Buffalmacco
und mir selbst ergeht es dabei am besten; denn Buffalmacco lässt sich
meistens die Königin von Frankreich kommen, ich selbst die Königin
von England; das sind die schönsten Frauen der Welt; und wir haben
es ihnen so gut besorgt, dass sie auf niemand anderen als uns ihr Auge
28 werfen. Nun könnt Ihr Euch wohl denken, dass wir mit der Liebe die-
ser Königinnen fröhlicher als alle anderen sein dürfen, einmal ganz
abgesehen davon, dass wir auch tausend oder zweitausend Gulden,
29 die wir gar nicht haben wollen, ohne weiteres bekämen. All das nen-
nen wir also ›auf Kaperei gehen‹; wie die Seeräuber nehmen auch wir
jedermann die Sachen weg. Es besteht nur der eine Unterschied, dass
die Seeräuber die Sachen nicht zurückgeben, indessen wir sie zurück-
30 erstatten, wenn wir sie benutzt haben. Nun habt Ihr, hochgescheiter
Meister, gehört, was wir unter der Kaperei verstehen; das muss aber
ganz und gar geheim bleiben, wie Ihr selbst wisst, und worum ich
31 Euch nicht noch einmal bitte.« Der Meisterdoktor, dessen Wissen-
schaft nicht weiter reichte, als die Säuglinge vom Milchschorf zu hei-
len, glaubte den Worten Brunos, als verkündeten sie die lauterste
Wahrheit; in diese Gesellschaft aufgenommen zu werden, wurde
sein sehnlicher Wunsch, von dem ihn nichts anderes mehr abbringen

konnte. Deswegen antwortete er Bruno, dass es ihn nicht verwunde- 32
re, wenn sie ein lockeres Leben führten; kaum vermochte er sich zu-
rückzuhalten, nicht sofort um seine Aufnahme zu bitten und damit
abzuwarten, bis er sich noch mehr um Bruno bemüht und sein volles
Vertrauen erworben hätte. Er beherrschte sich also einstweilen und 33
pflegte seine Freundschaft, indem er ihn unaufhörlich zum Essen
einlud und ihm seine grenzenlose Zuneigung demonstrierte. Ihr Um-
gang war so herzlich und beständig, dass es schien, als könnte der
Doktor nicht mehr ohne Bruno leben. Angesichts der ihm erwiese- 34
nen Ehre wollte Bruno nicht undankbar erscheinen und hatte ihm in
seinen Saal die Allegorie der Fastenzeit, über die Kammertür ein Ag-
nus Dei und über den Hauseingang ein Uringlas gemalt, damit alle,
die seinen Rat benötigten, ihn zu finden wüssten. Außerdem hatte er
ihm in eine Loggia die Schlacht zwischen den Mäusen und den Katzen
gemalt, die dem Meister sehr gut gefiel; und manchmal sagte er zu 35
ihm, wenn er nicht bei ihm gespeist hatte: »Heute nacht waren wir
wieder beisammen; da die Königin von England mich langweilte,
habe ich mir die Gumedra des Großkhans von Altarisi kommen las-
sen.« Der Meister fragte: »Was heißt denn Gumedra? Ich kenne den 36
Namen nicht.« »O mein Herr und Meister«, sagte Bruno, »das wun- 37
dert mich gar nicht, denn ich habe gehört, dass Porcograsso und Van-
naccena nichts über ihn sagen.« Der Meister sagte: »Du meinst wohl 38
Hippokrates und Avicenna.« Bruno sagte: »Meiner Treu, ich weiß es 39
nicht. Mit Euren Namen kenne ich mich so wenig aus wie Ihr mit den
meinen. Aber Gumedra heißt in der Sprache des Großen Khans so
viel wie Kaiserin. Und das ist ein tolles Weibsstück! Bei der vergesst
Ihr alle Arzneien, Klistiere und Pflaster!« So redete er manches Mal 40
mit ihm, um ihm einzuheizen. Eines Abends spät – während er Bru-
no das Licht hielt, als der am Katzenmäusekrieg malte – meinte der
Doktor, dass er ihm nun genug der Ehren erwiesen hätte, und be-
schloss, ihm seinen innigsten Wunsch zu offenbaren; da sie alleine
waren, sagte er: »Bruno, es gibt bei Gott niemanden, für den ich nicht 41

wie für dich nahezu alles tun würde; wenn du mir sagtest, ich sollte
bis Peretola gehen, so würde ich es tun. Deswegen musst du dich
nicht wundern, wenn ich dich ganz unter uns und im Vertrauen um
42 etwas bitte. Du weißt, es ist noch nicht lange her, dass du mir vom Le-
ben deiner fröhlichen Gesellschaft erzähltest, und von der Stunde an
hat mich der Wunsch ergriffen, auch mit dabei zu sein, und ich wün-
43 sche mir nichts sehnlicher als das. Dies geschieht nicht ohne jeden
Grund, wie du sehen wirst, wenn ich dabei sein werde. Denn du
kannst mich auslachen, wenn ich nicht das allerschönste Mädel, das
du je gesehen hast, und das ich im vorigen Jahr im Armeleuteviertel
gesehen habe und das ich sehr mag, herbeischaffen werde. Beim Leib
Christi, ich wollte ihr zehn Bologneser Silbergroschen geben, wenn
44 sie mir zu Willen wäre, aber sie wollte es nicht. So sehr ich kann, bitte
ich dich, mir zu sagen, was ich tun muss, um mit euch zu kommen,
und dass du dich für mich einsetzt; wirklich, ihr werdet in mir einen
45 guten und treuen und anständigen Gefährten finden. Vor allem siehst
du doch, dass ich ein stattlicher Mann bin, der bestens beisammen ist,
mein Gesicht blüht wie eine Rose; außerdem bin ich Doktor der Me-
dizin, ich glaube nicht, dass schon einer unter euch ist; und ich kenne
viele nette Geschichten und hübsche Liedchen.« Und er stimmte ein
46 Lied an. Bruno wäre vor Lachen am liebsten herausgeplatzt, be-
herrschte sich aber gerade noch; als der Meister sein Lied beendet hat-
47 te, fragte er: »Wie findest du es?« Bruno sagte: »Gegen Euch könnte
gewiss keine Strohfiedel aufkommen, so hyperkünstlerisch versteht
48 Ihr es zu quirilieren.« Der Meister sagte: »Ich sage doch, du hättest es
49 nicht geglaubt, wenn du mich nicht gehört hättest.« »Ihr sprecht die
50 Wahrheit«, sagte Bruno. Der Meister sagte: »Ich kenne noch andere,
aber lassen wir das für heute. Wie ich hier vor dir stehe, bin ich der
Sohn eines Edelmannes, der allerdings auf dem Lande wohnte; und
meine Mutter ist gebürtig aus Vallecchio. Du hast ja auch feststellen
können, dass ich schönere Bücher und Kleider als jeder andere Arzt in
51 Florenz besitze. Bei Gott, ich besitze Sachen, die mich mehr als hun-

dert Lire in bar vor mehr als zehn Jahren kosteten! Ich bitte dich also,
so gut ich kann, dass du dich für mich einsetzt. Und bei Gott, wenn du
es tust, weißt du, dass ich dir keinen Pfennig abnehme, wenn du ein-
mal krank bist!« Bruno sah bei diesen Worten bestätigt, was er schon 52
wiederholt geahnt hatte – dass er einen armen Wicht vor sich hatte;
und er sagte: »Meister, haltet das Licht hierhin, damit ich die Mäuse-
schwänze fertigmache! Ich werde Euch gleich antworten.« Als die 53
Mäuseschwänze gemalt waren, tat Bruno so, als ginge es um eine
schwerwiegende Angelegenheit, und er begann: »Hochgeschätzter
Herr Doktor, Ihr würdet Großartiges für mich tun, das weiß ich.
Wenn aber auch das, was Ihr von mir verlangt, verglichen mit der
Größe Eures Gehirns klein ist, so ist es für mich jedoch keine Kleinig-
keit, und ich weiß nicht, ob ich sie für irgendjemanden tun würde,
wenn Ihr es nicht wäret; denn ich schätze Euch, wie Ihr es verdient,
und Eure Worte, die so verständig sind, dass sie den Betschwestern
die Strümpfe ausziehen und mich von meinem Vorsatz abbringen
können; und je länger ich mit Euch zusammen bin, umso weiser er-
scheint Ihr mir. Und ich sage Euch auch, dass, wenn nichts anderes 54
mich für Euch einnehmen würde, so habt Ihr mein Wohlwollen, weil
Ihr in ein so hübsches Ding verliebt seid, wie Ihr sagtet. Nur muss ich 55
Euch sagen, ich vermag in dieser Angelegenheit nicht das, was Ihr
glaubt, und ich vermag nicht das Notwendige für Euch zu bewirken.
Wolltet Ihr mir aber bei Eurer großen und unbefleckten Treue das Ge-
heimnis bewahren, so werde ich Euch sagen, wie Euer Wunsch erfüllt
werden kann; und da Ihr, wie Ihr sagt, so schöne Bücher und andere
Dinge besitzt, wird das auch geschehen.« Hierauf sagte der Meister: 56
»Sprich nur frei heraus. Ich merke, dass du mich noch nicht gut kennst
und weißt, dass ich ein Geheimnis hüten kann. Als Guasparuolo da
Saliceto Podestà und Richter in Forlimpopoli war, gab es wenige Din-
ge, die er mich nicht wissen ließ, denn er hielt mich für einen gu-
ten Geheimnisträger. Und willst du wissen, ob das die Wahrheit ist?
Ich war nämlich der allererste Mensch, dem er seine Vermählung

57 mit Bergamina mitteilte. Bitte schön!« »Ist ja bestens«, sagte Bruno,
»wenn jener dir vertraute, dann kann auch ich das tun. Ihr müsst fol-
gendes tun. In unserer Gesellschaft haben wir einen Hauptmann und
zwei Räte, die alle sechs Monate wechseln; und es ist beschlossen
worden, dass am nächsten Ersten Buffalmacco der Hauptmann und
ich Rat werden. Und der Hauptmann kann viel dazu beitragen, dass
jemand aufgenommen wird, den er bevorzugt. Deswegen solltet Ihr,
so gut Ihr könnt, Buffalmacco die Ehre erweisen und Euch um seine
58 Freundschaft bemühen. Da Ihr ein weiser Mann seid, wird er Euch so-
fort in sein Herz schließen; und wenn Ihr ihn einmal von Eurer Klug-
heit und mit den anderen schönen Dingen überzeugt habt, könnt Ihr
ihm Euren Wunsch vortragen; er wird nicht nein sagen können. Ich
habe schon mit ihm über Euch gesprochen, und er ist Euch wohlge-
59 sonnen. Danach werden er und ich alles richten.« Nun sagte der Meis-
ter: »Deine Worte gefallen mir sehr; und wenn jener kluge Menschen
zu schätzen weiß und nur ein wenig auf mich eingehen wird, so wird
er mir verbunden bleiben, weil ich so viel Verstand habe, dass ich eine
ganze Stadt damit ausstatten könnte und immer noch ein weiser
60 Mann bliebe.« Nachdem Bruno diese Verabredung getroffen hatte, er-
zählte er das Ganze haarklein Buffalmacco; und diesem konnte es gar
nicht schnell genug gehen, bis er mit dem Meister Dummbart ange-
61 stellt hatte, was der suchte. Der Herr Doktor, der sehnlichst wünsch-
te, kapern zu gehen, ließ keine Ruhe, bis er sich mit Buffalmacco an-
gefreundet hatte, was ihm leicht gelang. Er lud ihn und mit ihm auch
Bruno zu den schönsten mittäglichen und abendlichen Mahlzeiten
ein. Und die beiden Herrschaften, denen die vorzüglichen Weine, die
fetten Kapaune und die anderen Köstlichkeiten schmeckten, blieben
auch ohne Einladungen an ihm hängen und versicherten unaufhör-
62 lich, dass sie das alles für keinen anderen tun würden. Schließlich
fand der Meister, dass es an der Zeit wäre, die Bitte, die er an Bruno
gerichtet hatte, nun auch Buffalmacco vorzutragen. Buffalmacco gab
sich äußerst erbost und fiel mit folgenden Worten wütend über Bru-

no her: »Bei Gottvater von Pasignano, mich juckt es, dir so eine aufs
Dach zu geben, dass du aus den Knien blinzelst, Verräter, der du bist,
denn du allein hast dem Meister von uns erzählt!« Aber der Meister 63
entschuldigte ihn und schwor, es von anderer Seite gehört zu haben;
mit seinen klugen Worten beruhigte er ihn auch schließlich. Buffal- 64
macco wandte sich an den Herrn Doktor und sagte: »Hochgeschätzter
Meister, es scheint, Ihr wart in Bologna und habt den Mund gehalten,
bis Ihr bei uns angekommen seid. Ich versichere Euch aber, dass Ihr
das ABC nicht auf dem Apfel gelernt habt – wie viele Dummköpfe es
tun –, sondern auf der Melone, weil es eben so lang ist; und täusche
ich mich nicht, so seid Ihr an einem Sonntag getauft worden. Aber ob- 65
gleich Bruno mir erzählte, Ihr habt die Medizin studiert, glaube ich
eher, Ihr habt studiert, wie man die Menschen für sich gewinnt. Dank
Eures Verstandes und Eurer Ansichten versteht Ihr Euch darauf bes-
ser als jeder andere.« Der Doktor unterbrach ihn und wandte sich an 66
Bruno mit den Worten: »So ist es, wenn man mit klugen Menschen
umgeht und redet! Wer hätte denn mein innerstes Fühlen je so gut
verstanden wie dieser wackere Mann? Selbst du hast nicht so rasch
begriffen wie er, was in mir steckt. Aber sag': Habe ich jetzt nicht be-
wiesen, dass es Buffalmacco – wie du sagtest – Vergnügen bereitet,
mit klugen Menschen zu parlieren?« Bruno sagte: »Mehr als das.« 67
Nun sagte der Meister zu Buffalmacco: »Du hättest noch ganz anderes 68
gesagt, wenn du mich in Bologna erlebt hättest, wo Groß und Klein,
Doktoren und Scholaren mir ihre Zuneigung schenkten, weil ich sie
mit meiner Rede und meinem Verstand zu bezaubern wusste. Ich 69
sage dir, dort sprach ich kein Wort, ohne jedermann zum Lachen zu
bringen, so sehr gefiel es ihnen. Als ich davonzog, waren sie alle zu-
tiefst betrübt und baten mich, doch zu bleiben; sie beharrten darauf,
dass ich allein alle Studenten der Medizin unterrichten sollte. Aber
das wollte ich nicht, denn ich war entschlossen, hierher auf meine er-
erbten Güter zu ziehen, die seit jeher meiner Familie gehören. Und
das tat ich.« Bruno sagte nun zu Buffalmacco: »Was hältst du nun da- 70

von? Du wolltest mir nicht glauben, als ich es dir erzählte. Beim Evan-
gelium! Hierzulande gibt es keinen Arzt, der verglichen mit ihm so
viel vom Eselsurin verstünde; und gewiss fändest du keinen wie sei-
nesgleichen von hier bis Paris. Nun versuche es einmal, seinen
71 Wunsch nicht zu erfüllen!« Der Doktor sagte: »Bruno hat recht; aber
hier kennt man mich nicht. Und ihr seid eher einfache Menschen; ich
wünschte, ihr könntet sehen, wie ich unter Doktoren, unter meines-
72 gleichen dastehe!« Nun sagte Buffalmacco: »Wahrlich, hoher Meister,
Ihr steht auf einem höheren Niveau, als ich es jemals geglaubt hätte;
und so will ich mit Euch als mit einem der Weisen sprechen, und sage
Euch franchement, dass ich selbstredend alles tun werde, dass Ihr in
73 unsere Gesellschaft aufgenommen werdet.« Nach diesem Verspre-
chen vervielfachten sich die Aufmerksamkeiten, die der Herr Doktor
ihnen erwies; beide genossen das sehr und banden ihm einen Bären
nach dem anderen auf; sie versprachen, ihm die Gräfin von Latrinien
zu beschaffen, eine der schönsten Figuren, die im Abtritt des mensch-
74 lichen Geschlechtes zu finden seien. Der Doktor fragte, wer denn die-
se Gräfin sei; hierauf antwortete Buffalmacco: »Mein lieber Phallo-
philos, das ist eine hochbedeutende Dame, die in fast allen Häusern
dieser Welt ihr Recht spricht, und auch die Minoriten zollen ihr zum
75 Klang der Kastagnetten Tribut. Ich kann Euch sagen, wenn sie umher-
spaziert, macht sie sich bemerkbar, obwohl sie meistens eingeschlos-
sen lebt; vor kurzem kam sie an dieser Tür vorbei, um sich im Arno
die Füße zu waschen und etwas frische Luft zu schnappen; aber ihr
76 üblicher Aufenthalt ist in Latrinien. Häufig dagegen spazieren ihre
Schergen umher, mit Besen und Eimer. Ihre Barone sieht man häufig,
etwa den Dicken von der Pforte, Don Haufen, Herrn Besenstiel und
Herrn Diarrhö nebst anderen, die Euch alle wohlvertraut sind, ob-
77 wohl im Augenblick entfallen. Um dieser großen Dame willen, in de-
ren süße Arme wir, wenn unser Hoffen uns nicht täuscht, Euch füh-
ren werden, lasst jenes junge Ding aus dem Armeleuteviertel sausen.«
78 Der Arzt war in Bologna geboren und aufgewachsen und verstand

ihre Ausdrücke nicht; so erklärte er sich mit der Auswahl der Dame
einverstanden. Nicht lange nach diesem Geflunker teilten ihm die
Maler mit, dass er aufgenommen sei. An dem Tag, der der Nacht vor- 79
ausging, in der sich die Gesellschaft angeblich versammeln sollte, lud
der Herr Doktor die beiden zum Mittagessen ein; nach der Mahlzeit
fragte er, was er zu tun habe, um aufgenommen zu werden. Buffal-
macco sagte hierauf: »Schaut, hoher Meister, Ihr müsst vor allem Mut 80
beweisen; zeigt Ihr Euch nicht sehr mutig, so gibt es Schwierigkeiten
zu unserem großen Nachteil. Hört zu, warum Ihr besonders mutig
sein müsst. Zwischen zehn und elf Uhr müsst Ihr Euch auf einem der 81
frischen Gräber einfinden, die man vor kurzem bei Santa Maria No-
vella aufgeworfen hat; Ihr müsst eines Eurer schönsten Gewänder an-
legen, damit Ihr zum ersten Mal anständig vor der Gesellschaft er-
scheint, und weil Ihr ein Edelmann seid, beabsichtigt die Gräfin – was
man erzählt, weil wir nicht zugegen waren –, Euch auf ihre eigenen
Kosten zu einem frisch gewaschenen Ritter zu schlagen. Ihr harrt
dort so lange aus, bis der, den wir schicken werden, eintrifft. Damit 82
Ihr über alle Einzelheiten informiert seid: Es wird ein schwarzes, ge-
hörntes und nicht allzu großes Tier kommen, das mit mächtigem
Schnauben wild vor Euch umherspringt, um Euch zu erschrecken;
sieht es aber, dass Ihr Euch nicht fürchtet, wird es sich sachte nähern.
Befindet es sich vor Euch, dann steigt, ohne an Gott oder an die Heili-
gen zu denken, vom Grab herab auf seinen Rücken, lasst Euch nieder
und kreuzt die Arme ehrerbietig auf der Brust, ohne das Tier zu be-
rühren. Es wird sich dann ganz vorsichtig weiterbewegen und Euch 83
zu uns bringen. Bis dahin solltet Ihr weder an Gott noch an die Heili-
gen denken noch Euch ängstigen, denn das Tier würde Euch in ein
übel stinkendes Terrain abwerfen. Wenn Ihr also Eures Mutes nicht
sicher seid, so kommt nicht, denn Ihr würdet uns nur schaden, ohne
Euch selbst zu nutzen.« Hierauf sagte der Doktor: »Ihr kennt mich 84
noch nicht richtig und stoßt euch daran, dass ich Handschuhe und
lange Kleider trage. Wenn ihr wüsstet, was ich in Bologna schon des

Nachts angestellt habe, wenn ich mit meinen Kumpanen den Weibs-
85 bildern nachgestiegen bin, so würdet ihr staunen. Bei Gott, eines
Nachts, als eine nicht mitkommen wollte – sie war spindeldürr und,
was schlimmer war, winzig klein –, gab ich ihr erst ein paar ordentli-
che Ohrfeigen, dann schnappte ich sie und trug sie erst einmal einen
Steinwurf lang; und dann war sie so weit, um mit uns zu kommen.
86 Und ich erinnere mich an ein anderes Mal, als ich, nur von einem
Diener begleitet, kurze Zeit nach dem Angelus an einem Friedhof der
Minoriten vorüberkam, wo an demselben Tag eine Frau beerdigt wor-
den war, und ich empfand überhaupt keine Angst. Ihr könnt mir also
87 vertrauen, ich bin entschlossen und bereit. Und ich sage euch, damit
ich anständig aussehe, werde ich meinen scharlachfarbenen Talar an-
legen, in dem ich die Doktorwürde empfing. Eure Gesellschaft wird
staunen, wenn sie mich sieht, und man wird mich unverzüglich zum
88 Hauptmann machen. Ihr werdet schon sehen, wie sich die ganze Sa-
che entwickelt, wenn ich einmal aufgetreten bin! Wo sich doch die
Gräfin, ohne mich überhaupt gesehen zu haben, in mich verliebt hat
und zum frisch gewaschenen Ritter schlagen möchte. Sollte mir die
Ritterschaft etwa nicht gut anstehen oder sollte ich sie nicht zu tragen
89 wissen? Lasst mich nur machen!« Buffalmacco sagte: »Wohl gespro-
chen, aber hütet Euch, dass Ihr uns nicht hereinlegt und nicht kommt
oder Euch nicht auffinden lasst, wenn wir nach Euch schicken! Ich
sage das, weil es kalt ist und ihr Herren Doktoren die Kälte scheut!«
90 »Gott bewahre«, sagte der Arzt, »ich bin nicht fröstelig und finde es
nicht schlimm, wenn es kalt ist. Selten geschieht es, dass ich nachts
um einer Notdurft willen – wie es so passiert – aufstehen muss und
mehr als meinen Pelz über das Wams ziehe. Und deswegen werde ich
91 gewiss kommen.« Die beiden gingen von dannen; als es Abend wur-
de, fand der Meister eine passende Ausrede gegenüber seiner Frau;
dann suchte er heimlich seinen schönen Talar heraus, und als es ihm
an der Zeit erschien, zog er ihn über und bestieg eines der Grabmäler.
Da es kalt war, kauerte er sich auf dem Marmor nieder und erwartete

das Tier. Buffalmacco, der groß und kräftig war, beschaffte sich eine 92
Maske, wie man sie für gewisse Spiele benutzte, die heute nicht mehr üblich sind; er warf sich einen schwarzen Pelz mit den Haaren nach außen über, so dass er wie ein Bär erschien; aber die Maske war ein Teufelsgesicht mit Hörnern. So ausstaffiert begab er sich zur Piazza 93
Santa Maria Novella; Bruno kam hinterher, um zu sehen, wie sich die Sache entwickelte. Als Buffalmacco bemerkte, dass der Herr Doktor schon wartete, begann er wie verrückt herumzuspringen, begann zu schnaufen, zu heulen und zu kreischen, als wäre er vom Dämon besessen. Als der Herr Doktor ihn hörte und sah, sträubten sich ihm die 94
Haare und er begann heftig zu zittern, denn er war ängstlicher als ein Weib und wäre in diesem Augenblick lieber bei sich zu Hause gewesen als an diesem Ort. Da er aber nun einmal gekommen war, unterdrückte er seine Angst, und der Wunsch, die geschilderten Wunder schauen zu können, gewann die Oberhand. Nachdem Buffalmacco 95
eine Weile den Dämon gespielt hatte, tat er so, als beruhigte er sich und näherte sich dem Grabmal, auf dem der Doktor hockte. Dieser schlotterte vor Angst und wusste nicht, ob er das Ungetüm besteigen oder sich lieber fernhalten sollte. Schließlich befürchtete er, dass ihm 96
Übles geschehe, wenn er es nicht bestiege, und vertrieb die eine Angst mit der zweiten. Er kletterte vom Grab herunter, flüsterte für sich: »Gott stehe mir bei!«, bestieg das Tier und versuchte einen Halt zu bekommen; er zitterte am ganzen Leibe und kreuzte die Arme über der Brust, wie man ihm gesagt hatte. Buffalmacco richtete seine Schritte 97
allmählich in Richtung Santa Maria della Scala und trug ihn, auf Händen und Füßen laufend, zum Kloster der Nonnen von San Jacopo di Ripoli. Dort gab es Gräben, in die die Bauern der benachbarten Felder 98
die Gräfin von Latrinien ausgießen ließen, um damit ihre Felder zu düngen. Buffalmacco näherte sich dem Rand eines dieser Gräben, 99
fasste im günstigen Augenblick einen Fuß des Arztes und warf ihn mit einem kräftigen Schwung kopfüber hinein; heftig knurrend machte er sich mit wilden Sprüngen davon und ging an Santa Maria

della Scala zum Prato d'Ognissanti, wo er Bruno traf, der sich vor La-
chen nicht mehr halten konnte und weggerannt war. In ausgelassener
Stimmung beobachteten sie aus der Entfernung, was der Arzt in der
100 Jauche nun tun würde. Als der Herr Doktor bemerkte, in welchem
Dreck er sich befand, bemühte er sich aufzustehen, um irgendwie
hinauszugelangen; er plumpste aber immer wieder zurück und war
von Kopf bis Fuß eingedreckt, bis es ihm endlich mit Müh und Not
und nachdem er einiges geschluckt hatte, unter Verlust seines Talars
gelang, sich herauszuarbeiten; mit den Händen reinigte er sich, so gut
es ging, und wusste sich keinen besseren Rat, als heimzukehren; er
101 klopfte an und ihm wurde geöffnet. Kaum war die Tür hinter ihm, der
mächtig stank, ins Schloss gefallen, als auch schon Bruno und Buffal-
macco davorstanden, um mit anzuhören, wie er von seiner Frau emp-
fangen wurde. Und sie vernahmen, wie sie den Unglücksmenschen
102 aufs gröbste beschimpfte: »Nun, das ist dir ja gut bekommen! Du
wolltest eine andere mit deinem scharlachfarbenen Talar beeindru-
cken. Bin ich dir also nicht genug gewesen? Mein Freundchen, ich
kann nicht nur dich, sondern eine ganze Stadt zufriedenstellen. Hät-
ten sie dich doch gleich ertränkt, wenn sie dich schon dorthin gewor-
fen haben, wo du hingehörst! Das ist ja ein feiner Arzt, der verheiratet
103 ist und nachts die Frauen der anderen besucht!« Mit diesen und ande-
ren Worten quälte sie ihn unaufhörlich bis Mitternacht, während er
104 sich von oben bis unten abwaschen ließ. Am folgenden Morgen be-
malten sich Bruno und Buffalmacco den Körper mit Striemen, so als
wären sie geschlagen worden, und begaben sich zum Haus des Herrn
Doktor, der bereits aufgestanden war; sie traten ein, wo es überall
stank, denn man hatte noch nicht alles gründlich reinigen können.
105 Als der Arzt sie hörte, ging er auf sie zu und sagte, dass Gott ihnen ei-
nen guten Tag bescheren möge. Bruno und Buffalmacco hatten sich
106 abgesprochen und antworteten mit ärgerlicher Miene: »Wir erwidern
nicht Euren Gruß, sondern bitten Gott, das er Euch alle Übel der Welt
und den Tod schicken möge; denn Ihr seid der treuloseste und größte

Verräter dieser Welt, um dessentwillen wir, die wir ihm nichts ande-
res als Ehre und Vergnügen bereiten wollten, beinahe wie Hunde tot-
geschlagen worden wären. Wegen Eurer Treulosigkeit haben wir heu- 107
te nacht so viele Schläge eingesteckt, mit denen ein Esel zweimal nach
Rom und zurück getrottet wäre. Um Euretwillen waren wir in Ge-
fahr, aus der Gesellschaft ausgeschlossen zu werden, in die wir Euch
aufnehmen lassen wollten. Und wenn Ihr uns nicht glauben wollt, so 108
schaut Euch nur einmal an, wie wir aussehen.« Und im Zwielicht öff-
neten sie ihre Kleider, zeigten ihre bemalten Brüste und ließen sie
rasch wieder verschwinden. Der Arzt versuchte sich zu entschuldigen 109
und von seinem Missgeschick zu erzählen und davon, wie er in den
Graben geworfen worden war; aber Buffalmacco sagte nur: »Ich
wünschte, es hätte Euch von der Brücke in den Arno geworfen! War-
um habt Ihr Gott oder die Heiligen angerufen? War Euch das nicht
vorher gesagt worden?« Der Arzt sagte: »Bei Gott, ich habe nicht an 110
sie gedacht!« »Wie«, sagte Buffalmacco, »Ihr habt nicht daran ge- 111
dacht? Und wie Ihr es getan habt! Unser Abgesandter sagte uns, dass
Ihr wie Espenlaub gezittert habt und nicht mehr wusstet, wo Ihr wart.
Ihr habt uns hereingelegt, aber das wird uns nicht noch einmal passie-
ren. Und Euch werden wir die Ehren erweisen, die Euch zustehen.«
Der Herr Doktor bat sie um Verzeihung und flehte sie an, ihn doch 112
um Gottes willen nicht zu diffamieren; und mit vielen Worten be-
mühte er sich, sie zu besänftigen. Aus Furcht, dass sie seine Schande
publik machen könnten, erwies er ihnen noch mehr Ehren als je zu-
vor und umwarb sie von nun an mit noch mehr Einladungen als zu-
vor. Nun habt ihr vernommen, wie einer zu Verstand gekommen ist,
der ihn in Bologna nicht erworben hat.

Zehnte Novelle

1 *Eine Sizilianerin entwendet auf meisterhafte Art einem Kaufmann alles Gut, das er mit nach Palermo gebracht hat; dieser gibt vor, dass er ein zweites Mal mit noch mehr Waren nach Palermo gekommen sei, leiht sich Geld bei ihr und hinterlässt ihr als Sicherheit Wasser und Werg.*

2 Man braucht nicht zu fragen, wie sehr die Novelle der Königin die Damen an verschiedenen Stellen zum Lachen brachte – keine, der nicht vor Lachen mehrmals die Tränen kamen. Als sie geendet hatte, war Dioneo an der Reihe, und er begann:

3 Liebenswerte Damen, ganz offenbar finden List und Tücke umso mehr Anklang, je kunstvoller ihr schlauer Urheber übertroffen wird. Wie viele schöne Geschichten ihr also alle erzählt habt, so möchte ich euch eine erzählen, die euch mehr als jede andere gefallen sollte, weil die Betrogene eine größere Meisterin des Betrugs war als alle die betrogenen Betrügerinnen und Betrüger, von denen ihr bisher erzählt habt.

4 In allen Seestädten, die einen passenden Hafen haben, war oder
ist es vielleicht noch heute Brauch, dass die Kaufleute, die dort mit
ihren Waren ankommen, diese ausladen und in einem Handelshaus
unterbringen lassen, das in vielen Orten auch Zollhaus genannt und
5 von der Kommune oder dem Landesherrn getragen wird. Dort übergibt der Kaufmann dem Personal ein Verzeichnis der Waren und ihres Wertes; dann wird ihm ein Magazin zugewiesen, in dem er seine Waren unterbringt, und das er mit einem Schlüssel verschließt. Die Zöllner tragen in ihr Zollbuch die Warenladung auf das Konto des Kaufmanns ein; hierbei berechnen sie ihren Zoll entweder für die gesamte Ladung oder nur für den Teil der Ware, den er dem Lager entnimmt.
6 Aus diesem Zollbuch informieren sich die Makler über die Menge und die Qualität der Waren und über die Bonität der Kaufleute; ergibt sich eine Gelegenheit, so verhandeln sie dann über Wechselgeschäfte,

Warentausch oder Warenverkauf und andere Formen des Vertriebs. Wie in vielen anderen Städten war das auch der Brauch in Palermo auf 7
Sizilien, wo es gleichermaßen viele schöne Frauen von zweifelhaftem Ruf gab und noch gibt, die, wüsste man nicht Bescheid, als angesehene und vornehme Damen gelten könnten und gelten. Da sie darauf 8
aus sind, die Männer nicht nur einzuseifen, sondern gründlich auszunehmen, unterrichten sie sich, sobald ihnen ein fremder Kaufmann auffällt, darüber, was das Zollbuch über ihn und sein Vermögen enthält. Dann legen sie es darauf an, die entsprechenden Kaufleute mit ihrem liebenswürdigen Wesen und zärtlichen Worten anzulocken und in ihren Liebesnetzen zu verstricken. Viele haben sie darin gefangen und um einen Teil ihrer Waren und oft auch um alle gebracht; und es gab auch einige, die haben die Waren, das Schiff, Mark und Knochen bei ihnen gelassen, so süß hat die Bartschererin das Schermesser zu führen gewusst. Vor nicht allzu langer Zeit geschah es nun, 9
dass ein junger Florentiner namens Niccolò da Cicignano, der Salabaetto genannt wurde, im Auftrag seiner Kaufherren dort eintraf und so viele Wollstoffe mit sich führte, wie ihm von der Messe in Salerno geblieben waren, diese konnten gut fünfhundert Gulden wert sein;

nachdem er den Zoll entrichtet hatte, brachte er die Ladung in einem
Magazin unter; er hatte es anscheinend nicht sehr eilig mit dem Ver-
kauf und spazierte wiederholt und nur zu seinem Vergnügen durch
10 die Straßen der Stadt. Da er hell und blond, anmutig und wohlgestalt
war, geschah es, dass eine jener Beutelschneiderinnen, die sich Ma-
donna Biancofiore nennen ließ und die einiges von seinen Vermö-
gensverhältnissen hatte läuten hören, ihr Auge auf ihn warf. Er
bemerkte es, und da er annahm, dass sie eine vornehme Dame wäre,
bildete er sich ein, er gefiele ihr um seiner Schönheit willen, und ge-
dachte, diese Liebesaffäre umsichtig einzufädeln. Ohne irgendje-
mandem etwas zu sagen, begann er vor ihrem Haus auf und ab zu spa-
11 zieren. Sie nahm es zur Kenntnis; und nachdem sie ihm einige Tage
lang schöne Augen gemacht und ihm gezeigt hatte, dass sie sich nach
ihm verzehrte, schickte sie in aller Stille eines ihrer Frauenzimmer zu
ihm, das in der Kunst der Kuppelei bestens erfahren war. Nach einer
langen Vorrede offenbarte sie ihm mit Tränen in den Augen, dass ihre
Herrin von seiner Schönheit und Anmut derart gefangen worden sei,
dass sie weder bei Tag noch bei Nacht Ruhe fände; deswegen wünsch-
te diese nichts sehnlicher, als sich heimlich mit ihm in einem Bad zu
treffen; danach zog sie einen Ring aus ihrem Beutel und übergab ihn
12 ihm als Geschenk ihrer Herrin. Salabaetto war bei diesen Worten der
glücklichste Mensch; er nahm den Ring, liebkoste ihn mit den Augen
und küsste ihn und steckte ihn an den Finger; er antwortete der guten
Frau, dass, wenn Madonna Biancofiore ihn liebte, auch ihr das wohl
vergütet werde, denn er selbst liebe sie mehr als sein Leben und sei be-
reit, sich wo immer es ihr gefiele und zu jeder Stunde einzufinden.
13 Die Botin kehrte mit dieser Antwort zu ihrer Herrin zurück, und kurz
darauf wurde Salabaetto mitgeteilt, in welchem Bad er sie am folgen-
den Tag nach der Vesper erwarten sollte. Dieser sagte niemandem et-
was davon, ging pünktlich zur angegebenen Stunde dorthin und fand,
14 dass die Dame das Bad vorbestellt hatte. Es dauerte nicht lange, und
zwei Sklavinnen erschienen mit schweren Lasten; die eine trug eine

schöne und große Baumwollmatratze auf dem Kopf, die andere einen
vollen Korb; in einer Kammer des Bades legten sie die Matratze auf ein
Bettgestell, breiteten feinste, mit Seide besetzte Tücher darüber, leg-
ten eine Decke aus feinstem zyprischen Linnen und zwei wunderbar
bestickte Kissen darauf; hierauf entkleideten sie sich, stiegen in das
Bad und reinigten und putzten dieses sorgfältig. Es währte nicht lan- 15
ge, und die Dame kam mit zwei weiteren Sklavinnen in das Bad, wo
sie ihn, kaum war sie seiner gewahr geworden, freudig begrüßte und
ihm nach vielen Umarmungen und Küssen sagte: »Ich weiß nicht, ob
ein anderer als du mich so weit gebracht hätte; du hast mein Herz
in Flammen gesetzt, du süßer Schatz aus der Toskana.« Auf ihren 16
Wunsch stiegen sie nach diesen Worten, begleitet von zwei Sklavin-
nen, nackt in das Bad. Sie ließ es nicht zu, dass eine andere Hand Sala-
baetto berührte, und wusch ihn selbst mit einer nach Moschus und
Nelken duftenden Seife; anschließend ließ sie sich von den Sklavin-
nen waschen und einreiben. Hierauf brachten die Sklavinnen zwei 17
feine weiße Laken, die den Raum mit Rosenduft erfüllten; die eine
hüllte Salabaetto in das eine und die andere die Dame in das zweite
und trugen beide auf das vorbereitete Lager. Und als sie nicht mehr
schwitzten, entledigten die Sklavinnen sie ihrer Tücher, und sie lagen
nackt nebeneinander. Jene entnahmen dem Korb schöne silberne Ge- 18
fäße, gefüllt mit Rosenwasser, Orangenblütenwasser, Jasminblüten-
wasser oder mit einem anderen wohlriechenden Wasser; mit allen
diesen Düften wurden sie besprengt; darauf boten sie Konfekt und
köstliche Weine an, an denen sie sich labten. Salabaetto fühlte sich 19
wie im Paradies und betrachtete die wunderschöne Dame immer und
immer wieder; eine jede Stunde, die die Sklavinnen zugegen waren,
dünkten ihm Jahre, denn er wollte endlich alleine in ihren Armen lie-
gen. Auf Geheiß der Dame entfernten sie sich schließlich und hinter- 20
ließen nur noch ein Licht in der Kammer; sie umarmten sich gegen-
seitig, Salabaetto war voll des Glücks und glaubte, dass auch sie vor
Liebe verschmachte; so blieben sie eine Weile beisammen. Als es der 21

Dame an der Zeit erschien, aufzustehen, rief sie die Sklavinnen herbei, und sie kleideten sich wieder an, erfrischten sich mit Konfekt und Getränken und wuschen Hände und Gesicht mit Duftwasser. Bevor sie aufbrach, sagte die Dame zu Salabaetto: »Wenn du es wünschst, so wäre es für mich eine besondere Ehre, wenn du heute abend zu mir
22 kämest, um bei mir zu speisen und die Nacht zu verbringen.« Salabaetto war von ihrer Schönheit und betörenden Liebenswürdigkeit so eingenommen, dass er glaubte, sie liebte ihn aufrichtig, und er antwortete: »Madonna, Eure Wünsche zu erfüllen, ist mir ein Vergnügen; so werde ich heute abend und immerfort tun, was Euch gefällt
23 und Euch zu Diensten stehen.« Die Dame kehrte nach Hause zurück, ließ ihr Zimmer mit schönen Gewändern und Hausrat ausstatten, ein exzellentes Essen vorbereiten und erwartete Salabaetto. Als es dunkel geworden war, begab dieser sich frohgestimmt zu ihr, wurde herzlich
24 empfangen und bestens bewirtet. Als sie sich darauf in die Kammer zurückzogen, empfing ihn wunderbarer Duft von Aloe und Duftkissen, und er sah ein prächtig aufbereitetes Bett und viele schöne neue Kleider. Die Einrichtung und Ausstattung machten ihn glauben, dass es sich um eine vornehme und wohlhabende Dame handeln musste. Und was er auch an gegenteiligen Gerüchten über ihr Leben vernommen hatte, so wollte er es um alles in der Welt nicht glauben; und wenn sie vielleicht auch schon diesen oder jenen hereingelegt haben sollte, so konnte er es einfach nicht glauben, dass ihm etwas Ähnliches passieren sollte. So verbrachte er mit großem Vergnügen die
25 Nacht mit ihr und war mehr und mehr beglückt. Am folgenden Morgen legte sie ihm einen schönen und fein gearbeiteten silbernen Gürtel mit einer Börse um und sagte: »Geliebter Salabaetto, ich bin ganz dein, und so wie ich dir gehöre, gehört auch alles, was mein ist, dir und steht zu deiner Verfügung.« Salabaetto umarmte und küsste sie dankbar, verließ sie und begab sich dorthin, wo sich die anderen
26 Kaufleute aufhielten. Er besuchte sie ein und das andere Mal, ohne dass es ihn irgendetwas gekostet hätte, und ging ihr mehr und mehr

auf den Leim. Es geschah nun, dass er seine Ware gegen bar verkaufte
und gut daran verdiente. Die feine Dame erfuhr es sofort, allerdings 27
nicht von ihm, sondern von anderen. Als Salabaetto nun eines Abends
bei ihr war, scherzte sie übermütig mit ihm, umarmte und küsste ihn
und tat so verliebt, als wollte sie in seinen Armen den Liebestod erlei-
den; sie wollte ihm außerdem zwei schöne Silberbecher aus ihrem
Besitz schenken. Salabaetto wollte sie nicht annehmen, weil er von
ihr bei verschiedenen Gelegenheiten Geschenke im Wert von dreißig
Gulden erhalten hatte, ohne dass sie von ihm etwas angenommen
hätte, was mehr als einen Silbergroschen wert gewesen wäre. Als sie 28
ihn schließlich durch ihre freigebige Lüsternheit entflammt hatte,
kam – wie sie befohlen hatte – eine ihrer Sklavinnen herein und bat sie
herauszukommen; nach einer Weile kehrte sie in Tränen aufgelöst
zurück, warf sich auf das Bett und begann so jämmerlich zu heulen,
wie es eine Frau nur tun konnte. Salabaetto war sehr erstaunt, nahm 29
sie unter Tränen in den Arm und sagte: »Ach, geliebtes Herz, was ist
denn nur mit einem Mal geschehen? Warum weint Ihr? Sagt es mir
doch, mein Ein und Alles!« Die Dame ließ sich gehörig bitten und 30
sagte dann: »O weh, mein süßer Herr, ich weiß nicht, was ich tun
oder sagen soll! Soeben habe ich Briefe aus Messina erhalten, in denen
mir mein Bruder mitteilt, dass ich, auch wenn ich alles Hab und Gut
verkaufen und verpfänden müsste, ihm unverzüglich innerhalb einer
Woche achttausend Gulden zukommen lassen sollte, sonst werde
man ihm den Kopf abschlagen. Und ich weiß nicht, wie mir das so 31
schnell gelingen soll! Wenn ich nur vierzehn Tage Zeit hätte, fände
ich wohl einen Weg, um mehr als das zu beschaffen, oder ich könnte
eines unserer Güter verkaufen. Da das aber nicht möglich ist, wäre ich
lieber gestorben, bevor mich diese böse Nachricht erreicht hätte.« Als
wäre sie ganz und gar fassungslos, weinte sie nach diesen Worten
hemmungslos. Die Flammen der Liebe hatten den Verstand Salabaet- 32
tos weitgehend verzehrt, so dass er ihren Tränen und mehr noch ih-
ren Worten vollen Glauben schenkte und sagte: »Madonna, ich kann

Euch zwar nicht mit tausend, aber doch mit fünfhundert Gulden die-
nen, sofern Ihr glaubt, sie mir in vierzehn Tagen zurückgeben zu kön-
nen. Zu Eurem Glück konnte ich gestern meine Tuchladung verkau-
33 fen, ohne das hätte ich Euch keinen Pfennig leihen können.« »Ach je«,
sagte die Dame, »so warst du in Geldnot? Aber warum hast du mir
nichts gesagt? Ich habe zwar keine tausend, aber ich hätte dir hundert
oder auch zweihundert geben können! Wie soll ich denn nun dein
34 Angebot annehmen?« Salabaetto war von diesen Worten mehr als ge-
rührt und sagte: »Madonna, das soll Euch nicht davon abhalten; wenn
ich in einer solchen Notlage so wie Ihr gewesen wäre, hätte ich Euch
35 gewiss darum gebeten.« »O mein geliebter Salabaetto«, sagte die
Dame, »ich erkenne, dass deine Liebe zu mir wahr und echt ist, weil
du, ohne gefragt zu sein, mich mit einer solchen riesigen Summe un-
terstützt. Ohne deine Hilfe war ich die Deine, nun aber gehöre ich dir
ganz und gar; niemals werde ich es vergessen, dass ich dir das Leben
36 meines Bruders schulde. Gott weiß, wie ungern ich dein Geld anneh-
me, denn mir ist bewusst, dass du ein Kaufmann bist, und dass die
Kaufleute ihr Geld für weitere Geschäfte benötigen. Aber weil die
Not mich drängt und ich die feste Hoffnung habe, dir das Geld bald
zurückgeben zu können, nehme ich es an; und sollte ich das nicht so
rasch können, so verpfände ich dir meine gesamten Habseligkeiten.«
37 Nach diesen Worten fiel sie ihm unter Tränen um den Hals. Salabaet-
to beruhigte sie; er blieb die Nacht bei ihr; und da er seine großzügige
Bereitwilligkeit unter Beweis stellen wollte, holte er, ohne ihre aus-
drückliche Bitte abzuwarten, die fünfhundert Gulden herbei, die sie
mit lachendem Herzen und tränenden Auges annahm, indessen Sala-
38 baetto allein auf ihr mündliches Versprechen vertraute. Kaum hatte
die Dame das Geld, so drehte sich der Wind. Wenn Salabaetto zuvor
je nach Lust und Laune freien Zugang bei seiner Dame hatte, so gab es
aufeinmal mancherlei Probleme, und er erhielt gerade alle sieben Tage
Zugang; außerdem waren der Empfang und die Liebkosungen nicht
39 mehr so überschwenglich wie zuvor. Und als der Rückgabetermin um

mehr als zwei Monate überschritten war und er sein Geld zurückfor-
derte, speiste man ihn mit Worten ab. Nun wurde sich Salabaetto der 40
Arglist des bösartigen Frauenzimmers sowie seiner eigenen Unbe-
darftheit bewusst; da er weder einen schriftlichen Beleg noch einen
Zeugen hatte, konnte er nichts gegen sie aussagen, dem sie nicht zu
ihrem Vorteil widersprechen konnte; er schämte sich auch, sich mit
jemandem auszusprechen, weil man ihn vorher bereits gewarnt hat-
te, und er erwartete, dass er wegen seiner Dämlichkeit zu Recht ver-
spottet würde. Bitterlich bereute er sein dummes Verhalten. Inzwi- 41
schen hatte er von seinen Kaufherren wiederholt briefliche Aufforde-
rungen erhalten, das Geld in Wechsel einzutauschen und ihnen
zukommen zu lassen; so entschloss er sich abzureisen, damit sei-
ne Verfehlung nicht offenbar würde; aber statt, wie vorgesehen, ein
Schiff nach Pisa zu besteigen, schiffte er sich nach Neapel ein und traf
dort ein. Es lebte dort zu jener Zeit unser Gevatter Pietro dello Cani- 42
giano, Schatzmeister der Kaiserin von Konstantinopel, ein sehr ver-
ständiger und feinsinniger Mann und ein guter Freund Salabaettos
und seiner Leute. Nach einigen Tagen vertraute er diesem diskreten
Mann reumütig an, was er mit dem Geld angestellt hatte und bat um
Hilfe und Rat, wie er nun seinen Lebensunterhalt bestreiten könnte,
da er nicht mehr nach Florenz zurückkehren wollte. Canigiano war 43
fassungslos ob dieser Angelegenheit und sagte: »Du hast Übles getan,
dich übel verhalten und deinen Herren übel mitgespielt, weil du eine
Menge Geld für dein ausschweifendes Leben ausgegeben hast. Aber
was soll das jetzt? Es ist geschehen und wir müssen weiterkommen.«
Als einem lebenserfahrenen Mann war ihm bald eingefallen, was zu
tun war, und er sagte es Salabaetto. Diesem gefiel der Vorschlag, und
er setzte sich gleich daran, ihn in die Tat umzusetzen. Da er noch eini- 44
ges Geld übrig hatte und Canigiano ihm etwas dazulieh, ließ er viele
Ballen gut einpacken und verschnüren; außerdem kaufte er etwa
zwanzig Ölfässer und ließ sie füllen; alles wurde auf ein Schiff verla-
den und er kehrte nach Palermo zurück. Und nachdem er die Gebühr

für die Ballen und die Ölfässer beim Zoll bezahlt und alles auf sein
Konto hatte eintragen lassen, ließ er es in die Magazine schaffen; er
sagte, dass er diese Waren nicht anrühren wollte, solange nicht ande-
45 re Ware, die er erwartete, eingetroffen wäre. Biancofiore erfuhr davon
und vernahm, dass die eingelagerte Ware zweitausend Gulden und
die noch zu erwartende mehr als dreitausend Gulden wert sei; da es
ihr schien, sie hätte beim letzten Mal eine geringe Beute gemacht, be-
schloss sie, Salabaetto die fünfhundert Gulden zurückzugeben, um
sich einen größeren Anteil der fünftausend Gulden zu verschaffen.
46 Also schickte sie nach ihm. Salabaetto war klüger geworden und ging
zu ihr; sie tat so, als wüsste sie nichts von seiner neuen Schiffsladung
und empfing ihn mit großer Freude. Sie sagte: »Nun denn, du bist
doch nicht etwa böse mit mir, weil ich dir dein Geld nicht zum verein-
47 barten Termin zurückgegeben habe …?« Salabaetto lächelte und sag-
te: »In der Tat missfiel es mir ein wenig, weil ich mir das Herz aus dem
Leibe gerissen und es Euch geschenkt hätte, wenn ich Euch damit ei-
nen Gefallen hätte tun können. Aber hört mich an, wie böse ich auf
48 Euch bin. Die Liebe, die ich für Euch empfinde, ist so groß, dass ich
den größten Teil meines Besitzes verkauft habe, und gegenwärtig
eine Warenladung im Wert von mehr als zweitausend Gulden mitge-
bracht habe; außerdem erwarte ich von Westen her noch weitere Wa-
ren im Wert von mehr als dreitausend Gulden. Ich möchte in dieser
Stadt ein Handelshaus eröffnen, um hier zu bleiben und Euch immer
nahe sein zu können; denn Eure Liebe beglückt mich mehr als je ein
49 Liebhaber beglückt worden ist.« Hierauf erwiderte die Dame: »Sala-
baetto, deine Pläne gefallen mir sehr, weil ich dich mehr liebe als mein
Leben; und ich freue mich sehr, dass du zurückgekommen bist, um
dich hier niederzulassen, weil ich hoffe, eine schöne Zeit mit dir zu
verbringen. Aber ich muss mich ein wenig dafür entschuldigen, dass
du damals, als du abgereist bist, mich besuchen wolltest und es nicht
konntest, und manches Mal weniger glücklich gewesen bist, als du es
gewohnt warst; und darüber hinaus möchte ich mich entschuldigen,

dass ich dir dein Geld nicht zum vereinbarten Termin zurückgezahlt
habe. Du sollst wissen, dass ich damals sehr bekümmert und nieder- 50
geschlagen war, und wer sich so fühlt, ist dem anderen gegenüber, so
sehr er ihn liebt, weniger aufmerksam, als er es gerne möchte. Dazu, 51
musst du wissen, ist es für eine Frau sehr schwierig, tausend Gulden
zu beschaffen, man bekommt täglich etwas vorgelogen und Verspre-
chungen werden nicht eingehalten, so dass wir selbst die anderen
auch anlügen müssen; und so konnte es passieren, dass ich dir dein
Geld nicht zurückgegeben habe. Kurz nach deiner Abreise erhielt ich 52
es allerdings; wenn ich nur gewusst hätte, wohin ich es dir hätte schi-
cken sollen, so hätte ich das gewiss getan; aber dafür habe ich es für
dich aufbewahrt.« Und sie ließ sich eine Börse bringen, worin die 53
Gulden waren, die er ihr gegeben hatte, übergab sie ihm und sagte:
»Zähle nach, ob es auch fünfhundert sind!« Salabaetto war hocher- 54
freut, zählte das Geld, fand, dass es fünfhundert Gulden waren, und
sagte: »Madonna, ich sehe, Ihr sagt die Wahrheit und habt Euer Ver-
sprechen erfüllt. Und ich sage Euch, dass ich Euch um meiner Liebe
willen mit allem, was mir zur Verfügung steht, für einen jeden Eurer
Wünsche zu Diensten sein werde. Und sobald ich mich hier niederge-
lassen haben werde, mögt Ihr mich auf die Probe stellen.« Nachdem er 55
die Liebschaft mit Worten wieder eingefädelt hatte, liebkoste Sala-
baetto sie zärtlich, und auch sie schenkte ihm ihre Aufmerksamkeit,
Zuneigung und Liebe. Aber Salabaetto wollte ihren Betrug mit sei- 56
nem Betrug bestrafen. Und als sie ihn eines Tages eingeladen hatte,
sie zum Abendessen zu besuchen und die Nacht bei ihr zu verbringen,
ging er mit einem so melancholischen und traurigen Gesicht dorthin,
als wollte er dem Leben entsagen. Biancofiore umarmte und küsste
ihn, und fragte ihn, warum er so betrübt sei. Nachdem er sich eine 57
Weile hatte bedrängen lassen, sagte er: »Ich bin ruiniert, weil das
Schiff mit der Ware, die ich erwartete, von Korsaren aus Monaco auf-
gegriffen wurde; sie verlangen zehntausend Gulden Lösegeld, von
denen eintausend auf mich entfallen. Aber ich habe im Augenblick

keinen Pfennig, weil ich die fünfhundert Gulden, die du mir zurück-
gegeben hast, unverzüglich nach Neapel geschickt habe, um neues
58 Tuch zu kaufen, das wiederum hierher gesandt wird. Wenn ich heute
meine Waren aus dem Magazin verkaufen wollte, bekäme ich, weil es
gerade ungünstig ist, nur den halben Preis; und außerdem bin ich
nicht so bekannt, dass mir irgendjemand beispringen würde; ich
weiß nicht mehr, was ich tun oder sagen soll; und wenn ich nicht bald
das Geld schicke, wird die Ware nach Monaco geschafft, und ich be-
59 komme gar nichts zurück.« Die Dame war besorgt, weil sie glaubte,
ihre ganze Beute zu verlieren; sie überlegte sich, wie sie es verhindern
könnte, dass die Ladung in Monaco enden würde, und sagte: »Bei
Gott, das tut mir um deinetwillen sehr leid; aber warum sollen wir
uns aufregen? Wenn ich das Geld hätte, würde ich es dir, weiß
60 Gott, sofort geben; aber ich habe es nicht. Ich kenne aber jemanden,
der mir neulich die fünfhundert Gulden beschaffte, die mir fehlten;
er verlangt allerdings einen Wucherzins von dreißig Prozent. Wenn
du von jener Person Geld leihen willst, müsstest du ihm eine um-
fangreiche Sicherheit geben. Ich wäre bereit, für dich mich selbst und
all meine Habe zu verpfänden, um dir einen Dienst zu erweisen. Aber
wie kannst du für die übrige Summe eine Sicherheit aufbringen?«
61 Salabaetto durchschaute, warum sie ihm diesen Dienst erweisen
wollte; und er verstand, dass das geliehene Geld von ihr selbst kam.
Das gefiel ihm, und er dankte ihr. Darauf sagte er, dass die Not ihn
62 zwinge, den hohen Zins anzunehmen. Er fügte hinzu, dass er als Si-
cherheit die Waren, die beim Zoll gelagert waren, auf denjenigen
überschreiben würde, der ihm das Geld leihe; allerdings wollte er den
Schlüssel für die Magazine in seiner Obhut bewahren, um die Waren,
wenn man nach ihnen fragte, zeigen zu können, und damit nichts an-
63 gefasst, verändert oder ausgetauscht werden könnte. Die Dame sagte,
dass dies ein Wort und ausreichende Sicherheit sei. Am folgenden Tag
schickte sie nach einem Makler, zu dem sie Vertrauen hatte, und be-
sprach mit ihm das Geschäft; sie übergab ihm tausend Gulden, die

der Makler Salabaetto lieh und sich dafür die Waren, die Salabaetto im Magazin gehörten, beim Zoll überschreiben ließ. Und nachdem sie die Verträge einvernehmlich ausgetauscht hatten, ging ein jeder seiner Wege. Salabaetto bestieg, so rasch er konnte, ein Schiff und kehrte 64
mit eintausendfünfhundert Gulden zu Pietro dello Canigiano nach Neapel zurück; von dort übersandte er seinen Kaufherren in Florenz, die ihn mit der Tuchladung nach Palermo gesandt hatten, eine korrekte Abrechnung. Er beglich seine Schulden gegenüber Pietro und anderen und machte sich gemeinsam mit Canigiano auf Kosten der Sizilianerin noch manch lustigen Tag; aber dann wollte er kein Kaufmann mehr bleiben und zog sich nach Ferrara zurück. Als Biancofio- 65
re bemerkte, dass Salabaetto nicht mehr in Palermo war, wunderte sie sich und wurde misstrauisch; nachdem sie gut zwei Monate gewartet hatte, und er immer noch nicht erschien, veranlasste sie den Makler, das Magazin aufbrechen zu lassen. Zuerst öffneten sie die 66
Fässer, die angeblich mit Öl gefüllt sein sollten, und fanden, dass sie voller Meereswasser waren und allein beim Spundloch ein paar Liter Öl zu sehen waren; darauf untersuchte man die Ballen und fand, dass sie mit Ausnahme von zweien, die Stoffe enthielten, mit Werg gefüllt waren. Kurzum, alles in allem war das Ganze keine zweihundert Gulden wert. Biancofiore fühlte sich hereingelegt und trauerte 67
noch lange den fünfhundert Gulden nach, die sie zurückgegeben hatte, und bedauerte noch mehr die tausend Gulden, die sie geliehen hatte; oft wiederholte sie das Sprichwort: ›Um mit Toskanern umzugehen, muss man gut auf beiden Augen sehen.‹ Sie hatte den Schaden und den Spott und erkannte, dass jener so gerissen war wie sie selbst.

Als Dioneo seine Novelle beendet hatte, wusste Lauretta, dass das 1
Ende ihrer Herrschaft gekommen war; sie pries den guten Ratschlag des Pietro Canigiano, der sich bewährt hatte, und ebenso Salabaetto, der ihn so gescheit in die Tat umgesetzt hatte; dann nahm sie den Lor-

beerkranz ab, setzte ihn Emilia aufs Haupt und sagte würdevoll: »Ma-
donna, ich weiß nicht, wie huldreich Ihr als Königin sein werdet, ge-
wiss aber werden wir eine schöne Königin haben. Lasst also Euer
Handeln mit Eurer Schönheit wetteifern.« Darauf nahm sie wieder
2 Platz. Emilia war weniger beschämt, weil sie zur Königin erwählt
worden war, als darüber, dass sie öffentlich für etwas gelobt wurde,
das die Frauen sich sehnlich wünschen; Morgenröte schimmerte auf
ihrem Antlitz. Sie hielt die Augen gesenkt, und als das Rosenrot von
ihren Wangen gewichen war und sie die praktischen Angelegenhei-
ten der Gesellschaft mit dem Seneschall geordnet hatte, sprach sie wie
3 folgt: »Liebenswerte Damen, es ist bekannt, dass die Rinder, wenn sie
einen Teil des Tages im Joch eingezwängt waren und nun davon be-
freit und erleichtert werden, nach Belieben frei durch die Büsche auf
4 der Weide schweifen; und viel schöner erscheinen uns die Gärten, in
denen verschiedenes Laub grünt als die Wälder, in denen nur Eichen
wachsen. Berücksichtigen wir, dass wir an den letzten Tagen durch
ein bestimmtes Thema in unseren Erzählungen eingeschränkt waren,
so meine ich, dass es uns gut täte, nützlich und angemessen wäre,
wenn wir nun einmal wieder ein wenig ausschweifen können, um
neue Kräfte zu sammeln und wieder unter das Joch zurückzukehren.
5 Wenn ihr also morgen das vergnügliche Erzählen fortsetzen werdet,
so will ich euch nicht unter ein bestimmtes Thema zwingen, sondern
ich wünsche, dass ein jeder erzählt, was ihm gefällt, weil ich fest glau-
be, dass die Verschiedenartigkeit der Erzählungen nicht weniger er-
quicklich sein wird, als wenn nur von einem Thema erzählt würde.
Wer nach mir an die Herrschaft kommen wird, wird uns, da wir ge-
stärkt und erfrischt sein werden, wieder mit größerem Erfolg unter
6 das gewohnte Joch führen.« Nach diesen Worten schenkte sie allen
7 volle Freiheit bis zur Zeit des Abendessens. Wegen ihrer Worte lob-
ten alle die Klugheit der Königin; sie erhoben sich und gingen dem
einen oder anderen Zeitvertreib nach; die Damen flochten Blumen-
kränze oder plauderten, die Männer spielten oder sangen. Und so ver-

brachten sie die Zeit bis zum Abendessen. Zum festlichen und fröhli-
chen Mahle versammelten sie sich um den schönen Brunnen; nach
dem Mahle vergnügten sie sich, wie sie es gewohnt waren, mit Ge-
sang und Tanz. Die Königin wollte dem Stil ihrer Vorgänger folgen 8
und forderte, nachdem einige schon freiwillig ihre Lieder gesungen
hatten, auch noch Panfilo auf, eines zu singen; dieser tat es bereit-
willig:

So viel Frieden, Glück und Lust, 9
lässt du, Amor, mich fühlen,
und eine Wonne ist es, in deinem Feuer zu verglühen.
Der Freude Überfluss, 10
die du in meinem Herzen entzündet hast,
erhellt mein Angesicht
mit innerem Glück.
Ein so hohes und edles Liebesglück
lässt mich selig schweben, obwohl ich mich verzehre.
Mit dem Lied weiß ich das hohe Gut weder zu benennen 11
noch mit dem Finger darauf zu zeigen,
das du, Amor, mich fühlen lässt;
wüsst' ich es, müsst' ich's verbergen;
denn wäre es bekannt,
würde es zur Pein.
Allein ich bin so glücklich,
dass jedes Wort arm und schwach erschiene,
bevor es nur ein wenig sagte.
Wer könnte glauben, dass mein Arm 12
noch einmal dorthin reichte,
wo ich es hielt,
und dass mein Antlitz noch einmal schaute,
was ich als Gnade und Heil gefunden?
Mein glückliches Geschick

würde nicht geglaubt; und so verglühe ich,
weil ich verberge, was mich glücklich stimmt.

13 Panfilos Lied ging zu Ende, und obwohl alle den Kehrreim mitsangen, waren sie neugieriger und aufmerksamer, als es schicklich war, um aus den Worten zu erraten, was er darunter verbergen wollte; was auch immer sie sich als Möglichkeiten vorstellten, so gelang es keinem, die Wahrheit herauszufinden. Als aber die Königin bemerkte, dass das Lied beendet war und die jungen Damen und Herren sich ausruhen wollten, befahl sie allen, schlafen zu gehen.

1 ES ENDET DER ACHTE TAG DES DECAMERON,
UND ES BEGINNT DER NEUNTE TAG,
AN DEM UNTER DER HERRSCHAFT EMILIAS
EIN JEDER DAS ERZÄHLT,
WAS IHM AM BESTEN GEFÄLLT
UND AM MEISTEN ZUSAGT.

2 Das Licht, vor dessen Leuchten die Nacht entweicht, hatte das tiefe
Blau des Fixsternhimmels in helles Blau verwandelt, und die Blumen
auf den Wiesen öffneten ihre Kelche, als Emilia ihre Gefährtinnen
ebenso wie die jungen Männer aufstehen hieß; sie versammelten sich
und folgten den gemächlichen Schritten der Königin zu einem nicht
weit vom Palast gelegenen Hain; sie betraten ihn und erblickten Rehe,
Hirsche und andere Tiere, die wegen der andauernden Pestepidemie
vor Jägern geschützt waren und sie zutraulich herankommen ließen.
3 Sie näherten sich dem einen oder anderen Tier, als wollten sie es fan-
gen, und sie fanden eine Weile ihren Spaß dabei, sie zu scheuchen
und umherhüpfen zu lassen. Als die Sonne höher stieg, schien es allen
4 an der Zeit, zurückzukehren. Sie waren alle mit Eichenlaub bekränzt,
und in den Händen trugen sie duftende Gräser und Blumen; wären
sie jemandem begegnet, so hätte dieser sagen können: »Diese wird
5 der Tod nicht besiegen, oder sie werden heiter sterben.« Und so spa-
zierten sie singend, plaudernd und scherzend langsam bis zum Palast,
wo alles bestens vorbereitet war, und die Dienerschaft sie heiter und
6 frohgemut empfing. Sie ruhten sich ein wenig aus; aber bevor sie sich
zu Tisch begaben, wurden abwechselnd von den Frauen und den jun-
gen Männern noch sechs Lieder, eines fröhlicher als das andere, ge-
sungen. Danach wurde ihnen Wasser für die Hände gereicht, und der
Seneschall geleitete sie nach den Wünschen der Königin zu Tisch; die
Speisen wurden aufgetragen und sie aßen vergnügt. Danach erhoben
sie sich und tanzten und musizierten eine Weile. Auf Geheiß der Kö-
7 nigin begaben sich dann die, die es wollten, zur Ruhe. Als die ge-
wohnte Stunde gekommen war, versammelten sich alle am gewohn-
ten Ort, um zu erzählen. Die Königin schaute Filomena an und for-
derte sie auf, mit den Novellen dieses Tages zu beginnen. Dies tat sie
wie folgt.

Erste Novelle

Madonna Francesca wird von einem gewissen Rinuccio und von einem gewissen Alessandro geliebt; da sie keinen von beiden liebt, schafft sie sie sich behutsam vom Hals, indem sie den einen auffordert, sich wie ein Toter in ein Grab zu legen, und von dem anderen verlangt, den vermeintlichen Toten herauszuholen. 1

Madonna, da Ihr es wünscht, will ich gerne als erste in die Schranken 2
treten, um etwas aus dem weiten und unbeschränkten Bereich zu erzählen, den Ihr in Eurer Großmut vorgegeben habt; wenn mir das gelingen wird, so zweifle ich doch nicht daran, dass diejenigen, die nach mir erzählen werden, es nicht ebenso gut und besser machen werden.
Viele Male, liebreizende Damen, wurde in unseren Erzählungen ge- 3
zeigt, welche Kräfte die Liebe hat; ich glaube auch nicht, dass alles darüber gesagt werden könnte, wenn wir ein Jahr lang nur darüber sprechen würden. Dass sie die Liebenden nicht nur dazu bringt, man- 4
cherlei Todesgefahren einzugehen, sondern sie so weit bringt, sich als Tote in die Gräber der Toten zu legen, dazu möchte ich euch zu den anderen noch eine Novelle erzählen, aus der ihr nicht allein die Macht der Liebe verstehen werdet, sondern auch erkennen könnt, mit welchem Witz sich eine rechtschaffene Dame zweier Männer entledigte, die sie gegen ihren Willen liebten.

In der Stadt Pistoia lebte also einst eine sehr schöne verwitwete 5
Dame, in die sich zwei Florentiner, die sich dort als Verbannte aufhielten, verguckten, ohne voneinander zu wissen; der eine hieß Rinuccio Palermini und der andere Alessandro Chiarmontesi; sie liebten sie über die Maßen, und ein jeder ging mit Bedachtsamkeit vor, um ihre Liebe für sich zu gewinnen. Der Name dieser edlen Dame 6
war Francesca de' Lazzari; sie war von den Bitten und Botschaften der beiden derartig bedrängt worden, dass sie ihnen unvorsichtigerweise schon ein Ohr geöffnet hatte; aber als sie nun überlegte, wie sie sich

aus der Affäre ziehen könnte, kam ihr eine kluge Idee, wie sie diese
7 Belästigung loswerden konnte. Sie wollte ihnen nämlich eine Aufga-
be auferlegen, die ihrer Meinung nach keiner der beiden erfüllen wür-
de, auch wenn es ihm möglich wäre; und wenn sie es nicht täten, hät-
te sie einen ehrlichen und angemessenen Grund, ihre Botschaften ab-
8 zuweisen. Es war folgende Idee: An dem Tag, als ihr die Idee kam, war
in Pistoia ein Mann gestorben, dessen Vorfahren zwar Adlige waren,
der aber einer der übelsten Charaktere nicht nur in Pistoia, sondern
9 auf der ganzen Welt war. Darüber hinaus war er so missgestaltet und
hässlich von Angesicht, dass ein jeder, der ihn nicht kannte, Angst vor
ihm bekam. Man hatte ihn in einem Sarkophag außerhalb der Kirche
San Francesco begraben; sie dachte, dass dies für ihr Vorhaben von
10 Vorteil sein könnte. Und so sagte sie zu einer ihrer Mägde: »Du weißt,
wie die beiden Florentiner, Rinuccio und Alessandro, mich tagtäglich
mit ihren Botschaften plagen und belästigen. Ich bin nicht bereit, ih-
nen irgendwie entgegenzukommen, und bin fest entschlossen, sie
mir vom Hals zu schaffen; da sie mir immer große Angebote machen,
will ich sie auf eine Probe stellen, die sie nicht bestehen können. Und
11 dann bin ich sie endlich los. Nun höre zu, wie das geschehen soll. Du

weißt, dass heute morgen bei den Franziskanern der Scannadio – so
hieß der oben genannte üble Kerl – begraben wurde, vor dessen An-
blick die mutigsten Männer der Welt Angst bekamen. Nun gehst du 12
zuerst heimlich zu Alessandro und sagst ihm folgendes: ›Madonna
Francesca lässt dir sagen, dass es an der Zeit ist, ihre Liebe, nach der du
dich schon so lange sehnst, zu gewinnen; und das auf folgende Weise.
Aus einem Grund, den du später erfahren wirst, will ein Verwandter 13
ihr heute nacht den Leichnam Scannadios, der heute bestattet wurde,
ins Haus bringen; da sie Angst vor ihm hat, obwohl er tot ist, möchte
sie ihn auf keinen Fall bei sich haben. Deswegen erbittet sie von dir 14
den großen Dienst, dass du dich heute abend, wenn alle schlafen, in
das Grab des Scannadio legst, seine Kleider überziehst und so tust, als
wärest du der Tote, bis dich schließlich jemand herausholt; dann lässt
du dich, ohne ein Wort zu sagen oder einen Mucks von dir zu geben,
zu ihrem Haus schleppen, wo sie dich empfangen wird und du bei ihr
bleiben oder auch weggehen kannst; sie wird für alles übrige sorgen.‹
Wenn er ja sagt, ist alles in Ordnung; lehnt er aber ab, dann richte ihm 15
von meiner Seite aus, dass er niemals mehr in meiner Gegenwart er-
scheinen und, wenn er sein Leben liebe, mir keine Boten oder Bot-
schaften mehr schicken soll. Anschließend gehst du zu Rinuccio Pa- 16
lermini und sagst ihm folgendes: ›Madonna Francesca ist bereit, dei-
nen Wünschen nachzukommen, sofern du ihr einen großen Dienst
erweist. Du möchtest heute nacht um Mitternacht zu dem Sarkophag
gehen, in dem heute morgen Scannadio beigesetzt wurde, und – ohne
dich um irgendein Geräusch oder irgendeinen Geruch zu stören – den
Leichnam vorsichtig herausziehen und zu ihr nach Hause bringen.
Hier wirst du erfahren, warum sie das wollte, und sie wird dir zu Wil- 17
len sein. Solltest du das nicht tun wollen, so befiehlt sie dir, ihr von
Stunde an weder einen Boten noch eine Botschaft mehr zu schicken.‹«
Die Magd ging zu den beiden und sagte einem jeden, was ihr aufgetra- 18
gen war. Beide antworteten, dass sie, wenn ihre Dame das wünsche,
nicht in ein Grab, sondern in die Hölle steigen wollten. Die Magd

überbrachte der Frau die Botschaft; und diese wartete darauf, ob sie
19 tatsächlich so närrisch wären, den Auftrag auszuführen. Als es Nacht
geworden war und alle schliefen, entkleidete sich Alessandro Chiar-
montesi bis aufs Wams und verließ sein Haus, um sich in den Sarg
Scannadios zu legen; auf dem Weg überfiel ihn die Angst, und er sag-
20 te sich: »Was bin ich für ein Dummkopf? Wohin gehe ich? Vielleicht
haben ihre Verwandten bemerkt, dass ich sie liebe, und glauben, dass
zwischen uns etwas besteht, was gar nicht besteht, und wollen mich
nun in jenem Sarkophag umbringen? Ich hätte den Schaden, und nie-
mand erführe etwas, was sie belastete. Oder vielleicht hat mir das ir-
gendein Feind eingebrockt, den sie vielleicht liebt und dem sie diesen
21 Gefallen tun will?« Dann sagte er: »Gesetzt den Fall, das geschieht
nicht, aber ihre Verwandten wollten mich zu ihr nach Hause bringen;
dann muss ich doch annehmen, dass sie den Leichnam Scannadios
nicht nur haben wollen, um ihn fest im Arm zu halten oder ihr in die
Arme zu legen; sondern es ist anzunehmen, dass sie ihn schänden
22 wollen, weil er sie vielleicht in irgendeiner Weise beleidigt hat. Jene
verlangt, ich solle kein Wort sagen über das, was ich verspüre! Aber
wenn jene mir die Augen ausstechen, die Zähne ausreißen, die Hände
verstümmeln oder ein ähnlich übles Spiel mit mir treiben? Wie soll
23 ich ruhig bleiben? Und sage ich etwas, so werden sie mich erkennen
und mir etwas antun; aber wenn das nicht der Fall ist, dann werde ich
nichts ausrichten können, weil sie mich nicht mit der Frau alleine las-
sen; und sie wird sagen, dass ich mein Versprechen gebrochen habe,
24 und wird gar nichts mehr für mich tun.« Nach diesen Überlegungen
war er kurz davor, wieder umzukehren; aber seine große Liebe trieb
ihn mit gegensätzlichen Argumenten und führte ihn widerstandslos
25 zu dem Sarkophag. Er öffnete ihn, stieg hinein, zog dem Leichnam die
Kleider aus und legte sie selbst an; dann verschloss er den Sarkophag
und legte sich an die Stelle des Scannadio. Nun erinnerte er sich auch
wieder daran, wer das gewesen war und an all die Geschichten, die er
darüber gehört hatte, was des Nachts nicht nur in den Grabstätten der

Toten, sondern auch anderswo passiert war. Die Haare standen ihm
zu Berge, und es schien ihm, als müsste Scannadio sich jeden Augen-
blick aufrichten und ihn umbringen. Aber diese und andere Schreck- 26
gespenster vertrieb er mit seiner glühenden Liebe; er tat so, als wäre er
tot und wartete darauf, was weiter mit ihm geschehen sollte. Als sich 27
die Mitternacht näherte, verließ Rinuccio sein Haus, um zu tun, was
die Dame ihm befohlen hatte. Auf dem Weg beschäftigte ihn, was
ihm alles zustoßen könnte: dass er etwa einer nächtlichen Wache mit
einem Leichnam über der Schulter in die Arme laufen und wegen He-
xerei auf dem Scheiterhaufen enden könnte; dass er, wenn es publik
würde, den Hass der Angehörigen des Toten auf sich ziehen würde.
Diese und ähnliche Gedanken hielten ihn fast zurück. Aber dann be- 28
sann er sich und sagte: »Was, die erste Bitte, die diese edle Dame, die
ich so sehr geliebt habe und liebe, an mich stellt, lehne ich ab – wo ich
doch damit ihre Gunst erringen kann? Und müsste ich dabei sterben,
so würde ich tun, was ich versprochen habe.« Er gelangte bis zu dem
Sarkophag und öffnete ihn ohne Schwierigkeiten. Alessandro spürte, 29
dass man ihn öffnete und bekam es mit der Angst zu tun; trotzdem
blieb er ganz still. Rinuccio stieg hinein und glaubte den Leichnam
Scannadios vor sich zu haben; er packte Alessandro an den Füßen und
zerrte ihn heraus; dann lud er ihn über die Schultern und machte sich
auf den Weg zum Haus der edlen Witwe. Er nahm keine Rücksicht
auf seine Last und schlug sie wiederholt an Bänke, die den Weg säum-
ten; die Nacht war stockfinster, und er wusste nicht, wo er den Fuß
hinsetzte. Rinuccio war schon vor dem Hauseingang der Dame ange- 30
kommen; sie stand mit der Magd am Fenster, um anzusehen, wie der
eine Liebhaber den anderen herbeischaffte, und wohl vorbereitet, um
sie alle beide fortzujagen; da geschah es, dass die Wachen der Stadtre-
gierung, die sich in der Nähe heimlich auf die Lauer gelegt hatten, um
einen Verbannten aufzugreifen, die schweren Schritte Rinuccios ver-
nahmen und unversehens eine Fackel hochhielten, um zu sehen, wer
da unterwegs war; sie schlugen die Schilde und Lanzen zusammen

31 und riefen: »Wer da?« Rinuccio erkannte sie, hatte kaum Zeit nachzudenken, ließ den Alessandro fallen und machte sich, so rasch ihn die Beine trugen, davon. Auch Alessandro stand unverzüglich auf den Beinen und rannte ebenfalls davon, obwohl er noch die langen Klei-
32 der des Toten trug. Im Lichtschein der Fackel hatte die Dame genau erkennen können, dass Rinuccio Alessandro auf den Schultern trug, und dass Alessandro mit den Kleidern Scannadios bekleidet war; sie war erstaunt über den Mut der beiden, aber sie musste auch laut la-
33 chen, als Alessandro abgeworfen wurde und rasch entfloh. Sie war höchst zufrieden über den Vorfall und dankte Gott, dass er sie aus ihrer Kalamität befreit hatte; sie ging in ihre Kammer zurück und war sich mit der Magd darin einig, dass jene beiden sie sehr verehrten, da sie ganz offensichtlich getan hatten, was sie ihnen befohlen hatte.
34 Voller Ärger verwünschte Rinuccio zwar sein Missgeschick, er ging aber auch nicht nach Hause; nachdem die Wachen abgezogen waren, kehrte er dorthin zurück, wo er Alessandro abgeworfen hatte, und tappte auf allen vieren auf dem Boden herum, um seinen Liebesdienst vielleicht doch noch zu Ende zu bringen; da er den angeblichen Leichnam aber nicht fand, dachte er, die Wachen hätten ihn mitgenom-
35 men, und ging missmutig nach Hause. Am Morgen bemerkte man, dass Scannadios Grab offen und der Leichnam nicht zu sehen war, weil Alessandro ihn nach hinten gerollt hatte, und in Pistoia stellte man die verschiedensten Vermutungen an; einige Toren meinten, die
36 Teufel hätten ihn geholt. Nichtsdestoweniger behaupteten die beiden Liebhaber, dass sie ihrem Wunsch nachgekommen wären, sie entschuldigten sich, dass sie ihn nicht vollständig erfüllen konnten und erbaten ihre Gunst und Liebe. Madonna Francesca schenkte aber keinem von beiden Glauben und antwortete trocken, dass sie nichts mehr mit ihnen zu tun haben wollte, weil sie ihren Wunsch nicht erfüllt hätten. So wurde sie sie los.

Zweite Novelle

Eine Äbtissin steht eilig und im Dunkeln auf, um eine ihrer Nonnen auf- 1
zusuchen, die denunziert wird, mit einem Liebhaber im Bett zu liegen.
Da sie selbst gerade mit einem Priester zusammen ist, setzt sie sich in
der Eile die Hosen des Priesters statt des Nonnenschleiers auf den Kopf;
die denunzierte Nonne macht sie darauf aufmerksam, wird freigespro-
chen und darf ungestört mit ihrem Liebhaber zusammenbleiben.

Filomena schwieg; die Klugheit der Dame, womit sie beide loswurde, 2
die sie nicht lieben wollte, wurde sehr gelobt; wohingegen die kecke
Anmaßung der beiden Liebhaber von allen weniger als Liebe denn als
Wahnsinn beurteilt wurde. Freundlich sagte die Königin darauf zu
Elissa: »Elissa fahre fort.« Und diese begann unverzüglich:

Teure Damen, Madonna Francesca hat sich – wie gesagt worden 3
ist – auf kluge Weise aus ihrer Bedrängnis zu befreien gewusst; eine
junge Nonne hat sich – unter dem Beistand der Fortuna – aus einer
drohenden Gefahr mit ihrer Wortgewandtheit befreit. Wie ihr wisst, 4
gibt es genügend Toren, die sich als Lehrer und Zuchtmeister aufspie-
len, die dann – so werdet ihr es meiner Novelle entnehmen – durch
ein glückliches Geschick zu Recht beschämt werden. So geschah es ei-
ner Äbtissin, der die Nonne, von der ich euch erzähle, in Gehorsam
unterstand.

Ihr müsst also wissen, dass es in der Lombardei ein Kloster gab, 5
das berühmt war für seine Glaubensstrenge und Frömmigkeit; unter
den Nonnen war auch ein junges Mädchen aus adligem Geschlecht
und von wunderbarer Schönheit; sie hieß Isabetta; als eines Tages ei-
ner ihrer Angehörigen gemeinsam mit einem schönen Jüngling in
den Sprechraum gekommen war, verliebte sie sich in ihn. Er hatte ihr
Begehren ihren Augen abgelesen, fand sie sehr schön und entflammte
für sie. Mit großer Pein hielten die beiden es eine lange Zeit aus, dass
ihre Liebe unerfüllt blieb. Da ein jeder sich nach dem anderen sehnte, 6

fand der Jüngling schließlich einen Weg, um seine Nonne heimlich aufzusuchen; da sie glücklich darüber war, besuchte er sie nicht nur einmal, sondern wiederholte Male, und beide fanden ihre Lust dabei.
7 Im Verlauf der Affäre geschah es eines Nachts, dass eine der Nonnen beobachtete – ohne dass die Liebenden es bemerkten –, wie er Isabetta aufsuchte und wieder verließ. Sie teilte das einigen anderen mit, und sie fassten den Beschluss, es der Äbtissin anzuzeigen, die Madonna Usimbalda hieß, und nach der Meinung der Nonnen und eines jeden, der sie kannte, eine tüchtige und fromme Dame war. Damit die Schuldige ihr Tun nicht ableugnen konnte, beschlossen sie, dass die Äbtissin sie mit dem jungen Mann überraschen sollte. Sie behielten alles für sich und überwachten Isabetta, um sie auf frischer Tat
8 zu erwischen. Isabetta ahnte nichts von alledem und sah sich auch nicht vor; eines Nachts ließ sie ihn kommen, was die Aufpasserinnen sofort erfuhren. Als es ihnen an der Zeit erschien, teilten sie sich auf; die einen bewachten die Tür von Isabettas Zelle, die anderen liefen eilends zur Zelle der Äbtissin, klopften an und sagten: »Madonna, steht rasch auf, denn wir haben Isabetta zusammen mit einem Mann
9 in der Zelle entdeckt.« In jener Nacht war die Äbtissin mit einem Priester zusammen, den sie oft in einer Truhe zu sich kommen ließ.

Als sie die Nachricht hörte, fürchtete sie vielleicht, dass die Nonnen
in ihrer Hast oder ihrem Eifer zu heftig an die Tür stießen und sie sich
öffnete, sprang sofort aus dem Bett und zog sich an, so gut es im Dun-
keln ging; dabei ergriff sie statt ihrer Haube die Hosen des Priesters;
in der Eile stülpte sie sich diese auf den Kopf, trat vor ihre Tür, die sie 10
rasch wieder verschloss und sagte: »Wo ist die Gottvermaledeite?«
Gemeinsam mit den anderen, die nur danach gierten, Isabetta zu er- 11
tappen und nicht darauf achteten, welche Kopfbedeckung die Äbtis-
sin trug, erreichten sie die Zelle Isabettas; alle zusammen brachen mit
Gewalt die Tür auf und fanden die Geliebten in inniger Umarmung.
Diese waren vor Schreck gelähmt und regten sich nicht. Das junge 12
Mädchen wurde sofort von den Nonnen ergriffen und auf Befehl der
Äbtissin in den Kapitelsaal gebracht. Der junge Mann blieb zurück; er
zog sich an und wollte sehen, welches Ende die Sache nehmen würde;
er war entschlossen, allen, die er erwischen konnte, übel mitzuspie-
len, wenn sie seiner Geliebten etwas zuleide täten, und sie mit sich
zu nehmen. Die Äbtissin nahm im Kapitelsaal in Gegenwart aller 13
Nonnen, die allein auf die Sünderin schauten, Platz und beschimpfte
sie als ein Weib, das die Frömmigkeit, die Ehre und den guten Ruf
des Klosters durch ihr liederliches und verwerfliches Treiben, wenn
man draußen davon erführe, geschändet habe; und sie schloss ihre
Schmährede mit schlimmen Drohungen. Das junge Mädchen war be- 14
schämt und eingeschüchtert; da sie sich schuldig fühlte, wusste sie
nichts zu erwidern; ihr Schweigen weckte aber das Mitgefühl der an-
deren. Als die Äbtissin so redete und redete, hob das junge Mädchen
die Augen und sah, was die Äbtissin auf dem Kopf trug, und dass die
Hosenbänder an beiden Seiten herunterbaumelten; sie erkannte, 15
worum es sich handelte und sagte mit fester Stimme: »Madonna, um
Gottes willen, bindet Euch Eure Haube, und dann sagt mir, was Ihr
wollt.« Die Äbtissin verstand nicht recht, was sie meinte, und sagte: 16
»Was denn für eine Haube, du sittenloses Weib? Besitzt du noch die
Frechheit, unverschämte Antworten zu geben? Glaubst du, du könn-

17 test nach alledem noch Späße machen?« Darauf wiederholte das jun-
ge Mädchen noch einmal: »Madonna, ich bitte Euch, Eure Haube zu
binden; danach könnt Ihr mir sagen, was immer Euch gefällt.« Nun
richteten fast alle Nonnen ihren Blick auf das Haupt der Äbtissin,
die sich selbst an den Kopf fasste, und sie erkannten, warum Isabet-
18 ta das gesagt hatte. Die Äbtissin sah ihren eigenen Fehltritt ein und
erkannte, dass er nicht mehr zu verbergen war; sie begann eine neue
Rede, die sie damit beschloss, dass es unmöglich sei, sich vor dem
Stachel des Fleisches zu schützen. Und sie sagte, dass eine jede – so
wie es bis zu diesem Tag geschehen war – sich in aller Stille ein mög-
lichst gutes Leben mache. Und nachdem sie das junge Mädchen frei-
gesprochen hatte, legte sich die Äbtissin wieder zu ihrem Priester
19 und Isabetta zu ihrem Geliebten. Diesen ließ sie, obwohl die ande-
ren Nonnen sie darum beneideten, noch häufig zu sich kommen; die
ohne Liebhaber blieben, suchten, so gut sie konnten, im geheimen
ihr Glück.

Dritte Novelle

1 *Angestiftet von Buffalmacco, Bruno und Nello macht Maestro Simone Calandrino weis, dass er schwanger sei; zu seiner Heilung gibt Calandrino den dreien Kapaune und Geld und wird gesund, ohne zu gebären.*

2 Als Elissa ihre Novelle beendet hatte, dankten alle Gott, dass die junge Nonne sich glücklich aus den Zähnen ihrer neidischen Gefährtinnen befreit hatte; die Königin gebot Filostrato fortzufahren; ohne weitere Anweisungen abzuwarten, begann er:

3 Wunderschöne Damen, der ungepflegte Richter aus den Marken, von dem ich euch gestern erzählte, hat sich vor eine Novelle über Calandrino gedrängt, die ich euch heute erzählen will; und weil alles,

was man von diesem Mann erzählt, die Heiterkeit befördert, so will ich euch die Geschichte erzählen, die ich gestern im Kopf hatte, obwohl wir von Calandrino und seinen Gesellen schon einiges gehört haben.

Aus den früheren Novellen ist schon bekannt, wer Calandrino 4
und die übrigen waren, von denen ich in dieser Novelle erzählen werde; ich sage deswegen nicht noch mehr über sie. Es geschah also, dass eine Tante Calandrinos verstarb und ihm zweihundert Lire in Silbergeld hinterließ; und Calandrino begann davon zu reden, dass er ein Gut kaufen wollte; er verhandelte mit allen Maklern in Florenz, als hätte er zehntausend Goldtaler auszugeben; aber ein jeder Handel zerschlug sich, wenn vom Preis des Landgutes gesprochen wurde.
Bruno und Buffalmacco wussten von der Erbschaft und hatten ihm 5
wiederholt gesagt, dass er sie besser gemeinsam mit ihnen verprassen sollte, als irgendein Fleckchen Land zu kaufen, der ihm nicht mehr als ein paar Lehmkugeln einbringen würde. Aber sie konnten ihn nicht dazu bringen, dass er sie auch nur einmal zum Essen eingeladen hätte.
Mit einem dritten Kumpan namens Nello beklagten sie sich eines Ta- 6
ges darüber und beschlossen, einen Weg zu finden, um sich auf Kos-

ten Calandrinos den Bauch vollzuschlagen. Sie verabredeten, was zu
tun sei, und setzten es unverzüglich ins Werk. Am folgenden Mor-
gen, als Calandrino aus dem Haus trat und noch nicht weit gegangen
war, trat ihm Nello in den Weg und sagte: »Guten Tag, Calandrino.«
7 Calandrino antwortete, dass der Herrgott ihm einen guten Tag und
ein gutes Jahr schenken möge. Nello trat ein wenig zurück und schau-
te ihm ins Gesicht; worauf Calandrino sagte: »Was schaust du so?«
8 Und Nello fragte ihn: »Hast du heute nacht nicht irgendetwas ver-
9 spürt? Du scheinst nicht mehr derselbe.« Calandrino bekam sofort
Angst und sagte: »O weh, was ist denn? Was meinst du denn, das ich
10 habe?« Nello sagte: »So meine ich es nicht. Du scheinst nur so verän-
dert, vielleicht ist es auch gar nichts.« Und er ließ ihn weitergehen.
11 Obwohl er nichts spürte, war Calandrino misstrauisch geworden und
ging seines Weges. Buffalmacco aber war nicht weit weg, sah, wie er
Nello verlassen hatte, trat auf ihn zu, grüßte und fragte ihn, ob er
nichts spüre. Calandrino antwortete: »Ich weiß es nicht, gerade eben
sagte mir Nello, dass ich mich verändert hätte. Sollte mir etwas feh-
12 len?« Buffalmacco sagte: »Natürlich fehlt dir etwas, du siehst ja halb-
13 tot aus.« Calandrino glaubte schon, Fieber zu haben; da erschien auch
schon Bruno und sagte als erstes: »Calandrino, wie siehst du denn
14 aus? Als wärest du tot! Wie fühlst du dich?« Als Calandrino sie alle so
reden hörte, hielt er es für gewiss, dass er krank sei; und er fragte sie
15 erschrocken: »Was soll ich tun?« Bruno sagte: »Mir scheint, du soll-
test nach Hause gehen, dich ins Bett legen und gut zudecken; du soll-
test dein Wasser zu Meister Simone schicken lassen, der unser guter
Freund ist, wie du weißt. Er wird dir rasch sagen, was zu tun ist; und
wir begleiten dich, damit wir das Nötige für dich erledigen können.«
16 Nello gesellte sich zu ihnen, und alle kehrten zu Calandrinos Haus zu-
rück; ganz erschöpft trat dieser in die Kammer und sagte zu seiner
Frau: »Komm' und decke mich zu, denn ich fühle mich sehr schlecht.«
17 Nachdem er sich hingelegt hatte, ließ er sein Wasser durch eine Magd
zu Meister Simone schicken, der seinen Laden am Mercato Vecchio

unter dem Zeichen einer Melone hatte. Bruno sagte zu den anderen: »Ihr bleibt hier bei ihm; ich will zum Doktor gehen und hören, was er sagt, und, wenn nötig, ihn hierher bringen.« Nun sagte Calandrino: 18
»O ja, lieber Freund, geh' hin und berichte mir, wie es um mich steht; ich spüre irgendetwas im Leibe.« Bruno war noch vor der Magd bei 19
Meister Simone und informierte ihn über die Sache; als die Magd eintraf, und er das Wasser angeschaut hatte, sagte er zu ihr: »Geh' und sage Calandrino, er solle sich gut warmhalten, und ich würde sofort zu ihm kommen, um ihm zu sagen, was er hat und was zu tun sei.«
Die Magd überbrachte die Nachricht und kurz darauf kamen der Dok- 20
tor und Bruno. Der Doktor setzte sich auf sein Bett, fühlte ihm den Puls und sagte nach einer Weile in Gegenwart seiner Frau: »Schau, Calandrino, um als Freund zu sprechen, so fehlt dir nichts anderes, als dass du schwanger bist.« Als Calandrino das hörte, erhob er ein jäm- 21
merliches Geschrei und sagte: »O weh, Tessa, das hast du mir eingebrockt, weil du immer oben liegen wolltest, ich habe es dir ja gesagt!«
Tessa war eine ehrbare Person und wurde rot vor Scham; wortlos ver- 22
ließ sie mit gesenktem Kopf die Kammer. Calandrino setzte sein Ge- 23
jammer fort und sagte: »O weh, ich Armer, was mache ich nun? Wie soll ich dieses Kind zur Welt bringen? Wo wird es herauskommen? Ich sehe schon, ich sterbe wegen der Tollwut meiner Frau! Die soll
Gott so lange bestrafen, wie er mir Glück schickt. Wäre ich gesund, 24
wie ich es nicht bin, so stünde ich auf und würde ihr alle Knochen im Leibe zerbrechen; obwohl es mir ja recht geschieht, weil ich sie nicht hätte auf mich steigen lassen sollen. Wenn ich das überstehe, dann kann sie vor Lust umkommen, bevor es noch einmal geschieht.« Bei 25
diesen Worten Calandrinos wären Bruno, Buffalmacco und Nello am liebsten vor Lachen herausgeplatzt; aber der Meister Dummdoktor lachte lauthals, so dass man ihm alle Zähne hätte ziehen können. End- 26
lich aber empfahl sich Calandrino der Kunst des Arztes und bat ihn um Rat und Hilfe; und der Meister sagte: »Calandrino, du sollst nicht erschrecken, denn wir haben, gelobt sei Gott, sofort bemerkt, worum

es geht; und ohne Mühe und in wenigen Tagen werde ich dich hei-
27 len – es wird allerdings etwas kosten.« Calandrino sagte: »Ach je, ge-
liebter Doktor, tut es um Gottes Liebe willen. Ich habe zweihundert
Lire, mit denen ich ein Gut kaufen wollte; wenn es nötig ist, nehmt
sie alle, damit ich nicht gebären muss, denn ich weiß nicht, wie ich das
machen soll. Weil ich das Geschrei der Weiber hasse, wenn sie gebä-
ren, wo sie doch ein so großes Ding dafür haben; ich glaube, ich stürbe
28 eher, als dass ich so einen Schmerz ertragen könnte.« Der Doktor sag-
te: »Mach' dir keine Sorgen. Ich werde dir einen destillierten, guten
und wohlschmeckenden Trank vorbereiten, der wird in drei Tagen die
ganze Sache lösen; und du wirst gesund wie ein Fisch im Wasser. Du
solltest aber klug daraus werden und nicht mehr solche Dummheiten
29 anstellen. Für den Trank benötigt man drei Paar gute und fette Kapau-
ne; für die übrigen notwendigen Dinge gibst du einem von jenen Ge-
sellen fünf Lire in Silber, damit es gekauft wird; und alles soll in mei-
nen Laden geschickt werden. In Gottes Namen werde ich dir morgen
den Trank schicken, von dem du einmal einen großen Becher trinken
30 sollst.« Calandrino sagte: »Geliebter Meister, ich gebe mich ganz in
Eure Hände.« Er gab Bruno fünf Lire und das Geld für drei Paar Kapau-
31 ne und bat ihn, sich ihm zu Gefallen dieser Mühe zu unterziehen. Der
Arzt ging nach Hause und ließ ihm ein wenig Gewürzwein zuberei-
ten und überbringen. Bruno kaufte die Kapaune und das übrige, das
für einen guten Schmaus notwendig war; gemeinsam mit dem Dok-
32 tor und den anderen Kumpanen ließen sie es sich schmecken. Ca-
landrino trank an drei Tagen den Gewürzwein; danach machte der
Doktor zusammen mit den drei Gesellen seinen Hausbesuch; nach-
dem er ihm den Puls gefühlt hatte, sagte er: »Calandrino, du bist
zweifelsfrei gesund; und du kannst wieder allen deinen Geschäften
33 nachgehen und brauchst nicht mehr im Haus zu bleiben.« Calandrino
war froh, stand auf und ging seinen Geschäften nach; wann immer er
mit jemandem ins Gespräch kam, lobte er die vorzügliche Kur, die
ihm Meister Simone verschrieben hatte, damit er in drei Tagen ohne

jeden Schmerz entschwängert wurde. Bruno, Buffalmacco und Nello freuten sich, dass sie den Geiz Calandrinos überlistet hatten, obwohl Monna Tessa ihren Mann ausschalt, als sie davon erfuhr.

Vierte Novelle

Cecco di Messer Fortarrigo verspielt in Buonconvento alles, was er hat 1
und dazu das Geld von Cecco di Messer Angiolieri; er läuft diesem im Hemd hinterher, behauptet, er habe ihn ausgeraubt und lässt ihn von Bauern ergreifen; darauf zieht er sich seine Kleider an, besteigt seinen Zelter und lässt ihn im Hemd sitzen.

Die Gesellschaft hatte lauthals über die Worte lachen müssen, die Ca- 2
landrino über seine Frau gesagt hatte; als Filostrato schwieg, begann Neifile auf Wunsch der Königin:

Werte Damen, wenn es nicht mühsamer für die Menschen wäre, 3
Verstand und Tugend zu zeigen als Dummheit und Laster, so bemühten sich viele nicht vergeblich, ihre Zunge im Zaume zu halten. Das hat euch die Dummheit Calandrinos bewiesen, der es überhaupt nicht nötig hatte – um von einer Krankheit geheilt zu werden, an die er in seiner Torheit glaubte –, die geheimen Gelüste seiner Frau publik
zu machen. Diese Geschichte hat mir eine ganz andere in Erinnerung 4
gerufen, wie nämlich die Bosheit des einen über den Verstand eines anderen zu dessen Schaden und Spott triumphiert. Diese Geschichte möchte ich euch erzählen.

Vor nicht allzu vielen Jahren lebten in Siena zwei erwachsene 5
Männer, die beide Cecco hießen, aber der eine di Messer Angiulieri und der andere di Messer Fortarrigo. Obwohl sie in vielen Dingen überhaupt nicht zueinander passten, so stimmten sie darin überein, dass sie beide ihre Väter hassten und deswegen Freunde geworden
waren und miteinander verkehrten. Angiulieri, der ein schöner und 6

gesitteter junger Mann war, fühlte sich in Siena nicht wohl, wo er in der Abhängigkeit des Vaters lebte; als er hörte, dass ein Kardinal, der ihm wohlgesonnen war, als Legat des Papstes in die Mark Ancona gekommen war, beschloss er, sich zu ihm zu begeben, um seine Lebensumstände zu verbessern. Er eröffnete dies seinem Vater und wurde mit ihm einig, dass er den Unterhalt von sechs Monaten auf einmal erhielt, so dass er in angemessener Kleidung und Ausrüstung reisen
7 konnte. Als er nun jemanden suchte, den er in seinem Dienst mit sich nehmen konnte, kam dies dem Fortarrigo zu Ohren; dieser begab sich sofort zu Angiulieri und bat ihn inständig, ihn als seinen Diener und Dienstmann mitzunehmen; er verlange außer dem Unterhalt auch
8 keinen Lohn. Hierauf antwortete Angiulieri, dass er ihn nicht mitnehmen wolle; er kenne ihn zwar gut und wisse, dass er allen Aufgaben gewachsen sei; aber er wisse auch, dass er gerne spiele und dass er sich häufig betrinke. Hierauf antwortete Fortarrigo, dass er sich vor dem einen wie dem anderen wohl hüten werde; und er bestätigte dies durch heilige Schwüre; er bat so lange, bis Angiulieri schließlich
9 nachgab und einwilligte. Beide machten sich eines Morgens auf den Weg und speisten in Bonconvento zu Mittag. Nach dem Essen ließ

sich Angiulieri, da es sehr heiß war, in der Herberge ein Bett herrich-
ten und entkleidete sich; Fortarrigo war ihm behilflich, als er sich
schlafen legte, und Angiulieri sagte ihm, dass er ihn um die neunte
Stunde wieder wecken sollte. Als Angiulieri schlief, ging Fortarrigo in 10
die Taverne, und begann, nachdem er einiges getrunken hatte, mit et-
lichen Leuten zu spielen; diese nahmen ihm in kurzer Zeit nicht nur
das Geld ab, das er bei sich trug, sondern gewannen auch einige der
Kleidungsstücke, die er auf dem Leibe trug; ihn packte der Wunsch,
alles zurückzugewinnen, und er ging im Hemd auf das Zimmer, wo
Angiulieri schlief; als er sah, dass dieser fest schlief, entnahm er seiner
Börse alles Geld, das sie enthielt, spielte weiter und verlor wie zuvor.
Angiulieri erwachte, stand auf, kleidete sich an und rief nach Fortarri- 11
go; als er nicht zu finden war, vermutete er, dass er in irgendeiner Ecke
seinen Rausch ausschlafe, wie er es schon bei anderer Gelegenheit ge-
tan hatte; er entschloss sich also, ihn zurückzulassen, ließ seinen
Stallburschen Sattel und Felleisen auflegen und wollte sich nach ei-
nem neuen Diener in Corsignano umsehen. Als er aber den Wirt be-
zahlen wollte, bemerkte er, dass sein gesamtes Geld verschwunden
war. Das Geschrei war groß, und das ganze Wirtshaus geriet in Auf- 12
regung, weil Angiulieri behauptete, man habe ihn hier bestohlen, und
damit drohte, sie alle festnehmen und nach Siena schaffen zu lassen.
Mit dem erschien Fortarrigo, nur mit dem Hemd bekleidet, um die 13
Kleider zu stehlen, so wie er das Geld gestohlen hatte; als er Angiulie-
ri bereit zum Aufbruch sah, sagte er: »Was ist hier los, Angiulieri?
Wollen wir denn schon los? Warte ein wenig, bald kommt jemand,
der mein Wams als Pfand hat und achtunddreißig Soldi dafür ver-
langt; aber ich bin sicher, er wird es uns für fünfunddreißig zurückge-
ben, wenn wir ihn sofort bezahlen.« Noch während sie redeten, er- 14
schien jemand, der Angiulieri davon überzeugte – indem er ihm die
Summe nannte, die er vermisste –, dass es Fortarrigo gewesen war,
der sein Geld gestohlen hatte. Voller Wut beschimpfte Angiulieri ihn
daraufhin, und er hätte ihm Schlimmes angetan, wenn er sich nicht

mehr vor den Leuten als vor Gott gefürchtet hätte. So drohte er ihm
mit dem Galgen und der Verbannung aus Siena und bestieg seinen
15 Zelter. Fortarrigo tat so, als hätte Angiulieri nicht zu ihm, sondern zu
einem anderen gesprochen, und sagte: »Aber Angiulieri, lassen wir
das Gerede, bei dem nichts herauskommt. Verstehen wir uns doch
richtig: Für fünfunddreißig Soldi bekommen wir jetzt sofort das
Wams zurück; warten wir bis morgen, müssen wir die achtunddrei-
ßig bezahlen, die er mir geliehen hat. Tue mir doch den Gefallen, ich
habe mich auf seinen Rat verlassen. Warum sollen wir die drei Soldi
16 nicht mitnehmen?« Verzweifelt hörte sich Angiulieri das Gerede an;
er merkte, dass die Umstehenden ihn beobachteten und glaubten,
dass Fortarrigo nicht sein Geld verspielt habe, sondern dass er selbst
noch Geld vom Fortarrigo habe. »Was habe ich mit deinem Wams zu
tun?« rief er aus. »Ich wollte, du hingest am Galgen! Du hast mir nicht
nur mein Geld gestohlen und verspielt, sondern verhinderst auch
17 noch meine Abreise und machst dich lustig über mich.« Fortarrigo
blieb stur und fuhr fort, als ob jener nicht zu ihm spräche: »Warum
willst du mir denn nicht die drei Soldi vorstrecken? Glaubst du etwa,
ich wäre zahlungsunfähig? Tue es, wenn du etwas für mich üb-
rig hast! Warum nur diese Hast? Wir werden schon bis heute abend
18 nach Torrenieri kommen. Suche nur deinen Geldbeutel! Ich könnte
ganz Siena durchsuchen und kein besseres Wams finden, was mir so
gut stünde. Und das soll ich dem für achtunddreißig Soldi überlassen!
19 Es ist mehr wert als vierzig, und du schädigst mich doppelt.« Angiu-
lieri war zutiefst verärgert, dass jener ihn bestohlen hatte und jetzt
auch noch mit Worten abspeiste; er sagte nichts mehr, riss seinen Zel-
20 ter herum und schlug den Weg nach Torrenieri ein. Aber Fortarrigo
hatte einen bösen, hinterlistigen Einfall und trottete, nur mit dem
Hemd bekleidet, hinter ihm her. Als das zwei Meilen lang so gelaufen
war, der eine weiter um sein Wams bettelte und Angiulieri rasch da-
vontraben wollte, um das lästige Gerede loszuwerden, sah Fortarrigo
auf einem Feld neben der Straße vor Angiulieri einige Bauern und rief

ihnen laut zu: »Haltet ihn, haltet ihn!« Mit Schaufel und Hacke be- 21
waffnet liefen diese auf die Straße und versperrten Angiulieri den
Weg; sie glaubten, dass er den anderen, der im Hemd schreiend hin-
terherlief, beraubt hätte, ergriffen ihn und hielten ihn fest; es half An-
giulieri nichts, dass er ihnen erzählte, wer er sei und was wirklich vor-
gefallen war. Mit grimmiger Miene kam Fortarrigo bei ihnen an und 22
sagte: »Ich weiß nicht, warum ich dich nicht gleich umbringe, du nie-
derträchtiger Dieb!« Und er wandte sich an die Bauern: »Schaut euch
das an, Herrschaften, in welchem Aufzug er mich in der Herberge zu-
rückgelassen hat, nachdem er all sein Hab und Gut verspielt hatte!
Mit Gottes und eurer Hilfe hätte ich wenigstens meine Kleider wie-
der, und dafür wäre ich euch immer dankbar.« Angiulieri erzählte sei- 23
ne Geschichte, aber niemand hörte auf ihn. Mit Hilfe der Bauern holte
Fortarrigo ihn vom Zelter herunter, zog ihm die Kleider aus und zog
sie selbst an; dann bestieg er selbst den Zelter und ließ Angiulieri bar-
füßig und im Hemd zurück. Er kehrte nach Siena zurück und erzählte,
er habe Zelter und Kleider von Angiulieri im Spiel gewonnen. An- 24
giulieri, der gedacht hatte, den Kardinal als vermögender Mann auf-
zusuchen, kehrte arm und im Hemd nach Bonconvento zurück, weil
er sich schämte und nicht traute, so bald nach Siena zurückzukehren;
dort lieh man ihm Kleider, und auf dem Klepper Fortarrigos begab er
sich zu seinen Verwandten nach Corsignano, wo er so lange blieb, bis
sein Vater ihm eine neue Unterstützung gewährt hatte. So hat die Tü- 25
cke des Fortarrigo die Vorsicht Angiulieris durchkreuzt, obwohl er sie
bei Zeit und Gelegenheit nicht unbestraft gelassen hat.

Fünfte Novelle

Calandrino verliebt sich in ein junges Mädchen; Bruno verfasst ein 1
Amulett für ihn: berührt sie es, so folgt sie ihm; er wird von seiner Frau
entdeckt und hat einiges von ihr zu erdulden.

2 Neifile hatte ihre kurze Novelle beendet, und die Gesellschaft war, ohne allzu viel zu lachen oder zu diskutieren, darüber hinweggegangen; die Königin wandte sich an Fiammetta und bedeutete ihr, sie solle fortfahren; diese antwortete heiter, dass sie es gerne täte, und begann:

3 Edle Damen, ich glaube, ihr wisst, es gibt nichts, was nicht immer besser gefiele, je öfter es erzählt wird, sofern der Erzähler es versteht,
4 Zeit und Ort der Erzählung angemessen auszuwählen. Und da wir hier aus keinem anderen Grund beisammen sind, als um uns zu vergnügen und eine angenehme Zeit zu verbringen, so meine ich, dass alles, was uns vergnüglich unterhält, zur richtigen Zeit und am richtigen Ort erzählt wird; und wenn das auch schon tausendmal gesche-
5 hen ist, so sollte es uns doch immer wieder erfreuen. Obwohl von den Possen Calandrinos schon wiederholt die Rede gewesen ist, gehe ich davon aus – wie Filostrato es zuvor schon gesagt hat –, dass sie alle vergnüglich sind, und bin so frei, den bereits erzählten Novellen noch eine weitere hinzuzufügen. Wollte ich mich nun von der Wahrheit des Geschehens lösen, so wäre es mir ein Leichtes gewesen, sie mit anderen Namen zu erzählen; weicht man aber beim Erzählen von der

Wahrheit des Geschehenen ab, so vermindert man das Vergnügen der
Zuhörer; deswegen will ich sie euch, gestützt auf den bereits genann-
ten Grund, so erzählen, wie sie geschehen ist.

Niccolò Cornacchini war einer unserer reichen Mitbürger; neben 6
anderen hatte er auch in Camerata einen schönen Besitz, auf dem er
ein stattliches und schönes Haus erbauen ließ; er wurde mit Bruno
und Buffalmacco einig, dass sie es ausmalten; da es ein großer Auftrag
war, zogen sie Nello und Calandrino hinzu und begannen mit der Ar-
beit. In diesem Haus waren nur einige Räume mit einem Bett und an- 7
deren notwendigen Dingen ausgestattet, und es hielt sich nur eine
alte Magd als Wächterin darin auf; weil sich kein anderes Gesinde
dort aufhielt, brachte Filippo, der unverheiratete junge Sohn des
Hausherrn, zuweilen ein Frauenzimmer dorthin, vergnügte sich ei-
nen oder zwei Tage mit ihr und schickte sie wieder fort. Nun geschah 8
es einmal, dass er ein Mädchen namens Niccolosa mitbrachte, die ein
suspekter Bursche namens Mangione in seinem Haus in Camaldoli
hielt und an andere auslieh. Es war eine hübsche, gutgekleidete Per- 9
son und für ihresgleichen auch gebildet und beredt. Als sie eines Tages
im weißen Unterkleid und mit hochgebundenem Haar an den Brun-
nen im Hof trat, um sich Gesicht und Hände zu waschen, geschah es,
dass auch Calandrino dazukam, um Wasser zu schöpfen, und sie
freundlich begrüßte. Sie erwiderte seinen Gruß und schaute ihn et- 10
was genauer an, nicht weil sie etwas Besonderes für ihn empfand,
sondern weil er ihr komisch vorkam. Calandrino starrte sie an, sie er-
schien ihm wunderschön, und er ließ seine Gefährten auf das Wasser
warten; da er sie aber nicht kannte, traute er sich nicht, sie anzuspre-
chen. Sie hingegen hatte bemerkt, wie er sie anstarrte, und um ihn zu 11
necken, schaute sie ihn an und stieß einen Seufzer aus; Calandrino
verliebte sich Knall auf Fall in sie und verließ den Hof nicht eher, als
bis sie von Filippo gerufen wurde. Calandrino kehrte an seine Arbeit 12
zurück und atmete schwer. Bruno fiel das auf, weil er ihn aufmerksam
beobachtete, um sich über ihn zu amüsieren, und er fragte: »Was zum

13 Teufel ist los mit dir, Kumpel? Du schnaufst ja die ganze Zeit.« Ca-
landrino antwortete: »Kumpel, wenn mir jemand helfen würde, gin-
15 ge es mir besser.« »Wieso?« fragte Bruno. Nun sagte Calandrino:
»Man darf es niemandem sagen; da unten ist ein Mädchen, schön wie
eine Hexe, die, du wirst es nicht glauben, wahnsinnig verliebt in mich
16 ist. Ich habe es bemerkt, als ich vorhin Wasser geholt habe.« »O weh«,
sagte Bruno, »pass' nur auf, dass es nicht die Freundin Filippos ist.«
17 Calandrino sagte: »Das glaube ich auch, denn er rief sie, und sie ging
zu ihm in die Kammer. Aber was soll das schon? Bei so was würde ich
es mit Christus aufnehmen und nicht nur mit Filippo. Um dir die
Wahrheit zu sagen, Kumpel: Sie gefällt mir so sehr, dass ich es dir
18 kaum sagen kann.« Bruno sagte hierauf: »Mein Lieber, ich werde her-
ausbekommen, wer sie ist; und sollte sie Filippos Freundin sein, so
bringe ich ihr dein Anliegen mit ein paar Worten bei, denn ich kenne
sie sehr gut. Was machen wir aber, damit Buffalmacco nichts davon
erfährt? Ich kann nicht mit ihr reden, ohne dass er nicht dabei wäre.«
19 Calandrino sagte: »Um Buffalmacco werde ich mich schon kümmern.
Wir müssen aber auf Nello aufpassen, denn er ist mit meiner Tessa
20 verwandt und würde uns alles kaputtmachen.« Bruno meinte: »Du
21 hast recht.« Bruno wusste natürlich, um welche Person es sich han-
delte, weil er sie hatte kommen sehen und weil Filippo es ihm erzählt
hatte. Als Calandrino sich für einen Augenblick von der Arbeit ent-
fernt hatte, um sie zu sehen, erzählte Bruno die ganze Geschichte
dem Nello und dem Buffalmacco; und insgeheim beschlossen sie,
22 was sie mit dem Liebeswahn Calandrinos anstellen wollten. Als er
23 zurückkam, flüsterte Bruno ihm zu: »Hast du sie gesehen?« Calandri-
24 no antwortete: »O ja, ich bin halb tot!« Bruno sagte: »Ich will mal se-
hen, ob es die ist, die ich meine; wenn dem so ist, dann werde ich das
25 schon richten.« Bruno ging hinunter und suchte Filippo und Niccolo-
sa auf; er berichtete ihnen Punkt für Punkt, wer Calandrino war und
was er alles erzählt hatte. Und sie verabredeten miteinander, was ein
jeder tun und sagen sollte, damit sie ihren Spaß an der Liebschaft Ca-

landrinos hätten. Er kehrte zu Calandrino zurück und sagte: »Sie ist 26
es. Und deswegen müssen wir sehr vorsichtig vorgehen, denn erführe
Filippo etwas davon, so hätten wir nichts zu lachen. Aber was soll ich
ihr denn eigentlich von dir ausrichten, wenn ich einmal mit ihr spre-
chen kann?« Calandrino antwortete: »Meiner Treu, sag' ihr, dass ich 27
ihr tausend Scheffel von dem tollen Zeug zum Schwangerwerden
wünsche; und dass ich ihr Dienstmann bin, und ob sie etwas will –
hast du richtig verstanden?« Bruno sagte: »Ja, lass mich nur machen.« 28
Als die Stunde des Abendessens gekommen war, verließen sie ihre 29
Arbeit und gingen in den Hof, wo sich auch Filippo und Niccolosa
aufhielten; Calandrino zuliebe blieben sie eine Weile beisammen.
Dieser heftete seine Blicke auf die Niccolosa und machte dabei so son-
derbare Gebärden und Fratzen, dass es einem Blinden auffallen muss-
te. Ihrerseits tat sie alles – gemäß Brunos Anweisungen –, um ihn or- 30
dentlich in Fahrt zu bringen; und alle hatten ihren Spaß an Calandri-
no. Filippo, Buffalmacco und die übrigen taten so, als diskutierten sie
miteinander und als bemerkten sie nichts. Zu Calandrinos Bedauern 31
gingen aber alle nach einiger Zeit davon. Als sie nach Florenz kamen,
sagte Bruno zu Calandrino: »Ich sage dir, du lässt sie wie Eis in der
Sonne schmelzen. Beim Leib Christi, wenn du deine Fiedel nimmst
und ihr einige deiner Liebesliedchen vorsingst, wird sie aus dem Fens-
ter springen, um zu dir zu kommen.« Calandrino sagte: »Meinst du 32
wirklich? Meinst du wirklich, dass ich sie mitbringen soll?« »Ja«, sagte 33
Bruno. Hierauf sagte Calandrino: »Du hast es mir ja nicht geglaubt, als 34
ich es dir gesagt habe. Aber mein Lieber, ich verstehe mich besser dar-
auf als jeder andere, das zu erreichen, was ich will. Wer anders als ich 35
hätte es denn verstanden, eine Frau wie sie in sich verliebt zu ma-
chen? Bestimmt nicht jene aufgeblasenen Laffen, die auf und ab fla-
nieren und in tausend Jahren keinen Handel zustandebringen! Und 36
du sollst mich erst einmal mit der Fiedel sehen, da kannst du was erle-
ben! Verstehe mich nur richtig, ich bin nicht so alt, wie ich aussehe!
Und sie hat es sehr wohl gemerkt. Und ich werde ihr noch etwas ganz

anderes zeigen, wenn ich den Arm um sie lege ... Beim Leib Christi,
ich werde ein Tänzchen mit ihr tanzen, dass sie mir hinterherläuft
37 wie das Kalb der Kuh.« »Oh«, sagte Bruno, »du wirst sie dir gewiss
schnappen und mit deinen festen Beißerchen an ihrem roten Zucker-
mäulchen und ihren Rosenbäckchen knabbern und sie ganz und gar
38 auffuttern.« Als Calandrino diese Worte hörte, glaubte er schon, bei
39 der Sache zu sein; er tanzte, trällerte und platzte vor Vergnügen. Am
folgenden Tag brachte er seine Fiedel mit und spielte zum Ergötzen
der ganzen Gesellschaft seine Liedchen vor. Binnen kurzem versetzte
ihn ihr täglicher Anblick in einen solchen Schlendrian, dass er kaum
noch arbeitete, sondern tausendmal am Tag entweder ans Fenster
oder an die Tür oder in den Hof rannte, um sie zu sehen; und Niccolo-
sa, die Bruno instruiert hatte, gab ihm mit Bedacht Gelegenheit dazu.
40 Bruno seinerseits überbrachte ihm die Antworten auf seine Botschaf-
ten und manchmal auch Botschaften von ihr selbst; wenn sie nicht
anwesend war – was die meiste Zeit der Fall war –, ließ er Briefe von
ihr kommen, in denen ihm große Hoffnung auf die Erfüllung seiner
Wünsche gemacht und ihm bedeutet wurde, dass sie zu Hause bei ih-
41 ren Eltern wäre, wo er sie nicht sehen könnte. Bruno und Buffalmacco
hatten die Sache im Griff und vergnügten sich weidlich auf Kosten
Calandrinos; manchmal ließen sie sich von ihm – als hätte seine Dame
darum gebeten – einen Elfenbeinkamm oder eine Börse oder ein Mes-
serchen oder ähnlichen Tand geben und brachten ihm dafür von ihr
diesen oder jenen billigen Ring, worüber er sich maßlos freute. Au-
ßerdem erhielten sie von ihm manches Vesperbrot und manche Ge-
42 fälligkeiten, damit sie seine Sache eifrig betrieben. Nachdem die bei-
den das Spiel zwei Monate lang hingezogen hatten und Calandrino
sah, dass die Arbeit zu Ende ging und er seine Liebe, wenn überhaupt,
noch davor ans Ziel führen musste, gab er Bruno keine Ruhe mehr
43 und bedrängte ihn sehr. Als das Mädchen nun einmal in Camerata
war, besprach Bruno zunächst mit ihr und Filippo, was zu tun sei,
und sagte dann zu Calandrino: »Pass' auf, mein Lieber, diese Frau hat

mir schon tausendmal versprochen, das zu tun, was du verlangst, ihr
Versprechen dann aber nicht erfüllt; und ich habe den Eindruck, dass
sie dich an der Nase herumführt. Da sie nicht hält, was sie verspricht,
werden wir sie dazu zwingen, ob sie es will oder nicht; sofern du mit-
machst.« Calandrino antwortete: »Aber um Gottes willen, ja – und 44
bald!« Bruno fragte: »Hast du den Mut, sie mit einem Amulett zu 45
berühren, das ich dir gebe?« »Aber gewiss«, antwortete Calandrino. 46
»Nun denn«, sagte Bruno, »beschaffe mir ein Pergament von einem 47
ungeborenen Tier, dazu eine lebendige Fledermaus, drei Körner
Weihrauch und eine geweihte Kerze; und überlasse mir das übrige.«
Am folgenden Abend stellte Calandrino seine Fallen auf, um eine Fle- 48
dermaus zu fangen; es gelang ihm schließlich, und er trug sie mit den
übrigen Sachen zu Bruno. Dieser zog sich in eine Kammer zurück,
schrieb auf das Pergament irgendwelchen Unsinn mit ein paar magi-
schen Zeichen, brachte es ihm zurück und sagte: »Calandrino, wenn 49
du sie mit diesem Schriftstück berührst, wird sie dir unverzüglich
hinterherlaufen und alles tun, was du verlangst. Wenn Filippo also
heute ausgeht, dann mache dich irgendwie an sie heran, berühre sie
und gehe in den Strohschuppen nebenan; der ist am besten, weil nie-
mand hinkommt. Du wirst sehen, sie kommt dir hinterher; und
wenn sie einmal da ist, weißt du ja, was du zu tun hast.« Calandrino 50
war der glücklichste Mann der Welt, nahm das Amulett und sagte:
»Kumpel, überlass' das nur mir.« Nello, vor dem Calandrino auf der 51
Hut war, hatte den gleichen Spaß wie die anderen und war auch daran
beteiligt, ihn hereinzulegen. Auf Brunos Geheiß ging er in Florenz zu
Calandrinos Eheweib und sagte: »Tessa, du weißt, wie grundlos dich 52
Calandrino damals verhauen hat, als er die Steine des Mugnone her-
beigeschleppt hatte; und ich nehme an, dass du dich rächen möchtest.
Wenn du das nicht tust, dann will ich nicht mehr dein Freund und
Verwandter sein. Er hat sich dort oben in eine Frau verliebt, und diese
ist so verkommen, dass sie sich häufig mit ihm einschließt; vor kur-
zem haben sie sich abgesprochen, bald wieder zusammenzukommen;

deswegen wünsche ich, dass du kommst, ihn erwischst und ordent-
53 lich bestrafst.« Als die Frau das hörte, fand sie es überhaupt nicht ko-
misch, sprang auf und sagte: »O weh, du gemeiner Halunke, das tust
54 du mir an? Beim Heiligen Kreuz, das werde ich dir heimzahlen.« Sie
ergriff ihren Umhang und ging, begleitet von einer anderen Frau, ge-
meinsam mit Nello nach Camerata hinauf; als Bruno sie von weitem
55 kommen sah, sagte er zu Filippo: »Da kommt unser Freund.« Auf die-
se Nachricht hin begab sich Filippo dorthin, wo Calandrino und die
übrigen bei der Arbeit waren und sagte: »Leute, ich muss jetzt nach
Florenz gehen, arbeitet fleißig weiter!« Er ging davon und versteckte
sich in einiger Entfernung, so dass er beobachten konnte, was Ca-
56 landrino tun würde. Calandrino glaubte, dass Filippo einige Zeit aus
dem Haus wäre; also ging er in den Hof hinunter und traf dort Nicco-
losa, die alleine war; er kam ins Gespräch mit ihr; sie wusste, was sie
zu tun hatte, trat nahe zu ihm und tat zutraulicher als sonst; so konn
57 te Calandrino sie mit dem Amulett berühren. Kaum hatte er das ge-
tan, so ging er, ohne ein Wort zu sagen, zu dem Strohschuppen, und
Niccolosa folgte ihm; als sie drinnen waren, verschloss sie die Tür,
umarmte Calandrino, warf ihn zu Boden, besprang ihn rittlings,
stemmte ihre Arme auf seine Schultern, so dass er sich ihrem Gesicht
nicht nähern konnte, und sagte, während sie ihn wie in Wollust ver-
58 zückt anschaute: »O mein süßer Calandrin, du mein Ein und Alles,
mein geliebter Schatz, wie lange habe ich mich schon danach gesehnt,
dich an meine Brust zu drücken! Mit deiner Liebe hast du mir das
Hemd vom Leib gezogen, mit deiner Fiedel hast du mein Herz ergrif-
59 fen – besitze ich dich jetzt endlich?« Calandrino konnte sich kaum
bewegen und stammelte: »O mein süßes Herz, lass mich dich küs-
60 sen.« Aber Niccolosa sagte: »Du hast es aber eilig! Lass mich dich zu-
erst einmal richtig anschauen; sattsehen will ich mich an deinem sü-
61 ßen Gesicht!« Bruno und Buffalmacco waren zu Filippo gegangen,
und alle drei hörten und sahen alles, als auch Nello und Monna Tessa
dazustießen. Nello sagte sofort: »Ich schwöre, sie sind beisammen!«

Sie traten an die Tür des Schuppens, und Tessa, die vor Wut schäum- 62
te, stieß sie weit auf, trat hinein und sah, wie Niccolosa auf Calandrino lag; Niccolosa sah die Ehefrau, sprang auf und floh zu Filippo. Monna 63
Tessa stürzte sich auf Calandrino, der noch nicht aufgestanden war, und zerkratzte ihm das Gesicht; dann packte sie ihn bei den Haaren, schüttelte ihn hin und her und beschimpfte ihn: »Du schändlicher, dreckiger Hund, das tust du mir an? Alter Narr, verflucht sei all das Gute, was ich dir jemals gewünscht habe! Also hast du zu Hause nichts mehr zu tun und gehst fremd? Ein schöner Liebhaber bist du mir! Weißt du denn nicht, dass du ein jämmerlicher kleiner Wicht 64
bist? Quetschte man dich bis auf die Knochen aus, so reichte es nicht einmal für ein Schälchen Tunke. Bei Gott, nicht die Tessa hat dich damals geschwängert, und Gott strafe sie, wer immer sie sei, sie muss schon übel dran gewesen sein, als sie ein Auge auf ein Kleinod wie dich geworfen hat!« Als Calandrino sah, dass seine Frau hereinstürz- 65
te, erstarrte er und traute sich nicht, die Hand zum eigenen Schutz zu heben; zerkratzt, zerschunden und zerzaust flehte er seine Frau an, dass sie bitte zu schreien aufhöre, wenn sie nicht wollte, dass er ganz und gar in Stücke zerschlagen werde; denn die Frau, die bei ihm war, sei die Freundin des Hausherrn. Tessa sagte: »Meinetwegen, der Teufel soll sie holen!« Bruno und Buffalmacco, die sich mit Filippo und 66
Niccolosa hinlänglich vergnügt hatten, taten so, als hätte sie der Lärm herbeigelockt und gingen in den Schuppen. Sie redeten auf die Tessa ein und beruhigten sie; Calandrino gaben sie den Rat, nach Florenz zu gehen und nicht mehr nach Camerata herauszukommen, damit Filippo, wenn er etwas von der Angelegenheit mitbekäme, ihm nichts Böses antue. So kehrte also Calandrino, elend und jämmerlich, zerkratzt 67
und zerzaust wie er war, nach Florenz zurück; da er nicht mehr den Mut hatte, nach Camerata zu gehen, und da seine Frau ihn Tag und Nacht mit bitteren Vorwürfen belästigte, beendete er seine glühende Leidenschaft, mit der er seinen Gefährten sowie Niccolosa und Filippo viel zu lachen gegeben hatte.

Sechste Novelle

1 *Zwei junge Leute herbergen bei einem dritten; einer von ihnen legt sich zu dessen Tochter, und seine Frau legt sich, ohne es zu wollen, zu dem anderen jungen Mann; der bei der Tochter war, legt sich zu ihrem Vater und erzählt ihm alles, weil er glaubt, neben seinem Gefährten zu liegen; das führt zum Zank; die Frau bemerkt ihren Irrtum, steigt in das Bett der Tochter und beruhigt die Situation mit einigen Worten.*

2 Calandrino brachte auch diesmal die Gesellschaft zum Lachen, wie er es schon einige Male zuvor getan hatte; als die Damen nichts mehr über seine Geschichten sagten, forderte die Königin Panfilo auf, etwas zu erzählen; und er begann wie folgt:

3 Hochverehrte Damen, der Name jener Niccolosa, in die sich Calandrino verliebte, hat mich an eine Novelle über eine andere Niccolosa erinnert, die ich euch gerne erzählen möchte, denn ihr werdet sehen, wie eine tüchtige Frau mit einem spontanen Einfall ein großes Ärgernis aus dem Weg geräumt hat.

4 Im Tale des Mugnone lebte vor nicht allzu langer Zeit ein biederer
Mann, der gegen Geld Reisenden Essen und Trinken anbot. Da er arm
war und nur ein kleines Haus hatte, beherbergte er im Notfall nicht
5 jedermann, sondern nur Bekannte. Er besaß eine recht schöne Frau,
von der er zwei Kinder hatte; das älteste war ein schönes und anmuti-
ges Mädchen von fünfzehn oder sechzehn Jahren, das noch nicht ver-
heiratet war; das jüngste war ein einjähriges Knäblein, das die Mutter
6 noch stillte. Ein hübscher, netter und edler junger Mann aus unserer
Stadt hatte sein Auge auf das Mädchen geworfen; er hielt sich oft in
der Gegend auf und war leidenschaftlich in sie verliebt. Ihrerseits bil-
dete sie sich etwas darauf ein, von einem so angesehenen jungen
Mann umworben zu werden, versuchte auch, ihn durch ihre Freund-
lichkeit an sich zu binden, und verliebte sich gleichermaßen in ihn;
und gerne hätten beide ihre Liebe zum Ziele geführt, wenn Pinuccio –

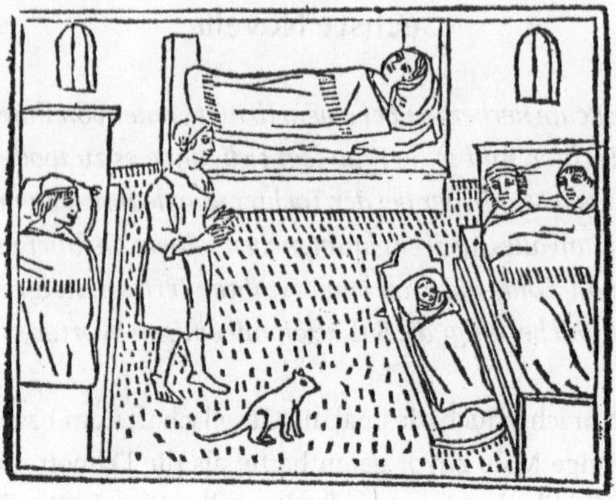

so hieß der junge Mann – nicht gefürchtet hätte, das Mädchen und sich zu entehren. Aber ihr Begehren wuchs von Tag zu Tag, und Pi- 7
nuccio wurde von der Sehnsucht getrieben, mit ihr zusammenzukommen. Es fiel ihm ein, dass er in der Herberge des Vaters übernachten sollte; da er wusste, wie das Innere des Hauses aussah, würde er eine Gelegenheit finden, um mit ihr zusammen zu sein, ohne dass irgendjemand es bemerkte. Und er machte sich unverzüglich an die Ausführung seiner Idee. Gemeinsam mit einem treuen Freund na- 8
mens Adriano, der von seiner Liebe wusste, mieteten sie eines Abends zwei Gäule, beluden sie mit zwei Felleisen, angefüllt mit Stroh; sie verließen Florenz und erreichten auf einem Umweg in der Nacht das Tal des Mugnone. Dort machten sie kehrt, so als kämen sie aus der Ro- 9
magna, ritten auf die Häuser zu und klopften an die Tür unseres braven Hausvaters. Dieser öffnete ihnen bald, da er sie beide kannte; und Pinuccio sagte: »Hör zu, du musst uns heute nacht aufnehmen; wir wollten noch bis Florenz kommen, aber wir haben uns nicht beeilt, so dass wir, wie du siehst, nur bis hierher gekommen sind.« Der Wirt 10
antwortete: »Pinuccio, du weißt, wie ich ausgestattet bin, um Männer wie euch aufzunehmen; da es aber zu spät ist, um etwas anderes zu suchen, will ich euch so unterbringen, wie es geht.« Die beiden jungen 11

Leute stiegen ab und betraten die Herberge; zuerst versorgten sie ihre
Gäule, darauf packten sie ihr Essen aus und speisten gemeinsam mit
dem Wirt. Nun verfügte der Wirt nur über eine kleine Kammer, wo
er, so gut es ging, drei Betten aufgestellt hatte; es blieb wenig Raum
übrig, denn zwei standen an der einen Seite der Kammer und das drit-
te an der gegenüberliegenden Wand, und man konnte nur mit Mühe
12 dazwischen durchkommen. Von diesen drei Betten ließ der Wirt das
am wenigsten schlechte für die beiden Freunde herrichten und ließ
sie sich dort hinlegen; nach einer Weile, während der die beiden so
taten, als schliefen sie, ließ der Wirt seine Tochter sich in das eine der
übrigen zwei Betten niederlegen, während er sich selbst mit seiner
Frau in das dritte Bett legte; neben diesem stand noch die Wiege, in
13 der der kleine Sohn schlief. Pinuccio hatte sich die Situation in der
Kammer eingeprägt und wartete, bis er glaubte, dass alle eingeschla-
fen waren; dann stand er leise auf und ging zu dem Bett, in dem seine
Geliebte lag, und legte sich neben sie; sie fürchtete sich zwar, empfing
ihn aber mit Freuden, und sie genossen, was sie lange begehrt hatten.
14 Während Pinuccio bei dem Mädchen lag, geschah es, dass eine Katze
einige Dinge herunterwarf, wodurch die Mutter aufgeweckt wurde;
sie stand auf, um nachzusehen, ob es nicht etwas anderes war, und
15 ging dorthin, von wo sie das Geräusch vernommen hatte. Adriano,
der von dem nichts mitbekommen hatte, stand auf, um ein natürli-
ches Bedürfnis zu befriedigen; um dies zu tun, kam er nicht an der
Wiege neben dem Bett der Frau vorbei; er stellte sie also neben das
Bett, in dem er selbst schlief; nachdem er seine Notdurft verrichtet
hatte, kümmerte er sich nicht mehr um die Wiege, sondern legte sich
16 in sein Bett. Die Frau hatte nachgesehen und nichts von Bedeutung
gefunden, zündete auch kein Licht an, sondern schimpfte die Katze
aus, kehrte in die Kammer zurück und tastete sich zu dem Bett, wo ihr
Mann schlief; sie konnte aber die Wiege nicht finden und sagte sich:
»O weh, ich dummes Ding, da wäre ich doch bei Gott beinahe zu un-
17 seren Gästen ins Bett gestiegen!« Sie tappte noch etwas weiter, fand

die Wiege und legte sich in das Bett neben Adriano, in dem Glauben,
neben ihrem Mann zu liegen. Adriano war noch nicht eingeschlafen,
empfing sie freudig und begann ohne viele Worte und zu ihrem Ver-
gnügen, Wasser auf ihre Mühle zu gießen. Unterdessen fürchtete Pi- 18
nuccio, dass ihn der Schlaf neben seinem Mädchen überraschte; da er
genossen hatte, was er begehrte, stand er auf, um sich in seinem Bett
schlafen zu legen; aber davor fand er die Wiege und glaubte, es wäre
das Bett des Wirtes; also bewegte er sich noch etwas weiter und legte
sich zu dem Wirt, der aufwachte, als er Pinuccio neben sich fühlte. Pi- 19
nuccio glaubte, an der Seite Adrianos zu liegen und sagte: »Was Süße-
res als die Niccolosa gibt es einfach nicht! Bei Gott, ich habe größeren
Spaß mit ihr gehabt, als je ein Mann mit einem Weibsbild hatte; und
ich bin sechs Mal hinaufgefahren, seit ich fort bin.« Der Wirt hörte 20
diese Nachricht überhaupt nicht gerne; zuerst sagte er sich: »Was will
denn der zum Teufel hier?« Dann verließ ihn jede Besonnenheit, und
er sagte zornig: »Pinuccio, das war eine große Gemeinheit von dir; ich
weiß nicht, warum du mir das angetan hast; bei Gott, ich werde es dir
heimzahlen.« Als Pinuccio, der nicht der gescheiteste war, seinen Irr- 21
tum erkannte, versuchte er nicht, sich irgendwie aus der Affäre zu zie-
hen, sondern sagte: »Was willst du mir heimzahlen? Was kannst du
mir schon tun?« Die Frau des Wirtes, die glaubte neben ihrem Mann 22
zu liegen, sagte zu Adriano: »O weh, hör doch, unsere Gäste streiten
miteinander!« Lachend antwortete Adriano: »Lass sie doch, der liebe 23
Gott straft sie, weil sie gestern abend zu viel getrunken haben.« Die 24
Frau, die zuvor geglaubt hatte, dass ihr Mann geschimpft habe, mit
einem Mal aber Adriano hörte, wusste sofort, bei wem und wo sie
sich befand. Ohne ein Wort zu sagen, stand sie rasch auf, nahm die
Wiege mit dem Knäblein und trug sie, obwohl es stockfinster in der
Kammer war, neben das Bett der Tochter, zu der sie sich legte. Nun tat 25
sie, als hätten die lauten Worte ihres Mannes sie aufgeweckt, und sie
rief ihn an und fragte ihn, warum er mit Pinuccio schimpfe. Ihr Mann
antwortete: »Hörst du denn nicht, was er sagt, das er heute nacht mit

26 Niccolosa angestellt hat?« Seine Frau antwortete: »Er lügt, denn er
kann gar nicht bei der Niccolosa geschlafen haben, weil ich nicht habe
schlafen können und mich zu ihr gelegt habe. Du bist ein Dummkopf,
wenn du ihm glaubst. Ihr trinkt abends viel, träumt in der Nacht und
spaziert im Schlaf herum und glaubt Wunder was zu tun. Ein Jammer, dass ihr euch nicht den Hals dabei brecht! Aber was ist denn mit
27 dem Pinuccio los? Warum liegt er nicht in seinem Bett?« Adriano bemerkte seinerseits, dass die Frau ihre und der Tochter Schande verbarg, und sagte: »Pinuccio, ich habe es dir schon hundert Mal gesagt,
dass du nicht umherspazieren sollst; das Laster, im Schlaf aufzustehen und deine Träumereien als Wahrheit zu erzählen, wird dich noch
einmal ins Unglück stürzen. Bei Gottes Strafgericht, komm zurück in
28 dein Bett!« Als der Wirt die Worte seiner Frau und Adrianos hörte,
war auch er überzeugt, dass Pinuccio nur geträumt hatte; er schüttelte
ihn kräftig und rief: »Pinuccio, wach' auf und leg' dich in dein Bett!«
29 Pinuccio hatte begriffen, was die anderen geredet hatten, und begann
wie ein Träumender närrisches Zeug zu schwätzen, worüber der Wirt
hellauf lachen musste. Schließlich tat er so, als hätte der Wirt ihn
wachgeschüttelt, und er rief zu Adriano: »Ist denn schon Tag, weil du
31 mich rufst?« Adriano sagte: »Ja, komm' hierher!« Pinuccio erhob sich
wie schlaftrunken aus dem Bett des Wirtes und ging zu Adriano zurück; als es Tag geworden war und alle aufstanden, machte sich der
32 Wirt über ihn und seine Träume lustig. Mit manchem Scherz sattelten die beiden jungen Leute ihre Gäule, stießen noch einmal mit dem
Wirt an, stiegen auf und kehrten nach Florenz zurück; sie waren zufrieden, wie glücklich und erfolgreich die Sache ausgegangen war.
33 Später fand Pinuccio noch andere Gelegenheiten, um Niccolosa zu
treffen, die ihrer Mutter versicherte, er habe wirklich geträumt; darum sagte sich die Mutter, die sich an Adrianos Umarmungen erinnerte, sie allein sei wach gewesen.

Siebente Novelle

Talano d'Imole träumt, dass ein Wolf seiner Frau den Hals und das Gesicht zerfleischt; er sagt ihr, dass sie sich in acht nehmen soll; sie tut das nicht, und es passiert ihr. 1

Als Panfilo seine Novelle beendet und alle die gescheite Reaktion der Frau gelobt hatten, forderte die Königin Pampinea auf, ihre Novelle zu erzählen; sie begann wie folgt: 2

Liebenswerte Damen, wir haben schon früher einmal über die Wahrheit der Träume gesprochen, die viele nicht ernst nehmen. Wie dem auch sei, möchte ich es nicht versäumen, euch in einer kurzen Novelle zu erzählen, was einer meiner Nachbarinnen vor kurzem passiert ist, weil sie einem Traum ihres Mannes nicht glaubte. 3

Ich weiß nicht, ob ihr Talano d'Imolese kennt, einen sehr ehrenwerten Mann; dieser hatte ein junges Mädchen namens Margherita zur Frau genommen; sie war schön wie keine andere, aber so bizarr, unfreundlich und widerspenstig, dass sie es keinem anderen recht machen wollte, noch ein anderer es ihr recht machen konnte. Wie schwer Talano sich auch tat, das zu ertragen, so blieb ihm nichts anderes übrig, als sich darein zu fügen. Eines Nachts geschah es, als Talano mit seiner Margherita auf einem Landgut war, dass ihm im Traum seine Frau erschien, wie sie sich in einem schönen Wald erging, den sie nicht weit von ihrem Haus besaßen; da erschien es ihm mit einem Mal, als ob ein großer und grimmiger Wolf aus dem Wald kam, ihr an die Gurgel sprang, sie zu Boden riss und die um Hilfe Schreiende wegschleppen wollte; sie entglitt aber seinem Rachen und blieb mit zerfetztem Hals und Gesicht liegen. Er stand am nächsten Morgen auf und sagte zu seiner Frau: »Frau, obwohl ich dank deiner Widerspenstigkeit noch keinen guten Tag mit dir erlebt habe, täte es mir sehr leid, wenn dir etwas Schlimmes zustieße; willst du also auf meinen Rat hören, so solltest du heute nicht aus dem Haus gehen.« Als sie ihn 4 5 6 7

8 fragte, warum, erzählte er ihr seinen Traum in allen Einzelheiten. Die
Frau schüttelte den Kopf und sagte: »Wer dir Übles will, träumt es. Du
tust so, als empfändest du großes Mitleid mit mir, aber du träumst,
was du gerne erleben möchtest. Und ganz gewiss werde ich mich heu-
te und immerdar hüten, dir das Vergnügen zu bereiten, dass mir die-
9 ses oder irgendein anderes Übel zustößt.« Talano sagte darauf: »Ich
wusste, dass du so reden würdest; das ist der Dank für den, der einen
Grindkopf kämmt. Aber glaube du nur, was dir gefällt; ich meine es
ehrlich und rate dir noch einmal, heute zu Hause zu bleiben oder we-
10 nigstens nicht in unseren Wald zu gehen.« Die Frau sagte nur: »Schon
gut.« Aber bei sich selbst sagte sie: »Hast du nicht gemerkt, mit wel-
cher Hinterlist er mir Angst einjagen wollte, heute unseren Wald zu
betreten? Dort hat er sich bestimmt mit einem Frauenzimmer verab-
redet und will nicht, dass ich ihn finde. O ja, er würde gerne mit Blin-
den zu Tisch sitzen, und ich wäre schön dumm, wenn ich ihn nicht
durchschaute und ihm gar glauben würde! Aber das wird nicht pas-
sieren; ich will es doch mitkriegen – und müsste ich den ganzen Tag
11 warten –, welche Geschäftchen er heute vorhat.« Nach diesen Worten
verließ der Ehemann nach der einen Seite das Haus und sie nach der
anderen. So heimlich, wie es zu machen war, ging sie in den Wald und

versteckte sich in dem dichtesten Teil, wo sie aufmerksam umher-
schaute, ob sie jemanden kommen sah. Und während sie an alles an- 12
dere als an einen Wolf dachte, brach mit einmal aus dem Gehölz ein
riesiger und schrecklicher Wolf hervor. Sie erblickte ihn und konnte
gerade noch: »Mein Gott, hilf mir!« rufen, da hatte er sie auch schon
an der Gurgel gepackt und schleppte sie fort, als wäre sie ein zartes
Lämmchen. Sie konnte weder schreien – so fest hatte sie der Wolf ge- 13
fasst – noch sich irgendwie befreien; der Wolf hätte sie zweifellos er-
würgt, wenn er nicht auf einige Hirten gestoßen wäre, die ihn durch
ihr Geschrei dazu brachten, sie loszulassen. Die Hirten erkannten die
Unglückliche und trugen sie nach Hause, wo die Ärzte sie mit großer
Mühe heilten; sie konnten aber nicht verhindern, dass ihr Hals und
ein Teil des Gesichts entstellt blieben und die einst so Schöne hässlich
und verunstaltet war. So schämte sie sich, unter die Leute zu gehen 14
und bereute bitterlich ihre Widerspenstigkeit; und sie bereute es,
dass sie, obwohl es sie nichts gekostet hätte, dem glaubwürdigen
Traum ihres Mannes keinen Glauben geschenkt hatte.

Achte Novelle

Biondello legt den Ciacco mit einer Einladung zum Essen herein; Ciacco 1
rächt sich mit einer List dafür und verschafft ihm eine ordentliche
Tracht Prügel.

Allgemein meinte die fröhliche Schar, dass es kein Traum, sondern 2
eine Vision gewesen sei, was Talano im Schlaf erblickt habe, denn
ohne dass die geringste Einzelheit fehlte, war ja alles eingetreten. Da
nun alle schwiegen, wies die Königin Lauretta an fortzufahren; und
diese begann:

Ihr klugen Frauen, alle, die heute vor mir gesprochen haben, 3
sind von einem Ereignis ausgegangen, das zuvor schon einmal er-

zählt worden ist; so regt auch mich die harte Rache des Scholaren, die Pampinea gestern erzählt hat, dazu an, von einer Rache zu berichten, die für denjenigen, der sie ertragen musste, bitter, wiewohl weniger unbarmherzig als die des Scholaren war. Und das geschah wie folgt:

4 In Florenz lebte einer, der von allen Ciacco genannt wurde, ein Leckermaul wie kaum ein zweiter. Weil sein eigenes Vermögen nicht ausreichte, um die Kosten seiner Schlemmerei zu tragen, er aber andererseits recht gebildet war und voller hübscher und unterhaltender Einfälle steckte, gab er sich nicht als Hofmann, sondern vielmehr als Schalk, der mit den Reichen verkehrte, die gerne und gut speisten. Auch wenn er gar nicht jedes Mal eingeladen war, so setzte er sich
5 doch recht häufig mittags und abends an ihre Tafel. In jener Zeit lebte in Florenz gleichfalls ein so genannter Biondello, klein von Statur, sehr geziert und blanker geputzt als eine Fliege, mit einer Haube auf dem Kopf, mit einer blonden Mähne, wo kein Härchen aus der Reihe
6 tanzte; dieser ging der gleichen Beschäftigung nach wie Ciacco. Als der nun eines Morgens in der Fastenzeit auf den Fischmarkt gegangen

war, um zwei große Lampreten für Herrn Vieri de' Cerchi zu kaufen,
erblickte ihn Ciacco, ging auf ihn zu und sagte: »Was soll das heißen?«
Biondello antwortete: »Gestern abend wurden drei von dieser Sorte, 7
die noch schöner waren, außerdem ein Stör, zu Herrn Corso Donati
gebracht; aber es schien ihm nicht auszureichen, um gewisse vorneh-
me Herrschaften zu bewirten; deswegen hat er mich ausgeschickt,
um noch zwei weitere zu kaufen. Kommst du nicht auch?« Ciacco 8
antwortete: »Aber ganz gewiss komme ich.« Als er es an der Zeit hielt, 9
ging er zum Palast des Herrn Corso, wo er ihn, der noch nicht zu Tisch
gegangen war, mit einigen Nachbarn antraf. Als er gefragt wurde, was
er wollte, antwortete er: »Herr, ich möchte bei Euch und in Eurer Ge-
sellschaft speisen.« Worauf Herr Corso erwiderte: »Sei willkommen! 10
Gehen wir zu Tisch, denn es ist Zeit.«

Man begab sich zu Tisch; als erstes wurden Erbsen und Thunfisch 11
aufgetragen, dann gebackener Fisch aus dem Arno; und nichts weiter.
Ciacco bemerkte, dass Biondello ihn hereingelegt hatte, und ärgerte
sich mächtig; er nahm sich vor, es ihm heimzuzahlen. Es waren nur
wenige Tage vergangen, als er Biondello traf, der schon viele Zuhörer
mit der Erzählung seines Streiches belustigt hatte. Als Biondello ihn 12
sah, begrüßte er ihn und fragte ihn lächelnd, wie ihm die Lampreten
des Herrn Corso Donati gemundet hätten; Ciacco antwortete darauf:
»In acht Tagen wirst du das besser wissen als ich.«

Er ließ Biondello stehen und wurde unverzüglich mit einem pfif- 13
figen Stadtstreicher handelseinig; er gab ihm eine Glasflasche in die
Hand, führte ihn in die Nähe der Loggia des Palastes der Cavicciuli
und zeigte ihm dort einen Ritter namens Filippo Argenti, der wie
kaum ein anderer groß, kräftig, stark, dazu hochfahrend, jähzornig
und unberechenbar war. Dann sagte er zu ihm: »Mit dieser Flasche 14
gehst du zu jenem dort und redest ihn wie folgt an: ›Herr, Biondello
schickt mich zu Euch, um Euch zu bitten, ihm dieses Fläschchen mit
Eurem Rubinroten einfärben zu lassen, denn er will mit seinen Kum-
panen etwas in Schwung kommen.‹ Pass aber auf, dass er dir nicht zu

nahe kommt, denn das bekäme dir schlecht und würde meinen Plan
15 durchkreuzen.« Der Bursche sagte: »Soll ich sonst noch etwas anderes
16 sagen?« Ciacco sagte: »Nein, geh jetzt los. Wenn du deinen Satz ge-
sagt hast, komm mit der Flasche wieder hierher; ich gebe dir dann das
17 Geld.« Der Bursche setzte sich in Bewegung und überbrachte dem
Herrn Filippo die Botschaft. Herr Filippo hörte sie an. Da er leicht er-
regbar war und merkte, dass sich Biondello, den er kannte, über ihn
lustig machte, lief er tiefrot an und sagte: »Was heißt hier einfärben
und Kumpane? Der Herrgott sei dir und ihm gnädig«, mit diesen
Worten stand er auf, streckte den Arm aus und wollte den Burschen
18 packen; der aber war auf der Hut, drehte sich rasch um und rannte
weg. Auf einem anderen Weg kehrte er zu Ciacco zurück, der alles mit
angesehen hatte, und berichtete ihm, was Herr Filippo gesagt hatte.
19 Ciacco war zufrieden und bezahlte den Burschen; dann ruhte er nicht,
bis er Biondello gefunden hatte, zu welchem er sagte: »Du warst wohl
schon lange nicht mehr in der Loggia der Cavicciuli?«

21 Biondello antwortete: »Aber nein; warum fragst du?« Ciacco sag-
te: »Weil ich weiß, dass Herr Filippo dich sucht, ohne dass ich wüsste,
was er will.«

22 Darauf sagte Biondello: »Gut, ich gehe hinüber, um ihn zu be-
grüßen.«

23 Als Biondello sich aufmachte, ging Ciacco hinterher, um zuzu-
schauen, wie die Sache sich entwickelte. Herr Filippo, der den Boten
nicht hatte packen können, war wild erbost und hatte doch seinen
Zorn herunterschlucken müssen; aus den Worten, die der Bursche
ihm gesagt hatte, musste er entnehmen, dass Biondello, auf wessen
Anregung auch immer, sich über ihn lustig machte. Als er so grimmig
vor sich hin brütete, erschien Biondello. Kaum sah er ihn, als er schon
24 auf ihn zutrat und ihm kräftig ins Gesicht schlug. »Aber Herr«, sagte
25 Biondello, »was ist denn?« Herr Filippo packte und zerrte ihn an den
Haaren, schmiss seine Mütze auf den Boden und schlug wacker zu
und sagte: »Du Schuft, du sollst sehen, was das heißt, sich einfärben

lassen mit Kumpanen! Mir so etwas sagen zu lassen, als wäre ich ein
Kindskopf, den du veralbern kannst!« Während er das hervorstieß, 26
verbläute er sein Gesicht mit Fäusten, die wie aus Eisen schienen, riss
ihm die Haare aus, warf ihn in den Straßendreck und zerriss ihm
sämtliche Kleider am Leibe. Er war so bei der Sache, dass Biondello
vom Anfang bis zum Ende kein Wort hervorbringen noch ihn fragen
konnte, warum er so mit ihm umspränge. Er hatte wohl das »einfär- 27
ben« und die »Kumpane« gehört, wusste aber nichts damit anzufan-
gen. Als Herr Filippo ihn schließlich ordentlich zugerichtet und sich 28
eine Menschenmenge angesammelt hatte, gelang es mit Mühe, Bion-
dello zerschunden und zerzaust seinen Fäusten zu entziehen. Man
sagte ihm, warum Herr Filippo das getan habe, man tadelte ihn, weil
er ihm eine solche Botschaft hatte zugehen lassen, und meinte, dass
er Herrn Filippo nun kennengelernt habe, der keiner war, der sich
verspotten ließ. Biondello entschuldigte sich unter Tränen und sagte, 29
dass er es gar nicht gewesen sei, der Herrn Filippo um Wein gebeten
habe. Nachdem er seine Kleider wieder ein wenig in Ordnung ge-
bracht hatte, ging er schmerzgeplagt und niedergeschlagen mit dem
Gedanken nach Hause, dass dies ein Werk des Ciacco gewesen sei.
Nach einer Reihe von Tagen, als sein Gesicht nicht mehr blau und an- 30
geschwollen war, kam er wieder aus dem Haus; Ciacco begegnete ihm
und fragte ihn lachend: »Biondello, wie schmeckte denn der Wein des
Herrn Filippo?« Biondello antwortete: »So wie dir die Lampreten des 31
Herrn Corso bekommen sind!«

Darauf sagte Ciacco: »Nun hängt es von dir ab: So gut, wie du mir 32
zu essen geben wolltest, werde ich dir zu trinken geben.« Biondello 33
erkannte, dass er Ciacco zwar Böses wünschen, aber nicht antun
konnte, bat ihn in Gottes Namen um Versöhnung und hütete sich von
nun an, ihn hereinzulegen.

Neunte Novelle

1 *Zwei junge Männer bitten Salomon um Rat; der eine fragt ihn, wie er geliebt werden könne, der andere, wie er seine widerspenstige Frau zähmen könne. Dem ersten antwortet er, dass er selbst lieben solle, dem anderen, dass er zur Gänsebrücke gehe.*

2 Allein die Königin blieb noch, um zu erzählen, sofern sie Dioneos Vorrecht erhalten wollte; nachdem die Damen ausgiebig über den unglücklichen Biondello gelacht hatten, begann sie frohgemut:

3 Liebenswerte Damen, wenn man die Ordnung der Dinge mit ver-
nünftigem Sinn betrachtet, sind die meisten Frauen durch Natur, Sit-
ten und Gesetze den Männern unterworfen, und es geziemt ihnen,
sich von ihrem Urteil lenken und leiten zu lassen; eine jede, die mit
dem Manne, dem sie angehört, in Frieden, Freude und Ruhe leben
möchte, soll sich nicht nur ehrbar, sondern darüber hinaus demütig,
geduldig und gehorsam verhalten, weil dieses der höchste und außer-
4 ordentliche Schatz einer jeden klugen Frau ist. Und sollten uns das
die Gesetze, die in allem das allgemeine Wohl im Auge haben, oder
Brauch und Sitten, deren Macht groß und ehrwürdig ist, nicht lehren,
so zeigt es uns deutlich die Natur, die uns einen feingliedrigen und
empfindlichen Körper, furchtsame und schüchterne Seelen wie auch
eine wohltätige und mitleidige Denkart gegeben hat; sie verlieh uns
nur geringe Körperkraft, gefällige Stimmen und geschmeidige Be-
wegungen – all das bezeugt, dass wir einer fremden Lenkung bedür-
5 fen. Und wer der Hilfe und Lenkung bedarf, dem sagt die Vernunft,
dass er sich seinem Herrscher gegenüber gehorsam, untertänig und
ehrerbietig verhält. Und wer, wenn nicht die Männer, lenken und
helfen uns? Also schulden wir den Männern unsere Ehrerbietung
und Unterordnung; und die sich nicht daran hält, verdient meiner
6 Meinung nach strengen Tadel und harte Bestrafung. Zu dieser Be-
trachtung, die ich auch ein andermal schon angestellt habe, hat mich

die Geschichte geführt, die Pampinea von der widerspenstigen Frau des Talano erzählt hat, der Gott eine Züchtigung zugeschickt hat, von der ihr Ehemann nichts wissen wollte. Daher verdienen, wie ich schon gesagt habe, nach meinem Urteil alle die eine harte und unerbittliche Züchtigung, die sich nicht gefällig, freundlich und gefügig verhalten, wie die Natur, die Sitten und die Gesetze es vorgeben.
Ich möchte euch von einem Rat des Salomon erzählen, der eine gu- 7
te Arznei enthält, um diejenigen zu heilen, die von einem solchen Übel befallen sind. Das soll aber keine, die der Medizin nicht bedarf, auf sich selbst beziehen, wie die Männer es etwa mit dem Sprichwort meinen: »Das gute wie das schlechte Pferd braucht die Sporen,
das gute wie das schlechte Weib den Stock.« Wollte man diese Wor- 8
te scherzhaft auslegen, so würden wir alle sie als wahr bezeichnen; aber auch, wenn sie ernst gemeint sind, ist ihnen, so meine ich, zu-
zustimmen. Von Natur aus sind die Frauen haltlos und wankelmü- 9
tig, und es bedarf des Stocks, um die Bösartigkeit derjenigen zu bestrafen, die über die ihnen gesetzten Grenzen hinausgehen; und es bedarf auch des Stocks, damit die anderen, die sich nicht hinreißen lassen, in ihrer Tugend unterstützt und eingeschüchtert werden.

Aber lassen wir die Predigt; und ich erzähle euch, was ich im Sinn habe.

10 Der Ruhm der wunderbaren Weisheit Salomons erfüllte das Uni-
versum wie auch die Kunde, dass er einen jeden an dieser Weisheit
teilhaben ließ; und so wandten sich auch viele aus allen Teilen der
Welt an ihn und fragten ihn in drängenden und schwierigen Angele-
genheiten um seinen Rat. Auch ein vornehmer und reicher junger
Mann namens Melisso machte sich aus Laiazzo, wo er lebte und
11 wohnte, auf den Weg. Auf dem Wege nach Jerusalem, als er Antiochia
verlassen hatte, traf es sich, dass er den gleichen Weg wie ein anderer
junger Mann namens Giuseppe einschlug; sie ritten eine Weile ne-
beneinander und kamen, wie es bei Reisenden üblich ist, ins Ge-
12 spräch. Als Melisso bereits erfahren hatte, wer Giuseppe war und wo-
her er kam, fragte er ihn, was sein Ziel und der Grund seiner Reise sei.
Giuseppe antwortete, dass er zu Salomon wollte, um einen Rat von
ihm zu erhalten, wie er sich seiner Frau gegenüber verhalten sollte,
die widerborstiger und widerspenstiger als jede andere sei, und die er
weder durch Bitten oder Liebkosungen oder auf irgendeine andere
Weise dazu bringen könnte, davon abzulassen. Und nun fragte um-
gekehrt auch Giuseppe, woher er sei und was für ein Ziel und welchen
13 Grund er für seine Reise habe. Melisso antwortete hierauf: »Ich kom-
me aus Laiazzo, und so wie du habe auch ich einen Kummer. Ich bin
reich und gebe das Meine aus, um meine Mitbürger einzuladen und
sie zu ehren; und es ist eigenartig und seltsam, dass ich mit alledem
keinen Menschen finde, der mir Wohlwollen entgegenbringt. Und
darum gehe ich dorthin, wo auch du hingehst, um mir einen Rat zu
14 holen, wie ich es bewerkstelligen kann, dass ich geliebt werde.« Die
beiden reisten also gemeinsam nach Jerusalem; dort angekommen,
wurden sie von einem der Höflinge zu Salomon geführt. Melisso trug
ihm kurz sein Anliegen vor, und Salomon antwortete ihm: »Liebe.«
15 Nach diesen Worten wurde Melisso rasch wieder hinausgeführt, und
Giuseppe trug sein Anliegen vor. Salomon antwortete nur: »Gehe zur

Gänsebrücke.« Danach wurde auch Giuseppe unverzüglich entlassen;
er fand Melisso, der ihn erwartete, und sagte ihm, welche Antwort er
erhalten hatte. Beide dachten über die Antworten nach, konnten aber 16
keinen Sinn oder Nutzen für ihr Anliegen darin erkennen; sie fühlten
sich fast verhöhnt und machten sich gemeinsam auf den Heimweg.
Nach einigen Tagen gelangten sie an einen Fluss, über den eine schöne
Brücke führte; da eine große Karawane aus beladenen Maultieren und
Pferden hinüberzog, mussten sie so lange warten, bis diese am ande-
ren Ufer war. Fast waren alle schon vorübergezogen, als plötzlich ein 17
Maultier, wie man es oft erlebt, scheu wurde und nicht mehr weiter-
ziehen wollte; ein Treiber nahm einen Stock und versuchte, es mit ei-
nigen leichten Schlägen voranzutreiben. Aber das Maultier sprang 18
nur hin und her oder zurück und wollte absolut nicht weiterziehen.
Da wurde der Treiber über die Maßen zornig und schlug mit dem
Stock heftig auf es ein, auf den Kopf, in die Flanken, auf den Rücken;
aber alles war umsonst. Melisso und Giuseppe standen dabei und re- 19
deten auf den Maultiertreiber ein: »Du Unmensch, was machst du
denn? Willst du es totschlagen? Warum versuchst du es nicht einmal
im Guten? Das wirkt besser als die vielen Schläge.« Der Maultiertrei- 20
ber antwortete ihnen: »Ihr kennt eure Pferde und ich mein Maultier,
und ich weiß, was ich zu tun habe.« Mit diesen Worten begann er
wiederum, auf es einzuprügeln und erreichte schließlich mit den
Schlägen, dass das Maultier vorwärtsging und er seinen Willen
durchsetzte. Als die beiden jungen Männer weiterritten, fragte Giu- 21
seppe einen Mann, der an der Brücke saß, wie diese hieß; und der
Mann antwortete: »Herr, das ist die Gänsebrücke.« Als Giuseppe das 22
hörte, erinnerte er sich an die Worte Salomons und sagte zu Melisso:
»Mein Freund, nun sage ich dir, dass Salomon mir einen guten und
richtigen Rat gegeben hat; denn ich habe es nur nicht verstanden,
meine Frau ordentlich zu verprügeln. Aber der Maultiertreiber hat
mir gezeigt, was ich zu tun habe.« Nach einigen Tagen erreichten sie 23
Antiochia, und Giuseppe lud Melisso ein, bei ihm zu bleiben und sich

etwas auszuruhen. Nachdem sie sehr kühl von seiner Gattin empfan-
gen worden waren, sagte Giuseppe ihr, sie möge etwas zu essen vor-
bereiten, das Melisso sich wünschte; dieser äußerte seinen Wunsch
in wenigen Worten. Aber die Frau tat, wie sie es gewohnt war, und
bereitete das Gegenteil von dem vor, worum Melisso gebeten hatte.
24 Als Giuseppe das sah, sagte er zornig: »Hat man dir nicht gesagt, wie
25 du das Abendessen zubereiten solltest?« Arrogant wandte sich die
Frau um und sagte: »Was soll denn das heißen? Warum isst du nicht,
wenn du schon essen willst? Auch wenn man es mir anders gesagt
hat, habe ich es nun nach meinem Gutdünken gemacht. Wenn es dir
26 gefällt, iss es so wie es ist; wenn nicht, iss es nicht.« Melisso wunderte
sich über ihre Antwort und missbilligte sie. Als Giuseppe sie hörte,
sagte er: »Frau, du bist immer noch so, wie du warst. Aber glaube mir,
ich werde dich zur Raison bringen.« Und zu Melisso gewandt sagte
er: »Nun, mein Freund, werden wir sehen, welchen Rat Salomon ge-
geben hat. Aber ich bitte dich, lass' es dich nicht verdrießen, das mit
anzusehen, und halte nicht für ein Spiel, was ich tun werde. Und da-
mit du nicht auf den Gedanken kommst, mich daran zu hindern,
denke an die Antwort des Maultiertreibers, als uns das Tier leid tat.«
27 Hierauf sagte Melisso: »Du bist der Hausherr, und du magst tun, was
28 dir gefällt.« Giuseppe suchte sich einen runden Stock von einer jun-
gen Eiche und ging in die Kammer, wohin sich die Frau ärgerlich
brummend zurückgezogen hatte. Dort packte er sie bei den Haaren,
29 warf sie auf den Boden und verprügelte sie gnadenlos. Zuerst schrie
die Frau, dann drohte sie ihm, aber als sie merkte, dass Giuseppe
nicht innehielt, flehte sie, die schon blau geschlagen war, ihn um
Gottes willen an, sie nicht umzubringen, und versprach, an nichts
30 anderes als sein Wohlergehen denken zu wollen. Aber Giuseppe hör-
te deswegen immer noch nicht auf, sondern schlug immer wütender
zu, auf die Rippen, auf die Hüfte, über die Schultern, er schlug sie
windelweich und hielt erst inne, als er erschöpft war. Kurzum, der
31 guten Frau blieb kein Knochen heil im Leibe. Danach kam er zu Me-

lisso und sagte: »Morgen werden wir sehen, was der Rat: ›Geh zur Gänsebrücke‹ genutzt hat; er ruhte sich ein wenig aus, wusch sich die Hände und speiste mit Melisso; als es an der Zeit war, legten sie sich
zur Ruhe. Die arme Frau erhob sich mit Mühe vom Boden und warf 32
sich auf das Bett, wo sie sich, so gut es ging, ausruhte, um am nächsten Morgen in der Frühe, nachdem sie aufgestanden war, bei Giusep-
pe anfragen zu lassen, was er zu frühstücken wünsche. Er lachte dar- 33
über mit Melisso und gab ihr Bescheid; zur angegebenen Zeit fanden sie alles bestens zubereitet. Und sie waren voll des Lobes über den
Rat, den sie zunächst nicht verstanden hatten. Nach einigen Tagen 34
verabschiedete sich Melisso von Giuseppe und kehrte nach Hause zurück. Dort berichtete er einem weisen Mann, was Salomon ihm gesagt hatte; jener sagte ihm: »Er hätte dir keinen ernsthafteren und besseren Rat geben können. Du weißt, dass du niemanden liebst; und wenn du anderen Auszeichnungen und Aufmerksamkeiten erweist, so tust du es nicht, weil du jemanden liebst, sondern um zu prahlen. Liebe also, wie Salomon es dir sagte, und du wirst geliebt werden.«

So wurde die Widerspenstige bestraft, und der junge Mann wurde 35
geliebt, weil er liebte.

Zehnte Novelle

Auf Wunsch des Gevatters Pietro leitet Don Gianni eine Beschwörung 1
ein, um seine Frau in eine Stute zu verwandeln; als er ihr den Schwanz anheften möchte, sagt Gevatter Pietro, dass er das nicht wünscht, und verdirbt die Beschwörung.

Die Novelle der Königin hatte den Damen Grund gegeben, um zu 2
protestieren, die jungen Männer konnten aber nur lachen. Als sich alle beruhigt hatten, begann Dioneo wie folgt:

3 Liebreizende Damen, einer Schar weißer Tauben fügt ein schwar-
zer Rabe mehr Schönheit hinzu als ein schneeweißer Schwan; eben-
so lässt ein weniger weiser Mann unter vielen weisen Männern
Glanz und Schönheit ihres gereiften Geistes hervortreten und ver-
4 schafft darüber hinaus Vergnügen und Spaß. Da ihr alle klug und
taktvoll seid, bringe ich, der ich mit geringerem Verstand begabt bin,
eure Vollkommenheit mit meiner Torheit erst recht zum Glänzen, so
dass ich euch teurer sein muss, als wenn mein eigener Wert den euren
etwa verdunkeln würde. Daher darf ich einen größeren Spielraum be-
anspruchen, um euch zu zeigen, wie ich nun eben bin, und wenn ich
euch erzähle, was ich erzählen werde, solltet ihr mir geduldiger zuhö-
5 ren, als wenn ich weniger töricht wäre. Ich möchte euch also eine
nicht allzu lange Novelle erzählen, der ihr entnehmen könnt, dass die
Vorschriften, die einen Zauber in Gang bringen sollen, genauestens
beachtet werden müssen, und dass ein geringes Versehen die Wir-
kung des Zaubers verhindert.

6 Vor einigen Jahren lebte in Barletta ein Priester, Don Gianni di Ba-
rolo, der eine arme Pfarrei hatte und deswegen seine Stute mit Waren
beladen musste, um auf den verschiedenen Märkten zu kaufen und zu

verkaufen. Im Verlauf dieses Handels kam er in vertrauten Umgang 7
mit einem gewissen Pietro da Tresanti, der das gleiche Gewerbe mit einem Esel ausführte; und als Zeichen seiner Gewogenheit und Freundschaft nannte er ihn – wie es in Apulien üblich ist – Gevatter Pietro; und immer, wenn er nach Barletta kam, empfing er ihn in seinem Pfarrhaus, beherbergte ihn und erwies ihm alle möglichen
Aufmerksamkeiten. Auch Gevatter Pietro, der sehr arm war und in 8
Tresanti eine kleine Hütte besaß, die kaum für ihn selbst, seine junge und schöne Frau sowie seinen Esel ausreichte, empfing Don Gianni, sooft er nach Tresanti kam, bei sich zu Hause und beherbergte ihn, so gut er konnte und als Dank für die freundliche Aufnahme in Barletta.
Da aber Gevatter Pietro nur ein kleines Bett besaß, in dem er selbst 9
mit seiner schönen Frau schlief, konnte er ihn nicht so gut beherbergen, wie er es gewollt hätte, sondern Don Gianni musste sich in dem Stall, wo neben dem Esel auch seine Stute stand, neben den Tieren auf
etwas Stroh niederlegen. Die Frau wusste, wie aufmerksam sich Don 10
Gianni ihrem Mann gegenüber in Barletta erwies, und hatte schon mehrere Male, wenn der Priester kam, zur Nachbarin Zita Carapresa di Giudice Leo zum Schlafen gehen wollen, damit der Priester im Bett neben ihrem Mann hätte schlafen können; sie hatte es dem Priester
gesagt, der wollte das aber nicht. Als sie es ihm wieder einmal anbot, 11
sagte er ihr: »Gevatterin Gemmata, mach' dir keine Sorgen um mich, mir geht es gut, und wenn ich Lust habe, verwandle ich die Stute in ein hübsches Mädchen und schlafe bei ihr; und wenn es mir dann wieder passt, verwandele ich sie wieder in die Stute; deswegen trenne
ich mich nicht von ihr.« Die junge Frau wunderte sich, glaubte ihm, 12
erzählte es ihrem Mann und fügte hinzu: »Wenn er dein Freund ist, wie du immer sagst, dann lass' dir doch die Verzauberung zeigen; so kannst du für deine Geschäfte mich als Stute und deinen Esel einsetzen und das Doppelte verdienen. Und wenn wir nach Hause kom-
men, verwandelst du mich wieder in deine Frau.« Gevatter Pietro war 13
ein schlichter Mensch, er glaubte ihr und war mit dem Vorschlag ein-

verstanden; und so gut er es verstand, drängte er Don Gianni, ihm
diesen Zauber beizubringen. Don Gianni versuchte alles, um ihm
diesen dummen Einfall auszureden, aber es gelang ihm nicht, und er
sagte schließlich: »Nun denn, da ihr es unbedingt wollt, stehen wir
morgen wie gewöhnlich vor Tagesanbruch auf, und ich zeige euch,
wie es geht. Aber du wirst sehen, das Schwierigste bei der Sache ist,
14 den Schwanz anzuheften.« Gevatter Pietro und Gevatterin Gemmata
konnten vor lauter Ungeduld kaum schlafen; vor Tagesanbruch stan-
den sie auf und riefen Don Gianni, der im Hemd in ihre Kammer kam
und sagte: »Niemandem auf der Welt außer euch habe ich das je ge-
zeigt; da ihr es wollt, tue ich es. Ihr müsst aber wirklich alles so tun,
15 wie ich es euch sage, damit es gelingt.« Die beiden versicherten, es zu
tun. Nun ergriff Don Gianni ein Licht, gab es Gevatter Pietro und sag-
te zu ihm: »Pass gut auf, was ich tue, und behalte im Kopf, was ich
sage. Aber wenn du willst, dass nicht alles schiefgeht, dann hüte dich,
auch nur ein einziges Wort zu sagen; und bete zu Gott, dass der
16 Schwanz gut sitzt.« Gevatter Pietro übernahm das Licht und sagte, er
17 werde alles tun wie verlangt. Darauf ließ Don Gianni die Gevatterin
Gemmata sich nackt ausziehen und sich mit Händen und Füßen – wie
die Stuten – hinstellen; und er ermahnte sie gleichermaßen, kein
Wort zu sagen, was auch immer geschehe. Nun strich er ihr mit den
Händen über Gesicht und Kopf und sagte: »Dies wird der schöne Kopf
einer Stute.« Dann berührte er die Haare mit den Worten: »Dies wird
die schöne Mähne einer Stute.« Darauf berührte er ihre Arme und
sagte: »Und dies werden die schönen Beine und Füße einer Stute.«
18 Darauf berührte er ihre Brüste, fand, dass sie fest und rund waren,
und es erwachte und erhob sich einer, der nicht gerufen war, aber Don
Gianni sagte: »Das wird eine schöne Stutenbrust.« Das Gleiche mach-
te er mit dem Rücken, dem Bauch, dem Kreuz, den Schenkeln und
den Beinen. Schließlich blieb allein der Schwanz übrig, er hob also
sein Hemd, ergriff den Pflock, mit dem man Menschen pflanzt und
steckte ihn geschwind mit den Worten in die Furche, die dafür vorge-

sehen ist: »Und dies wird ein wunderschöner Stutenschwanz.« Ge- 19
vatter Pietro, der bis dahin alles aufmerksam verfolgt hatte, schien mit
der letzten Aktion nicht einverstanden zu sein und rief aus: »O Don
Gianni, ich will keinen Schwanz, ich will keinen Schwanz!« Nach- 20
dem der Wurzelsaft, mit dem alle Keime gedeihen, hervorgequollen
war, zog sich Don Gianni zurück und sagte: »O weh, Gevatter, was
hast du getan? Habe ich dir nicht gesagt, kein Wort zu sagen, was im-
mer du siehst? Die Stute war nahezu fertig, aber dein Gerede hat alles
kaputt gemacht; jetzt können wir nie mehr von vorne anfangen.« Ge- 21
vatter Pietro sagte: »Ist schon gut, ich wollte den Schwanz nicht ha-
ben. Warum habt Ihr nicht gesagt: ›Mach du ihn‹? Außerdem habt Ihr
ihn zu tief angeheftet.« Don Gianni sagte: »Weil du ihn beim ersten 22
Mal nicht so gut wie ich hättest anheften können.« Die junge Frau 23
richtete sich bei diesen Worten auf und sagte treuherzig zu ihrem
Mann: »Du bist ein Dummkopf, warum hast du deinen und meinen
Vorteil verscherzt? Hast du schon einmal eine Stute ohne Schwanz
gesehen? Bei Gott, du bist ein armer Kerl, aber gerechter wäre es, du
wärest noch ärmer.« Da es nun wegen Gevatter Pietros Worten keine 24
Chance mehr gab, aus der jungen Frau eine Stute zu machen, zog sie
sich enttäuscht und traurig wieder an; Gevatter Pietro betrieb sein
Gewerbe in gewohnter Weise mit seinem Esel; zusammen mit Don
Gianni zog er auf den Markt von Bitonto und hat ihn nicht noch ein-
mal um einen ähnlichen Dienst gebeten.

Wie herzlich über diese Novelle besonders von den Frauen gelacht 1
wurde – die sie besser verstanden, als Dioneo es wollte –, kann sich
die Leserin vorstellen, die noch darüber lachen wird. Da die Novellen 2
zu Ende waren, die Sonne milder wurde, und die Königin wusste,
dass ihre Herrschaft beendet war, erhob sie sich, nahm den Kranz ab
und setzte ihn Panfilo aufs Haupt, dem allein diese Ehre noch gebühr-
te; lächelnd sagte sie: »Herr, dir verbleibt eine schwere Aufgabe, denn
als der letzte, der dieses Amt innehat, musst du die Fehler, die ich und

deine Vorgänger begangen haben, wiedergutmachen; dazu schenke
dir Gott seine Gnade, so wie er mir die Gnade geschenkt hat, dich
3 zum König zu machen.« Freudig nahm Panfilo die Ehre an und ant-
wortete: »Eure Verdienste und die meiner anderen Untertanen wer-
den es bewirken, dass ich wie meine Vorgänger gelobt werde.« Nach-
dem er gemäß dem Brauch seiner Vorgänger mit dem Seneschall die
notwendigen Dinge angeordnet hatte, wandte er sich an die Damen,
4 die ihn voller Erwartung ansahen, und sagte: »Meine liebenswerten
Damen, Emilia, unsere heutige Königin, war so klug, euren Kräften
eine Pause und die Freiheit zu gewähren, das zu erzählen, was euch
selbst am besten gefiel. Da ihr euch nun erholt habt, denke ich, dass
wir uns wieder an den gewohnten Brauch halten; und ich wünsche,
dass morgen von denjenigen erzählt wird, die in Liebesdingen oder in
5 anderen Angelegenheiten großzügig und edel gehandelt haben. Diese
Worte und Taten werden euren edlen Sinn dazu anspornen, tapfer
und selbstlos zu handeln. Denn unser Leben, das in diesem sterbli-
chen Körper allzu kurz währt, wird fortdauern in ehrenvollem Ruhm;
diesen muss ein jeder, der nicht nur wie ein Tier für den Bauch lebt,
nicht allein begehren, sondern mit all seinem Bemühen erstreben und
6 gewinnen.« Das Thema gefiel der Gesellschaft; mit der Erlaubnis des
neuen Königs erhoben sich alle von ihren Sitzen und gingen wie ge-
wohnt den Vergnügungen nach, die ein jeder bevorzugte; so verging
7 die Zeit bis zum Abendessen. Heiter ließen sie sich zum Mahle nie-
der, das flink und appetitlich aufgetragen wurde; anschließend erho-
ben sie sich wie üblich zum Tanze. Nachdem sie viele Lieder gesungen
hatten, die vergnüglich in den Worten, aber weniger vollendet im
Gesang waren, bat der König Neifile, dass sie eines ihrer Lieder sin-
ge. Und mit klarer und fröhlicher Stimme begann sie sogleich:

8 Ein Mädchen bin ich und begrüße
freudig den Frühling dank der Liebe
und ihrer süßen Träumerei.

Über die blühenden Wiesen laufe ich 9
und sehe weiße, gelbe und rote Blumen,
Rosen inmitten der Dornen und Lilien,
und sie malen zusammen das Antlitz dessen,
der mich in Liebe ergriffen und hält
und nichts im Sinne hat als sein Verlangen.
Und finde unter diesen Blumen eine, 10
die ihm ganz ähnlich ist,
pflücke, küsse sie und spreche mit ihr,
öffne ihr mein Herz und alles,
was es begehrt, und flechte sie in
einen Kranz mit meinem blonden, leichten Haar.
Und wie die Blume von Natur dem Auge Lust 11
gewährt, so schenkt sie mir den Anblick dessen,
der mich mit seiner süßen Liebe ergriffen hat;
wie mich ihr Duft berauscht,
können keine Worte sagen,
Zeugen sind allein die Seufzer.
Die Seufzer sind nicht schwer und bitter 12
wie die der anderen Frauen, sondern
schweben warm und liebessüß
zu meinem Allerliebsten, der sie spürt
und zu mir eilt und mich umarmt,
kaum denke ich: Komm zu mir, dass ich nicht vergeh'!

Lebhaft lobten der König und alle Damen das Lied Neifiles; da die 13
Nacht schon weit vorgeschritten war, befahl der König, dass sich ein
jeder bis zum folgenden Tag zur Ruhe begeben sollte.

1 ES ENDET DER NEUNTE TAG DES DECAMERON,
UND ES BEGINNT DER ZEHNTE
UND LETZTE TAG,
AN DEM UNTER DER HERRSCHAFT PANFILOS
VON MENSCHEN ERZÄHLT WIRD,
DIE IN LIEBESDINGEN
ODER IN ANDEREN ANGELEGENHEITEN GROSSZÜGIG
UND EDEL GEHANDELT HABEN.

2 Am westlichen Himmel glänzten noch einige Wolken, während die Wolken im Osten in den Strahlen der aufgehenden Sonne bereits golden leuchteten, als Panfilo sich erhob und die Damen sowie sei-
3 ne Gefährten rufen ließ. Als sie versammelt waren und gemeinsam beschlossen hatten, wohin sie lustwandeln wollten, setzte er sich, begleitet von Filomena und Fiammetta, langsamen Schrittes an ihre Spitze, und die übrigen folgten ihnen; und sie tauschten viele Worte, Reden und Gegenrede über ihr zukünftiges Leben miteinander aus und spazierten so geraume Zeit. Nachdem sie einen langen Spaziergang gemacht hatten, erwärmten sich die Sonnenstrah-
4 len, und sie kehrten zum Palast zurück. Dort ließen sie am Brunnen die Becher spülen, und wer wollte, trank; dann spazierten sie vergnüglich durch den schattigen Garten bis zur Stunde des Mittagsmahles. Nach dem Essen begaben sie sich wie gewohnt zur Ruhe; danach vereinigten sie sich, wo es dem König gefiel, und er hieß Neifile, mit der ersten Erzählung zu beginnen, was sie mit Freuden tat.

Erste Novelle

1 *Ein Ritter hat dem König von Spanien gedient, und es scheint ihm, dass er schlecht dafür belohnt worden ist; der König beweist ihm, dass nicht er der Schuldige ist, sondern ein widriges Geschick, und beschenkt ihn darauf reichlich.*

2 Verehrte Damen, ich schätze es als eine große Gunst, dass unser König mir als erste aufgetragen hat, über die Großmut zu erzählen; denn die Großmut gibt allen anderen Tugenden Licht und Glanz, so wie die Sonne die Schönheit und Zierde des Himmels ist. Ich werde euch da-

her eine hübsche kleine Novelle erzählen, die im Gedächtnis zu behalten gewiss nützlich sein wird.

Ihr müsst also wissen, einer der besten tapferen Ritter, die in un- 3
serer Stadt gelebt haben, war Ruggieri de' Figiovanni; er war reich 4
und hochherzig, er sah aber, dass er angesichts der Lebensart und der
Sitten in der Toskana wenig oder nichts von seiner Tapferkeit zur Gel-
tung bringen konnte, und entschloss sich, eine Zeit am Hofe des Kö-
nigs Alfons von Spanien zu leben, dessen Ruhm den aller anderen
Herren seiner Zeit bei weitem übertraf. Angemessen ausgestattet mit
Waffen, Pferden und Gefolge zog er also nach Spanien und wurde
vom König gnädig empfangen. Bald wurde Herr Ruggieri durch seine 5
aufwendige Lebensart und durch seine eindrucksvollen Waffentaten
als ein tapferer Ritter bekannt. Als er eine geraume Zeit das Verhalten 6
des Königs beobachtet hatte, schien es ihm, als ob dieser seine Bur-
gen, Städte und Baronien ohne jeden Unterschied mal an diesen, mal
an jenen vergab, ohne auf das Verdienst zu achten. Da er selbst wuss-
te, was er wert war, und er nichts erhielt, mutmaßte er, dass sein An-
sehen erheblich vermindert werde. Deswegen beschloss er, davonzu-
ziehen, und bat den König um Urlaub. Der König gewährte ihm dies 7

und schenkte ihm eines seiner schönsten Maultiere, was Ruggieri we-
8 gen des langen Weges, den er vor sich hatte, zu schätzen wusste. Da-
nach beauftragte der König einen aufgeweckten Diener, sich dem
Herrn Ruggieri unauffällig anzuschließen, ohne zu zeigen, dass er
vom König geschickt sei, und alles gut in Erinnerung zu behalten, was
der Ritter über ihn sage, damit er es ihm genau wiederholen könne;
und er sollte Ruggieri am folgenden Tag die Botschaft ausrichten,
9 zum König zurückzukommen. Der Diener passte auf, als Ruggieri
aufbrach, und schloss sich ihm bei geeigneter Gelegenheit an und gab
10 vor, dass er nach Italien reisen wollte. Herr Ruggieri ritt also auf dem
Maultier, das ihm der König geschenkt hatte, und sprach mit seinem
Begleiter über verschiedene Dinge; gegen die dritte Morgenstunde
sagte er: »Ich glaube, es wird Zeit, dass wir die Tiere sich entleeren las-
11 sen.« Sie führten sie in einen Stall, wo sich alle außer dem Maultier des
Königs entleerten. Sie ritten weiter und der Knappe des Königs hörte
aufmerksam auf die Worte des Ritters; schließlich erreichten sie ei-
nen Fluss; die Tiere tranken, allein das Maultier des Königs entleerte
sich in den Fluss. Ruggeri sah es und sagte: »Ach, du elendes Vieh, du
12 gleichst dem Herrn, der dich mir geschenkt hat.« Der Diener des Kö-
nigs merkte sich diese Worte und die anderen, die er während des
ganzen Tages sagte; aber er hörte immer nur, dass er voll des Lobes für
den König war. Am folgenden Morgen bestieg er sein Pferd, gab vor, in
die Toskana reiten zu wollen, und richtete Ruggieri die Botschaft des
13 Königs aus, worauf dieser unverzüglich umkehrte. Der König hatte
inzwischen bereits erfahren, was jener über das Maultier gesagt hatte,
ließ ihn rufen, empfing ihn freundlich und fragte ihn, warum er ihn
mit dem Maultier oder das Maultier mit ihm, dem König, verglichen
14 habe. Messer Ruggieri antwortete ihm frei und offen: »Herr, ich ver-
glich es mit Euch, weil Ihr dort etwas gegeben habt, wo es sich nicht
gehörte, und dort nichts gegeben habt, wo es sich gehört hätte, so wie
das Tier sich nicht entleerte, wo es sich gehörte, und sich entleerte,
15 wo es sich nicht gehörte.« Darauf sagte der König: »Messer Ruggieri,

dass ich Euch nicht beschenkt habe, so wie ich viele andere beschenkt
habe, die es im Vergleich mit Euch nicht verdient haben, ist nicht etwa
deswegen geschehen, weil ich nicht gewusst hätte, dass Ihr ein tapfe-
rer und jeder großen Gabe würdiger Ritter wäret; sondern Fortuna
hat es mir nicht gestattet, sie hat sich an Euch versündigt, nicht ich.
Und ich werde Euch zeigen, dass ich die Wahrheit sage.« Hierauf ant- 16
wortete Ruggieri: »Herr, ich fühle mich nicht zurückgesetzt, weil ich
kein Geschenk von Euch erhalten habe, weil ich meinen Reichtum
nicht zu vermehren wünschte; sondern ich fühle mich zurückgesetzt,
weil Ihr meine Tugend nicht anerkannt habt. Nichtsdestoweniger ist
Eure Entschuldigung triftig und ehrenwert, und ich nehme gerne zur
Kenntnis, was Ihr mir zu zeigen beliebt, obwohl ich Euch auch ohne
Beweis glaube.« Der König führte ihn nun in einen großen Saal, wo er 17
zuvor zwei große, verschlossene Truhen hatte aufstellen lassen, und
er sagte in Gegenwart vieler Herren: »Messer Ruggieri, in der einen
dieser Truhen befinden sich meine Krone, das Zepter und der Reichs-
apfel sowie viele Gürtel, Schnallen, Ringe und Kleinodien aus mei-
nem Besitz; die andere Truhe ist voll Erde. Wählt also eine davon, und
sie soll Euer eigen sein; und dann seht Ihr, wer Eure Tüchtigkeit nicht
anerkannt hat – ich oder Fortuna.« Messer Ruggieri wählte dem König 18
zu Gefallen eine Truhe aus; der König ließ sie öffnen, und sie war vol-
ler Erde; lächelnd sagte der König: »Nun sehr Ihr, Messer Ruggieri,
dass ich Euch die Wahrheit über Fortuna gesagt habe; gewiss verdient
es aber Euer Rang, dass ich mich ihren Kräften widersetze. Ich weiß, 19
Ihr hegt nicht den Wunsch, ein Spanier zu werden, deswegen will ich
Euch weder eine Burg noch eine Stadt schenken, sondern vielmehr
die Truhe, die Fortuna Euch wegnahm; Fortuna zum Trotz sei sie die
Eure, damit Ihr sie als Zeugnis Eurer Tugend mit in Eure Lande tragen
könnt, und damit Ihr Euch mit Euren Mitbürgern der Anerkennung
Eures Verdienstes durch meine Geschenke rühmen könnt.« Messer 20
Ruggieri nahm sie an, dankte dem König, wie es dem Geschenk ange-
messen war, und kehrte fröhlich in die Toskana zurück.

Zweite Novelle

1 *Ghino di Tacco ergreift den Abt von Cluny und heilt sein Magenleiden; darauf lässt er ihn wieder ziehen; als der Abt nach Rom zurückgekehrt ist, versöhnt er ihn mit Papst Bonifaz und macht ihn zum Ritter des Johanniterordens.*

2 Die Großmut Königs Alfons gegenüber dem Ritter aus Florenz wurde sehr gelobt; der König, dem sie sehr gefallen hatte, gebot nun Elissa fortzufahren; und sie begann, ohne zu zögern:

3 Edle Damen, dass ein großherziger König seine Großmut gegenüber jemandem zeigt, der ihm gedient hat, ist gewiss lobenswert und beachtlich; was sagen wir aber, wenn ein Kirchenmann eine Person in wunderbarer Weise großmütig behandelt, und niemand ihn tadeln
4 würde, wenn er ihn als seinen Feind betrachtete? Nichts anderes, als dass das Tun des Königs tugendhaft und das des Geistlichen ein Wunder war, weil diese Leute allesamt noch geiziger als die Frauen und Todfeinde der Freigebigkeit sind; wie immer es natürlich sein mag, dass ein Mensch sich für erlittene Beleidigungen rächen will, so predigen die Geistlichen zwar mit Inbrunst die Vergebung aller Beleidigungen, verfolgen aber andere Menschen umso wütender mit ihrer Rache. Aus der folgenden Novelle werdet ihr dagegen deutlich erkennen, dass ein Geistlicher sich einmal großzügig verhalten hat.

5 Ghino di Tacco, berühmt durch seine brutalen Räubereien, war als Feind der Grafen von Santafiore aus Siena verjagt worden und wiegelte Radicofani gegen den Heiligen Stuhl in Rom auf; er nistete sich dort ein und ließ seine Banden die vorüberziehenden Reisenden aus-
6 rauben. Unter Bonifaz VIII. kam der Abt von Cluny, den man zu den reichsten Prälaten der Welt zählte, an den päpstlichen Hof in Rom; er verdarb sich den Magen, und die Ärzte rieten ihm, die Bäder bei Siena aufzusuchen, wo er gewiss geheilt werde; der Papst beurlaubte ihn, und er machte sich mit prächtigem Tross, Saumtieren, Pferden und

Dienerschaft auf den Weg, ohne sich um den berüchtigten Ghino zu
kümmern. Ghino di Tacco hörte davon, ließ ihm eine Falle stellen 7
und schloss ihn mitsamt seinem Tross, ohne dass auch nur ein Bursche entwischen konnte, in einem Hohlweg ein. Darauf schickte er einen seiner durchtriebenen Spitzbuben mit angemessener Begleitung zu dem Abt, und ließ ihn in aller Freundlichkeit bitten, doch in
der Burg des Ghino Quartier zu nehmen. Auf diese Worte reagierte 8
der Abt sehr zornig und sagte, er wolle gar nichts tun, da er mit Ghino nichts zu schaffen habe, sondern er wolle weiterziehen und möchte
einmal sehen, wer ihm den Weg verbieten wollte. In aller Beschei- 9
denheit sprach der Botschafter: »Hochwürden, Ihr befindet Euch an einem Ort, wo wir außer Gottes Allmacht nichts zu fürchten haben, und wo die Exkommunikationen und das Interdikt exkommuniziert sind; deswegen bitte ich Euch um Eures eigenen Wohles willen, Ghi-
no den Gefallen zu erweisen.« Die Banditen hatten sie inzwischen 10
eng umzingelt, und der Abt sah, dass er mit den Seinen gefangen war; voller Empörung folgte er dem Botschafter auf dem Weg zur Burg, gefolgt von seinem Tross. Nachdem er abgestiegen war, wurde er nach dem Willen Ghinos in einer kleinen, ziemlich dunklen und unbeque-

men Kammer des Palastes untergebracht; die anderen Leute wurden
ihrem Rang gemäß bestens einlogiert; die Pferde und das ganze Ge-
päck wurden in Verwahrung genommen, ohne dass sich jemand dar-
11 an vergriff. Als alles geregelt war, begab sich Ghino zum Abt und sag-
te ihm: »Hochwürden, Ghino, dessen Gast Ihr seid, lässt Euch bitten,
ihm mitzuteilen, wohin und aus welchem Grund Ihr unterwegs seid.«
12 Der Abt war klug genug und hatte seinen Hochmut abgelegt; er er-
klärte also, wohin und warum er unterwegs war. Ghino hörte ihn an,
verabschiedete sich und beschloss, ihn ohne Bäder zu heilen. Er ließ
also in dem Kämmerchen ein großes Feuer machen und es ständig un-
terhalten; erst am folgenden Morgen kam er wieder zu ihm und
brachte in einem weißen Tuch zwei Scheiben gerösteten Brotes und
ein großes Glas Weißwein aus Corniglia, aus dem Vorrat des Abtes;
13 und er sagte: »Hochwürden, in seiner Jugend studierte Ghino Medi-
zin und er sagt, dass es keine bessere Medizin gegen Magenschmer-
zen gibt, als die er Euch zubereiten wird; was ich Euch bringe, ist der
14 Anfang; nehmt es zu Euch und vertraut darauf.« Der Abt hatte so gro-
ßen Hunger, dass er keine Lust hatte, sich zu streiten; er verzehrte
also das Brot und trank den Wein; darauf tat er allerdings recht hoch-
näsig, fragte vieles und gab gute Ratschläge und wollte vor allem wis-
15 sen, wann er denn den Ghino sehen könne. Ghino überhörte einiges
als leeres Gerede, auf anderes antwortete er sehr höflich und beteuer-
te, dass Ghino ihn aufsuchen würde, sobald es ihm möglich sei. Da-
nach verließ er ihn und kehrte erst am folgenden Tag zurück; noch
einmal brachte er geröstetes Brot und Wein. So hielt er es einige Tage
lang, bis er bemerkte, dass der Abt die getrockneten Bohnen gegessen
16 hatte, die er absichtlich und heimlich hingelegt hatte. Daher bat er ihn
vonseiten Ghinos um Auskunft, wie es um seinen Magen stünde; der
Abt antwortete: »Mir ginge es gut, wenn ich nicht mehr in seinen
Händen wäre; außerdem habe ich keinen anderen Wunsch, als tüch-
17 tig zu essen, so gut hat mich seine Medizin geheilt.« Ghino ließ also
aus seinem Gepäck und mit Hilfe seiner Diener ein schönes Gemach

und ein großes Gastmahl vorbereiten, zu dem mit vielen Leuten aus
der Burg auch das ganze Gefolge des Abtes geladen war; Ghino selbst
begab sich am folgenden Morgen zum Abt und sagte ihm: »Hochwür-
den, da Ihr gesund seid, ist es an der Zeit, das Krankenzimmer zu ver-
lassen.« Er fasste seine Hand und führte ihn in das vorbereitete Ge-
mach, wo er ihn mit den Seinen allein ließ, um die Vorbereitung des
üppigen Mahles zu überwachen. Der Abt plauderte eine Weile mit 18
seinen Leuten und erzählte ihnen, wie er seine Zeit inzwischen ver-
bracht hatte; die Seinen berichteten ihm dagegen, dass Ghino sie mit
Aufmerksamkeiten überhäuft habe. Zur Essenszeit wurden der Abt
und alle anderen mit den besten Speisen und Weinen bedient, ohne
dass Ghino sich dem Abt zu erkennen gegeben hätte. Nachdem der 19
Abt einige Tage auf diese Weise zugebracht hatte, ließ Ghino sein ge-
samtes Gepäck in einem Saal zusammentragen und alle seine Pferde
bis auf den letzten Klepper in einem Hof zusammenführen, der un-
terhalb des Saales lag; daraufhin ging er zum Abt und fragte, wie er
sich fühle und ob er glaube, kräftig genug zu sein, um ein Pferd zu be-
steigen; der Abt antwortete ihm, dass er sich kräftig und gesund füh-
le, und es stünde gut um ihn, sobald er endlich den Händen Ghinos
entkommen sei. Daraufhin führte Ghino den Abt in den Saal, wo sein 20
Gepäck und seine Dienerschaft waren; er ließ ihn an ein Fenster tre-
ten, von wo er seine Pferde sehen konnte, und sagte: »Hochwürdiger 21
Abt, Ihr sollt wissen, dass Ghino di Tacco, der ich selbst bin, nicht
durch seine bösartige Veranlagung ein Straßenräuber und Feind des
römischen Hofes geworden ist, sondern weil er als Edelmann aus sei-
ner Heimat in die Armut verbannt, von vielen und mächtigen Fein-
den verfolgt wurde und seinen Adel und sein Leben verteidigen
musste. Aber da Ihr mir ein wackerer Herr zu sein scheint, will ich 22
Euch, nachdem ich Euch von Eurem Magenleiden geheilt habe, nicht
wie jeden anderen behandeln, der mir in die Hände fällt und von des-
sen Besitz ich so viel für mich behalte, wie mir richtig erscheint. Ich
wünsche hingegen, dass Ihr beurteilt, was ich benötige, und so viel

23 von dem Euren überlasst, wie es Euch beliebt. Euer Gepäck liegt hier
vor Euren Augen, und Ihr seht Eure Pferde unten im Hof. Nehmt also
einen Teil oder auch alles; und von nun an liegt es bei Euch, zu bleiben
24 oder abzureisen.« Der Abt staunte, dass ein Straßenräuber so edel
sprechen konnte; das gefiel ihm so sehr, dass sein Zorn und seine Ver-
achtung im Nu verflogen und sich in Wohlwollen verwandelten; er
empfand herzliche Freundschaft zu Ghino, ging auf ihn zu und um-
25 armte ihn mit den Worten: »Ich schwöre bei Gott, dass ich, um die
Freundschaft eines Menschen, wie du es bist, zu gewinnen, noch grö-
ßere Kränkungen erdulden würde, als die es sind, die ich bisher glaub-
te, von dir erduldet zu haben. Verwünscht sei Fortuna, die dich zu ei-
26 nem solch schändlichen Beruf zwingt!« Nach diesen Worten nahm er
von seinen vielen Dingen und auch den Pferden nur das Notwendigs-
te und Wenige mit und überließ ihm alles andere; dann kehrte er nach
27 Rom zurück. Der Papst hatte inzwischen von der Festnahme des Ab-
tes erfahren, und es hatte ihm sehr missfallen; als er ihn wiedersah,
fragte er ihn, ob ihm die Bäder gutgetan hätten; lächelnd antwortete
der Abt: »Heiliger Vater, bevor ich die Bäder erreichte, fand ich einen
tüchtigen Arzt, der mich bestens geheilt hat.« Und er erzählte, wie das
geschehen sei, worüber der Papst sehr lachen musste. Der Abt fuhr in
seiner Rede fort und bat, von einem großherzigen Gefühl getrieben,
28 um eine Gnade. Der Papst dachte, er würde etwas anderes erbitten,
und gewährte sie ihm bedingungslos. Nun sagte der Abt: »Heiliger
Vater, ich möchte Euch bitten, meinen Arzt Ghino di Tacco wieder in
Eure Gnade aufzunehmen, weil er unter allen tüchtigen und recht-
schaffenen Männern, die ich kenne, einer der besten ist; das Böse, was
29 er anstellt, ist eher die Schuld der Fortuna als seine eigene. Wenn Ihr
sein Geschick wendet, indem Ihr ihm gebt, wovon er seinem Stande
gemäß leben kann, so zweifle ich nicht daran, dass Ihr in kurzer Zeit
30 so über ihn denken werdet, wie ich es tue.« Der Papst war großherzig
und schätzte tüchtige Männer, und so sagte er, dass er es gerne tun
würde, wenn jener so tüchtig wäre, wie der Abt es meinte; und er

möge ihn mit freiem Geleit kommen lassen. Nach dem Wunsch des Abtes und unter dem Schutz des Papstes kam Ghino also nach Rom; der Papst erkannte rasch, dass er ein tüchtiger Mann war, versöhnte sich mit ihm, machte ihn zum Ritter des Johanniterordens und verlieh ihm ein bedeutendes Priorat; dieses behielt er sein Leben lang als Freund und Diener der Kirche und des Abtes von Cluny. 31

Dritte Novelle

Mitridanes beneidet Natan um seine Großmut und macht sich auf, um ihn umzubringen; ohne ihn zu erkennen, trifft er ihn und wird von ihm unterrichtet, wie er ihn umbringen könnte; er trifft ihn in einem Hain; beschämt erkennt er ihn und wird sein Freund. 1

Allen erschien es wie ein Wunder, dass ein Geistlicher – wie in der Novelle zu hören war – sich auch einmal als großherzig erwiesen hatte; aber kaum hatten die Damen aufgehört, darüber zu sprechen, als der König Filostrato anwies fortzufahren; und dieser begann sogleich: 2

Edle Damen, bedeutend war die Großmut des Königs von Spanien, und geradezu unerhört erschien uns die Großherzigkeit des Abtes von Cluny. Aber vielleicht erscheint es euch nicht weniger erstaunlich, dass ein Mann, der einem anderen, der sein Leib und Leben begehrte, ihm dieses freimütig anbot, so dass er es ihm hätte nehmen können. Das möchte ich euch in einer kleinen Novelle zeigen. 3

Wenn man einigen Genuesen und anderen Leuten, die dort gewesen sind, Glauben schenken darf, so lebte im Lande Catai ein unvergleichlich reicher Edelmann namens Natan. Sein Gut lag nahe an der Straße, auf der ein jeder, der von Westen nach Osten oder von Osten nach Westen reisen wollte, vorüberziehen musste; Natan war von Natur edelmütig, freigebig und begehrte, durch seine Taten und Werke bekannt zu werden; so hatte er in kurzer Zeit von vielen Baumeis- 4 5

tern einen der größten und prächtigsten Paläste erbauen lassen, die
man je gesehen hatte; und er hatte diesen mit allen Dingen ausstatten
lassen, um vornehme Leute angemessen zu empfangen und zu be-
6 wirten. Da er eine große und ansehnliche Dienerschaft hatte, ließ er
einen jeden, der vorüberzog, mit Freundlichkeit und Aufmerksam-
keit empfangen und bewirten. Diesen lobenswerten Brauch pflegte er
so lange und sorgsam, dass er nicht nur im Osten, sondern auch im
7 Westen hohes Ansehen genoss. Da er schon betagt war, ohne in sei-
ner freigebigen Gastlichkeit nachzulassen, kam sein Ruf auch einem
jungen Mann namens Mitridanes zu Ohren, der nicht allzu weit ent-
fernt lebte. Dieser hielt sich für nicht weniger reich als Natan, wurde
neidisch auf sein Ansehen und seine Tugendhaftigkeit und nahm sich
vor, sie mit noch größerer Freigebigkeit zu entwerten oder in den
8 Schatten zu stellen. Er ließ sich einen Palast erbauen, der dem des Na-
tan glich, und überhäufte einen jeden, der vorüberkam, mit maßlosen
9 Aufmerksamkeiten und wurde in kurzer Zeit sehr berühmt. Nun ge-
schah es eines Tages, als sich der junge Mann allein im Hofe seines Pa-
lastes aufhielt, dass ein armes Weib durch eines der Tore des Palastes
kam, um ein Almosen bat und es erhielt; sie kam auch durch das zwei-

te Tor und empfing noch einmal ein Almosen; und so ging es weiter
durch zwölf Tore; als sie schließlich auch durch das dreizehnte Tor
kam, sagte Mitridanes: »Gute Frau, du bist sehr aufdringlich!« Den-
noch gab er ihr ein weiteres Almosen. Die Alte hörte den Vorwurf 10
und sagte: »O wie wunderbar ist die Großmut Natans! Durch die
zweiunddreißig Tore, die sein Palast wie dieser hier hat, bin ich einge-
treten und habe um ein Almosen gebeten, und habe es jedes Mal er-
halten, ohne dass er gezeigt hätte, mich zu kennen; und hier komme
ich nur durch das dreizehnte und werde schon erkannt und geschol-
ten.« Mit diesen Worten ging sie davon, ohne sich umzukehren. Die 11
Worte der Alten versetzten Mitridanes, der sein Ansehen durch den
Ruhm Natans in den Schatten gestellt sah, in erbitterten Zorn, und er
sprach zu sich selbst: »Wann endlich werde ich Elender in den großen
Dingen freigebiger als Natan sein können, wenn ich mich nicht ein-
mal im Kleinen mit ihm messen kann? Ich versuche es vergeblich, so-
lange ich ihn nicht aus der Welt schaffe; da sein Alter mir das nicht
abnimmt, muss ich es unverzüglich mit meinen eigenen Händen
tun.« Er ließ sich von seinem heftigen Gefühl hinreißen, sagte nie- 12
mandem etwas von seinem Vorhaben, machte sich mit geringer Be-
gleitung auf den Weg und erreichte nach drei Tagen den Ort, wo Na-
tan wohnte. Seine Begleiter wies er an, so zu tun, als gehörten sie
nicht zu ihm und kennten ihn nicht, und sich ein Quartier zu suchen,
bis sie neue Nachricht von ihm hätten. Als er nun gegen Abend allein
war, traf er nicht weit vom Palast auf Natan, der ohne Begleitung und
in einfacher Kleidung lustwandelte. Mitridanes fragte ihn, da er ihn
nicht erkannte, ob er wisse, wo Natan wohne. Freundlich antwortete 13
dieser: »Mein Sohn, in dieser Gegend gibt es niemanden, der es dir
besser zu zeigen wüsste; wenn es dir gefällt, werde ich dich hinfüh-
ren.« Der junge Mann sagte, dass ihm das recht sei, dass er aber, wenn 14
irgend möglich, von Natan weder gesehen noch erkannt werden
möchte. Worauf Natan erwiderte: »Auch das werde ich tun, wenn du
es so willst.« Mitridanes stieg also vom Pferd und ging mit Natan, der 15

ein freundliches Gespräch mit ihm begann und ihn bis zu seinem
schönen Palast brachte. Dort übergab Natan das Pferd des jungen
Mannes an einen Diener, dem er ins Ohr flüsterte, rasch dafür zu sor-
gen, dass niemand im Haus dem jungen Mann sagen dürfe, wer er sei;
16 so geschah es. Im Palast wurde Mitridanes in einen sehr schönen
Raum gebracht, wo ihn niemand sah, außer denjenigen, die ihn be-
dienten; Natan ließ ihn mit Ehren überhäufen und leistete ihm selbst
17 Gesellschaft. Mitridanes respektierte ihn zwar wie einen Vater, aber
er fragte ihn trotzdem, während er mit ihm zusammen war, wer er
sei; worauf Natan antwortete: »Ich bin nur ein niederer Diener Na-
tans, der seit der Kindheit mit ihm alt geworden ist, der aber durch
ihn auch nichts Besseres geworden ist; wenn auch alle Welt ihn lobt,
18 so habe ich überhaupt keinen Grund dazu.« Diese Worte ließen in
Mitridanes einige Hoffnungen aufkeimen, dass er sein perverses Vor-
haben überlegter und vorsichtiger ausführen könnte. Natan fragte ihn
höflich, wer er sei, was ihn hergeführt hätte und ob er ihm behilflich
19 sein könne. Mitridanes zögerte die Antwort etwas hinaus, entschloss
sich aber schließlich, ihm zu vertrauen; lang und breit bat er zunächst
um sein Vertrauen, dann um seinen Rat und seine Hilfe. Und er of-
20 fenbarte ihm, wer er war und was ihn hergetrieben hatte. Natan war
zwar entsetzt, als er hörte, welches böse Vorhaben Mitridanes im
Sinn hatte, aber er antwortete ihm, ohne lange zu zögern, gefasst und
ohne eine Miene zu verziehen: »Mitridanes, du willst nicht schlechter
sein als dein Vater, der ein Edelmann war, wenn du dir das hohe Ziel
gesetzt hast, allen gegenüber freimütig zu sein; dein Neid auf die Tu-
gendhaftigkeit des Natan gefällt mir sehr; denn diese jammervolle
21 Welt wäre bald besser, wenn es das häufiger gäbe. Das Vorhaben, das
du mir offenbart hast, wird unter uns bleiben, und ich werde dir mit
22 Rat und Unterstützung zur Seite stehen. Höre gut zu. Etwa eine halbe
Meile von hier entfernt findest du einen Hain, in dem Natan fast jeden
Morgen eine längere Zeit alleine spazierengeht; dort wirst du ihn
23 leicht finden und kannst deinen Plan ausführen. Hast du ihn getötet,

so kannst du ungehindert nach Hause kommen, indem du nicht den
Weg einschlägst, den du gekommen bist, sondern den Weg, der nach
links aus dem Hain hinausführt; der Weg ist zwar etwas zugewach-
sen, aber für dich näher und sicherer.« Als Mitridanes diese Informati- 24
on erhalten und Natan ihn verlassen hatte, suchte er in aller Heim-
lichkeit seine Begleiter auf, die in der Nähe waren, und wies sie an, wo
sie ihn am nächsten Tag zu erwarten hätten. Als der neue Tag gekom-
men war, begab sich Natan, der seinen Sinn nicht geändert hatte und
bei dem geblieben war, was er Mitridanes vorgeschlagen hatte, alleine
in den Hain, um zu sterben. Mitridanes stand auf, nahm, da er keine 25
anderen Waffen hatte, seinen Bogen und sein Schwert, bestieg sein
Pferd und ritt in den Hain, wo er Natan alleine lustwandeln sah. Er
beschloss, ihm vor dem Todesstoß noch einmal in die Augen zu bli-
cken und ihn zur Rede zu stellen, galoppierte auf ihn zu, packte ihn
am Turban und rief: »Alter, du bist des Todes!« Natan antwortete nur: 26
»Dann habe ich es verdient.« An der Stimme und am Gesicht erkannte 27
Mitridanes sofort denjenigen, der ihn wohlwollend empfangen,
freundschaftlich begleitet und vertraulich beraten hatte. Seine Wut
verflog augenblicklich, und sein Zorn verwandelte sich in Scham; er
warf das Schwert zur Seite, das er schon gezogen hatte, um ihn nie-
derzuhauen, sprang vom Pferd, warf sich Natan zu Füßen und sagte:
»Deutlich erkenne ich nun Eure Großmut, Vater, wenn ich bedenke, 28
wie freimütig Ihr mir Euer Leben überantwortet habt, nach dem ich
grundlos trachtete – was ich Euch offenbarte. Aber Gott hat mehr auf
meine Pflicht geachtet als ich selbst und hat mir, als es notwendig war,
die Augen des Verstandes geöffnet, die der missgünstige Neid ver-
schlossen hatte. Da Ihr mir so bereitwillig entgegengekommen seid, 29
fühle ich mich umso mehr verpflichtet, für meinen Fehler zu büßen.
Vollzieht also die Rache an mir, die Euch meiner Schuld angemessen
erscheint.« Natan ließ ihn aufstehen, umarmte und küsste ihn voller 30
Güte und sagte: »Mein Sohn, für dein Unterfangen, nenne es heimtü-
ckisch oder wie du willst, bedarf es keiner Vergebung, denn du bist

ihm nicht aus Hass nachgegangen, sondern um der Bessere zu sein.
31 Vor mir bist du sicher, denn gewiss liebt kein anderer lebender Mensch
dich so wie ich, weil ich deine Hochherzigkeit berücksichtige, und
weil du das Geld nicht anhäufst, wie die Geizigen es tun, sondern
32 weil du das aufgehäufte verschenkst. Schäme dich nicht, weil du mich
töten wolltest, um berühmt zu werden, und glaube nicht, dass es
mich verwundert. Die bedeutendsten Kaiser und die größten Könige
haben ihre Reiche und damit ihren Ruhm vergrößert, weil sie die
Kunst beherrschten, nicht nur einen Menschen – wie du es tun woll-
test –, sondern unzählige umzubringen, Länder zu verwüsten und
Städte zu zerstören. Wenn du also, um noch berühmter zu werden,
mich allein hast umbringen wollen, hast du weder etwas Besonderes
oder Erstaunliches, sondern etwas ganz Gewöhnliches beabsichtigt.«
33 Mitridanes hielt sein perverses Verlangen für unentschuldbar; ob-
wohl er der ehrenwerten Entschuldigung, die Natan dafür gefunden
hatte, beipflichtete, äußerte er im Gespräch mit ihm seine hohe Ver-
wunderung darüber, dass Natan dazu bereit war, ihm Rat und Hilfe
34 für sein Vorhaben anzubieten. Natan antwortete hierauf: »Mitrida-
nes, du musst dich nicht über meinen Rat und meine Hinweise wun-
dern, denn seit ich mein eigener Herr bin und das tue, was auch du
unternommen hast, ist noch nie irgendjemand zu mir gekommen,
35 dessen Wünsche ich nicht nach bestem Wissen erfüllt hätte. Du
kamst und wolltest mein Leben; als ich deine Forderung vernahm,
beschloss ich sogleich, es dir zu geben, damit du nicht der erste wä-
rest, der fortginge, ohne dass ich seinen Wunsch erfüllt hätte. Und
damit dies geschähe, gab ich dir den Rat, der gut war, um mein Leben
zu bekommen, ohne dein eigenes zu verlieren. Und daher sage ich dir
und bitte dich, wenn du es willst, mein Leben zu nehmen, um dir dei-
nen Wunsch zu erfüllen; ich wüsste nicht, wie ich es besser verschen-
36 ken könnte. Ich habe schon achtzig Jahre mit Lust und Freude gelebt;
und ich weiß, dass mir nur noch eine kurze Zeit übrigbleibt, wenn es
nach dem Lauf der Natur, dem Geschick der anderen Menschen und

aller Dinge geht. So wie ich immer meine Schätze verschenkt und
hingegeben habe, erscheint es mir besser, mein Leben zu verschen-
ken, als es unbedingt zu schützen, bis die Natur es mir schließlich ge-
gen meinen Willen nimmt. Hundert Jahre zu verschenken, ist ein ge- 37
ringfügiges Geschenk; um wie viel geringer wiegen die sechs oder
acht Jahre, die mir noch übrigbleiben? Ich bitte dich, nimm es also,
wenn du willst; denn solange ich hier gelebt habe, habe ich nieman-
den getroffen, der es begehrt hätte, und ich weiß nicht, ob ich noch
jemanden finden werde, wenn du es, der es begehrt, nicht nimmst.
Sollte es geschehen, dass ich noch einen anderen finde, so weiß ich 38
auch, dass es seinen Wert verlieren wird; ich bitte dich, nimm es, be-
vor es wertlos geworden ist.« Tiefbeschämt sagte Mitridanes: »Behü- 39
te Gott, dass ich Euer kostbares Leben anrühre oder auch nur danach
verlange, wie ich es vor kurzem noch gewagt habe; bevor ich Eure Le-
benszeit verkürze, würde ich es lieber mit meinen Lebensjahren ver-
längern.« Natan sagte sofort: »Und wenn du könntest, würdest du sie 40
den meinen hinzufügen? Und somit würdest du mich etwas tun las-
sen, was ich noch niemandem angetan habe, nämlich deine Sachen
in Anspruch nehmen, der ich von niemandem etwas beansprucht
habe?« »Ja«, sagte Mitridanes, ohne zu zögern. »Dann«, sagte Natan, 41
»wirst du tun, was ich dir sage. Jung wie du bist, wirst du hier in mei-
nem Haus mit dem Namen Natan wohnen, und ich werde in dein
Haus ziehen und mich Mitridanes nennen.« Nun antwortete Mitrida- 43
nes: »Wenn ich es verstünde, so edel zu handeln, wie Ihr gehandelt
habt und handelt, so würde ich ohne Überlegung annehmen, was Ihr
mir anbietet. Da es mir aber sicher erscheint, dass der Ruhm Natans
durch mein Wirken vermindert würde, und ich nicht beabsichtige, ei-
nen anderen um das zu bringen, was ich selbst nicht zu erreichen ver-
mag, so werde ich Euren Vorschlag nicht annehmen.« Sie führten die- 44
se und viele andere angenehme Gespräche und kehrten, wie Natan es
wünschte, gemeinsam zum Palast zurück; mehrere Tage lang erwies
Natan Mitridanes die höchsten Ehren und setzte all sein Wissen und

all seinen Verstand daran, ihn von seinem Plan zu überzeugen. Aber als Mitridanes mit seiner Begleitung nach Hause zurückkehren wollte, weil Natan ihn hatte erkennen lassen, dass er ihn an Großmut niemals übertreffen könnte, ließ dieser ihn ziehen.

Vierte Novelle

1 *Messer Gentil de' Carisendi kommt aus Modena und holt die von ihm geliebte Dame, die scheintot begraben wurde, aus der Gruft; nachdem sie ins Leben zurückgerufen worden ist, gebärt sie einen Sohn, und Messer Gentile übergibt sie und ihren Sohn ihrem Ehemann Niccoluccio Caccianemico.*

2 Wunderbar erschien es allen, dass jemand freigebig sein eigenes Blut anbietet; und sie bestätigten, dass Natan die Großmut des Königs von Spanien sowie des Abtes von Cluny übertroffen habe. Aber nachdem sie ausreichend debattiert hatten, schaute der König Lauretta an und bedeutete ihr, mit dem Erzählen fortzufahren. Unverzüglich begann Lauretta wie folgt:

3 Meine jungen Damen, großartige und schöne Dinge sind erzählt worden, so dass uns für unsere Phantasie kaum noch etwas übrig bleibt; es ist so viel von den Höhen der Großmut erzählt worden, dass wir wieder einmal auf die Liebesaffären zurückgreifen müssen, wo
4 für alle Themen reichlicher Stoff zu finden ist. Deswegen und auch weil wir uns in unserem Alter besonders dafür interessieren, möchte ich euch von der Großmut eines Verliebten erzählen, die, betrachtet man alle Umstände, nicht geringer einzuschätzen ist als die bisher erzählten großmütigen Taten; denn wahr ist es, dass man Schätze verschenkt, Feindschaften vergisst und – was mehr ist – das eigene Leben, die Ehre und den Ruhm tausendfach aufs Spiel setzt, um den geliebten Gegenstand besitzen zu können.

In Bologna, der vornehmen Stadt der Lombardei, lebte ein durch 5
seine Herkunft und durch seine Tugend angesehener Ritter, der den
Namen Gentil Carisendi trug. Dieser junge Mann verliebte sich in
eine edle Dame namens Madonna Catalina, Gattin eines Niccoluccio
Caccianemico; dass die Dame seine Liebe nicht erwiderte, stürzte ihn
in tiefe Verzweiflung, und als er zum Podestà von Modena berufen
wurde, zog er von dannen. In dieser Zeit hielt sich die Dame, da ihr 6
Gatte nicht in Bologna weilte und sie schwanger war, auf einem etwa
drei Meilen entfernten Landgut auf, wo sie in eine plötzliche tiefe
Ohnmacht fiel, kein Lebenszeichen mehr zeigte und daher von einem
Arzt für tot erklärt wurde. Da ihre Angehörigen sagten, dass sie noch 7
nicht so lange schwanger sei, dass das Kind völlig ausgebildet sein
könnte, wurde sie ohne weitere Umstände, aber mit vielen Tränen, in
der Gruft einer nahegelegenen Kirche beigesetzt. Ein Freund unter- 8
richtete Messer Gentile unverzüglich über das Unglück; obwohl die-
ser die Gunst der Dame nicht gewonnen hatte, trauerte er sehr um sie
und sagte sich schließlich: »Madonna Catalina, nun bist du tot; als du
noch lebtest, hast du mir keinen Blick geschenkt; nun da du dich, tot
wie du bist, nicht mehr wehren kannst, werde ich dir noch einen Kuss

9 rauben.« Nach diesen Worten ordnete er an, seine Abreise geheimzu-
halten, bestieg noch in der Nacht mit einem Diener die Pferde und er-
reichte ohne Aufenthalt die Kirche, wo die Dame begraben war; er
öffnete die Gruft, trat eilends hinein und legte sich so nieder, dass
sein Gesicht das Gesicht der Frau berührte; unter Tränen küsste er sie
10 wiederholt. Da das Begehren der Menschen und insbesondere der Lie-
benden nicht befriedigt werden kann und immer mehr verlangt, sagte
er sich, als er schon beschlossen hatte, nicht länger zu bleiben: »Ach,
wenn ich schon hier bin, warum streichele ich nicht ihre Brüste? Ich
11 berührte sie noch nie und werde sie nie mehr berühren.« Hingerissen
von seiner Begierde, schob er seine Hand auf ihren Busen; er ließ sie
eine Zeitlang dort ruhen, und es schien ihm, als ob er ihren Herz-
12 schlag spürte. Er verscheuchte seine Furcht, untersuchte sie sorgfälti-
ger und stellte mit Sicherheit fest, dass sie nicht tot war, obwohl ihm
ihr Puls sehr schwach erschien. Mit Hilfe seines Dieners zog er sie so
vorsichtig wie möglich aus der Gruft, legte sie vor sich über sein Pferd
13 und brachte sie in aller Stille in sein Haus in Bologna. Hier wohnte sei-
ne Mutter, eine tüchtige und kluge Frau, die, nachdem ihr Sohn alles
berichtet hatte, voller Mitleid und in aller Stille mit Hilfe eines wär-
menden Feuers und warmen Wassers Catalina wieder ins Leben zu-
rückrief; als sie erwachte, stieß sie einen tiefen Seufzer aus und sagte:
14 »O weh, wo bin ich?« Hierauf antwortete die wackere Frau: »Beruhige
15 dich, du bist an einem guten Ort.« Catalina kam vollends zu sich,
schaute sich um, ohne ihre Umgebung wiederzuerkennen; als sie
Messer Gentile erblickte, bat sie verwundert seine Mutter, ihr zu sa-
gen, wie sie hierher gekommen sei; worauf ihr Messer Gentile der
16 Reihe nach alles erzählte. Sie erschrak und bedankte sich bei ihm, so
gut sie es vermochte; aber dann bat sie ihn, dass er ihr, bei der Liebe,
die er für sie empfand, und mit Rücksicht auf ihren guten Ruf, in sei-
nem Haus nichts antun möge, was ihre Ehre und die ihres Gatten ver-
letzen könnte; und dass er sie am folgenden Tag nach Hause zurück-
17 kehren lassen möchte. Messer Gentile antwortete: »Madonna, wie

groß mein Begehren auch in der Vergangenheit gewesen sein mag, so
hege ich heute und in Zukunft, weder hier noch woanders, keine an-
dere Absicht, als Euch wie meine Schwester zu behandeln – da Gott
mir die Gnade erwiesen hat, Euch kraft meiner vergangenen Liebe
vom Tod ins Leben zurückzurufen. Aber der Dienst, den ich Euch 18
heute nacht erwiesen habe, verdient auch eine Belohnung; und des-
wegen bitte ich Euch, mir eine Gunst nicht zu versagen, um die ich
Euch bitte.« Freundlich antwortete die Dame, dass sie dazu bereit 19
wäre, wenn diese Gunst in ihrer Macht stünde und ehrbar sei. Nun
sagte Messer Gentile: »Madonna, alle Eure Verwandten und jeder-
mann in Bologna halten es für ganz gewiss, dass Ihr tot seid, und so
werdet Ihr zu Hause auch gar nicht erwartet. Und deswegen gewährt
mir die Gunst, so lange versteckt hier bei meiner Mutter zu bleiben,
bis ich demnächst aus Modena zurückgekehrt sein werde. Der Grund 20
ist, das ich Euch gerne, in Gegenwart der angesehenen Bürger dieser
Stadt, als ein feierliches und wertvolles Geschenk Eurem Gatten
übergeben möchte.« Madonna Catalina fühlte sich dem Ritter gegen- 21
über verpflichtet und sah, dass sein Wunsch nicht ehrenrührig war;
obwohl sie sehr gerne ihre Familie mit ihrem Erscheinen überrascht
hätte, war sie doch bereit, zu tun, was Messer Gentile von ihr verlang-
te; und sie gab ihm ihr Wort. Aber kaum hatte sie geantwortet, als sie 22
fühlte, dass ihre Wehen einsetzten; und mit dem fürsorglichen Bei-
stand der Mutter Messer Gentiles gebar sie kurz darauf einen Knaben;
das vervielfachte ihre Freude und die Messer Gentiles. Dieser ordnete
an, dass die notwendigen Vorkehrungen getroffen wurden, und dass
sie wie seine eigene Gattin behandelt würde; danach kehrte er heim-
lich nach Modena zurück. Als die Zeit seines Amtes vorüber war, und 23
er nach Bologna zurückkehren sollte, ordnete er an, dass am Morgen
seiner Ankunft zahlreiche Edle der Stadt, unter ihnen auch Niccoluc-
cio Caccianemico, zu einem schönen Gastmahl in sein Haus eingela-
den wurden. Er traf ein, stieg vom Pferd und gesellte sich zu ihnen;
zuvor hatte er Madonna Catalina aufgesucht, die schöner und gesün-

der als je zuvor war, und auch dem Knäblein ging es gut. Heiter und
vergnügt bat er seine Gäste zu Tisch und ließ sie mit den herrlichsten
24 Speisen bedienen. Er hatte zuvor bereits Madonna Catalina in sein
Vorhaben eingeweiht; und so begann er gegen Ende der Mahlzeit wie
folgt zu sprechen: »Meine Herren, ich erinnere mich, gehört zu ha-
ben, dass in Persien ein nach meinem Dafürhalten schöner Brauch be-
steht. Möchte man nämlich einem Freund eine besondere Ehre erwei-
sen, so lädt man ihn zu sich nach Hause ein und zeigt ihm dort das
Teuerste, das man besitzt – die Frau oder die Geliebte oder die Toch-
ter; indem man dieses zeigt, bringt man zum Ausdruck, dass man
ihm am liebsten das eigene Herz zeigen würde. Diesen Brauch möch-
25 te ich in Bologna einführen. Ihr habt mir freundlicherweise die Ehre
erwiesen, zu meinem Gastmahl zu kommen, und ich möchte euch
die Ehre auf persische Art erweisen und euch das Teuerste zeigen, das
ich auf der Welt besitze und jemals besitzen werde. Bevor ich dies tue,
möchte ich euer Urteil über einen Streitfall hören, den ich euch vor-
26 trage. Ein gewisser Herr besitzt einen guten und treuen Diener, der
schwer erkrankt; sein Herr wartet nicht erst seinen Tod ab, sondern
lässt ihn auf die Straße tragen, ohne sich weiter um ihn zu kümmern;
ein Fremder, der vorüberkommt, wird von Mitleid mit dem Kranken
gerührt, nimmt ihn zu sich nach Hause und heilt ihn dort mit vielen
27 Mühen und Kosten. Ich möchte nun wissen, ob der erste Herr sich zu
Recht über den zweiten beklagen oder beschweren kann, wenn die-
ser – falls jener ihn zurückforderte – den Diener in seinen Diensten
28 behält und ihn nicht mehr zurückgeben wollte.« Die Edelleute be-
sprachen den Fall unter sich und gelangten zu einem gemeinsamen
Urteil; Niccoluccio Caccianemico, der die gute, schmuckvolle Rede
29 beherrschte, wurde mit der Antwort betraut. Dieser lobte zunächst
den Brauch aus Persien und sagte dann, dass er mit den anderen der
Meinung sei, dass der erste Herr keinen Anspruch mehr auf seinen
Diener habe, da er ihn nicht nur im Stich gelassen und ausgestoßen
habe, sondern weil er aufgrund der Wohltaten des zweiten Herrn

dessen Diener geworden sei; wenn dieser ihn behielte, tue er dem
ersten also keinerlei Kränkung, Unbill oder Gewalt an. Alle anderen,
die bei Tische saßen – unter ihnen waren herausragende Persönlich-
keiten –, stimmten dem zu, was Niccoluccio geantwortet hatte. Der 30
Ritter war mit Niccoluccios Antwort zufrieden und beteuerte, dass er
der gleichen Meinung sei, und fuhr dann fort: »Es ist nun Zeit, dass
ich euch wie versprochen die Ehre erweise.« Er rief zwei Diener, um
sie nach Madonna Catalina zu schicken, die er festlich hatte kleiden
und schmücken lassen, und ließ sie bitten, die Edelleute mit ihrer Ge-
sellschaft zu erfreuen. Mit ihrem schönen Knäblein auf dem Arm und 31
von zwei Dienern begleitet, betrat sie den Saal und nahm auf Wunsch
des Ritters neben einem der Herren Platz; der Ritter sagte: »Meine
Herren, dies ist das Teuerste, was ich je besessen habe; schaut hin und
sagt mir, ob ich recht habe.« Die Edelleute begrüßten und beglück- 32
wünschten sie und beteuerten dem Ritter, dass er sie in Ehren halten
sollte; darauf betrachteten sie sie auch genauer; und einige waren un-
ter ihnen, die hätten sagen können, wer sie war, wenn sie sie nicht für
tot gehalten hätten. Vor allem Niccoluccio starrte sie an und brannte
darauf zu erfahren, wer sie sei; und als der Ritter aus dem Raum ge-
gangen war, hielt er sich nicht mehr zurück und fragte sie, ob sie aus
Bologna komme oder eine Fremde sei. Als ihr Gatte sie fragte, konnte 33
sich Madonna Catalina nur mit Mühe zurückhalten; aber sie schwieg,
um Messer Gentiles Plan nicht zu durchkreuzen. Als dieser zurück- 34
kehrte, sagte ihm einer der Gäste: »Messer, Ihr habt zwar eine schöne
Dame; aber ist sie immer stumm?« »Meine Herren«, sagte Messer 35
Gentile, »dass sie noch nichts gesagt hat, ist ein sicherer Beweis ihrer
Tugendhaftigkeit.« »Aber dann sagt Ihr uns doch«, fuhr der andere 36
fort, »wer sie ist.« Der Ritter erwiderte: »Das werde ich gerne tun; al- 37
lein ihr müsst mir alle versprechen, euch nicht – was auch immer ich
sage – von der Stelle zu rühren, bis ich meine Erzählung beendet
habe.« Ein jeder versprach es, die Tafel wurde aufgehoben, Messer 38
Gentile setzte sich neben die Dame und begann: »Meine Herren, die-

se Dame ist jener gute und treue Diener, über den ich euch vorhin
befragte. Sie wurde nämlich von den Ihren nicht sehr hochgeschätzt,
sondern als minderwertig und nutzlos auf die Straße geworfen; dort
habe ich sie aufgehoben und mit fürsorglicher und tatkräftiger Hilfe
dem Tode entrissen. Und der Herrgott hat meine guten Absichten
unterstützt und aus einem hässlichen Leichnam diese Schönheit auf-
39 erstehen lassen. Damit ihr aber besser versteht, wie mir das zugesto-
40 ßen ist, will ich etwas weiter ausholen.« Er begann mit seiner Liebe
zu ihr und erzählte im einzelnen und zum großen Erstaunen der Zu-
hörer, was seitdem geschehen war. Dann fügte er hinzu: »Wenn ihr
und vor allem Niccoluccio also nicht eure zuvor geäußerte Meinung
geändert habt, so ist diese Frau verdientermaßen die meine und nie-
41 mand kann sie mir rechtmäßig streitig machen.« Niemand wider-
sprach, sondern alle warteten mit Spannung, was er noch zu sagen
hätte. Niccoluccio und alle übrigen sowie Madonna Catalina weinten
vor Rührung. Messer Gentile indessen erhob sich, nahm das Knäb-
lein auf den Arm und ergriff die Hand seiner Mutter, ging auf Nicco-
42 luccio zu und sagte: »Steh auf, Gevatter; ich gebe dir nicht dein
Eheweib zurück, die du und ihre Verwandten weggeworfen haben,
sondern ich übergebe dir diese Frau, meine Gevatterin, mit ihrem
kleinen Sohn, der gewiss von dir gezeugt wurde und den ich über
43 das Taufbecken hielt und dem ich den Namen Gentile gab. Und ich
bitte dich, dass sie dir nicht weniger lieb und teuer sein möge, weil
sie nahezu drei Monate in meinem Haus gewohnt hat. Denn ich
schwöre dir bei Gott, der mir die Liebe zu ihr vielleicht deswegen
eingeflößt hat, weil sie, wie es eingetroffen ist, der Grund ihrer Ret-
tung wurde, dass sie weder mit Vater und Mutter noch mit dir so eh-
renhaft zusammengelebt hat wie in meinem Haus mit meiner Mut-
44 ter.« Nach diesen Worten wandte er sich an die Frau und sagte: »Ma-
donna, nun befreie ich Euch von dem, was Ihr mir versprochen habt,
und überlasse Euch in Freiheit Niccoluccio.« Und er übergab Mutter
45 und Kind in die Arme des Gatten und nahm wieder Platz. Tiefge-

rührt empfing Niccoluccio seine Gattin und seinen kleinen Sohn, und er war umso glücklicher, weil er es niemals gehofft hatte; so gut er nur konnte, dankte er dem Ritter. Auch die Umstehenden, die alle vor Rührung weinten, zollten dem Ritter hohes Lob, wie ein jeder, der davon hörte. Herzlich und voller Freude wurde Madonna Cata- 46
lina zu Hause empfangen, und die Bürger von Bologna bestaunten sie noch lange, als wäre sie wunderbar auferstanden. Messer Gentile blieb stets der Freund des Niccoluccio, seiner Angehörigen und seiner Gattin.

Was sagt ihr also, ihr holden Damen? Glaubt ihr, dass ein Kö- 47
nig, der sein Zepter und seine Krone verschenkt, ein Abt, der, ohne etwas zu opfern, den Papst mit einem Raubritter versöhnt, oder dass ein alter Mann, der seine Kehle dem Messer seines Feindes darbietet, mit dem zu vergleichen sind, was Messer Gentile getan hat? Der leidenschaftliche junge Mann schien einen rechtmäßigen 48
Anspruch darauf zu haben, was andere nachlässig weggeworfen hatten und er zu seinem Glück aufgelesen hatte; aber er bezwang lobenswerterweise seine Begierde und gab den Schatz großzügig zurück, den er mit allen Sinnen begehrt und zu rauben versucht hatte. Dieser Fall scheint mir mit keinem der vorherigen vergleichbar zu sein.

Fünfte Novelle

Madonna Dianora verlangt von Messer Ansaldo im Januar einen Gar- 1
ten, der schön ist wie im Mai; Messer Ansaldo verpflichtet sich einem Zauberer, der den Garten kreiert; ihr Ehemann gestattet ihr, Messer Ansaldo zu Willen zu sein, aber dieser befreit sie von ihrem Versprechen, als er von der Großmut ihres Ehemannes erfährt, und der Zauberer befreit Messer Ansaldo von seiner Verpflichtung.

2 Die ganze Gesellschaft war des Lobes voll für Messer Gentile, als der König Emilia aufforderte fortzufahren; schwungvoll, als hätte sie darauf gewartet, begann sie wie folgt:

3 Liebreizende Damen, kein vernünftiger Mensch wird behaupten, dass Messer Gentile nicht großzügig gehandelt hätte; aber man wird nicht behaupten wollen, dass man nicht noch mehr tun könnte, denn das wäre nicht schwer darzulegen; und ich möchte es euch in einer kleinen Novelle erzählen.

4 In Friaul, wo es zwar kalt ist, wo aber viele schöne Berge, Flüsse
und lautere Quellen den Blick erfreuen, liegt eine Stadt namens Udi-
ne; hier lebte einst eine schöne adlige Dame, die Madonna Dianora
hieß und die Gattin eines vornehmen und reichen Mannes war, der
Gilberto hieß und ein freundlicher, umgänglicher Mensch war. We-
gen ihrer trefflichen Eigenschaften wurde diese Dame von einem ed-
len und hohen Herrn leidenschaftlich geliebt; er trug den Namen
Messer Ansaldo Gradense und war ein Mann von großer Bedeutung,
der durch seine Waffentaten und seine Ritterlichkeit weit bekannt
5 war. Er liebte sie also glühend und unternahm, was er nur vermochte,

um auch von ihr geliebt zu werden; aber obwohl er sie mit Botschaf-
ten bedrängte, war alles vergeblich. Die Bemühungen des Ritters wa-
ren der Dame lästig, und sie bemerkte, dass er nicht aufhörte, sie zu
lieben und zu bedrängen, obwohl sie alle seine Angebote und Anfra-
gen ablehnte; also gedachte sie, sich ihn mit einer, wie sie meinte,
neuen und unmöglichen Forderung vom Halse zu schaffen. So sagte 6
sie zu einer Frau, die er häufig zu ihr schickte: »Gute Frau, du hast mir
viele Male beteuert, dass Messer Ansaldo mich über alles in der Welt
liebt, und du hast mir schon wunderbare Geschenke von ihm angebo-
ten; ich möchte, dass er sie alle behält, denn sie werden mich alle nicht
dazu bringen, ihn zu lieben und ihm zu Gefallen zu sein. Könnte ich
gewiss sein, dass er mich so sehr liebt, wie du es sagst, so könnte ich
mich ohne Zweifel dazu bereitfinden, ihn zu lieben und zu tun, was
ihm beliebt. Erfüllt er mir also, was ich von ihm fordere, so stehe ich
zu seiner Verfügung.« Die gute Frau sagte: »Madonna, was soll er 7
denn tun?« Die Dame antwortete: »Ich wünsche mir im kommenden 8
Januar vor dieser Stadt einen Garten mit grünem Gras, mit Blumen
und belaubten Bäumen, ganz so, als wären wir im Monat Mai. Schafft
er mir diesen Garten nicht herbei, so schicke er mir keine Botschaften
mehr, weder durch dich noch durch eine andere. Bisher habe ich alles
vor meinem Gatten und meinen Angehörigen geheimgehalten; dann
werde ich mich bei ihnen beklagen und alles unternehmen, um ihn
ein für alle Mal loszuwerden.« Als der Ritter diese Forderung seiner 9
Dame vernahm, erschien es ihm sehr schwierig und fast unmöglich,
sie zu erfüllen; er durchschaute auch, dass sie diese Forderung gestellt
hatte, um ihm jegliche Hoffnung zu nehmen. Aber dennoch be-
schloss er, alles zu versuchen, was in seiner Macht stünde, und er er-
kundigte sich in alle Himmelsrichtungen, ob ihm nicht irgendjemand
Rat und Hilfe geben könnte; schließlich fand er einen, der ihm, sofern
er gut bezahlt würde, den Wunsch erfüllen wollte. Für eine große 10
Summe Geld wurde Ansaldo mit ihm handelseinig und erwartete
frohgemut den Januar. Als dieser mit klirrender Kälte, viel Schnee

und Eis gekommen war, brachte jener wackere Mann es kraft seiner
Zauberkünste in der Nacht nach dem ersten Januar auf einer schönen
Wiese nahe der Stadt fertig, dass dort am Morgen – wie Augenzeugen
berichteten – einer der schönsten Gärten erschien, die je gesehen
wurden: mit Gräsern, Kräutern und Bäumen und Früchten aller Art.
11 Voller Freude entdeckte ihn Messer Ansaldo, ließ einige der schöns-
ten Blumen und Früchte pflücken, um sie heimlich seiner Dame zu
präsentieren und sie einzuladen, sich den von ihr erwünschten Gar-
ten anzuschauen; so könne sie erkennen, dass er sie liebe, und sich an
das mit einem heiligen Schwur bekräftigte Versprechen erinnern, um
12 als rechtschaffene Dame alles daran zu setzen, es einzulösen. Als Ma-
donna Dianora, die schon von dem wunderbaren Garten gehört hatte,
nun auch noch die Blumen und Früchte erblickte, bereute sie bereits
ihr Versprechen; aber trotzdem trieb sie die Neugier, und gemeinsam
mit anderen Frauen ging sie hinaus, um sich den Garten anzuschau-
en; bedrückt wie keine andere kehrte sie allerdings nach Hause zurück
13 und dachte an ihre Verpflichtung. Sie war so niedergeschlagen, dass
sie es nicht verbergen konnte und ihr Mann es bemerkte. Er wollte un-
bedingt den Grund erfahren. Aus Scham schwieg sie lange; aber
schließlich sah sie sich gezwungen, ihm alles der Reihe nach zu offen-
14 baren. Gilberto war zunächst sehr aufgebracht; dann bedachte er aber
die lautere Absicht seiner Frau, besann sich eines Besseren, vergaß
seinen Zorn und sagte: »Dianora, eine kluge und ehrbare Frau hört
sich keine Botschaften über derlei Sachen an und sie schließt unter
keiner Bedingung einen Kaufvertrag über ihre Keuschheit ab. Die
Worte, die über die Ohren zu Herzen gehen, haben eine größere
Kraft als manche glauben; und Liebenden ist nahezu alles möglich.
15 Dumm war es von dir, zuzuhören und dann auch noch zu verhan-
deln. Weil ich aber die Lauterkeit deiner Seele kenne und weil ich dich
von deinem Versprechen befreien will, werde ich dir etwas zugeste-
hen, was vielleicht kein anderer tun würde; aber ich fürchte, dass
Messer Ansaldo, wenn du ihn abweist, den Zauberer beauftragen

wird, uns böse mitzuspielen. Ich wünsche daher, dass du Messer An- 16
saldo aufsuchst, und dass du dich auf irgendeine Weise bemühst, dein
Versprechen einzulösen, ohne deine Ehrbarkeit aufzugeben; wenn es
nicht anders gehen sollte, so gewähre ihm deinen Körper, aber nicht
deine Seele.« Bei diesen Worten ihres Gatten brach Madonna Dianora 17
in Tränen aus und weigerte sich, dieses gnädige Angebot ihres Gatten
anzunehmen. Aber sie mochte sich weigern, Gilberto bestand darauf.
Und so geschah es, dass sie sich am folgenden Tag in der Frühe, ohne
sich besonders herauszuputzen, mit zwei Dienern vorneweg und ei-
ner Kammerfrau hinterdrein auf den Weg zum Hause Messer Ansal-
dos machte. Dieser war sehr erstaunt, als er hörte, dass seine geliebte 18
Dame zu ihm gekommen sei; er ließ den Zauberer rufen und sagte
ihm: »Ich möchte, dass du siehst, was mir deine Kunst Gutes einge-
bracht hat.« Ohne sich von seiner zügellosen Leidenschaft treiben zu
lassen, empfing er seine Dame mit ausgesuchter Höflichkeit, führte
sie mit ihrer Begleitung in einen schönen Raum vor ein offenes Feuer;
er bat sie, Platz zu nehmen, und sagte: »Madonna, wenn die Liebe, die 19
ich Euch lange Zeit entgegengebracht habe, einen Lohn verdient, so
seid so gütig, mir den wahren Grund zu eröffnen, dessentwegen Ihr
zu dieser ungewöhnlichen Stunde mit dieser Begleitung zu mir
kommt.« Beschämt und mit Tränen in den Augen antwortete Madon- 20
na Dianora: »Messere, weder die Liebe noch mein Versprechen, son-
dern der Befehl meines Gatten führen mich hierher; dieser hat größe-
ren Respekt vor den Mühen Eurer zügellosen Liebe als vor meiner und
seiner Ehre. Auf Geheiß meines Gatten bin ich dieses Mal bereit, Euch
zu Willen zu sein.« Messer Ansaldo wunderte sich über ihr Kommen, 21
aber als er ihre Worte hörte, war er höchst überrascht; die Großmut
Gilbertos ergriff ihn so sehr, dass sich seine glühende Liebe in Mitleid
verwandelte; er sagte: »Gott bewahre mich davor, dass ich – wenn es 22
so ist, wie Ihr sagt – die Ehre eines Menschen schände, der Mitgefühl
mit meiner Liebe empfindet. Wenn Ihr es wünscht, besucht Ihr mich
heute nicht anders, als es meine Schwester täte, und könnt Euch frei

und nach Eurem Belieben wieder verabschieden; nur bitte ich Euch, dass Ihr Eurem Gatten für seine edle Gesinnung den ihm gebührenden Dank überbringt und dass Ihr mich für alle Zukunft als Euren
23 Bruder und Diener anseht.« Madonna Dianora war überglücklich bei diesen Worten und sagte: »Angesichts Eurer feinen Art hätte ich auch niemals angenommen, dass mein Besuch ein anderes Ende gefunden hätte; hierfür werde ich Euch für immerdar verpflichtet bleiben.« Sie verabschiedete sich, kehrte ehrenvoll geleitet zu Gilberto zurück und erzählte ihm, was geschehen war; von da an verband ihn und Messer
24 Ansaldo eine enge und treue Freundschaft. Als Messer Ansaldo sich anschickte, dem Zauberer den versprochenen Preis zu entrichten, sagte der Zauberer, der die Großmut Gilbertos gegenüber Messer Ansaldo und die Messer Ansaldos gegenüber seiner geliebten Dame mitbekommen hatte: »Wie sollte ich nicht auf meinen Lohn verzichten, nachdem ich mit angesehen habe, wie großmütig Gilberto auf seine Ehre und Ihr auf Eure Liebe verzichtet? Ihr sollt also Euren Lohn be-
25 halten.« Der Ritter war beschämt und bedrängte ihn, alles oder einen Teil anzunehmen; er bemühte sich vergebens. Nachdem der Zauberer nach drei Tagen den Garten wieder entfernt hatte und abreisen wollte, verabschiedete Messer Ansaldo ihn in Gottes Namen. Er selbst löschte die Flammen der Liebesleidenschaft und blieb Madonna Dianora in ehrlicher Zuneigung verbunden.

26 Was sollen wir, ihr liebenswerten Damen, nun dazu sagen? Sollen wir die Geschichte von der toten Frau und der mangels Hoffnung schon ermatteten Liebe etwa höher einstufen als die Großmut Messer Ansaldos, der glühender liebt denn je und in Hoffnung entbrannt die lang verfolgte Beute in seinen Händen hält? Töricht erschiene es mir, wenn man glaubte, die eine Großmut mit der anderen vergleichen zu können.

Sechste Novelle

Im Alter verliebt sich der siegreiche König Karl in ein junges Mädchen; 1
er schämt sich seines törichten Einfalls und verheiratet sie und ihre
Schwester ehrenvoll.

Wer wollte alle die verschiedenen Argumente wiedergeben, die zwi- 2
schen den Damen ausgetauscht wurden, ob nun Gilberto oder Ansal-
do oder der Zauberer in der Geschichte von Madonna Dianora mehr
Großmut bewiesen hätte? Es würde zu lang werden. Nachdem der
König sie eine Weile hatte disputieren lassen, schaute er Fiammetta
an und hieß sie, das Streitgespräch mit einer Novelle zu beenden; und
sie begann unverzüglich:

Meine besten Damen, ich war schon immer der Meinung, dass 3
man in einer Gesellschaft wie der unsrigen alles ausführlich bespre-
chen muss, damit die Bedeutung des Erzählten nicht verborgen bleibt
und neuen Stoff für ein Streitgespräch ergibt; denn so etwas sollen
die Studenten in den Schulen führen und nicht wir Frauen, die gerade
für Rocken und Spindel taugen. Ich hatte schon eine Novelle im Sinn, 4
die vielleicht noch eine weitere Diskussion hätte anregen können;
aber da ich sehe, dass ihr euch über die letzten Novellen nicht einigen
könnt, werde ich sie beiseitelassen und euch eine andere erzählen, die
nicht von einem unbedeutenden Mann, sondern von einem tüchti-
gen König handelt, der sich ritterlich verhielt und damit seiner Ehre
keinen Abbruch tat.

Eine jede von euch wird sich daran erinnern, schon einmal etwas 5
von König Karl dem Ersten gehört zu haben, der dank seiner großarti-
gen Tatkraft und durch seinen glorreichen Sieg über König Manfred
die Ghibellinen aus Florenz verjagt und die Rückkehr der Guelfen be-
wirkt hat. Ein Ritter namens Neri degli Uberti hatte aus diesem
Grund mit seiner gesamten Familie und viel Geld die Stadt verlassen,
weil er nirgendwo als unter dem Schutz König Karls wohnen wollte.

6 Um an einem abgelegenen Ort sein Leben in Frieden beenden zu können, zog er nach Castellammare di Stabia; vielleicht einen Bogenschuss von den anderen Siedlungen entfernt, kaufte er ein inmitten von Öl-, Nuss- und Kastanienbäumen – die es dort in Hülle und Fülle gibt – gelegenen Besitz; hier ließ er ein schönes und behagliches Haus errichten und es mit einem erquicklichen Garten umgeben; in dessen Mitte wurde, da es ähnlich wie bei uns in Florenz ausreichend fließendes Wasser gab, ein kleiner heller See mit zahlreichen Fischen ange-
7 legt. Während er nur daran dachte, seinen Garten von Tag zu Tag zu verschönern, geschah es, dass König Karl, um sich in der warmen Jahreszeit zu erholen, nach Castellammare kam; als er von der Schönheit des Gartens hörte, wollte er ihn sehen. Und als er erfuhr, wem er gehörte, wollte er den Ritter näher kennenlernen, da er von der gegnerischen Partei war. Er ließ ihm also ausrichten, dass er ihn am folgenden Abend mit vier Begleitern inkognito aufsuchen wolle, um in seinem
8 Garten mit ihm zu speisen. Messer Neri wusste das sehr zu schätzen; er ließ von seinen Leuten alles aufs prächtigste vorbereiten und empfing den König in seinem schönen Garten so freundlich wie möglich.
9 Nachdem dieser das Haus und den Garten mit Anerkennung besich-

tigt und sich die Hände gewaschen hatte, ließ er sich an einer der Ta-
feln nieder, die am Ufer des Sees aufgestellt waren, und bat den Gra-
fen Guido di Monforte, einen seiner Begleiter, an der einen und Mes-
ser Neri an der anderen Seite Platz zu nehmen; den anderen drei
Begleitern, die mit ihm gekommen waren, befahl er, sie nach den An-
ordnungen Messer Neris zu bedienen. Die aufgetragenen Gerichte 10
waren köstlich, die Weine bestens und erlesen, das Mahl verlief ohne
Unruhe oder Missstimmung; der König war äußerst zufrieden. Wäh- 11
rend sie noch heiter und entspannt an dem still gelegenen Ort speis-
ten, kamen zwei Mädchen im Alter von etwa fünfzehn Jahren in den
Garten; auf ihren goldblonden, lockigen Haaren trugen sie einen klei-
nen Kranz aus Immergrün, und ihre Gesichter waren engelsgleich
zart und schön; sie waren in feinste weiße Gewänder gekleidet, die
bis zur Taille eng geschnitten waren und dann weit auf die Füße her-
abfielen. Die, die voranging, trug mit der linken Hand über der Schul- 12
ter ein paar Fangnetze und hielt in der rechten Hand einen langen
Stock; die andere, die hinterherkam, trug auf der linken Schulter eine
Pfanne und unter dem Arm ein Reisigbündel sowie mit der Hand ei-
nen Dreifuß; in der anderen Hand trug sie einen Ölkrug und eine
brennende Fackel. Der König schaute sie erstaunt an und wartete neu-
gierig, was nun kommen werde. Wohlerzogen und verschämt be- 13
grüßten die Mädchen den König und begaben sich darauf an die Stel-
le, wo man in den See steigen konnte; die eine legte die Pfanne und
die anderen Dinge nieder, nahm den Stock, den ihre Gefährtin trug,
und beide gemeinsam stiegen sie in den See, dessen Wasser ihnen bis
zur Brust reichte. Ein Diener Messer Neris entzündete ein Feuer, stell- 14
te die Pfanne auf den Dreifuß, goss Öl hinein und wartete darauf, dass
die Mädchen ihm Fische zuwarfen. Eine von ihnen stocherte die Fi- 15
sche in ihrem Versteck auf, die andere hielt die Netze bereit; und zum
großen Vergnügen des Königs, der aufmerksam zuschaute, fingen sie
in kurzer Zeit eine große Zahl von Fischen. Sie warfen sie dem Diener
zu, der sie noch zappelnd in die Pfanne legte; danach begannen sie

– wie man sie angewiesen hatte –, die schönsten Fische auf den Tisch
16 vor den König, den Grafen Guido und den Vater zu werfen. Diese Fi-
sche zappelten auf dem Tisch herum, woran der König großes Gefal-
len fand; er haschte auch selbst nach den Fischen und warf sie den
Mädchen freundlich zurück; so scherzten sie eine Weile miteinander,
bis der Diener gebraten hatte, was ihm übergeben worden war; dieses
hatte Messer Neri nicht nur als Zwischengang, sondern als besonde-
res köstliches Gericht vorbereiten lassen, und es wurde dem König
17 vorgesetzt. Als die Mädchen sahen, dass genug Fische angerichtet wa-
ren, verließen sie den Teich, die feinen weißen Gewänder klebten
nass an ihren Körpern und verbargen kaum etwas; sie ergriffen die
mitgebrachten Dinge, schämten sich unter den Blicken des Königs
18 und kehrten ins Haus zurück. Der König, der Graf und die anderen,
die auftrugen, hatten den beiden Mädchen fasziniert zugesehen und
ihre Schönheit, ihre Wohlgestalt und ihre Sittsamkeit untereinander
gepriesen. Vor allem aber hatten sie den König beeindruckt, der, als sie
dem Wasser entstiegen, ihre Körper so aufmerksam betrachtet hatte,
19 dass er es nicht bemerkt hätte, wenn ihn jemand gezwickt hätte. Die
beiden gingen ihm nicht aus dem Sinn, und er bedachte nicht, wer sie
waren und wo er sich befand; er fühlte den unwiderstehlichen Drang,
ihr Gefallen zu erregen, und erkannte, dass er drauf und dran war,
sich zu verlieben, wenn er nicht aufpasste; er wusste auch nicht, wel-
che von den beiden ihm am meisten gefiel, denn sie waren sich sehr
20 ähnlich. Nachdem er eine Weile in seine Gedanken versunken war,
wandte er sich an Messer Neri und fragte ihn, wer die beiden jungen
Damen seien. Messer Neri antwortete: »Es sind meine Zwillingstöch-
ter, die eine heißt Ginevra die Schöne, die andere Isotta die Blonde.«
Der König lobte sie sehr und ermunterte ihn, sie zu verheiraten; aber
Messer Neri entschuldigte sich, dass es ihm nicht mehr möglich sei.
21 Bis auf die Früchte war die Mahlzeit vorüber; und in diesem Augen-
blick traten die beiden Mädchen wieder auf, jede in ein Wams aus Zin-
deltaft gekleidet, und trugen zwei große Silberplatten mit den ver-

schiedenen Früchten der Jahreszeit; sie setzten sie vor dem König nie-
der. Darauf traten sie etwas zurück und stimmten ein Lied an, das mit 22
den Worten begann: »Wohin ich gekommen bin, Amor, / Lässt sich
mit Worten kaum noch sagen …«. Ihr Gesang war angenehm und ge-
fällig; der König lauschte ihnen und betrachtete sie, und es schien
ihm, als wäre ein Chor von Engeln eingeschwebt. Als sie ihr Lied ge-
endet hatten, knieten sie vor dem König nieder und baten ihn höflich,
sie zu entlassen; und er tat es freundlich, obwohl es ihm nicht leicht
fiel. Da also das Mahl beendet war, stiegen der König und seine Beglei- 23
ter zu Pferd, verließen Messer Neri und kehrten unter mancherlei Ge-
sprächen zum königlichen Palast zurück. Der König verbarg seine Lei- 24
denschaft; aber trotz wichtiger Geschäfte konnte er die Schönheit
und Anmut der schönen Ginevra nicht vergessen, und aus Liebe zu
ihr liebte er obendrein noch ihre Zwillingsschwester; er verfing sich
derart in den Fallstricken der Liebe, dass er an nichts anderes mehr
denken konnte. Unter einem Vorwand unterhielt er eine enge Freund-
schaft zu Messer Neri und suchte wiederholt seinen schönen Garten
auf, um Ginevra zu sehen. Er tat sich schwer, es noch länger auszuhal- 25
ten; als ihm schließlich kein anderer Ausweg einfiel, als beide Mäd-
chen ihrem Vater mit Gewalt wegzunehmen, offenbarte er seine Lie-
be und seinen Plan dem Grafen Guido. Der Graf war ein wackerer 26
Mann und sagte ihm: »Herr, ich wundere mich sehr über das, was Ihr
mir sagt, denn besser als jeder andere kenne ich Euren Lebenswandel
seit Eurer Kindheit bis zum heutigen Tag. Da ich Euch in Eurer Ju- 27
gend – als Amor es leicht hatte, sich festzuhaken – nicht so leiden-
schaftlich verliebt sah wie jetzt, da Ihr fast ein Greis seid, erscheint es
mir neu und seltsam und geradezu wie ein Wunder, dass Ihr mit ei-
nem Mal Liebe empfindet. Und wenn ich Euch deswegen tadeln soll- 28
te, so weiß ich, was ich zu sagen habe. Ich sehe, dass Ihr in einem
Reich, das gerade erst errungen wurde, noch immer unter Waffen
steht und vor dem hinterlistigen Verrat des Volkes nicht sicher seid,
dass Ihr große Herausforderungen und Probleme zu bewältigen habt

und Euch noch nicht zurücklehnen könnt – solltet Ihr neben alledem
29 etwa noch Zeit für zärtliche Schäkereien haben? Das passte eher zu
einem jugendlichen Kindskopf als zu einem hochherzigen König.
Und nun sagt Ihr auch noch – was weitaus schlimmer ist –, Ihr wolltet
jenem armen Ritter zwei Töchter rauben? Er hat Euch in seinem Haus
nicht nur nach besten Kräften bewirtet, sondern hat Euch, um Euch
zu ehren, seine Töchter fast entblößt vorgeführt, um Euch zu zeigen,
dass er volles Vertrauen in Euch setzt, und dass er Euch als König und
30 nicht als einen reißenden Wolf einschätzt. Ist es Euch denn schon ent-
fallen, dass die Gewalttaten, die Manfred an den Frauen verübt hat,
Euch den Zugang zu diesem Reich geöffnet haben? Gäbe es eine
Schurkerei, die der ewigen Höllenstrafe würdiger wäre, wenn Ihr nun
demjenigen, der Euch mit allen Ehren empfing, die Ehre sowie Hoff-
nung und Trost des Alters raubtet? Was würde man von Euch sagen,
31 tätet Ihr es wirklich? Ihr meint vielleicht, die ausreichende Entschul-
digung lautete: ›Ich tat es, weil er ein Ghibelline ist.‹ Aber sieht so die
Gerechtigkeit eines Königs aus, wenn diejenigen, die sich, aus wel-
chen Gründen auch immer, unter seinen Schutz flüchten, in dieser
32 Weise behandelt werden? Ich erinnere Euch daran, König, dass Ihr
mit dem Sieg über Manfred zwar großen Ruhm errungen habt, dass
es aber ein größerer Ruhm ist, sich selbst zu besiegen. Und Ihr, die Ihr
andere lenken sollt, besiegt Euch selbst; zügelt also Eure Begierde und
verunstaltet nicht mit einer solchen Tat, was Ihr so glorreich errungen
33 habt.« Diese bitteren Worte drangen tief in die Seele des Königs, sie
trafen ihn umso mehr, als er einsehen musste, dass sie wahr waren.
So sprach er nach einem tiefen Seufzer: »Ein jeder noch so starke
Gegner ist für einen erfahrenen Krieger einfacher und leichter zu be-
siegen als seine eigene Begierde. Aber wenn der Schmerz auch groß
und die Anstrengung enorm sein mag, so haben mich Eure Worte
doch so angespornt, dass ich Euch in wenigen Tagen zeigen werde,
dass ich nicht nur andere zu besiegen, sondern auch mich selbst zu
34 überwinden vermag.« Es vergingen nur wenige Tage nach diesen

Worten, dass der König nach Neapel zurückkehrte, um sich einerseits
den Grund zu nehmen, gemein zu handeln, und um andererseits den
Ritter für den ehrenvollen Empfang zu belohnen; obwohl es ihm
nicht leicht wurde, anderen zu überlassen, was er selbst heiß begehr-
te, war er trotzdem entschlossen, die beiden Mädchen nicht wie die
Töchter Messer Neris, sondern wie seine eigenen zu verheiraten.
Und im Einverständnis mit Messer Neri stattete er beide mit einer 35
großzügigen Mitgift aus und verheiratete die schöne Ginevra mit
Messer Maffeo da Palizzi und die blonde Isotta mit Messer Guigliel-
mo della Magna, die beide edle Ritter und große Herren waren. Als
dies getan war, begab er sich in tiefem Schmerz nach Apulien; mit
großer, unaufhörlicher Anstrengung bezwang er seine wilde Begier-
de, so dass er für den Rest seines Lebens von dieser Leidenschaft be-
freit war.

Einige mögen sagen, dass es für einen König eine geringfügi- 36
ge Sache war, zwei Mädchen zu verheiraten; und ich werde ihnen darin zustimmen. Allerdings halte ich es für eine bedeutende und schwerwiegende Angelegenheit, wenn wir berücksichtigen, dass dies ein verliebter König getan hat, der diejenigen verheiratet hat, die er liebte, ohne auch nur ein Blütenblättchen, geschweige denn die Frucht seiner Liebe gepflückt zu haben. So also handelte jener großherzige König, der den edlen Ritter hoch belohnte, die geliebten Mädchen in lobenswerter Weise ehrte und sich selbst tapfer bezwang.

Siebente Novelle

König Peter hört von der glühenden Liebe, die ihm die kranke Lisa entgegenbringt; er tröstet sie und verheiratet sie mit einem edlen Jüngling; er küsst sie auf die Stirn und nennt sich fortan ihren Ritter. 1

2 Fiammetta hatte ihre Novelle beendet; die stoische Großmut König Karls wurde mit hohem Lob bedacht, obwohl eine Dame, die Ghibellinin war, sich dem nicht anschließen wollte; nun aber begann Pampinea, nachdem der König sie aufgefordert hatte:

3 Jeder vernünftige Mensch, verehrte Damen, würde dem zustimmen, was ihr über den guten König Karl sagt, es sei denn, man ist ihm aus einem anderen Grund gram. Da mir etwas nicht weniger Bemerkenswertes darüber einfällt, wie sich einer seiner Gegner gegenüber einer jungen Frau aus Florenz verhalten hat, möchte ich es euch erzählen.

4 Zu der Zeit, als die Franzosen aus Sizilien vertrieben wurden, lebte in Palermo ein Florentiner Spezereihändler namens Bernardo Puccini; er war ein reicher Mann und hatte von seiner Frau ein einziges Kind, eine sehr schöne Tochter, die bereits im heiratsfähigen Alter
5 war. Nachdem König Peter von Aragon die Herrschaft über die Insel erlangt hatte, veranstaltete er in Palermo ein großartiges Fest mit allen seinen Herren; als er an einem Turnier nach katalanischer Art teilnahm, geschah es, dass Bernardos Tochter, deren Name Lisa war, ihm

zusammen mit anderen Frauen aus einem Fenster zuschaute, und er
ihr so sehr gefiel, dass sie sich nach wenigen Blicken leidenschaftlich
in ihn verliebte. Als das Fest zu Ende und sie wieder zu Hause bei ih- 6
rem Vater war, konnte sie an nichts anderes mehr denken als an die-
se außergewöhnliche und hohe Liebe. Was sie dabei am meisten
schmerzte, war das Wissen um ihren niederen Stand, der ihr jede
Hoffnung auf ein glückliches Ende nahm; trotzdem wollte sie ihre
Liebe zu dem König nicht aufgeben, aus Angst vor Unannehmlichkei-
ten wagte sie es aber nicht, sie zu offenbaren. Der König hatte weder 7
etwas von ihr bemerkt noch kümmerte es ihn; wie sich denken lässt,
quälte sie das unerträglich. So geschah es, dass ihre Liebe ständig 8
wuchs, die Schwermut noch dazukam, das schöne Kind nicht mehr
weiter wusste, schließlich krank wurde und von Tag zu Tag deutlich
erkennbar wie der Schnee in der Sonne dahinsiechte. Ihr Vater und 9
ihre Mutter waren hierüber sehr betrübt und versuchten, ihr mit täg-
lichem Zuspruch, mit Ärzten und Arzneien, so gut sie konnten, bei-
zustehen. Aber alles war umsonst, denn sie verzweifelte an ihrer Lie-
be und hatte für sich beschlossen, mit dem Leben Schluss zu machen.
Als ihr Vater nun alles, was sie begehrte, für sie tun wollte, kam ihr in 10
den Sinn, dass sie ihre Liebe vor ihrem Tod bei einer geeigneten Gele-
genheit dem König zur Kenntnis geben wollte; so bat sie ihren Vater
eines Tages, Minuccio d'Arezzo zu ihr zu bitten. Minuccio galt in jener 11
Zeit als ein exzellenter Sänger und Spieler, der bei König Peter gut an-
gesehen war; Bernardo ließ Minuccio also wissen, dass Lisa einige sei-
ner Lieder hören wollte; Minuccio war ein freundlicher Mensch und
kam unverzüglich zu ihr; nachdem er sie mit einigen liebenswürdi-
gen Worten getröstet hatte, spielte er ihr auf seiner Viola eine süße
Weise vor und sang auch einige Lieder, die die Liebe des Mädchens
hell entflammen ließen, wo er sie doch nur etwas trösten wollte. Dar- 12
auf sagte das Mädchen, dass sie ihm gerne etwas unter vier Augen
mitteilen wollte; die anderen entfernten sich aus dem Zimmer, und
sie sagte ihm: »Minuccio, ich habe dich als Mitwisser meines Ge-

heimnisses ausgesucht, und ich hoffe zunächst, dass du es niemals ei-
ner anderen Person als derjenigen, die ich dir nennen werde, verraten
13 wirst, und dass du mir zur Seite stehen wirst. Du sollst also wissen,
mein lieber Minuccio, dass ich unseren Herrn, den König Peter, als er
am Tage seiner Thronbesteigung das große Fest veranstaltete und an
einem Turnier teilnahm, zu einer schicksalhaften Stunde wahrge-
nommen habe und mein Herz in einer heftigen Liebe entbrannt ist,
die mich in den Zustand gebracht, in dem du mich siehst. Da ich zwar
weiß, wie unschicklich meine Liebe zu einem König ist, ich sie aber
weder löschen noch bezwingen noch länger ertragen kann, habe ich
als geringeres Übel den Tod gewählt – und nichts anderes wird ge-
14 schehen. Aber es wäre untröstlich für mich, wenn er selbst nichts da-
von erführe. Und da ich nicht wüsste, wer geeigneter wäre als du, ihm
meinen Zustand zur Kenntnis zu bringen, so will ich ihn dir anver-
trauen, und ich bitte dich, dich nicht zu weigern, es zu tun. Hast du es
getan, so teile du es mir bitte mit, so dass ich getröstet und von diesen
Qualen befreit bin.« Nach diesen Worten schwieg sie unter Tränen.
15 Minuccio bewunderte ihren Hochsinn und ihren stolzen Vorsatz,
und es schmerzte ihn sehr. Aber mit einem Mal fiel ihm ein, wie er ihr
16 helfen konnte, und er sagte: »Lisa, ich gebe dir mein Wort, dass ich
dich nicht hintergehen werde. Ich bewundere dich, dass du so kühn
bist, deine Liebe auf einen König zu richten; ich biete dir meine Hilfe
an und hoffe – sofern du mir vertraust –, dass es mir innerhalb von
drei Tagen gelingen wird, dir gute Nachrichten zu überbringen; um
17 keine Zeit zu verlieren, will ich mich gleich ans Werk machen.« Lisa
bat ihn noch einmal um seine Hilfe und versprach ihm, sich zu beru-
18 higen; darauf entließ sie ihn mit Gott. Nachdem Minuccio gegangen
war, suchte er Mico da Siena auf, der damals ein guter Verskünstler
war, und den er dazu brachte, das folgende Lied zu dichten:

19 Auf, Amor, gehe rasch zu meinem Herrn
und künde ihm von meiner Pein;

sage, dass ich dem Tod mich nähere,
aber aus Furcht meinen Willen verberge.
Gnade, Amor, erflehe ich von dir, 20
mach' dich auf zu meinem Herrn,
sag' ihm, dass ich ihn liebe und begehre,
so süß hat er mein Herz gewonnen.
Durch das Feuer, das mich verzehrt,
fürchte ich den Tod und kenne nicht die Stunde,
die mich erlöst von der harten, bitteren Pein,
die ich in Furcht und Scham ertrage.
Ich bitte dich, lass' ihn mein Leid erfahren.
Seit ich, Amor, in ihn verliebt bin, 21
gabst du mir nicht den Mut,
ihm, der mir den Atem raubt, mein Begehren
zu offenbaren; im Sterben martert mich der Tod!
Vielleicht ist es ihm nicht unwillkommen,
wenn er von meinem Leid erfährt,
schenkt er mir nur den Mut,
mein Inneres zu offenbaren.
Dir, Amor, hat es nicht gefallen, 22
mir den Mut zu schenken, meinem Herrn
mein Herz zu offenbaren, durch einen Boten oder
durch mich selbst.
Sei gnädig, süßer Amor mein,
Und erinnere du ihn daran,
dass ich ihn sah, als er wie andere Ritter
Schild und Lanze trug,
und ich mich in ihn verliebte und mein Herz verlor.

Minuccio komponierte zu diesen Worten eine passende, süße und rührende Melodie; drei Tage darauf begab er sich an den Hof, wo König Peter beim Essen saß; dieser forderte ihn auf, zur Viola ein Lied 23

24 vorzutragen. Nun stimmte er jenes süße Lied an; alle im Saal, der Kö-
nig mehr als die übrigen, hörten still und gespannt zu und waren wie
25 verzaubert. Als Minuccio geendet hatte, fragte der König, was das für
26 ein Lied sei, das er noch nie gehört habe. »Herr«, antwortete Minuc-
cio, »Worte und Melodie wurden erst vor drei Tagen erfunden.« Als
der König fragte, für wen, antwortete Minuccio: »Das darf ich nur
27 Euch allein anvertrauen.« Der König war begierig, es zu hören, hob
die Tafel auf und ließ ihn in sein Gemach kommen. Dort erzählte ihm
Minuccio Punkt für Punkt, was er von Lisa gehört hatte. Der König
war hocherfreut, lobte das Mädchen und sagte, dass ein so wagemuti-
ges Mädchen Mitleid verdiente. Minuccio sollte sie daher in seinem
Namen trösten und ihr ausrichten, dass er sie noch am Abend des
28 gleichen Tages aufsuchen wollte. Überglücklich über die gute Nach-
richt kehrte Minuccio, die Viola unter dem Arm, unverzüglich zu Lisa
zurück. Allein mit ihr, erzählte er ihr, was geschehen war und sang ihr
29 dann das Lied zu seiner Viola vor. Das Mädchen war so zufrieden und
glücklich, dass sich ihr Zustand offensichtlich schnellstens besserte;
ohne irgendjemandem im Haus etwas zu sagen oder auch nur anzu-
deuten, sehnte sie den Abend herbei, an dem sie ihren Herrn sehen
30 sollte. Der König, ein großmütiger und gütiger Herr, hatte wiederholt
darüber nachgedacht, was Minuccio ihm berichtet hatte; da er das
Mädchen und seine Schönheit gut kannte, empfand er mehr und
mehr Mitleid. Gegen Abend bestieg er sein Pferd; er tat, als ritte er
zum Vergnügen aus und gelangte zum Haus des Spezereihändlers;
dort ließ er darum bitten, ihm den schönen Garten zu öffnen, den je-
ner besaß; er stieg vom Pferd und fragte Bernardo nach einer Weile,
wie es um seine Tochter stünde, und ob er sie inzwischen verheiratet
31 habe. Bernardo antwortete: »Herr, sie ist noch nicht verheiratet, denn
sie war und ist immer noch sehr krank; aber wahr ist auch, dass sich
ihr Zustand seit dem Nachmittag wie durch ein Wunder verbessert
32 hat.« Der König verstand sogleich, was diese Besserung zu bedeuten
hatte, und sagte: »Meiner Treu, es wäre ein Jammer, wenn die Welt so

früh eines so schönen Wesens beraubt würde! Wir möchten sie ein-
mal besuchen.« Gemeinsam mit zwei Begleitern und dem Vater begab 33
er sich in ihr Zimmer, trat neben das Bett, wo ihn das Mädchen halb
aufgerichtet sehnsüchtig erwartete, und ergriff ihre Hand mit den
Worten: »Madonna, was soll denn das heißen? Ihr seid jung, solltet
anderen ein Trost sein und lasst Euch selbst in eine Krankheit fallen?
Wir bitten Euch, dass Ihr Euch aus Liebe zu Euch selbst besinnt und
bald gesund werdet.« Als das Mädchen spürte, wie derjenige ihre 34
Hände ergriff, den sie über alles liebte, schämte sie sich zwar ein we-
nig, fühlte aber dennoch eine solche Wonne, als wäre sie im Paradies;
so gut sie konnte, antwortete sie ihm: »O Herr, der Grund meiner
Krankheit ist, dass ich meinen geringen Kräften eine allzu schwere
Bürde zugemutet habe; aber dank Eurer Güte werde ich bald davon
befreit sein.« Allein der König verstand die Andeutungen des Mäd- 35
chens; er bewunderte sie mehr und mehr und verwünschte Fortuna,
ihr keinen anderen Vater geschenkt zu haben. Nachdem er sich eine
Weile bei ihr aufgehalten und ihr Mut zugesprochen hatte, verab-
schiedete er sich. Diese Gunstbezeigung des Königs brachte ihm viel 36
Anerkennung und war eine große Ehre für den Spezereihändler und
seine Tochter. Diese fühlte sich beglückt wie kaum eine andere Frau
durch ihren Geliebten; hoffnungsfroh genas sie in wenigen Tagen
und war schöner denn je zuvor. Der König beriet mit der Königin, wie 37
ihre große Liebe gebührend zu belohnen wäre; als sie nun genesen
war, stieg er eines Tages mit vielen seiner Herren zu Pferde und begab
sich zum Haus des Spezereihändlers; er trat in den Garten und ließ
den Spezereihändler und seine Tochter rufen; unterdessen war auch
die Königin mit vielen Damen dazugekommen, und das Mädchen
wurde mit großer Herzlichkeit in ihrer Mitte aufgenommen. Nach ei- 38
ner Weile riefen der König und die Königin Lisa zu sich; und der Kö-
nig sprach zu ihr: »Treffliches Mädchen, für die große Liebe, die Ihr
uns bekundet habt, gebührt Euch eine ehrenvolle Anerkennung, mit
der Ihr um Eurer Liebe willen zufrieden sein sollt. Und die Anerken-

nung besteht darin, dass Ihr, die Ihr mannbar seid, aus meiner Hand
einen Gatten annehmt. Wir selbst möchten uns hingegen immer Eu-
ren Ritter nennen und beanspruchen um Eurer Liebe willen nicht
39 mehr als einen einzigen Kuss.« Das Mädchen, das vor Scham rot ge-
worden war, machte den Wunsch des Königs zu ihrem eigenen und
antwortete mit leiser Stimme: »Herr, ich bin gewiss, erführe man,
dass ich mich in Euch verliebt habe, so würden die meisten Leute
mich für verrückt erklären, weil sie glaubten, ich hätte vergessen, wel-
40 chem Stand ich angehöre und welchem Stand Ihr angehört. Aber
Gott, der allein in die Herzen der Menschen schaut, weiß, dass mir,
seit ich Euch zum ersten Mal erblickte, bewusst war, dass Ihr der Kö-
nig seid und ich die Tochter eines Spezereihändlers bin, für die es sich
nicht geziemt, die Glut ihrer Seele auf einen so hohen Ort zu richten.
41 Aber Ihr wisst besser als ich, dass man sich in dieser Welt nicht auf-
grund einer vernünftigen Auswahl, sondern aufgrund von Leiden-
schaft und Geschmack verliebt. Diesem Gesetz versuchte ich mich
viele Male mit allen Kräften zu widersetzen, da es mir aber nicht ge-
42 lang, liebte ich Euch, liebe Euch und werde Euch immer lieben. Wahr
ist es, dass ich mich, wie ich mich von der Liebe zu Euch ergriffen
fühlte, auch bereit fand, Euren Willen zu dem meinen zu machen.
Und deswegen werde ich nicht nur gerne den zum Manne nehmen
und ihn achten, den Ihr mir zu geben geruht, und der mir Ehre und
Stand verleiht, sondern es wäre mir eine Lust, wenn Ihr es von mir
43 verlangtet, für Euch durchs Feuer zu gehen. Ihr wisst selbst besser, ob
es mir zusteht, den König als meinen Ritter zu haben, und deswegen
antworte ich Euch darauf nicht; auch den Kuss, den Ihr als Zeichen
meiner Liebe erbittet, werde ich Euch nicht ohne die Erlaubnis Eurer
44 Gattin geben. Aber für all die Güte, die Ihr und die Königin mir durch
Euer Kommen erweisen, schenke Euch Gott die Gnade und den Lohn,
45 den ich nicht geben kann.« Nach diesen Worten schwieg sie. Die Ant-
wort des Mädchens beeindruckte die Königin, sie erschien ihr in der
Tat so klug, wie der König es ihr gesagt hatte. Der König ließ Vater

und Mutter des Mädchens holen; da sie mit dem, was er vorhatte, einverstanden waren, ließ er einen jungen Mann herbeirufen, der edler Herkunft, aber arm war und Perdicone hieß. Er übergab ihm zwei Ringe und veranlasste ihn, der sich nicht weigerte, Lisa zu heiraten.
Neben dem teuren Geschmeide, das der König und die Königin der 46
jungen Frau schenkten, schenkte der König ihrem Mann noch Cefalù und Calatebellotta, zwei gute und ertragreiche Ländereien, mit den Worten: »Dies ist die Mitgift der Frau; was wir für dich noch tun werden, wirst du in Zukunft sehen.« Hierauf wandte er sich an die Frau
und sagte: »Nun möchten wir pflücken, was uns als Frucht Eurer Lie- 47
be zukommt.« Und er legte seine Hände um ihren Kopf und küsste sie
auf die Stirn. Perdicone, der Vater und die Mutter und Lisa selbst wa- 48
ren glücklich und feierten eine fröhliche Hochzeit. Der König hielt, was er Lisa versprochen hatte; er bezeichnete sich immer als ihren Ritter und trug bei jedem Turnier das Zeichen, das sie ihm geschickt hatte.

Mit solcherart Handlungen sind die Herzen der Untertanen zu ge- 49
winnen; sie wirken als Vorbild und mit ihnen ist ewiger Ruhm zu erringen. Aber das liegt keinem oder nur wenigen heutzutage im Sinn, weil die meisten Herren grausame Tyrannen geworden sind.

Achte Novelle

Sofronia glaubt, sie wäre Gisippos Frau, ist aber die Frau des Tito Quin- 1
zio Fulvo und zieht mit ihm nach Rom, wo auch der verarmte Gisippo ankommt; dieser glaubt, Tito verachte ihn, und behauptet, einen Menschen getötet zu haben, um zu sterben. Tito erkennt ihn wieder und sagt, um Gisippo zu retten, er selbst habe jenen getötet; als der wirkliche Täter das erfährt, stellt er sich. Alle werden von Ottaviano freigesprochen; Tito gibt seine Schwester Gisippo zur Frau und teilt mit ihm sein Hab und Gut.

2 Nachdem Pampinea geendet und eine jede ihren Kommentar – vor allem aber die Ghibellinin – über König Peter abgegeben hatte, begann Filomena auf Geheiß des Königs wie folgt:

3 Meine edlen Damen, wissen wir nicht alle, dass die Könige, wenn sie nur wollen, große Taten vollbringen, und dass sie, wenn es von ihnen verlangt wird, auch großmütig sein können? Wer also in der Lage ist, das zu tun, was ihm zukommt, handelt gut. Man soll aber den einen nicht so sehr bewundern und mit Lob überhäufen, wie es ein anderer verdienen würde, von dem man es nicht erwartet oder verlangt,
4 weil er geringeren Standes ist. Wenn ihr also mit so großen Worten die wunderbaren Taten der Könige lobt, so zweifle ich nicht daran, dass euch die Taten unseresgleichen noch mehr gefallen werden – und ihr sie anerkennt –, sofern sie den Taten der Könige ähnlich oder gar noch großartiger sind. Dazu habe ich mir vorgenommen, euch von dem lobenswerten und großmütigen Tun zweier Freunde zu erzählen, die bürgerlichen Standes waren.

5 Zu der Zeit, als Caesar Octavian noch nicht Augustus genannt wurde, sondern als Triumvir das Römische Reich regierte, lebte in Rom ein Edelmann namens Publio Quinzio Fulvo; dieser hatte einen

Sohn mit dem Namen Tito Quinzio Fulvo; wegen seiner wunderba-
ren Begabung schickte er ihn nach Athen, um dort die Philosophie zu
studieren, und empfahl ihn einem Edelmann namens Cremete, der
ein alter und guter Freund war. Cremete brachte Tito gemeinsam mit 6
seinem Sohn Gisippo in seinem Haus unter; und er ließ beide von ei-
nem Philosophen namens Aristippo unterrichten. Während die bei- 7
den jungen Leute miteinander lebten und fanden, dass sie ganz und
gar miteinander übereinstimmten, entstand eine große brüderliche
Freundschaft zwischen ihnen, die nur durch den Tod getrennt wurde;
keiner von beiden fühlte sich glücklich und ruhig, wenn der andere
nicht bei ihm war. Gemeinsam hatten sie die Studien begonnen, und 8
da sie beide hoch begabt waren, erstiegen sie gemeinsam und mit
höchstem Lob die ruhmreichen Höhen der Philosophie. Dieses Leben
führten sie drei Jahre zum Wohlgefallen des Cremete, der den einen
nicht weniger als den anderen wie seinen Sohn betrachtete. Schließ- 9
lich geschah, was mit allen Dingen geschieht, dass Cremete, der schon
alt war, aus diesem Leben schied. Beide waren darüber zutiefst er-
schüttert, so als wäre er ihrer beider Vater; weder die Freunde noch
die Angehörigen des Cremete konnten einen Unterschied machen,
wem von beiden sie mehr Trost spenden sollten. Nach einigen Mona- 10
ten geschah es, dass sich Gisippos Freunde und seine Angehörigen
gemeinsam mit Tito bei ihm einfanden und ihn dazu bewegten, ein
Weib zu nehmen. Und sie fanden ein junges Mädchen von wunderba-
rer Schönheit, das von vornehmen Eltern stammte und Bürgerin von
Athen war; sie hieß Sofronia und war etwa fünfzehn Jahre alt. Als die 11
Hochzeit näherrückte, bat Gisippo eines Tages Tito, der sie noch nicht
gesehen hatte, sie gemeinsam zu besuchen. Als sie bei ihr angekom-
men waren, setzte sie sich zwischen die beiden jungen Männer; Tito
betrachtete und begutachtete die Schönheit der Verlobten seines
Freundes aufmerksam und von allen Seiten; alles an ihr gefiel ihm
über die Maßen; im Stillen pries und lobte er sie so sehr, dass er, ohne
es zu zeigen, für sie entflammte, wie je ein Liebhaber für eine Frau

entflammte. Nachdem sie eine Weile geblieben waren, kehrten sie
12 nach Hause zurück. Als Tito allein in seinem Zimmer war, dachte er
an das Mädchen, das ihm so gefallen hatte, und seine Liebe wurde
umso leidenschaftlicher, je länger seine Gedanken bei ihr verweilten;
als er sich dessen bewusst wurde, sprach er seufzend zu sich selbst:
13 »Was bist du für ein elender Mensch! Worauf richtest du deinen Sinn,
deine Liebe und deine Hoffnung? Denkst du nicht mehr an das, was
Cremete und seine Familie für dich getan haben, und an die Freund-
schaft mit Gisippo, dessen Braut jenes Mädchen ist, das du wie eine
Schwester ehren solltest? Und nun liebst du sie? Wohin lässt du dich
fortreißen von einer trügerischen Liebe? Wohin soll dich eine eitle
14 Hoffnung führen? Öffne die Augen auf dich selbst und erkenne dich
selbst, du Elender! Gib der Vernunft eine Chance, zügle deine leiden-
schaftliche Gier, mäßige deine anormalen Begierden und richte deine
Gedanken auf etwas anderes! Widerstehe gleich zu Anfang dem Be-
15 gehren und besiege dich selbst, solange es noch Zeit ist. Was du willst,
gehört sich nicht, es ist nicht anständig. Was zu tun du dich an-
schickst – obwohl du nicht weißt, ob es dir gelingt –, solltest du unbe-
dingt vermeiden, sofern du dich daran erinnerst, was du der wahren
Freundschaft schuldig bist. Was wirst du nun tun, Tito? Du wirst auf
16 die ungebührliche Liebe verzichten und tun, was sich gebührt.« Aber
dann dachte er wieder an Sofronia und verwarf alles, was er gesagt
hatte: »Das Gesetz der Liebe ist mächtiger als alle anderen; es bricht
nicht nur das Gesetz der Freundschaft, sondern auch das göttliche
Gesetz. Wie oft hat nicht schon der Vater die Tochter geliebt, der Bru-
der die Schwester, die Stiefmutter den Stiefsohn? Tausend Mal ist
schon Ungeheuerlicheres passiert, als dass der Freund die Frau seines
17 Freundes liebt. Außerdem bin ich jung, und die Jugend unterliegt
dem Gesetz der Liebe; was Amor gefällt, muss also auch mir gefallen.
Die Älteren und Reiferen müssen sich ehrenhaft verhalten; ich kann
18 nur das wollen, was die Liebe will. Die Schönheit jenes Mädchens
verdient es, dass ein jeder sie liebt; und wenn ich, der ich jung bin, sie

liebe, wer kann mich dafür zu Recht tadeln? Ich liebe sie nicht, weil sie mit Gisippo verlobt ist, sondern ich liebe sie, weil ich sie auch lieben würde, wenn sie mit irgendeinem anderen verlobt wäre. Fortuna 19
trägt hieran die Schuld, denn sie hat sie meinem Freund Gisippo vor einem anderen zugesprochen. Und wenn sie geliebt werden muss – um ihrer Schönheit willen geschieht das zu Recht –, so sollte Gisippo, wenn er es erfährt, glücklich darüber sein, dass ich sie liebe und nicht ein anderer.« Aus dieser Argumentation fiel er aber wieder – sich 20
selber Hohn sprechend – in das Gegenteil zurück und von diesem in jenes und von jenem in dieses. So ging es nicht nur an jenem Tag und in der folgenden Nacht, sondern tagelang; er vergaß darüber Speise, Trank und Schlaf und musste sich schließlich aus Schwäche zu Bett legen. Als Gisippo, der mehrere Tage lang beobachtet hatte, wie er in 21
Gedanken versunken war, sah, wie er krank wurde, war er sehr besorgt, ging nicht von seiner Seite und bemühte sich mit allen Mitteln und großer Fürsorge, ihn aufzumuntern; oft und beharrlich fragte er ihn nach dem Grund seiner Niedergeschlagenheit und seiner Krankheit. Nachdem Gisippo zuerst nur Ausflüchte von ihm gehört hatte, fühlte Tito sich schließlich doch genötigt, ihm unter Tränen und Seufzern folgendes zu antworten: »Gisippo, hätte es den Göttern ge- 22
fallen, so wäre ich lieber tot als lebendig, wenn ich daran denke, dass Fortuna mich dahin gebracht hat, meine Tugend unter Beweis stellen zu müssen, um nun zu meiner größten Beschämung feststellen zu müssen, dass ich unterlegen bin. Aber bald erwarte ich den Lohn, der mir dafür gebührt, nämlich den Tod, den ich einem Leben vorziehe, in dem ich mich fortwährend an meine Gemeinheit erinnern muss. Und diese werde ich dir, dem ich nichts verbergen darf, offenbaren, auch wenn es mich schamrot werden lässt.« Er begann seine Erzäh- 23
lung von Anfang an und schilderte den Ursprung seiner Nachdenklichkeit, seines inneren Kampfes; er offenbarte ihm, welche Argumentation den Sieg davongetragen hatte, und dass die Liebe zu Sofronia ihn verzehrte; er versicherte ihm auch, dass er wisse, wie

ungebührlich er sich verhalte, und dass er aus Reue und Scham ster-
24 ben wolle, was hoffentlich bald der Fall sein werde. Als Gisippo ihn
hörte und seine Tränen sah, war er zunächst etwas überrascht, denn
die Schönheiten der jungen Frau hatten auch ihn, wenn auch in gerin-
gerem Maße ergriffen; ohne zu zögern entschied er aber, dass das Le-
ben seines Freundes ihm teurer als Sofronia sein sollte. Gerührt von
25 seinen Tränen antwortete er ihm also unter Tränen: »Wenn du nicht
selbst so sehr des Trostes bedürftest, würde ich mich über dich bekla-
gen, weil du unsere Freundschaft verletzt hast, indem du deine hefti-
ge Leidenschaft so lange vor mir verborgen hast. Wenn es dir auch als
eine unehrenhafte Angelegenheit erschienen ist, so darf man weder
die unehrenhaften noch die ehrenhaften Dinge vor einem Freund
verbergen; denn ein Freund teilt das Vergnügen an den ehrenhaften
Angelegenheiten und bemüht sich darum, den Freund von der Last
der unehrenhaften zu befreien. Aber lassen wir das nun, um uns dei-
26 ner gegenwärtigen Sorge zuzuwenden. Dass du Sofronia liebst, die
mit mir verlobt ist, wundert mich nicht; mehr würde es mich ver-
wundern, wenn du es nicht tätest, denn ich kenne ihre Schönheit und
dein edles Herz, das umso leichter der Leidenschaft unterliegt, je ein-
27 zigartiger deren Gegenstand ist. Mit ebenso großem Recht liebst du
Sofronia, wie du dich zu Unrecht über Fortuna beklagst – obwohl du
es nicht aussprichst –, die sie mir zugesprochen hat, weil dir deine Lie-
be ehrenhafter erschien, wenn sie einem anderen als mir gehörte.
28 Aber denke doch einmal darüber nach: Wem anderes als mir hätte
Fortuna sie denn zusprechen sollen, damit du dich bei ihr zu bedan-
ken hättest? Wer auch immer sie besessen hätte und wie ehrenhaft
auch immer deine Liebe gewesen wäre, er hätte sie wohl eher für sich
behalten als sie dir zu überlassen; und wenn du nun wirklich glaubst,
dass ich dein Freund bin, musst du das von mir nicht erwarten. Der
Grund ist, dass ich mich, seit wir Freunde sind, nicht daran erinnern
kann, dass irgendetwas, was mir gehörte, nicht auch dir gehört hätte.
29 Wäre die Sache schon so weit fortgeschritten, dass es gar nicht mehr

anders ginge, so würde ich auch tun, was ich immer getan habe. Nun
kann ich aber gar nichts anderes mehr tun, als die Braut dir zu überlas-
sen. Denn ich wüsste nicht, was meine Freundschaft dir wert wäre,
wenn ich in einer Angelegenheit, in der ich es redlicherweise tun
kann, nicht deinen Willen zu meinem eigenen machte. Es stimmt, 30
dass Sofronia meine Braut ist, dass ich sie sehr liebe und dass ich mit
Freuden den Tag der Hochzeit erwarte. Da du sie, die es wert ist, aber
sehr viel heftiger liebst und begehrst, als ich es tue, so sei sicher, dass
sie nicht als meine, sondern als deine Gattin mein Gemach betreten
wird. Gib die trüben Gedanken auf, vertreibe die Melancholie und 31
rufe die verlorene Gesundheit, Hoffnung und Fröhlichkeit zurück.
Erwarte von nun mit Freuden den Lohn, der deiner Liebe würdiger ist
als der meinen.« Die Rede Gisippos weckte einerseits bei Tito schmei- 32
chelhafte Hoffnungen und Vorstellungen, andererseits empfand er
aber auch Scham, da es ihm noch unziemlicher erschien, eine solche
Freigebigkeit anzunehmen. Unter Tränen und mit Anstrengung ant-
wortete er ihm: »Gisippo, deine großzügige und echte Freundschaft 33
zeigt mir deutlich, was ich zu tun habe. Hüte mich Gott davor, dass
ich die Frau, die Er dir als dem würdigsten geschenkt hat, jemals von
dir als die meine übernehme. Hätte Er vorgesehen, dass sie mir ge-
bührte, sollst weder du noch ein anderer glauben, dass ich sie dir je-
mals abgetreten hätte. Genieße es also, dass du ausgewählt wurdest 34
und man dich klug beraten hat, genieße das Geschenk Gottes; da Er
mich als unwürdig für eine solche Gabe erachtet, lasse auch du mich
in Tränen zurück; entweder ich besiege meinen Kummer und werde
dir lieb sein, oder er besiegt mich, und ich fühle mein Leid nicht
mehr.« Gisippo sagte hierauf: »Wenn mir unsere Freundschaft das 35
Recht gibt, dich zu deinem Glück zu zwingen und dich in die Lage zu
versetzen, es auch zu erreichen, möchte ich es unbedingt in Anspruch
nehmen. Und wenn du nicht freiwillig meiner Bitte folgst, werde ich
den Zwang, den man zum Wohle eines Freundes gebrauchen darf,
einsetzen, damit Sofronia die deine wird. Ich kenne die Macht der Lie- 36

be, und ich weiß, dass sie nicht nur einmal, sondern wiederholte Male
die Liebenden in einen unglücklichen Tod geführt hat. Und dem Tod
sehe ich dich so nahe, dass du entweder durch die Abkehr von deiner
Liebe besiegt wirst oder demnächst dem Liebeskummer erliegst. In
37 jedem Fall würde ich dir bald folgen. Auch wenn ich dich um nichts
anderes liebte, so ist mir dein Leben doch teuer genug. Sofronia wird
also die deine werden, und so leicht würdest du keine andere finden,
die dir so gut gefallen würde; auf diese Weise habe ich, der ich leicht
38 eine andere finden werde, dich und mich glücklich gemacht. Ich wäre
vielleicht weniger großzügig, wenn Ehefrauen so selten und schwie-
rig zu finden wären wie Freunde. Weil ich also leicht eine andere Frau,
aber keinen neuen Freund finden kann, so will ich sie lieber austau-
schen – ich sage nicht verlieren, weil ich sie, wenn ich sie dir übergebe,
nicht verliere, sondern nur einem anderen und besseren Ich weiter-
39 reiche – als dich verlieren. Wenn also meine Bitten etwas über dich
vermögen, bitte ich dich, diesen Gram abzuschütteln, dich und mich
glücklich zu machen und dich zu entschließen, die Wonnen zu genie-
ßen, die deine leidenschaftliche Liebe von der Geliebten erwartet.«
40 Obwohl sich Tito schämte, einzuwilligen, dass Sofronia seine Frau
wurde, und er sich noch etwas sträubte, stimulierte ihn andererseits
die Liebe und der Zuspruch Gisippos, so dass er schließlich sagte:
»Nun denn, Gisippo, ich weiß nicht, ob ich eher deinen oder meinen
Willen erfülle, wenn ich tue, worum du mich so sehr bittest. Deine
Großmut überwältigt mich und vertreibt die angemessene Beschä-
41 mung, und so willige ich ein. Sei aber gewiss, dass ich es tue, weil ich
weiß, dass ich durch dich nicht nur die geliebte Frau, sondern mit ihr
auch mein eigenes Leben erhalte. Die Götter mögen es bewirken, dass
ich dir zu deinem Nutz und Frommen noch einmal entgelten kann,
was du, barmherziger zu mir als ich selbst, für mich bewirkt hast.«
42 Nach diesen Worten sagte Gisippo: »Tito, was die Verwirklichung an-
belangt, so sollten wir wie folgt vorgehen. Du weißt, das Sofronia
nach langen Verhandlungen zwischen meinen und ihren Eltern mei-

ne Braut wurde; sollte ich jetzt die Eheschließung ablehnen, gäbe es
einen großen Skandal, und ich verärgerte ihre und meine Verwand-
ten. Mir wäre das gleichgültig, wenn sie trotzdem deine Frau würde; 43
aber ich fürchte, dass ihre Eltern, wenn ich das täte, sie einem anderen
und nicht dir versprechen würden. So hättest du das verloren, was ich
zurückgewiesen hätte. Um dein Glück zu bewirken, erscheint es mir 44
also notwendig, dass ich weiterhin ihr Bräutigam bleibe und sie
schließlich als meine Frau nach Hause führe. Dann aber wirst du ihr
– und wir werden es einzurichten wissen – als deiner Frau beiliegen.
An geeignetem Ort und bei passender Gelegenheit werden wir es 45
dann publik machen; gefällt es ihnen, soll es recht sein; gefällt es ih-
nen nicht, ist es passiert und kann nicht rückgängig gemacht werden;
notgedrungen müssen sie sich damit zufriedengeben.« Tito gefiel der 46
Vorschlag. Als Tito wieder heil und bei Kräften war, nahm Gisippo
seine Braut in seinem Haus auf; er veranstaltete ein großes Fest, und
als die Nacht gekommen war, geleiteten die Frauen die Braut zum Bett
ihres Gatten und entfernten sich. Titos Kammer lag neben derjenigen 47
Gisippos, und man konnte von der einen in die andere gelangen. Da
nun Gisippo in seiner Kammer alle Lichter gelöscht hatte, ging er leise
zu Tito hinüber und sagte ihm, dass er sich nun zu seiner Braut legen
möge. Tito fühlte eine plötzliche Scham und Reue und weigerte sich; 48
aber Gisippo war aufrichtig an seinem Glück interessiert und überre-
dete ihn in einem langen Wortgefecht. Tito trat an das Bett, umarmte
die Braut und fragte sie leise und wie zum Scherz, ob sie seine Frau
werden wolle. Sie nahm an, es wäre Gisippo, und antwortete ja. Hier- 49
auf streifte er ihr einen schönen, kostbaren Ring auf den Finger und
sagte: »Und ich möchte dein Gatte sein.« Er vollzog hierauf die Ehe
und genoss die Liebeslust in vollen Zügen, ohne dass Sofronia oder
irgendjemand anderes erfahren hätte, dass ein anderer als Gisippo ihr
beigeschlafen hatte.

Die Hochzeit zwischen Sofronia und Tito war auf diese Weise 50
vollzogen worden, als Titos Vater Publio aus diesem Leben schied.

Der Sohn wurde benachrichtigt und aufgefordert, unverzüglich nach Rom zurückzukehren; Tito beriet mit Gisippo, wie er Sofronia mitnehmen könnte; das konnte aber nicht geschehen, ohne sie selbst
51 über die Situation aufzuklären. So riefen sie sie also eines Tages zu sich und erklärten ihr, wie die Sache mit ihnen stünde; Tito überzeugte sie mit einigen Ereignissen, die sich zwischen ihnen zugetra-
52 gen hatten. Sie schaute die beiden vorwurfsvoll an, brach in Tränen aus und beschwerte sich bitterlich über den Betrug Gisippos; und bevor sie noch etwas im Hause Gisippos verlauten ließ, begab sie sich in ihr Elternhaus, erzählte ihrem Vater und ihrer Mutter, wie sie von Tito und Gisippo hintergangen worden und in Wirklichkeit die Frau
53 Titos und nicht Gisippos sei. Für den Vater Sofronias war das eine böse Überraschung; gemeinsam mit seinen Angehörigen und mit den Verwandten Gisippos erhob er Klage, und es gab mancherlei Händel und viel Ärger. Gisippo war bei den Seinen und bei der Verwandtschaft Sofronias verhasst; ein jeder meinte, er sei nicht nur zu tadeln, sondern hart zu bestrafen. Er selbst beharrte darauf, ehrenhaft gehandelt zu haben, und war der Überzeugung, dass die Eltern Sofronias sich bei ihm bedanken müssten, weil er sie mit einem besseren
54 Menschen als ihm selbst verheiratet hatte. Tito seinerseits erfuhr davon, und es bekümmerte ihn sehr. Er wusste, dass die Griechen so lange zeterten und drohten, bis ihnen jemand tapfer entgegentrat, was sie dahin brachte, klein beizugeben und sich zu unterwerfen; er dachte, ihr Geschrei sollte nicht länger ohne Entgegnung hingenom-
55 men werden. Er besaß römischen Mannesmut und athenische Klugheit und ließ auf geschickte Weise die Verwandten Gisippos und Sofronias in einem Tempel zusammenkommen; dann trat er, allein von Gisippo begleitet, vor die Versammelten und sprach sie wie folgt an:
56 »Viele Philosophen nehmen an, dass das Tun der Sterblichen auf die Planung und Vorsehung der unsterblichen Götter zurückgeht; und deswegen sind einige der Meinung, dass das, was geschieht oder nicht geschieht, notwendig geschieht, andere hingegen schreiben die Not-

wendigkeit dem zu, was bereits geschehen ist. Betrachten wir diese 57
Meinungen aufmerksam, so ist bald zu erkennen, dass man, wollte
man etwas tadeln, was nicht rückgängig zu machen ist, klüger sein
möchte als es die Götter sind, die doch mit unabänderlichem Gesetz
und ohne Irrtum über uns und unsere Dinge schalten und walten. Es
ist eine törichte und dumme Anmaßung, an ihren Werken etwas aus-
setzen zu wollen; ihr könnt es leicht daran erkennen, dass diejeni-
gen, die sich dazu erkühnten, in wohlverdienten Ketten schmachten.
Nach meinem Urteil gehört ihr alle dazu, wenn es wahr sein sollte, 58
dass ihr behauptet habt und immer noch behauptet, dass Sofronia
meine Frau geworden sei, wo ihr sie doch Gisippo gegeben hättet,
und hierbei nicht berücksichtigt, dass es seit Ewigkeit bestimmt war,
dass sie nicht Gisippos Frau, sondern die meinige werden sollte, wie
es gegenwärtig eingetreten ist. Da vielen die Rede über Absichten und 59
Vorsehung der Götter dunkel und unverständlich erscheint, weil sie
denken, dass jene sich nicht um unsere Angelegenheiten kümmern,
will ich mich den menschlichen Vorstellungen zuwenden; hierbei
muss ich zwei Dinge aussprechen, die mir eigentlich widerstreben.
Das eine ist, dass ich mich selbst loben werde; das zweite, dass ich an-
dere tadeln oder herabsetzen werde. Da unser Gegenstand sowie die 60
Wahrheit beides erfordern, werde ich es tun. Eure bitteren Beschwer- 61
den, die weniger vom Verstand als von der Wut angefacht wurden,
eure Hetzreden und eure Stänkerei richten sich vor allem gegen Gisip-
po, weil er mir geraten hat, die Frau zu heiraten, die ihr ihm zuge-
sprochen hattet. Ich hingegen bin der Meinung, dass er aus den fol-
genden Gründen dafür zu loben ist: Einerseits hat er getan, was ein
Freund tun muss; andererseits hat er klüger gehandelt, als ihr es getan
habt. Ich will hier nicht erklären, was das heilige Gesetz der Freund- 62
schaft dem einen Freund gebietet, für den anderen zu tun; ich be-
gnüge mich, euch daran zu erinnern, dass das Band der Freundschaft
stärker bindet als die Bande des Blutes oder der Verwandtschaft; denn
unsere Freunde wählen wir selbst, indessen Fortuna uns unsere Ver-

63 wandten gibt. Wenn also Gisippo mein Leben höher einschätzte als
euer Wohlwollen, weil ich, wie ich glaube, sein Freund bin, so soll
64 sich niemand darüber wundern. Aber kommen wir zu meiner zwei-
ten Begründung, mit der ich euch zeigen will, dass Gisippo klüger ge-
wesen ist als ihr; denn ihr scheint mir von der Vorsehung der Götter
nichts und von den Wirkungen der Freundschaft noch weniger zu
65 verstehen. Ich sage also, dass ihr kraft eurer Einsicht, eurer Überle-
gung und eures Ratschlusses Sofronia Gisippo, einem philosophisch
gebildeten Jüngling, anvertraut habt; auch seine Einsicht hat sie ei-
nem philosophisch gebildeten Jüngling gegeben; euer Ratschluss hat
sie einem Athener anvertraut, derjenige Gisippos einem Römer, der
eurige einem edlen jungen Mann, der seinige einem noch edleren;
eure Einsicht übergab sie einem reichen jungen Mann, diejenige Gi-
sippos einem sehr reichen; eure Einsicht vertraute sie einem jungen
Mann an, der sie weder liebte noch kannte, die Einsicht Gisippos ver
traute sie einem jungen Mann an, der sie mehr als sein Leben und sei-
66 ne Glückseligkeit liebte. Dass es wahr ist, was ich sage, und richtiger,
als ihr es getan habt, soll nun im einzelnen betrachtet werden. Dass
ich, ebenso wie Gisippo, ein philosophisch gebildeter junger Mann
bin, können ohne viele Worte mein Aussehen und meine Studien be-
zeugen; wir beide sind des gleichen Alters, und wir haben nebenein-
67 ander und miteinander studiert. In der Tat ist er Athener, und ich bin
Römer. Diskutiert man über das Ansehen der Städte, so sage ich, dass
ich aus einer freien Stadt stamme und er aus einer zinspflichtigen; ich
stamme aus einer Stadt, die die ganze Welt beherrscht, und er aus ei-
ner Stadt, die der meinen untertan ist; schließlich stamme ich aus ei-
ner Stadt, in der die Waffen, die Macht und die Wissenschaften blü-
hen, während in der seinen allein die Wissenschaften zu preisen sind.
68 Obwohl ihr außerdem in mir nur einen bescheidenen Scholaren seht,
so entstamme ich doch nicht der Hefe des römischen Volkes; denn in
meinen Häusern und auf den Plätzen Roms stehen viele ehrwürdige
Bilder meiner Vorfahren, und die Annalen Roms berichten von den

Triumphzügen, die das Geschlecht der Quinctier auf das Kapitol ge-
führt haben. Der Ruhm unseres Namens ist noch nicht vom Alter
verwelkt, sondern blüht heute glanzvoller denn je zuvor. Schamhaft 69
übergehe ich meine Reichtümer, weil ich mir bewusst bin, dass die
würdige Armut das uralte Privileg der edlen Römer ist; und wenn
diese dem gemeinen Urteil nichts gilt und die Reichtümer hoch ge-
schätzt werden, so hat mich Fortuna – ohne dass ich danach getrachtet
hätte – bevorzugt und in ausreichendem Maße damit ausgestattet. Ich 70
weiß, dass mancher von euch Gisippo als Verwandten schätzte und
schätzen muss; aber es gibt keinen Grund, warum ich euch in Rom
nicht weniger lieb sein sollte. Ich werde euch ein ausgezeichneter
Gastgeber sein, und ihr werdet in mir einen nützlichen, aufmerksa-
men und mächtigen Beschützer sowohl in öffentlichen als auch in
privaten Angelegenheiten finden. Wer würde also, lässt man einmal 71
alle Gefühle beiseite und urteilt vernünftig, eure Ratschläge für bes-
ser halten als die meines Freundes Gisippo? Gewiss niemand. In Tito
Quinzio Fulvo, einem reichen Bürger Roms aus altem Adel und
Freund Gisippos, hat Sofronia also einen guten Ehemann gefunden.
Wer sich darüber beklagt oder beschwert, weiß nicht, was recht ist
und was er tut. Einige werden vielleicht sagen, dass sie sich nicht so 72
sehr darüber beschweren, dass Sofronia die Gattin des Tito ist, als dar-
über, wie sie es geworden ist, nämlich heimlich, hintenherum, ohne
dass Freunde oder Verwandte irgendetwas erfahren haben. Das ist
nicht verwunderlich und auch nichts Neues. Absichtlich beachte ich 73
nicht die Frauen, die gegen den Willen ihrer Väter einen Mann gehei-
ratet haben, und diejenigen, die von ihrem Geliebten entführt wor-
den sind, oder zuerst die Geliebte und dann erst die Ehefrau wurden,
oder deren Verehelichung durch Schwangerschaft und Geburt, durch
den Zwang der Umstände und nicht durch ein Versprechen zutage
traten. Alles dies war bei Sofronia nicht der Fall, sondern Gisippo hat
sie in aller Form, diskret und ehrenhaft dem Tito übergeben. Andere 74
werden sagen, er habe sie mit jemandem verheiratet, mit dem er sie

nicht hätte verheiraten dürfen; das sind aber dumme, weibische und
unbedachte Beschwerden. Schlägt denn nicht Fortuna neue Wege ein
und verwendet verschiedene Mittel, um bestimmte Ziele zu errei-
75 chen? Was kümmert es mich, ob ein Schuhmacher oder ein Phi-
losoph kraft seines Urteilsvermögens im Verborgenen oder in aller
Offenheit meine Angelegenheit entscheidet, sofern das Ergebnis
stimmt? Aufpassen muss ich, wenn der Schuhmacher unverständig
76 und unfähig ist, und ihn mit Dank davonschicken. Wenn Gisippo So-
fronia gut verheiratet hat, so ist es dumm und überflüssig, umherzu-
laufen und sich zu beschweren. Vertraut ihr nicht seiner Vernunft, so
passt auf, dass er nicht noch weitere Ehen stiftet und dankt ihm für
77 dieses Mal. Trotzdem sollt ihr wissen, dass ich niemals weder mit List
noch mit Betrug versucht habe, die Reinheit und Ehre eures Blutes in
78 der Person Sofronias zu beflecken. Obwohl ich sie heimlich geheiratet
habe, so habe ich ihr nicht mit Gewalt ihre Jungfräulichkeit geraubt;
ich wollte sie auch nicht als euer Feind und in Ablehnung eurer Ver-
wandtschaft unehrenhaft erringen. Ich war vielmehr leidenschaftlich
für ihre wunderbare Schönheit und Tugend entbrannt; und ich wuss-
te, hätte ich unter euren Bedingungen um sie – die von euch sehr ge-
liebt wurde – geworben, ich sie nicht errungen hätte, weil ihr befürch-
79 tet hättet, ich würde sie mit nach Rom nehmen. Ich wählte einen
heimlichen Weg, der euch nun offenbar wird; und ich brachte Gisip-
po, der nicht darauf eingestellt war, dazu, in meinem Namen das Ja-
80 wort zu geben. Obwohl ich sie glühend liebte, habe ich mich ihr dar-
auf nicht als Liebhaber, sondern als ihr Gatte verbunden; sie wird es
selbst bezeugen, dass ich sie mit den vorgeschriebenen Worten und
dem Aufstecken des Ringes geheiratet habe; ich fragte sie, ob sie mich
zum Gatten wollte, und sie antwortete mit Ja. Wenn sie glaubt, hin-
tergangen worden zu sein, so bin nicht ich der Schuldige, sondern sie
81 ist die Schuldige, weil sie mich nicht gefragt hat, wer ich sei. So sieht
also das große Übel, die große Sünde, das große Vergehen aus, das
Gisippo als Freund und ich als Liebhaber begangen haben, wodurch

Sofronia heimlich die Frau des Tito Quinzio wurde; und deswegen
beschimpft, bedroht und belästigt ihr ihn. Was würdet ihr denn tun, 82
wenn er sie mit einem Bauern, einem Schurken oder einem Knecht
verheiratet hätte? Welche Ketten, welche Kerker, welche Leiden wä-
ren euch dann genug? Aber lassen wir das alles beiseite; es ist nämlich 83
eingetreten, was ich nicht erwartet habe: Mein Vater ist gestorben,
und ich muss nach Rom zurückkehren; weil ich Sofronia mitnehmen
möchte, habe ich euch offenbart, was ich sonst noch verheimlicht hät-
te. Seid ihr gescheit, so nehmt ihr es mit Freuden hin; hätte ich euch
nämlich betrügen und beleidigen wollen, hätte ich euch Sofronia als
Betrogene zurücklassen können. Aber Gott behüte, dass ein Römer
jemals eine solche Gemeinheit begehen sollte! Mit Zustimmung der 84
Götter, kraft der menschlichen Gesetze, dank der löblichen Klugheit
meines Freundes Gisippo und meiner Liebeslist gehört Sofronia nun
mir. Ihr seid hiermit törichterweise überhaupt nicht einverstanden
und – weil ihr euch vielleicht klüger dünkt als die Götter und die an-
deren Menschen – gebt mir das auf zweierlei Weise gehässig und
deutlich zu verstehen: Einmal, indem ihr Sofronia nicht freigebt, über
die ihr ohne meine Zustimmung gar nicht verfügen dürft; zum zwei-
ten, indem ihr Gisippo, dem ihr euch gerechterweise verpflichtet
fühlen solltet, als euren Feind behandelt. Ich will mich nicht weiter 85
darüber auslassen, wie dumm das von euch ist, sondern euch den
freundlichen Ratschlag geben, eure Feindseligkeit abzulegen, euren
Ärger zu vergessen und mir Sofronia zurückzugeben, auf dass ich in
Frieden und als euer Verwandter abreisen kann. Ob euch das Gesche- 86
hene nun passt oder nicht, ihr dürft sicher sein, dass, solltet ihr etwas
anderes vorhaben, ich Gisippo mitnehme und, in Rom angekommen,
sofort alles unternehmen werde, um diejenige zu holen, die rechtmä-
ßig die meine ist, wie sehr euch das auch missfallen mag; was der
Zorn eines Römers vermag, werde ich euch mit meiner ewigen Feind-
schaft lehren.« Nach diesen Worten erhob sich Tito voller Unwillen, 87
ergriff Gisippos Arm und verließ, ohne sich um die Anwesenden zu

88 kümmern, mit wütenden Blicken und Gebärden den Tempel. Ein Teil
der Zurückgebliebenen war von den Worten Titos überzeugt worden,
die freundschaftliche und verwandtschaftliche Aussöhnung zu su-
chen, ein anderer Teil war bei den Schlussworten sehr erschrocken;
einvernehmlich beschlossen sie, dass es vorzuziehen sei, Tito zum
Verwandten zu haben – da Gisippo es nicht hatte werden wollen –, als
89 Gisippo zu verlieren und Tito zum Feind zu haben. Sie suchten Tito
auf, um ihm zu sagen, dass es sie freue, wenn Sofronia seine Frau, er
selbst ihr geschätzter Schwager und Gisippo ihr guter Freund sei.
Nachdem sie herzliche Freundschaft und Verwandtschaft geschlos-
sen hatten, schieden sie von ihm und schickten ihm Sofronia. Diese
war klug genug, aus der Notwendigkeit eine Tugend zu machen und
übertrug die Liebe, die sie für Gisippo empfunden hatte, ohne weite-
res auf Tito; und sie zog mit ihm nach Rom, wo sie ehrenvoll empfan-
90 gen wurde. Gisippo, der in Athen zurückblieb, wurde von den meis-
ten geringgeachtet; nach kurzer Zeit wurden er und die Seinen wegen
eines innerstädtischen Zwistes aus Athen vertrieben und lebensläng-
91 lich verbannt. Gisippo war arm, sogar bettelarm geworden und ge-
langte, so gut es eben ging, nach Rom, um zu sehen, ob sich Tito sei-
ner erinnern würde. Er erfuhr, dass und wo er lebte und dass er bei
den Römern sehr beliebt war; er ließ sich vor seinem Haus nieder und
92 wartete auf ihn. Wegen seines elenden Zustandes wagte Gisippo
nicht, das Wort an ihn zu richten, sondern dachte nur, seinen Blick zu
erhaschen, damit er ihn wiedererkennen und ansprechen würde. Als
Tito nun an ihm vorbeikam, erschien es Gisippo, als hätte er ihn zwar
gesehen, aber nicht wiedererkennen wollen; Gisippo erinnerte sich
an alles, was er für ihn getan hatte und ging bekümmert und verzwei-
93 felt von dannen. Es war Nacht, er war hungrig, ohne Geld und lebens-
müde, wusste nicht wohin und gelangte an einen einsamen Ort der
Stadt; er entdeckte eine Höhle und wollte die Nacht darin verbringen;
in seinen Lumpen legte er sich auf den nackten Boden; überwältigt
94 von Tränen schlief er ein. Gegen Morgen kamen nun zwei Einbrecher

in diese Höhle, um ihre Beute zu teilen; sie gerieten in Streit, der Stär-
kere erschlug den anderen und machte sich davon. Gisippo hatte alles 95
mit angehört und angesehen; er glaubte nun endlich, seinen Tod, den
er herbeisehnte, herbeiführen zu können, ohne sich selbst töten zu
müssen. Er wartete also, bis die Gerichtsschergen, die von der Tat ge-
hört hatten, ihn aufspürten und wegschleppten. Im Verhör gestand 96
er, dass er den Mann erschlagen habe und danach die Höhle nicht
habe verlassen können. Daraufhin befahl der Prätor, der den Namen
Marco Varrone trug, dass er, wie es damals üblich war, am Kreuze
sterben sollte. Zufällig hielt sich Tito zur gleichen Zeit in der Prätur 97
auf; als er von dem Urteil hörte und den Elenden genau ansah, er-
kannte er sofort seinen Freund Gisippo und war erschrocken über das
furchtbare Geschick, das ihn hierher geführt hatte. Er empfand den
glühenden Wunsch, ihm zu helfen, sah keinen anderen Weg zu sei-
ner Rettung, als sich selbst der Tat zu bezichtigen, um ihn so zu ent-
lasten, sprang nach vorne und rief laut: »Marco Varrone, rufe den ar- 98
men Mann zurück, den du soeben verurteilt hast, denn er ist unschul-
dig! Ich habe schon ausreichend Schuld auf mich geladen, indem ich
den Mann getötet habe, der heute morgen gefunden wurde, und ich
will die Götter mit dem Tod eines Unschuldigen nicht noch schwerer
beleidigen.« Varrone war erstaunt und ärgerlich, dass das ganze Präto- 99
rium zugehört hatte; um dem Gesetz Genüge zu tun, blieb ihm nichts
anderes übrig, als Gisippo zurückkommen zu lassen; in Titos Gegen-
wart sagte er zu ihm: »Wie konntest du nur so töricht sein, ohne Fol- 100
ter eine Tat zu gestehen, die du gar nicht getan hast, wo es doch um
dein Leben ging? Du sagtest, dass du heute nacht den Mann erschla-
gen hast, und hier steht einer, der behauptet, dass nicht du der Täter
warst, sondern er.« Gisippo schaute auf und bemerkte, dass es nie- 101
mand anderes als Tito war, der dies zu seiner Rettung unternahm, als
Dank für alle Freundschaftsdienste, die er ihm erwiesen hatte. Vom
Mitleid gerührt, sagte er unter Tränen: »Varrone, ich habe ihn tatsäch-
lich erschlagen, Tito möchte mich aus Barmherzigkeit retten, aber er

02 kommt zu spät.« Tito hingegen sagte: »Prätor, du siehst, er ist ein
Fremder, und man hat ihn unbewaffnet neben dem Toten gefunden;
er möchte sterben, weil es ihm so elend geht. Gib ihm die Freiheit und
03 bestrafe mich, wie ich es verdient habe.« Varrone wunderte sich über
die Hartnäckigkeit der beiden und vermutete bereits, dass keiner von
ihnen der Schuldige sei; er dachte darüber nach, wie er sie freispre-
chen könnte, als mit einmal ein gewisser Publio Ambusto erschien,
ein verwahrloster junger Mann und stadtbekannter Dieb, der den
04 Mord tatsächlich begangen hatte. Da er wusste, dass keiner von den
beiden, die sich selbst bezichtigten, schuldig war, ergriff ihn ein sol-
ches Mitgefühl mit den zwei Unschuldigen, dass er zutiefst erschüt-
05 tert vor Varrone trat und sagte: »Prätor, es ist mein Schicksal, dass ich
diesen schwierigen Fall lösen muss; und ich weiß nicht, welcher Gott
mich treibt und quält, dass ich dir mein Verbrechen bekenne. Wisse,
06 keiner von denen ist schuldig, weswegen er sich anklagt. Ich nämlich
bin derjenige, der jenen Mann heute früh bei Tagesanbruch erschla-
gen hat. Und jener arme Kerl lag schlafend daneben, als ich mit dem,
den ich erschlagen habe, die Beute teilte. Tito bedarf keiner besonde-
ren Entschuldigung, denn sein Ansehen ist so ungetrübt, um ihn von
jeglichem Verdacht zu reinigen. Befreie sie also und vollstrecke an mir
07 die Strafe, die das Gesetz vorsieht.« Ottaviano selbst hatte von dem
Fall gehört und alle drei zu sich kommen lassen, um zu erfahren, aus
welchen Gründen ein jeder von ihnen verurteilt werden wollte. Und
jeder erzählte seine Geschichte. Ottaviano sprach die beiden Un-
08 schuldigen frei und begnadigte den dritten ihnen zuliebe. Tito um-
armte seinen Freund Gisippo und schalt ihn wegen seiner Zurückhal-
tung und seines Misstrauens; dann führte er ihn freudig nach Hause,
wo Sofronia ihn mit Tränen der Rührung wie ihren Bruder empfing.
09 Nachdem Tito für seine Erholung gesorgt und ihn mit standesgemä-
ßer Kleidung ausgestattet hatte, teilte er als erstes all sein Hab und
Gut mit ihm, gab ihm darauf seine junge Schwester Fulvia zur Frau
und sagte danach: »Gisippo, es liegt nun bei dir, ob du hier bei mir

bleiben oder mit allem, was ich dir geschenkt habe, nach Achaia zu-
rückkehren willst.« Gisippo fühlte sich aus seiner Heimatstadt ver- 11
bannt und seinem dankbaren Freund Tito in inniger Freundschaft
verpflichtet; so entschied er sich, Römer zu werden. Hier in Rom leb-
ten nun Gisippo und Fulvia, Tito und Sofronia lange Zeit und fröhlich
zusammen, und Tag für Tag wuchs ihre Freundschaft – sofern das
überhaupt noch möglich war.

Heilig ist die Freundschaft, und sie verdient nicht nur besondere 11
Wertschätzung, sondern immerdar gepriesen zu werden als die kluge
Mutter der Großmut und der Ehrenhaftigkeit, als die Schwester der
Dankbarkeit und der Nächstenliebe, die Feindin des Hasses und des
Geizes; immerdar, ohne dass sie aufgefordert würde, ist sie bereit, für
den anderen das zu tun, was sie wünschte, dass es für sie selbst getan
würde. Heute aber findet man nur noch selten zwei Menschen, die 11
unter ihren heiligen Wirkungen stehen; und Schuld daran trägt die
elende, schmachvolle Gier der Menschen, die allein den reinen Nut-
zen im Auge und die Freundschaft für immer von der Erde verbannt
hat. Nur kraft der Freundschaft, aber weder durch die Liebe, noch den 11
Reichtum oder die Verwandtschaft hätten Seufzer, Tränen und In-
brunst des Tito den Gisippo so inniglich beeindrucken können, dass
er die geliebte, schöne und edle Braut Tito zur Frau gab. Kein Gesetz, 11
keine Drohung und keine Angst, sondern allein die Freundschaft hat
den jungen Gisippo davon abhalten können, die schöne junge Frau,
die ihn vielleicht manchmal dazu einlud, an irgendeinem einsamen
oder dunklen Ort oder im eigenen Bett feurig zu umarmen. Nur die 11
Freundschaft sowie der Wunsch, den Freund glücklich zu machen,
und nicht das Ansehen, das Verdienst oder irgendein Vorteil haben
Gisippo dazu bringen können, sich nicht darum zu kümmern, ob er
seine und die Eltern Sofronias verlieren würde, und sich nicht um
Hohn und Spott sowie das anzügliche Gerede der Menge zu küm-
mern. Nur die Freundschaft hat auf der anderen Seite Tito dahin brin- 11
gen können, dass er, ohne zu überlegen oder gar den Blick einfach ab-

zuwenden, den eigenen sofortigen Tod riskierte, um Gisippo vor dem Kreuzestod zu bewahren, den dieser absichtlich heraufbeschworen
17 hatte. Nur die Freundschaft brachte Tito dazu, sein großes Vermögen großzügig und ohne zu zögern mit Gisippo zu teilen, dem Fortuna all
18 das Seine genommen hatte. Nur die Freundschaft hat Tito dazu inspiriert, ohne Zögern die eigene Schwester Gisippo anzuvertrauen, den er in Elend und Armut sah.

19 Die Menschen wünschen sich, dass ihre Verwandten, Brüder, Kinder sich vermehren und dass mit ihrem Geld auch die Schar ihrer Diener wächst; aber sie bedenken nicht, dass ein jeder von ihnen die kleinste Gefahr für sich selbst zu sehr fürchtet, um den Vater, den Bruder oder den Herrn vor einer großen Gefahr schützen zu wollen; und für den Freund gilt das Gegenteil.

Neunte Novelle

1 *Saladin, als Kaufmann verkleidet, wird von Messer Torello ehrenhaft aufgenommen und bewirtet. Messer Torello nimmt an einem Kreuzzug teil; er setzt seiner Frau eine Frist, um eine neue Ehe einzugehen. Er gerät in Gefangenschaft und wird dem Sultan durch die Kunst, Falken abzurichten, bekannt; dieser erkennt ihn wieder, gibt sich selbst zu erkennen und erhebt ihn zu großen Ehren an seinem Hof. Messer Torello wird krank und wird durch Magie in einer Nacht nach Pavia gebracht; während der Hochzeit, die seine Frau feiert, erkennt sie ihn wieder und kehrt mit ihm in ihr gemeinsames Haus zurück.*

2 Filomena hatte ihre Erzählung beendet, und Titos großzügige Dankbarkeit wurde von allen hoch gepriesen; der König, der den letzten Platz Dioneo vorbehalten wollte, begann mit den folgenden Worten:

3 Liebreizende Damen, was Filomena über die Freundschaft sagt, entspricht ohne Zweifel der Wahrheit; und zu Recht beklagt sie sich

am Ende ihrer Erzählung darüber, dass die Freundschaft unter den
Menschen heute so wenig gilt. Und wenn wir hier zusammengekom- 4
men wären, um die Fehler dieser Welt zu verbessern oder nur zu tadeln, so könnte ich ihre Worte mit einer langen Rede fortsetzen. Da wir aber ein anderes Ziel verfolgen, ist es mir in den Sinn gekommen, euch mit einer vielleicht etwas langen, aber insgesamt anmutigen Geschichte eine der großzügigen Handlungen Saladins vorzustellen; aus den Ereignissen meiner Novelle werdet ihr entnehmen, dass wir zwar wegen unserer Sündhaftigkeit die echte Freundschaft nicht erlangen, dass wir aber wenigstens unsere innere Zufriedenheit in der aufmerksamen Höflichkeit suchen und hierbei hoffen, dass es uns einmal vergolten wird.

Ich sage also, dass zur Zeit Kaiser Friedrichs I. der Überlieferung 5
nach ein Kreuzzug zur Eroberung des Heiligen Landes ausgerufen
wurde. Hiervon hatte Saladin, Herr und Sultan von Kairo, vorzeitig
Kunde bekommen, und er beschloss, sich persönlich die Vorbereitun-
gen der christlichen Herren für diesen Kreuzzug anzusehen, um sich
besser dagegen schützen zu können. Nachdem er seine Angelegen- 6
heiten in Ägypten geregelt hatte, gab er vor, eine Pilgerfahrt unter-

nehmen zu wollen, und machte sich als Kaufmann verkleidet mit
zwei seiner vornehmsten und klügsten Männer und drei Dienern auf
7 den Weg. Nachdem sie viele christliche Länder kennengelernt hatten
und durch die Lombardei ritten, um die Berge zu überqueren, geschah
es, dass sie eines Abends zwischen Mailand und Pavia einem Edel-
mann namens Torello di Stra aus Pavia begegneten; dieser war mit
Dienern, Hunden und Falken auf dem Weg zu einem schönen Besitz,
8 den er über dem Ticino besaß. Messer Torello erblickte sie und er-
kannte, dass es fremde Edelleute waren, und wünschte, ihnen einen
ehrenvollen Empfang zu erweisen. Als Saladin nun einen seiner Die-
ner fragte, wie weit es bis Pavia sei und ob sie wohl noch vor Tores-
schluss hineinkämen, ließ Torello den Diener nicht erst zu Wort
kommen, sondern antwortete an seiner Statt: »Meine Herren, vor To-
9 resschluss kommt ihr nicht mehr hinein.« »Nun«, sagte Saladin,
»dann belehrt uns doch bitte darüber, da wir Fremde sind, wo wir eine
10 Herberge finden.« Messer Torello sagte: »Das werde ich gerne über-
nehmen; ich dachte gerade daran, einen meiner Leute in die Nähe von
Pavia zu schicken; er wird euch begleiten und euch eine zufriedenstel-
11 lende Herberge zeigen.« Er befahl einem der gescheitesten von seinen
Leuten, was zu tun sei, und schickte ihn zusammen mit den Fremden
los. Er selbst kehrte rasch nach Hause zurück und ließ, so gut es eben
ging, in seinem Garten Tische aufstellen und ein treffliches Mahl vor-
bereiten; darauf stellte er sich vor das Tor und erwartete sie. Der Die-
ner plauderte mit den Fremden über dies und das und führte sie, ohne
dass sie es bemerkten, über einige Umwege gleichfalls zum Anwesen
12 seines Herrn. Als Messer Torello sie kommen sah, ging er lächelnd auf
13 sie zu und sagte: »Meine Herren, ich heiße euch willkommen.« Sala-
din war klug genug, um nicht zu bemerken, dass der Edelmann ge-
ahnt hatte, sie hätten die Einladung nicht angenommen, wenn er sie
direkt ausgesprochen hätte; damit sie nicht ablehnen konnten, die
Nacht bei ihm zu verbringen, hatte er sie mit einer kleinen List zu sei-
nem Haus geleiten lassen; er erwiderte den Willkommensgruß und

sagte: »Mein Herr, dürfte man sich über höfliche Menschen beklagen,
so täten wir es, weil Ihr – abgesehen davon, dass Ihr unsere Reise ver-
zögert – uns zwingt, die wir Euer Wohlwollen allein durch einen
freundlichen Gruß verdient haben, Eure ausgesuchte Höflichkeit an-
zunehmen.« Der Ritter, klug und beredt, sagte: »Meine Herren, ich 14
entnehme eurem Aussehen, dass euch mehr gebührt als die beschei-
dene Aufmerksamkeit, die ich euch zuteil werden lasse. Aber ihr fän-
det außerhalb von Pavia keine angemessene Herberge, und so nehmt
bitte um einer größeren Bequemlichkeit willen einen kleinen Umweg
in Kauf.« Bei diesen Worten näherte sich seine Dienerschaft, half den 15
Ankömmlingen von den Pferden und versorgte dieselben; Messer
Torello führte die drei Herren in die vorbereiteten Gemächer, wo er
dafür sorgte, dass sie sich ihrer Stiefel entledigten und sich mit küh-
lem Wein labten, indessen er sie bis zum Abendessen mit angeneh-
men Gesprächen unterhielt. Saladin, seine Begleiter und Diener wa- 16
ren des Italienischen mächtig; sie verstanden und konnten sich ver-
ständlich machen. Allen erschien der Ritter als ein angenehmer und
gebildeter Mann, der besser als jeder andere, den sie bisher getroffen
hatten, zu reden verstand. Messer Torello hatte seinerseits den Ein- 17
druck, dass es sich um bedeutendere Herrschaften handelte, als er zu-
erst angenommen hatte; und es bekümmerte ihn, dass er ihnen an
diesem Abend nicht einen festlicheren Empfang bereiten konnte. Er
gedachte, dies am folgenden Morgen nachzuholen, unterrichtete ei-
nen seiner Diener über das, was er vorhatte und sandte ihn zu seiner
Gattin – einer verständigen und hochsinnigen Dame – nach Pavia, das
nicht weit entfernt war und wo die Tore noch geöffnet waren. Danach 18
führte er die Herren in den Garten und fragte sie höflich, wer sie sei-
en; Saladin antwortete hierauf: »Wir sind Kaufleute aus Zypern und
reisen in Geschäften nach Paris.« Messer Torello sagte nun: »Gott gebe
es, dass hierzulande solche Edelleute wüchsen, wie es in Zypern
Kaufleute gibt!« Unter diesen und anderen Gesprächen verging die 19
Zeit, bis Messer Torello sich die Ehre gab, sie zur Tafel zu bitten; ob-

wohl man hatte improvisieren müssen, wurde gut und angemessen
aufgetragen. Nachdem die Tafel aufgehoben war, bemerkte Messer
Torello, dass sie müde waren, hielt sie nicht länger zurück, sondern
ließ sie zu schönen Betten geleiten; auch er selbst legte sich schlafen.
20 Der Diener, der nach Pavia geschickt worden war, richtete der Dame
seine Botschaft aus; sie ging die Sache nicht als kleinliche Hausfrau,
sondern herrschaftlich an, ließ unverzüglich viele Freunde und Die-
ner Messer Torellos zusammenrufen, um eine angemessene und
prächtige Einladung vorzubereiten; zum Schein der Fackeln ließ sie
viele der edelsten Bürger einladen, Tücher, Teppiche und Pelzwerk
zusammentragen und alles so zurichten, wie ihr Gatte es befohlen
21 hatte. Nachdem sich die Gäste am folgenden Tag erhoben hatten, stieg
Messer Torello mit ihnen zu Pferde, ließ seine Falken holen und führ-
te ihnen an einem benachbarten Teich deren Jagdkünste vor. Als aber
Saladin darum bat, ihm jemanden zur Verfügung zu stellen, der sie
zur besten Herberge in Pavia führte, sagte Messer Torello: »Das werde
22 ich selbst tun müssen.« Die Gäste waren damit zufrieden und mach-
ten sich gemeinsam mit ihm auf den Weg. Um die dritte Morgenstun-
de kamen sie in die Stadt; sie glaubten, in der besten Herberge abzu-
steigen, als sie das Haus Messer Torellos erreichten, wo sich bereits
fünfzig angesehene Bürger versammelt hatten, um die vornehmen
Gäste zu empfangen, und sich beeilten, ihnen von den Pferden zu hel-
23 fen. Saladin und seine Begleiter bemerkten wohl, was hier vor sich
ging und sagten: »Messer Torello, hierum hatten wir nicht gebeten. In
der letzten Nacht habt Ihr bereits mehr für uns getan, als nötig gewe-
sen wäre, so dass Ihr uns heute ohne weiteres unseres Weges hättet
24 ziehen lassen können.« Messer Torello antwortete ihnen: »Meine
Herren, für das, was euch gestern abend zuteil wurde, muss ich mich
mehr bei Fortuna als bei euch bedanken; denn sie überraschte euch
auf einem Weg, der notwendigerweise zu meiner bescheidenen Hüt-
te führte. Für das, was heute morgen geschieht, fühlen ich und alle
Edlen, die uns umringen, uns euch gegenüber verbunden; und soll-

tet ihr ihnen ein gemeinsames Mahl aus Höflichkeit verweigern, so
könnt ihr es natürlich tun.« Saladin und seine Begleiter waren über- 25
zeugt und stiegen ab; herzlich wurden sie von den Edelleuten emp-
fangen und in die Gemächer geführt, die für sie reichlich ausgestattet
worden waren. Nachdem sie ihre Reisekleidung abgelegt und sich et-
was erfrischt hatten, betraten sie einen prächtigen Saal; hier wurde
ihnen Wasser für die Hände gereicht, und sie wurden an eine wun-
derbar gedeckte Tafel geleitet, wo sie mit den köstlichsten Speisen be-
dient wurden. Wäre der Kaiser selbst gekommen, man hätte ihn nicht
ehrenvoller empfangen können. Obwohl Saladin und seine Beglei- 26
ter hohe Herren und großartige Dinge gewohnt waren, bewunderten
sie alles sehr; es erschien ihnen umso erstaunenswerter, als sie wuss-
ten, dass der Ritter kein großer Herr, sondern ein Stadtbürger war.
Als die Mahlzeit beendet und die Tafel aufgehoben war und man sich 27
noch über bedeutende Themen unterhalten hatte, schien es Messer
Torello an der Zeit, da die Wärme groß war, dass die Edelleute aus Pa-
via sich ausruhten. Er blieb mit seinen drei Gästen zurück und führte
sie in ein anderes Gemach, um ihnen alles, was er an teueren Dingen
besaß, zu zeigen; dorthin ließ er seine tüchtige Gattin rufen. Eine 28
schöne und hochgewachsene Person, in reiche Gewänder gekleidet,
trat mit zwei engelgleichen Knaben zu den Gästen und begrüßte sie
freundlich. Sie erhoben sich, grüßten sie ehrerbietig, boten ihr einen
Platz in der Runde an und umarmten herzlich die schönen Knaben.
Messer Torello ging für eine Weile hinaus, seine Gattin unterhielt sich 29
freundlich mit den Gästen und fragte sie, woher sie kämen; sie ant-
worteten das Gleiche, was sie Messer Torello gesagt hatten. Die Haus- 30
frau sagte hierauf mit heiterer Miene: »Ich sehe, dass mein weiblicher
Rat nützlich sein wird; daher bitte ich euch, die Freundlichkeit zu be-
sitzen, ein vielleicht belanglos erscheinendes Geschenk nicht zurück-
zuweisen, das ich kommen lassen möchte; berücksichtigt bitte, dass
wir Frauen einen Sinn fürs Praktische haben und praktische Geschen-
ke machen, und schaut lieber auf die gute Absicht als auf den Rang des

31 Geschenks.« Und sie ließ für jeden von ihnen zwei Paar Kleider brin-
gen, das eine mit Stoff, das andere mit Pelz gefüttert, nicht wie sie
Bürger oder Kaufleute, sondern Herren tragen, außerdem drei Wäm-
ser aus Seide und Hosen, und sagte: »Nehmt diese Sachen; ähnliche
Kleider trägt auch mein Mann; was die übrigen Sachen anbelangt, so
denke ich daran, dass eure Frauen weit weg sind, dass ihr eine lange
Reise hinter euch und noch vor euch habt, dass Kaufleute die Rein-
lichkeit und Eleganz mögen; obwohl alles nicht viel wert ist, werdet
32 ihr es zu schätzen wissen.« Die Herren staunten sehr und erkannten
deutlich, dass Messer Torello ihnen jede Art von Höflichkeit erwei-
sen wollte; angesichts der vornehmen Kleider, die nichts Kaufmänni-
sches hatten, befürchteten sie, dass Messer Torello sie erkannt haben
könnte; trotzdem antwortete einer von ihnen der Hausfrau: »Madon-
na, es sind großartige Sachen, die nicht geringzuschätzen sind, ob-
wohl Eure Rede uns dazu verpflichten möchte; und wir dürfen sie
33 nicht ablehnen.« Inzwischen war auch Messer Torello wieder zurück-
gekehrt; seine Frau verabschiedete sich von ihnen und ließ auch ihre
Diener mit ähnlichen Sachen ausstatten, wie sie sie den Herren über-
geben hatte. Messer Torello erreichte mit vielen Bitten von seinen
Gästen, dass sie den ganzen Tag bei ihm verbrachten; nachdem sie
sich also etwas ausgeruht und ihre neuen Kleider angelegt hatten, rit-
ten sie gemeinsam mit Messer Torello ein wenig durch die Stadt, und
zur Abendstunde ließen sie sich gemeinsam mit vielen Ehrengästen
34 zu einer prächtigen Abendtafel bei ihm nieder. Als es an der Zeit war,
begaben sie sich zur Ruhe. Am folgenden Morgen standen sie auf und
fanden an Stelle ihrer müden Klepper drei große schöne Reisepferde,
und auch für die Diener standen frische kräftige Pferde bereit. Saladin
35 wandte sich mit folgenden Worten an seine Begleiter: »Ich schwöre
bei Gott, einem vollkommeneren, aufmerksameren und höflicheren
Menschen bin ich noch nicht begegnet; und wenn die christlichen Kö-
nige sich so als Könige betragen wie dieser Ritter als Ritter, so vermag
der Sultan von Kairo nicht einem von ihnen standzuhalten, geschwei-

ge denn den vielen, die sich rüsten, um über ihn herzufallen!« Da sie
aber wussten, dass es nutzlos gewesen wäre, die neuen Geschenke ab-
zulehnen, bedankten sie sich höflich und bestiegen die Pferde. Messer 36
Torello und viele andere begleiteten sie ein langes Stück außerhalb der
Stadt; und obwohl es Saladin schwerfiel, sich von Messer Torello zu
trennen, da er ihn liebgewonnen hatte, bat er ihn umzukehren, weil
ihn die Zeit drängte. Auch Messer Torello fiel es nicht leicht, sich zu
trennen, und er sagte: »Meine Herren, ich kehre um, weil es euch ge- 37
fällt. Aber eines wollte ich euch noch sagen: Ich weiß nicht, wer ihr
seid und möchte auch nicht mehr erfahren, als euch beliebt. Wer ihr
auch immer sein mögt, dass ihr Kaufleute seid, macht ihr mich nicht
glauben. Gott beschütze euch!« Saladin hatte sich bereits von allen 38
Begleitern Messer Torellos verabschiedet und antwortete ihm: »Mes-
sere, es kann geschehen, dass wir Euch etwas von unserer Ware sehen
lassen werden, um Euren Glauben zu bestätigen. Und nun geleite
Euch Gott.« Saladin ritt mit dem festen Vorsatz davon, Messer Torel- 39
los Höflichkeit mit einer nicht minderen Höflichkeit zu entgelten,
sofern sein Leben lang genug währte und der bevorstehende Krieg es
nicht auslöschte. Mit seinen Gefährten sprach er viel über ihn und sei-
ne Frau, und sie waren alle voll des Lobes. Nachdem er aber mit vielen 40
Mühen das gesamte Abendland bereist hatte, schiffte er sich mit sei-
nen Begleitern ein, kehrte nach Alexandria zurück und baute seine
Verteidigung aus, da er sich ja umfassend informiert hatte. Messer To-
rello kehrte nach Pavia zurück; er grübelte lange darüber nach, wer die
drei gewesen sein könnten, aber weder bekam er die Wahrheit heraus
noch ahnte er sie. Die Zeit des Kreuzzuges rückte näher, und man be- 41
reitete sich überall darauf vor; trotz der Tränen und der flehentlichen
Bitten seiner Gattin war auch Messer Torello entschlossen, daran teil-
zunehmen. Als er alles Notwendige vorbereitet hatte und fertig zum
Aufbruch war, sprach er zu seiner Frau, die er über alles liebte: »Frau, 42
wie du siehst, nehme ich an dem Kreuzzug um meiner Ehre und mei-
nes Seelenheiles willen teil. Ich überantworte dir unser Hab und Gut

sowie unsere Ehre. Obwohl ich gewiss bin, dass ich gesund zurück-
kehren werde, kann vieles geschehen, worauf ich keinen Einfluss
habe; deswegen bitte ich dich, dass du mir zuliebe folgendes tun
möchtest: Solltest du, was mir auch immer passiert, keine sichere
Nachricht erhalten, dass ich noch lebe, so warte ein Jahr, einen Monat
und einen Tag von meiner Abreise an, bis du dich wieder vermählst.«
43 Seine Frau brach in Tränen aus und antwortete: »Messer Torello, ich
weiß nicht, wie ich den Schmerz ertragen soll, wenn Ihr mich ver-
lasst; aber sollte ich diesen Schmerz überleben, so könnt Ihr, was
Euch auch immer geschieht, im Leben und im Tode gewiss sein, dass
ich als die Frau Messer Torellos und in seinem Gedenken leben und
44 sterben werde.« Messer Torello antwortete hierauf: »Frau, ich bin
überzeugt, dass du, sofern es nur an dir liegt, dein Versprechen halten
wirst. Aber du bist eine junge und schöne Frau und hast eine große
45 Verwandtschaft, und deine Tugendhaftigkeit ist allseits bekannt. So
zweifle ich nicht daran, dass viele angesehene und edle Männer – so-
fern man nichts mehr von mir hört – bei deinen Brüdern und Ver-
wandten um deine Hand anhalten und dass du dich ihrem Werben,
obwohl du es gerne möchtest, nicht wirst entziehen können und sie
anhören musst. Aus diesem Grund verlange ich nicht mehr als die
46 Einhaltung dieser Frist.« Die Frau sagte: »Ich werde tun, was ich kann
und wie ich es Euch gesagt habe; und sollte ich zu etwas anderem ge-
zwungen werden, so werde ich Eurem Wunsch nachkommen. Ich
47 bete zu Gott, dass er es nicht so weit wird kommen lassen!« Hierauf
umarmte sie unter Tränen Messer Torello, zog sich einen Ring vom
Finger und gab ihn ihm mit den Worten: »Sollte es geschehen, dass
ich sterbe, bevor ich Euch wiedersehe, so erinnert Euch an mich,
48 wenn Ihr ihn anschaut.« Er nahm ihn an sich, stieg zu Pferd, sagte je-
dermann Lebewohl und machte sich auf die Reise. Als er mit seinen
Begleitern in Genua angekommen war, bestiegen sie ein Schiff und
erreichten in kurzer Zeit Akkon, wo sie sich mit dem übrigen Heer
49 der Christen vereinten. Unmittelbar nach ihrer Ankunft brach eine

tödliche Epidemie aus; und es gelang Saladin – ob durch Kriegskunst
oder durch Glück – die überlebenden Christen gefangenzunehmen
und auf verschiedene Städte zu verteilen. Unter ihnen war auch Mes- 50
ser Torello, und er wurde nach Alexandria in Gefangenschaft geführt.
Man kannte ihn dort nicht, und da er fürchtete, erkannt zu werden,
widmete er sich vor allem der Abrichtung von Falken, worin er ein
großer Meister war. Saladin wurde auf ihn aufmerksam, holte ihn aus
dem Gefängnis und machte ihn zu seinem Falkner. Messer Torello, 51
der von Saladin nur der Christ genannt, aber nicht erkannt wurde
– wie auch er den Sultan nicht erkannte –, dachte nur an seine Heimat-
stadt Pavia und hatte schon mehrfach vergeblich versucht zu entflie-
hen. Als nun einige Gesandte aus Genua Saladin aufsuchten, um ei- 52
nige ihrer Mitbürger freizukaufen, und wieder abreisen wollten, be-
schloss er, einen Brief an seine Frau zu schreiben, um ihr mitzuteilen,
dass er noch lebe, dass er bald zurückkehre und sie auf ihn warten sol-
le. Er tat es und bat inständig einen der Gesandten, den er kannte, die-
sen Brief dem Abt von San Pietro in Ciel d'Oro, der sein Onkel war, zu
übergeben. So stand es um Messer Torello, als es geschah, dass Saladin 53
eines Tages mit ihm über seine Vögel sprach, und er auf eine ganz be-
stimmte Weise lächelnd den Mund verzog; dieses Mienenspiel erin-
nerte Saladin an Messer Torello, denn es war ihm bei seinem Besuch
in Pavia besonders aufgefallen; er betrachtete ihn genauer, und es
schien ihm, dass er es sei. Er unterbrach das Gespräch und fragte:
»Sag' mir, Christ, woher kommst du aus dem Abendland?« »Herr«, 54
antwortete Messer Torello, »ich bin Lombarde und ein armer, einfa-
cher Mann aus einer Stadt, die Pavia heißt.« Als Saladin das hörte, war 55
er seiner Sache nahezu gewiss und dachte sich vergnügt: »Gott hat
mir endlich eine Gelegenheit gegeben, diesem Mann zu zeigen, wel-
che Freude er mir mit seiner Gastfreundschaft bereitet hat.« Und ohne
noch etwas zu sagen, ließ er alle seine Gewänder in einer Kammer
auslegen; dann führte er Messer Torello hinein und fragte: »Schau
einmal, Christ, ob du ein Gewand entdeckst, das du schon einmal ge-

56 sehen hast.« Messer Torello sah genau hin und entdeckte die Gewän-
der, die seine Frau Saladin geschenkt hatte; er hielt es aber für un-
wahrscheinlich, dass sie es waren, und er antwortete: »Herr, ich ken-
ne keines davon; aber diese zwei sehen aus wie die Kleider, die ich
57 selbst und drei Kaufleute, die bei mir übernachteten, trugen.« Nun
wusste Saladin sich nicht länger zu beherrschen; er nahm ihn herzlich
in die Arme und sagte: »Ihr seid Messer Torello di Stra, und ich bin ei-
ner der drei Kaufleute, denen Eure Gattin diese Gewänder schenkte.
Und nun ist es an der Zeit, Euch zu zeigen, mit welchen Waren wir
58 handeln, so wie ich es Euch beim Abschied vorausgesagt habe.« Bei
diesen Worten war Messer Torello freudig überrascht und beschämt;
er freute sich, weil er einen so hochgestellten Gast aufgenommen hat-
te; er war beschämt, weil er ihn, wie er meinte, so ärmlich bewirtet
hatte. Aber Saladin sagte: »Messer Torello, da Gott Euch zu mir ge-
schickt hat, denkt daran, dass nicht ich, sondern Ihr der Herr in die-
59 sem Hause seid.« Nach dieser freudigen Begrüßung ließ er ihn in
fürstliche Gewänder kleiden; er führte ihn vor die Würdenträger sei-
nes Hofes, stimmte ein Loblied auf seine Tugend und Tüchtigkeit an
und schärfte einem jeden ein, ihm die gleichen Ehren wie ihm selbst
zu erweisen, wollten sie sein Wohlwollen nicht verlieren. Alle hiel-
ten sich daran, insbesondere aber die beiden, die Saladin begleitet hat-
60 ten. Der plötzliche Glanz, zu dem Messer Torello aufgestiegen war,
ließ ihn die Lombardei ein wenig vergessen; außerdem glaubte er fest
61 daran, dass der Onkel seine Briefe erhalten hatte. Nun war aber im La-
ger oder besser im Heer der Christen an dem Tag, als es in die Hände
Saladins gefallen war, ein unbedeutender Ritter aus der Provence na-
mens Messer Torel di Digne gestorben und begraben worden; da Mes-
ser Torel di Stra aber wegen seines Adels im ganzen Heer bekannt war,
glaubte man, als es hieß »Messer Torel ist tot«, es handelte sich um ihn
und nicht um den aus Digne. Auch die Tatsache, dass Messer Torello
in Gefangenschaft geraten war, brachte keine Aufhellung der Ver-
62 wechslung; so kehrten viele Italiener mit dieser Nachricht in ihre Hei-

mat zurück; manche waren kühn genug zu behaupten, sie hätten den
Toten gesehen und seiner Bestattung beigewohnt. Diese Nachricht 63
brachte nicht nur großen und unsagbaren Schmerz über seine Gattin
und die Angehörigen, sondern über einen jeden, der ihn gekannt hat-
te. Lange würde es dauern, um von den Schmerzen, dem Leid und 64
dem Jammer seiner Gattin zu erzählen. Als sie sich einige Monate ih-
rem Schmerz hingegeben hatte, dieser auch etwas nachließ, und die
vornehmsten Herren der Lombardei sich um sie bewarben, begannen
auch ihre Brüder und Verwandten sie zu bedrängen, sich wieder zu
verheiraten. Unter heftigen Tränenausbrüchen hatte sie das wieder-
holt von sich gewiesen, aber schließlich sah sie sich doch gezwungen,
das zu tun, was ihre Verwandten von ihr verlangten; sie stellte nur die
Bedingung, dass sie so lange warten dürfte, wie sie es Messer Torello
versprochen hatte. So stand es um seine Frau, und es fehlten noch 65
acht Tage bis zur Hochzeit, als Messer Torello in Alexandria eines Ta-
ges einen Mann sah, der sich vormals mit den genuesischen Gesand-
ten auf der Galeere nach Genua eingeschifft hatte. Er ließ ihn herbei-
rufen, um ihn zu fragen, wie es ihnen auf der Reise ergangen sei und
ob sie gut in Genua angekommen wären. Jener antwortete hierauf: 66
»Werter Herr, soviel ich in Kreta gehört habe, wo ich zurückgeblieben
bin, hatte die Galeere eine schlechte Fahrt; denn bei Sizilien geriet sie
in einen gefährlichen Nordwind, der sie auf die Nordbänke der Berbe-
rei geworfen und zerschlagen hat, niemand ist davongekommen, und
auch zwei meiner Brüder sind umgekommen.« Messer Torello glaubte 67
ihm – denn er sagte die Wahrheit – und erinnerte sich daran, dass die
Frist, die er seiner Frau gesetzt hatte, in wenigen Tagen zu Ende war;
da keine Nachricht von ihm nach Pavia gelangt war, musste er es für
gewiss halten, dass sich seine Frau wieder verheiraten würde. Dar-
über ergriff ihn ein solcher Kummer, dass er den Appetit verlor, sich
ins Bett legte und sterben wollte. Als dies Saladin, der ihn über alles 68
liebte, zu Ohren kam, suchte er ihn auf; flehentlich drang er in ihn
und erfuhr den Grund seines Kummers und seiner Krankheit; er

schalt ihn, dass er ihm nichts davon gesagt habe, und bat ihn, neuen
Lebensmut zu fassen, und versprach ihm, wenn er das täte, dafür zu
sorgen, dass er zu dem gesetzten Termin in Pavia wäre; und er fügte
69 auch hinzu, wie das geschehen würde. Messer Torello schenkte Sala-
dins Worten Glauben, weil er oftmals gehört hatte, dass es möglich
und geschehen sei; er erholte sich und bedrängte Saladin, dass es nun
70 an der Zeit wäre. Saladin befahl einem Magier, dessen Kunst er schon
ausprobiert hatte, einen Weg zu finden, Messer Torello bei Nacht auf
einer Liegestatt nach Pavia zu schaffen. Der Magier antwortete, dass
das geschehen werde, dass er aber Messer Torello um seines eigenen
71 Wohles willen einschläfern lasse. Nach diesen Anordnungen kehrte
Saladin zu Messer Torello zurück; er sah, dass dieser fest entschlossen
war, wenn es irgend möglich sei, zum festgelegten Zeitpunkt in Pavia
zu sein, wenn das nicht möglich wäre, so wollte er sterben. Saladin
72 sprach wie folgt zu ihm: »Messer Torello, wenn Ihr Eure Frau so zärt-
lich liebt, dass Ihr fürchtet, sie könnte sich mit einem anderen verhei-
raten, so kann ich Euch dafür bei Gott nicht tadeln, denn von allen
Frauen, die ich je gesehen habe, verdienen ihr Wesen, ihre Sitten und
ihr Habitus – lassen wir die hinfällige Blüte der Schönheit beiseite –
73 das höchste Lob und die größte Wertschätzung. Da Fortuna Euch
hierher gesandt hat, wäre es mir am liebsten gewesen, wenn wir die
Zeit, die wir beide zu leben hätten, als gemeinsame Herrscher und
74 Lenker dieses Reiches verbracht hätten. Wenn Gott mir das nicht be-
schieden haben sollte, und wenn es Eure Absicht gewesen ist, zu ei-
nem bestimmten Termin in Pavia zu sein oder dort zu sterben, so hät-
te ich dies doch gerne rechtzeitig erfahren, um Euch mit den Ehren,
der Pracht und dem Geleit, die Eure Tugend verdient, nach Hause
bringen zu lassen. Da mir das nicht beschieden ist, und Ihr doch un-
verzüglich dort zu sein begehrt, werde ich Euch so, wie ich es Euch
75 angedeutet habe, dorthin schicken.« Messer Torello sagte hierauf:
»Herr, nicht allein Eure Worte, sondern auch Eure Taten haben mir
gezeigt, wie viel Wohlwollen Ihr mir entgegenbringt; ich habe es in

diesem Maße nicht verdient; ich wäre von dem, was Ihr mir gesagt habt, mein Leben lang überzeugt, wenn Ihr es mir auch nicht gesagt hättet. Da ich mich aber entschlossen habe, bitte ich Euch, dass Ihr das, was Ihr zugesagt habt, bald tun werdet, denn morgen ist der letz-
te Tag, an dem man mich zurückerwartet.« Saladin sagte, dass dies 76
ohne Fehl geschehen werde. Am folgenden Tag, an dessen Abend er weggeschickt werden sollte, ließ Saladin in einem großen Saal ein prächtiges und reiches Bett aus samtenen und goldenen Matratzen herrichten; darüber ließ er eine reich gearbeitete, mit großen Perlen und kostbaren Steinen besetzte Decke – die bei uns einen unschätzbaren Wert hatte – und zwei Kissen legen, wie sie ein solches Bett erfor-
derte. Darauf befahl er, dass man Messer Torello, der voll gesundet 77
war, ein einmalig schönes und reiches sarazenisches Oberkleid anleg-
te und um den Kopf einen Turban band. Da die Zeit schon fortge- 78
schritten war, begab sich Saladin mit vielen seiner Würdenträger in das Gemach, in dem sich Messer Torello befand, setzte sich neben ihn
und begann unter Tränen zu sprechen: »Messer Torello, es naht die 79
Stunde, da ich von Euch scheiden muss; weil ich Euch weder begleiten noch wegen der Art der Reise begleiten lassen kann, muss ich mich in diesem Gemach von Euch verabschieden, was ich nun tun
werde. Bevor ich Euch Gott empfehle, bitte ich Euch um unserer Liebe 80
und Freundschaft willen, dass Ihr meiner nicht vergesst und dass Ihr, bevor unsere Tage zu Ende gehen, wenn es möglich ist und Ihr Eure Angelegenheiten in der Lombardei geregelt habt, mich wenigstens einmal besuchen kommt, damit ich nicht nur die Freude habe, Euch wiederzusehen, sondern auch die Freude nachholen kann, die ich
heute wegen Eurer Eile zurückstellen muss. Und damit es Euch leicht 81
werde, mich zu besuchen, bitte ich Euch in Briefen alles, was Euch beliebt, von mir zu verlangen, denn für Euch werde ich es so gerne und
so gewiss wie für niemanden anderen tun.« Messer Torello konnte 82
seine Tränen nicht zurückhalten; mühsam brachte er hervor, dass es ihm unmöglich sein werde, seine Wohltaten und seinen Edelmut zu

vergessen, und dass er das, was Saladin wünsche, tun werde, sofern
83 ihm die Zeit dazu gegeben werde. So umarmte und küsste ihn Saladin
zärtlich, sagte unter vielen Tränen »Geht mit Gott« und verließ den
Raum; auch die anderen Würdenträger verabschiedeten sich von ihm
und begaben sich mit Saladin in den Saal, in dem das Bett vorbereitet
84 war. Es war spät geworden, der Magier wartete schon ungeduldig; ein
Arzt kam mit einem Trank und erklärte ihm, dass er seiner Stärkung
85 diene; kaum hatte er ihn getrunken, so war er eingeschlafen. Saladin
befahl, den Schlafenden auf das schöne Bett zu tragen; auf das Bett
legte er eine wertvolle schöne Krone und kennzeichnete sie als ein
86 Geschenk Saladins an die Gattin Messer Torellos. Darauf steckte er
Messer Torello einen Ring mit einem Karfunkel auf den Finger, der
wie eine Fackel leuchtete und von unschätzbarem Wert war; des weiteren
ließ er ihm ein Schwert mit wertvollem Dekor umgürten; an
den Gürtel ließ er eine Schnalle mit Perlen, wie man sie noch nie gesehen
hatte, und mit kostbaren Steinen heften. Zu beiden Seiten des
Schlafenden ließ er zwei goldene Becken voller Goldmünzen, Perlenschnüre,
Ringe, Gürtel und anderer Dinge aufstellen, die man gar
87 nicht alle aufzählen kann. Dann küsste er ihn auf die Stirn und sagte
dem Magier, dass er ihn losschicken möge; und unverzüglich wurde
das Bett mitsamt Messer Torello den Augen Saladins entrückt, und
dieser unterhielt sich noch lange mit seinen Würdenträgern über den
88 entschwundenen Gast. Mit allen Schätzen wurde der schlafende Messer
Torello – der es so gewünscht hatte – in der Kirche San Pietro zu
Pavia abgesetzt, als der Sakristan nach dem Läuten der Matutin mit
einem Licht die Kirche betrat und auf einmal das prächtige Bett erblickte.
Verblüfft und voller Angst kehrte er um. Der Abt und die
Mönche sahen ihn davonlaufen, wunderten sich und fragten ihn nach
89 dem Grund; er sagte ihn. »Oh!« sagte der Abt, »Du bist weder ein
Kind noch ein Neuling in dieser Kirche, um dich so leicht erschrecken
zu lassen. Gehen wir also zusammen hinein und schauen uns an, was
90 dir Angst gemacht hat.« Der Abt und die Mönche nahmen einige Lich-

ter in die Hand und betraten die Kirche, wo sie das prächtige, kostbare
Bett erblickten und den Ritter, der darauf lag und schlief; als sie, ohne
sich zu nähern, ängstlich und zögernd die edlen Juwelen betrachte-
ten, geschah es, dass Messer Torello – weil die Wirkung des Schlaf-
trunks nachließ – mit einem lauten Seufzer erwachte. Die Mönche 91
und ihr Abt erschraken so sehr, dass sie mit dem Ruf »Herr, hilf uns!«
davonliefen. Messer Torello öffnete die Augen, blickte um sich und 92
bemerkte, dass er sich in der Kirche befand, die er Saladin angegeben
hatte; darüber war er sehr froh. Als er sich aufgerichtet hatte und im
einzelnen betrachtete, was um ihn herum lag, begriff er, dass die
Freigebigkeit Saladins, die er ja bereits kannte, noch überwältigender
war, als er sie eingeschätzt hatte. Da er aber, ohne dass er sich bewegt 93
hätte, bemerkte, dass die Mönche davonliefen, und ahnte, warum sie
das taten, rief er den Abt beim Namen und bat ihn, sich nicht zu ängs-
tigen, denn er sei sein Neffe Torello. Als der Abt das hörte, bekam er 94
noch größere Angst, weil er ihn schon seit vielen Monaten tot glaub-
te; erst als der andere eine Weile laut redete und triftige Gründe vor-
brachte, schlug er ein Kreuz und ging zu ihm. Messer Torello sagte: 95
»Lieber Vater, wovor fürchtet Ihr Euch? Gott sei's gedankt, lebe ich
und bin aus Übersee zurückgekehrt.« Obwohl er einen langen Bart 96
und arabische Tracht trug, erkannte ihn der Abt doch nach einer Wei-
le; beruhigt ergriff er seine Hand und sagte: »Mein Sohn, sei willkom-
men daheim!« Und er fuhr fort: »Du darfst dich nicht wundern, dass
wir so erschrocken sind, denn hier sind alle der festen Überzeugung,
dass du tot bist; und ich kann dir sogar sagen, dass deine Frau, Madon-
na Adalieta, die ihre Verwandten gegen ihren Willen dazu gedrängt
haben, wieder verheiratet ist; heute morgen soll sie ihrem neuen Gat-
ten zugeführt werden, und für die Hochzeitsfeier ist schon alles Nöti-
ge vorbereitet.« Messer Torello erhob sich von seinem prächtigen Bett, 97
begrüßte den Abt und die Mönche herzlich und bat einen jeden, mit
niemandem über seine Rückkehr zu sprechen, bis er eine gewisse An-
gelegenheit erledigt habe. Nachdem er die kostbaren Edelsteine hatte

in Sicherheit bringen lassen, erzählte er dem Abt, was ihm inzwi-
98 schen zugestoßen war. Der Abt freute sich über sein glückliches Ge-
schick, und gemeinsam dankten sie Gott. Darauf fragte Messer Torel-
lo den Abt, wer denn der neue Ehemann seiner Frau werden sollte.
99 Der Abt sagte es ihm. Hierauf sagte Messer Torello: »Bevor meine
Rückkehr bekannt wird, möchte ich gerne sehen, wie sich meine Frau
bei dieser Hochzeit verhalten wird; obwohl ich weiß, dass Ordens-
leute an solchen Festlichkeiten gewöhnlich nicht teilnehmen, bitte
100 ich Euch, mich mir zuliebe dorthin zu begleiten. Der Abt war gerne
dazu bereit und ließ, als es Tag war, dem neuen Ehemann ausrichten,
dass er mit einem Begleiter an der Hochzeit teilnehmen wollte; der
101 Edelmann antwortete, er freue sich darüber. Als die Stunde des Hoch-
zeitsmahles gekommen war, begab sich Messer Torello in seinem
fremdländischen Kostüm gemeinsam mit dem Abt zum Haus des
neuen Gatten; man betrachtete ihn mit Staunen, ohne ihn zu erken-
nen. Der Abt gab ihn als einen Gesandten des Sultans zum König von
102 Frankreich aus. Messer Torello wurde an einen Tisch gegenüber seiner
Frau gesetzt; er betrachtete sie mit großem Vergnügen, und es schien
ihm, als empfände sie keine rechte Freude über ihre Hochzeit. Auch
sie schaute ihn einige Male an, ohne ihn wiederzuerkennen, denn sein
langer Bart, die ungewöhnliche Kleidung sowie die feste Annahme, er
103 sei tot, machten es ihr unmöglich. Als es Messer Torello aber an der
Zeit erschien zu prüfen, ob sie sich seiner noch erinnerte, nahm er den
Ring, den ihm seine Frau bei seiner Abreise gegeben hatte, ließ den
104 jungen Mann rufen, der auf ihrer Seite bediente und sagte ihm: »Rich-
te der jungen Frau von mir aus, dass, wenn in meiner Heimat ein
Fremder – wie ich es hier bin – am Hochzeitsmahl einer jungen Frau,
wie sie es ist, teilnimmt, sie ihm als Zeichen ihrer Freude, dass er ge-
kommen ist, ihren Becher mit Wein reichen lässt; der Fremde trinkt
daraus, deckt ihn wieder zu, reicht ihn zurück, und sie trinkt den
105 Rest.« Der junge Mann überbrachte die Botschaft, und da Madonna
Adalieta, die klug und gebildet war, glaubte, jener Fremde wäre ein

hoher Würdenträger und sie ihm zeigen wollte, wie erfreut sie über
seine Anwesenheit war, nahm sie einen goldenen Pokal, der vor ihr
stand, befahl, ihn auszuspülen, mit Wein zu füllen und dem edlen
Herrn ihr gegenüber zu reichen. So geschah es. Messer Torello hatte 106
ihren Ring in den Mund genommen und ließ ihn, während er trank
und ohne dass es jemand bemerkte, in den Pokal fallen; er verschloss
den Pokal, in dem nur wenig Wein übrig blieb, und ließ ihn der Dame
zurückbringen. Um dem Brauche Genüge zu tun, ergriff sie den Po- 107
kal, hob den Deckel, um ihn anzusetzen, und entdeckte den Ring, den
sie schweigend eine Weile betrachtete; als sie erkannte, dass es der
Ring war, den sie beim Abschied Messer Torello gegeben hatte, nahm
sie ihn heraus, schaute aufmerksam den vermeintlichen Fremden an,
erkannte ihn endlich wieder, warf wie außer sich den Tisch vor sich
um und rief: »Das ist mein Herr, wahrlich, das ist Messer Torello!« Sie 108
lief zu dem Tisch, an dem er saß, und ohne auf ihre Kleider oder das,
was auf dem Tisch stand, zu achten, warf sie sich darüber und um-
schlang ihn fest mit ihren Armen; niemand vermochte ihre Umar-
mung zu lösen, bis ihr schließlich Messer Torello sagte, dass sie zu
sich kommen möge, denn für die Umarmungen wäre ihnen noch ge-
nügend Zeit beschieden. Sie richtete sich auf; da die Hochzeit zwar 109
gestört, aber durch die Wiederkehr des tapferen Ritters auch zum Teil
fröhlicher geworden war, bat Messer Torello um ein wenig Ruhe. Und
er erzählte allen, was ihm seit dem Tag seiner Abreise widerfahren
war; er schloss damit, dass es dem Edelmann, der in dem Glauben, er
sei tot, seine Frau zum Weibe genommen habe, nicht missfallen dür-
fe, wenn er sie nun, da er noch lebe, wieder für sich in Anspruch neh-
me. Der neue Ehemann fühlte sich zwar etwas genasführt, aber er 110
antwortete freimütig und als Freund, dass Messer Torello mit dem,
was ihm gehörte, tun und lassen könnte, was er wollte. Die Frau legte 111
den Ring und die Krone des neuen Ehemannes ab, steckte den Ring
an, den sie im Pokal gefunden hatte, und setzte auch die Krone auf, die
der Sultan ihr geschenkt hatte. Sie verließen das Haus, in dem sie sich

wiedergefunden hatten, und zogen mit der ganzen Hochzeitsgesellschaft zum Haus Messer Torellos. Und alle die verzweifelten Freunde, Verwandten und Mitbürger, die ihn fast wie ein Wunder anstarrten,
12 fanden ihren Trost bei einem fröhlichen Fest. Messer Torello gab einen Teil seiner kostbaren Juwelen an den ab, der die Kosten der Hochzeit bestritten hatte, sowie an den Abt und an viele andere; durch mehr als einen Boten ließ er Saladin wissen, dass er glücklich heimgekehrt sei und sich für immer als sein Freund und Diener fühle. Viele Jahre lebte er mit seiner tüchtigen Frau und verhielt sich höflicher als je zuvor.

13 Dieses war das Ende der Leiden Messer Torellos und seiner geliebten Frau sowie der Lohn ihrer bereitwilligen und herzlichen Höflichkeit. Viele bemühen sich darum, verstehen es aber nur schlecht, obwohl sie genug besitzen; denn bevor sie eine Aufmerksamkeit erweisen, lassen sie sich eine solche höher abkaufen, als sie es wert ist. Sie und niemand anderes müssen sich also wundern, wenn ihnen kein Dank zuteil wird.

Zehnte Novelle

1 *Der Markgraf von Saluzzo wird durch die Bitten seiner Leute dahin gebracht, ein Weib zu nehmen; da er sie aber nach seinen eigenen Vorstellungen aussuchen möchte, führt er die Tochter eines Bauern heim; von ihr bekommt er zwei Kinder und gibt der Mutter gegenüber vor, dass er sie umbringen lasse. Darauf gibt er der Mutter zu verstehen, dass er ihrer überdrüssig geworden sei und eine andere Frau gewählt habe; er holt seine eigene Tochter zurück, als wäre sie seine neue Ehefrau. Nachdem er die erste Frau im Hemd davongejagt und ihre Geduld in allen Dingen erprobt hat, holt er sie, die ihm teurer ist als je zuvor, wieder heim, zeigt ihr die erwachsenen Kinder und setzt sie mit allen Ehren wieder als Markgräfin ein.*

Nachdem die lange Novelle des Königs zu Ende war und augenschein- 2
lich allen gefallen hatte, sagte Dioneo lächelnd: »Der gute Mann, der
die Nacht abwartete, damit der erhobene Schwanz des Gespenstes
sich legte, hätte keine zwei Heller für das Lob gegeben, das ihr über
Herrn Torello ausschüttet.« Da er wusste, dass nur er noch eine Ge-
schichte erzählen musste, fuhr er fort:

Gütige Damen, es scheint so, als wäre der heutige Tag Königen 3
und Sultanen und ähnlichen Herrschaften gewidmet. Ich möchte
mich deswegen nicht allzu sehr von euch entfernen und von einem
Markgrafen keine großmütige Handlung, sondern eine tierische
Dummheit erzählen, die aber schließlich gut ausgegangen ist. Ich
empfehle niemandem, etwas Ähnliches zu tun, denn es ist sehr scha-
de, dass es für ihn gut ausgegangen ist.

Vor schon langer Zeit war der Älteste aus dem Haus der Markgra- 4
fen von Saluzzo ein junger Mann namens Gualtieri; er war ohne Weib
und Kind und verbrachte daher seine Zeit nicht anders als auf der Jagd
und beim Vogelfang; es kam ihm überhaupt nicht in den Sinn, ein
Weib zu nehmen und Kinder zu zeugen. So konnte man ihn für einen
sehr klugen Mann halten. Da dieser Zustand aber seinen Vasallen 5

nicht gefiel, baten sie ihn häufig, doch ein Weib zu nehmen, damit er
selbst nicht ohne Erben und sie nicht ohne Herrn blieben. Sie boten
ihm an, eine Frau zu suchen, die so geartet sei und von solchen Eltern
abstamme, dass man die besten Hoffnungen haben und er selbst zu-
6 frieden sein dürfte. Gualtieri antwortete darauf: »Freunde, ihr zwingt
mich, etwas zu tun, das ich mir vorgenommen hatte, niemals zu tun,
weil ich bemerke, welch ein schwieriges Unterfangen es ist, jeman-
den zu finden, der zu den eigenen Gewohnheiten passt, und wie groß
dagegen die Zahl und wie hart das Leben derjenigen ist, die mit einer
7 Frau geschlagen sind, die nicht zu ihnen passt. Und wenn ihr nun
sagt, dass ihr an den Sitten der Väter und Mütter die Töchter zu erken-
nen glaubt, um – so argumentiert ihr – mir eine Frau zu verschaffen,
die mir gefallen werde, so ist das eine Dummheit, weil ich nämlich
nicht weiß, woher ihr die Väter kennen, noch wie ihr die Geheimnis-
se der Mütter dieser Mädchen erfahren haben solltet. Solltet ihr sie
hingegen doch kennen, so gleichen die Töchter den Vätern und Müt-
8 tern doch häufig nicht. Aber wenn es euch nun tatsächlich gefällt,
mich mit diesen Ketten zu binden, so soll es mir recht sein. Damit ich
mich aber bei niemand anderem als bei mir selbst zu beklagen habe,
will ich auch selbst auf die Suche gehen; und ich versichere euch,
wenn ihr, welche Frau auch immer ich mir nehmen möge, diese nicht
als eure Herrin ehrt, werdet ihr zu eurem großen Schaden spüren, wie
schwer es mir gefallen ist, auf eure Bitten hin und gegen meinen Wil-
len ein Weib zu nehmen.« Die wackeren Männer antworteten, dass
sie damit zufrieden seien, sofern er sich nur überhaupt dazu beque-
me, ein Weib zu nehmen.

9 Seit einer guten Weile hatten Gualtieri die Sitten eines armen
Mädchens aus einem benachbarten Dorf gefallen; da sie ihm recht
hübsch schien, glaubte er, dass er mit ihr ein glückliches Leben führen
könnte. Ohne noch weiter zu suchen, nahm er sich also vor, sie zu
heiraten; er ließ den Vater, der sehr arm war, rufen und kam mit ihm
10 überein, dass er sie zum Weib nähme. Nachdem das geschehen war,

ließ Gualtieri alle seine Freunde aus der Umgebung zusammenkom-
men und sprach zu ihnen: »Freunde, es war und ist euer Wunsch,
dass ich mich darum bemühe, ein Weib zu suchen; ich habe mich
dazu bereitgefunden, mehr um euch einen Gefallen zu tun, als dass
ich selbst den Wunsch hätte. Ihr erinnert euch an das, was ihr mir ver- 11
sprochen habt, dass ihr nämlich mit jeder Frau, die ich auswähle, zu-
frieden sein und sie als Herrin ehren wollt. Es ist nun die Zeit gekom-
men, dass ich euch gegenüber mein Versprechen erfülle, und ich
wünsche, dass auch ihr das eure erfüllt. Ganz in unserer Nähe habe 12
ich ein Mädchen nach meinem Herzen gefunden, die ich zum Weib
zu nehmen und in wenigen Tagen in mein Haus zu führen gedenke.
Denkt nun daran, dass das Hochzeitsfest schön wird und wie ihr sie
ehrenvoll empfangen könnt, damit ich mit der Erfüllung eures Ver-
sprechens ebenso zufrieden sein kann wie ihr mit der des meinen.«
Die wackeren Männer antworteten freudig, dass es ihnen recht wäre 13
und dass sie wen auch immer als Herrin annehmen und achten woll-
ten. Darauf machten Gualtieri und alle anderen sich daran, ein großes,
prächtiges und fröhliches Fest vorzubereiten. Gualtieri ließ eine gro- 14
ße und schöne Hochzeitsfeier richten und viele Freunde, Verwandte,
Edelleute sowie andere Menschen aus der Umgebung einladen. Au-
ßerdem ließ er mehrere schöne und prächtige Kleider nach den Ma-
ßen eines Mädchens anfertigen, das ihm die Figur derjenigen zu ha-
ben schien, die er heiraten wollte. Weiterhin bestellte er Gürtel, Rin-
ge, eine schöne und kostbare Krone sowie alles, was sich für eine
junge Gattin schickte. Als der für die Hochzeit festgesetzte Tag ge- 15
kommen war, stiegen Gualtieri und alle, die ihm zu Ehren gekommen
waren, eineinhalb Stunden nach Sonnenaufgang zu Pferd; und nach-
dem alles Nötige vorbereitet war, sprach Gualtieri: »Ihr Herren, es ist
nun Zeit, die Braut zu holen.« Die ganze Gesellschaft machte sich auf
den Weg und gelangte in besagtes Dorf. Als sie bei dem Haus des Va- 16
ters des Mädchens angekommen waren, trafen sie sie, wie sie eilends
Wasser vom Brunnen geholt hatte, um dann mit anderen Frauen die

Braut Gualtieris anzuschauen. Als Gualtieri das Mädchen erblickte,
rief er sie bei ihrem Namen, der Griselda lautete, und fragte, wo ihr
Vater sei; worauf sie schüchtern antwortete: »Mein Herr, er ist im
17 Haus.« Nachdem Gualtieri nun abgestiegen war und befohlen hatte,
auf ihn zu warten, trat er allein in die bescheidene Hütte, wo er ihren
Vater antraf, dessen Name Giannucole war. Er sagte zu ihm: »Ich bin
gekommen, um deine Griselda zu heiraten. Zuerst möchte ich aber
18 in deiner Gegenwart von ihr selbst etwas hören.« Und er fragte sie,
ob sie, wenn er sie zur Frau genommen habe, sich darum bemühen
würde, ihm zu gefallen, und über nichts, was er auch sagte oder täte,
erschrecken würde; er fragte sie, ob sie ihm gehorsam wäre, und an-
19 dere ähnliche Dinge, worauf sie jedes Mal mit Ja antwortete. Dann
ergriff Gualtieri ihre Hand, führte sie hinaus und ließ sie sich vor der
ganzen Gesellschaft nackt ausziehen; die Kleider, die er hatte anferti-
gen lassen, lagen bereit, und er befahl, sie unverzüglich damit zu be-
kleiden; auf ihre noch ungekämmten Haare ließ er die Krone setzen.
20 Als jedermann staunte, sagte er: »Meine Herren, diese beabsichtige
ich zu meiner Frau zu machen, sofern sie mich zum Manne haben
will«; darauf wandte er sich an sie, die ratlos und beschämt dastand,
21 und sagte: »Griselda, willst du mich zum Manne?« Worauf sie ant-
22 wortete: »Ja, Herr.« Und er sagte: »So wie ich dich zum Weibe möch-
te.« Vor allen Anwesenden heiratete er sie, und nachdem er sie einen
Zelter hatte besteigen lassen, führte er sie in ehrenvollem Zug nach
23 Hause. Hier wurde die Hochzeitsfeier so großartig und prächtig be-
gangen, als hätte er die Tochter des Königs von Frankreich heimge-
führt.

24 Es schien, als hätte die junge Frau mit den Kleidern auch den Geist
und die Sitten gewechselt. Wir sagten bereits, dass sie von schöner
Gestalt und schönem Antlitz war; sie wurde ebenso anmutig, liebens-
würdig und sittsam, wie sie schön war, so dass es schien, als sei sie
nicht die Tochter des Giannucole und eine Schafhirtin, sondern die
Tochter eines vornehmen Herrn. Wer sie vorher gekannt hatte, war

überrascht. Darüber hinaus war sie ihrem Ehemann gegenüber so ge-
horsam und fügsam, dass dieser sich als der glücklichste und zufrie-
denste Mann der Welt fühlte. Gegenüber den Untertanen ihres Man- 25
nes zeigte sie sich ebenso freundlich wie gütig, so dass es niemanden
gab, der sie nicht um ihrer selbst willen geliebt und geachtet hätte; alle
beteten für ihr Wohl, Glück und Ansehen; die vorher gesagt hatten,
dass Gualtieri wenig klug gehandelt hätte, als er sie zum Weib nahm,
meinten nun, dass er der klügste und gescheiteste Mann der Welt
wäre, weil kein anderer als er die hohe Tugend dieser Frau, die unter
armem Tuch und bäuerlichem Kleid verborgen war, jemals hätte ent-
decken können. Kurzum, sie verstand es, dass man binnen kurzer 26
Zeit nicht nur in der Markgrafschaft, sondern überall von ihrer Tu-
gend und ihren guten Werken sprach. Sofern man um ihretwillen et-
was gegen ihren Mann gesagt hatte, als er sie heiratete, sagte man nun
das Gegenteil.

Sie war noch nicht lange mit Gualtieri zusammen, als sie schwan- 27
ger wurde und nach gegebener Frist zur großen Freude Gualtieris ein
Mädchen gebar. Aber kurz danach kam ihm eine ganz sonderbare Idee
in den Sinn. Er wollte nämlich mit einer langen Prüfung und uner-
träglichen Dingen ihre Geduld erproben. Zuerst peinigte er sie mit
Worten, gab sich verärgert und behauptete, seine Gefolgsleute seien
wegen ihrer niederen Herkunft überhaupt nicht zufrieden, beson-
ders, da sie nun sähen, dass sie auch noch Kinder zur Welt brachte;
das Töchterchen, das geboren worden war, habe nichts als Unmut er-
regt. Als die Frau diese Worte vernahm, sagte sie, ohne eine Miene zu 28
verziehen oder ihr Versprechen mit irgendeiner Äußerung in Frage
zu stellen: »O Herr, tue mit mir, was du glaubst, um deiner Ehre und
deines Glücks willen tun zu müssen; denn ich werde mit allem zu-
frieden sein, weil ich weiß, dass ich geringerer Herkunft bin als deine
Leute, und weil ich der Ehre, zu der du mich durch deine Großmut
erhoben hast, nicht würdig war.« Diese Antwort gefiel Gualtieri sehr, 29
weil er erkannte, dass sie wegen der Hochachtung, die er selbst und

30 andere ihr erwiesen, nicht hochmütig geworden war. Kurze Zeit da-
nach, nachdem er seiner Frau mit unklaren Worten angedeutet hatte,
dass seine Untertanen das Kind, das sie ihm geboren hatte, nicht er-
trügen, unterwies er einen seiner Vertrauten und schickte ihn zu ihr.
Mit bekümmertem Gesicht sagte dieser zu ihr: »Gnädige Frau, wenn
ich nicht selbst sterben will, so muss ich tun, was mein Herr mir be-
fiehlt. Er hat mir befohlen, dass ich Euer Töchterchen hole und dass
31 ich …«, und weiter sprach er nicht. Als die Frau diese Worte hörte und
das Gesicht des Mannes sah, erinnerte sie sich an die Worte ihres
Mannes und begriff, dass diesem befohlen war, das Kind zu töten.
Ohne zu zögern, nahm sie das Kind aus der Wiege, küsste und segne-
te es, legte es, obwohl sie einen heftigen Schmerz im Innern verspür-
32 te, mit festem Antlitz in die Arme des Dieners und sagte: »Nimm und
tue alles, was dein und mein Herr dir befohlen hat. Sofern er dir nichts
anderes befohlen hat, lasse es nicht so liegen, dass Tiere und Vögel es
33 zerreißen.« Der Vertraute nahm das Mädchen und überbrachte Gual-
tieri, was die Frau gesagt hatte; Gualtieri war erstaunt ob ihrer Seelen-
stärke und sandte den Vertrauten mit dem Kind zu einer Verwandten
nach Bologna, die er bat, niemals zu offenbaren, wessen Töchterchen
34 es sei, und es gut zu nähren und aufzuziehen. Es geschah nun, dass die
Frau zum zweiten Mal schwanger wurde und nach gegebener Frist ei-
nen Jungen gebar, der Gualtieri lieb und teuer war. Es genügte ihm
aber noch nicht, was er bereits getan hatte, sondern er durchbohrte
das Herz der Frau mit einer noch größeren Pein. Mit erzürnter Miene
35 sagte er ihr eines Tages: »Frau, seitdem du den Jungen geboren hast,
kann ich mit meinen Leuten überhaupt nicht mehr auskommen, weil
sie derart erbittert sind, dass nach mir ein Enkel des Giannucolo ihr
Herr sein soll. Ich fürchte, dass, wenn ich nicht selbst fortgejagt wer-
den will, ich das werde tun müssen, was ich das vorige Mal getan
habe, und dass ich dich schließlich wegschicken muss, um eine ande-
36 re Frau zu nehmen.« Die Frau hörte ihm mit geduldigem Sinn zu und
erwiderte nichts anderes als: »O Herr, denke daran, dass du glücklich

bist und dir deinen Willen erfüllst; denke nicht an mich, denn nichts ist mir so teuer wie das, was dir gefällt.«

Wie Gualtieri es schon mit dem Mädchen getan hatte, so sandte er 37
nach wenigen Tagen jemanden, um den Knaben zu holen; auch diesmal gab er vor, das Kind töten zu lassen, um es dann aber, wie zuvor
das Mädchen, zur Pflege nach Bologna zu schicken; hierbei zeigte die 38
Frau die gleiche Miene und sagte die gleichen Worte, wie sie es bei dem Mädchen getan hatte. Gualtieri war darüber sehr erstaunt und sah sich darin bestätigt, dass keine andere Frau das tun konnte, was sie getan hatte; und wenn er nicht mit angesehen hätte, dass sie, solange er es ihr vergönnt hatte, ihre Kinder innig geliebt hatte, hätte er geglaubt, dass sie sich um die Kinder gar nicht kümmern wollte; wo-
hingegen er doch sah, dass sie alles gelassen hinnahm. Seine Unterta- 39
nen glaubten, dass er seine Kinder hatte umbringen lassen; sie tadelten ihn heftig und schalten ihn grausam; mit der Frau hatten sie großes Mitleid. Diese selbst wiederholte immer nur, wenn andere Frauen mit ihr über den Tod der Kinder klagten, dass sie nur wollte, was der
wollte, der die Kinder gezeugt habe. Als nun aber mehrere Jahre nach 40
der Geburt des Mädchens vergangen waren, schien Gualtieri die Zeit gekommen, zum letzten Mal die Leidensfähigkeit seiner Frau zu prüfen. Zu vielen seiner Leute sagte er, dass er Griselda auf gar keinen Fall mehr als Weib ertragen könne und dass er erkannt habe, wie schlecht und mit welchem jugendlichen Leichtsinn er gehandelt habe, als er sie zur Frau nahm; deswegen wolle er alles in seiner Macht liegende tun, um vom Papst die Erlaubnis zu erhalten, Griselda zu verlassen und eine andere Frau zu nehmen. Nicht wenige seiner wackeren Männer tadelten ihn deswegen heftig. Darauf antwortete er nichts weiter, als
dass es so zu geschehen habe. Die Frau war zutiefst betrübt, als sie da- 41
von hörte und erwarten musste, zu ihrem Vater zurückzukehren und wie einst die Schafe zu hüten, indessen eine andere Frau den erhielt, den sie von Herzen liebte. Aber wie sie schon die anderen Widrigkeiten des Schicksals ausgehalten hatte, so beschloss sie mit Fassung,

42 auch diese zu ertragen. Nach nicht allzu langer Zeit ließ Gualtieri ge-
fälschte Schreiben aus Rom kommen und machte seine Untertanen
glauben, der Papst habe ihm erlaubt, Griselda zu verlassen und ein an-
deres Weib zu nehmen. Er ließ also Griselda zu sich kommen und
43 sagte ihr vor vielen Zeugen: »Frau, mit der Erlaubnis des Papstes kann
ich eine andere Frau nehmen und dich verlassen. Weil meine Vorfah-
ren mächtige Adlige und Herren dieser Länder gewesen sind, wäh-
rend die deinen immer nur Bauern waren, wünsche ich nicht länger,
dass du meine Frau bist, sondern dass du in die Hütte des Giannucolo
samt der Mitgift zurückkehrst, die du mir eingebracht hast. Ich werde
44 eine andere, die mir passend erscheint, heimführen.« Als die Frau die-
se Worte hörte, unterdrückte sie nicht ohne große Mühe und ganz
wider die weibliche Natur ihre Tränen und antwortete: »O Herr, ich
war mir immer bewusst, dass mein niederer Stand in keiner Weise zu
Eurem Adel passte; das, was ich bei Euch gewesen bin, erkannte ich
als von Gott und Euch gegeben; aber niemals hielt ich das, was mir ge-
geben wurde, für mein Eigentum, sondern ich betrachtete es immer
nur als etwas, das mir geliehen war. Euch gefällt es nun, es zurückzu-
fordern, und ich soll und will es Euch zurückgeben. Nehmt also hier
45 Euren Ring, mit dem Ihr mich geheiratet habt. Ihr befehlt mir, die
Mitgift, die ich Euch eingebracht habe, mitzunehmen. Dazu braucht
weder Ihr etwas zu zahlen, noch benötige ich selbst einen Beutel oder
ein Lasttier, denn ich habe es nicht vergessen, dass Ihr mich nackt ge-
nommen habt. Und wenn Ihr es billigen solltet, dass dieser Leib, in
dem die von Euch gezeugten Kinder ausgetragen wurden, von jeder-
mann gesehen werde, so werde ich nackt davongehen. Aber ich bitte
Euch, dass Ihr mir als Preis meiner Jungfräulichkeit, die ich hierher
gebracht habe und nicht mehr mitnehme, wenigstens gestatten mö-
get, ein einziges Hemd zusätzlich zu meiner Mitgift davonzutragen.«
46 Gualtieri, der am liebsten in Tränen ausgebrochen wäre, bewahrte
dennoch seine unerbittliche Miene und sagte: »Ein Hemd nimmst du
47 mit.« Alle Umstehenden baten ihn, ihr doch ein Kleid zu geben, damit

man nicht mit anschauen müsste, wie sie, die dreizehn Jahre lang und länger seine Frau gewesen war, armselig und schändlich sein Haus verließ, wenn sie im Hemd davonzöge. Aber alles Bitten war umsonst. So ging die Frau, nachdem sie alle Gott befohlen hatte, barfüßig, barhäuptig und im Hemd aus dem Haus und kehrte zu ihrem Vater zurück, begleitet von den Tränen und Klagen aller, die sie sahen.
Giannucolo, der niemals daran hatte glauben können, dass Gualtieri 48
seine Tochter als Frau behalten würde, und das, was jetzt geschehen war, täglich erwartete, hatte die Kleider aufbewahrt, die sie an jenem Tag, als Gualtieri sie heiratete, abgelegt hatte. Nachdem er sie ihr nun wieder übergeben und sie sie angezogen hatte, widmete sie sich den kleinen Aufgaben des väterlichen Hauses, so wie sie es zu tun gewohnt war, und ertrug mit innerer Stärke den harten Schlag eines
feindseligen Geschicks. Kaum hatte Gualtieri das alles durchgeführt, 49
gab er den Seinen gegenüber vor, dass er eine Tochter des Grafen von Panago ausgewählt habe. Er ordnete umfangreiche Vorbereitungen für die Hochzeit an und bestellte Griselda zu sich. Als sie kam, sagte er
zu ihr: »Ich werde die Frau, die ich neu gewählt habe, in mein Haus 50
geleiten und möchte sie ehrenvoll empfangen. Du weißt, dass ich keine Frauen im Haus habe, welche es verstünden, die Gemächer einzurichten und viele andere Dinge vorzubereiten, die für das Fest notwendig sind. Deswegen sollst du, weil du dich besser als jeder andere hier auskennst, alles beaufsichtigen, was dazu zu tun ist, die Frauen einladen, welche dir richtig erscheinen, und sie empfangen, als wärest du die Herrin hier. Nach der Hochzeit kannst du dann nach Hause zu-
rückkehren.« Obwohl diese Worte Griseldas Herz wie mit Messersti- 51
chen durchbohrten, sie aber ihre Liebe zu ihm nicht so einfach ablegen konnte wie ihr gütiges Geschick, antwortete sie: »Herr, ich bin da
und bereit.« Nachdem sie in ihren groben und bäuerischen Kleidern in 52
das Haus zurückgekehrt war, das sie kurz zuvor im Hemd verlassen hatte, begann sie, die Zimmer zu fegen und in Ordnung zu bringen, sie ließ die Räume mit Tüchern aushängen und die Küche vorberei-

ten; wie eine bescheidene Dienerin des Hauses legte sie überall Hand an und ruhte nicht, bevor nicht alles, wie es sich gehörte, geordnet
53 und gerichtet war. Nachdem sie durch Gualtieri alle Damen der Umgebung hatte einladen lassen, harrte sie des Festes. Als der Tag der Hochzeit gekommen war, empfing sie, zwar arm gekleidet, aber mit edler Sitte und Anstand und mit heiterer Miene alle Damen, die ein-
54 trafen. Gualtieri hatte seine Kinder mit Sorgfalt bei seiner Verwandten in Bologna aufziehen lassen; diese Verwandte hatte in die Familie der Grafen von Panago eingeheiratet. Das Mädchen war inzwischen zwölf Jahre alt und das schönste Wesen, das man sich vorstellen konnte; der Junge war sechs Jahre alt. Gualtieri hatte einen Boten zu den Verwandten gesandt und darum gebeten, mit der Tochter und dem Sohn nach Saluzzo zu kommen und dafür zu sorgen, dies in würdiger und stattlicher Gesellschaft zu tun; außerdem sollten sie sagen, dass sie ihm das Mädchen als Braut zuführten und niemandem
55 andeuten, dass es anders wäre. Der Edelmann tat, worum ihn der Markgraf gebeten hatte, machte sich auf den Weg und traf nach einigen Tagen mit dem Mädchen, ihrem Bruder und einer vornehmen Gesellschaft um die Zeit des Mittagsmahles in Saluzzo ein, wo alle Bauern und viele andere Menschen aus der Umgebung auf den Beinen
56 waren und die neue Braut Gualtieris erwarteten. Sie wurde von den Frauen empfangen; als sie in den Saal trat, wo die Tische bereitet waren, ging Griselda, so wie sie war, heiter auf sie zu und sagte: »Willkommen, sei meine Herrin.« Vergeblich hatten die Frauen Gualtieri gebeten, dass Griselda entweder in einem Zimmer bleiben dürfe oder dass man ihr wenigstens eines der Kleider, die ihr gehört hatten, leihen möge, damit sie sich den Gästen nicht in ihrem Aufzug zeigen müsste. Die Frauen wurden zu Tisch gebeten, und die Mahlzeit be-
57 gann. Das Mädchen wurde von jedermann betrachtet, und ein jeder meinte, dass Gualtieri einen guten Tausch gemacht habe; aber vor al-
58 len lobte Griselda sie sehr, sie und ihren kleinen Bruder. Gualtieri schien es nun, dass er, wie gewollt, die Geduld seiner Frau hinlänglich

beobachtet hatte; er erkannte, dass das Überraschende der Ereignisse
sie um nichts veränderte und dass dies gewiss nicht aus Blödheit ge-
schah; denn er kannte sie als sehr besonnen. Es schien ihm nun an der
Zeit, sie aus der bitteren Qual zu befreien, die sie, so urteilte er, unter
ihrer gefassten Miene verborgen hielt. Daher ließ er sie zu sich kom-
men und sagte lächelnd vor allen anderen: »Was hältst du von unserer
Braut?« »Herr«, antwortete Griselda, »ich halte viel Gutes von ihr. 59
Wenn sie so klug wie schön ist, was ich glaube, so zweifle ich nicht
daran, dass Ihr mit ihr zusammen als der glücklichste Herr der Welt
leben müsstet. Aber so sehr ich vermag, bitte ich Euch darum, die
Quälereien, die Ihr der anderen, die die Eure war, zugefügt habt, nicht
dieser anzutun, weil ich kaum glauben kann, dass sie sie wird ertra-
gen können, weil sie sowohl jünger als auch durch ihre Erziehung
verwöhnt ist, indessen die andere von klein auf an dauernde Mühsal
gewöhnt war.« Als Gualtieri bemerkte, dass sie fest daran glaubte, 60
dass jene seine Frau werden sollte und dass sie trotzdem nichts als
Gutes über sie sprach, ließ er sie an seiner Seite sich niedersetzen und
sagte: »Griselda, Zeit ist es nun, dass du die Frucht deiner langen Ge- 61
duld erntest und dass alle, die mich grausam, ungerecht und bestia-
lisch schalten, erkennen, dass ich, was ich tat, mit dem vorgesetzten
Ziel getan habe, dich zu lehren, eine Ehefrau zu sein, und sie zu leh-
ren, sie als solche zu behandeln; mir selbst habe ich dauerhafte Ruhe
verschaffen wollen, solange ich mit dir zu leben habe; denn als ich
dazu kam, ein Weib zu nehmen, sorgte ich mich darum, dass mir das
gelingen möge. Um einen Beweis dafür zu bekommen, habe ich dich,
du weißt es, auf viele Weisen gequält und gepeinigt. Und da ich be- 62
merkt habe, dass du weder mit Worten noch mit Taten jemals meinen
Willen aus den Augen verloren hast, und weil ich annehme, dass ich
bei dir das Glück finde, das ich suche, will ich dir in dieser Stunde alles
zurückgeben, was ich dir nach und nach weggenommen habe, und so
mit höchster Freude die Pein wiedergutmachen, die ich dir zugefügt
habe. So empfange denn fröhlichen Mutes als deine und meine Kin- 63

der, die du für meine Braut und ihren Bruder hältst; du und viele an-
dere haben lange angenommen, ich hätte sie grausam töten lassen.
Außerdem bin ich dein Gatte, der dich über alle Maßen liebt; und ich
glaube, dass ich mich rühmen darf, dass kein anderer so wie ich mit
seiner Frau glücklich sein kann.«

64 Nachdem er das gesagt hatte, umarmte und küsste er sie; sie wein-
te vor Freude, und gemeinsam erhoben sie sich und gingen zur Toch-
ter, die voller Staunen diese Dinge gehört hatte; sie umarmten die
Tochter und deren Bruder zärtlich und klärten viele, die zugegen wa-
65 ren, über die Wahrheit auf. Voller Freude erhoben sich die Frauen, be-
gleiteten Griselda in ein Zimmer, entledigten sie unter günstigerem
Vorzeichen ihrer Kleider und kleideten sie in ein vornehmes Gewand;
als Herrin, wie sie zuvor auch schon in Lumpen erschienen war, führ-
66 ten sie sie in den Saal zurück. Groß war die gemeinsame Freude mit
den Kindern, jedermann war glücklich darüber; Heiterkeit und Ver-
gnügen nahmen zu und zogen sich mehrere Tage hin. Man hielt Gual-
tieri für klug, obwohl man die Prüfung seiner Frau für hart und uner-
67 träglich hielt; Griselda galt als überaus weise. Der Graf von Panago
kehrte nach einigen Tagen nach Bologna zurück; Gualtieri enthob
Giannucolo seiner Arbeit und verschaffte ihm als seinem Schwieger-
vater einen angemessenen Stand, so dass er ehrenvoll und glücklich
bis ans Ende seines Alters lebte. Nachdem Gualtieri seine eigene
Tochter standesgemäß verheiratet hatte, lebte er mit Griselda, die er
mit seiner ganzen Kraft in Ehren hielt, lange und glücklich.

68 Hier wird man nichts anderes sagen können, als dass himmli-
sche Geister auch in die armen Hütten herniedersteigen, so wie sie
die königlichen Paläste derer besuchen, die würdiger sind, Schwei-
ne zu hüten, als Menschen zu regieren. Wer außer Griselda hätte
es vermocht, nicht allein ungerührten, sondern auch heiteren Ant-
litzes die harten und unerhörten Prüfungen Gualtieris zu erdulden?
69 Ihm wäre es vielleicht nicht schlecht bekommen, wenn er mit ei-
ner zusammengetroffen wäre, die sich, sofern er sie im Hemd aus

dem Haus gejagt hätte, das Fell von einem anderen so gut hätte schaben lassen, dass schließlich ein hübsches Kleid herausgekommen wäre.

Dioneos Novelle war zu Ende, und die Damen hatten lange darüber 1
gesprochen, indem sie sehr unterschiedliche Dinge hervorgehoben, die einen das getadelt, was die anderen gelobt hatten, als der König, der gen Himmel schaute und sah, dass die Sonne zur Abendstunde schon tief gesunken war, ohne sich zu erheben, wie folgt zu sprechen begann:

»Meine schönen Damen, ich glaube, ihr wisst, dass die Weisheit 2
der Sterblichen nicht nur darin besteht, die vergangenen Dinge im Gedächtnis aufzubewahren und die gegenwärtigen zu erkennen, sondern dass angesehene Männer es für der Weisheit bedeutendes Ver-
mögen halten, aus beiden die zukünftigen vorauszusehen. Wie ihr 3
wisst, sind es morgen vierzehn Tage her, dass wir Florenz verlassen haben, um dem Trübsinn, der Angst und dem Leid zu entfliehen, das seit dem Beginn der Pestepidemie über unsere Stadt gekommen ist, und um zur Erhaltung unserer Gesundheit und unseres Lebens Ruhe
und Entspannung zu suchen. Nach meinem Urteil ist uns dies in allen 4
Ehren gelungen; denn habe ich recht gesehen, so haben wir nichts Tadelnswertes getan oder gesagt, obwohl wir heitere, vielleicht die Begierde erregende Novellen erzählt haben, und obwohl wir gut gegessen und getrunken, gesungen und getanzt haben – wodurch schwa-
che Gemüter zu frivolen Dingen angeregt werden. Ich habe nichts 5
anderes gesehen und gespürt als nur Sittsamkeit, Eintracht und familiäres Vertrauen. Für unsere Ehre und unser Ansehen weiß ich das
wohl zu schätzen. Damit nun eine zu lange Gewohnheit nicht zum 6
Überdruss werde, und damit man an unserem langen Beisammensein nicht herumkritisieren kann, bin ich der Ansicht – weil nun ein jeder den Ehrentitel getragen hat, den ich immer noch trage –, dass es, wenn es auch euch beliebte, angemessen wäre, dorthin zurückzukeh-

7 ren, von wo wir aufgebrochen sind. Täten wir das nicht, so würde sich
unsere Gesellschaft, von der man schon anderen Orts gehört hat, sich
auf einmal vergrößern, was unseren glücklichen Zustand zerstören
würde. Stimmt ihr also meinem Vorschlag zu, so werde ich die mir
verliehene Krone bis zu unserer Abreise behalten, die morgen früh
stattfinden sollte. Solltet ihr es euch anders überlegen, so habe ich be-
reits denjenigen ausgesucht, den ich für den folgenden Tag krönen
8 würde.« Es gab manche Diskussionen zwischen den Damen und den
jungen Männern; aber schließlich hielten sie den Vorschlag des Kö-
nigs für schicklich und zweckmäßig und beschlossen, ihm zu folgen.
So ließ der König also den Seneschall kommen, um die Vorkehrungen
für den kommenden Vormittag zu besprechen; darauf entließ er die
9 Gesellschaft bis zur abendlichen Mahlzeit und erhob sich. Die Damen
und alle übrigen standen auf und gaben sich, wie sie es gewohnt wa-
ren, verschiedenen Vergnügungen hin. Als die Essensstunde gekom-
men war, versammelten sie sich fröhlich zum Mahle. Und danach be-
gannen sie zu singen, zu spielen und zu tanzen; indessen Lauretta ei-
nen Tanz anführte, befahl der König Fiammetta, ein Lied zu singen;
anmutig begann sie wie folgt:

10 Käme Liebe ohne Eifersucht,
so wäre keine Frau
so glücklich, wie ich es sein könnte.
11 Wenn die frische Jugend
des Geliebten jede Frau beglückt
oder der Preis der Tugend
oder Tapferkeit und Kühnheit,
Verstand und Sitte oder edle Worte
oder vollkommener Liebreiz,
so bin ich glücklich verliebt
und sehe alles in ihm,
dem meine Hoffnung gilt.

Aber nun bemerke ich, 12
dass andere Frauen so klug sind wie ich,
und ich zittere vor Angst
und fürchte das Schlimmste:
dass sie den begehren,
der mir das Herz geraubt.
Was mir das Glück geschenkt,
bringt mir die Pein,
die Tränen und die Qual.
Hätte ich Vertrauen 13
in meinen Herrn, so wie ich ihn schätze,
wär' ich nicht eifersüchtig.
Denn Treue ist ein selten' Gut,
wenn nur eine mit dem Auge winkt,
dann sind sie alle schwach.
Das treibt mich um, und ich stürbe gern,
und wer ihn anschaut, die fürchte ich,
dass sie ihn mir entführt.
Bei Gott, eine jede 14
sei gebeten, es nicht zu wagen,
mir diese Schmach anzutun.
Denn gäbe es eine,
die mit Worten, Blicken oder Schmeichelei
zu meinem Schaden ihn
versuchen möchte und umgarnen –
erführe ich es, ich würde nimmer ruhen,
ihr diesen Wahn mit bitteren Tränen auszutreiben.

Als Fiammetta ihr Lied beendet hatte, meinte Dioneo, der neben ihr 15
stand, lächelnd: »Madonna, da es Euch so sehr erzürnt, wäre es freundlich von Euch, uns den Namen des Glücklichen zu nennen, damit er Euch nicht unwissentlich weggenommen wird.« Danach wur-

den noch andere Lieder gesungen, und als es fast schon Mitternacht geworden war, gefiel es dem König, dass alle sich zur Ruhe begaben.
16 Als der neue Tag erschien, erhoben sie sich und kehrten, da der Seneschall ihre Sachen schon weggeschickt hatte, unter der Führung ihres umsichtigen Königs nach Florenz zurück; die drei jungen Männer setzten die sieben Damen in Santa Maria Novella ab, von wo sie auch aufgebrochen waren; dort wurden sie verabschiedet und gingen, wohin es ihnen gefiel, indessen die Damen, als es ihnen an der Zeit erschien, nach Hause zurückkehrten.

Schlusswort des Autors

1 Edle junge Frauen, um deren Tröstung willen ich mich einer so langen Mühsal unterzogen habe, ich glaube, dass ich mit Hilfe der göttlichen Gnade, die mir, wie ich erkenne, aufgrund eurer barmherzigen Fürbitte und nicht schon aufgrund meiner Verdienste zuteil geworden ist, vollendet habe, was ich zu Beginn dieses Werkes zu tun versprochen habe; nachdem ich zuerst Gott und danach euch gedankt habe, werde ich meiner Feder und meiner ermüdeten Hand Ruhe gewäh-
2 ren. Bevor ich das aber tue, möchte ich auf einige Dinge antworten, welche die eine oder andere unter euch sagen könnte, so als würde sie von geheimen Fragen bewegt; ich bin mir zugleich gewiss, dass diese Novellen kein besonderes Vorrecht vor anderen Dingen haben, wie ich es nach meiner Erinnerung zu Beginn des vierten Tages gezeigt habe.

3 Einige von euch werden vielleicht sagen, dass ich beim Schreiben zu freizügig gewesen sei, dass ich also manchmal die Frauen Dinge sagen und anhören lasse, welche ehrbare Frauen ziemlicherweise weder sagen noch anhören sollten. Das bestreite ich aber, weil nichts so unanständig ist, dass es, wenn man es mit anständigen Worten ausdrückt, irgendjemanden stören könnte; und es scheint mir, dass ich das in schicklicher Weise getan habe.

4 Aber unterstellen wir einmal, dass es stimmt – denn ich beabsichtige nicht, mit euch zu streiten, weil ihr mich besiegen würdet; ich will also darauf antworten, warum ich das so getan habe, und ausreichende Gründe stellen sich sofort ein: Wenn sich in einer Novelle irgendetwas Freizügiges findet, so hat die Art der Novellen es erfordert; wenn man sie nämlich mit dem vernünftigen Blick einer verständigen Person betrachtet, so wird man deutlich erkennen, dass sie nicht anders erzählt werden konnten, wenn ich ihnen nicht ihre Form
5 hätte entziehen wollen. Und wenn sie vielleicht auch ein Teilchen enthalten, ein Wörtchen, das freier ist, als es sich für eine bigotte

Dame geziemen möchte, die mehr die Worte wägt als die Taten und
sich mehr bemüht, gut zu erscheinen, als es zu sein, so meine ich, dass
man es mir nicht weniger verbieten darf, sie aufzuschreiben, als man
allgemein den Männern und Frauen verbietet, alle Tage zu sagen Loch
und Zapfen, Mörser und Stößel, große Wurst und kleine Wurst so-
wie eine Menge ähnlicher Dinge. Außerdem sollte man meiner Feder 6
keine geringere Fähigkeit als dem Pinsel des Malers zubilligen, der
ohne jeglichen, wenigstens gerechten Tadel – lassen wir einmal bei-
seite, ob er den Heiligen Michael die Schlange mit dem Schwert oder
mit der Lanze, den Heiligen Georg den Drachen, wo es ihm gefällt,
treffen lässt – Christus als Mann und Eva als Frau darstellt, und Ihn
selbst, der um der Menschen Heil am Kreuz sterben wollte, einmal
mit einem, dann wieder mit zwei Nägeln die Füße festnagelt.

Außerdem wird man wohl erkennen, dass diese Dinge weder in 7
der Kirche – über deren Sachen es sich geziemt, mit ehrbaren Gedan-
ken und Worten zu reden, obwohl man auch in den Geschichten der
Kirche genügend und noch andere Sachen als die von mir geschriebe-
nen findet – noch in den Philosophenschulen, wo die Ehrbarkeit nicht
weniger als anderswo gefordert wird, noch an anderem Ort unter Kle-
rikern oder Philosophen ausgesprochen werden. Diese Dinge werden
vielmehr in den Gärten, an den Orten der Lustbarkeit, unter jungen
Leuten – die reif genug sind, um nicht von den Novellen beeinflusst
zu werden – und in einer Zeit ausgesprochen, wo es nicht ungebühr-
lich war, dass die Ehrbarsten, um sich zu schützen, die Hosen auf dem
Kopf trugen. Was auch immer gesagt werden mag, kann wie alles üb- 8
rige nützen oder schaden je nachdem, wer zuhört. Wer weiß denn 9
nicht, dass der Wein den Gesunden äußerst wohltut – laut Cinci-
glione und Scolaio und vielen anderen –, dass er aber auf die, welche
Fieber haben, schädlich wirkt? Werden wir, weil er den Fiebernden
schadet, sagen, er sei von Übel? Wer weiß denn nicht, dass das Feuer
äußerst nützlich und den Sterblichen notwendig ist? Werden wir
nun, weil es Hütten, Paläste und Städte niederbrennt, sagen, es sei

10 von Übel? Ähnlich verteidigen die Waffen das Wohl derjenigen, die
friedlich zu leben wünschen, und töten auch oft Menschen, nicht
etwa, weil sie selbst bösartig wären, sondern weil jene sie böswillig
gebrauchen.

11 Kein kranker Geist hat je ein Wort gesund verstanden. Und so
wie anständige Worte dem verdorbenen Geist nicht nützen, so kön-
nen auch nicht die Worte, die nicht ganz so anständig sind, den wohl-
geratenen Geist beschmutzen, ebenso wenig wie der Kot die Sonnen-
12 strahlen oder irdischer Schmutz die himmlische Schönheit. Welche
Bücher, welche Worte, welche Buchstaben sind heiliger, würdiger,
ehrenwerter als die der Heiligen Schrift? Und dennoch hat es man-
che gegeben, welche sie böswillig missverstanden und damit sich
13 und andere ins Verderben gezogen haben. Ein jedes Ding ist von sich
aus gut für irgendetwas; wenn es schlecht verwendet wird, kann es
14 vielen schaden; und das sage ich auch von meinen Novellen. Wenn
ihnen jemand einen schlechten Rat und eine böse Tat entnehmen
will, so hindern sie niemanden daran, falls sie so etwas zufällig ent-
halten sollten – und wenn man sie verdreht und verzerrt, dann ent-
halten sie es schließlich. Wer ihnen aber Frucht und Nutzen entneh-
men will, dem werden sie es nicht verweigern; und niemals werden
sie anders als nützlich und anständig beurteilt und aufgenommen
werden, wenn sie zu den Zeiten und von den Personen gelesen wer-
15 den, für die und von denen sie erzählt worden sind. Wer Rosenkrän-
ze zu beten, seinem Beichtvater Fladen und Kuchen zu bereiten hat,
soll sie nicht anrühren; sie rennen niemandem nach, um gelesen zu
werden, auch wenn die Betschwestern anders reden, als sie ab und zu
handeln.

16 Gleichfalls wird es auch solche Leserinnen geben, die sagen, es
wäre besser, wenn einige Erzählungen nicht dabei wären. Das mag
sein, aber ich konnte und musste nur die erzählten aufschreiben; jene,
die sie erzählten, hätten sie gefälliger erzählen müssen, so hätte ich sie
17 auch auf gefälligere Art aufgeschrieben. Aber wollte man unbedingt

unterstellen, dass ich ihr Erfinder und Verfasser gewesen sei, der ich nicht gewesen bin, so sage ich, dass ich mich nicht schämen würde, wenn nicht alle gefällig wären; denn außer Gott findet man keinen Meister, der jedes Ding gut und vollkommen machen könnte; und Karl der Große, welcher zuerst die Paladine eingesetzt hat, hat doch nicht so viele zu schaffen gewusst, dass sie alleine ein Heer bilden konnten.

In der Vielzahl der Dinge soll Verschiedenartiges zu finden sein. 18
Kein Feld war je so gut bestellt, dass man nicht Brennnesseln oder
Disteln oder Dornbüsche zwischen den besseren Pflanzen gefunden
hätte. Da die Erzählungen sich außerdem an einfache junge Frauen
richteten, wie ihr es zumeist seid, so wäre es dumm gewesen, sich mit
der Suche nach allzu ausgezeichneten Dingen abzumühen und große
Sorgfalt auf eine abgewogene Redeweise zu verwenden. Wer diese 19
hingegen liest, soll beiseitelassen, was sticht, und lesen, was unter-
hält. Damit niemand getäuscht wird, tragen alle auf der Stirn, was sie
im Inneren verborgen halten.

Und außerdem wird diese oder jene sagen, dass zu lange darunter 20
seien. Worauf ich antworte: Wer etwas anderes zu tun haben sollte,
ist verrückt, wenn er diese liest, selbst wenn sie kurz wären. Und
wenn auch viel Zeit vergangen ist, seit ich mit dem Schreiben begon-
nen habe, bis zu dieser Stunde, in der ich das Ende meiner Mühen er-
reicht habe, so habe ich doch nicht aus dem Sinn verloren, dass ich
diese meine Anstrengung den müßigen Frauen und nicht den ande-
ren angeboten habe. Wer liest, um die Zeit zu verbringen, dem kann
nichts zu lang sein, wenn es nur bewirkt, wozu es benutzt wird. Den 21
Gelehrten, die sich bemühen, die Zeit nicht zu verbringen, sondern
nützlich anzuwenden, sind die kurzen Dinge angemessener als euch
Frauen, die ihr so viel Zeit übrig habt, als ihr nicht mit der Liebe ver-
bringt. Und weil außerdem keine von euch in Athen oder Bologna
oder Paris studiert, darf man umständlicher zu euch sprechen als zu
denen, deren Geist durch die Studien geschärft worden ist.

22 Ich zweifle nicht daran, dass einige sagen werden, es seien zu viele
Späße und Albernheiten in den Erzählungen enthalten und eine sol-
che Art zu schreiben passe schlecht zu einem ernsten und würdigen
Menschen. Diesen Frauen bin ich verpflichtet zu danken und danke
ihnen, weil sie sich, von gutem Willen bewegt, für meinen Ruhm
23 empfänglich zeigen. Ich werde aber wie folgt auf ihren Einwand ant-
worten: Ich bekenne, dass ich ein gesetzter Mensch bin und es schon
viele Male in meinem Leben war; und deswegen bestätige ich denen,
die mich nicht gewogen haben, dass ich nicht gewichtig bin, sondern
eher so leicht, dass ich im Wasser oben schwimme. Und angesichts
der Tatsache, dass die Predigten der Mönche, mit denen sie die Sün-
den der Menschen tadeln, heutzutage voller Späße, Albernheiten und
Witzeleien sind, meinte ich, dass diese auch meinen Novellen, die ich
geschrieben habe, um den Trübsinn der Frauen zu vertreiben, nicht
24 schlecht anstünden. Sollten sie indessen zu sehr darüber lachen, so
werden die Klagen des Jeremias, das Leiden des Erlösers und die Reue
der Magdalena sie leicht davon heilen können.

25 Und werden nicht manchen Bedenken kommen, dass einige Frau-
en sagen werden, ich hätte eine böse und giftige Zunge, weil ich an
26 manchen Stellen die Wahrheit über die Mönche schreibe? Die das
meinen, denen soll vergeben sein, denn es ist nicht zu glauben, dass
etwas anderes als ein gerechter Grund sie dazu bewogen hat; denn die
Mönche sind gute Leute, fliehen die Unannehmlichkeit um der Liebe
Gottes willen, mahlen mit voller Kraft und plaudern es nicht aus; und
wenn sie nicht etwas bockig röchen, wäre es umso angenehmer, eine
27 Auseinandersetzung mit ihnen zu führen. Ich bekenne trotzdem,
dass die Dinge dieser Welt keine Dauer haben, sondern in ständiger
Bewegung sind; dergleichen könnte auch meiner Zunge widerfahren
sein; ich selbst traue meinem Urteil nicht und meide es möglichst bei
meinen eigenen Angelegenheiten; aber eine Nachbarin sagte mir neu-
lich, dass ich die beste und angenehmste Zunge der Welt besäße; und
wahr ist, dass ich, als mir dies geschah, nur noch wenige der obigen

Novellen zu schreiben hatte. Und weil sich jene feindselig äußern, 28
soll, was ich gesagt habe, ihnen als Antwort genügen.

Indem ich es einer jeden überlasse, das zu sagen und zu glauben, 29
was ihr beliebt, wird es Zeit, mit den Worten Schluss zu machen und demütig dafür zu danken, dass Er uns mit seiner Hilfe nach so langer Mühsal zu dem erhofften Ziel geführt hat. Euch, liebreizenden Frauen, werde kraft seiner Gnade Friede zuteil; möget ihr meiner gedenken, wenn es euch ein wenig geholfen hat, sie gelesen zu haben.

Hier endet der zehnte und letzte Tag des Buches, genannt Decameron, 30
mit dem Beinamen Fürst Galeotto.

Anhang

Kommentar

Bei Stellenangaben aus dem *Decameron* (z. B. *Dec.* I 1, 1) bezeichnet die römische Ziffer den Erzähltag, die erste arabische Ziffer die Novelle des betreffenden Tages, die zweite, wie in italienischen Ausgaben üblich, die Numerierung der Sätze dieser Novelle; die in den einzelnen Kommentaren ohne weitere Zusätze stehenden arabischen Ziffern verweisen auf diese Numerierung. Der Hinweis »Branca« mit Seitenangabe bezieht sich auf den Kommentar des Herausgebers Vittore Branca in der italienischen Ausgabe des *Decameron* von 1976 (Mondadori).

Die abgekürzt zitierten Titel der Primär- und Sekundärliteratur sind in der Bibliographie (vgl. S. 1008 ff.) verzeichnet; eine Liste der verwendeten Abkürzungen findet sich auf S. 1006 f.

Titel

Das Hauptwerk Boccaccios ist in 92 Handschriften – darunter auch ein Autograph – ganz oder teilweise überliefert; nach der Erfindung des Buchdrucks wurde es rasch in Europa verbreitet (Branca, S. 967 ff.). Nach dem ersten Druck in italienischer Sprache, um 1471, erschien bald eine deutsche Übersetzung von Heinrich Steinhöwel um 1471 in Ulm; eine Übersetzung ins Spanische erschien 1496 in Sevilla; die erste französische Übersetzung von Antoine Le Maçon erschien 1545 in Lyon und die erste englische Übersetzung 1620 in London.

»Decameron« bedeutet »zehn Tage« und ist dem Griechischen nachgebildet. Der Titel erinnert an im Mittelalter bekannte Traktate über das *Sechstagewerk* der Schöpfung: *Hexaemeron* (vgl. Branca, S. 976; KNLL, s. v. »Hexaemeron«). Mit der Zahl von hundert Novellen folgt Boccaccio dem Vorbild Dante Alighieris, dessen berühmtes Werk *Die Göttliche Komödie* hundert Gesänge umfasst. Im allegorischen Denken des MA bedeutet die Zahl 100 die perfekte Zahl (Erfen/Schmitt 1995, S. 263 f.; vgl. *LexMA*, s. v. »Zahlensymbolik«). Jan Söffner (2005, S. 52) hat aus dem eindringlichen Vergleich zwischen den »Sechstagewerken« und dem »Decameron« eine weitreichende Folgerung für die Deutung der Novellensammlung gezogen: »Die Welt stellt sich im *Decameron* als grundsätzlich unsicher und daher als unlesbar dar – und zwar deshalb, weil der wesenhafte Bezug zwischen Gott und Schöpfung grundsätzlich nicht mehr als sicher erscheint. Vor allem in Frage gestellt sind der sechste Schöpfungstag und die Heilstat Christi. Die Pest markiert in diesem Sinn eine nie dagewesene historische Zäsur, die

Altes und Neues Testament gleichermaßen überholt. Was zuvor als sichere zeitliche ›Rahmung‹ galt, ist nun die reinste Unwägbarkeit geworden: […] denn ein Heilsverlust, wie ihn die als Strafe oder Prüfung nicht zu legitimierende und vor allem grundsätzlich unlesbare Pest veranschaulicht, hinterfragt radikal die Sicherheit theologischer Zukunftspostulate.«

Der »Beiname Fürst Galeotto« erinnert an die Liebe zwischen Paolo und Francesca aus Rimini, wie Dante sie geschildert hat: Beide werden von Gianciotto Malatesta, dem Gatten der Francesca und Bruder des Paolo, in flagranti überrascht und erschlagen. Francesca berichtet, wie sie gemeinsam eines Tages den im afrz. Original (um 1220) und in Bearbeitungen weit verbreiteten, anonymen Prosaroman *Lancelot du Lac / Lancelot vom See* lasen, und, inspiriert von der darin geschilderten Liebe zwischen Lancelot und der Königin Guenièvre, zueinander fanden: »Als wir lasen, das geliebte Lachen wurde geküsst / von jenem Liebenden, da küsste mich dieser, / der niemals mehr von mir getrennt sein wird, / auf den Mund, bebend. Ein Kuppler Gallehault / war das Buch und der es schrieb; / an jenem Tage lasen wir darin nicht weiter. Während der eine Geist dieses sagte, / weinte der andere, so dass ich vor Erbarmen / bewusstlos wurde, als wenn ich stürbe, / und ich fiel hin, wie ein toter Körper hinfällt« (*Hölle* 5, 133 ff.). Der Autor und sein Buch übernehmen bei Dante die Rolle des Gallehault, des Freundes von Lancelot, der den schüchternen Verehrer und die Königin zusammengeführt hat (vgl. Fischer 1997, S. 95 ff.). Dante stellt die gefährlichen Wirkungen der Liebe und die Bestrafung der sinnlichen Leidenschaft dar; er ahnt, »dass er mit seiner Liebesdichtung mitverantwortlich ist für das Todesschicksal des Liebespaares und ihre Verdammung« (Barth, S. 79, 337 ff.).

Der »Beiname« des *Decameron* verweist auf die vermittelnde, also belehrende und emotional bewegende Funktion des Buches, in dem der Autor davon erzählen lässt, welche Folgen Zufälle und der »Habitus« der Menschen für den glücklichen oder unglücklichen Verlauf ihres Lebens haben: Boccaccio war mit der Ethik des Aristoteles vertraut (Flasch 1992, S. 56 ff.) und verstand Tugenden oder Un-Tugenden als »Habitus«, als richtige oder unrichtige Verhaltensweisen »in bezug auf die Affekte«; »ein lobenswerter Habitus wird aber Tugend genannt« (*Nikom. Ethik* I 13, S. 25; II 4, S. 32). Nach Aristoteles erlangt der Mensch die »Verstandestugenden«, Weisheit, Verstand und Klugheit, durch Belehrung, die sittlichen Tugenden, Freigebigkeit und Mäßigkeit, durch Gewöhnung (D. Horster in: *Metzler Philosophie Lexikon*, S. 530; s. Nachwort, S. 1049 f.).

Vorwort

Frei nach Augustinus empfindet der Autor Mitleid mit den Betrübten: »Was ist Mitleid anderes als eine Art herzliches Mitgefühl mit fremdem Leid, das uns veranlasst, ihm nach Kräften irgendwie abzuhelfen?« (*Vom Gottesstaat* 9, 5, S. 433 f.). Das Mitleid drängt den Autor des *Dec.* aber nicht dazu, armen Sündern Almosen zu spenden oder reuigen Sündern zu verzeihen (ebd.); er möchte vielmehr den Frauen, die von den »Flammen der Liebe« gequält werden, ohne darüber sprechen oder sich durch ein aktives Leben davon ablenken zu können, Unterhaltung und Rat – also »Süßes und Nützliches« (Horaz, *Über die Dichtkunst*, 343) – anbieten, indem er ihnen Geschichten erzählt. Sein Buch soll das Geschick der Frauen erleichtern (9–12). Der Autor fühlt sich dazu befugt, weil er selbst eine »hohe und edle Liebe« und vor allem den Konflikt zwischen dieser geistigen Liebe und seinem sinnlichen Verlangen durchlebt hat; auch ihm haben die »Worte« oder sagen wir: ›Erzählungen‹ eines Freundes Trost im Liebesleid gespendet (4); er ist damit dem Rat eines Kenners der Liebe gefolgt: »Habe immer einen Pylades zur Verfügung, der sich Orests annehmen kann« (Ovid, *Heilmittel*, 589). Aber er hat seine Liebe, trotz aller vernünftigen Ratschläge, Vorsätze oder gefährlichen äußeren Umstände nicht bezwingen können – so wenig wie es viele weibliche und männliche Protagonisten der Novellen können; er hat vielmehr die biologische Minderung seiner Manneskraft abwarten müssen, um genüsslich das Meer der Leidenschaften – »Du siehst, das Meer ist bewegt, und du musst es fürchten« (Ovid, *Heilmittel*, 279) – betrachten zu können (5). Der Autor ist also während seiner »hohen und edlen Liebe« (3) durch Erzählungen getröstet worden und möchte nun seinerseits aus Dankbarkeit die Frauen trösten, »die lieben« (13). Die »Flammen der Liebe« erregen und verwirren Männer wie Frauen zwar in gleichem Maße; den Männern stehen aber berufliche und außerberufliche Aktivitäten zur Verfügung, mit deren Hilfe sie sich von den ambivalenten Gefühlen, die die Liebe mit sich bringt, ablenken können; die Frauen stehen indessen unter Aufsicht und Kuratel der Eltern, Brüder oder Ehemänner und können aus Furcht und Scham weder über ihre wahren Gefühle sprechen noch sich davon ablenken (10–12). Die Frauen werden von einem Teil des sozialen Lebens ausgeschlossen und leiden daher unter einer gewissen »Disgregationsangst« oder ›Angst vor Ausgrenzung‹ (Eibl 2004, S. 188); dieser archaischen Form des Trübsinns möchte der Autor entgegenwirken, indem er die Frauen durch Erzählungen, die zum überwiegenden Teil ihresgleichen in den Mund gelegt werden, über das Leben außerhalb ihrer beschränkten familiären Erfahrungen aufklärt. Aus Erzählungen, die außerhalb der familiären Umgebung und unabhängig vom sonntäglichen Gottesdienst überliefert werden, können die Frauen, denen diese Sozialisierung nicht genug ist (13), erfahren, wie sie sich im Leben zu verhalten haben, was »zu meiden« und was »zu befolgen« ist (14). Angeregt von Cicero hat der Autor eine pragmatische Einführung in die Lebenskunst konzipiert: »Wir aber wollen der Natur folgen und alles, was weit entfernt ist von der Anerkennung durch Auge und Ohr, meiden« (Cicero, *Pflichtgem. Handeln* 1, 128, S. 113; vgl. *Wörterbuch der philosophischen Begriffe*, s.v. »Lebenskunst«; Flasch 1992, S. 45 f.).

Es bleibt noch die Frage, wen der Autor geliebt hat und immer noch liebt: Ist es eine bestimmte Frau oder vor allem die Dichtung? Die große Liebe bleibt so lange unbestimmt, als man keine historische Person als Geliebte ausfindig machen kann (Branca, S. 977). In der Einleitung zum vierten Erzähltag, in der der Autor sich an seine Leserinnen wendet, hat er eine Antwort gegeben: Die Liebe zu den Frauen ist der Ursprung und das Thema seiner Dichtung, die Musen, die ja auch Frauen seien, lehrten ihn das literarische Handwerk (IV Einleitung, 35–36). Ovid hat die Idee, dass das Schreiben über die Liebe auf der persönlichen Erfahrung des Autors beruht, in einer kleinen Szene vorgezeichnet: Der Dichter beklagt sich zum Auftakt seiner *Liebesgedichte* gegenüber Amor, er habe keinen »Stoff« für das Versmaß des elegischen Distichons; darauf spannt der Liebesgott seinen Bogen »und sprach dann: ›Für dein Lied, Dichter, empfange den Stoff!‹ / Weh mir! Sichere Pfeile hatte der Knabe: Ich brenne, / Und mein Herz, das bisher frei war, beherrscht jetzt der Gott« (*Liebesgedichte* 1, 1, V. 24 ff.).

[2] »Menschlich ist es, Mitleid mit den Betrübten zu haben« / »Umana cosa è aver compassione degli afflitti«: Der Satz erinnert Velli zufolge (»Memoria«, *Lessico critico decameroniano*, S. 229) an einen Satz aus der mlat. *Geschichte der Zerstörung Trojas* von Guido delle Colonne (um 1210–87), wo die in Gefangenschaft gefallene Helena die Worte spricht: »Wenn irgendjemand mir oder den anderen Gefangenen etwas Gutes tut, so kann er die Gnade der Götter erhoffen, denn *die Menschlichkeit gebietet es, Erbarmen gegenüber den Betrübten zu zeigen*, und den Göttern gefällt die Barmherzigkeit der Menschen.«

[4] »Maß an Erquickung«: Der Freund vertritt dem Erzähler gegenüber offenbar »das Lehramt« und lehrt ihn die »Kunst« der Liebe, wie es Ovid gegenüber den Frauen getan hat (*Liebeskunst*, 3, 42 ff.).

[6] »obwohl das Leiden ein Ende gefunden hat«: Der Satz ist nicht nur als eine emotive, sondern auch als eine metasprachliche oder metapoetische Aussage aufzufassen (Jakobson 1992, S. 109): Um ein Gedicht schaffen zu können, müsse der Dichter sich »des *Weibes* und Weines enthalten«, meinte Horaz (*Über die Dichtkunst*, 414).

[10] Die Darstellung der empfindsamen Frauen, die in häuslicher Abgeschiedenheit ihren Gefühlen und Phantasien ausgeliefert sind, indessen die Männer ihre Stimmungen aktiv abreagieren können, geht auf den Brief einer liebenden Frau aus Ovids *Briefe der Heroinen* (XIX, 3ff.) zurück; Hero schreibt an Leander, den sie sehnlich erwartet: »Jedes Verweilen, das unsere Freuden aufschiebt, wird mir lang. Vergib mir mein Geständnis; ich bin ungeduldig in der Liebe! Wir sind entflammt vom gleichen Feuer, aber ich bin nicht so stark wie du: Ich glaube, dass die Männer eine stärkere Natur besitzen. Wie der Körper, so ist auch die Seele der zarten Mädchen schwach – warte nur ein bisschen länger, und ich sterbe! Indem ihr Männer bald jagt, bald den freundlichen Acker bebaut, verwendet ihr viel Zeit auf verschiedene Tätigkeiten. Entweder hält euch der Marktplatz fest oder die Geschenke der geschmeidig machenden Ringschule, oder ihr lenkt mit dem Zügel den Nacken des schnellen Pferdes; jetzt fangt ihr den Vogel mit der Schlinge, dann den Fisch mit dem Haken; und die späte Stunde wird aufgelöst in Wein, der vor euch steht. Mir, die ich von diesen Dingen ferngehalten werde, bliebe, selbst wenn ich weniger heftig entflammt wäre, nichts zu tun als zu lieben. Ich tue das, was bleibt, und dich, o meine einzige Wonne, liebe ich sogar mehr, als mir je vergolten werden kann! Entweder tuschle ich über dich zusammen mit meiner ergrauten Amme, und ich wundere mich darüber, welche Ursache dein Kommen verzögert …«.

[13] Ital. *novella* oder die ital. Verkleinerungsform *noveletta* bevorzugt Boccaccio als Gattungsbezeichnung; der Begriff »Parabel« (ital. *parabola*), eine Erzählung, die ein Gleichnis enthält, wird nur im Vorwort gebraucht und nicht dort, wo man ihn erwarten könnte (I 3; I 7). »Fabel« (ital. *favola*) benutzt Boccaccio im *Dec.* im Sinn von ›unglaubwürdige, ausgedachte Geschichte, Behauptung, die nichts mit der Wirklichkeit zu tun hat‹, oder polemisch und ironisch gegen seine Kritiker (III 6, 19; IV Einleitung, 37). »Geschichte« (ital. *storia*) bezeichnet eine Erzählung mit historischem Hintergrund (IV Einleitung, 34; Schlusswort des Autors, 7); in X 9, 4 kündigt der Erzähler eine »Geschichte« über Saladin an und spricht unmittelbar darauf von »meiner Novelle«. Das ital. Wort *novella* gebraucht Boccaccio auch mit den Bedeutungen »Neuigkeit«, »Nachricht«, »Auskunft« oder »Diskussion«, »Streit« (II 9, 22; VII 10, 9; VIII 10, 31; IX 6, 20; X 9, 62); der ital. Plural *novelle* wird in der Bedeutung »Gerede«, »Geschwätz« oder »Gespräch« verwendet (VIII 1, 7; VIII 8, 34; IX 5, 56). Zu der Gattungsdiskussion vgl. Pabst 1967, Schenda 1969, Stierle 1973, *L'Exemplum* 1982, Brockmeier 2008; Nachwort, Anm. 85.

Erster Tag

Einleitung

Der Autor schildert die Pest (2–48), als hätte er sie erlebt – was auch angenommen werden kann (2, 16, 18, 49; Branca 1977, S. 78). Zwischen Boccaccios Beschreibung der Pest und früheren Beschreibungen besteht kaum »eine Kontinuität, weil die Übereinstimmungen nur Gemeinplätze« betreffen; es handelt sich um eine neue Gestaltung des Themas, die durch das persönliche Erlebnis bereichert wurde (Grimm 1965, S. 118). Boccaccio scheint die Seuche als ein von Fortuna verursachtes Geschehen aufzufassen (80; Vorwort, 13), die weder menschliches Wissen – Astrologie und Astronomie galten im MA gewöhnlich als dasselbe –, noch eine metaphysische Annahme, »Gottes Zorn«, erklären oder verhindern können (8, 9, 13, 19, 20, 23, 24; G. Bernt, »Artes liberales I«, *LexMa* 1, S. 158 f.). Aber diese Naturkatastrophe wird vom Erzähler nicht nur – wie ein Sturm auf hoher See im Leben der Erzählfiguren – als ein individuelles Geschick bewertet; die Seuche zerstörte vielmehr die »Autorität der göttlichen und menschlichen Gesetze« (23). Angesichts dieser Katastrophe versagte alle Gelehrsamkeit, und einfache Menschen zeigten, dass man sich in das Unabänderliche schicken muss (41). In der Folge wird geschildert, dass drei aufeinander beruhende »Stufen der menschlichen Gesellschaft« durch die Epidemie zerstört wurden: die Hausgemeinschaft, die Verwandtschaft und die Bürgerschaft (14, 26–27, 31–41; Cicero, *Pflichtgem. Handeln* 1, 53, S. 51).

[4] »wie auf die Wanderer ein rauher und steiler Berg«: Der Autor hat den Aufbau des Buches an einem lat. Sprichwort orientiert: »Per aspera ad astra / Durch Rauhes zu den Sternen«. Die Redewendung ist die zugespitzte Formulierung eines Verses aus Senecas Tragödie *Der rasende Herkules* (V. 437): »Non est ad astra mollis e terris via / Nicht leicht ist von der Erde zu den Gestirnen der Weg« (K. Bartels [Hrsg.], *Veni vidi vici. Geflügelte Worte aus dem Griechischen und Lateinischen*, München 1992, S. 135 f.).

[14] Diese Anspielung auf das enge Zusammenleben in der Stadt ist leicht nachvollziehbar, wenn man eine Stadtansicht von Florenz aus dem Jahre 1352 betrachtet (»Madonna della Misericordia«, Museo del Bigallo, Florenz; *Decameron* 1999, S. 56).

[18] Boccaccio erinnert an eine Pestbeschreibung Ovids: »seltsam! hört: Die Hunde, die gierigen Vögel, die grauen / Wölfe, sie rührten die Leichen nicht an. In Verwesung zerfallend, dünsten sie Schaden aus und schicken weithin die Verseuchung« (*Metam.* 7, 548 ff.).

[20] Hier und im Folgenden wird dargestellt, wie die Menschen auf die Epidemie reagierten: Sie lebten maßvoll abseits von allen anderen, oder sie genossen und vergnügten sich hemmungslos, oder sie lebten maßvoll genießend inmitten der anderen; oder sie flohen ohne Rücksicht auf Mitbürger oder Angehörige unbedacht aufs Land. Die Erzählerschar wählte eine schickliche mittlere Lebensweise: Sie verließen die Stadt, weil sie keine Angehörigen mehr hatten und sich einsam und verlassen fühlten (59–60); sie genossen das Leben auf dem Land in Maßen und mit Klugheit, d. h. ohne ihre Gesundheit durch hemmungslosen Genuss oder durch die Nähe zu Andersgesinnten oder Kranken in Gefahr zu bringen (vgl. X Schluss, 3–6). Vielleicht hätte eine ähnlich vernünftige Lebensweise die Zahl der Toten vermindern können (vgl. 47)?

[47] Die Zahl der Toten wird von Boccaccio zu hoch geschätzt. Man geht heute von 120 000 Einwohnern um 1340 aus; eine Epidemie im Jahr 1340 und die Pest im Jahr 1348 reduzierte die Bevölkerung sehr stark; gegen Ende des 14. Jh.s erreichte die Stadt wieder ungefähr 60 000 Einwohner (M. Luzzati, »Florenz B. II«, *LexMa* 4, S. 563 f.; Brucker, S. 47, 80). Ein Zeitgenosse Boccaccios, Paolo Rucellai (gest. 1381) hat die Zahl der Pesttoten auf 75 000 geschätzt (F. W. Kent, »Rucellai/Pitti«, in: Reinhardt 1992, S. 453).

[48] Vgl. *Jeremias* 1,1: »Wie liegt die Stadt so verlassen, die voll Volks war! Sie ist wie eine Fürstin unter den Völkern, und die eine Königin in den Ländern war, muss nun dienen. Sie weint des Nachts, dass ihr die Tränen über die Backen laufen.«

[49] Die Schilderung der Pest soll Leserinnen und Leser an Krankheit, Anarchie und Tod erinnern. Der Autor hat sie, ähnlich wie der Maler eines zeitgenössischen Freskos, an offene Gräber geführt, um ihnen die Vergänglichkeit des Lebens zu demonstrieren; nun dürfen sie sich abwenden oder ein Schnupftuch vor die Nase halten (»Il Trionfo della Morte«, Camposanto di Pisa, 1360–80, vielleicht von Buonamico Buffalmacco; *Decameron* 1999, S. 60 f.; vgl. *Dec.* VIII 3; IX 3).

»Santa Maria Novella«: In dieser Kirche der Dominikaner befand sich eine einflussreiche Ordensschule für Philosophie und Theologie. Die Wahl des Treffpunktes soll Leserinnen und Leser darauf hinweisen (52), dass aus dem Ort des Gebets und der Theologie keine Hilfe zu erwarten ist: »Die Kirche ist Fassade geworden – oder Eingangstor in eine neue irdische Welt« (Flasch 1992, S. 96 f.).

[50–51] Pampinea, Fiammetta, Filomena, Emilia, Lauretta, Neifile, Elissa: Die Erzählerinnen und Erzähler des *Dec.* (s. Komm. 79) erzählen nicht nur selbst, sondern es wird auch von ihnen erzählt: Es sind literarische Figuren und »Handlungsträger« der Rahmenhandlung (Eco 1979, S. 107). Die Namen einiger Erzählerinnen verweisen auf berühmte literarische Gestalten anderer Autoren; bei den übrigen Namen handelt es sich um sprechende Namen.

»Pampinea« ist von lat. *pampinus* bzw. *pampineus* abgeleitet; lat. *corona pampinea*: »ein Kranz aus Weinlaub«; lat. *hasta pampinea*: »Thyrsosstab« (Georges, S. 1458); im Ital. bedeutet *pampineo* »blattreich«. »Pampinea« bedeutet also: »die in der Blüte der Jugend stehende« oder vielleicht sogar »die Ausgelassene«, denn sie kann das elende Leben in der Stadt nicht länger ertragen (55). Den gleichen Namen trägt eine Nymphe in *Ameto* (Boccaccio 1952, S. 1019) und in seinem lat. *Bucolicum carmen* (II).

»Fiammetta« (Diminutiv von ital. *fiamma*, im Sinn von »die Brennende, Sich-Verzehrende«) ist die Titelfigur und Erzählerin der Prosaerzählung Boccaccios, *Elegia di madonna Fiammetta*, in der sie anderen Frauen ihre unglückliche Liebe zu einem »Panfilo« (»der ganz und gar Liebende«, vgl. Komm. 79) schildert, um deren Mitleid zu erregen. Den Namen trägt auch eine Nymphe in *Ameto* (Boccaccio 1952, S. 1013). In Boccaccios Prosaroman *Filocolo* trägt eine Tochter des Königs von Neapel den Namen »Fiammetta«: Ihr fällt die Rolle zu, über Liebesfälle zu entscheiden, die ihr vorgetragen werden (IV, 19–71). So spielt sie auch gelegentlich die Rolle einer ›Königin‹ im Kreis der Erzählerinnen und Erzähler des *Dec.* Mit ihrem Namen wird die unbekannte Geliebte Boccaccios am Hof von Neapel verbunden.

Mit »Filomena« ist Philomela gemeint, die Schwester der Progne, die von ihrem Schwager Tereus vergewaltigt und der Zunge beraubt wird (*Filocolo* IV. Buch, Questione VII; *Ameto*; Boccaccio 1952, S. 876, 945); sie verrät die Untat durch ein Gewebe: »webt in den weißen Stoff die purpurnen Zeichen: der Untat / Künder«; zusammen mit Progne rächt sie sich an Tereus, indem sie ihm seinen Sohn Itys als Speise vorsetzen. Progne wird in eine Rauchschwalbe, Tereus in einen Wiedehopf und Philomela in eine Nachtigall verwandelt (Ovid, *Metam.*, VI, 441 ff.). Der Gesang oder die Dichtung ist der Ausdruck ihres Leids, und so widmet ihr auch »Filostrato« (»ein von der Liebe Geschlagener«, vgl. Komm. 79) seine unglückliche Liebeserzählung (Boccaccio, *Filostrato*, »Proemio«).

»Emilia« (aus griech. *αἰμυλία*, »einschmeichelndes Wesen«) ist in Boccaccios Versroman *Teseida delle Nozze di Emilia* eine Amazone und die Schwester der Hippolyte, der Frau des Theseus, des Königs von Athen; um die schöne Emilia bewerben sich die beiden Freunde Palemone und Arcita. Eine der Nymphen in *Ameto* trägt den gleichen Namen (Boccaccio 1952, S. 967).

»Lauretta« ist die Namensform, die Boccaccio für die berühmte »Laura« Petrarcas wählte, die er als Allegorie des Dichter-Ruhms, des ›Lorbeers‹, auffasst (*Vita di Petrarca*, 26, S. 87; Petrarca 2006, S. 198 f.; *Dec.* I Einleitung, 96; VII Schluss, 1).

»Neifile« ist dem Griech. nachempfunden und bedeutet »jung oder neu verliebt«.

»Elissa« ist ein zweiter Name für Dido, die Gründerin Karthagos und Geliebte des Aeneas; sie ist ein Beispiel der unbedingt und über den Tod hinaus unglücklich Liebenden (Vergil, *Aeneis* I, IV, VI, 450 ff.). Boccaccio widmet ihr ein Kapitel in dem Werk *Die großen Frauen* (XLII).

[53] »das natürliche Recht«: »Jedes Lebewesen liebt sich selbst und strebt nach Selbsterhaltung, sobald es geboren ist, weil dieses Verlangen ihm zum Schutze seines ganzen Lebens als erstes von der Natur gegeben ist, damit es sich erhält und sich in der Verfassung befindet, die am besten der Natur entspricht« (Cicero, *Über das höchste Gut* 5, 24, S. 419). Vielleicht geht die Pointe des Satzes auf eine Anweisung aus der *Rhetorik an Herennius* (3, 9, S. 139) zurück, die als ein Werk Ciceros galt: Wer die Tapferkeit gegen die Sicherheit rechtfertige, müsse die Gesichtspunkte anführen, dass Schmerz und Tod weniger ins Gewicht fallen als Schmach und Schande, und dass man sich von der Tugend zu keiner Zeit lossagen dürfe.

[65] »Umland«, ital. *contado*: Das von diesem Begriff erfasste Gebiet deckte sich ursprünglich mit der Diözese der städtischen Bischofskirche. Die Städte erhoben aber seit dem 12./13 Jh. die Rechts- und Steuerhoheit im »Contado«; da der Adel seine Herrschaftsrechte außerhalb der Stadt konzentrierte, berührten die Auseinandersetzungen zwischen Adel und Volk auch das Verhältnis zwischen der Stadt und dem »Contado«: »Das Landgut wird ein Attribut bürgerlichen Sozialprestiges und zugleich ein Feld der Nutzung des städtischen Kapitals, der Contado ein Potential im Dienst der städt. Politik« (H. Keller, »Contado«, *LexMA* 3, 181 ff.). Der »Contado« von Florenz reichte im Westen von Empoli und Prato bis über den Fluss Sieve im Osten (Brucker, S. 19).

[79] Panfilo, Filostrato, Dioneo:

»Panfilo« (»der ganz und gar Liebende«) wird in Boccaccios *Elegie der Dame Fiammetta* sowie in seinen Eklogen (III, V) als Name eines untreuen Liebhabers verwendet. Boccaccio hat selbst auf den Ursprung des Namens hingewiesen: die mlat. Komödie *Pamphilus* aus dem 12. Jh. (Boccaccio, *Amorosa Visione* V, 32).

»Filostrato« bedeutet nach der griech. Etymologie »Liebhaber des Kampfes« (Branca, S. 997). Es ist der Titel eines Versepos Boccaccios, in dem Troilos, der jüngste Sohn des Priamos, Griseida liebt, die ihm mit dem Griechen Diomedes untreu wird. Boccaccio gibt ihm die Bedeutung eines von der Liebe Besiegten und Niedergeschlagenen, ital. »uomo vinto e abbattuto d'amore« (*Filostrato*, »Argomento«).

»Dioneo« ist aus einem Beinamen der Venus abgeleitet, den Vergil ihr gegeben hat: »Dionea mater« (*Aeneis* III, 19), nach »Dione«, die Homer (*Ilias* V, 370) zufolge die Mutter der Aphrodite war. In Boccaccios *Ameto* (Boccaccio 1952, S. 982) trägt ein Sohn des Bacchus/Dionysos (ital. »Dionigi«) und der Ceres/Demeter den Namen: Er wird als wunderschöner und ausgelassener junger Mann dargestellt (ital. »di maravigliosa bellezza ... in atto lascivo«, ebd., S. 981). Die Namen der Wortführerin der Damen, Pampinea (s. Komm. 50–51), und des Wortführers der jungen Herren, Dioneo, charakterisieren sie als Hedonisten (vgl. 92, 94); die Namen der Erzählerinnen und Erzähler, die auch »Romane« lesen (III Einleitung, 15), weisen daraufhin, dass sie über die Liebe Bescheid wissen, so wie es der Autor im Vorwort von sich selbst behauptet. Er macht außerdem darauf aufmerksam (50), dass er Persönlichkeiten aus Florenz meint, ihnen aber aus Gründen des Anstands einen Decknamen gegeben habe. Victoria Kirkham (»Morale«, *Lessico critico decameroniano*, S. 261 f.) vertritt allerdings die Ansicht, es handle sich um Personifikationen einzelner Tugenden.

[90] »Gärten«: Die Gärten, die in der Rahmenerzählung des *Dec.* skizziert oder ausführlicher beschrieben werden (vgl. III Einleitung, VI Schluss, 17 ff., VII Einleitung), verweisen auf die literarische Tradition des so genannten »Lustortes«, lat. *locus amoenus* (Curtius 1954, S. 202 ff.; Komm. V 1, 7). Boccaccio hat sich bei der Schilderung der Gärten von der Darstellung des Liebesgartens in dem afrz. *Roman de la Rose / Rosenroman* inspirieren lassen. Er hat diese Gärten allerdings ihrer übernatürlichen Elemente entkleidet – im *Rosenroman* wurden sie als Traumgesichte dargestellt (Kern 1974, S. 254 ff.). Fasst man sie als »Liebesgärten« (ebd.) auf, so ist hinzuzufügen, dass die Erzählerinnen und Erzähler sie aufsuchen, um dem Unglück und dem profanen Volk zu entfliehen und um sich dort mit Liebesgeschichten zu unterhalten. Der Wechsel vom ersten zum zweiten Garten bestätigt außerdem die Behauptung Pampineas, dass sie alle genügend »Güter« besitzen (65). Der Wechsel vom zweiten zum dritten Garten, dem »Frauental«, überträgt das Spiel des Begehrens zwischen den Erzählerinnen und Erzählern oder zwischen den Novellenfiguren auf die Beziehung zwischen den Erzählerinnen und den Lesern, die in die Rolle des Actaeon versetzt und auf diese Weise davor gewarnt werden, die Erzählerinnen zu verunglimpfen: Actaeon beleidigte die Göttin Diana, weil er sie zufällig während der Jagd erblickte, als sie mit ihren Nymphen badete; damit er es nicht weitererzählen konnte, verwandelte sie ihn in einen Hirsch, den die eigenen Hunde zerrissen (Ovid, *Metam.* III,

131 ff.). Durch den Namen des Tales und seine Abgeschiedenheit wird eine Lehre des VII. Erzähltages illustriert: dass Frauen ihre Geheimnisse haben (II Schluss, 7; I Einleitung, 65, 71; VI Schluss, 29–36). Eine Actaeon-Szene eröffnet auch die Handlung einer früheren Verserzählung Boccaccios, *Die Nymphe von Fiesole* (Str. 23).

[97] »wie dessen Zweige ehrenvoll geweiht worden waren«: Filomena erinnert an Ovids Erzählung von Daphne, der ersten, unglücklichen Liebe Apolls; die vergebliche Verfolgung der Nymphe Daphne und ihre Verwandlung in einen Lorbeerbaum beschließt der göttliche Liebhaber mit den Worten: »Kannst du [...] nicht mehr die Gattin mir werden, / sollst mein Baum du doch sein. Es sollen, o Lorbeer, dich tragen / stets meine Leyer, mein Haar, der Köcher« (*Metam.* 1, 557 ff.). Sänger und Dichter standen bei den Griechen im Schutz Apollos und verwendeten den Lorbeer als Abzeichen; bei den Delphischen Spielen war der Lorbeer ein Siegespreis; bei den Römern war der Lorbeer ein Zeichen des Friedens, womit die siegreichen Waffen des Feldherrn geschmückt wurden (C. Hünemörder, »Lorbeer«, *Der Neue Pauly,* VII, 439 f.).

[98] Die Namen der Dienerinnen und Diener hat Boccaccio lat. Komödien des Terenz und Plautus, einer Satire Juvenals (6, 122), einem Epigramm Martials (4, 17), einer Ode des Horaz (1, 27) oder einem Hirtengedicht Vergils (III, 18) entnommen; die Herkunft von »Stratilia« ist ungeklärt (Branca, S. 1000 f.).

[102] »dritte Stunde«: Im 14. Jh. wurde der Tag von Sonnenaufgang bis Sonnenuntergang in zwölf Stunden zu vier Abschnitten eingeteilt; diese Einteilung ging auf die römische Tageseinteilung zurück (lat. *mane, hora tercia, sexta, nona, vespera*); bereits im Frühmittelalter wurden hiernach die »kanonischen Stunden«, die Zeiten des Stundengebets, benannt: Matutin (später Laudes genannt), Terz (ca. 9 Uhr), Sext (ca. 12 Uhr), Non (ca. 15 Uhr), Vesper (ca. 18 Uhr). Das Morgen- und Abendläuten (»Ave Maria-Läuten«) zeigten Beginn und Ende der Arbeitszeit, die Schließung der Tore, das Ende des Marktes oder andere öffentliche Zeiten an (P.-J. Schuler, »Tag und Stunde«, *LexMA* 8, 422 f.).

Erste Novelle

Boccaccio eröffnet die Sammlung mit einer literaturkritischen und weltanschaulichen Provokation: Er zeigt, dass eine Heiligenlegende auf Lüge und Täuschung beruhen kann und bezweifelt implizit die Glaubwürdigkeit von Heiligenlegenden überhaupt, wie sie Jacobus de Voragine (Varazze), Erzbischof von Genua, in der berühmten *Legenda aurea / Goldene Legende*, einer in allen europäischen

Sprachen weit verbreiteten Sammlung von Heiligen- und Märtyrerlegenden, nacherzählt hat. Dem Erzähler zufolge gibt es zwei Perspektiven, um die Funktion der Heiligen oder Seligen als Fürsprecher der Menschen vor Gott zu beurteilen: die Perspektive des Allmächtigen selbst oder die menschliche Perspektive. Der Allmächtige kann sich entweder an der Glaubwürdigkeit des Bittstellers oder an derjenigen seines Fürsprechers orientieren; warum er das eine oder das andere tut, ist für die Menschen undurchschaubar (3–5); denn es erscheint zunächst als ein Wunder, eine Gnade Gottes oder unverständlich (2, 4, 6, 89, 90), dass ein Bösewicht als Heiliger verehrt wird; aus der Perspektive der zwei italienischen Kaufleute oder seines Arbeitgebers handelt der Schurke allerdings tugendhaft, nämlich zum Wohl der anderen Menschen: Ser Cepparello ist nicht nur ein geschätzter Zwangsvollstrecker für Musciatto (8), sondern er nimmt außerdem mit der ›Lügenbeichte‹ eine Todsünde auf sich, um das Leben und das Vermögen seiner Landsleute zu schützen. Die Laien, Zuhörerinnen und Zuhörer, Leserinnen und Leser, können das besser beurteilen als der Beichtvater, der zu fromm und naiv ist, um zwischen Gesinnung und Verantwortung unterscheiden zu können. Auf die Frage, was Tugend sei, wird Voltaire Jahrhunderte später die Antwort geben: »Wohltätigkeit gegenüber dem Nächsten« (*Philosophisches Wörterbuch*, »Tugend«). Das Prinzip der Charakterdarstellung in dieser und den folgenden Novellen lautet: Der Mensch ist fähig, sich zu ändern oder gar zu bessern, d.h. etwas dazuzulernen; ihn bereits im Diesseits endgültig zu verurteilen, wäre voreilig. Cepparello wird seiner Gesinnung nach als ein Bösewicht eingeführt, aber er ist in einer für ihn und andere entscheidenden Situation fähig, verantwortungsvoll zu handeln (27–29; vgl. Nachwort, S. 1054).

[1] Das Thema ›der Schurke als Heiliger‹ findet sich in ma. Erzählungen; das Thema ist verwandt mit dem Thema des unwürdigen Priesters, der gültige Sakramente spendet (Landau, S. 250 ff.; Branca, S. 1003; *Decameron* 2005, S. 280 f.). Jakob Ayrer (1543–1605) hat die Novelle nacherzählt (»Der falsch Notarius mit seiner unwahrhaften Beicht«); Olimpia Fulvia Morata (1526–55), eine humanistische Gelehrte, übersetzte die Novelle ins Lateinische (Jones, S. 12). Voltaire zitiert die »Beichte des Ser Ciappelletto« als ein Beispiel dafür, dass bereits vor Rabelais die christliche Religion verhöhnt worden sei (»Lettres à S. A. Mgr le Prince de *** sur Rabelais«, in: *Mélanges*, Hrsg. J. van den Heuvel, Paris 1961, S. 1223 f.).

[7] »Musciatto Franzesi«: »Mouche« und »Biche« waren die Spitznamen für Albizzi und Musciatto Franzesi, zwei Brüder aus der Familie der Guido de' Franzesi, die etwa um 1306 und 1307 starben; der dritte Bruder hieß Colin. Sie waren Steuereinnehmer und Financiers Kg. Philipps IV. von Frankreich (1268–1314).

Musciatto zog tatsächlich (7) in der Begleitung Karls von Valois (1270–1325), eines Bruders Kg. Philipps IV., nach Italien; auf Wunsch Papst Bonifaz' VIII. (1294–1303) sollte das frz. Heer Sizilien zurückerobern, das an den Kg. von Aragon gefallen war (s. Komm. II 5, 23); die Rückerorberung schlug fehl, aber das frz. Heer konnte zumindest Florenz für die päpstliche Partei erobern – was u. a. dazu führte, dass Dante Alighieri aus Florenz verbannt wurde. Die Brüder Franzesi waren »eng mit den großen finanziellen und diplomat. Angelegenheiten des Kgr.es Frankreich verbunden« (E. Lalou, »Mouche et Biche«, *LexMA*, 6, 875). Ein zeitgenössischer Angehöriger des Florentiner Patriziats, des »popolo grasso«, Dino Compagni (um 1255–1324), charakterisierte Musciatto als einen kleinwüchsigen, bösartigen und korrupten hohen Herrn (*Cronica* II, 4). Der florentinische Geschichtsschreiber Giovanni Villani (um 1280–1348; *Cronica* VII, 147) macht Biccio und Musciatto für die Enteignung italienischer Kaufleute durch den frz. König im Jahr 1291 verantwortlich.

[9] *Cepparello*: Ein gewisser Cepperello oder Ciapperello Dietaiuti da Prato ist als Steuereinnehmer für Philipp IV. von Frankreich und Papst Bonifazius VIII. bezeugt; er soll 1304 noch in Prato gelebt haben (Branca, S. 1003).

[26] »Lombardenhunde«: »Lombarden« wurden in Frankreich alle aus Nord- und Mittelitalien stammenden Kaufleute genannt; die Franzosen scheinen damit den herabsetzenden Sinn »geizig«, »betrügerisch« verbunden zu haben (Sapegno, *Purgatorio* 16, 125 f.). Die Situation der ital. Kaufleute im Ausland war alles andere als rechtlich abgesichert; Verfolgung, Güterbeschlagnahmung wurden mit Vorliebe eingesetzt, um sich den schuldnerischen Verpflichtungen zu entziehen. Wucherische Pfandleiher sind z. B. 1269, 1274, 1311 aus Frankreich vertrieben worden (Doren 1934, S. 445, 463).

[32–74] »der nie zuvor gebeichtet hatte«: Streng genommen handelt es sich nicht um eine Lügenbeichte, weil Cepparello seine böse »Natur« (19, 10–14) offenbart, indem er geringfügige Untaten für gewichtige sprechen lässt; ob er ehrlich bereut, wird nicht gesagt. Kurt Flasch illustriert mit der Beichtszene die Bedeutung der Philosophie Wilhelms von Ockham für Boccaccio: »Das Innenleben anderer ist ins Verborgene gerückt. Der entscheidende Irrtum des Beichtvaters ist, dass er Reue zu *sehen* glaubt. Wer Ockham gelesen hat, weiß, dass Reue nichts ist, was gesehen werden kann« (Flasch 1992, S. 142; vgl. S. 127 f.).

[89] »Todesstunde«: Mit der Andeutung, dass Ser Cepparello in extremis seine Sünden bereut haben könnte, verweist der Erzähler auf zwei berühmte Fälle aus Dante, *Fegef.* (3, 112 ff.; 5, 103 ff.).

Zweite Novelle

Die zweite Novelle zeigt, dass der Glaube eines Menschen nicht unmittelbar mit seinem Erfolg im Leben, dem diesseitigen Lebensglück, zusammenhängt: Beide Protagonisten sind und bleiben auch nach der Bekehrung des Juden ordentliche und erfolgreiche Kaufleute. Auch hier wird wie in der ersten Novelle ein paradoxer Widerspruch zwischen dem Glauben und der Lebenserfahrung dargestellt; der Widerspruch treibt den christlichen Kaufmann an den Rand der Verzweiflung (12–13). Aber schließlich muss er einsehen, dass der Glaube nicht rational gelehrt oder begründet werden kann: Gerade weil die höchsten Vertreter des Christenglaubens der Wollust, der Völlerei, der Sodomie, der Habgier, der Simonie und anderen Lastern frönen (19–22) – sie also einen ähnlichen Lebenswandel wie der Notar Cepparello führen (I 1) – und ihr Bestreben auf den Untergang der christlichen Religion gerichtet ist, der aber noch nicht eingetreten ist, muss diese von einer jenseitigen, dem menschlichem Verstand nicht einsehbaren Wahrheit, dem so genannten »Heiligen Geist« inspiriert sein. Ein berühmter lat. Kirchenschriftsteller des 2. Jh.s, Tertullian, hat diesen Widerspruch zwischen einer Glaubenswahrheit und ihrem rationalen Nachvollzug wie folgt formuliert: Dass Gottes Sohn starb, ist glaubhaft, weil es ungereimt ist; dass er begraben wurde und auferstanden ist, ist gewiss, weil es unmöglich ist (*De Carne Christi / Von der Fleischlichkeit Christi,* hrsg. und ins Engl. übers. von Ernest Evans, London 1956, V 4, S. 18). Der Glaube entspringt nicht der rationalen Belehrung (14), sondern er ist ein Ausdruck des Widerspruchs zwischen dem vergeblichen Versuch, moralische Werte absolut begründen zu wollen, und der ›Wirklichkeit‹ (Eibl 2004, S. 18 f., 370).

[1] Als Vorlage der Novelle diente ein ›Exemplum‹; darunter ist eine kurze Erzählung zu verstehen, die einer Rede eingefügt wird, um die Zuhörer zu überzeugen (Quintilian, *Ausbildung des Redners,* V 11, 6; 1, S. 598 f.); bei der mündlichen Anwendung, z. B. in einer Predigt, konnte ein solches Exempel natürlich beliebig erweitert oder ausgeschmückt werden. Boccaccios Vorlage findet sich in einer Beispiel-Sammlung des 13. Jh.s; in ihr wird allein die individuelle Entscheidung des Juden dargestellt; es werden aber nicht die Besorgnisse und Befürchtungen eines christlichen Kaufmanns berücksichtigt (vgl. *Dec.* I 2, 5, 12–15, 23). Boccaccio hat die Vorlage erweitert und beiden Protagonisten oder »Handlungsträgern« der Novelle explizit und implizit »Bewusstseinszustände«, moralische Eigenschaften, »Gefühle« und äußere Umstände zugeschrieben (Eco 1979, S. 107 f.).

Damit diese Bearbeitung nachvollzogen werden kann, wird der schriftlich überlieferte mlat. Text des Exempels im Folgenden übersetzt: »Der Glaube ist die feste und unerschütterliche Grundlage der Kirche und sogar aller Tugenden, durch Christus, den sie in ihrem Hause darbietet ... Was die Kraft und Sicherheit des Fundamentes anbelangt, so vernahm ich, dass ein Jude, der wegen seiner Weisheit und seiner Beflissenheit ein enger Vertrauter des Papstes und des damaligen Kaisers Friedrich [II.?] war, den sie oft zur Bekehrung ermahnten, indem sie ihm viel versprachen, sich nicht bekehren wollte. Dennoch hat er sich von sich aus bekehrt; als der besagte Kaiser ihn nach der Ursache fragte, antwortete er: ›Da ich sah, dass die Feinde des Glaubens, alle Ungläubigen und ihr Christen selbst auf den Untergang des Glaubens hinarbeitet und keinen Erfolg habt, hielt ich diesen Glauben für den sichersten und unerschütterlichsten und habe mich zu ihm bekehrt.‹« (Etienne de Bourbon [um 1190–1261], *Anecdotes historiques, Légendes et Apologues*, Hrsg. A. Lecoy de la Marche, Paris 1877, Nr. 338, S. 287). Boccaccio hat vielleicht auch die 1311 verfasste, romanhaft verknüpfte ital. Spruch- und Exempelsammlung, *L'avventuroso Ciciliano / Sizilianer auf großer Fahrt*, von Busone da Gubbio gekannt; in Buch 3 (Anm. F, S. 352 f.; vgl. Landau, S. 188) wird erzählt, dass Saladin inkognito Europa und Rom besucht und trotz der Laster und Sünden der Kardinäle und des Papstes, die christliche Religion als die beste Religion bezeichnet, weil ein anderer Gott sich eine solche Behandlung nicht gefallen lassen würde.

Hans Sachs (»Der Jud am römischen Hof«) und andere dt. Autoren des 16. Jh.s haben die Novelle imitiert (Jones, S. 12). Nicolas de Troyes hat die Novelle in den *Grand Parangon* aufgenommen (Nr. 10). Die oben genannte Olimpia Fulvia Morata (I 1, 1) hat auch diese Novelle ins Lateinische übersetzt. Heinrich Heine (»Aufzeichnungen«, *Sämtliche Schriften*, Hrsg. K. Briegleb, Darmstadt 1975, 6/I, S. 667) verstand den Beweis für den katholischen Glauben als einen Beweis für die Qualität der Republik in Frankreich: »Beweis der Güte der Republik gleicht demjenigen, den Boccaccio für die Religion anführt: sie besteht trotz ihrer Beamten.«

[4] »Civignì«: Damit können verschiedene frz. Städte gemeint sein: Souvigny, Chauvigny, Chevigny, Chovigny (Branca, S. 1015).

[5] »bedauerte sehr«: Vielleicht spielt Boccaccio mit dem Beispiel der freiwilligen Assimilation des jüdischen Kaufmanns ironisch darauf an, dass die katholische Kirche seit der Mitte des 13. Jh.s durch öffentliche Disputationen und durch Zwangspredigten versuchte, die Missionierung der Juden voranzutreiben (F. Lotter, »Judenmission«, *LexMA* 6, 677 f.).

[18] »Rom«: Der Kaufmann hat Rom offensichtlich vor der Verlegung der Kurie nach Avignon (1309–77) besucht und unter moralischen Gesichtspunkten den

wirtschaftlichen Aufschwung und das Bevölkerungswachstum der Stadt im 13. Jh. zusammengefasst. Kennzeichnend für die wirtschaftliche Situation war die »Zirkulation großer Geldmengen (in der Kurie und im Adel), die von den Pilgerströmen, vom Peterspfennig etc. herrührten« (M. Sanfilippo, »Rom B.«, *LexMA* 7, 972 ff.; vgl. R. Puzza, »Vermögen, kirchliches«, *LexMA* 8, 1559 ff.); der Papst, der hohe Klerus und die röm. Adelsgeschlechter wetteiferten im Mäzenatentum; der Adel brachte seine Mitglieder in der Kurie unter, so dass sie zum Papst gewählt werden konnten. Die Stadt wurde am Ende des Jh.s zu »einem Kunstzentrum von europäischem Rang«; das erste Jubeljahr 1300 brachte einen Aufschwung des Gastgewerbes, des Handels mit Reliquien, Kuppelei und Prostitution (Sanfilippo, ebd.).

Dritte Novelle

Die Erzählerin Filomena gibt eine Leseanweisung für die Novelle (3–5): Es war bisher von der für den menschlichen Verstand undurchsichtigen Allmacht Gottes und davon die Rede, dass das Bekenntnis zum Christentum oder der wahre Glaube mit dem Verstand nicht nachvollziehbar seien (I 1; 2); nun soll die Rede davon sein, dass die Menschen in ihrem Leben auf ihren Verstand vertrauen sollen, um den Fallen des Geschicks zu entrinnen und glücklich zu werden. Gefährdungen, die das Zusammenleben mit anderen Menschen verursacht, können durch die *Rede* behoben werden, wie es auch die erste Novelle anschaulich exemplifiziert. Denn gemäß Cicero ist das »Band« der menschlichen Gesellschaft »das Denk- und Redevermögen, das durch Lehren und Lernen, durch das Gespräch miteinander und gegeneinander und durch Urteilen die Menschen untereinander versöhnt und verbindet durch einen ganz natürlichen Gesellschaftsgeist« (*Pflichtgem. Handeln* 1, 50, S. 49). Der durchtriebene redet mit dem soliden Kaufmann oder mit dem Kleriker, der christliche redet mit dem jüdischen Kaufmann (I 1; 2); und nun redet der Fürst mit dem Wucherer, der ihm aus der Verlegenheit helfen soll: Versucht der Mächtige den Reichen, auf den er angewiesen ist, zu erpressen, so muss er gewärtig sein, dass dieser der bessere Rhetoriker ist; er selbst wird daran erinnert, dass unter »Freunden alles gemeinsam« sein sollte (Cicero, *Pflichtgem. Handeln* 1, 51, ebd.; vgl. Aristoteles, *Nikom. Ethik* VIII 9, 1, S. 193 f.).

Das Gespräch zwischen Saladin und dem Juden Melchisedech hätte natürlich auch zwischen einem ital. Bankier und Großkaufmann und einem der europäischen Fürsten, Könige oder dem Papst stattfinden können (Doren 1934, S. 458 ff.); vielleicht hat Boccaccio es wegen des kirchlichen Wucherverbotes in den Orient verlegt (H.-J. Gilomen, »Wucher«, *LexMA* 9, 341 ff.). In anderen Novellen wird allerdings über Wuchergeschäfte in Europa gesprochen (I 1, 20; II 3, 11; IV 10; VIII 10, 60). Der Erpressungsversuch Saladins gibt die unsichere Lebenswirklichkeit der Juden innerhalb der christlichen und der moslemischen Gesellschaft wieder (F. Lotter, »Judenhass, -verfolgung«, *LexMA* 8, 790 ff.; M. Toch, »Judentum (Wirtschaftsgeschichte)«, *LexMA* 5, 783; U. Mattejiet, »Sefarden«, *LexMA* 7, 1693 ff.). Die Frage nach der allein wahren Religion, die implizit auch in *Dec.* I 2 (5–6) gestellt wird, wird mit der Ringparabel agnostisch, im Sinn des friedlichen Geschäftsverkehrs gelöst: Religion ist Privatsache.

[1] Die Novelle findet sich auch in Busone di Gubbios Sammlung (Buch 3, Anm. E, S. 347 ff.). Hans Sachs hat einen Schwank »Der Jud mit den dreyen Ringen« verfasst; W. Painter hat sie in engl. Fassung in den *Palace of Pleasure* aufgenommen (I, S. 116 ff.). Jonathan Swift hat sich von der Ringparabel (s. Komm. 10–16) zu einer Satire auf Katholizismus, Lutheranismus und Calvinismus inspirieren lassen (*A Tale of a Tub / Erzählung von einer Tonne*, 1704). Vor Lessing hat Christian F. Gellert (1715–69) die Ringparabel in einer Versdichtung komisch variiert (»Die Geschichte von dem Hute«).

[6] »Saladin«: Salāhaddin (1138–93) löste durch die Eroberung des Kgr.es Jerusalem im Abendland den 3. Kreuzzug aus; er genoss im Abendland großes Ansehen (H. Möhring, »Saladin«, *LexMA* 7, 1280 f.). Dante stellt Saladin als großzügigen Herrscher in eine Reihe mit Alexander dem Großen u. a. m. (*Convivio*, IV 11, 4); er nimmt ihn unter die Dichter und Helden der Antike neben Avicenna und Averroes in die »Burg der edlen Heiden« auf (*Hölle* 4, 129). In seinem Kommentar zu *Die göttliche Komödie* hebt Boccaccio hervor, dass Saladin großmütig gewesen sei, die Gesetze des Islam geringgeschätzt habe und begierig gewesen sei, die Welt kennenzulernen; deswegen habe er sich unter die Menschen, vor allem auch die Christen gemischt, die doch seine schlimmsten Feinde gewesen seien; in *Dec.* X 9 lässt er Saladin in dieser Rolle auftreten.

[10–16] »eine kleine Erzählung«: Die so genannte Ring-Parabel ist durch ihre Verwendung in Lessings *Nathan der Weise* (1779; III, 7) berühmt geworden. Eine hebräische Fassung ist vielleicht der Ursprung; möglicherweise steht dahinter noch eine arabische Urform; sie ist in mlat., afrz. und ital. Fassungen überliefert (*Novellino e Conti del Duecento*, Hrsg. V. Sebastiano Lo Nigro, Turin 1963, S. 1969, Anm. 1; J. Riesz in: *Il Novellino / Das Buch der hundert Novellen*, S. 274 ff.). Die mlat. und afrz. Fassungen heben den absoluten Wahrheitsanspruch des Christentums hervor (*Decameron* 2005, S. 296 f.). Boccaccio scheint sich an der ital. Fassung aus dem *Novellino* (LXXIII) orientiert zu haben, einer anonymen Sammlung von Erzählungen aus Florenz, die zwischen 1281 und 1300 entstanden ist.

Boccaccio fügt auch hier wieder »Bewusstseinszustände« (Komm. I 2) hinzu; dies gilt für die Protagonisten der Novelle und den ›letzten‹ Erblasser in der Parabel (14); außerdem gestaltet er die Beziehung zwischen dem Fürsten und dem Kaufmann differenzierter (*Decameron* 2005, S. 299 f.; Wetzel 1977, S. 78, 80).

Vierte Novelle

Auch diese Novelle demonstriert, welchen Nutzen selbständiges Denken und Entschlusskraft für das Überleben des einzelnen besitzen. Nicht ohne Ironie – der Name des Erzählers »Dioneo« lässt nicht an mönchische Askese denken – wird dieses im Rahmen des Klosterlebens und am Beispiel der fleischlichen Begierde demonstriert: Denn mit den feierlichen Gelübden, Armut, Keuschheit und Gehorsam, hat sich ein Ordensmitglied zwar vorbehaltlos Gott geweiht (Lanczkowski 1993, S. 111); aber jung und alt fällt es schwer, vor allem das Keuschheitsgebot einzuhalten (4, 15). Ovid, der Liebeslehrer des Mittelalters, hat zwar einerseits dekretiert, dass nur die Jugend, welche zum Krieg tauge, auch zur Liebe passe, er hat aber andererseits auch den weniger jugendfrischen oder schönen Männern die Chance eröffnet, die Frauen mittels der Redekunst zu verführen: »Odysseus war nicht schön, aber beredt – und doch ließ er Meeresgöttinnen Liebesqualen leiden« (*Liebesgedichte* 1, 9, 1 ff.; *Liebeskunst* 2, 123 ff.); und die Redekunst beherrscht auch der Abt der Novelle (15–17). Für den jungen Mönch, der Angst vor der Bestrafung hat (3, 9), genügt allerdings nicht nur die Redegewandtheit, um sich aus der Schlinge zu befreien, in die er durch eigenes Verschulden geraten ist: Er muss eine teuflische Versuchung inszenieren. Diese intellektuelle Initiative zeichnet den Mönch vor seinen Vorgängern aus, zwei weltlichen Priestern, die sich wegen ihrer Liebesaffären vor dem Bischof verantworten müssen (s. Komm. 1). Die Erfahrung lehrt den jungen Mönch (5), dass der »Vogelleim des Gelüstes« eine gefährliche Versuchung ist und dass »die Wollust dieser Augen meines Fleisches« die Seele von Gott ablenken: »Die Augen lieben schöne und abwechslungsreiche Formen, leuchtende und angenehme Farben« (Augustinus, *Bekenntnisse* X, 30, 34, S. 521, 533). Auch Horaz, ein im Mittelalter und frühen Humanismus beliebter Dichter, hat die Versuchung durch den Anblick der weiblichen Schönheit in berühmten Versen verherrlicht: »Es entflammt mich Glykeras Glanz, / sie strahlt mehr als parischer Marmor rein, / es entflammt mich ihre reizende Frechheit / und ihr Gesicht, allzu verführerisch anzuschauen« (*Oden* 1, 19, 5 ff.; F. Brunhölzl, »Horaz im Mittelalter«, *LexMA* 5, 124 f.).

[1] Die Vorlage der Novelle ist im *Novellino* (LIV), der bekannten anonymen

Novellensammlung aus Florenz, oder in dem afrz. Fabliau *De l'evesque qui benei lo con / Vom Bischof, der die Möse segnete* zu finden (Montaiglon/Raynaud, Nr. 77, III, S. 178 ff.; vgl. *Decameron* 2005, S. 301). Jones (S. 12) verzeichnet zwei dt. und zwei frz. Nacherzählungen.

[16] »eine heimliche Sünde ist schon halb erlassen«: Im Ital. heißt es: »peccato *celato* è mezzo perdonato«; das ursprüngliche Sprichwort ist ironisch verkehrt worden: »Peccato *confessato*, è mezzo perdonato« / »Bekannt[e Sünde] ist halb gebüßt« (vgl. Arthaber, Nr. 1035).

Fünfte Novelle

Es gibt verfängliche Situationen, aus denen eine Betroffene oder ein Betroffener sich mit einer schlagfertigen Antwort befreien kann (ital. *motto*; I 3), in anderen, etwa *Dec.* I 4, hilft ein listiger Streich (ital. *beffa*). Diese Novelle zeigt, wie eine adlige Dame die Zudringlichkeit des Königs von Frankreich mit einem Streich – der Vorbereitung einer geschmacklich eintönigen Mahlzeit – und einer schlagfertigen Antwort abgewehrt hat. Möglicherweise hat Boccaccio die Chronologie missachtet, um mit einer gut erfundenen Anekdote eine Regel der höfischen Liebe, des sog. »fin amor«, aus der Sicht einer Dame außer Kraft setzen zu können (4). Denn in der bekannten Liebeskunst des ausgehenden 12. Jh.s belehrt eine adlige Dame einen plebejischen Galan wie folgt: »Jeder Mann sucht sich gewöhnlich eine Geliebte höheren Standes mit größerem Eifer als eine Geliebte gleichen oder niederen Standes; andererseits ersehnt auch jede Frau natürlicherweise und aufgrund dieser Regel einen Geliebten ihres oder eines höheren Standes, um nicht aus der allgemeinen Liebesordnung ausgeschlossen zu werden« (Andreas Capellanus, *On Love*, I B 88, S. 64).

[1] Die List der Markgräfin hat Ähnlichkeit mit der List, die die Frau eines Wesirs in einer der *Erzählungen aus den 1001 Nächten* anwendet, um sich des Königs zu erwehren: Sie bereitet ihm neunzig Mahlzeiten, die alle den gleichen Geschmack haben, und antwortet auf seine erstaunte Frage, dass in seinem Schloss neunzig Odalisken wohnten, die den gleichen Geschmack hätten (578./579. Nacht; IV, S. 262 ff.). Jones (S. 13) führt zwei ital., eine frz. (Nicolas de Troyes, *Parangon*, Nr. 14) und eine engl. (Painter, *Palace of Pleasure*, II, S. 338 ff.) Nacherzählung aus dem 16. Jh. an.

[5] »Markgraf von Montferrat«, »Philipp der Einäugige«: Der frz. Kg. Philipp II. Augustus von Frankreich (1165–1223) hat zusammen mit Ks. Friedrich Barbarossa und Richard Löwenherz den 3. Kreuzzug (1189–92) angeführt; dieser

Kreuzzug bietet den historischen Hintergrund auch für andere Novellen (I 9, V 7, X 9). Ein Konrad von Montferrat (1146–92) war in herausragender Position an diesem Kreuzzug beteiligt. In erster Ehe war Konrad mit einer Unbekannten verheiratet, 1187 heiratete er in Konstantinopel die Schwester des byzantinischen Kaisers – also vor der Ankunft des frz. Königs in Montferrat (H. H. Kaminsky, »K. v. Montferrat«, *LexMA* 5, 1342).

Sechste Novelle

Wie in Dantes *Die Göttliche Komödie* (Barth, S. 125 f., 528 ff.) wird auch im *Dec.* die Verweltlichung des Klerus und der katholischen Kirche angeprangert (I 2, 19 ff.; III 7, 34 ff.); ihre Vertreter und Vertreterinnen sind den gleichen irdischen und fleischlichen Begierden wie die Laien unterworfen und mischen sich mit fatalen Folgen in die Gefühle und Beziehungen der Laien ein (I 4; III 1; 7; 8; 10; VII 3; VIII 4; IX 2); Orden wie die Franziskaner ziehen den Bürgern das Geld aus der Tasche, indem sie ihnen in schamloser Weise Angst einjagen. Diese Novelle zeigt, wie ein Laie, der sich auf seinen gesunden Menschenverstand besinnt (5, 12), gegen diese Art der Beutelschneiderei erfolgreich mit den Worten der Heiligen Schrift wehrt: »Und wer verlässt Häuser oder Brüder oder Schwestern oder Vater oder Mutter oder Weib oder Kinder oder Äcker um meines Namens willen, der wird's hundertfältig nehmen und das ewige Leben ererben« (*Matth.* 19, 29; *Dec.* I 6, 12, 19).

[1] Eine literarische Vorlage ist nicht bekannt. Hans Sachs hat die Novelle aufgegriffen in dem Meistergesang »Die hundert suppenkeßel« sowie in dem Fastnachtsspiel »Der Ketzermeister mit den vil kessel suppen«.

[4] Die *Inquisition* als von der Kirche initiierte und von den weltlichen Behörden strafrechtlich applizierte Ketzerverfolgung erhält ihre endgültige Form im zweiten Viertel des 13. Jh.s. Eine wesentliche Stütze des päpstlichen Vorgehens gegen Häretiker waren Gesetze, die Ks. Friedrich II. bei seiner Krönung 1220 erlassen hat; Papst Gregor IX. (1227–41) setzte päpstliche Inquisitoren ein, um systematisch nach Ketzern zu forschen (W. Trusen, »Inquisitionsprozess«, *LexMA* 5, 441 f.). Es wird vermutet, dass es sich bei dem Franziskaner der Novelle um einen gewissen der Unterschlagung angeklagten Mino da San Quirico della Vernia gehandelt hat, der in Florenz Inquisitor von 1332 bis 1334 war (G. Biscaro, »Inquisitori ed eretici a Firenze«, in: *Studi medievali* N. S. 6, 1933, S. 196; Branca, S. 1027).

[6] »mit Schwertern und mit Stangen«: *Matth.* 26, 47.

[8] »Goldbart«/»Barbadoro« oder später »Boccadoro«/»Goldmund« (9): Es handelt sich um Anspielungen auf Johannes den Täufer bzw. den heiligen Johannes Chrysostomos (griech. »Goldmund«, um 354–407). »Johannes Goldmund« verweist auf den Stadtpatron, weil die florentinischen Taler, »fiorini«, auf der einen Seite das Bild einer Lilie und auf der anderen das Bild Johannes des Täufers trugen. »Goldbart« setzt Boccaccio vielleicht ein, um auf den bärtigen Franziskaner hinzuweisen, der nicht nur »goldene« Worte spricht, sondern um des Goldes willen redet (Branca, S. 1028).

[9] »Epikur« war ein bedeutender griech. Philosoph, der von 341 bis 270 v. Chr. lebte; Boccaccio kannte ihn aus den Schriften Ciceros, der sich ausführlich mit seinen Ideen auseinandergesetzt hat (vgl. Komm. VI 9, 7).

Siebente Novelle

Es kann statt eines Bonmot, eines »motto«, auch eine vollständige Novelle sein, mit der ein Spielmann einen hohen Herrn darauf aufmerksam macht, dass er sich unangemessen verhalten hat – und der Herr besinnt sich eines Besseren: die Vernunft siegt. Der Spielmann oder Vagantendichter erfüllt hier eine erzieherische Funktion, wie sie Boccaccio zufolge der Hofmann erfüllen sollte (*Dec.* I 8; E. Schubert, »Spielmann, -leute«, *LexMA* 7, 2112 f.).

[1] Anregungen für die Anekdote sind in der anonymen ital. Sammlung *Il Novellino* (XLIV) und in einer mlat. Sammlung von Erzählungen des span. Rabbiners Petrus Alfonsi (christl. getauft 1106) zu finden: *Disciplina clericalis / Die Kunst, vernünftig zu leben* (II, 3. Exempel, S. 150 f.). Die Anekdote wurde von zwei ital. Erzählern des 16. Jh.s, Francesco Sansovino und Giovan Francesco Straparola, aufgegriffen (Jones, S. 13).

»Messer«: auch »Messere«, ein Ehrentitel nach aokz. *meser*, ital. *mio signore*, dt. »mein Herr«.

[5] »Cane della Scala«: Die Familie della Scala hatte von 1277 bis 1387 die Herrschaft, ital. *Signoria*, über die Stadt Verona inne; hier ist Cangrande I. della Scala (1291–1329) gemeint, der sich als Gesetzgeber hervortat und nicht nur Dichtern wie Dante oder Künstlern Aufnahme und Schutz gewährte, sondern auch Kaufleuten, Rechtsgelehrten und Bankiers (A. Menniti Ippolito, »Della Scala«, *LexMA* 3, 676 ff.). Dante würdigt ihn mit den folgenden Versen: »Seine Großmut wird noch so bekannt werden, / dass selbst seine Feinde nicht die Zunge / stumm halten können« (*Parad.* 17, 85–87). Ks. Friedrich II. wird im *Novellino* (II, XXI) als ein Vorbild in Worten und Taten und als ein freigebiger Herrscher gelobt.

[7] Über Bergamino ist nichts Näheres bekannt; in einer Novellensammlung aus der zweiten Hälfte des 14. Jh.s wird ein »Bergamino oder Bergolino« erwähnt (Franco Sacchetti, *Novellen*, Nr. 67).

[11] »Primas«: Neben dem Archipoeta, Walter von Châtillon, ist Hugo von Orléans (um 1093 – um 1160), genannt Primas, der älteste bekannte Vagantendichter des MA (D. Schaller, »Hugo 50.«, *LexMA* 5, 174 ff.).

[14] »Wasser, das ihm ohnehin kaum schmeckte«: Hugo Primas hat sich über die Unvereinbarkeit von Wasser und Wein in einem Gedicht geäußert: »In meinem Humpen ist Thetis verbunden mit Bacchus, / die Göttin mit dem Gotte, doch die Göttin ist größer als er. / Nichts ist er wert oder sie, es sei denn, man trenne / sie beide; so sei denn der Gott ohne die Göttin. / Wenn zwei so verschiedene Dinge, mag ein jedes für sich gut sein, / sich in widernatürlicher Weise paaren, verderben sie einander« (*Lateinische Lyrik des MA*, S. 345).

[25] »um einen Großmütigen zu beobachten«: Hugo Primas beobachtete seine Oberen nicht ohne Neid und Spott: »Der Primas spricht zum Bischof: ›Ich höre, du bist bei gutem Verstand, / und wie dein Ruf bezeugt, wohnt große Redlichkeit in dir; / prächtig gewandet speist du gut, lebst geziemend. / Und wenn du gut lebst und gut dein Geschlecht sich regt, / so passt es gut, dass du, nicht krank zu werden, gut trinkst.‹« (*Lateinische Lyrik des MA*, S. 347).

Achte Novelle

Es wird nicht etwa in der Nachfolge des Johannes von Salisbury die höfische Kultur, das Leben an den großen Fürstenhöfen kritisiert (*Policraticus* V, 10, S. 86 ff.; Bumke 1986, S. 583 ff.), sondern mit einer kurzen Antwort, einem »motto«, erinnert der »Hofmann« Guiglielmo Borsieri eine hochstehende Persönlichkeit, einen Patrizier aus Genua, daran, dass er sich seines Standes und seines Reichtums würdig zu benehmen hat: Obwohl er einer der reichsten und damit auch mächtigsten Familien Genuas angehört – ein Ermino Grimaldi ist genealogisch allerdings nicht belegt (Pelzer, S. 302 ff.; Branca, S. 1036) –, verhält er sich wie ein »erbärmlicher Geizkragen« (5). Nach Cicero ist »kein Fehler abstoßender [...] als die Habsucht [lat. *avaritia*], zumal bei hochgestellten Persönlichkeiten und Lenkern des Gemeinwesens« (*Pflichtgem. Handeln* 2, 77, S. 211 f.; vgl. *Gespräche in Tusculum* 4, 26). Boccaccio verwendet im *Dec.* ital. *cortesia*, dt. »Courtoisie« (16) als Bezeichnung für eine vornehme, großzügige Gesinnung oder Verhaltensweise, die nicht nur Adlige oder Patrizier, sondern auch den Bäcker Cisti (VI 2, 10) auszeichnet; der Begriff wird auch im Sinn von »Höflichkeit«, »Aufmerksamkeit«,

»Freundlichkeit«, »Gastfreundschaft« gebraucht (I Schluss, 6; II 5, 33; VI 2, 10; X 9, 13, 14, 24, 32, 55, 112); *fare una gran cortesia* entspricht der dt. Redewendung »die Freundlichkeit/Liebenswürdigkeit besitzen« (V 10, 59; X Schluss, 15).

[1] Es handelt sich offenbar um eine Anekdote (Landau, S. 333; Branca, S. 1036). Painter hat sie in *The Palace of Pleasure* aufgenommen (1, S. 119 ff.).

[12] »Guiglielmo Borsieri« soll Boccaccio zufolge ein gebildeter Hofmann der rühmenswerten Art gewesen sein, der Frieden, Ehebündnisse und Verwandtschaften zwischen den großen Herren zustande brachte und der sich manchmal darum bemühte, die von den Geschäften gestressten Herren »mit gefälligen und angemessenen Novellen« zu ermuntern und zu belehren; die »modernen« Hofleute täten das nicht: »im Gegenteil – je niederträchtiger und widerwärtiger sie und je gemeiner ihre Handlungen und Worte sind, desto mehr gefallen sie und werden sie belohnt« (Boccaccio, *Esposizioni* zu *Inf.* XVI, 70–72).

Hätten also – so ließe sich die Lehre aus der Novelle resümieren – die gegenwärtigen Hofleute noch die moralischen Qualitäten der früheren, so könnten sie die Reichen und Mächtigen kraft ihrer Redekunst zum pflichtgemäßen Handeln führen.

Neunte Novelle

In dieser Novelle wird ein hoher Herr durch die Redekunst einer vornehmen Dame – ihr Spott *bewegt* und *belehrt* den Feigling (Göttert 1991, S. 22) – dazu gebracht, seine Herrscherpflicht wahrzunehmen, nämlich für Gerechtigkeit zu sorgen. Gegenüber der Vorlage im *Novellino* (LI) hat Boccaccio die Anekdote um die Bewusstseinszustände (s. Komm. I 2) der Dame und des Königs erweitert; es kommt deutlicher zum Ausdruck, dass die Dame die Schwäche des Königs verspottet, weil sie keine Hoffnung auf Wiedergutmachung hat; sie wählt den Spott als Trost im Unglück (6), ähnlich wie der reiche Florentiner in *Dec.* I 6, und hat unerwartet Erfolg.

[1] Jones (S. 13) führt zwei ital. Imitationen aus dem 14. und 16. Jh. und eine frz. aus dem 19. Jh. an.

[4] »König von Zypern«: Guido von Lusignan (gest. 1194) war von 1186 bis 1192 König von Jerusalem; nach der verlorenen Schlacht von Hattin (1187) geriet er für ein Jahr in die Gefangenschaft Saladins; es wurde ihm die Anerkennung als König verweigert; nachdem das Kreuzfahrerheer des 3. Kreuzzuges unter Richard I. Löwenherz von England und Philipp II. August von Frankreich 1191 eingetroffen war, wurde 1192 das Königreich Jerusalem an Konrad von Montferrat

(s. Komm. I 5, 5) und im Austausch Zypern, das Richard I. erobert hatte, an Guido von L. übertragen. Im Heer der Kreuzfahrer soll Guido von L. als feige und schwächlich beurteilt worden sein (P. W. Edbury, »Guido 1.«, *LexMA* 4, 1771; Runciman, II, S. 436 ff.; III, S. 18 ff.).

»Gottfried von Bouillon« lebte von 1061 bis 1100; als Herzog von Niederlothringen führte er gemeinsam mit seinen Brüdern eine Armee auf den 1. Kreuzzug (1096–99); nach dem Fall von Jerusalem 1099 war er ein Jahr lang »das Oberhaupt der Kreuzfahrerherrschaft«; er nannte sich lat. *princeps*, dt. »der Erste, Vornehmste« (J. Riley-Smith, »Gottfried 9.«, *LexMA* 4, 1599).

Zehnte Novelle

Pampinea hatte bereits bei der ersten Zusammenkunft der Erzählerinnen in Santa Maria Novella (I Einleitung, 52 ff.) zum Ausdruck gebracht, dass sie nicht mehr dem bekannten Gebot des Apostels Paulus folgen wollen: »lasset eure Weiber schweigen in der Gemeinde« (*1. Korinther* 14, 34; Flasch 1992, S. 97). Mit dieser Novelle erinnert sie ihre Geschlechtsgenossinnen daran, dass sie bei ihren Reden die Redegewandtheit oder die Bildung ihres Gegenübers richtig einschätzen sollten, um nicht den Kürzeren zu ziehen. Die Lehre aus *Dec.* I 4, dass die Alten ebenso wie die Jungen liebesanfällig sind, wird durch eine weitere Lehre ergänzt: Die Alten aus dem gebildeten Laienstand können hingebungsvoller und besser lieben als ihre jungen Rivalen. Zugleich macht eine in der »Blüte der Jugend stehende« Erzählerin darauf aufmerksam, dass die sexuelle Attraktivität eines Mannes nicht an dessen Alter gebunden ist und dass die geistige Liebe nicht auf die körperliche verzichten muss (19; I Einleitung, 49–51; Pschyrembel, S. 308).

[1] Die literarische Vorlage der Begegnung einer Gesellschaft junger Damen mit einem verliebten Gelehrten ist in der allegorischen Autobiographie Dantes, *Das neue Leben / Vita nuova* zu finden (1292–95; vgl. Prill, 34 ff.). Im XIV. Kapitel erzählt Dante, wie ein Freund ihn auf eine Hochzeitsgesellschaft führte, wo er von einem »wundersamen Schauder« ergriffen wurde, weil sich die »edle Beatrice« in seiner Nähe befand; dies versetzte ihn in einen Zustand der Verzückung, er fühlte sich ins Paradies entrückt; der Freund musste ihn fortgeleiten, weil die Damen sich über seinen Zustand, seine »Verwandlung« (ital. *trasfigurazione*), mokierten. Im XVIII. Kapitel befragen ihn die Damen über seine Liebe: Es sei doch etwas ganz Neues, dass er eine Frau liebe, deren Gegenwart er nicht ertrage? Das Ich antwortet als Dichter, d. h. als »poetisches Ich« (vgl. Fischer 2007,

S. 70): Er finde seine Glückseligkeit in den Worten, mit denen er seine Herrin preise.

Jones (S. 13) nennt drei Nacherzählungen: eine ital. von Francesco Sansovino (*Cento novelle dei più nobili scrittori della lingua volgare*, 1561), eine frz. von Nicolas de Troyes (*Parangon*, Nr. 30) und eine engl. von William Painter (*Palace of Pleasure*, I, S. 122 ff.).

[4] »kurze« vs. »lange Reden«: Die Kunst der kurzen Antwort stehe gerade den Frauen gut an, meint auch Filomena in *Dec.* VI 1, 2. Für das stilistische Ideal der Kürze konnte sich die Erzählerin auf Aristoteles (*Rhetorik* III, 11, S. 148) oder auf Horaz berufen: »Kürze tut not, dass läuft der Gedanke und nicht sich verschlingt in / Wörtern, die auf das ermüdete Ohr belastend sich legen« (*Satiren* I, 10, 17 f.).

[9] »Meister Alberto«: Gemeint ist vielleicht der Arzt Alberto de' Zancari (um 1280–1348), der zunächst in Ravenna praktizierte und später an der Universität von Bologna lehrte. In zweiter Ehe war er mit einer gewissen Margherita verheiratet (Branca, S. 1040).

[10] »Ghisilieri«: Es handelt sich um eine bekannte Familie aus Bologna; eine »Malgherida« – vielleicht die bolognesische Form für »Margherita« – ist nicht bekannt (Branca, S. 1041). Guido Guinizelli (um 1240–76), Dante zufolge der »Vater« der Dichterschule des »Süßen neuen Stils« (*Fegef.* 24, 57; 26, 73–135; F. Bruni, »Dolce stil novo«, *LexMa* 3, 1169 f.; s. Komm. X 7), versammelte in Bologna eine Gruppe von Dichtern um sich, unter denen sich laut Dante auch ein Guido Ghislieri befand (*De vulgari eloquentia / Über die Beredsamkeit in der Volkssprache*, I, XV, 6; II, XII, 6).

[17] »Porree«: Vgl. Chaucer, *Canterbury-Erzählungen*, »Der Prolog zu des Landvogts Erzählung«, V. 3878 f.: »Der Kopf ist weiß, doch bleibt der Stengel grün / So wie beim Lauch« (s. Komm. IV Einleitung, 33).

Schluss

[5] »kurz zuvor«: Vgl. I 10, 4.

»Ämter«: Siehe I Einleitung, 98–101.

[9] »Vergnügen« – »Nutzen«: Vgl. Komm. Vorwort; Komm. Schlusswort des Autors.

[10] »Fortuna«: Aus *De Consolatione Philosophiae / Über den Trost der Philosophie* von Boethius (um 475–524) wurde im MA die Vorstellung entlehnt, dass Fortuna mit dem Glücksrad die Vollzieherin des göttlichen Willens sei; Fortuna

wird dem Bereich des Irdischen und Zeitlichen zugeschrieben und kann auch als das Agens der Geschichte aufgefasst werden (A. Miltenburg, »Fortuna II.«, *LexMA* 4, 665 f.).

[14] »von dem einen Thema ermüdet«: Ohne stilistische Abwechslung (lat. *sine varietate*) kann »eine Dichtung oder Rede« »keinen dauernden Genuss« verschaffen (Cicero, *Über den Redner* 3, 100, S. 509; vgl. Komm. IV 1, 2; X Schluss, 6).

[22] »Lied«: Dieses Tanzlied (ital. *ballata*) besteht aus einer dreizeiligen Refrainstrophe (zwei Elfsilbler und ein Siebensilbler: AbA), auf den drei siebenzeilige Strophen folgen, deren Schlusszeilen jeweils die gleichen Reime wie der Refrain haben (CDCDDbA). Die Liedgattung stammt aus der altprov. Kunstdichtung; Struktur und Versart variieren; eingehalten werden nur der Refrain und die Wiederholung des Refrainreims am Ende der Strophen (Elwert 1984, § 88, S. 120 f.).

Eine Frau besingt ihre Schönheit, die sie im Spiegel betrachtet. Sie liebt sich selbst, wie Narziss es tat: »Arglos begehrt er sich selbst, erregt und findet Gefallen, / wird verlangend, verlangt, entbrennt zugleich und entzündet« (Ovid, *Metam.* 3, 425 f.). Die Frau begehrt wie Narziss ihre eigene Schönheit, aber dieses Glück kann weder durch ein Liebesleid noch durch die Unerreichbarkeit des Spiegelbildes, also den Gedanken an ein vergangenes Unglück – den Tod des Narziss – getrübt werden; die in sich selbst verliebte Frau verliert nicht ihr Glück: Was sie begehrt, ist an ihr, und diese »Fülle« lässt sie nicht »darben« (Ovid, *Metam.* 3, 466, 480 ff.). Einige der Erzählerinnen oder Erzähler werden »etwas nachdenklicher« (22), weil ihnen vielleicht das Unglück der Selbstliebe gegenwärtig ist.

Zweiter Tag

Erste Novelle

Die komische Wirkung der ersten Novelle der Sammlung wird dadurch gemindert, dass eine »auffallende, verbrecherische Ruchlosigkeit« im Spiel ist, die streng genommen nicht verlacht, sondern bestraft werden sollte (Cicero, *Über den Redner* 2, 237, S. 361). Mit dieser Novelle mokieren sich die feinen Leute – die Erzählerinnen und Erzähler – über die Leichtgläubigkeit des einfachen Volkes; sie verbergen aber ihre skeptische Haltung gegenüber dem Heiligenglauben hinter den Possen beruflicher Spaßmacher: Im Sinn des Themas des zweiten Tages lachen sie darüber (II 2, 2), dass Martellino Glück im Unglück gehabt hat, weil er ein riskantes Spiel in der Sache und in der Form getrieben hat: »übertriebene Nachahmung ist, wie unflätiges Gerede, Sache von Possenreißern und Schmierenkomödianten« (Cicero, *Über den Redner* 2, 242, S. 363, vgl. Aristoteles, *Nikom. Ethik* IV, 14, S. 96 f.; Boccaccio, *Genealogie* XIV, 9, S. 50).

[1] In Charles De Coster, *La Légende et les aventures* […] *d'Ulenspiegel*, 1868 (III 10), findet sich ein ähnlicher Streich, mit dem Leichtgläubigkeit und Geldgier verspottet werden.

[3] Der *Selige Heinrich* (Arrigo oder Enrico) *von Bozen oder Treviso* (Bozen, um 1250 – Treviso, 10. Juni 1315): Boccaccio scheint die wunderbaren Ereignisse beim Tode dieses Seligen aus zeitgenössischen mündlichen und schriftlichen Quellen erfahren zu haben (Branca, S. 1046).

[6] »Stecchi, Martellino, Marchese«: Franco Sacchetti bezeichnet Stecchi und Martellino als »Spaßmacher« (ital. *buffoni*) und »Hofleute« (ital. *uomini di corte*) und schildert einige ihrer Streiche am Hofe des Herrn von Verona, Mastino II della Scala (1329–51; *Novellen*, Nr. 144).

[7, 30 ff.] »Herr der Stadt / Stadtregent«: Seit dem Beginn des 13. Jh.s kämpften Angehörige der Familie der Caminesi mit unterschiedlichem Erfolg um die Macht in Treviso; 1312 verlor sie ein Guecellone Caminesi, so dass vielleicht der Podestà Manno della Branca gemeint ist (Branca, 1049; R. Manselli, »Camino da (Caminesi)«, *LexMA* 2, 1417 ff.; zu »Podestà« s. Komm. III 5, 4).

[30] »Sandro Agolanti«: Die Agolanti waren eine vornehme Familie, die in der zweiten Hälfte des 13. Jh.s aus Florenz vertrieben wurde und deren Angehörige sich in Treviso und Venedig niederließen (Branca, S. 1049).

Zweite Novelle

Das Wirken der Fortuna trifft den braven Kaufmann, die Straßenräuber und die schöne Witwe, die von ihrem vornehmen Liebhaber plötzlich versetzt wurde. Die Gebete, ob ernst oder ironisch gemeint, werden alle erhört: Rinaldo entrinnt wider alle Hoffnung der Tiefe des Elends; es tritt das Unvorhergesehene ein und eine schöne Frau erbarmt sich des Geschundenen; und schließlich baumeln auch die Bösen am Galgen (42). Der Herrgott lässt die wohltätigen Seiten seiner Dienerin Fortuna zutage treten; nur dürfen die Menschen nicht »blöde« sein und müssen die Gelegenheit, sich gegenseitig glücklich zu machen, beim Schopf ergreifen (35, 38).

[1] Die Anregung für die Novelle ist im Volksglauben zu suchen: Der Erzähler

verweist auf den Hl. Julian(us) als den Schutzpatron der Reisenden (7–8). Dieser Heilige hat wider seinen Willen seine Eltern erschlagen und gründet darauf mit seiner Frau an einem Fluss ein Hospital, wo er die Reisenden von einem Ufer ans andere befördert und die Armen versorgt; als er einen Leprakranken in seinem eigenen Bett versorgt, offenbart dieser sich als Engel, der ihm und seiner Frau die ewige Seligkeit verspricht (Jacobus de Voragine, *Legenda aurea*, S. 166 ff.). Ein ital. Gebet zu diesem Schutzpatron lautet: »Heiliger Julianus, ich bitte dich, / dass du meine Seele und meinen Leib vor jedem Angriff schützen mögest, / vor Hieb und spitzem Dolch; / und dass ich nicht gefangen genommen werde. / Halte meine Sinne stark und wach, / weise mir immer meinen richtigen Weg, / dass ich immer den Feinden entrinnen kann, / ohne irgendwie Schaden zu nehmen« (M. Oberzirner, »Il Paternoster di San Giuliano«; in: *Lares* 4, 3, 1933, S. 10–25). Gewiss ist auch an das Gleichnis vom guten Samariter zu denken (*Luk.* 10, 30–37); den Part des Samariters übernehmen hier die Dame und ihre Dienerin.

Die Novelle wurde von Hans Sachs (»Rinaldus der perawbt kauffmon«), von Nicolas de Troyes (*Parangon*, Nr. 33), von William Painter (*Palace of Pleasure*, I, S. 125 ff.), von Jean de Lafontaine (»L'Oraison de St. Julien« / »Sankt Julians Schutzgebet«) nacherzählt und von Lope de Vega in dem Drama *Llegar en ocasión / Glückliches Zusammentreffen* (1616) nachgeahmt; die engl. Komödie *The Widow*, 1652 in den Werken Thomas Middletons (1580–1627) veröffentlicht, geht auf diese Novelle zurück. Auch einige frz. Erzähler des 18. Jh.s haben den Stoff aufgegriffen (Jones, S. 14).

[4] »Zur Zeit des Markgrafen …«: Möglicherweise handelte es sich um Azzo VIII. von Ferrara, der von 1293 bis 1308 regierte; Asti war ein bedeutendes Handelszentrum; ein Rinaldo ist nicht identifiziert worden (Branca, S. 1051; A. Vasina, »Azzo VIII.«, *LexMA* 1, 1320).

[12] »Dirupisti«, »De profundis«, »O intemerata virgo«: Es sind die lat. Anfänge dreier Gebete: »Du hast Quellen und Bäche hervorbrechen lassen …« (*Ps.* 74, 15); »Aus der Tiefe rufe ich, Herr, zu dir« (*Ps.* 130, 1); »O unbefleckte und in Ewigkeit gebenedeite einzige und unvergleichliche Jungfrau« (A. Wilmart, *Auteurs spirituels et textes dévots du moyen âge latin*, Paris 1932, Nachdr. 1971, S. 488 ff.).

[13] »Castel Guiglielmo« ist ein Flecken zwischen Ferrara und Este westlich von Rovigo.

[15] »ein Krieg«: Möglicherweise ist es eine Anspielung auf eine kriegerische Auseinandersetzung zwischen Azzo VIII. und seinem Bruder Francesco in den Jahren 1305 bis 1307 (Branca, S. 1053).

Dritte Novelle

Alle menschlichen Güter liegen in Fortunas Hand und sie verteilt sie nach Gründen, die die Menschen nicht durchschauen – vielleicht bedürfen sie auch hierzu einer göttlichen Eingebung (4; I 1, 3). Zwei Dinge kann der Mensch tun, um die Wirrnisse des Lebens zu durchstehen: das rechte Maß bewahren und die Gelegenheit, die der Herrgott oder Fortuna bieten, beim Schopf ergreifen (10, 12, 15, 28). Geistesgegenwärtig ergreift auch Alessandro die günstige Gelegenheit (34), aber die als Abt verkleidete Frau, die englische Prinzessin, übertrifft ihn durch ihre Weitsichtigkeit: Wie Fortuna selbst geht sie auf die Suche nach einem geeigneten jungen Mann, den sie beglücken kann, weil sie voraussieht, dass sie als junge Frau einem alten Ehemann, den ihr Vater für sie vorgesehen hat, untreu werden würde (22, 38). Das Problem des Altersunterschieds wird in *Dec.* II 10, VII 9 aufgegriffen.

[1] In der Novelle verbindet Boccaccio Namen aus der Stadtgeschichte von Florenz und eine Anspielung auf Ereignisse im englischen Königshaus aus dem 12. Jh. (s. Komm. II, 14) mit der Variation des Märchens vom »besten Jüngsten«: Der jüngste Bruder – hier ein Neffe – vollbringt Taten, welche die älteren Brüder nicht fertigbringen, erhält zum Lohn eine Prinzessin und befreit die Brüder aus gefährlichen Situationen (Landau, S. 330 f.).

Jones (S. 14) gibt drei Nacherzählungen aus dem 16. Jh. an: Francesco Sansovino, W. Painter (*Palace of Pleasure*, I, S. 130 ff.), Nicolas de Troyes (*Parangon*, Nr. 37).

[4] »Fortuna«: Kablitz (1990, S. 17 f.) zufolge wird Fortuna im *Dec.* eingesetzt, um einen kausalen Zusammenhang der Handlung ohne Berücksichtigung der Wahrscheinlichkeit herzustellen. Bei dieser Analyse wird allerdings nicht Boccaccios Konzept des selbstverantwortlichen Handelns berücksichtigt (Wetzel 1977, S. 23 f.; 1981, S. 407; Nachwort, S. 1054).

[6] »Lamberti«, »Agolanti«: Es handelt sich um ghibellinische Magnatenfamilien und Bankiers; die adlige Lebensart der Erben macht darauf aufmerksam (8), dass sich der städtische Adel mit einem Teil der Kaufmannsschaft in der »Oligarchie der Calimala«, der Tuchhändlerzunft, verbunden hat (Stahl, 180 f.; zur Zunftoligarchie s. Komm. VII 10, 8). In einem Dokument um 1350 erscheint auch ein »Alessandro« Agolanti (Branca, S. 1056). Der Name »Tebaldo« verweist vielleicht auf die bekannte Familie der Tebaldo oder Tebaldini; ein gewisser Bernardo di Doffo Tebaldi war »fattore«, Geschäftsbeauftragter, der mächtigen und reichen Bardi von 1324 bis 1338, deren Geschäftsvertreter auch Boccaccios Vater von 1327 bis 1338 in Neapel war, wo Boccaccio selbst eine Kaufmannslehre ab-

solvierte (F. W. Kent, »Bardi«; Branca, *Profilo biografico*, S. 17). Zu den Geschäften der Florentiner Kaufleute in England siehe Doren 1934, S. 355.

[14] »Krieg zwischen dem König und einem seiner Söhne«: Die Erzählerin spielt auf den Konflikt zwischen Kg. Heinrich II. von England (1154–89) und seinem Sohn Heinrich (gest. 1183) im Jahr 1173 an; später schlossen sich Richard Löwenherz und Johann Ohneland gemeinsam mit Kg. Philipp II. August von Frankreich zu einer Verschwörung gegen ihren Vater zusammen, der besiegt und gedemütigt starb (J. Critchley, »H. II.«, *LexMA* 4, 2050 f.). Die Ereignisse fanden schon vor Boccaccio ihren Niederschlag in der ital. Literatur (*Novellino*, XIX, XX; Dante, *Hölle* 28, 133 ff.).

Vierte Novelle

Der Protagonist der Novelle fordert das Glück heraus, weil er nicht das rechte Maß zu halten weiß: Er will seinen Reichtum »verdoppeln« (5). Das verführt ihn zu riskanten Unternehmungen: Er kauft so viele Waren ein, dass er sie wegen der Konkurrenz nicht mehr angemessen verkaufen kann, sondern verschleudern muss; er wird zum Seeräuber und wird schließlich selbst gekapert. Sein letztes und schlimmstes Unglück, der Schiffbruch der genuesischen Koggen, die ihn gekapert haben, ist sein Glück, dessen er spät gewahr wird, das er sorgsam hütet und für das er sich dankbar zeigt (20, 26, 27, 30). Der Wunsch, seinen Reichtum zu verdoppeln, ist zwar wider alles Erwarten erfüllt worden, aber die Lehre für den Helden heißt, sein Glück nicht noch einmal durch Maßlosigkeit zu riskieren.

[1] Jones (S. 14) nennt neben zwei ital. Imitationen von Giovanni Sercambi (1347–1424) und Francesco Sansovino einen Schwank von Hans Sachs (»Landolphus, ein Burger«) und die Nacherzählung von Painter (*Palace of Pleasure*, I, S. 138).

[5] »Ravello«, »Landolfo Rufolo«: In Ravello, einem Ort in der Provinz von Salerno, sollen Freunde Boccaccios gelebt haben (Branca, S. 1063). Im 13. und 14. Jh. gab es hier eine reiche und mächtige Familie Rufolo, was eine »Villa Rufolo« und andere Gebäude bezeugen (G. Vitolo, »Ravello«, *LexMA* 7, 481); ein gewisser Matteo wurde gemeinsam mit seinem Sohn Lorenzo 1283 – unter der Herrschaft Kg. Karls I. von Neapel (1226–85) – wegen Komplizenschaft mit dem Aufstand gegen die Herrschaft des Hauses Anjou in Sizilien (1282) eingekerkert; die Güter der Familie wurden konfisziert; Lorenzo Rufolo erlangte zwar wieder die Gnade des Kg.s von Neapel, fiel aber ein zweites Mal in Ungnade, betätigte sich als Seeräuber, wurde gefasst und starb 1291 auf einer Burg in Kalabrien. Boc-

caccio hat sich offenbar von seinem Schicksal inspirieren lassen und nur den Vornamen geändert (Branca, S. 1064; vgl. II 6, 41).

[9] »Piraterie«: »Korsarenwesen und Piraterie, die auf Kosten des Seehandels lebten, entwickelten sich naturgemäß im Bereich der großen Seewege und stark frequentierten Kreuzungspunkte wie der griech. und dalmatin. Inseln im östlichen Mittelmeer, der Meerengen von Sizilien, der Straße von Gibraltar, der Felsenbuchten (*raz*) der Bretagne, der Straße von Calais. In der Nähe dieser belebten Schifffahrtszonen blühten Häfen auf, die der Ausrüstung von Piratenschiffen dienen konnten, v. a. wenn keine andere Möglichkeit des Gewinns bestand« (M. Mollat, »Seeraub«, *LexMA* 7, 1683).

[28] »Trani« ist eine Hafenstadt in Apulien, in der Nähe von Barletta gelegen (s. Komm. IX 10, 6).

Fünfte Novelle

Der Wechsel von Unglück und Glück kann sich über einen längeren Zeitraum erstrecken und in einem größeren geographischen Raum abspielen (II 2; 3; 4; 6, 7; 8; 9); oder das Unglück wendet sich, wie in dieser und der zweiten Novelle, an einem Tag oder in einer Nacht. Der Protagonist tappt ins Unglück, weil er unerfahren und eitel ist (11, 17, 64); erst die beiden Kirchenräuber klären ihn darüber auf, in welche Gefahr er geraten ist und bringen ihn darauf, dass er sich, einmal unter die Gauner gefallen, wie diese verhalten muss, um sein selbst verschuldetes Unglück wieder wettmachen zu können (77).

[1] Vorlage oder Anregung der Novelle war möglicherweise das afrz. Fabliau *Über Boivin in Provins / De Boivin de Provins* (Montaiglon/Raynaud, Nr. 126; V, S. 52 ff.), in dem ein gewisser Boivin sich als Bauer verkleidet und eine Prostituierte mit einer rüden List um den Lohn prellt. Boccaccio hat das Motiv der angeblichen Verwandtschaft – womit das Opfer ins Vertrauen gezogen werden soll – sowie das rüpelhafte Auftreten des Zuhälters übernommen. Allerdings hat er den Handlungsablauf der Vorlage komplexer aufgebaut und die Personen psychologisch subtiler gestaltet; vor allem hat er der Darstellung ein besonderes Lokalkolorit geben können, weil er einige Zeit in Neapel gelebt hat (Komm. II 3, 6). Die Episode des Abstiegs in den Brunnen und das Motiv des kostbaren Rings erinnert an eines der Abenteuer des »Ali Zaibaks aus Kairo« (*Erzählungen aus den 1001 Nächten*, IV, S. 738 f.; vgl. Branca, S. 1068). Der berüchtigte Satiriker Pietro Aretino (1492–1556) hat diese Novelle und die Novelle *Dec.* VII 8 in der Komödie *Il Filosofo / Der Philosoph* (1546) miteinander verbunden (U. Petry, *KNLL*, s. v.);

Hans Sachs hat einen Meistergesang »Andreuczo mit drey unglueck« verfasst; Jones (S. 14 f.) hat insgesamt 19 Nacherzählungen gefunden, die bis ins 19. Jh. reichen, darunter eine engl. von Painter (*Palace of Pleasure*, 1, S. 143) und eine frz. von Nicolas de Troyes (*Parangon*, Nr. 42).

[3] »Goldtaler«: Um 1250 sind wieder Goldmünzen eingeführt worden, der Fiorino, Genovino und später der Dukaten; 1 Fiorino entspricht 20 Soldi, die 40 Denari Grossi und 240 Denari Piccoli wert waren (M. North, »Währung. I. Westen«, *LexMA* 8, 1924 f.; K.-H. Ludwig, »Gold III.« *LexMA* 4, 1535 ff.).

[14] »Malpertugio« bedeutet wörtlich »finsteres Loch«; es soll sich um ein in Hafennähe gelegenes Viertel gehandelt haben (Branca, S. 1070).

[22] »Guelfen«: In Italien werden seit dem 13. Jh. die Anhänger der antikaiserlichen Politik der röm. Kurie oder der kaiserfeindlichen Partei als Guelfen bezeichnet; die »Ghibellinen« sind ihre Gegner, die Anhänger des Kaisers (F. Cardini, s. v. *LexMA* 4, 1436 ff., 1763 ff.).

»unser König Karl«: Gemeint ist Karl II., gen. der Lahme (1254–1309), der nach dem Tod seines Vaters, Karls I. (Komm. X 6, 5), 1285 König von Sizilien (Neapel) wurde (S. Fodale, »Karl 20.«, *LexMA* 5, 985; R. Manselli, »Die Anjou in Sizilien und Neapel«, *LexMA* 1, 645 ff.).

[23] »König Friederich«: 1282 wurde Kg. Peter III. von Aragon (1239–85) aufgrund der Ehe mit Konstanze von Sizilien, einer Tochter Manfreds (1232–66), eines unehelichen Sohnes Ks. Friederichs II. (1194–1250), König von Sizilien; sein Sohn ist König Friederich III. von Sizilien (1272–1337; F. Giunta, »Aragón«, *LexMA* 1, 865 f.; L. Vones, »Konstanze v. Sizilien«, *LexMA* 5, 1407).

[63] »Filippo Minutolo«: Der Erzbischof starb 1301 (Branca, S. 1079).

Sechste Novelle

In einer Heiligenlegende schickt Gott das Leiden, um zu prüfen, ob der Auserwählte seiner Gnade würdig ist (Jacobus de Voragine, »Von Sanct Eustachius«, *Legenda aurea*, S. 821 ff.). In dieser Novelle soll das Unglück, von dem eine der mächtigen Familien Italiens getroffen und wieder erlöst wird, die Zuhörer, die aus vornehmen Florentiner Familien stammen, warnen und trösten (3). Im Unterschied zu dem vollkommenen himmlischen Glück, das die Heiligenlegende verspricht, vermag aber die Freude der Zuhörer über das glückliche Ende die bittere Lebenserfahrung des Unglücks nicht aufzuwiegen (4, 76). Die Novelle zeigt, wie der Mensch, welchen Standes auch immer, das Unglück überstehen muss, um sein Leben für die Familie zu erhalten (Beritola) und um die Fürsorge für

Schutzbefohlene zu übernehmen (die kluge Amme); er kann es überstehen, indem er sein Geschick selbständig in die Hand nimmt, um das Unglück der ganzen Familie zu wenden (Giuffredi); indem er loyal bleibt (Arrighetto Capece).

[1] Eine Vorlage oder Quelle ist nicht ausfindig zu machen (Branca, S. 1082 f.). Hans Sachs (»Die Edelfrau Beritola«), G. B. Giraldi Cinzio (*Gli Hecatommithi / Hundert Novellen*, 1565, V 8), Nicolas de Troyes (*Parangon*, Nr.134) haben die Novelle nacherzählt.

[5] »König Siziliens«: Nach dem Tod Kg. Konrads IV. (1228–54) wurde Manfred, ein illegitimer Sohn Ks. Friedrichs II., 1258 in Palermo zum Kg. von Sizilien gekrönt. Der Papst verfolgte Ansprüche auf das Kgr. und schloss ein Abkommen mit Karl von Anjou (1226–85), einem Bruder Kg. Ludwigs IX. von Frankreich (1215–70); dieser besiegte Manfred 1266 bei Benevent und behielt die Herrschaft bis 1282 (E. Cuozzo, »Sizilien«, *LexMA* 7, 1959 f.; *Dec.* II 5, 23; II 4, 5). Die neapolitanischen Familien *Capece* und *Caracciolo* sind als Gegner des Hauses Anjou bekannt; Boccaccio erwähnt in der Verserzählung *Die Jagd der Diana / Caccia di Diana* verschiedene Damen aus der Familie Caracciolo; den Vornamen Beritola trägt allerdings eine Dame aus der Familie Carafa. In der Geschichte der Caracciolo spiegelt sich wie in »einem Brennspiegel die Geschichte des Königreichs Neapel und Sizilien« (Reinhardt, »Caracciolo«, S. 133; Branca, S. 1084).

[18] »Malespini/Malaspini«: Es handelt sich hier um Currado II. de Villafranca, gest. 1294, der auch in Dantes *Fegef.* 8, 118, auftritt; als Anhänger der Staufer scheinen die Malaspina natürliche Verbündete der Capece gewesen zu sein (22; Branca, S. 1086). Die Familie besaß ihr Stammland um Luni; 1306 war Dante als Bevollmächtigter der Familie bei dem Friedensschluss mit ihrem Erbfeind tätig, dem Bischof von Luni (P. M. Conti, »Malaspina«, *LexMA* 6, 163 f.).

[25] »Cavriuola« bedeutet »Rehfrau«.

[27] »Doria«: Ein Vertreter der genuesischen Familie mit dem Vornamen »Guasparrin« ist für den angegebenen Zeitraum nicht nachweisbar (Branca, S. 1087). Seit dem 12. Jh. »bekleideten die Doria in Genua eine so führende Stellung innerhalb der von der Handelsaristokratie gestellten Oberschicht, dass Familien- und Stadtgeschichte untrennbar ineinander verwoben sind« (Sanfilippo, »Doria«, S. 232).

[30] »wie gefährlich es werden könnte«: Ohne das Inkognito würde Giuffredi in die Auseinandersetzungen zwischen Guelfen und Ghibellinnen hineingezogen (G. Petti Balbi, »Genua 3.«, *LexMA* 4, 1255 f.; vgl. Komm. II 5, 22).

[35] »Grignano«: Es handelt sich um eine historische Person (Branca, S. 1088).

[41] »König von Aragon«: Durch die blutige Erhebung gegen die Herrschaft der Anjou, die »Sizilianische Vesper«, wird 1282 der Schwiegersohn Manfreds

(5), Peter III. von Aragon (1239–85), König von Sizilien (S. Fodale, »Sizilien. B II.«, *LexMA* 7, 1960 ff.). Giovanni da Procida (um 1210–98) war »den Staufern treu ergeben und [...] einer der eifrigsten Drahtzieher der polit. und militär. Aktionen gegen die Anjou«; er wurde 1283 Großkanzler des Kgr.es Sizilien (A. Menniti Ippolito, »Procida 1«, *LexMA* 7, 236). Boccaccio erzählt, Karl von Anjou habe die Frau des Johannes von Procida verführt, und dieser habe den Aufruhr aus Rache inszeniert (*Glück und Unglück berühmter Männer*, IX 19, S. 321; vgl. *Dec.* V 6).

[57] »Ehe, wie es bei uns der Brauch ist«: Vgl. *Dec.* V 4, 46. Hierzu: G. Di Renzo Villata, »Ehe III: Italien«, *LexMA* 3, 1625 f.

Siebente Novelle

In der christlichen Theologie und Kirche verlieh die »Jungfräulichkeit« »der Frau ihre unvergleichliche Würde, Freiheit und Selbständigkeit und sichert ihr so auch ihren Rang in Gesellschaft und Kirche« (L. Hödl, s. v., *LexMA* 5, 808 f.). Boccaccio erfindet die Geschicke einer andersgläubigen Jungfrau, um die erschreckende Macht der weiblichen Schönheit zu demonstrieren – »Schönheit hat göttliche Macht« / »formaque numen habet« (Ovid, *Liebesgedichte* 3, 3, 12) –, und um zu zeigen, dass auch der ungewollte Verlust der Jungfräulichkeit die Frau vergnügen kann (30). Wird die Vielzahl der Liebesabenteuer außerdem so zusammengefasst, dass der Schein des Anstands gewahrt bleibt, muss das nicht zum Verlust der jungfräulichen Würde führen. Der Herrgott allein – und nicht seine irdische Vertretung – weiß, was dem Menschen gut tut und welche Güter er zu schätzen und zu bewahren hat: Am höchsten zu schätzen sind ein »gesunder Verstand in einem gesunden Körper« / »mens sana in corpore sano« (Iuvenal, *Satiren* 10, 356; s. Komm. 3–7); auf Alatiels gesunden Körper macht Antigono aufmerksam, und ihren gesunden Verstand stellt Alatiel unter Beweis, indem sie Antigonos Rat befolgt und ihre Abenteuer nicht wirklichkeitsgetreu berichtet, sondern literarisch nacherzählt (106 ff.). Die Novelle zeigt darüber hinaus, dass die Frauen Fortunas Launen nicht nur als Sturm und Schiffbruch, sondern vor allem als List und Gewalt der Männer zu ertragen haben; die Zuhörerinnen seufzen, weil sie ans Vergnügen *und* an die Brutalität denken (II 8, 2).

[1] Die Handlung hat eine gewisse Ähnlichkeit mit den Abenteuern und Gefahren, die das wunderschöne Paar Habrokomas und Anthia in dem griech. Roman des Xenophon von Ephesos (*Die Waffen des Eros*, 2./3. Jh. n. Chr.) durchsteht, bevor es glücklich zueinander findet: ein »Abbild des gefahrvollen Lebens-

weges […], den jeder abzuschreiten hat« (Kytzler, in: *Im Reich des Eros*, 1, S. 100). Nicolas de Troyes (*Parangon*, Nr. 136) hat die Novelle nacherzählt; Lafontaine hat sie in *La Fiancée du Roi de Garbe / Die Verlobte des Königs von Algarve* bearbeitet (Jones, S. 15).

[3–7] Panfilos Einleitung resümiert zentrale Ideen der 10. Satire Iuvenals (Velli, »Memoria«, *Lessico critico decameroniano*, S. 245 ff.).

[9] »König von Garbo [Algarve]«: Vielleicht ist einer der Herrscher des Almohadenreiches (12./13. Jh.) gemeint, das sich von Nordafrika bis auf die Iberische Halbinsel erstreckte (H.-R. Singer, »Almohaden«, *LexMA* 1, 447 ff.).

[26] »Venus«: Horaz, *Oden* (3, 18) nennt den mit Wein gefüllten Becher den »Gefährten der Venus«. Vgl. Ovid, *Liebeskunst* (1, 244): »Venus im Wein war Feuer im Feuer«.

[26] »Gelage«: Der Verführer geht nach Ovids *Liebeskunst* (1, 229 ff.) vor.

[27] »Sie vergaß alle Sprödigkeit«: Die Szene veranschaulicht zwei Verse Ovids: »Nacht und Amor und Wein – zur Mäßigung raten die niemals: / Jene ist frei von Scham, Liber [Bacchus] und Amor von Furcht« (*Liebesgedichte* 1, 6, 59 f.).

[33] »Chiarenza«: Gemeint ist der in der Nähe des heutigen Kastro-Killini im äußersten Westen des Peloponnes gelegene Hafen Glarentza (Branca, S. 1101).

»Romania«: Gemeint ist das Lateinische Kaiserreich (1204–61) mit dem Königreich Thessalonike (bis 1230), dem Herzogtum Athen und dem Fürstentum Achaia/Morea (A. Guillou, »Byzantinisches Reich VI 1«, *LexMA* 2, 1260).

[50] »dass er mit den Augen das Gift der Liebe trank«: Es wird an eine klassische Szene des Liebeszaubers erinnert; in Vergils *Aeneis* (1, 688, 717 f.) erhält Amor von Venus, seiner Mutter, den Auftrag, in Gestalt des Askanius, des Sohnes von Aeneas, Dido »heimliche Glut« einzuhauchen und sie mit dem »Gift« der Liebe zu betören; der Knabe »drängte zur Königin dann; sein Bann trifft *Auge* und Herz ihr« [Hervorhebg. P. B.].

[63] »Kaiser von Konstantinopel«: Es könnte laut Branca (S. 1105) Andronikos II. Palaiologos (1259/60–1332) gemeint sein.

[76] »Ozbek«: Es handelt sich um Chan Özbeg, Herrscher der Mongolen von 1313 bis 1341 (B. Spuler, »Goldene Horde«, *LexMA* 4, 1543 ff.).

[109] »Cresci von Valcava«: Die sexuelle Bedeutung liegt in ital. *crescere*, »größer werden«; versteht man »Valcava« als »leeres Tal«, so wird das sexuelle Vergnügen der Erzählerin einbezogen. Branca (S. 1110) zufolge soll es tatsächlich ein Heiligtum für »San Cresci« im Mugello gegeben haben.

Achte Novelle

In dieser Novelle provoziert die maßlose Leidenschaft einer Frau das Missgeschick des Protagonisten; aber ein Unschuldiger kann sich mit Geduld und Verstand gegen das Geschick wappnen (26). In einer schweren Situation erhält Aeneas, der Gründer Roms, den Ratschlag: »Ein jedes Geschick wird besiegt durch Ertragen« (Vergil, *Aeneis* V, 710). In der Auslegung dieser Idee durch den Apostel Paulus wird das Verhalten des Grafen von Antwerpen und seiner Kinder sowie das glückliche Ende vorgezeichnet: »wir wissen, dass Trübsal Geduld bringt; Geduld aber bringt Erfahrung; Erfahrung aber bringt Hoffnung; Hoffnung aber lässt nicht zu Schanden werden« (*Römer* 5, 3–5). Die glückliche Wendung der Handlung zeigt, dass Gottvertrauen und Höllenangst (39, 70, 88) nicht ohne Nutzen sind.

[1] Die Novelle über den erfundenen Grafen von Antwerpen spielt in der Epoche der Auseinandersetzungen zwischen dem Ostfrankenreich und dem Westfrankenreich (9./10. Jh.). Der Beginn der Handlung erinnert an die Erzählung von Joseph und der Frau des Potiphar (*Genesis*, 39). Eine Anregung kann die unglückliche Geschichte des Pierre de La Broce, eines Favoriten Kg. Philipps III. von Frankreich (1245–85), gegeben haben (Dante, *Fegef.* 6, 22; E. Lalou, »Philipp 4.«, *LexMA* 6, 2060 f.).

Einige dt. Autoren des 16. Jh.s haben die Novelle nacherzählt (Jones, S. 15): Martin Montanus, Hans Wilhelm Kirchhoff, Elia Levita, gen. Germanus, Jakob Ayrer; Painter hat sie in *Palace of Pleasure* (I, S. 156 ff.), Nicolas de Troyes in *Parangon* (Nr. 137) aufgenommen.

[12–15] Die Dame verbindet ein soziales Argument aus der Minnelehre des Andreas Capellanus (*Über die Liebe* I, 11, »Von der Liebe der Bauern«, S. 181 ff.: Bauern begreifen nicht die »Kunst der Liebe«) mit zwei Argumenten Ovids: Venus liebt das Nichtstun (»otia«; *Heilmittel*, 141 ff.; vgl. *Dec.* III 1, 3; IV 1, 33; IV 7, 4; VIII 10, 23), und die Leidenschaft der Frau ist heftiger als die des Mannes und steht dem Wahnsinn näher (*Liebeskunst*, 1, 341 ff.). Die Folgen des Nichtstuns werden schon im *Alten Testament* benannt: »multam enim malitiam docuit otiositas« / »Müßiggang lehrt viel Böses« (*Sirach* 33, 29).

[42] »krank aus Kummer«: Im Folgenden wird die sog. »Liebeskrankheit« geschildert, deren Darstellung in der Literatur der Antike und des MA verbreitet war; auch Ovid stellt sich als Lehrmeister der Liebe und gleichzeitig als Arzt vor, der diese Krankheit zu heilen vermag: »Gesundung sollt ihr lernen durch den, dessen Schüler in der Liebe ihr waret« (*Heilmittel*, 43; vgl. Stemmler 1990). Die Erzählerin Elissa richtet die Aufmerksamkeit auf den medizinischen Aspekt der

Liebe und auf das Sexualleben des jungen Mannes; die ausführliche Erzählung der »Pulsdiagnose an einem Liebeskranken« erinnert an Geschichten, die von den griech. Ärzten Hippokrates und Erasistratos überliefert waren (Bürgel, S. 75 f., 44 ff.). Boccaccio hat das Motiv der »Liebeskrankheit« auch in der Verserzählung *Die Nymphe von Fiesole* eingesetzt (Str. 132 ff., S. 50 ff.).

[58] »du wirst gesund werden«: Die Mutter nimmt einen fürsorglich medizinischen Standpunkt zugunsten ihres Sohnes bzw. der jungen Frau ein (61, 67): In der Medizin des MA wurde im Gegensatz zur Theologie die Einhaltung der Keuschheit für den jungen Mann wie für die Frau als schwer durchführbar oder gar als lebensgefährlich eingeschätzt (D. Jacquart, »Sexualität, IV. Medizin«, *LexMA* 7, 1816 ff.; Pschyrembel, »Hysterie«).

Neunte Novelle

Der Apostel Paulus lehrte, dass nicht Adam Eva, sondern Eva Adam verführt habe, und dass der Mann nicht um des Weibes willen, sondern das Weib um des Mannes willen geschaffen worden sei; er lehrte allerdings auch, dass die Männer ihre Weiber so lieben sollten, wie Christus seine Gemeinde geliebt habe (*1. Timotheus* 1, 14; *1. Korinther* 11, 9; *Epheser* 5, 25; vgl. E. Gössmann, »Frau I.«, *LexMA* 4, 852 f.). Die Novelle zeigt, dass die Männer das Unglück herbeischwatzen und sich entweder aus maßloser Selbstüberschätzung oder aus Dummheit zum böswilligen Betrug oder zum Auftragsmord *verführen* lassen, und dass sie die Frauen nicht in angemessener Weise lieben (11 ff., 54). Übernimmt eine Frau wie Madonna Ginevra die Rolle des »Hauptes«, so handelt sie verständiger und redet in der Versammlung vernünftiger, als die beiden Männer es in ihrer Versammlung getan haben (vgl. *Epheser* 5, 23; *1. Korinther*, 14, 35); außerdem verzeiht sie dem reuigen Ehemann, der es nicht verdient hat. Die Fähigkeiten der Frauen sind also nicht zu unterschätzen.

[1] Die Wette um die Ehre einer Frau ist ein verbreitetes literarisches Thema; Boccaccio kannte es wohl aus der afrz. Literatur: Als Vorlage kann der afrz. *Roman de la violette ou de Gerard de Nevers* von Gerbert de Montreuil (13. Jh.) gedient haben (Landau, S. 135 ff.). Shakespeare hat die Wette in seinem Drama *Cymbeline* (1611) aufgegriffen (Branca, S. 1123; K. Pfister, *KNLL*, s. v.). Neben dem Schauspiel von Hans Sachs (»Die undultig Frau Genura«) und der Nacherzählung von Nicolas de Troyes (*Parangon*, Nr. 52) gibt Jones (S. 16) noch zwanzig weitere Bearbeitungen an.

[7] »Sprüche«: Boccaccio führt vor, wie Klatsch und Tratsch soziale Kontrolle

ermöglichen (23), weil erst die sprachliche »Zirkulation moralischer Maximen [...] kollektive Ausschlussreaktionen gegenüber sozialen Nonkonformisten« möglich macht (Eibl 2004, S. 222).

In den Klatsch der Kaufleute sind Meinungen aus der ›hohen‹ Literatur eingewoben: »Die Sünde kommt her von einem Weibe, und um ihretwillen müssen wir alle sterben« (*Sirach*, 25, 32). »Ein buntveränderlich Etwas bleibt das Weib!« (Vergil, *Aeneis* IV, 569f.). »Keusch ist nur die, bei der es niemand versucht hat« (Ovid, *Liebesgedichte* 1, 8, 43); »aber ich sage dir, leichtgläubiger Tor: keine Frau ist auf die Dauer zuverlässig« (Properz, *Liebeselegien* 2, 25, 22). »Wie der Körper, so ist auch die Seele der zarten Mädchen schwach« (Ovid, *Briefe der Heroinen* XIX, 7). »Ständig begehrn wir Verbotnes und trachten nach dem, was versagt ist« (Ovid, *Liebesgedichte* 3, 4, 17); »auch eine, von der man glauben könnte, sie wolle nicht, wird wollen« (Ovid, *Liebeskunst* 1, 274). Bernabò trägt Sprichwörtliches bei: die Frau mit den fünf »P« (»pia, prudens, pulchra, pudica, potens« / »fromm, klug, schön, sittsam, reich«; Bury, Nr. 5237).

[45] »Akkon«: 1291 wird die letzte christliche Festung von den Mameluken erobert. Die Handlung spielt also am Ende des 13. oder zu Beginn des 14. Jh.s.

[75] Der Sultan sorgt für das Gemeinwohl in Italien. Die gnadenlose Bestrafung des Urhebers des familiären Unglücks ist damit zu begründen, dass er versucht hat, eine Ehe und damit die natürliche Grundlage des Gemeinwesens zu zerstören: »Zwischen Mann und Frau scheint von Natur aus ein Verhältnis der Freundschaft oder der Liebe zu bestehen. Denn der Mensch ist von Natur noch mehr zur ehelichen als zur bürgerlichen Gemeinschaft bestimmt, da die Familie früher und notwendiger ist als der Staat und die Fortpflanzung allen Sinnenwesen gemeinsam ist« (Aristoteles, *Nikom. Ethik* VIII, 14, S. 202f.).

Zehnte Novelle

Die Frau, die unbedachterweise von ihrem Vater mit einem alten Mann verheiratet wird, versteht es, das Glück, das ihr durch einen Zufall – den aufkreuzenden Piraten – beschert wird, zu ergreifen und auf Dauer zu erhalten. Die schöne Bartolomea belehrt den gelehrten alten Ehemann, dass der eheliche Geschlechtsverkehr für sie nicht nur ein »Hilfsmittel gegen die Triebhaftigkeit« oder eine »eheliche Pflicht« ist, sondern dass sie ihr Vergnügen darin sucht und finden will; im allgemeinen halte einzig die »Scham« die Frauen zurück, diesen Sachverhalt auszusprechen (31; B.-U. Hergemöller, »Sexualität I«, *LexMA* 7, 1812 f.). Der Autor des *Dec.* scheint dieser Ansicht zuzustimmen, sonst würde er die Frauen nicht hemmungslos lachen lassen (II Schluss, 1).

[1] Die Novelle greift das Thema der ›schlecht verheirateten Frau‹ auf; zur Veranschaulichung des Themas sei auf ein anonymes afrz. Volkslied (eine »chanson de toile«) verwiesen: Eine Prinzessin sehnt sich nach dem Geliebten, weil ihr Vater sie mit einem Greis verheiratet hat, der sie einsperrt; der »schlechte Ehemann« hört, wie sie sich darüber beklagt, und schlägt sie »grün und blau«; der Ehemann bereut das zwar, weil sie des Königs Tochter ist; aber die gepeinigte Frau fleht den Herrgott an, ihren Geliebten zu ihr zu senden; ihr Flehen wird erhört und der Geliebte tröstet sie (»En un vergier, lez une fontenele« / »In einem Garten, bei einem Brunnen«; *Anthologie de la poésie française*, S. 54). Hinweise auf spätgriech. oder orientalische Erzählungen finden sich bei Branca (S. 1132). In Boccaccios Erzählung *Ameto* schildert Agapes, eine Personifikation der »Karitas«, detailliert und schamlos ihre Ehe mit einem hässlichen und impotenten alten Mann (Boccaccio 1952, S. 999 ff.).

Die Novelle war die Vorlage für La Fontaines Verserzählung »Le Calendrier des vieillards« / »Der Almanach der Greise«, sowie für einige frz. Erzählungen des 18. Jh.s (Jones, S. 16).

[5] »Chinzica«: Man hat keine hist. Person dieses Namens ausfindig gemacht (Branca, S. 1132).

»mit mehr Geistesgaben als Körperkräften«: Vgl. Aristoteles, *Nikom. Ethik* VII, 13, S. 175: »denn auch das Denken schadet einem zuweilen an der Gesundheit«.

[6] Die »Gualandi« waren eine der angesehenen und mächtigen Familien Pisas, die Dante (*Hölle* 33, 32) im Zusammenhang mit der berühmten Erzählung des Ugolino della Gherardesca nennt. Die Herabsetzung der Pisanerinnen ist vielleicht ein Echo auf Dantes Verwünschung der Stadt Pisa (*Hölle* 33, 79 ff.).

[8] »Ravenna«: Die Vielzahl der Kirchen in Ravenna führte zu zahlreichen Heiligenfesten (Branca, S. 1133). Messer Riccardo versteckt seine Altersschwäche hinter der Auffassung kirchlicher und adliger Moraltheoretiker, dass die Ehe nicht dem sexuellen Vergnügen, sondern der Fortpflanzung zu dienen habe (W. Prevenier, Th. de Hemptinne, »Ehe C. I.«, *LexMA* 3, 1635 f.).

[13] »Paganin da Mare«: Da Mare oder De Mari hieß eine vornehme Familie aus Genua; ein Arrighino Da Mare diente Karl I. von Anjou als Admiral in der Auseinandersetzung mit Peter von Aragon (Branca, S. 1134; vgl. Komm. II 4, 5; II 5, 23; II 6, 41).

[34] »solange ich jung bin«: Bartolomea befolgt Ovids Ratschlag an die Frauen: »Man muss die Lebenszeit nützen, mit eilendem Fuße gleitet sie vorüber, und die Zeit, die folgt, ist nicht mehr so gut wie die vorhergehende. [...] Pflückt die Blume; pflückt ihr sie nicht, so fällt sie schmählich von selbst ab« (*Liebeskunst* 3, 65 ff.).

[39] Die Verhöhnung des impotenten Alten gehört zur Tradition der Liebesdichtung: »Nur die Jugend, welche zum Krieg taugt, passt auch zur Liebe: / Schlimm ist ein Greis als Soldat, schlimm ist ein Greis, welcher liebt« (Ovid, *Liebesgedichte* 1, 9, 3 f.; *Carmina Burana*, Nr. 94).

Schluss

[7] »seit vier Tagen hier sein werden«: Dienstags findet das Treffen in Santa Maria Novella statt (Komm. Einleitung, 49), am Mittwoch reisen die Erzähler aufs Land und erzählen sich die Novellen des I. Tages; am Donnerstag erzählen sie sich die Novellen des II. Tages; Neifile zählt den Freitag und den Samstag der ersten Woche mit zu den Tagen des Landaufenthaltes.

[11] »Kanzone«: Es handelt sich um ein Tanzlied, eine »canzone a ballo« (Branca, S. 1140); sie besteht aus einem zweizeiligen, elfsilbigen Refrain (AA) und drei achtzeiligen Strophen aus Elfsilblern und Siebensilblern, die in den Schlusszeilen jeweils den Reim des Refrains aufnehmen (BcdBCdDA).

[12–15] Pampinea trägt ein Tanzlied vor, in dem die Aussage der 10. Novelle des II. Erzähltages bestätigt wird: Eine Frau ist glücklich, wenn ihr Liebesbedürfnis erfüllt wird.

Dritter Tag

Erste Novelle

Die Novelle ist formal und inhaltlich mit der 10. Novelle des II. Tages verbunden. Die Metapher »mein Gärtchen bestellen« (ital. *lavorare il mio piccol campicello*, II 10, 32; vgl. Ovid, *Liebeskunst* 2, 351 f.), mit der die junge Frau ihr Anliegen versinnlicht, wird zu einer Handlung ausgesponnen: Das erotische Anliegen einer jungen Frau wird auf die Nonnen übertragen (2); der *alte* Gärtner ist mit der Pflege des »schönen und großen Gartens« überfordert (8, 9); der junge Mann begreift sofort, worum es bei der Gartenpflege geht und macht sich mit Geschick daran, sein Begehren und das der Nonnen zu stillen (11 ff., 18); zwei Nonnen nehmen die glückliche Gelegenheit wahr (20–32); auch die übrigen entdecken im Klostergarten ihr Verlangen und befriedigen es (20, 33, 34, 35). Vergliche man – wie Voltaire es tun wird (*Dialogue entre un philosophe et un contrôleur général des finances*; in: *Dialogues et anecdotes philosophiques*, Hrsg. Raymond Naves, Paris 1955, S. 21) – asketisch lebende Nonnen mit brachliegendem Land, so hätte Masetto ein demographisch nützliches Werk getan (42).

[1] Boccaccio ist vielleicht von einem Lied des ersten aokz. Trobadors, Wilhelms IX. von Aquitanien (1071–27), inspiriert worden (»Farai un vers, pos mi sonehl« / »Ich mache ein Gedicht im Halbschlaf«): Der Herr begegnet zwei Damen; er stellt sich stumm; die Damen glauben, den Richtigen gefunden zu haben und nehmen ihn mit; sie setzen ihm ein gutes Essen vor; darauf überprüfen sie mit einer Katze, ob er wirklich stumm ist; er hält es aus und beschläft sie »188 Mal«, während er länger als acht Tage bei ihnen wohnt: »ich kann euch gar nicht sagen, was mich das gekostet hat!« (*Anthologie de la poésie française*, S. 32 ff.). Was ein hoher Herr, Herzog und Graf, vermochte, vermag offenbar auch ein aufgeweckter Bauernbursche. Nach Hans Sachs' dramatischer Bearbeitung (»Ein stumm und die Nonnen«), haben n. a. Nicolas de Troyes (*Parangon*, Nr. 67) und La Fontaine (»Mazet de Lamporechio« / »Masetto von Lamporechio«) die Novelle nacherzählt (Jones, S. 17).

[3] »Müßiggang«: Vgl. Komm. II 8, 12.

Zweite Novelle

Die Novelle lehrt, dass die Liebe keine Standesgrenzen kennt. Der junge Mann, der die Königin heimlich liebt, riskiert eher den Tod, als dass er auf die Erfüllung seiner Liebe verzichtete (9, 10), aber er ist auch intelligent genug, um sein Leben zu retten und es nicht ein zweites Mal aufs Spiel zu setzen. Besonders deutlich zeigt die Novelle, dass die Ehrbarkeit oder das Renommee der Frauen nicht nur durch die Klugheit der Frauen, sondern auch durch das kluge und maßvolle Verhalten der Ehemänner geschützt wird (31; vgl. II 9).

[1] Die historischen Personen der Novelle kannte Boccaccio aus der *Geschichte der Langobarden / Historia Langobardorum* (III, 30–35) des Paulus Diaconus (um 720–799). Die Anregung für den Handlungsablauf gab wahrscheinlich ein afrz. Schelmenroman des Douin de Lavesne, *Trubert* (V. 600 ff.).

Hans Sachs hat nach der Novelle einen Schwank verfasst (»Der Kunigin fuesknecht«). La Fontaine hat die Novelle unter dem Titel »Der Stallknecht« / »Le Muletier« nachgedichtet; Paul de Kock hat nach La Fontaine den Text für die komische Oper *Le Muletier* (1823; Musik von Ferdinand Herold) verfasst (Jones, S. 17).

[4] Theudelinde, Tochter des bairischen Hzg.s Garibald I., war von 589 bis 626 langobardische Königin: 589 heiratete sie Kg. Authari und nach dessen Tod 590 Agilulf (gest. 616), Hzg. von Turin, der 591 zum König der Langobarden erhoben wurde; sie stand in Briefwechsel mit Papst Gregor d. Großen (um 540–604) und nahm unter religionspolitischen Gesichtspunkten Einfluss auf die Regierungspolitik (J. Jarnut, »Theudelinde«, *LexMA* 8, 686 f.).

[24] Zur Pulsdiagnose s. Komm. II 8, 42.

Dritte Novelle

Die Dame ist offenbar schlecht verheiratet worden – mit einem Handwerker, der trotz seines Reichtums keinen Sinn für ihre Bedürfnisse hat. Da sie klug und sittsam ist, benutzt sie einen frommen, aber dummen Mönch, um ihr unglückliches Geschick zu wenden, ohne dass ihr Ansehen Schaden nimmt. Die Seligkeit der Liebe empfinden zu dürfen, soll – der Erzählerin zufolge – als ein *frommer* Wunsch aufgefasst werden (55).

[1] Es ist keine Vorlage nachgewiesen worden (Branca, S. 1150). Dramatiker wie Lope de Vega (*La discreta enamorada / Die schlaue Susanne*) und Molière (*L'école des maris / Die Schule der Ehemänner*) haben sich davon inspirieren lassen, dass eine kluge junge Dame einen ahnungslosen Dritten benutzt, um Botschaften mit dem Geliebten auszutauschen: Die Dramatiker setzen – in der Epoche der Gegenreformation – an die Stelle des Mönches die Figur eines ahnungslosen älteren Rivalen. In La Fontaines Verserzählung »La Confidente sans le savoir / Die Vertraute ohne es zu wissen oder Weiberlist« benutzt die mit einem mürrischen Alten verheiratete Frau als Vermittlerin eine gestrenge, prüde Verwandte des von ihr geliebten jungen Mannes. Jones (S. 17 f.) führt mehr als ein Dutzend weiterer Nachahmungen an.

[3] »wie die Schweine«: Es ist eine satirische Anspielung auf das »Antoniusschwein« und damit auf den Orden der Antoniter (Hospitaliter), der von Stiftungen und Spenden lebte und das Privileg besaß, die »für die Armenversorgung bestimmten Schweine frei weiden zu lassen« (K. S. Frank [mit A. Mischlewski], »Antonius d. Eremit 2.«, *LexMA* 1, 731 f.). Die Angehörigen dieses Ordens galten als besonders spendengierig und betrügerisch (Branca, S. 1346). Dante gab das

Stichwort für die Satire: »[Mit der Leichtgläubigkeit] mästet der Heilige Antonius sein Schwein, / und viele andere tun es, die selbst noch mehr Schweine sind« (*Parad.* 29, 124 f.; vgl. *Dec.* VI 10).

Vierte Novelle

Der Wunsch eines Ehemannes, ein gottgefälliges, asketisches Leben zu führen, um heilig zu werden, ist nichts Schlechtes, kann aber dazu führen, dass er seine ehelichen Pflichten vernachlässigt, die Ehefrau frustriert ist, und ein schlauer Kleriker sich diese Umstände zunutze macht. Der Dumme ist der leichtgläubige Ehemann, der es sich offensichtlich zu leicht vorgestellt hat, das Fegefeuer mit Hilfe einiger ritueller Übungen umgehen zu können; denn spätestens bei dem Hinweis, dass der Klerus von der Fürbitte der Lebenden für die Toten lebt (12), hätte er sich fragen müssen, warum gerade er nicht mit seinem Geld dazu etwas beitragen soll. Vielleicht ist Puccio auch deswegen ein ungebildeter Mensch (ital. *uomo idiota ... e di grossa pasta*, 5), weil er nicht Dantes *Göttliche Komödie* studiert hat, wo Mühsal und Anstrengung einer Wanderung durch Hölle und Fegefeuer bis zur Erlösung dargestellt werden.

[1] Es ist keine Vorlage oder Quelle bekannt (Branca, S. 1155). Dass eine lebenslustige, aber frustrierte Ehefrau mitwirkt, ihrem bigotten Ehemann eine strenge Buße aufzuerlegen – während sie sich mit dem Liebhaber vergnügt –, könnte Geoffrey Chaucer zu »Die Erzählung des Müllers« in den *Canterbury-Erzählungen* (S. 135 ff.) angeregt haben, wo dem Protagonisten eingeredet wird, die Sintflut stehe bevor. Ein ital. Erzähler, Giovanni Sercambi (1347–1424), und Nicolas de Troyes (*Parangon*, Nr. 141) haben die Novelle nacherzählt (Jones, S. 18).

[4] S. Brancazio oder S. Pancrazio war ein Franziskaner-Kloster in der heutigen Via della Spada (Branca, S. 1156; vgl. *Dec.* VII 1, 4).

»Puccio di Rinieri«: Es sind Versuche unternommen worden, den Protagonisten als einen Florentiner aus der ersten Hälfte des 14. Jh.s zu identifizieren (Branca, S. 1155 f.).

[5] »Flagellanten«: »In der 2. Hälfte des 13. Jh.s breitete sich die Flagellantenbewegung mit Bußprozessionen eschatologischen Charakters aus. Selbst der Dritte Orden der Franziskaner (Tertiarier), welcher die Fratres et Sorores Paenitentiae umfasste, entstand in diesem Klima«. Die F.-Bewegung gilt als Ausdruck einer städtischen Religiosität (M.-A. Dell'Omo, »Italien, C. II.«, *LexMA* 5, 753 ff.; E. Pásztor, »Flagellanten I.«, *LexMA* 4, 509 f.).

[6] »Leben Christi« … »Klagen der Magdalena«: Es handelt sich um verschiedene nachweisbare Erbauungsschriften (Branca, S. 1156 f.).

[12] »heilig zu werden«: Der gelehrte Theologe Don Felice – der außerirdisches ›Glück‹, lat. *felicitas*, verspricht und irdisches Vergnügen verschafft – erklärt dem ungebildeten und gutgläubigen Puccio den Nutzen des Fegefeuers für das jenseitige Glück des einzelnen und das diesseitige Glück des Klerus. Die Erläuterung war zur Zeit Boccaccios von einer gewissen Aktualität, weil die römisch-katholische Kirche auf dem 2. Konzil von Lyon (1274) ein Glaubensbekenntnis zur Fegefeuerlehre formulierte, und weil Dante zu Beginn des 14. Jh.s alle früheren Vorstellungen des Fegefeuers im zweiten Teil seiner *Göttlichen Komödie* wie in einer »Symphonie« zusammengefasst hat (Le Goff 1981, S. 449; Barth, S. 195 f.). In der theologischen Lehre und in der seelsorgerischen Praxis sind zwei Elemente der Fegefeuerlehre wichtig gewesen: 1. Das Fegefeuer eröffnet dem Menschen die Möglichkeit, sich »von den Folgen seiner Verfehlungen in seiner Lebenszeit« zu befreien; denn nur wenige erreichen während ihres Erdendaseins einen Grad der Heiligkeit, der sie nach dem Tod direkt in den Himmel führt, was der biedere Puccio erstrebt. 2. Die Verstorbenen selbst haben keine Möglichkeit, ihren Läuterungsprozess zu beeinflussen; aber mit Hilfe der Kirche können die Lebenden ihn durch Gebete, Messfeiern und gute Werke verkürzen. Hierauf beruht die Ablasspraxis »und die Überzeugung, die Kirche könne über den Tod hinaus ihren Einfluss im Jenseits geltend machen« (Barth, S. 193 ff.). Der Theologe Don Felice macht den Laienbruder darauf aufmerksam, welche ökonomischen Konsequenzen es für den Klerus hätte, wenn allzu viele Gläubige schon während ihrer Lebenszeit den Grad der Heiligkeit erwürben, der sie mit dem Tod unmittelbar in den Himmel führte (12).

[25] »Tier des heiligen Benedikt«: Branca (S. 1158) meint, es handle sich auch um eine Anspielung auf bildliche Darstellungen; in der Ikonographie oder der *Legenda aurea* sind aber keine entsprechenden Hinweise zu finden. Vielleicht hat der Erzähler vor allem die obszöne Bedeutung im Sinn: das »Tier« als das Sexualorgan der Heiligen und als Quelle ihrer Versuchung.

Fünfte Novelle

Ein scharfsinniger junger Mann liebt nicht nur leidenschaftlich, sondern er beherrscht die *Rede über die Liebe* auch so gut, dass er eine Dame gewinnt, deren Gatte, vom Geiz verblendet, die Redekunst des anderen offenbar unterschätzt und von der Kunst der Liebe keine Ahnung hat. Der junge Mann hingegen hat seinen Ovid gelesen: »*Kunst* steuert Schiffe, die mit Segel und Ruder angetrieben werden, *Kunst* lenkt leichte Wagen, *Kunst* muss auch Amor lenken« (*Liebeskunst* 1, 3 f.; Hervorhbg. P. B.). Und weder die Erzählerin noch ihre Zuhörerinnen haben etwas an dieser ›Kunst der Liebe‹ auszusetzen, weil derselbe Ovid sie sanktioniert hat: »Wir werden sicheren Liebesgenuss und erlaubte Heimlichkeiten besingen, und in meinem Gedicht wird kein Verbrechen gelehrt« (*Liebeskunst* 1, 33 f.; *Dec.* III 5, 33; III 6, 2).

[1] Es ist keine Vorlage für diese Novelle bekannt (Branca, S. 1159).

Einige frz. Autoren des 16., 17. und 18. Jh.s haben die Novelle nacherzählt: Nicolas de Troyes (*Parangon*, Nr. 75), Bonaventure des Périers, Henri Estienne, La Fontaine (»Der Freigebige / Le Magnifique«), Antoine de La Motte-Houdart, Michel-Jean Sedaine (Jones, S. 18); Ben Jonson hat den monologischen Flirt des Zima in seine Komödie *The Devil is an Asse / Der Teufel ist ein Esel* (1616) eingearbeitet.

[4] »Vergellesi«: In Pistoia lebte eine einflussreiche Familie der Vergellesi oder Vergiolesi, die zum Lager der Ghibellinen zählte. Ein gewisser Francesco de' Vergellesi wurde 1313 mit einem diplomatischen Auftrag nach Frankreich geschickt; 1326 wurde er Podestà in der Lombardei (Branca, S. 1159 f.).

»Podestà« (lat. *potestas*, dt. »Macht, Herrschaft«): Seit dem 12. Jh. wird der Amtsträger als »podestà« bezeichnet, der in alleiniger Kompetenz die ital. Stadtkommune regierte; wegen des Aufstiegs neuer sozialer Schichten sollte er eine Schiedsrichterfunktion erfüllen, und es bildete sich ein Berufspodestat heraus, deren Träger in der Regel nicht der Stadt entstammten, die sie regieren sollten (G. Chittolini, »Podestà«, *LexMA* 7, 30 ff.).

[5] »Zima«: Der Name ist von ital. *azzimato*, dt. »geschmückt, aufgeputzt«, abgeleitet.

[10] »Rede«: Das Lob der Frau, ihrer einzigartigen Sittsamkeit und Tugend, die Beteuerung des Mannes, dass er sie unbedingt liebe und all sein Glück von ihr allein erwarte, hat Zima der ma. Liebeslehre des Andreas Capellanus entnommen; dieser hat mehrere Gesprächsvorlagen hinterlassen, in denen sich der Plebejer um die Gunst einer adligen Dame, der Hochadlige um eine Adlige oder der Hochadlige um eine gleichrangige Adlige bewerben; Gnade und Mitleid der Dame werden erbeten, die Erfüllung seines Begehrens soll den Liebenden vor dem Tod bewahren (*On Love*, S. 60 f., 74 f.; *Über die Liebe*, S. 74 f., 78 f., 112 f., 148 f.).

[14] Zima verweist auf ein Motiv der lat. und ital. Liebesdichtung: Der Liebhaber träumt davon, dass die Geliebte an sein Grab zurückkehren möge, um von

Liebe ergriffen zu werden (Properz, *Liebeselegien* 2, 13, 39 ff.; Petrarca, *Canzoniere* 126, 27 ff.; vgl. Petrarca 2006, S. 261).

[18] »Aufleuchten ihrer Augen«: Die Formulierung stammt aus Ovids *Liebeskunst* (2, 720): »du wirst die Augen anschauen, die in zitterndem Feuer erglänzen«. Boccaccio verwendet das physiologische Indiz auch in *Filocolo* (IV. Buch, 15) und in *Dec.* II 2, 38.

[26] »Marmorstatue«: Die Erzählerin Pampinea verspottet ein solches Verhalten in *Dec.* I 10, 6!

[30] »besser zu handeln …«: Eine ähnliche sprichwörtliche Redewendung findet sich auch in der Aphorismen-Sammlung, die ein Zeitgenosse Boccaccios, Paolo di Certaldo, um die Mitte des 14. Jh.s abgefasst hat, um der Nachwelt seine Lebenserfahrungen weiterzugeben: »Wenn du Geld hast, dann raste nicht und halte es nicht [als] tot[es Kapital] im Haus, denn es ist besser, *vergeblich etwas zu tun als vergeblich etwas nicht zu tun*; wenn du nämlich etwas [mit dem Geld] unternimmst und auch nichts dabei verdientest, so wirst du dich nicht vom Handel abwenden; und du gewinnst genug, wenn du kein Kapital verlierst und dich nicht vom Handel abwendest« (*Libro di buoni costumi / Über gute Sitten*, Hrsg. A. Schiaffini, Florenz 1944; Nr. 356).

Sechste Novelle

Die Novelle belehrt die verheirateten Frauen, dass sie nicht annehmen sollten, sie könnten außerehelichen Beziehungen aus dem Wege gehen; denn ein kluger Liebhaber vermag sie zu überlisten und nimmt ihnen auf diese Weise die Möglichkeit, ihre eigenen Interessen wahrzunehmen. Außerdem sollten sie nicht den schönen Beginn einer jeden Liebesaffäre, den Flirt, versäumen (3). Eine große frz. Erzählerin, Margarete von Navarra, die Schwester Kg.s Franz I. von Frankreich, hat für die Fähigkeit der Liebenden, die Liebe zu genießen, ohne dass der gute Ruf Schaden nimmt, die Redewendung erfunden: »conduire [une] amytié fynement« / »eine Beziehung diskret lenken« (*Heptaméron*, Nr. 53, S. 410). Der Protagonist beherrscht diese Fähigkeit und findet in seiner Dame eine selbstkritische und einsichtige Schülerin.

[1] Es bestehen Ähnlichkeiten mit orientalischen Erzählungen (Branca, S. 1163); hier wie in dem afrz. Fabliau *Le Meunier d'Arleux / Der Müller von Arleux* (Montaiglon/Raynaud, Nr. 33, II, S. 31 ff.) wird allerdings der Mann überlistet, indem ihm statt der Angebeteten eine andere, etwa die eigene Ehefrau, untergeschoben wird.

Nach Franco Sacchetti (*Novellen*, Nr. 206) haben auch Giraldi Cinzio (*Hecatommithi*, IX, 6 – mit tödlichem Ausgang des Verwechslungsspiels!), Hans Sachs (*Die pulschaft im pad*) und La Fontaine (»Richard Minutolo«) das Thema der Novelle aufgegriffen (Jones, S. 18).

[4] »Ricciardo Minutolo«: Es handelt sich um eine historische Figur aus der Familie des Erzbischofs, der in *Dec.* II 5, 63 erwähnt wird. Auch Filippo Sighinolfi entstammte einer angesehenen neapolitanischen Familie; er bekleidete verschiedene Ämter am Hof der Kgn. Johanna I. von Anjou (1326–82), einer Enkelin Kg. Roberts (1278–1343), unter dessen Herrschaft Boccaccio in Neapel lebte (Branca, S. 1163 f.; S. Fodale, »J. I. v. A.«, *LexMA* 5, 524 f.).

[36] »Acker pflügen«, ital. *lavorare il campo*: Vgl. II 10, 32 und Komm. III 1.

[37] »Ladung abladen«, »frischer Ritter«: Die Sexualmetaphern werden auch in anderen Novellen des *Dec.* verwendet (II 10, 39; IV 2, 30; IX 6, 17).

[41] »was schlimm daran wäre«: Die Betrogene bemerkt, dass auch sie betrügen kann, um zu ihrem Vergnügen zu kommen.

[46] »weder die erste noch die letzte«: Ricciardo argumentiert wie Goethes Mephisto – »Sie ist die erste nicht« (*Faust I*, »Trüber Tag, Feld«).

Siebente Novelle

Es ist eine lange und ideenreiche Novelle (vgl. III 8, 2). Im Mittelpunkt steht die innige Liebe zwischen einem alleinstehenden jungen Edelmann und einer verheirateten Dame; der junge Mann, der selbst dichtet, kann seine Dame nicht vergessen, denn als er sich in fernen Landen aufhält, treibt ihn die Sehnsucht zurück (8). Belesene Zeitgenossen mochten sich an den aokz. Troubador Jaufré Rudel (Mitte 12. Jh.) erinnern, der die »ferne Liebe« besungen hat (Komm. V 8, 13). In der ironischen Verkleidung eines frommen Pilgers erfährt der Liebhaber durch einen glücklichen Zufall, wer seine Liebesbeziehung zerstört und den Zwist zwischen der Familie seiner Dame und seiner eigenen Familie ausgelöst hat. Die glückliche Liebe wurde nicht durch ein nicht mehr zu hinterfragendes Geschick, durch »Fortuna«, sondern durch einen Beichtvater gestört, der keine Autorität beanspruchen darf, weil seine eigene Lebensführung und die Lebensführung seines Standes nicht mit den Verhaltensregeln übereinstimmen, die er verkündet. Der wahrhaft Liebende nimmt an seiner Stelle die Beichte ab und sorgt dafür, dass die Dame ihre außereheliche Liebe wieder selbständig in die Hand nimmt und diskret zu lenken weiß (91; Komm. III 6); er bewirkt die Aussöhnung der verfeindeten Familien, und er öffnet einer oft vorschnell urteilenden Justiz die Augen, so dass sie die wahren Missetäter verurteilen kann (16, 81). Berücksichtigen wir, dass die Kirche »sich im Leben eines jeden Florentiners häufig und auf vielen Ebenen bemerkbar« machte (Brucker, S. 214), so zeigt die Novelle, dass sich ihr gegenüber zumindest Liebende einen Freiraum schaffen konnten.

[1] Es ist keine eindeutige Vorlage oder Quelle zu benennen (Branca, S. 1168). Jones (S. 18) verweist auf Nacherzählungen von Martin Montanus und Nicolas de Troyes (*Parangon*, Nr. 77).

[4] »Elisei«, »Palermini«: Beides waren alteingesessene und angesehene Florentiner Familien (Branca, S. 1169).

[6] »San Lodeccio«: Gemeint ist Saludecio, an der Straße zwischen Rimini und Urbino gelegen.

[34–43] »Einst waren die Mönche …«: Den literarischen Anstoß für diese Philippika gegen die Verweltlichung des Mönchtums, das nicht mehr den Idealen der Urkirche folgt, hat Dante gegeben (*Parad.* 21, 127 ff.; Barth, S. 530 f.). Wenn die Erzählerin das schmarotzerhafte Verhalten der Mönche hervorhebt, so verweist sie auf ein grundsätzliches Problem des Zusammenlebens der Laien mit dem Klerus, nämlich auf die »verschiedenen kirchl. Schutz- und Exemtionsprivilegien« (H. Romer, »Privilegium immunitatis«, *LexMA* 7, 229 f.). Die Versuche der Städte, den Klerus zu den direkten Steuern und anderen Leistungen heranzuziehen, führte zu Konflikten mit der geistlichen Gewalt, die auf der Befreiung von direkten und gelegentlich auch indirekten Steuern »für die ihr Unterstehenden« bestand (Doren, S. 584).

[37] »den Schweinen«: Vgl. Komm. III 3, 3.

[73] »Rache«: Der Abschluss der Novelle veranschaulicht, wie »gewalttätige Selbsthilfe« durch einen Sühnevertrag ersetzt werden kann (K. Kroeschell, »Rache«, *LexMA* 7, 383).

Achte Novelle

Die Novelle zeigt, dass Unbildung der Ursprung des Aberglaubens ist und dass scheinheilige Kleriker dank der Unbildung der ihnen anvertrauten Gläubigen ihre erotischen Gelüste befriedigen. Aber die antiklerikale Satire ist ironisch gebrochen. Denn obwohl der scheinheilige Abt die Todesangst des Ferondo schändlich missbraucht, bewirkt er auch Gutes – ähnlich wie der ›Scheinheilige‹ Ser Ciappelletto (I 1): er erfüllt die Bedürfnisse einer frustrierten schönen Frau.

[1] Es handelt sich nach den Worten der Erzählerin um ein wahres Ereignis (ital. *una verità*, 3). Das Fabliau *Vom Bauern aus Bailluel / Du Vilain de Bailluel* er-

zählt von einer »Frauenlist« und nicht von einem »Pfaffenstreich«, weil die Frau ihrem Ehemann einredet, er wäre tot, um sich mit dem Kleriker zu vergnügen; die Moral lautet: »Dumm ist, wer seiner Frau mehr als sich selbst glaubt« (Montaiglon/Raynaud, Nr. 109, IV, S. 216; Landau, S. 155 f.).

Hans Sachs hat das Thema in seinem Meistergesang *Der pawer im fegefewer*, nacherzählt; John Fletchers Komödie *The Night Walker* (1640) basiert auf der Novelle, und La Fontaine (»Féronde ou Le Purgatoire / Ferondo oder Das Fegefeuer«) hat sie nach Nicolas de Troyes (*Parangon*, Nr. 87) und anderen frz. und ital. Autoren aufgegriffen (Jones, S. 19).

[25] »Sünde des Körpers«: Der schlaue Abt verdreht ein Argument, das Andreas Capellanus gegen die Liebe gerichtet hat: »Auch ein anderer Grund verbietet uns das Laster der Liebe. Alle anderen Laster beschmutzen nur die Seele, dieses aber verunreinigt Körper und Seele zugleich« (*Über die Liebe* III, S. 256 f.). Außerdem macht er aus einer begehrenswerten schönen Frau eine Art »Beatrice«, eine »einmalige Heilsgestalt« (Barth, S. 344 f., zu Dante, *Fegef.* 31, 90 ff.).

[31] »Alte vom Berge«: Der Großmeister der Assassinen, Rasidaddin Sinan (1163–93), wurde so genannt (M. C. Lyons, mit W. Meyer, »Assassinen«, *LexMA* 1, 1118 f.). Boccaccios Quelle für die Erzählung von dem Alten, der junge Burschen mit Hilfe eines Tranks zu treuen Mordgesellen abrichtet, war Marco Polos Reisebericht *Il Milione* (XLI, XLII, S. 60 ff.).

[74] »Bengel Rabriegel«, ital. *Ragnolo Braghiello*: Ferondo weiß nicht, dass der Engel »Gabriel«, ital. *Agnolo Gabriello*, heißt.

Neunte Novelle

Kraft ihrer unbedingten Liebe vermag eine Frau das launische Geschick – ihren widerspenstigen Ehemann – zu bezwingen: Seit ihrer Kindheit liebt die Bürgerliche Giletta den gleichaltrigen Adligen Beltramo, der zwar, um dem König zu gehorchen, in die Ehe mit ihr einwilligt, aber diese Ehe aus Standesdünkel nicht vollzieht; klug und beharrlich erfüllt Giletta die Forderungen Beltramos, die unerfüllbar erscheinen, und gewinnt so seine Achtung und Liebe. Sie wird nicht wie Griselda (X 10) durch ihren Ehemann einer Prüfung unterzogen, sondern sie unterwirft sich selbst und ihre Liebe eigenwillig und selbständig einer endgültigen Prüfung (33); sie zieht auf eine Pilgerfahrt, nicht um ihr Seelenheil, sondern ihr leibliches Glück zu finden (2. *Korinther* 5, 6; L. Schmugge, »Pilger I.«, *LexMA* 6, 2148 f.).

[1] Boccaccio scheint von der lat. Komödie *Hecyra / Die Schwiegermutter* des

Terenz inspiriert worden zu sein: Ein junger Mann wird von seinem Vater überredet, das Mädchen eines Nachbarn zu heiraten; da er in eine Hetäre verliebt ist, berührt er seine Frau nicht und geht auf eine Reise; bei seiner Rückkehr stellt sich dank der Aussagen der Schwiegermutter und der Hetäre heraus, dass seine Frau ein Kind gebärt, dass der junge Mann der Hetäre einen Ring geschenkt hat, den er einer Unbekannten, die er nächtens vergewaltigt hatte, abgestreift hatte, und dass er dieselbe Unbekannte geheiratet hat. In der Novelle übernimmt die junge Frau den agierenden Part: Aufgrund ihrer eigenen unbedingten Liebe heiratet sie und gewinnt die Liebe des spröden Ehemannes.

Die Novelle wurde n. a. von Nicolas de Troyes (*Parangon*, Nr. 92) nacherzählt (Jones, S. 19); über Painters Fassung (*Palace of Pleasure*, 1, S. 171 ff.) wurde sie die Quelle für Shakespeares Komödie *All's Well That Ends Well / Ende gut, alles gut.* 1882 wurde in Paris die komische Oper *Gillette de Narbonne* aufgeführt, das Libretto verfassten Henri Chivot und Alfred Duru, die Musik komponierte Edmond Audran.

[4] Die Personen der Handlung sind historisch nicht identifizierbar; die Handlung selbst könnte im 13. Jh. spielen (28; Branca, S. 1185, 1187).

Zehnte Novelle

Bei der Vertreibung aus dem Paradies wog Thomas von Aquino (1225–74) zufolge die Sünde Adams schwerer, weil er vollkommener war als die Frau, indessen Eva vor allem durch größere Überheblichkeit, Leichtgläubigkeit und die Verführung Adams sündigte (E. Gössmann, »Eva«, *LexMA* 4, 124 ff.). Auf unterhaltsame Weise zeigt die Novelle, dass ein nach Vollkommenheit strebender Asket, der der »Fleischeslust, Augenlust und der Hoffart dieser Welt« entsagen will (*1. Joh.* 2, 16; Augustinus, *Bekenntnisse* X, 30, 41, S. 519), der Fleischeslust verfällt, kaum dass er einer Frau gewahr wird; um sein Ansehen als Asket zu retten, redet er ihr obendrein ein, sein Begehren, die »Auferstehung des Fleisches« (13), sei ein Gottesdienst. Die Novelle prangert aber nicht nur die Heuchelei des Asketen an, sondern verkündet auch die Botschaft, dass die Frau einen Anspruch auf ihr Vergnügen hat, das sie durchaus als Gottesdienst empfinden kann.

[1] Jacopo Passavanti (um 1300–57), Prior in der Florentiner Kirche Santa Maria Novella – in der sich die Erzählerinnen des *Dec.* getroffen haben – erzählt in seinen Bußpredigten ein Beispiel dafür, dass auch der frömmste Einsiedler nicht gegen fleischliche Gelüste gefeit ist: Um den von sich selbst überzeugten Asketen zu bestrafen, schickt Gott ihm den Teufel in Gestalt einer schönen Frau, die ihn

bittet, sie in der Einöde nicht verhungern und verdursten zu lassen; er gewährt ihr Unterschlupf in seiner Zelle; sie umgarnt ihn mit Worten und Gesten und weckt seine natürliche Begierde (ital. *innata concupiscienzia*); und schmähliche Anmaßung lässt seine erkalteten Glieder schwellen (ital. *le frigide membra, che come morte giacevano in prima, si risentirono con oltraggioso orgoglio*); aber als er die Schöne umarmen will, löst sich die Erscheinung auf, und Dämonen verhöhnen seine Überheblichkeit (*Specchio di vera penitenza. Trattato della superbia / Bußspiegel. Abhandlung über den Hochmut*, V. Kap.).

Mit Variationen haben Franco Sacchetti (*Novellen*, Nr. 101), Masuccio Salernitano (*Novellino*, Nr. 5) das Thema der Novelle aufgegriffen; Nicolas de Troyes hat sie in *Parangon* (Nr. 143) aufgenommen; La Fontaine hat sie in der Verserzählung »Der Teufel in der Hölle / Le Diable en enfer« nachgedichtet (Jones, S. 19).

[3] »Amor … [ist] alles untertan«: Der Erzähler erinnert an einen Vers aus Vergils 10. *Hirtengedicht* (V. 69): »Omnia vincit Amor: et nos cedamus Amori«/»Amor besiegt doch alles, so weichen auch wir denn dem Amor.« Vgl. *Dec.* II 8, 12; III 1, 4; 2; 10, 3; IV 7; 8; V 1; 2; VII 4, 3; IX 1, 3; X 10.

[5] »Wüste Thebens«: Die Blütezeit der christl. Anachoreten oder Einsiedler liegt im 4. Jh.; das Anachoretentum breitet sich von Ägypten nach Palästina, Syrien und Kleinasien aus (K. S. Frank, »Anachoreten«, *LexMA* 1, 566 f.).

[24] »Hoffart«: ital. *superbia*, »Hochmut« ist das Stichwort, das die Novelle mit dem Exempel Jacopo Passavantis verbindet. Den Begriff »Hoffart« verwendet Boccaccio auch in *Die Nymphe von Fiesole* (Str. 244, S. 89), um eine Erektion zu schildern.

Schluss

[1–4] »keine Antwort schuldig«: Zwischen Neifile und einem der drei Begleiter, vielleicht Filostrato, ist eine emotionale Beziehung zu vermuten (I Einleitung, 81; II 2, 2; III Schluss, 5). Filostrato hat als erster Mann das Amt des Königs übernommen, denn bisher haben die Frauen, die sanften »Schafe«, die männlichen Begleiter, die »Wölfe«, geleitet. Filostrato mokiert sich über die Selbsteinschätzung der Damen, die, wie Neifile spitz zugesteht, tatsächlich mehr von der Liebe verstehen, aber gerade deswegen auf die Diskretion ihrer Begleiter vertrauen.

[6] »auch der Name«: Den Namen »Filostrato« hat der Autor als Titel eines früheren Werkes verwendet (I Einleitung, 79).

[8] »Dame aus dem Garten«: Gemeint ist die anonyme ital. Verserzählung *La Donna del Vergiù / Die Dame aus dem Garten* (um 1330; *Poeti minori del Trecento*,

S. 824 ff.), die auf eine weit verbreitete afrz. Verserzählung »*La Chastelaine de Vergi*« / »*Die Burgherrin von Vergi*« (1230–40) zurückgeht. Margarete von Navarra hat den Stoff im *Heptameron* (70. Nov.) nacherzählt.

[12–17] Das Lied Laurettas hat die Form einer »Ballata« mit dreizeiligem Refrain und fünf neunzeiligen Strophen aus Sieben- und Elfsilblern (vgl. Komm. I Schluss, 22). Als Witwe und vielleicht schon zuvor scheint das weibliche poetische Ich (nach Fischer 2007, S. 70) einen jungen Mann geliebt zu haben, der, als sie sich wieder verheiratete, starb, vielleicht durch die Schuld des eifersüchtigen Ehemannes. Es ist ein Klagelied darüber, dass die Schönheit der Frau, die ein eifersüchtiger Ehemann allein für sich in Beschlag nimmt, nicht mehr von anderen Verehrern bewundert wird, die durch sie ›geadelt‹ werden könnten: Die Liebe als Betrachtung des Schönen verfeinert oder adelt die Menschen, indessen die egoistische Inbesitznahme einer schönen Dame durch einen Ehemann Unglück und Tod bringt (vgl. Komm. X 7).

[13] Die Schlussverse von Dantes *Die göttliche Komödie* (*Parad.* 33, 144 f.) lauten: »die Liebe, / die die Sonne kreisen lässt und die anderen Sterne.«

»Schönheit, die Er schaut«: Der Schöpfer allein schaut und schafft das vollkommene Urbild der Welt: »du leitest alles / ab vom Urbild droben, im Geist das herrliche Weltall / tragend, selber am schönsten, es formend in ähnlichem Abbild, / und befiehlst dem Vollkommenen vollendete Teile zu bilden« (Boethius, *Trost der Philosophie* III, 9. Gedicht, S. 101). Die Musik als Wissenschaft des Zusammenklangs von Tönen hat die Aufgabe, diese Weltharmonie zu erkennen. Neben dieser platonisch-pythagoreischen Auffassung der Schönheit kennt das MA die Einheit des Schönen mit dem Guten: Als Abbild Gottes offenbart das Seiende die Gutheit und Schönheit des Schöpfers (A. Speer, »D. Schöne«, *LexMA* 7, 1531 ff.).

Vierter Tag

Einleitung

Boccaccio weist die Kritik zurück, die seine Novellen erregt haben, die anscheinend schon vor der Fertigstellung der Sammlung als einzelne Stücke verbreitet wurden (Branca, S. 1196 f.). Eine Anregung, sich mit tatsächlichen oder erfundenen Kritikern auseinanderzusetzen, um auf diese Weise die Intention der eigenen Dichtung zu präzisieren, hat Ovid gegeben (*Heilmittel*, 361 ff.). Einerseits verspottet Boccaccio die Vorwürfe, er sei zu alt, um sich noch für das weibliche Geschlecht zu interessieren, und er verfasse unseriöse Unterhaltungsliteratur, mit dem Argument, negative Kritik verschaffe Publizität (40). Andererseits weist er die Vorwürfe mit der Parabel zurück, die veranschaulicht, dass die Verehrung der Frauen und die Dichtung in ihrem Dienste in der Natur des Menschen, nämlich im Geschlechtstrieb angelegt seien, und zu einem tugendhaften und schönen Leben führen (31).

[3] »ohne Titel«: Gemeint ist, dass die Novellensammlung nicht einen zusammenhängenden Stoff oder ein Thema, eine »materia continuata«, behandelt (Boccaccio, *Esposizioni*, zu *Hölle* 4, 88–90; Branca, S. 1197).

»Stil«: Nach den drei Hauptwerken Vergils (*Aeneis, Georgica/Landbau, Bucolica/Hirtengedichte*) bestimmte man im MA den gehobenen, den mittleren und den niederen literarischen Stil (lat. *stylus gravis, mediocris, humilis*); diesen Stilebenen werden bestimmte Hauptfiguren (Ritter, Bauer, Hirte), Tiere (Pferd, Rind, Schaf), Instrumente (Schwert, Pflug, Hirtenstab), Orte (Stadt und Schloss, Acker, Weide), Pflanzen (Lorbeer und Zeder, Apfelbaum, Buche) zugeordnet (Rohr 1978, S. 35 ff.). Der Hinweis des Autors ist ironisch gemeint, denn gerade im IV. Erzähltag werden keine Stilgrenzen eingehalten.

[4] »nur im Elend ohne Neid«: Branca (S. 1198) zufolge ist die Redewendung auf Valerius Maximus zurückzuführen (*Denkwürdige Taten und Worte*, IV 7, S. 127).

[12] »Filippo Balducci«: Es handelt sich um eine bekannte Familie aus Florenz (Branca, S. 1199). Boccaccio greift auf eine erbauliche Parabel zurück, in der die verführerische, ›dämonische‹ Wirkung der weiblichen Schönheit auf das unverdorbene Gemüt eines männlichen Wesens angeprangert wird (Johannes von Damaskus, *Barlaam und Josaphat*, Kap. 29, S. 220 f.; Jacques de Vitry, *Exempla*, LXXXII, S. 37 f.; *Novellino*, XIV; vgl. Branca, S. 1199). Die Erzählung von dem Knaben, der zum ersten Mal Frauen sieht, ist wiederholt bearbeitet worden; La Fontaine, »Les oies de frère Philippe / Bruder Philipps Gänse«, Hans Sachs u. a. (Boccaccio, *Das Dekameron*, 1999, S. 953).

[15] »Monte Senario«: 1233 wurde nach einer Marienerscheinung in der Bergeinsamkeit nordöstlich von Florenz der Orden der Serviten von sieben angesehenen Florentiner Patriziern und Ratsmitgliedern, Angehörigen der Marienbruderschaft (»Societas laudantium Beatae Virginis«), gegründet; der Orden näherte sich später den Bettelorden an (U. Vones-Liebenstein, »Serviten«, *LexMA* 7, 1793 ff.).

[33] »Lauch«: Boccaccio gewinnt aus einem Epigramm Martials eine sexuelle Metapher: »Das waldreiche Aricia liefert vorzüglichen Lauch: / Beachte die grü-

nen Blätter auf dem schneeweißen Stengel!« (*Epigramme* 13, 19; vgl. *Dec.* I 10, 17). Wie die Vertreter des »süßen neuen Stils« / »*dolce stil nuovo*« (Dante, *Fegef.* 24, V. 57; *Convivio/Gastmahl*, IV, 2, 13; s. Komm. X 7) – Guido Cavalcanti (nach 1255–1300), Cino da Pistoia (um 1270–1337) und Dante Alighieri (1265–1321) – sucht und findet auch der in der Mitte des Lebens stehende Autor des *Dec.* seine Inspiration im Thema der ›Liebe‹ (s. Nachwort, S. 1028 ff.).

[38] »Lehre des Apostels«: Paulus, *Philipper* IV, 12.

Erste Novelle

Die tragische Entwicklung der Handlung dieser Novelle beruht darauf, dass Ghismonda (bei Boccaccio auch Ghismunda) ihre Liebe vernünftig beherrscht, indessen ihr Vater Tancredi von der Liebe zu seiner Tochter und der Empörung über die Illoyalität seines Knappen Guiscardo überwältigt und zu einer grausamen Tat hingerissen wird, die er zu spät bereut. Boccaccio kannte die Tragödien Senecas, die die Entwicklung des europäischen Dramas maßgeblich beeinflusst haben (Lefèvre 1978) und in denen der Konflikt zwischen der Vernunft und den Affekten in drei Variationen dargestellt wird: Theseus, Hyppolytus aus *Phaedra*, Agamemnon aus *Agamemnon* folgen blind ihren Affekten; Medea – aus dem gleichnamigen Stück – und Atreus aus *Thyestes* bekennen, dass sie schuldhaft handeln; Phaedra, die Hauptfigur des gleichnamigen Stücks, erkennt die »Verkehrtheit ihres Handelns« und vertritt »die Einsicht in das Fehlen«: »Was vermöchte die Vernunft?« (*Phaedra*, V. 184; Lefèvre, »Quid ratio possit? Senecas *Phaedra* als stoisches Drama«, in: Lefèvre 1972, S. 363 f.). Auch Ghismonda weiß, dass ihre Liebe sozial unzulässig ist, aber sie glaubt, ihre Leidenschaft so befriedigen zu können, dass sie keinen Anstoß erregt (6 ff., 35 ff.). Ihr Vater Tancredi lässt sich dagegen von seinen Affekten hinreißen (60).

[1] Es ist keine Vorlage bekannt. Die Novelle ist über vierzig Mal als Erzählung oder Drama nachgeahmt worden (Jones, S. 20): fünf ital. Dramen zwischen 1499 und 1614; Nicolas de Troyes, *Parangon* (Nr. 94); Painter, *Palace of Pleasure* (I, S. 180 ff.); Hans Sachs' *Guiscardus und Gismonda* sowie *Ein kleglichen tragedi des fürsten Concreti*; John Dryden, *Sigismonda and Guiscardo*; Gottfried August Bürger, *Lenardo und Blandine*; Karl Leberecht Immermann, *Die Opfer des Schweigens* (Trauerspiel in 5 Aufzügen, 1839; Libretto für Eugen d'Alberts Oper *Ghismonda*, 1895) u. a. m. William Hogarth hat ein Bild der *Sigismunda* gemalt, die den ermordeten Guiscardo beklagt (1758/59, Tate Gallery).

[2] »Heiterkeit zu dämpfen«: Um der abwechslungsreichen stilistischen Ge-

staltung (lat. *variatio*) willen verbindet Boccaccio das Heitere (lat. *ridiculum*) mit dem »Pathetischen«, wodurch heftige Affekte erregt werden (Lausberg, § 257, S. 1079; vgl. *Sprüche* 14, 13; *Dec.* Einleitung, 3; Komm. I Schluss, 14; X Schluss, 6).

[3] »Tancredi«: Es sind keine historischen Personen zu identifizieren; die Namen verweisen auf die Zeit der Normannenherrschaft in Süditalien (12. Jh.).

[4] »Alter«: Gemeint ist die Heiratsfähigkeit mit 15 Jahren; vgl. II 6, 35.

[5] »jung«: Vgl. die Hinweise auf die Bedürfnisse der Jugend in *Dec.* II 6, 54; II 8, 54; II 10, 31; III 5, 30; IV 1, 33–34; Nachwort, S. 1043 f.).

[10] »kein Geheimnis«: Vgl. Ovids Halbvers aus der Erzählung von Piramus und Thisbe: »denn was entginge der Liebe?« (*Metam.* IV, 68).

[23] »Die Liebe vermag mehr …«: Vgl. Ovid, *Liebesgedichte* 1, 1, 13: »Knabe [d. i. Amor], du hast ein Reich, das groß ist und allzu gewaltig«; s. Komm. III 10, 3.

[29] »ein Kind …«: Dante, *Das neue Leben* XII, 2: »weinend schlief ich ein wie ein Kind, das geschlagen wurde«.

[30] »beschloss sie …«: Seneca, *Phaedra*, V. 265 f.; *Trojanerinnen*, V. 869.

[33] »Müßiggang und Wohlleben«: Seneca, *Phaedra*, V. 204 ff.; vgl. II 8, 12.

[34] »fleischliches Begehren«: Seneca, *Phaedra*, V. 181 ff.

[39] »Fleisch aus einem Fleische«: Vgl. *Genesis* 2, 23. Mit der Gleichstellung von Mann und Weib verbindet Ghismonda den Gedanken, dass tugendhaftes Handeln und nicht die Geburt den Wert des Menschen bestimmt. Sie erinnert sich vielleicht an Juvenal: »Mögen auch alte Wachsmasken ringsum alle Atrien / zieren, der einzige und alleinige Adel ist die Tugend« (*Satiren*, 8, 19 f.); oder sie denkt an Seneca: »ich [Lycus] habe keine adligen Ahnen noch eine Herkunft, berühmt durch erhabene Ehrentitel, aber ich besitze den Ruhm der Tapferkeit: wer mit seiner Herkunft prahlt, lobt fremde Verdienste« (*Der rasende Herkules*, V. 338 ff.; *Briefe an Lucilius*, XLIV, 5). Über die Zuordnung von Adel und Tugend im MA vgl. M. Heinzelmann, »Charisma I, II«, *LexMA* 2, 1722 f.

[47] »Pokal«: Die Überreichung des Pokals erinnert an eine grauenvolle Szene aus Senecas Tragödie *Thyestes* (982 ff.): Als er einen Pokal anheben will, bemerkt der trunkene Titelheld – »meine Brust stöhnt in einem Stöhnen, das nicht von mir stammt« (1001) –, dass er seine eigenen Kinder verzehrt hat, die sein Bruder Atreus ermordet und ihm als Speise vorgesetzt hat. Im Unterschied zu Thyestes, der in wortreiche, aber hilflose Verzweiflung verfällt, bleibt Ghismonda stoisch gefasst und weiß, was sie als unbedingt Liebende zu tun hat (49 ff.).

Zweite Novelle

Die Erzählerin stellt sich eine paradoxe Aufgabe: Um die Zuhörerinnen aufzuheitern, möchte sie eine unglücklich endende Liebesgeschichte erzählen. Sie löst die Aufgabe, indem sie aus dem männlichen Protagonisten, Frate Alberto, einen Hochstapler macht – der, wie es sich gehört, am Ende bestraft wird –, und indem sie die betrogene Dame als extrem dumm, leichtgläubig und eingebildet darstellt. Cicero hat dem Redner empfohlen, das Lächerliche in den Fehlern zu suchen, »die im Leben der Menschen vorkommen, soweit sie nicht beliebt oder unglücklich sind oder wegen eines Verbrechens den Tod zu verdienen scheinen« (*Über den Redner* 2, 238, S. 361). Die beiden Hauptfiguren haben ihre Beschämung oder ihre Schande selbst verursacht: Lisetta durch ihre Dummheit, Frate Alberto durch seine Bosheit.

[1] Die Verführung der Frau durch Frate Alberto ist von Erzählungen aus dem anonymen griech. *Alexanderroman* (IV, dt. von H. van Thiele, 1974) und aus den *Antiquitates judaicae / Jüdische Altertümer* des Flavius Josephus (XVIII 7) inspiriert worden (Branca, S. 1211). Zahlreiche Erzähler haben die Novelle nacherzählt (Jones, S. 21): Hans Sachs (*Der engel Gabriel*), H. W. Kirchhof, J. Ayrer, Masuccio Salernitano (Nr. 2), La Fontaine (»L'Hermite« / »Der Eremit«); eine Variation findet sich in der um 1460 verfassten anonymen frz. Novellensammlung *Les Cent nouvelles nouvelles / Hundert neue Novellen* (Nr. 14).

[5] »Scheinheiligkeit der Mönche«: Vgl. Johannes von Salisbury, *Policraticus*, VII 21 (Branca, S. 1212 f.); vgl. *Dec.* II 7, 32.

[8] »Venedig …, der Zuflucht allen Gesindels«: Dies ist ein deutlicher Hinweis auf die politische und ökonomische Rivalität zwischen Florenz und Venedig (Branca, S. 1213 f.; vgl. 12, 52).

[12] »Lisetta da Ca' Quirino«: Boccaccio meint die berühmte venezianische Familie Querini oder Quirini; der Vorname Elisa oder Elisabetta scheint geläufig gewesen zu sein (Branca, S. 1214).

[14] »Acker«: Vgl. Komm. III 1; III 6, 36.

[30] »aus dem Sattel werfen«: Zur Metapher vgl. III 6, 37.

Dritte Novelle

Die Erzählerin ermahnt die Frauen, sich vor dem gefährlichsten der Affekte, dem Zorn, zu hüten, weil er Unglück, Elend und Tod über sie selbst und ihre Umgebung bringt; sie erinnert daran, dass die Frauen von Natur sanftmütig und gütig seien, um auf diese Weise das Wohlverhalten wie das Vergnügen der Männer zu befördern (7).

[1] Einige Anregungen für den Handlungsablauf könnten die Liebes- und Abenteuerromane der Antike gegeben haben (Branca, S. 1221; vgl. *Im Reich des Eros*, 2001). Die moralphilosophische Vorlage ist eine Schrift Senecas: Er hat den Zorn als die »von allen bei weitem abstoßendste und wildeste Leidenschaft« bezeichnet; der Zorn sei »der Wunsch, Leid zu vergelten«: »Bei den anderen [Leidenschaften] findet sich noch etwas Überlegung und Ruhe, diese aber ist reine Erregung und folgt ihrem dumpfen Drang; Schmerz, Waffen, Blut, Hochgericht, das ist ihr ganz unmenschliches, rasendes Verlangen. Wenn sie nur einem anderen schaden kann, achtet sie ihrer selbst nicht [...] und giert nach Rache, auch wenn diese den Rächer ins Verderben reißt« (*Der Zorn* 1, 1, 3; *Dialoge*, 1, S. 97, 103). Irgendeiner habe »ein Auge auf meine Freundin geworfen. Was ein Band der Liebe sein sollte, gibt zu Zerwürfnis und Abneigung Anlass: Dasselbe wollen!« (ebd., 3, 34; S. 295).

Die Novelle wurde von Hans Sachs unter dem Titel *Die drei puleten Schwestern* nacherzählt; Nicolas de Troyes hat sie in *Le Grand Parangon* (Nr. 96) aufgenommen (Jones, S. 21).

[5] »[der Zorn] sie leichter entzündet«: Die Erzählerin kennt Ovid (*Liebeskunst* 1, 342; vgl. 279 ff.): »[Die weibliche Leidenschaft] ist heftiger als die unsrige und steht dem Wahnsinn näher« (vgl. Properz, *Liebeselegien* 3, 19).

[6] Die Behauptung, dass die Frauen »zarter und wankelmütiger« als die Männer seien, geht auf Vergils Verse (*Aeneis* IV, 569 f.) zurück: »Ein buntveränderlich Etwas / bleibt das Weib!« (lat. *varium et mutabile semper / femina*). In Boccaccios *Filocolo* wird behauptet, die Frauen hätten ein unbeständiges Wesen, ital. *la loro natura è mobile* (III. Buch, 36).

[8] »Marseille«: Der Niedergang der Stadt hat Ende des 13. Jh.s begonnen, mit der »Sizilianischen Vesper« und dem Verlust Akkons, des letzten christlichen Bollwerks im Vorderen Orient (F. Reynaud, »Marseille«, *LexMA* 6, 328).

[20] »Überfluss des Angenehmen [erzeugt] den Überdruss«: Vgl. Cicero, *Über den Redner* 3, 98, S. 507. Ein lat. Sprichwort lautet: »Copia nauseam parit«/ »Überfluss macht Überdruss« (Arthaber, Nr. 2). Die Aussage findet sich auch in anderen Werken Boccaccios (Branca, S. 1224).

[22] »steigert die Versagung die Begierde«: Die psychologische Beobachtung ist Ovids Gedichten entnommen: »Ständig begehrn wir Verbotnes und trachten nach dem, was versagt ist« (*Liebesgedichte* 3, 4, 17).

Vierte Novelle

Wie in der dritten Novelle dieses Erzähltages wird auch in dieser Novelle dargestellt, welches Unheil eine unbeherrschte Leidenschaft stiftet: Gerbino, »unbeherrscht« und »ehrvergessen«, verfolgt »rücksichtslos gegenüber Nahestehenden« »hartnäckig und unbeirrbar« sein Ziel, und das Unglück bricht, »stürzenden Steinen gut vergleichbar«, über ihm zusammen (Seneca, *Der Zorn* 1, 1; *Dialoge* I, S. 97). Gerbino weiß nicht, was zu tun ist, er hört also nicht auf die Vernunft (15), indessen die »erfolgversprechende« Tugend (lat. *virtus*, auch »Tapferkeit«) darin bestünde, dass man lange und gründlich prüft, um sich ein »klares Ziel« zu setzen, das »ruhig und entschieden« erstrebt wird (Seneca, ebd. 1, 11; *Dialoge* I, S. 121).

[3] Nach Properz dringt die Liebe über die Augen ins Herz: »Falls du es nicht weißt: in der Liebe folgt man den Augen« (*Liebeselegien* 2, 15, V. 12). Vgl. Petrarca, *Canzoniere* 9, 71; Petrarca 2006, S. 204, 240. Die Liebe vom »Hörensagen« ist ein beliebtes Motiv der ma. Literatur (Branca, S. 1226). Vgl. *Dec.* I 5, II 7; III 7 (und Komm.); VII 7.

[4] »so meinen die Sizilianer«: Kinder und Enkel Wilhelms II. sind erfunden.

Wilhelm II. (1154–89), Kg. von Sizilien, besaß keine leiblichen Erben; er verheiratete 1186 seine Tante Konstanze (1154–98) mit Heinrich VI. (1156–97), dem Sohn und Erben Ks. Friedrich Barbarossas (1122–90); bei seinem Tod hinterließ Heinrich VI. das Kgr. Sizilien seiner Gemahlin Konstanze und ihrem gemeinsamen Sohn, dem späteren Ks. Friedrich II. (1194–1250; E. Cuozzo, »Sizilien, B. 4.«, *LexMA* 7, 1959 f.; Th. Kölzer, »Konstanze«, *LexMA* 5, 1406 f.).

[16] »Edelmut oder Tugend« steht für ital. *vertù o bene*. Gerbino erinnert die Gefährten an zwei berühmte Gedichte des »süßen neuen Stils« (Branca, S. 1229): »In einem edlen Herzen wohnt immer die Liebe« / »Al cor gentil rempaira sempre amore« (Guido Guinizelli); »Liebe und ein edles Herz sind allzeit eins« / »Amore e 'l cor gentil sono una cosa« (Dante, *Das neue Leben* 20, S. 37; vgl. Komm. I 10, 10; IV Einleitung, 33; X 7).

Fünfte Novelle

Die Liebe zwischen Elisabetta und Lorenzo entsteht selbstverständlich und natürlich; aber sie verhalten sich unvorsichtig, und der ständische Unterschied wird ihr Unglück. Die Frauen erfahren aus der Novelle (IV 6, 2), dass ein harmlos erscheinendes volkstümliches Lied einen ernsten Ursprung hat und grausames Liebesleid nicht nur die hochgestellten Damen treffen kann.

[1] Es ist keine Vorlage der Novelle bekannt (Branca, S. 1231). Die Erzählerin Filomena zitiert den Auftakt eines anonymen Tanzliedes – »Qual esso fu lo male cristiano, / che mi furò la grasta …« (24) –, in dem das Schicksal der Protagonistin berichtet werde. Sollte der überlieferte vollständige Text des anonymen Liedes zu dem Zitat gehören, das Boccaccio anführt, so hätte das Lied tatsächlich zu dieser Novelle anregen können; dies gilt besonders für die vorletzte Strophe, in der das poetische Ich den wunderschönen Duft preist, den das Basilikum zur Verwunderung aller Nachbarn verströmt (19): »– Woher kommt dieser herrliche Duft? – / Und um seinetwillen sterbe ich vor Kummer« (*Poeti minori del Trecento*, S. 557 f.; vgl. Branca, S. 1234 f.).

Hans Sachs hat die Novelle in *Ein kläglich geschichte von zweien liebhabenden, der ermört Lorenz* nachgedichtet und sie mit der Belehrung versehen, dass die Jungfrauen ihre Liebe bis zur Ehe aufsparen sollen. John Keats (1795–1821) hat die Novelle in der Verserzählung »Isabella, or the Pot of Basil« aufgegriffen, die ein Mitbegründer der Präraffaeliten, John Everett Millais, mit dem Gemälde *Isabella* (1848–49) illustriert hat (Liverpool, Walker Art Gallery; Jones, S. 22).

[4] »San Gimigniano«: Im 13. und 14. Jh. hatten sich in Messina einige Kaufmannsfamilien aus der südwestlich von Florenz gelegenen Stadt niedergelassen (Branca, S. 1231 f.).

[11–14] Elisabettas Traum: Nach Macrobius (*Commentary*, 1, 3, S. 87 ff.) handelt es sich hier und bei den Träumen in IV 6 um Angstträume: Liebende träumen davon, den oder die Geliebte zu gewinnen oder zu verlieren, oder der Träumer fürchtet Intrigen und Macht eines Feindes. Elisabetta bangt zu Recht um das Schicksal ihres Geliebten. Diese Traumerscheinungen gehen auf Gedanken und Vorstellungen zurück, die die Träumer während des Tages beschäftigt haben (Macrobius, ebd., 1, 5, S. 89; vgl. *Dec.* IX 8, 2). Seit dem 12. Jh. erhalten Träume sowohl in der geistlichen wie der weltlichen Literatur »zunehmend eine formale, Aussage und Verlauf der Handlung konstituierende Funktion« (H. H. Lauer, »Traum«, *LexMA* 8, 962 ff.).

Sechste Novelle

Die längere Ausführung über die Aussagekraft der Träume (3–7) lässt vermuten, dass in dieser und der zuvor erzählten Novelle die Funktion der Träume für das Verhalten der Menschen dargestellt wird: Ob Träume Wahres oder Falsches offenbaren, lässt sich, so meint der Erzähler, nicht entscheiden; wenn aber der Träumer ein gutes Gewissen habe, so werde ihn ein böser Traum nicht in seinem Handeln beirren. Der Erzähler orientiert sich grundsätzlich an Ciceros Auffassung des Traumes (s. Komm. 1), kennt aber auch die Meinung des Aristoteles: Wenn im Schlaf die Seele auch untätig, also weder gut noch schlecht sei, so komme das im wachen Zustand tätige, gute oder schlechte Verhalten doch auch im Schlaf zur Geltung, insofern »die Träume tugendhafter Menschen besser werden als die beliebiger Leute« (*Nikom. Ethik* I, 13, S. 24). Die drei Brüder aus *Dec.* IV 5 wissen auch ohne Traum, was sie verbrochen haben, und verlassen Messina. Elisabetta und Andriuola (IV 5; 6) haben ein gutes Gewissen und werden durch die bösen Träume in Furcht versetzt; und beider Befürchtung bestätigt sich, indessen Gabriotto seinen Traum – der wie der Traum Andriuolas seinen Tod vorwegnimmt – nicht ernst nimmt. Sollte man also nicht eher auf die vorsichtigen oder empfindsamen Frauen hören als auf die ahnungslos zuversichtlichen Männer? In einer späteren Novelle wird eine unvorsichtige und dickfellige Frau vorgestellt, die nicht auf den Traum ihres gutartigen Mannes hören will (IX 7). Wie Ghismunda (IV 1) ist auch Andriuola standhaft und stolz im Unglück.

[1] Es ist keine literarische Vorlage bekannt; ein wahres Ereignis aus Brescia ist auch nicht nachzuweisen (Branca, S. 1235 f.). Die Überlegungen über die Bewertung von Traumerlebnissen folgen Cicero. Dass Träume sich bewahrheiten können oder nicht, hat Cicero mit einem Zitat des Ennius (239–169 v. Chr.) belegt: »Einige Träume sind wahr, aber nicht notwendigerweise alle« (Cicero, *Über die Wahrsagung* 2, 127, S. 253; zu Aristoteles S. 388 f.). Es lassen sich die wahren nicht von den trügerischen Träumen unterscheiden; und es gebe keine verkehrte, regellose oder widernatürliche Vorstellung, die wir nicht träumen könnten (ebd., 2, 146, S. 270 f.). Wenn der Erzähler der Novelle daran erinnert, dass unabhängig von subjektiven Träumereien im Wachzustand die Verpflichtung bestehe, tugendhaft zu handeln (7), so stützt er sich auf das Argument Ciceros, dass Fragen des sittlichen Handelns, wie man mit Eltern, Brüdern, Freunden, mit Geldsachen umzugehen oder sich in einem Amt zu verhalten habe, in den Bereich der Philosophen und nicht der Traumdeuter oder Seher gehörten (ebd., 2, 11, S. 143).

Die Novelle wurde von Hans Sachs (*Andreola mit Gabrioto*) und Jörg Wickram (1505–62) nachgeahmt; Nicolas de Troyes (*Parangon*, Nr. 180) und Giraldi Cinzio (*Hekatommithi* V, 6: ohne die Erzählung vom bösen Traum) haben sie nacherzählt (Jones, S. 22).

[8] »namens«: Vielleicht ist eine bekannte Familie mit dem Namen »da Ponte Carali« oder »Poncarale« gemeint (Branca, S. 1236).

[32] »Podestà«: s. Komm. III 5, 4.

Siebente Novelle

Die Mehrzahl der Liebesgeschichten des *Dec.* spielen im bürgerlichen Milieu, unter Nichtadligen, also Bürgerlichen oder »Plebejern«, wie sie Andreas Capellanus nannte. In einigen Geschichten sind beide Liebende oder ein Partner Bauer oder Arbeiter (I 4; III 1; 2; 8; IV 7; VII 2; VIII 2). Diese Liebesaffären unter Bäuerinnen oder Bauern oder unter armen Leuten (4; ital. *uno amorazzo contadino*, VIII 2, 5) stellt Boccaccio nun keineswegs als menschenunwürdig und tierisch vor – unter Bauern liebe man sich »wie Pferde oder Maulesel«, meinte Andreas Capellanus (*Über die Liebe* I, 11, S. 181). Im *Dec.* treibt die Natur Angehörige aller Stände zum »Venusdienst« (ebd.; vgl. Vergil, *Hirtengedichte*, 10, 69); und die adligen wie die nichtadligen oder bäuerischen literarischen Gestalten zeigen ein hohes Maß an Witz und Intelligenz, um ihr natürliches Verlangen durchzusetzen. Der Kleriker Andreas Capellanus (ebd.) meinte, dass die Liebe die Bauern von der nützlichen Arbeit ablenken würde und man sie deshalb besser nicht in der »Liebeskunst« unterweise. Ohne in der Liebeskunst unterwiesen worden zu sein, kommen Simona und Pasquino, die beiden Liebenden dieser Novelle, einander nahe, indem sie füreinander arbeiten (7–9); die Liebe beflügelt ihre Arbeit, aber ein blinder Zufall beendet ihr Glück. Simona verliert durch einen Schicksalsschlag den Geliebten und wird von dessen Freund beschuldigt, ihn umgebracht zu haben; durch ihren unfreiwilligen Tod beweist sie ihre Unschuld; die Erzählerin preist sie glücklich, weil sie den Menschen entkommen ist, die keine Ahnung von der Liebe haben (vgl. *Dec.* Vorwort, 13).

[1] Es handelt sich wohl um eine Anekdote (Branca, S. 1241). Die Novelle wurde von Hans Sachs (»Historia wie zwey liebhabende von einem salvenblat sturben«) und von Alfred de Musset (»Simone«) nacherzählt; nach England ist sie in den *Tragical Tales* (1587) von George Turberville gelangt (Jones, S. 22).

[4] »Amor … Häuser der Armen«: Vgl. Komm. III 10, 3.

[19] »dann liebt ihr euch dort wie hier«: Der Hymnus auf die Liebe, die den Tod überdauert, verweist auf eine Elegie des Properz (*Liebeselegien* 1, 19, 12 f.): »Was ich dort unten auch bin, man wird mich auch als Schatten noch dein eigen nennen: eine große Liebe überspringt selbst die Küste des Todes«. Zu entsprechenden erotischen Träumereien s. Petrarca, *Canzoniere* 126 (vgl. Komm. IV 8, 22, 32).

[23] »Unter dem Salbeistrauch saß eine Kröte«: »Das Hautsekret mancher Krötenarten kann giftig sein; diese Gifte wirken ähnlich wie Digitalis« (*Der Brockhaus multimedial premium 2009*, Mannheim 2009). Im MA galt der Biss der Kröte als unheilbar; in Darstellungen symbolisierte sie »die Mächte des Bösen«

(Ch. Hünemörder, »Kröte«, *LexMA* 5, 1551). »Besondere Vorliebe zeigt [die Erdkröte] für stark riechende Kräuter, so beispielsweise für Salbei und Schierling, welchem sie wahrscheinlich auch theilweise den auf ihr lastenden übeln Ruf verdankt« (Alfred E. Brehm, *Tierleben*, Directmedia Publishing 2002, Bd. 7, S. 597).

Achte Novelle

In der Einleitung gibt die Erzählerin zu verstehen (3–4), dass es eine Anmaßung ist, sich gegen »die der Natur innewohnende Vernunft« (lat. *ipsa naturae ratio*) aufzulehnen, denn laut Cicero haben sowohl die Götter wie die Menschen gemeinsam teil an der »vollkommenen Vernunft« (lat. *recta ratio*); das bedeutet, dass ein Mensch seinem Mitmenschen nicht schaden kann, der sich der Natur unterordnet (*Pflichtgem. Handeln* 3, 23, 25 und Anm. 54, S. 241 ff., 388). Die Mutter des Girolamo will aus einem Pflaumenbaum einen Orangenbaum machen (7); sie vergeht sich also gegen Natur und Vernunft und verursacht den Tod der Liebenden.

[1] Ob es sich um eine Anekdote handelt, scheint ungewiss (Branca, S. 1246). Vielleicht ist die Novelle durch ein Gedicht des Horaz (*Oden* 3, 9) angeregt worden. In dem sechsstrophigen Lied, das in einem »volksliedhaften Ton« gehalten ist (Syndikus 1990, II, S. 107), loben der Dichter und seine ehemalige Geliebte Lydia, die einander untreu geworden sind, wechselseitig ihre neuen Partner; auf des Dichters unvermitteltes Angebot, die frühere Beziehung wieder aufzunehmen, geht Lydia nicht ohne Vorbehalt ein: »Ob auch sternenschön / jener ist, du aber leichter als Kork [vgl. *Dec.* Schlusswort des Autors, 23] und mehr als die zügellose Adria wild: / mit dir will ich leben, mit dir geh ich gern in den Tod« (Horaz, ebd., V. 21 ff.). Dieser ironischen und frivolen Geschichte, die »selbstbehauptende Emotionen«, also Lachen auslöst, gibt Boccaccio durch das anmaßende und widernatürliche Eingreifen der Mutter des Liebhabers eine tragische Wendung, die »selbsttranszendierende Emotionen«, nämlich Weinen auslösen soll (Koestler 1989, S. 132 ff., 165 f.).

Die Novelle ist u. a. von Hans Sachs (*Historia wie zwei liebhabende Menschen vor lieb starben*), Nicolas de Troyes (*Parangon*, Nr. 98), Giovan Francesco Straparola (1550–53: *Le Piacevoli Notti / Die ergötzlichen Nächte*, IX, 2) und Alfred de Musset (»Silvia«) nacherzählt worden (Jones, S. 22 f.).

[4] Dass die Liebe durch die Vernunft nicht bezwungen werden kann, beklagen auch die römischen Dichter: »Den, der nicht will, bedrängt viel wilder und heftiger Amor / Als denjenigen, der zugibt, sein Sklave zu sein« (Ovid,

Liebesgedichte 1, 2, 17 f.). »Es wäre falsch, einer Liebe, die keine Vernunft kennt, Grenzen zu setzen: wahre Liebe kennt kein Maß« (Properz, *Liebeselegien* 2, 15, 29 f.). Apoll, vom Liebespfeil getroffen, verfolgt Daphne und klagt, dass er, der Gott der Heilkunst, sich selbst nicht heilen kann: »Ach, dass von [den heilenden Kräutern] keines imstande, die Liebe zu heilen, / dass ihrem Herrn nicht hilft die Kunst, die so vielen geholfen!« (Ovid, *Metam.* 1, 523 f.). In ihrer Nachfolge nennt Andreas Capellanus die Liebe »ein angeborenes Leiden« (*Über die Liebe* 1, 1, S. 11).

[5] Die »Sighieri« waren eine reiche Kaufmannsfamilie aus Florenz (Branca, S. 1246 f.).

[22] »er sehnte den Tod herbei«: Dem Wunsch, in der Nähe der Geliebten zu sterben und von ihr beklagt zu werden, wird in der römischen Liebesdichtung Ausdruck gegeben: »Dich möchte ich anschauen, wenn meine letzte Stunde gekommen ist, dich möchte ich sterbend halten, wenn meine Hand schon schwach ist. Du wirst um mich weinen, Delia, wenn ich auf der Bahre liege, [...] und du wirst mir Küsse, vermischt mit schmerzlichen Tränen geben« (Tibull, *Liebeselegien* 1, 1, 59 ff.; vgl. Komm. IV 7, 19).

[32] »Amors Kräfte«: Properz träumt davon, dass Cynthia, eine nicht immer treue Hetäre, gramerfüllt seiner Bestattung beiwohnen und ihn ewig lieben werde: »Du aber musst [meinem Leichenzug] folgen, mit nackten, zerkratzten Brüsten, und darfst nicht müde werden, meinen Namen zu rufen, musst auf meine kalten Lippen letzte Küsse drücken, wenn sie dir die Onyxschale voll von syrischen Essenzen reichen. [...] die Pflicht gebietet, einen früheren Freund ewig zu lieben« (*Liebeselegien* 2, 13, 27 ff.). Petrarca stellt sich in der berühmten Kanzone »Chiare, fresche et dolci acque« / »Helle, frische und süße Wasser« vor, dass die unerreichbare Laura sein Grab besucht und von Liebe zu seiner Asche ergriffen wird (*Canzoniere* 126, 26 ff.; vgl. Petrarca 2006, S. 258 ff.).

Neunte Novelle

Auch diese Novelle endet tragisch, weil sich die Liebenden unvorsichtig verhalten (vgl. II 6, 36; IV 5, 6; VII 8, 6). Sie sterben, weil sich ihr Gegenspieler, der seine Schuld erkennt (24), von einem Affekt, vom Zorn, hinreißen lässt (vgl. IV 1; 3; 4). Die Darstellung des höhnischen, wütenden Gatten und der entsetzten Dame (20–23) verweisen auf Senecas Tragödie *Thyestes* (V. 976, 999, 1030, 1050), insbesondere auf den Dialog zwischen Atreus und Thyestes, in dem Atreus seinem

Bruder offenbart, dass er ihm die eigenen Söhne als Speise vorgesetzt hat (vgl. Komm. IV 1, 47).

[1] Die sog. ›Herzmäre‹ erzählt von der Liebe eines Ritters zu einer verheirateten Dame; der Ritter stirbt vor Sehnsucht und sendet der Dame sein Herz; der Ehemann nimmt das Herz in Empfang und setzt es seiner Frau als Speise vor, die an gebrochenem Herzen stirbt. Die Erzählung kam im 11. Jh. aus der indischen Literatur nach Europa (Wilpert 1993, III, S. 572; Branca, S. 1250). Sie wird in afrz., mhd. und ital. Erzählungen (*Lai Guiron*, *Lai d'Ignauré*; Konrad von Würzburg, *Das Herzmaere*; *Novellino* LXII) sowie in der Lebensbeschreibung, der »Vida« des aokz. Troubadours Guilhem de Cabestaing aufgenommen. Mit der Wahl der Namen für die Protagonisten und mit dem Ablauf der Handlung verweist Boccaccio auf diese Lebensbeschreibung: Der Ritter Guilhem de Cabestaing (Ende des 12. Jh.s) aus der Landschaft Roussillon – von ihm sind acht Lieder überliefert – liebt »Soremonda«, die Gattin des stolzen und hochfahrenden Herrn Raimon Castel Rossillon (Boccaccio gibt ihm den Vornamen »Wilhelm« und verschweigt den Namen der Dame) und preist sie in seinen Liedern. Der Ehemann, von Natur aus eifersüchtig und zornig, erfährt davon. Er überfällt den Liebhaber, tötet ihn und lässt ihm den Kopf abschneiden und das Herz herausreißen; er lässt das Herz als Speise zubereiten und setzt es seiner Frau vor. Er fragt sie: »Wisst Ihr, was Ihr gegessen habt?« Worauf sie antwortet: »Nein, aber es war schmackhaft zubereitet.« Er offenbart die Wahrheit und zeigt ihr als Beweis den Kopf. Die Dame fällt in Ohnmacht; als sie erwacht, sagt sie: »Herr, Ihr habt mir eine so gute Speise reichen lassen, dass ich nichts anderes mehr essen werde.« Wutentbrannt will ihr Mann sie mit dem Schwert durchbohren, sie aber stürzt sich von einem Balkon in den Tod. Der Vorfall wird bekannt und gelangt zu Ohren des Königs von Aragon, des Lehnsherrn von Raimon, der ihn enteignet und ins Gefängnis werfen lässt, wo er stirbt. Der König verfügt, dass das Ereignis in der Grafschaft Roussillon jährlich feierlich begangen werden soll (Riquer II, S. 1067 f.).

Jones (S. 23) verweist auf sieben Nacherzählungen ital., dt., engl. und frz. Autoren, darunter auch Nicolas de Troyes (*Parangon*, Nr. 99).

Zehnte Novelle

Acht Liebesgeschichten, die mit dem Tod beider oder eines Liebenden enden, scheinen ausreichend zu sein, um die Zuhörerinnen und die Zuhörer daran zu erinnern, dass sie sich umsichtig verhalten müssen, wenn sie ihre Liebesaffären erfolgreich durchführen wollen (vgl. Komm. III 6). Diese Novelle gibt ein weiteres Beispiel (vgl. II 10) dafür, dass die unbefriedigte Ehefrau ihr Glück bei einem zwielichtigen Liebhaber finden kann, wenn sie klug und beherzt ihr Geschick in die Hand nimmt (6, 41). Dass die Liebeslust Personen aus allen Ständen und sogar eine Amtsperson umtreibt, vergnügt die Zuhörerinnen besonders (IV Schluss, 1).

[1] Es sind keine Vorlagen bekannt. Das Motiv des ›Liebhabers im Kasten‹ ist verbreitet (z.B. Giraldi Cinzio, *Hekatommithi* III, 3); ähnliche Situationen verwendet Boccaccio in anderen Novellen (II 9; V 10; VIII 8; Landau, S. 89; Branca, S. 1254). Hans Sachs hat nach dieser Novelle einen Schwank mit dem Titel *Der Jüngling im Kasten* verfasst (Jones, S. 23).

[4] »Mazzeo della Montagna«: Gemeint ist der Mediziner Matteo Selvatico (gest. nach 1342), der Robert von Anjou (1278–1343, Kg. von Neapel seit 1309) eine medizinische Enzyklopädie widmete (Branca, S. 1254; vgl. Komm. III 6, 4).

[5] »Riccardo di Chinzica«: Vgl. *Dec.* II 10, 5.

[7] »Ruggiero d'Aieroli«: Branca (S. 1255) nimmt an, dass Boccaccio einen Ruggiero Meli oder Mele aus Agerola im Sinn hatte, der in den ersten Jahren der Regierungszeit der Kgn. Johanna I. von Anjou (1326–82, Kgn. von Neapel seit 1343) eine Räuberbande anführte (S. Fodale, »J. I. von Anjou«, *LexMA* 5, 524f.; G. Vitolo, »Kampanien«, *LexMa* 5, 893ff.).

[39] »Ehre ihrer Herrin retten«: Auch in *Dec.* VII 8 und VIII 4 übernimmt eine zweite Frau die Rolle der Protagonistin.

Schluss

[11–17] Das Lied (ital. *ballata*; vgl. I Schluss, 22; III Schluss, 17) besteht aus einem dreizeiligen Refrain (aBB) und sechs neunzeiligen Strophen aus drei Siebensilblern und sechs Elfsilblern (CdeEDccBB). Das Lied Filostratos erinnert noch einmal an das »erbarmungslose Thema« des Tages (2): Ein aufrichtig Liebender wünscht den Tod herbei, weil die Geliebte ihn um eines anderen willen verlassen hat. Eine ähnliche Liebesklage findet man auch in Boccaccios Versroman *Filostrato* (VIII 12ff.) und aus dem Munde einer Frau in der Prosaerzählung *Elegie der Dame Fiammetta.*

Fünfter Tag

Erste Novelle

Der Protagonist der Novelle, der schön, aber ungebildet ist, erblickt den schönen Leib eines Mädchens, wird von der Liebe zu ihrer geradezu göttlichen Schönheit ergriffen und entwickelt sich zu einem »Menschen« (7–23): So wie seine leibliche Gesundheit bereits in seiner körperlichen Gestalt erscheint, treten nun auch »seine hohen Fähigkeiten« in seinem ehrenhaften oder schicklichen Benehmen zutage (Cicero, *Pflichtgem. Handeln* 1, 95, S. 85; lat. *decorum/indecorum*); der Anblick des Schönen – in Natur und Kunst – erfreut nicht nur, sondern führt den Menschen auch dazu, ein »gutgesinnter Mann« zu werden (lat. *vir bonus*, Cicero, ebd. 1, 46, S. 45). Wenn Cicero aber meint, dass schickliches Benehmen – »durch die Ordnung, Beständigkeit und Einhaltung des Maßes in allen Äußerungen und Taten« – die Zustimmung der Mitmenschen finden müsse (ebd., 1, 98, S. 87), so zeigt die Novelle etwas anderes: Dieser »gutgesinnte Mann« muss die Prüfungen der unbeständigen Fortuna erdulden (21, 36), und der »Liebeswahnsinn« treibt ihn zu empörenden Taten (28, 67–69; Cicero, *Gespräche in Tusculum* 4, 75, S. 307).

[1] Ob die Quelle der Novelle in einem verlorenen spätgriech. Roman zu suchen ist, bleibt ungewiss (Landau, S. 316; Branca, S. 1263). Das etymologische Spiel mit dem Namen »Cimone« (4, 23; griech. *chimon* habe die gleiche Wurzel wie griech. *chimaros*, »Ziegenbock«) verweist auf eine Bemerkung des Valerius Maximus (VI 9, ext. 3) und auf Plutarchs Lebensbeschreibungen: Der berühmte athenische Politiker und Feldherr *Kimon* (510–450 v. Chr.), Sohn des Miltiades, sei in seiner Jugend dumm und tollpatschig gewesen (Landau, S. 316; Branca, S. 1264).

Die Novelle ist u. a. von Hans Sachs (*Cymon mit Ephigenia*) und von John Dryden (*Cymon and Iphigenia*, 1700) nacherzählt worden. Nach Bonifacio Veronese (*Cimone e Efigenia*, 16. Jh., Boccaccio, *Dec. con le illustrazioni*, 1999, S. 318 f.) haben drei Maler die Schlüsselszene der Novelle (7–13) unter dem Titel *Cymon and Iphigenia* illustriert: Benjamin West (1773, Los Angeles County Museum of Art); John Everett Millais (1847/78, Lady Lever Art Gallery Liverpool); Frederick Leighton (1884, Art Gallery of New South Wales, Australia).

[2] »Amors Kraft«: Vgl. Komm. II 8, 12; III 10, 3.

[7] »führte ihn sein Glück auf eine Wiese«: Cimone gelangt in einen »Lustort«, einen »locus amoenus«, seit der römischen Kaiserzeit »das Hauptmotiv aller Naturschilderung« (Curtius 1954, S. 202). Vergils *Hirtengedichte* (I, 1 ff.; III 55 ff.;

v, 1 ff.) gaben der europäischen Dichtung das Vorbild für diese Schilderung einer sinnreichen Landschaft (vgl. Garber 1976). In einer solchen idealen Landschaft stimmen Vergils Hirten einen Wechselgesang über ihre Liebesaffären an (*Hirtengedichte* III); in den *Carmina Burana* (Nr. 92) führen »Phyllis« und »Flora« an einem Lustort ein poetisches Streitgespräch über das Thema: Wer ist der bessere Liebhaber, der Kleriker oder der Ritter? In »Amors Paradies«, einem anderen Lustort, fällt darauf die Entscheidung zugunsten des Klerikers.

[23] »die Liebe den Schafskopf in einen Menschen verwandelt hatte«: Die Verwandlung durch die Kraft der Liebe (vgl. 56) beschreibt Boccaccio auch in *Caccia di Diana* (XVIII, 23 f.) und in *Ameto* (»d'animale bruto, uomo divenuto essere gli pare« / »es erschien ihm, als wäre er aus einem stumpfen Tier zum Menschen geworden«; Boccaccio 1952, S. 1052).

Zweite Novelle

Die Novelle zeigt, dass ein Liebender sich durch das Argument des zukünftigen Schwiegervaters, er sei zu arm, nicht so leicht einschüchtern lassen muss: Er ergreift die Initiative, um reich zu werden. Allerdings verscherzt er sein Glück, weil er nicht Maß zu halten weiß; nun muss er einen neuen günstigen Moment abwarten, um eine neue Chance zu erhalten und um kraft seiner Klugheit das Glück noch einmal auf seine Seite zu bringen (7, 28–35). Gostanza oder Costanza (lat. *constantia*, dt. »Beständigkeit«) macht ihrem Namen alle Ehre: Sie gibt sich zwar der Verzweiflung hin, als sie das Gerücht vernimmt, ihr Martuccio sei als Pirat ums Leben gekommen; sie bleibt aber beständig in ihrer Liebe, schöpft neue Hoffnung, als ihr selbstmörderisches Unternehmen fehlschlägt, und wird vom Glück belohnt.

[1] Das Motiv der ›verzweifelten Bootsfahrt‹ (10–12) könnte durch eine Episode aus einer ital. Prosafassung der Tristan-Erzählung angeregt worden sein (*Tristano Riccardiano*, um 1300; Kap. 21; *Prosa del Duecento*, S. 569 f.). Die Kriegslist, die Martuccio dem Kg. von Tunis vorschlägt (30–34), zeigt eine auffällige Ähnlichkeit mit der Kriegslist, die Giovanni Villani von Casano, dem Khan der Tartaren, berichtet (*Nuova Cronica* IX, 35). Jones (S. 24) gibt nur eine Nacherzählung der Novelle von Robert Greene (1558–92) an.

[4] »Martuccio Gomito«: Eine hist. Person dieses Namens konnte nicht identifiziert werden.

[6] »Freibeuterei«: Vgl. Komm. II 4, 9.

[22] »guter Fang« ist die Übersetzung des ital. Namens *Carapresa*.

[27] »Meriabdela« ist vielleicht eine Korruption von »Muliabdela« für arab. *muli*, »mein Herr« und *abdela*, »Abd Allah«. Diesen Namen trugen zwei Herrscher aus der Dynastie der Hafsiden: Abu Abdallah Mohammed I. (1249–77) und Abu Abdallah Mohammed II. (1295–1309; vgl. Branca, S. 1272; *Lexikon der arab. Welt*, »Hafsiden«, S. 391 ff.).

Dritte Novelle

Die Unvorsichtigkeit der Liebenden steht am Beginn ihres Leidensweges: Sie nehmen zwar die freie Partnerwahl in Anspruch, die nach kanonischem Recht erlaubt ist; sie beachten aber nicht, dass Eltern und Familie bei der Eheschließung ein Wörtchen mitzureden haben. Seit dem 9. Jh. hat die Kirche zwar den freien Konsens der Eheleute an die Stelle der elterlichen Zustimmung gesetzt, aber die Laiengesellschaft beharrte darauf, dass das Ziel der Ehe die Zeugung von Nachkommenschaft und die Vererbung des Familienbesitzes ist. Die von der Kirche proklamierte Freiheit der Wahl des Ehemannes oder der Ehefrau veranlasste die Eltern oder die »Freunde und Blutsverwandten« häufig, nicht geplante Eheschließungen durch Verweigerung der Mitgift bzw. Enterbung zu verhindern (R. Weigand, »Ehe B. II.«, *LexMA* 3, 1623; W. Prevenier / Th. de Hemptinne, »Ehe C.«, *LexMA* 3, 1635 ff.). In der Novelle versuchen die Eltern die Ehe dadurch zu verhindern, dass sie der Familie der Frau die Aufnahme unter die Freunde und Verwandten verweigern (6). Die atemberaubenden Erlebnisse der beiden Liebenden, die sie allein dank glücklicher Zufälle überleben (13, 35, 46), und das versöhnliche Ende machen darauf aufmerksam, dass die Liebe zwar immer das letzte Wort hat, dass aber ein vernünftiger Kompromiss mit der Verwandtschaft anzustreben ist.

[1] Landau (S. 296) vermutet, die Novelle sei eine Nachbildung griechischer Liebesromane; Branca (S. 463) suggeriert eine gewisse Ähnlichkeit mit ma. Ritterromanen, deren Helden von Abenteuern überrascht werden. Jones (S. 24) nennt drei Autoren, die die Novelle nacherzählt haben: Hans Sachs (*Petrus floch mit seiner lieben*), Nicolas de Troyes (*Parangon*, Nr. 100) und den ital. Schriftsteller Vittorio Imbriani (1840–86).

[4] »Rom«: Vielleicht variiert die Erzählerin ein Distichon Alkuins (um 732–804), eines geistlichen Beraters Karls des Großen: »Rom, Haupt der Welt, der Welt Zier, goldenes Rom: / nun bleibt nur noch allein öde Ruine für dich« (*Roma aeterna. Lateinische und griechische Romdichtung von der Antike bis in die Gegenwart*, Hrsg. B. Kytzler, Zürich/München 1972, S. 316 f.).

»Boccamazza«: Es gab zwei römische Familien dieses Namens im 14. Jh. Welche von beiden die Erzählerin meint, ist unklar. Die Familie der Protagonistin ist unbekannt (Branca, S. 1275).

[27] »Banden«: »Das Söldnertum entstand in den Wirren des 12. Jh.s und vergrößerte oft die Masse der vagabundierenden Gewalttäter, verstärkt durch die von den Kreuzzügen enttäuschten und entwurzelten Kämpfer. Für das 13. Jh. schildert der *Meier Helmbrecht* des Wernher der Gartenaere, welche Formen von Schwerkriminalität sich hier bereits ausgebildet hatten« (W. Schild, »Räuber, -banden I.«, *LexMA* 7, 473 f.).

[41] »Die Burg gehörte einem Angehörigen des Hauses der Orsini …«: Im 13. Jh. existierten zwei Hauptlinien des mächtigen römischen Adelsgeschlechtes der Orsini: die Orsini di Campo di Fiori und die Orsini di Monte Giordano (Vendittelli, S. 390). Ein gewisser Liello oder Lello lebte Ende des 13. und Anfang des 14. Jh.s; seine Gattin, Banna di Tolomeo de' Leoni di Montanea lebte noch im Jahr 1352; es könnte sich um eine der Burgen der Familie östlich von Grottaferrata gehandelt haben (Branca, S. 1279).

Vierte Novelle

Ich nehme an, dass die Anregung zu dieser Novelle in der Verserzählung *Die Nachtigall / Laustic* der Marie de France, der ältesten frz. Dichterin (Komm. IX 3, 1), und in einer Erzählung der anonymen mlat. Erzählsammlung *Die Taten der Römer / Gesta Romanorum* (Nr. 121) zu suchen ist (vgl. Branca, S. 1274). In *Die Nachtigall* wird erzählt, dass ein lediger, tapferer und edler Ritter die Gattin seines Nachbarn liebt, so wie auch sie sich in ihn um seines guten Rufes willen verliebt; sie verhalten sich klug und zurückhaltend (V. 29; vgl. *Dec.* Komm. III 6): Ihre Burgen liegen so dicht beieinander, dass sie von Fenster zu Fenster miteinander sprechen können. Obwohl sie gerne zusammenkommen möchten, müssen sie sich mit dieser Situation zufriedengeben, weil die Dame auch während der Abwesenheit ihres Gatten streng bewacht wird (V. 45 ff.). Auch wenn ihr Gatte neben ihr schläft, begibt sich die Dame in warmen Sommernächten an das Fenster, um wenigstens den Anblick ihres Geliebten zu genießen. Der Gatte bekommt mit, dass sie häufig des Nachts aufsteht und stellt sie verärgert zur Rede. Sie gibt vor, mit größtem Genuss dem Gesang der Nachtigall zu lauschen (V. 84 ff.). Ihr Gatte lacht höhnisch – er hat keinen Sinn fürs Schöne! –, lässt die Nachtigall fangen, und als seine Frau ihn traurig um den Vogel bittet, tötet er ihn mit den eigenen Händen und wirft ihn seiner Frau zu, so dass ihr Hemd von seinem Blut befleckt wird. Die Dame muss befürchten, dass ihr Geliebter nicht mehr an ihre Liebe glaubt, weil sie keinen Grund mehr hat, sich am Fenster zu zeigen; sie stickt die Wahrheit auf ein kostbares Tuch, wickelt den Kadaver des Vogels hinein und schickt ihn ihrem Geliebten. Als höfisch gebildeter Ritter (V. 148) lässt dieser einen kostbaren Schrein anfertigen, in den er das Zeugnis seiner Liebe einschließt, um es immer bei sich zu tragen. In der Prosa-Erzählung der mlat. Sammlung *Die Taten der Römer* (Nr. 121) betört die schöne junge Gattin eines alten Ritters durch ihren Gesang einen jungen Ritter und verspricht ihm, ihn nach dem Tod ihres Gatten zu heiraten. Die Dame lauscht nächtens einer Nachtigall; der Ehemann tötet sie und überreicht der Frau das Herz des Vogels; die Frau fühlt sich schuldig am Tod des Tieres, berichtet es dem Geliebten; dieser befürchtet, dass der Ehemann, erführe er von der Liebe zwischen seiner Frau und ihm, auch ihn töten würde; er dringt also bewaffnet in das Schloss des Ehemanns ein, erschlägt diesen und heiratet die Witwe; beide werden glücklich bis an ihr Lebensende. In beiden Erzählungen spielt der Ehemann das Spiel der höfischen Liebe nicht mit, dessen Regeln u. a. lauten: »Die Ehe ist keine rechtmäßige Entschuldigung dafür, nicht zu lieben« – »Erweise dich in allen Dingen als elegant und höfisch« (Andreas Capellanus, *Über die Liebe*, S. 249, 107). Der Erzähler Filostrato, »ein von der Liebe Geschlagener« (Komm. Einleitung, 79), wendet sich gegen die idealistische Auffassung der Liebe, wie sie der Kleriker Andreas Capellanus vertreten hat: »Wer allzu sinnlich ist, liebt gewöhnlich nicht« – »Im Geben und Nehmen von Liebesbeweisen übe immer scheue Zurückhaltung« – »Allzu starke Sinnlichkeit macht Liebe unmöglich, weil es Menschen gibt, die derart im Banne der Sinnengier leben, dass sie von den Netzen der Liebe nicht gehalten werden können« (*Über die Liebe*, S. 253, 105, 25). Die Novelle zeigt, wie schon zahlreiche Gedichte der Trobadors es getan haben (Fischer 1997, S. 112ff.), dass die Netze der Liebe aus sinnlicher Begierde gewoben sind; die Zuhörerinnen quittieren die Darstellung des Erzählers mit zustimmendem Gelächter (*Dec.* V 5, 2).

[1] Einige ital. Autoren haben die Novelle nacherzählt (Jones, S. 24); Nicolas de Troyes hat sie in seine Sammlung aufgenommen (*Parangon*, Nr. 102), La Fontaine hat sie nacherzählt (»Le Rossignol« / »Die Nachtigall«); Lope de Vega hat sich von der Novelle zu der Komödie *El ruiseñor de Sevilla / Die Nachtigall von Sevilla* (1621) inspirieren lassen.

[4] »Lizio di Valbona«: Dante (*Fegef.* 14, 97 und ff.) nennt den »guten Lizio [Valbona]« und einen »Arrigo Manardi« als zwei von fünfzehn berühmten Personen und Geschlechtern aus der Romagna des 13. Jh.s, um den »Untergang der ritterlichen Tugenden«, der *cortesia*, zu beklagen, der nach ihnen eingetreten sei

(Barth, S. 250). Lizio di Valbona stand 1260 im Dienst des Podestà von Florenz und lebte noch im Jahr 1279. Auch ein Arrigo Manardi wird in einem der ältesten Kommentare zur *Göttlichen Komödie* als ein Ritter genannt, der die höfische Lebensart beherrschte (Sapegno zu *Fegef.* 14, S. 162).

[6] »Brettinoro« heißt heute »Bertinoro« und ist westlich von Cesena gelegen.

[43] »deine Jugend«: Vgl. *Dec.* I 4; I 10; II 10, 33; IV 1, 5.

Fünfte Novelle

Die Spannung der Handlung beruht darauf, dass zwei junge Männer vergeblich versuchen, eine junge Frau zu entführen, deren wahre Herkunft ihnen unbekannt ist; den Rivalen drohen strenge Maßnahmen vonseiten der städtischen Obrigkeit, sofern der Vormund der jungen Frau nicht zur Versöhnung bereit ist (vgl. W. Prevenier / Th. de Hemptinne, »Ehe C. V.«, *LexMA* 3, 1637 f.). Die Lösung der Situation ergibt sich daraus, dass das Wohlwollen des Vormunds für das Fehlverhalten der beiden jungen Männer geweckt wird (24), und dass die junge Frau als Schwester des einen Bewerbers erkannt und ihrer ursprünglichen Familie zurückgegeben wird. Das mitleidvolle und verständige Verhalten der ehemaligen Söldner, der älteren Protagonisten (22, 27 f., 34, 37, 39) – allein die »jungen« und verliebten Rivalen steigern sich aus Eifersucht in »maßlosen Hass« (7) –, sowie das Motiv der familiären Zusammenführung, der Anagnorisis, verweisen auf Komödien des römischen Dichters Terenz, insbesondere auf seine Komödie *Heauton Timorumenos / Der Selbstquäler*. Wie in anderen Komödien des Terenz wird auch in *Der Selbstquäler* (V. 213 ff.; vgl. *Dec.* V 5, 8) der Anspruch der jungen Menschen auf Liebe und Ehe vertreten; außerdem wird die durch Kindsaussetzung (in anderen Komödien: Raub oder Krieg) erfolgte Störung des geordneten familiären Zusammenlebens durch die Wiedererkennung und die glückliche Verheiratung der verlorenen Tochter beendet; generell wird in den röm. Komödien die familiäre Ordnung wiederhergestellt und durch Heirat an die folgende Generation weitergegeben; Wiedererkennung und Versöhnung rufen Staunen und Rührung hervor (Fuhrmann 1976; vgl. *Dec.* V 5, 32 ff., 37, 39). Dass gegenseitiges Verständnis und Empathie Voraussetzungen des friedfertigen Zusammenlebens sind, hat ein Protagonist der Komödie des Terenz in dem sprichwörtlichen Vers formuliert: »Homo sum: humani nihil a me alienum puto« / »Ich bin ein Mensch, nichts Menschliches ist mir fremd« (*Der Selbstquäler*, V. 77; J. John, *Reclams Zitaten-Lexikon*, Stuttgart 1992, S. 211).

[1] Jones (S. 24) verweist auf drei Novellen des *Dec.*, die Lessing zu *Nathan der Weise* angeregt haben: I 3, V 5, X 3.

[4] Die Protagonisten der Novelle konnten nicht identifiziert werden (Branca, S. 1285).

[27] »Stadt erobert und geplündert«: Diese Belagerung und Eroberung durch Ks. Friedrich II. fand 1240–41 statt (Branca, S. 1286).

[30] »Medicina«: Es soll zwei Familien dieses Namens in der Emilia-Romagna gegeben haben (Branca, S. 1287).

Sechste Novelle

Die Novelle zeigt, dass die Liebe Tapferkeit und Leidensfähigkeit weckt und dass diese belohnt werden, sofern ein Mächtiger an die Dankbarkeit und Großmut erinnert wird, die er den Familien derjenigen schuldet, die ihm geholfen haben, an die Macht zu kommen: Kg. Friedrich von Sizilien hätte sich fast vom Zorn hinreißen lassen und nicht Gnade vor Recht ergehen lassen (37, 38). Diese moralische Belehrung und der Einsatz historischer Persönlichkeiten unterscheidet die Novelle von der Episode in Boccaccios Roman *Il Filocolo* (IV. Buch), wo die Götter, Venus und Mars, die Liebenden vor dem Scheiterhaufen retten. Im zweiten Teil der Novelle (15 ff.) greift Boccaccio mit wesentlichen Veränderungen auf eine Episode seines Romans *Il Filocolo* (IV. Buch, 85 ff.) zurück. Die Novelle wird von Nicolas de Troyes (*Parangon*, Nr. 104) und von Francesco Sansovino (*Cento novelle dei più nobili scrittori della lingua volgare*, 1561) nacherzählt; Torquato Tasso (*Gerusalemme liberata / Das befreite Jerusalem*, II) hat sich von der Episode aus *Il Filocolo* oder von dieser Novelle zur Darstellung einer ähnlichen Episode anregen lassen (Jones, S. 24).

[1] »Gian di Procida«: Der Erzählerin zufolge (39) soll es sich um einen Neffen des Johannes von Procida handeln, der in *Dec.* II 6, 41 erwähnt wird; er konnte allerdings noch nicht historisch identifiziert werden (Branca, S. 1292).

[4] »Marin(o) Bolgaro« war ein Schiffsbauer im Dienste der Kg.e von Neapel; im Jahr 1341 soll er noch gelebt haben (Branca, S. 1288). Boccaccio hat ihn seinen eigenen Worten nach in seiner Jugend am Hofe Kg. Roberts (1299–1349) kennengelernt: »einen tapferen Mann und von Jugend auf berühmt in der Schifffahrt« (*Vom Glück und vom Unglück berühmter Männer und Frauen* IX, 26, S. 340).

[5] »hinübergeschwommen«: Vgl. Ovids Erzählung von Hero und Leander, *Briefe der Heroinen* XVIII und XIX.

[8] »König Friedrich von Sizilien«: Gemeint ist Kg. Friedrich III. von Sizilien (1296–1337); s. Komm. II 5, 23.

[30] »Ruggier di Loria«: Der berühmte Admiral Roger de Lauria gewann 1284 im Dienst Peters III. von Aragón, des Vaters Friedrichs III., eine Seeschlacht bei Neapel, in der Kg. Karl II. von Anjou (1252–1309) gefangengenommen wurde (H. Bresc, »Lluria«, *LexMA* 5, 2059; ders., »P. III., Kg. von Aragón und Valencia«, *LexMA* 6, 1924 ff.; S. Fodale, »20. K. II. von Anjou«, *LexMA* 5, 985; vgl. Komm. II 6, 41).

Siebente Novelle

Die Schilderung der Erfüllung, Gefährdung und des glücklichen Endes einer Liebesbeziehung ist als modernisierte, parodistische Fassung einer berühmten Schilderung Vergils zu verstehen (s. Komm. 9): In einem christlich geweihten Gemäuer suchen zwei Liebende Schutz vor einem Unwetter, das in der Vorlage die Naturgewalt der Liebe zum Ausdruck bringt, und genießen, von ihrem wechselseitigen körperlichen Begehren getrieben, ihr heimliches Glück; dieses wird zwar von einem vorschnell oder jähzornig reagierenden Vater bedroht, aber es wird auch durch einen anderen, klug und human reagierenden Vater gerettet, der seinen Sohn wiedererkennt (vgl. Komm. V 5). In der Vorlage hat die von Göttern inszenierte orgastische Vereinigung einen tragischen Ausgang: Dido tötet sich im Liebeswahn, Aeneas unterdrückt sein Gefühl, weil er eine Haupt- und Staatsaktion, die Gründung Roms, zu Ende bringen soll. Die Schilderung des Glücks im Winkel und der individuellen Auseinandersetzung mit den Tücken des normalen Lebens, einer Schwangerschaft, tritt in der Novelle an die Stelle der Schilderung übermenschlicher kosmischer Mächte und des staatspolitischen Sinns. Weitab von der Weltgeschichte warten die Protagonisten der Novelle auf den glücklichen Zufall, der sie zusammenführt, und nachdem sie, vor Sturm und Hagel geschützt, sich vereinigt haben, müssen sie noch einmal auf einen Zufall hoffen, der sie aus dem unverschuldeten Unglück rettet.

[1] Hans Sachs hat eine Komödie mit dem Titel *Violanta Tochter eines Ritters* (1545) verfasst; Nicolas de Troyes hat die Novelle nacherzählt (*Parangon*, Nr. 106); Francis Beaumont und John Fletcher haben ihrer dramatischen Komposition *Four Plays in One / Vier Stücke in einem* (1647) das Stück *Triumph of Love / Triumph der Liebe* nach Boccaccios Novelle eingefügt (Jones, S. 25).

[3] »König Wilhelm«: Gemeint ist Wilhelm II., genannt der Gute, geb. wahrscheinlich 1153, gest. 1189 (S. Tramontana, »Wilhelm 8.«, *LexMA* 9, 132 ff.).

»Abate da Trapani«: Die Abbate waren über Jahrhunderte eine der mächtigsten Familien im Westen Siziliens, der in etwa die heutige Provinz Trapani umfasste (Branca, S. 1294).

[4] »Korsaren«: Vgl. Komm. II 4, 9; *Dec.* II 10.

[5] »ein manierlicher und gebildeter junger Mann«: Das Motiv ›der/die Vornehme incognito als Diener/in‹ hat Boccaccio wiederholt als Begründung einer spannenden Handlung eingesetzt (*Teseida* IV, 59; *Dec.* II 6; 8; 9).

[6] »Verehelichung hinauszögerte«: Vgl. hierzu andere Novellen, in denen die sexuellen Ansprüche junger Frauen und Männer thematisiert werden (*Dec.* II 6, 35; IV 1, 5; IV 3, 9; IV 5, 4; V 5, 22; VI Einleitung, 9 ff.).

[9] Die Erzählerin erinnert die zeitgenössischen Leserinnen und Leser im Folgenden an eine berühmte, von Göttern inszenierte und Naturgewalten beherrschte sexuelle Vereinigung: »Unterdessen beginnt der Himmel von grollendem Donner / dumpf zu dröhnen, Sturm fährt drein mit peitschendem Hagel: / und die Tyrergefährten ringsum, die Jugend aus Troja / und der dardanische Enkel der Venus [d.i. Ascanius, Sohn des Aeneas] flüchteten hier und / dort voll Angst unter Dach; von Bergen stürzten die Ströme. / Dido jedoch und der Fürst aus Troja [d.i. Aeneas] finden zur selben / Höhle: und Tellus zuerst und Juno, die Göttin der Ehe, / geben das Zeichen; da flammen die Blitze, als Zeuge des Bundes / flammt der Äther, aufheulen vom höchsten Gipfel die Nymphen« (Vergil, *Aeneis* IV, 160 ff.). Diese Schilderung wird, wie das »Leben der Geschlechter in Vergils Rom«, vom »Prinzip der Phallokratie« bestimmt, und Dido hat die Schmach der Liebestollheit oder der »schnöden Wollust« zu tragen (Holzberg 2006, S. 43; *Aeneis* IV, 65 ff., 194).

[17] Dass eine Schwangerschaft Liebesaffären an den Tag bringen kann, wird wiederholt zur Sprache gebracht: *Dec.* III 1, 28; III 8, 64; X 8, 73.

[35] »Lajazzo«: Es handelt sich um das heutige Iskenderun im Südosten der Türkei. Zu Boccaccios Zeiten war es aus Marco Polo, *Il Milione* (XX, S. 27) als »die große [in Klein-Armenien gelegene] Handelsstadt am Meer« bekannt.

Achte Novelle

Boccaccio scheint sich bewusst gewesen zu sein, dass Wortklang und »Redeschmuck«, lat. *ornatus*, die uneigentlichen Ausdrucksweisen der Liebesdichtung, Leserinnen und Leser sexuell erregen können (*Genealogie* XIV, 15, S. 77; vgl. *Amorosa visione / Die Liebesvision*, XXVII, 10 ff.; *Die Nymphe von Fiesole*, Str. 109, S. 42). In mehr als der Hälfte der Novellen des *Dec.* werden die nur allzu verständlichen sexuellen Ansprüche junger Menschen thematisiert; der Autor wünscht aber nicht, dass die Erzählerinnen und Erzähler in den Verdacht geraten, durch diese oder andere Novellen sexuell erregt worden zu sein, wie der Untertitel des Buches es suggerieren könnte; er überlässt es vielmehr den Leserinnen und Lesern, ob sie das Buch in diesem Sinn ›missverstehen‹ wollen oder nicht (X Schluss, 4–5; »Schlusswort des Autors«, 11–14; vgl. Fischer 1997, S. 14, 152ff.). Diese Novelle stellt nun dar, wie die Liebe mittels einer poetischen Vision frei nach Dante – also durch einen literarischen Text – erregt wird, nachdem alle nichtliterarischen Bemühungen versagt haben. In der eingeschobenen Erzählung (15–31), einem ›Spiel im Spiel‹, wird dargestellt, dass die unbegründete Abweisung des sexuellen Begehrens den jungen Mann in den Selbstmord treibt und dass er selbst wie auch die Verursacherin seines Vergehens, die ihre »Grausamkeit« (22) nicht einmal bereut, verdammt werden. Er wird bestraft, indem er sich voller Hass an ihr rächen muss; sie wird bestraft, indem ihr das kalte Herz aus dem Leib gerissen wird; wie in Dantes Strafsystem entspricht die Vergeltung dem Vergehen (Barth, S. 97). Das ›Spiel im Spiel‹ erregt Mitleid und Furcht bei den Zuschauern der Rahmenerzählung und bewirkt, dass sie davon befreit werden: Die spröde junge Dame erkennt, dass sie Nastagio Unrecht getan, ihm das falsche Gefühl entgegengebracht hat und verwandelt ihren Hass in Liebe (40–41); die übrigen Zuschauer freuen sich. Die Tochter Paolo Traversos war »im Begriff [...], aus Unkenntnis einen nicht wiedergutzumachenden Fehler zu begehen, erkennt [ihn] aber, bevor [sie] die Tat ausführt« (Aristoteles, *Poetik*, Kap. 14, S. 20). Eine solche Handlungsstruktur entspricht der Handlung einer ›Tragikomödie‹; Aristoteles erschien ein solcher Geschehensverlauf als die beste Form, Mitleid und Furcht zu erzeugen, weil »das konkrete Eintreten des Unglücks am Ende gerade noch vermieden werde« (Schmitt 2008, S. 481, zu Aristoteles, *Poetik*, Kap. 14, 1454a, 4–9; Wilpert 1989, S. 958). Boccaccio soll die *Poetik* des Aristoteles nur indirekt gekannt haben; die *Nikomachische Ethik* kannte er jedoch gut und hat sie auch in der Rechtfertigung der Dichtung wiederholt zitiert (*Genealogie*, S. XL, 134, 150, 155, 198). Wahrscheinlich hat er sich bei dem Entwurf dieser Novelle – in der ein unsterblich verliebter junger Mann ein Mädchen durch Furcht und Schrecken davon überzeugt, dass er allein das Glück ihres Lebens ist – davon inspirieren lassen, dass Aristoteles zufolge die Lust (griech. *hedoné*, lat. *delectatio, voluptas*) »ein unmittelbares Begleitphänomen jeder Aktivität ist« (Schmitt 2008, S. 338). Aristoteles eröffnet das Kapitel über die »Lust« mit dem Satz: »Unserem Geschlecht ist nichts so eigen wie die Lust, weshalb man die Jünglinge in der Art erzieht, dass man sie mit einem *doppelten Steuer durch Lust und Unlust* lenkt« (Aristoteles, *Nikom. Ethik* X 1, S. 234; Hervorhbg. P. B.).

[1] In einigen mlat. Erzählungen und in einem Beispiel des Florentiner Predigers Jacopo Passavanti (1302–57) wird eine Ehebrecherin und Gattenmörderin oder die Konkubine eines Priesters im Jenseits für ihre Missetaten hart bestraft (Landau, S. 282 ff.; Scivoletto 1974; *Decameron* 2005, S. 366 f.). Boccaccio hat aus diesen Vorlagen die Verfolgungsjagd durch den Ritter übernommen. Dass im Gegensatz hierzu aber die sich der Liebe verweigernden Frauen Bestrafung verdienen, war in einer Rahmenerzählung Ovids sowie in seiner Nachfolge zu finden: Ovid, *Metam.* (XIV, 622 ff., 711 ff.: Vertumnus erzählt Pomona die unglückliche Liebe zwischen Iphis und Anaxarete); Andreas Capellanus *Über die Liebe* (I 6, E, S. 101 ff.). Außerdem hat Boccaccio sich von der Kanzone eines von Dante und Petrarca geschätzten aokz. Trobadors inspirieren lassen, von Arnaut Daniels (2. Hälfte des 12. Jh.s) Lied »En cest sonet coind' e leri« / »In diesem anmutigen und heiteren Lied« (E. Lommatzsch, *Leben und Lieder der provenzalischen Trobadors*, Berlin 1957; I, S. 31): Die Dame habe von ihm, dem poetischen Ich und seinem Herzen vollständig Besitz ergriffen; wenn sie ihm nun keinen Kuss gewähre, so bekomme sein Herz keine Luft mehr und er sterbe, und sie komme in die Hölle. Vielleicht hat diese Liebesklage die grausame Rachevision der Novelle provoziert (24). Boccaccios Vision erinnert auch an Darstellungen Dantes: Im siebten Kreis der *Hölle* werden diejenigen bestraft, die sich selbst Gewalt angetan haben, also die Selbstmörder (vgl. 21) und die Verschwender von Hab und Gut; zwei der Verschwender (vgl. 9) werden von schwarzen Hunden verfolgt (*Hölle* 13, 111 ff.).

Die Novelle wurde wiederholt imitiert (Jones, S. 25): Hans Sachs verfasste eine »Historia Wie der jung edelman Anastasius ein jungfrau erworb« und Nicolas de Troyes erzählte sie in frz. Sprache (*Parangon*, Nr. 108); John Dryden verfasste eine Verserzählung mit dem Titel »Theodore and Honoria«; Lord Byron erwähnt sie in seinem Epos *Don Juan* (III, 105, 106). Sandro Botticelli (1445–1510) hat zu der Novelle vier Tafelbilder angefertigt, von denen sich drei im Prado zu Madrid und eines in Privatbesitz befinden.

[4] »degli Onesti«: Die Familie ist aus der Geschichte Ravennas bekannt; allerdings kennt man kein Mitglied dieser Familie mit dem Namen »Anastagio« aus dem 13. Jh. (Branca, S. 1300).

[5] »Paolo Traversaro«: Dante nennt einen Pier Traversaro, der sich wie sein Sohn Paolo als Förderer der Dichter hervorgetan haben soll (*Fegef.* 14, 98; Branca, S. 1300). Dante erwähnt die Traversari und andere Familien der Romagna – z. B. auch die »Anastagi« (21) –, weil sie eine zu seiner Zeit vergangene Epoche des Rittertums repräsentieren und gedenkt »der Damen und der Ritter, der Leiden und der Lustbarkeiten, zu / denen uns Minne und höfisches Leben den Wunsch er-

weckten, / dort, wo jetzt die Herzen so böswillig geworden sind« (*Fegef.* 14, 109 ff.).

[5] »dass auch sie ihn liebte«: Vgl. Dec. V 9, 6.

[8] »je geringer … um so größer«: Der Satz ist ein Zitat aus einer Komödie des Terenz: »Je mehr alle Hoffnung schwindet, um so heftiger bin ich verliebt« (*Eunuchus*, V. 1053; dt. A. Thierfelder, Stuttgart 1961, S. 68).

[10] »Chiassi«: Boccaccio hat sich wiederholt in Ravenna aufgehalten (Branca 1977, S. 74, 83, 93, 125) und kannte wohl den Pinienhain von Chiassi oder Classi, wo sich die bekannte Basilika »S. Apollinare in Classe« befindet. Dante hat den »Pinienhain am Strand von Chiassi« beschworen, um die frühmorgendliche Stimmung des Irdischen Paradieses zu veranschaulichen (*Fegef.* 28, 16 f.). Nastagio bewegt sich ähnlich in Gedanken verloren wie Dante im Garten Eden: »Schon hatten mich die langsamen Schritte in den uralten / Wald so weit hineingetragen, dass ich nicht wiederfinden / konnte, wo ich hineingekommen war« (*Fegef.* 28, 22 ff.).

[13] »Anfang Mai«: Der Frühling ist ein konventioneller literarischer Rahmen für die Darstellung der Liebesgefühle. Eine bekannte Kanzone des Trobadors Jaufré Rudel beginnt mit den Versen: »Wenn die Tage lang sind im Mai, / gefällt mir der süße Vogelgesang in der Ferne, / und wenn ich ihm nicht mehr zuhöre, / gedenke ich einer ›Fernliebe‹« (»Lanqand li jorn son lonc en mai«; in: *Ma. Lyrik Frankreichs I*, S. 40 f.). Vgl. den Beginn des afrz. *Rosenromans* (V. 48 f.). Dantes Jenseitsreise beginnt während des ersten Frühlingsvollmondes, in der Nacht von Gründonnerstag auf Karfreitag des Jahres 1300 (Barth, S. 33 f.). Auch Nastagios Vision findet an einem Freitag statt (26, 32).

[16] »zwei … Hunde«: Es ist ein Hinweis auf Dantes *Hölle* (13, 111 ff.), wo zwei notorische Verschwender von schwarzen Hunden verfolgt und zerrissen werden. Hier wird die Frau bestraft, weil die Liebe bei ihr verschwendet wurde; ihr »hartes und kaltes Herz« (24) wird zur Strafe den Hunden vorgeworfen, weil es wertlos für den Geliebten ist (dagegen Komm. IV 9, 1).

[21] »Anastagi«: Die großzügige und freigebige Lebensart der Angehörigen dieser Familie wurde von Zeitgenossen gewürdigt; ein Angehöriger mit dem Namen »Guido« wird allerdings nicht erwähnt (Branca, S. 1303).

[28] »Schauder«: »Schon spürte ich, wie alle meine Haare sich vor Angst sträubten« (Dante, *Hölle* 23, 19).

Neunte Novelle

Auch in dieser Novelle werden die Frauen ermahnt, einen hingebungsvollen Liebhaber rechtzeitig zu erhören; wenn erst Fortuna eingreifen muss, gewährt sie nur, indem sie auch nimmt. Denn Fortuna ist grausam und launisch: »Fortuna freut sich ihres grausamen Geschäfts, und / ohne Rücksicht spielt ihr Spiel sie beharrlich, / tauscht unbeständige Ehren, / bald mir, bald einem anderen gnädig« (Horaz, *Oden* 3, 29, 49 ff.). Die Frauen werden aufgefordert, ihre Gunst selbst zu gewähren, also ihren Verstand einzusetzen, wie Cicero es für die Männer formuliert hat: »Denn nicht nur hilft, nach dem alten Sprichwort, das Schicksal [lat. *fortuna*] den Starken, sondern noch mehr die Vernunft [lat. *ratio*]« (*Gespräche in Tusculum* II, 11, S. 123; vgl. Arthaber, Nr. 528, S. 270 f.: »Das Glück ist dem Kühnen hold«). In beiden Novellen wird ein Mann als der stärker Liebende, als der Phantasievollere oder als der Großmütigere gezeigt.

[1] Landau (S. 24) hat auf eine »Aufopferungslegende« aus dem Sanskrit hingewiesen: Buddha verwandelt sich in eine Taube und lässt sich braten, um die Hunger leidende Familie eines Taubenstellers zu retten. Wahrscheinlicher erscheint es mir, dass Boccaccio von einer lat. Erzählung Ovids und einem afz. Fabliau inspiriert wurde: Nachdem Jupiter und Merkur in tausend Häusern vergeblich ein Obdach gesucht haben, gewährt ihnen schließlich das alte Ehepaar Philemon und Baucis in ihrer bescheidenen Hütte eine Unterkunft; als sie bemerken, wer ihre Gäste sind, wollen sie ihnen auch noch ihre »einzige Gans« auftischen. Dies erlassen ihnen die Götter und bestellen sie als Priester eines Tempels, um sie für ihre Gastfreundschaft zu belohnen (Ovid, *Metam.* VIII 626 ff.). In dem Fabliau *De Guillaume au faucon / Von Guillaume und dem Falken* (Montaiglon/Raynaud, Nr. 35, II, S. 92 ff.) erscheinen die Motive der bescheidenen, aber großmütigen Gastfreundschaft, des *Falken* und des *Liebeslohns*: Der Knappe Guillaume liebt die Gattin seines Herrn; er gesteht es ihr, während der Herr abwesend ist, aber die Dame weist ihn zurück, er wird liebeskrank und nimmt keine Nahrung mehr zu sich (vgl. Komm. II 8, 42); die Dame will ihrem Gatten den Grund seiner Krankheit offenbaren, wird aber von der beharrlichen Liebe des Knappen zu Mitleid gerührt; sie behauptet, der Knappe habe sich nur den Falken (frz. *faucon* im Sinn von *faux con*, »falsche Möse«) des Herrn gewünscht und gibt sich dem Knappen hin.

Jones (S. 25 f.) hat 20 Imitationen der Novelle, Verserzählungen und Dramen ausfindig gemacht: Verserzählungen von Hans Sachs (*Der Edelfalk*, 1543), La Fontaine (»Le Faucon« / »Der Falke«), Henry W. Longfellow (»The Falcon of Ser Federigo« in *Tales of a Wayside Inn*, 1863); Schauspiele von Lope de Vega (*El Hal-*

con de Federico / Der Falke Federicos, 1620) und Alfred Tennyson (*The Falcon*, 1879), das Libretto für eine Opéra comique von Michel Sedaine (*Le Faucon*, 1772, Musik von P.-A. Monsigny); Paul Heyse (1830–1914) begründete seine Novellentheorie mit dieser Novelle.

[4] »Borghese Domenichi«: Coppo oder Jacopo B. D. entstammte einer angesehenen Florentiner Familie und bekleidete in der ersten Hälfte des 14. Jh.s hohe Ämter in der Stadtregierung (Branca, S. 1306). Eine Anekdote über ihn wurde von Franco Sacchetti überliefert (*Novellen*, Nr. 66).

[5] Die »Alberighi« waren eine alte Florentiner Familie, die nach der Aussage von Giovanni Villani (um 1280–1348) zu seiner Zeit bereits ausgestorben war (*Cronica* V, 11; vgl. Dante, *Parad.* 16, 89).

Zehnte Novelle

Die Novelle ist wohl aus zwei Gründen »unschicklich« (4): Ein Homosexueller heiratet, um sein ›Laster‹ zu verheimlichen; die unbefriedigte Ehefrau begnügt sich nicht mit einem Liebhaber, sondern lässt sich, sooft sie »die Lust überkam« und gegen Entgelt Liebhaber zuführen (24–25). Das Ende der Novelle ist aber, im Unterschied zur Erzählung des Apuleius (s. Komm. 1), versöhnlich: Der junge Bursche dient sowohl der Frau als auch dem Mann als Liebhaber. Der Erzähler scheint die Initiative der Frau gutzuheißen (64). Unanständig oder unschicklich zu handeln, konnte den Zeitgenossinnen oder Zeitgenossen weniger lebensbedrohlich erscheinen, als die Sünde der Sodomie oder des Ehebruchs zu begehen. Und über Unschickliches ließ sich leichter lachen als über eine Sünde wider die Natur, die strafrechtlich verfolgt wurde (*Römer* 1, 26 f.; B.-U. Hergemöller, »Homosexualität I.«, *LexMA* 5, 113 f.; G. di Renzo Villata, »Ehebruch III.«, *LexMA* 3, 1653 f.; Cicero, *Über den Redner*, 2, 237, S. 361; *Dec.* VI 7; Komm. II 1).

[1] Boccaccio hat dem lat. Roman des Lucius Apuleius die Stoffe für zwei Novellen entnommen (*Dec.* V 10, VII 2). »Eine besonders nette und muntere Geschichte« wird von der Frau eines Müllers erzählt, die »herrisch, närrisch, mannstoll, weintoll, zänkisch, störrisch« und obendrein noch eine Christin ist (Apuleius, *Der goldene Esel* IX, in: *Im Reich des Eros* II, S. 506 ff.; Helm 1970, S. 290 ff.). Eine Kupplerin führt ihr während der Abwesenheit des Müllers ein »Jüngelchen« zu, das mit einem Mädchen zu verwechseln ist; der Ehemann kehrt vorzeitig zurück, sie versteckt den Liebhaber unter einem Trog; der Ehemann berichtet von dem ehebrecherischen Weib seines Freundes, deren Liebhaber in seinem Versteck Schwefeldampf ausgesetzt ist und sich durch sein Niesen verrät; die Ehe-

frau beschimpft die Frau des Freundes; der Esel – in diesem Fall der Erzähler des Romans! – tritt die Finger des Liebhabers »völlig zu Mus« und offenbart so »die Komödie des schamlosen Weibes«. Aber der Müller bleibt gefasst; schnappt sich das »Jüngelchen«, beschläft ihn, verprügelt ihn und lässt ihn, »dessen weißer Hintern bei Nacht und bei Tage gründlich zerrissen« worden war, aus dem Haus werfen; von seiner Frau lässt er sich scheiden und jagt sie davon. Die tolerante Einstellung gegenüber der Homosexualität, die in Boccaccios Novelle zum Ausdruck kommt, ist vielleicht mit seiner Kenntnis der *Hirtengedichte* (Nr. 2) Vergils zu begründen.

Jones (S. 26) hat nur drei Nacherzählungen angegeben, darunter eine von Hans Sachs (*Die müllerin und die ferberin*).

[6] »Pietro da Vincioli«: Die Vincioli waren eine bekannte Familie aus Perugia; es gab zwei Angehörige der Familie mit dem Vornamen »Pietro«, der eine lebte noch zu Beginn des 14. Jh.s, der zweite lebte zwischen 1306 und 1393 (Branca, S. 1312 f.).

[14] »Heilige Verdiana«: Gemeint ist Ver(i)diana Attavanti von Castelfiorentino, die als Eremitin mit zwei Schlangen lebte (*Lexikon der christlichen Ikonographie*, Hrsg. E. Kirschbaum, Freiburg 1994, Bd. VIII, 541 f.). Die Figur der alten Frau als Kupplerin ist auch in der mlat. »Elegienkomödie« zu finden (M. Feo, s. v. *LexMA* 3, 1796 f.). Boccaccio charakterisiert sie umständlich als gealterte Frau mit Vergangenheit, die als Betschwester verkleidet junge Leute miteinander verkuppelt.

[15] »für den Weisen … verloren hat«: Die Alte erinnert an Dante, *Fegef.* 3, 78: »denn Zeit zu verlieren, missfällt dem mehr, der mehr weiß«.

[19] »eine Frau viele Männer«: Vgl. *Dec.* III 1, 37.

Schluss

[7] »ein Lied«: Zur Überlieferung der Lieder s. Branca, S. 1318.

[13] »Wenn ich mein Nestchen nicht versorge«: Der ital. Text dieses Liedes eines sexuell unbefriedigten Mädchens ist abgedruckt in *Poeti minori del Trecento*, S. 559 (»Questo mio nicchio, s'io nol picchio«).

[15] »Lied«: Dioneo stimmt eine dreistrophige »Ballata« an, der eine Refrainstrophe (aBB) vorausgeht (Komm. I Schluss, 22); die Strophen bestehen jeweils aus neun Versen mit sechs Elfsilblern und drei Siebensilblern (CDeCDeeBB). Eine Reihe von Hinweisen auf Verse Dantes (Branca, S. 1319) geben zu verstehen, dass Dioneo, von der Königin ermahnt, die leichtfertige, unschickliche Redewei-

se über die Liebe aufgibt (7–13). Die Liebe wird weniger unter dem Aspekt des sexuellen Verlangens als unter dem Aspekt der selbstlosen, ›poetischen‹ Werbung des Mannes besungen (Fischer 2007, S. 71): Er unterwirft ihr all sein »Vermögen« (ital. *vertù*, 17) und hofft, ihr durch diese seine Liebeskunst zu gefallen.

Sechster Tag

Einleitung

Auf halbem Wege durch das *Decameron* wird den Leserinnen und Lesern aufgefallen sein, dass sie bisher kaum eine Novelle gelesen haben, in der der Konflikt nicht durch die ›Rede‹ geschürzt oder durch die ›Rede‹ gelöst worden wäre. Wenn in den Novellen des IV. Erzähltages, in denen unvorsichtiges Handeln in den Tod führt, den leidtragenden Figuren die ›Worte‹ fehlen, so übernimmt der anonyme Sprecher eines Volksliedes oder ein Richter die Aufgabe, die Würde und Unschuld der von einem harten Geschick getroffenen Protagonistinnen in Erinnerung zu rufen (IV 5; 7). Wenn die ›Rede‹ eines verzweifelten Liebenden nichts mehr bewirken kann, hält er den Atem an und stirbt (IV 8). Die Leserinnen sollen durch die Novellen nicht nur etwas über die Welt erfahren, belehrt und getröstet werden, sondern sie können auch lernen, die ›Rede‹ selbständig, angemessen und wirkungsvoll anzuwenden (Komm. Vorwort; VI Einleitung, 7–14; VI 1, 2–4). Wie der »Beiname Fürst Galeotto« es andeutet, vermittelt das Buch also die Kunst, gut und überzeugend zu reden. Wenn die Erzählerin zu Beginn der ersten Novelle dieses Erzähltages den Sternenschmuck des Himmels und den Blumenschmuck der Frühlingswiesen mit dem Schmuck der Rede vergleicht, so erinnert sie ihre Zuhörerinnen an die Ausführungen Ciceros, die Rede so zu gestalten (lat. *ornare*, dt. »schmücken«), dass sie ihre »Farbe« und »Frische« bewahrt, also nicht langweilt, und ihre Wirkung erhält; Ziel des Redners ist es, »einer Rede Glauben zu verschaffen, wenn wir etwas erklären, oder Sympathien zu gewinnen oder Leidenschaften zu erregen« (*Über den Redner* 3, 96–104, S. 507ff.). Die drei Ziele der Rede, »die Menschen zu gewinnen, zum anderen sie zu informieren, und drittens auf sie einzuwirken«, verfolgt Boccaccio mit seinem Buch und mit einer jeden Novelle (ebd. 2, 128, S. 287; lat. *conciliare, docere, concitare*; vgl. ebd. 2, 115, 121, 310, S. 279, 281, 407; zur Terminologie vgl. Ottmers 1996, S. 123f.). Die drei Ziele der Rede lassen sich Cicero zufolge durch »schlichte Einfachheit«, »pointierte Kürze« sowie durch »Kraft und Schwung« der sprachlichen

Gestaltung verwirklichen (lat. *lenitas, acumen, vis*; ebd. 2, 129, S. 287). Die Stilmerkmale und damit auch das Ziel der Novellensammlung – zu informieren, zu unterhalten und zu überzeugen – treten besonders deutlich in der erzählerischen Gestaltung eines »Bonmots«, eines »geistreich-witzigen Ausspruchs«, hervor (*Duden. Das große Wörterbuch*; ital. *motto, pronta risposta, avvedimento*; *Dec.* VI Einleitung). Der VI. Erzähltag gibt also in knapper Form wieder, nach welchen Kriterien und mit welchem Ziel die Novellensammlung geschrieben wurde; er erfüllt vorrangig eine »metasprachliche Funktion«, insofern erläutert wird, nach welchem »Kode« das gesamte Buch zu verstehen ist (Jakobson 1972, S. 107).

[3] »Troilus und Griseida«: Die erfundene Episode aus dem trojanischen Krieg behandelt Boccaccio in dem Versroman *Filostrato*; nach diesem Vorbild hat Geoffrey Chaucer um 1380 seinen Versroman *Troilus and Criseyde* verfasst; bis heute bekannt ist der Stoff durch Shakespeares Drama *Troilus and Cressida* (1609).

[5] »Licisca und Tindaro«: L. ist die Dienerin Filomenas, T. der Diener Filostratos (*Dec.* I Einleitung, 99–100).

[8–15] »Junker Bengel«: Zur erotischen Metaphorik vgl. Boccaccio, *Die Nymphe von Fiesole* (Str. 245, S. 90); »Sykophant« bedeutet griech. »Feigenanzeiger« und war der gewerbsmäßige Anzeiger im alten Athen (*Duden. Fremdwörterbuch*). Mit diesem Streit wird aus der Sicht des Personals und zur Belustigung der Herrschaften (vgl. Neumeister 1996, S. 68f.) zum Ausdruck gebracht, dass die Frauen ihre sexuellen Bedürfnisse zu befriedigen wissen, also lebensklüger und aufgeklärter als die Männer sind; gleichzeitig wird angedeutet, dass es einer gewissen Bildung und strenger Erziehung bedarf, um den Schein des Anstands in Wort und Tat aufrechtzuerhalten und zu respektieren.

Erste Novelle

Die Novelle zeigt, wie eine gebildete Florentiner Dame einen ihrer Begleiter mit einem Bonmot dazu bringt, besser zu erzählen.

[1] *Il Novellino* (LXXXIX) enthält eine kurze Geschichte von einem Erzähler, der kein Ende für seine Erzählung findet. Jones (S. 26) gibt nur drei Nacherzählungen an, zwei italienische (G. Sercambi, F. Sansovino) und eine von Hans Sachs: *Der unperet riter und Oreta.*

[2] »Blumen«/»Bonmots«: Dazu Cicero, *Über den Redner* 3, 96, S. 507 (s. Komm. Einleitung).

[4] »Pampinea«: Siehe *Dec.* I 10, 3.

[5] »redegewandt«: Diese Charakterisierung, ital. *ben parlante*, findet sich auch in *Dec.* I 8, 7; VI 3, 9; VI 9, 8; IX 5, 9.

[6] »Oretta« ist eine Verkleinerungsform von Laura/Lauretta. Madonna Oretta war eine Tochter des Marchese Obizzo Malaspina und seiner Frau Tobia Spinola; sie war verheiratet mit Geri degli Spini (vgl. *Dec.* VI 2, 7; Branca, S. 1321 f.).

Zweite Novelle

Hier ist es ein Patrizier, Ehemann der redegewandten Madonna Oretta (VI 1), der durch einen bescheidenen Handwerker mit einem Bonmot daran erinnert wird, dass er alle Menschen höflich behandeln sollte, zumal ein nobler Geist auch einem gemeinen Körper oder einem Menschen einfachen Standes innewohnen kann.

[1] Es handelt sich um eine Anekdote; eine frühere literarische Gestaltung ist nicht überliefert (Branca, S. 1322). Jones (S. 26) führt nur eine ital. Nacherzählung von F. Sansovino an.

[3] »Cisti«: Ein gewisser »Cisti [Abkürzg. für Bencivenisti] fornaio« wird um 1300 in Florentiner Akten erwähnt (Branca, S. 1323).

»edler Geist« / »gemeiner Körper«: Vgl. Seneca, *Briefe an Lucilius*, 66, 4: »der Geist wird durch die Missgestalt des Körpers nicht verunstaltet, sondern der Körper wird durch die Vortrefflichkeit des Geistes verschönt«. Vgl. das mlat. Sprichwort bei Bury, Nr. 11782.

[7] »Geri Spina«: Um 1300 war Ruggero di Manetto Spina ein Haupt der »weißen Guelfen«, die sich um die Familie Cerchi gegen die »schwarzen Guelfen« um die Familie der Donati gruppiert hatten (vgl. Jan Gerchow, in: *Die großen Familien Italiens*, S. 155 ff., 225 ff.; Stahl, S. 57 ff., 152 ff.); 1332 wird seine Gattin als Witwe bezeichnet (VI 1, 6; Branca, S. 1321 f.). Giovanni Villani (*Cronica* IX, 43) bezeichnet ihn und seine Handelsgesellschaft als »Kaufleute«, d. h. Bankiers, und »Beauftragte« des Papstes Bonifaz VIII. (1294–1303).

Dritte Novelle

Die schlagfertige junge Dame wartet nicht darauf, dass der hohe Herr und sein geistlicher Freund eines Tages, etwa nach ihrem Tod, für ihren Lebenswandel büßen werden, sondern gibt ihnen zu verstehen, dass sie sie für keine Ehrenmänner hält. Die Erzählerin hält es offensichtlich für erlaubt oder gar für notwendig, dass auch Frauen sich gegen die Autorität geistlicher Herren zur Wehr setzen, wenn sie unverschämte Reden führen.

[1] Es ist keine Quelle oder Vorlage ausfindig gemacht worden (Branca, S. 1326). Jones (S. 26) führt drei Nacherzählungen an, darunter Nicolas de Troyes (*Parangon*, Nr. 146).

[3] »Bonmot«: Pampineas Äußerungen s. I 10, 3; zu Filomena s. VI 1, 2.

[6] »Bischof von Florenz«: Es handelt sich um Antonio degli Orsi di Biliotto degli Orsi, der 1301 Bischof von Fiesole und von 1309 bis zu seinem Tod 1322 Bischof von Florenz war. Der Chronist Giovanni Villani (*Cronica* III, 22) warf ihm gemeine Herkunft, Simonie und einen unfrommen Lebenswandel vor.

»katalanischer Edelmann«: Diego de la Rath (in Italien: Dego della Ratta) entstammte einer adligen Familie aus Barcelona und bekleidete im Gefolge der Violante von Aragon (gest. 1303), der ersten Gemahlin König Roberts (1278–43), hohe Ämter am Hofe von Neapel; er vertrat den König als Stadtherrn wiederholte Male in Florenz; er starb 1328 (Branca, S. 1327; Brucker, S. 168; vgl. Komm. III 6, 4; IV 10, 4; V 6, 4).

[8] »Madonna Pulci«, »Alesso Rinucci«: Eine Dame dieses Namens erscheint in einem Notariatsakt des Jahres 1340; ebenso wird die Familie der Rinucci genannt, die mit der Familie des Bischofs verwandt war (Branca, S. 1327).

Vierte Novelle

Einem Schwätzer, der sich verredet, springt Fortuna bei und gibt ihm in der folgenden brenzligen Situation eine komische Antwort ein, die ihn vor dem Unglück bewahrt. Mit einem gelungenen Witzwort lässt sich auch ein zu Recht erzürnter Herr umstimmen.

[1] Eine Vorlage oder Quelle ist nicht ausfindig gemacht worden (Branca, S. 1328). Jones (S. 26f.) gibt neunzehn Nachahmungen an, darunter einen Schwank von Hans Sachs, *Der Koch mit dem Kranich*, sowie ein Märchen von Ludwig Bechstein, »Der Leherle's Schwab« (1862).

[4] »Gianfigliazzi«: Currado di Vanni di Cafaggio Gianfigliazzi lebte in der zweiten Hälfte des 13. bis zu Beginn des 14. Jh.s; eine gewisse Alianora aus dieser vornehmen und wohlhabenden Florentiner Familie lässt Boccaccio als Nymphe »Adiona« in *Ameto* (Boccaccio 1952, S. 970) und als bewundernswerte Schönheit in *Amorosa visione* (XLIV, 7ff.) auftreten (Branca, S. 1328f.; vgl. Brucker, S. 373). Dante hat die Familie unter die Wucherer verdammt, die sich vergeblich des Feuers erwehren, nicht anders, wie es die Hunde im Sommer tun, die sich mit der

Schnauze oder mit der Pfote der Flöhe, Mücken oder Bremsen zu erwehren suchen (*Hölle* 17, 50 ff.).

[5] »Chichibio«: Der Name ist von dem venezianischen Wort *cicibìo*, dt. »Fink«, hergeleitet (Branca, S. 1329). W. A. Mozart hat den Namen in dem Opernfragment *Die Gans von Kairo* verwendet.

[7] »Brunetta«: In seinem Testament bedachte Boccaccio eine treue Magd namens Bruna di Ciango da Montemagno (Branca 1977, S. 188).

Fünfte Novelle

Das Genie eines Künstlers wird mit dem Wissen eines Rechtsgelehrten verglichen: Jener setzt sich an die Stelle der Natur und schafft eine eigene Welt; dieser beherrscht das ABC und ist eine wandelnde Bibliothek, ihm fehlt es anscheinend aber an philosophischer Einsicht. Erst durch die Replik des unbekümmert um sein äußeres Erscheinungsbild ›erzählenden‹, also schöpferischen Künstlers begreift er, dass in einem gemeinen Körper ein edler Geist wohnen kann (Komm. VI 2, 3). Wie andere Zeitgenossen hat Boccaccio nicht nur die Geldgier der Juristen, sondern auch ihr prunkvolles, gravitätisches Auftreten und ihre Redegewandtheit hervorgehoben (*Genealogie* XIV, 4; S. 21; St. Holenstein, »Juristen«, *LexMA* 5, 815 f.): Forese Rabatta muss erfahren, dass weder die Kleider noch ein schönes Gesicht den klugen Mann ausmachen.

[1] Eine Quelle oder Vorlage ist auch für diese Novelle nicht gefunden worden (Branca, S. 1332). Hans Sachs hat sie in dem Schwank *Die zwen ungerschaffen Reuter* nachgeahmt.

[3] »Schätze der Tugend«: Vgl. Komm. VI 2, 3.

[4] »Forese Rabatta« war ein berühmter Jurist; 1338 bis 1339 lehrte er in Pisa; er bekleidete hohe Ämter in der Stadtregierung von Florenz; wahrscheinlich ist er 1348 gestorben (Branca, S. 1332).

[4] »Baronci«: Vgl. Komm. VI 6, 3.

[5] »Giotto« di Bondone (um 1266–1337) war der bedeutendste Künstler an der Wende vom MA zur Renaissance; er war nicht nur in Florenz, sondern auch in Assisi, Padua, Rimini, Rom und Neapel tätig. Bereits im 14. und 15. Jh. wurde er als bahnbrechender Neuerer gerühmt, der die ital. Malerei aus der Abhängigkeit von der byzantinischen Kunst, der »maniera greca«, befreit hat. »Seine auf Wirklichkeitsbeobachtung, auf erzählerische Vielfalt, auf klar definierte Räumlichkeit der Szenerien, auf eine machtvolle Körperlichkeit und prägnante Gestik der Figuren sowie auf neue, geradezu architektonisch streng gefügte Bildord-

nung gegründete Malerei machte ihn zu dem wichtigsten Wegbereiter der Renaissance, als welchen ihn erstmals Vasari ausdrücklich bezeichnete« (J. Poeschke, »Giotto di Bondone«, *LexMa* 4, 1456 f.; Dante, *Fegef.* 11, 92 f.; Barth, S. 236 f.; Sacchetti, *Novellen*, Nr. 63, 75).

Sechste Novelle

Anschließend an die vorherige Novelle wird die Entwicklung oder der Fortschritt der künstlerischen Fertigkeit thematisiert. Dante hat die Entwicklung der ital. Malerei von Cimabue (um 1240–1302) zu Giotto (*Dec.* VI 5, 5) oder die Entwicklung der Dichtung von Guido Guinizelli (1230–76) zu Guido Cavalcanti (um 1259–1300) unter dem Aspekt der Vergänglichkeit des Ruhms angesprochen: »O eitler Ruhm menschlicher Fähigkeiten! / Wie wenig dauert er grün auf dem Wipfel, / außer, wenn rohe Zeiten ihm nachfolgen!« (*Fegef.* 11, 91 ff.). Boccaccio ist durch den Lehrmeister der Beredsamkeit, Marcus Fabius Quintilianus, dazu angeregt worden, künstlerisches Schaffen unter dem Aspekt der Entwicklung des individuellen technischen Könnens zu sehen: Quintilian zufolge entwickelt der einzelne Redner oder Künstler seine Fähigkeiten, indem er Vorbilder nachahmt und versucht, es besser als seine Vorbilder zu machen (*Ausbildung des Redners* 10, 2; 1–12; S. 484 ff.). Nicht ohne Ironie weist Michele Scalza, einer »der lustigsten und angenehmsten Menschen«, darauf hin, dass auch der Schöpfer der Welt und des Menschen (*Genesis* 1), der keinen Vorgänger hat, sein Handwerk durch Übung oder Wettstreit mit sich selbst vervollkommnen muss. Auch der Herrgott unterliegt der Regel allen Kunstschaffens.

[1] Man kennt keine Quelle für diese Anekdote aus Florenz.

[3] Die »Baronci« waren eine Florentiner Familie, deren Wohnsitz bei Santa Maria Maggiore lag; ein Tommaso B. war Prior in den Jahren 1346, 1354, 1361 (Branca, S. 1335); Sacchetti (*Novellen*, Nr. 83) berichtet von einigen Streichen, die ihm seine Kollegen gespielt haben.

[4] »Michele Scalza«: Dieser Spaßvogel ist allein aus Boccaccios Novelle bekannt (Branca, S. 1335).

[5] »Mont'Ughi«: Es handelt sich um einen Hügel im Norden der Stadt, vor der Porta San Gallo, auf dem sich die Villen wohlhabender Familien befanden; der moderne Stadtplan zeigt die »Via di Montughi« an (Branca, S. 1335; Stadtplan bei Brucker, S. 21).

Die »Uberti« waren eine der ältesten und mächtigsten Florentiner Familien des 13. Jh.s. Viele Angehörige bekleideten das Amt des Podestà in anderen Kommunen; nach 1250 hielt sich die Familie in San Gimignano auf; mit dem Tod des Farinata degli Uberti (1239–64; Dante, *Hölle* 10, 22 ff.) sank ihre Bedeutung: »Das [ghibellinische] Geschlecht hatte sich im Kampf gegen die Guelfen verblutet« (Stahl, S. 59 ff.).

»Lamberti«: Vgl. Komm. II 3, 6.

[9] »Vannini«: Es handelt sich um eine bekannte Florentiner Familie (Branca, S. 1336).

Siebente Novelle

Die Novelle zeigt, dass eine Rednerin mit einer knappen Rede die Sympathie der Zuhörerinnen und Zuhörer gewinnen und sich aus einer lebensbedrohlichen Situation befreien kann (3, 18). Die Rednerin gewinnt die Sympathie der weiblichen Zuhörer, indem sie darauf hinweist, dass die Gesetze wider den Ehebruch für Männer und Frauen in gleicher Weise zu gelten haben, und dass die Frauen bei der Verabschiedung des Gesetzes nicht einbezogen wurden (13). Sie gewinnt die Sympathie der Männer, indem sie ihre Ansicht über die erotischen Fähigkeiten der Frauen anführt: dass sie von Natur mannstoll seien (14–17) – »[die weibliche Libido] ist heftiger als die unsrige und steht dem Wahnsinn näher« (Ovid, *Liebeskunst* 1, 342; vgl. Komm. II 9, 7). Der gehörnte Ehemann hätte sich auch schon früher auf die Bedürfnisse seiner Frau und ihres Liebhabers besinnen können! Es liegt im Interesse der Frauen und der Männer, dass nur die Prostitution bestraft wird.

[1] Es sind keine Vorlagen für diese Anekdote bekannt. Jones (S. 27) verzeichnet drei Nacherzählungen aus dem 16. Jh., darunter eine von Nicolas de Troyes (*Parangon*, Nr. 110).

[4] »strenges Gesetz«: In den Statuten ital. Kommunen ist keine einheitliche Verfolgung des Ehebruchs zu finden, aber es wird zwischen dem Ehebruch des Ehemannes und dem Ehebruch der Ehefrau unterschieden. Der Ehemann kann nur des Ehebruchs angeklagt werden, »wenn er ein Konkubinatsverhältnis innerhalb der ehelichen Hausgemeinschaft unterhält«; die Frau, die meist allein auf die Anklage ihres Ehemannes oder Vaters hin juristisch verfolgt werden kann, kann sogar mit dem Tod (durch Enthauptung, wie in Mailand) bestraft werden; häufig sind Strafen wie Klosterhaft, Auspeitschung, Abschneiden der Haare, Verbannung, Verlust der Mitgift, Geldbußen vorgesehen (G. di Renzo Villata, »Ehebruch III.«, *LexMA* 3, 1653 f.).

[5] »Rinaldo de' Pugliesi«: Die Pugliesi waren eine der bekanntesten Familien

aus Prato; einige ihrer Mitglieder bekleideten das Amt des »Gonfaloniere«, des Befehlshabers der innerstädtischen Miliz. Ein Rinaldo oder eine Filippa sind allerdings nicht bekannt (Branca, S. 1337).

Die »Guazzagliotri« waren eine mächtige Familie in Prato. Giovanni Villani (*Cronica* IX, 69; XII, 123) berichtet, dass die Familie mit der Familie Pugliese um die Macht in der Stadt kämpfte und sie 1342 aus der Stadt vertrieb. Der Name Lazzarino oder Zarino war gebräuchlich bei den Guazzagliotri (Branca, S. 1337).

[10] »Podestà«: Vgl. Komm. III 5, 4.

[14] »Frauen, die ... viele befriedigen können«: Vgl. *Dec.* III 1, 37; III 10, 29; III Schluss, 3; V 10, 19.

Achte Novelle

Auch diejenige oder derjenige, an den sich ein Bonmot richtet, muss über eine gewisse Intelligenz verfügen, um es zu verstehen; der Erfolg der Rede ist an den Bildungsstand der Zuhörerin gebunden – sie darf kein Schaf sein (vgl. Vorwort, 13). Vielleicht sollen junge männliche Leser auch vor einer eingebildeten Frau gewarnt werden (vgl. *Filostrato* VIII, 31; Boccaccio 1965, S. 255).

[5] »Fresco da Celatico«: Die Personen konnten nicht identifiziert werden. Celatico verweist auf einen Ort in der Umgebung von Florenz (Branca, S. 1339).

Neunte Novelle

Ein Philosoph und Dichter, der anrüchige Gedanken vertritt und nach Meinung der Ungebildeten nicht an Gott glaubt, führt trotzdem ein anständiges und sogar asketisches Leben. Guido Cavalcanti versagt sich der lebenslustigen Gesellschaft seiner Standesgenossen, weil er sich mit philosophischen Spekulationen beschäftigen möchte. Die Ansichten oder Spekulationen eines Philosophen oder Dichters sagen aber nichts über seine Gesinnung aus. Auch Epikur vertrat Boccaccio zufolge (*Esposizioni*, zu *Hölle* 10, 13–15) einige abscheuliche und perverse Ansichten und war nichtsdestoweniger ein verehrungswürdiger Philosoph, der nach moralischen Grundsätzen lebte. Ein Philosoph oder Dichter mit sonderbaren Ansichten kann sogar Wahrheiten aussprechen, die zu beherzigen sind (14; *Ps.* 49, 11–12).

[1] In Petrarcas *Rerum memorandarum libri / Erinnerungswürdiges* (II, 60), einer unvollendeten Sammlung moralischer Betrachtungen und Anekdoten, fin-

det sich eine Erzählung, die eine gewisse Ähnlichkeit mit der Novelle hat: Ein junger Mann macht eine Gruppe alter Männer, die sich auf dem Friedhof ungebührlich benehmen, auf die Unbilligkeit dieses Verhaltens vor »ihren Häusern« aufmerksam. Nach Jones (S. 27) hat nur F. Sansovino die Novelle nacherzählt.

[7] »Betto Brunelleschi« entstammte einer ghibellinischen Familie und trat 1301 von der Partei der weißen Guelfen – als »weißer Guelfe« war er mit Dante und Cavalcanti befreundet – zur Partei der schwarzen Guelfen über (vgl. Komm. II 5, 22; VI 2, 7); im Kampf mit Corso Donati, dem Führer der schwarzen Guelfen, trug er zu dessen Untergang bei; 1311 wurde er von zwei Angehörigen des Hauses Donati ermordet (Branca, S. 1342; Gerchow, »Donati«, S. 228 ff.). Zu Brunelleschi und seinem Unfrieden stiftenden Ehrgeiz vgl. Dino Compagni, *Cronica* (II, 23, 26; III, 7, 19, 37, 39); zu den blutigen Kämpfen zwischen Florentiner Geschlechtern am Ende des 13. und zu Beginn des 14. Jh.s vgl. Giovanni Villani, *Cronica* (IX, 39, 71, 96; X, 12, 33).

»Messer Cavalcante de' Cavalcanti«: Guido Cavalcanti (um 1260–1300) entstammte einer Familie, die bereits im 12. Jh. zum Kreis der regierenden Familien in der Stadt zählte; die Familie verflocht »ihr Schicksal weniger mit dem hadernden ritterlichen Adel als mit der langsam aufstrebenden Kaufmannschaft der ›arte di Calimala‹ [d. i. der Tuchhändlerzunft], zu deren ersten und erfolgreichsten Kaufleuten sie weit über ein Jahrhundert lang gehörten« (Stahl, S. 73; zur Zunftoligarchie s. Komm. VII 10, 8). Er nahm aktiv an den Auseinandersetzungen zwischen weißen und schwarzen Guelfen teil (Komm. VI 2, 7; Ferroni 1991, S. 143 ff., 164 f.; Compagni, *Cronica* I, 20, 22; Villani, Cronica IX, 41). Er hinterließ 52 Gedichte und begründete mit Dante Alighieri die literarische Schule des »süßen neuen Stils« (Komm. X 7). Er soll Anhänger des Averroismus gewesen sein, was auch seiner Kanzone »Donna me prega, perch'eo voglio dire« / »Mich bittet eine Dame zu erklären« (Nr. XXVII) zu entnehmen ist (D. Boillet in: *Anthologie bil. de la poésie ital.*, S. 1399 f.; F. Bruni, »C., Guido«, *LexMA* 2, 1591 ff.; Flasch 1989, S. 17 f. und passim). Dante hat den Vater des G. C., Cavalcante Cavalcanti, unter die Ketzer, das sind »alle Anhänger Epikurs, welche die Seele mit dem Körper sterben lassen«, verdammt (*Hölle* 10, 14 f.; 52 ff.). Boccaccio zufolge ist der Sohn Guido ein tiefsinniger, von seiner Umwelt respektierter Philosoph, dem die Ungebildeten Gottlosigkeit unterstellen, worauf er sie als Ignoranten entlarvt, weil sie nicht bedenken, dass sie ihren Reichtum nicht mit ins Grab nehmen können, sondern ihn anderen hinterlassen müssen (*Ps.* 49, 11). Ein Mainardo Cavalcanti bekleidete nach 1350 hohe Ämter am Hof von Neapel; Boccaccio stand in seiner Gunst und widmete ihm sein Werk »Über den Sturz berühmter Männer / De casibus virorum illustrium« (1373; Boccaccio 1965, S. 786, 1160).

[10] Der Weg Cavalcantis führt von Orsanmichele über die heutige Via Calzaiuoli (»corso Adimari«) zum Battistero di San Giovanni. Die Häuser der Cavalcanti lagen zwischen Por Santa Maria und Orsanmichele. Die Kirche Santa Reparata befand sich an der Stelle der heutigen Kirche Santa Maria del Fiore (Branca, S. 1343).

[14] »die Särge sind die Häuser der Toten«: Cavalcanti spielt auf einen Psalm aus dem *Alten Testament* (49, 12) an: »Gräber sind ihr Haus immerdar, ihre Wohnung für und für, und doch hatten sie große Ehre auf Erden.« In der Chronik des Salimbene von Parma (1221 – um 1288) wird dieser Psalm zitiert, um die Lehre des Epikur zu erläutern, der ein Leben nach dem Tode bestritten habe (Branca, S. 1340 f.; *Monumenta Germaniae Historica. Scriptores,* Bd. 32, Hannover/Leipzig 1905–13, S. 351).

Zehnte Novelle

Sympathie, wenn nicht gar Bewunderung wird auch einem Redner zuteil, der die Leichtgläubigkeit einer ungebildeten Menge zu seinen Gunsten wendet. Seine Freunde versuchen, Frate Cipolla hereinzulegen; es gelingt ihnen nicht, weil sie seine Schlagfertigkeit unterschätzt haben. Die Provokateure zählen zu den »Anhängern« Frate Cipollas (ital. *di sua brigata*; 13); gemeinsam lachen sie über seine gelungene rhetorische Leistung. Er zeigt, dass er eine bestimmte Reliquie nicht nur erfolgreich anpreisen, sondern dass er irgendwelche Dinge rhetorisch in Reliquien verwandeln kann. Der Erzähler warnt allerdings seine Zuhörer davor, Frate Cipolla wegen dieser Leistung als einen wirklich »großen Meister der Beredsamkeit« einzuschätzen (7); denn sein Stil wirkt übertrieben »possenreißerisch« (lat. *scurrilis*), »derb« (lat. *subobscenus*) oder »frech« (lat. *petulans*), und er beachtet offensichtlich nicht die »Grundlage der Redekunst«, das Schickliche: »Wie im Leben, so ist es auch in der Rede das Schwerste, zu erkennen, was sich schickt« (Cicero, *Orator*, 21, 70; 26, 88; S. 59, 71 ff.).

[1] Es ist keine Vorlage bekannt. Die leichtgläubige Reliquienverehrung ist in der zeitgenössischen Novellistik und in Chroniken wiederholt angeprangert worden, u. a. in Geoffrey Chaucers *Canterbury-Erzählungen* bei der Vorstellung des Ablasskrämers (»Allgemeiner Prolog«, S. 61). Die Predigt Frate Cipollas gehört zur sog. Unsinnsdichtung (Petrarca, *Canzoniere* 105; Petrarca 2006, S. 244 ff.). Die Novelle wurde im 16. und 17. Jh. wiederholt nacherzählt; Hans Sachs hat sie in *Der prueder Zwieffel* mit der Moral »Die welt will betrogen sein«

aufgegriffen, Nicolas de Troyes hat sie nacherzählt (*Parangon*, Nr. 112; *Decameron* 2005, S. 374 f.; Jones, S. 28).

[2] »Guido«: Gemeint ist Guido Cavalcanti aus *Dec.* VI 9.

[3] »Heiliger Antonius«: Vgl. Komm. III 3, 3.

[6] »Cipolla«: Das Wappen von Certaldo enthielt eine Zwiebel, ital. *cipolla*.

[9] »Heiliger Antonius ... beschützt«: Der Hl. Antonius (251–356) gilt als Schutzherr der Haustiere (Keller, S. 51 f.).

[13] »Bragoniera/Pizzini«: Es handelt sich um Familien aus Certaldo; die Pizzini sollen mit Boccaccios Vater befreundet gewesen sein (Branca, S. 1347).

[15] »Guccio Porco«: Ein »Guccio Imbratta« wird schon in *Dec.* IV 7, 24 genannt. Ein gewisser Guccio Aghinetti oder Guccio Porcellana oder Frate Porcellana oder Porcelloni ist zwischen 1318 und 1335 als Einwohner von Certaldo dokumentiert; er soll identisch sein mit einem gewissen Guccio Imbratta (Branca, S. 1347). Interessant sind die sprechenden Namen, die verwendet werden: ital. *balena*, dt. »Wal« könnte auf eine gewisse Körperfülle verweisen; ital. *imbrattare*, dt. »verschmutzen« verweist auf den fettigen Bart (18), der ihn als Parodie des Höllenhundes Cerberus erscheinen lässt (Dante, *Hölle* 6, 16); ital. *porco*, dt. »Schwein« ist das Zuchttier des Antoniterordens (Komm. III 3, 3). Guccio wird abstoßend lächerlich dargestellt, im Unterschied zu seinem redegewandten Herrn.

»Lippo Topo«: Ein Maler, der durch seine Späße bekannt geworden sein soll; vielleicht ist er der Phantasie Boccaccios entsprungen (Branca, S. 1347 f.; *Decameron* 2005, S. 377).

[21] »Baronci«: Vgl. VI 5, 4; Komm. VI 6, 3.

[22] »Nuta«: Ist eine Abkürzung für »Benvenuta« (Branca, S. 1348).

[23] »Altopascio« ist ein Kloster in der Nähe von Lucca.

»Türken- oder Indertuch«: Auf die bunten Gewebe des Orients macht Dante bei der Beschreibung des Ungeheuers Geryon, Sinnbild des Betrugs, aufmerksam: »Mit reicheren Farben [...] stellten weder Tataren noch Türken je ihre Stoffe her« (*Hölle* 17, 16 f.).

[27] »die feinen Dinge«: Dante lässt Cacciaguida, seinen Ururgroßvater, eine Rede über Florenz halten; er zeichnet das alte Florenz als eine friedliche und ideale Stadtrepublik, in der es noch keinen orientalischen Luxus gegeben habe: »Sardanapal war noch nicht eingezogen, um zu zeigen, was man im Schlafgemach tun kann« (*Parad.* 15, 106 f.; Barth, S. 490 f.).

[37–38] »jene Gegenden«: Die Reise führt nicht durch die weite Welt, sondern durch Florenz: »Porcellana« ist ein Hospital nahe bei der Kirche San Paolino; »Venedig« und »Borgo die Greci« / »Quartier der Griechen« bezeichnen Stadtteilviertel zwischen der Piazza della Signoria und der Kirche Santa Croce; »Garbo« (vgl. Komm. II 7, 9) bezeichnet die gegenwärtige Via Condotta; »Baldacca« ist eine Straße bei Orsanmichele; »Parione« ist eine Straße, die von Santa Trinità in Richtung des Ponte alla Carraia führt; »Sardigna«/»Sardinien« ist ein unbebautes Uferstück bei San Frediano; »San Giorgio« / »Heiliger Georg« ist ein Viertel bei der Dogana sowie ein Ort auf der anderen Seite des Arno (Branca, S. 1350 f.).

[39] »Geld ohne Prägstock«: In *Die göttliche Komödie* (*Parad.* 29, 124 ff.) spricht Beatrice davon, dass die Prediger wertlose Ablässe verkaufen: »Damit mästet der Heilige Antonius sein Schwein, / und viele andere tun es, die selbst noch mehr Schweine sind, / und zahlen mit Münzen ohne Prägung.«

[40] »Abruzzen«: Es soll sich um eine ferne und unbekannte Landschaft handeln!

[41] »Basken«: Auch in *Dec.* VIII 3, 9 werden die Basken als weit entferntes, märchenhaftes Volk genannt.

[42] »Maso der Weise / Maso del Saggio«: Er erscheint in *Dec.* VIII 3, 5 und VIII 5 als bekannter Florentiner Spaßmacher; auch Franco Sacchetti nennt ihn einen witzigen und unterhaltsamen Mann, der Makler gewesen sei (*Novellen* Nr. 93; Branca, S. 1412).

[45] »Rippe von«: Gemeint ist eine Rippe Jesu Christi; vgl. *Joh.* 1, 14.

[46] »Monte Morello« ist ein Berg im Norden von Florenz; der Name ist wie »Bocksbuch«, ital. *Caprezio*, als Sexualmetapher zu verstehen (vgl. VI Einleitung, 8; Branca, S. 1352 f.).

[47] »Gherardo von Villamagna« (1174–1267) war einer der frühesten Anhänger des Franz von Assisi; Gherardo di Bonsi war ein einflussreiches Mitglied der Wollweberzunft (»arte della Lana«), der im ersten Drittel des 14. Jh.s tätig war und vor allem Gherardo von Villamagna verehrt haben soll (Branca, S. 1353; zur Zunftoligarchie s. Komm. VII 10, 8).

Schluss

[18] »Frauental«: Vgl. Komm. I Einleitung, 90.

[42–46] Die »Ballata« (Komm. I Schluss, 22) besteht aus einem dreizeiligen Refrain (AbA) und vier siebenzeiligen Strophen (CDCDDbA). Branca (S. 1358) hat auf eine Reihe von Versen hingewiesen, die an metaphorische Wendungen aus anderen Gedichten Boccaccios oder an Verse aus den Dichtungen Dantes, Petrarcas, Vergils und Ovids erinnern. In dem Tanzlied erzählt eine Frau von ihrer einmaligen und schmerzvollen, weil unerwiderten Liebe. Die Damen und Herren können die persönlichen Beweggründe der Vorsängerin Elissa nicht erraten; aber vielleicht spricht diese das Gedicht in der Rolle der Dido, der unglücklich liebenden Königin von Karthago (Vergil, *Aeneis* IV; s. Komm. I Einleitung, 50–51)?

Siebenter Tag

Erste Novelle

Die Novelle lehrt, dass der Stadtbürger seinen Verstand nicht nur auf den Beruf richten, sondern ihn auch benutzen sollte, um nicht auf abergläubischen Unfug hereinzufallen, den der Klerus im Volk verbreitet; seine kluge und lebenserfahrene Ehefrau macht ihm vor, was von Gespenstern zu halten ist. Die Erzählerin Emilia unterstützt sie darin, denn auch sie hält die Furcht vor Gespenstern für unbegründet (3).

[1] Eine Vorlage oder Quelle ist nicht gefunden worden (Branca, S. 1358). Jones (S. 28) gibt drei Imitationen aus dem 16. Jh. an, darunter eine Verserzählung von Hans Sachs mit dem Titel *Der Färber von Florenz*, und eine Prosa-Erzählung von Straparola (*Ergötzliche Nächte*, V 4).

[4] »San Pancrazio«: Vgl. Komm. III 4, 4.

»Lotteringhi«: Verschiedene Angehörige dieser Familie sollen im 14. Jh. als Geschäftsbeauftragte für die Handelsgesellschaft der berühmten und mächtigen Familie der Bardi tätig gewesen sein; ein »Gianni L.« erscheint nicht in den Dokumenten (Branca, S. 1360; vgl. Komm. II 3, 6).

[5] »Legende … Klage … Lob«: Es handelt sich um volkssprachliche Legenden und Gebete, etwa einen »ritmo di S. Alessio« (in: *Poeti del Duecento*, Hrsg. G. Contini, Mailand 1960, I, S. 15 ff.; Branca, S. 1360).

[6] »Manuccio«: Diese Familie wohnte im Stadtviertel San Frediano.

»Pegolotti«: Auch verschiedene Mitglieder dieser Familie waren als Geschäftsbeauftragte der Familie Bardi tätig (Branca, S. 1361; vgl. 4, »Lotteringhi«).

»Camerata« ist eine südlich von Fiesole gelegene Ansiedlung (Branca, S. 1361).

[20] »Te lucis ante terminum«: »Beim letzten Abendstrahl rufen wir, / Du All-Erschaffer, jetzt zu dir: In alter Huld sei unser Hort / Zu unserm Schutze auch hinfort!« (Langosch 1972, S. 14 f.). Es handelt sich um ein mlat. Abendlied, das auch Dante zitiert (*Fegef.* 8, 13). Zu dem Gebet »O intemerata virgo« / »O unbefleckte Jungfrau« vgl. Komm. II 2, 12.

[33] Ein »Gianni di Nello« war 1342 Ratsmitglied von Florenz, 1345 Konsul der »Zunft der Ärzte, Apotheker und Spezerei-, sowie Kurzwarenhändler« und wurde 1347 in Santa Maria Novella bestattet (Branca, S. 1363 f.; Stahl, S. 132; zur Zunftoligarchie s. Komm. VII 10, 8).

Zweite Novelle

Die Novelle soll, ähnlich wie die vorherige, die Männer über die Schläue der Frauen aufklären, damit jene sich nicht einbilden, sich jeden Streich gegenüber den Frauen erlauben zu können (3–4). Die Protagonistin, Frau eines Handwerkers, wird von einem Herrn aus gutem Haus verführt; auf unauffällige Weise gelingt es ihr, sich ihr Liebesglück entgelten zu lassen und auf diese Weise auch ihren Ehemann zufriedenzustellen. Apuleius hat die Protagonistin deutlich negativ dargestellt und als Dirne verunglimpft. Der Erzähler Boccaccios verzichtet auf die misogyne Beurteilung.

[1] Die Vorlage für diese Novelle – ›Der Liebhaber im Fass oder in der Tonne‹ – ist eine Erzählung aus Apuleius, *Der goldene Esel* (IX, 5; *Im Reich des Eros*, II, S. 501 f.; Helm 1970, S. 283 ff.; vgl. *Dec.* V 10). Landau (S. 311 ff.) hat die Sätze, die Boccaccio in dem Dialog zwischen Peronella und ihrem Mann (14–25) von Apuleius übernommen hat, zusammengestellt. Imitiert wurde die Erzählung von mehreren Erzählern (Jones, S. 28): Martin Montanus (*Das ander Theil der Gartengesellschaft*, 1559: »Eine frau verbarg ins olfass«); von La Fontaine (»Le cuvier« / »Der Bottich«). N.-M. Audinot (1732–1801) hat 1761 Text und Musik einer komischen Oper *Le Tonnelier* geschrieben.

[7] »Peronella«: Den Vornamen verwendet Boccaccio in *Caccia di Diana / Die Jagd der Diana* (IX, 45; XI, 16) für eine Dame aus dem vornehmen Geschlecht der Arco (Branca, S. 1365).

[10] »Giannello Scrignario«: Die Scrignari waren eine einflussreiche Familie des neapolitanischen Adels aus der ersten Hälfte des 14. Jh.s; zwei weibliche Angehörige der Familie lässt Boccaccio auch in *Caccia di Diana / Die Jagd der Diana* auftreten (I, 24; Branca, S. 1365).

[20] »Heiligen Galleon«: Branca (S. 1366) zufolge soll es in Neapel, just in dem Viertel der Familie Scrignari, eine Kapelle für einen Hl. Eucalione oder Galione gegeben haben.

[21] »Liliengulden«: Vgl. Komm. I 6, 8.

[34] Der erotische Vergleich hat seinen Ursprung in der Kontamination zweier Passagen der lat. Literatur: Die Schilderung brünstiger Pferde bei Ver-

gil (*Landbau* 3, 242ff.) wird mit dem Vorschlag Ovids verbunden, der Mann möge in Zirkus und Arena, wo Seeschlachten und Triumphzüge aufgeführt würden, nach einem Mädchen suchen und ihr mit seinem Wissen imponieren – über die rückwärts vom Ross Pfeile schießenden Parther (*Liebeskunst* 1, 209f., 227f.; zur Auslegung vgl. Holzberg 1998, S. 103ff.; vgl. Komm. IX 10).

Dritte Novelle

Elissa erzählt den Streich, den eine Ehefrau ihrem Mann spielt; sie zeigt Verständnis für das Begehren der Frau (14), prangert andererseits aber die Korruption und Heuchelei des Verführers, eines Klerikers, sowie vor allem die einfältige Leichtgläubigkeit des wohlhabenden Ehemanns an (8ff., 29); wäre dieser ein wenig heller im Kopfe, durchschaute er das Spiel des Gevatters! Am Ende erweist sich die Frau als die Klügste von allen, weil sie durch ihre schlagfertige Ausrede ihr eigenes Interesse, das Interesse ihres Liebhabers und den Schein des Anstands wahrt.

[1] Es ist keine eindeutige Vorlage bekannt (Branca, S. 1368). Jones (S. 28f.) benennt zwei dt. Nacherzählungen – von Martin Montanus (1557) und Dietrich Mahrold (1608) – und zwei frz. von Nicolas de Troyes (*Parangon*, Nr. 147) und Henri Estienne (1566).

[4] »Rinaldo«: Die Person konnte nicht identifiziert werden.

»Gevatter«: »Patenschaft war Verwandtschaft im Sinne der Übertragung mancher, nie genau bestimmter verwandtschaftlicher Verhaltenspflichten und -rechte auf die Beteiligten« (B. Jussen, s. v., *LexMA* 6, 1779f.).

[8] »Schande über die verdorbene Welt«: Vgl. Komm. III 7, 34.

[16] »schwere Sünde«: Die sog. geistliche Verwandtschaft, also die Patenschaft, war nach dem Recht der kath. Kirche noch zu Beginn des 20. Jh.s ein Ehehindernis (*Codex iuris canonici* 1917, c. 1079).

Vierte Novelle

Die Erzählerin der Novelle nimmt gegenüber der Quelle eine deutliche moralische Umwertung vor: Durch seine unbegründete Eifersucht bringt der Ehemann seine Frau überhaupt erst auf die Idee, sich einen Liebhaber zu nehmen; er ist der Simpel, der die Schönheit seiner Frau nicht zu schätzen weiß; die Frau ist die

Klügere und greift zur List, um, ohne Anstoß zu erregen, geliebt zu werden, wie es ihr zusteht (30).

[1] Der Stoff entstammt der Sammlung von Erzählungen des Petrus Alfonsi; das XIV. Exempel aus *Die Kunst, vernünftig zu leben* (S. 168 ff.) soll illustrieren, dass der Mann nicht in der Lage ist, sich gegen die Weiberlist zu schützen: Ein junger Mann schließt seine Frau im Haus ein und legt den Schlüssel des Nachts unter sein Kopfkissen; aber die Frau ist heimtückisch genug, um der Bewachung zu entgehen und ihren Ehemann aufs Doppelte zu beschämen. Eine ital. Fassung ist im *Libro dei sette savi / Buch der sieben Weisen* überliefert (*Prosa del Duecento*, S. 517 ff.; lat./frz. Fassung Johannes de Altasilva 2000, S. 198 ff.). Eberhard Hermes, Übersetzer und Herausgeber von *Die Kunst, vernünftig zu leben* (S. 257), hat darauf hingewiesen, dass in dem Exempel, ähnlich wie in »Der eifersüchtige Extremadurer«, einer bekannten Novelle von Miguel de Cervantes, die Hilflosigkeit menschlicher Voraussehung oder Berechnung dargestellt wird.

Die Novelle ist im 16. und 17. Jh. wiederholt nacherzählt worden (Jones, S. 29); neben anderen von Hans Sachs (»Das Weib in Brunnen«). Molière hat die Dialogszene zwischen dem Ehemann und der zurückkehrenden Ehefrau in seiner Komödie *Georges Dandin ou le Mari confondu / G. D. oder Der beschämte Ehemann* (1668; III 6) aufgegriffen. Molière verbindet in dem Stück das Motiv der scheinbaren Selbsttötung mit dem Motiv des missglückten sozialen Aufstiegs, das Boccaccio in *Dec.* VII 8 verwendet hat. Heinrich Daniel Zschokke (1771–1848) hat den Stoff von Molières Komödie in dem Lustspiel *Peter Rothbart* (1806) aufgegriffen.

[3] »O Amor …«: Die Allgewalt der Liebe wird auch in anderen Novellen angerufen (Komm. III 10, 3). In dieser Novelle wird im Sinne Ovids zusätzlich darauf aufmerksam gemacht, dass die Liebe den Verstand schärft (vgl. V 1): »Argus trug auf der Stirne hundert, im Nacken auch hundert / Augen, und ganz allein täuschte Cupido sie oft« (*Liebesgedichte* 3, 4, 19 f.).

[5] »Tofano« ist eine Abkürzung für Cristofano; »Ghita« ist eine Abkürzung für Margherita. In Arezzo soll es in der Via dell'Orto, gegenüber der »Casa del Petrarca«, einen »Brunnen des Tofano« gegeben haben; und ein gewisser »Notar Tofano« ist für die Mitte des 14. Jh.s dokumentiert (Branca, S. 1372).

»Eifersucht«: Vgl. Komm. VII 5, 3.

Fünfte Novelle

Maßlose Eifersucht bringt Tod und Unglück (*Dec.* IV 3, IV 9); die unbegründete Eifersucht eines Ehemannes gefährdet das Lebensglück der Frau und gibt ihr das Recht, ihr Liebesbedürfnis frei auszuleben (3). Die Frau einzusperren und sie der sprachlichen wie kulturellen Kommunikation zu berauben – sie am ›Erzählen‹ nicht teilnehmen zu lassen (vgl. Vorwort, 10 ff.; s. Komm. 4) –, ist nicht nur ein vergebliches Unterfangen (VII 4), sondern beraubt sie ihrer Lebenskräfte und ihres gesellschaftlichen »Ansehens«. Es ist die Schuld des dummen Ehemannes, der seine Frau misshandelt hat, wenn ihr gesellschaftliches »Ansehen« (ital. *gloria*) nicht vollständig mit der Wirklichkeit übereinstimmt (5, 8, 52, 59).

[1] Branca (S. 1374) verweist auf die Verbreitung des Themas in der ma. Literatur. Ein afrz. Fabliau, *Du chevalier qui fist sa fame confesse / Vom Ritter, der seiner Frau die Beichte abnahm* (Montaiglon/Raynaud, Nr. 16, I, S. 178 ff.), könnte den Anstoß zu dieser Novelle gegeben haben: Die Gattin eines Ritters ist sterbenskrank und bittet ihren Mann, ein zweites Mal einem frommen Mönch beichten zu dürfen; der Ritter schöpft Verdacht und nimmt ihr selbst, als Mönch verkleidet, die Beichte ab, in der die Frau ihm ihr zügellos ausschweifendes Sexualleben gesteht. Der Ritter ist empört und demaskiert sie bei der nächsten Gelegenheit vor allen ihren Leuten. Die Dame rettet ihren Ruf, indem sie behauptet, sie hätte ihn als Beichtiger erkannt und alles nur zum Spaß gebeichtet. Der Ritter glaubt es – zum Gelächter seiner Umgebung. Die Novelle in der am Hof der Herzöge von Burgund entstandenen anonymen Sammlung *Les Cent nouvelles Nouvelles / Die hundert neuen Novellen* (Nr. 78) und La Fontaines Verserzählung (»Le mari confesseur« / »Der Ehemann als Beichtvater«) folgen dem Handlungsablauf des afrz. Fabliau. Hans Sachs hat nach der Novelle ein Fastnachtsspiel mit dem Titel *Der Eifersüchtige* verfasst (*Fastnachtsspiele* 1978, Nr. 15, S. 185 ff.).

[3] »die Eifersüchtigen«: Laut Andreas Capellanus, eines Klerikers, kann es keine Eifersucht zwischen Eheleuten geben: »Liebende gestehen sich alles freiwillig zu und unterliegen keinem Zwang. Verheiratete dagegen sind verpflichtet, die Wünsche des anderen zu erfüllen und können einander nichts verweigern« (*Über die Liebe*, S. 135, 143). Boccaccio unterstellte die Eifersucht sowohl den Liebenden wie den Eheleuten, weil es wahrscheinlich seiner Lebenserfahrung entsprach: Die übertriebene Eifersucht des Mannes oder der Frau führt in eine entehrende Liebesfalle oder sogar zu Mord und Totschlag (*Dec.* III 6; IV 3; IV 9). Werden die Ehemänner allerdings völlig grundlos oder aus purer Dummheit eifersüchtig, so wird das von den Frauen als Einengung oder Vernachlässigung empfunden (*Dec.* III 8, 8; VII 4; VII 5, 6; vgl. II 10): Die Frauen wehren sich dage-

gen und erkämpfen sich einen Freiraum. Boccaccio hat bei der Gestaltung der Liebesbeziehungen vielleicht an einen anderen Passus aus der Liebeslehre des Andreas Capellanus gedacht. Im Gespräch mit dem sie umwerbenden Hochadligen meint nämlich eine adlige Dame, dass die Eifersucht mit der »schändlichen, bösen Verdächtigung der Frau« einhergehe: »die Eifersucht ist die Feindin aller Klugen und ist allen guten Menschen auf der Welt verhasst«. Außerdem weist die Dame darauf hin, dass Liebe zwischen Eheleuten sehr wohl möglich sei, die »die Liebe ohne Angst vor Einspruch vollziehen« können (vgl. *Dec.* IV 3, 16): »Alle sollten nämlich die Liebe wählen, die aus fortwährenden Umarmungen gespeist wird, und aus dem Vertrauen auf absolute Sicherheit, sie ausleben zu können. [...] Alle sollten sich für die Liebe entscheiden, die täglich ausgelebt werden kann, ohne dass man dadurch Vorwürfe gewärtigen muss. [Vgl. *Dec.* II 10!] Ich kann meine Liebe nur dem schenken, der mir, wenn ich mit ihm zusammen bin, Gatte und Geliebter zugleich sein kann, denn was immer die Definition der Liebe besagt – sicher ist doch wohl, dass sie nichts anderes ist als das maßlose Verlangen nach körperlichem Besitz eines Menschen. Und das heisst nicht, dass sie zwischen Eheleuten keinen Bestand haben kann« (Andreas Capellanus, *Über die Liebe*, S. 129).

[4] »familiäre und häusliche Aufgaben« vs. »Ruhe, Erholung, Unterhaltung«: Implizit beinhaltet die Überlegung der Erzählerin den »Stress-Lust-Mechanismus«, den Karl Eibl in die Kulturtheorie eingeführt hat: »Stress mobilisiert Reserven für kurzzeitige Leistungen. Langzeitstress führt zu starker Beeinträchtigung des Immun- und des Fortpflanzungssystems, ist insofern ein sehr wirksamer Faktor der biologischen Selektion. Antagonisten des Stress sind Vorgänge der Entspannung (Relaxation), insbesondere Glück in zwischenmenschlichen Beziehungen, Sicherheit durch (Placebo-)Informationen wie z. B. *in der Religion und Lust im Bereich der Kunst*« (Eibl 2004, S. 369; vgl. S. 314–322; Hervorhbg. P. B.; vgl. Vorwort, 10–12; II Schluss 8).

[13] Das Motiv des Mauerspaltes stammt aus Ovids Erzählung von Pyramus und Thisbe: »Durch einen schmalen Riss, der entstanden, als sie gebaut ward, / war gespalten die Wand, die den beiden Häusern gemeinsam. / Diesen Fehler, den keiner in langen Jahrhunderten wahrnahm, / saht ihr Liebenden erst – denn was entginge der Liebe? – / ließet ihn werden zum Weg eurer Stimmen. In leisestem Flüstern / pflegten sicher durch ihn die schmeichelnden Worte zu dringen« (*Metam.* IV, 65 ff.; s. a. Shakespeare, *A Midsummer Night's Dream / Ein Sommernachtstraum*, III 1, Zeile 60 ff.).

Sechste Novelle

Auch in dieser Novelle wird die Protagonistin, die eine außereheliche Affäre hat, grundsätzlich entlastet: Sie fühlt sich sexuell unbefriedigt (5; vgl. II 10; IV 10; V 10); sie muss sich einem zweiten Liebhaber hingeben, weil dieser sie mit dem ersten erpresst (6). Verstand in der Liebe beweist Madonna Isabella, indem sie darauf achtet, nicht entehrt zu werden; indem sie beide Liebhaber vor der Rache ihres Ehemannes schützt und beide Liebhaber behält (2; vgl. Komm. III 6; III 7; III Schluss; V 4).

[1] Das Thema der Novelle: der Liebhaber als Verfolger und Verfolgter ist in der orientalischen und ma. europäischen Erzählliteratur verbreitet (Landau, S. 83; Branca, S. 1379). In *Die Erzählungen aus den 1001 Nächten* findet sich »Die Geschichte von der Frau und ihren beiden Liebhabern« (581. Nacht, IV, S. 272 ff.), deren Handlungsablauf dieser Novelle gleicht. Bei Petrus Alfonsi (*Die Kunst, vernünftig zu leben*, XI. Exempel, S. 162 f.) übergibt der Ehemann die Ehefrau in die Obhut seiner Schwiegermutter; die junge Frau liebt einen jungen Mann, der Ehemann kehrt zurück; die Schwiegermutter rettet den Liebhaber und ihre Tochter, indem sie den Liebhaber als Verfolgten ausgibt.

Die Novelle hat eine Reihe von Nachahmungen inspiriert: Hans Sachs, *Die listig Bulerin*; die Komödie *La Parisienne* (1698) von F. C. Dancourt u. a. m. (Jones, S. 30). Vielleicht hat sich auch der Erzähler der 31. Novelle der *Cent nouvelles nouvelles / Hundert neuen Novellen* an diese Erzählung des *Dec.* erinnert.

[3] »dass die Liebe den Verstand raube«: Die Aussage bezieht sich auf sprichwörtliche lat. Redensarten, wie: »Jeder Liebende ist von Sinnen, Liebe ist Außer-sich-Sein; jedenfalls ist jeder, der liebt, bei Verstand außer Verstand« (Bury, Nr. 16709). Oder: »In der Liebe steckt immer ein süßer Wahnsinn« (Publilius Syrus, *Sententiae* 276, nach Bury, Nr. 9309). Die Aussage findet sich auch bei den lat. Klassikern: »Es rast die unselige Liebe« (Seneca, *Medea*, V. 136). »Dido steht unselig in Brand; wild schwärmt in der ganzen / Stadt sie umher, gleichwie die pfeilgetroffene Hinde« (Vergil, *Aeneis* IV, 68 f.). Die Selbstentrückung durch die Liebe wird auch in der bukolischen Dichtung vergegenwärtigt: »Oder erdichten sich Liebende selbst ihren Wunschtraum?« / »an qui amant, ipsi sibi somnia fingunt?« (Vergil, *Hirtengedichte* 8, 108).

[6] »Lambertuccio«: Dieser »Messere L.« konnte nicht identifiziert werden (Branca, S. 1379).

Siebente Novelle

Die Novelle ist nicht nur ein Beispiel für die Wirkung der Liebes-Rede sowie der Redekunst überhaupt (18–22, 29–35; vgl. III 5), sondern auch und besonders ein Beispiel dafür, dass die Erzählerin eine herkömmliche Bewährungsprobe für den Liebhaber der Männerwelt entzogen und nicht ohne Ironie in die Hände der Dame gelegt hat – die Zuhörerschaft empfindet das als boshaft (VII 8, 2): Anstatt einen großartigen Zweikampf oder ein Turnier zu bestehen, muss der Liebhaber mit Zittern und Bangen auf der Bettkante des Ehebetts mit anhören, wie seine Dame ihrem Mann die Wahrheit mit leicht veränderten Umständen gesteht, um ihn aus dem Bett zu treiben. Die psychologische Raffinesse dieser Szene wird erkennbar, wenn sie mit der bieder ironischen Szene des Fabliau *Von der Dame, die ihren Mann glauben machte, er hätte geträumt* verglichen wird, wo die Frau im Ehebett ihren Liebhaber empfängt und danach alle drei nebeneinander ausruhen (Montaiglon/Raynaud, Nr. 124, V, S. 133; s. Komm. VII 8, 1).

[1] Die Überlistung des Ehemanns durch die Ehefrau, indem sie ihn als den vermeintlichen Ehebrecher bestraft, ist als afrz. Fabliau in drei Fassungen überliefert: *De la Borgoise d' Orliens / Von der Bürgerin aus Orléans* (Montaiglon/Raynaud, Nr. 8, I, S. 117 ff.); *Romanz de un chivaler et de sa dame et de un clerc / Erzählung vom Ritter, seiner Frau und einem Kleriker* (ebd., Nr. 50, II, S. 215 ff.); *De la Dame qui fist batre son mari / Von der Dame, die ihren Mann verprügeln ließ* (ebd., Nr. 100, IV, S. 133 ff.). Auch andere Erzählungen aus dem 13. und 14. Jh. behandeln das Thema (Branca, S. 1381; Landau, S. 131 f.). Boccaccio hat – gegenüber dem bekannten Fabliau *Von der Bürgerin* aus *Orléans* – den ersten Teil der Erzählung – der junge Mann verliebt sich aufs Hörensagen – neu gestaltet; den zweiten Teil – die Überlistung des Ehemannes – stellt er nicht als Notwehr der Frau, sondern als waghalsige Inszenierung dar, mit der die Frau den Ehemann zugunsten des Liebhabers aus dem Ehebett treibt; die Bestrafung erfolgt durch den erfolgreichen Liebhaber selbst und nicht durch Dritte, die die Frau beauftragt hat.

Jones (S. 30) verzeichnet etwa dreißig Imitationen, darunter auch Dramen (F. C. Dancourt, *Le Tuteur*, 1695); Hans Sachs hat einen Meistergesang (»Von einem ungetreuen Knecht«), La Fontaine eine Verserzählung (»Le cocu battu et content« / »Gehörnt, verprügelt und doch zufrieden«) verfasst.

[6] »Galluzzi«: Es handelt sich um eine wohlhabende und angesehene Familie aus Bologna; ein »Egano G.« ist allerdings nicht dokumentiert (Branca, S. 1382).

[7] »ein glühendes Begehren«: Im Unterschied zu *Dec.* II 9, wo die Kaufleute über die leichte Verführbarkeit der Frauen schwadronieren, schwärmen die Edelleute und Kreuzfahrer von der Schönheit einer Dame, die den Namen derjenigen

trägt, die Dante in *Die göttliche Komödie* durch das Irdische und Himmlische Paradies bis zur Schau der »Himmelsrose« geleitet.

[21] »Frauen aus Bologna«: In *Dec.* I 10 ist eine Dame aus Bologna empfänglich für die Liebeslehre des »süßen neuen Stils«; in Bologna spielt auch eine rührende Liebesgeschichte des X. Erzähltages (X 4).

Achte Novelle

In einigen Novellen ist die Frau ›schlecht verheiratet‹, d. h. sexuell unbefriedigt, weil sie einen schwächlichen und alten Mann hat (II 10; VII 9, 9; vgl. II 3, 38); in dieser Novelle passen die Eheleute nicht zusammen, weil sie unterschiedlichen Standes sind: Mit all seinem Geld hat Arriguccio nicht die Zuneigung seiner Frau und ihrer adligen Familie erkaufen können (4; VII 4; vgl. Molière, *Georges Dandin* I, 1). Die Novellen, die von den Streichen (ital. *beffa*, Plural *beffe*) der Frauen und Männer berichten, zeigen deutlich, dass die Protagonistin oder der Protagonist den Verlauf der Handlung selbständig in die Hand nimmt und zu dem Ende führt, das in ihrem oder seinem Interesse liegt: Sismonda ist schlecht verheiratet und frustriert und nimmt sich einen Geliebten. Ihr Mann wird eifersüchtig, weil sie die Affäre nicht vorsichtig oder vernünftig lenkt; sie sucht und findet einen Ausweg: den Bindfaden am Zeh – ein Motiv, das in den Fabliaux fehlt. Als der Ehemann den Trick entdeckt und dem Ehebrecher nachsetzt, ohne an die Überwachung seiner Frau zu denken, ergreift diese noch einmal die Initiative und überzeugt die Magd, sich an Stelle der Ehefrau bestrafen zu lassen. Der Ehemann, dessen Wahrnehmungsfähigkeit durch die Wut getrübt ist (20; vgl. Komm. IV 3, 1; IV 4; IV 9; V 6; V 7), eilt zu ihren Verwandten, damit diese die Bestrafung der Ehebrecherin fortführen. Die Frau erkauft sich das Schweigen der Magd und arbeitet in aller Ruhe an der Rede, mit der sie sich vor ihren Verwandten reinwäscht – was bei ihrer Mutter gar nicht mehr nötig ist – und mit der sie ihren Mann so austrickst, dass sie, zum großen Vergnügen der Zuhörerinnen, ungestört ihrem Vergnügen nachgehen kann. Ein Vergleich mit den afrz. Vorlagen zeigt, dass Boccaccio die Handlung so komponiert hat, dass sie sich aus dem ergibt, »was ein bestimmter Charakter [hier: die Protagonistin Sismonda] vorzieht oder meidet« (Schmitt 2008, S. 310). Er folgt damit dem Konzept der »Wahrscheinlichkeit« des Aristoteles, obwohl er dessen *Poetik* nur indirekt gekannt haben soll (*Poetik*, Kap. 9, 1451 b 9; Schmitt 2008, S. 377 ff.; Komm. V 8).

[1] Quellen für das Thema ›die verstümmelte Stellvertreterin‹ sind in einem kalmükischen Märchen und im *Pañcatantra*, einer anonymen indischen Fabel-

sammlung aus dem 4. Jh., zu suchen (Landau, S. 132 ff.). Boccaccio macht in seinem Text auf zwei afrz. Fabliaux aufmerksam: *Des tresces / Die Zöpfe* (Montaiglon/Raynaud, Nr. 94, IV, S. 67 ff.; *Dec.* VII 8, 1: ital. *le trecce*) und *De la dame qui fist son mari entendant qu'il songeoit / Von der Dame, die* ihren *Mann glauben machte, er hätte geträumt* (Montaiglon/Raynaud, Nr. 124, V, S. 132 ff.; *Dec.* VII 8, 50: ital. *se egli aveva sognato*). In beiden Fabliaux erscheinen Handlungsablauf und Lösung wenig wahrscheinlich: Nachdem der Ehemann den Liebhaber, den er in flagranti erwischt hat, von der Frau festhalten lässt, um Licht zu holen, lässt diese ihn entfliehen, wird selbst aus dem Haus gejagt und versucht nun, sich mit Hilfe einer ›Stellvertreterin‹, die der Gatte grausam bestraft, mit ihm zu versöhnen; sonderbarerweise findet diese Versöhnung, besser: die intellektuelle Überrumpelung des Mannes, im Zwiegespräch zwischen den Eheleuten und nicht vor Zeugen statt. Der Ehemann hat also nicht bemerkt, dass er die falsche Person verprügelte – was Boccaccios Erzählerin eigens mit seiner hohen Erregung und der unverständlichen Stimme der Frau begründet (VII 8, 20); und trotz allem, was an Ungewöhnlichem vorgefallen ist, glaubt der Ehemann in den Fabliaux blindlings den Worten seiner Frau.

Die Novelle wurde im 15. und 16. Jh. wiederholt nacherzählt (Jones, S. 31 f.): von Hans Sachs (*Der Bawer mit dem zopf*); in *Les Cent nouvelles nouvelles / Die Hundert neuen Novellen* (Nr. 38); von Nicolas de Troyes (*Parangon*, Nr. 113); von La Fontaine (»La Gageure des trois commères« / »Die Wette der drei Gevatterinnen«, V. 216 ff.).

[4] »Arriguccio Berlinghieri«: Ein »A. B.« ist nicht dokumentiert; aber in der zweiten Hälfte des 14. Jh.s übten verschiedene Angehörige der Kaufmannsfamilie städtische Ämter aus (Branca, S. 1386).

Neunte Novelle

Die Novelle zeigt, dass eine sexuell unbefriedigte, also schlecht verheiratete Frau grundsätzlich den Anspruch hat, sich einen Liebhaber zu suchen (9; vgl. Komm. VII 8); um den Liebhaber zu gewinnen, sollte sie sich aber von dem Misstrauen des Liebhabers nicht so weit beeinflussen lassen, dass allein ein glücklicher Zufall – die unwahrscheinliche Dummheit des Ehemannes – den Erfolg bringen kann (3–4). Der Liebeswahnsinn führt in riskante Situationen, also sollten Verstand und »Kunst« die Affären lenken, damit nicht am Ende der »unschuldige Birnbaum« dafür büßen muss (Ovid, *Liebeskunst* I, 3 f.; Komm. V 1; VII 10, 2).

[1] Die Vorlage für diese Novelle ist *Lidia*, eine anonyme mlat. Verserzählung

des 12. Jh.s (*Lateinische Comediae*, S. 207–235). Boccaccio hat die Namen der weiblichen Protagonistin, ihres Liebhabers und der Dienerin Lusca aus der mlat. Erzählung übernommen; aus dem Ehemann in der Vorlage, einem »Herzog Decius«, hat er einen schlichten Edelmann gemacht; auch den Aufbau der Handlung und die drei Prüfungen sowie die Szene auf und unter dem »Birnbaum« (lat. *pirus*) sind aus der »Comedia« übernommen worden. Im Unterschied zu Boccaccios Novelle soll die Protagonistin der »Comedia« ausschließlich die Leichtfertigkeit des Weibes veranschaulichen: »Raffiniert, listig, begierig, rast sie, lockt sie, lauert sie. / Die Frau wird zum Gift, und so richtet sie ihren Gatten zugrunde« (V. 35 ff.). Sie kläfft wie eine geile Hündin; die Liebesraserei der Frau ist heftiger als die des Mannes (V. 37; 97 ff.; vgl. Komm. IV 3, 5); Pirrus, der Liebhaber und Ritter des Herzogs, sieht in ihr ein widernatürliches Wesen, eine »erstaunliche Chimäre: / teils Löwe, teils Drache, teils Ziege: grimmig, unstet, hässlich« (V. 334 ff.). Die Erzählung endet mit den obszön moralisierenden Versen: »Lusca verbarg ihr Lachen, Pirrus seine Birnen, Lidia ihren Bauch [lat. *ventrem*; es ist auch lat. *mens* bzw. *mentem*, dt. »Gesinnung« überliefert]. So kam das Unglück des einen durch den Trug von dreien zustande« (V. 555 f.). Einzelne Themen oder Prüfungen aus dieser ›Probe der Männergeduld‹ sind in der Erzählliteratur wiederzufinden (Landau, S. 79 f.; Branca, S. 1391). Marie de France (Komm. V 4; IX 3, 1) warnt in einer Fabel vor der listigen Argumentation der Frau, die ihren Mann davon überzeugt, dass er nicht gesehen hat, was er in der Tat gesehen hat (*Fabeln* Nr. 44: »Von der Frau und ihrem Freier«); in *Il Novellino* (LXV, dazu: J. Riesz, S. 270) wird die Episode der von König Mark belauschten Begegnung zwischen Tristan und Isolde an der Quelle wiedergegeben.

Das Motiv des ›verzauberten oder die Sehkraft schenkenden Baumes‹ ist von anderen Erzählern aufgegriffen worden: von Chaucer (*Canterbury-Erzählungen*, »Die Erzählung des Kaufmanns«, S. 344 ff.), von La Fontaine (»La Gageure des trois commères« / »Die Wette der drei Gevatterinnen«, V. 125 ff.), von Christoph Martin Wieland (*Oberon* VI, 36 ff.); Jean Joseph Vadé (1719–57) hat eine Opéra comique mit dem Titel *Le Poirier / Der Birnbaum* verfasst (Jones, S. 32).

[5] »Argos ... durch ihre königlichen Herrscher berühmter ...«: Der Erzähler denkt an einen Vers aus Ovids *Metamorphosen* (VI, 414): »Argos, Sparta, Mycenae, die Stadt des Pelopsgeschlechtes«; die berühmtesten Herrscher aus dem Geschlecht des Pelops sind Agamemnon, König von Mykene und Heerführer der Griechen vor Troja, sowie sein Bruder Menelaos, König von Sparta und Gatte der Helena. Mit »Achaia« ist Griechenland gemeint.

Zehnte Novelle

Die Novelle kommentiert noch einmal den Nutzen, den eine Patenschaft für die erotischen Beziehungen zwischen Männern und Frauen hat (vgl. VII 3). Unglaubwürdig mag sie dem Zuhörerkreis erscheinen (7), weil sie unterstellt, dass die Toten das Diesseits besuchen können. Frivol wirkt sie, weil die Absolution der sündhaften Beziehung durch den toten Sünder selbst erfolgt, für dessen Seelenheil der Überlebende beten soll.

[1] Anregungen zu dieser Novelle haben Autoren gegeben, die erbauliche Geschichten über das Thema ›Botschaft aus dem Jenseits‹ verfasst haben: Jacobus de Voragine (*Legenda aurea*, S. 247 ff., 843 ff.; Komm. I 1), Jacopo Passavanti (um 1302–57), Caesarius von Heisterbach (um 1180–1240) u. a. m. (Landau, S. 248 ff.; Branca, S. 1397; Le Goff 1981, S. 430 ff.). Jones (S. 32) führt nur eine Nacherzählung von Nicolas de Troyes an (*Parangon*, Nr. 115).

[7] »die Novelle, die Elissa ... erzählt hat«: Gemeint ist *Dec.* VII 3.

[8] »Tingoccio Mini«, »Meuccio di Turo«: Mini und Turo waren nichtadlige Familien in Siena, die möglicherweise den mittleren Zünften, den »arti mediane«, angehörten (Branca, S. 1398). Die »oberen Zünfte«, »arti maggiori« (ital. *popolo grasso*), waren: Richter und Notare, Kaufleute der Calimala, die Wechsler, die Kaufleute und Handwerker der Wollverarbeitung (*arte della lana*), die Kaufleute am Marientor, die Ärzte, Apotheker und Spezerei- sowie Kurzwarenhändler, die Kürschner- und Pelzhändler; als »mittlere Zünfte«, »arti medie«, galten Fleischer, Schuhmacher, Schmiede, Steinmetze, Zimmerleute, Trödler und Althändler; es bestand ein großer Abstand zu den entrechteten niederen Zünften (ital. *popolo minuto*): den Strumpfwirkern, Wäschehändlern, Weinhändlern, Salz-, Öl- und Käsehändlern, Lohgerbern, Panzerschmieden, Schwertfegern, Schlossern, Eisen-, Alteisenhändlern, Gürtel- und Riemenmachern, Schildmachern, Anfertigern von Schlafbänken und Pritschen, Grobzimmerleuten, Bäckern (Stahl, S. 132, 165, 168).

[10] »Camporeggi«: Es gibt noch heute eine Via Camporeggio in Siena. Auch die Anselmini waren eine nichtadlige Familie aus Siena (Branca, S. 1398).

[15] »süße Gefilde«: Vgl. Komm. III 1.

[22] »schwere und qualvolle Strafen«: Vgl. Komm. III 4, 12.

[27] »Gevatterin«: Vgl. Komm. VII 3, 4.

[30] »Frate Rinaldo« ist der Liebhaber aus *Dec.* VII 3.

Schluss

[6] »Arcita und Palemone« sind die Hauptfiguren in Boccaccios Verserzählung *Teseida/Theseide*, die sich, ähnlich wie die beiden Gevatter in der 10. Novelle des VII. Erzähltages, in eine schöne Frau verlieben; das Duell um diese Frau gewinnt zwar Arcita, aber durch göttliche Einwirkung wird er schwer verletzt und stirbt, nachdem er den Siegespreis Palemone überlassen hat.

[10–14] »ein Lied«: Es handelt sich um eine »Ballata« (Komm. I Schluss, 22); auf einen einleitenden Refrain aus einem Siebensilbler und zwei Elfsilblern (aBA) folgen vier Strophen, die durch die Endreime des Refrains miteinander verbunden sind (CdECdEeBA). Die Sprecherin erzählt davon, dass sie nach dem Verlust eines Geliebten einen neuen gefunden habe; dieser habe sie mit seiner Liebe beglückt, und sie sehne sich nach einem neuen Treffen. Die Zuhörer identifizieren die Gefühle des poetischen Ich mit den Gefühlen der Vorsängerin selbst (15; vgl. III Schluss, 18; IV Schluss, 18; VI Schluss, 47).

Achter Tag

Erste Novelle

Die Novelle zeigt, dass eine Dame, die die Liebe eines aufrichtigen Liebhabers gegen Geld erwidert und sich der Habgier schuldig macht, zu Recht verachtet und um den Lohn geprellt wird.

[1] Ein populäres Thema ist die geldgierige Frau; eine direkte Vorlage ist nicht nachzuweisen (Branca, S. 1402). Hans Sachs hat die Novelle in dem Schwank *Die verlogen puelerin* aufgegriffen. Chaucer lässt in »Die Erzählung des Schiffsherrn« / »The Shipman's Story« (*Canterbury-Erzählungen*, S. 438 ff.) von einem jungen Mönch erzählen, der die Frau eines reichen frz. Kaufmanns beschläft und dafür die hundert Franken überreicht, die er sich zuvor von ihrem Mann geliehen hat; die Frau behauptet ihrem Mann gegenüber, sie habe das Geld für Putz ausgegeben und zahle ihm dafür doch im Bett. Auch in den frz. *Cent nouvelles nouvelles / Hundert neuen Novellen* (Nr. 18) wird das Thema der betrogenen geldgierigen Frau nacherzählt; Nicolas de Troyes hat sie in seine Sammlung aufgenommen (*Parangon*, Nr. 117); La Fontaine hat die Novelle unter dem Titel »A femme avare galant escroc« / »Weiberhabsucht und Gaunerlist« nacherzählt. Im 18. Jh. gibt es noch einige frz. sowie eine dt. Nacherzählung (Jones, S. 32).

[3] »Bezahlung«: Die Verurteilung der käuflichen Liebe wird in anderen Novellen bestätigt: VI 3, 10; VI 7, 18; VIII 10.

[4] »Madonna Filippa«: Sie ist die Protagonistin von *Dec.* VI 7.

[5] »bei den Deutschen selten«: In einer patriotischen Kanzone warnt Petrarca die ital. Fürsten vor der Unzuverlässigkeit ausländischer Söldnertruppen und vor dem »Betrug des Bayern«, des deutschstämmigen Kriegsherrn Werner von Urslingen (um 1308–53; *Canzoniere* 128, 65; Petrarca 2006, S. 252 ff.).

[6] »Gulfardo«, »Cagastraccio«: Die Protagonisten konnten nicht identifiziert werden (Branca, S. 1402).

Zweite Novelle

Die antiklerikale Satire wird mit bitterem Spott eingeleitet: Der Erzähler Panfilo beklagt sich namens der verheirateten männlichen Laien (3–4), dass die betrügerischen Kleriker die Verführung der Ehefrauen als einen Kreuzzug ausgeben, um auf diese Weise den Erlass ihrer Sündenstrafen zu bewirken, ohne dass die gehörnten Laien sich auf ähnliche Weise an jenen rächen könnten, weil sie keine Kreuzzüge ausrufen dürfen (vgl. Komm. I 6; III 4, 12; III 7, 34). Die Damen scheinen sich sowohl über die »bäuerliche Liebschaft« als auch über das schlaue und am Ende erfolgreiche Verhalten der Bäuerin köstlich zu amüsieren (VIII 3, 2; vgl. Komm. IV 7). Dass Monna Belcolore den Liebeslohn in naturalia erhält, empört weder Zuhörer noch Erzähler.

[1] Das Fabliau *Du Prestre et de la dame / Vom Priester und der Dame* (Montaiglon/Raynaud Nr. 51, II, S. 235 ff.) könnte Boccaccio zu dieser Novelle angeregt haben. Ein Hinweis auf das Fabliau ist die Empörung des Bentivegna del Mazzo, dass seine Frau für den Mörser ein Pfand verlangt habe (43); auch im Fabliau (ebd., S. 237) empfindet es der Ehemann als ungehörig, dass seine Frau für den Korb, in dem sie den Priester versteckt hat, und den dieser nach der überraschenden Rückkehr des Mannes ›zurückgibt‹, den Umhang des Priesters als Pfand genommen hat; als Entschädigung lädt er den Priester zu einem kleinen Gelage ein, bei dem dieser Gelegenheit findet, sich die Ehefrau »unterzuschieben« (*Dec.* VIII 2, 3; Montaiglon/Raynaud, II, S. 239 f.).

Boccaccios Novelle wurde im 16. Jh. wiederholt nacherzählt, u. a. von Hans Sachs (*Der pfarrer mit sein korock*) und Nicolas de Troyes (*Parangon*, Nr. 148; Jones, S. 33).

[6] »Varlungo« liegt im Arnotal östlich von Florenz und ist heute eingemeindet.

[8] »Monna Belcolore«, »Bentivegna del Mazzo«: Beide Namen sind historisch belegt, ohne dass weitere Daten überliefert wären (Branca, S. 1404).

[14] Die semantischen Versehen des Bauern lauten im Ital. »vicenda« statt *faccenda*; »parentorio« statt *perentorio*; »pericolatore« statt *procuratore*; »giudice del dificio« statt »*giudice del maleficio*« (Branca, S. 1406).

[23] »wir leisten bessere Arbeit«: Zur erotischen Bevorzugung der Kleriker vgl. Komm. V 1, 7. Die entsprechende Begründung des Pfarrers (»Weil wir nur mahlen, wenn viel Wasser da ist«) wird auch in folgenden Versen der *Carmina Burana* (Nr. 82, S. 271 ff.) angeführt: »Hör, du weibliches Geschlecht: / das Rittervolk, es liebt nicht recht! / bei den Rittern fehlt es weit / an Tugend und an Tüchtigkeit! / […] Geistliche zur Winterszeit / Als Samen halten uns bereit / und legen uns in Kleider ein / und hegen uns im Büchselein! / […] Besser als die Rittersleut / liebt die edle Geistlichkeit!«

[35] Aus der flandrischen Stadt Douai kam feines Tuch; es war also so wertvoll ›wie aus Douai‹, ital. *di duagio*; der Erzähler knüpft daran die phantastische Steigerung *treaggio, quattraggio*, formal im Sinn von ›*Zwei*brückener-*Drei*brückener-*Vier*brückener-Tuch‹.

Dritte Novelle

Boccaccio hat einem heute vergessenen Florentiner Maler, Nozzo di Pierino (4), und seinen bescheidenen intellektuellen Fähigkeiten im *Dec.* größere Aufmerksamkeit geschenkt als dem »besten Maler auf Erden«, der »die Kunst wieder ans Licht geführt hat«, womit er die spätere Beurteilung der Bedeutung Giottos für das Verständnis der kunstgeschichtlichen Entwicklung vorweggenommen hat (Vasari, *Vite*, I, S. 117; *Dec.* VI 5, 6, 15). Aber im Mittelpunkt seiner Aufmerksamkeit stehen das Können und Wissen, das Leben und die Lebenskunst vor der Pest; wie es nach der Katastrophe weitergehen wird oder soll, hat er der Entscheidung seiner geneigten Leserinnen anheimgestellt (Schlusswort des Autors, 29). So lässt sich an den Künstlernovellen des *Dec.* ablesen, dass Künstler – ähnlich wie Philosophen oder Dichter (VI 9) – in einer vom normalen Leben abgesonderten eigenen Welt leben, dass Zeitgenossen oder Kollegen zwar gerne die Gelegenheit wahrnehmen, die Außenseiter zu hänseln, dass sie aber auch Außenseitertum und gewisse fehlerhafte Verhaltensweisen akzeptieren sollten, denn manche Außenseiter, wie Giotto oder Cavalcanti, sind klug genug, um den Spott mit gleicher Münze heimzuzahlen (VI 5; 9). Calandrino indessen, ein handwerklich begabter Maler (vgl. VIII 3, 6), ist dem Lachen ausgeliefert, weil er leichtgläubig, leichtsinnig, geizig und in der Liebe unerfahren ist; er hat also »Fehler, die im Leben der Menschen vorkommen« und die zum Stoff des Lächerlichen in der europäischen Novelle und Komödie zählen (Cicero, *Über den Redner* 2, 238, S. 361).

[1] Eine Vorlage für diese Anekdote ist nicht bekannt. Vielleicht wurde Boccaccio für die Darstellung der eingebildeten Unsichtbarkeit des Calandrino (47, 49, 60) von der lustigen Auseinandersetzung zwischen Sosias und seinem Doppelgänger Merkur inspiriert, wie sie in einer aus dem 12. Jh. stammenden, mlat. Fassung der Amphitryon-Erzählung überliefert ist (Vitalis von Blois, *Geta*, in: *Lateinische Comediae*, S. 75, 85).

Jones (S. 33) gibt zwei Nacherzählungen an: von Hans Sachs (*Die schwarzen unsichtigen edlen stein*) und von F. Sansovino.

[4] »Calandrino«: Es ist der Spitzname für Nozzo (d. i. Giovannozzo) di Pierino, einen Florentiner Maler, der 1319 bereits tot war (Vasari, *Vite*, I, S. 144, Anm. 4). Boccaccio widmet ihm mehr Novellen als jeder anderen historischen Persönlichkeit (VIII 3; 6; IX 3; 5). Auch in einigen Novellen Franco Sacchettis wird er erwähnt (*Novellen*, Nr. 67, 80, 84). Der Maler, Architekt und Historiograph Giorgio Vasari erwähnt ihn in der Lebensbeschreibung Buonamico Buffalmaccos und verweist dort auf das *Decameron* (s. u.).

»Bruno«: Bruno di Giovanni di Olivieri war ein Florentiner Maler aus der ersten Hälfte des 14. Jh.s, der gemeinsam mit dem Maler Buffalmacco Fresken im Kloster der »Frauen von Faenza« (s. Komm. 27) angefertigt hat (Branca, S. 1411; Vasari, *Vite*, I, S. 144, Anm. 3).

»Buffalmacco«: Buonamico di Martino, genannt Buffalmacco, erscheint in der Florentiner Zunftliste der »Ärzte, Apotheker und Spezerei-, sowie Kurzwarenhändler« des Jahres 1320; in Pisa und Arezzo ist seine Anwesenheit für die Jahre 1336 und 1341 dokumentiert. Seine Unterhaltsamkeit wird von Vasari ausführlich bestätigt (*Vite*, I, S. 144 ff.). Auch Franco Sacchetti erzählt einige seiner spaßigen Einfälle (*Novellen*, Nr. 161, 169, 191, 192).

[5] »Maso del Saggio«: Es handelt sich um »Maso den Weisen« aus *Dec.* VI 10, 42, der auch von Vasari erwähnt wird (*Vite*, I, S. 146).

[9] »Maso antwortete«: Dass Calandrino auf die folgende Unsinnsrede hereinfällt, zeigt seine Naivität (vgl. Komm. VI 10).

[20] »Heliotrop«: Plinius der Ältere (23/24–79; *Historia naturalis* XXXVII, 160) und nach ihm Isidor von Sevilla stellten fest, dass die Magier unverschämterweise behaupten, »dass jemand, der ein Kraut mit Heliotrop mischt und dieses unter Hinzugabe einiger Gebete aufträgt, unsichtbar wird«. Nach Plinius fügte Isidor hinzu, dass der Stein »in Zypern und Afrika, besser aber in Äthiopien«

entsteht (*Enzyklopädie*, XVI, VII, 12; S. 586; vgl. hierzu Vitalis von Blois, *Geta*, in: *Lateinische Comediae*, S. 81, V. 333 ff.).

[22] Der »Mugnone« ist ein Nebenfluss des Arno, dessen Quelle nördlich von Fiesole liegt.

[27] »neunte Stunde«: Zur Stundeneinteilung vgl. Komm. 1 Einleitung, 102. »Frauen von Faenza«: Das Kloster lag vor der ehemaligen »Porta a Faenza« etwa auf dem Gelände der heutigen »Fortezza da Basso« (Branca, S. 1414).

Vierte Novelle

In der Novelle wird eine mythologische Erzählung Ovids karikiert oder vermenschlicht: Ovid erklärte in *Fasti / Festkalender Roms* »mit den Festtagen des römischen Kalenderjahres verbundene kultische Traditionen« (Holzberg 1998, S. 159); Boccaccio berichtet davon, wie Frauen und Männer aus Florenz und anderen europäischen Städten vor der Katastrophe von 1348 versucht haben, pflichtgemäß zu leben, ohne ihre menschliche Natur verleugnen zu müssen (7–8, 9, 14, 26, 30, 36). Der Propst verhält sich der Dame gegenüber unfreundlich, lästig und anmaßend (7, 13) wie der »im Kampf voranschreitende Gott Mars« Ovids; der Gott fühlt sich gleich hohen Ranges wie die brennend geliebte und ebenfalls waffentragende Minerva; es erscheint ihm selbstverständlich, dass eine »freundliche Alte«, »Anna Perenna«, das alte verflossene Jahr, seine Kupplerin ist; diese aber legt ihn herein und empfängt ihn selbst unter einem Schleier; als Mars ihn lüftet, ist er der Genarrte: »über nichts anderes hat sich Venus mehr gefreut« (Ovid, *Festkalender* 3, 677 ff.). Der Protagonistin der Novelle, der »klugen« Monna Piccarda (8), hat die Erzählerin die Rolle der Venus und gleichzeitig der Kupplerin übertragen; aus der »freundlichen Alten«, der »neuen Göttin« Ovids, ist eine hässliche Dienerin geworden.

Gegenüber dem afrz. Fabliau (s. Komm. 1) – in dem die Mutter das hübsche Töchterchen zum Schein verkauft – entscheidet die junge und schöne Monna Piccarda, selbständig und ohne aufs Geld zu schielen, darüber, welcher Verehrer ihr gefällt oder nicht gefällt (7). An die Stelle der drastischen Prügelszene im Fabliau treten in der Novelle die kirchenrechtliche Bestrafung sowie der öffentliche Spott.

[1] Vorlage für diese Novelle war sowohl Ovids Erzählung aus *Fasti* als auch ein afrz. Fabliau (Landau, S. 150 f.). Ovid erzählt, dass die römische Göttin »Anna Perenna« als alte Frau den mächtigen Mars beschwindelt und verhöhnt, indem sie sich ihm an Stelle der begehrten Minerva unterschiebt (*Fasti / Festkalender*

Roms, 3, 675–696). In dem Fabliau *Du Prestre et d'Alison / Vom Priester und Alison* (Montaiglon/Raynaud, Nr. 21, II, S. 8ff.) verliebt sich ein Kaplan in Marion, die junge und attraktive Tochter einer Bürgersfrau, und verspricht der Mutter viel Geld, um eine Nacht mit der Tochter zu verbringen. Die Mutter schiebt ihm aber die Prostituierte Alison unter. Mit dieser verbringt der Kaplan die Nacht, ohne zu ahnen, wer sie ist; mit dem Ruf »Feuer!« holt die Dienerin Hercelot die Nachbarn herbei, die den Kaplan verprügeln; dieser hat viel Geld für ein Vergnügen ausgegeben, das er für ein geringeres Entgelt hätte haben können. Die Unverhältnismäßigkeit seiner Ausgaben macht den Kaplan lächerlich.

Nach dieser Novelle hat Hans Sachs einen Schwank *Der thumb probst* und Nicolas de Troyes (*Parangon*, Nr. 118) eine Erzählung verfasst (Jones, S. 33). In den *Cent nouvelles nouvelles / Hundert neuen Novellen* (Nr. 9) legt sich eine Dame an die Stelle ihrer Zofe, die ihr Gatte begehrt; letzterer erlaubt es allerdings auch seinem Freund, die vermeintliche Zofe aufzusuchen. Matteo Bandello, einer der bekanntesten ital. Erzähler des 16. Jh.s, verweist in seiner Adaptation – anstelle des Klerikers wird ein eitler Geck beschämt – ausdrücklich auf Boccaccio (*Novellen*, Tl. 2, Nr. 47; *Tutte le opere*, Hrsg. Francesco Flora, 2 Bde., Mailand [3]1952, II, S. 163).

[5] »Monna Piccarda«: Die Protagonistin konnte nicht identifiziert werden (Branca, S. 1419).

[6] Der »Dompropst« konnte nicht identifiziert werden (Branca, S. 1419).

[8] Die Witwe schiebt das Gebot des »züchtigen Lebens« vor, um den lästigen Propst loszuwerden; in anderen Novellen werden die Bedürfnisse junger Witwen durchaus tolerant beurteilt (*Dec.* II 2; 6, 35; IV 1; VIII 7).

[21] »Senigallia« galt als eine Region, in der die Malaria herrschte (Branca, S. 1420).

[22] »Ciuta«: Der Name erscheint in einem Dokument des Jahres 1305 (Branca, S. 1420).

[27] »Herr Proprost«: Im ital. Text wird die korrekte Form *proposto* durch die Form »ploposto« karikiert.

Fünfte Novelle

Die Novelle zeigt, dass städtische Ämter nicht mit ungebildeten und unschicklich gekleideten Personen besetzt werden dürfen; diese werden mit Recht öffentlich blamiert. Spaßmacher oder Hofnarren machen nicht allein auf allzu große Leichtgläubigkeit aufmerksam (*Dec.* II 1), sondern sie erinnern auch an die notwendige Würde der Amtsträger.

[1] Es handelt sich um eine Anekdote, deren Tradition unbekannt ist (Branca, S. 1422). In dem Fabliau *De Barat et de Haimet / Von Barat und Haimet* (Montaiglon/Raynaud, Nr. 97, IV, S. 93ff.), einer Gaunerkomödie, wird zu Beginn ein besonders keckes Schelmenstück geschildert: Während ein Gauner die Vogeleier, die er aus dem Nest geholt hat, wieder unzerbrochen in das Nest auf dem Baum zurückbringt, klettert der andere hinter ihm her und zieht ihm die Beinkleider vom Leib, ohne dass er es bemerkt.

[3] »Maso del Saggio«: Vgl. Komm. VI 10, 42.

[4] »Bürgermeister«: ital. *Podestà*; s. Komm. III 5, 4.

[5] »Niccola da San Lepidio«: Der Richter ist nicht dokumentiert (Branca, S. 1422).

[8] »Ribi«, »Matteuzzo«: Ribi wird von Franco Sacchetti (*Novellen*, Nr. 49) als ein Spaßmacher, ital. *buffone*, aus Florenz vorgestellt, der sich an den Höfen der Lombardei und der Romagna aufhielt. Über seinen Gefährten Matteuzzo gibt es keine weiteren Dokumente (Branca, S. 1423).

[13] Die Kirche »Santa Maria in Verzaia« lag im Borgo San Frediano.

Sechste Novelle

Der Maler Calandrino wird in mehreren Novellen des *Dec.* (VIII 3; 6; IX 3; 5) wegen seiner dummen Leichtgläubigkeit und wegen seines Geizes dem Gespött preisgegeben. Vielleicht wollen die Erzähler darauf hinweisen, dass gegen Dummheit kein Kraut gewachsen ist. Aber in dieser Novelle und in *Dec.* IX 3 begnügen sich Bruno und Buffalmacco nicht mit dem Spott, sondern bereichern sich auch auf Kosten Calandrinos; sie erinnern an die Moral einer Fabel des Phaedrus: Dummheit ist die Erwerbsquelle der Skrupellosigkeit (*Fabeln* I, 14, V. 18).

[1] Es ist keine Vorlage oder Quelle gefunden worden (Branca, S. 1425). Hans Sachs hat nach dieser Novelle einen Schwank »Der gestolen Pachen« (*Fastnachtsspiele* 1978, Nr. 14, S. 166 ff.) und einen Meistergesang, *Der pachendieb*, verfasst; F. Sansovino hat sie im Ital. nacherzählt (Jones, S. 33).

[4] »Calandrino, Bruno, Buffalmacco«: Vgl. Komm. VIII 3, 4.

[13] »wie geizig Calandrino ist«: Unabhängig von der sozialen Stellung wird der Geiz als eine tadelnswerte Eigenschaft dargestellt (vgl. Komm. I 8; III 5; VIII 3).

[32] »Probe mit Brot und Käse«: Es handelt sich um ein Ritual, bei dem Brot und Käse mit Weihwasser gesegnet und mehreren Personen verabreicht wurde;

der vermeintlich des Diebstahls Schuldige vermochte die Stücke nicht herunterzuschlucken (Branca, S. 1427).

[35] »Pillen aus Ingwer«: Bruno karikiert das Ritual (32), indem er Ingwer bzw. eine mindere Sorte des Ingwer mit bitterem Aloe-Saft an die Stelle von Brot und Käse, den Süßwein an die Stelle des Weihwassers und sich selbst an die Stelle eines Priesters setzt (Branca, S. 1427f.).

Siebente Novelle

Mit dieser Novelle ermahnt die Erzählerin Pampinea ihre Geschlechtsgenossinnen, die Liebe eines gebildeten Mannes, der mit der Feder umzugehen versteht, nicht zu verschmähen (99; vgl. I 10); die Damen begreifen das auch, obwohl sie meinen, der Scholar habe mit seiner Racheaktion das rechte Maß verfehlt (VIII 8, 2f.). Ein gebildeter, vornehmer Mann – es sei an Dante erinnert (Komm. I 10, 1; III 8, 25) – gerät beim Anblick einer einzigartig schönen Frau, einer ›Helena‹, in Verzückung; er begehrt sie physisch *und* er erwartet von ihr, dass sie ihm die Wonnen des Paradieses eröffnet; um diese Schönheit zu gewinnen und als Dichter zu verewigen, muss er seine besten Kräfte sammeln und einsetzen; auch als er sie hasst, bringt ihn ihre körperliche Schönheit noch in Versuchung (6, 7, 66). Die Frau ist nicht nur selbstgefällig (vgl. VI 8), sondern sie unterschätzt den intellektuellen Anspruch dieser einmaligen und unbedingten Liebe und begeht den unverzeihlichen Fehler, ihre Schönheit für unvergänglich und ihr gesellschaftliches Ansehen für unerschütterlich zu halten. Sie nimmt die Belehrung an, so wie der Scholar eine seiner Liebe würdigere Frau findet (8, 13, 83, 89, 99, 101ff., 106, 148).

[1] Für die längste Novelle des *Dec.* macht Branca (S. 1430) nur sehr vage Quellenangaben. Ich nehme an, dass Boccaccio von der Darstellung der Helena, ital. *Elena*, in Vergils *Aeneis* und in Ovids *Briefe der Heroinen* inspiriert wurde: Aeneas berichtet am Hof der Dido, Königin von Karthago, wie er im brennenden Troja die auf der Schwelle eines Tempels kauernde Helena erblickt und an diesem »Scheusal«, das den Krieg mit den Griechen und den Untergang seiner Heimat verursacht hat, blutig Strafe und Rache vollziehen will; aber Venus, seine Mutter, hält ihn zurück und überzeugt ihn mit »rosigem Munde«, weder Helena zu hassen noch ihren Entführer Paris anzuklagen, weil allein »der Götter Härte« das »ragende Troja« stürzte (*Aeneis* II, 567ff.). Während seines »Abstiegs« in die Unterwelt erfährt Aeneas allerdings noch von dem schmählichen Verrat der Helena an den Trojanern (*Aeneis* VI, 511ff.). Von der mehrheitlich negativen Darstellung der Helena in der lat. Literatur unterscheidet sich die Darstellung Ovids, insofern

er die moralischen Bedenken schildert, die sie gegen die Verführung durch Paris empfindet, obwohl sie Paris auch versichert, nicht »aus Eisen« zu sein: »Unerfahren bin ich in den heimlichen Betrügereien der Venus«; »Einerseits ist mein Mann abwesend, andererseits schläfst du ohne Gemahlin, wechselseitig nimmt deine Schönheit mich und meine dich gefangen«; »Die Liebe von Fremden ist ohnehin nicht beständig«; »Mit den Winden wird auch unsere Liebe verwehen« (*Briefe der Heroinen*, XVII, 137, 141, 179 f., 191, 204; vgl. *Der Neue Pauly,* »Helene«, V, 278 ff.).

Ovid hat das Thema der Frau, die den Liebhaber unerbittlich und grausam abweist und dafür bestraft wird, in der Erzählung von Anaxarete und Iphis behandelt (*Metam.* XIV, 698 ff.); Boccaccio verweist auf diese Erzählung in *Ameto* (Boccaccio 1952, S. 988, 993).

In der um 1365 entstandenen Prosa-Erzählung *Corbaccio oder Das Liebeslabyrinth* befasst sich Boccaccio noch einmal, allerdings aus einer einseitig misogynen Perspektive mit der Verführung durch die Schönheit und bemerkt, dass das sexuelle Verlangen mit der idealistischen und poetischen Anbetung der Frau schwer in Einklang zu bringen ist: Alle guten Dinge, die Sterne, Planeten, Musen, Tugenden und die Reichtümer (ital. *le stelle, le planete, le Muse, le virtù, le ricchezze*) seien doch weiblichen Geschlechtes – »aber sie pissen nicht« (*Ges. Werke* V, S. 268; vgl. 258 f., 299 f.; Komm. X 7).

Hans Sachs hat die Novelle in einem Meistergesang mit dem Titel »Der student im schne« nacherzählt und mit der schlichten Moral versehen: »widergelten der gestalt, spricht man, ist nicht verboten«. Nicolas de Troyes (*Parangon*, Nr. 119) und Painter (*Palace of Pleasure,* III, S. 329 ff.) haben die Novelle in ihre Sammlungen aufgenommen (Jones, S. 34).

[4] »Elena«: Mit dem Namen »Helena«, der im *Dec.* allein in dieser Novelle gebraucht wird, hat Boccaccio das Urbild der vielumworbenen, aber auch dem Verfall, dem »neidischen Alter« ausgesetzten Schönheit evoziert, die den »langen [troianischen] Krieg« ausgelöst hat (Ovid, *Metam.*, XII, 5; XIV, 669; XV, 233 ff.). Als gefährlich verführerische, aber auch unglückliche Schönheit erwähnt Boccaccio sie in anderen Werken (*Filocolo* II, 13; III, 35; 67; *Amorosa visione* VIII, 70 ff.; vgl. Branca, S. 1431). In der späteren exemplarischen Lebensbeschreibung Helenas, der »nach der Meinung vieler berühmteste[n] Frau der ganzen Welt«, hebt Boccaccio »den Ruch [ihrer] nicht mehr ganz intakten Jungfräulichkeit«, ihr »schamloses Herz« und ihre »Unmoral« sowie einen schmählichen Verrat an den Troianern hervor (*Die großen Frauen,* S. 109, 111, 113, 115; vgl. Vergil, *Aeneis* VI, 515 ff.). Interessant für das Verständnis der Novelle ist es, dass Boccaccio eingangs dieser Lebensbeschreibung ausführlich bespricht, wie schwierig es für Dichter,

Maler und Bildhauer gewesen sei, die Schönheit Helenas angemessen darzustellen: Das »göttliche Genie eines Homer – von anderen ganz zu schweigen – ermattete über der Aufgabe«; Zeuxis, »der berühmteste und beste Maler jenes Jahrhunderts«, konnte kein »vollkommenes Bild von dem schaffen, was ihm vorschwebte«; deswegen ließen sich »witzige Köpfe« die »Geschichte« (lat. *fabulam*) einfallen, sie sei eine Tochter »des zum Schwan verwandelten Jupiter« (Boccaccio, *Die großen Frauen*, S. 109 ff.). Hierin liegt eine Absage an die Auffassung – wie sie in mlat. Verslehren vertreten wird –, die Darstellung der vollkommenen Schönheit sei zu erlernen, indem man nach einem Rezept vorgehe (Matthieu de Vendôme, *Ars versificatoria*; in: E. Faral, *Les arts poétiques du XIIe et du XIIIe siècle*, Paris 1958, S. 129 ff.). Ein ›witziger Kopf‹ wie Boccaccio stellt in der Novelle das Verhältnis zwischen Helena und den Künstlern, die sie zu verherrlichen versuchten, als Liebesbeziehung zwischen einer zeitgenössischen Schönheit und einem gelehrten jungen Mann dar, der mit der »Feder« umzugehen versteht (99).

[6] Die Erfahrung, die der junge Gelehrte mit der Liebe machen muss, nimmt vorweg, was Boccaccio über sein literarisches Vorbild Dante Alighieri in der ersten Fassung von *Das Leben Dantes / Trattattello in laude di Dante* geschrieben hat: Trotz des Wissens und der Tugendhaftigkeit jenes wunderbaren Dichters habe die »fleischliche Lust« »einen großen Raum« in seinem ganzen Leben eingenommen; aber wer darf schon die mangelnde Standhaftigkeit und die »tierischen Lüste« der Menschen verurteilen? Denn die Frauen machen mit den Männern, was sie wollen: »Ihre Anmut und Schönheit erregen die natürliche Gier und alles Übrige unablässig im Herzen der Männer«. Was Männer um der Frauen willen täten, bewiesen die Erzählungen von Jupiter und Europa, von Herkules und Iole sowie von *Paris und Helena*! Und wer diese Erzählungen für unwahre Fabeleien halte, möge sich an die unbezweifelbaren Erzählungen der Heiligen Schrift halten, an David und Batseba, an Salomon, den Frauen verleiteten, fremde Götter anzubeten (Boccaccio, *Trattattello*, §§ 172 ff.; *Das Leben Dantes*, in: *Ges. Werke* 1, S. 87 f.; vgl. *2. Samuel* 11; *1. Könige* 11, 3–4). Ohne den Frauen die Schuld zuzuweisen, beurteilt Boccaccio das Sexualleben seines Freundes Francesco Petrarca: Die Wollust (lat. *libido*) habe ihn zwar nicht vollständig besiegt, sondern eher belästigt; wenn er ihr auch manchmal unterlegen sei, so habe er sich der Lust – frei nach dem Apostel Paulus – in dem Bewusstsein der unfreiwilligen Sündhaftigkeit ergeben: »Wenn ich aber tue, was ich nicht will, so tue nicht ich es, sondern die Sünde, die in mir wohnt« (*Römer* 7, 20; Boccaccio, *Vita di Petrarca*, S. 86 f.; vgl. Petrarca 2006, S. 380 f.).

[8] »habe ich einen Gimpel gefangen«: Auch in *Il Corbaccio* missachtet eine

bösartige Witwe die Gelehrsamkeit des leichtgläubigen Liebhabers (Boccaccio, *Ges. Werke* v, S. 300).

[50] »Santa Lucia del Prato«: In umgebauter Form steht diese Kirche noch heute in der Via Santa Lucia in Florenz.

[99] »so wäre mir immer noch meine Feder verblieben«: In Boccaccios Satire *Il Corbaccio* klärt ein verstorbener Ehemann den gelehrten Liebhaber, den seine verwitwete Frau verschmäht, über deren unerträgliches Wesen auf und erbittet die Veröffentlichung dieser Informationen (*Ges. Werke* v, S. 309 ff.).

[102–103] »Ihr Frauen verliebt Euch in junge Männer«: Die obszöne Metaphorik vermittelt eine ähnliche Belehrung, wie sie den vorlauten jungen Damen in der 10. Novelle des 1. Erzähltages erteilt wird.

Achte Novelle

Die Novelle zeigt, dass das freundschaftliche Zusammenleben von Ehepaaren selbstverständlich zu sexuellen Beziehungen zwischen den Ehepartnern und zu einer Ménage-à-quatre führen kann; den öffentlichen Skandal sollte der zuerst betrogene Ehemann tunlichst vermeiden, weil er selbst der Blamierte wäre; rächen sollte er sich, indem er sich entschädigt, das heißt: Gleiches mit Gleichem vergilt (9, 25). Die Promiskuität bleibt erträglich, sofern sie diskret und maßvoll stattfindet. Was die eheliche Moral anbelangt, so scheint im 14. und 15. Jh. ein deutliches Abweichen der gesellschaftlichen Praxis von den sittlichen Normen eingetreten zu sein (W. Prevenier / Th. de Hemptinne, »Ehe c. viii.«, *LexMA* 3, 1638 f.).

[1] Eine Anregung für diese Novelle kann das Fabliau *De Constant du Hamel / Über Constant du Hamel* (Montaiglon/Raynaud, Nr. 106, iv, S. 166 ff.) gegeben haben: Der Priester, der »Prevôt« (d. i. der Stellvertreter des Grundherrn) und der »Forestier«, der »Waldhüter«, bewerben sich vergeblich um Ysabiau, die schöne Frau des wohlhabenden Bauern Constant du Hamel; die drei versuchen, ihn zu erpressen, aber die schlaue Bäuerin findet einen Ausweg. Sie schickt die Magd aus, um die drei nacheinander zu sich einzuladen; sobald einer eintrifft, versteckt sie den Vorgänger in einem Fass, nachdem sie jedem ein üppiges Entgelt ohne Gegenleistung abgenommen hat; darauf werden die drei Ehefrauen einbestellt, und Constant du Hamel zwingt sie, unter den zotigen Bemerkungen der Eingesperrten, zum Geschlechtsverkehr auf dem Fass. Die Frauen werden fortgeschickt und die betrogenen Männer von den Hunden über die Felder gehetzt.

Es gibt einige dt., ital. und frz. Nachahmungen (Martin Montanus; Masuccio, Nr. 36; Straparola, VI 1; Nicolas de Troyes, Nr. 120; Jones, S. 34). La Fontaine hat die Novelle unter dem Titel »Le Faiseur d'oreilles et le raccommodeur de moules« / »Der Ohrenformer und der Nasenflicker« nacherzählt; hierbei hat er Motive aus einer Novelle der *Hundert neuen Novellen* (Nr. 3) und aus einer Novelle von Bonaventure Des Périers (Nr. 9) hinzugefügt.

[3] »traurige Stimmung … aufzumuntern«: vgl. Komm. I Schluss, 14; IV 1, 2.

[4] »Spinelloccio Tavena« gehörte einer bekannten Sieneser Familie des 14. Jh.s an (Branca, S. 1443).

»Zeppa di Mino«: Mino de' Tolomei, genannt Zeppa, bekleidete verschiedene Ämter zwischen 1279 und 1307, auch als Podestà von San Gimignano (Branca, S. 1443).

[14] »dritte Stunde«: Vgl. Komm. I Einleitung, 102.

Neunte Novelle

Die Novelle zeigt mit seltener Ausführlichkeit und formaler Eindringlichkeit, dass ein akademisch ausgebildeter Dummkopf aus Bologna den lebenslustigen, zungenfertigen und spitzbübischen Allerweltskünstlern aus Florenz hilflos ausgeliefert ist. Der eitle Akademiker möchte Informationen über das Verhalten seiner Mitbürger sammeln; er ist aber von der unsinnigen Idee besessen, dass die Lebenslust vom Geld abhängig sei (6–8). Dank eines Streiches, der den Damen – trotz oder wegen seiner Unappetitlichkeit? – vor Lachen die Tränen in die Augen treibt, gewinnt er die Urteilskraft, die für das Leben außerhalb der Universität notwendig ist (112; VIII 10, 2).

[1] Eine Vorlage ist nicht ausfindig gemacht worden (Branca, S. 1445). Auch dieser Novelle liegt die Moral der Fabel des Phaedrus zugrunde, dass die Dummheit die Erwerbsquelle der Gauner sei (Komm. VIII 6).

Hans Sachs hat nach der Novelle einen Schwank (»Der Doctor im Venusberg«) und Jakob Ayrer (um 1544–1605) ein Fastnachtsspiel, »Von Meister Simon«, verfasst (Jones, S. 34).

[3] »wie Pampinea es vorhin zeigen wollte«: Gemeint ist *Dec.* VIII 7.

[5] »Simone da Villa«: Ein Maestro Simone Medico wurde um die Mitte des 14. Jh.s in Santa Croce bestattet; Boccaccio lässt ihn noch einmal in *Dec.* IX 3 auftreten (Branca, S. 1445).

Die »Via del Cocomero« entspricht einem Teil der heutigen Via Ricasoli (Branca, S. 1446). Ital. *cocomero* bedeutet »Wassermelone« und »Dummkopf«.

[7] »Bruno«, »Buffalmacco«: Vgl. Komm. VIII 3, 4.

[15] »qualitative Holzköpfigkeit« ist ein Versuch, ital. *qualitativa mellonaggine da Legnaia* im Dt. wiederzugeben; der ital. Ausdruck bedeutet entweder »hochqualifizierte Dämlichkeit, die nach Legnaia [ein Ort im Südwesten von Florenz, seit 1865 eingemeindet] gehört«, wo gute Melonen oder »Dummköpfe« geerntet wurden (s. 64), oder »hochqualifizierte Dämlichkeit, die zum Holz, in den Holzschuppen gehört« (Branca, S. 1447).

»Montisoni« ist ein im Südosten von Florenz bei Antella gelegener Berg, auf dem sich ein Kloster und eine Kirche mit einem bekannten Kreuz befanden (Branca, S. 1447).

[17] Michael Scotus (vor 1200 – um 1235) war Philosoph, Astrologe und Übersetzer am Hof Ks. Friedrichs II. (S. Ackermann, »M. 30.«, *LexMA* 6, 606 f.).

[23] Zur folgenden Unsinnsrede vgl. Komm. VI 10; VIII 3, 9.

[38] »Hippokrates und Avicenna«: Hippokrates (5. Jh. v. Chr.) war ein berühmter Arzt, nach Aristoteles (*Politik*, 7, 1326a, 14–16) die Symbolfigur des Arzttums, dessen Schriften im MA aber nur teilweise bekannt waren (G. Keil, s. v., *LexMA* 5, 31 ff.); Avicenna (973/80–1037) war der einflussreichste arabische Universalgelehrte, Philosoph und Arzt des MA (mehr. Autoren, s. v., *LexMA* 1, 1298 ff.).

[40] Mit »Katzenmäusekrieg« ist das satirische Drama *Katomyomachia / Katzenmäusekrieg* des Theodoros Prodromos, eines byzant. Dichters aus der 1. Hälfte des 12. Jh.s gemeint (W. Hörandner, s. v., *LexMA* 7, 239 f.).

[41] »Peretola«: Der Ort liegt nur wenige Kilometer nordwestlich vor den Toren von Florenz.

[50] »Vallecchio«: Der Ort gehört heute zu Castelfiorentino, südwestlich von Florenz gelegen (Branca, S. 1451).

[56] »Guasparuolo da Saliceto«: Warum der dumme Doktor mit diesem Professor der Medizin aus Bologna (13.–14. Jh.) angibt, ist unbekannt (Branca, S. 1451).

»Podestà«: Vgl. Komm. III 5, 4.

[62] »Pasignano«: Über dem Eingang der Kirche des südlich von Florenz gelegenen Ortes soll es ein Bildnis Gottvaters gegeben haben (Branca, S. 1452).

[64] »Apfel«, »Melone«: Geläufig war es, auf einen Apfel einen Buchstaben zu schneiden, den das Kind erraten musste, um den Apfel zu bekommen; den Buchstaben auf eine »Melone«, ital. *melone* oder *mellone*, zu schneiden, ist eine Anspielung auf die »Dummheit«, ital. *mellonaggine*, des Doktors (Branca, S. 1452 f.).

[81] »frisch gewaschener Ritter«: Im Zusammenhang mit der »Gräfin von La-

trinien« (73) ist die ironische Übersetzung vertretbar; im Ital. bedeutet *cavalier bagnato*, dass der Ritter durch den Ritterschlag von allen Lastern gereinigt wurde (Sacchetti, *Novellen*, Nr. 153).

[92] »gewisse Spiele«: Vielleicht handelt es sich um ein Maskenspiel, »Gioco del Veglio«, das 1325 verboten wurde (Branca, S. 1455).

[97] »in Richtung«: Buffalmacco bewegt sich im Bereich der heutigen Via della Scala (Branca, S. 1456).

[102] »Mein Freundchen … zufriedenstellen.«: Vgl. *Dec.* III 1, 37; III 10, 31; V 10, 19; VI 7, 17.

Zehnte Novelle

In der Liebe, aber besonders im Umgang mit Kurtisanen, sollte ein junger Mann bei allem sexuellen Glück nicht die Besonnenheit und den Verstand verlieren (24, 32, 46). Die Kurtisane aus Palermo macht die Erfahrung, dass die Florentiner auch als Freier ausgefuchste Geschäftsleute bleiben. Aber warum gibt Salabaetto, der Protagonist, seinen Beruf auf (64)? Wird ihm die Verbindung von Kommerz und Liebe unangenehm oder gar zuwider!?

[1] Ein verbreitetes Motiv ist die Rückgewinnung eines durch Betrug verlorenen Gutes oder der entsprechenden Geldsumme (Petrus Alfonsi, *Die Kunst vernünftig zu leben*, XVI, S. 174 ff.; Sacchetti, *Novellen*, Nr. 198; Branca, S. 1457). Die Novelle war die Quelle für ein Fastnachtsspiel von Hans Sachs (»Nicola der kauffman«) und für das Drama Lope de Vegas *El anzuelo de Fenisa / Die Angel der Fenisa.* Jones (S. 34) nennt nur diese zwei Nacherzählungen.

[9] »Niccolò da Cicignano«: Aus der bekannten Florentiner Familie sind einige städtische Amtsträger hervorgegangen; ein gewisser Niccolò di Cecco da Cignano ist für die Mitte des 14. Jh.s dokumentiert; vielleicht stand er im Dienste der Scali, die als Florentiner Handels- und Bankgesellschaft in Süditalien tätig waren (Branca, S. 1458; M. Luzzati, »Scali«, *LexMA* 7, 1425).

[10] »Biancofiore«: Das im ital. Text verwendete Wort »Iancofiore« ist die sizilianische Form für »Biancofiore« (Branca, S. 1459).

[42] Pietro dello Canigiano war ein Freund Boccaccios; er hatte hohe Ämter am Hof der Könige von Neapel und in Florenz inne; 1381 starb er in der Verbannung (Branca, S. 1462).

[42] »Kaiserin von Konstantinopel«: Gemeint ist Katharina von Valois-Courtenay (1301–46), die über ihre Mutter Titularkaiserin von Konstantinopel war; ihr Urgroßvater, Balduin II. von Courtenay, war der letzte regierende Ks. des La-

teinischen Kaiserreichs in Konstantinopel (1228–61). Katherina war seit 1313 in zweiter Ehe mit Philipp von Tarent (gest. 1331) verheiratet, einem Sohn Karls II. des Lahmen von Anjou (1252–1309), Kg. von Sizilien und Neapel (R. Manselli, »Anjou II.«, *LexMA* 1, 645 ff.; A. Carile, »6. Balduin II.«, *LexMA* 1, 1369 f.; K.-P. Todt, »Philipp v. Tarent«, *LexMA* 6, 2065).

Schluss

[9] »So viel Frieden, Glück und Lust«: Es handelt sich um eine »Ballata« (Komm. I Schluss, 22); das Tanzlied besteht aus einem Refrain (aBB) und drei neunzeiligen Strophen aus Elfsilblern und Siebensilblern (CdeCdeeBB). Der Sprecher besingt das Glück der erfüllten Liebe, das nicht ausgesprochen werden kann und darf. Die Zuhörer vermuten, dass das Lied ein Geständnis enthält; obwohl es unschicklich ist, versuchen sie, allerdings vergeblich, hinter das Geheimnis zu kommen.

Neunter Tag

Einleitung

[4] »Diese wird der Tod nicht besiegen …«: Mit diesem Diktum wird einerseits die Wirkung der Erzählerschar und ihrer Erzählungen auf die Leser zum Ausdruck gebracht: Cicero zufolge soll der Redner »Heiterkeit« erregen, weil sie ihm Sympathie einträgt (*Über den Redner* 2, 236, S. 359). Die Erzählerschar repräsentiert die glückliche Lebensweise des Philosophen oder des Dichters (s. Nachwort, S. 1042 f.) und befolgt Ratschläge des Seneca und des Horaz: »Der Weise ist reich an Freuden, heiter und ruhig, unerschütterlich; sein Leben gleicht dem der Götter« (Seneca, *Briefe an Lucilius*, 59, 14). »Wenn […] das Leben ohne Liebe und ohne Scherz nicht angenehm mehr ist, so leb' in Lieb und Scherz« (Horaz, *Briefe* 1, 6, 65 f.).

Erste Novelle

In der Novelle wird die Darstellung einer wahnwitzigen Liebe (vgl. IX 2, 2) mit Versatzstücken einer Gruselgeschichte (ein abstoßend hässlicher Toter, Grabesdunkel) verbunden; die gewitzte Dame bringt allerdings den einen unerwünschten Verehrer dazu, sich scheintot zu stellen, was der zweite in seinem Liebeswahn nicht bemerkt, und sie sorgt auf diese Weise für ein komisches Ende der Grabschändung.

[1] Ohne eine eindeutige Vorlage benennen zu können, macht Branca (S. 1466) auf zwei geläufige Motive aus der Erzähltradition aufmerksam: die schwierige Prüfung und die Frauenlist gegenüber dem lästigen Liebhaber. Beide Motive hat Boccaccio auch in anderen Novellen eingesetzt: die schwere Prüfung in *Dec.* III 9, 30; X 10; V 9; die Frauenlist gegenüber einem lästigen Liebhaber in *Dec.* VII 6 und VIII 7.

Jones (S. 35) führt eine Reihe von Nachahmungen an, die von einem Fastnachtsspiel des Hans Sachs (»Die jung erber witfraw Francisca«) über die Nacherzählung des Nicolas de Troyes (*Parangon*, Nr. 149) bis ins 19. Jh. reichen.

[3] »welche Kräfte die Liebe hat«: Vgl. Komm. III 10, 3.

[5] »Rinuccio Palermini«: Gemeint ist eine ghibellinische Familie aus Florenz; ein anderer Vertreter der Familie erscheint in *Dec.* III 7, 4 (Branca, S. 1467; vgl. Villani, *Cronica* V, 10; 39).

Die »Chiarmontesi« waren eine alteingesessene Florentiner Familie, die von der Partei der Ghibellinen zu den Guelfen wechselte (Branca, S. 1467; Villani, *Cronica* V, 11).

[6] »Francesca de' Lazzari«: Zu dieser mächtigen und bekannten Familie aus Pistoia gehörte ein berühmter Jurist, Filippo de' Lazzari; ein anderer Angehöriger der Familie erscheint als Kirchenräuber in Dantes *Hölle* (24, 122 ff.; Barth, S. 140); eine »Francesca« ist allerdings nicht dokumentiert (Branca, S. 1467).

[11] »Scannadio«: Es könnte sich um einen sprechenden Namen handeln, da *scannare* im Ital. »abstechen, abschlachten« bedeutet.

Zweite Novelle

Die Novelle bietet ein weiteres Beispiel für den Nutzen der schlagfertigen Rede, sofern sie im günstigen Augenblick eingesetzt wird (»fortuna«, 3; ital. *motteggiare*; Komm. VI); außerdem wird ein Thema aus *Dec.* I 4 aufgegriffen: Wer kraft seines kirchlichen Amtes damit beauftragt ist, über die Keuschheit seiner Untergebenen zu wachen, sollte selbst das Gebot der Keuschheit befolgen. Die Handlung wird von den Motiven: ›Schönheit verführt‹ und die ›Alten lieben wie die Jungen‹ gestützt (s. *Dec.* I 10). In *Dec.* III 1 werden alle Klosterschwestern und die Äbtissin durch den Anblick eines Mannes angeregt, sich ihren Sexualtrieb einzugestehen und ihm nachzugeben; Isabetta, die Protagonistin dieser Novelle, erregt vor allem den Neid ihrer Mitschwestern, die auch nach dem Schuldgeständnis der Äbtissin nach außen hin so tun, als lebten sie enthaltsam.

[1] Als Vorlage ist ein Fabliau anzuführen, *Dit de la nonnete / Erzählung von der Nonne* (Montaiglon/Raynaud, Appendice Nr. 3, VI, S. 263–269): Eine Nonne wird wegen ihrer Liebesaffären bestraft; sie droht eine andere anzuzeigen, die sie ihrerseits mit einem Liebhaber beobachtet; die zuletzt Ertappte tut sich mit zwei anderen zusammen, um die Äbtissin dazu zu bringen, die bestrafte Nonne freizulassen; das gelingt, weil die Äbtissin ihnen mit dem Beinkleid eines hübschen Abtes als Kopfschmuck gegenübertritt.

Die Novelle wurde im 16., 17. und 18. Jh. wiederholt nacherzählt (Jones, S. 35): von Hans Sachs (»Die Epthesin mit der pruech«), Burkart Waldis (um 1490–1556), Martin Montanus (um 1537–66); von Nicolas de Troyes (*Parangon*, Nr. 152), von La Fontaine (»Le Psautier« / »Das Psalterium«), Jacques Vergier (1655–1720), J.-B. Grécourt (1683–1743) und Alexandre Théis (1738–96); ein Resümee der Novelle hat Luigi Pulci (1432–84) in sein burleskes Epos *Morgante* (XVI, 59) eingefügt.

[5] »Kloster … berühmt für seine Glaubensstrenge und Frömmigkeit«: Vgl. *Dec.* I 4, 4; III 1, 6, wo auch der fromme Ruf des betroffenen Klosters ironisch hervorgehoben wird.

Dritte Novelle

Die Novelle zeigt, dass Calandrino noch dümmer als Maestro Simone (VIII 9) ist, der auch nicht mehr die Meinung vertritt, dass Männer Kinder bekommen können (25). Calandrinos Dummheit erleichtert es seinen Gefährten, ihn für seinen Geiz gebührend zu bestrafen.

[1] Der Volksglaube an das »Männerkindbett« (frz. *Couvage*) ist nicht nur aus Südamerika und Südostasien, sondern auch aus dem Baskenland sowie den kanarischen und balearischen Inseln bekannt (Pschyrembel, S. 316). Boccaccio mokiert sich offensichtlich über diesen Aberglauben. Vorausgegangen ist ihm hierin nicht nur der anonyme Verfasser der berühmten afrz. Vers-Prosa-Novelle *Aucassin und Nicolette* (um 1200; Kap. 29–30), sondern vor allem »die älteste bekann-

te und schon bei den Zeitgenossen berühmte frz. Dichterin«, Marie de France (R. Kroll, s. v., *LexMA* 6, 287 f.). In ihrer Fabelsammlung *Esope* erzählt sie die Fabel »Vom Bauern und dem Käfer« (Nr. 43: »De rustico et scarabeo«): Der Käfer gelangt durch den After in den Leib des schlafenden Bauern; als dieser Schmerzen bekommt, erklärt der Arzt, er sei schwanger; der Bauer glaubt es, und das »närrische Volk« fragt sich, durch welche Öffnung das Kind geboren werde; als der Käfer dort wieder herauskommt, wo er hineingelangt ist, sind alle enttäuscht. An dem Beispiel sehe man, dass »Dumme« glauben, was »nicht sein kann«, und »leerer Schein« (afrz. *vanitez*) sie verführt.

Hans Sachs hat nach der Novelle ein Fastnachtsspiel »Der schwanger pawer« verfasst, und Nicolas de Troyes hat sie nacherzählt (*Parangon*, Nr. 153; Jones, S. 36).

[3] »ungepflegte Richter«: Vgl. VIII 5.

[4] »aus den früheren Novellen«: Vgl. VIII 3; 6.

[6] »Nello«: Ein Maler mit dem Namen Nello di Dino oder Bandino, der nach Boccaccio (*Dec.* IX 5, 19) mit Calandrinos Frau verwandt gewesen sein soll, ist für den Beginn des 14. Jh.s dokumentiert (Branca, S. 1472 f.).

[15] »Meister Simone«: Vgl. Komm. VIII 9, 5.

[17] Das »Zeichen einer Melone« ist eine Anspielung auf die Dummheit des Doktors (Komm. VIII 9, 5, 15, 64).

[21] »weil du immer oben liegen wolltest«: Calandrino macht darauf aufmerksam, dass nach der Ansicht der Mediziner der »gesundheitsgemäße Geschlechtsakt […] durch die Vagina und in der als ›natürlich‹ erachteten Stellung erfolgen« sollte; wenige Autoren beschäftigten sich mit den verschiedenen Stellungen des Beischlafs; im 15. Jh. äußerte ein gelehrter Arzt, Michele Savonarola (um 1384–1468), die Ansicht, »daß Abweichungen von der ›natürl.‹ Position zur Erschöpfung führen und der Mann (bei Oberlage der Frau) in Gefahr gerät, etwas vom weibl. ›Samen‹ (der als für den Mann schädlich erachtet wurde) abzubekommen« (D. Jacquart, »Sexualität IV.«, *LexMA* 7, 1816 ff.).

Vierte Novelle

Warum lacht die Gesellschaft nicht allzu sehr über diese Novelle (*Dec.* IX 5, 2)? Weil die »Bosheit« oder »Tücke« (ital. *malizia*) des Cecco Fortarrigo wohl mit einer »schwereren Waffe als der Lächerlichkeit« bestraft werden sollte (Cicero, *Über den Redner* 2, 237, S. 361; vgl. Komm. II 1), was der düpierte Angiolieri auch getan haben soll (25). Die Erzähler zeigen im Sinne Ciceros »Zurückhaltung [lat.

moderatio] im Gebrauch des Witzes«; was »besonderen Hass« oder »außergewöhnliches Mitleid« verdient, wird nicht verspottet; der »Stoff des Lächerlichen [ist] in den Fehlern [zu suchen], die im Leben der Menschen vorkommen, so weit sie nicht beliebt oder unglücklich sind oder wegen eines Verbrechens den Tod zu verdienen scheinen« (ebd., 238, S. 361). Die Lehre aus dieser Novelle lautete, dass ein Mensch unverbesserlich sein und auch durch Wohlwollen und Vernunft nicht auf den rechten Weg zurückgeführt werden kann.

[1] Es ist eine erfundene oder ›wahre‹ Anekdote. Hans Sachs hat nach dieser Novelle einen Schwank verfasst (»Der herr mit dem verspilt knecht«; Jones, S. 36).

[5] »Cecco Angiolieri« (oder Angiulieri; um 1258 – um 1313) war ein Zeitgenosse Dantes und der herausragende Vertreter der burlesken Dichtung des 13. und 14. Jh.s (*Poeti giocosi*, S. 111–250; *Sonette*, ital./dt., Übers. von Rudolf Freiherr von Simolin, Hans Rheinfelder, Otto Freiherr von Taube, Verona 1944). »Cecco di Fortarrigo« Piccolomini ist 1293 wegen Totschlags zum Tode verurteilt worden; das Urteil wurde aber nicht vollstreckt (Branca, S. 1475). In einem seiner Sonette (Nr. 83) teilt Cecco Angiolieri dem Cecco Fortarrigo mit, dass er selbst der »Hölle« entkommen sei, weil sein Vater gestorben sei; er wünscht dem Empfänger, dass ihm ein ähnliches Los und damit ein seliges Leben ohne Ende beschieden werde.

[9] »B(u)onconvento«: Die Ortschaft liegt vierzig Kilometer südlich von Siena.

[17] »Torrenieri«: Die Ortschaft liegt zehn Kilometer südöstlich von Buonconvento.

[24] »Corsignano«: Gemeint ist Pieve di Corsignano in der Nähe von Montepulciano.

Fünfte Novelle

Es macht immer wieder Spaß, Geschichten über ein und denselben Dummkopf zu erzählen und zu hören, sofern Zeit und Ort richtig gewählt werden (3–4): Während die Pest in ihrer Heimatstadt wütet, sucht die Erzählerschar an einem vor der Epidemie geschützten Ort Ablenkung und Zerstreuung. Die Novelle zeigt, dass der Maler Calandrino zwar wie jedermann Begehren empfindet, ihm aber der Verstand fehlt, um die Schönheit einer »Hexe« (15; ital. *lammia* von lat. *lamia*, dt. »Unholdin, Vampir«) von einer begehrenswerten Schönheit unterscheiden zu können.

[1] Die Einführung der Erzählerin (5) macht darauf aufmerksam, dass es sich um eine Florentiner Anekdote handelt.

Die Novelle ist von Hans Sachs in einem Schwank (»Der erganst pueler«) nacherzählt worden; Nicolas de Troyes hat sie in seine Sammlung aufgenommen (*Parangon*, Nr. 154; Jones, S. 36).

[5] »den bereits erzählten Novellen«: Gemeint sind die Novellen VIII 3; 6; IX 3.

[6] »Cornacchini«: Gemeint ist eine bekannte Florentiner Kaufmannsfamilie, deren Besitz in der oben erwähnten Via del Cocomero lag (*Dec.* VIII 9, 5; Branca, S. 1478).

»Bruno, Buffalmacco, Nello«: Vgl. VIII 3, 4; 6; 9; IX 3, 6.

»Camerata«: Vgl. Komm. VII 1, 6.

[9] »für *ihresgleichen* auch gebildet und beredt«: In Norditalien, Südfrankreich und Oberdeutschland ist die sesshafte *Prostitution* seit dem 13. Jh. belegt; Frauenhäuser (lat. *prostibula, lupanaria*, dt. »rote Klöster«) gab es seit dem 14. und 15. Jh. in den europäischen Großstädten und in vielen mittleren und kleineren Städten. Der Bordellbesuch war den unverheirateten Männern (Gesellen) gestattet, Ehemännern, Klerikern und Juden hingegen verboten. Augustinus sah in Dirnen und Zuhältern einen Schutz vor der sündhaften Libido; Thomas von Aquin betrachtete die Prostitution als das kleinere Übel; andere Theologen widersprachen allerdings dieser Ansicht. Städtische Erlasse regelten Verpflegung, Unterkunft, Lohn, Hygiene der Dirnen und ihre soziale Integration; das 15. Jh. ist als »Jahrhundert der Bordelle« bezeichnet worden (B.-U. Hergemöller, »Prostitution I.«, *LexMA* 7, 267 f.).

Sechste Novelle

Im Unterschied zu der Vorlage, einem afrz. Fabliau, in dem die gemeine Sexualgier junger Kleriker angeprangert wird (s. u.), zeigt die Novelle, dass die Liebe Männer und Frauen zu mannigfachen Listen inspiriert (vgl. Ovid, *Liebesgedichte* 3, 4, 17 ff.). Die Frauen verstehen es besser als die Männer, ihr sexuelles Vergnügen, wenn es einmal befriedigt wird, für sich zu behalten, um einen Skandal zu vermeiden; und sie tun dies unabhängig davon, ob ihre Libido mit oder ohne ihre ausdrückliche Zustimmung befriedigt worden ist (19, 24, 33).

[1] Als Vorlage für diese Novelle sind zwei afrz. Fabliaux ausfindig gemacht worden: *De Gombert et des deux clers / Von Gombert und den beiden Klerikern* und *Le Meunier et les deux clers / Der Müller und die beiden Kleriker* (Mon-

taiglon/Raynaud, Nr. 22, I, S. 238 ff.; Nr. 119, V, S. 83 ff.; Landau, S. 151 f.; Branca, S. 1483). Der Handlungsablauf des Fabliau *Von Gombert und den beiden Klerikern* stimmt mit der Novelle überein, die Handlungsmotivationen sowie die Darstellung der Personen sind allerdings verschieden: Zwei arme Kleriker finden Unterkunft bei einem Bauern; der eine ist verliebt in die Bauersfrau, der andere in die Bauerstochter. In der Nacht schleicht sich der erste Kleriker zur alleine schlafenden Bauerstochter, die sich ihm schließlich hingibt, nachdem er ihr einen kleinen Ofenring als angeblichen Goldring zugesteckt hat. Der zweite Kleriker ist neidisch auf die paradiesischen Freuden seines Gefährten und holt die Wiege des Kindes neben sein eigenes Bett, als der Bauer nach draußen geht, um seine Notdurft zu verrichten. Der Bauer legt sich in das Bett der Gäste, der zweite Kleriker schleicht sich ins Ehebett zur Bäuerin, die sich über die sexuelle Aktivität ihres ›Ehemannes‹ wundert. Der erste Kleriker kehrt in sein Bett zurück, in dem der Bauer schläft, und erzählt ihm von seinem Erfolg bei der Tochter (V. 150 und ff.). Es kommt zum Handgemenge zwischen den beiden; die Bäuerin schickt ihren Galan, den sie immer noch für ihren Ehemann hält, zum Bett der Gäste, damit er die Streithähne auseinanderbringt; die beiden Kleriker verprügeln aber Gombert und machen sich auf und davon. Die Lehre aus dem Fabliau lautet: Wer eine schöne Frau hat, nehme keine Kleriker in sein Haus auf, denn er kann nur verlieren.

Die Novelle wurde wiederholt nacherzählt, z. B. von Hans Sachs (»Die zwei Gesellen beim Wirt«) und von La Fontaine (»Le berceau« / »Die Wiege«); Charles Collé (1709–83) soll das Libretto für die Oper *Le Berceau* verfasst haben (Jones, S. 36). »Die Erzählung des Landvogts« / »The Reeve's Tale« aus Chaucers *Canterbury-Erzählungen* folgt weniger Boccaccios Novelle als dem afrz. Fabliau *Der Müller und die beiden Kleriker.*

[4] »Mugnone«: Vgl. Komm. VIII 3, 22.

[6] »Ihrerseits bildete sie sich etwas darauf ein«: Ein ähnlicher Stolz erfüllt den Stallknecht, der die Königin liebt (*Dec.* III 2, 7).

Siebente Novelle

Die Novelle zeigt, dass die Dumme sich selbst schadet, wenn sie nicht auf die gut gemeinten Ratschläge anderer hört, denn auch die Träume tugendhafter Menschen sind nach Aristoteles besser als die »beliebiger Leute« (*Nikom. Ethik* I, 13, S. 24). Vor allem sollten die Frauen – als die Zielgruppe der Novellensammlung – den Zusammenhang zwischen Traum- und Wachvorstellungen beachten: Träume können »Visionen«, also eine Vorausschau künftiger Ereignisse sein. Die Novelle greift frühere Erörterungen über die Funktion der Träume auf (Komm. IV 5, 11; IV 6, 1); sie ergänzt jene Überlegungen durch eine knappe Studie des Problems, dass der Mensch trotz der sprachlichen Kommunikation nur scheinbar – indem er einen literarischen Text verfasst – in den Kopf eines anderen Menschen hineinsehen und seine Gedanken lesen kann (7–10; Weimar 1980, § 267, S. 150). Da die widerspenstige Frau schließlich, wenn auch unter Schmerzen, begreift, dass ihr Mann es gut mit ihr gemeint hat, lässt sich die Lehre für die Zuhörerinnen mit einem Satz Senecas zusammenfassen: »Gelegentlich muss man denen Furcht einjagen, bei denen Vernunft nichts bewirkt« (*Der Zorn* 2, 14; *Dialoge* I, S. 175).

[1] Das Motiv der widerspenstigen Frau findet sich in verschiedenen Literaturen (Landau, S. 160; Branca, S. 1485). Jones (S. 36) führt nur eine ital. und eine dt. Nachahmung an: Francesco Sansovino (Komm. I 10, 1) und Hans Sachs, »Das bös Weib mit dem Wolf«. Vielleicht versuchte Boccaccio, mit der Novelle den Unterschied zwischen freiwilligem und unfreiwilligem Verhalten zu illustrieren: »Es ist also lächerlich, die äußeren Güter anzuklagen und nicht sich selbst, der man so leicht von Derartigem gefangen wird, lächerlich das Gute sich selbst zuzuschreiben, das Schimpfliche aber auf Rechnung des äußeren Reizes zu setzen. Erzwungen ist und bleibt doch, wessen Prinzip außen ist, wo aber das den Zwang Erduldende nichts dazutut« (Aristoteles, *Nikom. Ethik* III, 1, S. 46).

[3] »Wahrheit der Träume«: Gemeint sind die Novellen IV 5 und IV 6.

[4] »Talano d'Imolese«: Talano ist eine Abkürzung für »Catalano«; eine Familie aus Imola ist für Florenz dokumentiert (Branca, S. 1485).

[8] »Chi mal ti vuol, mal ti sogna« lautet die ital. Fassung der sprichwörtlichen Redewendung. Vielleicht wurde die Erzählerin durch ein Diktum aus den *Disticha Catonis*, einer anonymen lat. Spruchsammlung aus dem 3. oder 4. Jh. n. Chr., inspiriert: »Sorge dich nicht um Träume; denn der menschliche Geist erhofft sich im Wachen, was er sich wünscht, im Schlaf sieht er es« (2, 31; Bury, S. 11850).

Achte Novelle

Die Novelle zeigt, dass die Spaßmacher in der Stadt die Charakterzüge hoher Herren – Großmut oder Jähzorn – kennen und zu nutzen wissen, dass sie aber die eigene Schläue nicht überschätzen sollten. Aus der Perspektive bescheidener Stadtbürger belehrt sie auch darüber, dass der Frieden innerhalb der Mauern von den Launen der Mächtigen, ihrer Freundlichkeit oder Reizbarkeit abhängt: Es steht schlecht um die persönliche Sicherheit innerhalb der Stadtmauern, so lange sie von der Empfindlichkeit mächtiger Herren abhängt.

[1] Es handelt sich um eine Florentiner Anekdote (Branca, S. 1487). Jones (S. 36 f.) gibt drei Nacherzählungen an, eine hiervon hat Hans Sachs verfasst (»Die zwen Schmarozer«); die beiden anderen sind von Francesco Sansovino und Nicolas de Troyes (*Parangon*, Nr. 163).

[2] »Talano«: Der Hinweis bezieht sich auf die vorherige Novelle, *Dec.* IX 7.

[3] »Rache des Scholaren«: Die Bemerkung erinnert an *Dec.* VIII 7.

[4] »Ciacco«: Der Name ist eine Abkürzung für *Giacomo* oder *Jacopo* oder frz. *Jacques*; Francesco da Buti, ein früher Kommentator Dantes, gibt dem Namen die Bedeutung von »Schwein«. Im Kreis der Schlemmer befragt Dante einen gewissen Ciacco über die Zukunft von Florenz (*Hölle* 6, 40 ff.); es könnte sich um einen gewissen Ciacco dell'Anguilaia handeln, von dem einige Gedichte überliefert sind; in einigen Dante-Kommentaren wird überliefert, dass er Bankier gewesen sei und sich der Schlemmerei hingegeben oder als Hofmann und Parasit gelebt habe (Sapegno zu *Inferno* 6, 52, S. 72; Barth, S. 80 f.). Boccaccio hat Ciacco in seinem Dante-Kommentar wie folgt charakterisiert: »Jener war kein richtiger Hofmann; da er aber wenig auszugeben hatte und, wie er selbst sagt, ganz dem Laster der Völlerei ergeben war, war er ein Spötter und hatte beständigen Umgang mit Vornehmen und Reichen, vor allem denen, die üppig und delikat aßen und tranken; wenn er von diesen zum Essen eingeladen wurde, ging er hin, und wenn er nicht eingeladen war, so lud er sich selber ein; wegen dieses Lasters war er ein bekannter Mann bei allen Florentinern. Nichtsdestoweniger war er außerdem ein seinem Stand entsprechend gebildeter Mann, beredt, umgänglich und freundlich; deswegen wurde er von manchen Vornehmen gerne gesehen« (*Esposizioni*, zu *Hölle* 6, 52–54).

[5] »Biondello«: Über diese Person ist nichts bekannt.

[6] »Vieri de' Cerchi« (gest. in Arezzo um 1305) führte seine Familie, die eines der großen Handels- und Bankhäuser in Florenz besaß, auf den Höhepunkt ihrer wirtschaftlichen und politischen Macht; 1311 machte das Handelshaus Bankrott (Stahl, S. 152 ff.; Gerchow, »Cerchi«, S. 155 ff.; Dante, *Parad.* 16, 65).

[7] »Corso Donati«: »Das Geschlecht zählte zu den meistgefürchteten der städtischen Nobilität« (Stahl, S. 57 f.). Corso D. war in der zweiten Hälfte des 13. Jh.s Mitglied der Stadtregierung und Podestà in Bologna, Padua, Pistoia, Parma und Orvieto. Zu Beginn des 14. Jh.s erfüllte der Kampf zwischen den Donati und Cerchi, der Kampf zwischen den »Schwarzen« und den »Weißen«, Florenz (Gerchow, »Donati«, S. 225 ff.; vgl. Komm. VI 2, 7; Villani, *Cronica* VIII, 39; Dante, *Fegef.* 24, 82 ff.).

[13] »Cavicciuli«: Der Palast lag an der heutigen Via Calzaiuoli; die Cavicciuli

waren eine Nebenlinie der Adimari (Branca, S. 1490).

»Filippo Argenti« degli Adimari di Cavicciuli war ein Zeitgenosse Dante Alighieris. Dieser hat die Familie der Adimari durch seinen Ururgroßvater Cacciaguida charakterisieren lassen (*Parad.* 16, 115 ff.): Es sei eine anmaßende Bande von Emporkömmlingen, die den Ängstlichen verfolge und vor dem, der ihnen die Zähne oder den Geldbeutel zeige, lammfromm kusche. Filippo Argenti wird von Dante in die Hölle unter die Jähzornigen verbannt, die sich im Sumpf des Styx gegenseitig zerfleischen: »Dieser war ein Mensch voller Hochmut; / es gibt keine gute Tat, die sein Gedächtnis ziert; / darum ist sein Schatten hier voll Wut« (*Hölle* 8, 46 ff.). In den Erläuterungen zu *Die Göttliche Komödie* berichtet Boccaccio, dass er seine Informationen über Filippo Argenti von seinem Freund Coppo di Borghese Domenichi erworben habe (Komm. V 9, 4): »Dieser Filippo Argenti [...] war ein so reicher Ritter, dass er manchmal das Pferd, das er zu reiten pflegte, mit Silber beschlagen ließ, woher er seinen Beinamen hatte. Er war ein Mann von großer Statur, dunkel und kräftig gebaut, von erstaunlicher Körperstärke und jähzornig wie sonst keiner, selbst bei geringstem Anlass« (*Esposizioni*, zu *Hölle* 8, 58–62).

Neunte Novelle

Die Novelle lehrt die Frauen, sich der Autorität der Männer anzupassen und deren Liebe durch Liebe zu gewinnen; dass Wohlwollen nur durch Wohlwollen erlangt werden kann, gilt auch für die Männer; Reichtum zu verteilen, ohne den Menschen Zuneigung entgegenzubringen, genügt nicht. Das weibliche Publikum protestiert (IX 10, 2): Wahrscheinlich empfindet es die Bestrafung der widerspenstigen Ehefrau als zu streng. Emilia, die Königin des Tages und Erzählerin dieser Novelle, beschreibt eingangs die Geschlechterrolle des Mannes und der Frau (3–4; Pschyrembel, s. v., S. 176); sie fasst zusammen, welchen Verhaltensregeln die weiblichen Protagonisten der Novellen folgen sollten, damit sie ähnlich friedlich, vergnügt und ehrbar, also glücklich wie die Erzählerschar selbst leben können: Voraussetzung der weiblichen Lebenskunst ist die Klugheit (3; ital. *savio/a*); die Klugheit verfügt über den »Schatz« der Eigenschaften, die für das glückliche Leben der Frau notwendig sind: Demut oder Gefälligkeit (3, 6; ital. *umile, piacevole*); Geduld oder Freundlichkeit (3, 6; ital. *paziente, benivole*); Gehorsam oder Gefügigkeit (3, 6; ital. *ubidente, pieghevole*). Den Verhaltensmaßregeln oder Tugenden wird zuerst ein christlich-theologischer Sinn gegeben: Demut, Geduld und Gehorsam (3; vgl. *LexMA* 3, 693–694; 1, 18104; 4, 1174). Gehorsam oder gar Unterwerfung werden aber weder bei den Erzählerinnen noch bei den weiblichen Novellen-Figuren als besonders lobenswerte Eigenschaften hervorgehoben; Griselda ist eine wundersame und vom Erzähler Dioneo offen verspottete Ausnahme, die unter den Damen kontrovers diskutiert wird (X 10, 18, 24, 68–69; X Schluss, 1); die christliche »Humilitas« oder Demut wird nur einmal angeführt – als geheucheltes Verhalten (IV 2, 9)! Gehorsam zeigt eine Dienerin oder eine Dame, die das Geschick in diese Rolle drängt (VII 9, 8; II 6, 26); Geduld (*paziente*) erscheint als ein Ausdruck von Dummheit (III 7, 41). In der Rahmenhandlung sprechen männliche Erzähler, Filostrato und Dioneo, davon, dass sie Amor gehorchen (III Schluss, 5; V Schluss, 18). Gefälligkeit und Gefügigkeit (*piacevole, pieghevole*) sind die Eigenschaften, die die weiblichen Figuren in den Novellen unter Beweis stellen; zeigen sie sich den Männern gegenüber spröde oder widerborstig, ohne dass diese ihnen einen Grund dazu geben, so werden sie bestraft (III 6, 46; V 8; VIII 7; IX 7).

[1] Die Empfehlung, eine schlechte Ehefrau mit Schlägen zu bessern, wird in der ma. Literatur wiederholt ausgesprochen (Landau, S. 273). Im Prolog zu *Erzählungen aus den 1001 Nächten* (»Die Erzählung von dem Stier und dem Esel«, Bd. 1, S. 27 ff.) treibt ein Kaufmann seiner Frau die todbringende Neugier aus, indem er sie, auf Anraten eines Hahns, bis zur Ohnmacht auspeitscht. Jones (S. 37) führt drei Nacherzählungen an: eine italienische aus dem 14. Jh. von Giovanni Fiorentino (*Der Pecorone* V 2, dt. von M. Gagliardi, München 1921); eine frz. von Nicolas de Troyes (*Parangon*, Nr. CXXIII); eine dt. von Hans Sachs (»Die gensbrücken«).

[6] »Zu dieser Betrachtung«: Die Betrachtung wurde in *Dec.* I Einleitung, 74–76, allerdings von Filomena und Elissa, vorgetragen.

[7] »Das gute … Pferd … Stock«: Das Sprichwort war in der zeitgenössischen Literatur verbreitet; Sacchetti hat es ausführlich erläutert (*Novellen*, Nr. 86; Branca, S. 1492 f.).

[9] »wankelmütig«: Vgl. Komm. IV 3, 6.

[10] »Salomon«: Zu König Salomo siehe *1. Könige* 1–11.

»Melisso«: Melissos ist der Name eines griech. Philosophen aus dem 5. Jh. v. Chr., den Boccaccio in *Amorosa visione* (IV, 47 f.) neben Platon, Thales u. a. nennt.

»Lajazzo« oder »Laias«: Vgl. Komm. V 7, 35.

[14] »Liebe«: Die Antwort Salomos wurde von einem Satz inspiriert, den Seneca dem Stoiker Hecato von Rhodos in den Mund gelegt hat: »Wenn du geliebt werden willst, liebe« (Seneca, *Briefe an Lucilius* IX, 6). Der gleiche Rat findet sich auch bei Martial: »Damit man dich liebt, liebe selbst!« (*Epigramme* VI, 11, 10).

Zehnte Novelle

Warum entschuldigt sich der Erzähler bei den Damen für seine Novelle (3–4)? Weil seine Zuhörerinnen inzwischen schon wiederholt gehört haben, dass Kleriker geil sind, und dass der Geschlechtsverkehr mit ihnen mehr Spaß machen kann als mit dem Ehemann (11; vgl. *Dec.* III 4; 8; VII 3; VIII 2); und weil er die Schönheit eines weiblichen Körpers enthüllt (vgl. Komm. I Einleitung, 90: »Frauental«). Die Bauersfrau gibt vor, sie fühle sich um das Geschäft mit der Stute gebracht, und zieht enttäuscht wieder die Kleider an; die Zuhörerinnen lachen herzlich, weil sie ihr eine erotische Erwartung unterstellen. Der Erzähler hat die so genannte Verwandlung nach Ratschlägen und Beschreibungen Ovids gestaltet: »Eine Frau, deren lange Flanke sehenswert ist, möge die Knie auf das Lager drücken und den Nacken etwas zurückbiegen« (*Liebeskunst* 3, 779 f.; vgl. Komm. VII 2, 34). »Was für Schultern und Arme ich sah und berührte! Wie war doch / Ihrer Brüste Gestalt für die Liebkosung bestimmt! Unter dem straffen Busen wie eben der Bauch! Ihre Hüften – / Wie schlank und vollkommen! Und dann: Schenkel, wie jugendlich schön!« (*Liebesgedichte* 1, 5, 19 ff.).

[1] In *Der goldene Esel*, dem Roman des Apuleius, waren Erzählungen über die Verwandlungen von Menschen oder Hexen in Tiere zu finden (Helm 1970, Sachregister: »Verwandlungen«, S. 443; Branca, S. 1495). In dem afrz. Fabliau *De la pucele qui vouloit voler / Von dem Mädchen, das fliegen wollte* (Montaiglon/Raynaud, Nr. 108, IV, S. 208 ff.) erhört ein junges Mädchen keinen ihrer Freier; eines Tages verkündet sie, dass sie wie Daedalus fliegen möchte (vgl. Ovid, *Metam.* VIII, 183); als ein Kleriker verspricht, ihren Wunsch zu erfüllen, glaubt sie ihm; der Kleriker nutzt die Dummheit und die Geilheit des Mädchens aus und verspricht, dass sie in einem Jahr fliegen könnte; als sie aber immer »dicker« wird und immer noch nicht fliegen kann, klärt er sie darüber auf, dass das in der Natur läge und das Fliegen widernatürlich sei. Die Moral lautet: Wer den Schimpf herbeiruft, bekommt ihn.

Die Novelle wurde von den folgenden dt., frz. und ital. Autoren nacherzählt (Jones, S. 37): Martin Montanus, *Gartengesellschaft* (1557; »Pfaff Zianus«), Nicolas de Troyes (*Parangon* Nr. CLXVI), La Fontaine (»La jument du compère Pierre« / »Pietros Eselin«), Abbé de Grécourt (1683–1743; »La Charrue« / »Der Pflug«), Domenico Luigi Batacchi (1748–1802), Giambattista Casti (1724–1803), Giuseppe Pitrè (1841–1916).

[6] »Barletta«: In der am adriatischen Meer gelegenen Hafenstadt hatte neben der Florentiner Familie der Peruzzi auch die Handelsgesellschaft der Bardi eine Niederlassung (Branca, S. 1496; vgl. Komm. II 3, 6).

»Barolo« ist die lat. Form von Barletta (Branca, S. 1496).

[7] »Tresanti« ist eine Ortschaft nördlich von Barletta (Branca, S. 1496).

[10] »Carapresa«: Der Name wird auch in *Dec.* V 2, 22 genannt.

[24] »Bitonto«: In der im Westen von Bari gelegenen Stadt fand seit 1316 eine bekannte Messe statt (Branca, S. 1497).

Schluss

[5] »fortdauern in ehrenvollem Ruhm«: Die großmütigen und edlen Taten des X. Erzähltages werden geschildert, damit die Erzählerschar ihnen nacheifert. Der Autor versinnbildlicht in der Erzählerschar sein Dichtertum; Dichter streben nach Ruhm und Bekanntheit, die Juristen nach dem »Gold«, dem schnöden Lohn: »illi gloriam et inclitam famam, aurum isti desiderant« (Boccaccio, *Genealogie* XIV, 4; Boccaccio 1956, S. 32; vgl. IV Einleitung, 38).

»der nicht nur wie die Tiere für den Bauch lebt«: Panfilo erinnert die Zuhörer an den ersten Satz von Sallust, *Die Verschwörung des Catilina* (I 1): »Jeder Mensch, der sich vor den übrigen Menschen auszeichnen möchte, muss sich mit aller Kraft darum bemühen, nicht unbeachtet durchs Leben zu gehen wie das Vieh, das seiner Natur nach den Kopf zur Erde senkt und nur für den Bauch sorgt.«

[8–12] Die »Ballata« (Komm. I Schluss, 22) besteht aus einem dreizeiligen Refrain (ABA) und vier Strophen aus sieben Elfsiblern (CDDCCBA). Mit dem Tanzlied wird ein berühmtes Tanzlied des »süßen neuen Stils« variiert, nämlich Guido Cavalcantis »Fresca rosa novella« / »Ihr frisch erblühte Rose« (*Sämtl. Gedichte*, S. 144 ff.; Komm. IV Einleitung, 33; VI 6; VI 9, 7): Die Rose ist der Frühling, ist die engelhafte Dame und beherrscht als wunderbare Schönheit Natur und Kultur [ital. *costumanza*]; als solche hat Gott sie geschaffen, und das poetische Ich gibt sich ihr hin. Boccaccio legt das Gedicht einem Mädchen in den Mund; sie verbindet mit den Rosen und Blumen des Frühlings den Mann, mit diesem ihr Begehren, ihre Zärtlichkeit, ihre Hingabe und ihr Liebesglück. Es sind dieses Empfindungen, die Sandro Botticelli zusammen mit dem bedrohlichen Eishauch der Vergänglichkeit auf dem berühmten Gemälde »Frühling/Primavera« darstellen wird (1485–87; Florenz, Uffizien).

Zehnter Tag

Erste Novelle

Die Novelle zeigt, dass die Herrscher ihre Umgebung mit ihrer Freigebigkeit glücklich machen können, dass sie sich aber wie die Philosophen mit »Seelenruhe und Heiterkeit« (lat. *tranquillitas animi atque securitas*) oder mit einer gewissen philosophischen »Geringachtung menschlicher Schicksale« großmütig erweisen sollten (Cicero, *Pflichtgem. Handeln* 1, 72, S. 65). Aus diesem Grunde erkundet der König die Reaktion des Ritters auf das erste Abschiedsgeschenk und erteilt ihm darauf eine theoretische und praktische Belehrung über das Wirken der Fortuna.

[1] Das Motiv der Truhe, des Kästchens oder eines anderen Behältnisses, dessen Inhalt vom Empfänger nicht erkannt wird, ist in der ma. Literatur verbreitet (Branca, S. 1499 f.). Die Verbindung der schlechten ›Entlohnung‹ mit der Großzügigkeit eines königlichen Gebers konnte Boccaccio der um 1311 verfassten, romanhaft verknüpften ital. Spruch- und Exempelsammlung, *L'avventuroso ciciliano / Sizilianer auf großer Fahrt*, von Busone da Gubbio entnehmen (Landau, S. 178 ff.): Mit den verschiedenen Abenteuern und beispielhaften Erzählungen, die fünf Baronen aus Sizilien zustoßen oder ihnen erzählt werden, sollen alle diejenigen ermutigt werden, die das Schicksal, »Fortuna«, geschlagen hat (Proemio § 1, S. 11). In einem der erzählten Beispiele glaubt ein Knappe, der König müsse ihn für seine Dienste ebenso reich beschenken, wie der König es zuvor mit einigen Kaufleuten getan hat; er kündigt seinen Dienst, aber der König schenkt ihm nur ein Maultier; dieses entleert sich in einen großen Fluss statt in die kleinen Bäche; der Ritter beschimpft es: Es verhalte sich wie der König, der die Reichen noch reicher mache und den kleinen Leuten nichts gebe; und er bringt das Tier um. Der König hört davon und macht ihn vom armen Knappen zum reichen Ritter (Buch II, Kap. 17, S. 177 ff.).

Einige Nacherzählungen sind aus dem 16. Jh. zu nennen (Jones, S. 37): Nicolas de Troyes, *Le Grand Parangon* (70. Novelle); Juan de Timoneda, *Sobremesa y alivio de caminantes / Plauderei und Kurzweil für die Reise* (1563; II. Tl., 21. Erzählung); Lope de Vegas Drama *El servir con mala estrella / Das Dienen unter einem bösen Stern* (1615).

[2] »Großmut« (ital. *magnificenzia*): Dieses Lob der »Hochherzigkeit«, der lat. *magnitudo animi (Cicero, Pflichtgem. Handeln* 1, 65, 72, S. 61 ff.), hat seinen Ursprung in der Ethik des Aristoteles: »Liebe aber und Freundschaft gewinnt kaum

einer durch eine Tugend so sehr wie der Freigebige, da er sich nützlich erweist. Das geschieht aber durch das Geben« (*Nikom. Ethik* IV 1, S. 74).

[3] Die »Figiovanni« waren eine bekannte Adelsfamilie aus Florenz; ein Carlo de' Figiovanni soll eine ital. Übersetzung von Ovids *Briefe der Heroinen* angefertigt haben, die er mit einer Bemerkung über seine Besuche bei »Messer Giovanni Boccaccio« versehen hat (Branca, S. 1500).

[4] »König Alfons von Spanien«: Gemeint ist wahrscheinlich Alfons X., der Weise, König von Kastilien und León (1221–84); er »übertraf [...] wohl alle zeitgenöss. Herrscher als Gesetzgeber und Gelehrter, als Anreger und Förderer von Wissenschaft und Literatur« (E. Sáez / O. Engels, »Alfons 10.«, *LexMA* 1, 396 f.; vgl. Branca, S. 1500 f.).

Zweite Novelle

Die Novelle über einen ›edlen Räuber‹ hat eine gewisse Ähnlichkeit mit der 1. Novelle des *Dec.*: Der Protagonist, »berühmt durch seine brutalen Räubereien«, tut etwas, was einem anderen nützt, erwirkt die Gnade des Papstes und wird dessen treuer Diener (5, 31); Ser Cepparello, »bösartig« wie kein zweiter, wird vielleicht zu Recht als Heiliger angesehen, weil er in der Todesstunde Reue empfunden haben könnte (I 1, 8, 89). In beiden Fällen bewirken die Bösewichter durch ihr Tun, das böse erscheint – eine ›Lügenbeichte‹, ein Raubüberfall –, nur Gutes: den Schutz der Gastgeber vor einem Pogrom und die Heiligsprechung; die Gesundung des Kirchenmannes und die soziale Rehabilitierung. Die tiefere Ironie dieser Novelle liegt darin, dass Einsicht und Erbarmen der kirchlichen Würdenträger als ein »Wunder« (4) bezeichnet werden, obwohl ihr Tun, im Unterschied zu Gottes Willen, für irdische Augen »sichtbar« ist (I 1, 89).

[1] Von einem Abt des Klosters Cluny ist ein ähnliches Abenteuer aus dem 12. Jh. überliefert (Branca, S. 1502). Hans Sachs hat die Erzählung in dem Fastnachtsspiel »Das Wildbad« und Nicolas de Troyes in *Le Grand Parangon* (Nr. 125) nacherzählt. Vielleicht wurden auch August F. E. Langbein (1757–1835) für den zweiten Teil seines Gedichtes »Die Reise ins Bad« (*Sämmtl. Schriften*, Stuttgart [2]1841, Bd. 2, S. 129 ff.) sowie Karl Geib für den zweiten Teil seiner Novelle »Der Ritter und der Abt« (*Die Sagen und Geschichten des Rheinlandes*, Mannheim 1836, S. 415 ff.) durch Boccaccios Novelle inspiriert (Jones, S. 37).

[5] »Ghino di Tacco«: Dieser Raubritter entstammte der sienesischen Familie der Fratta und beherrschte von der oberhalb der ehemaligen römischen Via Cassia gelegenen Burg Radicofani das Grenzgebiet zwischen dem Territorium Sienas

und dem Kirchenstaat; einem Richter, der zwei seiner Verwandten zum Tode verurteilt hatte, schlug er in einem Gerichtssaal den Kopf ab; er selbst wurde zu Beginn des 14. Jh.s ermordet (Branca, S. 1503; vgl. M. Luzzati, »Toskana«, *LexMA* 8, 886 ff.; Sapegno zu *Purg.* 6, 13 f., S. 58; Barth, S. 214).

[6] »Bonifaz VIII.«: Benedetto Caetani (um 1235–1303) war Papst von 1294–1303 (T. Schmidt, »Bonifatius 8.«, *LexMA* 2, 414 ff.); er wird auch in *Dec.* I 1, 7 und VI 2, 8 erwähnt.

»Abt von Cluny«: Die europäische Bedeutung und Ausstrahlung Clunys als Reformzentrums des Mönchtums reichte vom 10. bis ins 12. Jh.; der Niedergang ist nicht nur auf wirtschaftliche Faktoren zurückzuführen, sondern hat seine Ursachen vor allem im geistig-geistlichen Bereich (N. Bulst, »Cluny A.«, *LexMA* 2, 2173 f., 2176 f.).

Dritte Novelle

Mit dem Protagonisten dieser Novelle, Natan, wird, ausführlicher als mit dem König der 1. Novelle des X. Erzähltages, das Ideal der Weisheit, die »Würde des Weisen« (Cicero, *Pflichtgem. Handeln* 1, 67, S. 63) beispielhaft dargestellt. Niemand kann, wie etwa Mitridanes, der vor allem der »Ruhmbegierde«, der »gloriae cupiditas«, verfällt, den Ruhm der Tugend durch »Hinterhältigkeit und Arglist« und »im Nahkampf« mit seinem Konkurrenten – also auf unmenschliche und tierische Weise – erlangen (Cicero, ebd., 1, 62, 68, 81, S. 57 ff., 73). Natan hingegen, der seinem »Feind« gegenüber »Versöhnlichkeit und Verständigungsbereitschaft« zeigt, versinnbildlicht die Idee, dass die sittliche Würde eines Menschen, seine »erhabene und hohe Gesinnung«, »durch die Kraft des Geistes, nicht des Körpers verwirklicht« wird (Cicero, ebd., 1, 88, 79, S. 71, 79); er zeigt »Ausgeglichenheit« (lat. *aequabilitas*) in allen Lebenslagen (Cicero, ebd., 1, 90, S. 81). Er ist ein Stoiker im Sinne Ciceros: »Freizuhalten aber hat man sich von jeder Leidenschaft, sowohl von Begierde und Furcht als auch von Bekümmernis und Vergnügen [und Jähzorn], damit Ruhe und Heiterkeit nahe seien, die innere Festigkeit und besonders Ehrgefühl [lat. *dignitas*] erbringt« (Cicero, ebd., 1, 69, S. 63).

[1] Landau (S. 106) nimmt an, dass Boccaccio eine der übertriebenen Schilderungen »orientalischer Gastfreundschaft« gekannt hat; auch Branca (S. 1506) weist auf einen orientalischen Ursprung hin. Die ausführlichen Inhaltsangaben bei T. F. Crane (»The Sources of Boccaccio's Novella of Mitridanes and Natan«, *Romanic Review* XII, 1921, S. 193–215) geben wenig Aufschluss darüber, was der Erzähler von Genueser Kaufleuten und anderen Reisenden (4) aus dem fernen

Orient im einzelnen gehört haben konnte und in die Novelle übernommen hat. In der Legende von »Sankt Johannes dem Almosner« findet sich das Motiv der wiederholten Spende an ein und dieselbe Person sowie das Motiv der allgemeines Staunen erregenden Großzügigkeit (9–10; Jacobus de Voragine, *Legenda aurea*, S. 151 f.).

Eine englische Nacherzählung der Novelle ist in Painters *Palace of Pleasure* überliefert (Bd. 2, S. 348 ff.).

[4] »Catai«: Mit diesem Namen bezeichnete Marco Polo Nordchina nördlich des Gelben Flusses; seine Beschreibungen der prachtvollen Paläste des Großkhans haben vielleicht den Hinweis des Erzählers auf den großartigen Palast Natans inspiriert (*Il Milione*, XXIV, S. 33, Anm. S. 484; LXXV, S. 113 ff., LXXXIV, S. 130 ff.).

»Natan«: Den Namen trägt im *Alten Testament* ein einflussreicher Mann am Hof König Davids (2. *Buch Samuel* 12, 25; 12, 1–15).

[32] »Schäme dich nicht … zu zerstören«: Nach der Meinung Natans vergeht sich Mitridanes allein durch maßlose Gier nach Ruhm (vgl. Cicero, *Pflichtgem. Handeln* 1, 90, S. 81).

Vierte Novelle

Es wird von einem jungen Mann erzählt, der die geliebte Frau hoffnungslos und über ihren Tod hinaus liebt, so wie ihn Petrarca in der berühmten Kanzone »Chiare, fresche et dolci acque« / »Helle, frische und süße Wasser« dargestellt hat (s. Komm. III 5, 14); er besucht die Tote, berührt sie und bemerkt, dass sie noch lebt; er pflegt sie gesund und erbittet sich als einzigen Lohn, ihren Gatten über die Kostbarkeit seiner Frau aufklären zu dürfen, die er, der Liebhaber allein, erkannt hat. Der Liebhaber aus Bologna erscheint noch selbstloser als die Liebenden in *Eliduc*, einer afrz. Verserzählung, denen die Gnade Gottes zuteil wird.

[1] Branca (S. 1509) weist auf ähnliche Erzählungen orientalischen Ursprungs hin sowie darauf, dass Boccaccio die Novelle in einem seiner Jugendwerke schon einmal – ohne allerdings Namen zu nennen! – erzählt hat (*Il Filocolo*, IV, 67). Das Motiv des Scheintodes ist aus dem Roman des Apuleius bekannt (*Der goldene Esel* X, 11; Helm 1970, S. 331 f.). Landau (S. 327) hat auf eine Verserzählung der Marie de France, *Eliduc*, aufmerksam gemacht, die wie die Novelle die Selbstlosigkeit unter Liebenden, allerdings unter Eheleuten, darstellt: Der edle und schöne Ritter Eliduc ist mit Guildeluec glücklich verheiratet; wegen einer Verleumdung verlässt er die Bretagne und überlässt sein Lehen der Obhut seiner Frau; für ein

Jahr tritt er in den Dienst des Königs von England; Guilliadun, des Königs Tochter, verliebt sich in ihn; auch er liebt sie, bleibt aber trotzdem seiner Ehefrau treu. Sein früherer Lehnsherr bittet ihn, zurückzukehren, und er folgt der Bitte; seine Gattin ist zutiefst betrübt, weil Eliduc sie nicht mehr liebt (V. 717 ff.). Eliduc entführt mit wenigen Getreuen seine Geliebte; auf See geraten sie in einen Sturm, Guilliadun erfährt erst jetzt, dass Eliduc verheiratet ist, und fällt in eine todesähnliche Ohnmacht. Eliduc bahrt sie heimlich in einer einsamen Kapelle nahe seiner Burg auf und besucht die Scheintote täglich. Guildeluec erfährt davon, findet die Scheintote und weckt sie mit Hilfe einer wunderbaren Blume auf; Guilliadun erzählt ihre Geschichte. Angesichts des Glücks, das Eliduc über die Wiederauferstehung seiner Geliebten empfindet, verzichtet seine Frau auf ihn und wird Nonne. Eliduc und Guilliadun führen ein gottgefälliges Leben; im Alter stiftet er ein Kloster, in das er sich zurückzieht, und übergibt Guilliadun der religiösen Betreuung der Äbtissin Guildeluec; und alle drei werden in Gottes ewigen Frieden aufgenommen.

Die Novelle ist wiederholt nacherzählt worden (Jones, S. 38): u. a. von Hans Sachs (»Ritter Gentile mit der todten Frauen im Grab«), von William Painter (*Palace of Pleasure*, Bd. II, S. 355 ff.), von Nicolas de Troyes (*Parangon*, Nr. 126), von Alfred Tennyson (1809–92; »The Lover's Tale. IV. The Golden Supper«).

[5] »Bologna«: Vgl. Komm. VII 7, 21.

»Gentil Carisendi«: Die Carisendi waren eine bekannte Adelsfamilie aus Bologna; ihren Namen nennt Dante in einem Gleichnis (*Hölle* 31, 136; Branca, S. 1510).

»Caccianemico«: Es handelt sich um eine adlige Familie aus Bologna; ein Alberto C. war 1254 und 1255 Podestà von Modena (Branca, S. 1510 f.). Dante verdammt einen Venedico C. (um 1228–1302), der mehrfach Podestà in Imola, Mailand, Pistoia war, unter die Kuppler und Verführer, weil er seine Schwester an den Marchese Obizzo II. von Este verkuppelt hat (*Hölle* 18, 48 ff.; Barth, S. 123). Niccoluccio Caccianemico entscheidet die ›Streitfrage‹, wem der verstoßene Diener, also die vorschnell begrabene Ehefrau gehöre, zugunsten des neuen ›Besitzers‹ (28–29); er möchte anscheinend nicht in den Verdacht geraten, ›um Weiber zu schachern‹, was Dante seinem Verwandten vorgeworfen hat (*Hölle*, 18, 66).

Fünfte Novelle

In der ersten Fassung dieser Novelle in *Il Filocolo* (IV, 31) lässt der Erzähler die Zuhörer ausführlich diskutieren und schließlich entscheiden, dass der Ehemann der großmütigste der drei männlichen Protagonisten sei. Der Erzähler des *Dec.* gibt zu verstehen (X 6, 2), dass eine solche Diskussion »zu lang« oder zu langweilig sei. Außerdem hat er die Erzählung derart gestaltet, dass auch hier der Ehemann Gilberto als der Großmütigste der drei Protagonisten erscheint: Gilberto lässt sich von der Empörung über den leichtsinnigen Handel seiner Frau nicht zu einer unvernünftigen Reaktion hinreißen und vertraut darauf, dass seine Frau ihr Versprechen mit der besten, also vernünftigsten Absicht gegeben hat, ohne allerdings zu bedenken, dass für einen Liebenden nichts unmöglich ist (14; vgl. Komm. IV 3; 4; 9; V 6; 7; IX 7; 8); die eheliche Treue verbindet er nicht mit dem sexuellen Besitzanspruch (16); seine »Großmut« (ital. *liberalità*) bewegt den Liebhaber, es ihm gleichzutun, was schließlich auch den Magier auf seinen Lohn verzichten lässt (21, 24).

[1] Es wird auf Vorläufer der Novelle in den orientalischen Literaturen hingewiesen (Branca, S. 1514); in einem altindischen Erzählwerk, den *Vetālapañcaviṃśati*, findet sich eine ursprüngliche Form: Ein verlobtes Mädchen verspricht einem zudringlichen Liebhaber mit einem heiligen Eid, sich ihm vor ihrem Gatten hinzugeben; nach der Hochzeit erlaubt es ihr Mann, damit sie nicht ihr Wort bricht; unterwegs fällt sie einem Räuber in die Hände; gegen das Versprechen, ihm zu Willen sein, nachdem sie sich ihrem Liebhaber hingegeben habe, lässt dieser sie frei. Der Liebhaber wird durch ihre Treue gerührt, ebenso wie nach ihm der Räuber. Sie kehrt unberührt zu ihrem Gatten zurück. Der Edelste soll in diesem Fall der Räuber gewesen sein (M. Lehnert in: Chaucer, *Canterbury-Erzählungen*, S. 707). Geoffrey Chaucer hat das Thema in »Die Erzählung des Gutsbesitzers« / »The Franklin's Tale« neu gestaltet und im bretonischen Sagenkreis lokalisiert (V. 709); vielleicht kannte er die Fassung aus Boccaccios *Il Filocolo* (IV, 31).

Matteo Boiardo (um 1440–94) hat die Novelle mit einigen Veränderungen als Geschichte von Iroldo und Isbina in seinem höfischen Epos *Orlando innamorato / Der verliebte Roland* (12. Gesang) nacherzählt; Francis Beaumont und John Fletcher haben ihrer Komposition *Four Plays in One* (1647) nach dieser Novelle das Stück »Triumph of Honour« eingefügt (vgl. Komm. V 7, 1); William Painter hat die Novelle mit einer längeren Einleitung über den hohen Wert der »Honesty« nacherzählt (*Palace of Pleasure*, II, S. 342 ff.); Nicolas de Troyes hat sie in den *Parangon* (Nr. 127) aufgenommen (Jones, S. 38).

[5] »vom Halse zu schaffen«: Vgl. hierzu *Dec.* IX 1, 6.

[14] »Liebenden ist nahezu alles möglich«: Eine ähnliche Sentenz ist bei Cicero zu finden: »Aber nichts ist schwer für den, der liebt, glaube ich« (*Orator*, 10, S. 29). Die Idee wird auch in anderen Novellen des *Dec.* vertreten (V 6, 3; VII 4, 3; VII 6, 3).

Sechste Novelle

Die Themen der Selbstüberwindung und der Beherrschung der fleischlichen Begierde stehen im Mittelpunkt dieser Novelle (33); sie werden mit dem Verhalten zweier bekannter und mächtiger Persönlichkeiten exemplifiziert. Kg. Karl I., dem Dante einen Platz unter den Bußfertigen zugebilligt hat, kann durch eine gute Tat an einem seiner Gegner zeigen, dass die Zeit seiner Regierung nicht nur negativ zu beurteilen ist und dass er seines Herrscherruhmes würdig ist. Sein Statthalter Guido von Montforte, den Dante wegen einer Gewalttat in die Hölle verdammt hat, übte Boccaccio zufolge immerhin einen mäßigenden Einfluss auf seinen Fürsten aus.

[1] Als ein warnendes Beispiel für die Versuchungen, denen Könige ausgesetzt sind, galt die Erzählung von David und Bathseba (2. *Samuel* 11–12; Branca, S. 1517 f.).

Hans Sachs hat die Novelle in einem Schwank nacherzählt (»Der Ritter mit den zwei schönen Töchtern«); Nicolas de Troyes hat sie in *Le grand Parangon* aufgenommen (Nr. 128; Jones, S. 38).

[5] »König Karl dem Ersten«: Gemeint ist Karl von Anjou (1226–85), ein Sohn Kg. Ludwigs VIII. von Frankreich und Blancas von Kastilien; nach dem Sieg über Kg. Manfred (1232–66; Komm. II 5, 22; II 6, 5) wurde er 1266 in Rom zum Kg. von Neapel und Sizilien gekrönt; 1267 griff er zugunsten der Guelfen in der Toskana ein; Florenz wurde »die Hochburg einer guelf. Ideologie des Zusammengehens freier Kommunen, des Papsttums, der Anjous und Frankreichs gegen die dt. Herrscher und die Ghibellinen«; mit dem Ausbruch der Sizilianischen Vesper 1282 verlor er Sizilien an Kg. Peter III. von Aragón. Karl I. wirkte als »Friedensstifter und Reichsvikar« in der Toskana und versuchte ein Imperium im östlichen Mittelmeerraum zu begründen (P. Herde, »Karl 19.«, *LexMA* 5, 583 ff.). Trotz erheblicher Vorbehalte gegenüber seinem »schlechten Regiment« (*Parad.* 8, 73) hat Dante Karl I. von Anjou – »dem mit der männlichen Nase« – zusammen mit seinem Gegner, Peter III. von Aragón (Komm. II 5, 23), im Fegefeuer einen hervorgehobenen Ort unter den Fürsten zugewiesen, die »noch auf den Aufstieg zur

Läuterung warten müssen, weil sie während ihres Lebens bis zuletzt mit ihrer Hinwendung zu Gott gewartet hatten« (Barth, S. 219; *Fegef.* 7, 112 ff.). Boccaccio verherrlichte Karl I. zunächst als einen von den Göttern beauftragten Herrscher in *Il Filocolo* (I, 1); in *Amorosa visione* (XII, 7 ff.) erscheint er als Respekt einflößender Herrscher; in *Vom Glück und Unglück berühmter Männer und Frauen* (IX, 19, S. 319 ff.) wird sein – von Fortuna begünstigter – weit ausgreifender politischer Ehrgeiz geschildert und schließlich dargestellt, wie ihm »ein finsterer Stern« aufging, sein Sohn umgebracht wurde und Fortuna die List anwandte, ihn »wegen Habgier und Unkeuschheit bei den Untertanen in Sizilien zu verleumden«; das habe zum blutigen Aufstand gegen die Franzosen geführt (»Sizilianische Vesper«); danach verlor er Herrschaftstitel und Verbündete und sei bereitwillig gestorben, weil ihn das Glück verlassen habe. Im *Dec.* wird Kg. Karl I. wiederholt erwähnt (II 6, 41; vgl. Komm. II 4, 5; II 10, 13).

»Ghibellinen«, »Guelfen«: Vgl. Komm. II 5, 22.

»Neri degli Uberti«: Dieser Angehörige der bekannten ghibellinischen Familie Uberti ist nicht identifiziert worden (s. Komm. VI 6, 5).

[6] »Castellammare di Stabia« ist eine Hafenstadt am Golf von Neapel.

[9] »Guido di Monforte« war Statthalter Kg. Karls I. in der Toskana; 1271 soll er in einer Kirche in Viterbo während einer Messe den Vetter des engl. Kgs. Eduard I., Heinrich von Cornwall, aus Rache für seinen Vater, der bei einem Aufstand gegen den engl. Kg. getötet worden war, erschlagen haben (Barth, S. 105; G. Villani, *Cronica* VIII, 39). Dante hat Guido von M. unter die Gewalttäter verdammt (*Hölle* 12, 118 ff.); bei Boccaccio übernimmt er die Rolle des klugen Ratgebers, der weiß, welche Folgen die Gewalttaten eines Fürsten haben können (26–33).

[17] »und verbargen kaum etwas«: Der begehrende Blick auf die weibliche Schönheit erfolgt hier aus der Perspektive einer Erzählerin (Fiammetta), an anderer Stelle aus der Perspektive eines Erzählers (Panfilo, V 1, 7) oder aus der Perspektive des Erzählers der Rahmenhandlung (VI Schluss, 30). Das Motiv ›Diana und Actaeon‹ (Ovid, *Metam.* III 131 ff.; Komm. I Einleitung, 90) hat eine ambivalente Bedeutung: Entweder warnt die Erzählerin vor den Begierden – den »Hunden« des Actaeon – oder der Erzähler ermuntert dazu, die Schönheit zu verehren (vgl. Komm. V 1; *Filocolo* III, 11).

[20] »Ginevra«, »Isotta«: Beide Namen erinnern an Figuren des höfischen Romans, »Ginevra«, frz. »Guenièvre«, an die Gattin König Arthurs aus den Romanen von Chrestien de Troyes (vor 1150 – vor 1190), »Isotta«, dt. »Isolde«, an die Erzählungen von ›Tristan und Isolde‹.

[27] »in Eurer Jugend«: In *Il Novellino* (LX) wird eine »höfische« oder besser: platonische Liebesaffäre aus der Jugendzeit Kg. Karls I. erzählt.

[30] »Gewalttaten, die Manfred an den Frauen verübt hat«: Giovanni Villani berichtet, Kg. Manfred habe ein ausschweifendes, »epikureisches« Leben geführt, sich weder um Gott noch Heilige gekümmert und sich mit Spielern, Sängern, Hofleuten und »schönen Konkubinen« umgeben (*Cronica* VII, 46; vgl. VII, 14). Dante erzählt, dass Kg. Manfred in extremis seine Sünden bereut und göttliche Verzeihung erlangt habe, obwohl er als Exkommunizierter umgekommen ist (*Fegef.* 3, 103 ff.; Barth, S. 207 f.).

[33] »einfacher … zu besiegen als seine eigene Begierde«: Die »Selbstüberwindung« wird in einigen sprichwörtlichen lat. Redensarten gepriesen (Bury, *In medias res*, S. 2263, 7293, 12523): »es ist weit mühsamer, sich selbst als den Feind zu überwinden« (Valerius Maximus, *Denkwürdige Taten und Worte*, IV, 2); »Wer seine Begierde besiegt, ist tapferer, als wer einen Feind unterwirft« (Pseudo-Seneca, *Liber de moribus*, 81); »Der beste Krieg wird dann geführt, wenn der Geist gegen das Fleisch antritt« (Beda Venerabilis, 672–735, *Proverbium liber*).

Siebente Novelle

Kg. Karl I. und Kg. Peter III., Antagonisten im Machtkampf um Sizilien (vgl. Komm. II 6, 5, 41; 10, 13; V 6, 30; VIII 10, 42; X 6, 5), werden in der 6. und 7. Novelle des X. Erzähltages als vorbildlicher Liebhaber oder als ›edler Geliebter‹ dargestellt; beide Novellen belehren Leserinnen und Leser über die zentrale Idee des von Dante so genannten »süßen neuen Stils« / »dolce stil nuovo« (*Fegef.* 24, 52–57; vgl. Prill 1999, S. 29 ff.; s. Komm. I 10, 10): Dante und die Dichter dieser Schule, die sich der aokz. Dichtung verpflichtet fühlten, identifizierten die Tugendhaftigkeit mit der Noblesse und die Liebe mit der Tugendhaftigkeit; aber diese vollkommene oder edle Liebe (aokz. »fin' amors«, L. Rossi, s. v., *LexMA* 4, 452 f.) galt ihnen nicht – wie dem Andreas Capellanus (Komm. I 5; II 8, 12; III 5, 10; 8, 25; IV 7; 8, 4; V 4; 8, 1; VII 5, 3) – als Verhaltensregel für einen Fürstenhof, sondern als die besondere Quelle der moralischen Vervollkommnung, als ein individueller Weg, um der engelgleichen Dame in die Glückseligkeit zu folgen: Die schöne Dame leuchtet vor den Augen des ihr treu Ergebenen und flößt ihm ewigen Gehorsam ein (Guido Guinizelli, »Al cor gentil rempaira sempre amore« / »Die Liebe wohnt in einem edlen Herzen«, *Anthologie bilingue de la poésie ital.*, S. 72); die Schönheit einer klugen Frau weckt die Liebe zu ihr, wie ein tüchtiger Mann auch die Liebe der Frau erweckt (Dante, »Amore e cor gentil sono una cosa« / »Liebe und ein edles Herz sind allzeit eins«, *Das neue Leben* 20, S. 37). In der Nachfolge der *Bekenntnisse* des Augustinus sollen Liebe und Erkenntnis einander bedingen:

»Gegen die erbsündige Begehrlichkeit (eros = cùpiditas) muß die obsiegende Kraft der caritas wirksam werden. Der selbstliebende eros wird aufgehoben in die gnadenhafte caritas« (L. Hödl, »Liebe I.«, *LexMA* 5, 1963 ff.; vgl. Barth, S. 297; 553).

In den Novellen X 6 und X 7 verbinden die Erzählerinnen Fiammetta und Pampinea eine solche edle Liebe nicht ohne Ironie mit zwei mächtigen Herrschern: Der vornehme Liebhaber kann nur unter Schmerzen der gemeinen, sinnlichen Begierde entsagen (X 6, 33); und die junge verliebte Dame aus bescheidenen Verhältnissen ist, im Unterschied zu einem früheren ›Liebeskranken‹ (II 8, 42), gewitzt genug, um einen Dichter für die Vermittlung ihres Liebesschmerzes einzusetzen, dessen Erfolg sie schon eingeplant hat (39–44). Das Verhalten Peters III. ist wie die Entsagung Karls I. nicht das normale Verhalten hoher Herren (49).

[1] Es handelt sich um eine Anekdote, die ein populäres Thema aufgreift: Ein armes Mädchen verliebt sich in eine hochgestellte Persönlichkeit (Branca, S. 1524). Jones (S. 38) gibt drei Nacherzählungen an: Hans Sachs, »König Peter in Cicilia mit Jungfrau Lisa«; Nicolas de Troyes, *Grand Parangon*, Nr. 129; Alfred de Musset, *Carmosine* (Komödie, 1850).

[4] »Bernardo Puccini«: In den Archiven der Stadt Florenz finden sich mehrere Familien mit dem Namen Puccini, aber keine Person mit dem Vornamen »Bernardo«. Vgl. die Novelle VIII 10, aus der hervorgeht, dass in Palermo zahlreiche Florentiner Kaufleute lebten (Branca, S. 1525).

[5] »König Peter von Aragon«: Zu ihm s. Komm. II 5, 23; II 6, 41.

»Turnier«: Kampfspiele, wie sie in Frankreich, Deutschland und den Kreuzfahrerstaaten abgehalten wurden, sind auf frz.-südital. Einfluss zurückzuführen und verbreiteten sich in Italien erst seit der Eroberung des Kgr.es Neapel durch Karl von Anjou 1266 (Komm. X 6, 5). Vielleicht bedeutet der Hinweis auf die »katalanische Art«, dass es sich um ein Spiel handelte, bei dem man Angriffs- und Verteidigungswaffen verwendete, »die sich nur wenig von den im Krieg üblichen unterschieden«; diese Spiele waren als »giostra all'italiana«, »italienischer Turnierkampf«, bekannt und auch in Spanien verbreitet (F. Cardini, »Turnier C.«, *LexMA* 8, 1117 f.).

[10] »Minuccio d'Arezzo«: Der Dichter ist allein aus dem *Dec.* bekannt; ein gewisser »Minuccio da Siena« erscheint in den Listen der Notare des 13., 14. und 15. Jh.s (Branca, S. 1526).

[18] »Mico da Siena«: Auch dieser Dichter ist unbekannt; ob er mit dem von Dante erwähnten »Mino Mocato di Siena« identisch ist, ist unsicher (Dante 1979, *De vulgari eloquentia*, I, XIII, 1; Anm. von P. V. Mengaldo, S. 108).

»Lied«: Es ist eine »Ballata« (Komm. I Schluss, 22) mit einem vierzeiligen Refrain (ABbA) und drei zehnzeiligen Strophen aus Elfsilblern und einem Siebensilbler (CDCDCDDEeA).

[45] »Perdicone«: Der Name ist eine Verkleinerungsform des katalanischen »Pere«, dt. »Peter« (s. II 7, 17; Branca, S. 1100, 1530). Um 1192–1212 lebte ein aokz. Trobador namens Perdigon, der armer Herkunft gewesen, dann bekannt geworden sein und sich in Rom aufgehalten haben soll; schließlich soll er aber Freunde, Ansehen und Geld verloren haben und ins Kloster eingetreten sein. Es werden ihm 12 Gedichte zugeschrieben. In einem der Gedichte behauptet das poetische Ich, es singe vor allem vom Liebesleid, »mal d'amor«, weil seine Dame verheiratet sei (Riquer, II, S. 955ff., 961f.; Nr. 189).

Achte Novelle

Nach dem Lob der großmütigen Könige folgt ein Lob der Freundesliebe, die nach Cicero eine Manifestation der Liebe ist, da das lat. *amicitia* aus lat. *amor* abzuleiten ist (*Laelius*, 26, S. 14f.); auch Dante Alighieri sah diesen engen Zusammenhang, wenn er gesteht, nach dem Tode der geliebten Beatrice Trost in Ciceros Traktat »über die Freundschaft« gefunden zu haben (*Convivio/Gastmahl* II, 12, 3). In der Novelle wird dargestellt, dass unter Freunden »in allen Dingen, Plänen und Bestrebungen ausnahmslos Gemeinsamkeit bestehen muss«, und dass »die Freundschaft nicht in der Hoffnung auf Gewinn [bzw. Nutzen] erstrebenswert [ist], sondern weil ihr eigenster Genuss schon in der Liebe selber liegt« (*Laelius*, 31, 61; S. 16, 28); so bemühen sich beide Freunde – ebenso wie die »kluge« Sofronia (89) – ihre Leidenschaften zu beherrschen (15, 24, 114), für den Freund alles auf sich zu nehmen und nichts von ihm zu fordern, was nicht anständig und billig ist (vgl. *Laelius*, 82, S. 35); dies soll ausdrücklich auch für die heimliche Verehelichung der Sofronia mit Tito gelten (8, 73, 78, 80, 83): Tito und Gisippo lieben ein und dieselbe Frau, die Gisippo Tito mit Hilfe einer List zuführt, die sich um der Freundesliebe und beider Liebe zu Sofronia willen als notwendig erweist (37); auch Sofronia, die zunächst durch den Tausch der Freunde in ihren Gefühlen verletzt ist, verschließt sich nicht dieser Einsicht (52, 89). Die Handlung der Novelle ist zweiteilig aufgebaut (2–89, 90–110), um einen »ehrenhaften Wettstreit« (lat. *honesta certatio*) zwischen den Freunden darzustellen, kraft dessen sie einander immer höher schätzen und inniger lieben (Cicero, *Laelius*, 32, S. 17; *Dec.* X 8, 110). Darüber hinaus veranschaulicht der zweite Teil – wo die Freundesliebe einem verwandtschaftlichen Verhältnis, der Verschwägerung zwischen Gisippo, Tito, Sofronia und Fulvia, »Festigkeit« verleiht (Cicero, *Laelius*, 19, S. 11) –, dass nicht das natürliche Band der Verwandtschaft oder der persönlichen Abhängigkeit die Gesellschaft zusammenhält, sondern die Freundesliebe (119); ohne sie, ohne das »verbindende Wohlwollen« (lat. *benevolentiae coniunctio*), hätten »keine häusliche Gemeinschaft und keine Stadt« Bestand und würde nicht einmal die »Bestellung der Felder« weitergeführt (Cicero, *Laelius*, 23, S. 13). Auch die Erzählerinnen des *Dec.* sind durch »Freundschaft oder Nachbarschaft oder Verwandtschaft« miteinander verbunden; die drei Erzähler lieben drei Erzählerinnen; Panfilo, der König des letzten Erzähltages, bezeugt allen, dass sie zwei Wochen in Freundesliebe miteinander verbracht haben (I Einleitung, 49, 78–79; X Schluss, 5: ital. *onestà, concordia, fraternal dimestichezza*). In der Rahmenerzählung leben Verwandte, Freunde und Liebende temporär harmonisch zusammen, um sich angesichts der zerstörten städtischen Gemeinschaft über die Grundlagen des Zusammenlebens in ihrer Stadt zu verständigen.

[1] Als Vorlage der Handlung dienten eine Erzählung aus Petrus Alfonsi (*Die Kunst, vernünftig zu leben*, II. Exempel: »Vom vollkommenen Freunde«, S. 142 ff.) und ein afrz. Versroman des 12. Jh.s, *Athis et Prophilias* (Kablitz 1993, S. 148–153). Das Lob der Freundschaft beruht auf Ciceros philosophischem Dialog *Laelius. Über die Freundschaft* (vgl. Branca, S. 1531; Kirkham 1993, S. 242 ff.). Auf gedankliche Zusammenhänge der Schrift Ciceros mit Aristoteles, *Nikom. Ethik* (Buch 8 und 9) hat Robert Feger hingewiesen (*Laelius*, 22, 27, 32, 67, 69, 80, 82, 100). In dem antikisierenden Ritterroman *Teseida delle nozze di Emilia / Theseide der Hochzeit Emilias* (1339/40; vgl. Nachwort, S. 1037 f.) hat Boccaccio einen Konflikt zwischen Liebe und Freundschaft dargestellt; die Versöhnung der Freunde ergibt sich allerdings erst, als der eine Freund stirbt.

Jones (S. 39) führt über 30 Nacherzählungen an, die bis ins 19. Jh. reichen; darunter finden sich auch einige Dramen: Hans Sachs hat eine »Historia« (»Die getreuen heiden«) und eine »Comedia« (»Titus und Gesippus«) verfasst; Nicolas de Troyes (*Parangon*, Nr. 130) hat die Novelle nacherzählt; mehrere engl. Autoren haben das Thema in Dramen oder Erzählungen aufgegriffen: John Lydgate, Thomas Elyot, Edward Lewicke, John Fletcher, Oliver Goldsmith, Gerald Griffin; Lope de Vegas Drama *La boda entre dos maridos / Die Braut zwischen zwei Ehemännern* beruht auf der Novelle. Nur die Novellen *Dec.* IV 1 und X 10 wurden noch häufiger imitiert.

[2] »Ghibellinin«: Die Anspielung bezieht sich auf *Dec.* X 7, 2.

[5] »Caesar Octavian«: Gaius Octavus Augustus (63 v. Chr. – 14 n. Chr.) war röm. Kaiser seit 27 v. Chr.; als Triumvir herrschte Octavian gemeinsam mit Anto-

nius und Aemilius Lepidus von 43–33 v.Chr.; Cicero wurde am 7. Dezember 43 ermordet.

»Publio Quinzio Fulvo«: Der Name enthält die Anspielung auf »Quinctius«, den Namen einer altehrwürdigen röm. patrizischen Familie (*Der Neue Pauly*, X, 704 f.).

»Athen«: Cicero, der selbst von 79–77 v. Chr. eine Bildungsreise nach Griechenland und Kleinasien unternommen hatte, schickte seinen Sohn Marcus 45 v. Chr. nach Athen (Fuhrmann 1992, S. 45 ff.; *Pflichtgem. Handeln*, 1, 1).

[6] »Cremete«: Chremes ist der Name eines Protagonisten aus der ersten Komödie des Terenz, *Andria / Die Frau aus Andros* (160 v. Chr.). Terenz selbst wirkte im Rahmen des Kreises um den jüngeren Scipio Africanus, in dem man sich um die Verbindung griechischer Bildung und Philosophie mit der römischen Kultur bemühte. Mit der Wahl des Namens »Chremes« macht die Erzählerin auf Ciceros Gespräch »über die Freundschaft« aufmerksam, denn hier wird ein Vers aus dieser Komödie zitiert: »Obsequium amicos, veritas odium parit« / »Nachgiebigkeit erwirbt uns Freunde, Wahrheit Hass« (Terenz, *Andria*, V. 68; Cicero, *Laelius*, 89, S. 38).

»Aristippo«: Der Name wird auch in *Dec.* V 1, 3 für den Vater Cimones verwendet. Boccaccio hat den Namen vielleicht gewählt, weil er wusste, dass griech. *aristos* »der Edelste, Vornehmste« bedeutet. Auf den Philosophen Aristippos, eines Schülers und Freundes des Sokrates, soll die Cyrenische Philosophenschule zurückgehen, die den Hedonismus begründete; sein Name wird von Horaz genannt (*Briefe* 1, 1, 18 und Anm. S. 748) und könnte auf diesem Weg Boccaccio bekannt gewesen sein (Kirkham 1993, S. 246; Kablitz 1993, S. 154).

[10] »Sofronia«: Kirkham (1993, S. 245) weist auf die Herkunft des Namens aus griech. *sophrosyne*, »Verstand, vernünftige Besonnenheit« hin.

[14] »Widerstehe gleich zu Anfang«: Ovid rät, sofort gegen die Liebe anzugehen: »Stehe stark gegen den Anfang [lat. *Principiis obsta*], zu spät wird ein Heilmittel bereitet, wenn das Übel durch lange Verzögerung Stärke gewonnen hat« (*Heilmittel*, V. 91 f.). Die Selbstbeherrschung wird auch in *Dec.* X 6, 32–33 thematisiert.

[17] »die Jugend unterliegt dem Gesetz der Liebe«: Vgl. hierzu Komm. I Einleitung, 50; I 4; 10; II 10, 34; IV 1, 5; V 4, 43; X 6, 27.

[25] »ein Freund teilt das Vergnügen … den Freund zu befreien«: Cicero (*Laelius*, 22, S. 12) hat den Gedanken wie folgt formuliert: »Was wäre ein noch so großer Gewinn im Glück, wenn du keinen hättest, der sich genauso wie du selbst darüber freute? Unglück gar wäre schwer zu tragen ohne einen, der es noch schwerer nähme als du.«

[26] »ihre Schönheit und dein edles Herz«: Vgl. Komm. X 7.

[54] »römisch/athenisch«: In der röm. Literatur wurde den Griechen Unzuverlässigkeit, List und Scharfsinn nachgesagt (Plautus, *Asinaria/Eselskomödie*, V. 199; Vergil, *Aeneis* II, 43, 49; Cicero, *Laelius*, 45, S. 22). Für den Vergleich zwischen Athen und Rom schließt sich Boccaccio Cicero an, der einerseits die kulturelle Vorbildlichkeit der Griechen, andererseits aber auch die Überlegenheit der Römer vertrat: Griechenland sei die »Fürstin der Beredsamkeit« und die »Erfinderin sämtlicher Wissenschaften«; allerdings hätten »unsere Römer seit jeher teils selbständig Besseres geleistet« und die Griechen in dem, was sie übernommen hätten, verbessert – »jedenfalls soweit sie es für der Mühe wert hielten, sich mit den Dingen zu beschäftigen« (*Über den Redner* I, 13, S. 49; *Gespräche in Tusculum* I, 1, S. 7). Den Auftrag Roms, die Welt zu beherrschen und zu befrieden – der im zweiten Teil der Novelle zum Ausdruck gebracht wird (110) –, hat Vergil in den bedeutungsvollen Versen formuliert: »du aber, Römer, gedenk – das werden deine Fähigkeiten sein – / Völker kraft Amtes zu lenken und Ordnung zu stiften dem Frieden, / Unterworfene zu schonen und niederzukämpfen Empörer« (*Aeneis* VI, 851 ff.).

[55] »römischer Mannesmut«, ital. *animo romano*: Vielleicht sollen sich die Leser der folgenden Rede Titos an Ciceros Definition der Tugend erinnern: »Denn Tugend [lat. *virtus*] ist von Mann [lat. *vir*] abgeleitet. Dem Manne ist aber vorzugsweise die Tapferkeit eigen, die zwei vornehmste Eigenschaften hat, die Verachtung des Todes und die des Schmerzes« (*Gespräche in Tusculum* 2, 43, S. 151).

[56] »notwendig geschieht«: Die Argumentation verweist auf eine Passage des Tacitus (*Annalen* VI, 22, 1), die Boccaccio allerdings nicht direkt gekannt haben soll (Branca, S. 1536).

[89] »Notwendigkeit eine Tugend«: Im Unterschied zu der betrogenen Catella (*Dec.* III 6, 46) steht diese Entscheidung nicht unter dem Zeichen der natürlichen Selbstliebe (*Laelius*, 80, S. 34 f.).

[96] »Marco Varrone«: Wahrscheinlich spielt Boccaccio mit dem Namen auf den berühmten Universalschriftsteller Marcus Varro Terentius (116–27 v. Chr.) an, der bis in die Renaissance eine erhebliche Wirkung ausgeübt hat und neben anderen hohen Ämtern 68 v. Chr. die Praetur und 66 v. Chr. die Propraetur in der Provinz Asia innehatte (*Der Neue Pauly*, XII, 1130 ff.).

[103] »Publio Ambusto«: Vielleicht handelt es sich um einen sprechenden Namen nach lat. *amb-ūro, ussī, ustum, ere*, dt. »ringsherum-, auf der ganzen Oberfläche od. wenigstens an vielen Stellen durch die sengende Glut verzehren lassen« (Georges, s. v.).

Neunte Novelle

Die Novelle zeigt, dass die »Höflichkeit« (ital. *cortesia*) nicht nur eine Form oder ein Ausdruck des »verbindenden Wohlwollens« (Cicero, *Laelius*, 23, S. 13) zwischen den Angehörigen verschiedener Ethnien oder zwischen Christen und Andersgläubigen ist, sondern dass sie angesichts der Lasterhaftigkeit der Menschen die Funktion der Freundschaft übernehmen muss (4, 13). In dieser Novelle verbindet sie den Sultan von Ägypten und Syrien mit dem christlichen Stadtbürger, der Fertigkeiten adliger Herren beherrscht und das Kaufmannsleben aus eigener Erfahrung kennt (31, 50). Der Stadtbürger sieht in den inkognito als Kaufleute reisenden Herren aus dem Orient ideale Edelleute (18); der Kriegsherr der Moslems befürchtet, dass die Kreuzfahrer seine Heeresmacht mit ihren Umgangsformen bezaubern könnten (35). Hätte das »verbindende Wohlwollen« oder die bescheidenere Höflichkeit gar den Kreuzzug verhindern können? Der wunderbare ›Rückflug‹ des Torello zeigt, dass die Freundschaft so stark wie die Liebe sein und Unwahrscheinliches bewirken kann (vgl. Komm. X 5).

[1] Es werden Texte als Vorlagen genannt, die kaum einen Zusammenhang mit Handlung und Inhalt der Novelle erkennen lassen: In der Erzählung aus *Il Novellino* (XXIII) ist von Kaiser Friedrich die Rede, der einen Bauern belohnt, weil dieser ihn um der Reinlichkeit willen nicht aus dem Becher trinken lässt, aus dem er selbst getrunken hat. In der Erzählsammlung Don Juan Manuels, *Der Graf Lucanor / El Conde Lucanor* (6. Geschichte), wird davon berichtet, dass Saladin dem Grafen der Provence rät, wie er seinen Schwiegersohn aussuchen soll; die Lehre lautet: »Ein rechter Mann erobert sich sein Glück. / Und der's nicht ist, bleibt tatenlos zurück« (S. 62). Branca (S. 1541 f.) gibt außerdem einige Beispiele für das Thema der »wunderbaren Reise« an. Landau (S. 192 f.) verweist auf eine Erzählung aus Busone da Gubbio (Komm. X 1, 1): Saladin bereist inkognito als Kaufmann Spanien, sein Pferd verliert die Hufeisen; ein Ritter hilft ihm mit den Hufeisen seines eigenen Pferdes aus; der Ritter gerät später in die Gefangenschaft Saladins; dieser erkennt ihn und bedankt sich für die erwiesene »bella cortesia«, indem er ihm und zehn seiner Mitgefangenen die Freiheit schenkt und außerdem noch zehntausend Goldstücke als Geschenk überreicht. Nicolas de Troyes (*Parangon*, Nr. 131) und Painter (*Palace of Pleasure*, Bd. 2, S. 363) haben die Novelle nacherzählt; Jakob Ayrer (1543–1605) hat ein Drama danach verfasst (Jones, S. 40).

[5] »Kaiser Friedrich«: Ks. Friedrich Barbarossa (geb. 1122) ist, als er sich auf dem Dritten Kreuzzug (1189–92) befand, am 10. Juni 1190 in dem Flüsschen Saleph in Kleinasien ertrunken (O. Engels, »Friedrich I.«, *LexMA* 4, 931 ff.). Saladin

(Komm. I 3, 6) schlug 1187 in der Schlacht bei Hattin am See Genezareth das Heer der Kreuzritter und eroberte Jerusalem; die Kreuzfahrerstaaten schrumpften auf Tripolis, Antichoia und einige Küstenstädte zusammen. Der 3. Kreuzzug unter Friedrich Barbarossa, Kg. Richard Löwenherz von England (1189–99) und Kg. Philipp II. August von Frankreich (1180–1223) führte zwar zur Eroberung Akkons (1191) durch Kg. Philipp II.; Kg. Richard Löwenherz gelang es aber nicht, Jerusalem zurückzuerobern, und er schloss einen Waffenstillstand mit Saladin. Die Handlung der Novelle spielt also zwischen 1187 und 1193, dem Todesjahr Saladins.

[7] »Torello di Stra«: Ein gewisser Torellus de Strata de Papia ist für den Anfang des 13. Jh.s dokumentiert (Branca, S. 1543).

[49] »Epidemie … Kriegskunst … Glück«: Es sind dies einige vage Hinweise auf die langwierige Belagerung von Akkon, wo die belagernden Kreuzfahrer ihrerseits von dem Heer Saladins umzingelt wurden (Runciman, III, S. 18 ff.; Christopher Tyerman, *God's War. A New History of the Crusades*, London 2007, S. 413; Villani, *Cronica* VI, 4).

[67] »ein solcher Kummer«: Der Kummer ist wohl als Liebeskrankheit zu verstehen (s. Komm. II 8, 42).

Zehnte Novelle

Zum Abschluss der Novellensammlung, die Leserinnen und Leser in der Lebenskunst unterrichten soll, ergreift Dioneo, Bruder oder Sohn der Venus (Komm. Einleitung, 79), die Gelegenheit, um einerseits die naive, aber brutale Ichbezogenheit der Männer bei der Auswahl einer Ehefrau anzuprangern und andererseits die Frauen darauf hinzuweisen, dass sie sich, falls das Geschick sie mit einem solchen Mann verbinden würde, mit stoischer Festigkeit dagegen wappnen müssen (44, 48, 59). Die Prüfung des Markgrafen ist unmenschlich, »tierisch« (3), weil sie maßlos ist: Ein maßvolles Verhalten ist, wie glücklich oder unglücklich endende Novellen und die Rahmenerzählung selbst es zeigen, die Voraussetzung eines glücklichen Lebens (Komm. II 3; 4; 9; III 2, 31; IV 3, 1; 4; 9; V 1; 2; 5; 6; VII 5; VIII 7; 8; IX 8, 13; X 3, 32). Ein solches glückliches Leben durch eine unvernünftige Probe leichtfertig aufs Spiel zu setzen – wovor Vasallen und Dienstleute den Markgrafen vergeblich warnen (39, 40, 47) – bezeugt die Dummheit des Experimentators, weil die »sittliche Vollkommenheit […], die im Einklang […] mit dem Maß und der Vernunftmäßigkeit der Natur« steht (Cicero, *Auffindg. des Stoffes*, 2, 159), selten in Erscheinung tritt – wie auch Geoffry Chaucer wusste (»Erzählung des Scholaren«, *Canterbury-Erzählungen*, S. 317 f.) – und als Ausnahmefall zu betrachten ist (69); dass sich eine tugendhafte Frau, die beleidigt und bedroht wird, auch aktiv zu wehren weiß, zeigt Madonna Ginevra aus *Dec.* II 9.

Als Beispiele für die vielfältigen Versuche, die berühmte Novelle zu verstehen, sei auf Ulrich Schulz-Buschhaus (1981) und Volker Kapp (1982) verwiesen: Schulz-Buschhaus sieht die Novelle in einer »prekären Lage« zwischen »feudal-aristokratischen und bürgerlichen Werten« (S. 288); Kapp versteht sie als »Umsetzung des Textmusters der Heiligenlegende ins Weltliche« (S. 108).

[1] Es handelt sich um einen verbreiteten Märchen- und Sagenstoff, der auch in Europa häufig aufgegriffen wurde (van Rinsum 1990, S. 238). Landau (S. 157 f.) verweist auf ein indisches Volksmärchen und auf den afrz. *Lai de Fresne* der Marie de France; er zitiert auch die folgende Erzählung aus einem jüdischen Kommentar des 12. Jh.s zum 4. Buch Moses (*Midrasch Bamidbar*, Kap. 23, Fol. 227a, Ausg. 1808) und erinnert an die Worte, die Griselda am Ende ihrer Leiden spricht (59): »Ein König verliebte sich in eine arme Waise und wollte sie heiraten. Sie sagte, sie wäre seiner nicht würdig, und er musste sieben Mal zu ihr schicken, bis sie einwilligte, seine Frau zu werden. Nach einiger Zeit ward er ihrer überdrüssig und wollte sich von ihr scheiden lassen; da sagte sie: ›Wenn du mich verstossest und eine Andere heiratest, so behandle sie nicht so wie du mich behandelst.‹«

Die originelle Gestaltung des Stoffs durch Boccaccio ist nachvollziehbar, wenn man sich den *Lai de Fresne* von Marie de France vergegenwärtigt; die afrz. Verserzählung ist ähnlich einer Legende im Sinn der Idee gestaltet: »wer sich selbst erniedrigt, der wird erhöht« (*Matth.* 23, 12; Neuschäfer 1969, S. 104 ff.; zur Bedeutung der Werke der afrz. Dichterin für das *Dec.* vgl. Komm. V 4; VII 9, 1; IX 3, 1; X 4, 1). In der Verserzählung der Marie de France wird allerdings nicht nur die Tugend der Demut, sondern auch die untilgbare Qualität des Geburtsadels dargestellt: Die Frau eines Ritters gebärt Zwillingstöchter; sie muss eines der Kinder aussetzen, weil sie einer benachbarten Dame vorgeworfen hatte, wer Zwillinge bekäme, habe auch mit zwei Männern geschlafen. Die eine Tochter wird vor einem Kloster in einer »Esche« (frz. *frêne*) ausgesetzt und als Nichte der Äbtissin unter dem Namen »Fresne« aufgezogen; ein Edler namens Gurun führt Fresne als Konkubine auf sein Schloss. Nach einer Weile drängen ihn allerdings seine Vasallen, eine Ehefrau zu nehmen, und er erwählt die Zwillingsschwester als Braut. Die verstoßene Konkubine bereitet der Rivalin das Brautbett und legt ein feines Linnen darüber, das ihr von der Mutter bei der Aussetzung zusammen mit einem Ring mitgegeben worden ist. Die Mutter erkennt ihre Tochter wieder; der Erzbischof verspricht, die Ehe aufzulösen, und Gurun kann eine standesgemäße Ehe mit der Geliebten schließen.

Diese Novelle hat dank der lat. Übersetzung oder Neufassung durch Francesco Petrarca (1373, *Seniles/Altersbriefe*, XVII 3) eine weite europäische Verbreitung gefunden – Jones (S. 40 f.) gibt fast sechzig Titel an! Der Moralist Petrarca hat vor allem die Standhaftigkeit der Griselda hervorgehoben: Was ein einfaches Weib für ihren sterblichen Mann gelitten habe, sei vorbildlich für die standhaften Männer, die für ihren Gott ohne Murren leiden (zit. nach: J. B. Severs, *The Literary Relationship of Chaucer's Clerkes Tale* [1942], Hamden/Conn. 1972, S. 288). Geoffry Chaucer beruft sich im Prolog zur »Erzählung des Scholaren« ausdrücklich auf Petrarcas Fassung (*Canterbury-Erzählungen*, IV. Fragment, S. 282); allerdings stellt er die moralische Vorbildlichkeit der Heldin auch prinzipiell in Frage, denn im »Epilog« rät er den Frauen, sich nicht von der wunderbaren Erzählung, die sich Gelehrte ausgedacht haben, betören zu lassen, und sich gegen das Leid, das die Männer ihnen antun, zu wehren: »Habt keine Furcht, zeigt nicht Ergebenheit, / Mag auch der Hausherr eine Rüstung tragen; / Die Pfeile boshafter Beredsamkeit / Durchbohren Bruststück ihm und Panzerkragen. / Auch rat ich, ihn mit Eifersucht zu binden, / Wie eine Wachtel wird geduckt er zagen. / Bist schön du, musst du in Anwesenheit / Des Volks Gesicht und Schmuck stets offen tragen; / Und bist du hässlich, schafft Freigebigkeit / Dir Freunde, die dir dienen mit Behagen. / Sei leichtfertig wie Blätter an den Linden / Und lass ihn sorgen, weinen, heulen, klagen!« (*Canterbury-Erzählungen*, IV. Fragment, S. 318 f.).

In den dt. Bearbeitungen des 15. und 16. Jh.s wird die Griseldis-Geschichte als »Beispiel des absoluten Gehorsams der Frau in der Ehe« dargestellt (I. Erfen, »Griselda III.«, *LexMA* 4, 1721), was der Epilog-Sprecher des Dramas von Hans Sachs deutlich zum Ausdruck bringt: Die Eltern sollten ihre Töchter so erziehen, dass sie Trotz, Stolz und Üppigkeit ablegen, um alles Wohl und Wehe des Ehestandes ertragen zu können (*Die gedultig und gehorsam Marggräfin Griselda*, V. Akt). Eine Reihe von dramatischen Bearbeitungen des Stoffes sind entstanden: Thomas Dekker (*A Pleasant Comedie of Patient Grissil*, 1603), Lope de Vega (*El ejemplo de casadas / Das Vorbild der Ehefrauen*, 1616), Carlo Goldoni (*La Griselda*, 1736), Gerhart Hauptmann (*Griselda*, 1909); 1798 wurde in Parma die Oper *Griselda o la virtù al cimento / Griselda oder die Tugendprobe* von Ferdinando Paer nach dem Libretto von Angelo Anelli aufgeführt. In Frankreich entstanden schon im 14. Jh. drei Redaktionen, die auf Petrarcas Text beruhen (L. Rossi, »Griselda I.«, *LexMA* 4, 1720); später folgten die Nacherzählung von Nicolas de Troyes (*Parangon*, Nr. 132), ein Kolportageheft (*La Patience de Grisélidis, Femme du Marquis de Saluces. Par laquelle est démontrée la vraye obédience et honnêteté des Femmes vertueuses envers leurs Maris*, Troyes 1546) und *La Marquise de Saluces ou La Patience de Grisélidis* (1691) von Charles Perrault.

[2] »Der gute Mann … ausschüttet«: Dieser ironische Satz bezieht sich auf *Dec.* VII 1, 27 und X 9. In beiden Fällen muss der hoffnungsfrohe Anwärter auf eine Liebes- oder Hochzeitsnacht dem Ehemann den Vortritt überlassen.

[3] »tierische Dummheit« (ital. *matta bestialità*): Es ist ein schwerwiegender Vorwurf, denn nach Aristoteles sind drei Dinge zu vermeiden: »Schlechtigkeit, Unenthaltsamkeit und tierische Roheit« (lat. *malitia, incontinentia, bestialitas*); ein »tierisch verwilderter Mensch« sei außerdem eine seltene Erscheinung (*Nikom. Ethik* VII, 1, S. 151; VII, 7, S. 165).

[4] »Markgraf von Saluzzo«: Seit dem Ende des 12. Jh.s bemühten sich die Mgf.en von Saluzzo mit Erfolg um den Ausbau eines Territorialstaates auf dynastischer Grundlage. Dynastische Konflikte in den ersten Jahrzehnten des 14. Jh.s – die Wahl einer angemessenen Ehefrau und der damit verbundene Erhalt der Familie sind das zentrale Problem der Novelle! – brachten ihre Herrschaft in Gefahr und ermöglichten es, dass äußere Mächte, wie Anjou und Savoyen, ihre eigene Herrschaft auf Kosten der Markgrafen ausbauten; obwohl die letzteren eine gewisse Autonomie behielten, blieben sie bis zur Auflösung der Markgrafschaft im Jahre 1548 dem Haus Savoyen und den Kg.en von Frankreich unterworfen. »Trotz der polit. Krise erreichten die Kunst, die Literatur und das Ingenieurwesen in der Mgft. ein beachtl. hohes Niveau« (L. Provero, s. v., *LexMA* 7, 1321 f.). Unter den Markgrafen ist ein gewisser »Valterius de Saluciis« für die siebziger Jahre des 12. Jh.s dokumentiert (Branca, S. 1554).

[30] »und weiter sprach er nicht«: Vgl. Dante, *Fegef.* 3, 45. Der Erzähler unterbricht den Gedanken, um den Affekt zu steigern (lat. *reticentia*; Cicero, *Über den Redner* 3, 205; Lausberg 1973, §§ 887–889).

[49] »Panago«: Diese Form steht im Bolognesischen für Pánico; es handelt sich um eine Seitenlinie der Grafen Alberti (Branca, S. 1559; Th. Kölzer, »1. Alberti«, *LexMA* 1, 291 f.).

[61] »die Frucht deiner langen Geduld«: Francesco Mannelli, ein Kopist des *Dec.* aus dem 14. Jh., meinte sarkastisch, dass der Graf seiner Frau immerhin zwölf Lebensjahre gestohlen habe (Branca, S. 1560).

Schluss

[2] »Weisheit der Sterblichen … vorauszusehen«: Cicero (*Über das höchste Gut*, 2, 45, S. 169) zufolge unterscheiden sich die Menschen dadurch »am meisten« von den Tieren, »dass sie von der Natur die Gabe der Vernunft bekommen haben und einen wachen, lebhaften Geist, der sich blitzschnell mit vielen Dingen zugleich

beschäftigt, und einen Spürsinn, der die Ursachen und die Folgen der Dinge wahrnimmt, der Analoges überträgt, Getrenntes verbindet, Künftiges mit Gegenwärtigem verknüpft und jeden Umstand des Lebens, das noch folgt, miteinbezieht«. Vgl. Cicero, *Pflichtgem. Handeln*, 2, 33.

[6] »Gewohnheit ... Überdruss«: Branca (S. 1562) hat auf die sentenziöse Tradition des Gedankens aufmerksam gemacht; Cicero, *Über den Redner* (3, 100, S. 509): »So grenzt in allen Dingen an die größten Wonnen der Überdruss«; Quintilian, *Ausbildung des Redners* (IX 4, 43): »da selbst das, was im Ausdruck vorzüglich ist, Überdruss erzeugt, wenn der Reiz der Abwechslung nicht hinzukommt«; Seneca, *Oedipus* (V. 909 f.): »Alles, was das Maß überschritt, / schwankt auf unsicherem Grunde«; Ovid, *Liebesgedichte* (2, 19, 25 f.): »Reichlich vorhandne Liebe und leicht zu erreichende Liebe, die wird mir / Über und schadet mir so, wie etwas Süßes dem Bauch«; Arthaber 1981, Nr. 2: »Überfluss macht Überdruss«. Vgl. Komm. I Schluss, 14; IV 1, 2.

[9] »ein Lied«: Dieses Tanzlied (Komm. I Schluss, 22) besteht aus vier neunzeiligen Strophen (CDecDeEbA) und einer dreizeiligen Refrainstrophe (AbA). Das Thema des Liedes ist die Eifersucht der Frau gegenüber ihren Rivalinnen; in den Gedichten über die Eifersucht, die Branca (S. 1563) aus dem Werk Boccaccios anführt, ist ein männlicher Sprecher eifersüchtig auf eine untreue Frau.

Schlusswort des Autors

In dem »Schlusswort« rechtfertigt der Autor sein Werk gegenüber den Leserinnen, zu deren Unterhaltung und Belehrung er es verfasst hat (vgl. Vorwort), indem er auf Vorbehalte eingeht, die er Leserinnen in den Mund legt. Diese Vorbehalte lauten: Die Ausdrucksweise der Erzählerinnen und die Themen der Novellen seien zu »freizügig« (ital. *troppa licenzia usata*) und anstößig; aus diesem Grunde sollten die entsprechenden Novellen aus der Sammlung entfernt werden (3–15, 16). Außerdem gebe es zu lange Novellen, und die Sammlung enthalte »zu viele Späße und Albernheiten« (20, 22). Die Einwände richten sich also gegen den inhaltlichen Nutzen und die unterhaltsame Darstellung des Werkes. Explizit rechtfertigt sich der Autor wie Horaz, indem er hervorhebt, dass Inhalt und Form der Novellen eng zusammengehören (4); damit ist implizit gemeint, dass der Dichter, um Alt und Jung, das Volk und die feinen Leute zu gewinnen, das »Süße« mit dem »Nützlichen« vermischen soll und versuchen muss, den Leser »gleicherweise« zu »ergötzen« und zu »belehren« (Horaz, *Dichtkunst*, V. 343 und Anm.

S. 780; vgl. Komm. Vorwort; Baehr 1979, S. 17f.). Wenn der Autor des *Dec.* also eine freizügige Sprache verwendet, so gehört diese zu den Novellen, in denen die natürlichen Bedürfnisse dargestellt werden, die Männer und Frauen aus allen sozialen Schichten empfinden und zu befriedigen versuchen. Außerdem ist die freizügige Sprache damit zu rechtfertigen, dass die Novellen weder in der Kirche noch in Universitäten, sondern von jungen Leuten in »Gärten«, also »einem Ort der Lustbarkeit« oder der »Entspannung« erzählt werden; die auf Ernsthaftigkeit und Ehrbarkeit bedachten Kleriker oder Philosophen sollen allerdings auch daran erinnert werden, dass sie die gleichen Glücksbedürfnisse wie andere Menschen haben (7; vgl. Komm. I Einleitung, 90; VII 5, 4; *Genealogie* XIV, 15; S. 77). Wie der Maler will auch der Dichter ergötzen und belehren; beider Werke wenden sich sowohl an die Sinneswahrnehmungen, an Auge und Ohr der Betrachter oder Zuhörer, als auch an ihren »Scharfsinn« (lat. *argutum acumen*); weil »die richtige Einsicht [lat. *recte sapere*] Ursprung und Quelle [ist], um richtig zu schreiben«, glaubt auch der Autor des *Dec.* es ebenso gut wie ein Maler zu wissen, welcher Teil seiner Darstellung nur ›gefällig‹ sein soll – »Schwert oder Lanze« in den Händen eines Heiligen, »ein oder zwei Nägel« in den Füßen des Gekreuzigten, Eva als Frau, Christus als Mann – oder welcher Teil der Darstellung den Verstand herausfordert, der etwa die Vorbildlichkeit und Bedeutung eines Erzengels, eines Heiligen, des Erlösers der Menschheit oder der »ersten Gebärerin« erkennen soll (6; Boccaccio, *Die großen Frauen*, S. 23; Horaz, *Dichtkunst*, 309, 361ff.). Boccaccio rechtfertigt Form und Inhalt der Novellen nicht allein, indem er an sein Publikum, junge Männer und Frauen, und an seine Absicht erinnert, den Frauen zu gefallen und sie zu erheitern (7, 20–24), sondern er appelliert ausdrücklich an den gesunden Menschenverstand aller seiner Leser, ihre Fähigkeit und ihren guten Willen, um sich des Autors »richtige Einsicht« anzueignen und sie zu verstehen (11–14, 29).

[2] »Novellen kein besonderes Vorrecht«: Der Autor meint mit ironischer Selbstbescheidung, dass auch anspruchslose »kleine Novellen« den Neid der schreibenden Zunft erregen und daher einer Rechtfertigung bedürfen (vgl. IV Einleitung, 2–3).

[5] »Loch und Zapfen ... Menge ähnlicher Dinge«: Entsprechende obszöne Ausdrücke finden sich in *Dec.* II 10, 40, 42; VIII 2, 9, 23, 44, 45. Von S. Battaglia, *Grande Dizionario della Lingua Italiana* (Turin 1978), werden ital. *mortadello*, »Wurst«, und ital. *caviglia*, »Zapfen«, in der Bedeutung »männliches Glied« notiert.

[7] »Hosen auf dem Kopf«: Es ist eine Anspielung auf *Dec.* IX 2.

[9] »Cinciglione und Scolaio«: »Cinciglione« wird als Trinkername in *Dec.*

I 6,8 gebraucht; vielleicht geht die Bezeichnung auf die Soldatensprache zurück (Branca, S. 1028). »Scolaio« ist aus ital. *scolare*, dt. »ausleeren«, abzuleiten.

[11] »Kein kranker Geist … himmlische Schönheit«: In dem Paragraphen wird ein geläufiges Bibelzitat mit einem grundlegenden Text des Süßen neuen Stils verbunden. Das Zitat aus dem Paulusbrief lautet: »Den Reinen ist alles rein; den Unreinen aber und Ungläubigen ist nichts rein, sondern unrein ist beides, ihr Verstand und ihr Gewissen« (*Titus* 1, 15). In der berühmten Kanzone Guido Guinizellis »Al cor gentil rempaira sempre amore« / »Die Liebe wohnt in einem edlen Herzen« finden sich die beiden folgenden Verse (31 f.): »Fere lo sol lo fango tutto 'l giorno: / vile reman, ne 'l sol perde calore« / »Die Sonne trifft den Schlamm den ganzen Tag: / dieser bleibt hässlich, und die Sonne verliert nicht ihre Wärme«. (Vgl. Komm. I 10, 10; X 7.)

[15] »Betschwester«: Ein Beispiel wird in V 10, 14 dargestellt.

[17] »wenn nicht alle gefällig wären«: Das Argument verweist auf den berühmten Vers des Horaz: »wenn einmal der gute Homer eingenickt ist« (*Dichtkunst*, 359).

[18] »In der Vielzahl … Brennnesseln … besseren Pflanzen«: Der Autor meint, dass der »Reiz der Abwechslung«, lat. *gratia varietatis*, notwendig ist, weil ohne ihn selbst das Angenehme, der Schmuck und Glanz des sprachlichen Ausdrucks, langweilig werden (Quintilian, *Ausbildung des Redners*, IX 4, 43; Cicero, *Über den Redner* 3, 100, S. 509; Lausberg 1973, § 257, 2b; vgl. Komm. X Schluss, 6).

[23] »nicht gewichtig … leicht«: Den Frauen gegenüber kokettiert der Autor mit seinen Fähigkeiten in der Liebesdichtung, einer ›leichten Muse‹ (Ovid, *Liebesgedichte* 3, 1; *Decameron* 2005, S. 398 ff.).

»Predigten der Mönche«: Neben anderen, die Anstoß an der Degradierung der Predigt durch profane Erzählungen genommen haben (Branca, S. 1566), ist an Dantes Beatrice zu erinnern, die die unseriösen Prediger tadelt: »Heute geht man mit Witzen und mit Späßen ans Predigen, / und wenn nur gut gelacht wird, bläht sich die Kapuze, / und mehr wird nicht verlangt« (Dante, *Parad.* 29, 115 ff.).

[24] »Klagen des Jeremias … Magdalena«: Es handelt sich um eine Anspielung auf zeitgenössische religiöse Erbauungstexte und auf die Leidensgeschichte des *Neuen Testaments* (Branca, S. 1567; vgl. Komm. III 4, 6).

[25] »Wahrheit über die Mönche«: Die antiklerikale Satire nimmt der Autor nicht zurück (vgl. Nachwort, S. 1056 f.).

Abkürzungen

afrz.	altfranzösisch
aokz.	altokzidentalisch (›altprovenzalisch‹)
Barth	Dante Alighieri, *Die göttliche Komödie*, erläutert von Ferdinand Barth
Bf.	Bischof
Dec.	Boccaccio, *Decameron*
ders.	derselbe
dies.	dieselbe
dt.	deutsch
ebd.	ebenda
engl.	englisch
Epheser	Neues Testament, *Der Brief des Paulus an die Epheser*
Esposizioni	Boccaccio, *Esposizioni sopra la Comedia di Dante*
Fegef.	Dante, *Die göttliche Komödie*; *Fegefeuer*
frz.	französisch
Genealogie	Boccaccio, *On Poetry*
Genesis	Altes Testament, *Das 1. Buch Mose*
griech.	griechisch
Hölle	Dante, *Die göttliche Komödie*; *Die Hölle*
Hrsg.	Herausgeber
ital.	italienisch
Jeremias	Altes Testament, *Der Prophet Jeremias*
Jh.	Jahrhundert
1./3. Joh.	Neues Testament, *Der 1.–3. Brief des Johannes*
Joh.	Neues Testament, *Das Evangelium nach Johannes*
Kg.	König
Kgn.	Königin
Kgr.	Königreich
KNLL	Kindlers Neues Literaturlexikon
Komm.	Kommentare zu einzelnen Novellen oder Textstellen
1./2. Könige	Altes Testament, *1./2. Buch der Könige*
Korinther	Neues Testament, *Der 1./2. Brief des Paulus an die Korinther*
Ks.	Kaiser
lat.	lateinisch
LexMA	Lexikon des Mittelalters
Luk.	Neues Testament, *Das Evangelium nach Lukas*

MA	Mittelalter
ma.	mittelalterlich
Matth.	Neues Testament, *Das Evangelium nach Matthäus*
Metam.	Ovid, *Metamorphosen*
mlat.	mittellateinisch
n. a.	neben anderen
Nikom. Ethik	Aristoteles, *Nikomachische Ethik*
nlat.	neulateinisch
Parad.	Dante, *Die göttliche Komödie*; *Das Paradies*
Philipper	Neues Testament, *Der Brief des Paulus an die Philipper*
Ps.	Altes Testament, *Der Psalter (Psalmen)*
Richter	Altes Testament, *Das Buch der Richter*
röm.	römisch
Römer	Neues Testament, *Der Brief des Paulus an die Römer*
s.	siehe
1./2. Samuel	Altes Testament, *Das 1./2. Buch Samuel*
Sirach	Altes Testament, *Das Buch Jesus Sirach*
Sprüche	Altes Testament, *Die Sprüche Salomos*
s. u.	siehe unten
s. v.	sub voce / unter dem Stichwort
Timotheus	Neues Testament, *Der 1./2. Brief des Paulus an Timotheus*
Titus	Neues Testament, *Der Brief des Paulus an Titus*
V.	Vers
vs.	versus / im Gegensatz zu

Bibliographie

Alighieri, Dante [1265–1321]: La Divina Commedia. Hrsg. Natalino Sapegno. 3 Bde. Florenz 1963. [Zit. als: Sapegno.]

– Opere minori. Bd. 1. Hrsg. Domenico De Robertis, Gianfranco Contini. Mailand/Neapel 1984.

– Opere minori. Bd. 2. Hrsg. Pier Vincenzo Mengaldo, Bruno Nardi, Arsenio Furgoni, Giorgio Brugnoli, Enzo Cecchini, Francesco Mazzoni. Mailand/Neapel 1979.

– Das neue Leben. Vita nova. Aus dem Ital. von Hannelise Hinderberger. Zürich 1987.

– Monarchia. Lat./Dt. Hrsg. R. Imbach, C. Flüeler. Stuttgart 1989.

– Die göttliche Komödie. In Prosa übers. von Walter Naumann. Darmstadt 2003.

– Die göttliche Komödie. Erl. von Ferdinand Barth aufgrund der Übers. von Walter Naumann. Darmstadt 2003. [Zit. als: Barth 2003.]

– De vulgari eloquentia. In: Ders.: Opere Minori. Bd. 2.

– Über die Beredsamkeit in der Volkssprache. De vulgari eloquentia. Lat./Dt. Übers. von Francis Cheneval, mit einer Einl. von Ruedi Imbach und Irène Rosier-Catach und einem Komm. von Ruedi Imbach und Tiziana Suarez-Nani. Hamburg 2007.

– Das Gastmahl. Convivio. Ital./Dt. Übers. von Thomas Ricklin. Mit Komm. von Francis Cheneval, Ruedi Imbach, Roland Béhar. 4 Bde. Hamburg 1996–2004.

Andreas Capellanus: On Love (1982). Ed. with an Engl. translat. by P. G. Walsh. London 2002.

– De Amore [um 1174–86] / Über die Liebe. Lat./Dt. Hrsg. Florian Neumann. Mainz 2003. [Auswahl.]

Anthologie bilingue de la poésie italienne. Hrsg. Danielle Boillet. Paris 1994.

Anthologie de la poésie française. Moyen Âge, XVIe siècle, XVIIe siècle. Hrsg. Jean-Marie Chauveau, Gérard Gros, Daniel Ménager. Paris 2000.

Apuleius, Lucius [um 124 – um 180]: Metamorphosen oder Der goldene Esel. Lat. und Dt. von Rudolf Helm. Darmstadt [6]1970. [Zit. als: Helm 1970.]

Aristoteles [384 – 322 v. Chr.]: Poetik. Griech./Dt. Hrsg. Manfred Fuhrmann. Stuttgart 1982. (Reclams Universal-Bibliothek. 7828.)

– Nikomachische Ethik. Nach der Übers. von Eugen Rolfes bearb. von Günther Bien. Philosophische Schriften in 6 Bdn. Bd. 3. Hamburg 1995.

– Rhetorik. Übers. und erl. von Christof Rapp. Darmstadt 2002.

Aristoteles: Poetik. Übers. und erl. von Arbogast Schmitt. Darmstadt 2008.

Arthaber, Augusto: Dizionario comparato di proverbi e modi proverbiali italiani, latini, francesi, spagnoli, tedeschi, inglesi e greci antichi. Mailand 1981.

Aucassin und Nicolette, Die Geschichte von: Dt. von P. Hausmann. Wiesbaden 1956.

Augustinus, Aurelius: Confessiones/Bekenntnisse. Lat./Dt. Hrsg. Kurt Flasch, Burkhard Mojsisch. Stuttgart 2009. (Reclams Universal-Bibliothek. 18676.)

– Vom Gottesstaat (De civitate Dei). Aus dem Lat. von W. Thimme. Eingel. und komm. von C. Andresen. 2 Bde. München 1977.

Baehr, Rudolf: Marguerite de Navarre und Boccaccio: Tradition und Selbständigkeit im Heptaméron. In: Sprachkunst 10 (1979) S. 5–23.

Bandello, Matteo [um 1485–1562]: Novellen. [Novelle.] Dt. von H. Floerke. 3 Bde. München 1920.

Becker, Franz G.: Pamphilus. Prolegomena zum Pamphilus (de amore) und kritische Textausgabe. Ratingen [u. a.] 1972.

Bibellexikon, Reclams: Hrsg. Klaus Koch, Eckart Otto, Jürgen Roloff, Hans Schmoldt. Stuttgart [4]1987.

Boccaccio, Giovanni [1313–1375]: Decameron. Filocolo. Ameto. Fiammetta. Hrsg. Enrico Bianchi, Carlo Salinari, Natalino Sapegno. Mailand/Neapel 1952. (La Letteratura italiana. Storia e testi. 8.)

– Opere in Versi. Corbaccio. Trattatello in laude di Dante. Prose latine. Epistole. Hrsg. Pier Giorgio Ricci. Mailand/Neapel 1965. (La Letteratura italiana. Storia e testi. 9.)

– Gesammelte Werke. Hrsg. von Max Krell. 5 Bde. München/Leipzig 1924. [Enthält: *Aus dem Ameto, Sonett auf den Tod des Petrarca, Ballade der Neifile, Die Grabschrift, Das Leben Dantes, Fiametta, Das Dekameron, Troilus und Kressida, Das Labyrinth der Liebe.*]

– On Poetry. Being the Preface and the Fourteenth and Fifteenth Books of Boccaccio's *Genealogia Deorum Gentilium* in an Engl. Version with Introd. Essay and Comm. Hrsg. Charles G. Osgood. New York 1956.

– Die Nymphe von Fiesole. Übertr. von Rudolf Hagelstange. Wiesbaden 1957.

– Decameron. Hrsg. Vittore Branca. Mailand 1976. (Tutte le opere. 4.) [Zit. als: Branca.]

– Fiammetta. Übertr. von Sophie Brentano. Hrsg. Katharina Kippenberg. Leipzig 1982.

– Vom Glück und Unglück berühmter Männer und Frauen. Ausw. und Übers. aus dem Lat. von Werner Pleister. Zürich 1992.

Boccaccio, Giovanni [1313–1375]: De claris mulieribus. Die großen Frauen. Lat./Dt. Ausgew., übers. und komm. von Irene Erfen und Peter Schmitt. Stuttgart 1995. (Reclams Universal-Bibliothek. 9341.)

– Decameron con le illustrazioni dell'autore e di grandi artisti fra Tre- e Quattrocento. Hrsg. Vittore Branca. Florenz 1999.

– Das Dekameron. Aus dem Ital. übers. von Albert Wesselski. Übertr. der Gedichte von Theodor Däubler. Einl. von André Jolles (zur deutschen Ausgabe von 1921). Frankfurt a. M. / Leipzig 1999. (insel taschenbuch. 2577.)

– Amorosa visione. Hrsg. Vittore Branca. Mailand 2000.

– Theseid of the Nuptials of Emilia (Teseida delle nozze di Emilia). Transl. with an introd. by Vincenzo Traversa. Frankfurt a. M. [u. a.] 2002.

– Vite di Dante. Hrsg. Pier Giorgio Ricci. Mailand 2002.

– Vita di Petrarca. Hrsg. Gianni Villani. Rom 2004.

– Esposizioni sopra la Commedia di Dante. Biblioteca Italiana. 2005.

– Decameron. Zwanzig ausgewählte Novellen. Ital./Dt. (1988). Hrsg. Peter Brockmeier. Stuttgart 2005.

– Elegia di Madonna Fiammetta. Corbaccio. Hrsg. Francesco Erbani. Mailand 2007.

Boethius, Anicius Manlius Severinus [um 480–524]: Trost der Philosophie. Übers. und hrsg. von Karl Büchner. Stuttgart 1971. (Reclams Universal-Bibliothek. 3154.)

Boggess, William F.: Aristotle's Poetics in the Fourteenth Century. In: Studies in Philology 67 (1970) S. 278–294.

Branca, Vittore: Tradizione delle opere de Giovanni Boccaccio. I: Un primo elenco dei codici e tre studi. Rom 1958. (II: Un secondo elenco di manoscritti e studi sul testo del *Decameron*, con due appendici. Rom 1991.)

– Boccaccio medievale. Florenz 1964.

– Giovanni Boccaccio. Profilo biografico. Florenz 1977.

Brockmeier, Peter (Hrsg.): Boccaccios Decameron. Darmstadt 1974. (Wege der Forschung. 324.)

– Geistesgegenwart und Angstbereitschaft. Zur Funktion des ›subito‹ in Boccaccios Novellen. In: P. B (Hrsg.): Boccaccios Decameron. S. 369–382. (Auch in: edoc – Dokumente und Publikationsserver der Humboldt-Universität zu Berlin.)

– Limiti della critica sociale nella novellistica: »Decameron« – »Heptaméron« – »Novelas ejemplares«. In: Il Boccaccio nelle culture e letterature nazionali. Florenz 1978. S. 149–159. (Auch in: edoc – Dokumente und Publikationsserver der Humboldt-Universität zu Berlin.)

Brockmeier, Peter: Vom verliebten Haß über den erquickenden Verdruß zum schmerzlichsten Genuß. Weibliche Schönheit in Texten von Dante bis de Sade. In: Schöne Frauen – schöne Männer. Literarische Schönheitsbeschreibungen. 2. Kolloquium der Forschungsstelle für europäische Literatur des Mittelalters. Hrsg. Theo Stemmler. Mannheim 1988. S. 199–246. (Auch in: edoc – Dokumente und Publikationsserver der Humboldt-Universität zu Berlin.)

– Das Lob der Liebe: Von den Trobadors bis Pietro Aretino. In: Sexualität im Gedicht. Vorträge eines interdisziplinären Kolloquiums. Hrsg. Theo Stemmler, Stefan Horlacher. Tübingen 2000. S. 119–145. (Auch in: edoc – Dokumente und Publikationsserver der Humboldt-Universität zu Berlin.)

– Erzählliteratur (Roman, Novelle, *conte*). In: Handbuch Französisch. Sprache. Literatur. Kultur. Gesellschaft. Hrsg. Ingo Kolboom, Thomas Kotschi, Edward Reichel. Berlin [2]2008. S. 882–889. (Auch in: edoc – Dokumente und Publikationsserver der Humboldt-Universität zu Berlin 2008.)

– Innovation und Destruktion in der Genieästhetik. In: Veit Elm (Hrsg.): Wissenschaftliches Erzählen im 18. Jahrhundert. Geschichte, Enzyklopädik, Literatur. Berlin 2010. S. 95–107. (Auch in: edoc – Dokumente und Publikationsserver der Humboldt-Universität zu Berlin.)

Brucker, Gene: Florenz in der Renaissance. Stadt, Gesellschaft, Kultur. Aus dem Amerik. von Claudia Preuschoft. Reinbek bei Hamburg 1990.

Bürgel, Johann Christof: Der Topos der Liebeskrankheit in der klassischen Dichtung des Islam. In: Stemmler (Hrsg.): Liebe als Krankheit. S. 75–103.

Bumke, Joachim: Höfische Kultur. Literatur und Gesellschaft im hohen Mittelalter. 2 Bde. München [2]1986.

Bury, Ernst (Hrsg.): In medias res. Lexikon lateinischer Zitate und Wendungen. Berlin [3]2003. (CD-Rom Digitale Bibliothek. 27.)

Busone da Gubbio: Fortunatus siculus ossia L'avventuroso ciciliano (1311). Hrsg. G. F. Nott. Florenz 1832.

Cancik, Hubert: Zur Entstehung der christlichen Sexualmoral (1976). In: Sexualität und Erotik in der Antike. Hrsg. Andreas Karsten Siems. Darmstadt 1988. S. 347–374. (Wege der Forschung. 605.)

Carmina Burana [um 1230]. Die Lieder der Benediktbeurer Handschrift. Zweispr. Ausg. Übers. der lat. Texte von Carl Fischer, der mittelhochdt. Texte von Hugo Kuhn. Anm. und Nachw. von Günter Bernt. München 1979.

Cavalcanti, Guido [um 1255–1300]: Sämtliche Gedichte. Tutte le rime. Übertr. und hrsg. von Tobias Eisermann und Wolfdietrich Kopelke. Tübingen 1990.

Cent nouvelles nouvelles, Les [1456/1467]. Hrsg. Franklin P. Sweetser. Genf/

Paris 1966. (Die Hundert neuen Novellen. Dt. von A. Semerau. München 1907.)

Cervantes Saavedra, Miguel de [1547–1616]: Novellen. Dt. von Adalbert Keller und Friedrich Notter. München 1958.

Chaucer, Geoffrey [1340?–1400]: Die Canterbury-Erzählungen. Vollst. Ausg. Aus dem Engl. übertr. und hrsg. von Martin Lehnert. Frankfurt a. M. 1987. [Zit. als: Canterbury-Erzählungen.]

Cicero, Marcus Tullius [106–43 v. Chr.]: Laelius. Über die Freundschaft. Hrsg. Robert Feger. Stuttgart 1970. (Reclams Universal-Bibliothek. 868.)

– De oratore. Über den Redner. Lat./Dt. Hrsg. Harald Merklin. Stuttgart 1976. ^{2}1991. (Reclams Universal-Bibliothek. 6884.)

– De officiis. Vom pflichtgemäßen Handeln. Lat./Dt. Hrsg. Heinz Gunermann. Stuttgart 1976. (Reclams Universal-Bibliothek. 1889.)

– Pro Archia poeta. [Lat./Dt.] Hrsg. Helmuth und Karl Vretska. Darmstadt 1979.

– Gespräche in Tusculum. Lat./Dt. Hrsg. Olof Gigon. München/Zürich. ^{5}1984.

– Orator. Lat./Dt. Hrsg. Bernhard Kytzler. Darmstadt ^{3}1988.

– De finibus honorum et malorum. Über das höchste Gut und das größte Übel. Lat./Dt. Hrsg. Harald Merklin. Stuttgart 1989. (Reclams Universal-Bibliothek. 8593.)

– De inventione. Über die Auffindung des Stoffes. De optime genere oratorum. Über die beste Gattung von Rednern. Lat./Dt. Hrsg. Theodor Nüßlein. Darmstadt 1998.

– Über die Wahrsagung. De Divinatione. Lat./Dt. Hrsg. Christian Schäublin. Düsseldorf/Zürich ^{2}2002.

– Cato der Ältere. Über das Alter. Laelius. Über die Freundschaft. Lat./Dt. Hrsg. Max Faltner. Mit einer Einf. und einem Reg. von Gerhard Fink. Düsseldorf/Zürich. ^{4}2004.

Compagni, Dino [um 1255–1324]: La Cronica. Hrsg. von Gino Luzzatto. Turin 1968.

Curtius, Ernst Robert: Europäische Literatur und lateinisches Mittelalter. Bern ^{2}1954.

Der Neue Pauly. Enzyklopädie der Antike. Hrsg. Hubert Cancik, Helmuth Schneider. Stuttgart/Weimar 1997 ff.

Des Périers, Bonaventure [um 1510–1543/44]: Die neuen Schwänke und lustigen Unterhaltungen gefolgt von der Weltenbimmel. [Les nouvelles récréations et joyeux devis. Cymbalum mundi.] Dt. von H. Floerke. München 1910.

Die Erzählungen aus den tausendundein Nächten. Dt. von Enno Littmann. 6 Bde. Wiesbaden 1953.

Die großen Familien Italiens. Hrsg. Volker Reinhardt. Stuttgart 1992.

Doren, Alfred: Italienische Wirtschaftsgeschichte. Jena 1934.

Douin de Lavesne: Trubert [13. Jh.]. Hrsg. Guy Raynaud. Genf 1974.

Duden. Das große Wörterbuch der deutschen Sprache. 10 Bde. auf CD-ROM. Mannheim 2000.

Ebert, Theodor: Phronesis. Anmerkungen zu einem Begriff der Aristotelischen Ethik (VI 5, 8–13). In: Höffe (Hrsg.): Aristoteles. 2010. S. 165–185.

Eco, Umberto: Lector in fabula. Mailand 1979. [Dt. von H.-G. Held. München 1987.]

Eibl, Karl: Kritisch-rationale Literaturwissenschaft. Grundlagen zur erklärenden Literaturgeschichte. München 1976.

– Animal Poeta. Bausteine einer biologischen Kultur- und Literaturtheorie. Paderborn 2004.

Elwert, W. Theodor: Italienische Metrik. Wiesbaden [2]1984.

Erfen, Irene / Schmitt, Peter (Hrsg.): Giovanni Boccaccio, De claris mulieribus. Die großen Frauen. Lat./Dt. Ausgew., übers. und komm. von I. E. und P. S. Stuttgart 1995. (Reclams Universal-Bibliothek. 9341.)

L'Exemplum. Hrsg. J. Le Goff, C. Bremond, J. C. Schmitt. Turnhout 1982.

Fabliaux: Recueil général et complet des Fabliaux des XIIIe et XIVe siècles. Hrsg. Anatole de Montaiglon, Gaston Raynaud. 6 Bde. Paris 1872–90.

Fabliaux. Altfrz./Dt. Ausgew., übers. und komm. von A. Gier. Stuttgart 1985. (Reclams Universal-Bibliothek. 8058.)

Fastnachtsspiele des 15. und 16. Jahrhunderts. Hrsg. Dieter Wuttke. Stuttgart 1978. (Reclams Universal-Bibliothek. 9415.)

Ferroni, Giulio: Storia della letteratura italiana. Dalle origini al Quattrocento. Turin 1991.

Fischer, Carolin: Gärten der Lust. Eine Geschichte erregender Lektüren. Stuttgart/Weimar 1997.

– Der poetische Pakt. Rolle und Funktion des poetischen Ich in der Liebeslyrik bei Ovid, Petrarca, Ronsard, Shakespeare und Baudelaire. Heidelberg 2007.

Flasch, Kurt: Das philosophische Denken im Mittelalter. Von Augustin bis Machiavelli. Stuttgart 1986.

– Aufklärung im Mittelalter? Die Verurteilung von 1277. Das Dokument des Bischofs von Paris übers. und erkl. von K. F. Mainz 1989.

– Giovanni Boccaccio. Poesie nach der Pest. Der Anfang des *Decameron*. Ital./Dt. Neu übers. und erkl. von K. F. Mainz 1992.

Floire et Blancheflor. Seconde version. Hrsg. Margaret M. Pelan. Paris 1975.

Fuhrmann, Manfred: Lizenzen und Tabus des Lachens. Zur sozialen Grammatik der hellenistisch-römischen Komödie. In: Das Komische. Hrsg. Wolfgang Preisendanz, Rainer Warning. München 1976. S. 65–102.

– Cicero und die Römische Republik. Eine Biographie. München/Zürich 1992.

Garber, Klaus (Hrsg.): Europäische Bukolik und Georgik. Darmstadt 1976.

Georges, Karl Ernst und Heinrich: Ausführliches lateinisch-deutsches Handwörterbuch. 2 Bde. Hannover 1976.

Gerchow, Jan: Cerchi. In: Die großen Familien Italiens. S. 155–160.

– Donati. In: Die großen Familien Italiens. S. 225–230.

Gesta Romanorum [um 1300]. Geschichten von den Römern. Ein Erzählbuch des Mittelalters. Erstmals in vollst. Übers. hrsg. von Winfried Trillitzsch. Leipzig 1973.

– Lat./Dt. Ausgew., übers. und hrsg. von Rainer Nickel. Stuttgart 1991. (Reclams Universal-Bibliothek. 8717.)

Giraldi Cinzio, Giambattista [1504–1573]: Novellen aus den Hekatommithi. Dt. von A. Semerau. Leipzig 1909.

Göttert, Karl-Heinz: Einführung in die Rhetorik. Grundbegriffe – Geschichte – Rezeption. München 1991.

– Zeiten und Sitten. Eine Geschichte des Anstands. Stuttgart 2009.

Grimm, Jürgen: Die literarische Darstellung der Pest in der Antike und in der Romania. München 1965.

Hardt, Manfred: Geschichte der italienischen Literatur. Von den Anfängen bis zur Gegenwart. Frankfurt a. M. 2003.

Hentsch, Thierry: Raconter et mourir. Aux sources narratives de l'imaginaire occidental. Montréal 2002.

– Le Temps aboli. L'Occident et ses grands récits. Montréal 2005.

Höffe, Otfried (Hrsg.): Lexikon der Ethik. München [4]1992.

– Aristoteles. Nikomachische Ethik. Berlin 2010.

Hollander, Robert: Boccaccio's two Venuses. New York 1977.

– Boccaccio's Dante and the Shaping Force of Satire. Ann Arbor 2000.

Holzberg, Niklas: Ovid. Dichter und Werk. München [2]1998.

– Die römische Liebeselegie. Eine Einführung. Darmstadt [2]2001.

– Vergil. Der Dichter und sein Werk. München 2006.

Horaz [Quintus Horatius Flaccus, 65 – 8 v. Chr.]: Sämtliche Gedichte. Lat./Dt. Hrsg. Bernhard Kytzler. Stuttgart 1992.

Im Reich des Eros. Sämtliche Liebes- und Abenteuerromane der Antike. 2 Bde. Hrsg. Bernhard Kytzler. Düsseldorf 2001.

Isidor von Sevilla [um 560–636]: Die Enzyklopädie. Übers. und mit Anm. vers. von Lenelotte Möller. Wiesbaden 2008.

Jacobus de Voragine [1228/30–1298]: Die Legenda aurea. Aus dem Lat. übers. von Richard Benz. Heidelberg [8]1975.

Jacques de Vitry [1160/70–1240]: The Exempla or Illustrative Stories from the Sermones. Hrsg. Thomas F. Crane. London 1890. Nachdr. 1967.

Jakobs, Beatrice: Rhetorik des Lachens und Diätetik in Boccaccios Decameron. Berlin 2006.

Jakobson, Roman: Linguistik und Poetik (1960). In: Literaturwissenschaft und Linguistik. Hrsg. von Jens Ihwe. Bd. 1. Frankfurt a. M. 1972. S. 99–135.

Johannes de Altasilva [frz. Jean de Haute-Seille; 1140 – um 1184]: Dolopathos ou Le roi et les sept sages. [De rege et septem sapientibus / Vom König und den sieben Weisen.] Lat. Text und frz. Übers. Hrsg. Yasmina Foehr-Janssens und Emmanuelle Métry. Turnhout 2000.

Johannes von Damaskus [um 670 – um 750]: Barlaam und Josaphat. Aus dem Griech. von Felix Liebrecht. Münster 1847. (Nachdr. Adamant Media Corporation 2006.)

Johannes von Salisbury [um 1115–1180]: Policraticus. Ed. and translat. by Cary J. Nederman. Cambridge 1990.

Jones, Florence N.: Boccaccio and his imitators in German, English, French, Spanish, and Italian literature: The Decameron. University of Chicago Press 1910.

Juvenal [50/70 – nach 127]: Satiren. Lat./Dt. Hrsg. von Joachim Adamietz. München/Zürich 1993.

Kablitz, Andreas: Zur Fortuna-Konzeption in Boccaccios Decameron. In: Italienische Studien 1990. H. 12. S. 7–25.

– Boccaccios Decameron zwischen Archaik und Modernität. Überlegungen zur achten Novelle des zehnten Tages. In: Ders. / Ulrich Schulz-Buschhaus (Hrsg.): Literarhistorische Begegnungen. Festschr. zum 60. Geburtstag von Bernhard König. Tübingen 1993. S. 147–181.

Kapp, Volker: Frauentugend und Adelsethos in Boccaccios Griselda-Novelle. In: Archiv für das Studium der Neueren Sprachen und Literaturen 133 (1982) S. 89–108.

Keller, Hiltgart L.: Reclams Lexikon der Heiligen und der biblischen Gestalten. Legende und Darstellung in der bildenden Kunst. Stuttgart [5]1984.

Kent, Francis William: Bardi. In: Die großen Familien Italiens. S. 54–56.

Kern, Edith: Die Gärten in der Rahmenerzählung des *Decameron*. In: P. Brockmeier (Hrsg.): Boccaccios Decameron. S. 244–270.

Kindlers neues Literaturlexikon. CD-Rom München 2000.
Kirkham, Victoria: The Sign of Reason in Boccaccio's Fiction. Florenz 1993.
Koch, Ursula: Boccaccio und die deutsche Novellistik: Formen der Transposition italienischer »novelle« im 15. und 16. Jahrhundert. Edition Rodopi 2008.
Koestler, Arthur: Der Mensch – Irrläufer der Evolution (1981). Aus dem Engl. von Jürgen Abel. Frankfurt a. M. 1989.
Konrad von Würzburg [1220/30–1287]: Heinrich von Kempten. Der Welt Lohn. Das Herzmaere. Mittelhochdt./Neuhochdt. Hrsg. von Heinz Rölleke. Stuttgart 1968. (Reclams Universal-Bibliothek. 2855.)
La Fontaine, Jean de [1621–1695]: Sämtliche Novellen in Versen / Contes et nouvelles en vers. Zweispr. Ausg. Übertr. von Gustav Fabricius. Hrsg. Hermann Lindner. München 1981.
Lancelot und Ginevra. Ein Liebesroman am Artushof. Den Dichtern des Mittelalters nacherzählt von Ruth Schirmer. Zürich 1961.
Lanczkowski, Johanna: Kleines Lexikon des Mönchtums. Stuttgart 1993. (Reclams Universal-Bibliothek. 8867.)
Landau, Marcus: Die Quellen des Dekameron. Stuttgart ²1884.
Langosch, Karl (Hrsg.): Hymnen und Vagantenlieder. Lateinische Lyrik des Mittelalters mit deutschen Versen. Darmstadt ³1972.
Lateinische Comediae des 12. Jahrhunderts. Lat./Dt. Hrsg. Joachim Suchomski unter Mitarb. von Michael Willumat. Darmstadt 1979.
Lateinische Lyrik des Mittelalters. Lat./Dt. Ausgew., übers. und komm. von Paul Klopsch. Stuttgart 1985. (Reclams Universal-Bibliothek. 8088.)
Lausberg, Heinrich: Handbuch der literarischen Rhetorik. München ²1973.
Lefèvre, Eckard (Hrsg.): Senecas Tragödien. Darmstadt 1972.
– Der Einfluss Senecas auf das europäische Drama. Darmstadt 1978.
Le Goff, Jacques: La naissance du Purgatoire. Paris 1981. [Dt. München ²1991.]
Lessico critico Decameroniano. Hrsg. Renzo Bragantini, Pier Massimo Forni. Turin 1995.
Lexikon der arabischen Welt. Hrsg. von Stephan und Nandy Ronart. Zürich/München 1972.
Lexikon des Mittelalters. Studienausgabe. 9 Bde. Stuttgart/Weimar 1999.
Macrobius, Ambrosius Aurelius Theodosius [um 400]: Commentary on the Dream of Scipio [Commentarii in Somnium Scipionis]. Translat. with an Introd. and Notes by William H. Stahl. New York 1990.
Manuel, Juan [1282–1348]: Der Graf Lucanor. Aus dem Span. übertr. von Joseph von Eichendorff. Leipzig 1961.
Margarete von Navarra: Das Heptameron. Dt. von W. Widmer. München 1960.

Marguerite de Navarre [1492–1549]: Heptaméron. Hrsg. von Renja Salminen. Genf 1999.
Marie de France [um 1130 – um 1200]: Les Lais. Hrsg. Jean Rychner. Paris 1981.
– Die Fabeln. Hrsg. Karl Warnke. Halle 1898.
– Novellen und Fabeln. Hrsg. R. Schirmer. Zürich 1977.
Martialis, Marcus Valerius [38/41–101/104]: Epigramme. Lat./Dt. Hrsg. Paul Barié, Winfried Schindler. Düsseldorf/Zürich [2]2002.
Masuccio Salernitano (d. i. Tommaso Guardati) [um 1420 – um 1480]: Der Novellino [Il Novellino]. Dt. von H. Floerke. 2 Bde. München 1918.
Metzler Philosophie Lexikon. Begriffe und Definitionen. Hrsg. Peter Prechtl, Franz-Peter Burkard. Stuttgart/Weimar 1996.
Mittelalterliche Lyrik Frankreichs 1. Lieder der Trobadors. Prov./Dt. Ausgew., übers. und komm. von Dietmar Rieger. Stuttgart 1980. (Reclams Universal-Bibliothek. 7620.)
Montaiglon, Anatole de / Raynaud, Gaston: s. Fabliaux: Recueil général et complet.
Neumeister, Sebastian: Die Praxis des Lachens im Decameron. In: L. Fietz, J. O. Fichte, H.-W. Ludwig (Hrsg.): Semiotik, Rhetorik und Soziologie des Lachens. Vergleichende Studien zum Funktionswandel des Lachens vom Mittelalter zur Gegenwart. Tübingen 1996. S. 65–81.
Neuschäfer, Hans-Jörg: Boccaccio und der Beginn der Novelle. Strukturen der Kurzerzählung auf der Schwelle zwischen Mittelalter und Neuzeit. München 1969.
Nicolas de Troyes: Le Grand Parangon des nouvelles nouvelles [um 1535]. Hrsg. Emile Mabille. Paris 1869.
– Der große Prüfstein der neuen Novellen. Dt. von Paul Hansmann. München 1913.
Il Novellino. Das Buch der hundert alten Novellen. [Zwischen 1281–1300.] Ital./Dt. Übers. und hrsg. von Janos Riesz. Stuttgart 1988. (Reclams Universal-Bibliothek. 8511.)
Olschki, Leonardo: Italien: Genius und Geschichte. Dt. von A. Drucker. Darmstadt 1958.
Ottmers, Clemens: Rhetorik. Stuttgart/Weimar 1996.
Ovidius Naso, Publius [43 v. Chr. – um 18 n. Chr.]: Tristia. Ex Ponto. With an Engl. Translat. by Arthur Leslie Wheeler. Cambridge (Mass.) / London 1975.
– Fasti. With an Engl. Translat. by Sir James George Frazer. Cambridge (Mass.) / London 1976.

Ovidius Naso, Publius: Metamorphosen [Verwandlungen]. Lat./Dt. In deutsche Hexameter übertr. von Erich Rösch. Hrsg. von Niklas Holzberg. Darmstadt 1996.
– Ars amatoria. Liebeskunst. Lat./Dt. Übers. und hrsg. von Michael von Albrecht. Stuttgart 1996.
– Liebesgedichte. Amores. Lat./Dt. Hrsg. und übers. von Niklas Holzberg. Düsseldorf/Zürich 1999.
– Heroides. Briefe der Heroinen. Lat./Dt. Übers. und hrsg. von Detlev Hoffmann, Christoph Schliebitz und Hermann Stocker. Stuttgart 2000. (Reclams Universal-Bibliothek. 1359.)
– Remedia amoris / Heilmittel gegen die Liebe. Lat./Dt. Hrsg. Niklas Holzberg. Stuttgart 2011. (Reclams Universal-Bibliothek. 18903.)
Pabst, Walter: Venus als Heilige und Furie in Boccaccios Fiammetta-Dichtung. Schriften und Vorträge des Petrarca-Instituts Köln XII. Krefeld 1958.
– Novellentheorie und Novellendichtung. Zur Geschichte ihrer Antinomie in den romanischen Literaturen. Heidelberg ²1967.
Painter, William [1540–1594]: The Palace of Pleasure (1566–67). Ed. by Joseph Jacobs (1890). 3 Bde. Nachdr. Hildesheim 1968.
Pamphilus: s. Becker, Franz G.
Pelzer, Erich: Grimaldi. In: Die großen Familien Italiens. S. 302–310.
Petrarca, Francesco [1304–1374]: Canzoniere. 50 Gedichte mit Kommentar. Ital./Dt. Hrsg. von Peter Brockmeier. Stuttgart 2006. (Reclams Universal-Bibliothek. 18378.)
Petrus Alfonsi [geb. um 1050]: Die Kunst, vernünftig zu leben (Disciplina clericalis). Dargest. und aus dem Lat. übertr. von Eberhard Hermes. Zürich/Stuttgart 1970.
Phaedrus [um 15 v. Chr. – um 50 n. Chr.]: Fabeln. Lat./Dt. Hrsg. Eberhard Oberg. Düsseldorf/Zürich 2002.
Poeti giocosi del Tempo di Dante. Hrsg. Mario Marti. Mailand 1956.
Poeti minori del Trecento. Hrsg. von Natalino Sapegno. Mailand 1952.
Polo, Marco [um 1254 – 1324]: Il Milione. Die Wunder der Welt. Übers. aus afrz. und lat. Quellen von Elise Guignard. Zürich ³1984.
Praz, Mario: Chaucer e i grandi trecentisti italiani. In: Machiavelli in Inghilterra ed altri saggi sui rapporti letterari anglo-italiani. Florenz 1962. S. 29–96.
Prill, Ulrich: Dante. Stuttgart. Weimar 1999.
Properz [um 50 – um 15 v. Chr.]. Tibull [um 54 – 19 v. Chr.]: Liebeselegien. Carmina. Lat./Dt. Neu hrsg. und übers. von Georg Luck. Zürich 1996.
Prosa del Duecento, La. Hrsg. Cesare Segre, Mario Marti. Mailand/Neapel 1959.

Pschyrembel®. Wörterbuch Sexualität. Bearb. von Stephan Dressler und Christof Zink. Berlin / New York 2003.

Quintilianus, Marcus Fabius [um 35 – um 96]: Ausbildung des Redners. Zwölf Bücher / Institutionis oratoriae libri XII. Lat./Dt. Hrsg. Helmut Rahn. 2 Bde. Darmstadt ²1988.

Rapp, Cristof: Freiwilligkeit, Entscheidung und Verantwortlichkeit (III 1–7). In: Höffe (Hrsg.) 2010. S. 109–133.

Regenbogen, Arnim / Meyer, Uwe (Hrsg.): Wörterbuch der philosophischen Begriffe. Hamburg 1998.

Reinhardt, Volker (Hrsg.): Die großen Familien Italiens. Stuttgart 1992.

– Caracciolo. In: Die großen Familien Italiens. S. 133–141.

Rhetorik an Herennius, Die / Rhetorica ad Herennium [um 86 v. Chr.]. Hrsg. und übers. von Theodor Nüßlein. Darmstadt 1994.

Ricken, Friedo: Wert und Wesen der Lust (VII 12–15 und X 1–5). In: Höffe (Hrsg.) 2010. S. 207–228.

Ricœur, Paul: La métaphore vive. Paris 1975. [Dt. Die lebendige Metapher. München 1986.]

Rinsum, Annemarie und Wolfgang, van: Lexikon literarischer Gestalten. Fremdsprachige Literatur. Stuttgart 1990.

Riquer, Martín de (Hrsg.): Los trovadores. Historia literaria y textos. 3 Bde. Barcelona 1983.

Rohr, Rupprecht: Matière, Sens, Conjointure. Methodologische Einführung in die französische und provenzalische Literatur des Mittelalters. Darmstadt 1978.

Rotunda, Dominic Peter: Motif-Index of the Italian Novella in Prose. Bloomington (Ind.) 1942.

Runciman, Steven: A History of the Crusades. 3 Bde. Cambridge 1951–54.

Sacchetti, Franco [um 1330 – 1400]: Die Novellen [Il Trecentonovelle]. Dt. H. Floerke. 3 Bde. München 1907.

Sachs, Hans: Werke. Hrsg. A. von Keller, E. Goetze. 26 Bde. Stuttgart 1870–1908. Nachdr. Hildesheim 1964.

Salimbene von Parma [1221 – nach 1288]: Die Chronik. Hrsg. Alfred Doren. 2 Bde. Leipzig 1914.

Sallust [86 – 35 v. Chr.]: Werke und Schriften. Lat./Dt. Hrsg. Wilhelm Schöne, Werner Eisenhut. Stuttgart ²1960.

Sanders, Hans: Die Welt als Intention und Ereignis. Zur Handlungsstruktur des Decameron. In: Romanistische Zeitschrift für Literaturgeschichte / Cahiers d'Histoire des Littératures Romanes 33 (2009) H. 1/2. S. 169–194.

Sanfilippo, Matteo: Doria. In: Die großen Familien Italiens. S. 230–238.
Schenda, Rudolf: Stand und Aufgaben der Exemplaforschung. In: Fabula 10 (1969) S. 69–85.
Schmitt, Arbogast: Kommentar zu Aristoteles, *Poetik.* [Zit. als: Schmitt 2008.]
Schmitzer, Ulrich: Ovid. Darmstadt 2001.
Schnell, Rüdiger: Causa amoris. Liebeskonzeption und Liebesdarstellung in der mittelalterlichen Literatur. Bern/München 1984.
– Mittelalter oder Neuzeit? Medizingeschichte und Literaturhistorie. Apologie weiblicher Sexualität in Boccaccios Decameron. In: Ders. (Hrsg.): Gotes und der werlde hulde. Literatur in Mittelalter und Neuzeit. Festschr. für Heinz Rupp zum 70. Geburtstag. Bern/Stuttgart 1989. S. 240–287.
Schoell, Konrad: Das Lachen, die Tränen und die Schamröte der edlen Damen. Zur Intention des Decameron. In: Romanistische Zeitschrift für Literaturgeschichte 16 (1992) S. 183–197.
Schulz-Buschhaus, Ulrich: Griseldas »Magnificenzia«. Zur Interpretation von Decameron X 10. In: Dieter Messner / Wolfgang Pöckl (Hrsg.): Romanisches Mittelalter. Festschr. zum 60. Geburtstag von Rudolph Baehr. Göppingen 1981. S. 285–303.
Scivoletto, Nino: Die Novelle von Nastagio und ihre Quellen. In: Brockmeier (Hrsg.) 1974. S. 307–321.
Segre, Cesare: Da Boccaccio a Lope de Vega: derivazioni e trasformazioni. In: Boccaccio: Secoli di vita. Atti del Congresso Internazionale Boccaccio 1975, Los Angeles 1975. Ravenna 1977. S. 225–237.
Seneca, L. Annaeus [4 v. Chr. – 65 n. Chr.]: Sämtliche Tragödien. Lat./Dt. Übers. von Theodor Thomann. 2 Bde. Zürich/Stuttgart 1961–69.
– Ad Lucilium. Epistulae morales. With an Engl. Translat. by Richard M. Gummere. 3 Bde. Cambridge (Mass.) / London 1970–79.
– Epistulae morales ad Lucilium / Briefe an Lucilius über Ethik. Hrsg. von F. Loretto, R. Rauthe, H. Gunermann. Stuttgart 1988 ff. (Reclams Universal-Bibliothek. 2132–43 und 9370–75.)
– Die kleinen Dialoge. Lat./Dt. Hrsg., übers. und mit einer Einf. vers. von Gerhard Fink. 2 Bde. München 1992.
– De ira / Über die Wut. Lat./Dt. Übers. und hrsg. von J. Wildberger. Stuttgart 2007. (Reclams Universal-Bibliothek. 18456.)
Söffner, Jan: Das Decameron und seine Rahmen des Unlesbaren. Heidelberg 2005.
Stahl, Berthold: Adel und Volk im Florentiner Dugento. Köln/Graz 1965.

Stemmler, Theo (Hrsg.): Liebe als Krankheit. 3. Kolloquium der Forschungsstelle für europäische Lyrik des Mittelalters. Tübingen 1990.

Stierle, Karlheinz: Geschichte als Exemplum – Exemplum als Geschichte. Zur Pragmatik und Poetik narrativer Texte. In: R. Koselleck / W.-D. Stempel (Hrsg.): Geschichte – Ereignis und Erzählung. München 1973. (Poetik und Hermeneutik. 6.) S. 347–375.

Straparola, Gianfrancesco [um 1480 – um 1557]: Die ergötzlichen Nächte. [Le piacevoli notti, 1550–53.] Dt. von H. Floerke. 2 Bde. München 1908.

Syndikus, Hans Peter: Die Lyrik des Horaz. Eine Interpretation der Oden. 2 Bde. Darmstadt [2]1990.

Terenz [Terentius Afer, Publius, 195? – 159 v. Chr.]: Komödien. Dt. Viktor von Marnitz. Stuttgart 1960.

Thomas von Aquino: Opera omnia. Hrsg. Enrique Alarcón. Pamplona 2000. – Zugänglich unter: http://www.corpusthomisticum.org/iopera.html.

Thompson, N. S.: Chaucer, Boccaccio, and the Debate of Love. A Comparative Study of the Decameron and the Canterbury Tales. Oxford 1996.

Thompson, Stith: Motif-Index of Folk-Literature. 6 Bde. Kopenhagen [2]1955–58.

Tripp, Edward: Reclams Lexikon der antiken Mythologie. Übers. von Rainer Rauthe. Stuttgart. [5]1991.

Valerius Maximus [1. Hälfte des 1. Jh.s n. Chr.]: Facta et dicta memorabilia / Denkwürdige Taten und Worte. Lat./Dt. Hrsg. Ursula Blank-Sangmeister. Stuttgart 1991. (Reclams Universal-Bibliothek. 8695.)

– Actions et paroles memorables. Lat./Frz. Hrsg. Pierre Constant. 2 Bde. Paris 1935.

Vasari, Giorgio [1511–1574]: Le Vite de' più eccellenti architetti, pittori, et scultori italiani, da Cimbabue, insino a' tempi nostri. Hrsg. Luciano Bellosi, Aldo Rossi. 2 Bde. Turin 1991.

– Leben der ausgezeichnetsten Maler, Bildhauer und Baumeister von Cimabue bis zum Jahre 1567 (1568). Hrsg. von Ludwig Schorn und Ernst Förster. 6 Bde. Stuttgart/Tübingen 1832–49. Nachdr. Worms [2]1988.

Venditteli, Marco: Orsini. In. Die großen Familien Italiens. S. 389–402.

Vergil [Vergilius Maro, Publius, 70–19 v. Chr.]: Aeneis. Lat./Dt. Hrsg. von Johannes Götte. München/Zürich 1983.

– Landleben. Catalepton. Bucolica [Hirtengedichte]. Georgica [Landbau]. Hrsg. Johannes und Maria Götte. Vergil-Viten. Hrsg. Karl Bayer. Lat./Dt. Darmstadt 1987.

Villani, Giovanni [um 1280 – 1348]: Cronica. Hrsg. F. G. Dragomanni. 4 Bde. Florenz 1844/45. Nachdr. Frankfurt a. M. 1969.

Voltaire [François-Marie Arouet, 1694–1778]: Dictionnaire philosophique. Hrsg. Raymond Naves. Paris 1954.

Wehle, Winfried: Der Tod, das Leben und die Kunst. Boccaccios *Decameron* oder der Triumph der Sprache. In: Tod im Mittelalter. Hrsg. Arno Borst, Gerhart von Graevenitz, Alexander Patschovsky und Karlheinz Stierle. Konstanz 1993. S. 221–260.

Weimar, Klaus: Enzyklopädie der Literaturwissenschaft. München 1980.

Wenzel, Horst: Höfische Repräsentation. Symbolische Kommunikation und Literatur im Mittelalter. Darmstadt 2005.

Wetzel, Hermann H.: Die romanische Novelle bis Cervantes. Stuttgart 1977.

– Zur narrativen und ideologischen Funktion des Novellenrahmens bei Boccaccio und seinen Nachfolgern. In: Romanistische Zeitschrift für Literaturgeschichte 5 (1981) S. 393–414.

– Novelle und Zentralperspektive. Der Kaufmannshabitus als Grundlage verschiedener symbolischer Systeme. In: Romanistische Zeitschrift für Literaturgeschichte 9 (1985) S. 12–30.

Wilpert, Gero von: Sachwörterbuch der Literatur. Stuttgart [7]1989.

– Lexikon der Weltliteratur. 4 Bde. Stuttgart [3]1993.

Wilhelm IX. von Aquitanien [Guilhem IX, 1071–1127]: Gesammelte Lieder. Originaltext mit dt. Übertr. von W. Dürrson. Zürich 1969.

Wilhelm von Ockham [um 1285–1347]: Texte zu Theologie und Ethik. Lat./Dt. Hrsg. Volker Leppin, Sigrid Müller. Stuttgart 2000. (Reclams Universal-Bibliothek. 18083.)

Wörterbuch der philosophischen Begriffe: s. Regenbogen/Meyer.

Wolf, Ursula: Über den Sinn der Aristotelischen Mesoteslehre (II). In: Höffe (Hrsg.) 2010. S. 83–108.

Nachwort

1. Biographie

Giovanni Boccaccio wurde im Jahre 1313 als unehelicher Sohn des Boccaccio oder Boccaccino di Chelino in Certaldo oder in Florenz geboren.[1] Der Vater war ein erfolgreicher Kaufmann und ein angesehenes Mitglied des Florentiner Bürgertums; in den Jahren 1322 und 1324 war er Konsul der Zunft der Geldwechsler, der »arte del Cambio«; im Jahr 1322 amtierte er als »Prior«, als Mitglied der Stadtregierung, der »Signoria«, die aus neun Mitgliedern bestand.[2] Seine erste Ausbildung erfuhr Boccaccio durch den Grammatiklehrer Giovanni di Domenico Mazzuoli da Strada, mit dessen Sohn Zanobi, einem Dichter und Gelehrten (1312–61), er befreundet war. Etwa seit 1327 hielt er sich in Neapel auf. In den Jahren 1325 bis 1328 hatte sich die Stadt Florenz dem Schutz Karls von Kalabrien, eines Sohnes König Roberts von Neapel (1278–1343), unterstellt; durch seine Fürsprache wurde der Vater hauptverantwortlicher Geschäftsvertreter der Handelsgesellschaft der Bardi in Neapel.[3] Giovanni wurde von seinem Vater zum Kaufmann bestimmt; da er offenbar größere Neigung für die Literatur zeigte, ließ der Vater ihn das Studium des Kanonischen Rechts aufnehmen. Giovanni fühlte sich aber weder zum Geschäftsmann noch zum Kirchenrechtler berufen; er fühlte sich zum Dichter geboren und zum »Studium der Dichtung«, »ad poeticas meditationes«, berufen, wie er es in einem autobiographischen Bekenntnis schilderte.[4] König Robert von Neapel, genannt der Weise, bezeichnete den Vater Boc-

1 Die biographischen Angaben stützen sich auf Natalino Sapegno (in: *Dizionario biografico degli Italiani,* Rom 1968, Bd. 10, S. 838–856) und auf Vittore Brancas Biographie von 1977.

2 Brucker 1990, S. 170.

3 Vgl. Komm. II 3, 6; III 6, 4; F. Cardini, »Florenz, A. III«, *LexMA* 4, 559.

4 *Genealogie* XV, 10; Boccaccio 1956, S. 131 f.

caccios 1328 als seinen »treuen Diener« und ernannte ihn zu seinem Rat und Kammerherrn; Giovanni hörte 1330 bis 1331 Kirchenrecht bei Cino da Pistoia, einem Vertreter des »süßen neuen Stils«;[5] es ist anzunehmen, dass die literarischen Neigungen Boccaccios ihn in Beziehung zu anderen Gelehrten, Literaten und Würdenträgern am Hof von Neapel, einem kulturellen Zentrum der Zeit, gebracht haben.[6] In dieser Zeit erwarb er eine breite Kenntnis der lateinischen und der volkssprachlichen, insbesondere der altfranzösischen und italienischen Literaturen. In Neapel verfasste er mehrere Vers- und Prosaerzählungen: *Caccia di Diana / Die Jagd der Diana* (um 1334), *Filostrato / Der Filostrato* (1334), *Il Filocolo / Der Filocolo* (1336), *Teseida/Theseide* (1339–40).

Wahrscheinlich gegen Ende des Jahres 1340 oder zu Beginn des Jahres 1341 kehrte Boccaccio nach Florenz zurück; die Heimkehr stand vielleicht im Zusammenhang mit der Veränderung der politischen Beziehungen zwischen Florenz und Neapel und mit kommerziellen Problemen, die sein Vater hatte. Den Wechsel aus einem glanzvollen kulturellen Zentrum in eine von politischen und wirtschaftlichen Problemen geplagte und von widerstreitenden Meinungen zerrissene Stadt scheint Boccaccio als sehr schmerzlich empfunden zu haben. In der berühmten Prosaerzählung *Elegie der Dame Fiammetta*, die Boccaccio zu Beginn der 40er Jahre, also nach dem Abschied von Neapel verfasste, beklagt eine adlige Neapolitanerin, dass ihr Geliebter angeblich auf Wunsch seines Vaters in seine Heimatstadt – womit Florenz gemeint sein kann – zurückgekehrt ist, sich in eine andere Frau verliebt und sie vergessen hat. Als der Geliebte ihr offenbart, dass sein Vater ihn aus Neapel in seine Vaterstadt zurückgerufen habe, hält sie ihm den Unterschied zwischen beiden Städten vor Augen:

5 Komm. IV Einleitung, 33.
6 Ferroni 1991, S. 267 f.; G. Vitolo, »R. v. Anjou«, *LexMA* 7, 888 f.

»Denn ob du gleich nach deiner Vaterstadt reisest, für die sonst natürlicherweise ein jeder Mensch Liebe fühlt, so trifft es sich doch, wie ich bereits aus deinem Munde gehört habe, daß dir die deinige sehr verhaßt ist. Denn das waren deine Worte gegen mich, deine Vaterstadt ist voll von prächtigen Worten und kindischen Handlungen. Man dient dort nicht tausend Gesetzen, sondern so vielen Meinungen, als es Menschen dort gibt. Alles trägt Waffen und erzittert sowohl vor bürgerlichem als vor fremdem Krieg. Ein stolzes, bitteres, langweiliges Volk bewohnt sie, und sie ist voll von zahllosen Sorgen. Alles Dinge, die sich schlecht mit deinem Gemüt vertragen. Diese Stadt dagegen [d.i. Neapel], die du dich anschickst zu verlassen, ist, wie du wohl weißt, anmutig, friedlich, reich, prächtig und von einem einzigen König beherrscht. Alles Eigenschaften, die, wenn ich dich nur einigermaßen kenne, vollkommen nach deinem Sinne sind. Diese Stadt, worin du außer allen diesen hier angeführten Dingen mich findest, die du an keinem andern Orte der Welt finden wirst.«[7]

In den Jahren 1346 und 1347 hielt Boccaccio sich in Ravenna und Forlì auf. Einige Jahre später war er offenbar als gelegentlicher Amtsträger und gelehrter Humanist in das Florentiner Gemeinwesen integriert: 1350 und 1353 schickte die Stadt ihn »als Botschafter in die Romagna«; man weiß allerdings nicht, mit welchem Auftrag; 1351 wurde er als Botschafter zu Ludwig von Bayern (1315–61), dem ältesten Sohn Kaiser Ludwigs IV. (gest. 1347), nach Südtirol oder ins Friaul entsandt; 1354 sandte die Stadt ihn zu Papst Innozenz VI. nach Avignon. In den

7 *Fiammetta* II; *Ges. Werke* I, S. 159 f.; die Erzählerin fasst kurz und prosaisch zusammen, was Dante in *Fegef.* 6, 127 ff. und an anderen Stellen der *Göttlichen Komödie* über Florenz geäußert hat (*Hölle* 10, 43 ff.; 13, 143 ff.; 15, 61; 16, 73 ff.). Zur politischen und ökonomischen Situation der Stadt zu Beginn der 40er Jahre vgl. Branca 1977, S. 56 ff.; Villani, *Cronica* XI, 88; *Decameron* 2005, S. 343 f.

Jahren 1370 bis 1371 hielt er sich noch einmal im Königreich Neapel auf; in Florenz tauchte das Gerücht auf, er sei Mönch geworden. In seinen letzten Lebensjahren bemühte er sich um die allegorische Auslegung seiner lateinischen Hirtengedichte. Es wird wiederholt von einer religiösen Krise des alternden Dichters gesprochen. Aus den letzten beiden Büchern der *Genealogie der heidnischen Götter*, die erst nach 1366 abgefasst wurden, lässt sich vor allem der Versuch ablesen, der Dichtung den gleichen Rang wie der Heiligen Schrift zu verleihen.[8] Im Oktober 1350 fand ein erstes persönliches Treffen mit Francesco Petrarca (1304–74) statt, auf das weitere Begegnungen in Padua (1351), in Mailand (1359), in Venedig (1363) und in Padua (1368) folgten; Boccaccio betrachtete den um neun Jahre Älteren als seinen Lehrmeister; mit dieser Freundschaft wurde eine neue Phase der humanistischen Gelehrsamkeit in Italien eingeleitet. Petrarca las in seinen letzten Lebensjahren noch das *Decameron* in der Fassung, die von Boccaccio selbst zu Beginn der 70er Jahre überarbeitet und niedergeschrieben wurde; dieses Manuskript ist im Codex Hamilton 90 der Staatsbibliothek Berlin überliefert. Während dieses Lebensabschnittes entstanden neben dem Meisterwerk des *Decameron* (1349–51) mehrere Vers- und Prosaerzählungen sowie einige bedeutsame gelehrte, in lateinischer Sprache geschriebene Werke: *Ametos Nymphenspiel* (1341/42), *Die Liebesvision* (1342/43), *Elegie der Dame Fiammetta* (1343/44), *Die Nymphe von Fiesole* (1344/45), *Corbaccio oder Das Liebeslabyrinth* (1365), *Genealogie der heidnischen Götter / Genealogia deorum gentilium* (1350–72), *Über den Sturz berühmter Männer / De casibus virorum illustrium* (1355–73), *Über berühmte Frauen / De claris mulieribus* (1361/62), *Über Berge, Wälder, Quellen, Seen, Flüsse, Gewässer und die Namen des Meeres / De montibus, silvis, fontibus, lacubus, fluminibus, stagnis seu paludibus et de nominibus maris liber* (1355–74).

8 Branca 1977, S. 166 f., 180 ff.; Ferroni 1991, S. 269 f.; *Genealogie* XIV 9; Boccaccio 1956, S. 47 ff.; s. Nachwort, S. 1044 f.

In seiner Heimatstadt versammelte Boccaccio einen Freundeskreis aus Laien und Klerikern um sich, der als Keimzelle des Florentiner Humanismus gilt; unter ihnen ist besonders Coluccio Salutati (1331–1406) hervorzuheben, der seit 1375 Kanzler der Stadt Florenz war und eine auf 800 Bände geschätzte Privatbibliothek besaß. Boccaccio hat die Klassische Philologie, insbesondere die Kenntnis Homers gefördert, indem er um 1360 den aus Kalabrien stammenden Mönch Leonzio Pilato (gest. 1366) nach Florenz einlud, um hier Griechisch zu unterrichten und die Epen Homers in lateinische Prosa zu übersetzen.[9] 1373 beauftragte die Stadt Florenz Boccaccio, in öffentlichen Vorlesungen Dantes *Die göttliche Komödie* zu erklären.

1360 gab Papst Innozenz VI. Boccaccio die Dispens, kirchliche Weihen zu erhalten und eine Pfründe zu übernehmen, auch wenn sie mit der Seelsorge verbunden waren; allerdings gibt es kein Zeugnis, ob und wie Boccaccio von dieser Dispens Gebrauch gemacht hat. Boccaccios wirtschaftliche und politische Position verschlechterte sich nach 1360. Einige seiner Freunde waren in eine Verschwörung anlässlich der Priorenwahl am 31. Dezember 1360 verwickelt; Niccolo di Bartolo del Buono, dem Boccaccio *Ametos Nymphenspiel* gewidmet hatte, wurde hingerichtet; Boccaccio zog sich 1361 nach Certaldo zurück. 1373 übertrug ihm der Stadtrat von Florenz die Aufgabe, öffentliche Vorlesungen über Dante zu halten. Giovanni Boccaccio starb am 21. September 1375 in Certaldo.

Giovanni Boccaccio hatte mehrere uneheliche Kinder; die Mutter oder die Mütter dieser Kinder, die Frau oder die Frauen, die er liebte, verbarg er hinter den weiblichen Figuren seiner Erzählungen.

9 R. Pfeiffer, *Die Klassische Philologie von Petrarca bis Mommsen*, aus dem Engl. von M. und E. Arnold, München 1982, S. 41 ff.

2. Zur Erzählkunst Boccaccios vor und nach dem *Decameron*

Die Liebe ist eines der bevorzugten Themen der Dichtung. Diese Bevorzugung ist nicht grundlos, denn die Darstellung der Liebe weckt generell die Konnotation oder Begleitvorstellung der sexuellen Anziehung; und Sexualität ist von zentraler Bedeutung für die Befindlichkeit der meisten Menschen »in körperlicher (s. Gesundheit), psychischer (s. Liebe) und sozialer Hinsicht (s. Wir-Bildung)«.[10] Im *Decameron* und in den literarischen Erzählungen, die Boccaccio vor und nach der Novellensammlung verfasste, stellt er heterosexuelle Liebesbeziehungen in den Mittelpunkt der Darstellung und der Handlung; in dem Hirtengedicht *Ametos Nymphenspiel*, in der allegorischen Dichtung *Die Liebesvision* und vor allem in der Novellensammlung *Decameron* wird die Darstellung der Liebe mit der Darstellung anderer Tugenden oder Laster verbunden. In den übrigen Vers- oder Prosaerzählungen wird vorrangig geschildert, wie männliche oder weibliche Protagonisten sich verlieben und alles tun, um die Geliebte oder den Geliebten zu gewinnen, mit der oder mit dem sie glücklich oder unglücklich werden.

Die früheste Verserzählung *Caccia di Diana / Die Jagd der Diana* (vor 1334) besteht aus Terzinen, die in siebzehn Gesängen von jeweils achtundfünfzig und einem Gesang von einundsechzig Versen angeordnet sind. Die Strophenform der Terzine verweist auf eines der bedeutsamen literarischen Vorbilder Boccaccios, auf Dantes *Die göttliche Komödie*, die allerdings um ein Vielfaches umfangreicher ist. Die Göttinnen Diana und Venus, die die Handlung der Verserzählung lenken, sowie die Verwandlung von Tieren in Menschen erinnern an die *Verwandlungen/Metamorphosen* Ovids, dessen Vor-

10 Pschyrembel 2003, S. 485, 308; vgl. Brockmeier 1988 und 2000.

bild die Werke des jungen Boccaccio beherrscht.[11] Der Ich-Erzähler ist ein Hirsch, der wie die Jagdbeute, die die Jägerinnen im Dienste Dianas zur Strecke gebracht haben, im letzten Gesang durch Venus, die Göttin der Liebe, von einem dummen Tier in einen Menschen mit Verstand verwandelt wird.[12] Dieser Erzähler beobachtet und beschreibt, wie Diana, die jungfräuliche Jagdgöttin, Damen der vornehmen Gesellschaft des Königreiches Neapel zur Jagd einlädt; unter ihnen tritt auch eine namenlose Dame auf, der aber eine besondere Funktion verliehen wird: Als Diana die Jägerinnen auffordert, die erlegten Tiere dem Göttervater Jupiter und ihr selbst zu opfern, weigert sie sich mit der Begründung: »Wir werden euch nicht länger als Gottheit folgen, weil unser Inneres in einem anderen Feuer entbrannt ist.«[13] Sie opfert die Beute darauf der »heiligen Göttin Venus, der Mutter Amors«; die brennenden Tierkadaver verwandeln sich in schöne Jünglinge, die in einem Fluss untertauchen und in rote Mäntel gehüllt wieder heraustreten. Sie, die Unbekannte, verehrt der Erzähler, ihr, seiner großen Liebe, widmet er die Erzählung; ihr Anblick inspiriert ihn zu einem tugendhaften Leben und vertreibt Hochmut, Trägheit, Geiz und Zorn aus seinem Herzen. Dieser Unbekannten fällt eine ähnliche Rolle zu, wie Dante sie ›seiner‹ Beatrice gegeben hat:

»Die Herrin ist vom Himmel auserlesen,
drum will ich ihren Wert euch anvertrauen.
Ich sag: Die gleichen möchte edlen Frauen,
die geh mit ihr. Sieht man des Wegs sie schreiten,
wirft Liebe starren Frost ins Herz des Bösen,
und alles Denken stirbt in kaltem Grauen;
und wems gelänge, fest sie anzuschauen,

11 B. Guthmüller, »Ovid II.«, *LexMA* 6, 1596.
12 *Caccia di Diana* XVIII, 6 ff.; vgl. Komm. V 1; X 6, 17.
13 *Caccia di Diana* XVI, 52 ff.

der würde edler oder müßt verscheiden.
Und träf sie einen, ders nicht müßt vermeiden
Sie anzusehn, dem würde Huld gewährt;
Ihm fiele zu, was ihm sein Heil beschert,
und Demut, die vergessen läßt das Leiden.
Doch Gott gab größre Gnad' ihr noch darnach:
Der kann nicht untergehn, der mit ihr sprach.«[14]

Das Metaphernmodell der Handlung – Diana ruft die Damen zur Jagd, Venus verwandelt die Beute in junge Männer – enthält allerdings auch Aussagen, die zu der idealistischen Aufgabe jener unbekannten ›Beatrice‹, die moralischen Fähigkeiten des Mannes durch die Kraft der Liebe zu befördern, in einem gewissen Widerspruch stehen: Venus/Aphrodite, Göttin der Schönheit und der Liebe, bedarf der Jagdbeute ihrer Halbschwester Diana/Artemis, Göttin der wilden Tiere und der Geburt,[15] um ihre zivilisierende Wirkung entfalten zu können; unter dem Vorwand des Jagdvergnügens ›erlegen‹ oder besser: verführen die Damen der Hofgesellschaft junge Männer; Vergnügen und Liebe sind der Lebensinhalt am Hof König Roberts. Ein ähnliches Loblied auf die Allmacht der Liebe wird Boccaccio einige Jahre später noch einmal in dem Gedicht *Ametos Nymphenspiel* anstimmen.

Gegenüber dieser Verserzählung, die nur in sechs Manuskripten überliefert ist, scheint das folgende Werk Boccaccios, *Il Filocolo / Der Filocolo* (um 1336), erfolgreicher gewesen zu sein: Der umfangreiche, etwa fünfhundert Druckseiten umfassende Roman in Prosa wurde in mehr als fünfzig vollständigen oder unvollständigen Manuskripten überliefert; schon 1472 erschienen zwei gedruckte Aus-

14 Dante, *Das neue Leben* XIX, 9–10, S. 35f.; *Caccia di Diana* XVIII, 31ff.; vgl. Komm. X 7. Eine hohe Bedeutung gibt Boccaccio der Liebe auch in späteren Erzählungen: *Filostrato* III, 93; *Amorosa visione* XXIX, 82ff.

15 Tripp 1991, s. v.

gaben in Florenz und in Venedig. Im Vorwort gibt der Autor zu verstehen, dass er zu einer gewissen Maria, einer unehelichen Tochter König Roberts, in Liebe entbrannt sei und sie ihm den Auftrag erteilt habe, den aus populären Fassungen bekannten Stoff in würdiger Form neu zu bearbeiten.[16] Die sprachliche und inhaltliche Gestaltung der Handlung ist in der Tat anspruchsvoll und komplex; der geographische Rahmen der Erzählung umfasst das Mittelmeer; der Autor prunkt mit seiner Kenntnis der griechischen und römischen Mythologie und zeigt demonstrativ seine Kenntnis der Werke Ovids, der lateinischen Epiker Vergil, Statius, Lukan und des altfranzösischen Erzählers Chrétien de Troyes.[17] In dem Roman wird die Liebesgeschichte von Florio und Biancofiore erzählt: Ein adliges Ehepaar aus Rom, Quinto Lelio Africano und seine Frau Giulia, pilgern mit großem Gefolge nach Santiago di Compostela; in Spanien werden sie von Truppen des Königs der Sarazenen, Felice, überfallen; nur Giulia überlebt das Gemetzel, das mit einer bösartigen Denunziation und einem Missverständnis begründet wird, und gebärt eine Tochter namens Biancofiore; an demselben Tag wie die Christin gebärt die Gattin des Felice einen Sohn namens Florio. Die beiden Kinder wachsen als Milchgeschwister auf; sie lesen das »heilige Buch Ovids«, die *Liebeskunst*, und verlieben sich unwiderruflich ineinander.[18] Die Eltern Florios setzen alles daran, um die Verehelichung zu verhindern und verkaufen das Mädchen an Kaufleute aus dem Orient; sie gerät in die Gewalt des Admirals von Alexandria. Florio macht sich unter dem Namen »Filocolo« auf die Suche nach der Ge-

16 Boccaccio 1952, S. 767 ff.; eine afrz. Verserzählung *Floire et Blancheflor* stammt aus dem 12. Jh.; eine ital. Fassung, das *Cantare di Fiorio e Biancifiore*, ist aus dem Anfang des 14. Jh.s überliefert: *Poeti minori del Trecento*, S. 809 ff.

17 Hardt 2003, S. 149 ff.; vgl. die Anmerkungen zu den Auszügen in Boccaccio 1952, S. 773 ff.

18 *Filocolo* I; Boccaccio 1952, S. 798.

liebten.[19] In Neapel trifft er eine gewisse Fiammetta, die eigentlich Maria heißt und eine Tochter des Königs sowie die Geliebte eines gewissen Galeone, also des Autors selbst, sein soll; in ihrem Kreis werden Liebesbeziehungen (ital. *questioni d'amore*) besprochen. Florio alias Filocolo erhält einen Einblick in das Wesen und in die Allmacht der Liebe. Er findet schließlich zu der in einem Turm gefangenen Biancofiore; beide sollen verbrannt werden, aber Venus und Mars befreien sie.[20] Das Paar reist nun über Certaldo und Rom – wo Florio von einem frommen Griechen namens Ilario zum Christentum bekehrt wird – nach Spanien zurück; Felice, der König der Sarazenen, und sein Volk bekehren sich zum Christentum; nach seinem Tode übernimmt das junge Paar die Herrschaft.

Die beiden Liebenden, die durch den gemeinsamen Geburtstag und die notwendige Wiedergutmachung einer Missetat schicksalhaft miteinander verbunden sind, behaupten sich unter großen physischen und psychischen Mühsalen gegen das Missgeschick, Fortuna, gegen übernatürliche Mächte, gegen religiöse und ständische Vorurteile, die sich verbündet haben, um ihr Liebesglück und ihr Eheglück zu verhindern. Ihre Geschichte demonstriert, dass sich junge Frauen und Männer der Sexualität oder der körperlichen Liebe gar nicht erwehren können; dass diese Liebe, deren Glück und Leid von Ovid und Vergil geschildert wurden, die Tugend befördern, wilde Roheit und Anmaßung bändigen kann, und dass sie seit dem sagenhaften Sänger Orpheus die Dichter inspiriert hat.[21]

19 In der venezianischen Ausgabe von 1527 heißt er richtiger »Filoponos«, nach griech. *philoponos* im Sinne von ›der sich abmühende Liebende‹ (M. Strauß, »Il Filocolo«, KNLL).

20 Vgl. Komm. V 6.

21 *Filocolo* IV. Buch, Questione VII, VIII; Boccaccio 1952, S. 872 f. (ital. *ferocità, superbia*), 874, 877; vgl. Komm. V 1; zu Orpheus siehe: Ovid, *Metam.* X. Der Gedanke, dass die jungen Leute der körperlichen Liebe, ital. *amore per diletto* (*Filocolo*, ebd., S. 872), nicht entrinnen können, stammt von Aristoteles, *Ni-*

In dem Versepos *Filostrato / Der Filostrato* (vermutlich 1337/39) wird die Liebe in einem ironischen, frauenfeindlichen Ton geschildert; auch dieses Werk ist in mehr als siebzig Manuskripten überliefert und war demnach nicht ohne Erfolg. Geoffrey Chaucer hat sein Versepos *Troilus and Criseyde* (nicht vor 1385) nach dem Vorbild Boccaccios geschaffen; William Shakespeare folgte Chaucer mit der Tragikomödie *The Historie of Troylus and Cresseida* (um 1602). Boccaccios Werk entstand nach einer Episode des afrz. *Roman de Troie / Roman über Troja* von Benoît de Sainte-Maure (12. Jh.). Der Autor, ein gewisser »Filostrato«, »ein von der Liebe Geschlagener«, der in Neapel wohnt, widmet das Epos im Vorwort seiner angebeteten »Filomena«,[22] die aus Neapel fortgezogen ist und ihn unglücklich zurückgelassen hat; er hofft, dass die Lektüre sie dazu bewegen möge, nach Neapel zurückzukehren und ihm ihre Liebe zu gewähren. Auf dem Höhepunkt der Handlung macht der Autor noch einmal auf diese ›auffordernde‹ oder konative Funktion seines Textes aufmerksam.[23] Nastagio degli Onesti, der Protagonist der achten Novelle des fünften Erzähltages des *Decameron*, unternimmt einen ähnlichen Versuch, eine spröde Frau mit einem literarischen Text, einer Vision oder einem ›Spiel im Spiel‹, für sich zu gewinnen. In dem Versepos wird ausführlich erzählt, wie Troilo, der jüngste Sohn des Priamus, des Königs von Troja, sich in die schöne Witwe Criseida verliebt; weil ihr Vater, der Priester Calcas, den Untergang der Stadt voraussieht, ist er in das Lager der Griechen geflohen und hat seine Tochter zurückgelassen. Bei einem Gefangenenaustausch wird Criseida auf Verlangen ihres Vaters gegen einen trojanischen Recken ausgetauscht. Criseida verspricht, nach zehn Tagen zurückzukehren; nach einer letzten, tränenreichen

kom. Ethik VIII, 3, S. 185: »Die Freundschaft der jungen Leute aber scheint auf der Lust zu beruhen; denn die Jugend wird vom Affekt beherrscht und lebt vorwiegend der Freude und der Gegenwart.«

22 Zu den Namen vgl. Komm. Einleitung, 50, 79.

23 *Filostrato* IV, 23–25; Jakobson 1972, S. 106.

Liebesnacht führt Troilo sie ins Lager der Griechen, wo sie von Diomedes in Empfang genommen wird, der sich heimlich in sie verliebt. Troilo vergeht vor Liebesschmerz, auch Criseida klagt über die Trennung; als aber Diomedes ihr schließlich seine Liebe gesteht und ihr erklärt, dass Troja verloren sei, bemerkt sie, dass der Grieche gefällig und beredt ist, und vergisst den Trojaner Troilo. Dieser sucht den Tod in der Schlacht und wird von Achill erschlagen. Der Autor richtet nun die deutliche Warnung an die jungen Männer, deren Sexualität (ital. *l'amoroso disio*) erwacht ist, sich Troilos Liebesgeschichte zu Herzen zu nehmen und die Geliebte umsichtig und mit Bedacht auszuwählen, damit ihnen nicht eine »böse« Frau den Tod bringt. Junge Frauen seien nämlich unbeständig, lüstern, eitel, ohne Tugend und Verstand; sind sie edler Abstammung, so täten sie sich viel darauf zugute und glaubten, den Vorzug vor anderen zu verdienen.[24] Die »vollkommene« Frau sei treu in der Liebe, klug in der Auswahl des Geliebten und halte ihre Versprechen. Die Lehre der ironischen Erzählung lautet: Wenn der junge Mann sich von seiner Liebe nicht verblenden lässt, wird diese ihn auch nicht umbringen.

In der berüchtigten Prosa-Satire *Corbaccio oder Das Liebeslabyrinth*, die nach dem *Decameron* verfasst wurde, werden die anti-idealistische Darstellung der Frau und die Warnung an die Männer, sich durch die Liebe nicht verblenden zu lassen, drastisch zusammengefasst.[25] Der Ich-Erzähler, ein unglücklich verliebter junger Gelehrter,

24 *Filostrato* VIII, 29–33; Boccaccio, *Ges. Werke* 5, S. 223f. Die kritische oder skeptische Beurteilung der Frauen – aus männlicher oder weiblicher Perspektive – ist kein einmaliger ›Ausrutscher‹, sondern findet sich in *Corbaccio* (*Ges. Werke* 5, S. 259ff.) und anderen Werken: *Filocolo* III 13: »junge Mädchen sind unbeständig, und ihre Schönheit reizt viele Liebhaber«; vgl. III 34; *Rime* LXXXIX, in: Boccaccio 1965, S. 10; *Dec.* Einleitung, 75; II 9, 5; IV 3, 6; VI 8; VIII 7. Auch Petrarca, angeblich von einer einzigartigen Liebe zerquält, behauptete (*Canzoniere* 183, 12ff.): »Das Weib ist unbeständig von Natur: / so weiß ich, dass die Liebe im Herzen / der Frau nicht lange dauert.«

25 Vgl. U. Petry, in KNLL, s. v.; Komm. VIII 7, 8, 99. Zur anti-idealistischen Dar-

ist ›liebeskrank‹;[26] dank der Traumerscheinung des verstorbenen Ehemanns der vergeblich umworbenen Witwe erfährt er, dass diese Frau, so wie ihr ganzes Geschlecht, verfressen, widerspenstig, ruhmsüchtig, träge, jähzornig, unzurechnungsfähig, ekelerregend und dem Mann wie ein Tier unterlegen sei. Nachdem er wieder aus seinem Traum erwacht ist, erkennt der Erzähler, dass sein Traum auf der Wahrheit beruht und beschließt, den »Irrgarten der Liebe« oder »Schweinestall der Venus« künftig zu meiden und sich von dieser Frau, die die Bosheit aller übrigen Frauen noch übertrifft, zu trennen.[27]

Das Unglück in der Liebe trifft allerdings nicht nur die Männer; in der Erzählung *Elegie der Dame Fiammetta, die sie den verliebten Damen zusendet* (1343), die der Autor in die römische Antike verlegt hat, warnt eine Edelfrau aus Parthenope,[28] die von ihrem Liebhaber im Stich gelassen wurde, ihre Geschlechtsgenossinnen vor dem Schicksalsschlag der Liebe, den sie wie eine Heldin oder wie ein Held Senecas analysiert:

> »Dieser [Jüngling] also war es, ihr mitfühlenden Frauen, den mein Herz vor allen anderen wählte! Nach einer flüchtigen Aufmerksamkeit erkor es sich unter so vielen edlen, schönen und mutigen Jünglingen meines ganzen Landes nur diesen allein auf ewig, zum unumschränkten Gebieter meines Lebens. Er war es, den ich über

stellung der Liebe in der Lyrik siehe: *Abkehr von Schönheit und Ideal in der Liebeslyrik,* Hrsg. Carolin Fischer und Carola Veit; Stuttgart/Weimar 2000.

26 *Corbaccio, Ges. Werke* 5, 285; vgl. Komm. II 8, 42; X 9, 67.

27 *Corbaccio, Ges. Werke* 5, 245, 270 ff., 313. Die Metapher »Schweinestall der Venus« verweist auf Ovids Erzählung von Circe, die die Gefährten des Odysseus in Schweine verwandelt (*Metam.* XIV, 244 ff.).

28 »Parthenope« ist der poetische Name für Neapel, der zuerst von Vergil (*Landbau* 4, 564), danach auch von Ovid (*Metam.* 14, 101 f.; 15, 712) u.a. röm. Dichtern gebraucht wurde (*Der Neue Pauly* 9, 370).

alles liebte und liebe. Er war es, welcher Anfang und Quelle all meiner Leiden sein sollte, und wie ich hoffe, auch meines Todes. Dies war der Tag, an dem das Gift der Leidenschaft zum erstenmal die reine, keusche Brust durchdrang! Ach! Daß zu meinem Elend je ein solcher Tag der Welt geleuchtet hat! Wieviel Schmerz und Angst wäre mir fern geblieben, wenn dichtes Dunkel diesen Tag verschlungen hätte! Doch was klage ich! Das einmal geschehene Übel kann eingesehen, aber niemals wieder gut gemacht werden. Ich war bezwungen; die feindliche Macht, deren Gewalt ich erlag, war es eine Furie der Hölle oder eine feindliche Schicksalsgöttin, welche meine reine Glückseligkeit beneidete und ihr nachstellte [...]. Ganz in der neuen, unbekannten Leidenschaft verloren, saß ich erstaunt und mir selbst entrückt unter den anderen Frauen«.[29]

Die Liebesklage der unglücklichen Frau wurde von dem zweiten Brief aus Ovids *Briefe der Heroinen* inspiriert: Phyllis, die Königin von Thracien, schreibt einen verzweifelten Brief an Demophoon, den Sohn des Theseus und der Phaedra, der, obwohl er ihr ewige Treue und die Ehe versprochen hat, nach vier Monaten noch nicht zurückgekehrt ist. Die Dame aus Neapel glaubt ihre außereheliche Liebe für sich behalten zu müssen; sie befindet sich also in einer ähnlichen Situation wie die Frauen, für die Boccaccio das *Decameron* geschrieben hat:

29 *Fiammetta* I, *Ges. Werke* 1, S. 122. Walter Pabst (1958, S. 32f.) deutet die Darstellung von Venus und Amor als »Befreiung der antiken Götter aus der allegorischen Gefangenschaft und ihre literarische Restitution zur alten Götterwürde.« Zur Bedeutung Senecas für Boccaccio vgl. Komm. IV 1. Francesco Erbani hat in der ital. Taschenbuch-Ausgabe des Textes (Boccaccio 2007, S. XXIV) darauf aufmerksam gemacht, dass Boccaccio die Zitate aus verschiedenen Tragödien Senecas in diesem Werk vor allem wegen ihrer pathetischen Ausdruckskraft, weniger wegen ihrer stoizistischen Aussage eingesetzt hat.

»Als ich mich endlich allein und frei in meinem Gemache befand, [...] da gedachte ich, daß, wenn es auch unmöglich sei, die Liebe aus meinem Herzen zu verjagen, ich sie doch zum mindesten verschwiegen und vorsichtig in der traurigen Brust verschließen müsse.«[30]

Venus verkuppelt die Liebenden, die um des guten Rufes willen ihre Liebe geheim halten; der Liebhaber befreundet sich mit dem Ehemann der Dame und erlangt die Möglichkeit, mit ihr zu kommunizieren;[31] unter den Decknamen Fiammetta und Panfilo stellt der Geliebte in geselliger Runde ihre Liebe als Roman dar; die Geliebte ist eine gelehrige Schülerin und antwortet ihm mit einer »passenden erfundenen Novelle«. Bevor sie in acht Kapiteln die Trennung und ihr Liebesleid schildert, erinnert sie an die Seligkeit der erfüllten Liebe, ohne die ihr gegenwärtiges Elend nicht zu begreifen wäre und kein Mitleid erregen könnte.[32]

Noch in Neapel entstand der antikisierende Ritterroman *Teseida/Theseide* (1339/40), der in mehr als sechzig Manuskripten überliefert ist und mehr als tausend achtzeilige Strophen umfasst. Der Autor widmet den Roman jener als Fiammetta alias Maria bekannten Dame, der er auch seinen ersten Roman in Prosa, *Il Filocolo*, zugedacht hat; diesmal schreibt er die Widmung aus der Perspektive des verlassenen Liebhabers, der mit Hilfe des Werkes die Gunst der Angebeteten wiedererlangen möchte. In dem Roman werden Glück und Unglück in der Liebe miteinander verbunden: Zwei Jünglinge aus Theben, Palemon und Arcita, geraten in die Gefangenschaft des Theseus, des Königs von Athen; Venus, die Göttin der Liebe, öffnet den beiden Sklaven die Augen für die schöne Emilia, Schwester der Amazonen-

30 *Fiammetta* I, *Ges. Werke* 1, S. 124; vgl. Komm. Vorwort, 10.

31 Zu dem Motiv ›Frau liebt den Vertrauten des Ehemannes‹ vgl. *Dec.* VII 7; 9, 6–7.

32 *Fiammetta* I, *Ges. Werke* 1, S. 139, 141 f., 145.

königin Hyppolyte, die Theseus bezwungen und als Gattin heimgeführt hat. Arcita wird durch die Fürsprache eines Freundes aus der Gefangenschaft befreit; unter Androhung der Todesstrafe darf er aber nicht nach Athen zurückkehren; weil er Emilia liebt, reitet er »weinend« von dannen.[33] Nach langen Irrfahrten kehrt er unter anderem Namen nach Athen zurück; Palemon erkennt ihn. Großzügig setzt Theseus einen Kampf zwischen den beiden Freunden und ihrer jeweiligen Heerschar an und lobt als Trophäe des Kampfes Emilia aus. In dem Kampf bleibt Arcita, der unter dem Schutz des Mars steht, zwar der Sieger; aber mit der Einwilligung des Kriegsgottes schickt Venus eine der Furien auf das Schlachtfeld, die Arcitas Pferd erschrecken lässt, so dass es den Reiter unter sich begräbt. Arcita hat zwar Emilia gewonnen, er ist aber zu Tode verletzt; unter den Tränen seines Freundes Palemon und seiner unglücklichen Braut bittet er Theseus, nach seinem Tod Emilia mit Palemon zu verheiraten, damit sie sich, solange sie lebt, an Arcita erinnert, wenn sie Palemon anschaut.[34]

In den folgenden allegorischen Erzählungen – die vor dem *Decameron* verfasst wurden – behandelt Boccaccio das Problem der Vereinbarkeit der sinnlichen mit der übersinnlichen oder intellektuellen Liebe. Er geht dabei einerseits von der Idee des »süßen neuen Stils« aus, dass die Liebe das Streben nach dem Guten oder der Tugendhaftigkeit sei; andererseits haben ihn wohl eigene Erfahrungen, das Leben und das Schaffen des verehrten Dante Alighieri und die Lektüre des Kirchenvaters Augustinus darüber belehrt, dass die geistige nur schwer von der körperlichen Liebe zu lösen ist.[35]

33 *Teseida* III, 85.

34 *Teseida* IX, 1–9; X, 30. Eine eindringliche Analyse hat Vincenzo Traversa seiner Ausgabe des Romans vorangestellt (Boccaccio 2002, S. 14ff.). Zu dem Thema ›Liebe und Freundschaft‹ vgl. *Dec.* X 8.

35 Komm. X 7; VIII 7; Branca 1977, S. 36; Boccaccio, *Das Leben Dantes*; § 172; *Ges. Werke* I, S. 87 (vgl. Komm. VIII 7, 6): »Bei so vieler Vortrefflichkeit [ital. *virtù*] und so vielem Wissen [ital. *scienza*], wie ich oben andeutete, das in diesem

In dem Hirtengedicht *Ninfale d'Ameto / Ametos Nymphenspiel* (um 1341) werden längere Passagen in Prosa mit längeren Gesängen in Terzinen verbunden:[36] Der Hirt Ameto hat sich unsterblich in die Nymphe Lia verliebt; er gesellt sich zu Lia und ihren sechs Gefährtinnen, die ihn in ihre Mitte setzen, um ihn durch ihre Erzählungen in seiner Liebe zu Lia zu bestärken. Drei der Nymphen, die die Tugenden der Klugheit, der Gerechtigkeit und des Maßes verkörpern, erzählen, wie sie ihre Geliebten verführt haben; drei weitere Nymphen, die die Hoffnung, die Stärke und die Liebe – mit dem gräzisierenden Namen »Agapes« – personifizieren, werden von Venus inspiriert, sich ihren Liebhabern hinzugeben; die Tugend des Glaubens wird von der Nymphe Lia, einer Schwester des Narziss, repräsentiert. Sie erzählt zunächst, wie Florenz von Achimenides, einem Gefährten des Odysseus und des Aeneas, gegründet wurde, und wie die Stadt ihren Namen erhalten hat; darauf erklärt sie, dass Ametos Liebe ihn von seiner »geistigen Blindheit« befreit habe und zu großen Taten befähige. Ameto hat eine Vision: Venus erscheint ihm als Dreifaltigkeit. Die sieben Nymphen statten ihn mit ihrer jeweiligen Tugend aus; nun fühlt sich Ameto dazu berufen, die »himmlischen Schönheiten«, nämlich die Tugenden, die er sinnenhaft geschaut und deren ›verführerischen‹ Erzählungen er lauschen durfte, literarisch darzustellen und hierbei niemals zu verzagen.

In *Die Nymphe von Fiesole / Il Ninfale Fiesolano* (1344–46),[37] ei-

illustren Dichter steckte, nahm gleichwohl die fleischliche Lust [ital. *lussuria*] einen großen Raum ein, nicht nur in seinen jungen, sondern auch in seinen reifen Jahren. […] O über die geringe Standhaftigkeit und die tierischen Lüste der Menschen! Was richten nicht alles die Weiber bei uns aus, wenn sie nur wollen! Ihre Anmut und Schönheit erregen die natürliche Gier und alles übrige unablässig im Herzen der Männer.« Vgl. Augustinus, *Bekenntnisse* II 2, 2, S. 81. Vgl. die Beobachtungen von Winfried Wehle (1993, S. 237).

36 D. Kremers, »Ameto«, KNLL. Ital. Text in Boccaccio 1952, S. 903ff.

37 Das Gedicht, in über 40 Handschriften überliefert, umfasst 473 Ottaverime und wurde erst im 20. Jh. eindeutig als Jugendwerk Boccaccios identifiziert

nem Vorbild der bukolischen Dichtung der italienischen Renaissance, verliebt sich der Hirt Africo in die Nymphe Mensola, die in Dianas Diensten steht; auf Anraten der Venus verführt er sie, indem er sich als Frau verkleidet zu den Nymphen gesellt; als Mensola aus Reue über ihren Fehltritt nicht mehr zu Africo zurückkehrt, ertränkt dieser sich in dem Flüsschen, das seinen Namen trägt; Mensola selbst gebärt einen Sohn und wird von Diana in das Flüsschen Mensola verwandelt, das in den Arno mündet. Schon der Großvater Africos – so erzählt es der Vater Africos – ist von Diana, weil er eine ihrer Nymphen verführt hat, in den Fluss Mugnone[38] verwandelt worden. Mensolas Sohn Pruneo wird von den Eltern des Africo aufgezogen; von Atlas, dem sagenhaften Erbauer Fiesoles, der die Nymphen verjagt oder verheiratet, erhält er das Land zwischen den Flüssen Mensola und Mugnone als Mitgift. Ein Abriss der sagenhaften Geschichte von Fiesole und Florenz beschließt die Erzählung. Zu diesem Gedicht haben Boccaccio die folgenden Verse Vergils inspiriert:

»Jedes Geschlecht auf Erden, die Menschen, die Tiere der Wildnis,
Meerbewohner und Hausvieh und buntgefiederte Vögel,
alle rasen vor Glut. Gleich stark packt alle die Liebe.«[39]

Die Liebe erscheint als das schaffende Prinzip der Natur und der Kultur; kein Mensch, ob bösen oder guten Willens, vermag ihrer Glück und Unglück bewirkenden Macht zu entgehen.[40]

Das ungefähr 4500 Verse umfassende allegorische Gedicht *Amorosa Visione / Die Liebesvision* entstand zu Beginn der vierziger Jahre;

(ital. Text in Boccaccio 1965, S. 17 ff.). Zur Bedeutung der Hirtendichtung Boccaccios für die ital. Literatur s. Olschki 1958, S. 282 f.

38 Siehe Komm. VIII 3, 22.

39 *Landbau* 3, 242 ff.; der Hinweis auf Vergil in: *Nymphe von Fiesole*, Str. 174/175, S. 64 f.

40 *Nymphe von Fiesole*, Str. 465 ff., S. 169.

eine später entstandene zweite Fassung ist durch den ersten Druck aus dem Jahr 1521 überliefert.[41] In einer Traumvision hat der Erzähler die Wahl zwischen zwei Wegen: Der eine führt durch eine schmale Pforte in das Reich der Tugenden, wo der Geist das träge Fleisch besiegt; der andere führt durch einen breiten Eingang in das Reich der weltlichen Würden und Schätze und des weltlichen Ruhmes.[42] Der Erzähler wählt zuerst den breiten verlockenden Eingang und betrachtet mit Staunen die Fülle gemalter Beispiele oder Exempel, die den Triumph der Weisheit, des Ruhmes, des Reichtums, der Liebe und der Fortuna darstellen, die niemanden glücklich macht, weil sie nur irdische Güter gewährt.[43] Anschließend betritt er einen Liebesgarten,[44] in dem er neben historisch identifizierbaren Damen auch jene »schöne Lia« trifft, die Ameto dem »gemeinen Umgang der Menschen« entzogen und für die literarische Darstellung der Liebe als tugendhafte Verehrung weiblicher Schönheit gewonnen hat.[45] Die »schöne Dame«, die der Ich-Erzähler liebt und die ihn durch seinen Traum führt, empfängt ihn nach dem Traum mit dem Versprechen: Was du dir im Schlafe vorgestellt hast, wirst du besitzen, wenn du dich von mir nicht trennst. Dieser »schönen Dame« will er folgen und alles »aufschreiben«, was sie ihn schauen lässt, wenn sie ihn durch die »enge Pforte« geleitet, hinter der das »Ziel seines Begehrens«, also das Reich der Tugenden liegt; dieser »geliebten Dame« legt er auch die soeben geschilderte »Vision« zur gefälligen Lektüre

41 D. Kremers, s. v., KNLL; Ferroni 1991, S. 278; Boccaccio 2000, S. XLIX ff.

42 *Amorosa visione* II, 64 ff.; III, 15 ff.

43 *Amorosa visione* XXXII, 33 ff.

44 Vgl. Komm. 1 Einleitung, 90.

45 *Ameto*, Boccaccio 1952, S. 1048 ff.; *Amorosa visione* XLI, 35 f.: »la bella Lia che trasse Ameto / dal volgar uso dell'umana gente«. Der hohe Wert der Liebe bestehe darin, dass sie Tugend und Edelsinn in den Menschen wecke: »Ohne Liebe ist das Leben nichts wert, / als wäre es seines Sinnes beraubt und das eines Tieres« (ebd., XLII, 64 ff., 73 ff.). Vgl. *Dec.* V 1, 23.

vor.[46] In dem Gedicht wird dargestellt, dass die Liebe den Dichter inspiriert, seine Phantasie erregt und vielfältige literarische Vorbilder in Erinnerung ruft; es wird aber auch dargestellt, dass irdische Güter und Schätze ebenso wie das Glück der körperlichen Liebe[47] nur ein Traum sind; die wahre Aufgabe des Erzählers, nämlich die literarische Darstellung der Liebe als das Streben nach der »höchsten Glückseligkeit«, ist eine Aufgabe des Wachzustandes.[48] Ausführlicher als in dieser allegorischen Dichtung hat Boccaccio die Aufgaben der Dichtkunst und der Dichter in den letzten beiden Kapiteln seiner berühmten Schrift *Genealogie der heidnischen Götter* (1350–75) behandelt.[49]

Das Dichten, eine Art eindringlicher Selbstbesinnung (lat. *meditatio*), entrückt den Dichter, wie die biblischen Propheten es bezeugen, unter die Götter, und er schreibt unter diesem Einfluss ein Wissen nieder, das zu allen Zeiten und an allen Orten gültig ist.[50] Die Dichter werden »von einem geradezu göttlichen Hauch« inspiriert; sie weilen auf Erden, ohne irdische Güter zu besitzen, und

46 *Amorosa visione*, L, 13ff., 46ff. Ich gehe davon aus, dass die geliebte schöne Dame, der der Erzähler im ersten Gesang seinen von Amor inspirierten Traum widmet, und die Dame, die ihn durch den Traum führt, sowie die Dame, die ihm nach dem Erwachen wiederum begegnet, um am Ende seine Verse kritisch zu lesen, ein und dieselbe literarische Figur sein soll; anders dagegen Branca in: Boccaccio 2000, S. 262, 517.

47 *Amorosa visione* XLIX, 12ff., 49ff.

48 *Amorosa visione*, I, 29, L; mit dem Begriff der »höchsten Glückseligkeit«, ital. *somma felicità*, verweist der Erzähler auf Aristoteles, *Nikom. Ethik*, I, 5, S. 10.

49 In *Genealogie der heidnischen Götter* erklärt Boccaccio die heidnischen Götter »aus der Verehrung großer geschichtlicher Persönlichkeiten« und aus der »Anbetung der Naturkräfte«; außerdem werden die Götter als »Umsetzungen seelischer Gegebenheiten in die Sprache der Mythen« gedeutet; das Werk ist in mehr als 100 Handschriften überliefert; die lat. Fassung wurde im 15. und 16. Jh. mehrfach gedruckt; eine ital. Übersetzung aus dem Jahr 1547 wurde bis ins 17. Jh. zwölfmal aufgelegt (Hardt 2003, S 181f.; U. Petry, s. v., KNLL).

50 *Genealogie* XIV, 4; Boccaccio 1956, S. 25.

schmücken sich mit Tugenden, meditieren über himmlische Dinge, verfassen wohlklingende Gedichte und denken an ihren Nachruhm; sie leben zurückgezogen und friedfertig. Angeregt durch Aristoteles sieht Boccaccio in der Meditation oder Betrachtung (griech. *theoria*), der sich der Dichter wie der Philosoph hingibt, offenbar die glücklichste, geradezu göttlichste Lebensweise des Menschen.[51] Die Dichtung, eine Gabe, die nur wenigen Menschen zuteil wird, ist gleich der Philosophie ein unmittelbarer Ausdruck der Weisheit Gottes; sie entstand mit den religiösen Riten; Moses dichtete vor Homer; die Dichter waren die ersten Theologen.[52] Boccaccio knüpft einen engen Zusammenhang zwischen dem Dichter und der Darstellung der Liebe: Die erquickende Einsamkeit der Natur und die Kraft der Jugend (lat. *etatis ardor*) beflügeln die Inspiration, die im Alter nachlässt.[53] Das Vorbild für den Dichter als Liebhaber fand Boccaccio in der römischen Liebeselegie;[54] Vorbilder für die während ihrer Jugendzeit und darüber hinaus von der Liebe inspirierten Dichter sah er in Dante und Petrarca;[55] und wenn im *Decameron* wiederholt die Liebe mit der Jugend der Lie-

51 Cicero, *Pro Archia poeta*, 18, S. 49; *Genealogie* XIV, 7; Boccaccio 1956, S. 41; ebd. XIV, 4, S. 29, 32. Aristoteles, *Nikom. Ethik* X, 7, S. 250: Es wäre die »vollendete Glückseligkeit des Menschen«, wenn die »Tätigkeit der Vernunft«, die sich durch »Ernst und Würde« auszeichnet, und zu der die Güter der »Genügsamkeit«, »Muße«, »Freiheit von Ermüdung« hinzukommen müssen, »außerdem noch die volle Länge eines Lebens« dauerte. Vgl. Komm. IX Einleitung.

52 *Genealogie* XIV 5, XIV 7, 8, Boccaccio 1956, S. 33, 39 (lat. *ex sinu dei procedens*); 42 ff.; in *Amorosa visione* IV, V, sitzen zur Rechten der »Weisheit« die Philosophen und zu ihrer Linken die Dichter. Zur ma. Tradition der Ausführungen Boccaccios siehe die entsprechenden Anmerkungen in Boccaccio 1956 sowie Curtius 1954, Kap. 11, 12, S. 210 ff.

53 *Genealogie* XIV 7, Boccaccio 1956, S. 40.

54 Holzberg 2001, S. 4 ff.: lat. *amator/poeta*.

55 Boccaccio 1956, S. 158; Petrarca 2006, S. 191, 211, 229 ff., 256 ff., 258 ff., 269 f.

benden entschuldigt wird, so folgt Boccaccio offensichtlich einem Rat des Horaz:

Was sein mag morgen, vermeide zu fragen, und
jeden Tag, den das Schicksal dir schenken wird, dem Gewinne
zähle ihn zu, und ja nicht die süßen Spiele der Liebe
verschmähe, Knabe, noch die Tänze,
solange deiner grünenden Blüte das Grauhaar noch fern ist,
das grämliche.[56]

Vergils Schilderung der Liebe zwischen Dido und Aeneas hat ihn aber auch angeregt, darüber nachzudenken, wie schwer es für die Menschen ist, die Glückseligkeit, wie Aristoteles sie definiert hat, als »das Beste, Schönste und Genußreichste zugleich« zu erstreben und zu bewahren.[57]

Dass auch die Verfasser von Erzählungen in Prosa als Dichter ernst zu nehmen sind, begründet Boccaccio mit dem *Neuen Testament*: Die Jünger »redeten miteinander [lat. *loquebantur*] über alles, was sich zugetragen hatte. Wie sie sich nun so miteinander unterhielten [lat. *fabularentur*] und besprachen, nahte sich Jesus und pilgerte mit ihnen«.[58] Boccaccio versteht »sich unterhalten« als »Geschichten erzählen« (lat. *componere fabulas*); wenn die Jünger Christi sich Geschichten erzählen, kann also das literarische Erzählen oder die Dichtung in Prosa nichts Verbotenes sein.[59] Eine literarische Erzählung de-

56 *Oden* 1, 9, 13–18. Vgl. *Carmina Burana*, Nr. 75; Komm. I 4; II 10, 39; IV 1, 5; X 8, 17.

57 *Genealogie* XIV 13, Boccaccio 1956, S. 68 f.; *Nikom. Ethik* I, 9; VIII, 2; S. 15, 183. Vgl. Komm. I Einleitung, 50; II 7, 50; II 8; V 7, 9; VIII 7, 1.

58 *Luk.* 24, 14, 15. *Genealogie* XIV, 9; Boccaccio 1956, S. 47 f.

59 Vgl. Komm. II 9, 7; VII 5, 4. Zur formalen Definition des literarischen Erzählens s. Weimar 1980, §§ 260 ff., S. 145 ff.; Zusammenfassung bei Brockmeier 2008, S. 882 f.

finiert er als eine erfundene oder fiktive Darstellung, durch die ein »Ansinnen«, eine »Absicht« (lat. *intentio fabulantis*) oder eine Idee des Erzählers zum Ausdruck gebracht wird; unter der »erfundenen Hülle« (lat. *velamento fabuloso*) verbirgt der Erzähler oder Dichter »etwas Wissenswertes« (lat. *sapidum aliquid*).[60]

Um die Gleichstellung der Dichtung in Vers oder Prosa mit der Theologie und mit der Philosophie zu untermauern, führt Boccaccio vier Formen der poetischen Darstellung an. Als erstes benennt er die Form der ›Fabel‹, in der Tiere oder leblose Dinge sprechen, die in der Rhetorik des Aristoteles empfohlen und im *Alten Testament* benutzt werde;[61] an zweiter Stelle nennt er die Verwandlungen, wie Ovid sie verwendete, um ›Wahrheiten‹ durch ein erfundenes oder ›unmögliches‹ Beispiel darzustellen, etwa die Bestrafung menschlicher Vergehen gegen die Götter; würde man dieses Verfahren der Dichtung verdammen, müsste man auch das *Alte Testament* verdammen. An dritter Stelle führt Boccaccio die Beschreibung eines Geschehens an, in dem unter der »Hülle« oder dem Literalsinn noch ein tieferer Sinn zu finden sei; ohne diesen tieferen Sinn, den Boccaccio als »Geschichte«, nämlich als einheitlich komponierte Handlung versteht, müssten auch die Prophezeiungen des *Alten Testaments* der Vergessenheit anheimfallen. Ich nehme an, dass Boccaccio mit »Geschichte« (lat. *historia*) den aristotelischen Begriff des »mythos« meint: »Nachahmung einer Handlung ist der Mythos, denn Mythos nenne ich die

60 *Genealogie* XIV, 9; Boccaccio 1956, S. 48. Cicero (*Über die Auffindung des Stoffes* 1, 27, S. 58f.) unterscheidet »erdichtete Erzählung, geschichtlich beglaubigte Erzählung, erfundene Erzählung«, lat. *fabula, historia, argumentum.* Karl Eibl (1976, S. 82) gebraucht, angeregt von den »Emblemata« der Renaissance, für die »erfundene Hülle« den Begriff »Exempel« und für das darunter verborgene »Wissenswerte« den Begriff »Kryptotheorie«: »Die beiden Seiten des poetischen Zeichens, Signifikat und Signifikant, werden […] als Kryptotheorie und Exempel bezeichnet.«

61 *Genealogie* XIV, 9; Boccaccio 1956, S. 48. Aristoteles, *Rhetorik* 2, 20, S. 107f.; *Richter* 9, 8–15.

Komposition einer einheitlichen Handlung [griech. *sýnthesin ton pragmáton*]«.[62]

Als Beispiele für solche sinnreiche Handlungen nennt Boccaccio die Schilderung des Sturms zu Beginn von Vergils *Aeneis* und Homers Darstellung des Odysseus, der sich während der Begegnung mit den Sirenen an den Mastbaum fesseln lässt; weitere Beispiele sind die Komödien von Plautus und Terenz und die »Parabeln« oder »Exempel«, die Christus im *Neuen Testament* verwendet.[63]

Boccaccio zufolge gewinnen das Tun, das Verhalten und die Worte der Menschen, die in einem Text vergegenwärtigt werden, kraft der Kunst des Dichters eine über den Literalsinn hinausgehende Bedeutung; er reduziert die »polyseme« Auslegung der Schriftwerke gemäß dem vierfachen Schriftsinn, wie Dante sie für *Die göttliche Komödie* beansprucht,[64] auf die duale Auslegung gemäß einem wörtlichen und einem übertragenen Sinn. Boccaccios literaturtheoretisches Konzept lässt sich in eine moderne, sprachwissenschaftliche Ausdrucksweise übersetzen: Die Dichter und die Leser der Dichtung richten ihre Aufmerksamkeit auf die sogen. »poetische Funktion« der Sprache, die in der Dichtung zwar nicht die einzige, aber die domi-

62 Aristoteles, *Poetik* 6, S. 9 f.; Schmitt 2008, S. 120. In der *Genealogie* erinnert Boccaccio (1956, S. 43, 114 f.) wiederholt an Leonzio di Pilato als Gewährsmann für seine Kenntnis der griech. Dichtung.

63 *Genealogie* XIV, 9; Boccaccio 1956, S. 48 f.; vgl. Vergil, *Aeneis* 1, 81 ff.; Homer, *Odyssee* 12, 36 ff., 155 ff. – Die Theologen bezeichnen nach Boccaccio diese sinnvolle Handlung als »figura«; zu diesem Begriff zitiert Lausberg (1973, § 1115, 2, S. 535) Augustinus (»Quaest. Evangeliorum« 2, 51; *Patrologia Latina*, Bd. 35, 1902, S. 1362): »da sich Fiktion auf eine gewisse Bedeutung bezieht, ist sie keine Lüge, sondern eine Gestalt [lat. *figura*] der Wahrheit«.

64 Dante (*Das Schreiben an Cangrande della Scala*, §§ 20, 29; *Opere minori* 2, S. 611, 616 ff.) knüpfte an diese Lehre vom »vierfachen Schriftsinn« (der wörtliche, der allegorische, der moralische, der anagogische Sinn) an, die in der Theologie für die Bibelauslegung entwickelt worden war (Barth 2003, 37 f., 327).

nante und determinierende Funktion ist; unter dem Aspekt der poetischen Funktion werden die materielle Struktur eines Textes, seine formalen und inhaltlichen Äquivalenzen als das Ziel der Aussage betrachtet.[65]

Eine vierte Form der Dichtung sind Boccaccio zufolge die »Altweiber-Einfälle«, die weder eine oberflächliche noch eine verborgene Wahrheit enthalten.[66] Boccaccio meint hiermit anscheinend die fürs Volk verfassten, trivialen Geschichten, die weder mit der von gelehrten Dichtern für ein gebildetes Publikum geschriebenen Literatur noch mit der Philosophie und Theologie vergleichbar sind.

Die anspruchsvollen oder ›guten‹ Dichter sind also Philosophen, weil die Aussagen, die sie unter der »erfundenen Hülle« verbergen, mit den Aussagen der Philosophen übereinstimmen; die Philosophen gelangen auf dem Wege des Syllogismus zur Bestimmung von wahr und falsch; die Dichter konzipieren ihre Erkenntnisse, indem sie nachdenken, und verbergen sie, so kunstreich sie es nur können, in einer erfundenen Darstellung, in einer Fiktion.[67]

65 Jakobson 1972, S. 108, 110; T. Todorov / O. Ducrot, *Enzyklopädisches Wörterbuch der Sprachwissenschaft*, aus dem Frz. von M. Theune-Baube, A. Ros; Frankfurt a. M. 1975, S. 382. Vgl. Ricœur 1975, VIIe étude, S. 273 ff.

66 *Genealogie*, XIV 9 (lat. *delirantium vetularum inventio*), Boccaccio 1956, S. 49 f.; Macrobius (I, 2, 8; S. 84) zählte zu dieser schlechten Dichtung den griech. Komödiendichter Menander (342/341 – 291/290 v. Chr.) und seine Nachahmer – also Terenz und Plautus (von Boccaccio als ehrenwerte Dichter beurteilt, *Genealogie* XIV, 19; 1956, S. 93) –, das Werk des Petronius (gest. 66 n. Chr.) und den Roman des Apuleius (vgl. Komm. V 10; VII 2; X 4).

67 *Genealogie* XIV, 17; Boccaccio 1956, S. 79: lat.: »poeta, quod meditando concepit, sub velamento fictionis, silogismis omnino amotis, quanto artificiosius potest, abscondit«.

3. Die Originalität des *Decameron*

In den Erzählungen, die Boccaccio vor der Novellensammlung geschrieben hat, hat er eindrucksvoll und erfolgreich demonstriert, dass er, in der Nachfolge des hoch verehrten Dante,[68] gedankenreiche italienische Terzinen zu verfassen verstand; in der Nachfolge römischer und italienischer Dichter bearbeitete er das Thema der Liebe als körperliches Begehren, unter psychologischen und unter sozialen Aspekten. In der Darstellung dieses komplexen Themas sah er offenbar seine vornehmliche dichterische Aufgabe, so als suchte er eine Antwort auf die Frage: Ob und wie können Frauen und Männer der Naturgewalt der Liebe folgen und trotzdem ein glückliches und tugendhaftes Leben führen?

Allerdings verwendete er für die Darstellung des Problems und für den Versuch, die Frage zu beantworten, Formen, Stoffe und Figuren seiner lateinischen und volkssprachlichen Vorgänger: Traumvisionen; Allegorien – Garten der Liebe; Personifikationen – Tugenden als verführerische Nymphen, Liebe und Keuschheit als Göttinnen; preziöse Periphrasen aus der griechisch-römischen Mythologie; die Hirtenidylle;[69] Erzählungen über antike Helden oder über den sagenhaften Trojanischen Krieg; populäre Versepen. Er hat außerdem von Ovid gelernt, dass die literarische Kommunikation zwischen Liebenden einerseits deren Gefühle beflügelt und dass sie andererseits die Leser oder Zuhörer unterhält und belehrt; nach Ovid verwendet er auch Rahmenerzählungen, um »etwas im Wechsel [zu] erzählen den müßigen Ohren im Kreise«.[70]

Boccaccio folgt in den frühen Erzählungen dem Prinzip der Nach-

68 Boccaccio, *Amorosa visione* VI, 1 ff.

69 Vgl. Garber 1976.

70 Ovid, *Metam.* IV, 40 f.; vgl. ebd., X, 143 ff.; IX, 2 ff.; hierzu: Schmitzer 2001, S. 109, 120. Jürgen Grimm (1965, S. 120) hat auf diesen Ursprung der Rahmenerzählung des *Dec.* aufmerksam gemacht.

ahmung; er schreibt so, wie er es bei anderen gut findet und übernimmt im Großen und Ganzen die Antworten der Vorgänger auf seine Frage; er bemüht sich nicht um eine neue oder originelle Antwort; er scheint noch nicht das volle Vertrauen in sein Ingenium, in seine eigene Erfindungskraft gefasst zu haben.[71]

Die Inspiration zur selbstständigen dichterischen Gestaltung und Beantwortung der Frage, wie die Menschen mit der Liebe und mit ihren Leidenschaften zurechtkommen und umgehen sollten, hat er offenbar durch das Studium der Ethik des Aristoteles und der Schriften Ciceros gefunden.[72] Zu Beginn des zweiten Buches der *Nikomachischen Ethik* erläutert Aristoteles, dass die dianoetischen oder Verstandestugenden, wie Weisheit, Verstand, Klugheit, durch Belehrung entstehen und wachsen, dass die sittlichen Tugenden, wie Standhaftigkeit, Gerechtigkeit, Freigebigkeit und Mäßigkeit, den Menschen hingegen durch Gewöhnung zuteilwerden. Im Unterschied zu den natürlichen Vermögen der Sinneswahrnehmungen »erlangen wir [die sittlichen Tugenden] nach vorausgegangener Tätigkeit, wie dies auch bei den Künsten der Fall ist«. Wie man durch Zitherspielen ein guter oder schlechter Zitherspieler werde, so werde man durch das Verhalten im kommerziellen Verkehr gerecht oder ungerecht, durch das Verhalten in Gefahren werde man mannhaft oder feige; bei Anlässen zur Begierde oder zum Zorn werden die einen mäßig und sanftmütig,

71 Quintilian, *Ausbildung des Redners* 10, Kap. 2, 1–12; S. 484 ff.; Komm. VI 6. – Vgl. Petrarca 2006, S. 179 ff.; Brockmeier 2010.

72 Auf Boccaccio als »Moralphilosophen« , auf sein Studium der *Nikom. Ethik* und des Kommentars von Thomas von Aquino haben Kurt Flasch (1992, S. 50 ff.) und Victoria Kirkham (1993, S. 262 f.) aufmerksam gemacht. Beispiele für Boccaccios intensive Lektüre der *Nikom. Ethik* finden sich in einzelnen Novellen: Komm. Titel; II 9, 75; II 10, 5; IV 6; V 8; IX 7; X 1, 2; X 8, 1; die Schriften Ciceros werden im Kommentar wiederholt angeführt: Komm. Vorwort; I Einleitung, 53; I 3; I 6, 9; I 8; I Schluss, 14; II 1; IV 2; IV 3, 20; IV 6, 1; IV 8; V 1; V 9; V 10; VI Einleitung; VI 1, 2; VI 10; VIII 3; IX Einleitung; IX 4; X 1; X 3; X 5, 14; X 8; X 9; X 10; X Schluss; Schlusswort des Autors, 18.

die anderen zügellos und jähzornig: »aus gleichen Tätigkeiten erwächst der gleiche Habitus [griech. *hexis*].« Die Aufgabe sei es, den Tätigkeiten von Jugend an eine bestimmte »Sinnesart« zu verleihen; denn auf diese Weise entstehe der lobens- oder tadelnswerte Habitus eines Menschen.[73]

Boccaccio lässt nun in der Rahmenerzählung des *Decameron* sieben junge Damen und drei junge Herren auftreten, die als idealisierte Vertreter des Florentiner Patriziates zu verstehen sind. Die Geschichten, die sie sich erzählen, werfen ein Licht auf die »mentale Physiognomie« dieser Vertreter der städtischen Elite:[74] Mit dem alten Adel teilen sie eine gewisse Begeisterung für die Suche nach Abenteuer und Ruhm, wenn es auch überwiegend Liebesabenteuer sind, denen sie nachhängen; oder sie sprechen von dem Ruhm, den Großmut und Freigebigkeit einbringen; Kreuzzüge gehören der Vergangenheit an; die Bewährung mit dem Schwert ist ihnen nicht fremd, aber sie bevorzugen die Bewährung durch das Wort und die Rechtsprechung; es erscheint ihnen selbstverständlich, dass riskante Handelsunternehmungen und Geldgeschäfte in ganz Europa die Grundlage ihres Reichtums geschaffen haben; und als feine Leute verstehen sie es, das einfache Volk auf Distanz zu halten.[75]

Besonders vorbildlich erscheinen die Erzählerinnen und Erzähler, weil sie in ihren Affekten und Handlungen »die Mitte und das Beste« beachten und sich sowohl durch die Verstandestugenden wie Verstand und Klugheit, als auch durch die sittlichen Tugenden der Freigebigkeit und Mäßigung auszeichnen.[76]

73 *Nikom. Ethik* II, 1, S. 26 f. (»Sinnesart«: griech. *ethos*, lat. *mos, -ris, virtus moralis*). »Habitus« wird in *Dec.* X 9, 72 verwendet.

74 Reinhardt, *Die großen Familien Italiens*, Einleitung, S. XI f.

75 *Dec.* VI Einleitung; vgl. Neumeister 1996, S. 71.

76 *Nikom. Ethik* II, 5, S. 35: »Die Tugend aber liegt auf dem Felde der Affekte und Handlungen, wo das Übermaß verfehlt ist und der Mangel Tadel erfährt, die Mitte aber Lob erntet und das Rechte trifft« (ebd. I, 13, S. 25). Zu der »Mesotes-

Während die Pestepidemie wütet und die Stadtgesellschaft zerfällt, verhalten sie sich verständiger als ihre maßlos oder hilflos reagierenden Mitbürger, weil sie ihre Selbsterhaltung im Sinn haben und weil sie Elend und Sittenlosigkeit nicht ertragen.[77] Sie stellen aber auch ihre Klugheit unter Beweis, indem sie ihr Wissen und ihre Lebenserfahrung für die Gestaltung des Zusammenlebens während des Aufenthaltes auf dem Lande einsetzen und indem sie im Auftrag des Dichters nicht nur wiederholt auf den Unterhaltungswert, sondern auch auf das »Wissenswerte« oder den Nutzen der Erzählungen für das Leben außerhalb ihres auserlesenen Kreises aufmerksam machen.[78] Die Erzählerinnen und Erzähler sprechen über sittliche oder unsittliche Verhaltensweisen von Menschen aus allen Ständen; hiermit möchten sie sich vergnüglich die Zeit vertreiben und gleichzeitig Wissenswertes mitteilen; im Auftrag des Autors verfolgen sie mittels der Wiederholung ähnlicher oder gleicher Fälle[79] auch die Absicht,

lehre« des Aristoteles s. Ursula Wolf (2010). Vgl. *Dec.* I Einleitung, 95; Komm. I Einleitung, 20; zur maßvollen Äußerung der Gefühle unter den Erzählern siehe: I Schluss, 22; III Schluss, 1–4, 18; IV Schluss, 18; V Schluss, 8 ff.; VI Schluss, 47; VII Schluss, 15; zu ihrer beherrscht moderaten Gangart: II Einleitung, 2; Aristoteles, *Nikom. Ethik*, IV, 8, S. 88; hierzu: A. Battistini, »Retorica«, *Lessico critico decameroniano*, S. 340; vgl. Brockmeier 1974. Freigebig verhalten sich die Erzähler, indem sie ihr Hab und Gut dem gemeinsamen Vergnügen zur Verfügung stellen (*Dec.* I Einleitung, 65, 71; II Schluss, 7; III Einleitung, 4).

77 *Dec.* I Einleitung, 60–61.

78 Aristoteles, *Nikom. Ethik* VI, 11, S. 144, hat zwischen Klugheit, griech. *phronesis*, und »Verständigkeit«, griech. *synesis*, unterschieden: »die Klugheit ist *gebietend*, da es ihr Ziel ist zu bestimmen, was man tun oder nicht tun soll; die Verständigkeit dagegen ist nur *beurteilend*«. Thomas von Aquin hat das in seinem Kommentar (Liber 6, Lectio 9) in lat. Sprache erläutert: »Unde dicit quod prudentia est *praeceptiva*, inquantum scilicet est finis ipsius determinare quid oporteat agere vel non agere, sed synesis est solum *iudicativa*.«

79 So weisen die Erzähler wiederholt auf die Allmacht der Liebe hin: *Dec.* V 1; 6; VII 3; IX 1; oder auf die Eifersucht: *Dec.* VII 4; 5; 8; oder auf das Wirken der

sich und die Leserinnen und Leser davon zu *überzeugen*, dass die angemessenen oder schicklichen Verhaltensweisen der Erzählfiguren lobenswert und nachahmenswert und dass die schlechten Verhaltensweisen tadelnswert und zu meiden sind. Das Werk gibt der Leserin und dem Leser also die Möglichkeit, sich Verhaltensweisen im Sinne des Aristoteles einzuprägen und sie durch Wiederholungen einzuüben.[80]

Der Aufgabe des Redners wie des Dichters, die Sympathie seiner Zuhörer oder Leser zu gewinnen, sie zu *unterhalten*, hat der Autor eine besondere Würde verliehen, weil die »erfundene Hülle« (lat. *velamentum fabulosum*) von der poetischen Funktion und damit von der wissenswerten Aussage nicht abzulösen ist.[81] Die Sympathie des Lesers gewinnen die Erzählerinnen und Erzähler kraft der Beschreibung des Autors: »eine jede war klug, edlen Blutes, von schöner Gestalt, ausgestattet mit guten Sitten und anmutigem Anstand«; zu ihnen gesellen sich drei sympathische und ›anständige‹ Jünglinge, die trotz der »Verderbtheit der Zeit« immer noch drei Damen in glühender Liebe verbunden sind; die Erzählerschar lebt gesittet und harmonisch in einer paradiesisch schönen Umgebung.[82] In der äußeren Gestalt, im Verhalten und in der Lebensgestaltung der Erzählerinnen und Erzähler wird ihre »Sinnesart« sichtbar: Mäßigung und Be-

Fortuna: *Dec.* II 3, 4; II 4, 3. – Für die Darlegung eines Sachverhaltes hat Cicero (*Auffindung des Stoffes* 1, 27, S. 61) »den Wechsel der Ereignisse, die differenzierende Schilderung der Charaktere« empfohlen.

80 Die Aufforderung, selbst großzügig zu *handeln*, richtet der ›König‹ des letzten Erzähltages auch an seine ›Untertanen‹ (IX Schluss, 5); zu den Aufgaben des Redners siehe Komm. VI.

81 Vgl. Anm. 60, 62, 65.

82 *Dec.* I Einleitung, 49, 78 f.; III Einleitung, 11; X Schluss, 5. Die Sehnsucht Pampineas nach dem Anblick der »ewigen Schönheiten« des Himmels außerhalb der toten Stadt (I Einleitung, 66) erinnert an Dante, *Parad.* 7, 66: »Die göttliche Güte, die jede Mißgunst von sich weist, / versprüht ihr Feuer, in sich brennend, / so daß sie ihre ewigen Schönheiten entfaltet.«

herrschung der Leidenschaften.[83] Da also die »Ehrenhaftigkeit« als »Schicklichkeit« zutage tritt, ist die Erzählerschar ein Vorbild für ein ›anständiges‹ Leben; die Darstellung ihrer »körperlichen Anmut und Schönheit« und die Schilderung der ›Lustorte‹, in denen sich die Erzähler würdevoll bewegen, sollen den Lesern gefallen und sie von der »Einhaltung des Maßes in allen [ihren] Äußerungen und Taten« überzeugen.[84]

Die Handlungsträger der Novellen offenbaren ihre Moralität durch ihr richtiges oder falsches Tun.[85] Dieser Grundsatz der erzählerischen Gestaltung wird in der ersten Novelle vorgestellt: Die Sinnesart, der Habitus des Protagonisten, scheint eindeutig schlecht zu sein, aber seine Lügenbeichte, eine Untat in extremis, erweist sich als gute Tat. Umgekehrt wird in der fünften Novelle des zehnten Erzähltages suggeriert, dass eine kluge und ehrbare Frau, die eine unvorsichtige erotische Zusage erfüllen soll, dadurch nicht ehrlos wird. In der letz-

83 Cicero, *Pflichtgem. Handeln* 1, 93–94, S. 82 ff.: »Denn was auch immer es sei, was sich schickt, das tritt dann zutage, wenn Ehrenhaftigkeit voraufgegangen ist.« Vgl. Göttert 2009, S. 52 ff.

84 Cicero, *Pflichtgem. Handeln* 1, 95, S. 85: »Daher jedenfalls hat für die Ehrenhaftigkeit [*honestum*] insgesamt das Schickliche [*decorum*] […] Bedeutung, und zwar hat es so Bedeutung, dass es nicht durch reine Abstraktion erkennbar wird, sondern greifbar zutage tritt.« Ebd. 1, 98, S. 87. Zu den Gärten als »Lustorten« s. Komm. Einleitung 1, 90.

85 Eco (1979, S. 107 f.) benennt folgende grundlegende Bestandteile einer »Erzählung« (ital. *sequenza narrativa*): »Eine Erzählung ist eine Beschreibung von Handlungen; für jede der beschriebenen Handlungen sind erforderlich: ein Handlungsträger, eine Absicht des Handlungsträgers, ein Zustand […], eine Veränderung mit einer Ursache und mit dem Ziel, das sie bestimmt; man könnte noch Bewußtseinszustände, Gefühle und Umstände hinzufügen.« Nach W. Labov und J. Waletzky (*Erzählanalyse. Mündliche Versionen persönlicher Erfahrung*; dt. in: J. Ihwe, *Literaturwissenschaft und Linguistik*, Frankfurt a. M. 1973; II, S. 105) ist noch hinzuzufügen, dass eine »Teilsatzfolge« eine »temporale Grenze« enthalten muss, um als »sequenza narrativa« gelten zu können.

ten Novelle der Sammlung verhält sich der edle Ehemann wie ein Tier; aber der demütigen Griselda fehlt offenbar die moralische Initiative.

Allerdings bietet die Novellensammlung weder unterhaltsam formulierte Verhaltensregeln noch moralische Empfehlungen, wie etwa die mittellateinische Sammlung des Petrus Alfonsi, die als *Die Kunst, vernünftig zu leben* übersetzt wurde. Der Autor des *Decameron* formuliert keine Regeln, weil er offenbar der Meinung des Aristoteles folgt, dass es im Bereich des sittlichen Handelns und des im Leben Nützlichen nichts gibt, das ein für alle Mal feststeht, und der Handelnde selbst zu wissen hat, »was dem gegebenen Fall entspricht, wie dies auch in der Heilkunst und in der Steuermannskunst geschieht«.[86] Aristoteles geht es hierbei um die Selbstverantwortlichkeit des Einzelnen, den »einheitlich-reflektierten Umgang mit den Strebungen und Affekten« oder die »inhaltliche Lebenskonzeption«;[87] Boccaccio hat nicht nur die Erzählerinnen und Erzähler, sondern auch die Protagonistinnen und Protagonisten der Novellen als selbstverantwortlich handelnde Individuen konzipiert.[88]

Die Selbstverantwortlichkeit beinhaltet nach Aristoteles, dass der Mensch sich darum bemüht, alle seine angeborenen und erworbenen Fähigkeiten nicht nur für sich selbst, sondern auch für »Eltern, Kinder, Frau, Freunde und Mitbürger« zu aktivieren und einzusetzen; hierin liegt die »Glückseligkeit« als das Endziel allen Handelns.[89] Ein

86 *Nikom. Ethik* II, 2, S. 28. Vgl. Höffe 2010, S. 7f. – Nach Hermann H. Wetzel (1977, S. 25) ist im *Dec.* die »moralische Regel nicht ein für alle Mal vorgegeben«, sondern wird »autonom erstellt und immmer wieder erneut diskutiert«.

87 Wolf 2010, S. 102f.

88 Sowohl die Rahmenerzählung als auch die Novellen »handeln [...] von menschlicher Autonomie statt vom Fatum oder von göttlicher Vorsehung« (Wetzel 1981, S. 406).

89 *Nikom. Ethik* I, 5, 6, 11; S. 10f., 12, 20.

solches vollkommenes Handeln ist untrennbar mit »Lust« verbunden, »da ohne Tätigkeit keine Lust entsteht und jede Tätigkeit durch die Lust vollendet wird.«[90] Der schlechte Mensch weiß nicht, »was er tun und was er meiden soll«, er empfindet Lust und Unlust »in der verkehrten Weise«; er glaubt das Recht zu haben, sich jedem seiner Lust- oder Unlustgefühle überlassen zu dürfen; er liegt »mit sich selbst im Zwiespalt, und [seine] sinnliche Gier steht nach anderen Dingen als [sein] vernünftiger Wille«.[91]

Der erste Erzähltag des *Decameron* belehrt darüber, wie und dass die Beherrschung der Redekunst andere Menschen zum rechten Handeln und zum reflektierten Umgang mit ihren Affekten bewegt; die Protagonisten der ersten, zweiten und dritten und die Protagonistinnen der fünften und neunten Novelle vermitteln außerdem die Erkenntnis, dass rechtes Handeln und das rechte Wort in einer brisanten Situation Ausdruck der Klugheit sind,[92] und dass diese Klugheit das Handeln unabhängig von der guten oder bösen Gesinnung oder dem religiösen Glauben des Handelnden lenkt und bestimmt. In der Nachfolge der radikalen Aristoteliker, die im 13. Jahrhundert an der Pariser Universität lehrten, trennt Boccaccio das moralphilosophische Konzept der Novellensammlung deutlich von der theologischen Tugendlehre des Augustinus, der das wahre Glück nicht auf Erden oder im Genuss der Selbstverwirklichung, sondern in der Schau Got-

90 *Nikom. Ethik* X, 5, S. 243. Hierzu s. Ricken 2010, S. 224 f.

91 *Nikom. Ethik* II, 2; III, 2; IX, 4; S. 31; 46 f., 217. Schmitt 2008, S. 447 f.; zur detaillierten Auslegung des »Bösen« bei Aristoteles s. Wolf 2010, S. 95 ff.

92 Eingangs des 5. Kap. des VI. Buches der *Nikom. Ethik* (S. 135) fragt Aristoteles, welche Menschen klug genannt werden und beantwortet die Frage: »Ein kluger Mann [Boccaccio fügt die *kluge Frau* hinzu! P. B.] scheint sich also darin zu zeigen, dass er wohl zu überlegen weiß, was ihm gut tut und nützlich ist, nicht in einer einzelnen Hinsicht, z. B. in bezug auf Gesundheit und Kraft, sondern in bezug auf das, was das menschliche Leben gut und glücklich macht.« Theodor Ebert (2010, S. 165 ff.) hat den Gebrauch des griech. Begriffs *phronesis* durch Aristoteles kritisch untersucht.

tes suchte.[93] Der Autor des *Decameron*, der sich durch die Zitate aus philosophischen und literarischen Klassikern und durch die Auseinandersetzung mit seinen Kritikern als gelehrter Laie ausweist,[94] vertritt in der Rahmenerzählung und in den Novellen außerdem die Meinung, dass der Klerus nicht mehr den Anspruch erheben darf, die Laien moralisch zu belehren. Denn als die Pestepidemie die »Autorität der göttlichen und menschlichen Gesetze« auflöst und weder Prozessionen noch Bittgebete den Menschen weiterhelfen,[95] beruft der Autor sieben junge Damen und drei Herren des Florentiner Patriziats, um sich über die moralischen Grundlagen ihres Lebens und des Gemeinwesens zu verständigen; und sie tun dies, ohne den sinnenfrohen, weltlichen Lebensstil aufzugeben, den sie offensichtlich vor dem Ausbruch der Epidemie führten; sie respektieren die Erinnerung an den Tod des Erlösers, aber den sonntäglichen Gottesdienst übergehen sie mit Stillschweigen.[96] In den Novellen selbst wird das Ansehen der Kleriker als sittlicher Vorbilder und moralphilosophischer Lehrer[97] untergraben: Sind sie nicht naiv, also untüchtig für das Leben außerhalb des Klosters, so sind sie geldgierig, geil und heuchlerisch; »vom Höchsten bis zum Niedersten« verhalten sie sich unwürdig und müssen sich vor allem daran erinnern lassen, dass sie ihre natürlichen sexuellen Bedürfnisse so wenig wie die Laien unterdrücken können. Als seltene Ausnahme wird das großmütige Verhalten eines hohen geistlichen Würdenträgers hervorgehoben; dem Papst bleibt nichts ande-

93 F.-B. Stammkötter, »Moralphilosophie«, *LexMA* 6, 827ff.; die Rezeption der Ethik des Aristoteles führte zur »Bildung eines neuen laikalen Selbstbewusstseins« (Flasch 1989, S. 137; vgl. S. 119, 212, 230). Vgl. Flasch 1986, S. 355 ff.; P. Engelhardt, »Ethik I«, *LexMA* 4, 54f.; L. Hödl, »Averroes II.«, *LexMA* 1, 1292ff.

94 Vgl. *Dec.* Vorwort; IV Einleitung; Schlusswort des Autors; sowie die Kommentare zu den Novellen.

95 *Dec.* I Einleitung, 9, 23.

96 *Dec.* II Schluss, 5–6; B. Kranemann, »Sonntag«, *LexMA* 7, 2050.

97 Lat. *oratores*; M. Gerwing, »Status«, *LexMA* 8, 68f.

res übrig, als vernünftigen Wünschen von Bittstellern nachzugeben.[98] In einer langen Philippika formuliert ein als Pilger verkleideter Liebhaber in der siebten Novelle des dritten Erzähltages das grundsätzliche Argument gegen den Anspruch der Kleriker, die Laien und insbesondere die Frauen belehren zu müssen: Indem sie den Laien Regeln vorschreiben, verhindern sie es, dass diese selbstverantwortlich, also im Sinn ihrer Lust oder Unlust handeln; mit unerbetenen Moralpredigten stürzen sie sie ins Unglück. Nur die ganz Dummen fallen noch auf die Worte der Kleriker herein.[99] Die Erzählerinnen und Erzähler des *Decameron* diskreditieren die Würde des ersten Standes und entziehen ihm die Aufgabe der moralischen Belehrung; in der ersten und der zweiten Novelle der Sammlung machen sie überdies darauf aufmerksam, dass sie, obwohl sie gläubige Christen sind, mit der Theologie wenig im Sinn haben. Denn sie wollen nicht »mit dem Blick des sterblichen Auges in das Geheimnis des göttlichen Geistes« eindringen, also Glaubenswahrheiten diskutieren, sondern darüber sprechen, wie die Menschen sich während ihres irdischen Lebens verhalten; sie möchten »evidente« Erkenntnisse über richtiges oder verkehrtes menschliches Handeln austauschen.[100]

Auch wenn am ersten Erzähltag eine jede oder ein jeder der Erzäh-

98 *Dec.* I 2, 19; X 2, 4; II 3, 43; X 2, 30; zur Darstellung der Kleriker siehe *Dec.* I 1; I 6; I 4; III 10; 7; VIII 2; 4; zu den lebenslustigen Nonnen siehe *Dec.* III 1; IX 2; Schlusswort des Autors, 7.

99 Z. B. *Dec.* III 4, 5; III 7, 36; IV 2.

100 *Dec.* I 1, 5. Boccaccio stattet hier den Erzähler mit einer grundlegenden Idee Wilhelms von Ockham aus: »*etwas, dem man nur aufgrund des Glaubens zustimmen kann, weiß man nicht evident.* Denn ein Habitus, der zu einer evidenten Erkenntnis hinführt, hängt vom Glauben nicht mehr ab als umgekehrt. Aber nach Auffassung aller Heiligen und auch derer, die die Gegenposition einnehmen, kann keiner den glaubbaren Wahrheiten ohne Glauben zustimmen« (1 Sentenzenkommentar, Prolog, Quaestio 7, in: *Texte zu Theologie und Ethik*, S. 45. Hervorhbg. P. B.). Flasch 1986, S. 446 f.; 1992, S. 138 f. Vgl. Komm. I 1, 32; W. H. Principe, »Theologie I. II.«, *LexMA* 8, 650 ff.

lerschar das erzählen darf, was ihr oder ihm am besten gefällt, so hat der Autor allen Erzählern vorgegeben, von Personen zu erzählen, die in der Lage sind, selbstverantwortlich und zum Nutzen ihrer selbst wie ihrer Umgebung zu handeln. An den folgenden sieben Erzähltagen gibt sich die Erzählerschar jeweils ein Thema.[101] Unter diesen sieben Themen wird dargestellt, dass der Zufall, andere Menschen oder Affekte sich dem selbstverantwortlichen Handeln in den Weg stellen; dass es der Klugheit, der Redekunst und des glücklichen Zufalls bedarf, um sich selbst aus einer Notlage zu befreien, um ein begehrtes Gut zu erhalten und zu bewahren; und dass Dummheit und Geiz bestraft werden. Die Novellen des neunten Erzähltages bestätigen diese Darstellungen. Die Novellen des zehnten Erzähltages zeigen, dass Großzügigkeit angeboren sein kann, dass sie sich aber erst in konkreten und nicht immer einfachen Situationen als edles Tun bewährt.

Das Thema des zweiten Erzähltages gibt den Erzählerinnen und Erzählern die Gelegenheit, ihre Erfahrungen und Kenntnisse über die Beeinträchtigungen und Nachteile auszutauschen, die den selbstverantwortlich oder gar eigenmächtig Handelnden erwachsen. Die Quintessenz ihres Wissens enthält die erste, scheinbar nur belustigende Novelle: Es ist jeder Handelnde selbst und die anderen, die Mitbürgerinnen und Mitbürger hohen oder niederen Standes, die darüber entscheiden, was richtiges und falsches Tun ist oder wie der Einzelne sich zu verhalten hat. Sturm und Schiffbruch übernehmen gelegentlich die Rolle des Geschicks; die eigentliche Schuld für sein zeitweiliges Elend muss der arme Landolfo Rufolo aus der fünften

101 Die Sieben »ist Zeichen der ird[ischen] Zeit (Wochentage) wie der Ewigkeit und der ewigen Ruhe (wegen der Ruhe Gottes nach den Schöpfungstagen, dem siebten Weltalter), der Zeit des Gesetzes (Sabbatgebot) sowie – dies dominant! – der Gnade und des Hl. Geistes mit seinen sieben Gaben [d. h. Sakramenten], daneben Zahl des Menschen, seiner Tugenden und Begabungen, der Sünde (sieben Todsünden)« (R. Suntrup, »Zahlensymbolik, -mystik III.«, *LexMA* 9, 444 ff.).

Novelle dieses Tages bei sich selbst suchen; denn er wusste nicht Maß zu halten. Auch wenn eine Familie vom Glück ins Unglück und wieder ins Glück gerät, haben einzelne Personen dieser Familie oder mächtige Herrscher das bewirkt, wie in der dritten Novelle. Die irdischen Ereignisse und Geschicke haben diesseitige Ursachen, die von einzelnen Menschen zu verantworten sind. Die Frauen spielen eine besondere Rolle bei der Suche nach der glücklichen Selbstverwirklichung: Sie verfügen über ein feines Urteilsvermögen und Lebensklugheit; sie erfüllen die Rolle der Glücksbringerin in körperlicher, psychischer und sozialer Hinsicht, sofern sie nicht selbst ihren Affekten, Habgier oder Zorn, ausgeliefert sind.[102]

Während des dritten Erzähltages wird von einer begehrenswerten »Sache« erzählt; damit ist die Beziehung zwischen Frau und Mann, die Liebe in körperlicher, psychologischer und sozialer Hinsicht gemeint. Für die Frauen ist das Gut der Liebe nur schwer und nur mit Geschick zu erlangen; gegen die Liebe und den Drang, sich der Geliebten oder dem Geliebten um des individuellen Glücks willen zu verbinden, richten wohlgemeinte oder grobe Worte oder das Keuschheitsgelübde nichts aus; der Mann scheut, um sein Begehren zu erfüllen, nicht den Tod; die naive Frau, die zunächst den strengen Moralpredigern glauben will, dass alles Irdische und Körperliche böse sei, kann, nachdem sie die erste Erfahrung mit dem »Teufel« gemacht und ihr Vergnügen an der eigenen »Hölle« gefunden hat, gar nicht mehr davon ablassen. Auf schändliche Weise nutzen die Kleriker Dummheit und Leichtgläubigkeit aus, um ihre Sexualität zu befriedigen; aber kluge Laien, Frauen oder Männer, verstehen sich nicht nur auf die Liebeskunst, nämlich die diskrete oder maßvolle Erfüllung des Liebesglücks, sondern sie setzen sogar, nach dem Vorbild des Ser Ciappelletto aus der ersten Novelle, einen braven Mönch ein, um ihr Ziel zu erreichen.

102 *Dec.* I 5; 9; II 2; 3; 4; 5; 6; 7; 8; 9; 10.

Boccaccio hat bei Ovid gelesen, dass Orpheus, die Symbolfigur der übermenschlichen Macht des Gesanges, unglücklich liebte; er kannte auch die Erzählung von der ersten und unglücklichen Liebe Apolls zu Daphne, die in einen Lorbeerbaum verwandelt wurde, dessen Blätter der Gott den Dichtern weihte.[103] Offenbar adelt das Unglück die literarische Darstellung der Liebe. So wird am vierten Erzähltag, unter der Herrschaft »Filostratos«, von denen erzählt, »deren Liebe ein unglückliches Ende genommen hat«.[104] Die Novellen über unglücklich Liebende, die dem Adel und dem Patriziat, dem »popolo grasso«, und dem einfachen Volk, dem »popolo minuto«, entstammen, zeigen, dass die Liebe nicht nur zum körperlichen Glück, den »wonniglichen Vereinigungen«, sondern auch zu einem tugendhaften und schöneren Leben führen könnte,[105] wenn nicht unbeherrschte Affekte, Unvorsichtigkeit, Dummheit und Maßlosigkeit, die widernatürliche Unvernunft Außenstehender oder der Liebenden selbst ihr Handeln unheilvoll bestimmen oder lenken würden.

Diese Lehre wird am fünften Erzähltag bestätigt, indem »von den Liebenden erzählt [wird], die nach manchen harten Schicksalsschlägen glücklich zusammenfinden«. Es bedarf nämlich der Klugheit, der Beharrlichkeit, der Mäßigung und des Zufalls, um das Glück in der Liebe zu finden. Auch hier werden die Schicksalsfäden nicht von »numinosen Wesenheiten personalen oder impersonalen Charakters«,[106] sondern von anderen Menschen gesponnen, die überlegt oder unüberlegt, vernünftig oder unvernünftig handeln. In der achten Novelle dieses Tages wird ähnlich wie in der siebten Novelle des achten Erzähltages hervorgehoben, dass in der Liebe Erfolg hat, wer gebildet und erfindungsreich, also literarisch begabt ist.

103 Ovid, *Metam.* I, 557; X. *Der Neue Pauly*, »Orpheus«, 9, 54 ff.; Komm. I Einleitung, 97.

104 Vgl. Komm. Einleitung, 79. *Dec.* IV, 1.

105 Vgl. Komm. VII 10, 8; *Dec.* IV Einleitung, 31.

106 Hans Albert, *Kritischer Rationalismus*, Tübingen 2000, S. 142.

Der sechste Erzähltag erfüllt die Funktion einer »mise en abyme«,[107] insofern sich in dem Thema und in den Novellen die Idee der Sammlung spiegelt: Kraft der Redekunst, mit der die Handlungsträger der Novellen ein selbstverantwortliches Leben gestalten, überzeugen die Erzählerinnen und Erzähler einander, dass sie der Pestepidemie zum Trotz ein richtiges und sinnvolles Leben führen.

Boccaccio stellt im *Decameron* die Liebe als die sinnstiftende Kraft des Menschenlebens dar: Amors Macht ist alles untertan. Zwei Drittel der Novellen sind als ›Liebesgeschichten‹ zu bezeichnen, weil die Liebe die ausschlaggebende Motivation einer oder aller handelnden Personen ist.[108]

Alle Streiche, von denen am siebten Erzähltag erzählt wird, berichten davon, dass es einer Frau gelungen ist, ihr berechtigtes oder leicht nachvollziehbares sexuelles Verlangen zu befriedigen, ohne das eheliche und familiäre Zusammenleben und damit die Grundlage des Gemeinwesens zu zerstören.[109]

In den sieben Liebesgeschichten des achten Erzähltages messen sich eigennützige und uneigennützige Frauen mit abgebrühten, klugen oder naiven oder anmaßenden Galanen; die klügere oder klug gewordene Person sorgt dafür, dass der Skandal vermieden wird oder dass die habgierige Kurtisane oder der eingebildete Kleriker bestraft werden. In der längsten Novelle der Sammlung, der Erzählung vom Scholaren, belehrt Pampinea, die Wortführerin der Erzählerschar, die Frauen einschließlich der Erzählerinnen, dass sie der Vernunft eines gebildeten Mannes folgen sollen, auch wenn es ihnen hart erscheint; Emilia, die Königin des neunten Erzähltages, folgt ihrer Ansicht mit

107 André Gide (*Journal 1889–1939*, Paris 1948, »La Roque 1893«, S. 41) hat den literaturtheoretischen Terminus der Heraldik entnommen und literaturtheoretisch verwendet.

108 *Dec.* III 10, 3; vgl. II 8, 12; III 1, 4; 2; 10, 3; IV 7; 8; V 1; 2; VII 4, 3; IX 1, 3; X 10. Ich zähle neunundsechzig Liebesgeschichten.

109 Vgl. Komm. II 9, 75.

einer Novelle des folgenden Tages: Für das glückliche Leben der Erzählerschar wie für ein glückliches Leben überhaupt erscheint es notwendig, dass die Frauen eine gewisse Gefälligkeit im Zusammenleben mit allen Nichtgeistlichen an den Tag legen; sind sie grundlos widerspenstig, so werden sie bestraft.[110]

In den Novellen des neunten Erzähltages werden die moralistischen Beobachtungen oder Ratschläge der früheren Erzählungen rekapituliert: Eine Frau verteidigt ihre selbständige Entscheidung, ob und wen sie liebt; Klosterinsassen sind nicht vor dem Sexualtrieb gefeit; Dummheit und Geiz sind zu verlachen, aber Zurückhaltung im Gebrauch des Witzes steht feinen Leuten gut an; List und Diskretion in Liebesaffären sind in allen Ständen üblich; die Menschen können einander nicht in die Köpfe gucken, um zu erfahren, was der andere denkt; wer anderen eine Grube gräbt, fällt selbst hinein; das Zusammenleben beruht auf gegenseitigem Wohlwollen; der Anblick des weiblichen Körpers verführt natürlich, aber der kommerzielle Missbrauch desselben gehört sich nicht – das spürt sogar ein einfacher Landmann.

Am zehnten Erzähltag wird in neun Novellen davon erzählt, dass große, mächtige und reiche Menschen großzügig und edel handeln, sofern sie sich auf diese ihre Pflicht auch besinnen. Der Protagonist der letzten Novelle, der Markgraf von Saluzzo, hat allerdings ganz und gar den Verstand verloren und glaubt, seinen Edelmut zu beweisen, indem er seine Frau zunächst psychisch misshandelt und dann von ihren Qualen erlöst. Im Kontrast zu dem wohltätigen Schurken der ersten Novelle des *Decameron* erscheint dieser Herr als roher Unmensch, als eingebildeter Edelmann. Zweifelhaft erscheint es auch, ob sich Griselda, die als Ikone weiblicher Demut verstanden wird, tatsächlich richtig verhält; eine obszöne Bemerkung des Erzählers weckt den folgenden Verdacht: Hätte sie ihre angeborenen und erworbenen

110 *Dec.* VIII 7; Komm. Einleitung, 50; IX 9; III 6, 46; V 8; IX 7.

Fähigkeiten nicht für sich selbst und ihre Kinder einsetzen müssen, wie es vor ihr Madama Beritola, die Gattin des Bernabò aus Genua oder Giletta aus Narbonne getan haben?[111]

Boccaccio verehrte Dante Alighieri und war von seiner sprachlichen Ausdruckskraft und seiner Erzählkunst fasziniert; eine Auswahl der zahlreichen Zitate aus Dantes Werken ist in den Kommentaren zu finden. Eine gewisse Ähnlichkeit zwischen dem *Decameron* und Dantes *Die göttliche Komödie*, zwischen einer ›menschlichen‹ und einer ›göttlichen‹ Komödie, ist nicht zu bestreiten.[112] Gemeinsam mit Francesco Petrarcas Gedichten sind Dantes Epos und Boccaccios Novellensammlung die bedeutendsten italienischen Beiträge zur europäischen Literatur der folgenden Jahrhunderte. Durch einen Vergleich der beiden großen ›Erzählungen‹ des Abendlandes soll die Originalität des *Decameron* veranschaulicht werden.

Dante selbst hat seinem Epos den einfachen Titel »Comedia« gegeben; er meinte damit, dass, wie in den Komödien des Terenz, die Handlung von rauhen oder schwierigen Anfängen zu einem guten Ende geführt wird.[113] Boccaccio hat diesem Titel das Attribut »divina« hinzugefügt; wahrscheinlich wollte er zum Ausdruck bringen, dass diese »Komödie« nicht nur ein geradezu übermenschliches Werk war, sondern dass es auch »göttliche« Dinge zum Gegenstand hatte.[114]

Dante, der Ich-Erzähler, berichtet, dass er in der Mitte seines Le-

111 *Dec.* II 6; 9; III 9; X 10, 3, 69.

112 Vittore Branca (1976, S. XIV) bezeichnete das *Dec.* als »commedia umana« und stellte es implizit neben Dantes »divina commedia«; Manfred Hardt (2003, S. 175) hat diesen Vergleich mit Hilfe eines Reimwortes auf ›Liebe‹ erläutert: »Während bei Dante die Liebe des Schöpfers Sterne und Welten bewegt, sind in den Welten Boccaccios menschliche Triebe und Bedürfnisse das einzig Bewegende und zugleich die einzige Konstante.«

113 *Das Schreiben an Cangrande della Scala*, § 29; *Opere minori* 2, S. 616 ff.; vgl. Komm. 1 Einleitung, 4.

114 Boccaccio, *Dante*, §§ 177 f., 183–185; *Ges. Werke* 1, S. 91 ff.

bens vom rechten Weg abgekommen sei; hilflos sieht er sich drei Tieren, einem Panther, einem Löwen und einer Wölfin, ausgeliefert. Mit den Tieren sind die Verhaltensweisen gemeint, die ihn vom Weg des Heils abbringen wollen: Unbeherrschtheit, Böswilligkeit, tierische Gewalt.[115] Der Erzähler verliert den Mut, in den Genuss der Liebe Gottes zu kommen und damit den Sinn seines Erdenweges zu erkennen; in dieser verzweifelten Situation kommen ihm zwei Gestalten aus dem Jenseits zu Hilfe: Beatrice und in ihrem Auftrag Vergil. Vergil galt im Mittelalter als Dichter, Philosoph und Prophet des Christentums; Vergil weist dem Erzähler den Weg der Vernunft und führt ihn durch die Hölle bis hinauf zum Gipfel des Läuterungsberges.[116] Beatrice übernimmt die Führung im dreißigsten Gesang des Fegefeuers und geleitet den Jenseitswanderer durch das Paradies bis ins Empyreum; hier entschwindet sie in die Himmelsrose; bei der Anbetung der Gottesmutter und der Schau Gottes steht dem Erzähler Bernhard von Clairvaux zur Seite, der »in seinen Werken den Akzent auf die Gegenwart Gottes legt, der sich mit der gläubigen Seele zu vereinigen wünscht«.[117] Beatrice ist von Boccaccio als »Bice«, Tochter des Folco Portinari, eines angesehenen Florentiner Bürgers, und als Ursprung der sinnreichen Gestaltung der Liebe in Dantes dichterischem Werk identifiziert worden.[118] In *Die Göttliche Komödie* erscheint die »zutiefst geliebte Frau, deren Minnedienst er sein Leben weiht«, als Führerin des Erzählers durch das Paradies, als seine Retterin und Lehrerin, als »einmalige Heilsgestalt«, die im Dienste der ihm allein anvertrauten Botschaft steht.[119]

115 Barth (2003, S. 58 f.) verweist auf die Quelle der drei schlechten Verhaltensweisen: Aristoteles, *Nikom. Ethik* VII, 1, S. 151 (griech. *akrasía, kakía, theriotés*; lat. *incontinentia, malitia, feritas*).

116 P. Klopsch, »Vergil 1.«, *LexMA* 8, 1523 ff.; Barth 2003, S. 65 f.

117 R. Grégoire, »Bernhard 28.«, *LexMA* 1, 1994 f.

118 Boccaccio, *Dante* §§ 30 ff., 138; *Ges. Werke* 1, S. 45 f., 77 f.

119 Barth 2003, S. 344 f.; vgl. S. 553. Vgl. *Fegef.* 30, 103 ff.

In der politischen Schrift *Drei Bücher über die Monarchie* hat Dante den konzeptuellen Zusammenhang der *Komödie* skizziert.[120] Die göttliche Vorsehung hat dem Menschen zwei Ziele gesetzt: einmal die Glückseligkeit des irdischen Lebens, wie sie im irdischen Paradies dargestellt ist, durch die Entfaltung aller seiner Fähigkeiten zu erstreben, und zum anderen nach der Seligkeit des ewigen Lebens zu trachten, die in der Anschauung Gottes liegt und die ohne die Hilfe himmlischer Erleuchtung nicht zu erlangen ist. Beide Seligkeiten sind auf verschiedenen Wegen zu erreichen; die erste finden wir, indem wir den Lehren der Philosophen folgen und die moralischen und intellektuellen Tugenden praktizieren;[121] um die himmlische Seligkeit zu erlangen, müssen wir mit Hilfe göttlicher Belehrung über die menschliche Vernunft hinausgehen; wir gewinnen sie, indem wir die theologischen Tugenden, Glaube, Hoffnung und Liebe praktizieren. Philosophen weisen den Weg der Vernunft; die Propheten sowie die vom Heiligen Geist inspirierten Autoren offenbaren das Heilswissen und die »Heilstechnologie« – »was der Gläubige zu tun und zu unterlassen hat, um die ewige Seligkeit zu erlangen«.[122] Damit die Menschen aber beide Ziele ihres Lebens nicht aus den Augen verlieren und nicht vom geraden, aber mühsamen Wege abweichen, bedarf es nach Dante der doppelten Führung durch das Papsttum und durch das Kaisertum. Kraft der Offenbarung führt das Papsttum das Menschengeschlecht zum ewigen Heil; kraft der Vernunft oder der Philosophie führt das Kaisertum das Menschengeschlecht zum irdischen Glück. Der Dichter der *Göttlichen Komödie* gestaltet dieses Verfahren der Heilsgewinnung als einen Selbstversuch, den er als Ich-Erzähler erlebt und als Autor niedergeschrieben hat.[123]

120 Dante, *Monarchia* III, 15, 7–11; *Opere minori* II, S. 498 f.

121 Vgl. S. 1049 f.

122 Albert, *Kritischer Rationalismus* (s. Anm. 106), S. 155 f.

123 Nach Thierry Hentsch (2002, S. 307 und ff.) liegt der »Heroismus des Dichters« Dante darin, dass er das höchste Risiko, das Risiko des Grotesken, ein-

Dante räumt der geistlichen Belehrung in den dreiunddreißig Gesängen von *Das Paradies* breiten Raum ein: Beatrice, die Apostel Petrus, Jakobus und Johannes, Ordensgründer, Kirchenlehrer und der »Adler«, die Figur aller Erlösten, verkünden Heilswissen oder prüfen das Heilswissen des Ich-Erzählers. Nach Beatrices Worten ist auch die mühselige Wanderung Dantes durch Hölle und Fegefeuer als ein Werk seiner notwendigen geistlichen Belehrung zu verstehen; nach ihrem Tod, dem Wechsel vom Diesseits ins Jenseits, habe er sich nämlich der irdischen Liebe zugewandt, statt sich von ihrer Seele »in die entgegengesetzte Richtung« führen zu lassen:

»er wendete seine Schritte auf einen unwahren Weg
und folgte falschen Bildern des Guten,
die keine Verheißung erfüllen.«[124]

Boccaccio bekennt im Vorwort der Novellensammlung, dass er die Liebe als eine Form der irdischen Glückseligkeit erlebt und sich der Konflikt zwischen der geistigen und sinnlichen Liebe erst durch das Älterwerden gelöst habe. Aber diese biologische Lösung darf anscheinend nicht verallgemeinert werden.[125] Um nun vor allem die Frauen über die irdische Glückseligkeit aufzuklären, wählt der Autor den Weg der vernünftigen Belehrung durch Liebesgeschichten. Aus ihnen können sie lernen, auf Erden ungestraft glücklich zu werden; die Redekunst des Minnedienstes oder des »süßen neuen Stils« dient dazu, eine Frau oder einen Ehemann zu gewinnen.[126] Boccaccio verzichtet in seiner Novellensammlung auf die geistliche Belehrung, die

geht, indem er vorgibt, Zeugnis einer Jenseitsreise abzulegen, die er erfunden hat.

124 Dante, *Monarchia*, III 15; *Opere minori* II, S. 499; *Parad.* 19; *Fegef.* 31, 48; 30, 130 ff.

125 *Dec.* I 10; X 6.

126 *Dec.* III 5; X 7.

das vernünftige Wissen überschreitet; zu Beginn der Einleitung des ersten Erzähltages lässt er es offen, ob und wie die Pest des Jahres 1348 in den Plan der göttlichen Vorsehung einzufügen wäre; er hebt zwar die Hilflosigkeit der menschlichen Vernunft und der städtischen Institutionen angesichts der Katastrophe hervor, schildert aber anschließend, dass sieben Repräsentantinnen und drei Repräsentanten des städtischen Patriziats allein auf die Vernunft vertrauen und trotz der Katastrophe ein glückliches Leben führen können. Zu einem solchen Leben gehört die Entfaltung ihrer intellektuellen und sittlichen Tugenden und selbstverständlich die schöpferische Tätigkeit, das literarische Erzählen oder das Dichten;[127] sie nutzen diese ihre Talente, um sich gegenseitig zu unterhalten und zu belehren; aber sie erheben nicht den Anspruch, die Geheimnisse der göttlichen Vorsehung, auf deren Fürsorge sie vertrauen, zu begreifen.[128] Angesichts der katastrophalen Situation ihrer Heimatstadt Florenz, wahrlich eine »Stadt des Leidens«,[129] werden sie nicht von Reue und Bußfertigkeit ergriffen; das allgemeine Leid bestärkt vielmehr ihren Lebenswillen und weckt den Wunsch, sich, unabhängig von weltlichen und kirchlichen Institutionen, in eigener Regie ein vernünftiges und anständiges Leben einzurichten.[130] Der Autor hat der Erzählerschar darüber hinaus aufgegeben, ihre »evidenten« Erkenntnisse oder vernünftigen, moralphilosophischen Lehren weniger für Gelehrte oder für den Gebrauch in Philosophenschulen, sondern für ihresgleichen, für gebildete Frauen zu formulieren; welche Form der Vermittlung eignete sich hierfür besser als die einer unterhaltsamen Erzählung, die einen tieferen Sinn enthält als die »Witze und Späße«, die in den Predigten feilgeboten werden?[131]

127 Vgl. S. 1042 f., 1046 f.
128 *Dec.* I 1, 2–5; 2, 3.
129 Dante, *Hölle* 3, 1.
130 *Dec.* I Einleitung, 53 ff., 65.
131 *Dec.* Schlusswort des Autors, 7, 21, 23.

Der Autor gibt an, er hätte seine Erzählerrunde aus bekannten Florentiner Persönlichkeiten zusammengesetzt;[132] die Erzählerinnen und Erzähler selbst legen Wert darauf, dass, wenn nicht die Handlungsträger, dann zumindest Nebenfiguren der Novellen aus der Geschichte bekannt sind; die Geschichte umfasst geographisch die am Mittelmeer gelegenen Länder, Frankreich und England; die dritte Novelle des zehnten Tages spielt sogar in Nordchina. Die Tendenz, alle Geschehnisse, auch die trivialen, auf historische Personen zu beziehen und mit historischen Umständen zu verknüpfen, ist wohl von Dantes *Die göttliche Komödie* inspiriert worden. Der Ich-Erzähler vergisst auch im Paradies nicht die Angelegenheiten, Sorgen und Vorurteile des Erdenlebens; er schaut die ewige Seligkeit kraft der Liebe, die ihm Beatrice über ihren Tod hinaus gewährt hat; er beschreibt die himmlische Ordnung als »seligen Hofstaat« und als »frommes Kaiserreich«, bezeichnet Moses als »Herzog« und die Juden als »das undankbare, wankelmütige und widerspenstige Volk«; in der Trinität erkennt er des Menschen »Ebenbild« und die Schöpfung als das aufgeblätterte »Buch« der göttlichen »Liebe«.[133] Boccaccio gibt der Geschichte anstatt des vierfachen aber nur einen zweifachen Sinn:[134] Er verzichtet auf den allegorischen und anagogischen Sinn, also auf eine Darstellung, die Geltung für die Kirche Christi und das Reich Gottes beansprucht. Boccaccio folgt Cicero und erzählt die Geschichten aus der Geschichte um ihres wörtlichen Sinnes oder der »lebendigen Erinnerung« und um der moralischen Belehrung willen.[135]

132 *Dec.* I Einleitung, 50.

133 Dante, *Parad.* 31, 79; 32, 98, 117, 130, 132; 33, 131, 85 ff. – Vgl. Hentsch 2002, S. 318 ff.; Barth 2003, S. 439.

134 Vgl. S. 1046.

135 Cicero, *De oratore* 2, 36, S. 229: »Und die Geschichte vollends, die vom Gang der Zeiten Zeugnis gibt, das Licht der Wahrheit, die lebendige Erinnerung, Lehrmeisterin des Lebens, Künderin von alten Zeiten, durch welche Stimmen, wenn nicht des Redners, gelangt sie zur Unsterblichkeit?«

Der die Jahrhunderte überdauernde und weltweite Erfolg des *Decameron* liegt darin begründet, dass Vorbilder und Schreckbilder menschlicher Verhaltensweisen dargestellt, miteinander verknüpft und beurteilt werden, die keine übermenschliche Autorität, kein göttlicher Heilsplan bestimmen.

Zeittafel

1313 Am 16. Juni wird Giovanni Boccaccio vermutlich als unehelicher Sohn des Florentiner Kaufmanns Boccaccio di Chellino in Florenz oder Certaldo geboren. Seine Mutter ist nicht bekannt. Boccaccio wächst bei seinem Vater auf und erhält eine grundlegende Grammatikausbildung.

1327 Übersiedlung nach Neapel, weil Boccaccios Vater in leitender Position für die Handelsgesellschaft der Familie Bardi in der Stadt tätig ist.

1330–36 Boccaccio studiert Kirchenrecht an der Universität Neapel bei dem Dichter Cino da Pistoia.

1331–40 Am Hof Roberts von Anjou in Neapel erwirbt Boccaccio umfassende Kenntnisse der lateinischen, französischen und italienischen Literatur und verfasst seine ersten Werke: *Caccia di Diana* (um 1334, dt. *Die Flucht der Diana*), *Filostrato* (1334), *Il Filocolo* (1336), *Teseida* (1339/40). Er schließt enge Freundschaft mit Niccolò Acciaioli und lernt Maria d'Aquino kennen, die Tochter Roberts von Anjou, die vermutlich hinter seiner in mehreren Werken auftretende Liebe und Muse ›Fiammetta‹ steckt.

1340/41 Rückkehr nach Florenz aufgrund der veränderten politischen Lage und finanzieller Probleme.

1341/42 Arbeit an der *Comedia delle ninfe fiorentine* (dt. *Ametos Nymphenspiel*).

1342 Fertigstellung des allegorischen Gedichts *Amoroso visione* (dt. *Die Liebesvision*).

1343 Fertigstellung der Prosaerzählung *Elegia di Madonna Fiammetta.*

1346/47 Aufenthalte in Ravenna und Forli.

1348/49 Pestwelle in Florenz, bei der geschätzte drei Viertel der Bevölkerung ums Leben kommen. Ob Boccaccio zu die-

	ser Zeit in der Stadt war, ist unklar. Boccaccios Vater und dessen zweite Ehefrau sterben.
1349–52	Arbeit am *Decameron*.
1350–1355	Übernahme verschiedener Staatsämter, im Zuge dessen Aufenthalte unter anderem in der Romagna, Mailand und Avignon.
1350	Erstes Zusammentreffen mit Francesco Petrarca, mit dem sich eine intensive Freundschaft entwickelt.
1350–72	Arbeit an *Genealogia deorum gentilium* (dt. *Genealogie der heidnischen Götter*).
1355–73	Arbeit an *De casibus virorum illustrium* (dt. *Über den Sturz berühmter Männer*).
1355–74	Arbeit an *De montibus, silvis, fontibus, lacubus, fluminibus, stagnis seu paludibus et de nominibus maris liber* (dt. *Über Berge, Wälder, Quellen, Seen, Flüsse, Gewässer und die Namen des Meeres*).
1360	Vermutlich Eintritt in die niedere Geistlichkeit. Boccaccio widmet sich zunehmend dem Studium der antiken Literatur, lädt Leonzio Pilato als Griechischlehrer nach Florenz ein und fördert dessen Übersetzung der homerischen Epen ins Lateinische.
1361	Rückzug aus Florenz auf den Familiensitz nach Certaldo.
1361/62	Arbeit an *De claris mulieribus* (dt. *Über berühmte Frauen*).
1370/71	Aufenthalt im Königreich Neapel und Überarbeitung des *Decameron*.
1373	Auftrag der Stadt Florenz an Boccaccio, eine öffentliche Vorlesung über Dante zu halten.
1375	Boccaccio stirbt am 21. September in Certaldo.

Italienischer Originaltitel: *Il Decamerone*

RECLAM TASCHENBUCH Nr. 20605
2024 Philipp Reclam jun. Verlag GmbH,
Siemensstraße 32, 71254 Ditzingen
Umschlaggestaltung: Philipp Reclam jun. Verlag GmbH
Umschlagabbildung: Francesco Podesti, The Storyteller of the Decameron (1851) – © akg-images / De Agostini Picture Lib. / A. Dagli Orti
Umschlagmaterial: PEYVIDA puro 270 g/m², peyer graphic gmbh
Druck und Bindung: GGP Media GmbH,
Karl-Marx-Straße 24, 07381 Pößneck
Printed in Germany 2024
RECLAM ist eine eingetragene Marke der
Philipp Reclam jun. GmbH & Co. KG, Stuttgart
ISBN 978-3-15-020605-8

Auch als E-Book erhältlich

www.reclam.de

MIX
Papier | Fördert gute Waldnutzung
FSC® C014496